1 MONTH OF
FREE
READING

at

www.ForgottenBooks.com

By purchasing this book you are eligible for one month membership to ForgottenBooks.com, giving you unlimited access to our entire collection of over 1,000,000 titles via our web site and mobile apps.

To claim your free month visit:

www.forgottenbooks.com/free925773

ISBN 978-0-260-06934-4
PIBN 10925773

réoccuper de la forme, quand le fond vous saisit et vous enve-
~~~on irrésistible et douce séduction? J'ai dit séduction, et j'em-
~~~not à dessein : le moyen de nommer autrement l'ensemble de
~~~ès si douces et si pénétrantes, de ces mœurs si affables, qu'on
~~~héritage de Fénelon? Vous vous représenteriez difficilement, si
~~~onnaissiez de longue date Messieurs de Saint-Sulpice, le charme
~~~plicité tout apostoliques de l'hospitalité que Mgr l'Archevêque
~~~, avec cette affabilité et cette bienveillance qui le distinguent,
~~~onnée de concert avec eux.

~~~parle pas seulement de l'hospitalité de leur cœur et de leur
~~~je ne parle pas des ressources de doctrines qu'ils nous ont of-
~~~ns la personne de leurs canonistes et de leurs théologiens ; je ne
~~~s de cette magnifique bibliothèque, une des plus rares, des plus
~~~es de France, toute composée, achetée, refaite depuis la révolu-
~~~ation du célèbre M. Emery, et aussi d'un des plus doctes théo-
~~~de ce temps, M. l'abbé Carrière, passion d'un de nos plus savants
~~~phes, M. l'abbé Caron, tous deux prêtres de la Compagnie de
~~~ulpice. Je veux parler du régime intérieur et de l'exécution pra-
~~~t décret *De modo vivendi in Concilio;* et je m'assure que ces pé-
~~~ils qui, peut-être, paraîtraient minutieux à d'autres, seront pour
~~~prit chrétien un sujet d'édification véritable.

~~~mon digne et respectable ami, c'est un spectacle qui porte avec
~~~rave enseignement que celui de ces vénérables Evêques, de ces
~~~théologiens et canonistes, de ces hommes qui représentent ce
~~~torité ecclésiastique a de plus élevé, ce que les sciences sacrées
~~~lus éminent dans la première ville de France, s'astreignant tous,
~~~fût le grand âge de quelques-uns, aux assujétissements de la vie
~~~ne, couchant dans les modestes cellules d'un Séminaire, dociles à
~~~e, et revenant en un mot à cette existence si humble, si pauvre,
~~~e de leurs premières années d'études et de préparation au sacer-
~~~ous avez vu le règlement de la journée, le lever à cinq heures et
~~~et le partage rigoureux de chaque instant de la journée. Nous
~~~u jusqu'à onze heures de travail par jour, assis et délibérant. Dans
~~~s intervalles, chacun se répandait sous les cloîtres ou dans le jar-
~~~se hâtait de profiter d'un moment libre pour aller réciter le bré-
~~~ou bien se rendait à la chapelle pour y appeler, par la méditation
~~~ière, une plus abondante rosée de bénédictions et de lumières sur
~~~rieuses fatigues de la journée.

~~~éfectoire, la frugalité la plus modeste : deux plats à déjeuner,
~~~au dîner et deux plats de dessert formaient tout l'ordinaire des
~~~s et de toutes les tables. Le silence le plus absolu régnait durant
~~~s, et n'était interrompu que par la lecture à haute voix des saintes
~~~es et de la Vie de saint Charles Borromée, le patron et le promo-
~~~s Conciles provinciaux. On a lu particulièrement l'histoire des cé-
~~~Conciles de Milan. Seulement le dimanche, au dessert, la sévérité

de la règle a été un peu adoucie : la conversation a été permise pendant quelques instants.

Et certes, je vous l'avouerai, un certain délassement, une certaine détente d'esprit était bien nécessaire après les travaux si sérieux et si multipliés du Concile. Aussi nous nous sommes réjouis de ce moment de conversation inattendue comme de jeunes séminaristes, lorsqu'on leur accorde cette faveur un jour de fête.

Combien je voudrais pouvoir vous donner une idée vraie et complète de l'activité calme et incessante ; de la persévérance opiniâtre et réglée ; de l'harmonie, de l'ensemble, et tout à la fois de la diversité d'études et de délibération, qui animaient, sans l'agiter, ce vaste laboratoire de doctrines, cet auguste foyer de science et d'autorité.

Congrégations particulières des Evêques, congrégations générales, commissions, sous-commissions, sessions, rouages différents et multipliés, se mouvant chacun à sa place, chacun selon sa loi, et aboutissant tous à une action commune, à un même but, à un centre unique. Vous avez lu ce que je pourrais appeler l'histoire des phases nombreuses que suit un décret avant d'arriver à la promulgation. Hé bien ! c'est la vérité dans sa plus rigoureuse exactitude : ç'a été la pratique constante, ininterrompue, religieusement observée. Et de plus, ce qu'on n'a pas su, c'est qu'indépendamment de ces épreuves si nombreuses, de cet examen si scrupuleux, quand le Concile en est venu à étudier et à condamner les erreurs contemporaines, le *panthéisme*, le *communisme*, le *mythologisme* et le *rationalisme*, une commission nouvelle de dix membres, prise parmi les plus éminents théologiens, a été chargée spécialement de la rédaction. Vous voyez de quelles garanties jalouses, si j'ose ainsi parler, la vérité doctrinale tient à s'entourer.

Voici, du reste, très-exactement, la nomenclature des diverses congrégations du Concile et les noms de ceux qui ont pris une part importante.

Il s'est tenu *sept congrégations générales*, où se trouvaient réunis, tous les Evêques, tous les théologiens et canonistes : ces congrégations se tenaient dans la grande salle du Concile ; c'est là que tous les décrets proposés étaient publiquement et longuement examinés. Deux secrétaires étaient constamment occupés à recueillir par écrit et à enregistrer toutes les observations.

Il y avait de chaque séance un procès-verbal, fait régulièrement, en latin, et lu au commencement de chaque séance suivante.

Il s'est tenu *vingt-quatre congrégations particulières* des Evêques. C'est là que tous les décrets étaient examinés, discutés, décidés. Deux secrétaires y assistaient aussi constamment. Le procès-verbal de chaque congrégation était fait aussi en latin et lu régulièrement.

Il s'est tenu enfin *trois grandes sessions* publiques dans la chapelle du Séminaire. C'est là qu'avaient lieu le vote, la promulgation des décrets les prières et les cérémonies solennelles.

Il y avait en outre *neuf commissions spéciales* : cinq ordinaires et quatre extraordinaires, et deux ou trois réunions par jour de plusieurs heures chacune. C'est là que tous les décrets étaient d'abord préparés, que chaque question spéciale était étudiée à fond.

Chacune de ces commissions avait aussi son *secrétaire*, ses *procès-verbaux* réguliers, et enfin son *rapporteur*. Le *rapport*, écrit le plus souvent en latin, était adressé à la *congrégation particulière* des Evêques.

Chaque commission était, du reste, présidée par un Evêque de la province.

Mgr de Blois présidait *la commission des décrets;* il avait nommé pour vice-président M. l'abbé Carrière.

Mgr de Meaux présidait la *commission de la discipline;* il avait nommé pour vice-président M. de Courson.

Mgr de Versailles présidait la *commission de droit canon;* il avait nommé pour vice-président M. Icard.

Mgr d'Orléans, à qui Sa Sainteté avait daigné adresser, relativement à son assistance au Concile provincial de Paris, un Bref spécial d'une extrême bienveillance, présidait la *commission des études ecclésiastiques:* il avait nommé pour vice-président le P. de Ravignan.

M. l'abbé Parquer, procureur de Mgr de Chartres, présidait la commission *de fide :* il avait nommé pour vice-président M. Galais, supérieur du Grand-Séminaire d'Issy.

Vous serez peut-être curieux de savoir quels étaient les théologiens ou canonistes attachés spécialement à chacun des Evêques:

A Mgr de Paris, MM. de Ravignan, Carrière, Gerbet, Annat, curé de Saint-Merry.

A Mgr de Meaux, MM. Fleurnoy, vicaire-général de Meaux; Beautain, Claire.

A Mgr de Versailles, MM. Lafaye, professeur de théologie morale; Icard, Corbières, curé de Passy.

A Mgr de Blois, MM. Morisset, vicaire-général de Blois; Rubillon, Levasseur, supérieur des Prêtres de la Miséricorde.

A Mgr d'Orléans, MM. Benesch, supérieur du Grand-Séminaire et vicaire-général d'Orléans; Galais, Hanicle, curé de Saint-Severin.

M. l'abbé Parquer, procureur de Mgr de Chartres, ne devait point, d'après le droit, amener avec lui de théologien au Concile.

Vous avez remarqué aussi avec quelle sagesse et quelle confiance l'Eglise appelle à ces Conciles tous les intéressés : ainsi les délégués des chapitres; il y en avait sept au Concile de Paris; les curés, il y en avait quatre.

Tous les autres ecclésiastiques convoqués étaient ou des grands-vicaires, ou des supérieurs de congrégations religieuses : comme MM. Langlois, supérieur des Missions-Etrangères; de Courson, supérieur de Saint-Sulpice; Libermann, supérieur du séminaire et de la congrégation du Saint-Esprit; ou des supérieurs de grands et de petits séminaires; ou des professeurs de théologie, de droit canon et de philosophie.

Le savant abbé Lequeux, supérieur du grand-séminaire de Soissons, et auteur du *Manuale Juris canonici*, a pris part aux travaux du Concile en qualité d'assistant de Mgr l'Evêque de Troyes.

Je dois vous dire que tous les décrets ont été rendus à l'unanimité; et c'est ici le lieu de faire une observation que je ne craindrais pas de proposer à l'admiration et à la reconnaissance de tous les fidèles, parce qu'elle prouve mieux que toutes les paroles combien l'esprit de Dieu, l'esprit de paix et de charité dominait dans cette Assemblée : *Spiritu Dei aguntur*, comme dit admirablement l'apôtre; et la douce et forte impression de ces divines paroles s'est fait constamment sentir pendant ces saints et bienheureux jours.

La composition du Concile vous a montré que ses membres venaient, si je puis ainsi dire, des quatre points de l'horizon, et vous savez que dans bien des questions ils n'avaient pas toujours été d'accord. Eh bien! vous ne sauriez vous figurer la douce et franche cordialité qui s'est établie entre eux dès le premier jour, et qui n'a pas été troublée un instant même au milieu des discussions les plus graves, les plus difficiles, les plus épineuses. Tous au contraire, en se connaissant davantage, se sont mieux appréciés : l'amour du bien, sentiment commun à tous, a opéré bien des rapprochements et a cimenté une heureuse concorde. La liberté de la discussion était complète et entière; et je puis dire qu'elle a été poussée à ses dernières limites, mais toujours avec une réserve, une modération, une aménité dont je suis demeuré profondément touché et édifié.

Dans chaque réunion, chacun était interrogé à son tour par son nom, se levait, répondait. On ne peut imaginer une simplicité plus vraie, une sobriété de parole plus grande, une appropriation de termes et de raisons plus remarquable. On allait droit au fait, rapidement, clairement, et je vous avoue que j'ai été extraordinairement frappé en entendant toutes ces observations qui étaient consignées dans les procès-verbaux avec le soin le plus exact, de la netteté et de la vigueur de l'argumentation.

On parlait en français; mais tout se résumait dans la langue sainte, en latin.

A ce sujet, il se rencontrera peut-être quelque rhétoricien de collége à qui l'idiome de nos décrets ne conviendra pas, et qui du haut de son petit savoir leur reprochera de n'avoir pas les formes cicéroniennes. Il y a d'abord une réponse assez péremptoire à cette querelle d'école : comment exprimer dans la langue de Cicéron des choses dont Cicéron n'avait pas même l'idée? Le Concile de Paris, dans ses décrets, a parlé la langue de l'Eglise; il a moins cherché à se rapprocher du beau langage de Cicéron. que de la langue sainte des saint Léon, des Grégoire-le-Grand, nos Pères dans la foi.

Voilà, mon vénérable ami, quelques-uns des traits qui caractérisent pour moi, qui caractériseront, pour l'Eglise, cette première réunion des Conciles provinciaux dans notre chère France, ce réveil des Assemblées épiscopales après trois siècles de silence!

Ah! quand on assiste à ce beau et consolant spectacle, on se sent pris *plus que* jamais de vénération et d'amour pour cette Eglise catholique qui allie à un si merveilleux degré ces deux grandes choses qui sont tout dans le gouvernement des hommes, l'AUTORITÉ et le CONSEIL chez les uns, la *liberté* et le *respect* chez les autres.

Tandis qu'ailleurs les assemblées délibérantes ne savent être trop souvent qu'insolentes ou serviles, ici la liberté la plus entière dans la délibération se joint au respect le plus sincère pour l'autorité.

Tandis qu'ailleurs l'autorité n'est trop souvent que tyrannique ou abaissée, ici elle s'entoure avec confiance de tous les avis, de tous les conseils, et elle demeure souveraine, souveraine dans l'initiative, souveraine dans la décision, souveraine sans faiblesse et sans arbitraire ; la sagesse l'éclaire et l'esprit de Dieu l'inspire : *Ibi sapientia, ubi plurima consilia*, selon la parole profonde de l'Esprit saint.

Aussi, mon cher ami, les empires et les dynasties passent, les sociétés changent, le monde vieillit et s'use comme un vêtement, et l'Eglise demeure, et sa jeunesse se renouvelle comme celle de l'aigle !

Allocution de Mgr l'Archevêque de Paris à l'ouverture du Concile.

VÉNÉRABLES PÈRES ET COLLÈGUES BIEN-AIMÉS,

MESSIEURS ET CHERS COOPÉRATEURS,

Dieu exauce en ce moment un de nos vœux les plus ardents et les plus anciens. Qu'il en soit à jamais béni ! Le premier besoin de notre cœur, plein de joie et d'espérance est de s'élever vers l'auteur et le consommateur de tout bien ; nous le remercions de nous avoir tous conduits comme par la main dans cette sainte Assemblée ; nous le prions d'achever son œuvre en demeurant, selon sa promesse, au milieu de nous, et nous éclairant de sa lumière, en nous donnant son esprit de sagesse et de force, afin que l'Eglise et la société agitées à la fois par de si violentes tempêtes, puissent trouver peut être quelque remède dans cette réunion dont l'importance serait déjà assez grande, quand même elle ne ferait que marquer le premier pas dans cette voie ancienne, mais nouvelle aujourd'hui, où la Providence nous fait entrer. Oui nos Conciles peuvent, en faisant le bien de l'Eglise, coopérer aussi d'une manière efficace au salut de la société. On a beau vouloir séparer ces deux cités, nier les rapports qui les unissent et les proclamer absolument indépendantes l'une de l'autre ; vains efforts ! On ne tarde pas à s'apercevoir qu'il faut à la société temporelle comme à la spirituelle une base divine, et que semblable à deux grands arbres distincts mais unis par les mêmes racines, ces deux sociétés vivent des mêmes principes et n'ont qu'une même sève. On ne l'a que trop vu. La sagesse humaine avait voulu édifier à elle seule la cité terrestre. Elle se glorifiait des combinaisons savantes qu'elle avait trouvées. Elle montrait avec orgueil ses armées, ses remparts, les progrès de son industrie, l'abondance de ses richesses. En un clin d'œil cette force matérielle s'est évanouie. Au premier souffle de la tempête tout s'est écroulé. Et ce n'est pas seulement un empire, la forme d'une société qui a péri, non, mais l'orage ayant mis à nu les fondements même des Etats, on a vu que ces fondements étaient minés, et qu'on était menacé d'une ruine totale et d'une complète dissolution.

La leçon a été sévère, elle a été comprise, les cœurs les plus attachés à la terre se sont tournés vers le ciel. Semblables aux mariniers prêts d'être engloutis par les flots, dans la détresse ils ont invoqué Dieu, la force de son bras, le secours de sa religion.

La religion est donc la vie des sociétés humaines. Avec elle la paix, l'union des cœurs, la liberté véritable, la dignité de l'homme, l'amour et la défense des faibles, le dévouement, l'esprit de sacrifice, le soulagement de toutes les misères ; dans les lois la vérité, dans les pouvoirs la justice, dans les citoyens le respect de l'autorité. Sans elle l'égoïsme, le feu des passions, la soif des jouissances, le mépris dans les grands, la haine dans les petits, les discordes civiles, les guerres fratricides, plus de liens entre les hommes, plus de respect, plus d'ordre possible, plus de société.

Or, l'Eglise c'est la société religieuse constituée, c'est la religion divine elle-même pratiquée. Que l'Eglise perde de sa force, et aussitôt l'influence de la religion s'affaiblit. Restaurer l'Eglise dans les mœurs et la discipline c'est donc, en rendant à la religion toute sa force, travailler en même temps à la restauration de la société.

Il y a plusieurs siècles que par un déplorable vertige les conducteurs des peuples se sont efforcé d'entraver l'Eglise, de miner sa constitution, de diminuer son influence. On sait maintenant où cette marche a conduit le monde; puisse-t-elle être à jamais abandonnée! Ils avaient peur de l'Eglise! ils la divisaient pour l'affaiblir! ils la séparaient autant qu'ils pouvaient de ses chefs; ils isolaient ses membres les uns des autres. Ils redoutaient surtout ces réunions où elle répare ses forces, corrige les abus, fortifie sa discipline, et par l'action de son admirable hiérarchie, resserre les liens de son unité. Cette Assemblée est une preuve vivante que les temps sont changés, et que plus de sagesse règne dans les conseils de ceux qui président aux destinées de la patrie. Montrons-nous reconnaissants, vénérables Pères et chers Coopérateurs, et en travaillant ici au bien de l'Eglise travaillons du même coup au bien de la société.

Il est un point essentiel que nous ne perdrons pas de vue dans ce Concile. Dans l'impossibilité de guérir à la fois tous nos maux, votre sagesse a dû s'attaquer d'abord à celui qui semblait le plus étendu et le plus dangereux. Il vous a paru que ce mal était l'affaiblissement du respect de l'autorité dans les âmes; cet affaiblissement est, au fond, la grande maladie des temps modernes. Les sociétés se dissolvent faute de croire à l'autorité, de l'aimer et de la respecter. Dans l'Eglise, on y croit sans doute, mais on ne la respecte pas toujours. Le vent du siècle a aussi soufflé sur nous, il a apporté ses semences funestes. Des herbes folles ont poussé jusque dans le champ du Père de famille, il faut les arracher au plus tôt, si nous ne voulons pas qu'elles l'infectent de plus en plus. Heureusement, notre constitution est divine et l'Eternel est avec nous. Pour être forte et florissante, l'Eglise n'a besoin que d'être libre, c'est-à-dire d'être elle-même.

Vous allez ici, vénérables Pères et collègues bien-aimés, resserrer étroitement les liens de subordination, d'amour et de respect, qui nous unissent tous au Siége apostolique; ce Siége a été un moment, pour le Pontife bien-aimé qui l'occupe, nous ne saurions l'oublier, semblable à la colonne où le Christ fut conspué et flagellé. Puisse l'expression de nos sentiments apporter quelque soulagement à sa douleur. L'autorité universelle du Chef de l'Eglise, émanation et représentation de celle de Jésus-Christ, est ici-bas la base et la racine de toute autorité spirituelle. C'est le premier anneau qui soutient toute la hiérarchie; c'est la pierre fondamentale sans laquelle l'édifice entier s'écroulerait.

Vous rétablirez ensuite la périodicité de ces saintes assemblées, dont l'interruption si prolongée a été la cause de tant de maux. Les Conciles sont la force et l'unité vivante de l'Eglise. Ils rappellent avec autorité les lois anciennes, ils donnent aux lois nouvelles que les Evêques croient nécessaires de porter, plus de force et de vigueur. Déposés aux pieds du Souverain Pontife, leurs décrets, déjà obligatoires par eux-mêmes, en tant qu'ils ne sont contraires ni aux lois générales de l'Eglise, ni aux constitutions du Saint-Siége, acquièrent, par sa confirmation et sa bénédiction, un caractère plus vénérable encore.

Le rétablissement des Synodes est comme une conséquence des Conciles provinciaux. Ils représentent l'unité diocésaine. L'autorité des Evêques s'y appuie sur l'union des cœurs et sur une sainte communauté de pensées et de sentiments qui lui assurent l'amour et le respect.

C'est dans le sein du Synode que chaque Evêque de la province, conformément aux prescriptions du saint Concile de Trente, promulguera d'ordinaire les résolutions arrêtées par le Concile provincial.

Vous aurez aussi, sans doute, dans cette première assemblée, à rappeler à ceux qui semblent l'oublier quelquefois, que le gouvernement de l'Eglise appartient aux Evêques. Ils sont les chefs du clergé et des fidèles. Les chapitres leur apportent le secours de leurs prières et de leurs conseils. Les curés les représentent à la tête des divers troupeaux disséminés sur toute l'étendue du diocèse. Les prêtres sont tout à la fois leurs enfants, leurs frères et leurs coopérateurs. Définissons tous ces admiables rapports : quoi de plus beau et de plus solide que cette constitution qui unit, dans un même tout, la paroisse au diocèse, le diocèse à la métropole, et la métropole à la Mère et la Maîtresse de toutes les Eglises, et qui ne fait qu'un cœur et qu'une âme du Pontife suprême, des Evêques, des prêtres et des fidèles !!!

Des erreurs qui attaquent les fondements mêmes de toute religion et de toute société, devront attirer la juste sévérité et la réprobation du Concile. Quelques-unes de ces erreurs renversent les principes de la justice; d'autres attaquent les principes de la charité. Quelques erreurs mystiques qui pénètrent dans nos diocèses particulièrement doivent être l'objet de notre vigilance.

L'unité des esprits et des cœurs doit amener l'unité extérieure; elle est, grâce à Dieu, complète dans la foi, en ce qui touche le clergé de notre province ecclésiastique, mais la force de l'autorité demande qu'elle se trouve aussi dans les rits et les cérémonies. Vous travaillerez à les rétablir, vénérables Frères, en vous efforçant de donner, s'il est possible, à nos diocèses des statuts communs, qui tireront de votre accord une grande autorité.

Pour être respecté, toute autorité a besoin d'être réglée. L'arbitraire est un expédient, ce n'est pas une force. L'esprit et les institutions de l'Eglise le repoussent à la fois. Vous vous proposez de chercher dans cet esprit et dans ces institutions ce qui peut le mieux assurer à vos jugements l'équité, et à tous vos gouvernements la sagesse, la force unie à la modération et à la miséricorde.

L'Eglise, vous le savez, vénérables et bien-aimés Confrères, a toujours tiré un lustre particulier de la science de ses ministres. Aujourd'hui, cette science doit être plus forte et plus étendue à cause des circonstances au milieu desquelles nous vivons. Nous ne sommes plus dans ces temps de foi où les éléments des connaissances divines pouvaient suffire aux prêtres pour faire honorer son caractère. Le développement, sous plusieurs rapports de l'esprit humain, la diffusion de certaines lumières vraies ou fausses, la nature même des attaques que l'incrédulité dirige contre la religion, lui font une nécessité, plus grande que jamais, de s'instruire. Vous verrez s'il n'y aura pas quelque amélioration à apporter dans les études ecclésiastiques; former des prêtres savants autant que pieux, c'est assurer de la meilleure manière l'action salutaire de l'Eglise, c'est travailler au bien commun, c'est faire ce qu'il y a peut-être en ce moment de plus important.

Les plus grands maux de la société viennent de la mauvaise éducation des enfants : mauvaise éducation dans la famille et trop souvent mauvaise éducation dans l'école. Portons aussi de ce côté notre sollicitude ; travaillons de plus en plus à faire pénétrer dans la famille et dans l'école l'esprit religieux. Quel service n'aurons-nous pas rendu à l'Eglise et à la société, si nous fondons des établissements où la jeunesse, mise à l'abri de tout danger, soit élevée dans la piété, sans laquelle toute science se corrompt; si nous augmentons le nombre des maîtres religieux et dévoués; si nous travaillons enfin à former une génération nouvelle, pénétrée des sentiments et des principes de la foi, différente de ces générations sans croyance, sans conviction, dont l'esprit flotte au gré de tous les souffles de l'opinion et avec lesquelles il serait à jamais impossible de rien fonder de durable pour la gloire de l'Eglise ou pour la paix du monde.

Il est donc bien grand, vénérables Pères et chers Confrères, il est bien salutaire le but que vous vous proposez ici. Pour l'atteindre, nous n'avons rien négligé ni de ce que prescrit la sainte Eglise, ni de ce que conseille la prudence. Nous avons appelé auprès de nous des hommes éminents que leur savoir et leur piété recommandent également à notre confiance. Théologiens et canonistes profonds, ils sont prêts à nous apporter le tribut de leurs lumières dans toutes les questions qui pourraient présenter quelques difficultés particulières.

Toutefois, n'oublions pas que toutes ces précautions seraient vaines, toutes ces ressources indigentes, si Dieu n'était au milieu de nous. Non, vénérables Pères et chers Coopérateurs, nous ne pouvons rien par nous-mêmes, mais nous pouvons tout en celui qui est notre espérance et notre force. Tournons-nous sans cesse vers lui au milieu de nos travaux ; ouvrons nos cœurs à ses inspirations, et c'est ainsi, qu'unis à Dieu et unis entre nous, il nous sera donné de vaincre tous les obstacles qui pourraient encore se rencontrer dans l'accomplissement du bien que nous nous sommes proposé pour la gloire de Dieu et le salut de nos frères.

Allocution de Mgr l'Archevêque de Paris à la clôture du Concile.

VÉNÉRABLES PÈRES ET VOUS TOUS, BIEN-AIMÉS COOPÉRATEURS.

Nous voici donc arrivés à la fin de notre sainte entreprise. Pourrais-je me séparer de vous sans vous adresser une dernière fois la parole et sans essayer de vous exprimer quelque chose de cette joie et de cette reconnaissance qui ont rempli mon âme durant ces jours de bénédiction, et qui en débordent en ce moment? Ah! béni soit le Seigneur qui nous a donné la pensée de cette sainte réunion, et qui nous a soutenus jusqu'au bout dans les labeurs de son exécution!

Nous nous trouvons déjà mille fois payé de nos peines. Quelles pieuses émotions, et, en même temps, quels sublimes enseignements dans nos saintes cérémonies et dans toutes ces paroles que l'Eglise mettait sur nos lèvres et qu'elle faisait pénétrer dans nos cœurs. Dans nos intimes et fréquentes communications avec nos vénérables collègues, quand nous recevions dans notre âme les douces effusions de leur charité, quand nous voyions cet accord des volontés, cet ensemble de vues, cette parfaite union qui présidaient à toutes nos délibérations, nous ne pouvions pas douter que l'oracle divin ne fût accompli, car nous sentions la présence réelle de l'Esprit saint au milieu de nous. Elle se faisait également sentir, cette divine influence, bien-aimés Coopérateurs, au milieu de la paix et des douceurs de notre vie commune, quand nous étions les témoins de votre piété, et ensuite lorsque, dans l'examen et la discussion de nos décrets, nous entendions vos sages avis. Ah! nous n'oublierons jamais cette ouverture de cœur, cette franchise, cette sainte liberté, et puis cette gravité, ce respect, et tous les admirables tempéraments que vous saviez mettre dans vos discours! Vous parliez en présence de Dieu, et non en présence du monde, pour accomplir un devoir, non pour satisfaire des passions ou pour recueillir des applaudissements.

Ah! que j'aurais voulu que les adversaires de l'Eglise et de nos Conciles fussent témoins de ce spectacle! Ils auraient compris la force de nos divines institutions. Ils auraient vu que l'Esprit de notre Seigneur Jésus-Christ est toujours vivant et agissant au milieu de nous. Dotée d'une inébranlable constitution, appuyée sur l'immutabilité de son doyen et sur cette admirable discipline qui sait s'adapter aux besoins de tous les temps, l'Eglise parcourt sa destinée en ce monde, portant dans son sein des principes divins de rénovation et d'éternelle jeunesse.

Que de fois elle a vu, dans les dix-huit siècles de son existence, l'erreur et la passion conjurées contre elle, ses ennemis proclamant sa chute, son empire presque entièrement envahi! A ces attaques et à ces maux extérieurs venaient se joindre la langueur de ses propres membres, des plaies hideuses qui les défiguraient, des divisions intestines qui paralysaient toute énergie et semblaient aussi annoncer la mort. Mais ce sommeil n'est jamais long. L'Eglise se réveille le plus souvent au bruit des révolutions et des bouleversements de la société pour la régénérer et la guérir de ses blessures. Dans la tempête, ses ennemis, semblables au Pharaon de l'Ecriture, ont été engloutis dans les flots. Ces fiers réformateurs, qui, dans le cours des siècles, semblaient tenir le gouvernail du monde, ont fait naufrage, et c'est à peine si on aperçoit à la surface de l'histoire leurs misérables débris. Pour l'Eglise, elle renaît en quelque sorte, elle reprend une nouvelle vie là où les sociétés humaines trouvent la dissolution et la mort, elle puise dans ses malheurs et dans les malheurs du monde une vigueur nouvelle, elle se dépouille de toutes les souillures qui pouvaient ternir sa beauté, elle se dégage des entraves qui diminuaient sa force en gênant ses mouvements, elle marche, foulant aux pieds l'erreur et annonçant aux peuples, victimes ou jouets de vains systèmes, que la vérité seule demeure éternellement.

Je disais en commençant, vénérables Pères et Collègues bien-aimés, que nous avions achevé notre entreprise; mais non, je me suis trompé, notre entreprise n'est encore qu'à son début. Nous n'avons fait que le premier pas dans la carrière où nous venons d'entrer. Ce pas, à la vérité, était le plus difficile; mais à quoi servirait de s'être avancé si nous n'allions jusqu'au bout? Nous avons posé la première pierre de l'édifice, c'est par de nouveaux efforts que nous le continuerons et que nous l'achèverons. Sur le fondement de ces salutaires décrets que le Concile actuel a sanctionnés, d'autres décrets *s'élèveront sanctionnés* par les Conciles qui vont suivre, jusqu'à ce que toutes les choses ecclésiastiques, dans leurs diverses parties, soient restaurées et tous les besoins de nos églises satisfaits.

Et puis, il ne suffit pas de faire des lois. Il faut veiller à leur exécution. Nous aurons besoin pour cela, vénérables Pères et chers Collègues, de persévérance et de force. Les abus sont comme des serpents qui glissent dans la main qui les presse pour les étouffer, ou comme des herbes mauvaises qu'on a beau arracher, mais qui repoussent sans cesse. C'est ici, vénérables Pontifes et Frères, qu'apparaît principalement l'utilité de nos saintes assemblées. Elles donnent à chacun de nous une force nouvelle, soit pour la condamnation, soit pour la correction des abus. Ce ne seront plus nos propres lois, mais les lois du Concile que nous aurons à faire exécuter. Appuyée sur cette base de la province ecclésiastique, notre autorité sera à la fois plus féconde, plus forte et plus tempérée.

Il ne me reste plus, vénérables Pères et Collègues, et bien-aimés Coopérateurs dans les travaux du Concile, qu'à rendre à Dieu de solennelles actions de grâces pour l'issue heureuse qu'il a donnée à cette première réunion épiscopale. Je dois le remercier en particulier de tout le bonheur que m'ont procuré ces jours passés avec vous dans une si étroite et si douce communauté de pensées, de prières et de sentiments. Recevez aussi nos remercîments, Prélats vénérables, qui avez bien voulu venir nous aider de vos conseils, et vous aussi qui, par votre présence, rehaussez l'éclat aujourd'hui de cette solennité et nous apportez le concours de vos prières et de vos vœux. Et vous en particulier, auguste représentant du Pontife suprême, de notre bien-aimé et commun Père, recevez l'expression de notre plus vive reconnaissance. Nous voyons en vous celui qui n'a jamais cessé d'être un instant, surtout quand il était l'objet de tant d'ingratitude, d'être présent à notre esprit et à notre cœur. Ah! dites-lui notre amour filial et notre tendre dévouement ; dites à Pie IX qu'une des joies qui ont pénétré nos âmes dans ce Concile, c'est la pensée qu'il en pourrait recevoir quelque consolation.

Nos décrets vont être déposés à ses pieds; notre devoir est de les lui soumettre; notre espérance, fondée sur sa paternelle bonté, est qu'il daignera les bénir et encourager par cette précieuse faveur les premiers efforts que nous venons de tenter pour le bien de nos Eglises et aussi pour le bien de cette société si troublée au milieu de laquelle la Providence nous a placés.

L'Assemblée est de retour; 486 membres ont répondu à l'appel nominal. Du reste séance de rentrée, séance nulle. Le public paraissait désorienté. Autrefois, il y avait de l'apparat : le chef du pouvoir se rendait en pompe au sein du parlement. Il lisait un discours, défi du ministère à l'opposition, champ-clos où devaient se livrer les tournois politiques et les batailles de portefeuille. Aujourd'hui, avec une assemblée permanente, il n'y a plus de ces grands jours : le message du Président n'est même obligatoire qu'une fois en trois ans.

La première heure s'est donc passée d'une manière fort simple et fort monotone à un scrutin destiné à constater le nombre des membres présents. Pendant ce temps, les représentants échangeaient des salutations et des poignées de main : les futurs antagonistes se mesuraient de l'œil et reprenaient avec leurs places le souvenir de leurs luttes interrompues et de leurs antipathies ajournées.

La gravité et l'attention ne sont revenues que quand M. Dupin a annoncé la mort de M. Ravez, en prononçant quelques paroles d'éloge bien senties auxquelles l'Assemblée s'est unanimement associée ; et quand il a ensuite déclaré qu'on allait entendre une communication du gouvernement.

MM. les ministres des affaires étrangères, de la guerre et de la marine

medio eorum. Chacun l'éprouvait, chacun le croyait, et cette conscience profonde répandait jusque sur les actes les plus ordinaires de la vie, je ne sais quelle retenue grave et majestueuse qui ennoblissait, sanctifiait toute chose. Oui, je n'hésite pas à le dire, un saint respect, un respect religieux, était l'atmosphère même dans laquelle on vivait et on respirait : *In eo movemur et sumus.*

Pardonnez-moi d'insister de la sorte sur le caractère éminent de la sainte assemblée; c'est que dans le temps où nous sommes, au milieu de cette société qui a perdu jusqu'à la notion même du respect et qui souffre si cruellement de ce vide affreux, il y a une satisfaction intime et une indicible espérance à retrouver intactes et inviolables dans notre chère Eglise, les admirables traditions qui arrachaient au protestantisme de M. Guizot, ce bel aveu : « L'Eglise catholique est la plus grande, la plus sainte école de respect qu'ait jamais vu le monde. »

C'était un sentiment si universellement éprouvé parmi nous, que ces remarquables paroles se sont retrouvées bien des fois instinctivement dans notre souvenir et dans nos conversations.

Je reviens au secret et à la promesse solennelle qui nous a, dès le premier moment, inspiré le sentiment énergique et doux dont je vous parle.

Vous comprenez que ce sont là de ces engagements auxquels la pensée même de manquer ne peut pas venir, ne fût-ce que par respect pour soi-même et pour l'édification des fidèles.

Mais, en dehors des votes et des délibérations, il est des faits, des détails, des *impressions*, comme on dit aujourd'hui, que je me reprocherais de ne pas confier à votre amitié. J'en ai été touché jusqu'au fond du cœur; ce sera un des plus précieux souvenirs de ma vie, et je voudrais faire passer l'émotion calme et réfléchie qui m'en reste, dans les esprits des amis et des adversaires de l'Eglise, pour éclairer les seconds et pour augmenter chez les premiers cette sainte fierté que permet l'Apôtre : *Gloriari in Christo!*

Vous connaissez les nouveaux bâtiments du grand-séminaire de Saint-Sulpice, notre école commune. Je ne veux pas excuser, ni réhabiliter cette architecture si disgracieuse, ces dispositions intérieures si ingrates. Mais ce que je vous affirme, c'est que tout cet accessoire disparaissait et revêtait, *invita arte*, une certaine grandeur austère et solennelle. Ces cloîtres étroits semblaient s'élargir, cette cour si resserrée devenait plus spacieuse et plus grandiose, quand la procession du Concile la remplissait de ses chants et de sa majesté. Et si, nous laissant aller au réveil de nos souvenirs, nous regrettions de ne pas voir la pompe sacrée se développer sous les merveilleux arceaux de nos antiques monastères, sous ces voûtes si bien adaptées à nos rites et à nos cérémonies, il nous paraissait cependant que c'était presqu'une victoire nouvelle d'avoir plié à nos usages sacrés la rudesse de la barbarie moderne, et d'avoir répandu comme un charme de piété et de poésie chrétienne sur cet art de casernes et de cabanons !

D'ailleurs, en entrant dans la vénérable maison de Saint-Sulpice, com-

nent se préoccuper de la forme, quand le fond vous saisit et vous enve-
oppe de son irrésistible et douce séduction? J'ai dit séduction, et j'em-
loie ce mot à dessein : le moyen de nommer autrement l'ensemble de
es qualités si douces et si pénétrantes, de ces mœurs si affables, qu'on
lirait un héritage de Fénelon? Vous vous représenteriez difficilement, si
vous ne connaissiez de longue date Messieurs de Saint-Sulpice, le charme
et la simplicité tout apostoliques de l'hospitalité que Mgr l'Archevêque
le Paris, avec cette affabilité et cette bienveillance qui le distinguent,
nous a donnée de concert avec eux.

Je ne parle pas seulement de l'hospitalité de leur cœur et de leur
science, je ne parle pas des ressources de doctrines qu'ils nous ont offertes dans la personne de leurs canonistes et de leurs théologiens : je ne
parle pas de cette magnifique bibliothèque, une des plus rares, des plus
précieuses de France, toute composée, achetée, refaite depuis la révolution, création du célèbre M. Emery, et aussi d'un des plus doctes théologiens de ce temps, M. l'abbé Carrière, passion d'un de nos plus savants
bibliographes, M. l'abbé Caron, tous deux prêtres de la Compagnie de
Saint-Sulpice. Je veux parler du régime intérieur et de l'exécution pratique du décret *De modo vivendi in Concilio;* et je m'assure que ces petits détails qui, peut-être, paraîtraient minutieux à d'autres, seront pour
votre esprit chrétien un sujet d'édification véritable.

Oui, mon digne et respectable ami, c'est un spectacle qui porte avec
lui un grave enseignement que celui de ces vénérables Evéques, de ces
savants théologiens et canonistes, de ces hommes qui représentent ce
que l'autorité ecclésiastique a de plus élevé, ce que les sciences sacrées
ont de plus éminent dans la première ville de France, s'astreignant tous,
quelque fût le grand âge de quelques-uns, aux assujétissements de la vie
commune, couchant dans les modestes cellules d'un Séminaire, dociles à
la cloche, et revenant en un mot à cette existence si humble, si pauvre,
si sévère de leurs premières années d'études et de préparation au sacerdoce. Vous avez vu le règlement de la journée, le lever à cinq heures et
demie, et le partage rigoureux de chaque instant de la journée. Nous
avons eu jusqu'à onze heures de travail par jour, assis et délibérant. Dans
les rares intervalles, chacun se répandait sous les cloîtres ou dans le jardin, et se hâtait de profiter d'un moment libre pour aller réciter le bréviaire, ou bien se rendait à la chapelle pour y appeler, par la méditation
et la prière, une plus abondante rosée de bénédictions et de lumières sur
les laborieuses fatigues de la journée.

Au réfectoire, la frugalité la plus modeste : deux plats à déjeuner,
quatre au dîner et deux plats de dessert formaient tout l'ordinaire des
Evêques et de toutes les tables. Le silence le plus absolu régnait durant
le repas, et n'était interrompu que par la lecture à haute voix des saintes
Ecritures et de la Vie de saint Charles Borromée, le patron et le promo-
teur des Conciles provinciaux. On a lu particulièrement l'histoire des célèbres Conciles de Milan. Seulement le dimanche, au dessert, la sévérité

de la règle a été un peu adoucie : la conversation a été permise pendant quelques instants.

Et certes, je vous l'avouerai, un certain délassement, une certaine détente d'esprit était bien nécessaire après les travaux si sérieux et si multipliés du Concile. Aussi nous nous sommes réjouis de ce moment de conversation inattendue comme de jeunes séminaristes, lorsqu'on leur accorde cette faveur un jour de fête.

Combien je voudrais pouvoir vous donner une idée vraie et complète de l'activité calme et incessante ; de la persévérance opiniâtre et réglée ; de l'harmonie, de l'ensemble, et tout à la fois de la diversité d'études et de délibération, qui animaient, sans l'agiter, ce vaste laboratoire de doctrines, cet auguste foyer de science et d'autorité.

Congrégations particulières des Evêques, congrégations générales, commissions, sous-commissions, sessions, rouages différents et multipliés, se mouvant chacun à sa place, chacun selon sa loi, et aboutissant tous à une action commune, à un même but, à un centre unique. Vous avez lu ce que je pourrais appeler l'histoire des phases nombreuses que suit un décret avant d'arriver à la promulgation. Hé bien ! c'est la vérité dans sa plus rigoureuse exactitude : ç'a été la pratique constante, ininterrompue, religieusement observée. Et de plus, ce qu'on n'a pas su, c'est qu'indépendamment de ces épreuves si nombreuses, de cet examen si scrupuleux, quand le Concile en est venu à étudier et à condamner les erreurs contemporaines, le *panthéisme*, le *communisme*, le *mythologisme* et le *rationalisme*, une commission nouvelle de dix membres, prise parmi les plus éminents théologiens, a été chargée spécialement de la rédaction. Vous voyez de quelles garanties jalouses, si j'ose ainsi parler, la vérité doctrinale tient à s'entourer.

Voici, du reste, très-exactement, la nomenclature des diverses congrégations du Concile et les noms de ceux qui ont pris une part importante.

Il s'est tenu *sept congrégations générales*, où se trouvaient réunis, tous les Evêques, tous les théologiens et canonistes : ces congrégations se tenaient dans la grande salle du Concile ; c'est là que tous les décrets proposés étaient publiquement et longuement examinés. Deux secrétaires étaient constamment occupés à recueillir par écrit et à enregistrer toutes les observations.

Il y avait de chaque séance un procès-verbal, fait régulièrement, en latin, et lu au commencement de chaque séance suivante.

Il s'est tenu *vingt-quatre congrégations particulières* des Evêques. C'est là que tous les décrets étaient examinés, discutés, décidés. Deux secrétaires y assistaient aussi constamment. Le procès-verbal de chaque congrégation était fait aussi en latin et lu régulièrement.

Il s'est tenu enfin *trois grandes sessions* publiques dans la chapelle du Séminaire. C'est là qu'avaient lieu le vote, la promulgation des décrets, les prières et les cérémonies solennelles.

Il y avait en outre *neuf commissions spéciales* : cinq ordinaires et quatre xtraordinaires, et deux ou trois réunions par jour de plusieurs heures hacune. C'est là que tous les décréts étaient d'abord préparés, que haque question spéciale était étudiée à fond.

Chacune de ces commissions avait aussi son *secrétaire*, ses *procès-ver- aux réguliers*, et enfin son *rapporteur*. Le *rapport*, écrit le plus souvent n latin, était adressé à la *congrégation particulière* des Evêques.

Chaque commission était, du reste, présidée par un Evêque de la pro- ince.

Mgr de Blois présidait *la commission des décrets*; il avait nommé our vice-président M. l'abbé Carrière.

Mgr de Meaux présidait la *commission de la discipline*; il avait nommé our vice-président M. de Courson.

Mgr de Versailles présidait la *commission de droit canon*; il avait ommé pour vice-président M. Icard.

Mgr d'Orléans, à qui Sa Sainteté avait daigné adresser, relativement à on assistance au Concile provincial de Paris, un Bref spécial d'une ex- rême bienveillance, présidait la *commission des études ecclésiastiques* : avait nommé pour vice-président le P. de Ravignan.

M. l'abbé Parquer, procureur de Mgr de Chartres, présidait la commis- ion *de fide* : il avait nommé pour vice-président M. Galais, supérieur u Grand-Séminaire d'Issy.

Vous serez peut-être curieux de savoir quels étaient les théologiens ou anonistes attachés spécialement à chacun des Evêques :

A Mgr de Paris, MM. de Ravignan, Carrière, Gerbet, Annat, curé de aint-Merry.

A Mgr de Meaux, MM. Fleurnoy, vicaire-général de Meaux; Beautain, laire.

A Mgr de Versailles, MM. Lafaye, professeur de théologie morale; card, Corbières, curé de Passy.

A Mgr de Blois, MM. Morisset, vicaire-général de Blois; Rubillon, Le- asseur, supérieur des Prêtres de la Miséricorde.

A Mgr d'Orléans, MM. Benesch, supérieur du Grand-Séminaire et vi- aire-général d'Orléans; Galais, Hanicle, curé de Saint-Severin.

M. l'abbé Parquer, procureur de Mgr de Chartres, ne devait point, 'après le droit, amener avec lui de théologien au Concile.

Vous avez remarqué aussi avec quelle sagesse et quelle confiance l'E- lise appelle à ces Conciles tous les intéressés : ainsi les délégués des cha- itres; il y en avait sept au Concile de Paris; les curés, il y en avait uatre.

Tous les autres ecclésiastiques convoqués étaient ou des grands-vicai- es, ou des supérieurs de congrégations religieuses : comme MM. Lan- lois, supérieur des Missions-Etrangères; de Courson, supérieur de Saint- ulpice; Libermann, supérieur du séminaire et de la congrégation du aint-Esprit; ou des supérieurs de grands et de petits séminaires; ou des rofesseurs de théologie, de droit canon et de philosophie.

Le savant abbé Lequeux, supérieur du grand-séminaire de Soissons, et auteur du *Manuale Juris canonici*, a pris part aux travaux du Concile en qualité d'assistant de Mgr l'Evêque de Troyes.

Je dois vous dire que tous les décrets ont été rendus à l'unanimité; et c'est ici le lieu de faire une observation que je ne craindrais pas de proposer à l'admiration et à la reconnaissance de tous les fidèles, parce qu'elle prouve mieux que toutes les paroles combien l'esprit de Dieu, l'esprit de paix et de charité dominait dans cette Assemblée : *Spiritu Dei aguntur*, comme dit admirablement l'apôtre; et la douce et forte impression de ces divines paroles s'est fait constamment sentir pendant ces saints et bienheureux jours.

La composition du Concile vous a montré que ses membres venaient, si je puis ainsi dire, des quatre points de l'horizon, et vous savez que dans bien des questions ils n'avaient pas toujours été d'accord. Eh bien! vous ne sauriez vous figurer la douce et franche cordialité qui s'est établie entre eux dès le premier jour, et qui n'a pas été troublée un instant même au milieu des discussions les plus graves, les plus difficiles, les plus épineuses. Tous au contraire, en se connaissant davantage, se sont mieux appréciés : l'amour du bien, sentiment commun à tous, a opéré bien des rapprochements et a cimenté une heureuse concorde. La liberté de la discussion était complète et entière; et je puis dire qu'elle a été poussée à ses dernières limites, mais toujours avec une réserve, une modération, une aménité dont je suis demeuré profondément touché et édifié.

Dans chaque réunion, chacun était interrogé à son tour par son nom, se levait, répondait. On ne peut imaginer une simplicité plus vraie, une sobriété de parole plus grande, une appropriation de termes et de raisons plus remarquable. On allait droit au fait, rapidement, clairement, et je vous avoue que j'ai été extraordinairement frappé en entendant toutes ces observations qui étaient consignées dans les procès-verbaux avec le soin le plus exact, de la netteté et de la vigueur de l'argumentation.

On parlait en français; mais tout se résumait dans la langue sainte, en latin.

A ce sujet, il se rencontrera peut-être quelque rhétoricien de collége à qui l'idiome de nos décrets ne conviendra pas, et qui du haut de son petit savoir leur reprochera de n'avoir pas les formes cicéroniennes. Il y a d'abord une réponse assez péremptoire à cette querelle d'école : comment exprimer dans la langue de Cicéron des choses dont Cicéron n'avait pas même l'idée? Le Concile de Paris, dans ses décrets, a parlé la langue de l'Eglise; il a moins cherché à se rapprocher du beau langage de Cicéron. que de la langue sainte des saint Léon, des Grégoire-le-Grand, nos Pères dans la foi.

Voilà, mon vénérable ami, quelques-uns des traits qui caractérisent pour moi, qui caractériseront, pour l'Eglise, cette première réunion des Conciles provinciaux dans notre chère France, ce réveil des Assemblées épiscopales après trois siècles de silence!

Ah! quand on assiste à ce beau et consolant spectacle, on se sent pris plus que jamais de vénération et d'amour pour cette Eglise catholique qui allie à un si merveilleux degré ces deux grandes choses qui sont tout dans le gouvernement des hommes, l'AUTORITÉ et le CONSEIL chez les uns, la *liberté* et le *respect* chez les autres.

Tandis qu'ailleurs les assemblées délibérantes ne savent être trop souvent qu'insolentes ou serviles, ici la liberté la plus entière dans la délibération se joint au respect le plus sincère pour l'autorité.

Tandis qu'ailleurs l'autorité n'est trop souvent que tyrannique ou abaissée, ici elle s'entoure avec confiance de tous les avis, de tous les conseils, et elle demeure souveraine, souveraine dans l'initiative, souveraine dans la décision, souveraine sans faiblesse et sans arbitraire ; la sagesse l'éclaire et l'esprit de Dieu l'inspire : *Ibi sapientia, ubi plurima consilia,* selon la parole profonde de l'Esprit saint.

Aussi, mon cher ami, les empires et les dynasties passent, les sociétés changent, le monde vieillit et s'use comme un vêtement, et l'Eglise demeure, et sa jeunesse se renouvelle comme celle de l'aigle !

Allocution de Mgr l'Archevêque de Paris à l'ouverture du Concile.

VÉNÉRABLES PÈRES ET COLLÈGUES BIEN-AIMÉS,
MESSIEURS ET CHERS COOPÉRATEURS,

Dieu exauce en ce moment un de nos vœux les plus ardents et les plus anciens. Qu'il en soit à jamais béni ! Le premier besoin de notre cœur, plein de joie et d'espérance est de s'élever vers l'auteur et le consommateur de tout bien ; nous le remercions de nous avoir tous conduits comme par la main dans cette sainte Assemblée ; nous le prions d'achever son œuvre en demeurant, selon sa promesse, au milieu de nous, et nous éclairant de sa lumière, en nous donnant son esprit de sagesse et de force, afin que l'Eglise et la société agitées à la fois par de si violentes tempêtes, puissent trouver peut être quelque remède dans cette réunion dont l'importance serait déjà assez grande, quand même elle ne ferait que marquer le premier pas dans cette voie ancienne, mais nouvelle aujourd'hui, où la Providence nous fait entrer. Oui nos Conciles peuvent, en faisant le bien de l'Eglise, coopérer aussi d'une manière efficace au salut de la société. On a beau vouloir séparer ces deux cités, nier les rapports qui les unissent et les proclamer absolument indépendantes l'une de l'autre ; vains efforts ! On ne tarde pas à s'apercevoir qu'il faut à la société temporelle comme à la spirituelle une base divine, et que semblable à deux grands arbres distincts mais unis par les mêmes racines, ces deux sociétés vivent des mêmes principes et n'ont qu'une même sève. On ne l'a que trop vu. La sagesse humaine avait voulu édifier à elle seule la cité terrestre. Elle se glorifiait des combinaisons savantes qu'elle avait trouvées. Elle montrait avec orgueil ses armées, ses remparts, les progrès de son industrie, l'abondance de ses richesses. En un clin d'œil cette force matérielle s'est évanouie. Au premier souffle de la tempête tout s'est écroulé. Et ce n'est pas seulement un empire, la forme d'une société qui a péri, non, mais l'orage ayant mis à nu les fondements même des Etats, on a vu que ces fondements étaient minés, et qu'on était menacé d'une ruine totale et d'une complète dissolution.

La leçon a été sévère, elle a été comprise, les cœurs les plus attachés à la terre se sont tournés vers le ciel. Semblables aux mariniers prêts d'être engloutis par les flots, dans la détresse ils ont invoqué Dieu, la force de son bras, le secours de sa religion.

La religion est donc la vie des sociétés humaines. Avec elle la paix, l'union des cœurs, la liberté véritable, la dignité de l'homme, l'amour et la défense des faibles, le dévouement, l'esprit de sacrifice, le soulagement de toutes les misères ; dans les lois la vérité, dans les pouvoirs la justice, dans les citoyens le respect de l'autorité. Sans elle l'égoïsme, le feu des passions, la soif des jouissances, le mépris dans les grands, la haine dans les petits, les discordes civiles, les guerres fratricides, plus de liens entre les hommes, plus de respect, plus d'ordre possible, plus de société.

Or, l'Eglise c'est la société religieuse constituée, c'est la religion divine elle-même pratiquée. Que l'Eglise perde de sa force, et aussitôt l'influence de la religion s'affaiblit. Restaurer l'Eglise dans les mœurs et la discipline c'est donc, en rendant à la religion toute sa force, travailler en même temps à la restauration de la société.

Il y a plusieurs siècles que par un déplorable vertige les conducteurs des peuples se sont efforcé d'entraver l'Eglise, de miner sa constitution, de diminuer son influence. On sait maintenant où cette marche a conduit le monde ; puisse-t-elle être à jamais abandonnée! Ils avaient peur de l'Eglise! ils la divisaient pour l'affaiblir! ils la séparaient autant qu'ils pouvaient de ses chefs; ils isolaient ses membres les uns des autres. Ils redoutaient surtout ces réunions où elle répare ses forces, corrige les abus, fortifie sa discipline, et par l'action de son admirable hiérarchie, resserre les liens de son unité. Cette Assemblée est une preuve vivante que les temps sont changés, et que plus de sagesse règne dans les conseils de ceux qui président aux destinées de la patrie. Montrons-nous reconnaissants, vénérables Pères et chers Coopérateurs, et en travaillant ici au bien de l'Eglise travaillons du même coup au bien de la société.

Il est un point essentiel que nous ne perdrons pas de vue dans ce Concile. Dans l'impossibilité de guérir à la fois tous nos maux, votre sagesse a dû s'attaquer d'abord à celui qui semblait le plus étendu et le plus dangereux. Il vous a paru que ce mal était l'affaiblissement du respect de l'autorité dans les âmes ; cet affaiblissement est, au fond, la grande maladie des temps modernes. Les sociétés se dissolvent faute de croire à l'autorité, de l'aimer et de la respecter. Dans l'Eglise, on y croit sans doute, mais on ne la respecte pas toujours. Le vent du siècle a aussi soufflé sur nous, il a apporté ses semences funestes. Des herbes folles ont poussé jusque dans le champ du Père de famille, il faut les arracher au plus tôt, si nous ne voulons pas qu'elles l'infectent de plus en plus. Heureusement, notre constitution est divine et l'Eternel est avec nous. Pour être forte et florissante, l'Eglise n'a besoin que d'être libre, c'est-à-dire d'être elle-même.

Vous allez ici, vénérables Pères et collègues bien-aimés, resserrer étroitement les liens de subordination, d'amour et de respect, qui nous unissent tous au Siége apostolique ; ce Siége a été un moment, pour le Pontife bien-aimé qui l'occupe, nous ne saurions l'oublier, semblable à la colonne où le Christ fut conspué et flagellé. Puisse l'expression de nos sentiments apporter quelque soulagement à sa douleur. L'autorité universelle du Chef de l'Eglise, émanation et représentation de celle de Jésus-Christ, est ici-bas la base et la racine de toute autorité spirituelle. C'est le premier anneau qui soutient toute la hiérarchie; c'est la pierre fondamentale sans laquelle l'édifice entier s'écroulerait.

Vous rétablirez ensuite la périodicité des saintes assemblées, dont l'interruption si prolongée a été la cause de tant de maux. Les Conciles sont la force et l'unité vivante de l'Eglise. Ils rappellent avec autorité les lois anciennes, ils donnent aux lois nouvelles que les Evêques croient nécessaires de porter, plus de force et de vigueur. Déposés aux pieds du Souverain Pontife, leurs décrets, déjà obligatoires par eux-mêmes, en tant qu'ils ne sont contraires ni aux lois générales de l'Eglise, ni aux constitutions du Saint-Siège, acquièrent, par sa confirmation et sa bénédiction, un caractère plus vénérable encore.

Le rétablissement des Synodes est comme une conséquence des Conciles provinciaux. Ils représentent l'unité diocésaine. L'autorité des Evêques s'y appuie sur l'union des cœurs et sur une sainte communauté de pensées et de sentiments qui lui assurent l'amour et le respect.

C'est dans le sein du Synode que chaque Evêque de la province, conformément aux prescriptions du saint Concile de Trente, promulguera d'ordinaire les résolutions arrêtées par le Concile provincial.

Vous aurez aussi, sans doute, dans cette première assemblée, à rappeler à ceux qui semblent l'oublier quelquefois, que le gouvernement de l'Eglise appartient aux Evêques. Ils sont les chefs du clergé et des fidèles. Les chapitres leur apportent le secours de leurs prières et de leurs conseils. Les curés les représentent à la tête des divers troupeaux disséminés sur toute l'étendue du diocèse. Les prêtres sont tout à la fois leurs enfants, leurs frères et leurs coopérateurs. Définissons tous ces admi-

....
.allerez à les rétablir, vénérables Frères, en vous efforçant de donner, s'il est
à nos diocèses des statuts communs, qui tireront de votre accord une grande

re respectée, toute autorité a besoin d'être réglée. L'arbitraire est un expé-
n'est pas une force. L'esprit et les institutions de l'Eglise le repoussent à la
 vous proposez de chercher dans cet esprit et dans ces institutions ce qui
ieux assurer à vos jugements l'équité, et à tous vos gouvernements la sagesse,
nie à la modération et à la miséricorde.
), vous le savez, vénérables et bien-aimés Confrères, a toujours tiré un lustre
r de la science de ses ministres. Aujourd'hui, cette science doit être plus forte
endue à cause des circonstances au milieu desquelles nous vivons. Nous ne
lus dans ces temps de foi où les éléments des connaissances divines pouvaient
 prêtres pour faire honorer son caractère. Le développement, sous plusieurs
 l'esprit humain, la diffusion de certaines lumières vraies ou fausses, la nale des attaques que l'incrédulité dirige contre la religion, lui font une néces-
grande que jamais, de s'instruire. Vous verrez s'il n'y aura pas quelque amé-
 apporter dans les études ecclésiastiques; former des prêtres savants autant que
 et assurer de la meilleure manière l'action salutaire de l'Eglise, c'est travailler
ommun, c'est faire ce qu'il y a peut-être en ce moment de plus important.
s grands maux de la société viennent de la mauvaise éducation des enfants :
 éducation dans la famille et trop souvent mauvaise éducation dans l'école.
ssi de ce côté notre sollicitude; travaillons de plus en plus à faire pénétrer
amille et dans l'école l'esprit religieux. Quel service n'aurons-nous pas rendu
 et à la société, si nous fondons des établissements où la jeunesse, mise à l'abri
anger, soit élevée dans la piété, sans laquelle toute science se corrompt; si
mentons le nombre des maîtres religieux et dévoués; si nous travaillons enfin
 une génération nouvelle, pénétrée des sentiments et des principes de la foi,
 de ces générations sans croyance, sans conviction, dont l'esprit flotte au gré
 s souffles de l'opinion et avec lesquelles il serait à jamais impossible de rien
 durable pour la gloire de l'Eglise ou pour la paix du monde.
onc bien grand, vénérables Pères et chers Confrères, il est bien salutaire le
rous vous proposez ici. Pour l'atteindre, nous n'avons rien négligé ni de ce
rit la sainte Eglise, ni de ce que conseille la prudence. Nous avons appelé au-
ous des hommes éminents que leur savoir et leur piété recommandent égale-
notre confiance. Théologiens et canonistes profonds, ils sont prêts à nous

Allocution de Mgr l'Archevêque de Paris à la clôture du Concile.

VÉNÉRABLES PÈRES ET VOUS TOUS, BIEN-AIMÉS COOPÉRATEURS.

Nous voici donc arrivés à la fin de notre sainte entreprise. Pourrais-je me séparer de vous sans vous adresser une dernière fois la parole et sans essayer de vous exprimer quelque chose de cette joie et de cette reconnaissance qui ont rempli mon âme durant ces jours de bénédiction, et qui en débordent en ce moment? Ah! béni soit le Seigneur qui nous a donné la pensée de cette sainte réunion, et qui nous a soutenus jusqu'au bout dans les labeurs de son exécution!

Nous nous trouvons déjà mille fois payé de nos peines. Quelles pieuses émotions, et, en même temps, quels sublimes enseignements dans nos saintes cérémonies et dans toutes ces paroles que l'Eglise mettait sur nos lèvres et qu'elle faisait pénétrer dans nos cœurs. Dans nos intimes et fréquentes communications avec nos vénérables collègues, quand nous recevions dans notre âme les douces effusions de leur charité, quand nous voyions cet accord des volontés, cet ensemble de vues, cette parfaite union qui présidaient à toutes nos délibérations, nous ne pouvions pas douter que l'oracle divin ne fût accompli, car nous sentions la présence réelle de l'Esprit saint au milieu de nous. Elle se faisait également sentir, cette divine influence, bien-aimés Coopérateurs, au milieu de la paix et des douceurs de notre vie commune, quand nous étions les témoins de votre piété, et ensuite lorsque, dans l'examen et la discussion de nos décrets, nous entendions vos sages avis. Ah! nous n'oublierons jamais cette ouverture de cœur, cette franchise, cette sainte liberté, et puis cette gravité, ce respect, et tous les admirables tempéraments que vous saviez mettre dans vos discours! Vous parliez en présence de Dieu, et non en présence du monde, pour accomplir un devoir, non pour satisfaire des passions ou pour recueillir des applaudissements.

Ah! que j'aurais voulu que les adversaires de l'Eglise et de nos Conciles fussent témoins de ce spectacle! Ils auraient compris la force de nos divines institutions. Ils auraient vu que l'Esprit de notre Seigneur Jésus-Christ est toujours vivant et agissant au milieu de nous. Dotée d'une inébranlable constitution, appuyée sur l'immutabilité de son doyen et sur cette admirable discipline qui sait s'adapter aux besoins de tous les temps, l'Eglise parcourt sa destinée en ce monde, portant dans son sein des principes divins de rénovation et d'éternelle jeunesse.

Que de fois elle a vu, dans les dix-huit siècles de son existence, l'erreur et la passion conjurées contre elle, ses ennemis proclamant sa chute, son empire presque entièrement envahi! A ces attaques et à ces maux extérieurs venaient se joindre la langueur de ses propres membres, des plaies hideuses qui les défiguraient, des divisions intestines qui paralysaient toute énergie et semblaient aussi annoncer la mort. Mais ce sommeil n'est jamais long. L'Eglise se réveille le plus souvent au bruit des révolutions et des bouleversements de la société pour la régénérer et la guérir de ses blessures. Dans la tempête, ses ennemis, semblables au Pharaon de l'Ecriture, ont été engloutis dans les flots. Ces fiers réformateurs, qui, dans le cours des siècles, semblaient tenir le gouvernail du monde, ont fait naufrage, et c'est à peine si on aperçoit à la surface de l'histoire leurs misérables débris. Pour l'Eglise, elle renaît en quelque sorte, elle reprend une nouvelle vie là où les sociétés humaines trouvent la dissolution et la mort, elle puise dans ses malheurs et dans les malheurs du monde une vigueur nouvelle, elle se dépouille de toutes les souillures qui pouvaient ternir sa beauté, elle se dégage des entraves qui diminuaient sa force en gênant ses mouvements, elle marche, foulant aux pieds l'erreur et annonçant aux peuples, victimes ou jouets de vains systèmes, que la vérité seule demeure éternellement.

Je disais en commençant, vénérables Pères et Collègues bien-aimés, que nous avions achevé notre entreprise; mais non, je me suis trompé, notre entreprise n'est encore qu'à son début. Nous n'avons fait que le premier pas dans la carrière où nous venons d'entrer. Ce pas, à la vérité, était le plus difficile; mais à quoi servirait de s'être avancé si nous n'allions jusqu'au bout? Nous avons posé la première pierre de l'édifice, c'est par de nouveaux efforts que nous le continuerons et que nous l'achèverons. Sur le fondement de ces salutaires décrets que le Concile actuel a sanctionnés, d'autres décrets s'élèveront sanctionnés par les Conciles qui vont suivre, jusqu'à ce que toutes les choses ecclésiastiques, dans leurs diverses parties, soient restaurées et tous les besoins de nos églises satisfaits.

Et puis, il ne suffit pas de faire des lois. Il faut veiller à leur exécution. Nous aurons besoin pour cela, vénérables Pères et chers Collègues, de persévérance et de force. Les abus sont comme des serpents qui glissent dans la main qui les presse pour les étouffer, ou comme des herbes mauvaises qu'on a beau arracher, mais qui repoussent sans cesse. C'est ici, vénérables Pontifes et Frères, qu'apparaît principalement l'utilité de nos saintes assemblées. Elles donnent à chacun de nous une force nouvelle, soit pour la condamnation, soit pour la correction des abus. Ce ne seront plus nos propres lois, mais les lois du Concile que nous aurons à faire exécuter. Appuyée sur cette base de la province ecclésiastique, notre autorité sera à la fois plus féconde, plus forte et plus tempérée.

Il ne me reste plus, vénérables Pères et Collègues, et bien-aimés Coopérateurs dans les travaux du Concile, qu'à rendre à Dieu de solennelles actions de grâces pour l'issue heureuse qu'il a donnée à cette première réunion épiscopale. Je dois le remercier en particulier de tout le bonheur que m'ont procuré ces jours passés avec vous dans une si étroite et si douce communauté de pensées, de prières et de sentiments. Recevez aussi nos remercîments, Prélats vénérables, qui avez bien voulu venir nous aider de vos conseils, et vous aussi qui, par votre présence, rehaussez l'éclat aujourd'hui de cette solennité et nous apportez le concours de vos prières et de vos vœux. Et vous en particulier, auguste représentant du Pontife suprême, de notre bien-aimé et commun Père, recevez l'expression de notre plus vive reconnaissance. Nous voyons en vous celui qui n'a jamais cessé d'être un instant, surtout quand il était l'objet de tant d'ingratitude, d'être présent à notre esprit et à notre cœur. Ah! dites-lui notre amour filial et notre tendre dévouement; dites à Pie IX qu'une des joies qui ont pénétré nos âmes dans ce Concile, c'est la pensée qu'il en pourrait recevoir quelque consolation.

Nos décrets vont être déposés à ses pieds; notre devoir est de les lui soumettre; notre espérance, fondée sur sa paternelle bonté, est qu'il daignera les bénir et encourager par cette précieuse faveur les premiers efforts que nous venons de tenter pour le bien de nos Eglises et aussi pour le bien de cette société si troublée au milieu de laquelle la Providence nous a placés.

L'Assemblée est de retour; 486 membres ont répondu à l'appel nominal. Du reste séance de rentrée, séance nulle. Le public paraissait désorienté. Autrefois, il y avait de l'apparat : le chef du pouvoir se rendait en pompe au sein du parlement. Il lisait un discours, défi du ministère à l'opposition, champ-clos où devaient se livrer les tournois politiques et les batailles de portefeuille. Aujourd'hui, avec une assemblée permanente, il n'y a plus de ces grands jours : le message du Président n'est même obligatoire qu'une fois en trois ans.

La première heure s'est donc passée d'une manière fort simple et fort monotone à un scrutin destiné à constater le nombre des membres présents. Pendant ce temps, les représentants échangeaient des salutations et des poignées de main : les futurs antagonistes se mesuraient de l'œil et reprenaient avec leurs places le souvenir de leurs luttes interrompues et de leurs antipathies ajournées.

La gravité et l'attention ne sont revenues que quand M. Dupin a annoncé la mort de M. Ravez, en prononçant quelques paroles d'éloge bien senties auxquelles l'Assemblée s'est unanimement associée; et quand il a ensuite déclaré qu'on allait entendre une communication du gouvernement.

MM. les ministres des affaires étrangères, de la guerre et de la marine sont venus successivement demander des crédits pour l'expédition de Rome. Cette demande équivaut à un discours du trône : elle trace l'arène où la gauche brûle de descendre, et elle a, par le fait, suppléé aux interpellations qui grondaient déjà et s'amoncelaient comme des nuages sur les sommets de la Montagne.

Cette demande de crédit sera renvoyée à une commission unique et spéciale qui sera nommée dans les bureaux.

Il fallait pourtant bien que le naturel, chassé momentanément, revînt au galop. Il est rentré subitement en scène par l'entremise de M. Marlardier, un instituteur de la Nièvre, lequel voulait avoir raison du ministère à propos du *régime des prisons.* « Précisez, a dit M. Dufaure, et je verrai si je peux répondre immédiatement. » De l'explication assez embrouillée de M. Malardier, il résulte que son grand grief se réduit à s'être vu refuser la porte de la prison où réside, pour un mois, un sien ami condamné pour délit de presse. Cet ami aurait été conduit triomphalement en prison, et le sous-préfet n'aurait pas voulu que le triomphe recommençât à l'occasion de M. Malardier. « Triomphe ! a repris M. Malardier, il n'avait été accompagné que par quatre ou cinq amis ! »

L'Assemblée a ri de cette entrée en campagne : la gauche, assez peu flattée du début, n'a pas même relevé son orateur, et M. Dupin, ayant lu l'ordre du jour de demain qui comporte le renouvellement du bureau, a levé la séance.

UN SCANDALE AU THÉÂTRE DE LA PORTE SAINT-MARTIN.

Chaque époque de licence et de crime a laissé dans l'histoire de l'art dramatique de hideux vestiges de son passage. La première révolution et celle de 1830 nous ont légué dans ce genre d'odieuses spéculations qui étaient un appel à toutes les passions violentes, et n'avaient d'autre assaisonnement que le cynisme ou l'impiété. La révolution de 1848 n'a pas voulu déroger vis-à-vis de ses sœurs. Elle avait déjà étalé sur la scène les longues douleurs d'une royale famille qui ne sort de sa captivité que pour monter sur l'échafaud. Les petits-fils des bourreaux de Louis XVI avaient pu raviver à ce spectacle leurs haines héréditaires et s'abreuver d'un sang qu'ils regrettaient peut-être de n'avoir point versé. Aujourd'hui c'était le tour d'une Majesté plus haute encore. Livrer à la curiosité publique, et sur un théâtre des boulevards, la vie d'un Pape, serait déjà une infamie, quand même le sujet, remontant à une époque éloignée, irait se perdre dans la plus lointaine antiquité ! Mais quand le chef de l'Église est vivant encore ; quand ce chef vénéré s'appelle Pie IX ; quand il porte avec tant de dignité la triple couronne de la royauté, de la religion et du malheur ; quand ses illustres infortunes ont ému toutes les nations, et que notre vaillante armée a été relever son trône, au prix de son sang ; enfin, quand toute la diplomatie s'agite encore pour ramener dans la capitale le noble exilé de Gaëte, en vérité l'on se demande si la France a perdu le sens moral, et l'on ne sait quel nom donner à la sacrilège audace qui a pu trouver dans de pareils faits la matière d'un mélodrame.

Les sentiments de la pudeur, même 'la plus vulgaire, ont été foulés aux pieds dans cette pièce *de Rome*, dont tous les journaux nous apportent aujourd'hui l'analyse. Les auteurs, car ils étaient deux pour mener à terme ce beau chef-d'œuvre, nous déroulent toute la vie du Pontife, au camp sous l'habit d'un lieutenant de dragons, au séminaire où on le fait entrer poussé par je ne sais quelle vocation de mélodrame ; dans son évêché d'Imola, sous la pourpre romaine, et enfin la tête ceinte de la tiare, dans la cérémonie de son couronnement, jusqu'à ce que la conspiration de l'enthousiasme et de l'ovation le précipite de son trône. Rien ne manque au sacrilége. Les cardinaux, les symboles religieux, la croix, et tout ce que le catholique vénère, figurent dans cet odieux travestissement. On s'est fait comme un jeu de profaner tout ce que nous aimons, tout ce que nous respectons.

Faut-il s'étonner après cela que les instincts pervers se soient donné rendez-vous à cette inconcevable orgie du talent. Une fois la pièce arrivée à la révolte contre le Pape, les sympathies démagogiques ont éclaté librement. On a battu des mains en l'honneur du peuple soulevé contre son bienfaiteur. En revanche, l'assassinat de l'infortuné Rossi, mis sous les yeux des spectateurs, quand sa famille porte encore son deuil, a été accueilli par des sifflets, qui signifiaient probablement que les apôtres de la République universelle sont incapables de recourir au poignard. Les noyades de Nantes, les mitraillades de Lyon et les massacres des Carmes sont là pour le prouver au besoin. Une fois la carrière ouverte, les passions s'y sont élancées à toute bride. Les discours des Triumvirs romains, répondant au bruit du canon français par l'évocation de la Convention, l'apothéose de Mazzini, le rôle de Garibaldi, vêtu de sa blouse couleur de sang, ont excité des applaudissements frénétiques. Et puis enfin, au dernier tableau, quand notre armée victorieuse est entrée dans Rome, pour suprême outrage, les misérables qui s'étaient emparés du théâtre, ont sifflé et poursuivi par des huées l'uniforme français. C'est la première fois que le drapeau de notre patrie a subi une pareille offense ; tant il est vrai que la passion révolutionnaire tue jusqu'à l'instinct national.

Hâtons-nous de le dire pour l'honneur de notre pays, tous les spectateurs honnêtes qui étaient dans la salle ont manifesté leur indignation d'une manière si prononcée, qu'une lutte déplorable était imminente, si l'on n'avait coupé court au dénouement, en supprimant la moitié du dernier tableau. Non, ce n'est pas le vrai peuple qui a salué d'applaudissements forcenés les ennemis de la France. Ce n'est pas le vrai peuple qui a insulté le glorieux uniforme de notre armée ; c'est la lie des clubs, ce sont les janissaires enrégimentés de la démagogie. Mais que dire de l'autorité qui n'a pas su ou n'a pas voulu prévenir un pareil scandale ? Les catholiques demanderont à M. le ministre de l'intérieur un compte sévère de cette longue profanation qu'il pouvait empêcher. Quant à la radieuse figure de Pie IX, l'outrage n'est point monté jusqu'à elle. Il est important de remarquer qu'on n'a pu insulter le Chef de l'Eglise, ses hautes vertus et ses malheurs si noblement supportés, sans que le mépris de toutes les convenances ait été tout à la fois un outrage envers la religion, une insulte au sentiment national et une démonstration menaçante pour la paix publique.   H. D.

Le *Giornale di Roma* du 20 et l'*Osservatore romano* du 19, contiennent le manifeste du Pape et la notification des cardinaux relative à l'amnistie. On lit dans la dernière de ces deux feuilles :

« Malgré tous les efforts des agitateurs, la population de Rome se maintient dans une tranquillité digne, en admirant les dispositions que l'on prend constamment pour le rétablissement complet de l'ordre et du bien public. M. de Corcelles, ambassadeur de France près le Saint-Siège, est arrivé hier à Rome.

On écrit de Rome, le 20 septembre, au *Nazionale* de Florence :

« On parle de certains projets de nous faire tous protestants. Il ne manquerait plus que cela. Une brochure a paru dans ce sens, beaucoup de curieux la lisent. Les Français continuent à faire preuve de la plus rigoureuse discipline. On dirait qu'ils sont tous enfants de saint Ignace. On dit qu'il y a eu tentative d'assassinat sur la personne du Cardinal della Genga. Le coup a été manqué, mais les assassins ont juré qu'ils le frapperaient plus sûrement une autre fois. »

Ceux des gardes nobles qui se trouvent dans les provinces ont été invités à se rendre à Rome sans retard. On suppose que ce corps ira rejoindre le Pape à Bénévent, puis à Lorette, où Sa Sainteté fixera sa résidence pour un temps qui n'est pas déterminé. On ajoute que le Pape n'aura aucun représentant au congrès que l'on disait devoir être tenu à Trieste, et cela pour prouver que Sa Souveraineté sur les Etats romains est indépendante de toute influence diplomatique.

NAPLES. — Le Pape a visité, le 13 septembre, le grand hôpital de Naples, connu sous le nom d'*Albergo de Poveri*.

Deux jours après, il s'est rendu par mer à l'église de la Sainte-Vierge de Pie-di-Grotta, et ensuite au monastère de Saint-François, qui est sous la juridiction du Nonce apostolique, et au couvent de Sainte-Thérèse à la Chiaja. Une foule immense n'a cessé d'accompagner le Saint-Père.

Garibaldi est parti le 16 pour Tunis sur un bateau à vapeur de l'Etat ; le gouvernement sarde lui a fait compter 2,000 fr. pour secourir sa famille et lui assure une pension de 300 fr. par mois, sur laquelle on lui en a avancé 1,200. On s'est obligé, de plus, à pourvoir aux besoins de sa mère. On voit que le gouvernement n'a voulu donner aucun prétexte aux clameurs de l'opposition.

NOUVELLES RELIGIEUSES.

DIOCÈSE DE PARIS. — M. Etienne, supérieur-général des Lazaristes et des Sœurs de Saint-Vincent-de-Paul, vient de visiter les divers établissements de la Bretagne placés sous sa direction.

— Les ouvriers restaurent en ce moment le monument expiatoire érigé, rue d'Anjou-Saint-Honoré, à la mémoire de Louis XVI et de la reine Marie-Antoinette.

— Dimanche soir a eu lieu, au Grand-Séminaire diocésain de Saint-Sulpice, l'ouverture de la retraite pastorale du clergé de Paris. L'hymne *Veni, Creator*, a été chanté avant la grand'messe dans toutes les églises, à l'effet d'attirer les bénédictions du ciel sur cette retraite ecclésiastique, qui sera présidée par Mgr Sibour, Archevêque de Paris, et prêchée par le R. P. Barrel, de la Compagnie de Jésus.

DIOCÈSE D'ALGER. — Nous lisons dans l'*Akhbar*, du 18 septembre : « Mgr l'évêque est allé hier visiter l'hôpital du Dey. Il a parcouru les salles des cholériques, s'est arrêté auprès de chacun d'eux, et leur a donné à tous une bonne parole, une espérance ou une bénédiction. Le prélat a félicité les officiers de santé et les infirmiers du zèle courageux qu'ils avaient montré depuis le commencement de l'épidémie.

DIOCÈSE DE BESANÇON ET DE LYON. — On lit dans le *Journal de l'Ain* : « On annonce, pour le mois d'octobre, un Concile à Besançon ; au mois de novembre, S. Em. le cardinal de Bonald, primat des Gaules, ouvrira le sien dans la métropole de Saint-Jean. A Reims, à Toulouse, les métropolitains se préparent à imiter Mgr l'Archevêque de Paris. » On sait que le Concile de Reims ouvrira le 1er octobre prochain à Soissons.

DIOCÈSE DE MOULINS. — Le corps du vénérable évêque de Moulins a été transporté de sa terre où il est mort dans une chapelle ardente du palais épiscopal.

Après la mort de Mgr de Pons, le Chapitre s'est réuni et a nommé vicaires-capitulaires MM. Holain et Jacquet. M. l'abbé Lescure a été institué official du diocèse.

DIOCÈSE D'AVIGNON. — Autant la population avignonaise était affligée des retards que subissait l'affaire des Sœurs hospitalières de Saint-Joseph, autant elle apprendra avec plaisir qu'enfin ses vœux et la persévérance de son conseil municipal à en poursuivre la réalisation vont être couronnés d'un plein succès.

Déjà une commission administrative, composée d'hommes remarquables par leur intelligence, leur zèle et leur dévouement aux intérêts de la ville et des pauvres, a remplacé l'ancienne commission des hospices.

La nouvelle commission ne trompera point l'attente du public.

M. le préfet lui-même entre réso'ument dans les mesures réparatrices, il a invité M. le maire à réunir le plus tôt possible la nouvelle commission administrative, afin 1° d'aviser aux moyens de réintégrer les dames de Saint-Joseph à l'hôpital ; 2° et, en attendant qu'on puisse y disposer un logement convenable pour les recevoir, de s'entendre avec Mgr l'Archevêque pour qu'il autorise ces dames à reprendre immédiatement le service et à prodiguer aux pauvres malades leurs soins et leurs consolations.

SUISSE. — Le concours des pèlerins à Einsiedlen, canton de Schwytz (Suisse), le jour de la Nativité de la Vierge, a été immense, et un certain nombre n'a pu trouver à se loger dans les maisons, ce qui depuis bien long-temps n'était arrivé. Il y a eu huit mille communions ce jour-là. Presque toutes ces personnes appartenaient à la Suisse. Le 14, fête de la Consécration des Anges, l'affluence a de nouveau été très-considérable, mais cette fois-ci les pèlerins arrivaient en grande partie de l'étranger ; il y avait surtout une grande quantité de Badois.

NOUVELLES ET FAITS DIVERS.

Les principaux membres du Concile provincial de Saint-Sulpice se sont rendus à l'Elysée, et ont été présentés au Président de la République par Mgr Sibour, Archevêque de Paris.

— Les ministres se sont réunis aujourd'hui à l'Elysée-Bourbon, sous la présidence de M. Louis-Napoléon Bonaparte. Le différend survenu entre les deux grandes puissances du Nord et la Turquie ont été l'objet de leurs délibérations.

—La maladie qui a retenu M. le président du conseil trois semaines à la campagne de Bougival est une affection grave de la vessie. M. Odilon Barrot a dû pendant ce temps subir une opération, à la suite de laquelle quelques fragments de pierre ont été extraits. Il se pourrait que cette maladie laissât des suites qui ne lui permettraient pas de se livrer aux travaux excessifs que la permanence de l'Assemblée législative exige des ministres.

— On lit dans l'*Evénement* :

« Il paraît vrai que M. Marrast serait assez disposé à accepter l'ambassade des États-Unis, et que le ministère, ou du moins une partie du ministère, l'aurait proposé pour ce poste. »

— L'inauguration de la section du chemin de fer de Saint-Quentin aboutissant à Chauny est fixée au 7 octobre.

— Des nouvelles arrivées aujourd'hui de Londres annoncent que les réfugiés compromis dans l'affaire du 13 juin sont décidés à ne pas se présenter devant la haute-cour de Versailles.

— M. le comte Xavier de Mérode a reçu le 8 septembre, jour de la Nativité, l'ordre de la prêtrise à Rome, et il a célébré sa première messe, il y a eu dimanche huit jours, sur le tombeau de saint Pierre.

— L'Académie des Beaux-Arts de l'Institut a jugé, dans sa séance du 29 septembre, le concours des grands prix de peinture. Les prix obtenus sont :

1er grand prix à M. Rodolphe Clarancé-Boulanger, de Paris, âgé de vingt-cinq ans, élève de MM. P. Delaroche et Jollivet.

2e grand prix à M. Charles-Camille Chazal, de Paris, âgé de vingt-quatre ans, élève de M. Drolling.

L'exposition publique des prix décernés en sculpture, en paysage, en architecture et en peinture, aura lieu à l'école nationale des Beaux-Arts, du dimanche 30 septembre au dimanche 7 octobre inclus, de dix heures du matin à quatre heures du soir.

— On pratique en Belgique ce qui n'est encore qu'en projet chez nous, relativement à l'interdiction des logements insalubres : deux maisons de Tournai viennent d'être mises *sous le scellé* par l'autorité.

BULLETIN POLITIQUE DE L'ÉTRANGER.

Les préparatifs du siège de Comorn augmentent tous les jours. On évalue à 90,000 hommes l'armée austro-russe qui cerne la forteresse sur une circonférence de 10 milles d'Allemagne (environ 70 kilomètres). On élève des batteries des deux côtés; les assiégés s'exercent au tir; les assiégeants accumulent des gabions et des fascines, élèvent des retranchements, transportent les canons et les munitions. On prétend que le 4 octobre, jour de la fête patronale de l'empereur, on ouvrira la tranchée ; le général d'artillerie Nugent est chargé de la direction des opérations. Beaucoup d'officiers du génie étrangers arrivent pour être témoins de cette grande opération de guerre. Néanmoins tout espoir d'une reddition sans effusion de sang, n'est pas encore perdu.

Le conseil de guerre de la forteresse s'est réuni à plusieurs reprises pour dé-

tre les conditions proposées par le gouvernement autrichien. S'il faut en croire
ne correspondance adressée à la *Réforme allemande*, ces conditions, tout en
remettant une amnistie complète au simple soldat, n'accordent aux chefs comme
maximum de faveur que le bannissement avec confiscation de fortune. Si ces
détails sont exacts, on comprendrait jusqu'à un certain point la détermination
des assiégés de vendre chèrement leur défaite qu'ils savent être inévitable. Mais
il est permis de croire qu'avant d'en venir à l'extrémité de sacrifier un grand nom-
re de soldats et de détruire une des plus belles forteresses de la monarchie, on
e départira de l'extrême rigueur de l'ultimatum, si tant est qu'il existe.

Le mouvement de retraite des troupes russes de la Hongrie continue sur beau-
up de points. Beaucoup d'officiers hongrois des honveds sont admis, dit-on,
vec leurs grades dans l'armée de Russie.

Le corps d'observation de l'armée autrichienne qui se forme sur les frontières
le la Suisse, dans le Tyrol, sous le commandement du prince Charles de Schwartzenberg, sera porté, dit-on, à 22,000 hommes. Un autre corps plus considérable
e concentre en Bohême, sous les ordres de l'archiduc Albert. L'armée d'Italie
oit être remise sur le pied de guerre.

L'état de siège de Vienne ne sera point levé dans quelques jours comme on
'avait annoncé.

Dans les conférences militaires, qui ont lieu sous la présidence du maréchal
Radetzki, on a résolu, à l'unanimité, que l'état de siège ne pouvait encore
cesser.

La seconde chambre de Prusse a adopté un amendement portant qu'en cas de
onflit entre les deux chambres, c'est-à-dire si l'une rejetait et l'autre adoptait
le budget, les impôts continueraient à être perçus par le gouvernement sur les
bases du budget de l'exercice précédent, tant que durerait le conflit.

La chambre des députés de Turin a voté un crédit de 60 millions pour remplir
es stipulations financières du traité de paix avec l'Autriche. Le ministère demandait que le crédit fût de 75 millions. La chambre a renvoyé à une commis-
ion l'examen d'un projet de loi qui permettrait au ministère de liquider l'affaire
ans la porter de nouveau devant le Parlement. Au fond, la chambre est bien
écidée à payer, car elle ne voudrait pas s'exposer aux conséquences d'un re-
ard dans le paiement des termes échus de l'indemnité; mais, fidèle à son sys-
ème de taquinerie, elle n'a pas voulu donner immédiatement toute la somme
xigée. Elle veut multiplier les discussions et les attaques, afin de lasser la pa-
ience du ministère, et vaincre de guerre lasse; calcul qui sera déjoué par la
rmeté des ministres et celle du roi.

Le jour de la Saint-Michel a eu lieu une réunion à Guildhall, ayant pour ob-
et l'élection du lord-maire de Londres pour l'année qui va suivre. Après les
réliminaires usités, le recorder a annoncé que l'élection avait désigné l'alder-
man Farncomb pour lord-maire pendant l'année prochaine. Ce résultat a été
alué par de vifs applaudissements.

L'empereur de Russie a envoyé le prince de Radzivill à Constantinople pour
emander l'extradition des réfugiés hongrois, en déclarant qu'un échec sur ce
oint équivaudrait pour lui à une déclaration de guerre. La Porte, après un premier refus, a répondu à l'ultimatum qui lui était présenté par la Russie, qu'elle
'avait rien à changer à sa résolution. Dans son désir de conserver la neutralité,
t par respect pour les devoirs sacrés de l'hospitalité, elle ne peut, dit-elle, con-
entir à livrer les individus qui avaient cherché un asile dans ses Etats, surtout
orsque cette demande lui a été faite en vertu d'un traité qui avait été violé dans
maintes occasions, tant par la Russie que par l'Autriche.

Depuis trois ou quatre jours, la Porte ne cesse d'envoyer des troupes à son armée du Danube. Les renforts partis jusqu'ici s'élèvent à plus de 20,000 hommes.

M. Canning, ambassadeur de la Grande-Bretagne, soutient la Porte avec chaleur; c'est lui qui l'a poussée à prendre cette attitude énergique. Il est vivement secondé par le général Aupick.

On lit dans le *Courrier de Marseille*, du 27 septembre :

« Le bruit a couru à notre Bourse qu'un conflit grave s'était manifesté à Constantinople après le départ du bateau à vapeur. On donnait comme nouvelle positive que les ambassadeurs de Russie et d'Autriche avaient, après la réponse du divan, amené leur pavillon. »

ASSEMBLÉE LÉGISLATIVE.

SÉANCE DU 1er OCTOBRE.

Présidence de M. DUPIN.

A deux heures un quart la séance est ouverte. On remarque parmi les membres présents M. le général Oudinot.

L'absence de M. de Falloux était l'objet de toutes les conversations ; on se demandait avec intérêt des nouvelles du ministre, et on apprenait avec plaisir que sa santé se rétablit chaque jour.

On procède à l'appel nominal.

M. LE PRÉSIDENT. Le nombre des membres présents est de 486. (Murmures sur quelques bancs.)

Je dois informer l'Assemblée que j'ai reçu de la famille de M. Ravez une lettre qui m'annonce la perte cruelle qu'elle a faite, et qui me prie de faire connaître à l'Assemblée cette douloureuse nouvelle.

J'ai répondu que l'Assemblée ne pourrait que ressentir très-vivement le regret de se voir privée des lumières et de l'expérience de cette grande notabilité parlementaire. (Très-bien !)

La parole est à M. le ministre des affaires étrangères pour une communication du gouvernement. (Profond silence.)

M. le Ministre des affaires étrangères demande une allocation de crédit de 140,000 fr. pour les dépenses de son ministère, relatives à l'expédition de Rome jusqu'au 31 décembre.

M. DE TOCQUEVILLE ajoute : Le gouvernement de la République, vous le voyez, ne croit pas que le moment soit venu de rappeler des Etats romains l'armée que la France y a envoyée. L'examen approfondi des motifs pour lesquels l'expédition a été entreprise, des résultats obtenus et de l'état actuel des négociations, vous conduira, nous le pensons, à partager notre opinion. En réclamant des crédits pour les trois derniers mois de l'année, nous cherchons à prévoir toutes les éventualités ; nous vous demandons les moyens d'y pourvoir, sans renoncer cependant à l'espérance de terminer plus tôt une occupation qui a été glorieuse pour notre armée, mais dont nous devons abréger la durée autant que les intérêts politiques et l'honneur de la France nous le permettront.

Le gouvernement désirant que toutes les questions qui se rattachent à l'affaire de Rome puissent être embrassées dans leur ensemble, et vous être présentées sous leur vrai jour, vous prie de renvoyer à une commission spéciale et unique l'examen des trois projets de loi qui vont être présentés et qui se rapportent à *l'expédition de l'Italie.*

énéral Rulhières demande une addition de 6,917,920 à la somme de
20 fr votée le 17 avril pour l'entretien de notre armée en Italie.

Tracy. Le crédit pour la marine, qui s'élève dans l'ensemble à
0 fr., représente la solde et l'entretien de l'état-major et des équipages
: bâtiments armés extraordinairement, ainsi que la valeur du combus-
les autres matières consommées par ces navires et par ceux du service
e momentanément affectés à l'expédition.

est donné à MM. les ministres du dépôt de ces divers projets de loi, qui
envoyés à l'examen des bureaux pour qu'il soit nommé une commission
chargée de donner son avis à cet égard.

ssy, ministre des finances, dépose quatre projets de loi : l'un est relatif
re des effets de commerce ; le deuxième, à la révision quinquennale et
ire de la loi des patentes ; le troisième, à des crédits supplémentaires et
dinaires sur des lois déjà présentées, et enfin un projet de loi demandant
lit de 300,000 francs pour douaire à Mme la duchesse d'Orléans. (Mou-
-)

e Président. M. Malardier demande à adresser des interpellations à M. le
e de l'intérieur sur le régime des prisons. (Mouvement en sens divers. —
parlez!)

Malardier. Il s'est passé dans la Nièvre un fait sur lequel j'appelle l'at-
de l'Assemblée et de M. le ministre de l'intérieur. Le rédacteur d'un
du département ayant été condamné à un mois de prison pour délit de
fut conduit dans le lieu de sa détention au milieu d'un grand concours de
s, et depuis son installation dans la prison, M. le sous-préfet de Château-
a refusé à ses amis l'autorisation de le visiter. (Rumeurs à droite.) Je de-
à M. le ministre comment l'on peut concilier des actes semblables avec
ment de l'humanité. (Rires et bruit.)

dufaure, ministre de l'intérieur. J'ignorais complètement le fait dont l'ho-
préopinant vient d'entretenir l'Assemblée. Il est indispensable qu'en
le matière on laisse au pouvoir local l'appréciation des faits. Si réelle-
elui dont il s'agit a été conduit en triomphe à la prison, et si M. le sous-
le Château-Chinon n'a pas voulu que ce triomphe se renouvelât dans
ur de la prison, je pense qu'il a bien fait, et je ne saurais l'en blâmer.
ation à droite.)

Malardier. Quelques amis qui suivent un citoyen jusqu'aux portes de la
ne font pas un triomphe... (Assez! assez!)

ance est levée à trois heures.

nous a paru présenter ce caractère parmi tous les autres, que nous avons cru rendre service à nos confrères, en le signalant à leur attention.

Nos éloges ne seront que de la reconnaissance pour le profit que nous en avons tiré nous et nos élèves.

Hâtons-nous d'abord de nous expliquer sur la nature du mérite que nous attribuons au nouveau cours. Il ne s'agit ici, ni de découvertes extraordinaires dans le domaine des idées, ni de systèmes nouveaux pour résoudre les nombreux problèmes que soulève la science philosophique. Chacun sait que ces rares conquêtes du génie ne peuvent prendre place dans un traité élémentaire, qu'autant qu'elles ont subi avec un succès incontestable la double et décisive épreuve de la discussion et du temps. Ce qu'on cherche dans ce genre d'ouvrages, c'est l'exposition claire et méthodique de la doctrine consacrée par l'assentiment de tous les esprits sages, avec les preuves qui servent à l'établir. C'est, après cela, l'historique consciencieux et complet des principaux systèmes, qui servent à faire mieux saisir la doctrine elle-même, en enseignant comment elle est comprise par les diverses écoles. Sous ce point de vue essentiel, nous aurions déjà de très-flatteuses et importantes observations à faire; contentons-nous de dire avec M. Hamon, supérieur du Grand-Séminaire de Bordeaux, qui, lui aussi, a adopté la nouvelle philosophie, que nous y avons admiré *la clarté de la rédaction, l'abondance et l'impartialité de la doctrine.* Nous croyons pouvoir ajouter que ceux qui liront M. Blatairou seront satisfaits de *l'actualité* de sa science, qui fait de son livre un des résumés les plus complets que nous ayons, principalement sur les parties le plus ordinairement défectueuses dans nos traités de ce genre, je veux dire la psychologie et les systèmes modernes.

Mais ce qui lui donne ce caractère de spécialité dont nous parlions tout à l'heure, c'est sa méthode. Chargé pendant long-temps d'un cours de philosophie, M. Blatairou s'est demandé quel devait être le but spécial et ultérieur de ses leçons, le résultat le plus précieux, le fruit vraiment important et durable de ses efforts. Il s'est convaincu que c'était moins l'acquisition de la science, l'ornement de l'intelligence et de la mémoire, que la rectitude du jugement, l'habitude de la réflexion, l'art d'apprendre avec fruit, en un mot le développement de l'esprit philosophique. Pénétré de cette pensée aussi féconde que profondément vraie, il a donné dans sa préface la théorie de l'art d'étudier, et il résume les plus sages préceptes sur cette matière, en homme qui les a puisés non dans les livres, mais dans l'expérience et dans ses propres observations. L'ouvrage tout entier n'est que le développement pratique de cette pensée, l'application sensible de ces préceptes destinée à les faire passer, de la mémoire, dans les habitudes instinctives de l'intelligence.

Telle est, ce nous semble, l'idée explicite et dominante par laquelle se recommande l'œuvre de M. Blatairou. Nous croyons que ceux qui le liront avec attention, resteront convaincus qu'elle est exécutée avec bonheur.

Deux choses sont d'après nous indispensables pour apprendre à étudier

vec fruit, pour acquérir ces habitudes logiques, qui seules peuvent appliquer à la conquête de la vérité toutes les forces de l'intelligence : 1° une
bonne méthode pour se conduire avec ordre dans la recherche du vrai ;
2° une sage rigueur dans le jugement, qui ne se laisse pas éblouir par de
fausses apparences, discerne en tout ce qui est certain de ce qui est con-
testable, et n'admet jamais aucune doctrine, sans le contrôle d'un examen sérieux. C'est aussi par les soins tout particuliers donnés à ces deux
points essentiels, que M. Blatairou s'est efforcé d'atteindre son but.

Lors même qu'il ne nous aurait pas avertis dès le commencement, qu'il
attachait une grande importance à la méthode, il eût été facile de s'en
apercevoir, à la manière dont cet article, le plus souvent à peine effleuré
dans nos livres élémentaires, est traité dans son nouveau cours. La théorie y est exposée avec tous les détails qui en rendent l'application facile,
en la faisant sortir de ces vagues généralités, d'après lesquelles un élève
peut à peine distinguer l'analyse de la synthèse. On pourrait encore moins
se tromper sur le but de l'auteur, quand on voit avec quel soin il s'attache à avancer de principe en principe, du connu au moins connu, de
sorte qu'après avoir lu ce qui précède, le lecteur devance presque toujours son guide, et devine facilement ce qui suit. Très-souvent, et surtout au début de toutes les questions, il vous ramène aux principes, résume les vérités déjà acquises, rappelle quelque fait saisissant et incontestable, et de cet exposé, toujours clair et précis, sortent comme d'elles-
mêmes les définitions, quelquefois les preuves, et surtout l'éclaircissement des objections dont la solution est à moitié trouvée, par la manière
même de poser la question.

Cette analyse préliminaire, qui a pour objet principal de déblayer parfaitement le terrain de la discussion, de dégager la question de tous les
accessoires pour fixer l'attention sur un point unique et simple, est aussi
la première condition pour acquérir cette justesse de raison, que nous
avons donnée comme le second et nous dirons aussi le plus essentiel élément de l'esprit philosophique.

Quelques-uns de nos confrères reprocheront peut-être à l'auteur une
prédilection trop prononcée pour l'analyse. Nous croyons, en effet,
qu'une exclusion trop fréquente de la synthèse, n'eût peut-être pas été
sans inconvénient à d'autres époques. Mais aujourd'hui où les vastes formules menacent de rendre incompréhensible la langue philosophique ;
aujourd'hui où sur de vagues généralités chacun se hâte de porter son
jugement sur les questions sociales les plus compliquées, sans s'être jamais donné la peine d'en analyser les éléments divers ; aujourd'hui où
tant d'esprits, amis du grandiose, usent et abusent de la synthèse jusqu'à
confondre, sous la même idée, des choses aussi diverses, par exemple, que
que la démocratie et le christianisme, aussi incompatibles que la révolution et Jésus-Christ, le socialisme et l'Évangile, voire même le fini et
l'infini, Dieu et le monde, nous croyons qu'il est utile de prémunir les
jeunes esprits contre ces funestes tendances, et de leur apprendre que
toute généralisation, si séduisante qu'elle soit par son étendue, est le

plus souvent ou incertaine ou ruineuse, si elle ne s'appuie sur une exacte analyse.

Il est peu de livres modernes où la vérité ne se mêle à l'erreur, et qui, sous un langage chrétien, ne cachent les doctrines malheureusement les plus opposées au christianisme. Il faut que la jeunesse apprenne de bonne heure à ne pas se contenter de ces dehors trompeurs de vérité, mais à juger par elle-même, à pénétrer jusqu'au fond des choses, à ne pas se laisser éblouir par une page brillante, à disséquer une proposition sonore, d'un sens commode et élastique. Sous ce rapport, nous ne connaissons pas d'auteur qui ait poussé plus loin la rigueur du jugement et l'esprit d'analyse. Quelquefois des preuves présentées par des auteurs, d'ailleurs respectables, n'ont pu soutenir ce sévère examen, et ont été rejetées comme douteuses; peut-être même jugerait-on que cette sévérité a été poussée trop loin dans deux ou trois thèses. Mais ceux même qui ne l'approuveraient pas dans ces derniers cas, ne pourront pas s'empêcher de reconnaître que M. Blatairou s'en sert très-avantageusement pour exercer la critique de ses élèves, sans jamais appauvrir son livre. Toutes les preuves de quelque valeur, qui lui paraissent douteuses, y trouvent place, sous forme de problèmes, suivies des indications qui peuvent en faciliter la solution. Ce même procédé est employé dans la réfutation des objections, et nous le croyons très-propre à forcer l'élève à réfléchir et à s'approprier la substance de son enseignement. Tels sont, après la rigueur habituelle de la critique, quelques-uns des moyens employés pour fortifier le jugement et éveiller la réflexion.

Nous n'avons voulu qu'indiquer quelques traits saillants de l'ouvrage de M. Blatairou. On comprend que nous ne pouvions nous étendre davantage dans une rapide esquisse. Pour résumer notre pensée en peu de mots, nous dirions volontiers encore avec M. Hamon, écrivant à ce modeste et laborieux auteur : « Si vous désirez connaître mes impressions, je vous dirai que je trouve parfait le fond de la doctrine; point d'esprit de système. Vous suivez le droit chemin de la raison jusqu'à ses dernières limites; et là où cesse la perception claire, vous vous arrêtez, indiquant les routes diverses où d'autres ont cru pouvoir se jeter, mais évitant de vous y jeter vous-même. Vous pouvez vous permettre la douce pensée que votre livre est une bonne œuvre, un service rendu à la religion et à l'Eglise. » *Un Professeur de philosophie.*

BOURSE DU 1er OCTOBRE.

Le 3 p. 100 a débuté à 55 50, a fait 55 75 au plus haut, et reste à 55 25.

Le 5 p. 100 a débuté à 88 10, a fait 88 20 au plus haut, et reste à 87 80.

Les actions de la Banque de France ont cotées à 2,325.

On a coté le 5 p. 100 romain à 77 3|4.

L'un des Propriétaires-Gérants, CHARLES DE RIANCEY.

PARIS. — IMPRIMERIE D'ADRIEN LE CLERE ET Cᵉ, rue Cassette, 29.

L'AMI DE LA RELIGION.

CONCILE PROVINCIAL DE LA PROVINCE DE REIMS.

—

On nous écrit de Soissons :

« Aujourd'hui, dix-huitième dimanche, la messe paroissiale a été chantée à Soissons avec cette piété, cette dignité, ce profond respect qui a toujours distingué cette illustre Eglise. Les Evêques de la province y assistaient, présidés par leur vénérable Métropolitain. On y sentait la présence du Saint-Esprit dont ils invoquaient les lumières et qui remplit déjà tous les cœurs. Les fidèles y affluaient et paraissaient vivement touchés. Que sera-ce quand ils auront vu demain les mêmes cérémonies dont l'Eglise de Paris vient de nous offrir le pieux et magnifique spectacle pour la plus grande gloire de Dieu, pour celle du premier Pasteur et de son respectable Clergé qui, le premier, a donné un si bel exemple ? Tout cela est pour nous bien encourageant et bien consolant. C'est pour nous tous un nouveau motif de nous établir fermement sur cette foi très-sainte, qui est le fondement de tout bien et de nos plus chères espérances : *Su perædificantes vosmetipsos sanctissimæ fidei vestræ.* (Jud. 20.)

» Ces belles paroles de ce grand Apôtre sont bien propres à nous rassurer contre ce que le monde pourrait dans la suite tenter contre nous, parce qu'il ne sait pas encore assez bien le but que nous nous proposons et ce que nous faisons dans ces saintes Assemblées. Car enfin, lui dirions-nous, s'il nous demandait de quel droit et dans quel but nous convoquons des Conciles : « Vous le savez bien ; nous n'y faisons rien de mal, cela est certain ; » et à cet égard je trouve dans Esdras une belle réponse, une réponse tout-à-fait *ad rem.* Ce saint homme se contentait de répondre à tous les contradicteurs : Nous sommes les serviteurs du Dieu du ciel et de la terre. *Nos sumus servi Dei cœli et terræ,* etc. etc. Nous rebâtissons son temple, un temple qui subsistait il y a un grand nombre d'années et qui fut l'ouvrage d'un grand roi. Et là-dessus, sans en demander davantage, non-seulement Artaxerxe laissait faire, mais il donnait de l'argent, il tirait de son épargne cent talents d'or, et se rendait favorable de tout point au projet du pieux Esdras.

» J'en reviens à mon argument ; il nous faut aussi, sinon rebâtir le temple de Dieu, mais l'orner, le consolider ou réparer ses défauts, remettre ses bons usages en honneur ; pour cela, il faut des Conciles, je ne connais rien de meilleur, de plus sage et de plus utile, même de plus nécessaire, de sorte que, s'ils n'avaient jamais existé, il les faudrait inventer, les pratiquer partout pour l'honneur et le grand avantage de l'Eglise et même des gouvernements, quels qu'ils soient, qui comprendraient leurs véritables intérêts. Honneur à qui agirait comme du temps d'Esdras, quoique ce ne soit pas de l'argent que nous demandions, mais la liberté, le repos et protection, le cas échéant, non-seulement pour l'année présente, mais pour toutes celles qui suivront; car le père de famille a toujours besoin de savoir ce qui se passe chez lui, de corriger ses abus, de maintenir tout en bon ordre dans son logis, et c'est ce que font les Conciles.

» Celui de la province de Reims vient de commencer, inauguré par la magnifique parole de Mgr l'Archevêque en présence de ses comprovinciaux et de tous les fidèles assemblés. Les nouvelles que vos correspondants ne manqueront pas de vous transmettre, seront d'un grand intérêt. »

On nous écrit de Rome que le Saint-Père a fixé le 28 septembre pour la tenue d'un Consistoire secret.

NOUVELLES DE ROME.

Rome, 27 septembre.

Le bruit court, et il a déjà pris une certaine consistance, que dans la nouvelle organisation militaire on formera un régiment distinct, chargé spécialement du service nécessaire au décorum et à la sûreté du Souverain Pontife et du Sacré-Collège. Ce régiment aurait un règlement conforme à celui de la garde royale de Naples. On dit que le nouveau corps politico-militaire des vélites ne dépassera pas 1,600 hommes ; qu'il n'aura pas de musique ; qu'il portera un uniforme simple et sévère ; et qu'on en publiera bientôt le règlement avec celui qui concerne l'institution des gardes de sûreté publique, dans les différentes provinces des Etats pontificaux.

La nouvelle de l'emprunt conclu avec la cour de Russie ne se confirme pas. Le voyage du ministre des finances à Portici avait accrédité le bruit de sa conclusion. Ce voyage, assure-t-on généralement maintenant, n'avait qu'un but purement personnel. Le départ du général Rostolan semble également douteux ou pour le moins ajourné.

S'il faut en croire quelques correspondances, l'autorité française aurait délivré des permis de séjour à un certain nombre de personnages qui se trouvent dans les catégories exceptées de l'amnistie.

Un avis publié par la direction de la banque romaine dans le *Giornale di Roma* convoque u..e assemblée générale des actionnaires de la banque pour le 7 décembre prochain, à l'effet d'aviser aux moyens d'augmenter la prospérité de cet établissement.

M. Mercier est arrivé à Rome le 23 ; on disait qu'après avoir conféré avec M. de Corcelles et le général en chef il poursuivrait son voyage jusqu'à Naples.

Le *Journal de Rome* du 27 septembre publie la condamnation de quatorze individus tous Italiens, l'un à mort pour assassinat, l'autre à l'emprisonnement pour vol, et les autres à l'emprisonnement et à l'amende pour avoir eu des armes en leur possession. C'est un conseil de guerre qui les a jugés.

On écrit de Rome, le 25 septembre :

« La tranquillité publique n'a jamais été plus complète. Il n'a pas même été question d'une démonstration quelconque.

» Sans doute l'édit du Pape est loin d'avoir conquis le suffrage des partis extrêmes. La notification des Cardinaux excite surtout de vives récriminations ; mais bien que, dans les cafés, aient circulé de petits papiers écrits à la main, pamphlets assez mordants, dus à la verve de quelque artiste, bien qu'un grand nombre de lettres anonymes aient été lancées, bien que quelques affiches aient été lacérées et deux ou trois autres mises d'incendies, l'attitude du parti démagogique révèle bien plus le dépit que la colère. Ce parti est évidemment découragé et décontenancé par l'indifférence des masses populaires. »

On lit dans une autre correspondance :

« Les révolutionnaires romains, non contents de lacérer et de *salir* le manifeste à tous les coins de rues, ont affiché en regard la lettre de Louis Bonaparte. Quel triste honneur et quel sujet de réflexions pour un chef de gouvernement qui a l'horreur de la canaille. Au surplus, M. de Corcelles est arrivé à Rome, et paraît devoir employer toute son influence dans le sens de la conciliation. »

L'*Osservatore* ne s'étonne pas que la démagogie persécute l'Eglise et la religion pour affranchir le peuple de toute règle et de tout frein. Mais qu'un prince attaque les droits de l'Eglise, voilà une énormité qui ne se conçoit pas, dit-il, dans des temps comme les nôtres. Le décret du duc de Parme du 7 septembre est déclaré attentatoire aux droits du Saint-Siége, indigne d'un prince, et d'un prince catholique. Le pouvoir d'abolir ou d'exiler un ordre religieux appartient exclusivement au Saint-Siége en vertu des lois et des canons de l'Eglise. L'*Osservatore* blâme surtout la manière d'opérer du duc de Parme, qui, ayant commencé par chasser les religieux, se contente d'annoncer qu'il rendra compte au Saint-Siége des motifs de cette mesure. Il fallait commencer par solliciter l'autorisation, dit l'*Osservatore*, et il espère que le duc de Parme s'empressera de détourner les conséquences que pourrait avoir son infraction aux lois de l'Eglise (*intemerata jura et privilegia sacrosanctæ Ecclesiæ*).

Naples, 25 septembre.

En rapportant les détails de l'auguste cérémonie dans laquelle Pie IX a béni, du haut d'un balcon, toutes les troupes rassemblées à Naples, les journaux de cette ville ont annoncé que bientôt la même faveur serait accordée à sa population. C'est le 17 septembre que la promesse du Souverain Pontife a été remplie.

Voici ce que nous lisons dans le journal semi-officiel *Il Tempo* :

« C'est aujourd'hui qu'a eu lieu cette auguste solennité, pour laquelle, depuis l'aube du jour, on entendait dans toutes les rues de la cité retentir les sacrés cantiques, et on voyait s'avancer lentement et en bon ordre des citoyens qui, conduits comme processionnellement par des prêtres vénérables, se dirigeaient vers le palais du roi et se rangeaient sur la vaste place qui le précède.

» Nous n'essaierons pas de décrire le tableau que présentaient cette immense esplanade, ce peuple accouru des points les plus divers et les plus éloignés de la ville, spectateur et spectacle tout ensemble. Quand les émotions sont si puissantes, les paroles se prêtent mal à les décrire. Mais alors que, sur le grand balcon du palais, vers lequel étaient fixés les regards de toute cette multitude, on a vu, précédé de la croix, entouré des princes de l'Eglise, vêtu des ornements sacrés, ayant en tête la tiare, ornée de pierres précieuses, le Souverain Pontife apparaître, un profond silence s'est fait de toutes parts, et le peuple s'est prosterné au premier geste de la main que lui ont fait les Cardinaux.

» Les paroles augustes par lesquelles, au nom du Père, du Fils et du Saint-Esprit, le Pontife bénissait la chrétienté tout entière, l'Orient et l'Occident, ont été entendues dans leur solennité sur tous les points de la vaste place ; et immédiatement après, les canons tonnant dans les forteresses, la sonnerie lointaine des cloches de toutes les églises ont annoncé que la solennité était accomplie. Alors, au pieux recueillement de la foule, ont succédé les démonstrations impétueuses de son attachement qui se traduisait en acclamations brûlantes adressées au chef de l'Eglise et aussi au prince religieux qui s'était fait l'interprète des vœux de tous ; et le roi, se présentant au balcon, est venu montrer à son peuple combien il était touché de ces démonstrations si bien senties de respect et de reconnaissance.

» Alors les cantiques saints ont retenti de nouveau, et la foule émue a quitté cette place à laquelle sont désormais attachés tant de souvenirs de grandeur et de foi. »

Dans les précédentes journées, le Pape avait successivement visité l'hospice fondé par Charles III, et connu sous le nom d'*Albergo dei Poveri*, la chapelle de *Pie di Grotta* et la paroisse du village de *Torre del Greco*, voisin de Portici, si souvent détruit par les éruptions du Vésuve. A l'*Albergo dei Poveri*, Pie IX, après avoir examiné dans le plus grand détail toutes les parties de ce magnifique établissement, avait assisté aux divers exercices par lesquels les sourds-muets et les aveugles, élevés dans la maison, parviennent à suppléer aux sens dont la privation les mettait autrefois presque en-dehors de la société.

Bologne, 27 septembre.

Ce matin a été affiché l'édit suivant :

« Charles, par la grâce de Dieu, prêtre cardinal Oppizzoni, archevêque de Bologne :

» Attendu qu'il nous est revenu que le précepte de la sanctification du dimanche a été violé ouvertement par beaucoup de monde pour des œuvres serviles, à l'extrême amertume de notre cœur et au très-grand scandale de tous les hommes de bien, n pouvant plus long-temps passer sous silence une violation si manifeste des commande ments de Dieu et de l'Eglise, nous remettons en pleine vigueur notre édit du 21 juille 1817 sur l'observance des jours fériés.

» Nous espérons que notre paternel avertissement suffira pour rappeler au devoir le transgresseurs, sans recourir aux mesures d'une juste rigueur dont nous ne pourros pas absolument nous dispenser, conformément aux lois de l'Eglise, si l'abus des œuvre serviles les jours fériés continue.

» Nous ordonnons aux révérends curés de paroisse de donner lecture en chaire d l'édit sur l'observance des jours fériés, et aux catéchistes d'en parler souvent dans leur instructions au peuple. » *(Gazette de Bologne.)*

------◆◆◆◆------

LE PILLAGE ET LE MEURTRE A ROME.

Nous extrayons les passages suivants d'une remarquable correspondance qu se trouve dans le *Constitutionnel* du 2 octobre :

. « Pour entraîner le peuple, pour étouffer ses regrets, pour occuper ses bras, o se servit d'un procédé qui réussit toujours : on développa en lui cette verve d destruction qui est chez l'homme une passion si vive et si universelle. Sous pré texte de pourvoir à la défense, on fit couper les arbres centenaires du Forum rivaux par la force et par la beauté des vieilles colonnes romaines; on fit détruir dans la banlieue de Rome toutes les maisons, toutes les villas, toutes les chapelle Les nécessités de la guerre expliquent et excusent un certain nombre de ce démolitions; mais la plupart n'attestent que du vandalisme. C'est ainsi qu'une de no compatriotes, ancienne dame d'honneur de la reine Hortense, a perdu une délicieu villa, bâtie par le Bernin pour un cardinal de la maison d'Este, environnée de bosque d'orangers, de chênes-verts et de lauriers-roses : de cette charmante habitation, de l ferme qui l'avoisinait, il ne reste plus qu'un monceau de décombres sur un sol n C'est ainsi que des rues entières de Rome ont été supprimées par le marteau des démo lisseurs. C'est ainsi que la dévastation s'est promenée dans la villa Borghèse, la me veille de la banlieue romaine, détruisant les ombrages, interceptant les eaux, brisa des statues et brûlant, à côté d'un palais digne d'un roi, l'humble casin illustré par souvenir de Raphaël. Les environs de Rome présentent partout des ruines. Telle a é l'œuvre de deux mois de frénésie révolutionnaire.

» L'assassinat, pendant les derniers temps de la République romaine, a été un expé dient des sociétés secrètes. Une bande de sicaires gorgés de vin avait le soin de c exécutions, ordonnées par des chefs invisibles. Des officiers de la garde nationale, d prêtres, des citoyens de toutes les classes, ont été les victimes de ce tribunal Vehmiqu installé et fonctionnant à Rome. D'ordinaire, on colorait d'un prétexte ces actes odieu Ici c'était un espion qui avait péri, là un traître que l'indignation populaire avait chât

Les meurtres restaient anonymes, les meurtriers n'étaient jamais officiellement connus. Cependant, dans les cafés et dans les lieux publics, ils se vantaient de leurs exploits, et leurs crimes étaient pour eux un titre d'honneur.

» On a nié les exécutions de Saint-Calixte. Rien n'est plus certain, rien n'est plus authentique. Un homme tel qu'en produisent les révolutions, sanguinaire par nature, et assaisonnant ses crimes par une sorte de jovialité féroce, Zambianchi, avait sous ses ordres des soldats de finances (douaniers), gens fanatisés par ses paroles et par son exemple. Zambianchi avait établi son quartier-général dans une petite église nommée Saint-Calixte, au centre du Transtevère. Ses émissaires lui amenaient les patients ; il prononçait lui-même la sentence. L'exécution avait lieu la nuit, et le cadavre était enterré dans le jardin. On évalue à une vingtaine le nombre des malheureux qui ont été égorgés ainsi, et ce chiffre n'a rien d'exagéré. Huit corps ensevelis dans ce lieu fatal ont été reconnus.

» Telle fut la mort du curé de la Minerve, vénérable prêtre d'une vie évangélique, d'une charité exemplaire. On n'a point su pour quelle cause il fut arrêté et conduit au terrible Zambianchi. On raconte que Zambianchi le fit venir à l'heure de son dîner, le fit asseoir et lui annonça que, le repas fini, il serait mis à mort. A cette nouvelle, un tremblement convulsif s'empara du pauvre prêtre. « Comment, s'écria le démagogue, tu vas avoir les honneurs du martyre, et tu trembles ? — Mon fils, répondit le prêtre, je demande à Dieu qu'à l'heure de votre mort vous ne trembliez pas davantage. » Zambianchi dîna. A la fin du repas, il fit emmener le curé de la Minerve, se plaça à la fenêtre, et, sous ses yeux, au pied d'un arbre, le prêtre fut fusillé. Carrier n'eût pas fait mieux.

» L'épée glorieuse de nos soldats a mis fin à ces infamies, mais les assassinats durèrent encore plusieurs jours après l'entrée de nos troupes à Rome. Un prêtre fut assommé dans une petite rue voisine de la place Colonna, occupée par nos régiments. Deux autres furent mis à mort sur le pont Saint-Ange. Les meurtres de plusieurs soldats français signalèrent la rage de ces misérables, qui perdaient, grâce à notre intervention, les honneurs et le profit de leur sanglante dictature.

» Quelques jours après la prise de Rome, un de nos soldats demanda sa route à un passant, qui mit beaucoup d'empressement à la lui montrer. Ce passant était un prêtre français, l'abbé Rhodez. Ce prêtre fut suivi par plusieurs Italiens. Au détour d'une rue, deux coups de poignard l'étendirent sur le pavé. Les assassins ouvrirent le ventre, lui arrachèrent les entrailles et les entortillèrent autour de son cou. Celui qui a frappé le premier coup s'appelle Trabalza : il a été condamné à mort par notre conseil de guerre. »

◆◆◆

LE NATIONAL, LE TRIUMVIRAT ET LE MÉLODRAME DE ROME.

Le *National* lui-même paraît assez embarrassé des succès que la démagogie vient de remporter au théâtre de la Porte-Saint-Martin ; épilogue bien digne des scènes tout à la fois abominables et ridicules dont elle a étonné le monde en Italie.

Le *National*, lui, a encore sinon des scrupules, du moins un peu de respect humain. Mais il ne sait comment faire, ne voulant ni renoncer à la gloire des ardentes sympathies que son drapeau a recueillies, ni accepter franchement sa part dans l'odieux scandale des applaudissements criminels décernés à des assassins, et des lâches sifflets lancés contre nos soldats.

Ce que le public a applaudi, s'écrie le *National*, ce n'est pas l'assassinat, c'est la révolution. Ce qu'il a sifflé, ce n'est pas l'uniforme français, c'est la réaction.

Mais qui donc, lorsque le sang coulait à flots, a enseigné aux démagogues de la Porte-Saint-Martin à prendre l'uniforme français pour celui de l'ennemi ; à confondre dans une même idée et dans un même enthousiasme l'assassinat et la révolution ?

Etrange pudeur, il faut l'avouer, que celle du *National*; éteinte à Rome et qui ne se montre un peu qu'au théâtre !

Dimanche matin, après l'effet produit par la scandaleuse pièce de *Rome*, l'autorité s'est un peu réveillée, et a exigé des suppressions considérables. Les auteurs, poursuivant la mauvaise route dans laquelle ils étaient entrés, ont déclaré qu'ils préféraient retirer leur pièce, et, en effet, on afficha *relâche*. Alors l'autorité signifia que si le théâtre fermait, il ne rouvrirait plus. On joua donc. Il n'y avait plus ni l'assassinat de M. Rossi, ni le conseil des Triumvirs, ni l'armée française; mais restait toujours la présence du Pape, scandale et insulte que tolérait le ministère de l'intérieur. L'excitation n'était plus aussi forte, mais le public socialiste accouru à ces représentations n'en était ni moins bruyant ni moins provocateur. Des mesures de précaution avaient été prises autour du théâtre ; un bataillon était sous les armes. Il a bien fallu mettre un terme à ce scandale : ce soir, une affiche apposée aux abords du théâtre porte : *Relâche par ordre de l'autorité*.

Plusieurs représentants se disposaient à interpeller à la tribune M. le ministre de l'intérieur, lorsqu'ils ont appris que la pièce était défendue. On a fini par où l'on aurait dû commencer.

TRAVAUX LÉGISLATIFS.

L'Assemblée, de retour, a dû se livrer d'abord à des opérations préparatoires, relatives à son organisation intérieure. Avant de recommencer à délibérer en public, il faut bien qu'elle se reconstitue.

Les pouvoirs de son bureau expiraient cette semaine; elles les a purement et simplement renouvelés dans une suite de scrutins qui ont occupé presque toute la séance de mardi.

Ainsi, M. Dupin est réélu président; MM. Baroche, Daru, Bedeau, Benoist d'Azy sont réélus vice-présidents; et MM. Arnaud (de l'Ariége), Peupin, Lacaze, Heeckeren, Chapot et Bérard, secrétaires.

Pendant le dépouillement des votes, plusieurs rapports sur des propositions législatives ont été déposés, notamment par MM. Prudhomme et de Vatimesnil.

M. le ministre de l'intérieur a présenté aussi plusieurs projets de loi. Le seul qui ait une importance générale et qui mérite d'être mentionné, est un projet qui concerne la transportation en Algérie des insurgés actuellement détenus à Belle-Isle-en-Mer.

A cette question se rattachent nécessairement de graves problèmes, non-seulement au point de vue de l'humanité et de l'avenir matériel et moral des prisonniers actuels, mais aussi en ce qui touche l'honneur et la sécurité des habitants de l'Algérie, leurs intérêts bien entendus et la colonisation sérieuse et durable de nos possessions africaines.

Les difficultés que soulève cette grande et laborieuse entreprise n'ont pas échappé à l'administration. Nous désirons qu'elle en ait préparé une satisfaisante solution.

Disons déjà qu'elle paraît avoir profité d'importants travaux publiés à ce sujet, sous une inspiration éminemment chrétienne et patriotique, par M. l'abbé Landmann et par la *Société d'économie charitable*.

Le projet soumis aujourd'hui à l'Assemblée appelle donc la plus bien-veillante attention et le plus sévère examen de la part de tous ceux qui se préoccupent de l'amélioration possible de tant d'hommes égarés par de détestables entraînements, et des précautions dont leur établissement en Algérie doit être scrupuleusement entouré, si l'on veut qu'il produise de bons et salutaires effets, et non de stériles ou funestes complications.

Ce projet d'ailleurs, comme tous les autres, suivra la filière des bureaux et des commissions avant d'arriver aux débats de la tribune.

Aujourd'hui, mercredi, pas de séance publique. Il ne faut pas croire pourtant que nos législateurs ne fassent rien parce qu'ils ne discourent pas. Au contraire, les discussions particulières des bureaux, où il y a beaucoup moins d'apparat sans doute et plus de sincérité; les travaux des commissions qui élaborent longuement et contrôlent à fond les propositions qu'elles sont chargées d'examiner, sont en définitive beaucoup plus utiles et beaucoup plus féconds en résultats positifs que les luttes de curiosité et les spectacles officiels auxquels la foule est appelée; et où, selon elle, gît toute la politique.

Avouons, du reste, et constatons avec plaisir, que le public lui-même n'est plus si avide d'excitations passionnées et de violentes émotions. Quand les folies de ce genre laissent à ceux qui s'y laissent entraîner, assez de temps et de raison pour calculer ce qu'elles coûtent, elles perdent bien vite de leurs charmes, et la réaction se fait naturellement contre elles. Nous en sommes là.

L'opinion, agitée par tant de commotions et d'inquiétudes, réclame en ce moment, non des excitations nouvelles, mais du repos. Nous verrons avant sept ou huit jours si l'opposition sera réduite à lui en laisser un peu. D'ici-là, il serait difficile de dire si le silence des partis à l'Assemblée sera une trêve ou seulement une halte avant la bataille.

M. Napoléon Bonaparte a déposé hier sur le bureau de l'Assemblée législative, la proposition suivante :

« Considérant que la générosité, la grandeur et la justice sont les meilleurs auxiliaires pour fonder et fortifier la République ;

» Considérant que l'on ne saurait plus aujourd'hui invoquer la raison d'État;

» Considérant que les lois de proscription et de violence n'ont jamais sauvé les gouvernements;

» Le soussigné propose le décret suivant:

» 1° Sont abrogées les lois du 10 avril 1832 et du 26 mai 1848, qui exilent la famille des Bourbons ;

» 2° Le décret rendu par l'Assemblée constituante le 27 juin 1848 est rapporté.

» Les insurgés de juin, déportés sans jugement, seront mis en liberté.

» NAPOLÉON-BONAPARTE. »

BUREAUX ET COMMISSIONS.

L'Assemblée a procédé hier au renouvellement de ses bureaux. Aucun incident particulier n'a marqué cette opération. Toutes les nominations faites dans cette circonstance appartiennent à l'opinion modérée et sont loyalement réparties entre les diverses nuances.

— On a composé ensuite, et toujours sous les mêmes inspirations, avec le même concert : 1° la commission chargée de donner son avis sur les propositions émanées de l'initiative parlementaire ; 2° la commission pour l'examen des pétitions ; 3° la commission des intérêts communaux et départementaux ; 4° la commission des congés.

— Ce matin, la commission des congés a, dit-on, refusé trente demandes de congé qui lui ont été soumises.

— La commission de l'initiative parlementaire a discuté pendant deux heures la proposition de M. Napoléon Bonaparte concernant l'abrogation des lois d'exil contre la famille des Bourbons et l'amnistie générale pour les insurgés de juin. La majorité des membres présents s'est prononcée contre la forme de la proposition. L'auteur doit être entendu jeudi.

— La principale occupation des bureaux a été aujourd'hui la discussion préparatoire sur les affaires de Rome, à propos des crédits demandés par le gouvernement. La commission nommée à la suite de ce débat est composée de MM. de La Rosière, de Montalembert, Hubert de l'Isle, le général Oudinot, Besgnot, Janvier, Thiers, Victor Hugo, Chapot, Lagrenée, Ney de la Moskowa, Casabianca, d'Hautpoul, Molé, de Broglie.

Il ne paraît pas douteux que la commission ne se prononce dans un sens conforme à la dignité du Saint-Siège comme à l'honneur de la France.

M. LAMENNAIS RÉDACTEUR EN CHEF DE LA *Réforme*.

Voilà donc où en est venu M. Lamennais. De chute en chute, descendre enfin jusqu'à être le rédacteur en chef de la *Réforme!*

On sait que la *Réforme* s'est distinguée toujours par sa haine contre le clergé; on sait aussi que le *Peuple constituant*, le dernier journal de M. Lamennais, a fait une vigoureuse guerre au socialisme, dont la *Réforme* est un des organes. Qu'adviendra-t-il de cette étrange position de M. Lamennais?

Va-t-il continuer la *chasse aux prêtres*, comme dit la *Réforme?*

Va-t-il, à son tour, arborer le socialisme?

Espérons encore que ce triste spectacle nous sera épargné.

Nous nous empressons d'annoncer une très-importante brochure qui vient d'être publiée à l'occasion du projet de loi sur l'enseignement secondaire.

Cet écrit, aussi remarquable pour le fond que pour la forme, a pour titre : *Un mot sur l'instruction secondaire*. Il ne se recommande pas moins par le talent que par l'expérience et les lumières de son auteur, M. l'abbé Rossaille, grand doyen et vicaire-général d'Arras.

Déjà une partie de ce travail a paru dans une excellente feuille de province, la *Liberté*. Il a produit une grande impression sur tous ceux qui l'ont lu par fragments. Refondu et complété avec un soin extrême, il est maintenant l'un des documents les plus dignes d'être consultés dans le grave débat auquel a donné lieu le projet qu'il examine et qu'il juge avec autant d'autorité que d'impartialité.

Nous rendrons incessamment un compte plus détaillé de cette intéressante *publication*.

II.

LE PROJET DE LOI SUR L'ENSEIGNEMENT ET LES UNIVERSITAIRES.

ttraits que nous avons déjà tirés de la *Liberté de Penser*, suffisent pour
nnaître l'opinion des universitaires émérites, de ce petit bataillon sacré de
ibes, de penseurs, qui ont la prétention de gouverner l'enseignement en
absolus, et de ne lui permettre, au nom de la liberté, que le développe-
s doctrines impies et destructives du dix-huitième siècle. Voyons aujour-
que pensent du *Projet* les *politiques* de l'école, les révolutionnaires,
National est le digne interprète :

s conviendrons volontiers (t) que, sous un régime de liberté, le conseil supé-
l'instruction publique ne doit pas être composé exclusivement d'universitaires.
-il juste de faire gouverner un corps par ses rivaux? Cette injure est faite à l'U-
, et à elle seule. L'Université a-t-elle jamais demandé une part d'influence dans
tion des Séminaires? et, si elle l'eût fait, de quels anathèmes M. de Falloux et
ne l'auraient-ils pas poursuivie? Puisqu'on ne voulait pas créer deux conseils,
nt dangereux que nous sommes loin de proposer, il fallait donner à la section
ente, composée de huit conseillers universitaires, le droit exclusif d'administrer
s de l'Etat. Mais cela ne ferait pas le compte de M. de Falloux. La distinction
eil en deux sections, telle qu'il l'a conçue, n'a d'autre but que la répartition et
sation des travaux : elle ne donne à l'Université aucune garantie. Le ministre
ujours maître de ne pas prendre l'avis de la section permanente, ou, s'il le
le ne pas le suivre, ou enfin d'appeler à délibérer avec elle les seize autres mem-
conseil.

ci quels seront, d'après le projet, les seize membres temporaires du conseil su-
: trois Evêques, un ministre protestant, trois conseillers à la cour de cassation,
aseillers d'État, trois membres de l'Institut, trois professeurs ou chefs d'institu-
partenant à l'enseignement libre... M. de Falloux, évidemment, ne s'est pas oc-
l'amélioration des méthodes, et des progrès de l'enseignement. Il n'a songé qu'à
des garanties à l'enseignement du clergé. Le clergé aura toujours là ses trois
nommés par leurs collègues (en synode probablement).

s, quand M. de Falloux aura choisi lui-même, de sa propre main, et pour six
trois conseillers d'Etat et les trois professeurs libres, pendant six ans au moins,
ra de garanties que pour l'opinion de M. de Falloux.

s ne dirons qu'un seul mot de l'inspection. Le projet dispose qu'un tiers des in-
-généraux sera nécessairement pris parmi les membres appartenant ou ayant
u à l'enseignement libre. C'est le renversement de tout avancement régulier et
hiérarchie, puisque le ministre peut, s'il le juge à propos, prendre un Frère
les chrétiennes pour en faire le supérieur de tout ce que la science et les lettres
it d'hommes éminents dans notre pays. Au moins aurait-il fallu donner à l'Etat
garantie analogue, le traiter avec la même faveur que ses rivaux, et lui assu-
tiers dans l'inspection générale. Il n'en est rien. M. de Falloux sera libre de

ques même sont obligés de compter. M. de Falloux place un recteur dans chaque préfecture; il en fait une sorte de chef de division à la dévotion du préfet; il met à côté de lui un conseil académique composé de l'Evêque, d'un autre ecclésiastique , du préfet, d'un juge et de quatre membres du conseil-général du département. Ce fantôme d'académie et ce fantôme de conseil supérieur, voilà tout ce qui reste de ce qui s'est appelé l'Université de France.

» Nous ne sommes pas curieux ; mais, quand ces quatre-vingt-six Académies ont été votées dans la commission de M. de Falloux, nous avouons que nous aurions bien voulu nous y trouver un instant pour voir l'attitude des deux ou trois hommes spéciaux qui étaient là. Ont-ils tenu leur sérieux? Tout est possible à des courtisans. Mais, s'ils ont du cœur, comme nous voulons le croire, comment se sont-ils prêtés à cette comédie? Que le projet de M. de Falloux soit adopté par l'Assemblée, et, nous le déclarons, il n'y a pas un homme compétent, un homme pratique, qui leur pardonne de n'avoir pas protesté en se retirant.

» Qu'auront à faire vos recteurs? Surveiller les écoles primaires? C'est la besogne des inspecteurs spéciaux; il suffira que le recteur y tienne la main comme par le passé. Surveiller les collèges? Combien y en a-t-il par département? Un collège de quelque importance au chef-lieu, deux ou trois petits collèges dans les villes de second ordre. Ainsi, quatre maisons et trente régents, c'est pour cela que M. de Falloux veut un recteur et un inspecteur d'académie. Ce recteur ne sera, par la force même des choses, qu'un commis de la préfecture, et peut-être un valet de l'évêché. »

Le titre II de la loi, qui a pour objet l'instruction primaire, attire tout spécialement l'attention du *National* (1), et les dispositions du projet ne pouvaient manquer de susciter de sa part les plaintes les plus amères. Le destructeur de toute autorité, l'ennemi de la foi, le révolutionnaire en un mot se montre à découvert dans les lignes qui vont suivre :

« Nous ne voudrions pas rappeler à nos adversaires les souvenirs importuns de la révolution de février : pauvre révolution sitôt détournée de son but ! mais s'il y eut quelque chose de saint et de respectable dans cette victoire de la démocratie, c'est avant tout l'ardeur avec laquelle on s'occupa d'éclairer le peuple, de l'élever, par une meilleure culture intellectuelle, à la hauteur de sa nouvelle destinée. On demandait du pain parce qu'enfin il faut vivre; mais on demandait en même temps des écoles, la fraternité de l'intelligence ! Depuis ces premiers jours, quel a été, au milieu de divergences fatales, le point de ralliement de la démocratie? L'enseignement primaire gratuit et obligatoire. Quiconque nous le refuse est notre ennemi; quiconque travaille à nous le donner, marche avec nous dans les voies de l'avenir. Il n'y a que l'école qui puisse vaincre l'influence du château.

» Certes, nous n'attendions pas de M. de Falloux une loi républicaine; nous n'espérions pas obtenir de lui l'enseignement gratuit et obligatoire; mais que nous soyons réduits à regretter la loi de 1833, c'est là, pour les républicains, une déception amère. Voici une loi faite sous la République; c'est le peuple qui l'a demandée, imposée; et elle est faite contre lui! Non-seulement elle ne contient aucune disposition favorable au développement et au progrès de l'instruction primaire, mais elle détruit le peu de sécurité et de dignité que la loi de 1833 laissait aux instituteurs primaires, au lieu de mettre les écoles sous l'énergique et puissante tutelle de l'Etat, elle les fait passer, comme aux beaux jours de 1815 et de 1829, sous la domination du clergé.

» Les instituteurs communaux sont choisis par le conseil municipal, soit sur une liste dressée par le conseil académique du département, pour les instituteurs laïques, soit sur la présentation qui est faite par les supérieurs des associations religieuses vouées à l'enseignement et reconnues par l'Etat, pour les instituteurs appartenant à ces associations.

» Les comités supérieurs remplacés par cette création bâtarde (les délégués cantonnaux) et les comités locaux détruits, qui sera chargé de la surveillance directe, effective de l'école? Qui serait-ce, sinon le curé? Il est bien vrai qu'on lui adjoint le maire par convenance ou par nécessité; mais on a soin de faire à chacun sa part: au maire,

(1) *National* du 28 juin.

la salubrité et la discipline; au curé, l'enseignement religieux et *la direction morale*. M. de Falloux sait très-bien que la direction morale, c'est la direction absolue, et c'est précisément ce qu'il lui faut. Il ne veut pas d'une domination déguisée : à quoi bon? I en le maître! Le maire déterminera le nombre, la dimension et la place des bancs de l'école; pour le reste, il fera exécuter les ordres de son supérieur ecclésiastique.

» Jusqu'à ce jour, au moins, la surveillance trop souvent tracassière du comité local avait un contrepoids dans l'inamovibilité de l'instituteur. L'impitoyable législateur de 1833, après avoir garotté l'instituteur, après l'avoir soumis à toutes les autorités de la commune, du canton, de l'arrondissement, l'avait fait inamovible par une sorte de pudeur, pour qu'il ne fût pas purement et simplement un esclave. M. de Falloux dé truit cette garantie unique, et l'instituteur est livré sans rémission à la merci du curé Ainsi l'œuvre entière de M. de Falloux est conséquente avec elle-même. L'école devient une annexe du presbytère, comme l'Université entière est mise à la discrétion de trois Évêques. »

Enfin voici le tour de l'enseignement secondaire :

« M. de Falloux, dit le *National* du 3 juillet, se proposait de détruire l'Université et de livrer au clergé le monopole de l'enseignement. Mais, pouvait-il venir ainsi tout brutalement écrire dans une loi : article 1er, l'Université est abolie; article 2, les Evêques et le clergé catholique élèveront vos enfants dans la crainte de Dieu et selon les préceptes de la Compagnie de Jésus? Non, la rue de Poitiers elle-même ne l'aurait pas toléré. On veut bien opprimer; mais il y faut mettre des formes, ou, si vous l'aimez mieux, des précautions.

» Que fait M. de Falloux? Il ne détruit pas le conseil supérieur de l'instruction publique : il se contente d'y placer trois Evêques et six autres membres étrangers à l'enseignement, et qu'il se donne le droit de choisir comme il l'entendra. Il ne détruit pas l'inspection universitaire; seulement il prendra désormais pour inspecteurs des hommes dont il répondra comme de lui-même. Quant aux académies, il n'imite pas M. Vaulabelle, qui en diminuait le nombre; au contraire, il les multiplie tellement qu'il est bien sûr désormais de n'avoir plus rien à en craindre. Une fois qu'il a ainsi paralysé l'action de l'État dans son principe même, il met la main sur l'enseignement primaire et le livre aux curés, sous prétexte de morale. Rien ne lui échappe de ce qui peut servir à ce grand dessein, ni la nomination par le conseil municipal, ni la suppression des comités locaux et des comités d'arrondissement. M. de Falloux procède à tout cela avec une assurance sans pareille, et comme s'il était bien entendu et bien démontré que la liberté d'enseignement n'ayant été, jusqu'ici, exploitée dans la polémique que par le clergé, ce n'est aussi que pour le clergé qu'elle doit être réalisée dans la pratique.

» Premièrement, il établit un jury pour chaque département; et voilà déjà un coup de maître. Ici la commission sera sévère, plus loin elle sera facile; on la changera, d'ailleurs, au besoin, chaque année; aucune règle, aucune responsabilité ne lui sera imposée; en un mot, ce sera de l'arbitraire pur. Quoi de plus favorable au grand projet de décentralisation intellectuelle que M. de Falloux poursuit?

» M. de Falloux n'a garde de faire nommer le jury départemental par le conseil supérieur d'instruction publique siégeant à Paris. On peut connaître de loin les capacités, mais on juge mieux de près les dispositions et les consciences. D'ailleurs, cette nomination venue de si loin et de si haut, ne serait-elle pas bien solennelle? La presse serait avertie et s'en mêlerait; elle pourrait tout entraver. Il vaut mieux s'en rapporter au conseil académique. Le conseil académique est bien la plus heureuse, la plus commode, la plus adroite de toutes les créations de la présente loi. M. de Falloux n'y a mis, après tout, que deux hommes et six comparses. A qui fera-t-on croire, par exemple, que le préfet du département quittera les soins de son administration pour aller là siéger sous la présidence de son recteur, et discuter gravement des nominations de maîtres d'études? Les membres du conseil général, ou ne résideront pas au chef-lieu, ou ne prendront qu'un médiocre intérêt à ces questions purement scolaires, et, en tout cas, ils ne seront ni compétents, ni très-écoutés; ils s'abstiendront presque partout et presque toujours. Il ne restera donc en présence que l'Evêque et le recteur. Maintenant auquel des deux sera l'influence? M. de Falloux le sait bien, et nous aussi. Et pour que Mgr l'Evêque ne soit pas gêné dans ses préférences, et ne rencontre devant lui aucun vestige de la défunte Université, M. de Falloux supprime la condition du doctorat exigée des membres du jury par l'Assemblée constituante. Ne suffit-il pas, en effet, d'avoir été désigné par son Évêque ? Que peut-on demander de plus ? Voilà la capacité des juges bien garantie, et la capacité des candidats bien constatée ! C'est ainsi que M. de Falloux emprunte. Le jury spécial, tel que l'avait conçu l'Assemblée constituante, était une institution sérieuse. Il devient chez M. de Falloux un moyen d'éluder la loi, ou plutôt un moyen de violer deux fois la Constitution. Ce jury établi pour juger la capacité, est mauvais juge de la capacité, mais il est docile. Il se trompera sur le mérite des candidats, non sur les opinions, ni sur l'habit. Il fera tout doucement les affaires du ciel sous le manteau de la Constitution ; et l'autorisation préalable, enlevée à l'Université, se trouvera indirectement rétablie au profit des Évêques...»

Personne ne s'étonnera des exagérations du *National*. On ne pouvait p: s espérer de lui qu'il ne reconnût dans le projet que ce qui s'y trouve. Le journal universitaire y voit double. Il croit découvrir la substitution d'un monopole à un autre, là où il n'y a que le renversement de l'ancien régime et le premier avènement de la liberté.

Mais les erreurs mêmes où tombe l'opposition absolue des universitaires ne prouvent-elles pas surabondamment combien se trompent dans leurs jugements, non moins radicaux, d'autres adversaires acharnés du projet.

NOUVELLES RELIGIEUSES.

DIOCÈSE DE CAMBRAI. — Depuis que les dames de Lille les plus dévouées aux œuvres de charité ont eu l'heureuse idée de former une conférence de Saint-Vincent-de-Paul à l'instar de celle des hommes, plusieurs villes du même diocèse, Cambrai, Tourcoing, Wazemmes, Haubourdin, ont suivi cet exemple.

D'autres encore, Roubaix entr'autres, se disposent à l'imiter. Son Eminence le cardinal Giraud vient d'obtenir pour son diocèse de Sa Sainteté Pie IX, que toutes les indulgences accordées jusqu'à ce jour aux conférences de Saint-Vincent-de-Paul (hommes) soient applicables aux conférences des dames établies ou à établir sous la même invocation.

DIOCÈSE DE PERPIGNAN. — La retraite ecclésiastique commencée mercredi dernier, au milieu d'un nombreux concours de Prêtres qui étaient venus de tous les points du Diocèse, a été prêchée par M. l'Abbé Guillermet. Elle s'est terminée hier soir par une imposante cérémonie, qui a laissé une impression profonde sur toutes les personnes qui ont eu le bonheur d'y assister.

Après le renouvellement des vœux d'obéissance, Mgr l'Evêque, à l'exemple de plusieurs prélats, a voulu consacrer son clergé et son diocèse au Sacré-Cœur de Jésus. M. l'abbé Guillermet, dans un discours plein d'onction qui a vivement ému son nombreux auditoire, a retracé avec talent tous les bienfaits qu'on est appelé à recueillir de cette pieuse dédicace.

Le clergé s'était rendu processionnellement, à travers quelques quartiers de la ville, du séminaire à la métropole, et l'on a été heureux de remarquer sur son passage l'attitude pleine de foi et de convenance de la population.

DIOCÈSE DE VANNES. — Samedi dernier, Mgr l'Evêque de Vannes a ordonné, dans la chapelle du grand séminaire, quatorze prêtres, neuf diacres et dix-huit sous-diacres. Il a en outre conféré les ordres mineurs à un très-grand nombre de séminaristes.

DIOCÈSE D'ARRAS. - La ville de Bapaume (Pas-de-Calais) n'a pas encore été atteinte par le choléra. A l'effet de s'en préserver, une retraite a été suivie par la presque totalité de la ville ; elle a été close par une procession solennelle,

ortée de trois compagnies de la garde nationale et du conseil municipal. Les
es étaient jonchées de fleurs, les magasins fermés, les couronnes et les guir-
des étaient semées à profusion. Arrivé sur la grande place, le cortège s'est
rêté, et la statue de Notre-Dame-de-Pitié a été déposée sous un arc de
iomphe.

NOUVELLES ET FAITS DIVERS.

M. L. Frémy, représentant du peuple, et M. Boulatignier, conseiller d'État,
nt partis, à ce qu'on nous assure, pour Rome, chargés d'une mission du gou-
ernement. (*La Patrie.*)

— C'est à l'issue du conseil qui s'est tenu hier à la chancellerie, que M. le
inistre de l'intérieur a interdit la représentation de la pièce intitulée *Rome*,
théâtre de la Porte-Saint-Martin.

— Les prévenus du 13 juin réunis à Londres viennent de déclarer solennelle-
ent qu'ils ne comparaîtront pas aux débats.

— On a distribué aux accusés du 13 juin et aux avocats chargés de les défen-
re, quatre volumes énormes, renfermant tous les faits se rattachant à l'échauf-
urée des Arts-et-Métiers.

— A la suite des désordres qui, lors des élections de la Guadeloupe, ont éclaté
Marie-Galante, M. le gouverneur de la colonie a signalé plusieurs nouveaux
ffranchis qui, dans cette circonstance, ont défendu, au péril de leur vie, la
ause de l'ordre et de la propriété.

Le ministre de la marine et des colonies, accueillant les propositions qui lui
nt été faites par M. le capitaine de vaisseau Fabvre, a décidé :

1° Qu'une médaille d'or et une allocation annuelle de 300 francs serait accor-
lée au sieur Monrose, grièvement blessé en défendant son ancien maître, avec
e nommé Azor, qui a péri victime de son dévouement ;

2° Que le sieur Tiburce, qui n'est pas encore guéri des nombreuses blessures
qu'il a reçues en prêtant à l'autorité main-forte contre les perturbateurs, rece-
rait pareille allocation annuelle de 300 fr.

3° Qu'enfin une somme de 3,100 fr., une fois payée, serait partagée entre
reize citoyens qui se sont distingués dans les mêmes journées. (*Moniteur.*)

— A dix heures, hier matin, a eu lieu l'ouverture, au palais de l'Ecole des
Beaux-Arts, de l'exposition de tous les ouvrages des élèves de l'Ecole des quatre
grandes sections qui viennent d'être couronnés aux grands concours par l'Académie. Elle durera huit jours. Les prix seront décernés aux jeunes lauréats samedi
6 octobre, en séance solennelle de l'Académie des Beaux-Arts, au palais de l'Ins-
itut.

— Dans la nuit du 24 septembre, un orage épouvantable a transformé la ville
d'Agde en un vaste lac. Son territoire et celui de plusieurs communes ont été
avagés.

— La commission municipale de Montpellier a proposé de donner à une de
es rues le nom de Saint-Roch. On sait que saint Roch naquit à Montpellier, dans
a seconde moitié du XIIIe siècle, d'une famille noble. Son ardente charité pour
es malades attaqués de la peste, le rendit célèbre dans cette ville. Après avoir
listribué ses biens aux pauvres, il voyagea en Italie et à Rome, où il se consa-
ra au service des pauvres et des pestiférés ; il fut lui-même attaqué de la con-
agion dans le Piémont. Guéri, il retourna dans sa patrie, qui était alors divisée
ar les factions ; on le prit pour un espion. Mis en prison, il y mourut au bout
le cinq ans, le 13 août 1327. Il fut canonisé en 1414. Ses reliques furent trans-

portées de Montpellier à Arles, et ensuite à Venise. On montre encore à Montpellier la maison où naquit saint Roch.

———————

Tout l'intérêt de la politique se porte aujourd'hui sur Constantinople. Ali-Pacha vient d'adresser, dit-on, au ministre de la France et à l'ambassadeur d'Angleterre une note dans laquelle il leur pose les questions suivantes :

« 1° Les traités de Kutchuk-Kaynardji et de Passarowitch donnent-ils aux deux puissances (la Russie et l'Autriche) le droit de réclamer l'extradition des réfugiés hongrois? 2° Le refus de la Porte constituerait-il une infraction aux traités? 3° Par suite de ce refus, les deux puissances pourraient-elles déclarer la guerre à la Porte? 4° La France et l'Angleterre soutiendraient-elles la Turquie à main-armée? 5° Les réfugiés réclamés par la Russie sont-ils sujets de cette puissance? 6° Dans le cas où le refus de la Porte n'entraînerait qu'une rupture de relations entre le divan et les ministres des deux puissances réclamantes, la France et l'Angleterre interviendraient-elles auprès des deux puissances pour rétablir les relations sur leur ancien pied? »

Les ambassadeurs de France et d'Angleterre ont répondu non aux trois premières questions. Sur la quatrième, ils ne sauraient engager le concours de leurs gouvernements respectifs qu'en vertu d'instructions spéciales. Sur la cinquième, ils déclarent que, si quelques-uns des réfugiés sont sujets russes, cette qualité ne saurait s'appliquer à tous les autres. Enfin, sur la sixième question : Oui, la France et l'Angleterre interviendraient activement auprès de la Russie et de l'Autriche pour rétablir la bonne intelligence entre elles et la Sublime-Porte.

Une lettre Vienne, en date du 27 septembre, donne les détails suivants :

« On dit aujourd'hui que Kossuth et les autres chefs de l'insurrection hongroise qui se trouvaient à Constantinople se sont embarqués pour se rendre en Angleterre. On dit aussi que les ambassadeurs d'Autriche et de Russie auraient présenté sur-le-champ une note réclamant une somme de 100 millions de piastres, laquelle équivaudrait aux trésors que les rebelles auraient emportés avec eux. »

A la fin de la Bourse du 28 septembre à Vienne, le bruit courait que la capitulation de Comorn venait d'être signée.

Le *Times* publie deux pièces échangées le mois dernier à Naples, entre l'ambassadeur d'Angleterre et le ministre des affaires étrangères. Dans la première pièce, M. Temple rappelle que l'Angleterre est intervenue en 1812 pour garantir la Constitution de Sicile; que, dans les derniers événements, elle a encore interposé ses bons offices pour empêcher l'effusion du sang, convaincue que la Constitution serait mise en vigueur, modifiée et révisée, d'après la promesse contenue dans la proclamation signée à Gaête, en 1848, par le roi des Deux-Siciles. Convaincue que la pacification de la Sicile ne peut être durable, que si cette promesse est tenue, l'Angleterre en demande aujourd'hui l'accomplissement. Cette note est datée du 16 septembre. Le ministre des affaires étrangères a répondu avec beaucoup de fermeté que le roi avait tenu parole, qu'il avait dessein de la tenir encore, que toutes les mesures prises par le gouverneur de la Sicile avaient été dictées par des sentiments d'humanité, et que le gouvernement napolitain. souverain et indépendant, avait le droit de régler l'administration intérieure du royaume suivant l'inspiration de sa justice, sans porter préjudice à aucune nation.

Le gouvernement toscan prépare un décret d'amnistie qui ne comportera que des exceptions individuelles et nominatives.

Le parlement piémontais a voté, dans sa séance du 26 septembre, à une

ajorité, la loi qui autorise la perception des impôts, en attendant qu'on
scuter et voter le budget. Le lendemain, elle a autorisé le ministère, à
remier versement de quinze millions sur l'indemnité due à l'Autriche.

urnal allemand publie comme officielle une convention entre l'Autriche
sse, dont voici les principales bases :

triche et la Prusse conviennent d'un *intérim* ; en vertu de cette convention, qu'ils
ont aux autres gouvernements, le pouvoir central pour la Confédération ger-
sera confié aux deux puissances susdites jusqu'au 26 mai 1850, en tant que
ne puisse passer à une autorité définitive.

ant la durée de l'*intérim*, la question relative à la Constitution de l'Allemagne,
alement à la formation d'un Etat fédératif plus étroit, sera laissée à la libre
tion des Etats particuliers.

. l'expiration de l'*intérim*, la question de la Constitution de l'Allemagne et en
r les négociations relatives à l'organisation d'un Etat fédératif plus étroit n'ont
é de solution, les gouvernements compétents s'entendront pour maintenir en
a présente convention. »

i des Belges, après avoir visité cette année les villes de Liége et d'An-
onlu voir la province de Namur. C'est le 29 septembre que le roi et la
oyale sont arrivés dans cette ville. Des fêtes brillantes ont eu lieu. Une
ion générale a terminé la journée.

ASSEMBLÉE LÉGISLATIVE.

SÉANCE DU MARDI 2 OCTOBRE.

Présidence de M. BAROCHE.

PRÉSIDENT. Hier quarante-neuf demandes de congé avaient été dépo-
jourd'hui il y en a encore treize. (Murmures.)

n pour l'élection du Président : M. DUPIN, 339 voix ; MICHEL (de Bour-
7 ; DARU, 21.

n pour les vice-présidents : MM. Baroche, 339 ; Daru, 338 ; Benoît
12 ; le général Bedeau, 271 ; Emmanuel Arago, 105 ; Grévy, 104 ; Baune,
thieu (de la Drôme), 101 ; Léon Faucher, 84 ; de Sèze, 20.

in pour les secrétaires : MM. Arnaud (de l'Ariège), 339 ; Chapot, 320 ;
318 ; Peupin, 315 ; Heeckeren, 313 ; Bérard, 307 ; Lasteyras, 91 ; Saint-
. 91 ; Marc-Dufraisse, 90 ; Bancel, 90 ; Joigneaux, 70.

Ministre de l'intérieur présente plusieurs projets de loi, notamment un
ur la transportation des insurgés de juin en Algérie.

M. CABET CONDAMNÉ POUR ESCROQUERIE.

abet, l'un des chefs de ce socialisme qui doit régénérer le monde, et qui,
son journal le *Populaire*, avait tourné les têtes d'un si grand nombre de

icariens révéler officiellement leur existence au public par des affiches politiques apposées sur les murs de Paris.

Enfin le départ si souvent annoncé fut arrêté ; cinq cents pauvres dupes s'étaient laissé prendre au filet. Elles avaient signé un acte de société intitulé *Contrat social*; et dès ce moment liées entre elles par des conventions aussi odieuses qu'absurdes, elles attendirent avec impatience le signal du départ.

Le jour tant désiré arriva enfin ; on se rendit au Havre, et dès qu'on fut installé sur le navire qui devait arracher ces malheureux à leur pays, à leur famille, et beaucoup d'entre eux pour toujours, on commença par appliquer en grand l'une des règles de la société : la communauté. Hommes, femmes, enfant furent visités comme à la douane ; et malgré les résistances de quelques-uns, o les dépouilla de l'argent et des bijoux qu'ils avaient, le tout au profit de l communauté.

Une fois en pleine mer on ne craignait plus rien ; aussi les pauvres illumin furent-ils pressés et serrés à bord comme des nègres, tandis que Cabet et de dames étaient parfaitement logés dans la chambre du capitaine.

Après un voyage affreux on arrive en Amerique : pas d'Icarie : cela n'a rie qui étonne ; mais pas même un seul acre de terrain, pas un seul, au lieu de c *million d'acres, de terres fertiles placées le long d'une rivière navigable*, suiva les termes du *contrat social*... Enfin on se met en marche pour rechercher terrain sur lequel on puisse s'établir... Quel spectacle que ces familles chem nant dans un pays inconnu, difficile, insalubre, faisant ainsi plus de cent lieu à pied ; manquant de provisions, souffrantes fatigues de toute sorte, et enf comme dernier coup, atteintes par le choléra, qui, du 15 au 20 mars de cette a née, devait enlever à ce triste convoi dix-huit ou vingt personnes par jour !

Quel spectacle ! quelle pitié ! et combien est coupable celui qui est l'auteur tous ces maux !

Quelques-uns veulent-ils partir, profiter du passage d'un bâtiment rentra en France, s'échapper à ces déplorables scènes d'immoralité, de misèr et de souffrances, on leur refuse l'argent nécessaire pour le voyage, on retie leurs malles, leurs effets, et tout cela au nom de la fraternité, de l'égalité et de liberté, qui étaient les bases premières de la *communauté icarienne*.

Tous ces faits ont été prouvés à l'audience, par un grand nombre de témoi ex-communistes convertis. Mais tous ne tombant point sous le coup de la loi p nale ; l'indignation publique sera leur seul châtiment. Ce n'est point assez. M quant à l'*erreur* commise par M. Cabet, à l'endroit *des millions d'acres de ter fertiles*, il n'en est pas de même. Une erreur que l'on commet en parlant et écrivant pendant des mois entiers ; un fait que l'on sait matériellement faux et q l'on invoque pour pouvoir soutirer de l'argent, cela s'est toujours appelé u *escroquerie*; et le tribunal a condamné pour ce délit M. Cabet à deux ans prison.

BOURSE DU 3 OCTOBRE.

Le 3 p. 100 a débuté à 55 50, a fait 55 60 au plus haut, et reste à 55 40.
Le 5 p. 100 a débuté à 88 20, a fait 88 25 au plus haut, et reste à 87 90.
Les actions de la Banque de France ont varié de 2,320 à 2,310.
On a coté le 5 p. 100 romain à 77 1|2.

L'un des Propriétaires-Gérants, CHARLES DE RIANCEY.

PARIS. — IMPRIMERIE D'ADRIEN LE CLERE ET Cᵉ, rue Cassette, 29.

L'AMI DE LA RELIGION.

7

AVIS.

A partir du mardi 16 octobre 1849, l'*Ami de la Religion* paraîtra tous les jours.

Il paraîtra, comme par le passé, les mardis, jeudis et samedis par numéros de 24 pages ; et par numéros de 16 pages les quatre autres jours de la semaine.

L'abonnement n'est augmenté que de 1 franc par trimestre : soit 4 francs pour 200 numéros de plus par an.

Voici les prix nouveaux :

Un an, 32 fr. — Six mois, 17 fr. — Trois mois, 9 fr.

Quant à nos abonnés actuels, l'Administration du Journal, regrettant de ne pouvoir faire des sacrifices encore plus considérables, les prie de vouloir bien accepter l'alternative suivante :

Ils pourront lui envoyer le supplément de leur abonnement par un mandat sur la poste.

Ou bien ils recevront le Journal pendant une durée calculée au prorata du chiffre de leur abonnement actuel.

L'Administration, après avoir tellement diminué le prix du Journal pour tous ses abonnés, ne peut plus accorder aucune réduction particulière de prix. Pour certains abonnements, auxquels une légère diminution avait été accordée par une mesure exceptionnelle, les personnes qui ont joui jusqu'à présent de cette faveur doivent comprendre qu'il nous est absolument impossible de la leur continuer. *Le prix de l'abonnement sera rigoureusement pour tous, soit à Paris soit dans les départements, de 32 fr. par an.*

Enfin, à l'égard de nos Abonnés à l'extérieur, nous leur rappelons qu'en raison de l'augmentation du prix de la poste, leur abonnement annuel se trouve élevé : pour la Belgique, à 36 fr.; la Hollande et les pays du Levant par Marseille, à 47 fr.; — les Etats-Unis par le Havre, à 51 fr.; — l'Espagne et le Portugal, à 54 fr.; — les pays d'outre-mer par la voie d'Angleterre, à 69 fr.; — et le Canada, à 109 fr.

On est prié d'adresser *franco* toutes demandes d'abonnement et toutes réclamations pour ce qui concerne l'Administration à M. de Boville, administrateur de l'*Ami de la Religion*, rue Cassette, 29.

CONCILE DE LA PROVINCE DE REIMS.

On nous écrit de Soissons :

« MONSIEUR LE RÉDACTEUR.

» Le Concile de la province ecclésiastique de Reims vient de s'ouvrir à Soissons. Tous les Evêques de cette province, Mgr Gousset, Archevêque de Reims, président du Concile, NN. SS. les Evêques de Soissons, de Châlons, de Beauvais et d'Amiens s'y sont réunis avec les délégués des chapitres, les théologiens et les canonistes. Les membres du Concile résident au séminaire, où Mgr de Garsignies, évêque de Soissons, les a reçus avec l'affabilité la plus esquise.

Le dimanche 30 septembre, Mgr l'Archevêque de Reims est monté dans la chaire de la cathédrale, après les vêpres, pour annoncer l'ouverture du Concile aux fidèles qui remplissaient cette vaste basilique, et pour leur expliquer le caractère et le but de ces saintes assemblées dont l'usage interrompu depuis plus de deux cents ans, remonte jusqu'aux premiers siècles du christianisme. En parlant de la liberté de l'Eglise l'illustre Pontife a félicité le gouvernement d'avoir compris qu'à une époque où les lettres, les sciences, l'agriculture, l'industrie ont leurs congrès, l'Eglise aussi doit avoir ses réunions. Cette allocution pathétique et pleine de gravité a été digne de la circonstance solennelle où elle a été prononcée.

» Le lundi 1er octobre a eu lieu la congrégation préparatoire des Evêques où l'on a vérifié les pouvoirs des délégués des chapitres et désigné les promoteurs, les secrétaires et les maîtres des cérémonies du Concile : le même jour la première congrégation générale s'est tenue dans la salle synodale.

Le lendemain, à dix heures, Mgr l'Archevêque de Reims et les quatre Evêques de la province, revêtus de chape, la crosse en main et la mitre sur la tête se sont rendus processionnellement de la chapelle du grand-séminaire à la cathédrale, au milieu d'une foule immense de fidèles accourus sur leur passage. La messe synodale a été célébrée par le métropolitain et tous les Evêques et les autres membres du Concile sont venus recevoir la sainte communion de sa main.

Après la messe et les cérémonies d'usage, on a lu et voté les trois décrets : *de aperiendâ Synodo, de modo vivendi in Concilio*, et *de professione fidei emittendâ*.

Le décret relatif à la manière de vivre dans le Concile est des plus édifiants ; tous les Evêques, chanoines, théologiens, canonistes se lèvent à cinq heures et demie, vaquent à l'oraison et assistent à la messe synodale célébrée par un Evêque. Après la messe, on tient les Congrégations particulières ; le déjeuner a lieu à onze heures. Pendant les repas on lit l'Ecriture sainte et la vie de saint Charles Borromée ; à une heure, récitation de l'office divin ; à trois heures, la Congrégation générale où tous assistent en habit de chœur ; le dîner à six heures et demie ; à huit heures et demie se fait la prière du soir, dernier exercice où se rendent en commun les membres du Concile.

Les Pères du Concile ont établi quatre commissions.

1re commission. — Des Décrets.

Président, Mgr de Prilly, évêque de Châlons ; vice-président, M. Gerbet, docteur et professeur à la Faculté de Théologie de Paris. Les autres membres sont :

ricaire-général de Beauvais ; Deladoue, vicaire-général d'Amiens
anoine de Reims, délégué du chapitre.

mission —De la foi.—Des jugements et des peines ecclésiastiques.

t, Mgr de Garsignies, évêque de Soissons et Laon ; vice-président,
t, vicaire-général et supérieur du grand-séminaire qui accompa-
'évêque de Troyes au Concile de Paris. Les autres membres sont :
chanoine, curé de la métropole de Reims, doyen du chapitre et délé-
ne chapitre ; Goujart, délégué du chapitre de Soissons ; Muzart, cha-
gué du chapitre de Châlons.

3° commission. — Des personnes ecclésiastiques.

t, Mgr Gignoux, évêque de Beauvais ; vice-président, M. Ruellan, vi-
ral de Soissons. Les autres membres sont : MM. Barraud, chanoine dé-
apitre de Beauvais ; Vicart, prêtre de la mission, supérieur du grand-
le Châlons ; Dauthuille, chanoine délégué du chapitre d'Amiens.

4° commission. — Des choses ecclésiastiques.

t, Mgr. de Salinis, évêque d'Amiens ; vice-président, M. Querry, vi-
ral de Reims. Les autres membres sont : MM. Congnet, chanoine dé-
apitre de Soissons ; Rayé, chanoine délégué du chapitre de Beauvais ;
oine délégué du chapitre de Châlons ; Clabault, théologal, doyen du
Amiens et délégué du même chapitre.

ir, M. Bara ; vice-promoteur, M. Ruellan.

es, MM. Obré et Deladoue.

es cérémonies, MM. Goujart et Muzart.

DE LA LIBERTÉ D'ENSEIGNEMENT.

L'IRLANDE.

II.

Enseignement secondaire.

leterre et en Irlande il existe, une certaine mesure de liberté
ignement secondaire, une liberté absolue même, sous quelques
mais il faut bien remarquer que cet avantage, si lentement et si
ment conquis par les Catholiques, ne date pour eux que de l'é-
l'émancipation, et qu'à côté de la liberté accordée à regret aux
·s, subsiste encore contre les Ordres religieux l'iniquité de
sives qui n'ont jamais été rapportées.

olissements d'instruction secondaire ne sont soumis qu'aux me-
olice générale : on ne leur demande que le respect dû aux lois
orale publique par tous les citoyens. Le projet de loi pour la
mande aussi cela ; mais il faut observer que sous ce rapport il
de pas davantage aux établissements libres.

ois, la liberté concédée en Angleterre a ses réserves qui ne
moins que libérales, et qui en réduisent étrangement la portée.

ut être admis aux grades scientifiques, s'il n'a étudié dans une
rsités de l'Etat, ou s'il n'appartient à un des rares collèges in-
. ces Universités. C'est le régime qui date de Henri VIII, et qui

est encore aujourd'hui en vigueur. Les colléges de quelque importance ont tous senti la dure, mais inévitable nécessité de subir cette *incorporation*.

Or, le droit de fonder des Universités et le droit d'y *incorporer* des colléges est un droit régalien que la Reine seule exerce par son bon plaisir. De sorte, en définitive, que la constatation officielle de la science, que la clef des hautes dignités et de certaines professions libérales, sont exclusivement entre les mains du Pouvoir, et du Pouvoir anglican, c'est-à-dire d'un pouvoir hérétique formel, anticatholique, antipapiste.

Parmi les Universités du Royaume-Uni, celles d'Oxford et de Cambridge comme celle de Dublin sont purement anglicanes. A Oxford même on exige le serment des trente-trois articles du symbole anglican. Les autorités scholaires, les professeurs appartiennent tous à la religion établie, c'est-à-dire sont tous hérétiques, formels et déclarés.

A Dublin, il est vrai, depuis 1793, les catholiques et les dissidents sont admis à recevoir les grades, mais les *grades mineurs* seulement; pour les grades élevés, les grades savants, il ne leur est point permis d'y prétendre; ce qui les exclut de toutes les carrières importantes dont ces grades sont une condition nécessaire.

Quant à l'Université de Londres, nouvelle et récente conquête des persévérantes réclamations des catholiques, et dont la création ne remonte pas au-delà de la première année du règne actuel, aucune profession de foi, aucun serment n'étant exigés, on y reçoit des jeunes gens appartenant à tous les cultes, et par conséquent aussi des catholiques; mais il faut remarquer que tous les professeurs sont choisis par l'Etat, c'est-à-dire que tous peuvent être anglicans, que presque tous le seront ordinairement; combinaison déplorable qui, en accordant la liberté, fait peser sur elle une menace et un péril incessant de corruption.

Des colléges ont pu être incorporés à cette Université : mais il a fallu pour cette incorporation des lettres patentes de la Reine. Cette faveur, purement gratuite, purement bénévole, a été accordée pour la première fois au collége catholique de Sainte-Marie à Oscott, dont l'illustre Mgr Wiseman était alors le président. Depuis, le collége des Jésuites à Stony-Hurst a également obtenu une charte d'incorporation.

Nul doute que les catholiques eussent désiré un système plus largement libéral : mais en profitant de la liberté qu'on leur faisait, dans la seule mesure où il leur fût possible d'en jouir, liberté qu'ils ont jugée préférable à l'oppression ancienne, ils n'ont pas craint d'encourir par là l'accusation d'anglicanisme, d'hérésie, de schisme, ni même de passer pour fauteurs, pour complices des hérétiques et des schismatiques.

Dans la charte de Victoria, relative à Oscott, il est parfaitement expliqué que la reine, « *défenseur de la foi*, » a seule le droit d'*autoriser* tel collége ou telle corporation qu'il lui plaît à donner aux étudiants le *certificat* d'études *nécessaire* pour être *candidat* aux grades de bachelier, licencié, etc., grades que l'Université de Londres est *autorisée* à conférer

L'orthodoxie bien connue des colléges catholiques protestait seule
nment et assez haut.

i, pour arriver aux grades, il faut, en Angleterre et en Irlande, un
at d'études, et n'ont droit de délivrer ce certificat que les institu-
utorisées par lettres patentes d'un pouvoir hérétique, formel et dé-

ι cependant ce qu'on ose bien nous présenter comme le mo-
idéal de la perfection à laquelle nous devons aspirer : inadver-
aconcevable, et que la préoccupation de l'esprit de parti peut seule
ιer !

ι, il faut bien observer, nous le répétons, que l'Université de
s, la seule en Angleterre qui ne soit pas purement et absolu-
nglicane, ne se compose que de professeurs choisis par l'Etat, et
ıde majorité anglicans, et ce sont ces professeurs qui sont chargés
rer souverainement les grades, d'arrêter sans aucune espèce de
e et arbitrairement le programme annuel des examens, faisant
rs leurs cours dans la plus complète liberté, sans être astreints au
de quelque religion que ce soit ; n'ayant au-dessus d'eux ni in-
n gouvernementale, ni responsabilité ministérielle, ni surveillance
, étant par conséquent les maîtres absolus de la direction qu'ils
ont à l'enseignement et à la science.

ette Université, investie d'un pouvoir si grand, si exorbitant, si
que, contre laquelle on a formulé, non sans raison, les plus vives
ions d'athéisme, elle a pris une telle faveur, qu'aujourd'hui vingt-
trente colléges ont sollicité et obtenu d'y être incorporés, et que
cemment encore deux établissements catholiques d'Irlande y ont

stater authentiquement la science, dont ils distribuent le bienfait, ni d'ouvrir à ceux qui la reçoivent d'eux les carrières auxquelles elle donne droit! Et voilà la liberté qu'on admire, qu'on exalte, qu'on envie! Y pense-t-on?

Comparons avec cette liberté de nos voisins, celle que le projet, si violemment incriminé, promet à la France :

Ici plus de monopole, ni royal, ni d'Etat (c'est la même chose); plus de certificats d'études obligatoires; plus d'autorisation préalable pour les maisons d'éducation; égale admissibilité de tous aux examens et aux grades, d'où qu'ils viennent;

Des commissions d'examen où sans doute plusieurs des examinateurs pourront laisser quelquefois plus ou moins à désirer sous le rapport de l'orthodoxie ou de la pratique religieuse, mais où nul ne sera, de nécessité, hérétique, et où plusieurs, au contraire, en un bon nombre de départements, tous peut-être en certaines localités, pourront être de très-bons et très-fidèles catholiques;

Des *établissements libres*, dont l'indépendance n'est limitée que par les conditions imposées par la Constitution : conditions, nous l'avons toujours reconnu, encore trop restrictives, mais que la législation ne peut, quant à présent, décliner;

Et des *établissements officiels* enlevés au contrôle, au gouvernement d'une corporation dont l'esprit est un si juste sujet d'alarme pour les catholiques; enlevés même, à proprement parler, au contrôle, au gouvernement de l'Etat, auquel le projet de loi (et c'est son mérite principal et trop peu remarqué) substitue les forces vives de la société; non d'une société absente, éloignée, comme est toujours plus ou moins la société générale représentée par l'Etat, mais d'une société locale, et par conséquent toujours présente et toujours personnellement intéressée.

Nous le disons hautement, en ayant égard aux différences de mœurs et d'institutions, en tenant compte des faits établis qui existent en France et qui n'existent pas en Angleterre, tels que près de quatre cents collèges de l'Etat, et plusieurs milliers de professeurs officiels; on peut, on doit regretter sans doute que les établissements particuliers ne jouissent pas constitutionnellement chez nous de la même mesure de liberté que de l'autre côté du détroit, *au point de vue particulier des conditions;* mais on peut et on doit reconnaître en même temps que, sous d'autres rapports souverainement essentiels, le régime du projet de loi français est à la fois plus libéral et plus favorable que celui de l'Angleterre.

III.

Passons maintenant à *l'instruction primaire :*

Ici l'analogie est plus complète et la comparaison plus exacte;

Ici, il y a pour l'Irlande, une organisation en vigueur, un système général appliqué depuis près de vingt ans;

Ici il y a eu discussion, avis demandé à Rome;

Ici il y a un Rescrit de la Propagande;

Voyons les faits :

Jusqu'en 1831, deux sociétés protestantes avaient le monopole de l'instruction primaire. Les catholiques refusaient d'envoyer leurs enfants à ces écoles. Sur toute la population irlandaise, à peine 4,000 enfants catholiques y avaient paru.

En 1831, un bill du Parlement créa un *système national* d'instruction pour l'Irlande.

Pour plus d'impartialité, nous prendrons les termes mêmes de nos contradicteurs, n'y ajoutant que des détails au-dessus de toute contestation, et dont l'authenticité nous a été garantie récemment par les plus éminents prélats de l'Irlande, expressément consultés.

Le système est basé sur le principe de la liberté de conscience : « Les » écoles nationales seront ouvertes aux chrétiens de toutes les dénomina- » tions. Et, en conséquence, aucun enfant ne sera tenu d'assister aux instruc- » tions religieuses ou exercices que désapprouveraient ses parents. Chaque » élève jouira de la faculté de recevoir séparément, et à des heures parti- » culières, l'instruction religieuse que ses parents jugeront à propos de » lui faire donner. »

Le Parlement vota pour l'établissement de ces écoles une somme qui est aujourd'hui de 1,875,000 fr. par an.

Le gouvernement des écoles est ainsi exercé :

« Une commission supérieure et permanente siège à Dublin. Ses » membres sont au nombre de douze. Ils sont nommés par la couronne » (par le lord-lieutenant), et révocables par elle.

» Dans un pays dont les sept huitièmes sont catholiques, ce conseil, » par une disproportion révoltante, compte à peine trois ou quatre catho- » liques, joints à six anglicans et à deux presbytériens.

» Aujourd'hui les catholiques sont : Mgr *l'Archevêque de Dublin* et » trois laïques ; les anglicans, *l'Archevêque anglican de Dublin*, le prévôt » (ecclésiastique) de Trinity-Collége, le sollicitor général (avocat-général) » et deux laïques ; les presbytériens, le Révérend M. Henry et un avocat. »

Ce Conseil supérieur où figurent, sur douze membres, huit hérétiques formels et déclarés, est « investi des *pleins pouvoirs de l'État* pour régler et décider tout ce qui se rattache à l'Enseignement. » Voici ces pouvoirs :

1° Il *crée* et soutient, surveille et dirige une *école normale qui forme les instituteurs ;*

2° Il nomme et envoie les *inspecteurs.*

3° Il décide les *conditions* auxquelles sont fondées ou subventionnées les écoles.

4° Il règle tout ce qui tient aux *livres*, qu'il procure à bas prix aux enfants.

Reprenons :

L'École normale : Cette École reçoit de 80 à 100 élèves ; elle se compose d'un double établissement pour les *instituteurs* et les *institutrices* ; son influence décisive sur tout l'enseignement primaire de l'Irlande est manifeste. Eh bien ! les emplois d'une telle École, — dans un pays dont les sept huitièmes sont catholiques! — sont partagés *également* entre les protestants et les catholiques; les deux professeurs sont l'un anglican. l'autre prêtre catholique.

L'Inspection : Il y avait dans l'origine vingt-quatre inspecteurs, douze catholiques, douze protestants — qu'on ne perde pas de vue la proportion! — Ils sont nommés par le Conseil à la suite d'un examen dont *le programme a été rédigé* par ce conseil, dont les trois quarts des membres sont hérétiques formels et déclarés. Ces inspecteurs visitent les écoles une fois par trimestre. Ils examinent tout, depuis la capacité du maître jusqu'aux ouvrages qu'il met entre les mains des enfants, et font leur rapport au conseil.

« Ils restent étrangers à ce qui touche la religion. » — Autant qu'on peut l'attendre de tels inspecteurs investis d'un droit de surveillance si étendu! Par le fait, cette lettre du règlement n'est presque jamais suivie dans la pratique. On en pourrait citer de nombreux exemples.

Conditions des Ecoles : Dans chaque localité privée d'école, le curé, le pasteur ou un personnage notable écrit au Conseil, et demande des fonds. Il devient par cette demande *patron de l'école,* et chargé de correspondre avec le Conseil, et de faire observer les règlements.

Le Conseil nomme et révoque les instituteurs; seulement le patron a le droit de les présenter; il faut que cette présentation soit agréée par l'inspecteur de la localité. Le patron a aussi le droit de destituer et de remplacer les instituteurs, en prévenant le Conseil supérieur. Ce droit de destitution appartient également à l'inspecteur, qui, dans la pratique, se concerte avec le patron, sans toutefois que cette déférence soit obligatoire.

Le Conseil supérieur arrête tous les règlements, même pour la tenue intérieure des écoles.

La préparation de l'instruction religieuse par la récitation des livres élémentaires est faite par l'instituteur tous les jours et en commun pendant une heure. Un jour sur six est spécialement consacré à l'instruction religieuse, qui alors est donnée isolément aux enfants de chaque culte par le ministre de ce culte.

Durant les heures de classe ordinaire, défense est faite de se servir d'aucun livre religieux et de se livrer à aucune discussion politique.

Six heures au moins par jour sont consacrées à l'enseignement.

Les maîtres et maîtresses reçoivent des parents une légère rétribution. et ils sont obligés d'admettre gratuitement les enfants pauvres.

Les instituteurs sortis de l'Ecole normale de Dublin reçoivent du Conseil, outre la rétribution scolaire, 500 fr. par an. Ceux qui n'en sortent pas ont 200 fr. la première année, 300 la seconde, 375 la troisième.

Livres: Le grand Conseil, si malheureusement composé, a fait rédiger une collection de livres élémentaires. Les patrons sont libres de choisir parmi ces livres; mais le Conseil a le droit, et l'a seul, d'interdire ceux

qu'il était dangereux. Cette interdiction, livrée à l'arbitraire de tels juges, peut s'étendre aux livres même religieux.

Tel est le système légal de l'instruction primaire nationale en Irlande !

« La propagation de ce système, continuent nos adversaires, a été très-rapide. » En 1839 on comptait 1,581 écoles, recevant 205,000 enfants ; en 1844, 3,153 écoles instruisant 395,000 enfants. Aujourd'hui, elles dépassent 3,500, et ont plus de 450,000 élèves.

« Les écoles de la commission se sont établies dans tous les diocèses, à l'exception d'un seul, celui de Tuam.

» L'expérience a donc réussi : les préventions contre les dangers de ce » système se sont peu à peu dissipées devant les résultats obtenus par sa » mise en pratique. Les catholiques en retirent de tels avantages, que les » Évêques et le clergé protestants n'en veulent plus. L'épiscopat anglican » signale sa propagation comme la ruine de l'Eglise officielle en Ir- » lande. »

Nous ne sommes pas aussi explicites que nos adversaires dans l'admiration de ce système : on verra pourquoi, lorsque nous le comparerons à celui du projet de loi français.

Maintenant, ce qu'il importe par-dessus tout de signaler, c'est que ce système d'instruction primaire, avant son application, avait éveillé les sollicitudes des Évêques catholiques, et qu'ils s'étaient adressés à Rome pour savoir s'ils pouvaient l'accepter et y prêter leur coopération.

Un Rescrit de la S. Congrégation de la Propagande, à la sagesse de laquelle les inconvénients sans doute n'échappèrent pas, répondit que les Évêques étaient libres d'agir comme ils l'entendraient chacun dans leurs diocèses respectifs.

La S. Congrégation a trouvé sans doute dans ce système une situation et des choses regrettables ; mais, en laissant les Évêques libres de l'accepter, elle n'a pas cru les rendre par-là *fauteurs d'anglicanisme, de schisme et d'hérésie ; et* les Évêques eux-mêmes n'ont pas cru *subordonner l'Eglise à la suprématie anticatholique de l'Etat en fait d'enseignement même religieux.*

Et cependant on pouvait bien appeler ce système, un *système mixte :* quoiqu'en pratique on vit la plupart du temps, dans la même ville, une école nationale fréquentée seulement par des catholiques, et une autre exclusivement composée de protestants ; le *système mixte* était appliqué dans le conseil supérieur, dans le choix des inspecteurs, dans le choix des professeurs, dans l'école normale, et le principe était proclamé par lord Stanley. On pouvait donc bien redouter *la puissance de l'Etat,* la *suprématie* de l'Etat ; car l'Etat en Irlande est bien *anticatholique,* et si *l'Anglicanisme* est quelque part, c'est bien là.

Qu'on nous permette maintenant de rapprocher notre *anglicanisme* prétendu de celui de l'Irlande :

1° Le Conseil de France n'émane pas du chef du Pouvoir, et n'est pas chargé exclusivement des droits de l'Etat ;

2° Les membres ne sont pas nommés et révoqués à volonté par le Président de la République;

3° La plupart, *les Evéques notamment*, sont nommés par leurs collègues;

4° Les membres qui sont choisis par l'Etat, le sont sous la responsablité d'un ministre;

5° La plupart sont nommés pour trois ou six ans; quelques-uns le sont à vie. Pour les destituer il faut une décision du Conseil des ministres ou du Conseil d'Etat;

6° Dans un pays dont l'immense majorité est catholique, la moitié n'appartient pas, comme en Irlande, à un culte hérétique formel, déclaré, dominant, et un quart à d'autres hérétiques également formels et déclarés: Ce qui réduit les catholiques à un quart à peine. Chez nous, tous généralement sont catholiques; s'il y a *un* ministre protestant, un seul, c'est pour représenter ses co-religionnaires, dans les départements seulement où il en existe, concession que le principe de la tolérance civile et la liberté constitutionnelle des cultes exigeaient impérieusement;

7° Si parmi les membres du conseil supérieur en France il peut se rencontrer des hommes dont les doctrines religieuses donnent des inquiétudes fondées, ou dont l'indifférence soit notoire, le même fait peut se produire dans le Conseil d'Irlande, même pour les membres censés catholiques, et la présence possible, dans ce Conseil, de catholiques indifférents, la présence nécessaire d'anglicans et de presbytériens, ne l'a pas fait rejeter comme *une alliance monstrueuse des ministres de Dieu avec les ministres de Satan*;

8° Le Conseil supérieur de France ne peut pas entreprendre de régler et de décider souverainement tout ce qui touche aux conditions intérieures des écoles. Ses attributions sont soigneusement limitées et définies par la loi;

9° Il ne se charge pas d'entretenir aux frais de l'Etat des *Ecoles normales* dont les instituteurs soient privilégiés par le traitement que leur alloue le budget. Au contraire, les Conseils des départements sont juges de l'utilité desdites Ecoles; ils peuvent n'en point entretenir, s'ils le veulent, et ils ne sont tenus, dans aucun cas, de partager les emplois de ces Ecoles entre les catholiques et des dissidents, hérétiques formels et déclarés;

10° La surveillance par l'inspection ne s'exerce que sur des objets déterminés par la loi. Elle respecte la liberté des méthodes et n'a pas le droit de destitution sur les maîtres;

11° Le Conseil supérieur ne garde pas, au nom de l'Etat, le droit de nommer et de destituer les instituteurs.

En France, l'instituteur libre tient son existence de la loi et de son brevet ou de son stage, et ne peut être privé de son droit que par un jugement, et l'instituteur communal dépend de la commune et du conseil départemental; autorités locales et, par conséquent, toujours présentes,

indépendantes d'ailleurs, toujours éclairées sur les faits, et
directement intéressées;

France, le droit du maire et du curé ne se réduisent pas à un
contesté et illusoire. Le projet de loi leur confie l'autorité et la
nce; et tandis qu'en Irlande le curé catholique ne peut pas même
r l'enseignement élémentaire de la religion donné par l'institu-
qu'il ne s'occupe lui-même de cet enseignement qu'aux jours et
res fixées par le Conseil de Dublin; en France, le curé peut et
eiller à chaque jour et à chaque heure l'enseignement religieux,
e qui tient à l'éducation morale et intellectuelle des enfants;

e conseil de France n'a pas la prétention de rédiger et d'imposer
élémentaires; il se contente d'autoriser ceux des écoles publi-
sont à la charge de l'Etat et d'interdire pour toutes les écoles
ges qui seraient contraires à la Constitution, aux lois ou aux

it d'ailleurs que les livres d'enseignement religieux, les caté-
les livres de liturgie et de prières ne peuvent être imprimés
catholiques qu'avec l'autorisation des Evêques;

nfin, au lieu d'ériger en principe que tous les enfants seront re-
l'école sans distinction de culte, le projet de France a bien soin
rer la séparation confessionnelle, de l'encourager, de la prescrire
. De sorte que, sous ce rapport si important, il va, de prime-
u-devant du résultat obtenu par la puissance intime et supé-
a catholicisme en Irlande, malgré le principe contraire posé dans

l donc, nous avons dit et répété à satiété que le projet de
illoux, qu'on accusait d'introniser le système des écoles mixtes,
au contraire, la ruine et la destruction, nous ne faisions que pré-
ue, dans des conditions bien moins favorables, la force des choses
en très-peu de temps en Irlande, à la confusion de ceux qui re-
pour nous une situation incomparablement supérieure!

RÉSUMÉ ET CONCLUSION.

voit donc : en résumé, la comparaison de l'Irlande est tout à l'a-
du projet français; loin de pouvoir lui être opposée, elle le re-
de et le glorifie.

n considérer le projet comme analogue au système irlandais?
n! le système irlandais a été autorisé par la Propagande, ou du
n essai a été toléré et admis par cette haute autorité.
sultats en ont été excellents.
i de favoriser les écoles mixtes, en fin de compte, il les anéantit
n jour.
n considérer le projet français comme différent et comme supé-
ce qui est évident.
usse, il élimine le régime mixte.
lus libéral, plus catholique; il garantit aux Evêques, au Clergé,

aux communes, aux familles, aux instituteurs, une autorité, une liberté inconnues à l'Irlande.

De quel côté est donc l'avantage, et à qui profite la comparaison?

Et voilà pourtant à quoi se réduit tout cet échafaudage d'arguments et d'accusations? Voilà à quoi aboutit tout ce bruit, toute cette rumeur, tout ce fracas de dissertations, de consultations et de cas de conscience!

C'est sur le fondement mal établi de faits si imparfaitement observés, si mal appréciés; mais si différemment attestés et jugés par l'Episcopat irlandais, qu'on essayait de troubler les âmes par de fantastiques alarmes. qu'on faisait injustement appel aux Rescrits de la Congrégation de la Propagande, et qu'on les jetait comme un anathème sur des chrétiens sincères, sur d'anciens et inébranlables défenseurs de la liberté de l'Eglise!

Si l'on eût mieux étudié les faits, si l'on eût porté un regard plus attentif sur le texte des lois anglaises, on n'aurait pas ainsi donné le change à l'opinion; on n'aurait pas à ce point, par la plus déplorable inadvertance, travesti les choses et dénaturé les situations. Mais on était entraîné par l'ardeur d'une polémique inconsidérée, et la préoccupation empêchait de voir les armes invincibles qu'on fournissait contre soi.

Et on sommait violemment les Evêques français de se prononcer, et on leur adressait des consultations par la voie de la presse; et on mettait en avant l'exemple de cette héroïque Eglise d'Irlande, qu'on jetait si imprudemment dans la confusion de ce malheureux débat; et on criait à *l'impiété*, au *schisme*, à *l'hérésie*, au *joséphisme*, à *l'anglicanisme!* et on parlait de *monstrueuse alliance entre les ministres de Dieu et les ministres de Satan;* et on dénonçait M. de Montalembert, M. de Falloux, et tous les membres catholiques de la commission, comme ayant desservi la cause de l'Eglise, livré sa liberté à la *suprématie anticatholique de l'Etat*, nié sa *puissance spirituelle*, etc!

Nous nous arrêtons! Il est des adversaires dont on ne triomphe qu'avec tristesse. Ce sont ceux dont on déplore les entraînements, et dont on voudrait pouvoir oublier les fautes en se souvenant de l'appui plus intelligent qu'ils ont prêté en d'autres temps à la cause catholique.

QUERELLE ENTRE LA FRANCE ET LES ÉTATS-UNIS.

On a reçu hier en France, par une voie très-indirecte, des nouvelles très-importantes d'Amérique. Il ne s'agirait de rien moins que d'une rupture entre notre ambassadeur à Washington et le gouvernement des Etats-Unis. Voici, selon les journaux anglais, qui ne donnaient eux-mêmes que des extraits des journaux de l'Union, la cause, ou, comme on le verra plus bas, le prétexte du conflit.

« Notre représentant, M. Poussin, était chargé de réclamer du gouvernement américain une indemnité pour les Français dont les propriétés ont souffert des dommages par suite de la guerre que les Etats-Unis ont faite au Mexique. Il paraît que le gouvernement américain a fait quelque difficulté d'admettre cette réclamation, et qu'une correspondance assez vive s'est échangée. Le secrétaire des

r-York a été jeté hier dans l'émoi par une dépêche télégraphique annon-
 le gouvernement de Washington avait envoyé ses passeports à M. Pous-
assadeur de France aux Etats-Unis. Il en est résulté une panique à la
 qui a baissé de 3 p. 100, et les alarmistes voient déjà une guerre décla-
e les deux pays. La mesintelligence n'ira pas sans doute aussi loin ; mais
rmis d'espérer que la France ne subira pas un tel affront sans représail-
qu'elle se lavera ainsi de l'humiliation de l'odieux traité des 25 mil-

use de la querelle est dans ce traité. Les Etats-Unis ont envoyé récem-
 France, pour ambassadeur, M. Rivers, le même homme qui, en 1832
 extorquer à notre faiblesse ces 25 millions que nous ne devions pas, et,
Etats-Unis n'ont jamais remboursés aux personnes pour lesquelles ils les
ent. Or M. Rivers, après ce haut fait, triompha d'autant plus dans ce
l'on s'était moins attendu au succès de sa mauvaise cause. Il alla même
écrire des articles de journaux, où il se moquait de la France avec indi-
 vantant qu'il aurait pu aussi bien obtenir de nous 50 millions, par la
il nous avait inspirée. M. Poussin a dû faire connaître ces faits à son
ement, donnant le conseil de refuser d'admettre M. Rivers, et c'est par
lles, et dans la crainte d'être précédé par le président Napoléon, que le
t Taylor a pris l'initiative de cette grossière insulte envers une grande

'Il y a de particulièrement fâcheux, c'est que notre gouvernement n'ap-
cette grave nouvelle que par la presse, et n'aura par ce vapeur rien d'of-
son ambassadeur. M. Poussin était hier à New-York, séjour que la di-
 préfère beaucoup trop à celui de Washington, sous prétexte que New-
 une grande ville et Washington un village. On ne parlait partout que de
oi, et lui ne connaissait comme le vulgaire que l'article du journal qui
ionne. Enfin, dans l'après-midi, il reçoit par la poste une lettre de
gton de son secrétaire d'ambassade, M. M***, fils du membre du gouver-

la chercher. Mais le fils de M. M*** comprend différemment ses importa[...]
fonctions. C'est ainsi que par une série de mésaventures, cette question p[...]
tourner au détriment de notre ambassadeur et à la honte de la France, ta[...]
qu'en réalité tous les droits sont de notre côté. »

MAISON CENTRALE DE FONTEVRAULT.
Situation des aumôniers dans les prisons.

On lit dans l'*Union de l'Ouest* du 3 octobre :

« Le culte catholique a cessé le 2 septembre dernier dans la maison centr[...]
de Fontevrault ; les 1800 condamnés qu'elle renferme se trouvent privés p[...]
un temps dont la durée est inconnue de tout exercice religieux. Ils n'assiste[...]
plus à la messe le dimanche, n'entendent ni prédication, ni catéchisme, et n[...]
peuvent plus verser dans le cœur d'un prêtre le secret de leurs remords. Le[...]
malades seuls et les religieuses qui surveillent les femmes peuvent recevoir l[...]
sacrements.

» Un conflit s'était produit entre l'aumônier et le directeur ; des abus de pouvoirs, de mauvais procédés de la part de celui-ci, des entraves au ministère ecclésiastique avaient fait cesser entre eux, depuis assez long-temps, toute relation orale. Le directeur poursuivit la révocation de l'aumônier avec acharne-
ment sans pouvoir l'obtenir. Enfin le 20 août il crut avoir trouvé dans une infraction légère à la règle une occasion favorable pour se débarrasser du prêtr[...]
qui lui faisait ombrage ; et d'urgence il lui interdit l'entrée de la prison av[...]
d'en avoir référé au préfet et au ministre ; en même temps il donnait ordre à la
force armée d'intervenir. Cette précaution était superflue ; l'aumônier n'avait p[...]
l'intention de lutter contre les bayonnettes pour exercer son ministère. Il s'e[...]
alla rendre compte à son Evêque du fait et des circonstances.

» Malgré les observations gravement motivées de l'autorité ecclésiastique, la
révocation provisoire fut confirmée : les deux aumôniers adjoints, profondémen[...]
blessés de l'outrage immérité fait à leur confrère, ont immédiatement donné leu[...]
démission. Mgr l'Evêque d'Angers l'a acceptée en déclarant ne pouvoir livre[...]
d'autres prêtres aux insultes du directeur de la maison centrale, et vouloir attendre, avant de pourvoir aux besoins religieux des condamnés qui lui sont pou[...]
tant chers à bien des titres, qu'une condition meilleure soit offerte aux ecclésiastiques qu'il a mission de défendre et de protéger. »

Le fait que l'*Union de l'Ouest* rapporte est, comme on le voit, extrêmement grave. Il ne renferme pas seulement une insulte personnelle à
l'aumônier. On sait jusqu'à quel point en face de prétentions hautaines et
vexatoires nos prêtres poussent la patience et l'abnégation. L'amour du
bien les détermine aux plus durs, aux plus pénibles sacrifices. Mais ici de
quoi s'agit-il ? Non pas même des difficultés de position, mais de *l'existence* des aumôniers dans les établissements publics. L'Etat les nomme
et les révoque à son gré, il les réglemente comme des fonctionnaires qui
lui appartiennent exclusivement. On croit avoir répondu à tout, quand
après de telles mesures on a dit : c'est la *Jurisprudence administrative.*

Et sur quelle base repose cette jurisprudence ? Dans quel code se
trouve-t-elle ? Quel concordat l'a consacrée ?

Il est temps de soumettre ces questions et bien d'autres qui se rattachent au même sujet à un examen approfondi ; il est temps de revendi-

fernement pour l'Eglise la part légitime d'influence qui lui appar-
...dans la nomination et la révocation des aumôniers dont on invoque
...secours. L'expulsion d'un prêtre hors de l'établissement qu'il a mis-
...d'évangéliser, sans même que l'Evêque en soit informé, est évidem-
...t un abus de pouvoir énorme.

Ce qui donne d'ailleurs plus d'importance et d'opportunité à cette ré-
...nation, c'est le retard funeste que la crise financière apporte à la ré-
...me des prisons. En attendant que cette réforme permette d'employer
...moyens efficaces pour la moralisation des détenus, de qui peut-on
...tendre, si ce n'est de l'influence religieuse et de ses agents naturels
...Aumôniers et les Frères?

Or, depuis quelque temps déjà, les Frères ont été obligés de quitter
...tevrault, et en leur absence, l'action des Aumôniers n'en était que
...indispensable.

Nous appelons sur ces faits la plus sérieuse attention du gouvernement,
...la presse et de tous les bons catholiques.

DISCUSSION DANS LES BUREAUX SUR LES AFFAIRES DE ROME.

La discussion préparatoire qui a eu lieu dans les bureaux de l'Assemblée, sur
...affaires de Rome, ne laisse pas de doute à l'égard des bonnes dispositions de
...l'autorité.

Nous reproduisons ici le résumé de quelques-unes des principales opinions
...qui ont été émises dans ces réunions intérieures, et qui ont obtenu l'assentiment
...général.

M. Molé rappelle que l'Assemblée constituante a évidemment voté l'expédi-
...tion d'Italie en vue du rétablissement du Pape dans son pouvoir temporel insé-
...parable du pouvoir spirituel. Malheureusement il y a eu de l'ambiguité dans les
...divers discours prononcés alors au nom du gouvernement. On n'a pas manqué
...d'autorité, mais on a manqué de hardiesse dans le langage; et de là, par pa-
...rallèle, tous les embarras où l'on s'est trouvé depuis.

Au fond, à cette époque comme aujourd'hui, la majorité voulait que la catho-
...lité dût à la France cette restauration. La France ne saurait aujourd'hui vou-
...loir peser violemment sur la volonté du Pape, et lui imposer par la force des
...concessions auxquelles il ne serait pas disposé. La puissance papale ne doit ja-
...mais être sous le coup d'une menace. L'honorable membre, qui a été nommé
...commissaire, ne peut pas supposer que le gouvernement, en demandant la pré-
...sence de notre armée en Italie jusqu'en janvier 1850, ait l'intention de faire pe-
...ser son influence sur le passé. Il ajoute que le Pape, l'Autriche même regrette-
...raient le départ actuel de nos troupes. Il déclare qu'il votera le crédit sans au-
...ne restriction.

M. Thiers. L'expédition, dit-il, ne pouvait avoir d'autre but que le rétablis-
...ment du Pape. Dans la commission, dix voix sur quinze se sont prononcées
...dans ce sens. Si le langage du ministère à la tribune n'a pas été explicite, sa
...pensée était comprise par tous.

L'honorable membre trouve que le *Motu proprio* est satisfaisant, que les li-
...mités qu'il accorde sont les seules qui conviennent au peuple romain; que le
...but de l'expédition étant rempli, il faut diminuer nos forces et même nous re-
...tirer.

M. Hubert-Delisle, élu commissaire dans le 3e bureau, est d'avis que la question soit nettement posée. Personne ne conteste l'utilité des dépenses, et tout le monde désire une solution prochaine. Entrer dans la voie des influences obligatoires, tracer au Pape la marche qu'il a à suivre, poser les limites des institutions, est-ce le meilleur moyen d'arriver à cette solution ? La France doit se dire : J'ai fait un acte glorieux pour la chrétienté, j'ai relevé une grande institution ; maintenant j'emploierai mon influence auprès du Saint-Père pour le bonheur de son peuple ; mais je ne lui ôterai pas son initiative, sa spontanéité.

M. Piscatory pense qu'on avait droit d'aller à Rome, car Rome ne peut exister sans être la capitale du monde catholique, et le chef du pouvoir spirituel ne doit pas être gêné dans son indépendance par un pouvoir temporel quelconque. Le ministère aurait dû prévoir tout ce qui s'est fait ; et, dans ce cas, le dire franchement. Il est d'avis que dans le *Motu proprio* il y a tous les progrès que l'état de la population romaine permet de lui apporter. Ce qu'il faut à Rome, dit-il, c'est une administration libérale, et non des institutions libérales. La classe laïque, qui n'existe pas à Rome dans des conditions de capacité suffisantes pour gouverner le pays, se formera par les administrations municipales. La difficulté est de savoir si le Pape, abandonné à ses propres forces, pourra se maintenir dans la voie qu'il s'est tracée.

M. Beugnot approuve ce qui a été fait à Rome, en reconnaissant qu'il s'agissait non-seulement de rendre au Saint-Père l'autorité spirituelle, mais aussi l'autorité temporelle. Sous ce dernier point de vue, il accepte les propositions faites par le Pape. Elles donnent, dit-il, des garanties de bonne administration en rapport avec la situation de la population romaine, à laquelle on ne peut donner un gouvernement purement constitutionnel. Quant à l'amnistie, elle ne pouvait être générale, car la rentrée de certains hommes serait le signal de nouveaux désordres. Si le ministère, dans sa politique, avait exigé plus que ce qui a été accordé, M. Beugnot pense qu'il aurait compromis la politique de la France.

M. de Montigny, pour ménager toutes les susceptibilités religieuses, voudrait qu'il fût bien entendu que la question est entièrement politique ; la puissance temporelle du Pape est une garantie consacrée au profit des nations en tout ou en partie catholiques ; dans l'état actuel des choses, la souveraineté est indispensable pour assurer l'indépendance temporelle du Pape, l'expédition n'a pu avoir d'autre but que de sauvegarder cette indépendance : il serait donc contradictoire d'y porter atteinte au nom de la France, après l'avoir délivrée des agitateurs et préservée des Autrichiens ; le droit de conseil est le seul qui appartienne à la France, et elle doit avant tout s'y renfermer.

Il faut, a dit M. Chapot, qu'au pouvoir religieux central, si nécessaire pour maintenir l'unité dans la société catholique, se joigne, en l'état actuel de l'Europe et de la civilisation, un pouvoir politique temporel qui assure, aux yeux de tous les intéressés, l'indépendance du dépositaire de ce premier pouvoir.

Supposons en effet pour un instant que le Pape devienne sujet d'un prince, d'une assemblée, d'un triumvirat, n'importe ; à l'instant même le monde catholique tout entier doute, et avec raison, de la complète indépendance de son chef. A l'instant même, les catholiques de France, d'Angleterre, des Etats-Unis, de toutes les nations, voient leur chef, c'est-à-dire le pouvoir central de leur société libre, placé, à l'égard du pouvoir politique des Etats-Romains, dans la situation du patriarche russe en face de l'empereur, c'est-à-dire que, dès ce moment, la distinction des deux pouvoirs, la conscience de leur indépendance réciproque, et leur indépendance de fait, disparaissent dans le monde entier. L'Eglise catholique devient semblable à l'Eglise russe, à l'Eglise anglicane, avec cette différence toutefois, qu'en Russie et en Angleterre le Souverain est chef de l'E-

, mais dans ses propres Etats seulement, tandis que l'Eglise catholique, ré-
... chez toutes les nations, serait gouvernée par un chef sujet d'un prince
..., et qu'un Triumvirat romain, par exemple, aurait chance d'influer sur
... religieuses de tous les peuples.

Cela est-il tolérable ?

... un point qui soit le siége de notre pouvoir central, d'où nul ne puisse
... sur nous que celui là seul en qui réside l'autorité religieuse et morale li-
... acceptée, et qui en est dépositaire par suite d'une élection à laquelle
... les catholiques sont censés avoir participé.

De sorte que, pour établir et maintenir chez toutes les nations la distinction
..., la claire indépendance des deux pouvoirs, il faut reconnaître et maintenir
... profit du Pape une souveraineté temporelle quelconque.

Et voilà précisément le résultat que vient d'obtenir le succès de nos armes en
...

M. NETTEMENT dit que c'est à tort qu'on rappelle les actes antérieurs de
... IX; la situation n'est plus la même. Des passions se sont manifestées qui
... n'existaient pas ou étaient ignorées. Ce n'est pas en face du passé que le
... va se trouver, c'est en face du présent.

Le Pape est chez lui : c'est à lui de voir ce qui est possible, et non à nous de
... imposer ce qui flatte nos idées.

Le Pape a à gouverner un peuple qui vient de faire une révolution contre son
gouvernement.

Les Etats du Pape sont dans l'Italie, où l'influence de l'Autriche est prépon-
... et il ne peut pas élever une tribune que l'Autriche serait obligée de
... renverser.

M. LAVERGNE fait remarquer qu'il ne s'agit pas seulement de solder les dé-
... du passé, mais de donner au ministère les moyens de continuer pendant
... mois encore l'occupation de Rome, c'est-à-dire de s'associer pour ce temps
... la politique du gouvernement.

Or quelle est cette politique ?

Le ministre des affaires étrangères a émis à ses agents que le *point capital*
... d'obtenir des *institutions libérales* pour le peuple romain. Qu'entendons-
... par ce point capital.

Le comprend-on de même à Paris et à Portici.

Le *Motu proprio* est-il admis comme suffisant dans les deux pays? Ou bien
... -t-on, à Rome comme à Paris, qu'il doit recevoir des développements?
... enfin le Pape étant convaincu que sa conscience ne lui permet pas d'al-
... au-delà, entend-on ici l'obliger à concéder davantage, et par quelles voies
... -t-on y parvenir?

Est-ce d'accord avec le Pape qu'on demande le maintien de notre armée à
... pendant trois mois encore? ou bien serait-ce dans le but d'appuyer de la
... de nos baïonnettes des négociations encore pendantes?

Questions graves, qui demandent une réponse péremptoire, en l'absence de
quelle aucun vote sérieux ne serait possible.

La majorité de l'Assemblée qui a voulu relever l'autorité du chef de la chré-
... doit achever son œuvre ; elle ne peut refuser à Pie IX, le concours d'une
... de notre armée, pour quelque temps encore, si ce concours est réclamé.

Mais, par les mêmes motifs, elle ne saurait souffrir qu'on voulût arracher au
... des concessions qu'il croirait incompatibles avec le maintien de son auto-
..., ni surtout que la présence de nos soldats à Rome eût pour but d'appuyer

nos demandes par une sorte d'intimidation, et qu'elle eût pour résultat d'enlever tout mérite et toute dignité aux concessions les plus spontanées.

Voici maintenant, en substance l'opinion soutenue par M. de Montalembert :

M. DE MONTALEMBERT dit en commençant qu'il se refuse à supposer des dissentiments dans le ministère sur la question romaine. On en est resté aux discours de MM. de Falloux et de Tocqueville. Or, le discours de M. de Falloux contre lequel aucune réclamation ne s'est élevée, a fixé le véritable sens de l'expédition. Depuis est arrivé un incident, la lettre du Président; mais il paraît que ce document ne doit pas être regardé comme officiel. Les faits qui se passent à Rome, non moins que l'article 67 de la Constitution, ne permettent pas de lui donner ce caractère. Quant à l'expédition, on doit la regarder comme terminée, heureusement terminée. Elle a été glorieuse pour les armes de la France et pour sa politique.

Le Pape ne pouvait, ne devait pas faire davantage que ce qu'il a fait, sans alarmer à la fois les consciences catholiques et les esprits vraiment politiques. Il promet la réforme judiciaire qui était un besoin sérieux, il donne des institutions provinciales basées sur le principe électif appliqué bien plus largement qu'il ne l'est en France. Il ouvre les portes de l'administration et du gouvernement aux laïques, mais il les ferme aux institutions parlementaires.

Qui dit gouvernement parlementaire, dit souveraineté nationale, d'où découle, par une expérience que chacun connaît, la République. Le Saint-Père en a déjà fait l'épreuve, il serait inexcusable de la recommencer. Mais il y a quelque chose de pire que la République pour les Etats-Romains, c'est une situation où le Pape ne serait ni souverain, ni sujet, et où les puissances et les peuples catholiques ne sauraient à qui elles ont affaire. Vouloir à Rome la liberté de la presse, la souveraineté parlementaire en matière de finances, c'est vouloir la ruine de la souveraineté papale. D'ailleurs les organes du parti républicain à Paris ne l'ont pas dissimulé : si le Pape donnait des institutions représentatives, on s'en servirait pour le détruire, et s'il les refuse, on s'efforcera de le détruire, parce qu'il ne les donne pas. Eh bien ! si le gouvernement temporel doit périr, qu'il périsse par suite d'un refus sincère et loyal plutôt que de se rendre complice de ceux qui affichent ainsi la prétention de le renverser; suivre une autre voie, exiger davantage, ce serait rentrer dans le vote du 8 mai, qui a manqué d'amener le triomphe du socialisme dans les dernières élections, et qui a d'ailleurs été désavoué par l'Assemblée législative; ce serait, en outre, marcher à une rupture avec le Pape, et peut-être nous conduire à maintenir contre lui une expédition qui a été faite pour lui.

Le général Lamoricière, organe d'une commission de l'Assemblée constituante, avait annoncé que l'expédition ne sauverait pas la République, mais qu'elle sauverait la liberté. Eh bien ! la liberté n'a-t-elle pas été sauvée à Rome? La liberté du Pape d'abord, et puis, celle des honnêtes gens contre *la liberté* des assassins qui a régné à Rome pendant la République.

Est-il un homme de bonne foi, même parmi nos adversaires, qui oserait soutenir que les honnêtes gens ne sont pas aujourd'hui plus libres à Rome qu'ils ne l'étaient sous la République ?

En terminant les développements de son opinion, M. de Montalembert a insisté sur la nécessité d'abréger le séjour de l'armée à Rome.

TRAVAUX LÉGISLATIFS.

t parlementaire est concentré dans les discussions des bureaux et de
sion chargée d'examiner la situation de notre politique à Rome.

ce publique d'hier a été consacrée au vote d'un projet pour l'achève-
Louvre.

jet qui primitivement, par d'immenses constructions ajoutées à l'édifice
vait affecter le palais du Louvre à la Bibliothèque nationale, à l'ex-
de peinture et à l'exposition de l'industrie, et dont la réalisation eût
pour l'Etat une dépense de plus de trente ou quarante millions, a été
des proportions infiniment plus raisonnables par la commission. L'en-
aujourd'hui proposée à l'Assemblée, et qui a été adoptée par 310 votre 239, se borne à terminer quelques détails du monument, à le dé-
r des affreuses baraques qui l'entourent, et à faire disparaître dans
nde place les sales ruelles qui composent le bas quartier du Carrousel.
, les Tuileries et le Louvre vont prendre un nouvel aspect. La rue de Ri-
ra continuée jusqu'à la place de l'Oratoire, mais sans qu'on astrei-
propriétaires à continuer les arcades. Cette nouvelle rue sera séparée
e grille de la place du Carrousel, qui sera nivelée et plantée d'arbres.
ille d'enceinte sera élevée du côté de Saint-Germain-l'Auxerrois, et la
cour ainsi que ses quatre portiques seront achevés. Le ministre des tra-
ublics est invité à préparer un projet d'appropriation du deuxième étage
vre aux expositions de peinture. Il devra, en outre, faire dresser, dans
bref délai, les plans et devis des travaux de réparation et de construction
aires pour maintenir la Bibliothèque nationale dans son emplacement ac-
pourvoir à son accroissement au fur et à mesure des besoins.
plan, ainsi restreint, échappe à la plupart des objections très-solides qu'il
rd rencontrées. Les travaux dont le devis ne dépasse pas de beaucoup six
s répartis en trois ou quatre exercices, viendront au secours de l'industrie
iment qui a le plus de peine à reprendre en ce moment, malgré l'amélio-
des affaires et des nombreux ouvriers qu'elle occupe. C'est cette dernière
ération qui a paru exercer la plus grande influence sur la décision favo-
le la majorité.
urd'hui, l'Assemblée a entendu un rapport de M. Desjobert sur la propo-
le M. Napoléon Bonaparte. M. Napoléon Bonaparte, a dit le rapporteur, a
é dans le sein de la commission contre la pensée qu'on lui attribue d'as-
les membres d'une grande et noble famille qui a gouverné la France à des
s qui ont été les ennemis de leur patrie, à des coupables, à des criminels.
mission a accueilli avec empressement, pour son compte, des explications
onorables, mais les termes du décret soumis à l'initiative parlementaire,
. les mêmes, la commission a cru devoir repousser le fond, à cause de

Enfin l'Assemblée a renvoyé à la commission de l'assistance publique une proposition concernant l'établissement de médecins cantonaux.

L'Assemblée a pris aussi en considération plusieurs propositions importantes dont on trouvera plus bas le détail.

———————◆◆◆———————

Il importe que dans les élections partielles, comme dans les élections générales, les votes des hommes d'ordre soient toujours unanimes pour repousser l'union des révolutionnaires de toutes les nuances.

Nous apprenons donc avec plaisir que la candidature de M. MATHIEU BOURDON, présenté par la ville d'Elbeuf, a été acceptée par le comité du *Droit National*, le comité *Départemental Républicain*, le comité des *Amis de l'Ordre de la Liberté*, le comité *Central des Ouvriers*.

Nous trouvons dans une circulaire publiée à ce sujet par le comité du *Droit National* le passage suivant :

«M. Mathieu Bourdon qui a géré pendant huit ans les affaires de la ville d'Elbeuf, en qualité de maire, et qui, dans ces hautes fonctions, a fait preuve d'aptitudes spéciales comme administrateur, joignait à tous ces titres puissants celui d'avoir été l'ami intime de M. Victor Grandin, d'être initié par conséquent à toutes ses idées, de partager ses convictions, son amour de l'ordre, son dévouement au pays. De plus, le comité du *Droit national* s'est assuré de trouver lui un défenseur zélé de toutes les améliorations que la France réclame, entre autres de la liberté d'enseignement.»

———————◆◆◆———————

On a remarqué ce matin que le *Moniteur* avait supprimé la qualité de *citoyen* dont jusqu'à ce jour il ne manquait pas de gratifier les représentants et les ministres.

M. Mathieu (de la Drôme) en a fait le sujet d'une observation aigre-douce à la séance de ce jour.

Inutile de dire que cette petite tempête dans un verre d'eau, n'a eu aucun succès.

———————◆◆◆———————

La première chambre prussienne a adopté le 2 de ce mois, avec quelques modifications, le paragraphe de la Constitution qui porte : « La liberté de confession, des réunions religieuses, ainsi que de l'exercice religieux, domestique et public, est reconnue. » La jouissance des droits civils et communaux est indépendante de la confession religieuse.

» L'exercice de la liberté religieuse ne doit point se faire au détriment des devoirs civils et communaux. »

Ici on a ajouté cet amendement additionnel :

« Les sociétés religieuses et cléricales, qui n'ont pas de *droit de corporation*, ne pourront obtenir ces droits que par des lois spéciales.»

Demain, les autres amendements additionnels seront discutés. On peut prédire avec quelque certitude que l'amendement suivant sera adopté :

« La religion chrétienne, étant exercée par la grande majorité des habitants de la Prusse, servira, dans ses confessions principales, de base aux institutions de l'État, sans porter cependant atteinte à la liberté de religion des dissidents. »

NOUVELLES ET FAITS DIVERS.

M. le Président de la République s'est rendu aujourd'hui du palais de Saint-Cloud à l'église de Rueil où a été célébré un service anniversaire pour la reine Hortense. Toute la famille assistait à cette cérémonie, ainsi que plusieurs généraux et les officiers de la maison du Président. Après le service, le Président est retourné à Saint-Cloud. Il est venu hier soir à l'Élysée, où il y a eu un grand dîner auquel ont assisté MM. Thiers et Molé, l'ambassadeur d'Angleterre, les ministres de plusieurs puissances et plusieurs personnages politiques.

— Le conseil des ministres s'est réuni ce matin à la chancellerie.

— M. Lucien Murat est nommé ministre de France à Turin.

— M. de Bois-le-Comte, ministre de France à Turin, est envoyé en la même qualité à Washington.

— Les bureaux se sont réunis pour examiner le projet de loi de M. Dufaure sur la transportation des insurgés en Algérie. Ils ont nommé une commission qui est favorable aux vœux du gouvernement.

— M. Louis Fribault, chirurgien de 2e classe à l'hôpital militaire de Toulon, vient d'être mis en non activité, par retrait d'emploi, pour s'être retiré à la campagne, en laissant le service à ses subordonnés pendant l'invasion du choléra. Pour ce lâche oubli de ses devoirs, il subira de plus un mois de prison avec mise à l'ordre du jour de l'armée.

BULLETIN POLITIQUE DE L'ÉTRANGER.

La nouvelle de la soumission de Comorn est officielle. Un officier-général est parti pour Comorn le 28 septembre, avec des officiers du génie et de l'artillerie, un commissaire des guerres et deux employés de l'intendance, pour faire les préparatifs nécessaires à la prise de possession régulière de la forteresse. Ces préparatifs seront terminés lundi prochain 1er octobre, et alors l'occupation de la forteresse aura lieu.

S. M. l'empereur d'Autriche, sur l'avis de la nomination de M. Gustave de Beaumont comme envoyé extraordinaire et ministre plénipotentiaire de la République française près de la cour impériale, a répondu à ce message en nommant M. le conseiller J. A. de Hubner son envoyé extraordinaire à Paris.

Le bruit s'est répandu qu'un attentat contre la vie du général Gœrgey a été commis à Klagenfurt, par un parent du comte Zichy, condamné à mort par un conseil de guerre maggyare.

On annonce aussi la rentrée en Russie de plusieurs divisions de l'armée auxiliaire russe, au nombre de 150,000 hommes.

ASSEMBLÉE LÉGISLATIVE.

SÉANCE DU JEUDI 4 OCTOBRE.

Présidence de M. DUPIN aîné.

L'ordre du jour appelle la discussion du projet de loi relatif à l'achèvement du Louvre. Le projet a pour but de débarrasser le périmètre compris entre le Louvre et les Tuileries par la démolition des maisons et baraques qui l'encombrent.

M. RAUDOT craint que les travaux qu'on veut créer n'attirent de nouveaux ouvriers à Paris, qui ne s'embellira qu'au prix des sacrifices des départements exténués par l'impôt.

MM. FOULD, CHARLES LAGRANGE et LACROSSE parlent pour le projet; M. VASSEUR contre.

M. DABBLAY. Je ne comprends pas que l'on songe à saigner ainsi le contribuable, lui ôter son dernier denier. Je suis déterminé, quant à moi, à demander à cette tribune toutes les économies qui peuvent empêcher la banqueroute, parussent-elles au premier abord impossibles. (Très-bien! très-bien!) Nous n'avons pas d'autre salut.

MM. VITET, VICTOR LEFRANC, GOUIN répondent à M. DABBLAY.

M. DUFAURE, ministre de l'intérieur. Le crédit demandé serait de 6,400,000 francs sur lesquels 1,600,000 francs seraient applicables à l'exercice 1850. Avec cette somme, vous donnerez l'impulsion à trente ou quarante millions de travaux. Il ne faut pas établir d'antagonisme entre Paris et les départements. Sinon, l'antagonisme morcellera bientôt la France ameutant le midi contre le nord et l'est contre l'ouest. (Mouvement divers.) Les députés de Paris refuseront à leur tour l'argent réclamé pour les routes royales... (On rit) nationales, veux-je dire. Enfin il ne s'agit pas d'accumuler ici des ouvriers venus de tous les points du pays, comme en 1840; mais de ne pas laisser sans ouvrage une population laborieuse, stable, honnête, qui serait sans ressources parce que son industrie, celle du bâtiment, est celle qui seule peut-être ne se relève pas.

Le projet est adopté par 310 voix contre 239.

M. DE LANCASTEL se plaint du service de la malle entre Tours, Nantes et Saumur.

L'Assemblée refuse une autorisation de poursuites, demandée contre M. Léo de La borde au sujet d'un duel qui aurait eu lieu antérieurement aux élections de juin avec M. Gent, ancien représentant.

M. DUFAURE présente un projet pour la création de trois télégraphies électriques de Paris à Tonnerre, de Rouen au Havre et de Paris à Angers.

Enfin l'Assemblée prend en considération :

1° La proposition relative à la concession des entreprises de travaux publics;

2° La proposition relative à la naturalisation et au séjour des étrangers en France;

3° La proposition tendant à augmenter le nombre des circonscriptions électorales;

4° La proposition tendant à punir d'une amende quiconque aura fait usage d'un timbre-poste ayant déjà servi à l'affranchissement d'une lettre;

5° La proposition relative à la mise en culture d'une partie des terrains communaux.

SÉANCE DU 5 OCTOBRE.
(Présidence de M. DUPIN.)

M. MATHIEU (de la Drôme) présente des pétitions qui demandent l'enseignement gratuit et obligatoire.

M. JOLY père, nommé dans Saône-et-Loire, est admis.

M. DESJOBERT présente le rapport sur la proposition de M. Napoléon Bonaparte, relative à l'amnistie. La commission conclut à l'unanimité à ce que cette proposition ne soit pas prise en considération. (Nombreuses marques d'improbation à gauche.)

M. MATHIEU (de la Drôme) demande la communication du contrat de mariage de madame la duchesse d'Orléans qui doit, dit-il, jeter de vives lumières sur la discussion du projet de loi présenté à l'Assemblée.

La chambre consultée n'adopte pas cette proposition.

Après quelques discussions sans intérêt, la séance est levée à quatre heures et demie.

BOURSE DU 5 OCTOBRE.

Le 3 p. 100 a débuté à 55 60, a fait 55 45 au plus bas, et reste à 55 55.
Le 5 p. 100 a débuté à 88 15, a fait 88 au plus bas, et reste à ce cours.
Les actions de la Banque de France ont varié de 2,320 à 2,310.
On a coté le 5 p. 100 romain à 78 et 77 3|4.

L'un des Propriétaires-Gérants, CHARLES DE RIANCEY.

PARIS. — IMPRIMERIE D'ADRIEN LE CLERE ET Cⁱᵉ, rue Cassette, 29.

L'AMI DE LA RELIGION.

UNITÉ LITURGIQUE.

—

ommes assurés que NN. SS. les Archevêque et Evêques de la
de Paris ont unanimement résolu d'exprimer au Saint-Père,
ettres synodales qu'ils doivent lui adresser, leur désir de rétablir
e romaine dans tous leurs diocèses, en faisant seulement con-
Sainteté les considérations graves et les difficultés matérielles
ent, à leur grand regret, retarder l'accomplissement de ce vœu ,
iculièrement dans quelques-uns de ces diocèses.

____

ussi avec un sentiment profond d'édification et de bonheur que
roduisons *l'Ordonnance* suivante de Mgr l'Evêque d'Angoulême
erfait et entier rétablissement du Rit romain dans son diocèse,
avait été en grande partie conservé.

narquera dans l'important document qu'on va lire cette gravité,
nité, cette modération de langage dont NN. SS. les Evêques sem-
ir seuls le secret, et qu'ils savent mettre dans les matières les
ates comme le caractère et l'empreinte inséparables de l'esprit
ime.

rouvera aussi la mention de faits trop peu connus qui jettent un
eau sur la question à laquelle ils se rapportent, et qui ne sont
s intéressants et instructifs en eux-mêmes qu'honorables à l'his-
Eglise de France.

en de ses vénérables pasteurs qui, comme Mgr de Broglie, Evê-
goulême en 1777, tout en se croyant forcés de céder aux diffi-
temps et des circonstances, ne s'écartaient qu'avec regret de la
raune, et souhaitaient ardemment d'y revenir au plus tôt ! ·

tenant, en des jours plus heureux et meilleurs, quel glorieux, quel
hommage de tendre respect et de filiale affection il donne au
ge, à la chaire auguste et souveraine de saint Pierre, ce noble,
Episcopat de notre patrie ! Plus que jamais il est prêt à prévenir,
même les ordres, mais les simples désirs du Père commun des
xemplaire leçon de docilité et d'union offerte par les premiers
ux enfants de l'Eglise, et à ceux-là même qui la méconnaissent
nbattent. Son chef suprême n'a exprimé qu'un vœu, et pour le
omplir il a suffi que ce vœu fût déposé dans le cœur des Evê-
rance.

lt accordé à Rome et joint à *l'Ordonnance* de Mgr l'Evêque d'An-
n'est pas une preuve moins touchante des ménagements, des
ns, de la condescendance aussi douce que mesurée qui distingue
a sagesse apostolique. Même dans la poursuite d'une salutaire

réforme elle n'exclut aucun tempérament ; elle n'impose ni précipitation prématurée, ni rigueur trop sévère ; elle accordera même à des habitudes déjà anciennes, à la considération des exercices nombreux et des fatigues plus pénibles du saint ministère toutes les faveurs, tous les adoucissements compatibles avec le rétablissement de l'unité.

Et chose bien digne d'attention, la mesure qu'elle met dans le détail de ses dispositions, l'Autorité souveraine l'a mise aussi dans tout l'ensemble de sa conduite à travers les phases diverses d'une longue et brûlante controverse. Elle a déployé sa longanimité pendant un siècle, laissant les contradictions s'affaiblir, les préventions se dissiper, attendant l'heure et le moment où les cœurs s'ouvriraient en quelque sorte d'eux-mêmes à de sentiments plus affectueux, sinon plus dévoués. Et puis, quand les choses ont été ainsi préparées de longue main, quand les plus grands obstacles se sont peu à peu abaissés, quand les difficultés matérielles ont pu être moins dangereusement affrontées, c'est alors seulement que le Vicaire de Jésus-Christ a fait passer l'expression paternelle de ses désirs dans l'âme de ses vénérables frères, heureux de la recevoir dans toute son expansion, et d'avance résolus à s'y conformer aussi promptement qu'ils le pourront.

Voilà donc comment les œuvres de Dieu se font et s'accomplissent dans la société chrétienne. Elles n'ont pas besoin de ces violences, de ces exagérations de ces amertumes, où le zèle emporte quelquefois les champions les plus méritants, même dans une lice où se débattent des intérêts tellement supérieurs aux faiblesses humaines. Non ! ces violences, ces exagérations, ces amertumes ne sont point en de telles discussions les instruments de la victoire ; elles ne sont que les fumées que produit qu'excuse aussi, disons-le, la chaleur du combat. Pour les dissiper, pour rapprocher et réconcilier des esprits qui se croyaient peut-être profondément divisés, et qui auraient fini par s'aigrir, qu'a-t-il donc fallu ? Une seule chose ! une parole, un vœu descendu du tribunal divinement constitué où réside la charité comme la justice, et d'où découle la paix aussi bien que la lumière. *Justitia et pax osculatæ sunt.*

Ah ! c'est bien à l'Eglise, à ce pouvoir doux et fort qui la gouverne et la régit, que s'applique la parole de la sagesse : *Disponit omnia suaviter et attingit omnia fortiter.*

Redisons donc, en présence de cette union plus étroite et plus intime que jamais de l'Episcopat et de son chef suprême, ces belles paroles de l'immortel Archevêque de Cambrai, qui n'ont jamais trouvé une plus juste application : *Ici tout est l'ouvrage d'une sagesse céleste; ici tout est doux tout est pur, tout est aimable; tout marque une autorité qui est au-dessus de l'homme.* Oui, tout est glorieux, tout est salutaire, tout est bienfaisant et bienveillant, dans l'exécution comme dans le plan et dans le but de toutes les entreprises auxquelles chacun coopère à son rang dans cet auguste empire, dont l'Esprit saint nous apprend que *toutes les voies sont belles et tous les sentiers pacifiques. Viæ ejus, viæ pulchræ et omnes semitæ illius pacificæ* (1).

(1) Prov. III, 17.

Ordonnance de Mgr l'Evêque d'Angoulême, qui prescrit le rétablissement du Rit romain pour la récitation privée et la célébration publique de l'office divin dans son diocèse.

HENRI-FRANÇOIS RÉGNIER, par la miséricorde divine et la grâce du Saint-Siège apostolique, Evêque d'Angoulême, au clergé de notre diocèse, salut et bénédiction en N. S. J. C.

NOS TRÈS-CHERS FRÈRES ET DIGNES COOPÉRATEURS,

Si les épreuves auxquelles l'Eglise est soumise de nos jours sont de nature à attrister profondément les cœurs vraiment chrétiens, il se manifeste de toutes parts, et particulièrement en France, un fait bien propre à les consoler et à soutenir leurs espérances.

Tandis que dans l'ordre politique et social tout semble se briser et se dissoudre, l'unité catholique voit ses liens sacrés se resserrer et acquérir une nouvelle force sous l'effort même des tempêtes et des commotions qui ébranlent le monde.

Jamais en effet l'Eglise romaine, centre nécessaire de cette unité sainte, n'a reçu de la part des Eglises particulières, dont elle est *la mère et la maitresse*, l'obstacle d'une vénération plus soumise et d'un amour plus dévoué. Dans aucun temps la voix de ses pontifes n'a été plus religieusement écoutée. Les agneaux et les brebis, que les successeurs de Pierre ont mission de diriger et de paitre dans tout l'univers, ne se contentent pas d'obéir à leurs ordres, ils défèrent avec un pieux empressement à leurs simples vœux.

Non-seulement, aujourd'hui comme toujours, on veut croire ce que croit et enseigne cette Eglise *avec laquelle doivent s'accorder toutes les autres, à cause de sa suréminente primauté;* mais on veut prier comme elle. Les différences liturgiques qu'elle a tolérées dans les derniers siècles avec une maternelle condescendance tendent, chaque jour, à s'effacer et disparaissent sans effort.

Ce sacrifice que font successivement un grand nombre d'Eglises de leurs usages particuliers, pour rendre entre elles et l'Eglise mère l'unité plus complète, a été, depuis quelques années, les différentes contrées de la France, et nous avons vu tout récemment s'accomplir dans plusieurs des diocèses qui nous avoisinent.

Le nôtre, vous le savez, nos chers et dignes Coopérateurs, est du nombre de ceux qui ont l'avantage d'avoir conservé le Rit romain. Toutefois nous ne l'avons pas gardé pur de toute altération; il a subi dans une de ses parties essentielles des modifications assez graves. Si rien n'a été changé au Rituel ni au Missel, il n'en a pas été ainsi du Bréviaire. Il est resté romain sans doute; mais on y a introduit de nouvelles rubriques; les psaumes ont été autrement distribués et quelques-unes des heures canoniales ont subi des retranchements plus ou moins notables.

Cette innovation est récente, et ne date que de 1777. Ainsi la génération qui l'a vue naître n'est pas encore éteinte.

Mgr de Broglie, dont la mémoire est restée en vénération parmi nous, crut devoir céder, jusqu'à certain point, à l'esprit du temps qui multipliait les bréviaires particuliers et voulait que chaque diocèse en eût un qui lui fût propre.

Mais, tout en faisant en cette concession que les circonstances lui paraissaient légitimer, le vénérable prélat exprime le regret qu'elle lui cause, et il émet le vœu que l'uniformité soit plus tard rétablie dans les formules de prières et la célébration des divins offices.

Voici ses propres paroles : « Cùm ad exemplum quam plurium Ecclesiæ Galli-
» canæ antistitum, qui in diœcesibus suis nova breviara ediderunt, nos que***
» de novo edendo, vel optimo potiùs ex jam editis eligendo breviario ad ***
» diœcesis nostræ cogitaremus, ab hoc consilio deterruerunt nos gravissima***
» subortæ sunt difficultas, gravissimaque rationum momenta...

» Optandum omninò foret ut tantâ divinorum officiorum varietate sublatâ, **
» haberetur ab omnibus orandi formula ; ac sacerdotes omnes, universique Chri***
» fideles , ut sunt unius ejusdemque fidei professione conjuncti, unâ et***
» eâdemque psallendi ratione, ac quasi uno ore Deum precarentur et invocare**
» *Sin minùs in universali, in gallicanâ saltem Ecclesiâ, fas est sperare, aliquo*
» *diù consentientibus animis, hanc divini officii uniformitatem in singulis dio*
» *sibus esse admittendum.*

» Intereà nos, adhibito piorum doctorumque virorum consilio, ac præserti**
» venerabilium Fratrum nostrorum Ecclesiæ nostræ canonicorum, usum brevi*
» rii Romani in diœcesi nostrâ retinentes, nonulla mutavimus in rubricis... »

Les circonstances et les motifs qui avaient déterminé nos sages et pieux pré*
décesseurs à introduire ou à maintenir ces changements n'existant plus aujour*
d'hui, nous regardons comme un devoir, et ce sera aussi votre sentiment una*
nime, de revenir à l'observation exacte et complète de la loi commune.

Indépendamment des sentiments personnels qui nous y portaient depuis long*
temps, nous y sommes déterminés par une autorité qui est pour nous et pour
l'univers catholique tout entier bien chère et bien sacrée.

Lorsque, il y a deux ans, nous allâmes visiter le tombeau des SS. Apôtres *
rendre compte à notre auguste et bien aimé Père, le Pape Pie IX, de l'état *
notre diocèse, Sa Sainteté, sans nous donner l'ordre de changer immédiateme*
l'usage irrégulier que nous avons trouvé établi, nous exprima le désir forme*
qu'il cessât dès qu'on pourrait le supprimer sans inconvénient.

Aussi, nos chers et dignes Coopérateurs, notre intention était-elle de prescrir*
dès l'année dernière ce retour à la règle ancienne et universelle ; mais les évé.
nements qui survinrent alors et les agitations qui en furent la suite nous déterminèrent à attendre des temps plus calmes.

Aujourd'hui donc, pour nous conformer au conseil que nous avons reçu de la
bouche même du chef suprême de l'Eglise, nous rétablissons dans notre diocèse,
tant pour la récitation privée de l'office divin que pour sa célébration publique,
l'observation pure et simple des rubriques du Bréviaire romain.

Une seule difficulté, nos chers et dignes Coopérateurs, aurait pu s'opposer *
ce rétablissement ; c'est qu'il semblerait devoir être onéreux pour quelques-un*
d'entre vous et que la longueur de certains offices pourrait aggraver notable*
ment les fatigues du saint ministère ou prendre une partie du temps que son
exercice réclame. Il a été pourvu à cet inconvénient par l'indult apostolique qu*
vous trouverez ci-après.

Ainsi nous aurons désormais, sans qu'il en résulte surcharge pour personne,
l'avantage et la consolation de prier chaque jour comme l'Eglise mère, comme
le Père commun des fidèles, comme l'universalité de l'Eglise catholique.

« A ces causes, après en avoir délibéré avec nos vénérables et très-chers Frères, les
Chanoines et Chapitre de notre église cathédrale, nous avons ordonné et ordonnons ce
qui suit :

» Art. 1er. A partir du premier jour de janvier de l'année 1850, les modifications apportées aux rubriques du Bréviaire romain, depuis le 1er janvier 1777, sont supprimées
dans tout notre diocèse.

» Art. 2. Toutes les personnes tenues à la récitation de l'office canonial seront obli-

de se conformer purement et simplement auxdites rubriques du Bréviaire ro—

rt. 2. Ces mêmes rubriques seront ponctuellement observées dans la célébration
ne de l'office divin. »

concernant les offices votifs dont la récitation est permise par notre Saint–Père
Pape aux ecclésiastiques du diocèse d'Angoulême qui sont engagés dans les ordres
...

...Domino Nostro Pio Papæ IX humiliter exposuit Reverendissimus Episco-
... in suâ diœcesi, quod sibi summoperè gratulatur, vigere quidem Ri-
... tùm in officii divini celebratione, tùm in administratione sacramento-
... A longo tamen tempore immutatam fuisse in recitatione breviarii psalmorum
... -m, demptis etiam horarum canonicarum, truncatisque quibusdam partibus.
... in hâc parte Pontificiisque constitutionibus derogatum fuisse fert graviter, cu-
... canonicalis officii psalmodiam, seu recitationem ad Ecclesiæ Romanæ nor-
... reducere. Quùm verò cleri sui nimio labore plerumque gravati ac
... indigentiis providere æquum omninò existimet et necessarium, ab eodem
... Domino enixè imploravit saltem pro decennio Indultum, ut cuilibet clerico
... constituto liceat extrà chorum in hebdomadâ, quandò feriale offi-
... etiam Dominicum de tempore, nonnulla votiva recitare. Sanctitas sua,
... me subscripto sacrorum Rituum Congregationis Secretario, attentis expositis,
... Episcopus orator pro viribus animum intendat ad uniformitatem et integri-
... Breviarii romani in suâ diœcesi obtinendam, de speciali gratiâ annuit, ut extrà
... (Quadragesimæ, Adventûs, vigiliarum et quatuor anni temporum, quandò agen-
... sunt de feriâ, ritu semiduplici recitetur officium sanctissimi sacramenti feriâ
... et immaculatæ Conceptionis Beatæ Mariæ Virginis in sabbato tantùm : in reli-
... commisit eidem Reverendissimo Episcopo oratori ut cum Parochis cæterisque
... ministerio addictis, onerando quoad hoc Indultum eorum conscientiam, quandò
... tempus non suppetat, dispensare valeat commutando officium divinum vel
... parvo Beatæ Mariæ Virginis, vel cum recitatione psalmorum pænitentialium
... Litaniis sanctorum. Quibuscumque in contrarium disponentibus minimè ob-
...

Die 22 octobris 1847. A. Card. Lambruschini S. R. C. Præf.

CONCILE DE LA PROVINCE DE REIMS, A SOISSONS.

Voici de nouveaux détails sur cette sainte assemblée :

Le mardi 2 octobre s'est tenue la première session publique et solennelle du
...le de Soissons. A dix heures, les Prélats, en chape, mitre et crosse, ac-
...nés de leurs grands-vicaires et précédés par les députés des Chapitres et
...le clergé de la ville, se sont rendus processionnellement à l'église cathé-
...le. Une foule nombreuse et recueillie bordait toutes les rues qui ont été sui-
...s par cet imposant cortège. Mgr l'Archevêque de Reims a célébré la messe ;
...Évêques et tous les membres du Concile ont communié de sa main. Après
...se, M. l'abbé Obré, secrétaire du Concile, a lu en chaire les décrets sur
...verture du Concile, sur la manière d'y vivre et sur la profession de foi ; puis,
...que Evêque et chaque Ecclésiastique du second ordre, membre du Concile,
...ré, la main étendue sur l'Evangile, de rester fidèle jusqu'à la mort à la foi
...la sainte Eglise catholique, apostolique et romaine.
Nous ne pouvons décrire dans le détail cette majestueuse cérémonie, mais
...s pouvons affirmer, sans crainte d'être démenti, que tous les assistants en
...été profondément touchés, et que les Evêques et autres membres du Con-
...sont entourés de la sympathie et du respect des habitants de Soissons.

Nous publions ici le Mandement par lequel Mgr l'Archevêque de Reims a annoncé la convocation et l'ouverture du Concile au clergé et au fidèles de son diocèse :

« Nos très-chers Frères,

» D'après la convocation que nous en avons faite par nos lettres en date du 23 juillet de l'année courante, les Evêques de la province de Reims doivent se réunir à Soissons pour la célébration d'un Concile provincial, le 1er octobre prochain, le jour même où l'Eglise célèbre l'anniversaire de la Translation du corps de saint Remi, patron de notre diocèse. Nous avons voulu que cette Assemblée se tînt sous les auspices de l'apôtre des Francs. Les Conciles provinciaux ont pour objet d'affermir le clergé et les fidèles dans la foi, de rappeler les règles de l'Eglise pour tout ce qui a rapport au culte divin, à la célébration des saints mystères, à l'administration des Sacrements, et de ranimer encore dans les Evêques et les autres ministres de la religion l'esprit apostolique, qui est un esprit de charité, d'abnégation et de sacrifice. D'après tous les témoignages de respect et de piété filiale que nous avons reçus de nos chers diocésains, particulièrement dans nos dernières visites pastorales, nous avons lieu de le croire, les fidèles ne verront, dans la tenue du Concile de la province de Reims, que le désir que nous avons, nous et nos vénérables collègues, de nous rendre de plus en plus utiles à l'Eglise, en travaillant à nous rendre meilleurs. La gloire de Dieu, la sanctification des âmes, le soulagement des pauvres et des malades, voilà quel sera toujours l'objet de notre sollicitude pastorale et paternelle. S'ils pouvaient avoir la moindre inquiétude sur nos sentiments touchant la politique, nous leur répéterions ce que nous leur avons dit tant de fois, de vive voix et par écrit : Nous sommes les *Pasteurs et les Evêques des âmes* ; nous n'avons ni pouvons avoir, comme Prêtres, d'autre politique que celle de l'Evangile, qui prescrit de rendre à Dieu ce qui est à Dieu, en observant ses ordonnances ; rendre à l'Eglise ce qui est à l'Eglise, en accomplissant ses préceptes ; de rendre à César ce qui est à César, en se soumettant au pouvoir établi et aux lois du pays en matière civile ; et de rendre à chacun ce qui est à chacun, en respectant la justice, qui est fondée sur les lois éternelles de l'ordre et de la religion.

» Mais non : nous connaissons nos ouailles, et nos ouailles nous connaissent. Notre Concile provincial, qui n'est qu'une assemblée canonique et toute ecclésiastique, tant dans ses membres que dans ses actes, ne sera pour elles qu'une nouvelle preuve de notre dévouement pour la foi de nos pères et le maintien de la discipline ecclésiastique, dont l'observation concourt si puissamment au développement de la piété chrétienne, qui seule peut nous offrir des garanties suffisantes pour le bonheur de l'homme et le bonheur des peuples.

» Aussi, nous en avons la confiance, les fidèles s'unissant à nos chers Coopérateurs, invoqueront les lumières de l'Esprit saint sur nous et sur les vénérables Evêques de la province. C'est par vos prières, nos très-chers Frères, que vous ferez assister par son esprit, au milieu de nous, l'Apôtre de la France et les saints Pontifes qui ont illustré l'Eglise de Reims et les Eglises qui dépendent de cette métropole. Vous vous adresserez à l'auguste Mère de Dieu, à la très-sainte Marie conçue sans péché, et vous la prierez de nous obtenir de son divin Fils que l'acte le plus important de notre Episcopat tourne à la gloire du Tout-Puissant, à l'édification du clergé et des populations confiées à nos soins, à notre propre salut. »

————————••••————————

Plusieurs journaux, en rendant compte du Concile provincial de Pa ont cité le titre d'un *décret de condamnation* porté contre l'*Œuvre de la Miséricorde*.

Or, par une regrettable confusion contre laquelle il importe de prémunir le public, quelques personnes ont cru voir flétries par cette condamnation, des Œuvres qui n'ont de commun avec celle-ci que le nom qu'elle a usurpé.

L'Œuvre condamnée est la secte formée par un certain Pierre-Michel Vintras, déjà proscrite par plusieurs Évêques et par le Chef même de l'Église, à cause des erreurs contre la foi qu'elle professe et propage.

Trois autres Œuvres, sans parler de celles que nous connaissons dans d'autres diocèses, existent à Paris seulement sous le même nom, et y jouissent d'une juste considération :

1° *Le couvent des Dames de la Miséricorde* pour l'éducation de la jeunesse, rue Neuve-Sainte-Geneviève ;

2° *L'Œuvre de la Miséricorde*, fondée en 1833 sous les auspices de Mgr de Quelen, ayant pour but de secourir les familles qui, d'une position aisée sont tombées dans l'indigence, Œuvre dont le trésorier est M. Sylvain Caubert, et le secrétaire l'honorable M. A. de Melun, représentant du peuple.

3° *La Société des Prêtres de la Miséricorde* (connue précédemment sous le nom de Société des Missions de France), qui fournit des hommes apostoliques, et à la France et à plusieurs contrées lointaines.

<hr>

DENIER DE SAINT PIERRE.

La souscription pour notre Saint-Père le Pape a donné dans le diocèse de Marseille une somme supérieure à celle dont les journaux avaient parlé en dernier lieu. Elle a été close à 94,000 francs et le recouvrement en a été opéré intégralement. Rien de plus significatif que ce chiffre, au milieu des douloureuses anxiétés qui pèsent sur Marseille comme sur les autres villes de France. Il fait honneur à la foi et à la piété de ce diocèse, ainsi qu'au zèle de son saint Évêque.

<hr>

NOUVELLES DE ROME.

Le *Journal de Rome*, du 25 septembre, publie une circulaire adressée aux Évêques des Etats romains par la Congrégation supérieure des études, ordonnant la formation d'un conseil de censure dans chaque diocèse. Ce conseil devra rechercher la conduite de tous les professeurs, maîtres et instituteurs publics ou privés, à l'effet de les autoriser ou de les interdire s'il y a lieu. Cette mesure d'épuration paraît prise uniquement contre les instituteurs laïques, car un article exprès porte que les conseils de censure des études n'ont aucune inspection à exercer sur les Séminaires ni sur les écoles tenues par les ordres religieux.

28 septembre.

Voici la réponse de Sa Sainteté à la commission municipale de Pérouse, qui avait déposé à ses pieds l'acte de soumission de la commune :

« A mes bien-aimés et nobles fils, salut et bénédiction apostolique. Nous avons reçu vos lettres du 22 août, *par lesquelles*, après le rétablissement de la tranquillité par le armes qui ont délivré l'État pontifical du désordre qui l'avait envahi si long-temps, vous nous présentez les sentiments de soumission filiale et de fidélité que vous affirmez partager avec toute la ville. Cela a été très-doux à notre âme, car nous n'avons jamais rien eu et nous n'aurons jamais rien de plus cher que le soin et la sollicitude des sujets de notre domination temporelle par des moyens en rapport avec leurs besoins et propres à conserver en même temps la dignité et l'autorité de ce Siége apostolique, sur lequel la divine Providence a placé d'une manière durable les Pontifes romains.

» Nous vous félicitons, nob'es et bien-aimés fils, de voir confier à vos mains l'administration municipale, et nous vous engageons à faire en sorte que cette ville puisse bientôt ressentir les effets et les avantages de vos travaux. En attendant, nous implorons humblement le Seigneur, auteur et dispensateur de tout bien, pour qu'il vous comble, avec toute la ville de Pérouse, de ses bienfaits célestes, et comme souhait de tant de bonheur, en témoignage de notre charité paternelle envers vous, nobles et bien-aimés fils, nous vous donnons, avec le plus profond sentiment d'affection, à vous et à tous vos concitoyens, notre bénédiction apostolique.

» Donné à Naples, dans le faubourg de Portici, le 11 septembre. »

On lit dans l'*Osservatore romano* du 26 septembre :

« Rome est tranquille ; on voudrait la maintenir en agitation en inventant de fausses et alarmantes nouvelles, mais en vain, on n'a plus la sottise d'y ajouter foi.

» Nous sommes fort étonnés que certains journaux, et s'il faut les appeler par leurs noms, la *Legge*, la *Riforma*, il *Corriere mercantile* et le *Journal des Débats*, qui passent pour sérieux, continuent, nonobstant des avis réitérés sur les faussetés ridicules de leurs correspondances romaines, à insérer des nouvelles remplies de si stupides mensonges, qu'elles déshonorent ces journaux. Ces correspondances partent de Rome, il est vrai, mais qui les écrit ? Et comment croire à toutes ces rixes, à tous ces mouvements que l'on assure avoir lieu chaque jour au Transtevere ou au Quartier des Morts, en ajoutant même que l'*Osservatore romano* confirme implicitement toutes ces fables ? »

On a fabriqué plusieurs décorations qui doivent être distribuées au nom de Pie IX aux soldats qui sont venus à son secours. Elles consistent dans une médaille portant l'inscription suivante, qui exprime le but de leur mission : Pius IX. P. M. *Collatis armis catholicis in suam sedem restitutus*, anno 1849.

La campagne, du côté des Marais-Pontins et dans plusieurs provinces, est infestée de brigands. Des colonnes espagnoles, françaises et autrichiennes sont occupées sur divers points à leur donner la chasse.

L'arrivée de M. Mercier a démenti les prévisions de ceux qui voulaient voir dans le *Motu proprio* du Pape le signal d'une éclatante division entre la France et le Saint-Père. M. Mercier était chargé d'annoncer officiellement que le gouvernement français accepte le *Motu proprio*, et que le ministère est unanime pour le défendre en présence de l'Assemblée législative.

On sait que le sang desséché de saint Janvier, conservé dans une fiole, se liquéfie tous les ans à la fête du martyr. Le miracle s'est reproduit cette année par deux fois, d'abord le jour de la fête, et ensuite le lendemain, lorsque le Pape est venu prier sur le tombeau de saint Janvier. Le journal officiel annonce que la liquéfaction du sang s'est faite au moment même où le Saint-Père entrait dans la cathédrale.

Un de Nosseigneurs les Évêques nous adresse le Décret suivant, dont nous n'avions pas connaissance, et dont il demande l'insertion dans l'*Ami de la Religion*.

DECRETUM S. Congreg. Super Statu regularium auctoritate SSmi D. N. Pii PP. C editum de testimonialibus Ordinariorum litteris requirendis in receptione illorum qui ad habitum religiosum admitti postulant.

' *Romani Pontifices pro eorum pastorali cura, qua semper Regularium familiarum bo-*

prospicere non omiserunt, illud Superioribus pro viribus commendarunt, a ad religiosum habitum postulantes reciperent, de illorum vita, moribus, otibus et qualitatibus sedulo inquirerent, ne indignis ad religiosas familias, aximo illarum detrimento, ostium adaperirent. Verum quamlibet Moderaum diligentiam adhibeant in informationibus exquirendis, in gravi tamen m versantur periculo deceptionis, nisi ab locorum Antistitibus testimorant circa eorum qualitates, qui ad habitum religiosum admitti postulant : im vi pastoralis officii oves suas præ ceteris agnoscere possunt, et sæpe sænifestare impedimenta, quæ alios latent. Hæc animadvertens Sanctissimus PP. IX, audito voto S. R. E. Cardinalium hujus Sacræ Congregationis suegularium, attentisque postulationibus nonnullorum Episcoporum, præsenti que locorum perpetuis futuris temporibus servando, hæc, quæ sequuntur, auctoritate statuit, atque decernit.

cumque Ordine, Congregatione, Societate, Instituto, Monasterio, Domo, sive antur vota solemnia, sive simplicia, et licet agatur de ordinibus, Congregacietatibus, Institutis, Monasteriis, ac Domibus, quæ ex peculiari privilegio rpore juris clauso, vel alio quovis titulo in decretis generalibus non comur, nisi de ipsis specialis, individua, et expressa mentio fiat, nemo ad habiatur absque testimonialibus litteris tum Ordinarii originis, tum etiam Ordia quo postulans post expletum decimum quintum annum ætatis suæ ultra atus fuerit.

aru in præfatis litteris testimonialibus postquam diligenter exquisiverint etiam informationes de Postulantis qualitatibus, referre debeant de ejus natalimoribus, vita, fama, conditione, educatione, scientia; an sit inquisitus aliqua regularitate, aut alio canonico impedimento irretitus, ære alieno gravatus, licujus administrationi rationi obnoxius. Et sciant Ordinarii eorum conaper veritate expositorum oneratam remanere : nec ipsis umquam liberum aodi testimoniales litteras denegare : in eisdem tamen super præmissis sinis ea tantum testari debere, quæ ipsi ex conscientia affirmare posse in Do- verint.

ibus et singulis Superioribus regularibus, aliisque Religiosis, ad quos spectat, ie gradus sint, et Instituti, licet exempli et privilegiati ac de necessitate ex- tiam in virtute sanctæ obedientiæ hujus decreti observantia districte præci- ui contra hujus decreti tenorem aliquem ad habitum religiosum receperit, rationis omnium officiorum, vocisque activæ, et perpetuæ inhabilitatis ad erum obtinenda eo ipso incurrat, a qua nonnisi ab Apostolica Sede poterit

juscumque privilegii, facultatis, indulti, dispensationis, approbationis reguonstitutionum etiam in forma specifica, quam ab Apostolica Sede aliquis utum, Superior, Religiosus consequeretur, numquam huic decreto derogamseatur, nisi et expresse et nominatim derogetur, licet in concessione deroierales quamtumvis amplæ apponantur. Quod si aliqui Instituto expresse et dispensatio super eodem decreto aliquando concedi contigerit, aliis minime erit vi cujuscumque privilegii, et communicationis privilegiorum.

et anno die prima Januarii in publica mensa hoc decretum legatur sub ationis officii, ac vocis activæ et passivæ, à Superioribus ipso facto incur-

n hujus decreti observantia aliqua ratione, titulo, pretextu impediatur. ia quibuscumque in contrarium facientibus constitutionibus, regulis, et staiis Ordinis. Congregationis, Societatis, Instituti, Monasterii, Domus etiam in fica ab Apostolica Sede approbatis, necnon quilibet privilegio licet in corlauso, et Apostolicis Constitutionibus ac decretis confirmato, ac expressa, peciali, et specialissima mentione digno, aliusque contrariis quibuscumque ogat, et derogatum esse declarat.

omæ ex Sacra Congregatione super Statu Regularium die 25 januarii 1848.

ANDREAS Can. BIZZARRI a Secretis.

NOUVELLES RELIGIEUSES.

Diocèse de Paris. — Hier, on a célébré, dans l'église Notre-Dame-des-Victoires, avec beaucoup de solennité, la fête annuelle du saint Rosaire. Cette solennité fut instituée par le Pape saint Pie V, en action de grâce de la victoire remportée par les chrétiens sur les infidèles, le 7 octobre de l'année 1571, à Lépante; elle fut solennisée primitivement sous le titre de *Sainte-Marie-de-la-Victoire*. Deux ans après, Grégoire XIII changea ce titre en celui du *saint Rosaire*. Le pape Clément XI rehaussa l'éclat de cette fête en 1716, après la fameuse journée où le prince Eugène battit deux cent mille Turcs à Belgrade, et quarante mille Mahométans dans l'île de Corfou. Clément XI fit suspendre aux voûtes de l'église des Dominicains à Rome un des cinq étendards que l'empereur lui avait envoyés. Cette fête a été établie pour obtenir par l'intercession de la reine du ciel, la protection du Dieu des batailles en faveur des armes de toutes les nations catholiques.

— Le vendredi 4 octobre a eu lieu l'inauguration de la statue colossale de l'évangéliste saint Jean, au sommet du fronton de l'église Saint-Gervais. Il est représenté avec des ailes, sous la figure de l'ange de l'Apocalypse. A sa droite est un aigle, symbole sous lequel il est figuré dans les arts; à sa main gauche il tient une tablette destinée à recevoir les célestes inspirations. Cette inauguration avait attiré un grand concours de spectateurs aux abords de l'Hôtel-de-Ville et de l'église de Saint-Gervais.

— La restauration complète de l'église métropolitaine de Paris, ainsi que nous l'avons dit, est poussée avec une grande activité. Les réparations intérieures sont commencées depuis quelques jours et se continueront probablement sans désemparer jusqu'à la mauvaise saison. Les grandes fenêtres du chœur et de l'abside sont en partie échafaudées à l'intérieur pour la restauration prochaine des meneaux et des roses tréflées qui surmontent les doubles arcades de ces fenêtres. Ces préparatifs ont nécessité un changement d'heure dans l'office canonial du matin, qui se célèbre aujourd'hui dans la chapelle de la Sainte-Vierge, le grand chœur devant être bientôt occupé par les ouvriers. Déjà les deux premières chapelles placées dans le bas-côté méridional de la basilique ont été complètement réparées et mises en harmonie, pour ce qui regarde l'ornementation extérieure, avec celles du chœur et de l'abside.

TRAVAUX LÉGISLATIFS.

La Montagne fait tout ce qu'elle peut pour rendre les séances de l'Assemblée stériles, et parfois elle parvient à les rendre ridicules.

La suppression de cette épithète de *citoyen*, que le *Moniteur officiel* s'obstinait seul à joindre aux noms et à la désignation des Représentants et des ministres, était bien du reste une de ces occasions que les membres de l'extrême gauche n'ont pas l'habitude de laisser échapper. On a pu croire cependant vendredi qu'ils se résignaient à la laisser perdre, et déjà l'on citait le fait comme un symptôme de progrès vers le bon goût et de retour au sens commun. Vaine illusion! chimérique espoir! Si M. Matthieu (de la Drôme) s'était borné, pour une première fois, à faire entendre un regret plaintif sur l'abandon d'un titre si cher aux républicains de la veille, c'était par forme de simple prélude, en attendant le concert de protestations pour lequel ses collègues n'étaient pas encore prêts. Ne fallait-il pas donner à ceux-ci le temps de préparer tout à la fois leurs colères et leurs discours?

Cependant l'outre d'Éole était percée, il devait s'en échapper des tempêtes. Samedi donc, tour à tour le *citoyen* Antony Thouret, le *citoyen* Pierre Leroux et le *citoyen* Matthieu, qui a de nouveau payé de sa personne, se sont emportés tantôt en traits amers, tantôt en dénonciations insidieuses, tantôt en graves menaces contre *Monsieur le Président*, le premier auteur de l'attentat, contre *Messieurs de la majorité*, non moins coupables que leur élu; enfin, contre *Messieurs* les sténographes eux-mêmes, leurs innocents et involontaires complices. M. Dupin, ont-ils dit, a renié la révolution; les représentants du suffrage universel vont tous s'appeler comtes, ducs et marquis; les sténographes ont retiré à plusieurs pétitionnaires rouges la qualité de citoyens français! Quels abus de pouvoirs! quelle restauration de la féodalité! L'un des orateurs signale dramatiquement le fait à l'indignation du monde; le second en fait ressortir toute l'horreur, et en tire toutes conséquences possibles avec cette philosophie radicale qu'on lui connaît; le troisième, qui est le politique, remarque la coïncidence de l'audacieux changement du *Moniteur* avec ces cris de *Vive la nation!* que les populations réactionnaires substituent partout à ceux de *Vive la République!* Où allons-nous, grand Dieu! Vous ne vous appelez plus citoyens, n'allez-vous pas bientôt vous appeler sujets? Il a fallu, pour mettre un terme à ce grave débat, un vote sur la question préalable, le scrutin de division, et un bon mot du Président. Celui-ci a mis les rieurs du même côté que la raison et la politesse, en disant :

« Appelons-nous Messieurs, et restons citoyens. »

De cette manière, la civilité pourra se concilier avec le civisme; et il a été ainsi voté par 304 votants contre 155.

Après cet incident, infiniment trop prolongé, M. Napoléon Bonaparte est monté à la tribune. Il a essayé de gagner les bonnes grâces de la Montagne. Avec quelle solennité il a prononcé de nouveau, comme pour la remettre en honneur, la formule condamnée : « Citoyens représentants. » Le reste a été digne du début. L'Assemblée avait justement trouvé odieuse cette espèce d'assimilation (résultant de leur rapprochement dans un même projet de décret) qu'il avait semblé établir entre les membres d'une famille qui a glorieusement gouverné la France et les malheureux séides de la révolte et de l'anarchie. Lui-même, il avait protesté contre cette interprétation de sa pensée, et contre une impression qu'il disait n'avoir pas prévue. Il s'en est enfin douté, et certes c'était bien heureux, quoiqu'un peu tardif! Mais pour réparer cette première faute, que fait-il? En retirant sa proposition en trois parties, il en fait trois propositions distinctes : l'une pour la branche aînée des Bourbons, l'autre pour la branche d'Orléans, la troisième pour les insurgés de juin; et il les représente ensemble, et sur-le-champ; de telle sorte qu'on ne puisse savoir si c'est de sa part une concession ou un défi nouveau !

Pauvre petite tactique, qui ne respecte aucune dignité, qui se joue misérablement de tous les malheurs, et qui voudrait peut-être, en les exploitant et en les compromettant par avance, faire avorter de généreux instincts et de salutaires pressentiments de réparation, de justice, de conciliation et d'oubli! Politique d'excentricités ou d'intrigues, qui aboutira probablement

à un résultat diamétralement opposé à celui qu'elle cherche ; car elle ne ranimera pas les divisions qu'elle tend à réveiller entre les diverses nuances de
la majorité. Mais en rejetant un plus vif éclat sur !la confusion, sur les souffrances et les scandales, fruits de nos révolutions, elle contribuera sans doute
à mettre davantage en lumière les nécessités vraies, et les conditions perma-
nentes de l'union, de l'ordre et de la paix dans un pays comme le nôtre.

. Après les gémissements des *citoyens* dégradés de leurs titres, après les
manœuvres à double sens du néo-bonapartisme, il ne restait plus pour achever
le tableau de nos travers politiques que l'exhibition de quelque système
purement socialiste, et c'est ce qui ne nous a pas manqué aujourd'hui.

M. Pelletier s'est chargé de ce soin. Disons qu'il y a mis plus de sang-froid
et de convenance que de coutume, et il a trouvé sa récompense dans l'attention de l'Assemblée.

La discussion de sa proposition a été renvoyée à demain.

NOUVELLES ET FAITS DIVERS.

L'esprit de parti a parlé de sommes énormes englouties dans l'expédition
de Rome ; à l'entendre, il ne s'agirait de rien moins que de 30 et même de
40 millions. Le crédit demandé par le gouvernement prouve qu'en y comprenant
les 1,200,000 fr. déjà votés par l'Assemblée constituante, et les frais nécessaires
pour l'entretien de la garnison à Rome jusqu'au 1er janvier, la dépense totale ne
s'élèvera pas même à dix millions.

— M. le général du génie Vaillant, qui a conduit avec tant d'habileté, de pré
caution et de bonheur, les travaux du siége de Rome. est arrivé à Metz, où il
mission de présider le jury des examens de sortie pour les élèves de l'école d'ap
plication de l'artillerie et du génie.

— Par décret du Président de la République, et sur le rapport du garde-des
sceaux, ministre de la justice, M. Baroche, procureur-général à la cour d'app
de Paris, est nommé au grade d'officier dans l'ordre de la Légion-d'Honneur.

— On annonce que des institutions dans le genre de l'école Chaptal, créée pa
la ville de Paris, vont être instituées dans plusieurs de nos grandes villes. I
gouvernement de la République concourrait pour une portion aux frais d'instal
lation de ces établissements.

— M. le ministre de l'agriculture et du commerce vient de charger le comi
supérieur d'hygiène de préparer un projet de loi sur l'exercice et la police de
médecine.

— On annonce la prochaine arrivée à Paris de M. Soult, maréchal-géné
de France et doyen des maréchaux.

— Le prince de Czartorisky est sur le point de quitter Paris pour aller fixer
résidence à Turin. Le seul motif de cette résolution paraît être le mauvais é
de sa santé.

-— Un voyageur qui a visité Abd-el-Kader dans sa résidence du château d'A
boise, publie des renseignements d'où nous extrayons les notes suivantes :

« Le château d'Amboise renferme aujourd'hui 32 femmes, 30 hommes
18 enfants. Abd-el-Kader ne se distingue des personnages de sa suite ni par
luxe des vêtements, ni par une alimentation plus choisie. Le kouskoussou ara
fait les frais de tous les repas ; les ablutions, les prières, l'étude surtout abso
bent les longues heures de la journée. Ce mot d'étude étonnera beaucoup

nos lecteurs habitués à ne voir dans les musulmans que des hommes enseveli dans la plus profonde ignorance et peu désireux d'en sortir. Cette idée, fausse pour beaucoup d'entre eux, l'est surtout à l'égard d'Abd-el-Kader.

« La garde du château est confiée à M. le capitaine d'artillerie Boissonnet qui appartient à cette pléiade d'officiers instruits et distingués chez lesquels l'Algérie a développé des tendances et des aptitudes dont la France tirera un jour un grand parti. M. Boissonnet est devenu l'ami d'Abd-el-Kader, et il paraît que, grâce à son intervention, Abd-el-Kader s'est décidé à écrire l'histoire de sa domination sur les Arabes.

« La première partie de ce travail fort important, écrite entièrement par l'émir, est déjà entre les mains de M. Boissonnet, et la profonde érudition, la mémoire si étendue d'Abd-el-Kader s'y font remarquer à un haut degré. L'un des frères de l'émir s'occuperait également à écrire une histoire des Arabes depuis la domination française. »

M. Auguste Siguier, bachelier ès-sciences, licencié ès-lettres et auteur des *Grandeurs du Catholicisme*, un des ouvrages les plus distingués qui aient paru de notre temps, vient d'ouvrir à Paris trois cours qui appellent tout particulièrement l'attention et les sympathies des familles.

1° Un cours de *Philosophie préparatoire au grade de bachelier*.

2° Un cours d'*Antiquités romaines*, pour les jeunes gens, déjà bacheliers, qui vont commencer ou qui commencent l'étude du Droit. Ce cours dure quatre mois.

3° Un cours d'*Histoire*, spécialement consacré à approfondir la pensée française dans nos trois derniers siècles, pour tous les jeunes gens sortis des collèges et qui fréquentent les diverses Facultés. Ce cours dure quatre mois.

On souscrit chez Waille, rue Cassette, n° 6.

BULLETIN POLITIQUE DE L'ÉTRANGER.

Les journaux de Vienne du 1er octobre annoncent que l'ambassadeur d'Autriche à Constantinople avait demandé ses passeports, par suite du refus du Divan de livrer les réfugiés hongrois. Le 3 octobre, les nouvelles les plus contradictoires ont circulé sur l'affaire turque.

D'un côté, on assurait que tout était arrangé, et que l'empereur d'Autriche s'était rendu aux représentations pressantes de l'Angleterre; de l'autre, une lettre de Smyrne, du 24 septembre, annonçait qu'une grande agitation régnait dans Constantinople, qu'on y avait affiché des placards menaçants. Par suite, la Porte aurait rappelé la plus grande partie des troupes de la Valachie; 2,000 hommes de cavalerie étaient déjà arrivés. On disait que Kossuth et les autres chefs polonais et hongrois étaient en route pour Constantinople.

Un correspondant de la *Gazette de Cologne* écrit : Les dissentiments qui couvaient depuis long-temps au sein du cabinet autrichien ont enfin fait explosion. La question hongroise, non moins que la question allemande, sur laquelle on est enfin forcé de prendre une décision, ont donné lieu à une rupture ouverte. Le prince de Schwarzenberg et M. Bac ont manifesté l'intention de se retirer. Par suite de leurs déclarations, un courrier a été expédié le 1er octobre au comte Colloredo-Wallsee, ambassadeur d'Autriche à Londres, qui est en ce moment la seule sommité politique à qui l'on pourrait confier le ministère des affaires étrangères. On assure en même temps que M. de Schmerling serait chargé de la formation d'un nouveau cabinet dont il aurait la présidence. Cette dernière éventualité aurait une grande signification pour la future politique allemande de l'Au-

'échec; on pourrait s'attendre à une modification de la Constitution du 4 mars, et à un programme ministériel dans le sens du parti de la grande Allemagne.

On ignore encore officiellement les conditions de la capitulation de Comorn.

La réponse de l'Autriche au contre-projet de la Prusse relatif à la formation du pouvoir central provisoire, a été reçue à Berlin le 3. On disait que l'Autriche acceptait le contre-projet avec quelques modifications sur lesquelles le gouvernement prussien ne s'est pas encore prononcé à son tour. Les deux chambres prussiennes ont continué, dans leur séance du 3, la révision de la Charte octroyée. La première chambre a adopté un amendement qui porte jusqu'à un certain point atteinte au principe de la séparation de l'Eglise et de l'Etat.

Le gouvernement du duc de Parme a publié, le 29 septembre, des éclaircissements sur l'expulsion des religieux bénédictins. Ce document officiel les accuse d'avoir manifesté des sentiments révolutionnaires et d'avoir fomenté la rébellion. Aux termes du document, à peine le drapeau de l'insurrection fut-il arboré à Parme, qu'un Père bénédictin organisait un bataillon de jeunes gens, sous le titre de légion de l'Espérance; il s'en faisait le commandant et leur inculquait des principes pernicieux. D'autres Bénédictins s'étaient associés à cette œuvre, et les supérieurs le toléraient. Plusieurs moines fréquentaient ostensiblement les chefs de la révolution, les recevaient dans leurs cellules, se promenaient avec eux, et les supérieurs ne disaient rien, prétendant qu'on leur tenait le poignard sur la gorge.

Le document que nous analysons fidèlement ajoute qu'après le rétablissement de l'autorité légitime, l'impudence de ces religieux fut la même que pendant l'orgie révolutionnaire. Ils prêchaient les mêmes maximes, ils accueillaient dans leur monastère les hommes suspects, ils donnaient asile à un abbé proscrit par un Etat voisin, et tenaient des conciliabules nocturnes. Enfin on va jusqu'à dire que leurs principes étaient plus subversifs que ceux des clubs de Paris et de Lyon. Ici l'exagération est manifeste. On croira difficilement que des hommes éclairés et studieux comme les Bénédictins aient pu devenir des révolutionnaires communistes.

Suivant une correspondance que nous voulons croire encore mal informée, la proscription atteindrait aussi les religieux du mont Cassin, un des plus célèbres couvents de l'Europe, et l'on pourrait craindre que le monastère ne fût bientôt fermé par ordre du gouvernement napolitain.

Le ministre de France, M. Poussin, est arrivé à New-York, le 20 septembre.

Au Canada une bataille a eu lieu à Bytown (Montréal), entre les radicaux et les tories. Les réformateurs avaient convoqué un meeting pour voter une adresse de félicitation à lord Elgin. Ils s'étaient rendus en armes à l'assemblée et leurs adversaires aussi. Les radicaux furent expulsés; mais des deux côtés, il y a eu des blessures graves. Le parti resté maître du champ de bataille a voté une résolution contenant l'expression d'un blâme sévère contre lord Elgin et le ministère. La force armée est intervenue et l'ordre a été rétabli.

La nouvelle la plus extraordinaire, sinon la plus importante, est la proclamation d'un empereur dans la République d'Haïti. Faustin Soulouque a été déclaré empereur le 20 août par un décret de la chambre des représentants, confirmé par le sénat. La proclamation solennelle a eu lieu le 26 au matin, au bruit des salves d'artillerie de tous les forts et même, s'il faut en croire le Moniteur du nouvel empire, de toute la flotte. Dans les journées des 20, 21, 22 et 23 août, le peuple s'est prononcé par des adresses appuyées par toute sa voix sur la néces-

e changement. Ces affiches portaient : *Vox populi, vox Dei*, Faustin Sou-
empereur d'Haïti. L'armée s'est ralliée à ce mouvement. Le *Moniteur*
lonne une liste fort longue des principaux personnages du pays qui ont
s pétitions et adresses pour provoquer ce changement.

ment de la proclamation, le président du sénat, A. Larochel, a posé la
: sur la tête de Soulouque et lui a attaché sur la poitrine une croix d'or
ante de pierreries, » expression du *Moniteur haïtien*. La femme de
ie a été proclamée impératrice et a reçu des mêmes mains un magnifi-
er.

n Soulouque a accepté la couronne au cri de : *Vive l'égalité! vive la li-*
est encore le *Moniteur haïtien* qui s'exprime ainsi.

ASSEMBLÉE LÉGISLATIVE.

SÉANCE DU SAMEDI 6 OCTOBRE.

Présidence de M. DUPIN aîné.

nce est ouverte à deux heures.

TONY THOURET demande la parole sur le procès-verbal. Il demande des
ons sur la suppression du mot de *citoyen* dans le compte-rendu des
Je l'Assemblée. Si on venait, dit-il, prétendre que les emblèmes et les
t sans importance, je demanderais pourquoi le mot de *Février* et celui
blique sont inscrits sur ces murs. Pourquoi ne met-on pas à leur place
: royauté ; pourquoi ne met-on pas le drapeau blanc à la place du dra-
olore ?

e la Montagne : Très-bien ! très-bien !

PRÉSIDENT. Messieurs, il n'y a jamais eu, depuis février, ni décret, ni
ticle de règlement qui ait prescrit d'appliquer individuellement à ch-
un de citoyen plutôt que celui de *monsieur*.

verses locutions ont été également bien accueillies de l'Assemblée,
'exercice d'un droit qui tenait à la liberté. Mais quand, dans le *Moni-*
dans le discours, car dans le discours on met ce que chacun dit, mais
nom de chacun, au lieu de mettre *M. un tel*, on met *le citoyen un*
même que l'orateur a commencé son discours en disant Messieurs ;
plusieurs réclamations qui ont prouvé que quand une chose est unique-
s les mœurs et dans les usages, il faut se conformer à ces mœurs et à
s.

n ! je demande à tout le monde ici si l'appellation de *Monsieur*, au lieu
en (Interruption à gauche.) n'est pas devenue d'usage ? Quand vous

M. le Président. Appelons-nous Messieurs, et soyons citoyens. (Rires d'adhésion.)

Voici, reprend M. le président, la proposition qui vient de m'être remise :

« Considérant que l'article 1er du préambule de la Constitution porte que la France s'est constituée en République ;

» Considérant que dans une République tous les membres de la cité portent le titre de citoyen ;

» L'Assemblée décide que le titre de citoyen sera rétabli au *Moniteur*. »

M. P. Leroux demande la parole. Citoyens, dit-il, je ne comprends pas cette haine que vous avez pour le mot de citoyen. Vous voulez détruire la République ! (A l'ordre ! à l'ordre !) Aussi bientôt les titres nobiliaires vont reparaître ; vous voulez qu'on s'appelle de nouveau duc, marquis, comte, roi !... Vous voulez nous déshonorer... (Exclamations et rires.)

A gauche : Très-bien ! très-bien !

A droite : Aux États-Unis, on ne s'appelle pas citoyens !

M. Mathieu (de la Drôme), insiste à son tour, et laisse échapper le mot de *Monsieur* le président. (Encore *Monsieur !* Hilarité.)

La chambre consultée sur la proposition, la repousse par 304 voix contre 153.

M. Napoléon Bonaparte. Citoyens représentants... (Ah! ah !) C'est à dessein que je me sers de ces mots en m'adressant à l'Assemblée.

Voix de la Montagne : Très-bien ! très-bien !

L'orateur annonce qu'il a divisé sa proposition d'amnistie en *trois propositions distinctes*, afin d'ôter toute excuse. Il ajoute que les mots *coupables* et *criminels* dont il s'est servi, ne s'appliquaient qu'à ceux des insurgés de juin qui ont *été condamnés*, et non à ceux qui ont été transportés sans jugement. (A gauche : Très-bien !)

MM. Beugnot et Benoist-d'Azy déposent les rapports sur les projets relatifs à l'instruction publique et aux caisses de secours et de retraite.

M. Baune. *Messieurs*... je veux dire *citoyens*... (L'hilarité générale qui accueille cette méprise de l'honorable membre, et son empressement à la réparer, couvre entièrement sa voix, et nous empêche de saisir le reste de la phrase. Il s'agit du dépôt d'une pétition.)

M. Lherbette demande pourquoi le projet de loi sur l'instruction publique n'a pas été communiqué au conseil d'Etat.

M. Beugnot répond qu'un rapport sur cette question est annexé au rapport sur le fond.

M. Nadaud présente des développements sur une proposition qu'il a faite, relative à l'*expropriation* publique. Cette proposition est rejetée.

M. Chavoix soutient une proposition qu'il a faite sur la loi sur la chasse. Il voudrait qu'on remplaçât le droit de 25 fr. du permis de chasse par un impôt de 10 fr. sur les chiens de chasse.

M. Dufournel combat la proposition. Il maintient qu'il n'y a pas 1 paysan sur 500 qui chasse, et qu'il serait impossible d'établir l'impôt *sur la classe* des chiens de chasse.

Une voix : Il n'y a plus de classes ! (On rit.)

La proposition de M. Chavoix est mise aux voix et rejetée par 266 voix contre 208.

MM. Pierre Leroux et Versigny demandent à faire des interpellations sur divers abus de pouvoir. Ils seront entendus mercredi.

La séance est levée à quatre heures et demie.

SÉANCE DU LUNDI 8 OCTOBRE.

Présidence de M. DUPIN.

La séance s'ouvre à deux heures un quart.

MM. THOURET, MATTHIEU (de la Drôme) et PASCAL DUPRAT déposent des pétitions en faveur de l'enseignement obligatoire, et contre l'impôt sur les boissons.

M. MORTIMER-TERNAUX soutient une proposition dont il est l'auteur, et qui est relative à l'aggravation de la peine prononcée par l'art. 360 du Code pénal, contre la violation des tombeaux et sépultures.

L'Assemblée ne prend pas cette proposition en considération.

Proposition tendant à substituer la peine de trois ans de détention à celle de trois ans de fers, prononcée par la loi du 22 août 1790 contre tout matelot ou officier coupable d'avoir levé la main contre un officier pour le frapper.

M. COLLAS, auteur de la proposition, la soutient à la tribune.

M. DE MONTEBELLO, rapporteur de la commission, M. LE MINISTRE DE LA MARINE et M. l'amiral CÉCILLE combattent la proposition. Ils invoquent les difficultés déjà si grandes de maintenir la discipline à bord.

La proposition de M. Collas n'est pas prise en considération.

Proposition relative à la détention préventive, par MM. MORELLET, RASPAIL, BAC. CHANAY, etc. etc. Cette proposition a pour but de supprimer la mise au secret. Elle est soutenue par MM. MORELLET et THÉODORE BAC, et combattue au nom de la commission par M. Labordère, rapporteur. La prise en considération est repoussée par 322 voix contre 212.

Proposition de M. PELLETIER, sur l'extinction de la misère et du prolétariat. M. Pelletier soutient sa proposition et fait une longue apologie du socialisme, dans laquelle il accuse les riches, les propriétaires, les ex-ducs, etc. d'être les seuls artisans du désordre. M. CHARLES DUPIN demande à répondre à ce discours. La discussion est renvoyée à demain. La séance est levée à six heures.

———◦◦◦———

VOYAGE HISTORIQUE.

VII.

LETTRE AU R. P. DOM GUÉRANGER, ABBÉ DE SOLESMES.

—

Dokkum, in palæstra SS. Martyrum, O. N. vii id. sept. 1847.

MON TRÈS-RÉVÉREND PÈRE,

Parvenu au point le plus éloigné de l'itinéraire que vous m'avez tracé, à quelques pas de la mer du Nord, à Dokkum, où fut martyrisé saint Boniface, avec cinquante-et-un compagnons, mes devanciers et mes pères, je ne puis venir jusque-là, sans m'arrêter ni vous écrire. A cette distance, Dieu m'est témoin, qu'après Lui, rien ne m'est plus présent que votre souvenir; c'est celui d'un père et d'un ami; chère et consolante amitié, la plus agréable que je puisse avoir ici-bas devant Dieu! Grâces à vous, rien ne m'est étranger à ce bout du monde; et je suis ici, comme en famille, avec ces martyrs de la Frise, avec ce patriarche du Nord qui, à soixante-quinze ans, s'arrachait aux prières de ses disciples, aux larmes de saint Lulle, et disait : « Il faut que j'aille au bout de mon voyage. » Il s'en vint finir là où je suis :

Sistimus en tandem, nobis ubi defuit orbis!

J'ai eu quatre heures à passer ici : j'en ai réservé une pour vous écrire, recueillir quelques notes et copier, avec l'obligeant pasteur de Dokkum, de précieux titres que l'on peut ajouter aux *Analecta Bonifaciana* du Père Papenbroek. Je devais aller à une lieue dans la campagne visiter le *Champ du martyre*, que la Frise protestante appelle encore avec respect : *Moordwonde*, le *Bois de la mort*. J'ai fait le tour de la Fontaine aux trois sources (*Fasbrünn, Bonifacii fons*), qui n'a jamais rien perdu ni de son eau intarissable, ni de sa popularité séculaire. J'ai passé le reste du temps dans la petite église de Dokkum, devant la châsse du grand apôtre, en présence de son chef, si admirablement nommé dans les vieux inventaires de ces trésors la *couronne* de la tête de saint Boniface, *corona capitis*. J'ai pu toucher de mes mains une antique chasuble ronde, d'un tissu soyeux, blanche comme la tunique des martyrs dans l'Apocalypse, et, comme elle, purifiée dans le sang de l'agneau. J'ai vénéré une chape mieux conservée, de couleur bleue et blanche, en zônes concentriques alternées; de beaux oiseaux blancs et bleus, imitant des cygnes, semblent voguer et monter sur ces ondulations nuageuses; j'ai pensé aux grands aigles qui décorent à Metz une chape contemporaine de celle-ci, le pluvial de Charlemagne. Mais j'ai vainement cherché l'évangéliaire en caractères latins et grecs, de la main de saint Boniface, disait-on, et conservé jusqu'à ces derniers temps. Worper du Mont-Thabord et Kempius en parlaient encore dans leurs chroniques, comme d'un monument subsistant. Tous deux virent également une pierre qu'on m'a montrée, et que l'on a toujours cru être l'un de ces pains qui, enlevés avec les autres trésors des martyrs, se transformèrent sur les épaules des meurtriers en fardeaux inutiles; en vérité, tout ce que les saints touchent se change en or et en pain; mais ce qu'on prend aux saints devient pierre bien plus vite encore.

J'étais ému, mon très-révérend Père, à la pensée que depuis trois cents ans, le premier peut-être j'apportais ici, quoiqu'indigne, l'hommage de notre ordre! Seul, après tant de pélerins qui m'ont précédé, après tant d'illustres visiteurs, à la suite de tant de saints sortis du sang de ces martyrs! Il me semblait voir saint Lulle venant de Fulda pour recueillir le premier ces grands ossements de nos pères; saint Ludger, à son retour de Rome et du Mont-Cassin, rassemblant autour de ce tombeau la première chrétienté de Dokkum, fondant ici le plus ancien monastère de la Frise; saint Villehad, le pélerin de Jérusalem, élevant sous ces cloîtres les fils des nobles Frisons, conquis par lui et baptisés des eaux du *Fasbrünn*, saint Anschaire dictant les actes de saint Villehad, avant de pénétrer lui-même plus avant dans les plages du Nord; enfin le bienheureux Alcuin, célébrant saint Boniface et saint Willibrord, et gravant sur ses tablettes ces beaux vers que je m'étais réservé de relire ici. Ils m'ont paru prendre une teinte locale, le cachet d'une inscription lapidaire, et, comme cette lettre, la date de Dokkum :

HIC Pater egregius meritis BONIFACIUS, almis,
Cum sociis pariter fundebat sanguinis undam,

Inclyta martyrii sumentes stemmata sacri.
Terra beata nimis, sanctorum sanguine dives!
Transvolat HINC, victor miles, ad præmia cœli,
Ultima *cespitibus* ISTIS vestigia linquens...

: pourtant malheureuse : Calvin règne ici plus sûrement que nulle
'depuis trois siècles ce ciel est d'airain, cette terre de fer. La voilà
tte libre et noble Frise, *vrie Friz!* Elle, le rendez-vous de tant d'apô-
berceau des saints, le champ des martyrs; l'asile qui protégeait les
vêques d'Utrecht des hommes du nord et des empereurs de la
ie; le bastion de la chrétienté entre les Danois et les Saxons, la
e l'Europe contre l'Océan, l'avant-garde des Croisés; cette Frise
resque et pontificale qui reçut son épée, ses franchises et sa no-
le Charlemagne et de saint Pierre! A Westscappelle, à quelques
ant moi, reste encore le lieu que l'Océan n'a osé dévorer, où saint
. portant l'Evangile, fut jeté par la tempête? Voici Francker, la
de saint Frédéric; puis l'antique Stavoren, la paroisse de saint
qui y remplaça les rois frisons; saint Wigbert et saint Ludger ti-
de l'abîme le Fostland et y plantèrent la croix et des palmes de
e; Oldenzall eut pour fondateur saint Plechelme, et le bienheureux
ric pour restaurateur. Saint Marcellin, évangélise les Tubantes,
Boniface est mort là! Tant de bénédictions seraient-elles perdues,
'écoutera-t-il pas *toutes ces voix qui crient sous l'autel*, sous les
le long de ces sentiers désolés : *Quare non defendis sanguinem*
h? Dieu veuille ne plus attendre qu'un moment, et compléter le
e des frères de ces martyrs. *Sustinete, modicum tempus, donec*
tur numerus fratrum vestrorum.
e puis vous dire, mon très-révérend Père, toutes les pensées qui
saient dans la solitude de cette Eglise, en présence de cette vé-
châsse, humble fenestrage, appliqué à la paroi d'un mur, com-
m petit caveau, étroit et dernier asile du chef couronné de saint
ce.
illis ne pas remarquer une inscription qui a pourtant son pieux
je dirais presque son éloquence :

PRO RELIQUIIS SANCTI BONIFACII

SOCIETATI JESU

NOBILITAS FRISIACA PERPETUO D. D.

ANNO 1665.

i, les derniers moines de Dokkum avant d'aller à leurs Pères, re-
à la noblesse frisonne et placèrent sous la garde de son épée, ce
et il passa, en don perpétuel, aux fidèles et fortes mains des en-
saint Ignace, dignes héritiers des vaillants chevaliers et des vieux
. Mais, hélas! moines et jésuites, nobles frisons et pauvres fidèles,
presque disparu de la Frise entière : à peine une poignée de catho-
limides, surveillés par un fanatisme qui se meut, qui a eu ses
errables, qui peut encore avoir une agonie convulsive! Il n'im-

porte : trois cents ans ont passé, et non loin de Dokkum, les fils de sain
Ignace veillent encore ; plus d'un noble Frison demeure fidèle ; et voir
qu'un pauvre enfant de saint Benoît s'en vient d'une lointaine et petit
abbaye, prier là, pour la résurrection de la Frise ; humble prière assuré
ment, mais qui n'en fait pas moins suite, sans interruption, à onze siècle
d'invocation :

PERPETUO DONO DEDIT.

Leeuwarden, 8 septembre.

J'achevais ces dernières lignes, mon très-révérend Père, en voguan
sur l'un de ces longs et commodes bateaux hollandais qui me condui
saient à Leeuwarden ; cette nouvelle capitale de la Frise, a détrôné l'an
tique Groningue. J'y ai fait ma modeste entrée, avec la pensée de sain
Boniface, et sous le patronage de saint Willibrord qui m'accueillit sou
son toit, auprès de son église, dans le presbytère d'un bon curé, élev
durant son enfance à Corwey. Ce fut une reconnaissance d'amis, d'au
tant plus singulière que la ville même de Leeuwarden est fille de la nou
velle Corbie ; elle n'a pas de plus ancien titre qu'une petite pièce perdu
dans le cartulaire de l'abbaye princière.

Bien que debout depuis quatre heures du matin, je laissai volontier
le digne vieillard épuiser ses longs souvenirs dans une conversation en
chevêtrée de latin, de français, d'allemand, de hollandais. J'eus peine
m'apercevoir qu'elle avait duré, avec la collation du soir, jusqu'au mi
lieu de la nuit. Ici, on ne peut sérieusement rester moins de deu
heures à la table la plus frugale, ni finir honnêtement la journée avan
minuit.

Ce matin, je dus, en hommage à Notre-Dame, accepter les honneur
de la grand'messe. J'allai, peu après, visiter l'un des rares héritiers de
anciens noms de la Frise, M. de Haan Heltema. Je le trouvai devant u
volume de ses œuvres, vaste nobiliaire où il avait réuni, avec un gran
travail, les généalogies des nobles familles, demeurées fidèles jusqu'a
bout et presqu'entièrement éteintes. Plusieurs remontent aux première
croisades et à quelques-uns de ces preux qui, arrivés devant Damiett
lancèrent sans fondements ni pilotis, une immense tour dans les airs e
de là montèrent les premiers à l'assaut de la ville. Un patriarche de Jé
rusalem, l'empereur Frédéric II, le Pape Honorius III, en félicitèrent l
Frise à la face du monde. Ces belles lettres de noblesse de la nation tout
entière subsistent encore, et le haut fait est consigné dans les annales d
l'apôtre de la croisade, Olivérius de Mayence.

Cependant M. Heltema me disait modestement de son livre : « Ce n'es
qu'un obituaire. » Je pris le mot à la lettre pour les quatre-vingt-dix ab
bayes de la Frise dont je trouvais également là une série faite avec tou
le soin d'une nécrologie. En prenant note de ce travail, que je pouvai
estimer une bonne fortune de mon voyage, je parus et j'étais vraimen
plus préoccupé de l'extinction désastreuse des grandes familles catho
liques de ce pays. J'entendis assigner pour cause les guerres de religio
l'exil, l'émigration, la pauvreté, et surtout l'isolement violemment im

es nobles familles; elles furent non-seulement chassées de la vie, mais traquées jusque dans leur existence privée. La réforme en deux parts les rangs de la noblesse; la partie fidèle fut réduite rpétuer dans un cercle étroit et à s'épuiser dans son propre

ontant plus haut encore, M. Hettema me faisait assister à la dé toute la Frise antique. Charlemagne octroya ses lois; les Papes rent hautement ses franchises; les puissants Evêques d'Utrecht. egardaient; chaque centre de population avait pour ralliement, telle immédiate, pour centre de vie, d'activité, d'indépendance et sses, une église, une grande abbaye, une illustre collégiale. La e pierre qui tomba se détacha de la voûte. Ce fut quand l'empereur V rompit avec le saint Pape Grégoire VII, trahit ou entraîna les t, et livra les peuples indignés à une longue anarchie. Dès lors, s comtes et les Evêques, entre la Frise et la Hollande, la guerre nça pour ne plus finir jusqu'au seizième siècle. Le désordre pé artout, et relâcha tous les liens; même la discipline de l'Eglise, n application locale, défaillit. Le niveau de toutes choses descen noblesse s'effaça, bien moins par des guerres meurtrières et sans par l'affaissement du peuple; les masses affaissées se corrom et enfin le sel de la terre s'affadit. Certes, on conçoit qu'un clergé t, nombreux, opulent, pour peu qu'il fût détaché de l'autorité ale et épiscopale, devait, à ce bout du monde, descendre rapide cette dissolution que décrit si énergiquement Pie II qui l'avait vu. e pouvions oublier, il est vrai, qu'un docte protestant de Gro M. Feith, magistrat et juge compétent, avait prouvé qu'on it point prendre à la rigueur l'Odyssée européenne d'Enéas Sylvio. i répondra à ce fait accablant, qu'au moment de la catastrophe, ième siècle, le scandale des apostasies sacerdotales fut à son ? «Or, me disait M. Hettema, le Frison est entêté comme une t non autrement : une chaussée, fût-elle en pierre de tailles, n'a mps pour arrêter les eaux qui la minent; sa résistance usée, un t suffit : la débâcle est terrible, le désastre est pour des siècles. La risons fut long-temps minée; les *gueux* ont donné le coup de la digue a cédé, et nous sommes encore submergés. »

(*La suite à un prochain numéro.*)

AVIS.

tir du mardi 16 octobre 1849, l'*Ami de la Religion* paraîtra tous s.

aîtra, comme par le passé, les mardis, jeudis et samedis par nu e 24 pages; et par numéros de 16 pages les quatre autres jours maine.

nnement n'est augmenté que de 1 franc par trimestre : soit pour 200 numéros de plus par an.

Voici les prix nouveaux :

Un an, 32 fr. — Six mois, 17 fr. — Trois mois, 9 fr.

Quant à nos abonnés actuels, l'Administration du Journal, regrettant de ne pouvoir faire des sacrifices encore plus considérables, les prie de vouloir bien accepter l'alternative suivante :

Ils pourront lui envoyer le supplément de leur abonnement par un mandat sur la poste.

Ou bien ils recevront le Journal pendant une durée calculée au prorata du chiffre de leur abonnement actuel.

L'Administration, après avoir tellement diminué le prix du Journal pour tous ses abonnés, ne peut plus accorder aucune réduction particulière de prix. Pour certains abonnements, auxquels une légère diminution avait été accordée par une mesure exceptionnelle, les personnes qui ont joui jusqu'à présent de cette faveur doivent comprendre qu'il nous est absolument impossible de la leur continuer. *Le prix de l'abonnement sera rigoureusement pour tous, soit à Paris soit dans les départements, de 32 fr. par an.*

Enfin, à l'égard de nos Abonnés à l'extérieur, nous leur rappelons qu'en raison de l'augmentation du prix de la poste, leur abonnement annuel se trouve élevé : pour la Belgique, à 36 fr.; la Hollande et les pays du Levant par Marseille, à 47 fr.; — les Etats-Unis par le Havre, à 31 fr.; — l'Espagne et le Portugal, à 54 fr.; — les pays d'outre-mer par la voie d'Angleterre, à 69 fr.; — et le Canada, à 109 fr.

On est prié d'adresser *franco* toutes demandes d'abonnement et toutes réclamations pour ce qui concerne l'Administration à M. de Boville, administrateur de l'*Ami de la Religion*, rue Cassette, 29.

———◆◆◆◆———

MM. Adrien Le Clere et Cie, imprimeurs–libraires de N. S. P. le Pape et de Mgr l'Archevêque de Paris, ayant renoncé à l'impression du journal l'*Ami de la Religion*, l'Administration et le Bureau d'abonnement de ce journal sont maintenant séparés complètement de leur Imprimerie et de leur Librairie. En conséquence, MM. Adrien Le Clere et Cie prient leurs correspondants d'adresser directement toutes leurs demandes à leur nom et à leur maison, rue Cassette, 29, mais non pas à l'Administration de l'*Ami de la Religion*, qui n'y reste plus maintenant que provisoirement.

BOURSE DU 8 OCTOBRE.

Le 3 p. 100 a débuté à 55 40, a fait 55 05 au plus bas, et reste à 55 15.
Le 5 p. 100 a débuté à 87 75, a fait 87 15 au plus bas, et reste à 87 40.
Les actions de la Banque de France ont été cotées à 2,315.
On a coté le 5 p. 100 romain à 78 et 77 3|4.

L'un des Propriétaires-Gérants, CHARLES DE RIANCEY.

PARIS —IMPRIMERIE D'ADRIEN LE CLERE ET Cᵉ, rue Cassette, 29.

L'AMI DE LA RELIGION.

DES HABITANTS DE L'ALGÉRIE.

—

(Voir le N° du 15 septembre 1849.)

—

it difficile de suivre dans toutes leurs transformations les diffé-
ices qui se sont agglomérées sur le territoire algérien. Prenons les
ù elles en sont maintenant, nous y trouvons avec les Français et
 autres Européens, les Coulouglis, les Maures, les Arabes, les
et les Nègres. Il faut y ajouter les Juifs qui ont pour l'Algérie un
articulier.

DES COULOUGLIS.

urcs, lorsque nous sommes venus en Afrique, étaient les derniers
ants du pays ; ils occupaient toutes les villes du littoral et même
 l'intérieur, qui n'étaient pas trop éloignées de la côte ; ils s'in-
nt peu des progrès de l'agriculture et de la prospérité du com-
Toute leur préoccupation était, sur mer, d'exercer la piraterie,
rre de percevoir le plus possible d'impôts.
urcs, en Algérie, ne formaient guère qu'une armée d'occupation.
soldats que colons, ils n'amenaient point de femmes avec eux ;
s-uns cependant contractaient des alliances dans le pays, et de
ns il est résulté une race particulière d'indigènes du nom de
lis.
 seul fait de l'occupation française, les Turcs n'avaient plus guère
ire en Algérie ; ils n'avaient plus d'impôts à percevoir, plus de
 à exercer. Obligés de rendre les armes, soldats licenciés, ils
it d'autre parti à prendre qu'à partir pour quelque autre pays
 ; c'est ce qu'ils firent immédiatement presque tous, et les plus
ux-mêmes, après avoir vendu à vil prix tout ce qu'ils possé-
s'embarquèrent pour Alexandrie ou Tunis. Cette dernière ville
prit par cette émigration un accroissement considérable.
ioulouglis mahométans, comme les Arabes ont cependant un rite

plus honorable et encore maintenant pour nous faire honneur, il ne nou aborde qu'en nous appelant *mercanti*. Tous les Maures, quelle que soit leu position ou leur fortune, se livrent au commerce; tous ceux qui en ou les moyens ont une petite boutique garnie d'étoffes, d'essences, d'é piceries, de comestibles quelconques, et vont s'y établir toute l journée; très-souvent ils ne vendent rien, mais ils ont l'agrémen de voir les passants; ils arrêtent ceux qu'ils connaissent, leur of frent du café, s'informent des nouvelles. Du reste ils en prennent à leu aise. S'ils veulent aller au bain ou faire quelques autres courses, ils lais sent leur boutique ouverte aux soins du voisin. Tout se passe dans ce bazars maures, absolument comme en famille; ce sont de véritable cercles où l'on vient passer les heures de la journée qui seraient beau coup trop longues et trop ennuyeuses dans l'intérieur des maisons fermée hermétiquement à tout visage étranger. Les pauvres femmes maures ques sont dans une ignorance si complète, qu'elles ne sont d'aucune res source pour leurs maris; elles n'ont idée de rien, et ne savent guèr s'occuper que de leur toilette; elles s'imaginent être beaucoup plus belle quand elles ont teint leurs sourcils et moucheté leur visage, quand leur mains et leurs pieds sont couverts d'une épaisse couche de couleur jaune, quand enfin leurs ongles brillent d'un beau noir d'ébène. La seule distrac tion de ces infortunées est d'aller aux bains maures, et de passer là en semble toute une demi-journée dans une vapeur suffoquante.

Les Maures qui ont quelque aisance s'en vont l'été à leurs maisons de campagne; ils n'abandonnent pas pour cela leurs boutiques, ils s'y ren dent chaque matin sur leur mule pour s'en retourner le soir. La mule es la monture de prédilection des Maures; elle va mieux que le cheval à leurs habitudes pacifiques.

Maintenant quelle est l'origine des Maures? Evidemment leur nom vient du pays qu'ils habitent, qui, sous les Romains, s'appelait Maurita nie. Toutefois il est difficile de croire que ce soient les anciens habitant du pays; on ne les trouve guère que dans les villes et surtout les ville du littoral. Ils nous apparaissent bien plutôt comme les débris de l'ancie empire des Maures d'Espagne. Mais ceux-ci étaient les Sarrasins, le Arabes de l'invasion. Peut-être à leur passage par les Mauritanies ont-il entraîné avec eux en Europe les habitants de ces contrées. Rien ne l'in dique, et il est probable que le nom de Maures donné aux Sarrasin d'Espagne venait uniquement du dernier pays qu'ils avaient traversé et où leur domination avait fini par se concentrer. Les Maures, en effet n'ont d'autre langue que la langue arabe, et il n'y a pas chez eux le plu petit vestige d'un idiome primitif. Selon toutes les probabilités, à la dif férence des Turcs, les Maures ont donc une origine commune avec le Arabes; mais le fait est qu'il existe maintenant entre eux très-peu d sympathie. L'Arabe proprement dit méprise le Maure autant que celui-l le dédaigne. Pour le Maure citadin, l'Arabe n'est qu'un vil paysan, c'e un Bédouin; pour l'Arabe de la plaine, le Maure n'est qu'un marchan

poivre, comme nous dirions un épicier. Ce qu'il y a de certain, c'est
que si le Maure est plus civilisé, il n'est qu'un Arabe dégénéré.

DES ARABES.

Les Arabes proprement dits, les Bédouins si l'on veut, ont conservé
leurs mœurs primitives. En entrant dans une tribu arabe, on se croit reculé
non pas seulement de plusieurs siècles, mais bien de plusieurs milliers
d'années; il semble que l'on soit encore au temps d'Abraham et de Jacob.
Ces braves Arabes de nos côtes d'Afrique, si modifiés qu'ils puissent
être par le Coran, nous représentent parfaitement ces saints patriarches
qui, selon la description de la Bible, parcouraient paisiblement les riches
plaines de la Mésopotamie.

L'Arabe est essentiellement nomade; il tient peu à telle ou telle portion du sol; il n'a pas de propriété particulière; il se confine dans certains cantonnements, et les parcourt selon son caprice. Il ne cultive de
terres que ce qui est absolument nécessaire pour pourvoir à sa nourriture;
il choisit le champ où il pourra le plus facilement tracer des sillons; si sa
charrue rencontre des broussailles ou des pierres, il tourne l'obstacle;
l'enlever, ce serait fatigue sans grand profit, car peut-être l'année prochaine sa tente sera-t-elle plantée plus loin, et confiera-t-il à un autre
champ le grain qui devra le nourrir. Pour l'Arabe, la terre est à tous; il
n'y attache donc que peu de prix. Sa richesse particulière consiste dans ses
troupeaux, il est pasteur, et le lieu qu'il recherche davantage est le pâ-
turage le plus fertile. Ne tenant point au sol, n'ayant rien à compromettre, pouvant transporter avec lui tout son bien, il ne doit pas attacher
une très-grande importance à la paix. Aussi l'Arabe est-il naturellement
belliqueux. S'il ne peut participer à de grandes guerres, il se contente
de faire du brigandage. Quand on ne le rencontre pas la houlette à la
main, on le trouve monté sur un rapide coursier et armé de toutes pièces
pour le combat. Cavalier et pasteur, voilà le vrai type arabe, le double
aspect sous lequel se présentent les fidèles disciples de Mahomet, son
peuple par excellence.

L'organisation des Arabes est conforme au génie qui leur est propre.
Ils ne sont pas divisés par territoire, mais bien par tribu. Chaque tribu ou
agglomération d'hommes est divisée en douaires (sections), qui ne sont
que des composés d'un plus ou moins grand nombre de familles, où chaque individu en état de porter les armes doit marcher à la première ré-
quisition de celui qui commande. La tribu est une espèce de légion qui
se mobilise selon les besoins de la guerre, ou pour mieux dire selon les
caprices du chef. Les chefs arabes ont presque toujours à gagner dans les
guerres, car il leur advient la plus grande part dans le butin; tous les
gens de leurs tribus ne sont que des vassaux qu'ils exploitent de leur
mieux, soit en leur faisant porter les armes, soit en en retirant des impôts.
Les tribus arabes de l'Algérie, comme toutes les autres, ont donc été continuellement en guerre soit les unes contre les autres, soit plus particulièrement contre les populations fixées au sol. Quelques-unes de ces tri-

bus arabes sont très-puissantes, ainsi la tribu des A'mour est forte de
600 chevaux et compte 3,000 fantassins. La tribu des H'amian peut mettre 2,000 chevaux sur pied; elle se subdivise comme beaucoup de tribus
importantes en deux grandes fractions, les H'amian-Clocraga, ceux de
l'Est; et les H'amian-R'a-R'aba, ceux de l'Ouest : chaque fraction à son
cheikh ou chef particulier.

« Les H'amian, nous dit le colonel Daumas dans son ouvrage, possèdent
» d'immenses quantités de moutons, beaucoup de chevaux et surtout des
» chameaux; les riches en ont jusqu'à 2,000, le plus pauvre en a 2 au
» moins. Dans le désert, ces troupeaux ne paissent point confusément,
» ils sont divisés, les moutons par groupe de 400, et chacun de ces grou-
» pes prend le nom de A'ca, mot qui signifie proprement le bâton d'un
» berger, et qui représente ici la quantité de moutons confiés à la garde
» d'un individu. Les chameaux sont divisés par groupes de 100 têtes ap-
» pelés Ibel; il n'est pas rare de trouver des Arabes riches de vingt A'ca
» (8,000 moutons), et de quinze à vingt Ibel (1,500 à 2,000 chameaux).

» Un H'amian nous disait : « Ce que nous aimons le mieux au monde,
» c'est le lévrier, l'oiseau de race le faucon, la femme, la jument. »

» A la guerre et dans leurs chasses, ils montent de préférence des ju-
» ments; elles supportent mieux que les chevaux, disent-ils, la soif, la
» faim et la fatigue. Les poulains sont vendus dans le Tell.

» Ils chassent avec des meutes de lévriers l'autruche, la gazelle, l'arouï,
» le begar-el-ouach, espèce d'antilope qui a quelque ressemblance avec
» un veau. Le petit gibier se chasse au faucon.

» Comme les Sidi-Cheikh, les H'amian se distinguent par la beauté de
» leur race et le luxe de leurs vêtements; leurs femmes sont, elles aussi,
» fort belles et très-parées; elles portent des bracelets de pieds et de
» mains, des colliers en pièces de monnaie, en corail ou en clous de gi-
» rofle, des bagues en argent, en or ou en cuivre. »

Les tribus arabes, quelles que soient leurs richesses, vivent toujours sous
la tente. Les Arabes répètent souvent : « Nous aimons les chants, la mu-
» sique, les femmes, la poudre, et par-dessus tout l'indépendance. » Or,
pour des gens qui aiment l'indépendance, nulle habitation n'est plus convenable qu'une tente : d'un moment à l'autre, quand on veut voyager, on
peut la rouler et la mettre sur le dos d'un chameau. Le mobilier de ces
habitations arabes n'est pas considérable; on se couche sur des nattes, on
s'assied les jambes croisées sur des tapis. L'eau nécessaire, le lait des
troupeaux, se versent et se conservent dans des outres de cuir; chacun
mange à la gamelle avec ses doigts. On n'a par conséquent pas besoin de
beaucoup d'ustensiles de ménage; le même plat ou la même corbeille
peut contenir le repas de toute une famille, et le même pot circulant de
bouche en bouche suffit pour étancher la soif de beaucoup de convives.
La partie du mobilier la plus lourde à emporter est la paire de meules
qui sert à faire de la farine pour le couscoussou. Cependant quelques
chefs arabes ont quelquefois des richesses mobilières et des approvisionnements trop considérables pour les proportions d'une tente; alors ils bâ-

des maisons, ils y serrent leurs grains, ils y déposent leurs riches-
mais ils ne vont point les habiter; quelques fils de la famille seront
és de la garde de ces constructions, mais le chef à qui elles apparent se gardera bien de les habiter. Un véritable Arabe ne peut res-
entre des murs et sous un toit, il lui faut de l'air et de l'espace; le
il n'a besoin que de l'abri d'un caroubier; la nuit, il aime à contem-
les astres, et à admirer la splendeur du firmament.

s femmes arabes de l'intérieur ne se voilent pas le visage avec au-
de précaution que les Mauresques. Du reste elles s'éloignent peu de
s tentes; les plus jeunes sont ménagées comme le sont les chevaux
prix; mais à mesure qu'elles vieillissent, elles perdent leurs priviléges,
ont appliquées aux plus rudes travaux du ménage. On les envoie
rcher de l'eau, et on les fait tourner, sans interruption, les meules à
pe. C'est une pitié de voir ces pauvres femmes fatiguant leurs bras
harnés, tandis que leurs jeunes filles sont étendues nonchalamment,
ent des cigarettes ou s'occupent des futilités de leur toilette. Chez
Arabes, la femme n'est qu'une servante qui obéit au chef de la fa-
lle. Le fils, même du vivant de son père, est un objet de respect : à sa
rt, il hérite de toute son omnipotence. Quand un enfant devient le
ef de la famille, sa mère est obligée de condescendre à ses moindres
prices, elle n'a sur les autres esclaves que le privilége de lui avoir
nné le jour. Un jour un jeune Arabe, monté sur un beau coursier et
vert de riches habits, voyageait tranquillement au grand pas de sa
te; une vieille femme, chargée d'un lourd fardeau pressait sa marche
avant, un peu sur le côté; le jeune Arabe n'avait pas voulu trop
ger son cheval; cependant, par pitié pour la vieille, et dans la crainte
ut-être qu'elle ne succombât, il avait attaché une petite corde à son
rdeau, et en tirant à lui, du haut de sa monture, allégeait un peu les
ules de cette pauvre femme. Cette pauvre femme était sa mère !

Ailleurs, passant par devant une tribu, nous remarquions de jeunes en-
nts jouant entre eux; l'un d'eux était altéré, il va trouver un groupe
e femmes assises dans le voisinage, et étancha sa soif auprès de la pre-
nière venue. La femme impassible n'y faisait pas attention; seulement
le jeta un cri de douleur quand l'enfant la quittant trop brusquement,
blessa par la précipitation de ses mouvements.

Le Coran a réduit la femme à la dernière des abjections, elle n'a pas
même l'honneur de pouvoir entrer dans une mosquée, elle n'est pas digne
le prier avec les fidèles croyants, d'ailleurs le pourrait-elle, puisqu'elle
a point d'ame, pas plus que les animaux; c'est une bête de service, un
nstrument de plaisir, on la laisse végéter et porter ses fruits.

LOUIS DE BAUDICOUR.

DISCUSSION SUR LES AFFAIRES DE ROME.

M. Thiers qui, dans la commission chargée d'examiner les crédits pour
expédition romaine, s'est très-fortement et très-vivement prononcé pour
e *Motu proprio* du Souverain-Pontife, a été nommé rapporteur.

MM. Molé et de Montalembert avaient parlé dans le même sens, MM. Ney de la Moskowa, Casabianca et Victor Hugo s'étaient prononcés dans le sens contraire.

On peut voir de quel côté sont le talent, l'expérience et l'esprit politique aussi bien que le droit et la justice.

On dit que le rapport de M. Thiers sera déposé samedi. La discussion s'ouvrirait mardi.

<hr>

TRAVAUX LÉGISLATIFS.

Le socialisme, même quand il revêt les formes les plus modérées et quand il affecte le ton le plus doux, a toujours l'esprit de bouleversement pour mobile, la menace pour argument, et la spoliation ou la guerre pour terme.

Lundi, M. PELLETIER a terminé son allocution par cette sommation à courte échéance : « Vous avez un an et demi devant vous. Vous êtes » la majorité, donc vous pouvez tout. D'ici là, supprimez toutes les misè- » res humaines ! Sinon, vous en répondrez devant le peuple, et sa justice » sera sévère ! »

Vous êtes la majorité, vous pouvez tout ! Les gouvernements possèdent une omnipotence sans limite ! Il leur appartient de faire la société à leur gré ! il dépend d'eux de supprimer les maladies, les peines, les accidents, les passions, les souffrances, la mort et toutes les conséquences en un mot de l'infirmité et de la dégradation de notre nature ! Pourquoi donc tant de gémissements sur la terre ? S'ils ne font pas de ce lieu d'exil, de cette vallée de larmes, un paradis nouveau, c'est leur faute ! S'ils n'en bannissent pas la privation et la douleur pour y substituer partout l'abon- dance et la joie, c'est qu'ils ne le veulent point ! S'ils ne réussissent pas à faire régner leur volonté, et cela en quelques mois, à la place de la Pro- vidence condamnée, désarmée et vaincue, c'est à eux qu'il faut s'en pren- dre ! M. Proudhon, lui, avait nettement conçu, avoué et entrepris de remplacer Dieu ; et M. Pelletier parle à ce sujet comme M. Proudhon comme M. Pierre Leroux, comme M. Considérant, comme tous les au- tres. Voilà leur programme commun.

Mettez-les à même de l'expérimenter, au moins en ce qui touche la France ; c'est-à-dire donnez-leur le pouvoir, et vous verrez !

Ils ne demandent pas autre chose assurément. Par malheur pour eux si l'infaillibilité de ces fiers et triomphants réformateurs n'est pas ac ceptée d'emblée, s'ils sont mis en demeure à leur tour d'exposer les moyens qui doivent réaliser leurs utopies ; si, après avoir tant usé et abusé de la critique, ils sont obligés de la subir à leur tour, alors qu'arrive-t-il ? C'est fait soudain des oracles ! Leurs propres paroles les condamnent leurs procédés et leurs inventions ne supportent pas l'examen ; leurs prétentions révoltent et défient la justice et le bon sens ; leurs découver- tes ne livrent au creuset de l'analyse qu'impossibilités manifestes, ridi- cules niais et monstruosités odieuses !

Ah ! il est nécessaire que ce charlatanisme criminel soit dévoilé et ba-

mme il le mérite! Et ceux qui se dévouent à cette pénible mais
nsable tâche, rendent à la société des services dont elle leur doit
ritable reconnaissance, dans des temps surtout où tant de fois d'au-
ses et mensongères promesses se sont traduites non pas seulement
sions dans les esprits, mais en crimes et en flots de sang dans nos

harles Dupin, rapporteur de la commission chargée de donner son
r la proposition de M. Pelletier, a fait bonne et complète justice de
anacée nouvelle. Il ne suffisait pas sans doute de convaincre une
blée sérieuse du caractère tout à la fois dérisoire et dangereux de
jet socialiste. Mais il importait de confondre à tous les yeux la tac-
ubversive, l'ignorance insigne, les véritables desseins de nos incor-
s révolutionnaires. Il fallait donc mettre à nu le système proposé,
e toucher du doigt l'esprit, les ressorts et le mécanisme, en mon-
s conséquences fatales et forcées dans le cas impossible où l'on parait à le faire fonctionner un instant pour le pillage organisé et la
miverselle.
fond qu'était-ce donc que ce système? Le *Constitutionnel* en a
rès M. Charles Dupin, un résumé et un tableau que nous n'avons
produire.
n'est autre chose que le droit au travail avec addition du droit au crédit;
dire l'Etat se chargeant de fournir du travail ou des moyens d'existence
es citoyens inoccupés, du crédit et des débouchés aux agriculteurs et aux
els, bientôt même, suivant ce qu'on nous promet, une retraite assurée à
vieillards. Les moyens d'exécution reposent sur une sorte d'organisation
, participant tout à la fois des bureaux de placement, des ateliers natio-
les bazars et des banques. Quant aux fonds, on se les procure par une sé-
poliations; spoliation à l'égard des communes, qu'on dépouille de leurs
mmunaux; spoliation à l'égard des caisses d'épargne, sur les capitaux
les on fait main basse, sans respecter le pécule des enfants du peuple;
n à l'égard des comités de bienfaisance, dont on confisque les propriétés:
n à l'égard des compagnies d'assurance dont on monopolise l'industrie;
n enfin à l'égard de la masse des contribuables, sur lesquels retombent,
'insuffisance, toutes les charges de cette organisation. On voit que le but
oyens, tout est à l'avenant.
h. Dupin a clairement démontré que cette conception monstrueuse, fût-
isable, ne fût-elle pas entachée de spoliation, n'aurait aucune des consé-

les déclamations de M. P. Leroux l'ont prouvé autant qu'une énergiq
réplique de M. Dufaure. L'opposition n'a plus même osé voter, et
membre de la majorité a dû reprendre la proposition qu'abandonnait s
auteur pour permettre à ses collègues d'infliger à cette élucubration
sort dont elle était digne. Elle a été rejetée par 433 voix contre 5.

Ç'a été, comme on le voit, une déroute complète.

Après avoir hier donné cette leçon au socialisme, l'Assemblée a tenu
témoigner aujourd'hui de sa sollicitude éclairée et positive pour
classes qui vivent du travail manuel. Elle a pris en considération u
proposition relative aux associations entre ouvriers.

Elle avait préalablement écarté des interpellations inopportunes
M. Versigny sur la politique intérieure du cabinet. Ce débat aura li
sans doute, mais un autre jour et à un point de vue différent de celui
se serait sans doute placé l'honorable membre de l'extrême-gauche.

HAUTE COUR DE JUSTICE.

Aujourd'hui la Haute-Cour, réunie à Versailles, s'est constituée.

Elle doit juger d'abord l'accusé Huber, contumace du 15 mai. On s
qu'Huber est ce chef du Club des Clubs qui organisa la manifestation, p
nonça la dissolution de l'Assemblée, et s'efforça le plus activement d'instal
un gouvernement provisoire à l'Hôtel-de-Ville.

L'extrait de l'acte d'accusation, déjà lu à Bourges, a été, en ce qui co
cerne Huber, reproduit à Versailles.

L'accusé n'a récusé aucun des membres du grand jury. Il n'a pas vo
prendre de défenseur, et le président, M. Bérenger, lui a désigné d'office
avocat du barreau de la ville, M. Haussmann.

Huber était fort pressé de prononcer un discours qu'il avait préparé, p
expliquer sa conduite, et surtout pour attaquer à son tour ses anciens co
plices Raspail, Blanqui, etc., qui l'ont fort mal traité dans leur défense. Il
venu de Londres, a-t-il dit, il a fait deux cents lieues, il s'est livré à la p
son pour confondre ceux qu'il appelle ses diffamateurs, ses calomniateu
« Il y a des hommes, s'écrie-t-il, qui trahissent et qui accusent les autres
trahison ! » Il insiste avec énergie pour qu'on les amène à la barre et qu
les confronte avec lui.

Cette demande de l'accusé lui ayant été refusée, il avoue du reste tous
faits.

NOUVELLES DE L'ITALIE.

Les correspondances des journaux italiens, échos des conversations de la v
tournent depuis plusieurs jours dans le même cercle d'idées sur le *Motu j
prio*, sur l'amnistie, sur les modifications favorables que l'on espère obtenii
Pape, sur les bruits du prochain départ des Français, sur l'arrivée d'une ga
son espagnole et sur d'autres bruits que nous avons déjà mentionnés, et qu
reposent sur rien de sérieux.

On nous écrit de Rome le 30 septembre 1849 :

« Les soldats français qui sont ici continuent à donner de bien vives consolatio

l'occupent d'eux dans les hôpitaux et ailleurs; beaucoup ont fait leur première
)n; d'autres se sont approchés des sacrements, ce qu'ils n'avaient pas fait depuis
nnées. Il y en a plusieurs qui ont déjà manifesté leur' intention de prendre
igieux à leur sortie du service. Je vous assure qu'on'est étonné de ce qu'il y
trmi ces braves militaires. »

it de Naples :

savez que les Jésuites ont été rétablis dans notre pays à la grande satisfaction
napolitain, qui leur a toujours été sincèrement dévoué. Il y a peu de jours,
lloni, ce zélé missionnaire, l'apôtre de Naples depuis quarante ans, a reparu
dans l'église de la Compagnie de Jésus, et son premier discours a été un évé-
)ur cette grande ville. Une foule pressée remplissait la vaste église *del Ges* è
ride d'entendre cette parole si connue, si aimée. Quand le P. Capelloni, vieil-
ès de quatre-vingts ans, parut devant cet immense auditoire, de toutes les par-
u saint éclatèrent des pleurs et des sanglots, et le pieux missionnaire dut at-
elque temps avant de pouvoir prendre la parole. Cette première émotion un
e, il commença son discours qui fut souvent interrompu par des cris et des
ons. Mais la scène devint encore plus ravissante lorsque l'orateur, touché lui-
qu'aux larmes des témoignages d'attachement cordial que lui donnait ce bon
i adressa ces paroles : « Je le vois, la sympathie et la bienveillance dont je suis
né, les cris du cœur qui retentissent dans cette enceinte, la joie que vous fai-
er à l'occasion du retour de notre Compagnie au milieu de vous, me donnent
ude que ce n'est pas le peuple napolitain, à coup sûr, qui nous avait expul-
Alors tout l'auditoire s'écria tout d'une voix : « *Oh! non, mon Père, non,*
- Après le discours, une foule de peuple se pressa autour du prédicateur pour
' la main et lui renouveler tous les témoignages de la plus vive affection ; et
qu'à grand'peine que le religieux vieillard put enfin se faire ouvrir un pas-
' sortir de l'église.
tôt après leur rentrée dans le collège, les autres Pères ont repris l'exercice du
iistère auprès des pauvres, dans les hôpitaux et dans les prisons; partout ils
l'accueil le plus empressé et le plus bienveillant. C'est l'opinion publique, c'est
qui a demandé leur rappel et réclamé la restitution de leurs maisons, de leurs
de leurs biens : ils n'ont eux-mêmes rien demandé, rien sollicité. Certes, ils
ent rentrer sous des auspices plus honorables, et c'est pour eux une glorieuse
a des odieuses calomnies et des injustes violences dont ils avaient été les vic-

---

NOUVELLES RELIGIEUSES.

SE DE PARIS. — Hier, le chapitre métropolitain a célébré à Notre-Dame
e saint Denis, premier apôtre des Gaules, dont la solennité est renvoyée
che prochain. Comme l'année précédente, une foule de fidèles se pres-
, les vastes nefs de la cathédrale, dans le triple but d'honorer la mé-
saint Denis, martyr, de rendre un pieux hommage à l'immortel Arche-

sévère, rien ne manquait à celui qui remplissait le grand et difficile ministère de prédicateur des prédicateurs. C'est le R. P. Barrel, de la Compagnie de Jésus qui a prêché cette retraite. Mgr l'Archevêque a pris la parole chaque jour.

DIOCÈSE DE FRÉJUS. — On écrit de Toulon, le 2 octobre : « Mgr l'Evêque de Fréjus qui était venu visiter notre ville, si cruellement éprouvée par le choléra, est reparti hier. Monseigneur, avant de quitter notre ville, a visité, en détail, tous les établissements publics, s'est présenté dans toutes les maisons où on lui a signalé des malades indigents, auxquels il portait des consolations et des secours. Le passage de l'Evêque à Toulon y a fait une heureuse et profonde impression. »

DIOCÈSE DE LYON. — Le Concile provincial de Lyon est définitivement résolu. L'époque de son ouverture qui n'est pas encore fixée, dépendra de diverses circonstances, notamment, dit-on, des moments libres que laisseront à Mgr de Langres ses travaux législatifs à l'Assemblée. On conçoit que le Concile tient à n'être pas privé des lumières d'un tel évêque. Mgr Parisis appartient à la province ecclésiastique de Lyon qui a cinq suffragants, savoir : les diocèses de Grenoble, Saint-Claude, Autun, Dijon et Langres. Le Concile sera présidé par Mgr le cardinal de Bonald, Archevêque métropolitain et primat des Gaules. On ne dit pas encore dans quel lieu se tiendront les sessions.

— La retraite ecclésiastique a commencé le lundi 8 octobre. Elle a lieu dans le grand séminaire de Saint-Irénée et est donnée par M. l'abbé Combalot. Celle du diocèse de Belley vient de se terminer au grand séminaire de Brou, sous la direction de M. l'abbé Chalandon, vicaire-général de Metz. Mgr Devie, évêque de Belley, malgré son grand âge, a assisté à tous les exercices.

NOUVELLES ET FAITS DIVERS.

M. le président de la République a quitté hier sa résidence d'été pour se fixer au palais de l'Elysée. Dès son arrivée, il a présidé le conseil des ministres.

— M. le duc de Broglie a eu hier une longue conférence avec M. le ministre des affaires étrangères. M. de Tocqueville avait déjà eu, la veille, deux entretiens avec M. Molé.

— La Société de l'histoire de France a proposé au ministre de l'instruction publique la fondation, aux frais de la Société, d'un prix destiné à l'élève qui aura remporté au concours général le premier prix d'histoire en rhétorique (histoire de France).

Le ministre a accepté l'offre de la Société. Le nouveau prix sera décerné pour la première fois en 1850, et se composera de dix volumes des publications de la Société. Chaque volume portera sur la couverture l'inscription : *Prix fondé par la Société de l'histoire de France, avec l'autorisation de M. le ministre de l'instruction publique.*

— Les premières investigations auxquelles a donné lieu l'attentat du 23 juin 1848 avaient placé 15,100 individus sous la main de la justice; 3,943 ont été immédiatement remis en liberté; les 11,057 autres ont été renvoyés devant les commissions militaires, lesquelles ont rendu la liberté à 6,374 inculpés, et renvoyé 255 prévenus devant les conseils de guerre ; de sorte que le surplus, soit 4,428 insurgés, ont été désignés pour la transportation. Sur ce dernier nombre, 1,847 ont été libérés. En résumé, le projet de transportation des insurgés de juin s'appliquerait à 4,200 individus environ, après la libération de ceux à l'égard desquels une disposition doit être prochainement prise.

C'est le 17 septembre que les deux ministres de Russie et d'Autriche ont signifié la rupture de leurs relations avec la Porte. Le prince Radziwill, envoyé extraordinaire, s'est embarqué le jour même pour Odessa, sans prendre congé du sultan. Depuis ce jour, les ambassadeurs de Russie et d'Autriche s'abstiennent de tout rapport diplomatique avec le gouvernement turc.

La grande revue qui devait être passée par le sultan n'a pas eu lieu : le mauvais temps en a été le prétexte ; mais en réalité on a voulu éviter tout ce qui aurait eu l'air d'une manifestation politique. Le départ du sultan pour Smyrne et les îles de l'Archipel a également été ajourné.

On assure que les réfugiés polonais vont être dirigés sur Choumla ; les réfugiés hongrois resteraient à Viddin. Quant aux réfugiés italiens, au nombre de 400 ou 450, personne ne les réclame, et la Porte songe aux moyens de leur faire quitter le territoire.

Le bruit s'est répandu aujourd'hui que Fuad-Effendi n'avait pas été reçu à la frontière de Russie ; mais cette nouvelle a besoin de confirmation.

On écrit de Vienne, le 5 octobre :

« Les différends entre l'Autriche et la Porte-Ottomane paraissent prendre un aspect plus rassurant. Le représentant de la Porte est allé hier protester des dispositions de son gouvernement de ne pas rompre avec l'Autriche au sujet des réfugiés hongrois, et de lui donner toutes les satisfactions compatibles avec les lois de l'humanité. Le représentant turc reste ici à son poste ; il n'a pas reçu ses passeports, comme le bruit en avait couru dans quelques cercles. »

Voici les conditions auxquelles la forteresse de Comorn s'est rendue :

« 1° La garnison sortira librement sans armes ; les sabres des officiers resteront leur propriété. Des passeports pour l'étranger seront délivrés aux officiers qui ont antérieurement servi dans l'armée impériale ; ceux qui ne voudront pas sortir du pays pourront librement retourner dans leurs foyers. Les officiers des Honweds, c'est-à-dire ceux qui n'ont pas servi antérieurement, pourront librement séjourner dans leur pays. Les simples soldats des régiments impériaux sont amnistiés, ainsi que ceux qui, dans l'intervalle, ont été élevés au grade d'officiers ; ils sont à l'abri de toute poursuite judiciaire. 2° Des passeports pour l'étranger seront accordés à tous ceux qui en réclameront dans l'espace de trente jours. 3° Les soldats recevront dix jours, et les officiers un mois de solde en banknotes autrichiennes. 4° Une somme de 300,000 florins est allouée pour faire face aux engagements pris par la caisse de guerre de la garnison. 5° Les soldats blessés ou malades dans les hôpitaux de la forteresse seront soignés. 6° La propriété mobilière et immobilière sera respectée. 7° La remise des armes aura lieu à l'époque et de la manière à désigner ultérieurement. 8° Les hostilités cessent à l'instant. »

Lord Palmerston recommence à intriguer dans la question sicilienne. Le roi a déclaré dans une note adressée aux diverses puissances européennes, qu'il était décidé, si l'on se mêlait encore une fois de l'exercice de ses droits de souverain indépendant, à faire un appel aux autres souverains de l'Europe.

La cérémonie des funérailles de Charles-Albert s'est accomplie le 4 à Gênes au milieu d'une population immense et avec le plus grand ordre.

La chambre des députés du Piémont se montre constamment hostile au ministère et entrave sa marche. Le bruit a couru qu'elle était dissoute. Les journaux de Turin n'ont pas confirmé cette nouvelle.

Les journaux de l'Union américaine sont surtout occupés du différend qui s'est élevé entre le représentant de la France et le cabinet de Washington, mais ils n'ajoutent rien aux faits déjà connus. Ces faits se trouvent précisés et éclaircis par la publication des dépêches échangées entre les gouvernements de la

France et de l'Union américaine. Nous trouvons parmi ces documents une
pêche de M. de Tocqueville, en date du 9 août, qui résume l'affaire en litige
apprécie la conduite de M. Poussin :

« J'ai été, dit-il, péniblement affecté de trouver dans cette correspondance un
d'aigreur et d'aspérité très-peu en harmonie avec les relations amicales qui exis
entre les deux pays; mais je dois dire, sans entrer dans des récriminations inuti
sans rechercher le côté d'où sont venus les premiers torts, qu'il m'a semblé que c
observation n'était pas seulement applicable aux lettres écrites par le ministre
France.

» M. Poussin, interprétant sans doute mal quelques expressions dans celles qui lui
été adressées par le secrétaire d'Etat, a cru y voir un manque d'égard, dont il p
avoir manifesté son ressentiment avec trop de vivacité; mais si un passage de sa le
peut avoir blessé M. Clayton, il me semble qu'il n'y a plus lieu d'en prendre avant
contre lui, puisqu'il a consenti à le retirer; et il a donné une preuve assez signalé
son esprit de conciliation en s'abstenant de relever, dans la réponse qui lui a été adi
sée le 21 avril par le secrétaire d'Etat, une expression qui, appréciée avec un cer
degré de susceptibilité, aurait pu paraître une sommation impérieuse plutôt qu'une
vitation diplomatique. »

Un autre différend diplomatique paraît sur le point de surgir à Washington
y a quelque temps, une compagnie américaine passait un contrat avec le g
vernement de Nicaragua, pour ouvrir, à travers l'isthme de ce nom, une co
munication entre les deux Océans. Le marché portait avec lui le droit de p
sage sur la rivière San-Juan, et imposait en même temps à la compagnie l'o
gation d'établir un entrepôt à Grey-Town (autrefois San-Juan). Le consul
glais à New-York déclara que le gouvernement de Nicaragua avait excédé
droits en autorisant ce contrat, que le cours de la rivière appartenait au roi
Mosquites, aussi bien que le territoire de la ville. Passer à travers l'une, c
struire sur l'autre, serait violer cette propriété, et la Grande-Bretagne, en
qualité de protectrice du royaume de Mosquitie, ne pouvait permettre une t
usurpation. Cette espèce de protestation souleva toutes les clameurs de la pre
américaine. Le cabinet fut vivement sollicité de ne pas abandonner les inte
de ses concitoyens. Il a, en effet, pris en main leur cause avec une certaine c
leur. Il s'en est suivi une correspondance de forme assez irritante entre M. Cl
ton, secrétaire d'Etat pour les affaires étrangères, et le ministre ang
par intérim. On peut craindre que l'Angleterre ne cède pas. Elle doit te
avec une certaine persistance à la position qu'elle a prise et qui est son d
nier recours pour se ménager un passage entre les deux Océans, en mê
temps que pour élever une barrière aux progrès des Etats-Unis sur le cc
tinent.

ASSEMBLÉE LÉGISLATIVE.

SÉANCE DU MARDI 9 OCTOBRE.

Présidence de M. Dupin aîné.

M. CH. DUPIN a la parole. L'orateur annonce qu'il vient répondre au nom de la co
mission à l'exposé qui a été fait hier.

Tous les gouvernements, dit l'orateur, la Monarchie, le Consulat, l'Empire, ont t
jours travaillé à alléger les souffrances et la misère; ils y sont parvenus plus ou mo
mais tous ont eu ce désir, il leur faut rendre cette justice. Eh bien! on vient de v
dire que la misère va croissant, lorsque c'est le bien-être qui augmente.... (Interr
tion et dénégations à gauche.)

A droite : Oui! c'est vrai!

M. EMILE BARRAULT. Je demande la parole.

M. Ch. Dupin. On réussit quelquefois de la sorte à égarer les masses, à exciter leurs passions ; et, quand elles sont excitées, elles produisent des révolutions qui augmentent les misères et les souffrances de l'humanité.

L'orateur examine avec détail les différentes parties de la proposition de M. Pelletier, il les combat et les réfute avec une grande force de logique, et est souvent interrompu par les applaudissements de l'Assemblée. Il démontre que le projet de création des 3,000 banques est une excentricité qui ne soutient pas l'examen, et il demande quel est le banquier qui pourra sans se ruiner emprunter, comme le veut M. Pelletier, à à p. 100, pour prêter ensuite à 3. La proposition faite par M. Proudhon, il y a quatorze mois, était un chef-d'œuvre de prudence et de raison, à côté de celle-ci. L'orateur ajoute :

Notre honorable collègue a comparé le socialisme à la philosophie ; il a dit qu'il y avait plusieurs espèces de socialismes, qui diffèrent entre elles autant qu'autrefois les divers systèmes philosophiques. Eh bien ! je dis que tous les systèmes socialistes ont une base commune qui est comme leur pierre de touche (Ecoutez ! écoutez ! ; il n'est pas un de ces systèmes qui ne repose sur un genre quelconque de spoliation. (Interruption à gauche. — Approbation à droite.)

Messieurs, ces hommes qui se posent si superbement en docteurs du socialisme n'ont pas la moindre idée de ce qu'est notre société française. (Rumeurs à gauche.)

On nous parle du paganisme, on attaque notre société, notre France..... Où donc la société forme-t-elle un plus grand nombre de ses membres qui s'élèvent de ses derniers rangs jusqu'aux premières fonctions de l'Etat ; nous le voyons tous les jours dans l'industrie, nous le voyons, avec plus d'éclat encore, dans l'armée. Dans ce musée de Versailles, ouvert à toutes les gloires de la France, n'avez-vous pas été frappé surtout de cette salle où Soult, Victor, Duperré et tant d'autres, sont représentés tout à la fois en simples soldats, en marins, et en maréchaux ou amiraux de France. (Très-bien !)

Partout nous trouvons la même loi assurant le premier rang au mérite. (Applaudissements.) Qu'on ne vienne donc pas nous parler de paganisme, de Rome ; nous n'avons rien à envier à la République romaine. (Rires et murmures.)

Je n'insiste pas davantage, mais l'Assemblée me pardonnera ce peu de mots dits pour la défense d'une société que l'on accuse de barbarie, et qui est l'honneur de la civilisation. (Très-bien ! très-bien ! — Agitation à gauche.)

L'orateur, en descendant de la tribune, reçoit de nombreuses félicitations. La séance est suspendue. M. le président descend du fauteuil, embrasse avec émotion son frère dans l'un des couloirs.

La séance est reprise.

M. Savoie prend la parole, sous prétexte de répondre au discours précédent, ce qu'il ne fait point, mais en réalité pour se plaindre avec amertume de l'injustice du parti modéré vis-à-vis de la gauche, des excès et des proscriptions dont son parti est victime. Il attaque les brochures de la rue de Poitiers, les journaux de province, etc.; et malgré de nombreux rappels à la question, ne discute pas une seule fois les arguments présentés par M. Dupin. Rappelé une dernière fois à la question par M. le président, l'orateur crie à la tyrannie du président, et il quitte la tribune après avoir reproché au gouvernement d'avoir relevé l'échafaud politique.

M. Dufaure. De telles assertions ne peuvent demeurer sans réponse... Oui, un jour, d'exécrables assassins, les meurtriers du général Bréa (sensation) ont subi la peine que la justice leur avait infligée, et c'est là ce que vous appelez avoir relevé l'échafaud politique ! (Mouvement.)

Vous dites encore que cette Assemblée a décimé ses membres, qu'elle les a proscrits, jetés dans les cachots. Qu'y a-t-il au fond de tout cela ?

Un jour, à la tribune de cette Assemblée, des représentants ont proclamé l'appel aux armes, l'appel à l'insurrection ; eh quoi ! l'impunité devait-elle les couvrir ?... Ce serait folie de le soutenir !... La loi a été exécutée, et la Haute-Cour va bientôt juger ceux de vos collègues qui n'ont pas craint de faire à votre tribune un solennel appel à la révolte.

M. le Ministre de l'intérieur répond encore aux différentes accusations de M. Savoie.

M. Pierre Leroux monte à la tribune et parle pendant une demi-heure sur le discours de M. Dupin. Il s'étonne que M. Dupin soit aujourd'hui l'ennemi *du progrès*.

M. Pelletier insiste de nouveau pour être entendu; il demande, à cause de l'heure avancée, et au milieu de l'agitation de l'Assemblée, le renvoi à demain, ce qui n'est pas accordé.

La gauche déclare alors que la proposition de M. Pelletier est retirée, mais comme il s'agit seulement de la prise en considération, le scrutin est ouvert, en voici le résultat : Pour, 5 ; contre, 433.

La gauche s'est abstenue de voter.

La séance est levée à six heures un quart.

SÉANCE DU MERCREDI 10 OCTOBRE.

La séance s'ouvre à deux heures un quart.

M. Versigny, qui avait demandé à adresser aujourd'hui des interpellations au ministre de l'intérieur sur les destitutions de divers fonctionnaires publics, monte à la tribune pour annoncer que, cédant aux conseils d'hommes *graves* et plus expérimentés que lui, il renonçait à faire ses interpellations. (Hilarité. — Marques de désappointement dans les tribunes.)

L'Assemblée, après quelques observations de M. Charras, prend en considération la proposition qui tend à allouer, au vice-président de la République, une somme de 32,000 fr. pour frais de logement et accessoires de son traitement personnel.

M. Juéry développe la proposition qu'il a faite, et qui a pour but de livrer au public toutes les tribunes de la salle des séances de l'Assemblée, à l'exception de celles qui seront reconnues nécessaires pour les haut-fonctionnaires. M. Juéry soutient que le vrai public, le peuple, n'est pas admis aux séances, et que dès-lors la publicité n'existe pas; tous les billets sont donnés à la faveur; il n'y a que trente places pour le peuple. (Dénégations.)

L'Assemblée consultée ne prend pas la proposition en considération.

Proposition de MM. Moullet, Nadaud et autres, relatives aux travaux publics ; les deux auteurs de la proposition la développent à la tribune ; ils demandent que l'État et les administrations départementales et municipales soient autorisés à traiter de gré à gré avec les associations d'ouvriers pour tous les travaux qui ne dépasseront pas 30,000 fr.

M. le Ministre des travaux publics demande lui-même la prise en considération de cette proposition qui est prononcée à une grande majorité.

La séance est levée à cinq heures.

CONCILE DE VIENNE.

(Suite. Voir les Nᵒˢ 4820, 4843, 4825.)

Progrès! Progrès! Voilà le cri de guerre du jour. L'Église catholique connaît et honore le progrès. Elle a reçu sa science et son pouvoir aux pieds de celui qui a dit : « Soyez parfaits, comme votre Père céleste est parfait. (Matth, v, 48.) Le chrétien digne de son titre voit auprès du trône du Très-Haut sa patrie et la brillante destinée qui l'attend ; mais cette vie passagère de son pélerinage sur la terre est pour lui d'un prix inestimable. Car c'est le temps où il doit glorifier le nom de son divin Rédempteur, lui prouver sa fidélité en marchant sur ses traces et en *amassant avec lui*. (Luc. xi, 23.) C'est pourquoi tous les efforts du vrai chrétien tendent à *progresser* journellement dans la vraie perfection, à *progresser* journellement dans la connaissance de son Dieu et de la tâche qui lui a été imposée sur la terre, dans l'amour de celui qu'il espère de voir un jour face à face, enfin, dans les divers sacrifices de son dévouement pour tous ceux qui ont été rachetés par le précieux sang de la réconciliation. Lorsque sa vocation le demande, il fait voir qu'aucun effort ne lui coûte pour arriver à la perfection dans les connaissances et l'habileté qui ont un but terrestre. Il a devant ses yeux cette parole du Saint-Esprit : « Maudit soit celui qui fait l'œuvre du Seigneur négligemment (Jér. xLVIII, 10), et l'accomplissement de chaque devoir est pour lui l'*œuvre du Seigneur*, car il s'inspire de l'esprit de l'Apôtre qui dit : «Soit que vous mangiez, soit que vous buviez, et quelque chose que vous fassiez, faites tout pour la gloire de Dieu. (Cor. x, 31.) » L'Eglise catholique, qui est établie pour faire tourner au profit commun de l'humanité la doctrine de la perfection, applique aussi la règle de la perfection à ses propres institutions et lois. Elle se reconnaît obligée de tout ordonner, de tout disposer selon la nature et les circonstances du temps, pour étendre, pour consolider sur la terre le royaume de Dieu. Elle profite de chaque conséquence logique qui a subi l'épreuve de l'expérience, de chaque conquête véritable de la science, pour inculquer plus profondément dans les cœurs la doctrine du salut, pour faire fructifier dans des cercles toujours plus étendus les mystères de Dieu, pour prévenir l'erreur, pour démasquer le mensonge, pour commander aux passions. A l'égard des hommes d'élite qui se sont voués à son service dans le saint ministère, elle s'applique particulièrement, dans son incessante sollicitude, à les *armer du bouclier de la foi auquel viennent expirer les traits enflammés du malin esprit ; du casque du salut, et de l'épée spirituelle qui est la parole de Dieu*. (Ephés. VI, 16-17.)

Tel est le modèle de la perfection que, dans nos délibérations, nous avions devant les yeux comme la règle de chacun de nos désirs, de chacune de nos résolutions. Aux jours qui ont précédé nos récents changements politiques, l'Eglise catholique, dans les Etats d'Autriche, pouvait se plaindre à bon droit de plus d'un grief. Chacun de ses mouvements était gêné par les entraves d'ordonnances de toute espèce. Des obstacles presque insurmontables s'opposaient à ses relations avec le Saint-Siége. L'Evêque ne pouvait adresser à son troupeau un seul mot d'exhortation sans le consentement des autorités civiles. Le secours puissant de la presse, pour vivifier les bons sentiments, pour leur donner une direction utile, était à peu près interdite aux chefs de diverses Eglises : car, toute discussion des questions qui avaient le plus le caractère d'actualité, leur était entièrement interdite, dans quelque sens que ce fût. Le législateur étendait sa main de fer sur tous nos actes publics. Il s'ingérait même de régler le culte dans les détails les plus minutieux, et se mettait en matière de mariage en opposition directe avec les lois de l'Eglise. A la vérité, depuis long-temps il se manifestait en général une tendance d'applanir, ou au moins de pallier, dans la pratique, le désaccord qui existait entre les lois de l'Eglise et le système suivi par le pouvoir public en Autriche. Quelques-unes de ces dispositions si gênantes tombèrent à peu près en désuétude ; la plupart furent mitigées dans leur application. Mais ce que l'Eglise a le droit et le devoir d'exiger, elle ne saurait l'accepter en partie seulement, et comme une concession, une grâce qui dépend de l'appréciation variable de l'officier public. En attendant la loi toujours en vigueur, demeurait suspendue sur nos têtes ; et, lorsqu'on s'y attendait le moins, elle s'exécutait de la manière la plus rigoureuse. Les exceptions et les adoucissements étaient comptés à l'Eglise comme des faveurs du plus grand prix ; ils étaient représentés comme une atteinte portée au progrès des lumières par le parti qui veut une liberté illimitée pour lui-même, et pour ses projets, et l'esclavage pour tous les autres. Nous espérons que l'ordonnance du 4 mars aura mis fin à cet état de gêne, de tutelle et d'oscillations, et tous nos efforts ont pour but de ramener en Autriche les lois ecclésiastiques à leur plein et libre exercice.

Mais l'Apôtre dit : « Eprouvez tout, et admettez ce qui est bon. (1 Thess v, 21.)» Plusieurs des dispositions prises par l'autorité civile, en sortant toutefois de sa légitime sphère d'action, sont utiles en elles-mêmes, et auraient été également adoptées depuis long-temps par l'autorité ecclésiastique, si celle-ci avait été libre dans ses mouvements. Nous voulons bâtir, et non démolir, nous voulons améliorer, et non changer. Nous nous sommes par conséquent fait un devoir de transporter ces ordonnances dans le domaine de l'Eglise, de les revêtir de la sanction de l'Eglise, de les animer de l'esprit de l'Eglise, afin que, pénétrées de son souffle, elles produisent la crainte qui donne la vie éternelle. En désirant que le pouvoir civil, comme protecteur de tous droits, honore et garantisse ceux de l'Eglise catholique, nous honorons, nous disciples du grand Apôtre, l'autorité qui a été donnée au même pouvoir pour maintenir les liens de la société; nous honorons également les droits que le souverain catholique a acquis dans l'Eglise à titre de fils insigne de l'Eglise. En même temps nous rendons hommage avec reconnaissance aux prudents et bienveillants égards dont avait à se féliciter l'Eglise dans notre patrie, même dans les jours où elle voyait sa bienfaisante activité exposée à toutes sortes de préjugés et d'empiétements. Les droits très-nombreux de patronage appartenant au Souverain, étaient presque toujours exercés avec un soin scrupuleux de ménager les intérêts de l'Eglise, et par là on la mettait à même non-seulement de tenir à l'écart les sujets indignes et incapables, mais de conférer aux plus dignes les fonctions auxquelles les appelaient leur propre mérite et l'avantage de l'Eglise.

La doctrine du christianisme est la doctrine de la vérité; elle est immuable comme le Très-Haut qui, dans sa bonté infinie, a daigné nous la révéler. Les constitutions au moyen desquelles l'Eglise s'applique à répandre dans le monde la vérité et la grâce, sont dans leurs points essentiels, conformément au précepte du Seigneur, appropriées à tous les temps; car au fond l'homme demeure toujours le même; il suit de là que les principes fondamentaux qui servent de guide à l'homme dans le chemin de la vie, ne peuvent pas être sujets à des changements. Mais la forme de la civilisation et la disposition générale des esprits sont variables de leur nature; et comme l'Eglise a mission de *chercher ce qui s'est perdu de la maison d'Israël* (Luc, xix, 10), il faut qu'elle trouve un remède pour chaque maladie, et qu'elle fasse servir chaque progrès, en lui donnant une bonne direction, à l'avancement du règne de Dieu. C'est pourquoi elle a reçu le pouvoir d'accorder avec les besoins du temps, par de sages règlements, ce principes qui n'en demeurent pas moins la règle constante de sa conduite. Nous avons pesé mûrement les mesures qui dans ces jours d'orage pourraient contribuer au salut des âmes; nous aviserons, dans des Conciles provinciaux, aux besoins particuliers de chacune des provinces ecclésiastiques. Nous nous adresserons aussi à vous, nos chers coopérateurs et amis, nous écouterons favorablement vos désirs, et nous sommes disposés à mettre à profit les fruits de votre expérience et de votre sagesse pastorale. Dans le cas où des modifications soient trouvées nécessaires dans l'application des lois de l'Eglise, ou qu'elles demandent une définition plus précise, nous porterons respectueusement au pied de la chaire de saint Pierre nos prières et nos propositions; et là où réside l'unité du sacerdoce nous solliciterons l'approbation et la sanction de nos décisions.

Nous n'ignorons pas que plusieurs de ceux qui se posent en *libres penseurs* attendent de nous tout autre chose ou font semblant de l'attendre. En Autriche les voix du blasphème, qui s'attaquaient directement à Dieu et à son Eglise, n'osaient s'élever que sous la protection des barricades; elles devinrent muettes *aussitôt que le flot écumant de l'anarchie se fut brisé contre la digue d'airain d*

[...]me année. La maison souveraine sert avec un cœur fidèle le Seigneur, son [...] qui n'a pas trompé sa confiance, et la couronne impériale orne une tête [...] prête à se courber devant le Très-Haut. La grande majorité du peuple [...] encore vers la croix avec toute la ferveur de la foi et met son espérance [...] le nom dans lequel seul il nous est donné d'arriver au salut. C'est ce qui [...] que ceux pour qui la croix est une folie prennent un détour. Ils adop[...] mot qui a retenti de loin jusqu'à nous, de l'église de saint Paul, répé[...] : Il faut respecter l'Eglise, mais supprimer sa hiérarchie. Ils déclarent, en [...]équence, que les temps exigent impérieusement que les Evêques, s'ils ne [...]cent pas positivement à leur autorité, ne l'exercent que sous de certaines [...] qu'ils articulent, conditions qui rendraient impossible le gouverne[...] de l'Eglise. Mais la dignité épiscopale est un dépôt sacré, et chacun de ceux à qui il a été confié doit un jour en rendre compte au Seigneur. Ce ne serait pas [...] de la dissiper pour recueillir la trompeuse récompense des applaudisse[...] d'un court instant. Celui qui a dit à ses apôtres : « Comme mon Père m'a envoyé, je vous envoie de même (Jean, xx, 21), » a institué la dignité dont nous [...] le fardeau. Il l'a instituée pour *la perfection des saints*, pour *l'exercice du ministère*, pour *l'édification du corps de Jésus-Christ* (Eph. iv, 12), et elle durera jusqu'à ce que nous parvenions tous à *l'unité d'une même foi et d'une même connaissance du Fils de Dieu, à l'état d'un homme parfait, à la mesure de l'âge de la plénitude du Christ* (Eph. iv, 13), c'est-à-dire jusqu'à ce que l'Eglise militante dépose les armes, après le combat fini, et entre dans l'Eglise triomphante pour recevoir la rémunération éternelle.

L'Eglise est chargée de tenir les hommes soulevés au-dessus des vagues des passions terrestres : voilà pourquoi il ne faut pas qu'elle se laisse emporter elle-même par l'impétuosité du courant. Il lui incombe de publier la parole de celui qui est le même à jamais; à cause de cela il faut qu'elle se tienne bien au-dessus des systèmes prétentieux et variables du jour. La première révolution française a retracé en traits sanglants, gigantesques, aux yeux de quiconque ne refuse pas de voir ce que portent dans leur sein les lumières qui insultent à la vérité éternelle, et où est le terme du progrès que les ennemis de Dieu et de son règne ont sans cesse à la bouche. Les abominations et les excès frénétiques qui plongeaient dans le deuil la France entière ne sont pas encore voilés de l'ombre d'un passé éloigné. Encore maintenant, des hommes conversent parmi nous qui furent témoins oculaires comment l'acier triangulaire remplissait son affreuse mission, comment les mariages républicains réalisaient une pensée de l'enfer. Mais quand l'homme abandonne Dieu, il perd toute mesure, même pour les choses de la terre; les ténèbres l'enveloppent, parce que la vraie lumière ne l'éclaire plus. De nos jours, les scélératesses et les folies provenues de l'ancienne semence de la perversité surgirent de nouveau et furent saluées avec enthousiasme comme l'aurore d'un âge d'or, par ceux qui s'imagineraient d'être à la tête du progrès. C'est un Français qui a dévoilé en termes clairs et nets le véritable secret caché au fond du cœur des ennemis de la foi. L'homme, telle est la rigoureuse conséquence de son manifeste, *l'homme ne vit que pour attirer à lui, pendant le court espace de temps qui lui est accordé, le plus qu'il peut des biens de ce monde. La croyance en Dieu fait obstacle à ce que nous courions par toutes voies et moyens après les plaisirs de la terre et à ce que nous fuyions les misères de cette vie. Par conséquent, Dieu c'est le mal, et la croyance à Dieu, l'ennemie de l'humanité.* A la vérité, les chefs de file de la révolution allemande ne sauraient, d'après la nature même des choses, enchérir sur les blasphèmes de ce Français, mais ils savent parfaitement le surpasser en fait de rage aveugle. Ils lancent des blasphèmes frénétiques contre le ciel, semblables à ces sauvages qui décochent leur flèches contre le soleil. Mais il ne s'agit pas seulement de la religion; on ne se déchaîne contre elle avec tant de fureur que parce qu'on dés espère de bouleverser l'ordre social tant que l'on n'aura pas pu le priver de la puissance protectrice de la foi. Il faut que tout ce qui est sur pied soit renvers de fond en comble : l'Eglise, l'Etat, la société domestique, et toutes les institu tions sur lesquelles se fondent l'Eglise, l'Etat et la famille, ainsi que la civilisa tion et toute la vie humaine sont vouées à la même ruine. Rien, absolumen rien, ne doit rester, sinon les immenses débris de la destruction générale, don ils se proposent de construire à leur aise des cabanes.

Sans doute ils ne sont pas nombreux ceux qui se rendent de tout leur cœu l'écho du dernier mot, de la conséquence obligée du *progrès* : car la conserva tion de la vie et de la bourse donne lieu à de sérieuses réflexions. Mais une très grande foule continue à plier le genou devant l'idole de ce progrès; laquelle, s elle arrivait à son entier développement, se convertirait en un vrai Moloch, e consumerait dans ses bras d'airain rougi par les flammes qu'il renferme, se adorateurs et les enfants de ses adorateurs. « Tous se sont égarés et sont devenu inutiles. » (Ps. xiii, 3.) Inutiles et incapables même pour la défense de leurs avan tages temporels, auxquels ils aspirent si ardemment, et qui sont l'objet de tonte les pensées de leur cœur. Ils caressent l'hyène qui, déjà, ouvre sa gueule pou les dévorer. Ils allument le feu qui doit incendier leur propre maison. Et tou cela, au nom *des lumières et du progrès appropriés au siècle*, et de *l'horreur d l'obscurantisme*.

C'est pourquoi, rangez-vous près de nous, vous sans qui nous ne pouvon rien, vous pères du peuple, dispensateurs des mystères de Dieu. Grande est e tout temps la vocation du prêtre, mais, de nos jours, elle est grande plus que ja mais. Un paganisme nouveau s'avance en Europe, semblable à un nuage sombre gros d'orages; paganisme pire que celui qui offrait ses sacrifices sur les autels d Jupiter et de Wodan (1). Les nouveaux escaladeurs du ciel entreprennent d'ex tirper entièrement de l'humanité la conscience de sa relation, Dieu. Mais comm l'âme, créée à l'image du Très-Haut, ne saurait en aucune façon se soustraire a besoin de voir un être suprême quelconque au-dessus d'elle, les novateurs tâ chent de lui présenter un culte idolâtrique; les simulacres de la liberté et de l félicité, qui doivent affranchir leurs disciples de Dieu et des devoirs. Là où ce mots ne suffisent pas, on y ajoute, comme appoint, celui de *nationalité*.

Aucune puissance de la terre, ni de l'enfer, ne peut ravir à l'homme la libert de servir Dieu et d'être éternellement heureux; car aucune puissance de la terr ni de l'enfer n'a la faculté de prescrire la cessation d'une loi de nécessité à l volonté de l'homme, sur qui repose un reflet de la puissance créatrice de l'Eter nel. Mais l'homme, à qui il est ordonné de prouver sa fidélité envers Dieu dan ce monde des sens, désire, à bon droit, pouvoir se servir de tous les moyens ma tériels pour opérer le bien sans empêchement. La liberté de travailler matériel lement à la gloire de Dieu et au vrai salut des hommes est un bien grand e inappréciable; et en tant que les formes de la constitution civile peuvent proté ger cette liberté, et même en agrandir le cercle, ils sont une chose précieus vers laquelle le chrétien regarde avec un ardent désir, et à laquelle il tend pa toutes les voies approuvées de Dieu. Mais d'une bien autre nature est la libert qu'annoncent les prédicateurs du désordre. Ils veulent satisfaire sans empêche ment tous les mauvais désirs de leur cœur, et renverser la barrière que la lo oppose au crime. A la vérité, ils se gardent bien de laisser échapper légèremen

(1) *Wodan, fausse* divinité des anciens Germains. (*Note du traducteur.*)

leur dernier mot. Ils ont l'adresse de l'envelopper comme d'un voile éblouissant, de phrases remplies de *droits*, de *devoirs* et de *félicité humaine*; mais leurs œuvres parlent là où leur bouche est discrète. Ils font appel à l'emportement aveugle des plus mauvaises passions. Pour gagner des adhérents, ils excitent avec un art infernal tous les désirs coupables propres à stimuler le cœur humain. Leurs tentatives auprès des habitants de la campagne, leurs séductions auprès des ouvriers, qui n'ont que trop réussi, sont chose notoirement connue. Si vous voulez apprendre à connaître, par un seul exemple, cette liberté qui s'élève contre l'autel et le trône, jetez un regard sur les moyens que leurs émissaires ont mis en œuvre pour séduire la jeunesse inexpérimentée. L'adolescent, le jeune garçon peut dissiper à son gré les années irréparables qui lui sont accordées pour se préparer à entrer dans le monde : c'est, lui disent-ils, son droit sacré. Ils lui montrent en perspective qu'il gouvernera des nations à un âge où la loi lui refuse la faculté de disposer d'aucune somme d'argent, et, pour achever d'en faire leur esclave, ils le précipitent dans la jouissance des plaisirs les plus honteux. L'aula (l'université) de cette capitale a été témoin de quelle manière fut célébré le règne de la liberté; mais l'aula n'était pas le seul théâtre de ces scènes dégoûtantes. Lorsque sur les barricades le triomphe du bouleversement paraissait décidé, les êtres les plus dégradés de la fange de la société osèrent se montrer devant l'œil chaste du soleil. On déposait toute honte qui, ordinairement, oblige les hommes les plus corrompus à chercher l'obscurité pour des actes qui profanent le temple du Saint-Esprit. L'impudeur effaça la dernière trace de la dignité de l'homme, et le héros de la liberté fut marqué du sceau de la brute.

Mais cette liberté n'est pas seulement une abomination devant Dieu et un avilissement de son image, elle est aussi un mensonge. Si tous les hommes mettaient en pièces les barrières du droit et du devoir, et se précipitaient avec une avidité fébrile sur les jouissances de la vie, le genre humain disparaîtrait bientôt de la face de la terre. Ce désastreux train de vie devient-il le privilège d'un parti, le reste du genre humain tombera sous des chaînes d'esclavage dont le poids l'accablerait plus que le joug du despote le plus tyrannique qui jamais ait commandé à des foules réduites au silence par la peur.

La nationalité n'a pas moins de droit à notre respect que la vraie liberté. Mais ainsi que de celle-ci abusent de celle-là ceux qui, *comme les vagues furieuses de la mer, jettent l'écume de leur propre ignominie* (Jud. xiii), et ce qu'ils n'osent peut-être pas encore déclarer à haute voix, ils le font connaître en semant la discorde et la haine entre les classes diverses, en excitant l'émeute, en allumant la guerre civile. Notre sympathie appartient à juste droit à la famille dont nous faisons partie, à la race d'où nous sommes sortis. Mais, « quand la racine est sainte, les branches le sont aussi (Rom., xi, 16), » et quand les rameaux portent des fruits de perdition, ils ne proviennent certainement pas d'une racine innocente. Saint Paul connaissait toute la puissance des sentiments qui nous attachent à notre propre nation. « J'eusse désiré devenir moi-même anathème, et éloigné de Jésus-Christ, en place de mes frères, qui sont mes proches selon la chair.» (Rom., ix, 3). Nonobstant cela, saint Paul prêchait avec un zèle ardent la parole de la vie aux Syriens et aux diverses races de l'Asie-Mineure, aux Macédoniens et aux Romains, et il est cité par nous avec gratitude comme l'*Apôtre des nations*. Un lien plus étroit nous attache plus à nos proches parents qu'au reste de ceux qui ont avec nous communauté de race et de langue. Toutefois, ne serait-ce pas folie et iniquité si quelqu'un regardait comme son droit sacré, imprescriptible, de dépouiller et d'opprimer tant qu'il peut tous les autres hommes pour procurer l'avantage de ses frères et sœurs, de ses oncles et de ses tantes? La langue a été donnée de Dieu pour unir les hommes, non pour les désunir. Nous tous, sommes enfants du même Père céleste, et rachetés par le même Jésus Christ; tous, nous sommes citoyens du même Etat sur la terre, et espérons d'a parvenir un jour au même royaume impérissable La nationalité, dans le se qui continue a trouver des prédicateurs fanatiques, est une idole qui exige qu'on lui offre en holocauste nos devoirs, et par dessus encore notre bonheur terre tre : toute âme chretienne la repoussera avec horreur.

Lorsque le crime et l'infidélité abondaient dans le royaume de Ju la et q s'amoncelaient sur la tête de Sion les nuages du châtiment divin, le Seigne apparut au prophète Isaïe dans une vision mystérieuse, et il retentit une voix sant: *Qui enverrai-je, et qui ira de notre part? et Isaïe dit : Me voici, envoye moi* (Is., VI, 8). Si nous n'avons pas la confiance du prophète, si nous n'oso pas nous offrir au Seigneur pour une mission aussi difficile, c'est du moins devoir sacre pour nous de persévérer avec une fidelité inebranlable dans le po que le Seigneur nous a assigné. Nous sommes constitués les gardiens de la f et des mœurs dans un moment solennel et décisif. Les insenses dont le cri guerre est : abolition de la religion et renversement de l'Etat, n'auront, à la v rité, jamais à se réjouir d'un triomphe complet; car jamais ils ne reussiront effacer du front de l'humanité le sceau de sa ressemblance avec Dieu. Cependa si la force rajeunie du christianisme ne vient pas s'opposer a leurs entreprise ils pourront encore attirer des hommes sans nombre dans la *voie large qui mè à la perdition* (Matth. VII, 13), et allumer une flamme dont l'avide voracité s'éteindra que sur les derniers débris de la civilisation européenne. L'Apôtre d nations vous adresse, aussi bien qu'à nous-mêmes, cette exhortation : « Ceu qui s'exercent à la lutte gardent la tempérance en toutes choses; et cependa ce n'est que pour gagner une couronne corruptible, au lieu que nous en atter dons une incorruptible ! (1 Cor., IX. 25.) » Regardez tout ce que met en œuvr le parti qui, dans son enivrement, lance des brandons incendiaires vers l'au tel, le trône et le foyer domestique ! Avec quelle ardeur ne cherche-t-il pas enveloper les villes et les campagnes dans un filet tressé par la ruse ; quel infatigable activité ne deploie-t-il pas quand il veut seduire les esprits faibles etourdir les hommes simples; combien peu l'eff aient les fatigues et les dange pour recruter des complices à ses projets criminels? Faut il que nous, à qui Fils de Dieu a confie le salut des âmes qu'il a rachetées, nous, que l'auteur c la grâce a introduits dans le sanctuaire de son temple et revêtus de la puissanc du sacerdoce, faut-il que nous ne deployions pas la même activité, la même ré solution, pour aplanir les voies devant la vérité, pour dissiper l'erreur, pour sau ver les âmes?

En tout temps s'adresse aux serviteurs de l'autel l'exhortation *d'être irrépré hensibles comme il sied aux dispensateurs et économes de Dieu.* (Tite, 1, 7). L purete de la vie, que recommande la loi de sainteté à tous ceux qui la reconnais sent, est en outre pour le prêtre un devoir d'état. Par chaque exemple du péch qu'il donnerait, il etoufferait la semence de la vie que répand sa parole; par cha que déviation du sentier des justes il égarerait ceux qu'il est chargé de conduir au Christ, et les entrainerait dans le désert aride des voluptés terrestres. Mai dans les circonstances actuelles, si nous nous souillons par des appetits profane nous trahirions la cause de la société europeenne, en ce que nous nous mettrio hors d'état de combattre dans la force du Seigneur les flots menaçants de l ruine universelle. Que celui qui est institué pour reprendre les pecheurs, pou presenter aux yeux des imparfaits le miroir de la perfection, ne s'attende à au cune indulgence, si la robe nuptiale lui manque à lui-même. Faites attentio qu'un parti qui s'est donné la tâche de détruire votre influence sur les cœurs de ses ouailles, observe chacun de vos pas avec des yeux d'Argus. Il met en pratique outre mesure ce dont il accuse faussement un ordre célèbre; il emploie les moyens les plus indignes pour arriver à ses fins; et le mensonge et la calomnie appartiennent à ses armes de prédilection. Arrive-t-il qu'un héraut de l'Évangile, un messager des miséricordes de Dieu tombe dans la poussière du péché et approche ses lèvres du calice des plaisirs coupables, aussitôt ces hommes du progrès célèbrent un jour de triomphe et divulguent ce déplorable événement avec une activité qui ne connaît point de relâche.

Mais il ne suffit pas que nous nous montrions *irrépréhensibles, afin que notre adversaire ne trouve rien de mal qu'il puisse* (sans une évidente calomnie) *dire de nous.* (Tite 2, 8.)

« Le zèle de votre maison me dévore, » dit David. (Ps. 68, 10.) Nous devons opposer à la flamme grossière des passions l'éclat pur de la vie spirituelle; nous devons marcher avec la force du zèle qui s'anime du souffle de l'Esprit saint, contre les puissances de la perdition qui cherchent à dépouiller de leur diadème les enfants de la Rédemption.

Regardez l'âge tendre, ces boutons printaniers de l'humanité. Il attend, dans la paix de l'innocence et caressé par les sons flatteurs du pressentiment, le moment où il lui sera permis de se développer en fleur dans le jardin du Seigneur. Faut-il que les anges gardiens de la foi et des mœurs soient chassés d'auprès de lui, et que la tentation assiège en paroles et en exemples son intelligence qui commence à poindre? Regardez ces millions de campagnards qui portent encore leur Dieu dans leur cœur et secouent leur tête avec étonnement lorsque des bruits incomplets des nouveaux changements politiques pénètrent jusqu'à eux! Faut-il qu'ils soient exposés aux artifices de la séduction dont nous avons vu les effets l'été passé? Faut-il que l'on trompe leur simplicité par les appâts que leur présente la ruse? Faut-il qu'on leur persuade subtilement de *donner leur héritage de l'éternité pour un misérable plat de lentilles* (Gen. xxv, 30, etc.), et que bientôt après on incendie leurs cabanes et les pousse eux-mêmes sur le champ de bataille, pour y verser leur sang à la plus grande gloire et à l'avantage de la révolution? Regardez ces hommes égarés qui offrent à pleines mains l'encens aux idoles du jour: car ils sont plus dignes de notre pitié que de notre aversion. On peut leur appliquer ce que dit le Seigneur : « Ils m'ont abandonné, moi qui suis une source d'eau vive, et ils se sont creusé des citernes crevassées qui ne peuvent retenir l'eau. (Jér. ii, 13.) » Mais maintenant une soif ardente les dévore, et ils ne trouvent où l'étancher. Des fantômes sans nombre folâtrent autour d'eux, leur promettent des rafraîchissements et la plénitude de la félicité; mais ils les jouent cruellement et se résolvent en vapeurs légères toutes les fois que, pour satisfaire leur besoin pressant, ces malheureux étendent les mains vers eux. Messagers de la vérité, prêtres de l'Agneau sans tache! le Seigneur, votre Sauveur, vous montre les plaies qu'il a reçues pour vous et pour vos frères, et il dit: Sauvez les âmes pour lesquelles je suis mort! et elles seront sauvées dès que s'élèvera de nouveau avec force la *flamme que votre maître ordonne d'allumer.* (Luc xii, 49.)

C'est pourquoi, publier la loi de l'amour, pleine de la puissance de l'amour qui anima l'apôtre, lui fit dire : « Qui nous séparera de l'amour de Jésus-Christ? sera-ce l'affliction ou les déplaisirs, ou la faim, ou la nudité, ou les périls, ou la persécution, ou le fer? Mais parmi tous ces maux, nous demeurons victorieux par celui qui nous a aimés. (Rom. viii, 35 et 37.) » Tirez courageusement les doctrines de la séduction de l'ombre de l'égoïsme où elles se cachent;

exposez-les à la lumière de la vérité qui rayonne du haut de la croix. Elle est grande la grâce qui vous est conférée par la consécration sacerdotale ! Réveillez-la, ranimez-la par la confiance en Dieu et la prière, et vous enseignerez comme des hommes qui ont la puissance en partage, car celui qui seul est puissant vous assiste. Qui est comme Dieu ? Il fait un signe de sa main, et ils s'évanouissent comme la fumée. (Ps. xxxvi, 20.)

O Seigneur des armées, dont le trône s'élève au-dessus des chérubins, abaissez un regard de pitié sur ces pays à qui vous avez donné la lumière et la grâce en Jésus-Christ, votre Fils unique ! Ne nous rejetez pas de votre face et ne nous retirez pas votre Esprit saint. Envoyez les anges de la charité et de l'humilité aux hommes égarés, afin que, se réveillant comme du songe d'un fiévreux, ils jettent loin d'eux le fardeau des désirs déréglés qui les courbe vers la terre et qu'ils lèvent leurs yeux vers le ciel, pour lequel vous les avez créés. Alors descende aussi vers nous un souffle de votre paix, et, tous réunis autour de votre saint autel, nous vous louerons avec foi et espérance jusqu'à ce que nous entrions dans la terre bénie de la vision. Amen.

Vienne, le 17 juin, troisième dimanche après la Pentecôte, 1849.

Frédéric, cardinal et prince-archevêque de Salzbourg ; Vincent-Edouard prince-archevêque de Vienne ; Maximilien-Joseph, prince-archevêque d'Olmutz Bernard, prince-évêque de Brixen, représenté par Georges Habtmann, chanoine capitulant de la cathédrale de Brixen ; Antoine-Louis, prince-évêque de Laybac Jean, évêque de Funfkirchen ; Jean-Michel, évêque de Dioclétianople, *in parti bus*, vicaire apostolique de l'armée impériale et royale ; Charles, évêque de Kœ niggratz ; Augustin-Bartholomé, évêque de Leitmeritz ; Georges, évêque d'Agram Antoine-Ernest, évêque de Brunn ; Joseph-Grégoire, évêque de Tarnow ; Grégoire, évêque de Przemysl, rit grec ; Thomas, évêque de Raguse ; Joseph-André évêque de Budweis ; François-Xavier, évêque de Przemysl, rit latin ; Joseph Aymar, prince-évêque de Seckau ; Michel, archevêque de Lemberg, rit grec, représenté par Levicki, chanoine et professeur à Lemberg ; François-Xavier, prince archevêque de Gœrz ; Joseph, archevêque de Zara ; Georges-Thomas, évêque de Linz, représenté par François Rieder, théologien de la cathédrale de Linz ; Antoine, évêque de Parenzo-Pola ; Etienne, évêque de Cattaro ; Philippe-Dominique évêque de Lesina, représenté par Georges Dubocovich, prévôt de la cathédrale de Lesina ; Léon, prince-évêque de Trente ; Antoine, évêque de Saint-Polten. Bartholomé, évêque de Veglia : Louis-Marie, évêque de Spalato-Macaska ; Jean évêque de Lebeniko ; Adalbert-Joseph, prince-évêque de Gark ; Melchior, prince évêque de Breslau ; Antoine-Martin, prince-évêque de Lavant ; Bartholomé évêque de Trieste-Capodistria ; François-Guillaume, évêque de Satala, *in partibus*, suffragant et vicaire capitulaire de Prague ; Luc de Baraniecki, archevêque nommé, rit latin, et député de Lemberg.

BOURSE DU 10 OCTOBRE.

Le 3 p. 100 a débuté à 55 90, a fait 55 95 au plus haut, et reste à 55 60.
Le 5 p. 100 a débuté à 88 05, a fait 88 15 au plus haut, et reste à 87 75.
Les actions de la Banque de France ont été cotées à 2,325.
On a coté le 5 p. 100 romain à 78 et 77 3|4.

L'un des Propriétaires-Gérants, CHARLES DE RIANCEY.

PARIS — IMPRIMERIE D'ADRIEN LE CLERE ET Cᵉ, rue Cassette, 29.

L'AMI DE LA RELIGION.

ACTES DU CONSISTOIRE SECRET TENU A NAPLES,

DANS LE FAUBOURG DE PORTICI,

Par Sa Sainteté Pie IX, heureusement régnant.

—

Naples, faubourg de Portici, 28 septembre 1849.

La Sainteté de notre Seigneur le Pape Pie IX a tenu ce matin, dans le palais royal de Portici, le consistoire secret dans lequel Elle a proposé les Eglises suivantes :

L'Eglise métropolitaine de Strigonie, pour Mgr Jean Scitowsky, transféré de l'évêché des cinq Eglises ;

L'Eglise métropolitaine de Leopol (du rite latin) pour le R. Dom Luc Baranecky, chanoine de la même Eglise métropolitaine ;

L'Eglise épiscopale de Rieti, pour Mgr Gaétan Carletti, transféré de l'Eglise épiscopale de Forli ;

L'Eglise épiscopale de Caserte, pour Mgr Vincent Rozzolino, transféré de l'Eglise épiscopale de Bova ;

L'Eglise épiscopale de Beja, pour Mgr Joseph-Xavier Cerveira e Souza, transféré de l'Eglise épiscopale de Funchal ;

L'Eglise épiscopale de Nusco, pour le R. Dom Joseph Autelitano, docteur *in utroque jure*, doyen de la cathédrale de Bova ;

Les Eglises épiscopales de Saint-Marc et de Bisignano, pour le R. Dom Livio Parlatore, prêtre du diocèse de Chieti, directeur du Séminaire de cette ville et docteur *in utroque jure* ;

L'Eglise épiscopale de Bova, pour le R. Dom Pascal Taccone, archiprêtre de la cathédrale de Mileto ;

L'Eglise épiscopale de Fossano, pour le R. Dom Hyacinthe-Louis Fantini, docteur en théologie sacrée, et curé à Turin ;

L'Eglise épiscopale de Bobbio, pour le R. P. Pierre-Joseph Vaggi, de Gênes, de l'ordre des Frères mineurs de Saint-François, docteur en théologie sacrée, et Provincial de son ordre ;

L'Eglise épiscopale d'Orléans, pour le R. Dom Antoine-Félix-Philibert Dupanloup, docteur en théologie sacrée et chanoine de la métropole de Paris.

L'Eglise épiscopale de Poitiers, pour le R. Dom Louis-François Pie, vicaire-general de l'Evêque de Chartres.

L'Eglise épiscopale de Samogitie, pour le R. Dom Mathias Woronczewsky, prêtre de ce diocèse et docteur en théologie sacrée.

L'Eglise épiscopale de Bragance et Miranda pour le R. Dom Joachim Pereira Ferraz, docteur et professeur de théologie sacrée.

L'Eglise épiscopale d'Angola, pour le R. P. Joachim Moreira Reis, prêtre de l'ordre de Saint-Benoît, docteur *in utroque jure*.

L'Eglise épiscopale d'Arétuse in partibus infidelium, pour le R. Dom Jean-Antoine-Frédéric BAUDRI, docteur en théologie sacrée, chanoine de l'église métropolitaine de Cologne et coadjuteur désigné de cet Archevêque.

L'Eglise épiscopale de Caradro in partibus infidelium, pour le R. Dom Juan PUYANA, chanoine de la cathédrale de Pampelune, dans la Nouvelle-Grenade, docteur en théologie sacrée, et coadjuteur désigné de l'Evêque de Popayan, avec résidence dans la ville de Pasto.

L'Eglise épiscopale de Dori in partibus infidelium, pour le R. Dom Antoine DE SIMONE, correcteur et visiteur de l'hospice des Incurables de Naples.

L'Eglise épiscopale d'Ortosie in part. inf., pour le R. Dom Ignace des Marquis DE BISOGNO, chanoine de la métropole de Naples ;

L'Eglise épiscopale de Cafarnaüm in partibus infidelium, pour le R. Dom Philippe CAMMAROTA, archiprêtre du chapitre de Gaëte, et pro-vicaire-général de cet archevêché.

A la fin, instance a été faite à Sa Sainteté pour qu'Elle daigne accorder le *pallium* aux Eglises métropolitaines de Strigonie et de Leopol.

On nous écrit de Naples, que Sa Sainteté a donné des ordres, afin que les Bulles des Evêques français, préconisés dans le dernier Consistoire, fussent immédiatement expédiées.

DES SYNODES PROTESTANTS.

La France entière a suivi avec un intérêt profond et un pieux respect le détail des circonstances qui ont accompagné le Concile provincial de Paris. Aujourd'hui ces saintes assemblées se renouvellent dans la plupart des métropoles, et partout elles se célèbrent avec cette unité, cette gravité, cette autorité qui ont éclaté d'une manière si consolante et si vive dans le Concile tenu à Saint-Sulpice.

Nos frères séparés ont, eux aussi, senti le besoin de se rapprocher et de se concerter. Dès l'année dernière, un Synode protestant avait eu lieu à Paris. Cette année les séances ont recommencé. Il importe de faire connaître avec développement la forme, le mode, le résultat de ces conférences. Rien ne sera plus éloquent que le contraste qu'elles offrent avec les augustes assemblées de nos premiers pasteurs.

Nous allons essayer cette esquisse, en conservant avec soin la charité et la commisération que nous inspirent des frères égarés. Le lecteur chrétien tirera lui-même les conséquences.

I.

Le sentiment invincible qui tourmente depuis plusieurs années les esprits les plus elevés parmi les protestants français, c'est celui de la dissolution intérieure de leurs Eglises, celui de la désunion profonde qui en sépare les membres, celui du fractionnement indéfini qui les divise et les isole.

«Hélas! s'écrie M. A. de Gasparin (1), le corps de Christ est comme divisé! Où est cette communion des saints, don précieux du Seigneur? qu'en avons-nous fait? Sommes-nous encore membres les uns des autres? »

Mais comment arrêter les progrès effrayants de cette lente et inévitable décomposition? Comment rassembler ces membres épars dont, à chaque jour et à chaque instant, les nœuds se relâchent et d'où la vie se retire? Comment, pour employer le terme expressif du pasteur Vinet, comment organiser ce corps inorganique? Comment empêcher que l'oracle divin ne s'accomplisse jusqu'au bout, et que ce royaume divisé contre lui-même ne vienne à périr?

Certes, le problème est ardu. Pour nous catholiques, avec la doctrine de l'autorité de l'Eglise, avec l'unité du symbole, avec la perpétuité de la loi et de la tradition, il n'y a pas de difficulté.

D'un bout du monde à l'autre, notre Credo nous relie : Unum corpus, multi sumus; et quand nous avons répété : Unam, sanctam, catholicam et apostolicam Ecclesiam, l'esprit est en repos, et l'âme se dilate dans la possession pacifique de la vérité universelle.

Mais pour les protestants, pour les partisans du libre examen, pour les sectateurs du sens privé et de la croyance individuelle, c'est un abîme sans fond et sans issue. Quand on ne croit qu'à soi, qu'à sa triste raison, qu'à son inspiration propre, on n'a pas plus le droit d'imposer que le devoir d'accepter une doctrine; on reste seul en face de soi-même et de Dieu. L'isolement est une loi nécessaire, un terme fatal : il faut qu'on la subisse, et qu'on y demeure invinciblement, au risque de se sentir anéanti.

En théorie, les protestants ne reculent pas devant cette redoutable conséquence. Mais, dans la vie pratique, ils sont hommes pourtant, et en dépit de la logique de l'erreur, ils éprouvent au fond de l'âme un indomptable besoin de croire et d'aimer, un désir irrésistible de rapprochement, d'union, de fraternité. Le reste de christianisme qui repose encore dans les replis secrets de leur cœur se soulève à la seule pensée de l'arrêt terrible des anciens jours : « Væ soli! » Bon gré mal gré, qu'ils en aient ou non la conscience, un instinct plus fort que le raisonnement les pousse et les entraîne. Cette solitude désolée de l'intelligence, livrée sans guide et sans consolation à l'interprétation de la lettre-morte, les fatigue et les désespère. Il faut qu'à tout prix ils trouvent un moyen de se soustraire aux angoisses et aux sécheresses de l'individualisme, il faut qu'ils se rassemblent, qu'ils s'appuient les uns les autres, qu'ils imaginent quelque chose de commun, ne fût-ce que le vague de leurs aspirations; qu'ils se créent une unité, une communion, une Eglise enfin, quelle qu'elle soit.

C'est là le rêve des esprits les plus élevés et des âmes les plus religieuses, aussi bien que l'entraînement irréfléchi des multitudes. C'était

(1) Des Intérêts généraux, pag. 138-139.

le vœu des Stapfer et des Vinet, comme c'est le cri de ralliement de
MM. de Gasparin et Monod; et l'an dernier, ça été le mot d'ordre du
Synode de Paris, aussi bien que de l'assemblée générale de Strasbourg.

Mais ce n'est pas tout que de désirer la fusion et de provoquer les al
liances. Il faut trouver le lien mystérieux qui resserrera ces fractions di
visées, le ciment immatériel qui reliera ces pierres isolées et rebelles.

II.

De tous les principes d'union, le plus naturel, nous ne disons pas le
plus conséquent au point de vue du protestantisme, c'était l'accord sur un
même confession de foi. Or, nous prions qu'on veuille bien le remar
quer : en prononçant le mot de confession de foi, nous ne parlons pas
d'une confession imposée d'autorité, ce qui serait trop évidemment con
traire à l'idée-mère du protestantisme; nous entendons seulement une
confession de foi rédigée d'accord, après discussion, acceptée par les ré
dacteurs et proposée par eux à leurs adhérents; quelque chose, s'il est
permis, en matière si grave et si douloureuse, de se servir d'un terme
pareil, quelque chose comme un acte de société en commandite reli
gieuse.

C'est bien là ce que comprenait l'homme éminent dont nous avons déjà
cité les paroles : «Si la croyance est individuelle, disait M. Vinet (1), la
» religion ne l est pas, et le besoin de traduire toute religion en une so-
» ciété est si essentiel à la religion que je douterais qu'il y eût un véritable
» besoin religieux chez l'homme qui ne se sentirait pas le besoin de s'as-
» socier.» Et conséquemment, ce que demande M. Vinet, c'est que l'association ait pour base : « *L'adhésion volontaire des esprits et l'identité*
» *des croyances.*»

Telle est bien aussi la préoccupation de M. de Gasparin. Il ne veut pas,
lui, de ce fractionnement infini du christianisme qui, pour obéir aux scru
pules individuels des consciences, mènerait droit «aux Congrégations
» choisissant leurs membres et s'épurant tous les huit jours (2).» Et aussi,
dans plusieurs lettres insérées aux « *Archives du christianisme*, » récla-
mait-il «une profession de la foi comme une nécessité pour une Eglise.»

De même auparavant, M. Stapfer avait démontré avec une grande puis
sance de raison la nécessité pratique de ces confessions dogmatiques pour
l'éducation, pour la prédication quotidienne, pour toute la vie spirituelle
enfin (3).

Et de même, lors du Synode de 1848, cette haute question fut-elle la
première de toutes celles qu'apporta, dans le temple de l'Oratoire, le zèle
impétueux des protestants les plus convaincus.

Or, ainsi qu'on le prévoit, soulever ce débat, c'est porter la guerre au
cœur même de la Réforme. Car cette «adhésion des esprits, cette identité

(1) *Essai sur la manifestation des convictions religieuses*, p. 169-178.
(2) Page 352.
(3) Champagny, *Un mot sur quelques travaux protestants*, p. 147.

» de croyances, » sont-elles vraiment possibles au sein du protestan‑
tisme?

M. Vinet est de trop bonne foi pour ne pas s'être fait cette terrible ob‑
jection : « Je ne veux m'associer qu'à ceux qui pensent comme moi; mais
» où sont-ils? Je vais d'une communion à l'autre sans en trouver une
» seule qui ne repousse quelques-unes des choses que je reçois, qui ne
» reçoive quelques-unes des choses que je repousse... Leur adhésion ne
» serait donc qu'un abandon des croyances individuelles, et je ne veux
» pas à ces mille apostasies de détail ajouter la mienne (1) » Le doute est
grave. Aussi M. Vinet en est touché. Il « conçoit ces répugnances et il
» les a senties.» Il comprend «que c'est un fait réel et affligeant que
» CETTE COMMUNAUTÉ AUX *dépens de la croyance*, CETTE COMMUNAUTÉ QUI
» N'EST PAS UNE COMMUNION. »

Mais comment en sortir? Voilà que tout aussitôt le fantôme d'un sym‑
bole se dresse devant lui, et ce symbole qui le fera? Où trouver dans la
Réforme, non pas deux églises mais deux personnes qui soient préalable‑
ment d'accord ou qui puissent s'y mettre sans faire ces mille apostasies
qu'il redoute et qu'il déteste? En supposant même par impossible ce
phénomène obtenu, qui adhérera au symbole? On renonce à l'imposer,
dit; mais qui l'acceptera? Et, s'il n'est pas accepté, s'il ne l'est qu'avec
des réticences ou au prix de concessions et d'apostasies, que deviendra
l'association et que durera-t-elle?

Ah! c'est ici où se montre la faiblesse des plus habiles esprits et l'im‑
puissance radicale des intelligences et des volontés humaines pour con‑
stituer l'union en dehors du centre immuable de la vérité et de l'autorité
révélées. Voyez M. Vinet. Ce cœur si droit et si ferme, si courageux dans
l'aveu du mal, il se trouble tout à coup, il hésite. Sa logique habituelle
l'abandonne. Entre l'association et la liberté de croyance individuelle, il
louvoie, il cherche des transactions, il capitule; et à quoi arrive-t-il? A
consentir que la profession de foi se borne à *quelques points fondamen‑
taux*; et ces points fondamentaux, il n'ose même pas les définir. Si on
le presse, il reculera encore, et l'unité ne sera bientôt plus que *l'union
des cœurs dans une même affection;* vague et insignifiante déclaration
qui, en fin de compte, livre la foi à toutes les fantaisies de l'arbitraire et
à toutes les rêveries d'une insaisissable sentimentalité.

Et pourtant, disons-le, dussent les catholiques si accoutumés à la fer‑
meté de la foi, s'étonner de nous entendre faire cet éloge, disons-le, il y
dans cette timide capitulation l'effort d'un rare courage. En effet, un
formulaire, même réduit à ces *points fondamentaux* non définis, c'est une
rupture éclatante avec les rationalistes de tous les degrés; et combien se
rencontre-t-il de protestants assez zélés pour affronter cette scission? Des
hommes d'un talent et d'une autorité plus considérables encore que
M. Vinet, ont plié devant cette crainte. Ainsi le célèbre Stapfer, au moment
même où il venait de proclamer la nécessité d'un formulaire, se hâtait de

_____
(1) Page 173-175.

se retraiter en quelque sorte, disant « que *ces formules ne sont po*
» *règles de croyance*, mais seulement un *moyen de cimenter l'un*
» *la promesse de ne point mettre en problême les articles que cette*
» *sion déclare fondamentaux ;* » qu'après tout « *une confession*
» *n'est point éternelle*, QU'ON PEUT LA CHANGER COMME ON CHANGE L
» HUMAINES, » et qu'enfin on n'exige pas des ministres « *de ne pas c*
» *leur opinion* personnelle, *mais simplement* DE N'EN PAS PARLER
» PAS DIRE LEUR ARRIÈRE-PENSÉE ; » le tout afin de ne pas entretenir
blic « dans une cruelle perplexité sur les systèmes rivaux » en prov
« une variété d'expositions des vérités fondamentales qui déroute
» dalise le commun des fidèles. »

« Il les engage en conséquence, ajoute M. de Champagny, à se
prendre patience, à signer le formulaire, et à laisser à leur Église L'
MALENTENDU QUI LUI GARDE ENCORE UNE APPARENCE D'UNION ! (1) »

Nous concevons sans peine que ce prudent silence ne convienn
la franchise de M. de Gasparin et de ses adhérents. Pourquoi faut-
soient en si petit nombre ?

III.

Eux aussi d'ailleurs ils éprouvent de cruelles angoisses. Rien n'e
parable aux déchirements de leur pensée, travaillée par « le respe
» toute dissidence née de l'interprétation individuelle » et le be
l'unité sans laquelle « jamais rien de considérable ne pourra se fo
» sein du protestantisme (2). » Leur générosité se révolte contr
unité « *factice et servile* » qui s'acquiert par la fiction, ou qui ne
que d'une commune obéissance à la suprématie de l'État et d'un
mune participation au budget des cultes réformés. Ils voudraient y
per, ils voudraient créer dans la liberté et dans l'indépendance un
société fondée sur la foi, sur l'identité de croyance à la vérité, et
crient : « Que LA CATHOLICITÉ, *ce caractère de la vérité* auquel on
» le droit de renoncer en son nom, *reparaisse* au sein du protestantis

Quel aveu ! Et combien n'y a-t-il pas de lumière et d'enseig
dans cet involontaire hommage rendu aux principes et aux term
mêmes qui sont notre honneur, notre force et notre privilége !

Mais hélas ! que le protestantisme est loin de pouvoir enten
appel et prêter l'oreille à ce langage ! La *catholicité* pour lui ce n'
qu'un mot vide de sens, ou plutôt c'est le fantôme qui ranime se
envieillies et ses préjugés séculaires. Pour quelques esprits é
quelques têtes illuminées, c'est encore le symbole de l'idolâtrie
et le type vivant de la grande prostituée de Babylone. Pour l'i
majorité, c'est-à-dire pour les indifférents et les rationalistes, c'es
c'est l'autorité, c'est la révélation, idées abstraites, lettres clos
blesses indignes de la supériorité d'une raison quelque peu vigo

(1) Pag. 142.
(2) *Des Intérêts généraux*, pag. 115 et 164.
(3) Pag. 138, 139.

ent trempée, et qu'on ne reconnaît que pour *protester* contre elles au
nom de l'émancipation de la pensée humaine. Quant à la *vérité*, les docteurs de la Réforme aussi bien que leurs plus obscurs adeptes, n'en
sont-ils pas arrivés à dire, en secouant la tête, comme le procurateur
Ponce-Pilate : « *Quid est veritas? Qu'est-ce que la vérité?* Où la démêler
en effet dans ces nuageuses formules qui échappent, se transforment et
s'évanouissent pour peu qu'on veuille les arrêter et les saisir? Où la trouver parmi ces *points fondamentaux* dont nul ne donne l'exposé et la définition, sur lesquels deux protestants ne peuvent tomber d'accord, et
qu'on n'admet qu'à la condition de ne les fixer jamais?

Pour préciser davantage, pour ne parler que d'un seul dogme, celui
sans lequel le protestantisme ne peut plus même se concevoir comme
religion positive, la croyance en notre Seigneur Jésus-Christ, la foi
à la divinité du Verbe fait chair, où est-elle? Existe-t-elle encore quelque
part professée sincèrement, clairement, sans ambiguité, sans hésitation,
avec la précision du dogme et du mystère? Que veulent dire les innombrables circonlocutions, les subtilités infinies de paroles, les détours de
style et les dédales de phrases, où les prédicants modernes enveloppent
et dissimulent leur pensée sur *Christ manifesté en la chair?*

Que signifie, par exemple, ce discours célèbre de Stapfer sur la *nature
divine de Jésus-Christ*, où il évite avec tant de soin d'aborder de front
la divinité du Verbe, et où il ne trouve d'autre confession à faire que celle-
ci : *Ici est l'IMAGE de Dieu!* » A la descente du Calvaire, le centurion,
se frappait la poitrine, répétait du moins : *Verè FILIUS DEI erat iste!*
N'en demandez pas autant aux enfants dégénérés de Luther et de Calvin.
Ils ne savent pas, eux, ce qu'est la vérité : ils ne savent pas ce qu'est le
Christ, Fils de Dieu et Fils de l'homme. Ils ne veulent pas le savoir : ils
aiment mieux vivre dans l'étourdissement du monde et dans l'indifférence
sceptique; et, quand on les presse, comme il nous est arrivé à nous-
même, ils répondent : *Christ est Christ*, et ferment l'Evangile devenu
trop éclatant pour leur cécité volontaire!

En ce triste état, avec cette nullité de croyances positives, avec cette
impuissance à articuler un dogme quelconque, essayer de réunir les protestants sur le terrain commun d'une confession de foi, c'était, on l'avouera,
entreprendre une œuvre singulièrement hasardeuse.

IV.

Mais dans le dessein de la Providence il fallait que cette œuvre fût tentée. Le protestantisme pouvait encore laisser à ses adversaires comme à
ses adhérens quelques dernières illusions. De part et d'autres on pouvait
croire une certaine force de cohésion, une certaine puissance d'ensemble, un certain corps de doctrines communes. Il pouvait paraître rece-
ler encore des germes de vitalité que le souffle des temps nouveaux aurait été capable de féconder. Pour l'instruction du monde, pour la sécurité de la vérité, pour la consolation des hommes de bonne foi et de
bonne volonté, il était nécessaire que la lumière se fît au milieu de

ce chaos; il était nécessaire que de généreux esprits donnassent à l'expérience solennelle qui se préparait toute l'étendue, tout l'éclat, toute la sincérité désirables; il était nécessaire qu'à leur appel répondissent non plus seulement des écrivains et des penseurs illustres et isolés, mais le corps entier des pasteurs, mais les nombreuses phalanges de tous les troupeaux; il était nécessaire que des assemblées générales élues par le suffrage universel de tous les protestants français, siégeassent à la face du soleil, dans la capitale et dans une autre grande ville du territoire; que les débats fussent connus par une publicité au-dessus de toute contestation, et que les résultats en devinssent notoires jusqu'au scandale...

C'est ce qui est arrivé. Mais ce fait mérite un examen à part et des détails circonstanciés.

Avant de les offrir à nos lecteurs, résumons ce que nous avons vu : sentiment profond de la décomposition du protestantisme, désir ardent de le reconstituer, de le réorganiser, de fondre ses membres épars dans une vaste et puissante unité; et au premier rang des moyens proposés, essais de rapprochement sur le terrain doctrinal; union par une confession de foi. C'était le rêve chéri des plus sincères et des plus habiles : préparé par leurs écrits, le moment semblait arrivé de le réaliser. Toutes les nuances diverses de la réforme ont été convoquées; la pensée d'union a dominé dans la convocation de ces synodes. Qu'en résultera-t-il ? Attendons; l'histoire est là, et elle s'apprête à écrire cette page nouvelle.

Fiction ou impuissance, telle a été jusqu'à ce jour l'alternative inévitable réservée à ces nombreuses et vaines tentatives. Sera-ce encore le sort de celle-ci ?   HENRY DE RIANCEY.

TRAVAUX LÉGISLATIFS.

Tandis que les populations laborieuses sont en butte aux excitations odieuses et perfides des révolutionnaires, elles sont l'objet constant de l'intérêt et de la sollicitude de tous les hommes de bien et de tous les vrais politiques.

L'Assemblée législative a consacré encore hier presque toute sa séance à l'examen d'une proposition tendant à l'abrogation ou à la réforme des articles 414, 415, 416 du Code pénal, relatifs aux coalitions d'ouvriers.

Ces articles, s'appliquant à des faits de même nature, établissent une double différence entre les patrons et les ouvriers : différence dans la définition du délit, différence dans la pénalité. Une telle inégalité ne saurait subsister, et nous l'avons, il y a long-temps, signalée et combattue.

Maintenant deux systèmes se présentent pour la remplacer : ou généraliser dans l'intérêt de tous les mêmes conditions et les mêmes garanties, ou supprimer purement et simplement toute répression et toute pénalité. Le second système est celui qu'ont soutenu les socialistes en contradiction avec leurs théories ordinaires de réglementation pour le travail. Le premier était celui de la commission. Il avait été développé dans un remarquable rapport, et il a été soutenu à la tribune avec autant de succès que d'éloquence par M. de Vatimesnil. Nommer l'éminent jurisconsulte, l'homme d'Etat éprouvé, le chrétien gé-

néreux et charitable, c'est dire avec quelle science, quel talent, et quelle autorité la question a été traitée devant l'Assemblée, qui a clos le débat en prenant la proposition en considération, au milieu des applaudissements si bien
mérités par cette noble et puissante parole.

A la fin de la séance d'hier, l'Assemblée a entendu le rapport de M. Daru
sur le douaire de Mme la duchesse d'Orléans.

Aujourd'hui la séance a été occupée par deux discussions sans grand intérêt. La
première portait sur une proposition de M. Mortimer-Ternaux relative à l'avancement dans les fonctions publiques. Après quelques observations de MM. de
Lasteyrie et Bedeau, M. le Ministre des finances a demandé que le projet fût
renvoyé préalablement à l'examen du conseil d'Etat, ce que l'Assemblée a fait,
d'accord avec la commission. La seconde discussion a eu lieu sur un projet du
gouvernement tendant à proroger l'état de dissolution de la garde nationale
de Lyon. Malgré les efforts d'un montagnard, et après quelques explications
fort nettes et fort sages de M. le Ministre de l'intérieur, l'Assemblée a déclaré
qu'elle passerait à la seconde délibération. Il serait de la plus haute imprudence de remettre les armes à la main à une population si tristement divisée,
et qui donne aux agitateurs une proie si facile et si lamentable !

DISCUSSION SUR LES AFFAIRES DE ROME.

La prochaine lutte qui s'engagera sérieusement à l'Assemblée législative aura pour objet la grande affaire de Rome.

Trois partis seront alors en présence : l'un qui développera le thème
établi par M. Mazzini, c'est le *parti révolutionnaire ;* — un autre, qui se
fera un programme d'opposition de la lettre particulière de M. le Président de la République, c'est le *tiers-parti ;* — le dernier enfin, celui de
la majorité qui, plein de respect pour l'indépendance et la souveraineté
de Pie IX, et seul intelligent de nos véritables intérêts comme de l'honneur national, n'aura d'autre drapeau que celui qui a été arboré en présence de l'Europe attentive et de la démagogie vaincue, sur les murs de
la ville éternelle, non comme un symbole de conquête mais comme un
gage de délivrance.

Nous ne pouvons qu'appeler de nos vœux un débat où il faudra bien
que chacun dise ce qu'il est, ce qu'il veut, de quel côté il se range. Notre cause, à nous, n'a rien à craindre de la lumière.

A quoi pourront aboutir d'ailleurs les efforts violents des révolutionnaires ? A des déclamations aussi stériles qu'odieuses et insensées en faveur
d'une tyrannie expirée.

D'autre part, à quoi devront se réduire nécessairement les récriminations amères et les critiques rétrospectives de ces habiles politiques qui
reprochent au gouvernement d'avoir fait trop peu quand ils voulaient
eux-mêmes qu'il ne fît rien ? Ils loueront une faute du Président pour
l'attaquer dans sa politique, comme ils ont attaqué long-temps son autorité pour se faire attacher à son service ! Mais la discussion dévoilera le
vrai mobile de leurs intrigues, et l'on saura cette fois encore s'ils ont

un autre but que la poursuite du pouvoir auquel ils visent sans cesse, et qu'ils n'atteindraient que pour l'avilir encore.

Entre les violences des uns et les manœuvres des autres, la majorité n'a qu'à rester ferme, unie, inaccessible aux petites considérations et aux vaines clameurs. Ayant pour elle le fait et le droit, fidèle aux seules inspirations du patriotisme, elle commencera à renouer au-dehors ces grandes traditions qui ont élevé si haut, en d'autres temps, par le désintéressement comme par le courage, la politique, l'influence et la force morale de la France.

Le fils ainé de M. de Genoude, M. Henri de Genoude, avait écrit à M. le comte de Chambord pour lui annoncer la mort de son père.

Le prince a bien voulu répondre à M. Henri de Genoude la lettre suivante :

« Forhsdorf, 10 septembre 1849.

» J'ai ressenti bien profondément, monsieur, le coup si douloureux et si imprévu qui vous a ravi celui que vous pleurez. J'ai constamment rendu pleine justice à la fermeté de son caractère, à son talent, à son zèle infatigable pour la défense des grands principes auxquels tiennent essentiellement le repos et le bonheur de notre patrie. J'ai regretté seulement de m'être vu obligé, en plusieurs occasions, de désapprouver dans sa marche politique ce qui, bien certainement contre sa volonté, pouvait être dangereux, et n'avait souvent pour effet que de nous affaiblir en nous divisant. Mais je n'en conserve pas moins le souvenir de son inviolable fidélité à la sainte cause que nous servons tous, et qui est celle de la France. Héritiers de son nom et de ses sentiments, ses fils continueront à se montrer dignes de lui, et je compterai toujours sur leur dévouement comme je comptais sur le sien.

» Soyez, dans cette triste circonstance, mon interprète auprès de votre frère et de toute votre famille, et recevez, monsieur, l'assurance de toute mon affection. HENRI. »

N. S. P. le Pape Pie IX a daigné conférer le titre et la croix de commandeur de l'ordre de Saint-Grégoire à Mgr de Veyssière, camérier secret de Sa Sainteté. Voici le Bref dont a été accompagnée cette honorable distinction :

A notre cher fils Jean-Jacques-Firmin de VEYSSIÈRE, prêtre, demeurant à Paris, notre camérier secret.

« CHER FILS, salut et bénédiction apostolique,

» Il convient que le Pontife romain honore de distinctions particulières les hommes qui se recommandent par la pureté de la doctrine, par leur zèle à défendre la religion et par d'autres vertus. Or, connaissant, cher Fils, votre talent, votre science, votre droiture, vos efforts constants pour bien mériter de la religion, et les témoignages éprouvés de votre attachement et de votre fidélité envers Nous et envers le Saint-Siège apostolique, Nous avons été volontiers disposés à vous accorder un honneur qui soit une marque des sentiments de notre bienveillance à votre égard. Voulant donc vous honorer d'un témoignage de cette bienveillance particulière, de Notre Autorité Apostolique, Nous vous nommons, par les présentes lettres, commandeur de l'ordre de Saint-Grégoire-le-Grand, et Nous vous appelons à faire partie de cet ordre éminent. (Suit l'indication des insignes attachés à ce titre.) »

HAUTE-COUR DE VERSAILLES. — CONDAMNATION D'HUBER.

Séance du 11 octobre.

m triste spectacle que celui du procès d'Huber, cet appendice du fasti-
rocès de Bourges. Il révèle les profondeurs du mal qui mine depuis si
ps la société. L'accusé soutient avec énergie qu'il a été entraîné par
urs de circonstances dont il n'était pas maître, qu'il n'avait organisé
tanifestation politique, et que cette fois, comme tant d'autres, la queue
né la tête. Nous n'avons pas à apprécier en ce moment les moyens de
e. Mais ce que nous ne pouvons laisser passer sans protestation, ce
Iépositions des témoins qui démontrent combien le sentiment moral est
le nos jours.
mmes qui ont fait partie du comité démocratique centralisateur vien-
iquer froidement devant la justice la plus élevée du pays qu'ils n'avaient
i agir révolutionnairement dans la journée du 15 mai. Pourquoi? *Parce*
toyens révolutionnaires eussent été une imprudence! Voilà toute une
on, à leurs yeux, surabondante, et ils laissent entrevoir ainsi les extré-
ant lesquelles ils né reculeraient pas s'ils pouvaient un instant compter
cès.
able perversion des idées et des sentiments publics! Et cependant une
plus étrange encore, s'il est possible, s'est produite avec plus d'éclat;
e de M. Buchez, l'ancien présilent de l'Assemblée constituante n'a pas
léposer que l'action d'Huber aurait été provoquée par les paroles qu'il
ni avoir adressées: « Vous n'êtes l'ennemi ni de la République ni de
lée. Si donc vous ne pouvez pas faire partir cette foule, faites-moi
hors. »
Buchez a cru suffisamment expliquer de telles paro'es, en ajoutant qu'il
unir l'Assemblée ailleurs, et qu'il ne pouvait pas paraître se retirer
r été violenté. En vain M. le procureur-général Baroche a essayé de
ir à M. Buchez ce qu'une telle affirmation avait d'étrange et de miséra-
vain M. le Président a fait observer au témoin que ses souvenirs le
nt, ou que sa parole ne rendait pas fidèlement sa pensée; le témoin a
il a fallu que l'accusé lui-même lui donnât la leçon que sa déposition

se levant avec indignation l'a apostrophé en lui disant : « Vous voulez
Ire complice de votre lâcheté! »
oteste hautement contre votre déposition. Non ce n'est pas vous qui
conseillé la dissolution; non vous n'avez pas dit les paroles que vous
z, car, si vous les aviez dites, ce serait une honte pour vous, je ne les

l'a-t-il pressé par de nombreuses questions pour connaître l'origine des lettres que M. Monnier avait découvertes dans les archives de la police. M. Monnier s'est contenté de déclarer que les lettres existaient, mais qu'il ne pouvait pas dire si elles émanaient véritablement de l'accusé.

AUDIENCE DU 12 OCTOBRE.

M. de ROYER, avocat-général, a pris enfin la parole, et son réquisitoire a rappelé d'abord le débat sur son véritable terrain, la culpabilité avouée d'Huber. Après avoir renouvelé en passant le juste châtiment infligé dès hier à M. Buchez, il s'est beaucoup moins attaché à faire ressortir le crime de l'accusé, que mettre en lumière la leçon offerte par ce procès à la société.

Après M. de Royer, Huber a réclamé trois heures pour sa défense et pour l'explication de sa conduite. Ni les exhortations paternelles du président, ni les marques d'effroi provoquées par cette déclaration dans l'auditoire, n'ont pu le déterminer à diminuer ses prétentions. « Il me faut, répétait-il, il me faut trois heures pour épancher mon indignation. Si messieurs les jurés sont fatigués, ils pourront se reposer. S'il y a dans le public des personnes qui s'ennuient, elles n'ont qu'à s'en aller. » Huber a expliqué ainsi qu'il ne voulait pas être condamné un vendredi, l'ayant déjà été quatre fois le même jour.

Malgré les efforts de l'accusé et une plaidoirie très-modérée de Me Buvignier, appelé hier par le prévenu, le verdict a été rendu aujourd'hui. Huber a été déclaré coupable, et la cour a rendu un arrêt qui le condamne à la peine de la déportation.

———————————

NOUVELLES DE ROME.

Le ministre des finances a fait savoir officiellement que la dette publique est exceptée des autres dettes de l'Etat dont le paiement a été suspendu, et que le paiement des rentes consolidées était ouvert à partir du 1er octobre.

Les révolutionnaires de cette ville, abusant de la mansuétude des Français, ont organisé à Rome l'assassinat. Il est certain que les meurtres commis sur les soldats français allaient se multipliant ; c'est ce qui a obligé le général Rostolan à rendre l'arrêté suivant :

NOTIFICATION.

« Quelques soldats français ont été de temps en temps victimes de tentatives d'assassinat, dans lesquelles la lâcheté était jointe à la haine brutale. On a vu des groupes d'individus armés se joindre et se donner la main pour assassiner un seul homme. — De semblables crimes méritent une punition exemplaire : les conseils de guerre jugeront les coupables. — Ces déplorables faits prouvent que le désarmement n'a pas été exécuté complètement, et qu'un grand nombre d'individus ont su se soustraire aux effets des dispositions promulguées par l'autorité militaire. — Dans le but d'assurer la pleine exécution des dispositions susdites et prévenir de nouveaux crimes, le général commandant en chef ordonne ce qui suit :

« Art. 1er. A dater d'aujourd'hui, un terme de vingt-quatre heures, pour effectuer la consignation des armes respectives, est accordé à tous ceux qui, sans une permission spéciale de l'autorité française, garderaient encore par devers eux des armes à feu, à tranchant ou à pointe. Un local opportun sera destiné à servir de dépôt à la préfecture de police.

» Art. 2. Mardi, dans l'après-midi, auront lieu des visites domiciliaires dans les maisons reconnues et déclarées suspectes. Tout individu surpris en contravention, tout détenteur ou porteur d'une arme quelconque sera immédigtement traduit devant le conseil de guerre, et son jugement sera promptement exécuté.

» Art. 3. La fabrication, la vente et l'exposition de poignards, épées, stylets, couteaux, cannes à épée et de tout autre arme, sont sévèrement défendues, et les contrevenants

soumis à la même disposition établie dans le deuxième article contre les détenteurs et porteurs d'armes.

« Rome, 30 septembre 1849. » Le général en chef, ROSTOLAN. »

Le pro-ministre des finances, M. Angelo de Galli, a fait un voyage à Portici
pour prendre les ordres de Sa Sainté, à l'occasion des dettes de l'État, question
épineuse, embarrassante, entremêlée de toutes sortes de créances obtenues par
des particuliers, tant sous le gouvernement constitutionnel de Pie IX que sous
le gouvernement provisoire et républicain.

Le Pape a ordonné de reconnaître toutes ces dettes, et, tout le monde en conviendra, c'est un pas considérable vers la conciliation.

M. Galli vient de faire connaître, par une *notification* placardée dans les rues,
les résultats de son voyage du 17 à Portici. Mais, ne se bornant pas à des paroles encourageantes, le pro-ministre a fixé les époques de paiement des rentes
consolidées. Certains jours du mois de novembre sont désignés pour leur
solde.

L'*Osservatore romano* du 1er octobre proteste énergiquement contre tous les
bruits répandus pour faire croire qu'il n'y a pas accord entre les cardinaux et
les Français. Ce journal raconte ensuite comment la Saint-Michel a été célébrée
à l'hospice de ce nom, et comment Français et Romains ont rivalisé pour les
préparatifs et l'organisation de cette fête.

Le 1er octobre était le délai fixé pour le départ des membres de la Constituante
romaine et italienne. A cette époque, aucun d'entre eux ne doit se trouver à
Rome sous peine d'être arrêté.

M. le colonel Leblanc, du génie, est arrivé aujourd'hui de Rome, porteur de
dépêches du général Rostolan pour le gouvernement. M. le colonel Leblanc a été
reçu ce matin par le Président de la République. D'après ces dépêches, l'irritation que la malveillance avait excitée dans une partie de la population romaine,
s'est complètement dissipée.

NOUVELLES RELIGIEUSES.

DIOCÈSE DE DIJON. — Il y a quelques jours, une Sœur de Saint-Vincent de
Paul fut prévenue qu'à l'extrémité du faubourg Perpreuil, à Beaune, un enfant
de huit à neuf ans, abandonné de tout le monde, était vivement atteint du choléra. Elle s'y transporte et voit avec compassion ce pauvre enfant, couché sur la
paille, en proie à d'horribles souffrances et aux vomissements cholériques. Il
n'était pas possible de le laisser ainsi. Elle voit passer deux hommes et leur demande, en toute charité, de vouloir bien l'aider à transporter cet enfant à l'hôpital. — « Oh ! ce petit a le choléra, » répondent-ils, « s'en chargera qui voudra.»
Et ils passent. — « Eh bien ! mon pauvre enfant, » dit-elle au malade, « puis-
«qu'on ne veut pas m'aider à te soulager, nous allons tout faire à nous deux. »
Et voilà la bonne Sœur qui le charge sur ses épaules et traverse ainsi le faubourg et une partie de la ville, jusqu'à l'hôpital. Le lendemain, cette Sœur partait, avec une autre compagne, pour l'ambulance de Combertant.

DIOCÈSE DE MARSEILLE. — Le ministre de l'intérieur vient d'écrire au supérieur
du couvent des Capucins de Marseille, pour le remercier du dévouement et du
courage que les Pères Capucins n'ont cessé de montrer depuis l'invasion du
choléra dans cette ville.

LA HAYE. — Mgr Belgrado, internonce apostolique à la Haye, vient d'adresser une invitation à Mgr Paredis, administrateur apostolique du Limbourg, afin
d'obtenir quelques jeunes ecclésiastiques missionnaires pour les Indes occiden-

tales hollandaises. Cette invitation a été communiquée à tout le clergé du Limbourg. Les affaires religieuses paraissent prospérer dans cette partie de l'Amérique : une nouvelle moisson se présente parmi les esclaves des colonies que le gouvernement veut faire instruire. Mgr Niewindt, évêque de Cytrum et administrateur apostolique des Indes occidentales à Curaçao, quoique soutenu par plusieurs prêtres zélés, n'est plus en état de suffire à tous les besoins spirituels de ces contrées. Il est à espérer que quelques jeunes ecclésiastiques du Limbourg hollandais répondront aux vœux de Mgr Niewindt.

NOUVELLES ET FAITS DIVERS.

Le 3e bureau, chargé de vérifier les pouvoirs de MM. Schœlcher et Perrinon, nommés représentants à la Guadeloupe les 24 et 25 juin derniers, a décidé, à une grande majorité, qu'il y a lieu de proposer à l'Assemblée nationale d'annuler ces élections. M. Vernhette a été choisi pour présenter le rapport.

Nous apprenons, en outre, que c'est à tort qu'on avait annoncé la nomination de M. Schœlcher au Sénégal. C'est M. Valentin qui a été élu. M. Valentin, qui a fait partie de la Constituante, y a constamment appuyé les principes d'ordre et de gouvernement que représente la majorité dans l'Assemblée actuelle.

—M. le ministre de l'intérieur a réuni mercredi, dans un grand dîner à l'hôtel du ministère, M. le président de la République, les ministres, le bureau de l'Assemblée, MM. Dupin, président; Baroche, Daru, Benoist-d'Azy et le général Bedeau, vice-présidents; de Heeckeren, Bérard, Chapot, Arnaud (Arriége), Lacaze et Peupin, secrétaires; M. le général Changarnier, MM. les préfets de la Seine et de police.

— On lit dans la *Patrie* :

« Lord Normanby et lord Brougham se sont rendus ce matin au palais de l'Elysée, où ils ont eu une conférence avec M. le Président de la République. Nous croyons savoir que la question russe et autrichienne a été l'objet de cette conférence.»

BULLETIN POLITIQUE DE L'ÉTRANGER.

Le sultan a refusé de livrer les réfugiés hongrois; mais il comprend l'hospitalité à sa manière. Il a imposé aux insurgés qu'il a reçus la condition d'abjurer leur religion pour embrasser le mahométisme. Ainsi 5,000 chrétiens se trouvent dans la nécessité de racheter leur vie en trahissant leur foi. L'ex-dictateur Kossuth a écrit à lord Palmerston une lettre pour se mettre sous la protection de l'Angleterre. On y lit ces mots qui auront du retentissement : « La Turquie autrefois » puissante, est-elle donc tombée si bas qu'elle n'ait pas d'autre moyen d'échap- » per aux exigences de la Russie. On ne devait pas s'attendre au dix-neuvième » siècle à de pareilles suggestions. La volonté de Dieu soit faite ! Mon choix n'a » pas été long : plutôt mourir que de me faire renégat ! » On dit que malheureusement tous les chrétiens n'ont pas tenu un semblable langage, et que plusieurs d'entre eux se sont soumis à la volonté ou aux conseils du grand-turc.

La réunion de la diète allemande est définitivement résolue, et elle aura lieu très-prochainement.

L'Autriche a ouvert un emprunt; non-seulement il est dès aujourd'hui complètement couvert, mais il sera même très-probablement dépassé par les souscriptions.

L'ambassadeur turc a quitté Vienne le 4. La *Gazette d'Augsbourg* assure que le différend avec la Porte sera arrangé par l'éloignement des réfugiés, condition à laquelle paraît devoir se borner l'Autriche. Kossuth, Bem et les autres principaux réfugiés arriveront en Angleterre dans une quinzaine de jours.

Des bruits de troubles à Naples avaient couru à Marseille. Les journaux napolitains du 28 septembre ne contiennent absolument rien à cet égard.

Le grand-duc de Toscane a dû rentrer dans sa principauté le 4 de ce mois.

Le gouvernement piémontais vient de conclure avec M. Rothschild un emprunt de 32 millions, au cours de 82. En même temps le ministère en a conclu un autre à l'intérieur pour 9 millions à 83.

On fait à Turin de grands préparatifs pour les funérailles de Charles-Albert. Toute la garde nationale sera sous les armes; les boutiques seront fermées, la ville en deuil.

A Gênes, le 5 octobre, l'éloge funèbre de Charles-Albert a été prononcé dans la cathédrale de Saint-Laurent, et pendant le service divin pour le repos de l'âme du prince, par M. Mamiani, qui tenait cette mission de la municipalité. Ainsi l'on a vu, s'il faut en croire ce récit, un homme qui est encore sous le poids de l'excommunication, et qui n'a pas peu contribué aux malheurs de l'Italie, prendre la parole dans une église, et louer le monarque dont il a causé la perte.

———————◆———————

ASSEMBLÉE LÉGISLATIVE.

SÉANCE DU JEUDI 11 OCTOBRE.

Présidence de M. Dupin aîné.

La séance est ouverte à 2 heures un quart.

Après l'adoption des différents projets d'intérêt local, l'ordre du jour appelle la première délibération sur la proposition de MM. Doutre, Benoit, et autres, relative à l'abrogation des articles du Code pénal qui punissent les coalitions. La commission, dont M. de Vatimesnil est le rapporteur, croit devoir proposer de *modifier* et non d'abroger les articles 414, 415 et 416 du Code pénal.

MM. Doutre, Benoit, Morin, Michot, insistent pour l'abrogation, à moins que les peines n'atteignent les coalitions des maîtres.

Après quelques paroles de M. Seyaistre, en faveur de la modification, la parole est donnée à M. de Vatimesnil.

M. de Vatimesnil, rapporteur. Messieurs, la commission a voulu établir l'égalité entre les patrons et les ouvriers. On trouve que nous n'avons pas fait assez. On demande l'abrogation pure et simple des articles du code pénal qui répriment la coalition. Dans quel intérêt? Dans celui des patrons? Non. Dans l'intérêt des ouvriers? Mille fois non! Les coalitions ruinent les ouvriers. L'année dernière, à l'époque où toutes les autres industries manquaient de travail, les chapeliers se mirent en grève. Pourquoi? Parce qu'ils demandaient un salaire de douze francs par jour. (Mouvement.) Les patrons n'ont pas voulu céder à de pareilles exigences. Ils reçurent dans ces entrefaites une commande considérable de l'étranger. Savez-vous ce qui arriva? La commande a passé en Angleterre. (Sensation.) Ce n'est pas tout. Les chapeliers avaient une caisse commune qui contenait 159,000 fr., eh bien! ils ont dépensé jusqu'au dernier sou; et ils ont été obligés de travailler aux conditions normales. Voilà le résultat des coalitions pour les ouvriers. C'est donc dans un intérêt de théorie illimitée. On dit: Périssent tous les intérêts plutôt qu'un principe. (Agitation.)

L'honorable membre prouve par l'histoire de toutes les coalitions, qu'elles ruinent le commerce, et qu'elles ont pour conséquences, la ruine et l'oppression des ouvriers eux-mêmes, parce que toujours ils sont exploités par les meneurs, et bientôt après par les charlatans politiques.

Après ce discours, qui est vivement applaudi, la discussion est close, et l'Assemblée décide qu'elle passera ultérieurement à une seconde délibération.

M. DARU donne lecture du rapport de la commission chargée d'examiner le projet de loi sur le douaire de S. A. R. Mme la duchesse d'Orléans. La commission pense à l'unanimité que le douaire est une dette incontestable de l'État, et elle conclut à l'adoption du projet.

La séance est levée à cinq heures et demie.

SÉANCE DU VENDREDI 12 OCTOBRE.
(Présidence de M. BENOÎT-D'AZY.)

L'ordre du jour appelle la discussion sur la deuxième délibération de la proposition de MM. Mortimer Ternaux et Salmon, relative à l'admission et à l'avancement dans les fonctions publiques. La discussion s'engage sur l'art. 1er.

On entend successivement MM. TERNAUX, F. DE LASTEYRIE, le général BEDEAU, le ministre des finances, et on finit par renvoyer le projet au conseil d'État.

L'Assemblée adopte, à la première lecture, le projet de loi qui a pour but de proroger la dissolution de la garde nationale de Lyon jusqu'à la fin de l'année.

La discussion du douaire de Mme la duchesse d'Orléans est mise à l'ordre du jour de lundi.

La séance est levée à 4 heures et demie.

VARIÉTÉS.
MÉTAPHYSIQUE DE L'ART,
PAR ANTOINE MOLLIÈRE.

—

(Chez Bauchu, libraire-éditeur, à Lyon, quai des Célestins.)

Voici un ouvrage, dont le titre seul, la *Métaphysique de l'art*, forme un singulier contraste avec le courant d'idées et de préoccupations qui emporte notre temps et notre pays. D'abord ce siècle d'affaires et de révolutions est très-peu propre à la *métaphysique*, qui demande du calme et de la sécurité. Descartes et Malebranche feraient probablement aujourd'hui, s'ils pouvaient revivre, autre chose que les *Méditations* et la *Recherche de la vérité*. Et quand même ils donneraient le jour à ces ouvrages, si beaux de simplicité, de clarté et de grandeur; il leur manquerait un public pour les lire et les apprécier.

Quant à l'art en lui-même, qui s'en soucie beaucoup à notre époque d'intérêts matériels et de passions politiques? Ce plaisir intellectuel, si délicat, si pur et si désintéressé, qui devenait une étude pleine de charmes pour les grands seigneurs, les hommes de loisir du temps de Louis XIV, pourrait difficilement rassembler aujourd'hui dans un but commun un auditoire d'élite. Malgré la prétendue éducation littéraire que l'Université donne maintenant à notre jeunesse, y a-t-il beaucoup d'anciens *lycéens* parvenus à l'âge mûr qui continuent à s'occuper de *littérature* d'une manière sérieuse? Le roman, le feuilleton et le théâtre, voilà avec quoi l'on cherche, non pas à nourrir son intelligence, mais à se délasser des fatigues d'un travail aride, ou à se distraire des préoccupations des affaires publiques. On porte dans ces lectures ou à ces représentations une disposition paresseuse et nonchalante, un désir d'avoir les sens doucement amusés, plutôt qu'un goût réfléchi du bon et du beau, plutôt que cet es-

...pit de critique et cet amour de l'idéal, qui sont les plaisirs moraux de l'ordre le plus élevé.

Écrire sur la *Métaphysique de l'art*, c'est donc tout simplement lutter dans cette sphère contre le torrent du siècle; c'est faire une œuvre de courage, en même temps que de goût et d'intelligence.

Du reste, quand Longin écrivit le traité du sublime, quand Quintilien posa les règles de la critique littéraire, l'art aussi semblait se perdre ou du moins marcher vers la décadence; et ces livres ont été pourtant appréciés, sinon par les contemporains, au moins par la postérité.

Or, M. Mollière, dont nous annonçons l'ouvrage, a sur ces écrivains de l'antiquité un avantage immense, il a pu s'appuyer sur le christianisme, cette source féconde et infinie d'un idéal inconnu à l'ancien monde païen. Il s'est lancé dans cette voie avec une foi et une résolution inconnues avant lui. Toutes les pages de son livre sont empreintes d'une mysticité catholique, à l'aide de laquelle il prend quelquefois son vol très-haut, jusqu'à se perdre dans les nues, où on a peine à le suivre. Il est évident que M. Mollière est très-nourri des ouvrages de MM. de Bonald, Ballanche et de Maistre; il s'inspire de leurs idées, mais il ne les copie pas : il y a chez lui du *prime-sautier*, et tout en imitant, il est souvent créateur.

Dans la première partie de son livre, intitulée *Synthèse générale*, M. Mollière démontre que la *notion radicale de l'art dépend de la notion radicale de l'homme*. Cela le conduit aux plus hautes considérations sur l'origine de l'humanité, et sur la doctrine traditionnelle qu'il préfère, même en philosophie, au dogmatisme cartésien. Il voit dans l'homme une image affaiblie et lointaine de la trinité divine. Il reconnaît en lui trois facultés principales, *l'intellect, l'imagination, le cœur,* auxquelles correspondent le *bon sens, le goût, l'attrait*. Mais ici laissons-le parler lui-même.

« L'intellect, mâle faculté du vrai, objet de la science, qui procède par
» l'expérience et le bon sens, et qui, par la parole, conduit à la connais-
» sance spéculative de Dieu dans la région plus spéciale de l'essence.

» Imagination, féminine faculté du beau, objet de l'art, qui procède par
» l'étude plastique et le goût, et qui, par la vision, conduit à l'admiration
» contemplative de Dieu dans la région plus spéciale de la forme.

» Cœur, spirituelle faculté du bon, objet de la religion, qui procède par
» le culte et l'attrait, et qui par la bonne œuvre conduit à l'amour pratique
» de Dieu dans la région plus spéciale de la vie. »

Tout cela est ingénieux, et conduit à des divisions bien précises. Mais le danger de ces classifications symétriques, c'est de vouloir les donner pour des vérités absolues, tandis qu'il y entre toujours un peu d'arbitraire, et qu'elles sont presque toujours insuffisantes à rendre raison de toutes les facultés de l'âme.

On reconnaît là le défaut de cette école philosophique qui présente trop souvent des rapprochements de mots comme des découvertes de choses.

M. Mollière tire de sa synthèse trois corollaires : le premier, qu'il intitule l'*essentialisme artistique*, consiste dans le développement *de l'objet de l'art, le beau;* le second, qu'il appelle le *formalisme artistique*, comprend la définition et l'explication *des moyens de l'art;* le troisième, sous le titre de *vitalisme artistique*, est consacré à montrer *le but et la pratique de l'art.*

Cet ouvrage est donc méthodiquement divisé ; les idées s'y enchaînent bien ; les principes y sont d'une grande pureté catholique, et les pensées toujours nobles et élevées.

Il serait à désirer que les artistes se pénétrassent de la hauteur de leur mission en lisant le livre de M. Mollière, ils y verraient qu'ils doivent être *les apôtres du beau*, et que le beau ne doit pas se séparer du bon. Mais citons l'auteur lui-même : «L'art est un ministère humain ; égal au mi-
» nistère scientifique, égal même, métaphysiquement parlant, au mi-
» nistère religieux ; car tous trois ont le même Dieu pour objet ; et ceux-
» là seuls le peuvent apprécier dignement, qui voient l'idée et l'être au
» travers et au-delà des simples phénomènes, et ceux là seuls, grands ou
» nobles, n'ont jamais craint de déroger en le cultivant ; Michel-Ange, le
» descendant des comtes de Canosse, en se faisant tailleur de pierre (1).
» savait bien qu'il ne faisait que changer d'aristocratie.»

Que M. Mollière nous permette, en finissant, une observation critique. Son style s'éloigne trop souvent de la simplicité et de la concision qui conviennent à la *langue métaphysique*. Je sais bien que, quand il s'agit de beaux arts, on a moins qu'en toute autre matière le courage et peut-être le droit de se plaindre de ces tournures pittoresques, de ces phrases sonores et brillantes qui révèlent l'artiste-écrivain. Cependant quand cet écrivain remonte au principe même de l'art, quand il s'élève ainsi aux régions de l'abstraction, il fait de la philosophie pure, et alors il doit s'exprimer en philosophe. Que l'on ne me cite pas l'exemple de Platon pour justifier l'emploi du style poétique dans la métaphysique. Quand ce grand homme est poète, il l'est moins par la forme que par sa conception. Rien n'est plus simple et plus précis que son style ordinaire ; ses *Dialogues socratiques* sont des modèles achevés dans ce genre. Aucun moderne ne rappelle mieux la sérénité et la pureté attique du philosophe grec que notre Fénelon, qui a un tout autre langage dans ses *Traités métaphysiques* que dans son *Télémaque* ou dans ses *Aventures d'Alcinoüs*, le *Cygne de Cambrai* cesse de chanter quand il disserte ; il se sert alors du style «comme un homme modeste de ses vêtements (2) pour se couvrir et non pour se parer. » Fénelon, Malebranche, voilà des modèles du véritable style philosophique. Rarement ils soulignent leurs définitions et leurs expressions caractéristiques comme on le fait avec une exagération affectée de nos jours. C'est par la manière dont ils placent ces expressions ou ces définitions qu'ils les font ressortir et leur donnent toute leur portée.

(1) Pourquoi ne pas dire sculpteur ?
(2) Expressions que Fénelon lui-même applique à Démosthène.

ne toute, on est heureux de n'avoir à reprocher à M. Mollière
surabondance de sève et d'imagination. Ce sont de ces défauts
il facile de corriger. On ne peut guère fortifier ou féconder un
qui souffre et frappé de stérilité. On peut toujours élaguer celui
végétation est trop luxuriante et trop vivace.

réserves faites, nous félicitons l'école catholique de s'être recruté
rateur aussi distingué, qui ose penser par lui-même, et qui a su
er des voies nouvelles, sans dévier de la plus stricte orthodoxie.

ALBERT DU BOYS.

VOYAGE HISTORIQUE.
VII.

TRE AU R. P. DOM GUÉRANGER, ABBÉ DE SOLESMES.

Suite. — Voir le Numéro 4837.

9 septembre.

en tout le temps, mon bien révérend Père, hier et aujourd'hui, de
ir à mon entretien avec M. Heltema, et de revenir sur ma longue
e du 7 que vous ne connaissez qu'à moitié. Car j'ai trouvé peu
ses, malgré l'obligeance des conservateurs, aux archives et à la
hèque de Leeuwarden. Celle-ci n'a que les débris peu importants
ancienne université de Franeker, nouvelles ruines ajoutées à celles
t d'autres écoles qui couvraient autrefois la Frise, l'Ower-Yssel, là
e. Quel compte à demander à la réforme, qui s'arroge si fastueu-
t tous les honneurs de la renaissance des lettres? Aux archives de

etiam perière ruinæ! Plus rien de Claercamp, de Marigarde, de
nie. Plus rien d'Adwerth, l'académie cistérienne du Nord. « S'il y
avant homme en Frise, disait-on, cherchez le dans Adewerth! »
reste j'avais été abondamment dédommagé à Groningue, où
th, professeur et magistrat fort estimable, m'avait communiqué les
, de son propre cabinet, et ouvert le riche dépôt des archives du

de trente ghildes ou confréries, leurs statuts, leurs patrons, leurs
es; confréries sénatoriales, ghildes bourgeoises, le bâton des mai-
es gonfalons des officiers, les coupes d'honneur, le verre des toasts,
iquaires destinés à la prestation des serments, les livres des statuts
ient copiés, splendidement montés en gemmes et en métaux pré-
: c'est un véritable musée des ghildes frisiaques, formé par M. Feith
dhuis. J'avais pour le visiter deux interprètes aussi érudits qu'obli-
; car au conservateur s'était joint son fils qui, pour achever de me
gner, même à distance, me donna une thèse rédigée par lui sur cet
sant sujet. Je fus frappé en la lisant de l'importance de ces anti-
ssociations et de leur décadence depuis la reforme : elles se sont

long-temps maintenues, grâce aux anciens règlements et à la part spé
ciale que les catholiques y prirent. Exclus plus sûrement qu'ailleurs de
fonctions publiques, ils durent se reporter sur le commerce et l'industrie
ils composaient presque totalement la première des confréries bourgeoises, celles des *Ferrandiers* (*Smeden*), et l'une des plus importantes entre
les sénatoriales; celles des ouvriers sur vase de cuivre (Koperslagers)
Mais de nouveaux règlements les ayant exclus des offices supérieurs
privés du droit de vote et d'élection, ils se sont retirés. Sapée par l'arbitraire, l'institution croula. Puis l'individualisme protestant altéra l'espri
de tradition jusque dans les professions héréditaires. Enfin le commerce
intérieur, aliment de ces industries locales, s'épuisa; la soif de lucre et de
jouissances, partout suscitée par le sensualisme des réformateurs, altéra la
bonne foi des transactions, précipita dans les entreprises hasardeuses,
lança au loin sur les mers les esprits les plus aventureux, ou concentra
l'activité industrielle dans les grandes villes.

C'est depuis trois siècles la monotone histoire des villes et des populations secondaires : Groningue, *la verte colline*, qui dès les premiers temps
dominait toute la Frise et s'élevait au niveau de Hambourg, de Lubeck,
de Brème, de toutes les villes anséatiques, cet *emporium* dont les comp-
toirs s'échelonnaient de la Baltique à Bruges, à Cologne, tout le long du
Rhin, et qui échangeait avec les patentes des rois d'Angleterre et de
France ses privilèges de péage et de son lieu, cette citadelle impériale de
Corbulon, qui pour faire reculer comtes, barons et empereurs, n'avait
qu'à montrer, pressés autour de son étendard de Saint-Martin, ses légions
d'Omlands, ses corps de ghildes, les vasseaux de ses chanoines, les puissants convers de ses grandes abbayes; maintenant appauvrie, dépeuplée,
déserte, Groningue est déchue : sa dernière splendeur est son Université;
et voilà que le rationalisme l'envahit et la démolit chaque jour.

Que restera-t-il donc à ces peuples, si on arrache jusqu'au reste de foi
qui les ravive encore? Au lieu de les désenchanter davantage, que ne leur
rend-on ces ghildes d'autrefois, ces fêtes patronales, ces processions, ces
tournois, ces mystères, cette luxuriante et naïve existence de nos vieilles
cités? Je ne puis m'empêcher de consigner l'un des souvenirs les plus frivoles de mon voyage. J'ai traversé la Hollande, comme au milieu d'une
fête continue : de ville en ville je rencontrai des parades et des réjouissances populaires qui font, en cette saison de l'année, le tour de la Hollande. Mais je ne saurais dire quelle lassitude somnolente me semblait
planer sur ces bruyantes banalités. Nos aïeux seraient morts d'ennui à la
plus belle de ces fêtes; et pourtant c'était une foire continue qui substi-
tuait son étalage affairé au chômage des aïeux : chose singulière! le nom
même atteste encore son origine, en dépit des révolutions. De Pâques à
la Toussaint, la Hollande calviniste célèbre encore, de ville en ville, le
Kermess, c'est-à-dire *la messe anniversaire de la Dédicace de ses Eglises*.

Delden, 10 septembre.

Je vous devais, mon très-révérend Père, ce souvenir liturgique; je dois
également me hâter d'achever cette longue lettre. Je me suis arrêté ici,

uit tombante, au pied d'un donjon qu'habite depuis Charlemagne
nastie des Vassenaar ; c'est, dit-on, la plus vieille famille de la Hol-
et de l'Europe ; elle posséderait encore des archives intactes, de-
les Normands. Au risque de passer pour le renard gascon devant le
le vigne, j'ai laissé s'ouvrir des négociations pour escalader, de gré
y force, la tour des archives ; et pendant les pourparlers aux poter-
lu donjon, j'ai lié connaissance, au presbytère, avec un digne curé
eul eût bien mérité cette halte d'une nuit. Il parle peu français, mais,
me tout le clergé, sans peine en latin. En latin donc la causerie s'est
mée et poursuivie, reprenant et déduisant la question du protestan-
e en tous ses chapitres : les Saints, les Papes, les Evêques, les no-
, les écoles, le commerce, les pauvres, les paysans. Ce digne homme
lie depuis vingt ans le paupérisme ; il a déjà beaucoup écrit ; il rêve
livre qui aurait pour titre : *Grandeur et décadence de la pauvreté*.
at et depuis l'ère chrétienne. Il a lu les principaux économistes ; mé-
lent de tous, il prétend que la question n'est pas encore effleurée,
e que nul ne l'a abordée en théologien. Il n'a vu de principes, de rè-
, de solutions pratiques que dans les Conciles et les plus anciens Pè-
Il veut qu'on remonte aux constitutions apostoliques, m'a singulière-
nt vanté saint Cyprien ; prise avant tout saint Augustin qu'il proclame
l'aton des économistes ; sa *Cité de Dieu* est la République chrétienne.
reste, il déclare les Saints les seuls grands maîtres des pauvres, et son
et est de n'avoir encore pu acheter les *Bollandistes* pour dépouiller
Acta sanctorum, et y trouver le secret de l'économie sociale. Peu sant, en général, des livres, il a interrogé de préférence la chaumière et
hamp du pauvre ; il a retrouvé jusque dans sa campagne, des institu-
us de charité aussi vieilles que la foi dans ces pays : tel entr'autres
age, dans un certain nombre de familles, d'adopter à perpétuité un
helin qui vit, grandit et meurt avec les enfants, sans s'apercevoir qu'il
sans parents. Mais une découverte plus singulière, que je n'ai pu lui
e suffisamment expliquer, c'est d'avoir retrouvé, çà et là, des cantons
terre, autrefois réservés pour les pauvres, encore reconnaissables à la
londeur de la terre végétale. La charité les engraissait et la sueur des
vres les fertilisait ; mais la réforme a encore changé cela. Ces terres
rilégiées, passant à des mains cupides, se sont appauvries, épuisées et
vertes de ronces. Il m'affirmait que la terre végétale avait diminué
s les pieds des protestants ; il me montrait le désert inculte s'éten-
t, comme une lèpre, sur le pays des Frisons et des Tubantes, appelé
s le *paradis des nobles*. Il attribuait la marche de ce fléau de la soli-
e et de la fam-mort, à la violation des lois de Dieu et de l'Eglise, à la
ediction de la terre, au désordre des eaux et des forêts, au déboise-
nt des montagnes, à la dévastation des digues, des canaux, des irri-
ons. Je crois me rappeler qu'il me dit en latin très-intelligible que
s n'étions encore qu'au commencement des maux ; que nous mar-
ns aux derniers mystères de l'iniquité, à une crise de servitude et de
ine qui complètera l'anarchie des grands et des petits, l'insurrection

de la matière contre l'esprit, la prétendue réforme de l'Eglise et d
monde.

J'ai hâte, mon très-révérend Père, pour finir moins lugubrement, d
vous dire que pendant cette causerie *textuelle*, que j'écoutais, comme
autrefois j'ai lu les soirées de Saint-Pétersbourg, des lettres s'échangeaient activement avec le château. Il importe que vous sachiez que le
noble famille remonte du côté paternel jusqu'à Radbode, premier roi fameux des Frisons, et par une autre ligne à Claudius Civilis, né au dire
de Tacite, d'un sang royal parmi les Bataves, compétiteur, je crois, de
Vespasien ou de Titus. Va, disions-nous, tout bas, pour Titus et Vespasien, Civilis et Radbode, et honni soit qui mal y pense, pourvu que la
tour des archives s'ouvre. Mais le sire de Wassenaar, en sa qualité d'arrière petit-fils de Radbode, ne pouvait accepter la visite d'un humble
Frère de Saint-Willibrord, surtout venant du pays de Charles-Martel.
Plus polie, la châtelaine, petite-nièce de Civilis, écrivit de sa noble main
quatre lignes au bon curé, et envoya galamment au pélerin le catalogue
des *imprimés* de la bibliothèque. C'était au moins une bonne fortune pour
le pasteur qui n'avait point encore pu voir ce catalogue. Je le laisse entre
ses mains, et me décide à le quitter lui-même, à deux heures du matin,
pour ne jamais revoir ni le presbytère de Delden, ni le château des Wassenaar, ni ce bon curé qui me disait, en me serrant la main une dernière
fois : *Jam delibor et tempus resolutionis meæ instat.* Je m'empressai d'a-
jouter : *Tu vero vigila, opus fac evangelistæ, ministerium tuum imple.*
Je n'en pensais pas moins, pauvre voyageur, exposé à tant de hasards, à
la dernière halte où je plierai ma tente pour toujours. Ce sera, je l'espère,
Dieu m'en fera la grâce, à l'abri de ma cellule; Dieu veuille que ce soit,
mon très-révérend Père, sous votre chère et paternelle bénédiction.

Agréez le profond et affectueux respect de votre indigne fils et serviteur.

Fr. J. B. Pitra , de l'abbaye de Solesmes.

MM. Adrien Le Clerc et Cie, imprimeurs-libraires de N. S. P. le Pape
et de Mgr l'Archevêque de Paris, ayant renoncé à l'impression du journal l'*Ami de la Religion*, l'Administration et le Bureau d'abonnement de
ce journal sont complètement séparés de leur Imprimerie et de leur Librairie; ils prient leurs correspondants d'adresser directement toutes
leurs demandes à leur maison de commerce, rue Cassette, 29.

BOURSE DU 12 OCTOBRE.

Le 3 p. 100 a débuté à 55 55, a fait 55 65 au plus haut, et reste à 55 50.
Le 5 p. 100 a débuté à 87 55, a fait 87 60 au plus haut, et reste à 87 55.
Les actions de la Banque de France ont été cotées à 2,550.
On a coté le 5 p. 100 romain à 79 et 78 1|2.

L'un des Propriétaires-Gérants, CHARLES DE RIANCEY.

PARIS. — IMPRIMERIE D'ADRIEN LE CLERC ET C*, rue Cassette, 29.

L'AMI DE LA RELIGION.

A NOS LECTEURS.

Aujourd'hui s'ouvre pour l'*Ami de la Religion* une phase nouvelle.
Aujourd'hui il entre dans cette vie plus active, dans cette vie qui se
double et se multiplie par une publicité quotidienne.

Pour nous commence en même temps une tâche plus laborieuse,
et ne nous dissimulons pas à quel point va s'augmenter le poids
de notre responsabilité.

Mais si le bien se développe davantage, s'il nous est donné de rendre plus de services à la religion, d'être plus utiles à notre pays,
comment pourrions-nous nous plaindre?

D'ailleurs n'avons-nous pas déjà trouvé notre récompense en même
temps qu'un puissant motif d'encouragement dans l'accueil qui a
été fait à la simple annonce du changement dont nous réalisons aujourd'hui l'exécution.

Ne les avons-nous pas trouvés surtout, cette récompense et cet encouragement, dans la bienveillante confiance de nos premiers pasteurs, alors qu'ils ont daigné se faire eux-mêmes les protecteurs,
nous oserions dire les propagateurs de notre œuvre dans leurs diocèses?

Qu'ils permettent donc que nous déposions ici l'expression d'une
reconnaissance pleine de respect, et qui, de notre part, doit se manifester par plus de dévoûment encore.

Nos lecteurs n'attendent pas de nous qu'anticipant ici sur l'avenir, nous leur offrions un tableau toujours trop facile à tracer, de
nos projets d'amélioration, de nos futures espérances... Non, nous aimons mieux nous taire à cette heure, et laisser parler pour nous nos
travaux, à mesure que le temps les développera.

Et puis, nous l'avons dit déjà, rien n'est changé dans notre Journal. Il subit seulement la nécessité de l'époque où nous vivons. Les
événements se pressent, les faits se multiplient, un mouvement plus
rapide entraîne tout; nous ouvrons de nouvelles pages pour recueillir des faits plus nombreux, et avec moins de retard nous les livrons
au juste empressement de nos lecteurs auquel, par cette combinaison, il nous est donné de satisfaire, sans sacrifier ce caractère de gravité, de réflexion et de maturité qui distingue l'*Ami de la Religion*.

Maintenant que Dieu nous soit en aide, car c'est son œuvre que
nous faisons, c'est l'œuvre de son Église; cette pensée toujours présente animera notre zèle et fortifiera notre dévoûment : elle nous
soutiendra dans nos travaux, dans nos luttes et dans nos épreuves.

Après Dieu, *c'est sur les hommes de foi*, sur le clergé surtout que

nous sommes habitués à compter pour le triomphe de la cause à
laquelle nous nous sommes consacré, cette cause est la leur comme
la nôtre; pas plus que nous, ils ne lui ont fait, ils ne lui feront dé
faut.

Les Directeurs et Rédacteurs de
*l'*AMI DE LA RELIGION.

Nous ne croyons pas manquer à la discrétion et au respect envers
NN. SS. les Évêques, en publiant quelques-uns des encouragement
qu'ils ont bien voulu nous adresser.

Mgr l'évêque de Fréjus, à la date du 22 septembre dernier, s'ex
prime ainsi dans une lettre circulaire à son clergé :

« L'*Ami de la Religion*, à partir du 15 octobre prochain, va paraître tous le
jours. Par la pureté de ses principes, par la sagesse de sa direction, par le senti
ment profond qu'il montre de ses devoirs, comme par le respect, aujourd'hui s
rare et pourtant plus que jamais nécessaire, qu'il professe pour tout ce qui doi
être respecté selon l'ordre de Dieu, enfin par l'importance des matières qu'on y
trouve traitées avec un talent soutenu et souvent distingué, ce Journal nous pa
raît depuis un an tout-à-fait digne de l'intérêt et de LA CONFIANCE du clergé e
de tous les hommes religieux. C'est pourquoi Nous n'hésitons pas à le recom
mander en ce moment à tous, d'une manière très-particulière.

Voici maintenant un extrait d'une lettre de Mgr l'Évêque de Saint-Flour à so
clergé au sujet de l'*Ami de la Religion*.

L'*Ami de la Religion* va paraître tous les jours, à partir du 15 de ce mois
Déjà nous vous avions vivement recommandé ce Journal, nos très-chers coopé
rateurs, et nous avions exprimé le vœu de voir dans chaque presbytère cet or
gane digne de la confiance du clergé et des encouragements de l'Épiscopat. Au
jourd'hui qu'il va devenir quotidien avec une légère augmentation dans l'abonne
ment (1 franc par trimestre pour 200 numéros de plus par an), nous espéron
qu'il aura de nombreux abonnés, non-seulement dans notre clergé, mais parm
les laïques auxquels nous le recommandons.

Uniquement voué à la défense de l'Église, fidèle aux bonnes traditions de res
pect et de modération de la polémique chrétienne, zélé défenseur de nos liber
tés religieuses et des droits du Saint-Siége et de l'Épiscopat, juste appréciateu
des événements politiques au double point de vue des intérêts de la religion e
de la société, l'*Ami de la Religion* suivra avec persévérance sa ligne tradition
nelle d'orthodoxie et de conciliation. Nous ne l'ignorons pas, très-chers coopéra
teurs, les ménagements ne sont pas du goût de certains esprits extrêmes. Il
voudraient tout emporter de haute lutte, et à leurs yeux, toute concession es
une faiblesse et une sorte d'apostasie. Tout ou rien, c'est leur devise. Eh bien
nous ne craignons pas de le dire, l'Église se montre plus accommodante dan
ses rapports avec les pouvoirs établis, et souvent les Souverains Pontifes, dan
leurs concordats, se contentèrent d'un bien réel et possible tout en attendan
mieux du temps. Sachons imiter cet exemple, et ne compromettons pas notr

...iate et belle cause par une polémique exagérée, amère, tranchante et plus propre à diviser les catholiques qu'à dissiper les préjugés de nos ennemis.

À la date du 27 septembre, Mgr l'Archevêque de Rouen adressait la lettre suivante à MM. les curés doyens de son diocèse :

« Mon cher Curé,

« J'apprends que la direction de l'excellent journal l'*Ami de la Religion* vient d'être confiée à un prêtre plein de mérite, M. l'abbé Jacquemet, frère de Mgr de Nantes, qui s'adjoint lui-même plusieurs ecclésiastiques d'une doctrine et d'un zèle éprouvés.

» Nous en pouvons, je crois, conclure qu'aujourd'hui, comme en ses meilleurs jours, cette feuille est digne de toute notre confiance et de toutes nos sympathies. Vous ne risquez rien à la représenter ainsi aux ecclésiastiques de votre canton.

» Recevez avec cet avis, mon cher curé, la nouvelle assurance de tout mon attachement. »

Nous ne saurions assez témoigner notre reconnaissance au vénérable Évêque de Grenoble, qui a bien voulu nous adresser à nous-mêmes les lignes suivantes :

« Vous me trouverez toujours le même pour le bon *Ami de la Religion*. Mon vœu le plus ardent serait qu'il devînt le manuel de tous les membres de mon clergé. Sa prochaine apparition quotidienne lui sera avantageuse et me causera beaucoup de plaisir. »

Nous terminerons par la lettre qu'on va lire de S. E. Mgr le Cardinal-Archevêque de Bourges :

« Monseigneur,

« Vous savez toute mon estime pour l'*Ami de la Religion*, tout mon intérêt pour le succès d'un journal dont j'apprécie le mérite et l'utilité. Je crois, Monseigneur, que la publication journalière, qui répond aux vœux comme aux besoins, doit lui assurer de nouvelles sympathies, qui dédommageront l'administration des sacrifices qu'elle s'impose à cet effet. Soyez persuadé que je provoquerai de tout mon pouvoir cet heureux résultat, en saisissant toutes les occasions de recommander une œuvre qui a si bien servi la religion, et qui, dans les temps critiques qu'il nous faut parcourir, est destinée à lui rendre encore de plus importants services.

» Agréez, etc. »

CONCILE PROVINCIAL DE REIMS.

On nous écrit de Soissons, dimanche, 14 octobre :

« MONSIEUR LE RÉDACTEUR,

« Durant les quinze jours qui viennent de s'écouler depuis la session d'ouverture, le Concile de la province de Reims, réuni à Soissons, a poursuivi activement ses travaux. Chaque jour, la congrégation particulière des Évêques s'est réunie dans la matinée et la congrégation générale dans l'après-midi. Un assez grand nombre de décrets ont été déjà proposés, discutés et adoptés. La seconde session eu lieu ce *matin dans la chapelle* du séminaire, qui était ouverte au public. Après la messe, célébrée par Monseigneur l'Archevêque de Reims, président du concile, et, après les prières d'usage, un des secrétaires, M. l'abbé Ledoue, vicaire général d'Amiens, a donné lecture des décrets qui avaient déjà reçu l'approbation des Pères du concile. J'ai suivi cette lecture avec attention, et je puis vous donner une idée succincte de ces décrets, du moins des principaux.

« Le premier est relatif à l'autorité du Saint-Siége. Après avoir cité le canon du concile général de Florence sur cette matière, le concile de Reims a emprunté aux plus vénérables monuments de la tradition catholique des termes très-expressifs pour caractériser le pouvoir suprême dont le vicaire de J.-C. est investi pour le gouvernement de l'Église de Dieu. Plusieurs de ces expressions m'ont paru être tirées du célèbre formulaire du pape Hormisdas. Le concile déclare ensuite qu'il adhère à toutes les constitutions du Saint-Siége condamnant les erreurs des novateurs, et il ajoute que par l'institution même de Jésus-Christ, les lois de l'Église ont en elles-mêmes une force obligatoire, indépendante de toute sanction civile.

« Le second décret contient une profession de foi extraite du quatrième concile de Latran, et exprimant d'une manière très-précise les vérités opposées à plusieurs des principales erreurs de nos jours, qui détruisent les fondements de la religion.

« Vient ensuite un décret dans lequel sont condamnés le panthéisme, — dans les systèmes philosophiques qui détruisent la notion catholique de la Trinité,—le naturalisme, les doctrines matérialistes, et particulièrement celles qui prétendent que tous les actes de l'âme sont invinciblement déterminés par l'organisation, et enfin l'indifférence religieuse dans ses principales formes.

« J'ai écouté, avec une attention particulière, le décret sur la liturgie. Le Concile rappelle d'abord combien il est important que la liturgie ait toute l'unité prescrite, qu'elle soit stable, et que l'orthodoxie des livres liturgiques repose sur les plus fortes garanties. Il déplore la variété des bréviaires et des missels, qui s'est introduite dans les derniers temps parmi nous. Il forme le vœu qu'on observe à cet égard les constitutions de saint Pie V. En attendant, il pose en principe que cette dangereuse facilité de changer les livres liturgiques doit cesser et il statue que les Évêques devront avoir soin, dès que l'occasion opportune se présentera, de rétablir l'usage du bréviaire et du missel romain pour toutes les églises de leurs diocèses, à moins qu'il n'y en ait quelques-unes qui se trouvent dans l'exception prévue par les constitutions de saint Pie V.

« Le temps me manque pour vous donner aujourd'hui quelques détails sur les autres décrets promulgués. En voici seulement la liste : De sacramentis in genere, de Baptismo, de Confirmatione, de Sepulturâ ecclesiastica, de Vitâ et honestate clericorum, de Vicariis generalibus capitulis cathedralibus et canonicis.

« J'ai lieu de croire que le Concile a statué sur plusieurs autres ints. On attend sans doute, pour publier ces décrets, qu'on puisse les joindre à d'autres qui restent à faire sur les mêmes matières. Je présume aussi que les décrets dont je viens de vous donner la liste ont plusieurs points communs avec ceux qui seront adoptés ultérieurement : je me réserve de vous transmettre les remarques que j'aurai pu faire. On dit que la dernière session du Concile aura lieu dimanche prochain, 21 octobre; mais il est très-possible que la durée de cette assemblée dépasse un peu cette limite.

SÉANCE DU SAMEDI 13 OCTOBRE.

L'événement de la séance a été la communication du rapport de M. Thiers sur la demande de crédits concernant l'expédition française en Italie. L'Assemblée attendait avec une légitime impatience la présentation de ce document, et elle semblait avide de témoigner en quelque sorte par avance, son opinion sur les graves questions qu'il soulève. Aussi, malgré quelques résistances de la part du rapporteur, a-t-elle exigé que lecture lui fût donnée du rapport. Nous n'avons pas besoin d'apprécier cette pièce si remarquable, si pleine de netteté et de courage; nous allons la publier tout entière d'après le *Moniteur*. Mais ce que nous constaterons avec le plus grand soin, ce sur quoi nous insisterons, c'est l'effet qu'elle a produit sur l'Assemblée, c'est l'adhésion complète et réitérée qu'elle a provoquée sur tous les bancs de la majorité, c'est surtout la rage et la fureur avec laquelle elle a été accueillie par la gauche. Il est difficile de peindre les éclats de colère, les accès de passion et de violence, le cynisme des injures et des outrages qui partaient à chaque instant de la Montagne.

Quelque dégoût que nous cause de pareilles scènes, quelque honte que nous en ayions pour notre temps et pour notre pays, il faut et il est utile qu'elles se produisent, car elles portent avec elles le plus cruel châtiment et la plus juste punition de ceux qui s'en font les tristes héros. Chaque épisode de ces hideux scandales retombe comme un stygmate vengeur sur les hommes qui les donnent et sur les partis qui les applaudissent !

En même temps, ces invectives et ces indignités font l'honneur et la gloire des opinions et des orateurs à qui elles s'adressent. En ce qui touche le rapport de M. Thiers, elles sont plus éloquentes que ne le seraient tous nos éloges. Laissons parler le rapporteur :

L'intervention de la France dans les affaires de Rome a été le sujet de fréquentes discussions, soit dans l'Assemblée constituante, soit dans l'Assemblée législative. De nouveaux faits s'étant produits, le gouvernement a eu la sage pensée de devancer lui-même toutes les demandes d'explication, en vous apportant spontanément, dès la reprise de vos travaux, une suite de projets de loi qui étaient nécessaires pour régulariser les dépenses de notre expédition, et qui devaient fournir en même temps l'occasion des plus amples éclaircissements. Une commission, formée dans son sein, a examiné de nouveau, sous tous ses rapports moraux, religieux et politiques, la grave question dont il s'agit, elle a entendu MM. les ministres, pris connaissance de nom-

breux documents, et elle me charge de vous soumettre le résultat de ses ré
flexions.

Ce n'est pas sur les crédits demandés que pouvaient s'élever des discussions sérieuses
puisqu'il s'agissait de dépenses nécessaires, déjà même accomplies pour la plupart, mai
sur l'acte politique qui a occasionné ces dépenses, et sur les conséquences que cet act
a déjà eues, et doit avoir encore. Aussi, votre commission me charge-t-elle de vous dir
qu'elle n'a trouvé aucune observation à faire sur les dépenses elles-mêmes, qui ont é
renfermées dans une sage économie, et dont, au surplus, vous aurez plus tard à juge
la partie matérielle, en vous occupant de la loi des comptes. Seulement, elle a voul
savoir si les crédits demandés seraient suffisants pour faire face à toutes les charges d
notre expédition jusqu'au 31 décembre, et elle m'autorise à vous en donner l'assurance
après avoir pris, à ce sujet, les informations convenables.

Je me hâte de vous entretenir de ce qui vous intéresse essentiellement ici, c'est-à-dir
de notre expédition elle-même, de ses motifs et surtout de ses conséquences, les une
déjà réalisées, les autres seulement en espérance. Ces conséquences sont-elles bonne
honorables, conformes enfin au but qu'on se proposait ? Que faut-il désirer encore pou
qu'elles répondent aux intentions que vous avez eues en ordonnant une expédition qu
a présenté certaines difficultés militaires et de graves difficultés politiques ? Tels sont l
points que je vais, au nom de votre commission, soumettre à un examen rapide .

Lorsqu'il y a trois années, un noble pontife, si cruellement récompensé de ses inten
tions généreuses, a donné du haut du Vatican le signal des réformes politiques et socia
les aux princes italiens, tous les hommes éclairés ont fait des vœux pour que l'Italie en
trât avec prudence dans la voie qui lui était ouverte par Pie IX ; qu'elle y marchât ave
mesure et avec suite ; qu'elle ne compromît pas encore une fois ses destinées par un
imprudente précipitation ; que, dans quelques-uns des Etats qui la composent, elle s
contentât de réformes administratives, moyen de se préparer plus tard aux réformes poli
tiques ; que dans les plus avancés d'entre eux elle ne songeât pas à dépasser les limite
de la monarchie représentative, dont elle était à peine capable de supporter les charmai
tés ; que dans tous elle prît des habitudes de concorde et d'union, de manière à se pro
curer, à défaut de l'unité italienne qu'il ne dépendait pas d'elle de se donner, les avan
tages d'une forte confédération ; et que surtout elle ne tentât pas imprudemment un
guerre d'indépendance, guerre intempestive, sans espérance pour elle, tant que l'Eu
rope n'aurait pas le malheur d'être engagée dans une guerre générale ; et enfin, que s
cette guerre d'indépendance naissait de circonstances plus fortes que la volonté des hom
mes, tous les Italiens, unis à leurs gouvernements, renonçassent à de misérables discor
des intérieures, pour accourir sur le Pô et sur l'Adige.

Tels étaient, disons-nous, les vœux des hommes éclairés, amis de la vraie libert
amis surtout de cette intéressante et belle Italie, qui est pour tous les esprits élevés un
seconde patrie. Et ces vœux ne sont pas de ces vœux formés après coup, fruit d'un
prudence tardive, qui ne s'éclaire qu'après les événements ; mais ils ont été formulés
cette tribune, quand elle s'élevait dans une enceinte voisine, en présence d'un trô
qui n'est plus, et quand nous étions tous pleins d'espérance à l'aspect d'un mouvemen
général, qui s'étendait de Naples à Berlin et à Vienne, et qui malheureusement, a
lieu des bienfaits qu'il promettait, n'a donné que des tempêtes. (Nombreuses marque
d'approbation à droite.)

Une faction désordonnée, qui a mis la satisfaction de ses passions bien au-dessus d
l'intérêt vrai de sa cause, s'est emparée de l'Italie et l'a précipitée dans un abîme.
(Vives dénégations à l'extrême gauche.)

Une voix : Ce n'est pas vrai !

A droite : Si ! si ! — Très-bien ! très-bien !... — C'est très-vrai ! c'est de l'histoire
instruisez-vous.

M. ANTONY THOURET. *Une faction* fondée sur le suffrage universel en France ! (Ad
hésion à gauche.)

M. VAST-AIMEUX. C'est une question brûlante sans doute ; mais écoutez le rappor
nous n'en sommes pas à la discussion.

M. LE RAPPORTEUR. Partout elle a excité les peuples à demander des institution
sans rapport avec l'état des esprits et des mœurs, elle a poussé jusqu'à la forme régu

:e. (Réclamations à gauche.)

: : C'est de l'histoire!

RAPPORTEUR. Messieurs, quand nous discuterons, je pourrai répliquer à vos
ons; mais mon rapport, et je ne suis autorisé qu'à vous lire mon rapport, ne
vous répondre; il faut donc m'écouter.

e : Très-bien! très-bien! (Exclamations à gauche.)

PRÉSIDENT. Allons, écoutez donc! Vous vous croyez obligés d'interrompre;
ène aucun résultat. (Rire approbatif à droite.—Nouvelles exclamations à gau-
a croiriez donc vous compromettre si vous écoutiez? (Nouveaux rires appro-
umeurs nouvelles à l'extrême gauche.) Jamais, dans les anciennes assemblées,
terrompu un rapport.

R. Nous sommes dans une assemblée républicaine! (Exclamations et rires à

FERRIER. Le désordre est donc, selon vous, inséparable de la République?
sentiment sur plusieurs bancs.)

PRÉSIDENT. Est-ce que, par hasard, assemblée république voudrait dire as-
indisciplinée? (Vive approbation.)

RAPPORTEUR. La suite de ces fautes, vous la connaissez. L'Autriche, usant
incontestable de la guerre, a reconquis la Lombardie, envahi le Piémont, les
Parme et de Modène, la Toscane, une partie des Etats romains. Les gouver-
mal récompensés des concessions qu'ils avaient faites, n'ont pas été portés à
veler; les ennemis des réformes libérales ont trouvé dans les excès commis
nents puissants; les hommes éclairés ont été découragés, et les masses, si
sement déchaînées, ont été ramenées par la force matérielle à une dure sou-

lant, au milieu de ce vaste naufrage, fallait-il désespérer entièrement? N'y
as quelques débris à recueillir? N'y avait-il pas à sauver quelques-unes des es-
conçues en 1847? N'y avait-il pas surtout quelques efforts à faire, pour réta-
alie un équilibre sur lequel toutes les puissances ont le droit de veiller, et qui
pu au profit de l'une d'elles, par la faute de ceux qui l'avaient attaquée?
ince l'a pensé ainsi, et c'est là l'origine et la cause de son expédition à Rome
n qu'on ne peut bien juger qu'en remontant aux circonstances qui l'ont pro-

s'abstienne; si on ne veut pas qu'il y ait d'improbation, il ne faut pas qu'il y ait d'approbation.

M. LE PRÉSIDENT. On n'a rien dit. Jamais une approbation n'a été une interruption.

M. LE RAPPORTEUR, continuant. Mais l'unité catholique, qui exige une certaine soumission religieuse de la part des nations chrétiennes, serait inacceptable, si le pontife qui en est le dépositaire n'était complétement indépendant; si au milieu du territoire que les siècles lui ont assigné, que toutes les nations lui ont maintenu, un autre souverain, prince ou peuple. s'élevait pour lui dicter des lois. Pour le pontificat, il n'y a d'indépendance que la souveraineté même. C'est là un intérêt du premier ordre, qui doit faire taire les intérêts particuliers des nations, comme dans un État l'intérêt public fait taire les intérêts individuels, et il autorisait suffisamment les puissances catholiques à rétablir Pie IX sur son siége pontifical.

Une armée autrichienne étant prête à se rendre à Rome, soit pour user du droit de la guerre, soit pour satisfaire au vœu des nations catholiques, la question s'est élevée de savoir si la France devait se prêter à ce que l'Autriche poussât son invasion jusqu'à Rome, et dominât ainsi moralement et matériellement presque toute l'Italie. Il n'y avait que deux moyens de l'en empêcher : ou la guerre ou l'occupation de Rome par une armée française. La guerre était un moyen dont notre Gouvernement, dans le moment de ses plus grandes ardeurs pour l'indépendance de l'Italie, et lorsqu'il y avait des chances de succès, puisque les Autrichiens étaient rejetés au-delà de l'Adige, n'avait pas usé. Il eut été insensé d'y penser, quand l'occasion favorable était manquée, quand une plus juste appréciation des intérêts de la France avait succédé dans les esprits à de dangereux entraînements. La guerre mise à part, il restait un moyen, un seul, c'est que la France allât elle-même satisfaire au grand intérêt des nations catholiques, en rétablissant sur son trône le souverain pontife. (Interruption à l'extrême gauche.)

Une voix. Il fallait le dire!

M. LE RAPPORTEUR. L'Autriche n'avait plus alors aucun motif de se rendre à Rome, à moins qu'elle ne prétendît donner à sa victoire des conséquences, qu'elle a eu, du reste, la sagesse de ne pas vouloir lui donner.

Il fallait donc ou arrêter l'Autriche par les armes, ce qu'aucun parti en France n'avait voulu ni fait quand il occupait le pouvoir, ou remplir la tâche que l'univers chrétien désirait voir accomplie par l'une des grandes puissances catholiques.

C'était le triple intérêt de la France, de la chrétienté et de la liberté italienne qu'il en fût ainsi.

A l'extrême gauche, ironiquement : Bien! très-bien!

M. LE RAPPORTEUR. C'était l'intérêt de la France, car l'équilibre des influences, rompu en Italie au profit de l'Autriche, était rétabli dans une certaine mesure, si les Français étaient à Rome tandis que les Autrichiens étaient à Modène, à Parme, à Florence, à Alexandrie.

C'était l'intérêt de la chrétienté, car l'intérêt véritable de la chrétienté, c'est que le Souverain Pontife soit vraiment indépendant. Or, son indépendance avait moins à souffrir par l'action de la France, qui ne possède rien en Italie, que par l'action de l'Autriche, qui en possède une grande partie, et qui domine de son influence ce qu'elle ne possède pas.

C'était enfin l'intérêt de la liberté italienne; car, bien que l'Autriche ait elle-même subi une révolution fondamentale, bien que de nouvelles idées président à la direction de son gouvernement, il est évident que l'irritation toute naturelle n'une lutte récente avec les peuples italiens, la crainte de nouveaux bouleversements dans un pays où elle a de si grands intérêts, le désir de contenir dans d'étroites limites une liberté qui avait produit de si terribles bouleversements, devaient la porter à laisser restreindre cette liberté au dela de la mesure que comportaient les circonstances, peut-être même à laisser s'accomplir tout entière une contre-révolution dont d'indignes excès n'avaient que trop fourni le prétexte. En un mot, sans rechercher quelle est la mesure de liberté désirable et possible pour les Italiens, question fort grave qu'il est inutile de traiter ici, on conviendra que cette mesure devait être plus restreinte sous l'influence des Autrichiens que sous celle des Français.

Il me semble donc que dans l'intérêt français, catholique et libéral, il n'y avait pas à hésiter, et qu'il valait mieux qu'une intervention, rendue inévitable par les fautes qui avaient perdu l'Italie, eût lieu par les armes de la France plutôt que par les armes de l'Autriche.

Il pouvait, sans doute, en résulter des difficultés, des dépenses, du sang versé, et c'était, nous en convenons, une considération grave. Mais si c'est une considération qui peut être sérieusement alléguée par ces esprits prudents et sages qui, dans l'état du monde, ne veulent à aucun degré compromettre la France dans les affaires extérieures, elle ne saurait être alléguée par ceux qui voudraient verser tout le sang et tous les trésors de la France pour la propagande la plus folle, la plus stérile, la plus impuissante.

Il est étrange, en effet, qu'on veuille risquer l'existence même du pays dans une lutte formidable pour imposer à tous les peuples une forme unique de gouvernement, et qu'on refuse un effort modéré pour maintenir l'équilibre des influences européennes, pour empêcher une contre-révolution complète dans une contrée qui nous intéresse à un si haut degré que l'Italie. Toutefois, si les efforts que devait coûter l'expédition romaine ne sont pas un argument acceptable de la part de ceux qui proposent si souvent la guerre générale à propos des moindres incidents, cet argument mérite d'être accueilli de la part de ceux qui croient que la France doit, pour longtemps encore, tant que les alliances européennes seront combinées comme elles le sont aujourd'hui, resserrer plutôt qu'étendre son action. Mais à ceux-là nous dirons que, si la France était restée immobile, renfermée chez elle, et laissant volontairement à l'Autriche le soin de tout faire, de tout décider en Italie, peut-être qu'ils auraient regretté eux-mêmes, en présence des faits, un système d'inertie poussé à ce degré d'abnégation.

Entre ceux qui voudraient qu'au moindre événement la France se jetât comme un torrent dévastateur au milieu des affaires européennes, et ceux qui voudraient que, renfermée chez elle, elle ne se mêlât plus de rien, il y avait un milieu, un milieu sage et pratique, c'était que la France, puisque les fautes d'une faction avaient amené les armées étrangères en Italie, y parût aussi pour exercer sa part d'influence, y faire sa part de bien, y diminuer la part inévitable du mal, et sauver du naufrage de la liberté italienne quelques-unes des espérances conçues à l'avénement de Pie IX.

C'est ce que la France a exécuté sagement et résolûment tout à la fois.

Il est vrai qu'en envoyant une armée, elle avait à agir contre une république. Cette considération rendait-elle sacré le gouvernement institué au Capitole? Nous ne le croyons pas. Notre Constitution, défectueuse en plus d'un point (Oh! oh! — Rires ironiques aux bancs extrêmes), notre Constitution, défectueuse en plus d'un point (ce qu'il est permis de dire, puisqu'elle a elle-même prévu et stipulé sa révision), notre Constitution aurait méconnu toute raison, si elle avait entendu que telle ou telle forme de gouvernement rendrait un Etat voisin odieux ou sacré pour nous. On est ami ou ennemi d'un gouvernement, non en raison de sa forme, mais de sa conduite. Aussi la Constitution s'est-elle bornée à déclarer que la France ne prendrait les armes contre la liberté et la nationalité d'aucun peuple étranger.

Ce texte résout pour nous la question constitutionnelle. La France, en allant à Rome, y est-elle allée pour nuire à la liberté de l'Italie, et, en particulier, du peuple romain? Les faits, à cet égard, parlent assez haut pour rendre la réponse facile. (Oui! oui! — Assentiment ironique à l'extrême-gauche.)

M. ANTONY THOURET. C'est vrai! les faits parlent assez haut! Très-bien!

M. LE RAPPORTEUR. Les faits parlent assez haut pour rendre la réponse facile. Aujourd'hui, en effet, on se récrie contre les résultats obtenus, on trouve qu'on n'a pas assez vaincu, à Rome, le mauvais vouloir du parti hostile à la liberté, qu'on n'a pas obtenu du gouvernement pontifical assez de clémence ou assez de liberté politique. On convient donc que la France est placée en présence d'influences contraires avec lesquelles elle est en lutte pour se faire donner ce qu'on lui concède. Elle n'est donc pas à Rome contre la liberté italienne, mais pour elle. (Réclamations à l'extrême gauche. — Assentiment à droite.)

Une voix à gauche : C'est du Loyola! (Bruit.)

M. LE RAPPORTEUR. Messieurs, je vous ai déjà dit que nous discuterions prochainement.

A l'extrême gauche : Très-bien ! Nous verrons.

M. LE RAPPORTEUR. Vous savez par expérience que vos objections n'ont pas l'habitude de m'interdire la parole, et que je vous réponds. (Oh ! oh ! — Exclamations à gauche.) Eh bien, pourquoi ne pas attendre le jour où je pourrai vous répondre ?

A gauche : Oui ! oui !

M. LE PRÉSIDENT. C'est une impatience déplacée.

Voix nombreuses à droite : Ecoutez donc !

M. LE RAPPORTEUR. La France n'est donc pas à Rome contre la liberté italienne, mais pour elle.

On peut penser qu'elle ne fait pas assez, soit ; mais enfin elle agit pour, et non pas contre : l'esprit de la Constitution n'est donc violé à aucun degré. (Violentes réclamations à l'extrême gauche.)

A droite : C'est un 13 juin !

M. LE PRÉSIDENT. Faites donc silence ! Quelle intempérance de langage !

M. LE RAPPORTEUR. Ainsi toutes les raisons politiques, morales, religieuses, devaient porter la France à intervenir à Rome. Elle y a envoyé une armée. La faction qui a dirigé depuis deux ans les destinées de l'Italie, au lieu de prendre la France pour arbitre, lui a violemment résisté. Nos soldats, toujours dignes d'eux-mêmes, ont emporté tous les obstacles, comme ils faisaient jadis à Lodi et à Arcole ; mais plus que jamais sages et disciplinés, ils ont mérité l'admiration de l'Europe par la régularité et l'humanité de leur conduite (Très-bien !) ; et n'aurions-nous obtenu de notre expédition que cette nouvelle manifestation des vertus guerrières de notre armée, nous ne devrions pas avoir de regrets, car, pour nous, au milieu des douleurs que nous inspire le spectacle du temps, la conduite de nos soldats a été une véritable consolation patriotique. (Très-bien ! très-bien ! — Acclamations sur les bancs de la majorité.)

M. AIMÉ, s'adressant à l'extrême gauche. Vous devriez siffler comme à la Porte Saint-Martin !

M. PASCAL DUPRAT. La gloire est pour l'armée, la honte pour le Gouvernement ! (Allons donc !) C'est une de vos belles paroles, monsieur le président, que je cite.

M. LE RAPPORTEUR. La France, une fois présente à Rome par son armée, n'y pouvait commettre l'inconséquence de violenter elle-même le Saint-Père, qu'elle venait délivrer de la violence d'une faction. Elle a dû lui rendre son trône et sa liberté, sa liberté pleine et entière, car telle était sa mission. Mais elle tenait des circonstances un droit, un droit qu'on n'a que très-rarement, celui des conseils. Si, dans les circonstances ordinaires, un Souverain se permettait de dire à un autre : Vous vous conduisez mal ; comportez-vous de telle ou telle manière, il commettait à la fois une inconvenance et une usurpation. Mais un souverain qui est venu en rétablir un autre, que un intérêt commun d'ordre, d'humanité, de religion, d'équilibre politique, trouve dans la gravité des circonstances qui l'ont amené, dans le service rendu, le droit de donner un conseil. La France, en faisant un effort, effort qu'il faut mesurer non à la difficulté d'emporter quelques bastions, difficulté qui heureusement n'en est pas une pour son armée, mais aux difficultés politiques que peut entraîner une entreprise de ce genre ; la France, disons-nous, en faisant un tel effort, avait le droit de supplier le Saint-Père. (Interruption à l'extrême gauche.)

Un membre à gauche : Supplier à genoux !

Autre membre : C'est un langage de capucin, M. de Montalembert doit être satisfait. (Agitation.)

A droite : Il n'y a rien de sacré pour eux ; vous verrez qu'il faudra dire le citoyen Pape !

M. LE RAPPORTEUR : Je suis étonné de l'interruption ; je suis étonné qu'on ait assez peu de fierté pour ne pas comprendre la valeur des expressions quand il s'agit d'une puissance qui n'a pas une armée de 500,000 hommes. (Très-bien ! très-bien ! — Bruit à l'extrême gauche.)

M. LE PRÉSIDENT, s'adressant à l'extrême gauche : A quoi peuvent mener ces interruptions ? Dans quel intérêt les fait-on ? Ecoutez donc, c'est votre devoir ; le silence ne compromet personne, et souvent une parole imprudente compromet. (Rires à droite — *Rumeurs à gauche.*)

ix : La maxime est bonne!

PRÉSIDENT : Je suis bien obligé de parler souvent, pas aussi souvent que
nveaux rires.) Quelquefois c'est une succession inconcevable d'interruptions ;
t est de les constater, de les mettre en évidence ; c'est la seule réparation, c'est
je dois à l'Assemblée. (Très-bien! très-bien!)
sant toujours à l'extrême gauche) : Vous ne savez pas vous contenir un

rony **THOURET** : Ce n'est pas facile.

PRÉSIDENT : Je vous demande pardon, c'est facile.

'PORTEUR : Est-ce que vous croyez que vous ne mettez pas souvent notre
une rude épreuve ? (Oh! oh! — Rumeurs nouvelles à l'extrême gauche.)
ends.

ice, en faisant un tel effort, avait le droit de supplier le Saint-Père de prendre
s convenables pour satisfaire ses peuples, et pour apaiser ce qu'il y avait chez
contentements légitimes. Elle avait droit de lui conseiller les réformes qui
en réconciliant les habitants des Etats romains avec la souveraineté pontifi-
spenser de revenir elle-même à Rome, ou d'y laisser venir l'Autriche, deux
galement regrettables pour tout le monde.
ce n'a trouvé le Saint-Père ni moins généreux! ni moins libéral qu'il l'était
mais les circonstances étaient malheureusement changées. Ceux qui avaient
bienfaits pour bouleverser l'Italie, pour chasser de leur capitale les princes
éraux, avaient produit un redoublement de préjugés chez tous les ennemis de
italienne, dont Pie IX, au début de son règne, avait si courageusement af-
répugnances. Ne pas rouvrir la source d'où avaient découlé tant de maux;
au la préoccupation exclusive de presque tous les hommes qui concourent au
nent romain. Les difficultés, grandes à l'origine de la liberté romaine, étaient
llièrement accrues par l'usage de cette liberté pendant les deux années qui
to s'écouler
ice a dû dire que s'il y avait danger de bouleversèment à dépasser la mesure
qui convient à un peuple, il y avait danger aussi de rester en-deçà de cette
t qu'il y avait péril à accorder trop peu, comme à accorder trop. Elle a dû dire
inistration romaine, telle qu'elle a existé jusqu'à l'avénement de Pie IX, était
t à maintenir dans les Etats du Saint-Siége. Si on peut, en effet, contester aux
le droit de renverser, au nom de leur souveraineté, l'autorité temporelle du
essaire à l'Europe chrétienne, on ne peut leur contester le droit d'avoir un
nent équitable, éclairé et conforme aux mœurs de notre époque. (Exclama-
itrême gauche.)
comprend parfaitement ces vérités, et un premier acte important vient d'éma-
volonté libre et réfléchie, c'est le *proprio motu*, objet de si vives discussions.
mmission a mûrement examiné cet acte, non pas qu'elle croie que la France a
décider du mérite des institutions d'un peuple étranger... (Interruption
à l'extrême gauche.)

'RÉSIDENT. Ces interruptions sont véritablement incroyables!

s voix à droite, au rapporteur : Déposez le rapport, monsieur Thiers, cela
au scandale !

mbreuses : Non! non! — Continuez!

PRÉSIDENT. L'Assemblée a le droit de se faire écouter. (Très-bien! très-

RAPPORTEUR. Mais la commission l'a examiné pour savoir si les conseils
it fondée à donner avaient porté des fruits tels qu'elle n'ait pas à regretter
ention dans les affaires romaines.
' en très-grande majorité, votre commission déclare qu'elle aperçoit dans le
rio un premier bien très-réel, et dont une injuste prévention peut seule mé-
la valeur. Cet acte, nous l'examinerons avec détail, au nom de votre com-
orsque s'engagera devant vous la discussion à laquelle ce sujet doit donner
nous bornant en ce moment à considérer le principe de cet acte, nous di-
lonne les libertés municipales et provinciales désirables, et que, pour ce qui

regarde la liberté politique, celle qui consiste à décider des affaires d'un pays, dans une ou deux assemblées, de concert avec le pouvoir exécutif, comme en Angleterre, par exemple, il est vrai que le *motu proprio* n'en accorde point, ou du moins qu'il n'en donne que les premiers rudiments, sous la forme d'une consulte privée de voix délibérative. La question, dès lors, est de savoir si les États romains sont actuellement capables du régime que l'Angleterre est parvenue à se donner après deux siècles d'expérience et d'efforts. C'est là une question d'une immense gravité qu'il appartenait au Saint-Père seul de résoudre, et au sujet de laquelle il importait à lui et au monde chrétien de ne rien hasarder. Qu'il ait préféré en cela le parti de la prudence; qu'après les expériences qu'il vient de faire il ait préféré ne pas rouvrir la carrière des agitations politiques pour un peuple qui s'y est montré si nouveau, nous ne nous reconnaissons pas le droit de l'en blâmer et nous n'en voyons pas le motif.

Des libertés municipales et provinciales sont une première éducation par laquelle il est utile de faire passer un peuple, quand on ne veut pas le jeter prématurément et violemment dans la carrière orageuse de la liberté politique.

Maintenant, l'acte important qu'on appelle le *motu proprio* suppose un ensemble de lois qui devront réformer la législation civile, assurer l'équité des tribunaux, amener une juste répartition des fonctions publiques entre les diverses classes de citoyens, procurer, en un mot, aux Romains, les avantages d'un Gouvernement sagement libéral. Ces lois sont annoncées, et la parole de Pie IX suffit pour lever tous les doutes.

Voix à gauche : Belle garantie!

Autre voix : Oh! le bon billet qu'a La Châtre! (Ah! ah! — Marques générales de dégoût.)

M. LE PRÉSIDENT. Véritablement, ces choses-là se qualifient d'elles-mêmes, et je suis heureux de ne pas savoir le nom de celui qui dit une pareille grossièreté : c'est indécent! (Très-bien! très-bien!)

M. LE RAPPORTEUR. Ces lois sont annoncées, et la parole de Pie IX suffit pour lever tous les doutes. Mais les conseils de la France devront être dirigés de manière à convertir en parole efficace ce *motu proprio*, et surtout à étendre la clémence du Pontife sur tous ceux qui peuvent être amnistiés sans danger pour l'ordre public.

Ce doit être l'œuvre d'une influence continuée avec patience, avec calme, avec respect (Très-bien), influence qui constituerait, nous le répétons, une prétention inadmissible, si des circonstances impérieuses ne nous avaient amenés à l'exercer, mais qui, renfermée dans les bornes convenables, est parfaitement compatible avec l'indépendance et la dignité du Saint-Siège. (Très-bien! très-bien!)

Mais, en présence des résultats obtenus, il nous est impossible de regretter que nos soldats soient au Vatican, lorsqu'ils y occupent la place qu'y occuperaient les soldats autrichiens; lorsqu'ils s'y sont conduits aussi vaillamment et aussi sagement qu'ils l'ont fait; lorsqu'enfin il est si notoire qu'ils y sauvent les principaux bienfaits que Pie IX avait libéralement dispensés à ses peuples lors de son avénement.

Maintenant, doivent-ils y être longtemps encore? Question actuellement difficile à résoudre, car il est impossible de dire le moment où le Pape pourra se passer de notre armée, dans un pays qui a été le théâtre de commotions si récentes. L'intérêt de la France est d'abréger le plus possible son occupation, car elle n'a voulu ni faire une conquête, ni exercer une domination usurpée. Elle a voulu accomplir en Italie la tâche qui appartenait nécessairement à l'une des puissances catholiques, celle de rétablir le Saint-Père, et de consolider son trône, en réconciliant, non sa personne qui n'en avait pas besoin, mais son gouvernement avec la partie saine et éclairée de la population romaine, au moyen de sages et utiles réformes. Une portion de cette tâche est accomplie. Nous souhaitons que le reste s'accomplisse le plus tôt possible, et que nos troupes puissent bientôt laisser paisiblement, établi, dans ses Etats, le Saint-Père, qu'elles sont allées délivrer et non pas opprimer.

Le Gouvernement a naturellement adopté pour les crédits demandés le terme de l'année, en se conformant aux règles financières. Pour le moment, il n'a pas cru, et nous ne croyons pas plus que lui, pouvoir en assigner un autre. (Très-bien! très-bien! —Marques nombreuses d'une vive approbation.—M. le rapporteur, en descendant de la tribune, reçoit les félicitations de ses amis.)

Voix à gauche : Et la lettre du Président! pas un mot. (Agitation prolongée.)

son langage, le ton et le geste de son discours, qui a souvent excité les réprobations même de ses amis, ont souverainement mécontenté l'Assemblée. Tout le monde se trouvait mal à l'aise et presque hon-

la renvoyer à demain, dans l'espoir d'un peu plus de tenue, d'urbanité et de dignité.

On sait que la plupart des membres de la majorité se rassemblent dans une réunion particulière dite du *Conseil d'Etat*, pour y concerter d'avance leurs résolutions et leur *marche parlementaire*.

Dans la réunion de vendredi soir, une question préjudicielle relative au projet de loi sur l'enseignement a été discutée et tranchée. Les partisans de l'Université auraient voulu que le projet ne fût soumis aux délibérations de l'Assemblée qu'après avoir préalablement subi un examen du conseil d'Etat, qu'ils supposent devoir être défavorable à la liberté. Ils trouveraient en tout cas, dans le retard et la perte de temps occasionnés par ce renvoi, une manière de prolonger le *statu quo; —* et c'est ce qu'ils désirent par-dessus tout.

Un orateur, M. Sainte-Beuve, a parlé dans ce sens; mais il n'a pas trouvé d'écho.

Au contraire, MM. Beugnot, Baze et Janvier, se sont élevés avec autant d'énergie que de succès contre cette prétention de dessaisir l'Assemblée législative d'un projet qu'elle a accueilli avec faveur, qu'elle a déjà étudié dans ses bureaux, enfin pour l'élaboration complète duquel elle a désigné une commission qui a fini ses travaux, nommé un rapporteur et déposé ses conclusions; de telle sorte que le projet actuel n'est plus la propriété du ministère, mais celle de l'Assemblée, dont la souveraineté n'est soumise à aucun contrôle préalable.

La réunion du conseil d'Etat a déclaré à l'unanimité, moins une voix, qu'elle repousserait la proposition mise en avant et soutenue par les défenseurs du monopole.

HAUTE-COUR DE JUSTICE SÉANT A VERSAILLES.

PROCÈS DU 13 JUIN.—ACTE D'ACCUSATION.—SÉANCES DES 13, 14 ET 15 OCTOBRE.

La Haute-Cour s'est constituée de nouveau, samedi, pour juger l'affaire du 13 juin. Sur soixante-huit accusés renvoyés devant elle, sous la double accusation de complot et d'attentat, trente seulement sont présents, les autres sont contumaces.

L'aspect calme de la ville n'a pas changé, aucune émotion ne se fait remarquer dans la population; on aperçoit seulement un peu plus de mouvement aux abords du Palais-de-Justice.

Les accusés sont placés sur quatre bancs à la gauche de la Cour, et sont en outre divisés en quatre catégories déterminées, comme on le verra par l'acte d'accusation. Ces quatre catégories sont : 1° la commission dite des vingt-cinq; 2° le comité de la presse rouge; 3° les représentants; 4° les individus qui faisaient partie de la garde nationale, artilleurs et autres.

Voici les noms des accusés qui comparaissent à la barre : Chipron, André, Dufélis, Napoléon Lebon, Baune, Langlois, Paya, Bureau, Commissaire, Suchet, Maigne, Fayolle, Pilhes, Lamazière, Boch, Vauthier, Deville, Gambon, Louriou, Guinard, Achintre, Delahaye, Merliot, Maubé, Fraboulet de Chalandar, Vernon, Angelot, Lemaître, Forestier et Schmitz.

Les deux premières audiences, celles de samedi et de dimanche ont été consacrées à l'accomplissement des formalités préliminaires : à l'appel des accusés, à la constitution du jury, à la lecture de l'acte d'accusation, à l'appel des témoins.

Avant la constitution du jury, l'ancien représentant Gambon a lu une protestation contre la constitutionnalité de la Haute-Cour et contre tous les actes qui pourront en émaner. Cependant, les accusés, a-t-il ajouté, se réservent le droit de prendre la parole, non pour le tribunal, mais pour se défendre, non pas devant le tribunal, mais devant le pays.

Au moment où les vrais représentants de la nation vont discuter sérieusement notre politique dans les affaires de Rome, les *citoyens* (car dans leur lan-

un procès il n'y a que des *citoyens magistrats*, des *citoyens jurés* et des
us accusés ou plutôt *calomniés*) ne demanderaient pas mieux que de re-
der devant le jury les orageux débats de la Constituante et des commence-
de la Législative. Aussi le président a-t-il dû rappeler, avec autant de mo-
on que de fermeté, les devoirs et les droits de chacun, en disant qu'il laisse-
la défense toute latitude, mais qu'il ne souffrirait pas qu'elle sortit des li-
prescrites par le respect dû aux institutions du pays, aux autorités qui en
l'expression vivante, à la morale de tous les peuples.

près l'exception politique présentée par le citoyen Gambon, est venue une
ption judiciaire et de forme, développée par Mᵉ Madier de Montjau aîné et
el de Bourges, exception que la cour a rejetée par un arrêt rendu sur les
sions conformes de M. le procureur-général Baroche. Cette exception,
e sur ce que les membres des conseils-généraux appelés à faire partie du haut
n'avaient pas été élus depuis la Constitution, a été également repoussée.
in les jurés ont été tirés au sort, et il a été donné lecture de l'acte d'accu-

et important document fait remonter la première pensée du complot et de
entat du 13 juin à la fondation de la *Société de la Solidarité républicaine*,
e le 4 novembre 1848, le jour même du vote de la Constitution, dans le but
que de préparer et d'organiser l'insurrection socialiste sur toute la surface du
itoire.

expédition d'Italie n'a été que le prétexte que l'on cherchait depuis long-
ps pour jeter la France dans une nouvelle révolution. L'instruction constate
, dès le 26 décembre, le secrétaire général de la Société dont il s'agit écrivait
les départements que la *bataille pouvait se présenter au premier jour.*
était déjà convenu de promulguer la *Déclaration des Droits et la Consti-*
on *de 93*, accommodée aux circonstances, après toutefois qu'on aurait com-
cé par décréter une *dictature révolutionnaire*. Cette dictature elle-même se
mait dans un *comité de salut public*, et s'appuyait sur un *comité consultatif*
posé d'un *délégué* de chaque département.

a Solidarité républicaine devait offrir un personnel tout créé pour remplir
cadres de cette administration ou plutôt de cette armée d'envahisseurs révo-
onnaires.

a proposition Rateau pour la dissolution de l'Assemblée constituante, et la
sentation de la loi sur les clubs parurent d'abord à la Solidarité républicaine
occasion favorable pour un mouvement populaire, mais le mouvement avorta
suite de l'attitude énergique du gouvernement, de la garde nationale et de
mée dans la journée déjà si périlleuse du 29 janvier.

e premier échec ne découragea pas la faction. Bien loin de là, le parti *démo-*
tique socialiste ne songea plus qu'à compléter son organisation en vue d'é-
tualités prochaines. Les différents comités existant à Paris se réunirent et se
centrèrent en un *seul comité* de fusion révolutionnaire.

lors se forma le *Comité démocratique-socialiste* des élections, qui profita de
itation produite par le renouvellement de l'Assemblée pour étendre plus faci-
ent, dans tous les départements et presque dans toutes les communes, les ra-
cations de la vaste association de la Solidarité républicaine. Une fois les
tions terminées, ce comité démocratique des élections résigna ses pouvoirs
les mains d'une commission dite des Vingt-Cinq.

a commission des vingt-cinq a été l'âme du complot du 13 juin ; c'est elle
a exploité avec une rare habileté les difficultés de notre expédition italienne,
ris, en précipitant dans la *rue* les fauteurs d'anarchie et en prolongeant à

Rome une résistance sans espoir et sans but par la promesse insensée d'une volution en France.

L'acte d'accusation arrive ainsi à la péripétie. Il rappelle les votes de l'Assemblée législative sur l'expédition d'Italie et sur la mise en président et des ministres, enfin l'appel aux armes de M. Ledru-Rollin à bune nationale dans la séance du 11 juin et les proclamations séditieuses Montagne et de la presse socialiste au peuple, à la garde nationale et à l' Tout le monde connaît ces pièces qui remplissent une grande partie des ments que nous analysons.

Enfin le 13 juin s'accomplit; la manifestation en faveur de la République maine s'avance sur les boulevards jusqu'à la rue de la Paix; là elle est coupée refoulée par le général Changarnier. Pendant ce temps les représentants de Montagne, accompagnés par une partie de la légion d'artillerie et des sec res de la Société des Droits de l'Homme essayent d'installer au Conservat Arts-et-Métiers une Convention qui s'évanouit en fumée à la première ap de quelques compagnies de la 6e légion et du 62e de ligne. Tel est le rapi complet aperçu des faits. Quelques détails seuls méritent une attention lière, et nous y reviendrons.

L'acte d'accusation détermine ensuite la part qui revient à chaque accusé dan la responsabilité de leur accomplissement.

Après la lecture de l'acte d'accusation, les accusés ont refusé de répondre à l'interrogatoire de M. le président, se réservant, pour la plupart, le droit de s'expliquer dans le cours des débats.

L'audience du 15 n'a été marqué que par la lecture de pièces saisies que nous ne pouvons reproduire aujourd'hui, mais sur lesquelles nous aurons à revenir.

NOUVELLES RELIGIEUSES.

La Sainte-Chapelle de Paris, cet admirable et antique monument de l'art chrétien au moyen âge, va, dit-on, être prochainement ouverte de nouveau à l'exercice du culte, quoique sa restauration ne soit pas encore complète.

Le 5 novembre, jour fixé pour la prestation de serment et la nouvelle investiture des membres de la Cour de cassation, des premiers présidents et procureurs généraux des cours d'appel, une cérémonie religieuse sera célébrée dans la chapelle de saint Louis, en présence des nombreux magistrats et des hauts dignitaires convoqués à l'occasion de la prestation de serment des cours de justice.

On aime à voir les grands corps de la République, se placer ainsi sous la protection divine, et appeler la religion pour présider à leurs actes les plus importants.

Quelque justes que soient nos inquiétudes pour l'avenir, nous ne devons pas, en présence de faits de ce genre, désespérer de la France; Dieu, qu'elle invoque, ne l'a pas abandonnée.

— On écrit de Poitiers :

« C'est décidément le 1er novembre prochain que les Révérends Pères de la Trappe viendront prendre possession de l'abbaye de Fongombault. Cette prise de possession se fera sans pompe, attendu qu'elle n'a pour objet que de commencer immédiatement les travaux de conservation et de restauration du monument; on sait que les RR. PP. travaillent eux-mêmes manuellement à ces ouvrages pénibles. L'inauguration solennelle n'aura lieu probablement que dans les Fêtes de Pâques. Cette cérémonie sera, nous assure-t-on, célébrée avec un grand éclat re-

présence de S. Em. Mgr le cardinal-archevêque de Bourges, de
hevêques et évêques des diocèses voisins, et des notabilités du Berry,
de la Touraine, convoqués à cet effet. Aussitôt après cette inaugu-
nelle, les RR. PP. recevront les élèves qui seront envoyés par les tri-
s leur colonie pénitentiaire. Cet établissement sera dirigé par un abbé
. »

ctobre, une cérémonie religieuse imposante a eu lieu à la cathédrale
une messe en action de grâces y a été dite pour la préservation par-
cathédrale qui faillit être détruite, le 8 octobre 1700, par l'effet de la
e tomba sur le clocher et mit le feu à l'extrémité de la flèche. Il ne
rd, dit Courtalon, que comme la lumière d'un flambeau qui brûle
nmuniquer. On sonna l'alarme ; les bourgeois montrèrent beaucoup
t quelques-uns essayèrent d'éteindre le feu avec des seringues et des
naîs le plomb, qui commençait à fondre, les obligea bientôt à se retirer.
es cloches excita encore l'activité des flammes, et tout le clocher fut
cendres dans l'intervalle de trois quarts d'heure. Les voûtes furent en-
s en plusieurs endroits. Une statue colossale de saint Michel, placée
e du pignon, tomba sur trois ouvriers, qu'elle écrasa, et, crevant la
t se briser sur le pavé de l'église, qu'elle enfonça par le poids de sa
dégâts et la perte causés par la foudre furent estimés à plus de deux
écus, somme très-considérable pour l'époque.
he de ce clocher était une des plus hautes du royaume. Elle avait 180
lévation au-dessus de l'édifice, et le coq était élevé au-dessus du sol de

Écrit de Rome.
noment où les affaires se compliquent de manière à retenir le Pape loin

w Romains qui sont créanciers de l'État. A peine
e puissance du Nord avait mises à sa disposition, qu'elle a fait appeler

consolidées.
alli, de retour à Rome, s'est empressé de porter à la connaissance des
oit la détermination paternelle de l'auguste exilé, et il a fixé les jours
d'octobre et de novembre pendant lesquels les porteurs de titres sur
ront se présenter à la trésorerie pour être payés.
ise à l'organisation des troupes romaines. Des enchères sont annoncées
ournitures nécessaires à leur habillement et à leur équipement. »

NOUVELLES DIVERSES.

natin, on a reçu, à la présidence, les inscriptions des orateurs qui doi-
lre la parole dans la discussion sur les crédits de l'expédition de Rome.
its :

Contre le projet.

thieu (de la Drôme), Victor Hugo, E. Arago, Savatier, Laroche, Mau-
le Barrault, Joly père, Edgard Quinet, Francisque Bouvet.

Pour.

Larosière, de Montalembert, d'Olivier, le général Fabvier, de Monti-
Moskowa.

— M. le Président de la République accompagné de M. le commandant Fl[...] et de M. le capitaine Laity, est allé visiter aujourd'hui, à deux heures, les at[...] du faubourg Saint-Antoine.

— M. de Hübner a remis au président de la République les lettres de Sa [...] jesté l'empereur d'Autriche qui l'accréditent en qualité d'envoyé extraordi[...] et ministre plénipotentiaire auprès de la République française.

— MM. Le Flô, de Panat et Baze ont déposé la proposition suivante :

« Les projets déposés à la questure et destinés à la constatation plus pro[...] et plus facile des votes émis par l'Assemblée, seront examinés par une com[...] sion de quinze membres nommés dans les bureaux. »

Cette proposition est renvoyée à l'examen de l'initiative parlementaire.

— Hier, malgré le temps brumeux qui enveloppait Paris, on a remarqué qu[...] télégraphe de la ligne du midi n'avait cessé de fonctionner pendant une gr[...] partie de la journée.

— On lit dans le *Mémorial de Rouen* :

« Voici encore un fait à ajouter aux notes qui serviront plus tard à écrire l'[...] toire du socialisme.

» Les grands meneurs du parti ayant voulu mettre en pratique leurs uto[...] et organiser le travail à Rouen, louèrent une fabrique de tissus, pouvant occu[...] une trentaine d'ouvriers.

» Un contre-maître fut choisi, ayant des appointements assez ronds; on [...] bora des drapeaux à toutes les fenêtres, et l'on commença à fonctionner. Les p[...] duits étaient déposés en commission et livrés au commerce. Les ouvriers étai[...] grassement payés, ils recevaient 4 fr. par jour; c'était un régime magnifique.

« Par malheur, les produits ainsi obtenus étaient loin de rapporter ce qu'il[...] coûtaient. Par exemple, le mètre de marchandise qui revenait à 1 franc, n[...] pouvait se placer qu'à soixante-dix centimes, si bien que plus on fonctionnait, plus on s'enfonçait dans un impasse infranchissable.

» On devine ce qui s'en est suivi; l'association a dû suspendre ses désastr[...] ses opérations après une très-courte épreuve; elle a été mise en faillite, et a[...] jourd'hui un procès très-grave est agité devant les tribunaux. Voilà où mèn[...] toutes les utopies. »

— On vient de découvrir dans la Sainte-Chapelle une curieuse peinture sur f[...] d'or, qui remonte au treizième siècle.

Exécutée à cru sur le mur, sans aucune préparation, cette peinture, dans l[...] quelle on retrouve l'emploi des couleurs les plus sensibles et les plus altérabl[...] telles que les laques, a cependant conservé toute sa fraîcheur, et ce qu'il y a d[...] plus remarquable, c'est qu'elle se trouve justement placée dans la chapelle ba[...] sur une muraille empreinte d'une humidité constante, causée par la contigu[...] de la fameuse galerie du palais, dont la démolition est fort heureusement reco[...] nue indispensable aujourd'hui; c'est, de plus, qu'elle était recouverte de tro[...] couches de badigeon à la chaux, qu'il a fallu enlever à la grande eau.

La scène est celle de l'Annonciation; l'ange présente une branche de lis à la Vierge, qui tient un livre à la main. Ces figures ont environ quatre pieds de hau[...]

Dans un médaillon au-dessus, on voit la Vierge tenant l'enfant Jésus sur se[...] genoux et deux anges qui encensent. Il est fort difficile de reconnaître le m[...] *de peinture qui a pu* être employé, car la peinture à l'huile semble seule a[...]

résister dans de semblables conditions; mais comment admettre que cette
découverte à la Sainte-Chapelle, et qui remonte au treizième siècle, ait
exécutée à l'aide d'un procédé dont l'invention est si généralement attri-
Jean de Bruges?

BULLETIN POLITIQUE DE L'ÉTRANGER.

journaux italiens ne publient aucune nouvelle qui offre quelque intérêt.
correspondances de Rome, qui vont jusqu'au 6, ne renferment guère que des
à propos de bruits plus ou moins hasardés.

général Cordova, commandant des troupes espagnoles, est arrivé à Rome
soir. S. E. est allée rendre visite le lendemain à la commission des Cardi-
et au général Rostolan. On prétend que le général Cordova en a reçu le
accueil, et qu'il est allé visiter avec lui les principales positions où ont
les combats les plus acharnés pendant le siége de Rome.

séance de la chambre des députés de Turin du 10 octobre a été consacrée à
scussion de modifications au Code civil.

convoi funèbre de Charles-Albert est arrivé le 11 à Carignan. Les députa-
des deux chambres devaient aller se réunir dans cette ville.

UTRICHE. — Les réfugiés hongrois à Widdin deviennent de plus en plus dan-
Ils étendent maintenant leurs intrigues à la Bosnie. Il est probable, d'a-
cela, que le gouvernement insistera sur la demande d'extradition.

(Moniteur prussien.)

ASSEMBLÉE LÉGISLATIVE.

Séance du 13 octobre.

PRÉSIDENCE DE M. DUPIN.

'Assemblée entend d'abord plusieurs rapports de pétitions sans intérêt.
vote ensuite plusieurs projets de loi d'intérêt local.

M. THIERS paraît à la tribune. Il dépose son rapport. De toutes parts on lui
: Lisez! lisez!

M. THIERS. Il me semble qu'il suffit de déposer ce rapport. (Non! non!)

M. Thiers donne lecture du rapport que nous avons reproduit plus haut en en-
d'après le *Moniteur.*

A la fin de cette lecture plusieurs fois interrompue par les applaudissements
la majorité et par les grossières invectives de la Montagne, l'orateur descend
la tribune. Il est entouré d'une foule de représentants qui s'empressent de le
liciter. Nous remarquons notamment Mgr l'Évêque de Langres, M. de Monta-
mbert, M. de Vatimesnil, le général Oudinot, etc., etc.

La séance, suspendue pendant plus d'un quart d'heure, ne peut pas être re-
ise. Elle est levée dans une vive agitation.

Séance du 15 octobre.

PRÉSIDENCE DE M. DUPIN.

Vers trois heures la discussion s'ouvre sur le projet de loi relatif au douaire
madame la duchesse d'Orléans. M. BOURZAT prend le premier la parole con-
le projet et s'attache à renverser les arguments de la commission, à savoir :
uité politique, contrat civil garantissant et obligeant la France nonobstant la
volution de *février.*

Cette révolution, dit M. **Bourzat**, ayant détruit le traité politique, il ne r[...]
plus que le contrat civil, dont l'exécution ne regarde pas la **République**.

On me parle de convenances au moment où la misère décime nos villes et [...]
campagnes; la convenance, c'est de ne pas prodiguer l'or de notre budget [...]
en faire le subside des prétendants. (A gauche : Très-bien!)

M. JOLY prétend que c'est au nom de la dignité de madame la duch[...]
d'Orléans qu'il soutient que le douaire de 300,000 francs doit lui être re[...]
Madame la duchesse d'Orléans a trop de fierté pour recevoir de la Répub[...]
qui l'a exilée un douaire qui lui devrait être payé par la monarchie.

Messieurs, le douaire a été naufragé avec la couronne. (Très-bien! très-[...]
à gauche.) Madame la duchesse d'Orléans a couru après une grande espéra[...]
Elle a dû savoir qu'en s'associant au sort du duc d'Orléans, elle aurait de [...]
des chances à courir. « Un mariage avec un prince français, c'est l'éch[...]
avait dit à la princesse le grand-duc son frère, ou l'exil.

M. LHERBETTE. J'ai combattu le pouvoir, je ne combattrai pas le m[...]
Il y a une dette légitime, et dès lors nous devons la payer. On parle de la c[...]
nance qu'il y aurait à attendre les sommations de la personne à qui elle est [...]
Quelle étrange morale que celle de ne payer ses créanciers qu'autant qu[...]
clament. La fidélité aux engagements est un devoir pour tous les gouverne[...]

M. HUGUENIN soutient que la France ne doit plus rien. Le canon de fé[...]
dit-il, a tout payé.

M. PASSY, ministre des finances, établit que le douaire a été la compen[...]
de l'abandon fait par la princesse de tous ses droits sur les domaines pate[...]
y aurait iniquité flagrante, quand l'abandon subsiste, à retirer la compensat[...]

Les Révolutions, ajoute le ministre, sont légitimes quand elles apporten[...]
peuples plus de bonheur et de liberté. (Mouvements divers.—Agitation à d[...]
— Applaudissements à gauche.

Une voix de la Montagne. Nous prenons acte de ces paroles.

M. LAGRANGE. Quand le beau-père a donné sa fille en mariage, il conn[...]
le jeune homme, (Oh! oh!) un jeune homme d'une famille immensément r[...]
(Assez! assez!) Je ne veux pas dire du mal de ce jeune homme, il est mor[...]
ne sais pas frapper les morts. (Nouveaux murmures.) Que nos tribunaux [...]
damnent maintenant le beau-père à payer la somme à sa bru.

La discussion est renvoyée à demain sur un amendement de M. Mauguin[...]

On est prié de s'adresser pour tout ce qui touche la *directi[...]
M. l'abbé **JAQUEMET**, vicaire général de Nantes, et pour la ré[...]
TION à MM. **HENRY DE RIANCEY**, **AURÉLIEN DE COURSON** et **CHA[...]
DE RIANCEY.

BOURSE DU 15 OCTOBRE.

Le 3 p. 100 a débuté au comptant à 55 45, a fait 55 65 au plus haut, et r[...]
à ce cours.

Le 5 p. 100 a débuté au comptant à 87 50, a fait 87 70 au plus haut, et r[...]
à 87 60.

Les actions de la Banque ont été négociées à 2,325.

L'un des Propriétaires-Gérants, CHARLES DE RIANCEY.

Imp. **BAILLY**, **DIVRY** et Comp., place Sorbonne, 2.

L'AMI DE LA RELIGION.

POLITIQUE INTÉRIEURE.

LA CRISE.

Depuis deux jours, les bruits les plus alarmants circulaient dans l'Assemblée et dans les réunions politiques. Cette fois, le danger ne venait ni de la démagogie, ni de la rue. La rue est tranquille et la démagogie est vaincue; mais à une condition, c'est que l'union des partis honnêtes ne se démentira pas, c'est que l'accord régnera entre les diverses nuances de la majorité, c'est que le chef du pouvoir ne séparera pas de l'Assemblée nationale. Si par malheur la désunion pénétrait dans les rangs des hommes d'ordre, si de funestes inspirations semaient la discorde entre le Président et le pouvoir législatif, le pays courrait l'un des plus grands périls qu'il ait eu à affronter depuis la révolution de février, depuis la sanglante bataille de juin.

Comment calculer les conséquences d'un dissentiment, qui en affaiblissant, en détruisant la majorité, livrerait le pays tout entier aux folles éventualités des coups d'État, et peut-être aux hasards lamentables de la guerre civile.

Les affaires de Rome, la situation politique de l'Angleterre qui voudrait nous entraîner avec elle dans ses différends contre la Russie et l'Autriche, à propos des Hongrois, enfin, l'accueil fait aux propositions de M. Napoléon Bonaparte, relatives au rappel de la maison de Bourbon, tout cela pouvait être, assurait-on, le prétexte ou la cause d'une rupture déclarée entre l'Élysée et la réunion du conseil-d'État.

Nous n'avons pas voulu reproduire hier soir les rumeurs qu'on répandait à ce sujet : leur divulgation ne pouvait qu'en augmenter leur gravité et nuire aux efforts de rapprochements tentés.

La même réserve n'a pas été gardée ailleurs. Il faut que chacun soit averti.

D'ailleurs, il est des symptômes dont l'aventureuse hardiesse exige qu'on les recueille.

Quelle conduite tiennent-ils donc, quelle attitude se donnent-ils ceux qui se prétendent les amis, les conseillers, les organes confidentiels de l'Élysée? Veulent-ils perdre le Président de la République, et précipiter la France dans les plus affreux conflits?

Voici comment s'exprimait hier le *Dix Décembre*, leur feuille avancée, sur le compte de la majorité issue du suffrage universel.

« Cette majorité qui a sauvé la France comme tant de gardes-nus sauvent leur malade, à condition qu'il se sauvera lui-même, traite maintenant la France comme une chose d'elle, et a demandé à demi-voix qu'on a rangé les vieilles chaînes ' Prenez-y garde!

» Le désir ardent de la liberté appuyé sur l'ordre et sur l'autorité, le VRAI 80 LISME cette fois, vit dans la volonté du pays et dans celle du pouvoir, comme flamme renouvelée sans cesse, ET LA MAJORITÉ INSOLENTE ESPÈRE POUV L'ÉTEINDRE EN SOUFFLANT DESSUS!

» Pourtant il faut bien se rappeler enfin que le pays *fait et défait les majorité* que c'est lui qui peut éteindre d'un souffle les petites flammes de nos présomptions de nos colères. »

Au nom de qui est jeté ce défi à l'Assemblée nationale, à la vé table, à la légitime représentation du pays? Et le pays factice qui invoque contre elle, n'est-ce pas aussi celui auquel s'adressaient Huber, les Blanqui et les Ledru-Rollin?

Chose incroyable, l'*Ordre*, journal qui passe pour recevoir les in pirations du président du conseil, bien loin de désavouer de si sca daleuses paroles, à semblé s'associer, ou du moins céder jusqu'à certain degré au sentiment révolutionnaire qu'elles respirent.

« Louis Napoléon, dit l'*Ordre*, *a une audace naturelle*, accrue encore par le sen ment de ce qu'il doit à un nom glorieux et aux suffrages de six millions de Fran S'il s'apercevait que du dédain pour sa personne ou sa magistrature on passe à l' tilité ouverte contre les institutions dont la garde lui est confiée, il POURRAIT RENDRE GUERRE POUR GUERRE à un parti qui ne cesse de faire de la désorgani en invoquant la stabilité; *dès lors, le lien de la majorité actuelle serait bien p d'être rompu.* Et nul ne sait, dans l'état de l'Europe, jusqu'où de *nouvelles inju et une ardeur longtemps contenue pourraient* ENTRAINER LE PRÉSIDENT DE LA PUBLIQUE.

La même feuille ajoute :

Sur une question plus grave encore que celle de Rome, l'AFFAIRE DE CONSTA NOPLE, le président de la République *a des élans inspirés par un légitime orgueil tional,* et que la *raison politique,* avec ses considérations de réserve, de modéra de patience, *a bien de la peine à tempérer.*

Assurément on tromperait beaucoup le Président, si on lui pers dait qu'en repoussant ses véritables amis, les amis de la société, parviendrait à se réconcilier de misérables ambitions et des pass monstrueuses que l'on n'épouse pas à demi et auxquelles il a honorablement appris à ne pas compter sur lui. Il en a mainten la preuve sous les yeux.

Laissons parler d'abord, au nom de cette petite coterie qui, la mière, s'est dite le *parti bonapartiste,* le journal la *Liberté.* Elle a trophe ainsi M. Louis Napoléon :

«Nous ne comptons pour rien ce tiers-parti, mélange équivoque de bien et de triste décoction des simples les plus fades et les plus innocents, teinte omnicolor me représente plus qu'un blanc sale, un bleu déteint et un rouge avarié.

» *Le plus sûr,* croyez-en notre voix qui vous a peu flatté, *c'est de rester blanc les blancs; c'est du moins une couleur.* »

La *Démocratie pacifique* dit à son tour :

« Toutes les fanfaronnades tomberont par terre, et M. Bonaparte n'ira pas en combattant pour les beaux yeux de sa lettre. Dans tous les cas, et quoi qu'il maintenant, ses torts envers la démocratie ne sont pas de ceux qui se répare s'oublient. »

De ces cruels dédains, il faut rapprocher les sinistres avis du *tional,* le plus réservé, le plus politique, le plus machiavélique conducteurs de la démagogie. Il s'écrie :

lenant que la contre-révolution lève la tête, maintenant qu'elle avoue ses pro-
ntenant qu'elle ne veut faire de vous qu'un instrument, non un but, *vous
s enfin quel rôle elle vous destinait, et vous appelez la révolution à votre
dement, sachez-le*, la RÉVOLUTION NE SERT QU'ELLE-MÊME ET VEUT ÊTRE

nême temps le *National* rappelle à M. Louis-Napoléon tous les
le la révolution contre lui. Est-il possible de lui dire ensuite
lairement : « Soyons amis, à cette condition que vous serez
nstrument tant que nous aurons besoin de vous; et puis quand
nent sera venu, nous laisserons agir contre vous nos ven-
s et nos rancunes dont vous êtes le jouet et dont vous serez
a victime! »

es, s'il y a quelque chose qui puisse éclairer un homme, c'est
lle franchise!

quel pas croit-on donc qu'il a faits si l'on ose déjà lui dévoiler
e sort qu'on lui réserve!

semblée nationale résume ainsi les conséquences que pour-
oir pour l'Europe une malheureuse et impardonnable opiniâ-

c la politique de la lettre du Président, le Pape ne rentre plus dans Rome; les
ens s'avancent, les Russes les appuyent, les *Anglais nous trahissent* et la GUERRE
GÉRALE. »

à pour le dehors; et au dedans qu'arrivera-t-il?

France reprenait un peu d'ordre, Paris un peu de prospérité, et tout va s'ar-
main; c'est ensuite la démagogie Barbès, Blanqui. »

e journal, en face de ce tableau, laisse échapper ce mot re-
ble : *Que la fatalité s'accomplisse!* Mais non! Il l'a dit lui-même
les lignes plus haut :

onne ne veut de la République rouge, c'est-à-dire de la guillotine et du pillage,
t les dangers qui déborderaient si vite les intentions libérales du Président, le
déré saura bien se réunir pour détruire la véritable cause de la crise actuelle. »

le monde subira-t-il ce dont personne ne veut! Hélas! c'est
toire des Révolutions! Mais nous ne voulons pas croire encore
doive toujours être la nôtre! Nous ne désespérerons pas à ce
les derniers restes du courage et de l'honneur de notre patrie;
otre confiance ne trouve pas un point d'appui bien solide dans
positions actuelles du trop grand nombre des hommes de bien,

La *Patrie* dit de plus :

« La discussion sur les crédits pour l'expédition de Rome s'ouvrira
» demain; et tout porte à croire que le gouvernement et la commis-
» sion marcheront d'accord dans l'appréciation de cette grave ques-
» tion. »

Espérons que ces renseignements sont exacts, et que, pour le moment du moins, la sagesse et le bon sens reprenant leur empire,
nous échapperons aux redoutables éventualités dont nous étions menacés.

CONCILE DE LA PROVINCE DE TOURS.

Le Concile de la province de Tours doit s'ouvrir à Rennes. Il sera, par le
grand nombre des prélats qui y assisteront, le plus important de France. On
sait que la province de Tours se compose des diocèses de Tours, du Mans,
d'Angers, de Rennes, de Nantes, de Saint-Brieuc, de Vannes, de Quimper.

Il faut remonter à près de six cents ans (1273), pour retrouver le dernier
Concile provincial qui se soit assemblé à Rennes.

Mais l'histoire nous montre, dans le cours des siècles, cette antique métropole de Tours convoquant fréquemment le Concile de sa province, qu'on voit
siéger tour à tour dans les diverses villes de sa circonscription.

La cité métropolitaine compte, elle seule, vingt-trois de ces assemblées tenues dans ses murs.—La première se lie étroitement au souvenir de son glorieux Evêque, saint Martin, puisqu'elle eut lieu pour son ordination : la dernière fut convoquée à la fin du seizième siècle.—Celle du mois prochain va
en renouer la chaîne interrompue pendant plus de deux siècles.

UNITÉ LITURGIQUE.

A partir de l'Avent de la présente année, dans le diocèse de Cambrai, où,
grâce à Dieu, la liturgie romaine est restée en usage, on se servira, pour les
heures canoniales, d'un *Propre* des Saints nouvellement approuvé par le saint
siége.

Ce travail, à la rédaction duquel a présidé S. Em. le cardinal Giraud, secondé par une commission spéciale d'ecclésiastiques, a pour base l'ancien
Propre du diocèse, dont on a revu et abrégé les leçons, et auquel on a ajouté
bon nombre d'offices de Saints particulièrement honorés dans le pays. Ces
offices, pour la plupart, ont été introduits sur la demande de MM. les Curés,
auxquels il avait été fait appel, et qui ont tous motivé leurs vœux par l'exposé de circonstances locales d'une grande valeur, telles que : culte spécial et
immémorial avant 93, possession de reliques, insignes, pèlerinage célèbre
qui continue d'être fréquenté, voisinage d'ancienne abbaye fondée par tel saint
patronage ou sanctifié par sa présence, etc. La congrégation des Rites, en approuvant tout le travail, y a ajouté plusieurs offices nouveaux de Notre-Seigneur et de la sainte Vierge, entr'autres les offices si touchants des Instruments de la Passion, pour les vendredis de Carême. Cette augmentation d'offices à trois nocturnes de trois psaumes chacun, fait disparaître presqu'entièrement les longues Matines du dimanche et de la férie, et cependant, le *Pro-*

imprimé en quatre parties qui se relient, si on le veut, à la fin de chaque
du Bréviaire, n'en augmente pas d'une manière sensible le poids et l'é-
eur.

somme, cette opération si simple et si heureusement terminée, va don-
u clergé de Cambrai la consolation de suivre tous les jours, et avec
ce, le Rit de l'Église mère et maitresse de toutes les églises, sans rien
ltre des hommages de reconnaissance et de piété qui sont dus aux Apôtres
iocèse, et, en général, à tous les saints Patrons de la contrée.

M. L'ABBÉ CHANTÔME.

ous n'avons pas jusqu'ici entretenu les lecteurs de l'*Ami de la*
igion de M. l'abbé Chantôme, ni de la *Revue des Réformes et du*
grès qu'il rédige.

silence que nous avons gardé ne doit être attribué qu'à un sen-
ent de réserve peut-être poussé à l'excès. Nous ne nous dissimu-
s pas que si nous le rompions, c'était de la manière la plus sévère
nous avions à nous exprimer sur ce journal, sur son esprit, sur
pinions qu'il professe.

paraît aujourd'hui que M. l'abbé Chantôme vient d'adresser au
e une pétition qui a pour objet de *demander des réformes dans la*
ipline actuelle de l'Église.

ette pétition ne nous a pas été adressée : nous devons avouer que
titre seul et son objet nous étonnent ; c'est le moins que nous
sions dire. Aussi, elle semble avoir soulevé des inquiétudes sé-
ses et provoqué des explications. M. l'abbé Chantôme publie au-
d'hui, à cette occasion, la note suivante dans son journal :

personnes graves et auxquelles nous devons beaucoup de confiance, à cause de
lumières et de leur piété, ont cru trouver dans la pétition que nous avons récem-
publiée, et qui contient un projet de réformes ecclésiastiques, des propositions
éparées de celles qui les précédaient et les expliquaient, ne paraissaient pas comment conformes à une rigoureuse orthodoxie. L'autorité ecclésiastique, pour la-
e nous avons et nous aurons toujours la plus respectueuse déférence, nous a aussi
festé ses opinions et ses craintes avec une bonté paternelle, dont nous avons été vi-
 at touché. Certain de la pureté de nos sentiments, il nous est permis de croire
notre pensée n'a pas été bien comprise de tous, ou n'a pas été suffisamment expli-
dans nos paroles. Nous annonçons de nouveau, ainsi que nous l'avons déjà fait
notre dernier numéro, que nous allons, dans le nouvel envoi que nous ferons de
pétition à tous nos abonnés, donner notre profession de foi la plus explicite sur
les dogmes catholiques qui établissent l'autorité de l'Église, et expliquer le sens de
aroles et la signification de notre doctrine. Si, après cela, quelque chose pouvait en-
rester obscur et être jugé erroné dans ce que nous aurons dit, voulant avant tout
r intacte la pureté de notre foi et dissiper les ombres les plus légères que les es-
les plus sévères pourraient y voir, nous donnerons toutes les explications qui nous
t demandées, et, en définitive, selon la règle catholique, nous n'hésiterions pas à
icer à nos sentiments particuliers, si ceux que Dieu a établis dans l'Église les juges
mes de la doctrine, condamnaient ces sentiments comme contraires à la foi ; car
it nous voulons maintenir notre liberté dans les opinions libres, autant nous vou-
lonner en tout à l'autorité, juge de la foi, les preuves de la plus complète et de la
ilale soumission.

n nous a demandé de reproduire cette note, nous le faisons :

mais nous devons ajouter qu'elle ne suffit pas à calmer les graves inquiétudes et les vives préoccupations que nous fait concevoir la *Revue des réformes et du progrès* pour la foi, pour la conduite ecclésiastique, pour l'esprit sacerdotal. — Nous ne nous tranquilliserons que sur la certitude qui nous est acquise, que l'attention de NN. SS. les Évêques est sérieusement appelée sur cet objet, et que l'autorité ecclésiastique s'en est émue.

SÉANCE DE L'ASSEMBLÉE.

Le douaire de madame la duchesse d'Orléans a occupé toute la séance.

La Montagne voulait encore du scandale; elle n'y a rien épargné. Ses principaux chefs d'emploi sont descendus dans l'arène. Et certes, il n'a pas tenu à la faconde emphatique de M. Pascal Duprat et à la perfidie chicanière de M. Michel (de Bourges), que la majorité ne fût divisée et le projet mis à néant. Le premier de ces orateurs a souvent excité le tumulte et soulevé la passion, tantôt par des insinuations dangereuses, tantôt par de violentes invectives. Le second a épuisé toutes les ressources de la dialectique de procureur la plus rusée. S'ils ont réussi à faire quelquefois perdre la patience à la majorité, ils n'ont pas pu parvenir à jeter la désunion dans son sein. Elle a tenu compte à M. Victor Lefranc de la netteté avec laquelle il a réfuté les arguties et les violences des Montagnards.

Elle n'a pas même prêté son attention à M. Mauguin, et elle lui a parfaitement fait comprendre combien il est triste de voir un homme, d'un talent éprouvé, venir glaner quelques débris d'une fausse popularité sur les traces odieuses du radicalisme.

Le vote a été de la plus haute signification, non pas tant pour la question elle-même que pour l'union de la majorité. Le pays se réjouira avec nous de voir les membres du grand parti de l'ordre savoir résister aux intrigues et échapper aux piéges qu'on leur tend sans cesse pour les diviser, pour les mettre en défiance les uns des autres, et compromettre ainsi les seules véritables chances de salut qui nous restent.

L'Assemblée, lasse de la discussion, s'est donc empressée d'aller aux voix sur le 1er article, sans même attendre un seul mot du rapporteur. La proposition a été adoptée par 423 suffrages contre 184. Après avoir repoussé l'amendement de M. Mauguin, l'Assemblée a voté l'ensemble du projet. 421 voix contre 175 en ont prononcé l'adoption.

A demain le débat sur les élections de la Guadeloupe, dont le 3e bureau demande l'annulation. Il est vraisemblable que la discussion sur les affaires de Rome, qui ne vient qu'après, ne commencera que jeudi.

NOUVELLES RELIGIEUSES.

Diocèse de Marseille. — Mgr l'Évêque de Marseille vient d'adresser à M. le ... de ville une lettre au sujet des bureaux de secours qu'a établis ce ... soigner les femmes atteintes par le choléra. On y reconnaîtra ce ca... la charité catholique qui, en soulageant les souffrances du corps, est ... aux besoins de l'âme, qu'elle garantit et précautionne contre ... qui peuvent la menacer.

... heureux de reproduire ici ces inspirations de la vigilance pasto..., bien convaincus que les sages dispositions contenues dans la lettre de Mgr de ... fixeront l'attention du clergé, éveilleront sa vigilance, et provoqueront ... partout où sévit ce cruel fléau, que la main de Dieu fait peser de... des mois sur la France.

« Monsieur le Maire,

... revenu de bien des endroits, et tous les jours il me revient encore que ... du sexe atteintes du choléra éprouvent une extrême répugnance à ... femmes les services que la maladie réclame. Plusieurs d'entre elles ... même une contrariété telle, qu'elle a augmenté leurs souffrances, ... la gravité de la maladie.

... pourquoi, afin de concilier toutes les délicatesses de la pudeur avec les ... aux femmes malades, j'ai cru qu'il importait que des personnes ... missent à leur service leur charité et leur dévouement. Dans cette ... exceptant les offres de celles qui, portées de bonne volonté, étaient ... se réunir pour cet objet, j'ai fait un appel aux sentiments généreux d'un ... d'autres qui pouvaient se vouer à ce genre d'œuvre de miséri... Je suis dès aujourd'hui en mesure de former deux bureaux de secours de ..., l'un situé à l'impasse dont la grille s'ouvre sur la rue Thubaneau, l'autre ... place des Augustines, près du Palais-de-Justice. Ce dernier, placé au sein ... des vieux quartiers, est à portée de les desservir, comme l'autre peut aussi ... s'occuper d'une autre partie de la ville ; un troisième bureau a dû ... se constituer pour la même fin, ou du moins est en voie d'être formé ... le service de la Plaine, où il sera établi avec un personnel du même sexe ... les deux autres.

Je viens, Monsieur le maire, réclamer votre protection et le concours de votre ..., ainsi que votre zèle charitable, afin que vous accordiez à ces trois bu... les moyens nécessaires pour remplir le but de leur institution. Auxiliaires ... qui existent déjà, et destinés à se charger d'une moitié de l'œuvre qui ... incombe, il est juste que, bien qu'établis plus tard, ils entrent en partage ... subventions en argent et en nature qui sont mises à la disposition des autres, ... faveur des malades pauvres.

... M. Cailhol, mon vicaire-général, vous remettra cette lettre. Il est particu... chargé d'organiser et de mettre en action le bureau de la place des Au... où les besoins sont d'autant plus grands qu'il est formé, en général, des ... nonnes peu fortunées, et que c'est au milieu d'une population pauvre qu'il ... sa charité. M. Cailhol aura l'honneur de vous exposer ce qu'il en est de ... situation exceptionnelle.

Agréez, Monsieur le maire, l'assurance de ma haute considération.

† C.-J. EUGÈNE, év. de Marseille.

Diocèse de Mende. — La retraite pastorale du diocèse de Mende, prêchée ... le R. P. de Bussi, avec ce zèle pieux qui le caractérise, s'est terminée par ... touchante cérémonie.

Après le sermon de clôture qui a eu lieu à la cathédrale, Mgr Foulquier dans cette circonstance, se trouvait pour la première fois au milieu de ses tres réunis par les exercices de la retraite, est monté en chaire, revêtu d habits pontificaux, et il a solennellement consacré au sacré Cœur de Jésu clergé et tous ses diocésains.

Cette pieuse cérémonie, que Mgr Foulquier avait annoncée dès son entrée son diocèse, a profondément ému tous les assistants, qui en conserveront cieusement le souvenir.

Le nouvel Évêque doit prochainement visiter les principales localités du diocèse ; il y recueillera, nous n'en doutons pas, le premier fruit des béné tions que cet acte de sa piété attirera sur tout son épiscopat.

— Nous apprenons que quatre missionnaires de la Société des missions é gères vont s'embarquer à Nantes, sur le navire *le Cent vingt-trois*, qui do transporter dans les mers de Chine. Ce sont :

MM. Sylvestre, du diocèse de Dijon, destiné pour le Camboge, qui fait du vicariat apostolique de la Cochinchine occidentale. Donrisboure, du di de Bayonne, destiné pour la Cochinchine orientale ; Bernon, du diocèse de deaux, destiné pour les missions de Chine ; Marin, du diocèse de Gap, de pour la Malaisie.

— On lit dans l'*Observateur de Genève* :

« Le bruit se répand que la Suisse doit avoir aussi son Concile national. chevêque de Milan, les évêques de Bâle, de Lausanne et de Genève, de C de Saint-Gall, de Sion, de Bethléem (Saint-Maurice), les abbés d'Einsiedle Grand Saint-Bernard, etc., se réuniraient, peut-être à Notre-Dame-des-Her ou à Saint-Maurice, pour suivre les grands exemples que leur donnent les É d'Allemagne, d'Autriche, de France, de Belgique, d'Amérique, etc. Nous sa cette nouvelle de nos vœux les plus ardents. Tous les catholiques doivent é leurs supplications vers le Ciel pour la réalisation de ce grand événement. mettrait fin à bien des maux, éclairerait bien des esprits et réaliserait de précieuses réformes. »

La même feuille ajoute :

« On nous annonce que Mgr Marilley, évêque de Lausanne et de Genève, être invité à assister au Concile provincial de Besançon. On sait que l'an siége de Lausanne dépendait de l'église métropolitaine de Besançon. »

— Deux ordonnances impériales viennent d'introduire en Autriche une et d'état civil en ce qui concerne la naissance et la mort. Les curés catholi dont les livres de baptême seraient en même temps registres de naissance, vront enregistrer la naissance des enfants catholiques allemands.

CHRONIQUE ET FAITS DIVERS.

Le conseil des ministres s'est réuni ce matin, avant la séance, à la chane rie.

— M. Dupin, président de l'Assemblée nationale, est resté ce matin en cc rence pendant plusieurs heures avec le Président de la République.

— À trois heures, aujourd'hui, les voix se répartissaient ainsi pour l'éle de la Seine-Inférieure :

Votes connus	64,470
M. Bourdon (candidat modéré).	39,970
M. Deschamps (candidat rouge).	24,500

— Mgr Fornari, nonce apostolique ; a célébré, lundi dernier, dans sa chap

.... du chef de l'une des plus illustres maisons de la Belgique, M. le comte .... prince de Rubempré, avec la princesse Marie d'Aremberg, petite-fille ....

.... la prochaine publication d'une brochure de M. Buchez. L'an......... de l'Assemblée constituante se propose, dit-on, d'expliquer toute .... pendant les événements du 15 mai 1848, et la récente déposition .... devant la haute-cour de Versailles. Les interprétations données aux .... de M. Buchez par la plupart des organes de la presse paraissent motiver .... publication. Il est à désirer, pour le Président du 15 mai, que ses .... de nature à dissiper l'impression fâcheuse que cette déposition .... a généralement produite.

.... candidature au grade de colonel de la garde nationale de Nantes vient .... offerte à M. le lieutenant-général Trézel, ancien ministre de la guerre.

.... collection complète des plâtres et ouvrages du célèbre Thorwaldsen a .... par M. Charles Blanc pour l'école des Beaux-Arts.

.... oeuvres d'art les plus considérables qui aient été exécutées en pein......... vient d'être placée à l'église Notre-Dame de Bordeaux. Douze ma......... vitrées à sujets ornent maintenant cette église, déjà si remarquable .... et la richesse de sa décoration. Ces vitraux sont dus à M. Émile .... de Clermont-Ferrand.

.... que le condamné Huber prépare une brochure dans laquelle il .... révélations piquantes sur certains républicains de la veille.

.... lettre de M. le gouverneur de l'Algérie annonce la mort du faux Bou......... Si-Bourf, dont l'influence grandissait tous les jours dans le Jur......... imposteur, qui commandait à 4 ou 5 mille Kabyles, a été attaqué, mis .... et tué par M. Beauprêtre, sous-lieutenant des zouaves, qui n'avait .... ordres qu'un millier à peine de cavaliers arabes.

.... fait d'armes doit être enregistré dans les glorieuses annales de notre .... d'Afrique.

.... M. de Reaséguier, représentant du peuple, était de retour à Alger, le 10 oc......... avoir visité la province de Constantine.

.... Hier matin, un commencement d'incendie s'est déclaré dans le bureau des .... du ministère de la guerre et a causé une vive émotion. Les sapeurs pom......... informés de ce sinistre, sont arrivés dans les premiers instants et sont par......... heureusement à s'en rendre complétement maîtres en moins d'une demi......... Grâces à leur promptitude et à leur zèle accoutumés, les dégâts n'ont eu qu'une minime importance.

— La collecte faite hier par MM. les jurés de la première quinzaine de ce mois s'est élevée à la somme de 200 fr., qui sera distribuée par tiers entre la colonie de Mettray, la Société de patronage des jeunes détenus et celle des jeunes orphelins.

— On lit dans le *Moniteur algérien* du 10 octobre :

« M. Pierre Bonaparte, représentant du peuple, chef de bataillon à la légion étrangère, est arrivé hier à Alger par la frégate à vapeur le *Cacique*.

« Cet officier supérieur s'embarquera le 11 sur le bateau de la correspondance de l'Est, pour aller rejoindre la colonne expéditionnaire, où il prendra le commandement d'un bataillon. »

POLITIQUE EXTÉRIEURE.

Les journaux italiens ne renferment rien d'important sur les affaires de Rome.

Une correspondance de Florence annonce seulement qu'il a été nommé une commission de finances, composée de MM. Galli, Torlonia, le commandant A. Feoli, le chevalier Righetti et Allinghi. La direction de la police, dit-on, serait confiée à Mgr Savelli.

— Une députation de la ville de Milan a été reçue le 22 septembre par l'empereur d'Autriche. Le bruit court en Italie que le siége du Gouvernement du royaume lombardo-vénitien sera transporté dans la ville de Vérone, dont les vastes fortifications et les forts intérieurs présentent plus de sécurité que Milan. Vérone est d'ailleurs la seule ville où la dernière révolution ne se soit pas propagée. Ce serait encore une des considérations qui motiveraient la translation dont on parle.

Des mesures vigoureuses ont été prises à Naples pour comprimer un mouvement insurrectionnel fomenté par des agents étrangers. Des cris séditieux et insultants avaient été proférés sous les fenêtres du Saint-Père. La police mit la main sur les perturbateurs, et, dès les premiers interrogatoires, on s'aperçut que la conspiration de mai 1848 était reformée. Il paraît que la politique de certains diplomates anglais, dans le royaume des Deux-Siciles, ne se montre pas moins révolutionnaire qu'elle ne l'est en ce moment ailleurs.

On avait annoncé que la flotte anglaise était partie de Malte pour les Dardanelles, mais il paraît que la révolte de l'île de Céphalonie a forcé l'escadre à faire voile vers ces parages.

L'Assemblée de Breslau vient de prendre les résolutions les plus importantes. Entre autres choses, elle a décidé de coopérer de toutes ses forces à la fondation d'une Université catholique pour l'Allemagne, dont la direction sera confiée à l'Episcopat. Elle recommande à tous ses membres d'établir partout des sociétés de Saint-Vincent-de-Paul ; elle a voté une adresse au Souverain Pontife, enfin elle vient de mettre la société sous le patronage de la sainte Vierge, etc., etc. La prochaine réunion générale aura lieu à Vienne, ou, si les circonstances politiques de l'Autriche ne le permettaient pas, à Regensbourg (Bavière).

La réunion générale à Breslau (Prusse) a eu l'effet le plus heureux pour les catholiques de ce royaume. Le catholicisme y a gagné infiniment, soit en liberté, soit en intensité. On espère un résultat semblable de la prochaine réunion à Vienne pour la monarchie autrichienne.

La guerre des fermiers contre les propriétaires continue et s'étend en Irlande. Partout des bandes armées s'organisent et enlèvent les récoltes, malgré toutes les précautions prises pour les en empêcher. Les vols sont presque toujours suivis de conflits sanglants.

ASSEMBLÉE LÉGISLATIVE.

Séance du 16 octobre. — PRÉSIDENCE DE M. DUPIN.

M. DE KERDREL rend compte des élections de la Guyane. M. D'Orville Jouannet est admis.

La discussion s'ouvre sur l'article 1er de la loi sur le douaire de Mme la duchesse d'Orléans.

M. PASCAL DUPRAT. Le projet actuel est le commencement d'un nouveau livre de la dette publique en faveur des dynasties déchues. Toutes les dynasties peuvent réclamer quelque chose. Mme la duchesse de Berry l'aurait pu, elle ne l'a pas fait. La femme du roi Jérôme a réclamé son douaire, on l'a repoussé. Aujourd'hui, c'est une guerre sourde qu'on fait à la République.

...une menée orléanistes. Ne propose-t-on pas aussi de replacer la statue du ... dans la cour du Louvre de Louis XIV, dont la branche d'Orléans a sup-... dix-huit années les descendants. (A la question! à la question!)

... légitimistes... (Bruit à droite.)

... **KERDREL** (d'Ille-et-Vilaine). Ils ne tomberont pas dans le piège que vous ... en voulant diviser la majorité.

... **DUPRAT**. Je ne croyais pas que l'alliance fut consommée entre les orléa-... légitimistes. Mais nous, qui ne voulons que la République...

... : La République démocratique et sociale! la République de Robes-...

... **DUPRAT**. Non, la République du droit. (Rumeurs.) Vous savez mieux ... intrigues. (Violentes agitations.) Le peuple le saura.

... : Quel peuple! C'est une provocation!

... Duprat termine au milieu de bruit.

... **LEFRANC**. Je suis républicain, mais c'est dans l'intérêt et pour l'hon-... République que j'accorde le douaire. Lors du mariage de la princesse, on ... Un mariage en France, c'est l'échafaud ou l'exil; on calomniait la France.

... : L'exil y est.

... **LEFRANC**. Du moins faut-il traiter les princes exilés comme des citoyens ... manquer à nos engagements à leur égard dans la condition civile.

... entre, en termes emphatiques dans une discussion fort embrouillée, qui pro-... conversations particulières. Il s'arrête et dit : Il paraît que je ne suis pas ... (Très-bien!) Mais je me comprends moi-même.... (Hilarité générale.) Mais ... sûr de me faire comprendre par le pays; je suis sûr aussi que M. le rap-... votre commission, qui m'écoute, me comprend lui.

... est fort embarrassé de cette interpellation; il sourit et semble dire par un ... milieu des rires de l'Assemblée, qu'il ne comprend pas plus que le reste de ...

... **...EL** (de Bourges) soutient que la France n'est engagée dans cette affaire ni ... civil, ni par un lien politique. Puis, il s'écrie tout à coup : Est-ce donc que ... banqueroute ? Non, je ne veux faire banqueroute à personne, ni à mes ... ni à mes amis proscrits.

... Qu'est-ce que cela veut dire ? (On rit.)

... (de Bourges) s'applique surtout à prouver que le décret du 25 octobre ... lequel se fonde le projet de loi, avait entendu que le douaire ne serait payé ... domaine privé du roi Louis-Philippe.

... tiens, dit l'orateur en finissant, de considérations politiques. Il n'y a qu'une ... Si nous devons, il faut payer; si nous ne devons pas, ne payons pas! Je ... également de traiter la question de convenance. Je finis par un mot : à vous ... j'ai tout dit. Je dirai à mes amis de là-haut (Montrant la Montagne), si nous ... fils de nos pères on n'aurait pas osé nous présenter un pareil projet. (Bravos ... — Rires à droite.)

... à droite : Allez aux Arts-et-Métiers!

... premier du projet de loi est mis aux voix et adopté par 423 voix contre 184.

... ce s'est terminée par l'adoption du projet de loi qui punit d'une amende de ... fr. quiconque aura sciemment fait usage d'un timbre poste ayant déjà servi.

HAUTE-COUR DE JUSTICE.

Audiences du 15 et du 16.

... audience du 15, on a lu les interrogatoires écrits des accusés. Parmi les ... ées ainsi à la publicité, on a remarqué une formule de serment, pièces ... es saisies chez l'accusé André :

... e de ne reconnaître jamais d'autre gouvernement que celui de la Répu-... nstitué d'après les vrais principes démocratiques.

... e haine et mort à tous les rois.

« Je jure, si jamais un prétendant, quel qu'il soit, paraissait à la frontière, »
NE DÉPOSER LE FUSIL DU SOLDAT OU LE POIGNARD DU VENGEUR DU PEUPLE, QU'À
PRÈS L'EXTERMINATION COMPLÈTE DU DERNIER REJETON DE CES RACES MAUDITES

« Je jure de combattre et de détruire la tyrannie, sous quelque forme qu'elle
se présente.

« Je jure de faire tous mes efforts pour amener au sein de la société les homme
énergiques, honnêtes et dévoués qui seront dignes de participer à la grand
œuvre à laquelle je viens m'associer aujourd'hui.

« Je jure *obéissance pleine et entière aux résolutions* de la société suprême
régulièrement transmises à ma vente.

« Je jure de *tout sacrifier, tout sans exception*, au triomphe de la grand
cause de l'éternelle vérité.

« Si je faillis jamais à mon serment en quelque point que ce soit, je reconnais
à mes frères le droit de m'infliger le plus redoutable châtiment *et de disposer de
ma vie, dont l'abandon ne serait qu'une faible expiation de mon odieuse trahison.* »

Voici maintenant l'extrait d'une lettre écrite le 13 juin et signée par l'accusé
Paya, alors directeur de la correspondance démocratique.

« Si vous êtes privé de ma correspondance, tenez ceci pour certain : Tout
Paris est debout et une grande bataille se prépare, une manifestation immense
vient d'avoir lieu ; demain, la République sera sauvée, si nos prévisions ne sont
pas trompées. Mais les royalistes peuvent faire verser des torrents de sang, car
ils jouent leur va-tout en ce moment.

Préparez vos localités en conséquence !

Salut et fraternité.

On a commencé aujourd'hui l'audition des témoins.

M. Vidal, rédacteur du *Travail affranchi*, a raconté que M. de Girardin avait
assisté à des réunions du comité de la presse démocratique, mais qu'il s'était opposé à toute manifestation.

D'après des renseignemens donnés par M. le procureur-général, M. Considérant aurait proposé un plan qui consistait :

1° A proclamer la violation de la Constitution ;

2° A proclamer la complicité de la majorité dans cette double violation ;

3° A déclarer le peuple, la garde nationale, les fonctionnaires et l'armée, tenus
de refuser obéissance aux ordres du gouvernement ;

4° De déclarer l'Assemblée, réduite aux représentants constitutionnels, en
permanence, et munis provisoirement de tous les pouvoirs qui lui font retour au
termes de l'article 68 de la Constitution.

M. Vidal assure encore que, s'il y a eu complot dans le comité de la presse, ç'a
été non pour préparer, mais pour faire avorter la manifestation.

BOURSE DU 16 OCTOBRE.

Le 3 p. 100 a débuté au comptant à 55 00, a fait 55 35 au plus haut, et reste
à 55 30.

Le 5 p. 100 a débuté au comptant à 87 00, a fait 87 50 au plus haut, et reste
à 87 25.

Les actions de la Banque ont été négociées à 2,325.

L'un des Propriétaires-Gérants, CHARLES DE RIANCEY.

Imp. BAILLY, DIVRY et Comp., place Sorbonne, 2.

L'AMI DE LA RELIGION.

POLITIQUE INTÉRIEURE.
LA CRISE.

La situation est beaucoup plus rassurante. Les heureux symptômes
que nous signalions hier se sont confirmés : le regrettable dissentiment qui pouvait amener tant de complications et de périls paraît
presqu'entièrement dissipé.

Disons-le du reste : il n'a fallu rien moins que de nombreuses et
vives conférences, que des entretiens prolongés entre les hommes
les plus éminents de la majorité et le Président de la République,
pour détruire des malentendus et amortir des préventions qu'entre-
tenaient, dans de perfides desseins, de téméraires et d'aveugles conseils. Si nous sommes bien informés, les personnages les plus considérables, notamment M. Molé, M. de Montalembert et M. Thiers, auraient rapporté de leurs conversations à l'Élysée, les gages de rapprochements les moins douteux. L'attitude du ministère, dans la discussion de demain, en donnera la preuve, assure-t-on.

Ce que nous pouvons d'ailleurs affirmer, c'est que le sens éclairé
du chef du pouvoir, lui a fait discerner les dangers et les extrémités
redoutables, où certains esprits aventureux voudraient l'entraîner, et
qu'il paraît très-résolu à ne pas tomber dans le piège que lui
tendent des amitiés impétueuses et égarées. Il aurait même expressément déclaré qu'il désavouait un journal, le *Dix décembre*, qui passait pour recevoir les inspirations de son cabinet.

Nous ne pouvons que nous féliciter de ce résultat. L'union de la
majorité, ce besoin impérieux du moment, si profondément senti, par
tous les hommes dévoués, et l'entente de l'Assemblée avec le Président de la République, doivent être poursuivis et conservés avec le
soin le plus jaloux. Cette alliance ne doit et ne peut avoir de limites
que l'honneur et le bien du pays. Que le ministère le reconnaisse :
il aura demain une occasion solennelle de témoigner s'il comprend
les vrais intérêts de la France. Nous l'attendons à cette épreuve.

On s'est étonné de la réserve extrême que la presse religieuse
s'est imposée, à si juste titre, ces jours derniers, relativement au
conflit qui pouvait éclater entre l'Elysée et l'Assemblée nationale.
Cette réserve était pour nous un devoir.

Ce devoir n'a pas été compris seulement par les journaux spécialement voués à la défense de la religion, et auxquels leur caractère
spécial attache des obligations plus étroites et plus rigoureuses. Les
principales feuilles, le *Journal des Débats*, le *Constitutionnel*, la

Presse elle-même, ont, comme nous, gardé le silence aussi longtemp
qu'il a été possible.

Le *Constitutionnel*, encore aujourd'hui, s'exprime avec la plu
grande circonspection :

« Tandis que les mauvais citoyens s'adressent à toutes les passions envieuses du cœ
humain pour ameuter le peuple, ils se sont adressés à ce qu'il y a de plus sensible da
l'amour-propre, dans le juste orgueil, dans l'esprit national d'un homme investi de
responsabilité du gouvernement, en vue de lui persuader qu'il serait blessé mortell
ment dans tous ses sentiments généreux s'il n'échappait à cette prétendue oppression d
la majorité.

« L'anarchie, en tenant cet abominable langage, jouait son jeu fatal. *Quelques an
imprudents sont tombés dans le piége qui était tendu au pouvoir par ses ennem
Ils se sont émus; ils ont répété en les prenant au mot, ces mensonges machiavé
ques, et ils ont cherché à faire partager au pouvoir leurs propres alarmes sur les int
rêts de son honneur.*

« A quoi pouvaient-ils aboutir ? A faire examiner la question. Et devant l'exame
toutes ces faussetés, toutes ces inventions ne pouvaient pas ne pas s'évanouir. »

Peut-être le *Constitutionnel* diminue-t-il par trop la portée actuell
et les résultats des malheureuses difficultés qui ont surgi. Le jour
nal l'*Union* se tient plus exactement dans la vérité quand il dit qu'
faut attendre, ne pas oublier les services rendus jusqu'à présent pa
le Président de la République, et surtout ne pas augmenter l'in
fluence des détestables conseils qui s'agitent autour de lui, en leu
attribuant une valeur qu'ils n'ont pas.

Notre pauvre société est encore si malade, si divisée, si faible, qu
la moindre agitation pourrait bien vite lui devenir mortelle. Il fau
adoucir ses blessures, au lieu de les envenimer, si l'on ne veut pa
qu'elles se r'ouvrent cruellement.

Mgr l'Evêque de Verdun a bien voulu recommander, en ces termes, l'Am
de la Religion à son clergé, dans une Circulaire à la date du 6 octobre 1849

« Les membres du clergé qui s'occupent de littérature religieus
ont pu remarquer à quelle hauteur de vues et de style la rédactio
du Journal, l'*Ami de la Religion,* s'était élevé depuis quelques an
nées. A ceux qui seraient demeurés étrangers à ce mouvement, i
suffit de citer les noms de MM. Dupanloup, de Ravignan, de Montalem
bert, Beugnot, de Riancey, etc. Gardien sévère de la pureté des doc
trines, ce journal offre, au point de vue de l'orthodoxie catholiqu
toutes les garanties désirables. Sans manquer de vigueur dans l
polémique, il s'abstient sévèrement (et c'est à nos yeux un mérit
précieux) de cette apreté de forme et de ces déclamations violente
qui compromettent toujours la vérité sans jamais la servir. La par
tie politique, jusqu'alors traitée avec moins de développement, v
recevoir de très-notables améliorations, et nous croyons faire un
chose utile et agréable à notre clergé, en lui annonçant qu'à date
du 16 octobre l'*Ami de la Religion* paraîtra tous les jours, et pourr
désormais tenir lieu de journal quotidien. Le prix ne sera augment
que de 1 fr. par trimestre, 32 fr. par an. Nous le recommandon

confiance à notre clergé, comme l'organe le plus intelligent
soins de la religion et des vrais intérêts de l'Eglise. »

<hr>

SÉANCE DE L'ASSEMBLÉE.

se rappelle par quelles scènes affreuses de carnage, de pillage
violences ont été souillées les élections de la Guadeloupe. Nous
ons reproduit dans le temps le triste récit, et nous n'affligerons
e nouveau nos lecteurs en remettant sous leurs yeux le tableau
s excès et de ces crimes. Le rapport de M. Vernhette l'a dé-
devant l'Assemblée, où il a excité les plus vifs sentiments d'in-
ation et de douleur. Comme on s'y attendait, comme le de-
dent la dignité et la moralité des opérations électorales, le rap-
eur a conclu à l'annulation d'un vote fait dans de pareilles cir-
tances et sous l'impression de semblables événements. Il faut
le suffrage universel s'exerce dans le calme, dans l'indépendance,
s la loyauté ; et s'il importe que les violences qui le vicient soient
rimées avec la plus grande énergie, il est nécessaire aussi que la
érité des élections, évidemment faussée par des violences, soit
gée d'une manière éclatante.
'un des intéressés, M. Schœlcher, dont le nom a eu le malheur
servir de prétexte à ces terribles collisions, a pris la parole après
rapporteur. Il a tenté d'atténuer les faits, et d'en rejeter la respon-
ilité sur ses concurrents. Le ton froid et assez sans-façon de l'o-
eur a produit un effet pénible sur l'Assemblée : on n'aime pas à
tendre parler avec tant d'aisance et de flegme de scènes où l'on
st trouvé indirectement impliqué, et où l'incendie et le meurtre
t promené leurs ravages !
Après quelques explications de M. le général Cavaignac et de
Pécoul, sur un fait particulier à M. Schœlcher, M. Perrinon, l'au-
e intéressé, s'est défendu avec une vivacité trop ardente, qui a
nené M. le ministre de la marine à la tribune. M. de Tracy a rendu
n légitime hommage à la noble conduite de l'amiral Bruat, gouver-
ur des Antilles, et à celle de M. Bissette, représentant de la Marti-
ique, qui s'est dévoué avec courage à l'œuvre si difficile de la con-
iliation entre les blancs et les hommes de couleur.

L'Assemblée, qui n'a pas voulu entendre M. Wallon et M. Lever-
ier, a passé au vote et a annulé l'élection.

<hr>

M. Émile de Girardin à la Haute-Cour de justice.

Nous appelons l'attention de nos lecteurs sur les scènes scanda-
euses qui ont eu lieu hier à Versailles et qui ont été provoquées par
a déposition de M. Émile de Girardin.

M. de Girardin est un homme d'un grand talent. Dans des jours
ifficiles, il a montré un rare courage. Aujourd'hui, devant la plus
aute justice du pays, il se fait l'apologiste de l'insurrection, comme

il est dans la presse le seul champion véritablement redoutable, non plus seulement de l'opposition, mais de la démagogie.

Funeste et douloureux spectacle! voilà donc où aboutissent l'habileté, les dons les plus précieux de l'intelligence, l'intrépidité même du caractère, quand de telles qualités manquent de leur soutien le plus puissant et le plus nécessaire, ne s'appuyant pas sur ces grands et immuables principes qui doivent dominer et régir la vie publique aussi bien que la vie privée.

Le véritable danger.

Il y a un fait qui ressort de l'acte d'accusation, qui se révèle dans tous les incidents, que toutes les pièces constatent, que tous les témoignages confirment, qui domine tout le procès de Versailles.

Ce fait ne saurait être trop connu, trop médité. Et dès à présent nous pouvons, quant à nous, le signaler, car il ne touche pas à la position particulière des accusés; il n'est ni à leur charge ni à la décharge, et s'il ne justifie, s'il n'excuse pas le moins du monde les crimes qui se commettent si souvent de nos jours contre l'ordre public, seul il en explique la multiplication et la portée chaque jour plus redoutable.

Ce fait, c'est l'existence, c'est la constitution, c'est l'organisation permanente d'une société souterraine qui mine incessamment, qui combat à outrance, qui tend sans cesse à détruire et à dévorer la véritable et légitime société.

L'acte d'accusation n'a pas remonté jusqu'aux principes et jusqu'aux origines de cette société ténébreuse et perverse. Hélas! elle est bien ancienne, et il y a longtemps qu'elle se développe et se fortifie dans les profondeurs et dans les bas-fonds de notre vieille Europe, cette infatigable et effroyable association, qui relie en un seul faisceau et en une seule action tous les plus mauvais instincts de l'humanité et tous les bras qui ne demandent qu'à s'armer contre les lois éternelles de l'ordre social.

Du moins on en connaît aujourd'hui la force ! on en voit les effets on peut juger l'arbre d'après ses fruits. On peut dire s'il ne s'agit que de la condamnation ou de l'acquittement de quelques tribuns plus ou moins vulgaires ou de quelques Catilinas de faubourg! Ceux-là, quoiqu'on en dise, ne sont ni les héros ni les chefs de la Révolution. Croyez-le bien, ils n'en sont que les courtisans ou les mannequins.

Mais à Paris, seulement, M. Louis Blanc lui-même, dans une publication antérieure à la Révolution de février, évaluait à vingt mille hommes au moins cette armée permanente, toujours prête pour le désordre, toujours placée par ses vices et ses misères sous les coups de la justice humaine, toujours en révolte contre toute autorité; *triste* ramas de malfaiteurs contre lesquels, en temps régulier, la po-

e ordinaire suffit, mais qui, exercés à faire la guerre en détail à la
été, se précipitent avec bonheur, par toutes les issues révolution-
res, sur la scène politique que, dans les temps de crise, ils cou-
nt de leurs excès et de leurs attentats!

Et cette armée, dont dispose avec tant de puissance un noyau de
agogues cosmopolites, eux-mêmes illuminés ou aveugles, (quand
ils ne sont pas profondément scélérats, cette armée n'existe pas seulement à Paris, à Vienne, à Berlin, à Londres, à Francfort, dans toutes
s capitales, dans toutes les grandes cités. Elle a maintenant des ramifications dans les campagnes comme dans les villes. Elle se recrute jusque dans les moindres hameaux. Elle a partout ses soldats
partout ses états-majors et ses chefs.

Voilà pourtant sur quel sol reposent les gouvernements? Qu'on
s'étonne ensuite de si terribles commotions! Et quelle politique serait
celle des hommes, qui, au-dessus de pareils gouffres, n'écouteraient
que des conseils ambitieux et égoïstes, et ne consacreraient pas tous
leurs efforts et toutes leurs forces à combattre et à conjurer un tel
danger!

La première commission de l'initiative parlementaire s'occupe en ce moment
de la proposition de M. Creton, antérieure à celle de M. Napoléon Bonaparte,
tendant aussi, moyennant certaines conditions, à abroger les lois du 10 avril
et du 26 mai 1848.

Les restrictions proposées consistaient à présenter au pouvoir exécutif des demandes individuelles, sur lesquelles il aurait été statué en conseil des ministres, le
conseil d'Etat préalablement consulté, et à suspendre, pour les personnes auxquelles lesdites lois étaient applicables, le droit d'éligibilité à l'Assemblée nationale pendant six ans, et le droit d'éligibilité à la présidence ou à la vice-présidence de la République pendant huit ans.

La proposition de M. Creton reste donc identiquement la même que la double
position de M. Napoléon Bonaparte, concernant le rappel de l'exil des deux
branches des Bourbons.

Le ministre de l'intérieur a déposé un projet de loi tendant à proroger pour
dix ans, à partir du 1er janvier 1850, les lois du 21 avril 1832, 1er mai 1834 et
juillet 1839, relatives aux étrangers réfugiés en France.

Ces lois ont pour objet de concilier le principe du droit d'asile avec les nécessités de l'ordre intérieur. La France demeure fidèle à ses antécédents, en accordant sur son territoire un refuge aux proscrits de toutes les causes; elle use du
droit légitime et nécessaire de sa propre conservation, en expulsant de son sein
les étrangers qui, par leurs actes ou leurs crimes, se rendent indignes de l'hospi-
lité nationale.

Les circonstances actuelles imposent au gouvernement le devoir de ne point se
dessaisir des armes que cette legislation lui confère dans l'intérêt de l'ordre.

La commission relative aux transportés a entendu, dans la séance de ce jour,
lecture du projet présenté par M. le ministre de l'intérieur; elle en adopte les
principales dispositions. Dans sa prochaine séance, elle entendra M. le ministre

de la guerre et M. le ministre de l'intérieur, pour leur demander quelles sont le dispositions prises par le gouvernement relativement à la transportation et mode d'installation des insurgés.

NOUVELLES D'ORIENT.

(*Correspondance particulière de l'AMI DE LA RELIGION.*)

La gravité des événements qui se préparent en Orient donne véritable intérêt à la correspondance que nous recevons de Beyrou Au moment où l'Angleterre prend fait et cause pour la Turquie, moment où cette puissance, qui depuis tant d'années cherche à su planter notre influence en Orient, s'efforce de compromettre l'e pire turc dans des difficultés sans issue, au risque d'allumer guerre générale, il est bon, il est utile de ne pas perdre de vue l' tion de nos rivaux dans le Liban, et de savoir aussi quelle est d ce pays notre situation vis-à-vis des Ottomans. Il faut que nous chions ce qu'est devenu le protectorat séculaire qui était notre gl et notre honneur; il faut que nous sachions ce qui nous reste d' cendant dans des contrées où nous devrions parler en maîtres. Pl à Dieu que nous puissions encore y reprendre un rang qui n'au jamais dû nous être contesté.

‹ Beyrouth, le 5 septembre 1849.

? ‹ M. Garnier, gérant le consulat de Damas, ayant reçu l'ordre de faire p en France les restes mortels de M. Combes, ancien consul de France en ville, le consul général français de Beyrouth s'y est formellement opposé, so faux prétexte qu'il pourrait en résulter un nouveau soulèvement de la des Musulmans. M. Garnier et le Père lazariste qui réside à Damas lui écriv pour dissiper ses craintes à ce sujet; et, leur lettre étant demeurée sans répc ils se sont décidés à passer outre, et à faire l'expédition en France de la c renfermant les restes du consul : elle est effectivement partie de Beyrouth, le paquebot-poste, le 6 août dernier.

« Les mauvais traitements dont M. Combes, notre consul, a été victime au ment où il revenait à Damas pour se soigner, et qui ont causé sa mort, donné lieu à de vives réclamations de l'ambassadeur de France près la P Ottomane; ces réclamations paraissent n'avoir pas été sans résultat : on a dit-on, accordé à la famille de la victime et aux employés du consulat une in nité de 500 bourses (environ 62,500 fr.), et de plus, ordonné la punition plaire des quatre principaux moteurs de cette scène de violence, sans sans doute, dans les fastes consulaires français. Interpellé sur les déplorable affaire, le pacha de Damas a répondu à M. Garnier, ment conduit dans ces fâcheuses circonstances, qu'il n'avait gouvernement aucune instruction à ce sujet; de sorte que les du malheureux consul Combes demeurent impunis, et on ig demnité promise a été en effet acquittée.

‹ On a beaucoup parlé des réformes introduites dans nous ne savons ici ce qu'elles ont de réel ailleur c'est qu'elles n'ont produit en Syrie, jusqu'à ruine générale des chrétiens, et principalem « Il serait beaucoup trop long de citer les chrétiens sont en butte. A Damas,

i israélites le tiers du montant des impôts, quoique les uns et les au-
ne représentent pas même le dixième de la population musulmane de
Les chrétiens et les israélites n'ont pas négligé, depuis la retraite des
de réclamer contre cette odieuse partialité, et nulle autorité n'a fait
rs instances incessantes ; aussi se sont-ils vus obligés de s'adresser, d'un
ccord, à M. Montéfioré, de Londres, qui s'est empressé de se rendre à
est un fait désolant à signaler que de voir les chrétiens de Syrie, comme
s par le gouvernement français, leur protecteur ancien et naturel, re-
appui particulier d'un israélite de Londres.
it pas hors de propos de faire remarquer à cette occasion que ce riche
protecteur avoué et exclusif des israélites, a profité de son voyage à Da-
visiter le tombeau du P. Thomas, Capucin, qui, comme on sait, a été
par des juifs, et il a soigneusement copié l'inscription qui fait connaître
le sa mort ; mais dans quelle vue ? Ne serait-ce pas pour obtenir l'au-
de faire disparaître, ou au moins de changer cette inscription, qui est
d'être flatteuse pour la nation juive ?
également beaucoup parlé des opérations cadastrales du Liban, afin d'é-
impôts sur une base plus équitable ; mais ce travail avance lentement,
à craindre qu'il ne soit jamais terminé. J'énonce cette prévision, parce
été rapporté avec une sorte de certitude que l'on dispose de nouveau
s à un soulèvement contre les chrétiens. Quand cessera donc cette ère
ation ? Cependant il est juste de dire que les Druses semblent avoir pé-
intentions des émissaires qui les excitent, et il faut espérer que, cette
se laisseront pas entraîner, quoiqu'ils soient toujours dans de mau-
positions, et qu'ils aient récemment encore confisqué des propriétés ap-
t à des chrétiens.
is ajouter que les habitants de Djesine, province du Liban, désespérant
quelque adoucissement à la rigueur de leur sort, malgré les promesses
rnement turc, et n'osant presque plus compter sur l'appui de la France,
lleurs constamment victimes des injustices de tout genre que les Druses
subir, avaient, dans leur désespoir, résolu de s'expatrier, abandonnant
eu de biens qui leur a été laissé, lorsqu'on leur a donné le conseil de
encore quelque temps. On les a en même temps engagés à exposer
ière fois leur triste position au *Muchir* ou gouverneur général, et à
fendi, envoyé spécial de la Porte, leur faisant espérer qu'on les place-
t l'administration du kaïmakam ou gouverneur chrétien, ou bien sous
tration d'un gouverneur turc. Dans cette attente, ils ont envoyé à Bey-
s commissaires munis de leurs pouvoirs. Ces commissaires, ne réussis-
plus que par le passé, ont l'intention de se rendre à Constantino-
i cette dernière tentative demeure sans effet, la population tout entière
her la sécurité sur une terre étrangère : car des milliers de chrétiens ne
continuellement vivre sous le joug de leurs plus cruels ennemis ; de ceux-
, qui ont massacré leurs pères, leurs frères et leurs enfants ; qui ont
é leurs femmes et leurs filles, et confisqué arbitrairement la plus grande
leurs propriétés ; pour lesquels, enfin, la dévastation et l'incendie
n atroce plaisir.
it le dire hautement, les chrétiens du Liban ne parviendront jamais à
· le repos dont ils ont un si pressant besoin, que lorsqu'on les aura remis
ouvernement de l'ancienne famille de l'émir Béchir Schehab, et que la
ouvrant enfin les yeux sur la position qu'on lui a faite en Syrie, se dé-
rappeler ceux *de ses agents qui méconnaissent ses véritables intérêts,*

pour les remplacer par des hommes jaloux de son honn█████ et favorab
tranquillité du Liban; par ceux enfin qui ont sacrifié à cette noble et gé
pensée leur santé et leur fortune. Dans ce nombre, je me plais à signal█
manière particulière M. Joseph Conti, ancien agent consulaire à Seyda █
que je suis être généralement aimé et regretté en Syrie. Ce serait de la
gouvernement français un acte de justice; ce serait, pour le moment, la n
preuve que la France pourrait donner de son ancienne sollicitude pour
heureux Libanais, et l'augure pour eux d'un meilleur avenir.

On écrit de Rome : « M. de Corcelles arrive de Naples, où il a pu
vaincre de ses propres yeux, quel saint enthousiasme excite toujours
parmi le véritable peuple d'Italie.

» Chaque promenade du Pape, chacune de ses visites à Naples, e
chacune de ses apparitions au dehors de sa résidence royale de Por
une fête populaire.

» Depuis le dernier des Lazzaroni jusqu'aux princes d'Aquila, de
et de Palerme, jusqu'au roi lui-même; depuis les plus petits élèves d█
naires et des écoles jusqu'à l'Archevêque de Naples, jusqu'aux Évê
Manfredonia, de Trincarico, tous accourent pour recevoir la bénédic
Souverain Pontife. »

LES BÉNÉDICTINS DE PARME.

Le gouvernement de Parme semble vouloir se justifier de la sup
qu'il a prononcée contre l'ordre des Bénédictins. La *Gazette* annonce █
suppression a été motivée par la participation que plusieurs membre
ordre auraient prise aux troubles révolutionnaires. Personne plus q
ne réprouve la conduite des religieux assez oublieux de la sainteté
gravité de leur caractère pour se jeter dans les excès de la démagogie
nous consentons à ce que de tels coupables soient livrés à la rigueur ▪
il n'en est pas moins vrai que leur crime isolé ne permettra jamais à
vernement de prononcer la dissolution de l'ordre auquel ils apportier
de confisquer les biens que possède cet ordre. La suppression d'une cc
tion ne peut être ordonnée que par le Saint-Siége, et c'est là un droi
les princes et les gouvernements ne doivent jamais porter atteinte.

LES DOMINICAINS AUX CARMES.

Le R. P. Lacordaire s'est établi dans l'ancien couvent des Carmes, █
tobre, jour de la fête de sainte Thérèse. Ce vaste établissement et l
jardins qui en dépendent, ont été coupés en deux. Une partie devi█
couvent des Dominicains; l'autre reste à l'École-Normale ecclésiasti
demeure sous la direction de M. l'abbé Cruice. Ainsi, deux instituti
tinctes et entièrement séparées l'une de l'autre vont habiter ces clo
reçurent successivement les religieux Carmes, les Martyrs du deux Sep
les Prisonniers de la République et les Filles du Mont-Carmel. L'Éc
male ecclésiastique, dont les commencements ont été si heureux, █

logera sous le bienveillant patronage de NN. SS. les Évêques. Elle aura, cette année, une vingtaine d'élèves. Nous faisons des vœux pour que ce nombre s'accroisse de plus en plus, et que par elle l'Église s'enrichisse de jeunes prêtres aussi savants que zélés. Dans le partage qui a été fait de l'ancien couvent, la chapelle des Martyrs a été réservée à l'Ecole-Normale ecclésiastique. Nous nous félicitons des grands enseignements que les jeunes et pieux étudiants, continueront à puiser dans ce sanctuaire, encore empreint du sang de nos Évêques et de nos Prêtres.

NOUVELLES RELIGIEUSES.

Diocèse de Nantes. — Hier, a eu lieu une ordination générale dans la chapelle de la maison de Retraite. Mgr Jacquemet a conféré les ordres à quatre prêtres, huit diacres, dix-huit sous-diacres, dix-huit minorés et neuf tonsurés.

Diocèse d'Alger. — La bénédiction de la nouvelle église de Milianah vient d'avoir lieu ces jours derniers. M. le doyen du chapitre avait été chargé de prêcher cette cérémonie. Elle a été pour la ville entière un jour de fête. Les populations de l'intérieur n'ont pas, en général, une grande réputation de piété, mais cela tient peut-être moins encore au désordre des mœurs, qu'au délaissement dans lequel elles se trouvent. A la moindre occasion, on voit qu'elles sont avides de la parole de Dieu. La prédication de M. l'abbé Pelletan a eu pour sujet la prière : au pied de la montagne du Zakar, il rappelait Jésus-Christ priant au mont des Oliviers. Cette scène intéressante de la vie du Sauveur a fait impression sur les assistants ; l'un d'eux, officier de la garnison ; tout à la fois artiste distingué, a voulu la peindre, et son tableau, dès qu'il sera achevé, sera un des principaux ornements du nouveau sanctuaire.

Diocèse de Poitiers. — Le conseil municipal de Poitiers, sur la demande de M. le ministre de l'intérieur, qui promet une nouvelle allocation, a voté 4,500 fr., payables en trois annuités, pour contribuer à l'achèvement de la restauration de l'église de Notre-Dame de Poitiers.

Savoie. — Quelques voix s'étaient élevées dans la Savoie, demandant la suppression de diverses fêtes religieuses, se basant sur cette étrange énonciation, que les fêtes religieuses sont une source d'immoralité et de crimes.

L'Echo du Mont-Blanc, journal savoisien, répond par des faits et des statistiques à cette assertion toute gratuite :

« Puisque les fêtes engendrent l'immoralité, dit-il, il s'ensuit que, moins il y a de fêtes chez un peuple, plus il y a de mœurs. Or, les statistiques établissent précisément le contraire. Ainsi, en France, où les fêtes dont on demande la suppression ne sont pas observées, où les dimanches mêmes sont impunément profanés par le travail, les enfants illégitimes sont dans la proportion de 1 à 15, tandis qu'en Savoie la proportion est de 1 à 50. Il y a donc en Savoie trois fois moins d'enfants illégitimes qu'en France. Nous ne parlerons pas de l'Angleterre et de la Suisse protestante. Là, l'immoralité dépasse toute mesure. Quant aux autres crimes, nous n'avons pas de statistique ; mais nous connaissons assez la Suisse pour assurer que notre pays peut, sans orgueil, se présenter comme modèle de sagesse à ces deux derniers Etats et à bien d'autres. »

Le même journal oppose ensuite la Savoie, ayant conservé ses fêtes, au canton de Berne qui les a rejetées, et il fait voir, par d'intéressants rapprochements, combien la plaie de la mendicité est moins commune dans la Savoie catholique que dans le protestant canton de Berne.

Allemagne. — Nous rendrons compte prochainement des travaux de la seconde assemblée générale des associations catholiques d'Allemagne, qui viennent d'être publiés à Breslau. Nous donnerons, dès aujourd'hui, la lettre adressée à l'Épiscopat allemand par cette assemblée, qui en a confié la rédaction à M. le conseiller de légation Lieber.

« Le vénérable Episcopat de l'Allemagne, a daigné, au milieu des importantes délibérations auxquelles il s'est livré au mois d'octobre de l'année dernière, dans la ville de Saint-Kilian, et, malgré tous les travaux dont les admirables résultats ont été salués d'une si joyeuse acclamation par les fidèles de tous les diocèses de langue allemande, porter aussi son attention pastorale sur l'Association catholique d'Allemagne, et, prenant connaissance des propositions respectueusement énoncées par elles, exprimer, dans la précieuse lettre datée de Wurzbourg, 14 novembre 1848, la bienveillante et encourageante assurance que les vénérables Évêques assemblés accorderaient leur concours et leurs prières au but si beau que l'Association catholique poursuit. Aussi les députés de l'Association, maintenant réunis à Breslau en leur seconde assemblée générale, considèrent-ils comme un devoir sacré d'exprimer respectueusement au vénérable Épiscopat leur profonde reconnaissance, à laquelle nous ne croyons pouvoir donner une expression plus convenable que la solennelle assurance que l'Association catholique d'Allemagne, dans un inébranlable attachement aux principes approuvés par le vénérable Épiscopat, partout et toujours, comme il convient à de vrais catholiques, ne pensera à poursuivre le but de ses efforts qu'avec un fidèle dévouement et une cordiale piété envers les dépositaires vénérés de l'autorité de l'Église. Marchant et agissant sous la protection et sous l'intercession de la B. Vierge, que nous avons invoquée comme patronne de l'Association, et avec la bénédiction apostolique que le Père de la chrétienté, notre glorieux Pape Pie IX, a daigné aussi, le 10 février de cette année, accorder à l'Association, en récompense de ces mêmes principes; et, appuyés par le concours des pasteurs, et par la pieuse prière de notre vénérable Épiscopat, nous osons nous livrer à la joyeuse espérance que Dieu permettra à l'Association catholique de servir d'instrument utile à son Eglise. Mais comment pourrions-nous rappeler l'illustre assemblée de Wurzbourg, sans nous sentir en même temps pénétrés de la plus ardente gratitude pour les résolutions qui y ont été adoptées par notre vénérable Episcopat, et publiées dans un mémoire spécial, ainsi que du besoin pressant d'exprimer cette gratitude de nos cœurs en particulier pour tout ce que nos suprêmes pasteurs, dans leur vigilance, ont énoncé avec tant de persuasion et de dignité, touchant le droit divin et imprescriptible de l'Eglise sur l'éducation et sur l'enseignement, et ont annoncé comme règle de leur conduite? Et quelle expression meilleure et plus conforme à l'esprit de l'Eglise pourrait convenir à notre reconnaissance, que la respectueuse assurance que l'Association catholique d'Allemagne s'impose, pour tâche, de concourir, par tous les moyens également permis qui sont en son pouvoir, à la réalisation des résolutions arrêtées à Wurzbourg, et notamment d'appuyer de toutes ses forces les mesures qui, à sa grande joie, y ont été prises pour la fondation d'une université catholique.

« Le soussigné, heureux d'avoir reçu de l'Assemblée générale l'honorable tâche d'être l'organe des sentiments de l'Association catholique d'Allemagne, prend en même temps la liberté d'exprimer respectueusement sa plus profonde vénération.

« Breslau, 12 mai 1849.

« Docteur MAURICE LIÉBER, *président de la seconde assemblée générale de l'Association catholique d'Allemagne.* »

— Tout ce qui constate le mouvement religieux qui s'observe dans plusieurs contrées de l'Europe, où la foi se ranime, où l'Église reprend son empire sur les âmes, est pour nous une douce consolation en même temps qu'un vif encouragement. Aussi avons-nous lu avec un véritable intérêt la lettre suivante écrite de Suisse.

« Le 8 octobre 1848.

« J'ai des nouvelles fort consolantes à vous communiquer, hélas! non pas sur la Suisse (car chez nous la patrie est en deuil), mais sur nos voisins d'*outre-Rhin*. Vous savez *que l'année passée des hommes catholiques ont constitué à Mayence une société sous le* nom « Pius-verein, » dans le but d'y réunir tous les hommes de foi de l'Allemagne catholique. Eh bien ! cette *union catholique* vient de faire des progrès immenses ; sur trente-huit diocèses dont l'Allemagne se compose, elle a des sections dans trente ; les évêques l'approuvent partout ; l'existence de la société est assurée. Pendant la première année le Pius-verein a conquis des membres par centaines de mille. D'après l'organisation, chaque ville, ou même chaque village, peut avoir sa section ; les sections du même pays forment une réunion provinciale, les provinces elles-mêmes sont unies par une direction centrale, dont le siège se trouve alternativement dans une des principales villes du pays. Chaque section nomme un député, les députés de toutes les sections forment l'assemblée générale qui se réunit tous les ans au siège de la direction centrale. L'année passée la réunion générale a eu lieu à Mayence sous la présidence du célèbre M. Dus, conseiller aulique de Fribourg ; cette année-ci elle vient d'avoir lieu à Breslau (en Prusse), sous la direction de M. Lieber, conseiller de légation. »

CONSTANTINOPLE. — Une de ces admirables et saintes filles, dont la vie entière est consacrée aux devoirs de la piété et aux pénibles travaux de la charité, Mlle Marie-Esther Nivert, de la Congrégation des Sœurs de Saint-Vincent-de-Paul, vient de mourir, victime de son dévouement, loin de son pays, à Constantinople, où elle avait été envoyée au mois de juin de l'année dernière, pour donner des soins aux malheureux atteints par le fléau qui ravage les différentes contrées de l'Europe.

Mlle Nivert avait à peine vingt-sept ans, mais déjà le nombre de ses bonnes œuvres était considérable. Les indigents du quatrième arrondissement de Paris, qu'elle a longtemps visités et soulagés, gardent le souvenir de ses bienfaits et de ses douces vertus.

CHRONIQUE ET FAITS DIVERS.

— Un travail de remaniement du personnel des consulats se fait en ce moment au ministère des affaires étrangères.

— On assure que M. Guizot vient d'arriver à Paris.

— La décroissance dans les affaires industrielles et commerciales de la capitale est notable et remarquable depuis quelques jours.

— A onze heures, ce matin, le nouvel ambassadeur d'Autriche, M. Hubner, faisait ses visites d'arrivée aux ministres et au corps diplomatique.

— Lord Brougham part demain pour retourner en Angleterre.

— Le célèbre docteur Barrachin, qui, depuis longtemps, remplit à Paris des missions de confiance pour le gouvernement ottoman, vient d'arriver à Paris de retour de Constantinople.

Il a déjà eu plusieurs conférences avec M. le ministre des affaires étrangères.

— On s'occupe déjà des expropriations et des indemnités de location pour continuer la rue de Rivoli jusqu'à la rue de la Bibliothèque et dégager le Carrousel.

— On prépare une grande fête à la préfecture de la Seine.

— On lit dans la *Patrie* :

« Une crise favorable s'est déclarée hier dans l'état de M. de Falloux. La fièvre a cessé de nouveau. Les médecins ont l'espoir d'un rétablissement définitif, si M. de Falloux se soumet à un repos absolu, que ses amis sont invités à ne pas troubler, en s'abstenant momentanément de toute visite et de toute correspondance.

— Un nommé Hubert, peintre en bâtiments, qui parcourait hier la place Maubert en criant : *Vive la République démocratique et sociale!* a été arrêté et mis à la disposition du commissaire de police du quartier.

— Dimanche dernier, quelques ouvriers réunis sur la place du Châtelet, en attendant que des patrons vinssent les embaucher, devisaient entre eux sur le procès d'Huber. L'un d'eux s'étonnait que la haute Cour n'eût pas conseil à faire comparaître en même temps Raspail et Blanqui. — Cela ne se pouvait pas, reprit un autre, la Cour avait toute autre chose à faire qu'à s'occuper de cancans...

— Quant à moi, qui n'étais pas éloigné jusqu'ici de me croire réellement socialiste, je me regarderais maintenant comme un niais, d'accepter les idées de ces hommes qui, tout en se trompant, s'injuriant et se trahissant entre eux, se proclament les inventeurs d'un système de concorde et de fraternité générale.

— Avant-hier soir, un homme d'environ 30 ans et dans un état complet d'ivresse, insultait les passants dans la rue Saint-Denis. Arrêté par les agents de police, il a déclaré se nommer Eugène D..., ancien préfet sous le gouvernement provisoire.

— M. Bourdon, candidat conservateur, vient d'être nommé représentant de la Seine-Inférieure, en remplacement de M. Grandin, par 40,739 voix, contre 22,935 données à M. Deschamps, candidat démocrate.

— Depuis l'adoption du système décimal, c'est-à-dire depuis 1795 jusqu'au 31 décembre 1848, le total général des fabrications faites dans les ateliers monétaires de France a été, tant en pièces d'or qu'en pièces d'argent, de 5 milliards 313 millions 237,000 fr. La première République en a frappé pour 106 millions 237,000 fr.; Napoléon Bonaparte, sous le Consulat et sous l'Empire, en a frappé 1 milliard 416 millions ; Charles X, 685 millions et demi ; Louis-Philippe dans les dix-sept années de son règne, 1 milliard 973 millions. La République en avait frappé en dix mois pour 128 millions et demi.

BULLETIN DE LA POLITIQUE ÉTRANGÈRE.

Les nouvelles de Rome sont assez insignifiantes. A la date du 8, M. Mercier avait quitté cette ville pour se rendre à Naples. Le *Statuto* revient encore sur le projet qu'on aurait conçu de mettre à Rome une garnison espagnole appuyée, au besoin, par des Napolitains.

En Irlande les troubles continuent. Un sanglant conflit a eu lieu à Killonghy, dans le comté de Roi, par suite de tentatives faites pour enlever des récoltes. La police étant intervenue, les voleurs ont fait feu. Un agent de police est tombé raide mort, deux autres ont été mortellement blessés, quatre ont reçu des blessures assez graves. La police a riposté; mais on ne sait pas quel a été le résultat de ses décharges de mousqueterie.

Les correspondances de Turin renferment de longs détails sur les funérailles de Charles-Albert. La ville entière s'était voilée de deuil. Toutes les fenêtres des maisons, tous les balcons des édifices publics et particuliers étaient couverts de draperies noires et blanches, décorés de devises et d'inscriptions analogues à la circonstance.

La vue du cheval du roi, le même qu'il montait à la bataille de *Novarre,* a produit sur la foule une vive impression. Après avoir

ι heures, les cloches de l'église de Saint-Jean annoncent le
ncement du saint sacrifice célébré par l'Archevêque de Cham-
isisté des évêques de Bulle, d'Alexandrie, du Pia et de Savone.
:hevêque de Merceil monte ensuite en chaire pour prononcer
n funèbre ; sa voix est émue ; des larmes coulent de ses yeux,
ents de cette douleur pénètrent tous les cœurs.

ettres de Trieste, à la date du 9 octobre, portent que le vapeur
aerts, qui revient du Levant, a rencontré à la hauteur de
l'escadre anglaise, sous les ordres de l'amiral Barker.

'ès les journaux de Toulon, le vapeur le *Tenare* est parti pour
tlinople. Le 14, l'escadre de la Méditerranée, commandée par
ce-amiral Perceval-Deschênes, qui se trouve depuis quelque
u mouillage des îles d'Hyères, a reçu l'ordre de faire route
atement pour l'embouchure des Dardanelles.

ut en croire quelques feuilles allemandes, la Hongrie serait
en deux districts remplaçants les comitats. Chaque district
ine diète provinciale à part, dans laquelle la langue employée
ι débats parlementaires serait déterminée par la majorité de
lation.

urnaux anglais de toutes nuances attaquent vivement le gou-
ınt autrichien à propos de l'exécution du comte Louis Bat-
et ils ne trouvent pas de termes assez forts pour flétrir la con-
général Haynau, auteur, disent-ils, de cette triste condam-

les principes du candidat Bissette. Les cultivateurs noirs étaient imbus de cette idée que Bissette venait pour se joindre aux blancs et rétablir l'esclavage; et cette idée les a poussés au meurtre et à l'incendie.

Dans les rapports des officiers de gendarmerie on trouve la preuve de ces menées électorales. Il y est dit que dès que Bissette débarqua, le mot d'ordre fut donné; Bissette venait pour rétablir l'esclavage. On leur disait : Sous l'empire, Napoléon vous a remis en esclavage ; sous la République, Louis-Napoléon, neveu de l'empereur, fera de même si Schœlcher et Perrinon ne sont pas élus. (On rit.)

M. SCHŒLCHER a fait tous ses efforts pour défendre son élection. Son discours dure plus d'une heure et finit par fatiguer l'Assemblée. Le général Cavaignac, répondant à une interpellation de M. Schœlcher, rend compte des vains efforts qu'il a faits, pendant qu'il était au pouvoir, pour amener une conciliations entre M. Schœlcher et les colons.

M. PÉCOUL ajoute quelques explications.

M. PERRINON se borne à répéter les arguments employés par ses collègues; il y mêle des attaques très-vives contre l'amiral Bruat, Bissette et les anciens maîtres d'esclaves.

M. DE TRACY. Je n'interviendrais pas dans le débat si je n'avais à rétablir des faits qui intéressent l'honneur d'un de nos plus braves marins et la conduite du Gouvernement. Le Gouvernement a encouragé M. Bissette dans ses honorables efforts de conciliation. Il n'a influencé en rien les élections. L'amiral Bruat a sévèrement réprimé les troubles. Une instruction judiciaire se poursuit. Il est de mon devoir de rendre hommage au gouverneur des Antilles. Quant à la validité des deux élections, l'Assemblée jugera dans sa conscience.

M. VALLON paraît à la tribune.

Cris : La clôture ! la clôture !

M. Vallon s'efforce vainement de se faire entendre.

M. LEVERRIER s'apprête à lui répondre.

Cris : Aux voix ! aux voix ! (Tumulte.)

Le président met aux voix les conclusions de la commission, qui sont adoptées à une grande majorité.

L'ordre du jour de demain appelle la discussion des affaires de Rome.

HAUTE-COUR DE JUSTICE.

Audiences du 16 et du 17.

De graves incidents se sont produits, aujourd'hui, à l'audience de la Haute-Cour de justice ; c'est la déposition de M. Emile de Girardin qui y a donné lieu.

Avant de répondre aux questions qui lui étaient adressées, M. Emile de Girardin s'est plaint de la manière dont M. Oscar de Vallée, l'un des substituts du procureur de la République, qui assistait le juge d'instruction lorsqu'il a été interrogé après les événements du 13 juin, s'était conduit à son égard.

M. de Vallée, a dit M. de Girardin, a demandé à des témoins comment, se prenant pour des hommes sérieux, ils avaient pu l'appeler à délibérer avec eux; ce magistrat, a continué le témoin, a montré à mon égard autant de tenacité que de perfidie. C'est lui qui semblait diriger mon interrogatoire et dicter au juge d'instruction ses questions.

M. le procureur-général a répondu que le magistrat dont il était question avait usé du droit que lui donnait la loi, en s'immisçant dans l'instruction, et que, du reste, dans la procédure, rien ne justifiait l'exactitude de l'allégation du témoin.

Répondant alors aux questions de M. le président, M. de Girardin a déclaré que, dans sa conviction, la Constitution avait été violée, que la résistance était de droit ; qu'il s'était rendu à la réunion du comité de la presse pour l'y organiser ; qu'il y avait demandé que la Montagne se mît en permanence et déclarât la *mise hors la loi* de l'Assemblée législative.

La question du rétablissement du Pape dans la souveraineté États de l'Église, question plus qu'européenne en elle-même, est venue française par un de ses côtés principaux. A ce titre elle est pelée à fixer l'attention de l'Assemblée nationale, et elle sera a rément le terrain sur lequel les passions essayeront d'émouvoir pinion publique.

Qu'il me soit donc permis de consigner ici les réflexions qu m'a inspirées.

Je commencerai par une remarque destinée à bien préciser le p de la discussion.

Parmi les divers partis qui composaient l'Assemblée constitua les uns souhaitaient l'intervention de la France en Italie, les au n'en voulaient pas. Mais, par suite de la décision de la majorité, l'ont acceptée; puisque chacun a pris le soin d'expliquer comme l'entendait, et que les plus hostiles font reposer leurs accusations ce point à peu près unique : que le Gouvernement n'a pas ré l'intervention comme l'Assemblée l'avait comprise.

En d'autres termes, ces diverses opinions peuvent se classer ai ceux qui ne voulaient à aucun prix le rétablissement du Pape à R ceux qui y consentaient à condition de certaines garanties déte nées pour la liberté, et ceux qui croyaient qu'avant tout il impo à Rome, à l'Italie, à la chrétienté entière, de rétablir le Pape da souveraineté.

Nous demandons, avant d'entrer dans le fond même du sujet, a de rien préjuger, si, de toutes les manières de l'envisager, la nière n'est pas celle qui se présente avec le caractère le plus éle

Écoutons nos adversaires.«La France, disent les Montagnards, lait pas soutenir la République romaine contre l'intervention de l triche, de Naples et de l'Espagne, puisqu'elle ne l'avait pas re nue; mais elle n'allait pas non plus se joindre à ses ennemis, elle entendait respecter scrupuleusement son existence! »

Alors, à quoi bon l'envoi d'une armée dans les États romains pourquoi ne pas s'être borné à l'emploi des négociations diplo tiques ?

Mais rappelez-vous que vous avez autorisé le départ de cette mée pour quelque chose apparemment, et que la commission ch gée d'examiner le projet d'intervention, prévoyant le cas où la R blique romaine ne voudrait pas recevoir nos soldats à Civita-Vec décida que, *de gré ou de force*, ils occuperaient cette ville. Or, le échéant, n'était-ce pas là une véritable déclaration de guerre et acte d'agression, si jamais il en fût, contre la République romai contre ce que vous appelez la liberté des peuples?

Qu'on ne vienne pas objecter quelques lambeaux de déclara ministérielles, ou des ordres du jour de l'Assemblée constitua *Quand ils exprimeraient* tous la pensée des orateurs de la majo

minée alors par la Montagne, — et] tous sont bien loin de s'accor-
r avec elle, — ils n'ont aucune valeur devant les conséquences qui,
r la nature des choses, plus fortes que la volonté des hommes, dé-
aient toutes seules du projet d'expédition, entendu selon les ul-
-républicains de la veille.

Je ne me charge pas plus d'excuser la faiblesse de ceux qui n'ont
osé dire la vérité jusqu'au bout, que la bonne foi de ceux qui pa-
riquement cherchaient à rendre l'expédition inutile. Je ne me
rge pas d'expliquer cet ordre du jour mémorable qui prescrivait
Gouvernement, après la surprise et la défaite de nos soldats devant
me, *de ne pas détourner plus longtemps l'expédition de son but;* je
charge d'autant moins de le faire, que personne dans l'Assemblée
voulu l'entreprendre, et que ce fameux but est resté complète-
t mystérieux et inintelligible. Je dis seulement ceci : Du moment
on donnait un consentement plus ou moins formel à l'intervention,
que l'expédition partait, il ne fallait plus vouloir et demander ce
était manifestement antipathique à la raison.

enons maintenant à l'interprétation des républicains plus modé-
?

eux-là disent au gouvernement : « La Constitution vous défend
enter à la liberté d'aucuns peuples. La liberté des populations
aines étant opprimée par Mazzini et Garibaldi, que vous les ayez
ssés, à la bonne heure ! Rétablissez, sous votre responsabilité le
voir pontifical, nous le voulons bien encore ; mais à *la condition
pensable* que le Pape entourera la liberté de certaines garanties.
s de ces termes, il y a violation de la Constitution. »

nsi donc, suivant ces messieurs : Restauration de la liberté, ga-
ies efficaces données à la liberté, et à la liberté telle qu'eux seuls
éfiniraient, voilà le but principal de l'intervention française. Et
, que ce soit Mazzini ou le Pape, ou même l'Autriche, qui assure
ieux ces garanties, peu importe !

ar conséquent, si Mazzini et Garibaldi s'étaient montrés moins
niques à l'égard des Romains, vous les auriez tolérés, et vrai-
blablement vous auriez fait alliance avec la République ro-
ne !

ar conséquent encore : Si le Pape ne se soumettait pas aux con-
ns que vous lui imposiez après avoir délivré Rome de la tyran-
des Triumvirs, vous ne l'auriez pas laissé rentrer dans ses Etats,
ous ne reconnaissiez pas sa souveraineté ! D'où l'on doit conclure
dans le cas où le Pape aurait accepté vos conditions, vous pou-
très-logiquement vous attribuer, pour la suite, au moins un droit
emontrance et de *veto* sur les actes du Souverain Pontife ! Mais
s la première de ces deux hypothèses, c'est une conquête que
auriez été faire ! et, dans la seconde, c'est un protectorat que
fondiez à vous seuls ! Et de quel droit ?

ns toutes ces *combinaisons* qui sacrifiaient le pouvoir temporel du Pape, que devenait le pouvoir spirituel? Comment eussent été garantis les intérêts de la catholicité tout entière? Quelle eût été votre attitude vis-à-vis de l'Autriche, de Naples, de l'Espagne, du Portugal, de la Bavière, résolus à maintenir ou à restaurer, avec vous, ou sans vous, l'indépendance pontificale?

Vous prétendez que votre système eût sauvegardé la liberté du peuple romain : peut-être! mais, à coup sûr, ni les intérêts des catholiques, ni la liberté des peuples, ni la paix du monde ne l'eussent été.

C'est au reste ce que M. de Falloux a établi surabondamment dans un magnifique langage que les annales de la tribune française compteront parmi ses gloires. M. le ministre de l'instruction publique a démontré victorieusement que la liberté était rentrée dans Rome avec nos armes, et que les acclamations unanimes dont le peuple romain avait salué le rétablissement du pouvoir temporel du Souverain Pontife, était le signe le moins équivoque de ses vrais sentiments et de l'usage qu'il entendait faire de sa liberté. Puis, après avoir exposé comment la papauté était nécessaire à la prospérité, à l'existence même de cette ville, qui sans elle ne serait plus la ville éternelle, il a prouvé encore que l'indépendance de la puissance spirituelle était indispensable à l'éclat du catholicisme et à la paix entre les nations par conséquent qu'elle exigeait absolument le recouvrement du domaine temporel.

Ajoutons que M. de Falloux à mis un terme à une accusation sans cesse répétée de désobéissance aux volontés de l'Assemblée constituante, en faisant très-justement observer qu'après tout la politique de cette Assemblée n'engageait aucunement la politique de l'Assemblée législative. Il serait superflu de vouloir après lui revenir sur toutes ces choses.

Mais, battus sur leur terrain, nos adversaires ne vont-ils pas nous attaquer sur le nôtre et dire : « L'intervention s'est faite comme vous le vouliez, et pourtant, voyez les difficultés qui vous assiégent voyez les concessions libérales que vous avez obtenues du Pape ! »

Je ne relèverai pas ce qu'on dit des concessions. Les organes de la presse les plus accrédités les ayant discutées déjà et considérées tous les points de vue, il me semble inutile de leur faire subir un nouvel examen. Pour moi, d'ailleurs, en réfléchissant à la nature exceptionnelle du pouvoir temporel du Souverain Pontife, j'incline à croire que, dans l'état actuel des choses, c'est là à peu près tout qu'on pouvait obtenir. Et si nous n'étions pas toujours dominés par cette manie d'imposer chez les autres les institutions bonnes ou mauvaises sous lesquelles nous vivons, il ne serait pas impossible que nous trouvions de quoi faire notre profit dans l'institution des conseils provinciaux.

Mais pour ce qui est d'indiquer les causes des lenteurs que nous avons déplorées, des embarras qu'on a signalés, aussi bien que des *concessions* trop étroites, dit-on, qui ont été obtenues, je croirais

enais de le faire, n'avoir pas traité à fond l'important sujet
occupe.

vention française, dans son exécution, a-t-elle réuni toutes
tions qu'elle devait présenter ?

d, bien que la politique de l'Opposition n'ait pas dominé, elle
'une influence sensible sur les décisions du Gouvernement,
ncontestable. En présence de mauvais vouloirs évidents, de
s mal dissimulées, d'équivoques volontaires, d'appels inces-
: plus mauvais sentiments, d'encouragements quelquefois
aarfois, dit-on, secrets, donnés aux révolutionnaires de Rome
ôtres, le Gouvernement n'a pas cru devoir dérouler, devant
lée, toutes les conséquences naturelles, inévitables, qui
ntenues dans l'intervention, et qui, d'ailleurs, n'échappaient
aomme sérieux. On voit, du reste, que s'il n'y a pas eu net-
sante de la part des uns, le plus souvent il y a eu manque de
de la part des autres. Qu'en est-il résulté ? Que l'expédition
, que l'intervention s'est faite, mais avec absence d'unité
écution. De là toutes les difficultés que nous avons tant
à surmonter.

francs : qu'y avait-il d'étonnant dans les difficultés que
contrions à obtenir certaines concessions du Pape, quand,
ui marchandant un appui sincère, nous revendiquions le
:écuter seuls l'intervention, et que nous arrêtions celle des
issances catholiques qui, elles, proclamaient franchement
ein de rétablir le Pape, sans conditions, dans sa souveraineté
le ? Quoi ! dans une feuille à laquelle la position de son di-
1) prête une assez grande importance, on dit crûment
ous faisons bien d'insister auprès du Pape pour qu'il
on peuple une sorte de Constitution ; mais que *ce n'est point
Romains, qui ne s'en soucient guères, que c'est pour nous-mêmes,
e dignité, pour notre honneur !…,* » Quoi ! à la tribune, on
aas à avouer que le but principal, sinon unique, de l'expé-
été l'extention ou le maintien de notre influence en Italie !
on paraît surpris que le Pape conçoive quelque défiance de
ndes, et que dans notre bouche il les soupçonne de n'être
olétement désintéressées ! La seule chose étonnante là-de-
st notre surprise et notre mauvaise humeur !

savoir pourquoi la crainte seule de voir adopter par le
ement français la politique de *restauration sous conditions*, a
n pareil effroi à Rome ? C'est tout simplement qu'on savait
agir dans ce sens, il nous fallait ne tenir aucun compte
très-évident et déjà ancien, mais inconnu de nous seuls, à
l'absence à Rome de ce qu'on appelle ailleurs *tiers-parti* ou

're.

juste-milieu, c'est-à-dire d'un parti tel que le conçoivent en Fra
quelques hommes politiques, acceptant le Pape moyennant certai
concessions ! C'est que, comme le dit énergiquement un journal c
tholique, « à Rome, on veut le Pape pour souverain, ou l'on ne v
ni souverain, ni Pape, ni catholicisme ! » En conséquence, aux ye
des Romains, ne pas se ranger franchement d'un côté, c'est frater
ser avec l'autre ! Sur ce point, tout le monde est aujourd'hui d'a
cord. Pourquoi donc essayer sans aucune chance de succès de cré
ce parti impossible ? Nous n'y rencontrerions d'autre résultat que c
lui-ci : nous créer de toutes parts des ennemis, et nous enlever p
l'avenir toute possibilité d'exercer une influence utile pour les i
rêts de l'Italie !

On voit où aboutirait la prétention de subordonner la restaura
définitive du Pape à certaines conditions. On a vu aussi la po
difficile que nous avait donnée, près la cour de Gaëte, la forme de n
intervention. Et l'on comprend actuellement la cause des emba
dans lesquels nous avions à nous débattre, et qui n'auraient été
le prélude de ceux dans lesquels nous serions tombés, si le Gouv
nement, interprétant la Constitution comme les Républicains de
veille, avait conduit l'intervention comme ils le désiraient.

C'est pour avoir manqué aux règles de la plus vulgaire prude
que l'Assemblée constituante s'est montrée si inconséquente dans
affaires d'Italie. Profitons de l'expérience.

Quoi qu'il en soit, il est un point acquis désormais pour t
homme non prévenu : c'est que la France a accompli une gra
œuvre en exécutant cette intervention, que lui imposait, en que
.sorte, le glorieux titre de Fille aînée de l'Eglise, en délivrant R
des tyrans démagogiques qui l'opprimaient, et en remettant au Sa
Père les clefs de la ville éternelle. Malgré ce qu'en diront ses e
mis, elle a contribué à affermir la paix du monde, servi les inté
du catholicisme comme ceux de la liberté, et porté haut la gloire
nos armes !

Qui oserait soutenir, devant des résultats pareils, qu'il y a eu v
lation de la Constitution ?

ELIE DE GONTAUT.

BOURSE DU 17 OCTOBRE.

Le 3 p. 100 a débuté au comptant à 55 45, a fait 55 75 au plus haut, et r
à 55 50.

Le 5 p. 100 a débuté au comptant à 87 50, a fait 87 85 au plus haut, et r
à 87 70.

Les actions de la Banque ont été négociées à 2,345.

L'un des Propriétaires-Gérants, CHARLES DE RIANCEY.

Imp. BAILLY, DIVRY et Comp., place Sorbonne, 2.

L'AMI DE LA RELIGION.

LES AFFAIRES DE ROME.

SÉANCE DE L'ASSEMBLÉE.

les préoccupations de l'opinion publique se concentraient
ui dans l'enceinte de l'Assemblée nationale. La plus grave
ce temps, la question d'où dépendent à l'intérieur l'ordre
rité, à l'extérieur l'honneur traditionnel de la France et la
londe, allait enfin se traiter au grand jour de la tribune.
ait le ministère? Quelle attitude prendrait-il et vis-à-vis
rain Pontife et vis-à-vis de la majorité parlementaire? La
l'indépendance de l'auguste successeur de saint Pierre re-
-elles un nouvel hommage, ou seraient-elles exposées à de
s atteintes? Le rapprochement entre le Gouvernement et
lée, œuvre si désirable et tentée avec de si persévérants ef-
les esprits les plus élevés, serait-il publiquement cimenté,
es conseils de la discorde, de la discussion, de la témérité
ls préférablement écoutés?
ces pensées, toutes ces hésitations répandaient sur la séance
été visible. Chacun sentait qu'on en était venu à un mo-
ennel : et du haut des tribunes où se pressaient d'innom-
pectateurs, l'Assemblée présentait, avant l'ouverture de la
n, je ne sais quel aspect austère comme celui d'une grande
rgée de nuages et de tempêtes. Rarement les représentants
plus nombreux. Du côté de la majorité on était disposé à
à, au calme, au silence. Le mot d'ordre de la Montagne, au
, était le tumulte : les *citoyens romains* de la gauche ne peu-
ndre parler de sang-froid de ces affaires de Rome, qui sont
une si cruelle honte, et dont le contre-coup a jeté leurs
r les bancs de la Haute-Cour de justice.
lieu de cette attente générale, M. Pierre Leroux, — il faut
quelque chose d'excentrique à cet orateur, — est venu in-
une plainte contre les questeurs, qui n'auraient pas assuré
ution d'un de ses écrits à ses collègues ! Il a revendiqué de
ines interpellations oubliées qui ont été remises à lundi.
ite de cet incident, M. de Tocqueville est monté à la tribune.
tre tenait à ouvrir le débat par une exposition de la politi-
ouvernement. Il y avait de l'habileté à choisir ainsi son ter-
vance, à le circonscrire et à en tracer soi-même les limites.
il le dire, ce sont des interpellations retournées. Ce procédé
rable, d'ailleurs, au désir d'entente et de réconciliation qui
l'orateur. Seulement, pour cette entreprise si délicate, pour

ce voyage difficile entre tant d'écueils, il eût fallu une parole plus souple à la fois et plus énergique. M. de Tocqueville n'a ni la pompe éloquente où M. Guizot drapait jusqu'à ses fautes, ni cet esprit étincelant que M. Thiers fait scintiller aux yeux de ses auditeurs, dont les brillants reflets charment et fascinent le regard. Chez M. de Tocqueville, c'est surtout l'intention qu'il faut louer, et aussi un certain talent de publiciste, et une heureuse distinction d'homme du monde qui lui fait trouver parfois des phrases bien frappées et des expressions vraies et senties. Il lui faut tenir grand compte d'ailleurs des difficultés singulières d'une situation qu'il n'a pas su dominer. Sous cette réserve, et en regrettant vivement quelques parties de son discours évidemment sacrifiée au besoin de sa cause, nous devons reconnaître qu'il a énoncé des sentiments de la plus haute et de la plus respectueuse convenance sur les droits, sur la personne auguste du Souverain Pontife et sur l'attitude pleine de dévouement que la France doit garder à l'égard du Saint-Siége.

Il a déclaré que la lettre du Président n'était point et ne pouvait être regardée comme une pièce diplomatique, mais seulement comme l'expression familière des vœux que la diplomatie, par ses voies régulières et avec la réserve qu'impose l'indépendance du Souverain Pontifical, déposait aux pieds du Saint-Père. A plusieurs reprises, le ministre a insisté sur cette pensée, que la France n'a jamais voulu et ne peut pas vouloir porter la moindre atteinte à la liberté des décisions du Saint-Siége, et il en a donné pour preuve l'adhésion du Gouvernement au *motu-proprio*, qui, assure-t-on, promet tout ce qui avait été demandé, et pour l'exécution duquel il suffit de s'en rapporter avec confiance à la parole du magnanime et généreux Pie IX.

A ce prix, la paix était faite avec la majorité. La Montagne l'a sentie et elle a redoublé de violence et d'injures. Tandis que les cris et les vociférations des Montagnards interrompaient le ministre, M. Mathieu (de la Drôme) préparait ses foudres. Tristes éclairs et vulgaires orages! Cette voix creuse et bruyante à la fois, ces gestes amphatiques, cette déclamation de clubiste dissimulaient mal le sentiment de perfide malignité avec lequel l'orateur espérait ramener la discorde et renouveler la désunion. Il n'a réussi qu'à soulever un déplorable incident dont nous parlerons tout à l'heure, et à se faire applaudir par ses amis, au milieu de la réprobation indignée de la majorité.

M. de la Rosière a ensuite occupé la tribune. C'était le début de cet orateur qui a rempli dans la diplomatie des postes importants et auquel un séjour de plusieurs années en Italie donnait le droit de parler. On se ferait difficilement une idée de l'indigne tactique sous laquelle la Montagne a essayé, pendant plus d'une heure, d'étouffer la parole de M. de la Rosière, en profitant de l'émotion inséparable d'une première apparition sur la scène parlementaire.

Le courageux représentant a lutté contre toutes les difficultés

des les invectiv... ...
: energie, il a... ...
res. S'il y a ... ...
urs, nous nous ... ...
le discussion. ... ...
ique. M. de l... ...
le, la situation ... ...
e par la Papauté ... ...
é par le Saint-S... ...
auquel l'Europe a ... ...
é sacrées, uni ... ...
neté du Siège a... ...
en général, et ... ...
its sur les popul... ...
vec l'histoire cette ... ...
, qui n'était aut... ...
er ardent de l'a... ...
ieures, l'Assemb... ...
    discours de M. ... ...

ident des plus de ... ...
eu (de la Drôme ... ...
lique : «Ce n'est ... ...
M. Thiers, que ... ...
s a immédiatemen ... ...
les ai entendues ... ...
nutes après, M. Thier ... ...
iés de MM. Piscato... ...
ures, comme la s... ...
au bois de Boulogne... ...
icun d'eux n'a été b...
uvelle de cette r... ...
el temps et quel ...
        ...sance ...
            où ...
            r le b...
            ...leur
            ...t rai

les
ntre
ienne
ir ainsi
...adiction

...és de l'ad-
...re des ...
...siastiques,
...ation, qui

...n des États
...i, à mon
...x affaires,
...Italie a d...
...elle est ...
...redresseurs

attribué aux enfants trouvés ; les filles sont au nombre de 400, et comme souvent elles ne trouvent pas à se placer en ville, on les garde charitablement à l'hospice jusqu'à leur mort. Avant nos convulsions politiques, ces femmes étaient sous la direction de religieuses, Sœurs de la Charité, qui y maintenaient une sévère discipline. Au moment de la république, ces religieuses, là comme ailleurs, furent honteusement chassées, et l'ordre dans la maison disparut avec elles.

Le nouveau prieur du Saint-Esprit, Mgr Morichini, consacra ses premiers soins à remettre la régularité dans les diverses parties de cet établissement ; quand il en vint aux *femmes enfants trouvés*, il voulut y rétablir les religieuses. Tel n'était pas le goût de ces femmes, qui, pour la plupart, issues de la licence, prétendaient elles-mêmes jouir d'une liberté illimitée. Elles déclarèrent que si on tentait de rétablir les religieuses, elles mettraient le feu aux quatre coins de la maison ; et, comme mesure de précaution, elles se barricadèrent fortement à l'intérieur.

Il fallut pour les réduire avoir recours à l'autorité militaire. Le général Sauvan, à la tête d'un bataillon, vint se placer vis-à-vis la porte de l'établissement. Par trois fois ces furies reçurent l'ordre d'ouvrir, elles y répondirent par des huées. Les sapeurs enfoncèrent la porte : dès que la *brèche* fut praticable, le général Sauvan pénétra lui-même à l'intérieur. Mal lui en prit ; il faillit être étranglé par une de ces mégères qui se jeta sur lui ; ce ne fut qu'avec l'aide de plusieurs personnes que le général parvint à lui faire lâcher prise.

Pour rétablir la tranquillité, il fallut s'emparer de soixante des plus mutines et les envoyer entre deux files de soldats à la maison des fous, au grand amusement de la foule que ce siège et cet assaut avaient fort intéressée.

Pardon de m'être laissé entraîner à tant de détails dans une affaire pareille. Elle vous montre les germes profonds de désordre que la révolution a partout ici semés. En voici encore un exemple :

Il y a eu, ces jours derniers, quelques difficultés entre les Cardinaux de la commission et un des membres de la municipalité. Le professeur Pieri, chargé de la direction de la *beneficenza* (administration immense qui donne souvent du travail à trois mille pauvres), résolut de placer ses ouvriers sous une discipline militaire. Le projet était excellent, mais l'exécution ne fut pas heureuse. M. Pieri organisa deux ou trois compagnies d'ouvriers, et choisit parmi eux les caporaux, sergents, etc. Ce choix fait à la suite d'un examen sur les connaissances des candidats, donna l'autorité, dans les compagnies, à des gens de quelque instruction, il est vrai, mais sans aucun principe : c'étaient pour la plupart des soldats des légions volontaires qui, licenciés après la chute de la république, avaient cherché à entrer dans la *beneficenza* pour avoir de quoi vivre sans presque travailler. Vous comprenez l'inconvénient qui en résulta. Ces compagnies, ainsi formées, devinrent de véritables ateliers nationaux, des écoles du socialisme le plus fou. Les Cardinaux, justement effrayés des principes qui y étaient publiquement professés ont, je crois, ôté à M. Pieri la direction de la *beneficenza*, et ont fait dissoudre ces compagnies.

L'horizon politique est toujours le même autour de nous. Des hauts et des bas, selon les nouvelles que l'on reçoit de Paris. On désire beaucoup ici que le Pape revienne ; mais je crains que ces vœux ne soient pas exaucés, tant que votre situation offrira aussi peu de garanties.

Je sais que le ministère (du moins en partie) fera tous ses efforts pour mettre la question romaine sur son véritable terrain ; mais cette partie du ministère aura-t-elle le dessus ou sera-t-elle renversée ? Voilà ce que l'on se demande avec inquiétude. C'est même ce qui augmente beaucoup la mauvaise humeur des Romains contre l'armée française ; ils sentent que sa présence ici est un grand obstacle au

tour du Pape. Soyez bien convaincu que le Pape ne prendra aucune détermina-
on avant de savoir à quoi s'en ténir sur les premiers votes de l'Assemblée légis-
tive à sa réouverture.

L'état sanitaire des troupes françaises est bien amélioré depuis quelque temps.
les pluies, et la fraîcheur qui en est la suite, ont fait sortir des hôpitaux militaires un grand nombre de convalescents.

La situation morale n'est malheureusement pas aussi favorable, et se ressent
de la fausse position de tout le monde.

Les révolutionnaires se plaignent des Français qui sont venus écraser la République : les conservateurs s'en plaignent de leur côté, parce que, jusqu'ici, les
Français ne voulant pas faire justice par eux-mêmes, ne laissent pas au gouvernement du Pape la faculté d'agir avec quelque vigueur.

Les Français prétendent ménager les deux partis en proclamant qu'ils sont
venus rétablir le Pape, mais en détruisant les abus de son gouvernement.

Eh bien ! ces abus, que sont-ils ? Est-ce le tribunal du Saint-Office ? Quelques
personnes, ou dupes, ou intéressées à détruire tout ce qui existait autrefois,
avaient dit que les prisons de l'inquisition, quand elles s'ouvrirent au nom de
Dieu et du peuple, furent trouvées remplies d'ossements ; on sait aujourd'hui
d'une manière positive que ces ossements, pour en imposer aux masses, avaient
été retirés d'un cimetière voisin la nuit qui précéda l'ouverture des portes de la
prison. Le secret des arrêts rendus par le tribunal du Saint-Office cache, dit-on,
de mystères épouvantables. D'abord je demanderais comment on les connaît
s'ils sont secrets ? Puis, à quiconque est de bonne foi, je mettrais entre les mains
les admirables lettres de M. de Maistre à ce sujet ; je lui dirais de prendre les
informations les plus exactes, les plus minutieuses, et il devrait alors convenir
lui-même que le tribunal du Saint-Office, qui, à des époques fort reculées, a pu
donner lieu à quelques abus, n'a plus maintenant, à Rome du moins, à juger que
les personnes sacrées (les ecclésiastiques), et seulement pour des crimes en matière sacrée (sacriléges, etc.). Une de ces conditions manquant, le procès est instruit devant les tribunaux séculiers.

À entendre les ennemis du Saint-Siége, le prétendu gouvernement des prêtres
donne aussi lieu à des abus intolérables. Tous les emplois , disent-ils , sont entre
les mains des ecclésiastiques ; les laïques ne peuvent trouver accès dans aucune
administration. C'est un principe si universellement reconnu, qu'il est pour ainsi
dire passé en axiome. Voici cependant des faits qui sont un peu en contradiction
avec ces idées.

Le cabinet de Gaète a fait faire un relevé général de tous les employés de l'administration civile des Etats pontificaux. D'après ce résumé, le chiffre des employés laïques est de 1999, tandis qu'il n'y a que 219 employés ecclésiastiques,
en y comprenant même les chapelains des prisons et des lieux de détention, qui
sont payés mensuellement par le trésor public.

Loin de moi la pensée de nier qu'il y ait des abus dans l'administration des États
pontificaux ! Quel est le gouvernement qui en soit exempt ? Mais ce qui , à mon
avis du moins, est positif, c'est que si ceux qui crient tant étaient aux affaires,
elles n'en iraient pas mieux pour cela. Malheureusement pour eux, l'Italie a déjà
fait l'expérience de leurs théories magnifiques, et il est à espérer qu'elle est un
peu désabusée. L'on sait maintenant à quoi s'en tenir sur ces grands redresseurs
de torts.

--- --- ---

Un bon symptôme.

Le journal le *Dix Décembre* a publié ce matin la note suivante :

« Au moment de mettre sous presse, on nous assure que la faction royaliste fait tous ses efforts pour étouffer l'affaire des *dissidences*, d'abord pour compromettre le Président, en le couvrant d'un semblant de reculade, puis en prenant du temps pour mieux faire les choses. »

Les termes de cette note ont la prétention d'être injurieux pour la majorité de l'Assemblée ; la rédaction en est aussi inintelligible qu'inexacte ; mais, par le dépit, l'amertume et le désappointement qu'elle révèle, elle est du moins une preuve nouvelle de l'échec essuyé à l'Élysée, par cette petite coterie qui l'assiége depuis trop long-temps pour y souffler la discorde, et qui, nous l'espérons, dans l'intérêt du Président de la République autant que pour l'intérêt du pays, y sera désormais moins écoutée que jamais.

L'IDÉE RÉVOLUTIONNAIRE.

M. Emile de Girardin proteste ; mais contre quoi ?

Ah ! s'il eût désavoué et flétri les doctrines révolutionnaires dont il s'est fait l'organe ! Et, certes, on aurait à la rigueur pu l'espérer ! Mais non ! Il réclame purement et simplement contre un *mot* que les journaux lui ont attribué dans le compte-rendu du procès de Versailles.

Il n'a pas, dit-il, demandé que la minorité déclarât la majorité HORS LA LOI ; mais HORS LA CONSTITUTION. Le mot changé, l'idée n'est-elle plus la même ?

Voici le propre texte de la motion qu'il voulait faire substituer par la Montagne à tout projet de *mise en accusation,* « *moyen, selon lui usé et puéril, manquant tout à la fois de* SINCÉRITÉ *et d'*EFFICACITÉ ! »

« Attendu, disait-il, que la majorité de l'Assemblée législative s'est mise HORS LA CONSTITUTION, et a *conséquemment cessé d'être la représentation constitutionnelle de la volonté nationale,* l'opposition, voulant donner un grand exemple de la résistance légale se DÉCLARE EN PERMANENCE. »

» Tout représentant qui n'eût pas ADHÉRÉ à la présente déclaration EUT ÉTÉ CONSIDÉRÉ COMME DÉMISSIONNAIRE, et son collège eût été convoqué à l'effet de procéder à son remplacement. »

Et si cette proposition était *sincère,* si elle devait devenir *efficace,* qu'était-elle autre chose que le signal d'un affreux conflit et de la guerre civile ?

C'est donc toujours la même pensée chez tous les révolutionnaires, à quelque date, à quelque passé qu'ils appartiennent ; ils revendiquent à tout instant ; ils invoquent sans cesse le droit, l'appel, le recours à l'insurrection, sous prétexte d'une prétendue violation de la Constitution, que chacun interprétera à sa manière et dont ils refusent aux pouvoirs réguliers de fixer le sens en cas de doute.

C'est-à-dire que toutes les questions d'ordre public et de salut so-

nt d'autre juge que le caprice de la passion, d'autre solu-
à force brutale.

Hre encore qu'il suffira qu'un fou, un imbécile ou un scé-
paire d'un mot qu'il ne comprendra pas, ou qu'il compren-
manière; et il pourra légitimement se jeter sur ses armes,
à coups de fusil dans la rue, sauf à en recevoir à son

l'idéa qu'on se fait de la société au milieu de la civilisa-
le, sur le continent de la vieille Europe, après dix-huit cents
ristianisme.

grait pas même l'anarchie des temps barbares, ce ne serait
la pure sauvagerie des peaux rouges en Amérique. Les so-
tus rudimentaires, les tribus dégénérées du nouveau monde
pour subsister, d'autres lois et d'un autre lien.

Leroux a été chargé, au nom de la première commission de l'initiative
re, de faire le rapport sur la proposition de M. Creton, relative au rap-
hbres des deux branches de la maison de Bourbon.
ission, tout en rendant justice aux intentions louables de l'auteur, a
moment n'était pas opportun, et qu'il convenait d'ajourner la me-
lée.

ux ont examiné le projet relatif au crédit de 52,000 francs pour frais
de M. le vice-président de la République.
té des commissaires nommés sont favorables au crédit demandé.

ÉLECTIONS.

érieure. (Résultat connu.) M. Mathieu Bourdon, 51,105. M. F. Des-
,465.

M. Antoine Bonaparte, 19,200, Rivière, 8,000, Guichard, 4,000
MM. Gauthier, 8,350, Lagarde, 13,520, Ravez, 3,500.

—On écrit de Milianah, le 2 octobre, au sujet de l'assassinat du

raphe du Zaccar est situé à environ 5,000 mètres de Milianah, sur une mon-
ne à peu près conique, et on arrive au poste par un chemin qui enroule la
mme une hélice. Deux employés, le malheureux Marini et sa femme, et le
anche habitaient le télégraphe.
ier, à six heures un quart du soir, les opérations télégraphiques étant ter-
ini étant dans la cour du télégraphe et son camarade dans sa chambre, les
douar voisin, et qui avaient non-seulement l'habitude d'entrer dans l'habi-
encore d'y rendre de ces services qu'on nomme en France le gros ouvrage
, l'un de ces Arabes s'approcha de Marini, qui attachait son âne, lui porta
le hachette semblable à celle dont les indigènes se servent pour couper du
présumer que Marini, homme très-énergique, ancien brigadier aux spahis,
du coup, et que les autres blessures qu'il a reçues ne sont que des actes de
mis sur son cadavre. Quoi qu'il en soit, au moment où Marini tombait sous
assassin, son camarade, également pris à l'improviste, râlait dans sa cham-

bre, assommé, meurtri par un instrument contondant et tranchant, qui lui avait pres que brisé les reins.

« La malheureuse femme de Marini, qui était alors au premier étage, descendit, el tirée par les cris de détresse de Laplanche, et là, dans ce corridor étroit, une lutte a freuse s'engagea, la femme Marini cherchant à pousser l'Arabe et à fermer la port l'Arabe cherchant à entraîner la malheureuse pour en faire un troisième cadavre! Apr des efforts inouïs, cette malheureuse femme parvint à fermer la porte, en laissant robe en partie dans les mains de l'agresseur.

« A partir de là, une nouvelle lutte s'engage entre cette valeureuse femme et les a sassins ; armés de leurs haches, ils frappent à coups redoublés sur la porte, formée he reusement d'épais madriers. Pendant ce temps, Mme Marini fait pleuvoir sur eux, 'o premier étage où elle est réfugiée, les bouteilles, les fers à repasser, les ustensiles ménage ; enfin, bien inspirée, elle saisit le fusil de chasse de son mari, décharge les de coups sur les assaillans, qui fuient en abandonnant un chachia et une sboot ou sand

« Tout cela avait duré moins de temps que nous n'en mettons à le raconter. Fig rez-vous maintenant la nuit d'angoisse et de douleurs qu'a dû passer une malheur femme, blessée grièvement au sein, sachant son mari mort et veillant un blessé, et c pendant ce n'est que le matin, vers sept heures, que l'on est venu lui porter secou Alors on a trouvé Marini traîné à soixante mètres au moins du télégraphe, baign dans son sang, et les deux autres victimes de cet infâme guet-apens enfermées dans maison.

« P. S. Nous apprenons à l'instant que Mme Marini, transportée à l'hôpital milita hier, à une heure et demie, va beaucoup mieux, et le nommé Laplanche est dans un é satisfaisant. »

NOUVELLES RELIGIEUSES.

FRANCE. — DIOCÈSE DE PARIS. — Mgr. l'Archevêque de Paris vient d'adress aux curés de son diocèse une lettre pour les informer que les traitemens des de servans des succursales ont été fixés ainsi qu'il suit, par la loi du 12 avril de nier, à compter du 1er janvier 1849, savoir :

Douze cents francs pour les desservans de soixante-quinze ans et au-dessus Onze cents francs pour les desservans de soixante-dix à soixante-quinze ans Mille francs pour les desservans de soixante à soixante-dix ans ; Neuf cents francs pour les desservans de cinquante à soixante ans ; Huit cent cinquante francs pour les desservans âgés de moins de cinquan ans.

DIOCÈSE D'ARRAS.—Le cruel fléau qui depuis plusieurs mois décime la Franc a donné bien fréquemment occasion à la charité chrétienne de se produire ; no avons cité quelques-uns de ses actes ; mais combien sont restés inconnus ju qu'à cette heure. C'est avec un pieux intérêt que nous avons lu les quelques d tails qui suivent :

« Le petit village d'Oignies (diocèse d'Arras) fut frappé par le choléra, qui e leva le septième de la population. La terreur faisait fuir tous les habitants que fléau n'avait pas atteints, mais le dévouement du pasteur vint en aide à ce population désolée. Huit cents fois en moins d'un mois et demi il eut à appliqu la sainte Onction des malades, et comme la plupart des moribonds étaient pa vres, il répandit à pleines mains l'aumône sur leur couche de douleurs. Il fall des remèdes, il vendit un petit patrimoine de 5,000 fr. pour en acheter ; pui donna son linge pour ensevelir les morts qu'il fut souvent contraint de rouler l même jusqu'au cimetière dans une brouette!... Deux fois il manqua de pain pe donner aux orphelins qu'il avait recueillis, et il fut plus de cinq semaines sans coucher, dormant une heure ou deux au chevet des malades dont il s'était étal tout à la fois le consolateur et le gardien. »

Une personne désireuse d'apprendre du charitable prêtre quelques détails sur les soins qu'il avait prodigués aux cholériques, obtint de lui ceux qui suivent : elle cite les propres paroles du digne curé, qui puisent dans leur simplicité même un nouveau degré de créance :

« Un soir, j'entrai dans une chambre où quatre cholériques se débattaient dans le délire du mal et de la frayeur ; l'un d'eux voulait se sauver pour ne point mourir ; un autre appelait à son secours ; un troisième demandait à grands cris du café. Je m'efforçai de les calmer, mais inutilement ; deux se sauvèrent tout nus dans la rue ; je courus après eux et les ramenai ; puis je m'occupai du moyen de satisfaire le désir de celui qui demandait du café. N'en ayant point de préparé chez moi, je courus à plusieurs portes qui ne s'ouvrirent point ; on craignait que je ne vinsse prier de m'aider pour quelque ensevelissement.

« Je retourne chez moi, et, comme ma servante était atteinte du choléra, je me mets à broyer du café, j'allume du feu, je procède à l'infusion, et, quand elle fut achevée, j'allai à l'église chercher le saint Viatique, et, tenant d'une main le pain des anges, et de l'autre la cafetière brûlante, je me dirigeai en pleurant, et à travers les ténèbres, vers la demeure du moribond, qui m'attendait pour mourir.

« Oh ! que mon cœur était serré à la vue de tant de misères ! J'eusse donné volontiers ma vie pour sauver mon troupeau de la mort, et je n'avais que de stériles pleurs à à lui offrir !... »

CHRONIQUE ET FAITS DIVERS.

Le *Journal de Vouziers* renferme le placard suivant, affiché dans la nuit du 16 au 17 septembre à Vrizy, arrondissement de Vouziers (Ardennes), sur la porte du percepteur :

LIBERTÉ, ÉGALITÉ, FRATERNITÉ.

« Au peuple français !

« Une commission de la Montagne s'est réunie pour le partage *universel* des biens. Il est défendu à aucun habitant d'enlever aucune récolte avant que le partage soit fait. La part de chacun est de 46 ares 75 centiares de terres labourables, chacun 4 ares 20 centiares de vignes, et de pré chacun 6 ares. »

— Nous lisons dans le *Giennois* :

« Quatre-vingt-dix hectares de communaux dépendants d'Autry, canton de Châtillon-sur-Loire, viennent d'être adjugés à un de nos amis qui se propose d'élever une colonie agricole dans le genre de la colonie de Saint-Ilan, de celle de Montmorillon, du Mesnil-Saint-Firmin et autres. C'est M. l'abbé Tallereau, chanoine honoraire de l'église d'Orléans, qui se met à la tête de l'œuvre. Il s'agit de rendre enfin à la vie des champs et à l'agriculture le trop plein des villes, il s'agit de former, sous l'influence de la religion, des cultivateurs moraux, intelligents et laborieux.

BULLETIN DE LA POLITIQUE ÉTRANGÈRE.

Les partis modérés ont grand'peine à réussir en Italie. La démagogie, qui a mis l'Italie centrale à deux doigts de sa perte, poursuit sa tâche, et, pour peu que les choses continuent ainsi, la ruine du Piémont est infaillible. Quelle est donc la pensée des députés de ce pays? La Hongrie vaincue, l'Allemagne revenant, par la force des choses, au gouvernement de la vieille diète monarchique de Francfort, tout cela n'a-t-il donc aucune signification à Turin?

Tant et de si terribles leçons auraient dû, ce semble, convertir le parti démagogique. Mais la démagogie, en Piémont, comme dans le reste de l'Europe, est sourde et aveugle. Elle ne se doute même pas, très-probablement, que l'opposition insensée qu'elle fait depuis quelque temps au ministère d'Azeglio soit de nature à détruire toute liberté dans ce pays.

Pendant que la démagogie, à Turin, semble disposée à se lasser de nouvelles expériences, la malheureuse Irlande devient le théâtre de scènes de dévastation qui font que les meilleurs amis de ce malheureux pays sont presque tentés de désespérer de son sort.

Dans une réunion qui a eu lieu, il y a peu de jours, à Conciliation-Hall, John O'Connell s'est élevé avec une grande énergie contre les auteurs de ces désordres. « De lamentables événements, s'est-il écrié, s'accomplissent en ce moment dans plusieurs comtés de l'Irlande. Le peuple résiste à main armée au paiement des fermages, et des hommes pervers le poussent incessamment à la violence. En vérité, ce sang versé pèsera bien lourdement sur la tête des hommes qui se font les prédicateurs du meurtre. Il est de notre devoir de faire une propagande de douceur et de conciliation, et de recommander toujours au peuple la patience et la résignation, jusqu'au jour où justice pourra lui être accordée, sans effusion de sang. »

Les derniers journaux de Dublin ne sont guère remplis que de récits des lugubres événements dont nous venons de parler; mais l'attention des politiques est occupée d'un autre côté. C'est vers l'Orient que se reporte, en ce moment, tout l'intérêt du drame européen.

ASSEMBLÉE LÉGISLATIVE.

Séance du 18 octobre. — PRÉSIDENCE DE M. DUPIN.

La séance est ouverte à une heure.

L'ordre du jour appelle la discussion des projets de loi d'intérêt local, qui sont adoptés sans discussion au milieu du bruit.

M. DE TOCQUEVILLE a la parole au sujet des affaires de Rome.

Mon intention, dit-il, n'est pas de discuter : je me conterai d'exposer. Tous ceux qui ont voté l'expédition de Rome désiraient, à des degrés différents, la restauration de Pie IX; nous avons favorisé cette restauration de tout notre pouvoir. Nous l'avons fait d'autant plus volontiers, que la restauration de Pie IX était dans le vœu de l'immense majorité des populations des Etats-Romains. Pie IX rétabli, on nous reproche de vouloir entraver le Saint-Père dans sa volonté, tandis que, d'un autre côté, on nous reprochait le contraire.

Eh bien, je le déclare de la manière la plus positive, jamais il n'est entré dans la pensée du gouvernement français de contraindre le Saint-Père... (Rires ironiques à gauche.) Nous n'y avons jamais pensé, pour deux raisons, la première parce qu'à côté du prince il y a le pontife, le chef du gouvernement catholique, et que la France catholique ne pouvait pas contraindre le Saint-Père; la seconde, parce que le pouvoir pontifical est une de ces puissances intangible, immatérielle, contre laquelle les plus grandes puissances matérielles se sont toujours usées et s'useront toujours. (Approbation.)

en d'exercer sur lui une action véritable, c'était de lui demander des

à, d'équité, conformes à la raison, au bon sens, et les demander haute-

specieusement.

emandé en dehors, on nous a demandé dans le sein de la commission si

Président de la République était la nôtre ; si elle était celle que nous

avant, celle que nous avons soutenue. Nous avons répondu alors, et nous

iées de répéter ici, qu'en prenant la lettre du Président de la République

mes, c'est-à-dire dans les demandes qu'elle formula, cette politique était

sèches. (Murmures à gauche.)

i proprio se trouvent en grande partie les réformes essentielles demandées

es qui ne s'y trouvent pas développées y existent en germe. (Dénégations

m'étonne de ces dénégations. Qu'avions-nous demandé? des réformes civi-

es? Le *motu proprio* les promet. (Rires à la Montagne.) Vous doutez donc

n Saint-Père ?

QUEVILLE. Si vous voulez douter de la parole du Pape, libre à vous !

pouvez pas douter des engagemens pris. Nous avons demandé des libertés

i provinciales, elles sont données de la manière la plus large.

demandé une consulte, elle a été donnée ! Je puis donc dire que plusieurs

de la France sont dans le *motu proprio*, et la plupart des autres sont pro-

a pas voulu livrer ceux que nous avions vaincus, quelqu'indignes qu'ils

e pardon. (Réclamations, violentes interpellations à gauche.)

interrompent trouveraient sans doute plus patriotique d'applaudir aux in-

s que les chefs de la démagogie, répandent par toute l'Europe contre no-

ontre notre nation.

Pas contre la nation !

ptre armée au dehors, c'est la nation ;

STRE DES AFFAIRES ÉTRANGÈRES. Oui, contre la nation, et de sif-

léâtre l'uniforme et le drapeau de la France. (Nouvelles réclamations à

audissemens sur plusieurs bancs.)

où la notification des Cardinaux a restreint l'amnistie accordée par le

us avons pris soin de faire déposer à ses pieds, (rumeurs à gauche,) nos

: nos vœux. Mais nous ne pouvions même, dans nos réclamations, oublier

en, dont nous couvrions les auteurs, avait débuté par la violence et par

N. Vous mentez ! (De toutes parts : A l'ordre ! à l'ordre !)

SIDENT. J'ai entendu beaucoup d'interruptions déjà, et j'attendais que

distinctement une voix. Vous venez, M. Testelin, de prononcer une pa-

e insulte. Je vous rappelle à l'ordre.

N se lève au milieu du bruit, et triomphant des efforts de quelques amis

, il s'écrie : Je maintiens ce que j'ai dit.

SIDENT. Vous persistez dans votre faute. Je vous rappelle à l'ordre pour

, avec inscription au procès-verbal.

U (de la Drome). — J'ai vu dès le début, avec une profonde douleur,

Rome ; mais jamais je n'aurais supposé qu'on crût avouer ici une poli-

elle de M. Thiers et de M. de Tocqueville

itique des ressentimens conservés depuis février contre le mouvement

des peuples. Elle n'a pu réussir que par l'apostasie à peu près générale

ti libéral, et par les manœuvres de cette catégorie d'hommes qu'on peut

és de la veille et les dévôts du lendemain. (Bravos à gauche.)

es hommes avant la République ? Ils ont attaqué la religion, outragé ses

rsuivi son autorité. Aujourd'hui, pour sauver leurs coffres-forts, il n'est

ssent.

pactisait avec eux, il serait perdu. Mais non ! Le clergé n'a pas encore

s traditions évangéliques, et ceux qui espèrent l'exploiter s'apercevront

e sont que l'instrument de ses vues.

yé une armée à Rome, est-ce par un sentiment religieux? Non. Ils ont vu dans Pie IX, non le prêtre, mais le roi. Ils n'ont consulté que leur hostilité profond contre le principe démocratique.

Qu'a-t-on recueilli de cette entreprise? La risée de l'Europe.

Mais vous avez fait des promesses au peuple romain, pouvez-vous, voulez-vous les nir? Si vous ne le voulez pas, il ne me reste qu'à protester en mon nom et au nom tous mes amis politiques.

Quelques voix à gauche : Oui! oui!

M. MATHIEU (de la Drôme). Nous avons traité avec le peuple romain à coups de c non, et nous ne traitons avec le Pape qu'avec d'humbles prières.

Du moins, si vous voulez faire de la politique modeste, faites-là modestement.

La lettre du Président l'avouez-vous ou la désavouez-vous?

Si je défends cette lettre, citoyens, c'est avec impartialité. Ce n'est pas nous qui avons successivement couvert le Président de louanges et d'outrages.

A droite : Vous, vous l'avez mis en accusation!

M. MATHIEU (de la Drôme). Ce n'est pas nous qui avons dit deux mois avant x élection quelle serait une honte pour la France.

Voix diverses : Qui l'a dit?

M. MATHIEU (de la Drôme). On attribue le mot à M. Thiers. Le dément-il?

M. THIERS. Je le démens.

M. BIXIO. Je l'ai entendu.

M. MATHIEU. Entre M. Thiers qui dément et M. Bixio qui affirme, je laisse l'As semblée juger. Je n'insiste pas sur ce propos. Mais ce que je dis, c'est que vous sui l'air de vouloir faire du neveu la victime expiatoire de la gloire de son oncle. (Bruu à gauche.)

Je n'ajouterai qu'un mot à tant d'hommes, voltairiens par sentiment et papistes pa égoïsme ; malgré vous vos promesses vous engagent! Vous en répondrez pour l'hon neur de ce pays devant le monde et devant la postérité (Applaudissement à gauche.— M. Napoléon Bonaparte s'approche de l'orateur et le félicite vivement.)

M. DE LA ROZIÈRE monte à la tribune Nous donnerons l'analyse et des extraits d ce remarquable discours.

AVIS.

Les abonnés de l'*Ami de la Religion* ont pu s'étonner dans ces der niers jours de quelques irrégularités dans le service, et des fautes nombreuses de typographie qui se sont glissées dans nos colonnes.

Ces imperfections s'expliquent par la multitude des abonnement nouveaux et par les difficultés matérielles de notre transformation en journal quotidien.

Nous prions les personnes qui réclament des numéros anciens de vouloir bien nous accorder quelques jours de délai. Il sera fait droit à leurs demandes le plus promptement possible.

BOURSE DU 18 OCTOBRE.

Le 5 p. 100 a débuté au comptant à 55 70, a fait 55 60 au plus bas, et reste à 55 65.

Le 5 p. 100 a débuté au comptant à 87 75 a fait 87 90 au plus haut, et reste à 87 75.

Les actions de la Banque ont varié de 2,345 à 2,322.

L'un des Propriétaires-Gérants, CHARLES DE RIANCEY.

Imp. BAILLY, DIVRY et Comp., place Sorbonne, 2.

L'AMI DE LA RELIGION.

AFFAIRES DE ROME.

SÉANCE DE L'ASSEMBLÉE.

us sortons de l'Assemblée le cœur inondé de la joie la plus vi-
amais peut-être spectacle plus consolant et plus magnifique ne
it offert à des regards chrétiens ; jamais triomphe plus éclatant
ait été réservé à la sainte cause de l'Eglis !

tte séance demeurera parmi les plus glorieuses pages de nos
ales catholiques, et la scène qui l'a signalée restera comme un
monuments les plus illustres du sentiment inné de foi et de res-
, qui, malgré tant d'erreurs et tant de fautes, repose invincible
ond des entrailles de la nation française.

ui. l'histoire le redira : l'immortel honneur de notre patrie. En
9, au milieu des douleurs et des tristesses de ce temps, en face
scepticisme des esprits, la dépravation des mœurs, de l'abaisse-
nt des courages, en face des sauvages et épouvantables doctrines,
it l'invasion menace de mort la société éperdue, il s'est trouvé un
r, une heure, où dans le Parlement de France, l'Assemblée, le
lic, les tribunes, entraînées par un enthousiasme irrésistible, ont
ié à quatre reprises consécutives par un tonnerre d'applaudisse-
nts, par des salves unanimes, le grand nom de l'Eglise, de la
lle Eglise catholique, hautement, solennellement proclamée NO-
MÈRE !

est là un tableau qu'il faut renoncer à reproduire. Comment
adre cette Assemblée, en proie aux violentes émotions de la lut-
arrivant presqu'épuisée de la fin d'une séance pleine de troubles
d'orages, soudainement électrisée par le talent, par la conviction,
la foi de M. de Montalembert, transportée à la suite dans les ré-
ns les plus hautes, et tombant et quelque sorte à genoux devant
age calme et sereine de cette puissance, si invincible dans sa fai-
sse même, de l'Eglise, de NOTRE MÈRE ! A ce mot, un mouve-
at indescriptible a dominé toutes les âmes, un élan inouï les a en-
és. elles ne s'appartenaient plus, elles se confondaient toutes
s une immense profession de vénération et de croyance. La vieille
ion catholique, la *fille aînée de l'Eglise*, avait retrouvé les nobles
rain ments de ces jeunes et chevaleresques années, et il nous
blait entendre les échos reveillés de son antique foi se joindre à
vers les âges à cette nouvelle, à cette éclatante manifestation.
âtons-nous, du reste, de le dire : jamais pareil honneur, jamais
nnblable victoire n'ont été plus glorieusement mérités. Nous ne
yons pas qu'il soit possible de faire monter l'éloquence humaine

à un degré supérieur : c'est le sublime au service de la vérité, de la raison et de la justice.

On comprend que l'analyse soit impuissante. C'est dans le texte même que nous reproduisons d'après le *Moniteur*, qu'il faudra chercher et suivre les accens de cet indomptable courage, les vues sûres et profondes de cette intelligence si riche et si haute, les traits acérés de cet esprit si fin et si délicat, les inspirations lumineuses de cette âme si chrétienne et si dévouée. C'est là qu'il faut voir le puissant orateur, domptant une à une les implacables résistances, l'assaut des interruptions odieuses, décourageant même les ignobles injures et le sauvage tumulte de ses adversaires ; et puis quand il a conquis de force l'attention, le respect, l'admiration de tous, flagellant avec la plus légitime rigueur les calomnieuses attaques dont un homme comme M. Victor Hugo n'a pas rougi de se faire le déplorable organe. Avec quelle élévation de pensées il traite ensuite la question elle-même ! Comme il présente admirablement sous son vrai jour la situation du peuple romain ; comme il sait dissiper la confusion que les démagogues s'efforcent d'entretenir entre la liberté et cette sorte de souveraineté populaire, turbulente, capricieuse, toujours prête à renverser et à détruire sans tenir compte des temps, des droits, des institutions !

Mais ce qui a été d'un ascendant incomparable, c'est ce que l'orateur a dit de la liberté et du Saint-Siége. La liberté ! cette passion de tous les nobles cœurs, par laquelle M. de Montalembert a si courageusement combattu, que les catholiques ont entourée de leur plus sincère dévouement, qu'en ont fait les démagogues ? Ils ont réussi à souiller son drapeau, à la faire prendre en défiance et presqu'en haine ; ils l'ont détrônée par leurs excès. Rien ne saurait rendre l'effet qu'ont produit à ce sujet les véhémentes apostrophes de l'orateur qui, à chaque instant, soulevaient des cris de rage dans la Montagne et des explosions de bravos à la droite.

Quant au Saint-Siége, nous avons dit le succès inouï qui a accueilli ses belles paroles de l'orateur sur la toute-puissante faiblesse de l'Église contre laquelle se brisent les forces les plus redoutables de la terre. Les témoignages les plus vifs de la sympathie de la majorité ont également accompagné l'apologie si respectueuse et si digne qu'il a faite du Saint-Père, et chacun s'est associé à l'hommage de vénération et d'amour qu'il a adressé à l'auguste et magnanime Pie IX. Quand surtout M. de Montalembert a flétri l'épouvantable, la sacrilège ingratitude des anarchistes italiens ; quand il a livré à l'indignation universelle cette tactique infâme à l'aide de laquelle les révolutionnaires affectent de séparer le Pape de son gouvernement, et qu'il a évoqué à cette occasion le souvenir de l'infortuné Louis XVI, il y a eu sur tous les bancs une de ces émotions qui honorent et grandissent une assemblée.

Devant ce magnifique discours tout disparaît : les outrages des

agnards, leurs tyranniques et sauvages clameurs, leurs insup-
ibles et niaises interruptions, tout s'efface, tout, même l'orgueil-
: et détestable harange de M. Victor Hugo.

est à peine s'il nous reste mémoire de cet amas incohérent d'an-
ses, où le ridicule n'est dépassé que par la malignité, et où l'ou-
aidance de la vanité le dispute à la plus triste recherche de po-
irité. L'Assemblée ne s'est pas laissé prendre à ces vaines et
ises déclamations. La majorité a témoigné hautement du peu de
qu'elle faisait du rôle ambitionné par l'orateur. M. Victor Hugo
ira pas la puissance de diviser les hommes d'ordre : pour prix de
malencontreuse tentative, il n'emporte que la répudiation des
is et les frénétiques ovations de la Montagne. C'est un double châ-
ent doublement mérité.

jue dire de M. le général Cavaignac, qui a précédé M. Victor Hugo?
n, sinon qu'il est triste de voir des personnages éminents amoin-
r à plaisir et de leurs propres mains le passé qui pouvait leur faire
aneur, et détruire une à une les illusions que la France avait pu
rder à leur égard. N'y a-t-il pas là une justice anticipée de la Pro-
lence ?

La séance avait commencé par la seconde partie du discours de
de la Rozière, que l'Assemblée a écouté avec intérêt.

La séance continuera demain.

————— ·———————⊂≡⊃———— —— ——

Des bruits alarmants s'étaient de nouveau répandus à l'Assemblée,
ant l'ouverture de la séance. Les tentatives de conciliation, qui
aient heureusement réussi, auraient été suivies d'un nouveau revi-
ment. Espérons que la séance d'aujourd'hui aura un heureux ré-
ltat, et que le gouvernement comprendra l'immense portée qu'elle
aprunte à l'attitude de la majorité, à l'accueil fait au discours de
. Victor Hugo et au triomphe de M. de Montalembert.

————————⊂≡⊃——————

Un document important.

Nous recommandons à tous les lecteurs sérieux, à tous les esprits
evés, à tous ceux qui peuvent comprendre et étudier une question
olitique le discours de M. de la Rozière. que nous insérons textuel-
ment, d'après le *Moniteur*. dans nos colonnes.

On ne saurait envisager ce discours seulement comme une œuvre
: tribune et de !polémique appropriée à une Assemblée de sept cent
nquante personnes, et à un public aussi novice qu'est le nôtre en
ut ce qui touche aux éléments les plus simples de la politique gé-
érale.

Ce discours a un tout autre caractère, et ce n'est pas ce qui le rend
: moins remarquable en ce temps-ci.

C'est un excellent tableau, c'est un résumé complet, c'est un tra-
'ail du plus grand mérite, qui doit rester comme un monument

parlementaire et diplomatique pour l'éclaircissement, et, si l'on
parler ainsi, pour la vulgarisation des idées les plus justes, des
les plus certains et des principes les plus incontestables, pour t
les intelligences de bonne foi comme pour tous les hommes d'

Il faut bien l'avouer : il y a un sens tout à la fois supério
pratique des choses qui manque profondément à notre pays. Po
lui rendre, il importe que l'élite de la société française, tant
l'ordre religieux que dans l'ordre civil, ait sous la main les pr
paux éléments à l'aide desquels on peut espérer d'éclairer les int
ludes, et de redresser les écarts de l'opinion vulgaire.

Pénétrons-nous bien surtout, tous tant que nous sommes, d
vérité fondamentale et plus nécessaire aujourd'hui que jamais ;
qu'en politique il y a autre chose que ce que les révolutionnai
mettent surabondamment, à savoir, des *passions* et des *phrases,*
a de plus les *intérêts,* les *affaires,* les *droits* et au-dessus de tou
principes.

Le discours de M. de la Rozière examine la question romaine
ces quatre grandes faces, et voilà pourquoi il est digne d'être
cueilli et médité.

DU DROIT DE PÉTITION DANS L'ÉGLISE,

*A propos de la pétition adressée par M. l'abbé Chantome à N. S. P. le
et à N.N. SS. les Évêques.*

Un ami de M. l'abbé Chantome nous a témoigné son étonne
de ce que nous n'avons point paru entièrement satisfaits de la d
ration insérée par cet ecclésiastique dans sa *Revue des réformes e
progrès.*

Nous nous expliquerons aujourd'hui à cet égard avec une en
franchise.

Nous félicitons du fond de notre cœur, M. l'abbé Chantome c
disposition où il est de se soumettre en tout aux décisions des jug
la foi. Cette disposition est le premier des devoirs pour tout bon p
et pour tout chrétien fidèle. Nous la croyons parfaitement sincère
celui qui l'exprime. Mais, nous sommes obligés de le dire, cette
position, quelque franche, quelque absolue qu'elle puisse être
saurait excuser à nos yeux le fait même de la *pétition* de M. l'
Chantome, et l'inconcevable témérité d'une démarche qui ne
convenablement réparée que par son entière suppression.

Si la discussion au fond est, un jour, utile et convenable, nous
réservons de discuter avec soin tous les détails de cette étrang
tition que M. l'abbé Chantome a cru pouvoir adresser *à ses ab
et au public,* en même temps qu'à N. S. P. le Pape, et à NN. S
Évêques. Mais ce que nous croyons pouvoir juger dès à présen
que nous croyons devoir signaler autant qu'il est en nous, c'est,
le répétons, le fait même de cette pétition, c'est la forme, c'e
publicité d'un tel acte.

Il ne faut pas l'oublier, le gouvernement de la sainte Église catholique n'est point un gouvernement démocratique, ce n'est pas même un gouvernement représentatif. La pression violente de l'opinion dont on fait ailleurs un si grand usage, et tout à la fois un si grand abus, ne fut jamais connue, dans l'Église de Jésus-Christ, comme un moyen légitime d'action sur les pouvoirs divinement constitués qui la régissent. Sans doute, il peut être permis quelquefois d'adresser aux dépositaires de l'autorité ecclésiastique d'humbles et respectueuses observations, pourvu qu'on le fasse dans un esprit de docilité chrétienne et de sincère défiance de soi-même. Mais livrer ces observations à la publicité, les transformer en *pétitions*, chercher à ces pétitions des adhésions de toutes parts, travailler activement à grossir, à multiplier le nombre de ces téméraires adhésions, préparer ainsi une sorte de violence morale pour la faire peser sur la liberté des premiers pasteurs; en un mot, organiser, une action de bas en haut dans l'Église, c'est là ce qui ne fut jamais permis; c'est là ce qui ne sera jamais tolérable : c'est là, il faut le proclamer hautement. ce qui constitue un profond désordre, un renversement hiérarchique, un scandale.

Fût-on le plus fervent de tous les laïques, fût-on le plus dévoué de tous les prêtres, prendre une telle initiative dans le gouvernement de l'Église, ou dans la réforme de la discipline ecclésiastique : la prendre, cette initiative, par la voie de la publicité et de la presse, quelque forme d'ailleurs qu'on puisse lui donner, fût-ce celle de la consultation en apparence la plus humble, ce n'est pas là avoir un zèle selon la science; ce n'est pas, nous oserions même dire avoir un zèle selon la foi; c'est — sans le vouloir, sans le savoir. nous l'accordons volontiers pour M. l'abbé Chantome — c'est ouvrir les voies au presbytérianisme, au laïcisme, et créer à l'Église un péril immense, le péril le plus grand peut-être dont elle soit menacée par les tendances du temps présent, péril malheureusement trop réel et qui a déjà été signalé de très-haut.

Nous conjurons M. l'abbé Chantome de réfléchir sérieusement sur ces principes et sur l'esprit de la divine constitution de l'Église. Il comprendra alors combien est condamnable, combien est intolérable, au point de vue catholique, tout ce qui, de près ou de loin, sous un prétexte ou sous un autre, peut porter une atteinte quelconque à la suprême autorité du vicaire de Jésus-Christ, et entraver, dans leur libre exercice, les droits sacrés de l'autorité Épiscopale.

Qu'il veuille bien relire les solennelles déclarations du saint Concile de Trente sur les divines prérogatives de l'Épiscopat. Il y verra que les Évêques, unis à leur chef nécessaire, le Pontife romain, ont été, eux et non pas les fidèles et les simples prêtres, *établis pour enseigner, et pour gouverner l'Église de Dieu* [1]; qu'ils sont les succes-

[1. Concile de Trente. (Édit. de 1842. Paris, Méquignon.) Tom. I, p. 95, et Tom. II, p. 183.]

seurs des saints apôtres, en ce céleste gouvernement (1); **nos**
nos pasteurs (2); *supérieurs aux simples prêtres* (3); *établis dans la*
hiérarchie au-dessus de tous les degrés inférieurs (4); qu'ils son
ceux *en qui réside l'autorité principale, pour régler et pour déc*
qui doit être fait dans l'Eglise (5).

Loin de nous la pensée de suspecter témérairement la foi d'u
tre ; de mettre en doute un seul instant son adhésion à ces in
bles principes. Nous sommes convaincus que M. l'abbé Chanto
admet, ces principes. Son erreur, son malheur, selon nous, c'e
avoir oublié les conséquences. S'il les eût mieux vues, ces
quences, sans doute il n'eût pas fait l'imprudente démarche
quelle une publicité malheureuse nous oblige, à regret, d'a
l'attention plus que nous n'aurions voulu faire. Il aurait comp
contraire, qu'une initiative de la nature de celle qu'il a prise, i
circonstance d'un appel préalable à l'opinion publique, est, d
que manière qu'on l'envisage, profondément contraire aux pr
de la subordination ecclésiastique. Non, ces principes ne perm
pas d'adresser par la voie de la presse au Pape, aux Évêqu
pétitions populaires ; de leur proposer, pardevant le peuple, d
jets de règlements, de réformes, d'innovations ecclésiastiques;
interpeller, de les citer, en quelque manière, à la barre du p
d'ériger ainsi, en face de leur divine autorité, le tribunal i
pétent — c'est le moins qu'on puisse dire — de l'opinion publi

Agir de la sorte, sous quelque prétexte que ce puisse être, c
pas servir l'Église, c'est la compromettre, autant qu'elle peut
parce que c'est violer sa constitution. Le zèle le plus ardent
ici celui qui nous effraierait davantage ; car ce serait un zèle
glé, un zèle sans lumière, un zèle qui aboutirait à l'égareme
zèle dont l'ardeur ne serait elle-même qu'un péril de plus.

Nous devions à ceux qui nous les ont demandées, nous de
M. l'abbé Chantome lui-même ces explications. Elles sont fra
mais nous pouvons nous rendre le témoignage qu'il y a au
charité dans le sentiment qui nous les inspire que de franchi
leur expression.

Mgr l'Archevêque de Bordeaux veut bien nous adresser les pièces s
auxquelles nous sommes heureux de pouvoir donner la publicité d
journal.

La lettre collective de Nosseigneurs les Archevêques de Bordeaux et de
les Évêques de Valence, de Périgueux, de Nevers, d'Amiens, de Nantes,
cien Évêque d'Alger, aussi bien que l'adresse du clergé de Bordeaux e
d'associer ses sentiments à ceux de son premier pasteur, offrent un exem

(1) Ibid., t. II, p. 183.
(2) Ibid., p. 359.
(3) Ibid., p. 183, 187, 335.
(4) Ibid., p. 239.
(5) Ibid., p. 335.

tant d'autres, de ce tendre et filial amour qui anime l'Episcopat et le
France, à l'égard du Souverain-Pontife.

uront, nous n'en doutons pas, été douces au cœur de Pie IX, et ses dou-
uuront été un instant consolées.

ensons que ce sera avec un égal intérêt qu'on lira la lettre de l'illustre
r de l'insurrection romaine, à Mgr de Bordeaux. Une pareille lettre ho-
celui qui l'a écrite, pour que nous hésitions à la publier.

Archevêché de Bordeaux, 25 juillet 1849.

Très-saint Père,

onscils de la Providence, et non ceux des hommes, ont amené la France à
oug d'ignominie et de violence qui a pesé trop longtemps sur la capitale du
tholique. Un général, qui ajoute une illustration nouvelle à un beau nom, a
la sagesse, sa bravoure et sa longanimité, l'instrument des décrets du Très-
'occident de l'Europe, si plus particulièrement Rome et l'Italie ne sont pas
evant la plus désolante barbarie, Dieu a voulu que l'on dût ce bienfait à no-
e. Les générations futures comprendront tout le prix du sang qui a racheté
nées.

int Père, vous aimiez la France ; vous saviez combien elle vous aimait ! et de
vous bénissiez les fatigues et les souffrances de nos soldats, dans l'admirable
ne la Chrétienté tout entière venait de leur confier.

célébrera bientôt votre retour : on se pressera de toutes parts sur votre pas-
nettez que, devançant cet heureux jour, l'Archevêque de Bordeaux et les
nes et Évêques soussignés, réunis à l'occasion du sacre de leurs vénérables
Évêques d'Amiens et de Nantes, viennent déposer aux pieds de Votre Sain-
ession de leur reconnaissance envers le Dieu libérateur, de leur obéissance fi-
leur amour envers le Chef auguste de l'Église.

« De Votre Sainteté,

« Les très-humbles et très-dévoués fils :

« † FERDINAND, archevêque de Bordeaux, primat d'Aquitaine ;
† JEAN, archevêque de Sardes, coadjuteur de Toulouse ;
† PIERRE, évêque de Valence ; † ANTOINE-ADOLPHE, an-
cien évêque d'Alger ; † JEAN, évêque de Périgueux ; † DO-
MINIQUE-AUGUSTIN, évêque de Nevers ; † ANTOINE, évêque
d'Amiens ; † ALEXANDRE, évêque de Nantes. »

du chapitre et du clergé de Bordeaux réunis pour la retraite ecclé-
:

« Beatissime Pater,

n horrendum Urbi impositum tandem Gallia nostra confregit, agente viro
ac prudenti, qui nomen in fastis bellicis celebre denuo illustravit ; duce vero
a Providentia, quæ genti in Sedem Apostolicam religiosissimæ hoc insigne
rvaverat.

to gaudio nos afficiat felix ille eventus, simulque Pontificis ac Patris, tam emi-
eti et venerandi, in suam sedem restitutio, verbis dicere penes nos non est ;
oen jam effusa præ gratitudine corda nostra ante Dominum, de novo ad pedes
Vestræ præ congratulationis exultatione non effundere non possumus.
habere dignetur Sanctitas Vestra hos animi sensus, quos in Seminario, ad
rcitia spiritualia congregati, unanimi voce et corde depromunt Archiepisco-
galensis, Metropolitanæ ejus Ecclesiæ Capitulum, simul et Clerus Archidiœ-
nnes erga Vicarium Christi in terris summa veneratione, obedientia, et affectu
ntimis visceribus effecti, et

« Sanctitatis Vestræ, Beatissime Pater,

« Devotissimi et obsequentissimi in Christo filii.

galæ, v° Kalendas Augusti, anno Domini MDCCCXLIX. »

lettre que M. le général Oudinot adressait à Mgr l'Archevêque de Bor-

« Paris, le 15 septembre 1849,

« Monseigneur,

« A mon retour à Paris j'ai reçu, avec une vive et respectueuse reconnaissance, a pie de la lettre qu'un certain nombre de MM. les Évêques de France ont écrite à l Sainteté, à l'occasion de la prise de Rome.

« C'est à vous, Monseigneur, que j'ai l'obligation de cette communication, et j prouve le besoin de vous en remercier sans retard.

« J'apprécie, comme je le dois, l'honneur que ces Prélats ont daigné me faire, en d clarant au Souverain Pontife que j'étais en possession de leur estime et de leur co fiance. Mon seul titre à cette bienveillante sympathie, c'est un profond et inaltéral respect pour la grande et sainte cause de la catholicité.

« Les calomnies dont j'ai été l'objet n'ont eu, Monseigneur, aucune prise, aucune i fluence sur mon esprit; mais l'approbation des hommes que je suis accoutumé à hon rer, me touche très-vivement.

« Les bontés du Saint Père lui donnent à mon dévouement, à mon amour, des dr inaltérables. Le suffrage que MM. les Évêques veulent bien donner à ma conduite, la assure aussi ma gratitude. Soyez, je vous prie, Monseigneur, mon interprète aup d'eux : dites-leur que je ne négligerai rien pour justifier et mériter de plus en plus la bienveillance.

« Recevez, en particulier, le nouvel hommage des sentiments de respect et de sinc attachement, avec lesquels

« Je suis, Monseigneur,

« Votre très-humble et très-obéissant serviteur,

« Le général OUDINOT DE REGGIO. »

ROME, 7 octobre. — On lit dans le *Legge*, du 11 octobre :

« On travaille avec assiduité dans les appartements du palais du Vatican.

« On croit ici que le Saint-Père arrivera dans peu de jours. On dit que la vil de Velletri fait des préparatifs pour le recevoir. Si on doit croire aux bruits, ! Sainteté doit arriver dans cette ville le 10 du courant.

« Le général de l'armée espagnole, Cordova, est arrivé à Rome. Il est allé re dre visite au général en chef de l'armée française.

ASSEMBLÉE LÉGISLATIVE.

Séance du 19 *octobre.* — PRÉSIDENCE DE M. DUPIN.

La séance est ouverte à une heure et demie.

L'ordre du jour appelle la suite de la discussion sur les affaires de Rome.

M. THURIOT DE LA ROSIÈRE. Nous occupons à Rome, dit l'orateur, une posit non pas prépondérante, ce mot serait irrespectueux, mais accréditée à la suite de lo services rendus. Ainsi vous avez le protectorat de tout le catholicisme. C'est en ve de ce principe que nous jouissons d'un grand protectorat en Orient, protectorat que Papauté pourrait nous enlever d'un seul mot pour le donner à une autre puissance.

Voilà pour le dehors. Je passe maintenant au-dedans. Croyez-vous donc que si, ap février, la révolution s'était dès l'abord attaquée au Pape, le clergé se fût montré bie veillant, comme il l'a été, envers la révolution ? Nous aurions eu peut-être une no velle Vendée.

Pour qui était la liberté à Rome sous Mazzini ? Était-ce pour le clergé ? Ses bi étaient confisqués ; les religieux étaient chassés de leurs couvents, les chanoine Saint-Jean-de-Latran frappés pour n'avoir pas voulu prendre part aux fêtes de Pâq Les propriétaires étaient dépossédés de leurs biens. L'Académie de France était e vahie, et M. de Lesseps lui-même a été obligé de chercher dans le camp français un refuge contre le poignard. Voilà comme on était libre à Rome sous le triumvirat. Savez-vous qui était libre ? Garibaldi, Mazzini, et tous ces aventuriers venus de Gênes, de Sicile, de Lombardie, dont on n'avait pas voulu à Venise, qui avaient été transportés sur des bâtiments français, et qui payaient nos bienfaits à coups de fusil ; il y avait encore quelqu'un de libre, c'étaient les condamnés des prisons, et qui ont été réintroduits dans la liberté civile par la liberté publique.

A gauche : A la question ! (Interruptions.)

M. DUPIN. Vous ne pouvez empêcher qu'on cite des faits.

M. DE LA ROSIÈRE. Je comprends ces interruptions de la part des hommes qui trouvaient que nous avions la liberté en France quand l'anarchie courait les rues, quand l'épée de nos généraux et les mœurs de notre société polie était livrée aux démagogues. Le gouvernement français devait rétablir le Pape ; il l'a rétabli et il a bien fait. L'expédition de Rome a prouvé une fois de plus que le courage de nos soldats n'est égalé que par leur générosité.

L'orateur termine son discours par ces paroles : Messieurs, la politique que le gouvernement français est allé détruire à Rome n'était que le fruit d'un hideux matérialisme.

Le général Cavaignac, à l'occasion de quelques paroles prononcées hier, désire parler à la tribune quelques explications personnelles : A la fin du mois de novembre dernier, j'appris que le Pape, menacé, était disposé à réclamer la protection de la France. Je crus devoir prendre l'initiative de certaines mesures à cet égard ; je fis en ce moment ce que je devais faire pour un homme respectable. (Rumeurs sur les bancs de la majorité.)

Voilà notre point de départ dans l'affaire de Rome. Un mot sur les principes : A côté des règles du droit international, il y a un principe dont on a oublié de parler. Ce principe c'est celui de la souveraineté populaire. Lorsqu'en Europe le principe de la souveraineté populaire sera généralement reconnu, il sera bien entendu que le principe de la souveraineté pontificale serait subordonné au principe de la souveraineté populaire. (Rumeurs.)

J'arrive aux conclusions du rapport de la commission. Ce rapport est en contradiction manifeste avec un document cité hier. Je déclare que les sentiments exprimés dans la lettre de M. le Président de la république sont pour moi parfaitement dignes, non pas seulement de lui, mais disons de la grande nation dont il est le premier magistrat.

M. VICTOR HUGO. La Constituante a voté l'expédition romaine, pour mettre l'épée de la France à la place du sabre de l'Autriche.

Depuis, le gouvernement clérical a ressaisi Rome. La lettre du Président parut, qui traçait un programme sérieux au Pape, auquel nous avons rendu le service trop grand peut-être de le restaurer.

La réponse à cette lettre, le *motu proprio*, est émané de la chancellerie de Pie IX, mais non de celui en qui j'ai vu longtemps le plus grand don que la Providence ait pu faire à l'humanité : *Un Pape grand homme !* Pie IX est restauré, il n'est pas libre.

Entre le *motu proprio* et la *lettre* du Président, il y a un abîme. Il faut absolument que vous donniez tort à l'un ou à l'autre.

Si vous acceptez la lettre, vous blâmez le *motu proprio* ; si vous acceptez le *motu proprio*, vous désavouez la lettre.

Choisissez ! Il dépend de vous que l'expédition de Rome soit pour vous ce qu'a été pour la Restauration l'expédition d'Espagne.

Quand au Pape, n'a-t-il pas promis l'amnistie ?

Plusieurs voix : Non ! non !

M. VICTOR HUGO. Allez-vous laisser dresser les gibets. (Tumulte effroyable.)

En terminant, nous avons tous un intérêt pressant, celui de sortir de Rome. Mais nous n'en pouvons sortir qu'après y avoir terminé la révolution ; et ce n'est qu'en faisant, le Président, ce qu'avec le *motu proprio*, que nous la terminerons.

M. DE MONTALEMBERT. Mes amis, le discours que vous venez d'entendre a légitimé d'avance par son but et le châtiment qu'il mérite par les applaudissements qu'il a obtenus. (Explosion de murmures à gauche.)

Voix nombreuses : A l'ordre ! à l'ordre !

M. LE PRÉSIDENT. Vous en dites cent fois plus que n'en a dit **M. de Montalemb** Jamais je ne me soumettrai à la violence.

A gauche : Vous méconnaissez vos devoirs.

M. LE PRÉSIDENT. Croyez-vous donc qu'il dépende de vous d'empêcher la séa de continuer. L'orateur a la parole.

L'agitation continue longtemps encore sans que la sonnette de M. le président pu la dominer.

M. DE MONTALEMBERT, s'adressant à la gauche. Puisque le mot de châtiment v blesse, j'y substitue celui de récompense. 'Hilarité. — Interruption à gauche.)

Je dis donc que l'orateur qui m'a précédé à cette tribune a déjà recueilli sa réco pense dans les applaudissements de l'extrême opposition, et que les électeurs de Pe modérés comme moi..... 'Rires ironiques à gauche qui l'ont nommé représentant grand parti de l'ordre, auront le droit de se demander si c'est pour recueillir ces a plaudissements qu'ils l'ont envoyé ici. Très-bien ! très-bien ! — Violente interrupt à gauche.)

Voix à gauche : C'est la continuation de l'injure. — Oui ! oui !

Beaucoup de membres de la Montagne se lèvent et interpellent avec chaleur l'hono ble membre.

M. DE MONTALEMBERT. Je puis au moins dire que l'avenir lui garde un châtime (Nouvelle interruption.)

A gauche : Attendez au moins qu'il soit présent. (Agitation.)

M. DE MONTALEMBERT. On me demande de répondre à l'orateur, c'est mon d sir, c'est mon devoir ! On me dit : M. Hugo est absent ; mais il m'est bien difficile suivre un discours aussi vif, aussi emporté, aussi passionné, sans atteindre quelque la personne, sans lui adresser des interpellations auxquelles M. Hugo n'avait pas le d d'objecter son absence. (Parlez !)

Messieurs, le devoir d'un orateur quelconque n'est pas de laisser une Assemblée s le coup de telles paroles et de telles idées, et de ne pas rester là (Très-bien ! tr bien !) pour répondre de ces paroles et de ces idées.

Permettez-moi d'ailleurs de parler ; vous jugerez si je dis quelque chose d'injuri à personne.

Voici ce que je dis de l'avenir possible de M. Hugo.

Je dis qu'il ira peut-être à Rome pour y chercher la solitude, la paix, le repos l'âme... Il les trouvera sous ce gouvernement clérical qu'il a insulté. Oui, il ira pe être y chercher, y goûter ces bienfaits.

Alors il bénira le ciel d'avoir inspiré aux puissances chrétiennes l'idée de mainte en Europe un seul asile à l'abri des mécomptes, des orages, des violences de la vie litique... (Interruption à gauche.) Là, il se repentira du discours qu'il vient de p noncer, et ce repentir sera son châtiment. (Très-bien !)

Oui, il se repentira alors... (Interruption violente à gauche.) Il se repentira d'av calomnié le chef vénéré de l'Eglise... il se repentira d'avoir calomnié la France en prêtant, à l'égard de la Papauté, ses sentiments et ses instincts !

Il a calomnié le Pape en lui prêtant l'idée de supplices, de violences, de rigue Où sont donc ces gibets qu'il nous montrait ? Où sont les bourreaux, les supplices s le règne de Pie IX, ou même sous ses prédécesseurs ?

Voix : L'histoire est là.

M. DE MONTALEMBERT. Oui, l'histoire est là, et elle prouve que depuis longte il n'y a pas eu un seul Pape tyrannique et oppresseur. Le Pape pardonne toujour est obligé de pardonner. Voilà pourquoi, dans cette amnistie que vous qualifiez n rieusement de proscription, il est obligé de faire des exceptions.

Ce n'est ni à la prison, ni au gibet que le Pape recourt, mis il est forcé de t éloignes de ses Etats certains hommes qu'il ne veut pas punir comme nous le fai en France. Il est obligé de courir au système préventif pour ne pas recourir au s tème répressif.

Voilà pourtant ce qui a fait le fond de la partie la plus passionnée du discour M. Victor Hugo. Mais vous oubliez donc, vous, hommes du gouvernement modéré, v oubliez que c'est là un glaive à deux tranchans. Le Président de la République, d

wec l'Assemblée nationale, n'a-t-il pas refusé d'accorder à d'autres coupable
istie demandée par les hommes qui vous applaudissent aujourd'hui. (Mouvement.)
s oubliez que Pie IX a déjà accordé l'amnistie. Elle a été le premier acte de son
icat. Il l'a donnée à des hommes qui, presque tous, ont été parjures; à des hom-
xi avaient juré de respecter son pouvoir, qui ont communié de sa main en fai-
! serment. Oh! je rends cette justice à nos démagogues, à nos révolutionnaires, ils
ient jamais accompli un aussi odieux sacrilège.
ous reprochez au Pape de ne pas accorder une assez complète amnistie, quand il
i tristement récompensé de la première!
uet a parlé de je ne sais quoi d'achevé que le malheur ajoute à la vertu. Pie IX a
le malheur, et ce qu'il y a de plus poignant que le malheur, il a connu l'ingrati-
)h! je ne l'en plains pas; car ne fait pas des ingrats qui veut; il faut pour cela
ait un grand bien à ses semblables. (Très-bien!)
reux donc ceux qui font des ingrats, mais malheureux ceux qui sont des ingrats,
heur à ceux qui s'en font les organes! (Très-bien! très-bien!)
'ape a trouvé des ingrats, non pas seulement à Rome, non pas seulement en Italie
Europe, mais ici; car c'est être ingrat que de méconnaître des services comme
u'il a rendus et de les récompenser par des injures grossières dont la sévérité de
président a fait justice hier, et que le *Moniteur* a enregistrées comme un enseigne-
pour l'avenir. (Approbation.)
qu'on a fait de cette tribune un piédestal à ces injures, qu'il me soit permis de
pposer le solennel hommage de ma reconnaissance et de mon admiration.
s.)
not encore avant de quitter ce terrain où il m'a été si douloureux de descendre
l'honorable préopinant.
s l'avez vu s'attacher à séparer le Souverain Pontife de ce qu'il a appelé son en-
e. Je proteste contre cette ruse de guerre.
leux choses l'une: ou le Pape fait ce qu'il veut, et alors les injures qu'on adresse à
tourage retombe sur lui, ou bien il ne fait pas ce qu'il veut et alors il ne mérite
éloges dérisoires que vous lui adressez.
t là une vieille tactique révolutionnaire que M. Victor Hugo aurait dû trouver
sous de lui. Savez-vous pour qui elle a été inventée? Je vais vous le dire. Elle
nventée par l'infortuné Louis XVI, quand il a commencé sa carrière de réforma-

voix à gauche: Il a trahi la France. (Murmures.)
DE MONTALEMBERT. On l'a séparé de tout ce qui l'entourait, de sa famille, de
s, de ses serviteurs; on allait, disant toujours:
si a de bonnes intentions, mais il est trompé par ceux qui l'entourent; et après
mprisonné et immolé tous ceux qui l'entouraient, on l'a pris dans l'isolement
ui avait fait, et on l'a jeté au bourreau sous le nom de Louis Capet. (Sensation
de.)
voix à gauche: Il était coupable de trahison.
question romaine a trois faces, que les orateurs précédents ont peut-être trop mé-
ne m'occuperai que de la dernière. Je crois que ce qui touche à la souveraineté
elle du Pape et à la conduite de l'expédition romaine, est souverainement tran-
les votes de l'Assemblée qui ne peuvent être revisés que par l'histoire. Je ne
perai que de rechercher quelles sont les libertés à accorder à Rome après y avoir
itrer le Pape.
s donnerons demain, d'après le *Moniteur*, la suite de cette magnifique ha-

---

Discours de M. de la Rosière.

donnons, comme nous l'avons promis, d'après le *Moniteur*, les principaux pas-
u remarquable discours de M. Thuriot de la Rosière.
iteur, après un exorde interrompu souvent par les incidentes clameurs de la
gne, aborde ainsi le fond de la question:

M. THURIOT DE LA ROSIÈRE. Ce n'est pas à la papauté en elle-même et pour elle-même qu'il importe d'être à Rome ; c'est à la catholicité que cela importe, et cela importe particulièrement à la France. Cela lui importe au point de vue de la paix religieuse chez elle et hors de chez elle ; au point de vue de sa prépondérance politique dans le monde ; au point de vue de la paix territoriale ; au point de vue de l'équilibre ; enfin, au point de vue de l'indépendance de l'Italie que nous aimons autant que vous, messieurs (l'orateur se tourne vers la gauche), autrement que vous, et vous me permettrez d'ajouter, mieux que vous. (Approbation à droite. — Rumeur à gauche.)

La première question à faire, qu'on ne s'est jamais faite à cette tribune, et qui, selon moi, a failli à l'opinion publique qui en attendait la solution, c'est celle-ci : Qu'est-ce que c'est que l'État romain ? C'est là, messieurs, ce qui, selon moi, domine tout le débat.

Je dis qu'en fait, l'État romain est la création conventionnelle, diplomatique et catholique du catholicisme. (Rumeur à gauche.)

Un membre à gauche : Nous ne sommes pas juristes.

Voix à droite : On le voit bien.

M. THURIOT DE LA ROSIÈRE. En droit, il est subordonné, soit comme membre de la société catholique, à la juridiction catholique ; soit comme membre de la société européenne, à la juridiction européenne. S'il sort de ces deux conditions auxquelles il existe, à l'instant même l'État romain est dissous, la question territoriale est ouverte.

Je dois d'abord, messieurs, écarter de cet examen une objection préliminaire qui a cours dans quelques esprits. Cette objection est celle-ci : que, puisque la monarchie a aussi créé la France, on n'aurait pas eu sur la monarchie le droit qu'on refuse au peuple romain sur la papauté.

Il y a trois différences considérables dans la situation des deux institutions. La première, c'est que la papauté est un principe spirituel placé en dehors de l'État, tandis que la monarchie est un principe de politique temporel né dans l'État ; la seconde, c'est que la monarchie a été compromise dans l'esprit de beaucoup de gens par la considération des priviléges accordés aux personnes, tandis que, dans la papauté, il n'y a pas de priviléges de personnes, l'institution étant immuable dans le dogme, en même temps qu'elle est essentiellement mobile dans les personnes. (Approbation à droite.)

La troisième différence, considérable à mon avis, la troisième différence est celle-ci : que la monarchie a fait la France avec les ressources, avec le sang, avec les efforts de la France, et que l'État romain a été fait en dehors du concours de l'État romain par les forces, par les efforts et par l'épée du catholicisme. (Nouvelle approbation.)

Je dis, Messieurs, que la Papauté est une création du catholicisme ; car, en dehors de la Papauté, il n'y aurait jamais eu d'État romain ; il n'y aurait pas même de ville de Rome.

En effet, tous ceux qui ont ouvert un livre savent que ce sont les Papes qui ont sauvé partiellement la ville de Rome en la préservant du choc des barbares ; tout le monde le sait. Tout le monde sait encore que ce sont les Papes qui l'ont sauvée absolument dans sa dignité en empêchant, par leur présence, toute domination barbare de s'y établir. Cela est su de tout le monde. (Très-bien !)

Tout le monde sait aussi que, dans les débris de cette ville où se retirait l'empire temporel du monde, ce sont les Papes qui ont déposé ce germe d'un empire spirituel qui devait prolonger, perpétuer sa suprématie sur l'univers. Tout le monde sait encore cela.

Je dis que c'est le catholicisme qui a fondé l'État romain. J'ajoute que c'est lui qui le maintient. En effet, vous voyez toutes les dominations, tous les États, toutes les cités, toutes les républiques d'Italie disparaître et s'effacer successivement de la carte politique.

Au dix-huitième siècle, la maison de Savoie, la maison de Bourbon, la maison de Lorraine ont envahi toute l'Italie, sauf Gênes et Venise ; au dix-neuvième siècle, Gênes et Venise ont disparu : toujours la Papauté survit. Et pourquoi survit-elle ? C'est parce que ce qui n'avait été d'abord qu'un élan, qu'un instinct des premiers fidèles, qui voulaient entourer leur chef spirituel de dignité, de grandeur, était devenu, plus tard, *un calcul de la politique* ; c'est parce que les nations catholiques avaient compris que cette volonté, d'un exercice si redoutable, ne pouvait être à la merci de personne, ni de l'Autriche, ni de la France, ni de l'Espagne; c'est qu'il fallait que le Pape, comme il n'y a pas de position intermédiaire entre l'obéissance et le commandement, pour pouvoir répondre dans l'univers, ainsi que le disait M. le président Hénault, à ceux qui y commandent, eût lui-même la souveraineté.

C'est là, Messieurs, la raison de l'établissement de l'État romain, c'est là sa destination certaine, c'est là le motif certain de son maintien.

Je demande pardon à l'Assemblée... (Parlez! parlez!) pourquoi fallait-il à la Papauté la souveraineté? C'est parce que les conditions de l'indépendance des pouvoirs s'élèvent en proportion de la grandeur de ces pouvoirs, en proportion de l'indocilité des sujets auxquels ils s'adressent, en proportion de la délicatesse et de la gravité des objets sur lesquels ils portent. En effet, quand tous les peuples intelligents ont voulu entourer la magistrature de respect, ils se sont dessaisis envers elle d'une partie de leur souveraineté, et ils l'ont investie de l'inamovibilité. S'il en a été jugé ainsi pour la magistrature qui n'a pourtant à prononcer que sur les intérêts, les passions, l'honneur ou la vie des hommes, de quelles conditions plus rigoureuses ne devait pas être entourée l'indépendance du Saint-Père, dont le pouvoir est, sans contredit, le plus grand qu'il y ait au monde, puisqu'il s'étend sur tout l'univers; celui qui s'adresse au sujet le plus indocile qui se puisse imaginer, puisqu'il s'agit de l'âme humaine; celui qui porte sur les objets les plus graves et les plus délicats, puisqu'il s'agit des convictions et des croyances! Voilà pourquoi il fallait que le Pape fût souverain. Il fallait qu'il fût souverain, parce que si l'âme humaine, si la puissance temporelle, avaient pu suspecter son indépendance, s'il n'avait pas eu l'évidence, la renommée de l'indépendance, les âmes et les puissances temporelles, qui ont un penchant si naturel à la résistance, auraient résisté à ses décrets; il fallait qu'il fût souverain, parce que s'il n'avait pas été souverain, il aurait été soumis, assujetti à toutes les vicissitudes diplomatiques, politiques et militaires d'un État qu'il n'aurait pas gouverné; il fallait qu'il fût souverain enfin, parce que, de même que l'âme humaine a besoin, pour agir, de l'organe des sens, il fallait que le pouvoir spirituel eût une atmosphère libre, des agents libres à sa volonté. (Approbation à droite.)

C'est donc pour être la résidence, l'agent, l'organe temporel de la souveraineté spirituelle du Saint-Père que l'État romain a été créé. De là, ce nom d'État du Saint-Siège donné à l'État romain; de là (je prends la liberté de recommander cette remarque à l'Assemblée), de là cette souveraineté élue par la catholicité tout entière, et qu'elle a bien apparemment le droit de défendre, puisqu'elle a le droit de l'élire; de là le droit d'exclusion donné aux puissances catholiques; de là tous ces grands établissements, tous ces grands ministères de la catholicité qui étendent leurs réseaux sur tout l'univers; de là cette admirable institution de la propagande qui va chercher sur tous les points du monde des idolâtres qu'elle discipline, qu'elle éclaire, qu'elle instruit, et qu'elle renvoie plus tard sur les différents points d'où ils étaient partis comme des précurseurs de votre foi, en même temps que comme des missionnaires de vos intérêts et de vos arts. (Approbation à droite.)

De là, dans l'ordre matériel, la basilique de Saint-Pierre, élevée par les tributs du catholicisme tout entier; Saint-Paul, hors des murs, qui se relève par les offrandes tributaires de tous les musées de Rome, dans les palais, aux accords des palais, sur les places publiques, ces tableaux, ces statues, ces vases, ces obélisques, tous ces monuments, signes ou débris de l'empire chez tant de nations et de tant de siècles divers, qui font de Rome en même temps que le tabernacle de la foi catholique le théâtre de son génie et de ses arts.

Cette situation particulière de l'État romain, de la ville de Rome, qui est, pour ainsi dire, une propriété indivise de la catholicité, cette situation particulière fait aux habitants de cet État une condition particulière. Et ici ne vous trompez pas, je vous le répète, Messieurs, car, s'ils ne sont pas sujets du Pape, ils sont Autrichiens ou Napolitains ou Toscans.

Il est impossible à ceux qui plaident les populations de l'État romain de les dégager de cette situation particulière, il leur est impossible d'inventer pour elles une autre situation que l'une des *trois* que je viens d'indiquer.

Un membre à gauche : Et la République !

'M. THURIOT DE LA ROSIÈRE. Il est impossible de l'inventer. La géographie, toire, la politique, le droit, la force ne le permettent à personne ; cette situation a les Etats romains des avantages ; elle a des inconvénients.

Le premier avantage, c'est d'abord d'exister, c'est d'avoir un nom propre da monde.

Le deuxième avantage, c'est d'exister avec grandeur et dignité, c'est de voir son vernement marcher à l'égal et à la tête de tous les gouvernements et des puiss temporelles les plus redoutables ; c'est de voir chaque mérite, chaque science, ch étude qui se développe dans son sein, récompensé par les plus magniques prix qui sent se proposer à l'ambition humaine ; c'est de voir sa capitale briller entre tout capitales par les splendeurs monumentales et artistiques que je viens de vous dire.

Un troisième avantage, c'est d'être inviolable, non pas dans ce sens qu'on ne vi jamais son territoire, mais dans ce sens que, s'il est violé, à l'instant même il se for une coalition de la catholicité pour le délivrer ; enfin, il résulte pour elle, comm conséquence accessoire mais appréciable de cette inviolabilité, c'est l'exemptio l'impôt qu'on appelle communément *l'impôt du sang*, lequel pèse sur toutes les sances, à l'inviolabilité desquelles ne pourvoit pas la sollicitude de la pensée gé qui les a créées.

Voilà les avantages. J'arrive maintenant aux inconvénients. Le premier, dan dre des préventions, c'est ce qu'on appelle le gouvernement clérical. Il y aurait coup à dire, beaucoup à examiner, beaucoup à discuter sur ce point ; toutefoi compte comme inconvénient.

Je dis donc, en énumérant les inconvénients du gouvernement clérical : un p langueur dans l'administration, un peu d'inexpérience dans la gestion financière fin, des abus judiciaires par le mélange de l'intérêt ecclésiastique avec l'intérêt l dans les tribunaux.

Mais, messieurs, à ces inconvénients il y avait des remèdes.

L'efficacité des remèdes est démontrée par l'élection de Pie IX ; j'ajoute que l ractère libéral des représentations de la France n'est pas moins clairement dém par l'appel fait plus tard par Pie IX à M. Rossi pour le faire entrer dans ses co où il n'a pu être appelé que pour y pratiquer comme ministre la politique qu'il av commandée comme ambassadeur.

Je demande pardon de ce long préambule, mais il était nécessaire au point de v ma démonstration. (Très-bien ! très-bien !)

Dans cet état de choses, messieurs, quand il existait des remèdes, des remèdes é vés, efficaces, était-il permis à l'Etat romain, envers lequel la catholicité avait r tous ses devoirs, de recourir à des remèdes violents, convulsifs, héroïques, révolu naires ? Voilà la question.

Ici je demande la permission à l'Assemblée de poser une première base de rais ment.

M. Thiers définissait un jour à cette tribune le droit civil en ces termes : « La l de chacun limitée à la liberté d'autrui. »

J'ajoute, pour ma démonstration, la liberté de chacun limitée aux intérêts st d'autrui, c'est-à-dire aux contrats.

J'ajoute encore : La liberté de chacun limitée à l'intérêt général.

La liberté de chacun limitée à la liberté d'autrui, c'est la justice ;

La liberté de chacun limitée aux intérêts stipulés d'autrui, c'est encore la justi

La liberté de chacun limitée à l'intérêt général, c'est encore la justice sous la du sacrifice. (Mouvement.)

Je n'ai pas besoin, je crois, de citer des exemples. Partout, à tous les momen tous les points de votre vie, la société à laquelle vous appartenez vous assujettit droit de l'intérêt général. (Très-bien !)

Il me suffira d'indiquer à cet égard les expropriations et les quarantaines : t monde me comprend.

Je passe outre à ces servitudes et à ces assujettissements civils, et j'arrive à ce qu *pelle l'incapacité politique* proprement dite.

Messieurs, ici je n'emprunterai rien ailleurs; je vais vous prouver par un exemple
is chez vous, dans la Constitution que vous venez de faire, que vous avez décrété, au
m de ce que vous avez présumé être l'intérêt général, les incapacités politiques les
us graves.

Je suppose qu'il pourra arriver dans l'avenir, que parmi les futurs Présidents de la Ré-
blique, il y en ait un en faveur duquel il semblerait naturel de prolonger ses hautes
actions. Eh bien! ce futur Président de la République que je suppose, au nom de ce
se vous avez présumé être l'intérêt général, vous l'avez frappé d'incapacité, quant à
ligibilité: vous avez fait plus : vous avez frappé le pays lui-même d'incapacité élec-
rale à son égard.

Voilà ce que, dans une société particulière, on se croit permis au nom de ce qu'on
résume être l'intérêt général envers un individu qui appartient à cette société, et non
s seulement à l'égard de cet individu, mais à l'égard de la société elle-même tout en-
ière.

Vous avez fait plus : dans la famille de ce président, il pourrait se rencontrer, tou-
ours dans cette hypothèse d'avenir, un homme éminent qui se recommandât à l'estime,
x espérances de son pays par une grande droiture de cœur, par une grande élévation
e facultés ! eh bien, cet homme éminent, peut-être nécessaire, vous l'avez frappé d'in-
apacité quant à l'éligibilité; vous avez aussi frappé le pays d'incapacité électorale
uant à sa personne, et cela au nom de ce que vous avez présumé être l'intérêt général.
Bruit et interruption à gauche.—A droite : Très-bien ! très-bien !)

Voilà donc ce que chaque société se permet à l'égard des membres qui lui appar-
iennent, je le répète, et à l'égard d'elle-même.

A présent, permettez-moi de transporter ces principes élémentaires, fondamentaux
e toute espèce de droit, qui sont acceptés par tout le monde, excepté par ceux qui
ulent changer l'Europe et le monde en une arène de gladiateurs où les peuples s'égor-
ent entre eux. (Exclamations à gauche.—A droite : Très-bien ! très-bien !)

Un membre s'adressant à l'extrême gauche : Vous l'avez pratiqué à Rome ! (Murmures à gauche.)

M. THURIOT DE LA ROSIÈRE. Je transporte donc à la société générale ces définitions
que je donnais tout à l'heure du droit, dans la société civile. (Interruption nouvelle à
l'extrême gauche.)

M. LE PRÉSIDENT, aux interrupteurs. Mais vous êtes les plus grands ennemis de la
tribune; et il est impossible à aucun talent de se développer sous le coup de pareilles
interruptions. (Rires et bruit à gauche.)

C'est évident, vous êtes les ennemis de la liberté, les grands ennemis de la discussion.
(Nouveau bruit.)

On a souvent conquis de la célébrité à la tribune, mais aucun de vous n'en conquerra
par les interruptions. (Rumeurs à gauche. — A droite et au centre : Très-bien ! très-
bien !)

M. LE PRÉSIDENT. Il est déplorable que dans une pareille discussion vous donniez ce
spectacle là à la France et à l'Europe, de ne pas laisser traiter les choses les plus sérieuses un instant d'attention... (A droite et au centre : Très-bien ! très-bien !—A gauche : Allons donc ! allons donc !

M. LE PRÉSIDENT. Je ne puis que constater cela; mais je le constaterai jusqu'à la
limite extrême... Rumeurs ironiques à gauche.) Oui ! il faut qu'on sache de quel
côté et dans quel système ont lieu ces interruptions... Exclamations à gauche. ...(Avec
force. Je sais bien que je ne puis pas lutter avec vous tous, mais je puis signaler votre
tactique insupportable.

Voix nombreuses : Très-bien ! très-bien !

M. THURIOT DE LA ROSIÈRE. Voulez-vous voir à présent comment l'intérêt géné-
al exerce son assujettissement d'une manière permanente?

Il y a en Europe, dans chaque État, certains points décisifs et compromettants, pour
nsi dire, de ses facultés. Eh bien, c'est sur ces points là que se porte le veto de l'in-
érêt général.

Ainsi, on ne dit pas au sultan, par exemple, vous ne ferez pas chez vous telle ou telle
forme, tel ou tel changement, hors de chez vous telle ou telle alliance ; non. Mais il y

a un point des possessions du sultan qui peut compromettre la paix du monde
permis de sortir de la mer Noire pour entrer dans la Méditerranée, ou de sor
Méditerranée pour entrer dans la mer Noire, la paix du monde peut être com
à ce titre le droit international frappe d'un *veto* le passage des Dardanelles. (B
tinu à l'extrême gauche.)

On ne peut donc pas entrer de la Méditerranée dans la mer Noire, ni sortir d
Noire dans la Méditerranée : le droit international, inteprète général, ne l
pas.

Prenons, maintenant, des Etats dans l'ensemble de leur existence, la Bel
Suisse, par exemple. Eh bien, l'Europe ne dit pas à la Suisse et à la Belgique,
gique surtout, qui est plus que la Suisse en possession de la souveraineté, l'E
leur dit pas, vous ne changerez pas la forme de votre gouvernement, parce
n'importe pas au repos, à la paix du monde ; mais elle dit à l'une et à l'autre
inutilement que vous aurez des accès d'humeur guerrière, que vous aurez des pe
des affinités morales, politiques ou religieuses : vous ne ferez pas la guerre et
contracterez pas d'alliance, parce que ces guerres et ces alliances comprom
l'intérêt général ; » elle les frappe de neutralité, et, en même temps, elle les en

A présent; permettez-moi d'appliquer la conséquence de ce droit irrécusabl
testable. qu'on appelle le droit international à l'Etat romain.

Je vous ai dit, Messieurs, que l'Etat romain était une création catholique
quelle le catholicisme s'était proposé un but certain.

Eh bien! quel est ce but que le catholicisme s'est proposé? C'est que l'Etat
servit de résidence au Pape pour assurer son indépendance.

Veuillez maintenant appliquer les principes que je viens d'avoir l'honneur
soumettre à l'Etat romain, soit que vous le considériez comme subordonné de
licité, à titre de membre de la société catholique, soit que vous le considérie
subordonné au droit international européen, à titre de membre de la soci
péenne. Par quel point l'Etat romain peut-il compromettre le repos du monde?
atteinte portée au Gouvernement dont il est le siège, à ce Gouvernement qui
par la catholicité tout entière, par l'Italie, par l'Espagne, par la France, par l
gal, par l'Autriche, et dont le dépôt et la garde lui ont été confiés.

Il suit de là que, quand l'État romain veut attenter à ce gouvernement en vu
il a été créé, sa souveraineté particulière rencontre face à face avec elle, non
souveraineté, non pas deux souverainetés étrangères, mais les souverainetés de
catholicité, qui lui rappellent qu'il a été créé avec un mandat, avec une fonc
terminée, et qui le lui rappellent au nom d'un droit supérieur au sien; car il c
rieur, supérieur: car il est général et le sien est particulier; supérieur, car il
sente des intérêts généraux, tandis que ses intérêts sont individuels. Enfin, M
et je n'ajouterais pas ce mot si je n'avais parlé de droit d'abord, supérieur en f
quelle force, quand elle se superpose au droit, l'investit d'une vertu irrésistibl
mot, la souveraineté des peuples catholiques prévaut, dans ce cas, sur la souv
du peuple romain.

Si l'Etat romain avait la force de résister, si cette force lui survenait tout
par le seul fait de sa transformation, il sortirait à l'instant du droit catholiq
droit européen, et la question territoriale, comme je l'ai dit au commencemen
immédiatement ouverte. Je vous en montrerai plus tard les conséquences. (
diverses.)

Et, Messieurs, si vous avez quelques scrupules à propos de cette victoire de
veraineté collective de la catholicité sur la souveraineté individuelle du peuple
e vais tâcher de les dissiper par un exemple que j'ose dire invincible et irrésist

Vous admettez, je suppose, que les Etats-Unis sont le peuple le plus jalou
liberté, le plus jaloux de la souveraineté populaire; eh bien! ouvrez les cons
des Etats-Unis; y trouvez-vous la constitution de la Colombie?

Vous ne l'y trouvez pas, pourquoi? parce que la Colombie étant attribuée
du gouvernement fédéral dans le but d'assurer la paix, la liberté, la dignit
délibérations et de son action politique, le peuple des Etats-Unis a frappé d'in
politique le territoire de la Colombie. (Très-bien! — Agitation.)

comme dit Voltaire, il s'établit un échange de correspondances et d'inquiétu-
tous les souverains catholiques, entre le roi d'Espagne, le roi de Hongrie, le
gon, le roi d'Angleterre, le roi de Sicile : l'empereur d'Allemagne passe les
ur venir conférer avec Urbain V de son retour, et, quand le Pape retourne à
e sont les galères réunies de Venise, de Gênes, de la Sicile, qui le ramènent à
chure du Tibre.

zième siècle, lorsque le duc de Bourbon fait le siège et le sac de Rome, à l'ins-
me François Ier arme, et, au bruit de ces armements, Charles-Quint retire son

les guerres de la révolution et de l'empire, la croisade religieuse se mêle par-
coalition politique. En 1832, l'Autriche s'empare des légations ; nous arborons
notre drapeau à Ancône pour la forcer à se retirer, et enfin, dans ces derniers
t si je cite ici des noms que je respecte, ce n'est pas avec l'intention puérile de
re en contradiction avec eux-mêmes, d'ailleurs il n'y a pas de contradiction) ;
derniers temps, dis-je, la question politique ayant toujours été séparée de la
personnelle, qu'est-ce que fait l'honorable général Cavaignac à la nouvelle des
ents de Rome ? A l'instant même il arme à Toulon, et il ne croit pas qu'il re-
ice, à quelque degré que ce soit, l'entreprise du duc de Brunswick contre la

AVAIGNAC. Je demande la parole pour des explications personnelles.
HURIOT DE LA ROSIÈRE. Il subit l'entraînement spontané, involontaire, irré-
qui, à toutes les époques, pousse le catholicisme à intervenir dans les affaires de
our préserver, soit le gouvernement du Pape, soit sa personne.
sent, j'entre dans ce qu'on peut appeler le débat actuel, pratique, positif de la
; et, après vous avoir demandé si le gouvernement romain, si l'état romain
droit et la force de changer violemment ses destinées, je me demande s'il en
goût. Je l'examine.
ape réformateur avait été élu ; tout le monde le sait ; au milieu de quelles ac-
ons, de quels hommages ! tout le monde le sait encore.
lui reprochez d'être changé.
l, s'il vous plaît, a changé le premier de lui ou de vous.
d Pie IX est parvenu au trône pontifical, plusieurs mesures étaient impérieuse-
clamées par la situation de l'État romain : l'amnistie, la réforme judiciaire, la

M. LE PRÉSIDENT. Vous en dites cent fois plus que n'en a dit **M. de Montale**
Jamais je ne me soumettrai à la violence.

A gauche : Vous méconnaissez vos devoirs.

M. LE PRÉSIDENT. Croyez-vous donc qu'il dépende de vous d'empêcher la
de continuer. L'orateur a la parole.

L'agitation continue longtemps encore sans que la sonnette de M. le président
la dominer.

M. DE MONTALEMBERT, s'adressant à la gauche. Puisque le mot de châtime
blesse, j'y substitue celui de récompense. (Hilarité. — Interruption à gauche.)

Je dis donc que l'orateur qui m'a précédé à cette tribune a déjà recueilli sa r
pensé dans les applaudissements de l'extrême opposition, et que les électeurs de
modérés comme moi...... (Rires ironiques à gauche) qui l'ont nommé représent
grand parti de l'ordre, auront le droit de se demander si c'est pour recueillir c
plaudissements qu'ils l'ont envoyé ici. (Très-bien! très-bien! — Violente inter
à gauche.)

Voix à gauche : C'est la continuation de l'injure. — Oui! oui!

Beaucoup de membres de la Montagne se lèvent et interpellent avec chaleur l'h
ble membre.

M. DE MONTALEMBERT. Je puis au moins dire que l'avenir lui garde un châti
(Nouvelle interruption.)

A gauche : Attendez au moins qu'il soit présent. (Agitation.)

M. DE MONTALEMBERT. On me demande de répondre à l'orateur, c'est me
sir, c'est mon devoir! On me dit : M. Hugo est absent; mais il m'est bien diffic
suivre un discours aussi vif, aussi emporté, aussi passionné, sans atteindre quelq
la personne, sans lui adresser des interpellations auxquelles M. Hugo n'avait pas l
d'objecter son absence. (Parlez!)

Messieurs, le devoir d'un orateur quelconque n'est pas de laisser une Assemblé
le coup de telles paroles et de telles idées, et de ne pas rester là (Très-bien.
bien!) pour répondre de ces paroles et de ces idées.

Permettez-moi d'ailleurs de parler; vous jugerez si je dis quelque chose d'inj
à personne.

Voici ce que je dis de l'avenir possible de M. Hugo.

Je dis qu'il ira peut-être à Rome pour y chercher la solitude, la paix, le re
l'âme... Il les trouvera sous ce gouvernement clérical qu'il a insulté. Oui, il ira
être y chercher, y goûter ces bienfaits.

Alors il bénira le ciel d'avoir inspiré aux puissances chrétiennes l'idée de m
en Europe un seul asile à l'abri des mécomptes, des orages, des violences de la v
litique... (Interruption à gauche.) Là, il se repentira du discours qu'il vient d
noncer, et ce repentir sera son châtiment. (Très-bien!)

Oui, il se repentira alors... (Interruption violente à gauche.) Il se repentira
calomnié le chef vénéré de l'Eglise... il se repentira d'avoir calomnié la France
prêtant, à l'égard de la Papauté, ses sentiments et ses instincts!

Il a calomnié le Pape en lui prêtant l'idée de supplices, de violences, de rig
Où sont donc ces gibets qu'il nous montrait? Où sont les bourreaux, les supplic
le règne de Pie IX, ou même sous ses prédécesseurs?

Voix : L'histoire est là.

M. DE MONTALEMBERT. Oui, l'histoire est là, et elle prouve que depuis lon
il n'y a pas eu un seul Pape tyrannique et oppresseur. Le Pape pardonne toujo
est obligé de pardonner. Voilà pourquoi, dans cette amnistie que vous qualifie
rieusement de proscription, il est obligé de faire des exceptions.

Ce n'est ni à la prison, ni au gibet que le Pape recourt, mis il est forcé d
éloignés de ses Etats certains hommes qu'il ne veut pas punir comme nous le
en France. Il est obligé de courir au système préventif pour ne pas recourir
tème répressif.

Voilà pourtant ce qui a fait le fond de la partie la plus passionnée du disco
M. Victor Hugo. Mais vous oubliez donc, vous, hommes du gouvernement modér
oubliez que c'est là un glaive à deux tranchans. Le Président de la République

rec l'Assemblée nationale, n'a-t-il pas refusé d'accorder à d'autres coupable
tie demandée par les hommes qui vous applaudissent aujourd'hui. (Mouvement.)
i oubliez que Pie IX a déjà accordé l'amnistie. Elle a été le premier acte de son
tat. Il l'a donnée à des hommes qui, presque tous, ont été parjures; à des hom-
i avaient juré de respecter son pouvoir, qui ont communié de sa main en fai-
serment. Oh! je rends cette justice à nos démagogues, à nos révolutionnaires, ils
ent jamais accompli un aussi odieux sacrilége.
ous reprochez au Pape de ne pas accorder une assez complète amnistie, quand il
tristement récompensé de la première!

uet a parlé de je ne sais quoi d'achevé que le malheur ajoute à la vertu. Pie IX a
le malheur, et ce qu'il y a de plus poignant que le malheur, il a connu l'ingrati-
h! je ne l'en plains pas; car ne fait pas des ingrats qui veut; il faut pour cela
ait un grand bien à ses semblables. (Très-bien!)
eux donc ceux qui font des ingrats, mais malheureux ceux qui sont des ingrats,
heur à ceux qui s'en font les organes! (Très-bien! très-bien!)
ape a trouvé des ingrats, non pas seulement à Rome, non pas seulement en Italie
Europe, mais ici; car c'est être ingrat que de méconnaître des services comme
u'il a rendus et de les récompenser par des injures grossières dont la sévérité de
résident a fait justice hier, et que le *Moniteur* a enregistrées comme un enseigne-
our l'avenir. (Approbation.)
qu'on a fait de cette tribune un piédestal à ces injures, qu'il me soit permis de
pposer le solennel hommage de ma reconnaissance et de mon admiration.
s.)
mot encore avant de quitter ce terrain où il m'a été si douloureux de descendre
'honorable préopinant.
i l'avez vu s'attacher à séparer le Souverain Pontife de ce qu'il a appelé son en-
:. Je proteste contre cette ruse de guerre.
eux choses l'une : ou le Pape fait ce qu'il veut, et alors les injures qu'on adresse à
ourage retombe sur lui, ou bien il ne fait pas ce qu'il veut et alors il ne mérite
éloges dérisoises que vous lui adressez.
là une vieille tactique révolutionnaire que M. Victor Hugo aurait dû trouver
sous de lui. Savez-vous pour qui elle a été inventée? Je vais vous le dire. Elle
iventée par l'infortuné Louis XVI, quand il a commencé sa carrière de réforma-

voix à gauche : Il a trahi la France. (Murmures.)
E MONTALEMBERT. On l'a séparé de tout ce qui l'entourait, de sa famille, de
s, de ses serviteurs; on allait, disant toujours :
i a de bonnes intentions, mais il est trompé par ceux qui l'entourent; et après
mprisonné et immolé tous ceux qui l'entouraient, on l'a pris dans l'isolement
ui avait fait, et on l'a jeté au bourreau sous le nom de Louis Capet. (Sensation
de.)
voix à gauche : Il était coupable de trahison.
question romaine a trois faces, que les orateurs précédents ont peut-être trop mê-
ne m'occuperai que de la dernière. Je crois que ce qui touche à la souveraineté
elle du Pape et à la conduite de l'expédition romaine, est souverainement tran-
' les votes de l'Assemblée qui ne peuvent être révisés que par l'histoire. Je ne
perai que de rechercher quelles sont les libertés à accorder à Rome après y avoir
itrer le Pape.
s donnerons demain, d'après le *Moniteur*, la suite de cette magnifique ba-
.

Discours de M. de la Rosière.

donnons, comme nous l'avons promis, d'après le *Moniteur*, les principaux pas-
n remarquable discours de M. Thuriot de la Rosière.
iteur, après un exorde interrompu souvent par les incidentes clameurs de la
pue, aborde ainsi le fond de la question :

M. THURIOT DE LA ROSIÈRE. Ce n'est pas à la papauté en elle-même et pour elle même qu'il importe d'être à Rome; c'est à la catholicité que cela importe, et cela importe particulièrement à la France. Cela lui importe au point de vue de la paix religieuse chez elle et hors de chez elle; au point de vue de sa prépondérance politique dans le monde; au point de vue de la paix territoriale; au point de vue de l'équilibre enfin, au point de vue de l'indépendance de l'Italie que nous aimons autant que vous, messieurs (l'orateur se tourne vers la gauche), autrement que vous, et vous me permettrez d'ajouter, mieux que vous. (Approbation à droite. — Rumeur à gauche.)

La première question à faire, qu'on ne s'est jamais faite à cette tribune, et qui, selon moi, a failli à l'opinion publique qui en attendait la solution, c'est celle-ci : Qu'est-ce que c'est que l'Etat romain? C'est là, messieurs, ce qui, selon moi, domine tout le débat.

Je dis qu'en fait, l'Etat romain est la création conventionnelle, diplomatique et catholique du catholicisme. (Rumeur à gauche.)

Un membre à gauche : Nous ne sommes pas juristes.

Voix à droite : On le voit bien.

M. THURIOT DE LA ROSIÈRE. En droit, il est subordonné, soit comme membre de la société catholique, à la juridiction catholique; soit comme membre de la société européenne, à la juridiction européenne. S'il sort de ces deux conditions auxquelles il existe, à l'instant même l'Etat romain est dissous, la question territoriale est ouverte.

Je dois d'abord, messieurs, écarter de cet examen une objection préliminaire qui a cours dans quelques esprits. Cette objection est celle-ci : que, puisque la monarchie a aussi créé la France, on n'aurait pas eu sur la monarchie le droit qu'on refuse au peuple romain sur la papauté.

Il y a trois différences considérables dans la situation des deux institutions. La première, c'est que la papauté est un principe spirituel placé en dehors de l'Etat, tandis que la monarchie est un principe de politique temporel né dans l'Etat; la seconde c'est que la monarchie a été compromise dans l'esprit de beaucoup de gens par la considération des privilèges accordés aux personnes, tandis que, dans la papauté, il n'y a pas de privilèges de personnes, l'institution étant immuable dans le dogme, en même temps qu'elle est essentiellement mobile dans les personnes. (Approbation à droite.)

La troisième différence, considérable à mon avis, la troisième différence est celle-ci : que la monarchie a fait la France avec les ressources, avec le sang, avec les efforts de la France, et que l'État romain a été fait en dehors du concours de l'État romain, par les forces, par les efforts et par l'épée du catholicisme. (Nouvelle approbation.)

Je dis, Messieurs, que la Papauté est une création du catholicisme; car, en dehors de la Papauté, il n'y aurait jamais eu d'État romain; il n'y aurait pas même de ville de Rome.

En effet, tous ceux qui ont ouvert un livre savent que ce sont les Papes qui ont sauvé partiellement la ville de Rome en la préservant du choc des barbares; tout le monde le sait. Tout le monde sait encore que ce sont les Papes qui l'ont sauvée absolument dans sa dignité en empêchant, par leur présence, toute domination barbare de s'y établir. Cela est su de tout le monde. (Très-bien!)

Tout le monde sait aussi que, dans les débris de cette ville où se retirait l'empire temporel du monde, ce sont les Papes qui ont déposé ce germe d'un empire spirituel qui devait prolonger, perpétuer sa suprématie sur l'univers. Tout le monde sait encore cela.

Je dis que c'est le catholicisme qui a fondé l'État romain. J'ajoute que c'est lui qui le maintient. En effet, vous voyez toutes les dominations, tous les États, toutes les cités, toutes les républiques d'Italie disparaître et s'effacer successivement de la carte politique.

Au dix-huitième siècle, la maison de Savoie, la maison de Bourbon, la maison de Lorraine ont envahi toute l'Italie, sauf Gênes et Venise; au dix-neuvième siècle, Gênes et Venise ont disparu : toujours la Papauté survit. Et pourquoi survit-elle? C'est parce que ce qui n'avait été d'abord qu'un élan, qu'un instinct des premiers fidèles, qui voulaient entourer leur chef spirituel de dignité, de grandeur, était devenu, plus tard, un calcul de la politique; c'est parce que les nations catholiques avaient compris cette volonté, d'un exercice si redoutable, ne pouvait être à la merci de personne, ni de l'Autriche, ni de la France, ni de l'Espagne; c'est qu'il fallait que le Pape, comme il n'y a pas de position intermédiaire entre l'obéissance et le commandement, pour pouvoir répondre dans l'univers, ainsi que le disait M. le président Hénault, à ceux qui y commandent, eût lui-même la souveraineté.

C'est là, Messieurs, la raison de l'établissement de l'État romain, c'est là sa destination certaine, c'est là le motif certain de son maintien.

Je demande pardon à l'Assemblée... (Parlez! parlez!) pourquoi fallait-il à la Papauté la souveraineté? C'est parce que les conditions de l'indépendance des pouvoirs s'élèvent en proportion de la grandeur de ces pouvoirs, en proportion de l'indocilité des sujets auxquels ils s'adressent, en proportion de la délicatesse et de la gravité des objets sur lesquels ils portent. En effet, quand tous les peuples intelligents ont voulu entourer la magistrature de respect, ils se sont dessaisis envers elle d'une partie de leur souveraineté, et ils l'ont investie de l'inamovibilité. S'il en a été jugé ainsi pour la magistrature qui n'a pourtant à prononcer que sur les intérêts, les passions, l'honneur ou la vie des hommes, de quelles conditions plus rigoureuses ne devait pas être entourée l'indépendance du Saint-Père, dont le pouvoir est, sans contredit, le plus grand qu'il y ait au monde, puisqu'il s'étend sur tout l'univers; celui qui s'adresse au sujet le plus indocile qui se puisse imaginer, puisqu'il s'agit de l'âme humaine; celui qui porte sur les objets les plus graves et les plus délicats, puisqu'il s'agit des convictions et des croyances! Voilà pourquoi il fallait que le Pape fût souverain. Il fallait qu'il fût souverain, parce que si l'âme humaine, si la puissance temporelle, avaient pu suspecter son indépendance, s'il n'avait pas eu l'évidence, la renommée de l'indépendance, les âmes et les puissances temporelles, qui ont un penchant si naturel à la résistance, auraient résisté à ses décrets; il fallait qu'il fût souverain, parce que s'il n'avait pas été souverain, il aurait été soumis, assujetti à toutes les vicissitudes diplomatiques, politiques et militaires d'un État qu'il n'aurait pas gouverné; il fallait qu'il fût souverain enfin, parce que, de même que l'âme humaine a besoin, pour agir, de l'organe des sens, il fallait que le pouvoir spirituel eût une atmosphère libre, des agents libres à sa volonté. (Approbation à droite.)

C'est donc pour être la résidence, l'agent, l'organe temporel de la souveraineté spirituelle du Saint-Père que l'État romain a été créé. De là, ce nom d'État du Saint-Siège donné à l'État romain; de là je prends la liberté de recommander cette remarque à l'Assemblée, de là cette souveraineté élue par la catholicité tout entière, et qu'elle a bien apparemment le droit de défendre, puisqu'elle a le droit de l'élire; de là le droit d'exclusion donné aux puissances catholiques; de là tous ces grands établissements, tous ces grands ministères de la catholicité qui étendent leurs décrets sur tout l'univers; de là cette admirable institution de la propagande qui va chercher sur tous les points du monde des idolâtres qu'elle discipline, qu'elle éclaire, qu'elle instruit, et qu'elle renvoie plus tard sur les différents points d'où ils étaient partis comme des précurseurs de votre foi, en même temps que comme des missionnaires de vos intérêts et de vos arts. (Approbation à droite.)

De là, dans l'ordre matériel, la basilique de Saint-Pierre, élevée par les tributs du catholicisme tout entier; Saint-Paul, hors des murs, qui se relève par les mêmes tributs. De là dans les musées de Rome, dans les palais, aux abords des palais, sur les places, dans les rues, ces tableaux, ces statues, ces vases, ces obélisques, tous ces monuments, signes ou débris de l'empire chez tant de nations et de civilisations diverses, qui font de Rome en même temps que le tabernacle de la foi catholique le sanctuaire de son génie et de ses arts.

Cette situation particulière de l'État romain, de la ville de Rome, qui est en quelque sorte une propriété indivise de la catholicité, cette situation particulière fait aussi aux habitants de cet État une condition particulière. Et ici ne vous hâtez pas trop de les plaindre, messieurs, car, s'ils ne sont pas sujets du Pape, ils sont Autrichiens, Napolitains ou Toscans.

Il est impossible à ceux qui plaindraient les populations de l'État romain d'être placées dans cette situation particulière, il leur est impossible d'inventer pour elles un autre destinée que l'une des trois que je viens d'indiquer.

Un membre à gauche : Et la République !

'**M. THURIOT DE LA ROSIÈRE.** Il est impossible de l'inventer. La géographie toire, la politique, le droit, la force ne le permettent à personne ; cette situation les Etats romains des avantages ; elle a des inconvénients.

Le premier avantage, c'est d'abord d'exister, c'est d'avoir un nom propre d monde.

Le deuxième avantage, c'est d'exister avec grandeur et dignité, c'est de voir so vernement marcher à l'égal et à la tête de tous les gouvernements et des puis temporelles les plus redoutables ; c'est de voir chaque mérite, chaque science, e étude qui se développe dans son sein, récompensé par les plus magniques prix qu sent se proposer à l'ambition humaine ; c'est de voir sa capitale briller entre tou capitales par les splendeurs monumentales et artistiques que je viens de vous dire

Un troisième avantage, c'est d'être inviolable, non pas dans ce sens qu'on ne ' jamais son territoire, mais dans ce sens que, s'il est violé, à l'instant même il se fe une coalition de la catholicité pour le délivrer ; enfin, il résulte pour elle, comn conséquence accessoire mais appréciable de cette inviolabilité, c'est l'exempt l'impôt qu'on appelle communément *l'impôt du sang*, lequel pèse sur toutes le sances, à l'inviolabilité desquelles ne pourvoit pas la sollicitude de la pensée gé qui les a créées.

Voilà les avantages. J'arrive maintenant aux inconvénients. Le premier, dan dre des préventions, c'est ce qu'on appelle le gouvernement clérical. Il y aurait coup à dire, beaucoup à examiner, beaucoup à discuter sur ce point ; toutefo compte comme inconvénient.

Je dis donc, en énumérant les inconvénients du gouvernement clérical : un l langueur dans l'administration, un peu d'inexpérience dans la gestion financièr fin, des abus judiciaires par le mélange de l'intérêt ecclésiastique avec l'intérêt dans les tribunaux.

Mais, messieurs, à ces inconvénients il y avait des remèdes.

L'efficacité des remèdes est démontrée par l'élection de Pie IX ; j'ajoute que ractère libéral des représentations de la France n'est pas moins clairement dé par l'appel fait plus tard par Pie IX à M. Rossi pour le faire entrer dans ses co où il n'a pu être appelé que pour y pratiquer comme ministre la politique qu'il a commandée comme ambassadeur.

Je demande pardon de ce long préambule, mais il était nécessaire au point de ma démonstration. (Très-bien ! très-bien !)

Dans cet état de choses, messieurs, quand il existait des remèdes, des remèdes vés, efficaces, était-il permis à l'Etat romain, envers lequel la catholicité avait tous ses devoirs, de recourir à des remèdes violents, convulsifs, héroïques, révol naires ? Voilà la question.

Ici je demande la permission à l'Assemblée de poser une première base de rai ment.

M. Thiers définissait un jour à cette tribune le droit civil en ces termes : « La de chacun limitée à la liberté d'autrui. »

J'ajoute, pour ma démonstration, la liberté de chacun limitée aux intérêts s d'autrui, c'est-à-dire aux contrats.

J'ajoute encore : La liberté de chacun limitée à l'intérêt général.

La liberté de chacun limitée à la liberté d'autrui, c'est la justice ;

La liberté de chacun limitée aux intérêts stipulés d'autrui, c'est encore la just

La liberté de chacun limitée à l'intérêt général, c'est encore la justice sous la du sacrifice. (Mouvement.)

Je n'ai pas besoin, je crois, de citer des exemples. Partout, à tous les momen tous les points de votre vie, la société à laquelle vous appartenez vous assujettit droit de l'intérêt général. (Très-bien !)

Il me suffira d'indiquer à cet égard les expropriations et les quarantaines : monde me comprend.

Je passe outre à ces servitudes et à ces assujettissements civils, et j'arrive à ce q pelle l'incapacité politique proprement dite.

Messieurs, ici je n'emprunterai rien ailleurs; je vais vous prouver par un exemple là chez vous, dans la Constitution que vous venez de faire, que vous avez décrété, au nom de ce que vous avez présumé être l'intérêt général, les incapacités politiques les plus graves.

Je suppose qu'il pourra arriver dans l'avenir, que parmi les futurs Présidents de la République, il y en ait un en faveur duquel il semblerait naturel de prolonger ses hautes fonctions. Eh bien! ce futur Président de la République que je suppose, au nom de ce que vous avez présumé être l'intérêt général, vous l'avez frappé d'incapacité, quant à l'éligibilité; vous avez fait plus : vous avez frappé le pays lui-même d'incapacité électorale à son égard.

Voilà ce que, dans une société particulière, on se croit permis au nom de ce qu'on résume être l'intérêt général envers un individu qui appartient à cette société, et non seulement à l'égard de cet individu, mais à l'égard de la société elle-même tout entière.

Vous avez fait plus : dans la famille de ce président, il pourrait se rencontrer, toujours dans cette hypothèse d'avenir, un homme éminent qui se recommandât à l'estime, aux espérances de son pays par une grande droiture de cœur, par une grande élévation de facultés! eh bien, cet homme éminent, peut-être nécessaire, vous l'avez frappé d'incapacité quant à l'éligibilité; vous avez aussi frappé le pays d'incapacité électorale quant à sa personne, et cela au nom de ce que vous avez présumé être l'intérêt général. (Bruit et interruption à gauche.—A droite : Très-bien! très-bien!)

Voilà donc ce que chaque société se permet à l'égard des membres qui lui appartiennent, je le répète, et à l'égard d'elle-même.

A présent, permettez-moi de transporter ces principes élémentaires, fondamentaux de toute espèce de droit, qui sont acceptés par tout le monde, excepté par ceux qui veulent changer l'Europe et le monde en une arène de gladiateurs où les peuples s'égorgent entre eux. (Exclamations à gauche.—A droite : Très-bien! très-bien!)

Un membre s'adressant à l'extrême gauche : Vous l'avez pratiqué à Rome! (Murmures à gauche.)

M. THURIOT DE LA ROSIÈRE. Je transporte donc à la société générale ces définitions que je donnais tout à l'heure du droit, dans la société civile. (Interruption nouvelle à l'extrême gauche.)

M. LE PRÉSIDENT, aux interrupteurs. Mais vous êtes les plus grands ennemis de la tribune; et il est impossible à aucun talent de se développer sous le coup de pareilles interruptions. (Rires et bruit à gauche.)

C'est évident, vous êtes les ennemis de la liberté, les grands ennemis de la discussion. (Nouveau bruit.)

On a souvent conquis de la célébrité à la tribune, mais aucun de vous n'en conquerra par les interruptions. (Rumeurs à gauche. — A droite et au centre : Très-bien! très-bien!)

M. LE PRÉSIDENT. Il est déplorable que dans une pareille discussion vous donniez ce spectacle là à la France et à l'Europe, de ne pas laisser traiter les choses les plus sérieuses avec un instant d'attention... (A droite et au centre : Très-bien! très-bien!—A gauche: Allons donc! allons donc!)

M. LE PRÉSIDENT. Je ne puis que constater cela; mais je le constaterai jusqu'à la dernière extrémité... (Rumeurs ironiques à gauche.) Oui! il faut qu'on sache de quel côté et dans quel système ont lieu ces interruptions. . (Exclamations à gauche.) ... (Avec force.) Je sais bien que je ne puis pas lutter avec vous tous, mais je puis signaler votre tactique insupportable.

Voix nombreuses : Très-bien! très-bien!

M. THURIOT DE LA ROSIÈRE. Voulez-vous voir à présent comment l'intérêt général exerce son assujettissement d'une manière permanente?

Il y a en Europe, dans chaque Etat, certains points décisifs et compromettants, pour ainsi dire, de ses facultés. Eh bien, c'est sur ces points là que se porte le veto de l'intérêt général.

Ainsi, on ne dit pas au sultan, par exemple, vous ne ferez pas chez vous telle ou telle réforme, tel ou tel changement, hors de chez vous telle ou telle alliance; non. Mais il y

a un point des possessions du sultan qui peut compromettre la paix du mond
permis de sortir de la mer Noire pour entrer dans la Méditerranée, ou de se
Méditerranée pour entrer dans la mer Noire, la paix du monde peut être con
à ce titre le droit international frappe d'un *veto* le passage des Dardanelles. (
tinu à l'extrême gauche.)

On ne peut donc pas entrer de la Méditerranée dans la mer Noire, ni sortir
Noire dans la Méditerranée : le droit international, inteprète général, ne
pas.

Prenons, maintenant, des Etats dans l'ensemble de leur existence, la Be
Suisse, par exemple. Eh bien, l'Europe ne dit pas à la Suisse et à la Belgique
gique surtout, qui est plus que la Suisse en possession de la souveraineté, l'I
leur dit pas, vous ne changerez pas la forme de votre gouvernement, parce
n'importe pas au repos, à la paix du monde; mais elle dit à l'une et à l'autr
inutilement que vous aurez des accès d'humeur guerrière, que vous aurez des
des affinités morales, politiques ou religieuses : vous ne ferez pas la guerre
contracterez pas d'alliance, parce que ces guerres et ces alliances comprou
l'intérêt général ; » elle les frappe de neutralité, et, en même temps, elle les e

A présent; permettez-moi d'appliquer la conséquence de ce droit irrécusab
testable. qu'on appelle le droit international à l'Etat romain.

Je vous ai dit, Messieurs, que l'Etat romain était une création catholique
quelle le catholicisme s'était proposé un but certain.

Eh bien! quel est ce but que le catholicisme s'est proposé? C'est que l'Et
servi de résidence au Pape pour assurer son indépendance.

Veuillez maintenant appliquer les principes que je viens d'avoir l'honneu
sommettre à l'Etat romain, soit que vous le considériez comme subordonné de
licité, à titre de membre de la société catholique, soit que vous le considéri
subordonné au droit international européen, à titre de membre de la soc
péenne. Par quel point l'Etat romain peut-il compromettre le repos du monde
atteinte portée au Gouvernement dont il est le siège, à ce Gouvernement qu
par la catholicité tout entière, par l'Italie, par l'Espagne, par la France, par
gal, par l'Autriche, et dont le dépôt et la garde lui ont été confiés.

Il suit de là que, quand l'Etat romain veut attenter à ce gouvernement en v
il a été créé, sa souveraineté particulière rencontre face à face avec elle, no
souveraineté, non pas deux souverainetés étrangères, mais les souverainetés d
catholicité, qui lui rappellent qu'il a été créé avec un mandat, avec une for
terminée, et qui le lui rappellent au nom d'un droit supérieur au sien; car il
rieur, supérieur : car il est général et le sien est particulier; supérieur, car
sente des intérêts généraux, tandis que ses intérêts sont individuels. Enfin,
et je n'ajouterais pas ce mot si je n'avais parlé de droit d'abord, supérieur en
quelle force, quand elle se superpose au droit, l'investit d'une vertu irrésistib
mot, la souveraineté des peuples catholiques prévaut, dans ce cas, sur la sou
du peuple romain.

Si l'Etat romain avait la force de résister, si cette force lui survenait tou
par le seul fait de sa transformation, il sortirait à l'instant du droit catholi
droit européen, et la question territoriale, comme je l'ai dit au commencem
immédiatement ouverte. Je vous en montrerai plus tard les conséquences.
diverses.)

Et, Messieurs, si vous avez quelques scrupules à propos de cette victoire
veraineté collective de la catholicité sur la souveraineté individuelle du peupl
e vais tâcher de les dissiper par un exemple que j'ose dire invincible et irrési

Vous admettez, je suppose, que les Etats-Unis sont le peuple le plus jal
liberté, le plus jaloux de la souveraineté populaire; eh bien! ouvrez les co
des Etats-Unis; y trouvez-vous la constitution de la Colombie?

Vous ne l'y trouvez pas, pourquoi? parce que la Colombie étant attribuée
du gouvernement fédéral dans le but d'assurer la paix, la liberté, la dign
délibérations et de son action politique, le peuple des Etats-Unis a frappé d'
politique le territoire de la Colombie. (Très-bien! — Agitation.)

is donc, Messieurs, que les esprits les plus passionnément dévoués à la souvelu peuple, peuvent se croire permis, envers l'Etat romain, au nom de l'intérêt le la catholicité, ce qu'un peuple libéral et démocratique par excellence s'est is envers une partie de lui-même, qu'il a frappée d'incapacité politique. (Très-s-bien !)

le droit.

-vous me permettre de citer quelques exemples de la jurisprudence de la ca i l'égard du Saint-Siége ? Quand, au quatorzième siècle, les Papes sont à Avi nd ils y ont séjourné déjà quelque temps, quand la catholicité commence à oir qu'ils n'ont pas là toute l'indépendance nécessaire au bon emploi de leur comme dit Voltaire, il s'établit un échange de correspondances et d'inquiétu tous les souverains catholiques, entre le roi d'Espagne, le roi de Hongrie, le gon, le roi d'Angleterre, le roi de Sicile : l'empereur d'Allemagne passe les ir venir conférer avec Urbain V de son retour, et, quand le Pape retourne à sont les galères réunies de Venise, de Gênes, de la Sicile, qui le ramènent à hure du Tibre.

ième siècle, lorsque le duc de Bourbon fait le siège et le sac de Rome, à l'ins te François Ier arme, et, au bruit de ces armements, Charles-Quint retire son

es guerres de la révolution et de l'empire, la croisade religieuse se mêle par coalition politique. En 1832, l'Autriche s'empare des légations ; nous arborons otre drapeau à Ancône pour la forcer à se retirer, et enfin, dans ces derniers si je cite ici des noms que je respecte, ce n'est pas avec l'intention puérile de e en contradiction avec eux-mêmes, d'ailleurs il n'y a pas de contradiction) lerniers temps, dis-je, la question politique ayant toujours été séparée de la personnelle, qu'est-ce que fait l'honorable général Cavaignac à la nouvelle des its de Rome ? A l'instant même il arme à Toulon, et il ne croit pas qu'il re c, à quelque degré que ce soit, l'entreprise du duc de Brunswick contre la

'AIGNAC. Je demande la parole pour des explications personnelles.

URIOT DE LA ROSIÈRE. Il subit l'entraînement spontané, involontaire, irré ui, à toutes les époques, pousse le catholicisme à intervenir dans les affaires de ur préserver, soit le gouvernement du Pape, soit sa personne.

nt, j'entre dans ce qu'on peut appeler le débat actuel, pratique, positif de la et, après vous avoir demandé si le gouvernement romain, si l'état romain roit et la force de changer violemment ses destinées, je me demande s'il en oût. Je l'examine.

e réformateur avait été élu ; tout le monde le sait ; au milieu de quelles ac s, de quels hommages ! tout le monde le sait encore.

ni reprochez d'être changé.

, s'il vous plaît, a changé le premier de lui ou de vous.

Pie IX est parvenu au trône pontifical, plusieurs mesures étaient impérieuse lamées par la situation de l'Etat romain : l'amnistie, la réforme judiciaire, la dminitrative, la réforme financière, l'admission des laïques au pouvoir dans ine limite. Tout cela était impérieusement réclamé, tout cela était nécessaire. stie ! on n'a pas eu besoin de la demander, messieurs, Pie IX l'a accordée par ment naturel de son cœur, et l'un des hommes amnistiés par lui, en venant a reconnaissance devant son trône, lui disait : « Saint-Père, je vous apporte que vous avez sauvée ; elle est à vous, à la vie, à la mort. » Depuis, le nom de le a figuré le premier au bas de l'acte de l'Assemblée constituante qui pronon échéance de son bienfaiteur.

stie était donc accordée : réformes financières, réformes administratives, ré diciaires, tout était résolu, commencé, en voie d'exécution. Les laïques étaien ns le gouvernement ; ils y étaient entrés, d'abord dans la personne de l'amnis e vous parle. On avait voulu faire des représentations à Pie IX à ce sujet, le défiance, le prémunir ; mais lui, dans une sorte d'obstination magnanime, jours répondu : « Non, il est impossible qu'un homme qui, dans l'effusion de

sa reconnaissance, est venu me tenir un pareil langage, soit capable de me trahir. »
Après cet amnistié laïque, entré le premier dans le gouvernement, M. Rossi y entre à
son tour, avec quelle autorité ! vous le savez.

Enfin le gouvernement constitutionnel, ce grand problème, était fondé. M. Rossi avait
entrevu, semble-t-il, avec sa puissante intelligence, la solution, le secret de cette conciliation difficile du pouvoir parlementaire et du pouvoir pontifical.

Vous savez comment ce secret a été enseveli avec lui dans une tombe si soudainement
et si cruellement ouverte ! (Vive approbation à droite.)

Il y avait donc, à cette époque, satisfaction dans Rome et dans toute l'Italie. Tous les
cœurs étaient dévoués à Pie IX.

Tout d'un coup ces sentiments ont changé ; tout d'un coup se sont répandues sur
Rome les calomnies, les menaces ont commencé à circuler. L'élément laïque, laïque,
entendez-vous, est égorgé aux pieds du Saint-Père, dans la personne de l'illustre
M. Rossi... (Vives marques d'approbation à droite.)

L'émeute assiège le palais de Pie IX ; deux mois plus tard il doit soustraire sa volonté,
sa vie à la violence qui pèse sur l'une et qui menace l'autre ; sa déchéance est votée, la
république est proclamée.

Messieurs, est-ce qu'il y avait dans ce mouvement républicain une question de liberté
à aucun degré ? Non. Sous quel prétexte a éclaté la révolution romaine ? Sous celui
d'une guerre. On avait demandé au Pape injustement, *impossiblement* (s'il m'est permis
de faire ce barbarisme), on lui avait demandé de déclarer la guerre à l'Autriche, c'est-
à-dire de porter de ses propres mains atteinte au caractère sacerdotal, neutre, diplomatique de sa souveraineté et de ses États ; on lui avait demandé cela. Il avait résisté à la
violence qui le lui demandait comme Pie VII avait résisté à Napoléon, quand il lui demandait de faire la guerre à l'Angleterre. Et c'est pour cela, parce qu'il a résisté à la
violation de son devoir, qu'on égorgeait son ministre et qu'on le chassait de son royaume.
(Nouvelles marques d'approbation à droite.)

Eh, messieurs, qu'il me soit permis de recommander cette observation à la conscience
de cette Assemblée et de mon pays : quand il fut chassé et qu'on eut égorgé son ministre parce qu'il ne faisait pas la guerre, est-ce qu'on l'a faite ?

A droite : Très-bien! très-bien!

M. THURIOT DE LA ROSIÈRE. Avez-vous entendu dire que M. Mazzini et ses amis
aient paru sur le champ de Novarre où un roi héroïque venait jouer noblement sa
couronne, et chercher inutilement à perdre la vie ?

A droite et au centre : Très-bien! très-bien!

M. THURIOT DE LA ROSIÈRE. Mais enfin, ce mouvement qui éclate à Rome, est-
il vraiment romain ? Assurément, s'il est né des entrailles de Rome, s'il a ses racines
dans les populations romaines, ses principaux chefs sont Romains, ses ministres sont
Romains, son armée, son armée militante est Romaine ? Voyons, examinons les noms!

A la tête du gouvernement, nous voyons qui ? M. Mazzini, un Génois ; dans le cabinet, comme principal, M. Avezzana, un Génois ; à la tête de l'armée, pour chef effectif,
réel, non pas nominal, M. Garibaldi, un autre Génois. Et l'armée, de qui se compose-
t-elle, l'armée militante, entendons-nous bien? Elle se compose de Hongrois, de Polonais, d'Allemands, de Lombards, de Français...

Quand il s'agit de voter la déchéance du Pape, l'élément romain, considérable, important, représenté par M. Mamiani, que fait-il? Il vote avec prudence, avec la prudence et la mesure à laquelle vous oblige une République qui vous montre au bout de
chaque vote, ou la pointe d'un poignard, ou la démonstration de 200,000 hommes...
(Murmures à gauche. — Approbation à droite.)

Un membre à l'extrême gauche : Ce qui prouve que vous êtes essentiellement républicain. (Oh! oh!)

M. THURIOT DE LA ROSIÈRE. On peut être républicain sans aimer les Républiques qui égorgent.

A droite : Très-bien! très-bien!

M. THURIOT DE LA ROSIÈRE... M. Mamiani vote pour l'ajournement de la question.

Et plus tard, quand on a commencé à entamer les pourparlers avec M. le général

M. Armellini, un autre personnage romain considérable, est d'avis, lui collè-
. Mazzini dans le triumvirat, qu'il faut continuer les pourparlers et les mener à
sement, et, cette fois-là, c'est M. Mazzini lui-même qui prend la parole et qui
r l'avis de M. Armellini.

[uez-vous, messieurs, quelle singulière république romaine, dont le principal
pas romain, dont le principal ministre n'est pas romain, dont le général n'est
in, dont l'armée n'est pas romaine, dont les délibérations ne sont pas ro-

t'il n'y a jamais eu de république romaine à Rome; il y a eu l'espérance, le
sé de la république italienne, unitaire de M. Mazzini. Il y a eu encore autre
vous le reconnaîtrez à des signes certains qui ne trompent pas, à ces décrets
ans le *Moniteur romain*, qui contenaient les confiscations, les emprunts forcés,
monnaie, le drapeau rouge qui s'arborait pendant le combat. Il y avait à Rome
que sociale que vous avez vaincue chez vous, et qui s'était réfugiée là. (Très-
-bien!)

onc, et je le prouve, qu'il y avait à Rome la république sociale qui faisait de
uccursale d'abord, pour en faire plus tard sa métropole; on nous l'a dit à cette
t M. Mazzini l'a écrit.

iblique sociale voulait donc faire sa métropole de Rome.

alisme, qui ne veut pas le dire, qui s'irrite quand on le lui demande, et pour-
rnier mot serait le premier qu'il devrait donner aux peuples sur les institu-
es croyances desquels il se permet de porter la main (Très-bien); le socialisme
également confus, contradictoires, ne soutiennent pas un moment le parallèle
fforts de la charité chrétienne; le socialisme qui, au quatorzième siècle, avec
éludait à Rome aux scènes de 1848, qui désolait Florence avec les arts mi-
e nous avons vu ravager l'Agleterre sous la conduite de Walt Teyler, et égor-
ances sous le nom de jacquerie; le socialisme qui, depuis le seizième siècle, de-
de Leyde et ses orgies, jusqu'à nos journées néfastes de juin, en passant par
ses trames criminelles; le socialisme qu'on peut suivre dans l'histoire à la trace
s dont il a jonché la terre dans tous les temps; le socialisme avait rêvé de
de Rome et d'y détrôner le Christianisme qui, il y a dix-huit cents ans, s'en
quement ouvert les portes et les temples, l'Évangile à la main. qui était à la
remier et son dernier mot. (Vifs applaudissements à droite.)

aant voulez-vous savoir ce qu'aurait été la république sans le pape? C'est la
estion territoriale devient grave.

urait perdu immédiatement le caractère de neutralité, de paix, de recueille-
. attire chez elle, de tous les points du monde, les artistes, les voyageurs, qui
t et qui la font vivre; elle aurait perdu cet attrait; elle aurait perdu cet at-
serait devenue un forum turbulent, agité, insupportable. On rit)

oulez, messieurs (l'orateur se tourne vers la gauche, mettre les peuples sur le
élique de vos réformes; en prétendant redresser leurs difformités, savez-vous
us vous êtes exposés? A attaquer les sour es mêmes de la vie et de la prospérité
uples. (Vive approbation à droite)

, le peuple romain a déjà fait l'épreuve de ce qu'il pouvait en liberté; il l'e
Rienzi. Rires ironiques à gauche.)

ez, messieurs: toute l'Italie était alors pleine de mouvement et d'activité,
ats, toutes les principautés autour de Rome, étaient remplis d'une vie etri-
'activité, et Rome qu'a-t-elle fait pendant les soixante-dix ans que les Papes
sents et laissent toute chance à ses goûts d'énergie et d'activité; qu'a-t-elle
ne le disait M. le ministre de l'instruction publique naguère, la vie s'est ar-
elle, l'herbe a poussé dans ses rues, la population a diminué. Exclamations
)

euple romain, selon une expression consacrée de sa tradition, a pleuré sa cap-
ouvelles exclamations à gauche)

a donc été fait.

me l'État romain, ainsi que j'ai eu l'honneur de le dire en commençant, est
position diplomatique, car il n'y a pas de nationalité romaine... Mouvement

Tout le monde le sait. Alors toutes les villes considérables de l'État romain, R Ferrare, Bologne se seraient séparées de Rome; au lieu d'un État enraciné dans dans le respect, vous auriez vu éclore une multitude de petites républiques Marin, sans consistance pour le dedans, sans résistance possible pour le dehors la Toscane, l'Autriche auraient rongé ces petites républiques de tous les côtés. qui, protégée aujourd'hui contre l'esprit d'entreprise de toutes les puissances p tionalité de l'État romain, aurait été livrée au plus prompt, au plus audacieux. choses l'une : ou elle aurait complété ce que je demande la permission de dire, cheval de la position maritime de l'Autriche sur l'Adriatique (Très-bien!), ou matin, Ancône se serait réveillé avec les vaisseaux anglais dans son port, et, vi tre heures après, le pavillon anglais sur ses murs; ce qui aurait complété le tri Malte et des îles Ioniennes

Voilà ce qui serait inévitablement arrivé; et au bout de cela, quand vous a levé de l'Italie cet isthme moral que forme l'État du Saint-Père et en protég pendance, savez-vous ce qui serait arrivé un jour inévitablement? C'est que l'I qui aura tôt ou tard des comptes à régler en Orient avec la Russie, soit dans u de conquête, soit dans une nécessité de compensations, se serait tout à coup la le royaume de Naples, en passant sur le corps de vos petites républiques, les a portées au retour, ce serait abattue sur la Toscane, et de là aurait inondé et s le Piémont avec son armée victorieuse, et arrêtée aux pieds des Alpes. (Vive tion à droite.)

C'est justement pour prévenir la guerre qu'il faut se tenir dans le droit avons aujourd'hui.

Ainsi, ce que produisait cette république, c'était la guerre au début pour l la guerre pour la maintenir; la guerre, pour des raisons spirituelles, pour de territoriales, et, au bout de tout cela, la sécurité de vos frontières menacée. que c'était que la république romaine.

L'indépendance de l'Italie, messieurs, était donc gravement compromise, l' était rompu à notre préjudice; car il ne faut pas l'oublier aujourd'hui, et je r mon point de départ, aujourd'hui que nous avons en Italie, grâce à la politiq commission exécutive, l'épée de Charles-Albert de moins, et les victoires du n Radetzki de plus, la papauté est la dernière ancre de salut de l'indépendance de

---

Nous avons à signaler, dans notre numéro d'hier, comme d lui d'avant-hier, plusieurs fautes typographiques. Ainsi, à l 171, numéro du 18 octobre, on a imprimé *Merceil* au lieu de V *Pie* au lieu de *Nice; Bulle* au lieu de *Bielle.* Dans le numéro page 188, notre pensée a été complétement dénaturée. On no dire que la démagogie piémontaise *est lasse de nouvelles expér* au lieu de : *se lance dans de nouvelles expériences,* comme avions écrit. Nous espérons que ces erreurs ne se renouvel plus.

BOURSE DU 18 OCTOBRE.

Le 3 p. 100 a débuté au comptant à 55 70, a fait 55 60 au plus bas, e à 55 65.

Le 5 p. 100 a débuté au comptant à 87 75, a fait 87 90 au plus haut, a à 87 75.

Les actions de la Banque ont varié de 2,343 à 2,322.

L'un des Propriétaires-Gérants, CHARLES DE RIANCI

Imp. BAILLY, DIVRY et Comp., place Sorbonne, 2.

L'AMI DE LA RELIGION.

SÉANCE DE L'ASSEMBLÉE.

La discussion sur les affaires de Rome est terminée. Les crédits demandés pour l'expédition ont été votés par 469 voix contre 180. La majorité s'est montrée plus unie, plus ferme, plus compacte que jamais.

Et cependant, certes, rien n'avait été épargné pour la diviser, rien, ni du côté de la Montagne, ni du côté du Tiers-parti. Les deux dernières séances nous ont donné la mesure des efforts frénétiques de la gauche et des impuissantes audaces de cette imperceptible minorité dont M. Victor Hugo s'est rendu l'inqualifiable organe. Aujourd'hui nous avons eu encore deux assauts de la Montagne: c'était son rôle. Nous avons eu de plus une de ces nébuleuses harangues de M. le président du conseil qui ont le secret de ne satisfaire personne et de mécontenter tout le monde.

Nous serons brefs sur le compte des orateurs de l'opposition; notre concision sera de la compassion. Évidemment, MM. Emm. Arago et Em. Barrault étaient encore sous le coup de la terrible leçon que M. de Montalembert et l'Assemblée leur avaient infligée hier : affaissés et décontenancés, ils ne parvenaient même pas à cacher leur embarras sous les dehors ampoulés de la rhétorique révolutionnaire. Leur faconde résonnait creux et leurs emportements étaient essoufflés. M. Arago a bien osé tenter de renouveler au profit du mot de liberté l'élan magnifique de M. de Montalembert en faveur de l'Église. Le proconsul de Lyon n'a trouvé qu'une parodie ridicule, et il n'a provoqué que les rires dédaigneux et ironiques de l'Assemblée. Cette malencontreuse contre-épreuve a jeté un nouveau lustre sur l'incomparable scène qu'il prétendait éclipser.

Le malaise et la froideur glaciale qui dominaient les Montagnards, s'étaient communiqués à M. le président du conseil. Quand il a abordé la tribune, son front était plus que jamais chargé de sombres nuages : la fierté ordinaire de son attitude ne dissimulait pas son intime préoccupation, et sa voix elle-même trahissait la gêne et la contrainte.

Quant à son discours, comment analyser ce mélange incohérent d'idées justes et d'allégations erronées, de théories abstruses et de sentiments généreux, de phrases habiles et de témérités inconcevables? Comment reproduire ces soubresauts continuels, cette sorte de jeu de bascule qui tantôt emporte l'orateur dans le domaine du vrai et du beau, et tout d'un coup le fait retomber dans le faux, dans le vague, dans le maladroit? Est-ce bien le même homme d'État qui repousse comme une insulte, aux applaudissements de la droite, jusqu'à la pensée d'une menace envers l'auguste successeur de saint Pierre, et qui, l'instant d'après, s'écrie, à la joie de la Montagne « qu'il leur faut une amnistie plus large et qu'il l'aura? » Est-ce le même homme qui proclame avec M. de Montalembert que le Souverain Pontife doit être juge du degré de liberté que peuvent comporter les États romains, et qui ensuite vient discuter une à une les réformes qu'il prétend exiger, et bataille contre la présence de quelques juges ecclésiastiques dans un tribunal de province? L'orateur qui vient de lire avec un accent si vrai de respect et d'admiration, les simples et paternelles paroles adressées avec un charme infini à M. de Corcelles, par ce grand Pape qui « *veut être agréable à la France* », est-il bien le même que celui qui va tout à l'heure se prévaloir de je ne sais quel droit d'exigence que la France tiendra envers le Pape de son droit de protection?

Aussi, M. Odilon Barrot n'a-t-il réussi qu'à indisposer l'Assemblée; heureusement, la résolution de la majorité était invariablement prise, et elle a laissé passer avec une grande longanimité, toutes les aberrations oratoires du président du conseil, pour ne s'arrêter qu'aux déclarations qui devaient justifier son vote, et pour ne se souvenir que du rapport de M. Thiers et du magnifique discours de M. de Montalembert. C'est là, c'est dans l'œuvre de la commission, comme dans les paroles admirables de l'orateur catholique, que se trouve seule la haute et dernière raison du vote.

La France ne s'y trompera pas, que le ministère y songe et en profite!

Quant à M. Victor Hugo, ce n'était pas assez pour lui du châtiment d'hier. Il a tenu à en subir aujourd'hui un plus éclatant encore. Poussé par la droite, désavoué par le ministère, flagellé par M. Dupin, il s'est obstiné à présenter un ordre du jour motivé, que l'Assemblée a ignominieusement rejeté au milieu du tumulte.

Il y a dans le discours de M. O. Barrot, au milieu des phrases regrettables dont il abonde, plusieurs déclarations que nous devons enregistrer : « Au nom du Président et du gouvernement de la République, je déclare, a dit M. Barrot, qu'il n'est venu dans la pensée de personne de faire subir au Saint-Père nulle violence, nulle contrainte, ni matérielle, ni même morale. Et si quelqu'un prétend trouver une menace dans la lettre du 18 août, je suis autorisé à lui donner le plus éclatant démenti. Car, a-t-il ajouté, cette menace serait vaine et stérile et par conséquent honteuse pour la France! »

Nous prenons acte de ces déclarations et nous saurons les rappeler dans l'occasion à M. le président du conseil.

A propos de la présence des ecclésiastiques à Rome dans les fonc-
us de la justice, tous les orateurs de l'opposition ont fait assaut de
plus incroyable ignorance.

Il n'y a pas un prêtre dans la police, pas un dans les tribunaux
minels. Dans les tribunaux civils il y a quelques juges ecclésias-
ues, comme il y avait autrefois des conseillers-clercs dans nos par-
ments, parce qu'il y a encore à Rome des matières mixtes comme
en avait ici. Enfin le tribunal de la Rote est un tribunal supérieur
r les princes qui y ont recours et pour les grandes affaires inter-
onales. On sait que chaque nation catholique, notamment la
nce, l'Espagne, l'Autriche, y nomment chacune un juge ecclé-
tique connu sous le nom d'*auditeurs de Rote*.

n somme, on trouve *cent dix-neuf* prêtres sur cinq ou six mille
es occupées par des laïques.

---

est remarquable que ceux-là même, qui ont entrepris la défense de la
eureuse lettre du 18 août, n'ont pas cherché à dissimuler le blâme qui
mbe sur le *ton cavalier*, sur le *ton familier* de cet étrange document, et
nul n'a essayé d'en justifier la publication.

---

es révolutionnaires de la presse ont ramassé avec empressement
parole que M. Victor Hugo a eu le malheur de lancer hier de la
une, et qui devait être naturellement une arme de calomnie,
trage et de violente provocation.

disait, que ne pas imposer au Souverain Pontife, l'obligation
ne amnistie absolue et universelle, « c'est vouloir relever les gi-
! »

t c'est à l'auguste et bienveillant Pie IX, c'est aux représentants
mes de la France, qu'ils n'ont pas rougi de jeter cette odieuse
upide accusation.

euse ! car ils ne cachent pas qu'en se créant des griefs imagi-
res, ils en prennent acte d'avance pour légitimer des vengeances
ne seraient que trop réelles, si jamais un jour venait pour leur
mphe.

upide ! car pouvaient-ils croire que le public, même le plus pré-
m, prendrait ainsi le change sur le sort réservé aux catégories de
pables, qui restent en dehors de l'amnistie pontificale ?

a peine que ces hommes subiront sans doute, M. de Montalem-
t l'a magnifiquement exprimée : c'est l'éloignement de Rome, du
âtre de leurs crimes ! Et c'est parce que ces crimes ne doivent pas
renouveler, mais aussi parce que l'autorité à laquelle ils ont déré une guerre sans trève et sans merci ne veut pas recourir aux
timents qui s'emploient ailleurs, c'est précisément pour cela
elle est plus rigoureusement obligée de prévenir des attentats de
ture à provoquer l'effusion du sang dans des conflits ou des ré-
ssions autrement inévitables.

Et puis une fois éloignés du pays dont ils sont le fléau, quel est donc le sort qui attend ces hommes qui ont tendu des guets-apens et tiré des coups de fusil à nos soldats ?

Ils recevront ici, avec l'hospitalité généreuse du territoire, des secours et une solde que payeront nos populations accablées d'impôts et qu'elles ne peuvent pas assurer à ceux de nos ouvriers qui manquent de pain.

Voilà ce qui les attend, et non pas le gibet !

Assurément nous ne nous plaindrons pas de ce qu'on les traite ainsi. Mais nous ne pouvons pas non plus les plaindre jusqu'à présent.

Au moment où M. le président de l'Assemblée finissait la lecture de la proposition de M. Victor Hugo, qu'il a appelée une *clôture motivée*, plusieurs voix se sont écriées : *le renvoi au Charivari*.

Il n'y a pas un des arguments, pas un des exemples donnés par l'opposition contre l'expédition de Rome, qui ne prouve en faveur de cette glorieuse entreprise.

Citons seulement cette phrase de M. Victor Hugo :

« Il dépend de vous, prenez-y garde, que l'expédition de Rome ne soit pour la France ce que l'expédition d'Espagne a été pour la Restauration. »

De l'expédition d'Espagne ont daté pour la Restauration le rétablissement de l'ordre, des finances et de l'industrie à l'intérieur, et la reprise de possession pour la France de sa liberté, de son action, de son ascendant au dehors.

Si l'expédition de Rome peut avoir, ne fût-ce que partiellement, de tels résultats, elle sera l'éternel honneur de tous ceux qui, à travers tant d'obstacles, auront eu le bonheur de coopérer à son entier accomplissement.

Leur patriotisme aura certainement le droit de s'en réjouir autant que leur foi !

Pie IX bénissant les enfants.

Les journaux et les correspondances d'Italie nous rapportent chaque jour quelques circonstances qui ne sauraient nous trouver indifférents puisqu'elles se rapportent à Pie IX, et dans lesquelles se reflètent cette douce piété et cette touchante mansuétude qui forment comme les deux traits saillants du caractère de notre bien-aimé Pontife.

C'est ainsi que le Saint-Père, admettant au baisement des pieds, dans le palais de Portici, les PP. Barnabites des colléges de Saint-Joseph de Ponte-Corvo et de Sainte-Marie de Caravaggio, avec les nombreux enfants qu'ils forment à la piété et aux lettres, témoigna bien l'intérêt qui l'anime pour la portion la plus jeune du troupeau de Jésus-Christ.

Après avoir accueilli tous ceux qui venaient à lui, avec cette bienveillance qui lui gagne tous les cœurs, il se tourna vers ces enfants qui, disposés en cercle, laient comme absorbés par le bonheur et la piété, et de sa voix douce et majestueuse en même temps, il les exhorta à observer avec fidélité leurs règlements, qui, à cette époque de leur vie, sont pour eux la volonté de Dieu ; cette volonté de chacun doit suivre dans toutes les situations, s'il veut se rendre léger le travail imposé à tous les états.

Et l'auguste Pontife fortifiant ces saintes paroles par les bénédictions de Dieu qu'il appela sur ces enfants, les renvoya comblés de joie et emportant dans leurs cœurs un de ces souvenirs qui ne s'effacent pas.

NOUVELLES RELIGIEUSES.

FRANCE.—DIOCÈSE DE CAMBRAI.—On nous écrit :

« Le choléra ne paraît pas vouloir encore quitter le diocèse, où déjà il a fait d'affreux ravages ; on n'estime pas à moins de trente-cinq mille le nombre de ses victimes. Partout, dans le diocèse, les curés se sont montrés dignes de leur sainte mission, ne se contentant pas de donner les sacrements aux malades, mais les visitant, les secourant et leur donnant tous les soins que réclamait leur état. On pourrait en citer plusieurs qui se sont dépouillés de tout, d'autres qui, pendant plusieurs semaines, ont eux-mêmes hébergé et payé les médecins étrangers ; quelques-uns sont allés jusqu'à ensevelir les morts là où la peur éloignait ceux qui naturellement devaient leur rendre ces derniers devoirs. Deux missionnaires diocésains, MM. Capelle et Bacquart, se sont rendus avec dévouement dans les diverses paroisses, où ils ont été envoyés, aidant les curés dans leurs pénibles fonctions, prêchant chaque soir et confessant une partie des nuits. Des professeurs du petit séminaire se sont présentés à Son Eminence, jaloux de partager les honneurs de cette belle mission, et ont passé la plus grande partie de leurs vacances au chevet des cholériques ; un chanoine titulaire, M. Mallet, a suivi ce belle exemple ; huit sœurs de Saint-Vincent de Paule, employées à Cambrai à l'instruction des jeunes filles, ont demandé aussi à consacrer leurs vacances à ces soins périlleux ; elles avaient été précédées dans ces charitables travaux par les religieuses Augustines de la même ville, qui, au nombre de trente, se sont disséminées sur tous les points du Cambresis, ne laissant au monastère que la supérieure et la mère assistante. Grâce au ciel, aucun prêtre, aucune religieuse n'a succombé aux atteintes du fléau. Partout le sentiment religieux s'est réveillé avec vivacité, partout les églises étaient remplies de monde au salut du soir, et pendant les neuvaines que l'on faisait en l'honneur de la très-sainte Vierge et de saint Roch, les tribunaux de la pénitence et la table sainte ont été très-fréquentés.

A la demande des fidèles, on a vu, dans plusieurs paroisses de la ville de Douai, le clergé allant processionnellement inaugurer, dans diverses rues, la statue de saint Roch. Les processions étaient de véritables marches triomphales : les rues étaient jonchées de fleurs, garnies d'arbres et de guirlandes ; des corps de musique précédaient l'image du Saint. Le marché aux poissons, où la Sainte Vierge a été placée au-dessus du minoq, était décoré comme dans les plus grandes fêtes populaires de la Flandre ; et, dans la rue de Jean-de-Bologne, chaque soir, pendant neuf jours, il y eut illumination, et, sur une estrade, on exécutait des symphonies et des chants religieux.

Cambrai, où le choléra est à peine aperçu, prie toujours et espère en la bonté de Marie! A Onnaing, près de Valenciennes, où le désastre a été très-grand, les ouvriers ont fait la promesse solennelle de ne plus travailler le dimanche, et les dames ont formé une société maternelle pour subvenir aux besoins des veuves et des orphelins. Depuis la formation de cette société, à laquelle préside la religion, des jeunes gens, des hommes, ont fait leur première communion, et bientôt, on l'espère, cette paroisse, autrefois plus qu'indifférente, sera dotée de maisons religieuses et de salles d'asile pour l'éducation des enfants. C'est ainsi que Dieu nous rappelle à lui par le malheur. Puisse le terrible fléau, en s'éloignant, achever de ramener à Dieu par la reconnaissance tous ceux qu'il a épargnés.

DIOCÈSE D'AVIGNON. — Un journal d'Avignon cite un exemple que les catholiques ne devraient pas perdre de vue, pour assurer la fondation d'établissements d'instruction publique tels qu'ils peuvent le désirer pour échapper à toute inquiétude à l'occasion de l'éducation de leurs enfants. Il y a de plus, dans le fait que nous rapportons, l'exercice d'un acte de charité à l'effet d'étendre le bienfait à un plus grand nombre d'enfants.

« Quelques pères de famille, dépensant ensemble une somme de vingt à vingt-cinq mille francs pour l'éducation de trente ou quarante enfants tout au plus, ont conçu l'idée de fonder, avec cette somme annuelle, une maison d'éducation dont l'enseignement, tout en profitant à ces mêmes enfants, serait en outre gratuitement ouvert au reste de la population de la ville et du dehors.

« Dans le plan qu'ils se sont proposé, entreront toutes les parties de l'enseignement, depuis les premiers élémens des langues classiques jusqu'à la philosophie, avec l'histoire, la géographie et plusieurs langues vivantes, telles que l'anglais, l'allemand, l'italien ;

« Les sciences exactes, comprises dans les diverses branches des mathématiques;

« Les sciences naturelles, comme la physique et la chimie;

« Enfin, le dessin et la tenue des livres en partie double.

« Ce sera un simple externat, comme l'institut des Frères, auquel il fera suite, mais dans lequel les classes proprement dites seront assez ordinairement précédées et suivies de divers genres d'exercices.

PIÉMONT. — On lit dans l'*Armonia* de Turin :

« Les Évêques des provinces ecclésiastiques de Verceil et de Gênes doivent se réunir en conciles dans le courant du mois d'octobre.

Le concile de la province de Gênes se tiendra dans l'église de Notre-Dame de Savone, et aura lieu après les funérailles du roi Charles-Albert.

Bulletin de la politique étrangère.

Les assassinats recommencent à Rome.

Le 10 octobre, au matin, au moment où M. Correau, officier préposé aux logements de la troupe, allait entrer dans son bureau, s'est aperçu que la porte avait été ouverte. Il a appelé un soldat pour vérifier le fait. Au moment où tous deux ouvraient la porte, deux individus se sont jetés sur l'officier, lui assénant deux coups de stylet. Il a adroitement esquivé les coups. Les assassins se sont enfuis. Ils ont été poursuivis. Un d'eux, nommé Pierre Alessandrini, cor mier, a été arrêté par les hommes de la caserne du 68ᵉ de ligne. S'trouvé sur lui 300 francs; il a été conduit à la place. L'autre police est nommé Pierre Gentilini. Outre les 300 francs, il manque encore une montre à répétition en or.

—Il est toujours question d'une crise ministérielle à Turin. On donne généralement pour certain que le ministre Pinelli a decidé sa démission. Nous n'avons pas de révélation qui vienne confirmer cette nouvelle; mais nous la trouvons tellement accréditée dans le public que nous n'osons pas prendre sur nous de la révoquer en doute. On dit que la gauche de la chambre des députés serait disposée à se rallier au ministère, et M. Pinelli, en donnant sa démission, aurait fait un acte de généreuse abnégation.

—Les journaux anglais continuent à pousser à la guerre. Mais, en dépit de toutes les machinations essayées à Londres et à Paris, il est infiniment probable que la paix ne sera pas troublée. Ni la Russie ni l'Autriche ne sont, pour le moment du moins, en disposition de guerroyer; et, quant à la France, il est plus que douteux que lord Normanby réussisse à lui faire jouer de nouveau le jeu sanglant « de force et du hasard. » Les correspondances du Levant nous apprennent, il est vrai, que la flotte de l'amiral Perker a quitté le mouillage de Corfou; mais il y a tout lieu de croire qu'elle ne l'a quitté que pour fort peu de jours. Le calme qui règne dans les îles Ioniennes n'est pas encore assez complet pour que l'amiral ose tenter de lointaines excursions. A ce propos, que M. Victor Hugo veuille bien nous permettre de lui soumettre une observation. Le célèbre poète rapportait hier, dans son discours, les énergiques protestations de la tribune anglaise contre les cruels châtiments infligés par les Autrichiens aux rebelles Hongrois. Eh bien! une correspondance de l'Orient nous apprend aujourd'hui que les *libéraux anglais* se sont crus autorisés, dans les îles Ioniennes, à faire pendre, *sans jugement*, la plupart des révoltés pris les armes à la main. Voilà comment l'Angleterre pratique la philanthropie. Mais ses orateurs font étalage des plus beaux sentiments dans leurs harangues, et il se rencontre même des hommes politiques qui veulent bien prendre au sérieux toute cette comédie humanitaire.

On l'a dit avec raison, la question turque n'est rien, où elle est tout. Si par impossible la Russie et l'Autriche ont demandé à la Turquie l'extradition de quelques révolutionnaires hongrois dans le seul but de satisfaire leur vengeance en fusillant ces rebelles, la question turque n'a pas la moindre gravité. Mais si, deux grandes puissances ont cherché, dans un refus, un prétexte de guerre contre l'empire ottoman, la question turque est une question de la plus haute importance. Il paraît que c'est dans ce sens que l'Angleterre jugerait cette affaire, et les efforts de lord Normanby pour entraîner la France dans des hasards dont elle profiterait seule, témoignent suffisamment des vives appréhensions du *cabinet de Saint-James.*

Les journaux anglais du 17, font mention de nouvelles de Constantinople, à la date du 30 du mois dernier. A cette époque, il n'était arrivé aucune réponse de Saint-Pétersbourg ni de Vienne; toutefois, les Turcs se préparent à la guerre avec une grande activité; les fortifications de Constantinople sont réparées; des travaux de défense s'élèvent autour de la ville, et les troupes y sont occupées nuit et jour. On assure que la flotte anglaise, sous les ordres de l'amiral Parker a quitté Corfou le 4, se rendant à Athènes. L'amiral aurait un double but en faisant cette croisière dans l'Archipel : réprimer la piraterie qui infeste ces parages, et suivre, à une distance peu considérable des Dardanelles, la marche des événements.

On assure que la Porte-Ottomane a assigné comme séjour aux réfugiés hongrois l'île de Candie. On leur fournirait les moyens d'y fonder une colonie.

P. S. On annonce, dit le *Toulonnais* du 16, que l'escadre de la Méditerranée a appareillé aujourd'hui des îles d'Hyères.

Discours de M. de Montalembert.

Nous publions textuellement, d'après le *Moniteur*, la suite et la fin de l'admirable discours de M. de Montalembert :

M. DE MONTALEMBERT. Maintenant, si vous voulez me le permettre, je rentrerai dans l'examen de la question même. Elle embrasse trois faces, que la plupart des orateurs précédents ont mêlées comme à dessein. La souveraineté temporelle du Pape, la conduite de l'expédition de Rome, et la nature des institutions ou des libertés qu'il s'agit de garantir aujourd'hui à l'Etat romain. Je compte laisser complètement de côté les deux premières questions que je viens d'indiquer. Je les crois tranchées par des votes de l'Assemblée. Oui, quant à la souveraineté temporelle du Pape en soi, et quant à la conduite de l'expédition, les votes souverains de l'Assemblée législative ont prononcé.

Il n'y a pas de recours contre ces arrêts souverains, si ce n'est devant l'avenir. Dans le présent, je ne connais plus qu'une question vraiment essentielle, celle du degré de liberté que la France doit et peut réclamer, après avoir rétabli le Pape dans Rome et sur son trône temporel. Je veux la débattre, la préciser, l'approfondir autant que possible.

Le plus grand nombre des orateurs qui se sont fait entendre ici, ont déclaré qu'on ne pouvait pas réclamer pour les Etats romains ce que M. le ministre des affaires étrangères a appelé la grande liberté politique.

Je tâcherai d'examiner avec vous si, ce principe étant admis, on peut et on doit demander autre chose que ce qui est contenu dans le *motu proprio* du 12 septembre. Ce *motu proprio*, remarquez-le bien, n'est qu'un programme. C'est en quelque sorte comme on vous l'a dit, je le crois, la déclaration de Saint-Ouen qu'a faite Louis XVIII avant de donner la charte de 1814. C'est un acte qui renferme les principes et les bases du gouvernement futur des Etats romains. On vous l'a dit, et je demande la permission de le redire pour bien fixer le point de la discussion : cet acte assure quatre garanties principales. D'abord la réforme de la législation civile ; ensuite la réforme des tribunaux en troisième lieu, de grandes libertés provinciales et municipales, libertés plus grandes comme a semblé le dire hier M. le président du conseil, que celles que nous avons, que nous aurons même en France, si grandes que vous n'osez pas quant à présent en faire jouir la ville de Paris elle-même, et vous avez bien raison. (Rire approbatif, droite.)

Voilà pour les franchises provinciales et communales : le Pape ne fait aucune exception.

ème lieu, le *motu proprio* garantit la sécularisation de l'administration, en
il n'y a pas exclusion des ecclésiastiques, mais admission des laïques. Il est
 d'abord que cette admission des laïques est déjà aujourd'hui, sous le pon-
le IX, tellement générale, que, d'après une statistique de tous les emplois de
fical qui a été publiée dernièrement à Naples, d'après la statistique officielle
emplois et charges dans l'ordre politique, judiciaire et administratif, et des
qui leur sont respectivement assignées en 1848, il y a en tout 109 ecclésias-
ment et 5,039 laïques Voilà quelle est la proportion actuelle.
bre de la commission : Il y en a 243.

ONTALEMBERT. Oui; mais ce nombre comprend 134 aumôniers des

nt il ne peut entrer dans la pensée de personne, ce me semble, de vouloir
ecclésiastiques du petit nombre de places éminentes qu'ils remplissent au-
je dis éminentes, parceque le souverain étant lui-même ecclésiastique... à
vous ne vouliez peut-être que le Pape soit un laïque (Rires approbatif à
faut nécessairement qu'il ait autour de lui, comme principaux ministres de
neté, des ecclésiastiques comme lui, et vous allez le comprendre. Prétendre
Pape l'obligation d'exclure les ecclésiastiques des principaux offices de ses
erait comme si vous imposiez à l'empereur de Russie, souverain essentielle-
aire, l'obligation de gouverner uniquement par des avocats. (Rires approbatif

de cela, que fait l'empereur de Russie? Il place sans cesse à la tête de ses
et de ses principales administrations, des militaires comme lui, et il a eu
pour ministre des finances un général d'infanterie, et ses finances ne s'en
us mal portées, au contraire. (Exclamations de rires.)
à gauche : Il n'avait pas le titre de général.

ONTALEMBERT. Si ! c'était le général Cancrine.

ez d'ailleurs que le *motu proprio* se prête à tous les développements, à toutes
ions des principes, des concessions, des libertés qui y sont contenus, comme
e ministre des affaires étrangères, en germe. Je suis tout à fait d'accord avec
sirer que le gouvernement français insiste sur l'exactitude et l'intégrité da
tions.
ais comme lui, dans le double intérêt, d'abord de la dignité de notre politi-
rieur, et ensuite dans l'intérêt même de la sécurité du pouvoir temporel du
essus, nous sommes parfaitement d'accord.
: Très-bien! très-bien!

ONTALEMBERT. Mais veut-on plus; veut-on des institutions, des libertés
ont aucune mention n'est faite dans le *motu proprio?* S'il en est ainsi, je
se trompe et qu'on court risque de se briser sur un écueil, parce que ces
t incompatibles avec la nature même.
ais d'abord bien établir pourquoi et en quoi certaines libertés sont incompa-
la souveraineté temporelle du Pape. Ce n'est pas la liberté en soi qui est in-
avec cette souveraineté. Pendant le moyen âge, des libertés très-considéra-
s, individuelles et générales, ont coexisté dans les Etats romains, avec la
é temporelle des Papes, comme elles coexistaient dans d'autres pays, avec la
e des rois.
st-il arrivé dans ces derniers temps? C'est que la démocratie moderne a
synonimi à peu près complète entre la liberté et la souveraineté du peuple.
e synonimie n'est pas au fond des choses, car il y a une très-grande liberté
où il n'y a pas de souveraineté du peuple; il y a eu une grande liberté
 France, sous la Restauration, alors que le principe de la souvaraineté du
t pas proclamé. C'est ce principe de souveraineté du peuple, comme le gé-
 l'a parfaitement établi à cette tribune, qui est absolument incompati-
souveraineté temporelle du Pape; et c'est parce que l'on confond toujours
vec la souveraineté du peuple, qu'on est amené à dire et à prouver que cer-
ce aujourd'hui généralement réclamées, sont incompatibles avec la souve-
Pape. (Approbation à droite.)

J'irai même plus loin, et je dirais presque que la souveraineté du peuple elle-même, à un certain degré, ne serait peut-être pas incompatible avec la domination temporelle du Pape ; mais il faudrait pour cela que cette souveraineté consentît à s'effacer, à rester dans le vague, à fixer seulement l'origine du pouvoir, comme cela s'est fait en Belgique ; comme cela s'est fait en Amérique, lorsque les Etats-Unis se sont constitués. Mais ce n'est pas là ce qu'entendent les politiques et les démocrates de notre temps.

Ils entendent, par la souveraineté du peuple, non pas le droit qu'a un peuple de créer son gouvernement et de fonder ses institutions, mais le droit de les changer comme il l'entend, de tout renverser, de tout remettre en question, tous les jours, sans prétexte, sans cause, sans provocation même, uniquement au gré de sa volonté. Voilà ce qui est absolument incompatible avec la notion catholique de l'autorité ; et voilà cependant ce qu'on entend aujourd'hui par la souveraineté du peuple ; voilà ce que les Romains, notamment, ont entendu par la souveraineté du peuple. (Vives réclamations à gauche.)

S'ils avaient voulu se contenter de la liberté modérée, ils auraient aujourd'hui et leur deux chambres et la garde civique, et la liberté de la presse, et toutes les libertés qu'avait données Pie IX. Ils n'en ont pas voulu ; ils ont préféré aux concessions de Pie IX les excitations de je ne sais quels démagogues titrés ou non titrés ; ils ont préféré la révolution à la liberté, et maintenant ils portent la peine du choix qu'ils ont fait ; ils perdent la liberté politique pour avoir voulu la confondre avec l'exercice arbitraire, inique de la souveraineté du peuple. (Très-bien !)

Je veux écarter, autant que possible, toutes ces questions vagues ; je veux sortir du vague avant tout ; c'est le premier besoin de la question.

Je dis donc que les grandes libertés politiques des modernes consistent surtout, comme l'a dit M. de Tocqueville, dans trois choses : la garde nationale, la liberté de la presse et la liberté de la tribune, ou, pour mieux dire, la souveraineté de la tribune, car partout où la tribune est libre elle est souveraine. Nous écartons donc la liberté de la tribune, la garde civique et la liberté de la presse.

Quant à ce qui touche la liberté de la presse, je ne sais pas de meilleur moyen de répondre à l'objection qu'on fait sur ce sujet, que de citer le mot d'un homme d'Etat anglais en 1814, à je ne sais quel congrès, où l'on discutait sur les institutions, sur la constitution qu'on donnerait à l'île de Malte, qui était une nouvelle acquisition de l'Angleterre. Cet homme d'Etat déclara que l'Angleterre ne donnerait pas à l'île de Malte la liberté de la presse. Comment, lui dit-on, vous Anglais, qui avez la liberté illimitée chez vous, vous n'aimez donc pas la liberté de la presse ?

Si fait, répondit-il, je l'aime beaucoup ; mais je ne l'aime pas sur un vaisseau de ligne. Eh bien ! si un Anglais pouvait comparer l'île de Malte à un vaisseau de ligne, à plus forte raison le monde catholique a-t-il le droit de comparer la ville de Rome à un vaisseau de ligne et d'y maintenir une certaine discipline incompatible avec la liberté de la presse. (Rires ironiques à gauche.)

Mais, nous dit-on, nous ne demandons rien de tout cela, nous ne demandons aucune de ces grandes et difficiles libertés que vous venez de citer ; nous ne demandons qu'une seule chose qui se trouve dans l'annexe d'une des dépêches que le gouvernement a lue à la tribune hier.

Cette chose, c'est le suffrage délibératif en matière d'impôts, accordé à la consulte qui est créée par le *motu proprio*.

Eh bien, messieurs, je conçois parfaitement que le gouvernement ait demandé cette condition, mais j'approuve très-fort qu'il n'en ait pas fait l'objet d'un *ultimatum*, et voici pourquoi : c'est que cette chose, si petite en apparence, est grosse comme le monde. Elle renferme en soi tous les principes de la souveraineté parlementaire. Donner le suffrage délibératif en matière d'impôt à une assemblée, c'est constituer en sa faveur le partage de la souveraineté ; ce n'est pas autrement que les parlements d'Angleterre et de France sont devenus souverains.

En effet, lisez l'histoire d'Angleterre, et voyez comment la chambre des communes est parvenue successivement à dominer la couronne et la chambre des pairs ; c'est uniquement parce qu'elle a été investie du vote des subsides et de la faculté souveraine de refuser le budget. Mais, en France, croyez-vous que quand Louis XVIII donnait

harte de 1814, il avait l'intention de créer la souveraineté parlementaire? Quant à
moi, je n'en sais rien, mais je ne le suppose pas.

Comment a-t-il été amené à reconnaître cette souveraineté parlementaire? Parce
qu'il a accordé entre autres choses, dans sa Charte, le vote souverain de l'impôt, et cette
puissance délibérative en matière de finances réclamée pour la consulte de Rome; pas
autre chose. Ce n'est pas la composition des chambres qui a fait leur souveraineté; ce
n'est pas même le suffrage électoral dont l'une d'elles émanait; c'est faculté d'accorder ou de refuser les finances au roi. En effet, voyez ce qui est arrivé la première fois
que le roi a voulu user du droit que la Charte de 1814 lui assurait, du droit de faire la
paix ou la guerre. La première fois qu'il a voulu faire la guerre, la guerre d'Espagne,
en 1823, comment s'y est-il pris? Est-ce qu'il a pu la faire comme il l'entendait? Pas le
moins du monde; il a été obligé de venir demander aux chambres, à la chambre des
députés, l'argent nécessaire pour faire la guerre; et c'est la chambre des députés qui a
décidé, en donnant ou en refusant des millions, qu'il y aurait la guerre ou qu'il y aurait
la paix. A partir de ce jour-là, la souveraineté parlementaire a été créée en France, dès
avant la Charte de 1830.

Il en serait de même à Rome, il en serait de même si la consulte ou une assemblée
quelconque était investie du suffrage délibératif en matière de finances. (Bruit en sens
divers.) Mais voyez, Messieurs, ce qui arriverait. Toutes les fois que dans cette assemblée
se manifesterait un esprit hostile à la direction donnée par le Souverain Pontife, même
aux affaires de l'Eglise, savez-vous ce qui arriverait? On lui refuserait des subsides, ou
on le menacerait de ce refus; on menacerait du refus de budget un Pape qui ne voudrait
pas suivre telle ou telle voie dans le gouvernement général de l'Eglise, exclure, par
exemple, telle ou telle congrégation. Vous verriez venir à la tribune de l'assemblée romaine tel orateur qui, s'inspirant des idées exprimées il n'y a pas longtemps à celle-ci
par l'honorable M. Pierre Leroux, viendrait prouver l'incompatibilité de telle ou telle
congrégation religieuse, de la compagnie des jésuites, par exemple, avec le progrès moderne, en accompagnant son argumentation du *baculus* et du *cadaver*, et de tout le cortège habituel... (On rit) et joindre à sa proposition la menace du refus du budget.

Quel remède aurait le chef de l'Eglise, et quel remède trouverait le monde catholique
tout entier dans une position si délicate et si difficile! Comprenez bien, Messieurs, que,
si on voyait à côté du Pape une chambre législative investie de cette grande prérogative, les catholiques du monde entier ne sauraient plus à quoi s'en tenir. Leur position
deviendrait, sous certains rapports, plus délicate, plus difficile, plus pénible que si le
Pape était sujet captif d'une autre puissance, ou même sujet, ouvertement sujet de la
république romaine. Alors, au moins, les catholiques sauraient à qui ils ont affaire.

Mais, avec une chambre investie du suffrage délibératif à côté de lui, on serait toujours dans le doute; la souveraineté serait partagée; elle serait, par conséquent, anéantie. Le Pape serait nominalement le chef, mais réellement le sujet; il serait condamné
à faire la volonté d'autrui, au nom de sa propre volonté; ce serait pour lui, comme
pour nous, la position la plus fausse, la plus équivoque, la plus terrible. La raison, la
conscience et la bonne politique nous invitent également à l'éviter. (Très-bien! très-
bien!)

Un membre : Et la monarchie représentative!

M. DE MONTALEMBERT. Dans la monarchie représentative, l'honorable interrupteur le sait aussi bien que moi, le roi n'est, au fond, que ce que je viens de dire tout à
l'heure; qu'il n'est que le chef nominal : il n'est pas le chef réel de la politique. Ceci a
été consacré en 1830. (Approbation à droite.)

Eh bien, voilà l'état que nous ne pouvons pas admettre pour Rome, et qu'aucun esprit vraiment politique ne saurait infliger, je ne dis pas seulement au Souverain-Pontife
mais au monde catholique; car alors, en allant rétablir le Pape dans sa souveraineté,
vous auriez manqué complètement votre but. Cette souveraineté, vous l'auriez divisée,
partagée, anéantie, et, tôt ou tard, vous l'auriez condamnée à subir le sort du patriarche de Constantinople, c'est-à-dire à perdre son indépendance, son autorité et sa dignité,
dans je ne sais quel dédale de factions et de partis politiques dont sa souveraineté réelle
et effective peut seule le préserver. C'est ce qui est arrivé au patriarche de Byzance.
(Approbation à droite.)

J'irai même plus loin, et je dirais presque que la souveraineté du peuple elle
à un certain degré, ne serait peut-être pas incompatible avec la domination te
du Pape ; mais il faudrait pour cela que cette souveraineté consentît à s'effac
ter dans le vague, à fixer seulement l'origine du pouvoir, comme cela s'est fai
gique; comme cela s'est fait en Amérique, lorsque les Etats-Unis se sont co
Mais ce n'est pas là ce qu'entendent les politiques et les démocrates de notre te

Ils entendent, par la souveraineté du peuple, non pas le droit qu'a un peuple
son gouvernement et de fonder ses institutions, mais le droit de les changer
l'entend, de tout renverser, de tout remettre en question, tous les jours, sans
sans cause, sans provocation même, uniquement au gré de sa volonté. Voilà
absolument incompatible avec la notion catholique de l'autorité ; et voilà cepe
qu'on entend aujourd'hui par la souveraineté du peuple ; voilà ce que les Rom
tamment, ont entendu par la souveraineté du peuple. (Vives réclamations à g

S'ils avaient voulu se contenter de la liberté modérée, ils auraient aujourd'
deux chambres et la garde civique, et la liberté de la presse, et toutes les libe
vait données Pie IX. Ils n'en ont pas voulu ; ils ont préféré aux concessions d
les excitations de je ne sais quels démagogues titrés ou non titrés ; ils ont préf
volution à la liberté, et maintenant ils portent la peine du choix qu'ils ont fait
dent la liberté politique pour avoir voulu la confondre avec l'exercice arbitrai
de la souveraineté du peuple. (Très-bien !)

Je veux écarter, autant que possible, toutes ces questions vagues ; je veux
vague avant tout ; c'est le premier besoin de la question.

Je dis donc que les grandes libertés politiques des modernes consistent
comme l'a dit M. de Tocqueville, dans trois choses : la garde nationale, la lib
presse et la liberté de la tribune, ou, pour mieux dire, la souveraineté de la
car partout où la tribune est libre elle est souveraine. Nous écartons donc
de la tribune, la garde civique et la liberté de la presse.

Quant à ce qui touche la liberté de la presse, je ne sais pas de meilleur
répondre à l'objection qu'on fait sur ce sujet, que de citer le mot d'un
d'Etat anglais en 1814, à je ne sais quel congrès, où l'on discutait sur les in
sur la constitution qu'on donnerait à l'île de Malte, qui était une nouvelle ac
de l'Angleterre. Cet homme d'Etat déclara que l'Angleterre ne donnerait pas
Malte la liberté de la presse. Comment, lui dit-on, vous Anglais, qui avez la
limitée chez vous, vous n'aimez donc pas la liberté de la presse ?

Si fait, répondit-il, je l'aime beaucoup ; mais je ne l'aime pas sur un vaisse
gne. Eh bien ! si un Anglais pouvait comparer l'île de Malte à un vaisseau de
plus forte raison le monde catholique a-t-il le droit de comparer la ville de R
vaisseau de ligne et d'y maintenir une certaine discipline incompatible avec
de la presse. (Rires ironiques à gauche.)

Mais, nous dit-on, nous ne demandons rien de tout cela, nous ne demandor
de ces grandes et difficiles libertés que vous venez de citer ; nous ne demandor
seule chose qui se trouve dans l'annexe d'une des dépêches que le gouvernem
à la tribune hier.

Cette chose, c'est le suffrage délibératif en matière d'impôts, accordé à la co
est créée par le *motu proprio*.

Eh bien, messieurs, je conçois parfaitement que le gouvernement ait dema
condition, mais j'approuve très-fort qu'il n'en ait pas fait l'objet d'un *ultin
voici pourquoi : c'est que cette chose, si petite en apparence, est grosse
monde. Elle renferme en soi tous les principes de la souveraineté parlement
ner le suffrage délibératif en matière d'impôt à une assemblée, c'est constit
faveur le partage de la souveraineté ; ce n'est pas autrement que les parleme
gleterre et de France sont devenus souverains.

En effet, lisez l'histoire d'Angleterre, et voyez comment la chambre des
est parvenue successivement à dominer la couronne et la chambre des pairs ;
quement parce qu'elle a été investie du vote des subsides et de la faculté sou
refuser le budget. Mais, en France, croyez-vous que quand Louis XVIII

J'irai même plus loin, et je dirais presque que la souveraineté du peuple elle-même à un certain degré, ne serait peut-être pas incompatible avec la domination temporelle du Pape ; mais il faudrait pour cela que cette souveraineté consentît à s'effacer, à rester dans le vague, à fixer seulement l'origine du pouvoir, comme cela s'est fait en Belgique ; comme cela s'est fait en Amérique, lorsque les Etats-Unis se sont constitués. Mais ce n'est pas là ce qu'entendent les politiques et les démocrates de notre temps.

Ils entendent, par la souveraineté du peuple, non pas le droit qu'a un peuple de créer son gouvernement et de fonder ses institutions, mais le droit de les changer comme il l'entend, de tout renverser, de tout remettre en question, tous les jours, sans prétexte, sans cause, sans provocation même, uniquement au gré de sa volonté. Voilà ce qui est absolument incompatible avec la notion catholique de l'autorité ; et voilà cependant ce qu'on entend aujourd'hui par la souveraineté du peuple ; voilà ce que les Romains, notamment, ont entendu par la souveraineté du peuple. (Vives réclamations à gauche.)

S'ils avaient voulu se contenter de la liberté modérée, ils auraient aujourd'hui et les deux chambres et la garde civique, et la liberté de la presse, et toutes les libertés qu'avait données Pie IX. Ils n'en ont pas voulu ; ils ont préféré aux concessions de Pie IX les excitations de je ne sais quels démagogues titrés ou non titrés ; ils ont préféré la révolution à la liberté, et maintenant ils portent la peine du choix qu'ils ont fait ; ils perdent la liberté politique pour avoir voulu la confondre avec l'exercice arbitraire, inique de la souveraineté du peuple. (Très-bien !)

Je veux écarter, autant que possible, toutes ces questions vagues ; je veux sortir du vague avant tout ; c'est le premier besoin de la question.

Je dis donc que les grandes libertés politiques des modernes consistent surtout, comme l'a dit M. de Tocqueville, dans trois choses : la garde nationale, la liberté de la presse et la liberté de la tribune, ou, pour mieux dire, la souveraineté de la tribune ; car partout où la tribune est libre elle est souveraine. Nous écartons donc la liberté de la tribune, la garde civique et la liberté de la presse.

Quant à ce qui touche la liberté de la presse, je ne sais pas de meilleur moyen de répondre à l'objection qu'on fait sur ce sujet, que de citer le mot d'un homme d'Etat anglais en 1814, à je ne sais quel congrès, où l'on discutait sur les institutions, sur la constitution qu'on donnerait à l'île de Malte, qui était une nouvelle acquisition de l'Angleterre. Cet homme d'Etat déclara que l'Angleterre ne donnerait pas à l'île de Malte la liberté de la presse. Comment, lui dit-on, vous Anglais, qui avez la liberté illimitée chez vous, vous n'aimez donc pas la liberté de la presse ?

Si fait, répondit-il, je l'aime beaucoup ; mais je ne l'aime pas sur un vaisseau de ligne. Eh bien ! si un Anglais pouvait comparer l'île de Malte à un vaisseau de ligne, à plus forte raison le monde catholique a-t-il le droit de comparer la ville de Rome à un vaisseau de ligne et d'y maintenir une certaine discipline incompatible avec la liberté de la presse. (Rires ironiques à gauche.)

Mais, nous dit-on, nous ne demandons rien de tout cela, nous ne demandons aucune de ces grandes et difficiles libertés que vous venez de citer ; nous ne demandons qu'une seule chose qui se trouve dans l'annexe d'une des dépêches que le gouvernement a lue à la tribune hier.

Cette chose, c'est le suffrage délibératif en matière d'impôts, accordé à la consulte qui est créée par le *motu proprio*.

Eh bien, messieurs, je conçois parfaitement que le gouvernement ait demandé cette condition, mais j'approuve très-fort qu'il n'en ait pas fait l'objet d'un *ultimatum*, et voici pourquoi : c'est que cette chose, si petite en apparence, est grosse comme le monde. Elle renferme en soi tous les principes de la souveraineté parlementaire. Donner le suffrage délibératif en matière d'impôt à une assemblée, c'est constituer en sa faveur le partage de la souveraineté ; ce n'est pas autrement que les parlements d'Angleterre et de France sont devenus souverains.

En effet, lisez l'histoire d'Angleterre, et voyez comment la chambre des communes est parvenue successivement à dominer la couronne et la chambre des pairs ; c'est uniquement parce qu'elle a été investie du vote des subsides et de la faculté souveraine de *refuser le budget*. Mais, en France, croyez-vous que quand Louis XVIII donnait à

le 1814, il avait l'intention de créer la souveraineté parlementaire? Quant à
l'en sais rien, mais je ne le suppose pas.

…nt a-t-il été amené à reconnaître cette souveraineté parlementaire? Parce
…cordé entre autres choses, dans sa Charte, le vote souverain de l'impôt, et cette
…délibérative en matière de finances réclamée pour la consulte de Rome; pas
…ce. Ce n'est pas la composition des chambres qui a fait leur souveraineté; ce
…même le suffrage électoral dont l'une d'elles émanait; c'est faculté d'ac-
…de refuser les finances au roi. En effet, voyez ce qui est arrivé la première fois
…a voulu user du droit que la Charte de 1814 lui assurait, du droit de faire la
…guerre. La première fois qu'il a voulu faire la guerre, la guerre d'Espagne,
comment s'y est-il pris? Est-ce qu'il a pu la faire comme il l'entendait? Pas le
…monde; il a été obligé de venir demander aux chambres, à la chambre des
…'argent nécessaire pour faire la guerre; et c'est la chambre des députés qui a
…donnant ou en refusant des millions, qu'il y aurait la guerre ou qu'il y aurait
…partir de ce jour-là, la souveraineté parlementaire a été créée en France, dès
…harte de 1830.

…rait de même à Rome, il en serait de même si la consulte ou une assemblée
…e était investie du suffrage délibératif en matière de finances. (Bruit en sens
…ais voyez, Messieurs, ce qui arriverait. Toutes les fois que dans cette assemblée
…terait un esprit hostile à la direction donnée par le Souverain Pontife, même
…s de l'Eglise, savez-vous ce qui arriverait? On lui refuserait des subsides, ou
…acerait de ce refus; on menacerait du refus de budget un Pape qui ne voudrait
…telle ou telle voie dans le gouvernement général de l'Eglise, exclure, par
…telle ou telle congrégation. Vous verriez venir à la tribune de l'assemblée ro-
…orateur qui, s'inspirant des idées exprimées il n'y a pas longtemps à celle-ci
…rable M. Pierre Leroux, viendrait prouver l'incompatibilité de telle ou telle
…ion religieuse, de la compagnie des jésuites, par exemple, avec le progrès mo-
…accompagnant son argumentation du *baculus* et du *cadaver*, et de tout le cor-
…uel... (On rit) et joindre à sa proposition la menace du refus du budget.

…nède aurait le chef de l'Eglise, et quel remède trouverait le monde catholique
…dans une position si délicate et si difficile! Comprenez bien, Messieurs, que,
…t à côté du Pape une chambre législative investie de cette grande prérogati-
…holiques du monde entier ne sauraient plus à quoi s'en tenir. Leur position
…t, sous certains rapports, plus délicate, plus difficile, plus pénible que si le
…sujet captif d'une autre puissance, ou même sujet, ouvertement sujet de la
…romaine. Alors, au moins, les catholiques sauraient à qui ils ont affaire.

…ec une chambre investie du suffrage délibératif à côté de lui, on serait tou-
…le doute; la souveraineté serait partagée; elle serait, par conséquent, anéan-
…pe serait nominalement le chef, mais réellement le sujet; il serait condamné
…volonté d'autrui, au nom de sa propre volonté; ce serait pour lui, comme
…, la position la plus fausse, la plus équivoque, la plus terrible. La raison, la
…: et la bonne politique nous invitent également à l'éviter. (Très-bien! très-

…bre : Et la monarchie représentative!

MONTALEMBERT. Dans la monarchie représentative, l'honorable interrup-

Maintenant qu'avez-vous été rétablir à Rome? Ce n'est pas un souverain, co
par exemple, le grand-duc de Toscane, car vous n'avez pas été rétablir le grand
de Toscane quand il a été détrôné!

Ce n'est pas non plus, comme l'a dit l'honorable général Cavaignac, ce n'est p
homme infiniment respectable....

A gauche : Ah! ah! (Bruit.)

M. DE MONTALEMBERT. Certes, le Pape est à la fois un souverain et un h
infiniment respectable; mais je dis que ce n'est ni le souverain ni l'homme infi
respectable que vous avez été rétablir; c'est le Pape, le Pontife, le chef spiritu
consciences catholiques que nous avons été rétablir. Eh bien, maintenant quel es
intérêt après la grande œuvre que vous avez entreprise et accomplie? C'est de m
et de maintenir le Pape dans la plénitude de son autorité morale sur les conscien
tholiques, c'est lui que vous avez voulu servir et affranchir du plus grand des da
Mais, sachez-le bien, cette autorité morale peut être plus ou moins entière.

Je touche ici un sujet infiniment délicat. Si le Pape faisait les concessions qu
mandent l'honorable M. Victor Hugo et plusieurs autres membres de cette Assem

Mon Dieu! je ne voudrais rien dire qui pût porter atteinte le moins du mo
respect que je dois au Pape, à l'autorité infaillible qu'il a sur toutes les co
ces catholiques; mais, je suis obligé de le dire, il ne jouirait peut-être plus d
grande et si juste popularité dont il a été investi par les acclamations unanimes d
tes les nations catholiques, du moment où il est monté sur le trône apostolique.

Je ne parle pas de ces acclamations hypocrites qui n'ont été pour Pie IX qu
gnal de la perfidie et de la conspiration, je parle de cet enthousiasme sincère,
sel, dont le monde catholique, hors de l'Italie, hors de Rome, l'a salué et entour
voyait Pie IX profiter si peu de l'expérience douloureuse qu'il a faite et vouloir
mencer à courir les risques, les dangers de la situation où il s'est déjà trouvé;
voyait rétablir, non pas même la garde civique, mais seulement ce pouvoir par
taire que le *motu proprio* refuse, je dis humblement, sincèrement, que la confia
profonde et filiale confiance que nous avons en lui serait alarmée; je ne dis pas
lée, mais alarmée. (Mouvement.)

Je le disais tout à l'heure, qu'est-ce qui fait donc l'empire du Pape? Je ne pa
comprenez-moi bien, de l'autorité dogmatique, infaillible, qui lui resterait toujo
parle de l'autorité personnelle du Pape actuel, de la popularité du Pape du m
Cette autorité-là serait ébranlée dans l'opinion des catholiques si on le voyait,
grande et glorieuse épreuve qu'il a faite (et que je le féliciterai toute ma vie d'av
treprise, si on le voyait recommencer cette carrière pleine de périls pour lui, pl
périls pour l'Église, pleine de périls pour la charge dont il n'est, après tout, co
le dit lui-même chaque jour, que le dépositaire. (Assentiment à droite.) Et il fa
après tout, puisqu'on lui recommande tant de tenir compte de l'opinion publiqu
compte pour quelque chose celle des catholiques.

Maintenant si, comme je le crois, il est établi que le suffrage délibératif acco
consulte est identique avec le gouvernement parlementaire, je dis que le Souvera
tife et ceux qui défendent sa politique ici ont le droit d'opposer à la création, ou
au rétablissement du pouvoir parlementaire dans l'État romain, différents ordr
jections que je vais rapidement parcourir devant vous. Ils ont d'abord le droit d
ner quels sont ceux qui demandent ces institutions. Je parle des institutions par
taires, de ce qu'on appelait tout à l'heure la monarchie représentative.

Or, il y a deux espèces d'hommes qui demandent ces institutions : les premi
ceux qui les ont détruites en France; ce sont ceux qui s'appellent les républicai
veille.

Comment peuvent-ils demander en Italie des institutions qu'ils ont détruites en
(Rires d'assentiment à droite.)

Savez-vous pourquoi ils le font? J'en trouve l'explication dans un passage du
le National, qui porte la date du 12 septembre 1849, la même date que le *motu*

Une voix: La concordance de date est curieuse.

M. DE MONTALEMBERT. Voici ce que dit ce journal :

a-t-elle supporté ce malheur ? Vous souvenez-vous du tableau qu'a fait, à cette tribune même, notre honorable collègue M. Drouyn-de-Lhuys, à l'Assemblée constituante, qui était quelque peu plus tolérante que vous, Messieurs ? (Approbation à droite.)

Vous vous souvenez du tableau qu'il a tracé de cette opposition piémontaise qui, lorsque les Autrichiens faisaient mine d'entrer par une des portes de Turin, comme par cette porte-là, s'en allait par celle-ci ? (Mouvement.)

Vous souvenez-vous de ce tableau ? Pour moi, il est resté gravé dans ma mémoire.

Mais dès que l'ennemi s'est retiré, l'opposition est rentrée par sa porte. Et qu'a-t-elle fait depuis qu'elle est rentrée ? Et c'est elle qui a la majorité. Elle rend le gouvernement impossible en Piémont, de l'aveu de tout le monde, de l'aveu des amis sincères et dévoués de la liberté italienne, de la liberté constitutionnelle en Italie. Elle répond par des bravades aux Autrichiens qui sont loin ; et au gouvernement qui est sous sa main, elle rend le pouvoir impossible. Elle complique les difficultés, crée mille embarras et rend insupportable, le fardeau du gouvernement aux hommes généreux et dévoués qui en sont chargés, à la dignité nationale et patriotique qui est la seule garantie de l'indépendance de ce pays. (Approbation à droite.)

Voilà les conséquences que donne la pratique du seul gouvernement constitutionnel d'Italie. Voilà les encouragements donnés à Pie IX. J'oublie même que ces grands hommes d'Etat sont occupés depuis quelque temps à tourmenter, à vexer les Evêques et l'Eglise, même en Piémont. (Exclamations et rires ironiques à gauche.)

Voulez-vous que Pie IX, le chef des Evêques, ne s'inquiète pas de la manière dont il est traité par la chambre piémontaise ? Croyez-vous qu'il n'a pas l'œil ouvert sur toutes ces choses ? Croyez-vous que ce soit un encouragement pour lui que de voir la manière dont l'assemblée délibérante et parlementaire du Piémont traite et dirige les affaires ecclésiastiques de ce pays, là, à sa porte ? Croyez-vous que ce soit un argument en faveur du gouvernement constitutionnel à Rome ?

Et cependant ces Piémontais n'ont pas affaire à un gouvernement clérical ; le gouvernement est dans les mains des laïques, des hommes, à ce qu'on prétend, les plus indépendants, les plus éclairés et les plus libéraux de l'Italie actuelle. Eh bien ! ils le rendent, je le répète, le gouvernement impossible ; il font douter les amis de la liberté italienne de la possibilité d'avoir une chambre parlementaire dans ce pays. (Très bien !)

Mais il y a encore une autre expérience ; c'est celle qu'a faite Pie IX lui-même.

Est-ce qu'il n'a pas donné à son pays, comme je le disais tout à l'heure, toutes les libertés qu'on réclame, et plus encore ?

Il a donné la liberté de la presse ; il a donné la garde civique ; il a donné les deux chambres, le statut constitutionnel. Eh bien ! quel en a été le résultat pour lui ?

La presse l'a renversé moralement avant qu'il ne fût renversé de fait. La garde civique que l'a assiégé dans son palais du Quirinal. Et les deux chambres sont restées muettes et impassibles quand son ministre a été assassiné ; et c'est le chef du parti constitutionnel de ce temps-là, Mamiani, qui s'est constitué le successeur du ministre assassiné et le geôlier du Saint-Père.

Voilà l'expérience qu'a faite le Pape du gouvernement constitutionnel. (Rumeurs à gauche. — Approbation à droite.)

Les uns disent que le Pape a changé ; les autres diraient volontiers qu'il s'est trompé. Je ne crois ni l'un ni l'autre. Non, Pie IX n'a ni changé ni erré ; il ne s'est ni trompé ni transformé.

Il ne s'est pas trompé en essayant de donner la liberté à son pays et à l'Italie, quand il a invité, non pas comme on l'a dit, l'Église à se réconcilier avec la liberté... L'Église réconcilie, elle ne se réconcilie pas, elle n'a pas besoin de se réconcilier avec personne ; mais quand il a invité la liberté moderne à se réconcilier avec l'Église, trop longtemps méconnue par elle.

S'il n'avait pas fait ce grand essai, cette grande et noble épreuve, et cela avec une droiture et une bonne foi incomparables, on aurait pu douter de la grandeur de son âme ; on aurait pu croire, quelques esprits étroits auraient pu croire que l'autorité pontificale repoussait systématiquement le progrès, la civilisation, la liberté. Mais maintenant

de l'épreuve qu'il a faite, il est hors de doute que, si la liberté n'a pas pris racine, ce n'est pas la faute de Pie IX, c'est la faute de ceux à qui il a donné cette
(Vive approbation à droite.)

Il n'est donc pas trompé en entreprenant cette noble et grande œuvre qui l'honore, et dont, pour mon compte, je le féliciterai toujours.

Il n'a pas avoir changé non plus ; je suis convaincu qu'il n'est nullement disposé
pour la cause de la liberté, de la liberté du bien, au culte de la force ; mais il a
été éclairé, il a eu les yeux ouverts, il a profité de la leçon que Dieu lui a donnée par les événements, et il serait inexcusable de ne pas en profiter.

Au reste, s'il avait changé, ce que je ne crois pas, est-ce qu'il serait par hasard le
seul changé en Europe, en France et partout ailleurs ?

J'ai parlé hier de l'apostasie du grand parti libéral.

Eh, messieurs, que s'est-il passé en effet dans le monde depuis quelques années ?
Parce qu'en effet les hommes de sens, de cœur, de conscience y aiment, y adorent
la liberté, croient en elle, croient à la marche ascendante du genre humain, au progrès de la civilisation et des institutions, comme ils le faisaient il y a deux ou
trois ? (Mouvement en sens divers.) Croyez-vous qu'en France, en Europe, partout,
ailleurs, les cœurs, les intelligences les plus hardies n'aient pas été ébranlées ?
Croyez-vous qu'une lumière sanglante ne s'est pas levée dans bien des intelligences et
des consciences ? (Nouvelle approbation à droite.)

Vous doutez de notre compétence, de notre impartialité, à nous, hommes politiques, parlementaires usés et dégoûtés par les fatigues de la vie politique, eh bien !
je vous dirai : Allez sonder les profondeurs des nations, allez, auprès de n'importe
qui, modeste, interroger des patriotes obscurs, mais généreux et intelligents ; allez aux hommes qui ne se sont jamais mêlés aux affaires, qui sont toujours
loin du bruit, de l'agitation, des dégoûts de la vie politique ; frappez à la porte de
leur, sondez leur conscience et demandez-leur s'ils aiment le progrès et la liberté
d'amour qu'ils l'aimaient autrefois ; ou bien si, en l'aimant toujours, ils y croient
même foi, avec la même confiance ! vous n'en trouverez pas un sur cent, pas
mille. (Vive et longue approbation à droite. — Murmures et dénégations à

Si cela est triste, c'est une triste vérité, je conçois la douleur qu'elle inspire, elle
me frappe aussi à moi ; mais c'est une vérité, et je défie de la nier. Faites cette recherche je vous indique : allez sonder les cœurs, vous n'en trouverez pas un sur
cent un sur mille parmi les libéraux d'autrefois qui aient la même foi, la même
qu'ils avaient il y a deux ou trois ans. (C'est vrai ! c'est vrai ! — Non ! non !)
Et vous l'avez dit : l'un de vos orateurs que nous avons écouté avec le silence du
ce n'est pas celui de la sympathie, l'un de vos orateurs l'a dit lui-même hier
même ; il l'a signalé, il l'a défini ; il a qualifié cela d'apostasie du grand parti
Je tâche de venir vous expliquer ce phénomène, et vous m'interrompez, et vous
cela comme une injure.

J'ai plus à vous dire : je dis que ce phénomène est universel, et je vais mainte-
donner la raison : Pourquoi ce changement ? Parce que partout le nom et le
de la liberté ont été usurpés par d'impurs et incorrigibles démagogues qui les
les et qui s'en sont servis pour faire triompher le crime. (Violente exclamation
. — Vive approbation à droite.)

Quoi donc, Messieurs, (l'orateur se tourne vers la gauche.) voulez-vous donc pren-
je dis pour vous ? (Rires à droite.) Pourquoi ne voulez-vous pas m'écouter ?
moi donc faire ici de l'histoire.
que partout d'impurs et incorrigibles démagogues ont souillé la cause de la li-
(Nouvelle interruption à gauche.)
membre à gauche : Ce sont les Jésuites qui l'ont salie. (Exclamations et rires à

M. MONTALEMBERT... Je dis que partout, au pied du Capitole comme à la
Fontainebleau, dans les faubourgs de Francfort comme sur le pont de Pesth,
le poignard démocratique a été indignement uni au drapeau de la liberté.
(Exclamations à gauche. — Nouvelle approbation à droite.)

M. LE PRÉSIDENT. Laissez donc la liberté de parler contre l'assassinat!

M. DE MONTALEMBERT. J'entends une interruption que je saisis au passage. On m'objecte les gibets monarchiques.

Croyez-vous que j'aie deux poids et deux mesures? Jamais je ne les ai eus. C'est moi qui ai flétri autrefois les massacres de la Gallicie à la chambre des pairs. Je ne m'en repens pas et je ne rétracte rien.

Vous m'objectez les ..... es de la Hongrie, les supplices du comte Bathyani et autres. Je ...... pas à déclarer ici que si les faits que les journaux rapportent sont v..., que s'il n'y a pas d'autres motifs pour ces exécutions que ceux donnés au pu-blic.....

A gauche: Ah! ah! vous en doutez?

A droite: Laissez donc parler!

M. DE MONTALEMBERT... S'il en est ainsi, je réprouve ces exécutions; je les dé-pro... et les déplore, je les déteste; mais j'ajoute qu'après tout, ce sont des repré-sailles provoquées par le meurtre du comte Zichy, du général Latour... (Exclamations ironiques à gauche.)

Je poursuis, et je dis que ce sont les forfaits, les assassinats, les crimes commis par-tout au nom de la liberté, qui ont glacé et désolé les cœurs les plus dévoués à sa cause.

Savez-vous ce qui éteint dans les cœurs la flamme rayonnante et féconde de la li-berté? Ce n'est pas la main des tyrans. Voyez la Pologne! Depuis trois quarts de siècle, est-ce que cette flamme de la liberté n'y brûle pas inextinguible sous une triple oppres-sion? Savez-vous ce qui l'éteint? Ce sont eux, eux, ces démagogues dont je parlais tout à l'heure, ces anarchistes, (Vive et longue approbation à droite. — Réclamations à gauche.) ces hommes qui déclarent partout une guerre impie et implacable à la nature humaine, aux conditions fondamentales de la société, aux bases éternelles de la vérité, du droit et de la justice sociale: voilà les hommes qui éteignent l'amour de la liberté! (Nouvelle approbation.)

Voyez, je vous en conjure, ce qui se passait en Europe il y a trois ans. La liberté étendait partout graduellement son empire; les rois venaient tous, tour à tour, en re-gimbant, je le veux bien... (On rit) mais ils venaient tous, tour à tour, déposer, en quelque sorte, leur couronne aux pieds de la liberté, lui demandant un sacre nouveau, une investiture nouvelle; le Pape lui-même, Pie IX, le symbole vivant de l'autorité, l'incarnation du pouvoir le plus auguste et le plus ancien... (Rires ironiques à l'extrême gauche.)

M. LE PRÉSIDENT. Je dois constater, à la charge de qui il appartiendra, qu'on n'a pu attaquer l'assassinat, la démagogie et l'anarchie, sans exciter des réclamations, et qu'on ne peut pas rendre hommage à ce qui est respectable sans exciter les rires et la dérision. (Vifs applaudissements sur tous les bancs de la droite — Rumeurs à l'extrême gauche.)

Vous blessez tous les sentiments publics. (Nouveaux applaudissements.)

M. DE MONTALEMBERT. Pie IX lui-même, le symbole le plus auguste et le plus ancien de l'autorité sur la terre, avait cru pouvoir demander à la liberté, à la démo-cratie, au progrès, à l'esprit moderne, un rayon de plus pour sa tiare. Eh bien, que s'est-il passé? Vous avez arrêté tout cela, vous avez tout bouleversé, tout détruit; vous avez arrêté et détourné tout ce courant admirable qui nous inspirait, à nous, vieux li-béraux, comme vous dites, tant de confiance et d'admiration. Ce courant s'est perdu. Vous avez détrôné quelques rois, c'est vrai; mais vous avez détrôné bien plus sûre-ment la liberté. (Applaudissements à droite.)

Un membre à gauche: Nous avons la première manche, vous avez la seconde: nous verrons qui aura la belle.

M. LE PRÉSIDENT. Ce sont là des expressions d'estaminet dont on devrait bien s'abstenir.

M. DE MONTALEMBERT. Les rois sont remontés sur leurs trônes, la liberté n'est pas remontée sur le sien. Elle n'est pas remontée sur le trône qu'elle avait dans nos cœurs. Oh! je sais bien que vous écrivez son nom partout, dans toutes les lois, sur tous les

murs, sur toutes les corniches (L'orateur montre la voûte de la salle. — Longue approbation et hilarité à droite); mais dans les cœurs, son nom s'est effacé. Oui, la belle, la
fière, la sainte, la pure et noble liberté que nous avons tant aimée, tant chérie, tant
servie (Violents murmures à gauche), oui, servie avant vous, plus que vous, mieux que
vous (Nouvelles rumeurs), cette liberté-là, elle n'est pas morte, j'espère, mais elle est
éteinte, évanouie, écrasée, étouffée (Nouvelles rumeurs à gauche), entre ce que l'un de
vous a osé appeler la souveraineté du but, c'est-à-dire la souveraineté du mal, et, de
l'autre, le retour forcé vers l'exagération de l'autorité, dont vous avez fait un besoin
pour la nature humaine, pour la société et pour le cœur humain, effrayé de vos
excès. (Marques d'approbation et longs applaudissements sur les bancs de la majorité.)

Eh bien! ce même mouvement que je signalais, que vous signalez, que vous recon-
naissez vous-mêmes dans le monde politique, ce mouvement s'est produit dans l'Église
et dans ce monde catholique dont vous discutez aujourd'hui les destinées.

Oui, quand Pie IX est monté sur son trône, et quand, voyant devant lui la liberté, la
démocratie moderne, il a marché droit à elle et lui a dit : Vous êtes ma fille et je suis
votre père... (Rires ironiques à gauche.)

M. LE PRÉSIDENT. C'est le comble de l'indécence.

Voix nombreuses à droite : Très-bien! très-bien! — Attendez le silence.

M. DE MONTALEMBERT. Ce jour-là... il s'est manifesté immédiatement deux opinions dans l'Église catholique. Les uns, c'était la minorité, les gens prudents, un peu
peureux, un peu diplomates, les gens expérimentés, âgés, les sages disaient volontiers :
Mais le Pape entreprend là peut-être quelque chose de bien risqué, de bien dangereux,
pé tournera mal pour lui. Les autres, et c'était la grande majorité, et j'en étais, moi,
Messieurs : moi, mes amis, ce qu'on appelait alors le parti catholique, nous avons salué
avec passion, avec enthousiasme, ce mouvement du Pape. Eh bien, nous sommes obligés de le dire, nous avons reçu un effroyable démenti ; l'épreuve a tourné, non pas contre nous, non pas contre Pie IX, mais contre la liberté! (Bravos nombreux à droite.)
C'est pour cela que je voudrais tenir ici devant moi tous ces démagogues, tous ces perturbateurs dont je parlais tout à l'heure, et je voudrais leur dire une bonne fois la vérité, et la voici. (Vive approbation à droite. — Rumeurs à gauche.)

À droite : Très-bien! très-bien! — Parlez! parlez!

M. DE MONTALEMBERT. La voici, cette vérité. Si je pouvais m'adresser à tous ensemble, je leur dirais : Savez-vous quel est devant le monde, le plus grand de tous vos
crimes? Ce n'est pas seulement le sang innocent que vous avez versé, quoiqu'il crie
vengeance au ciel contre vous; ce n'est pas seulement d'avoir semé à pleines mains la
haine dans l'Europe entière, quoique ce soit le plus formidable argument contre vos
doctrines; non! c'est d'avoir désenchanté le monde de la liberté; c'est d'avoir ainsi désenchanté le monde! (Acclamations à droite. — Très-bien! très-bien!)

C'est d'avoir ou compromis, ou ébranlé, ou anéanti dans tous les cœurs honnêtes
cette noble croyance; c'est d'avoir refoulé vers sa source le torrent des destinées humaines. (Applaudissements prolongés sur les bancs de la majorité.)

Je demande mille pardons à l'Assemblée de la retenir encore à une heure si
avancée.

À droite : Parlez! parlez!

M. DE MONTALEMBERT. J'aime à croire que Pie IX n'accepte pas la déplorable
alternative que je signalais tout à l'heure; j'aime à croire, et même je suis convaincu
qu'il reconnaît qu'il y a un milieu à garder entre cette souveraineté du mal que la
fausse liberté réclame, et le retour exagéré et absolu vers le despotisme. Mais au moins,
vos tons, amis sincères et fidèles de cette pauvre liberté dont je vous peignais tout à
l'heure les douleurs et les catastrophes, aidez-le dans sa tâche, ne le découragez pas,
ne l'embarrassez pas, ne compliquez pas sa situation déjà difficile et si douloureuse;
prêter-lui le concours de vos sympathies et de vos respects, et aidez-le à trouver dans
sainteté de sa conscience et dans la pureté de ses intentions, ce milieu que nous désirons, nous tous qui croyons encore, malgré tout, à la liberté. (Vifs applaudissements à
droite.)

Mais, enfin, supposons, et c'est par là que je devrais terminer... vous m'êtes témoins
e si je vous ai fatigués trop long-temps à la tribune...

A droite : Non ! non ! Parlez !

M. DE MONTALEMBERT. Vous savez que mes interrupteurs ont occupé au moins la moitié du temps que je vous ai pris. (Rire approbatif à droite.)

Maintenant, je ne puis pas cependant descendre de la tribune sans examiner une hypothèse menaçante. Je suppose que je me trompe, que M. Thiers se trompe, que la commission se trompe, que le Pape se trompe, que tout le monde se trompe, excepté messieurs de l'opposition et une certaine portion que je ne sais comment appeler, de la plaine et de l'ancien parti modéré dont M. Victor Hugo s'est fait l'orateur. (Réclamations violentes sur les bancs que veut désigner l'orateur.) Nous avons tort ; je suppose que nous avons tous tort de trouver que le Pape accorde assez par son *motu proprio* ; il faut donc exiger plus ; il faut, comme l'a dit M. Victor Hugo, le contraindre à faire plus. Voyons donc comment vous vous y prendrez, vous, pour le contraindre ; car avant tout, il ne faut pas rester, comme on l'a fait jusqu'à présent, dans le vague ; il faut voir où l'on va, où l'on marche. Je suis convaincu que personne ici ne veut, à l'heure qu'il est, user de violence. Quant au gouvernement, le langage intelligent et généreux qu'a tenu hier M. le ministre des affaires étrangères ne me permet pas de supposer un instant qu'il veuille jamais avoir recours à la contrainte, à la violence. Je suis même convaincu que personne, ni dans la majorité, ni même dans la minorité, n'a cette pensée, quant à présent. Ne me démentez pas, je vous en supplie. (Interruption)

Une voix à gauche : Ah ! comme c'est gentilhomme !

M. DE MONTALEMBERT. Je dis que personne ici, ni d'un côté ni de l'autre, ne veut, de propos délibéré, employer contre le Saint-Père une violence quelconque. (A gauche : Non !) Nous sommes donc d'accord.

Eh bien, maintenant, puisque vous ne voulez pas employer cette violence, puisqu'il n'entre dans l'esprit de personne, sans exception, de renouveler contre Pie IX des attentats qui ont été commis autrefois contre Boniface VIII et contre d'autres Papes, évitez d'entrer dans la voie qui peut conduire, qui peut aboutir à cette violence dont vous désavouez d'avance la pensée.

Mais laissez-moi vous le demander :

Croyez-vous que les hommes qui ont été conduits à porter la main sur le Saint Siège, sur les Souverains Pontifes eux-mêmes, soient entrés avec cette pensée dans leurs luttes contre le Saint-Siége ? Croyez-vous qu'ils se sont dit tout d'abord : Je ferai le Pape prisonnier ou je lui forcerai la main par tous les moyens que peut fournir la violence ou la contrainte ? Je suis convaincu qu'il n'en est rien ; mais ils y ont été conduits comme vous y seriez conduits vous-mêmes si vous entriez dans cette voie, par le dépit, par l'impatience, par la menace maladroitement faite, qui manque son effet, et à laquelle un détestable amour-propre force de rester fidèle : voilà comme on aboutit à la contrainte et à la violence. (Sensation.)

Napoléon lui-même, quand il a fait Pie VII prisonnier, croyez-vous qu'en commençant à lutter avec lui il a envisagé d'avance la nécessité où il s'est cru placé de traîner Pie VII à Savone et à Fontainebleau ?

Je suis convaincu du contraire ; et puisque j'ai cité ce nom et cette histoire qui a déjà été citée dans cette discussion par M. le général Cavaignac, si je ne me trompe, je m'y arrêterai un instant. Je sais bien que c'est un lieu commun de l'histoire que cette défaite de Napoléon par Pie VII ; il doit être familier à tous les esprits ; cependant, il renferme de bien grands enseignements. D'abord, il renferme celui-ci, dont on ne paraît pas toujours assez préoccupé. On dit : Mais, après tout, nous ne luttons avec le Saint-Père que sur un objet purement temporel ; il ne s'agit pas du tout de l'autorité spirituelle, de la vérité dogmatique. C'est très-vrai ; mais Napoléon, lui aussi, quand il luttait avec Pie VII, était-ce pour un objet spirituel, dogmatique ? Pas le moins du monde. C'était bel et bien pour un objet purement temporel, pour un règlement de police et pour un objet de guerre ; pour une question de ports que Pie VII ne voulait pas fermer aux Anglais, et pour la question de la guerre qu'il ne voulait pas déclarer aux Anglais, tout comme Pie IX, qui a été détrôné par ses sujets pour n'avoir pas voulu faire la guerre aux Autrichiens. Cela n'a pas empêché l'Europe et le monde de voir en Pie VII le martyr des droits de l'Église.

ı est-il résulté, de cette lutte entre Napoléon et Pie VII? Une grande faiblesse
nde déconsidération pour le grand empereur, et, en fin de compte, une grande
ır, et ceci est ce qu'il y a de plus grave dans cette lutte, c'est ce qui doit frap-
es esprits, même les plus prévenus, même les moins sensibles aux préoccupa-
l'on suppose peut-être dominer chez moi en ce moment ; ce n'est pas seulement
ıt ou la déconsidération qui tôt ou tard s'attachent à ceux qui luttent contre le
ɟe, mais c'est encore la défaite! Oui, c'est l'insuccès qui est certain; certain,
ien!

rquoi l'insuccès est-il certain? Ah! notez bien ceci: parce qu'il y a entre le
ɟe et vous, ou tout autre qui voudrait combattre contre lui, il y a inégalité de
. sachez bien que cette inégalité n'est pas pour vous, mais contre vous. Vous
000 hommes, des flottes, des canons, toutes les ressources que peut fournir la
érielle. C'est vrai. Et le Pape n'a rien de tout cela; mais il a ce que vous n'avez
une force morale, un empire sur les consciences et sur les âmes auquel vous
ɪ avoir aucune prétention, et cet empire est immortel. (Dénégation à gauche.
pprobation à droite.)

ı niez; vous niez la force morale, vous niez la foi, vous niez l'empire de l'au-
ntificale sur les âmes, cet empire qui a eu raison des plus fiers empereurs!
ɪoit; mais il y a une chose que vous ne pouvez pas nier. Or, c'est la faiblesse du
ɟe, sachez-le, c'est cette faiblesse même qui fait sa force insurmontable contre
! oui, il n'y a pas dans l'histoire du monde un plus grand spectacle et un plus
. que les embarras de la force aux prises avec la faiblesse. (Nouvelles et nom-
marques d'adhésion à droite.)

ıttez-moi une comparaison familière. Quand un homme est condamné à com-
ıe femme, si cette femme n'est pas la dernière des créatures, elle peut le bra-
nément; elle lui dit : Frappez, mais vous vous déshonorerez et vous ne me
pas. (Très-bien! très-bien!) Eh bien, l'Eglise n'est pas une femme, elle est
qu'une femme : c'est une mère! (Très-bien! très-bien! — Une triple salve
lissements accueille cette phrase de l'orateur.)

ne mère, c'est la mère de l'Europe, c'est la mère de la société moderne, c'est
le l'humanité moderne! On a beau être un fils dénaturé, un fils révolté, un fils
ın reste toujours fils, et il vient un moment, dans cette lutte parricide contre
où cette lutte devient insupportable au genre humain, et où celui qui l'a en-
mbe accablé, anéanti, soit par la défaite, soit par la réprobation unanime de
té. (Nouveaux applaudissements.)

z-vous, messieurs, Pie IX en appelant à l'Europe, en appelant à la postérité, en
ɪ Dieu contre les violences et contre la contrainte de la France, de la France
nvé, et qui viendrait ainsi ajouter la plus ridicule des inconséquences à un crime
ımais porté bonheur à personne depuis que l'histoire existe. (Très-bien! très-
Longue approbation.)

tre, messieurs, sachez bien que vous n'en viendrez pas à bout, parce que l'E-
les ressources infinies pour la résistance. (Hilarité et violente interruption à

ARRAS. Nous le savons bien, demandez plutôt à Ravaillac !

MONTALEMBERT. S'il vous arrivait jamais, ce qu'à Dieu ne plaise, d'être en-
ns une lutte sérieuse avec elle, vous ne ririez pas longtemps, je vous le promets.
gauche : Nous le savons bien!

ı MONTALEMBERT. Je dis qu'elle a des ressources infinies pour la défense. Oh!
taque, quand cela lui arrive, et si cela lui est arrivé quelquefois, je conçois son
ɪé : elle n'a rien de ce qu'il faut pour l'attaque, pour le rôle agressif; mais,
léfense, je vous assure qu'elle est incomparable. C'est le contraire des places
ɪ dont je vous parlais la dernière fois que j'ai paru à cette tribune. Je vous di-
les places assiégées, et c'est un axiome de la science stratégique des modernes,
jours prises tôt ou tard. Eh bien, pour la citadelle de l'Eglise, c'est précisément
aire; elle est imprenable.

ıembre à gauche : Elle n'existe plus. (Rires ironiques.)

ı droite : Le nom de l'auteur!

ɪ MONTALEMBERT. Vous devez le savoir, messieurs, elle a un vieux titre, non *possumus*, dans un vieux livre appelé **les** *Actes des apôtres*, qui **a été inve:** vieux Pape appelé saint Pierre. (Rire général et approbation.)Et avec ce **mot** jure qu'elle vous conduira jusqu'à la fin des siècles sans céder. (Rumeurs à ga

Je sens qu'il faut finir, et je voudrais cependant répondre encore **un** mot **à** Hugo, qui a prétendu que les idées étaient tout aussi invincibles et aussi **du** les dogmes. C'est bien là la prétention du monde moderne, de créer des **i** leur donner l'éternité et l'omnipotence des dogmes.

Eh bien, je suis bien aise de vous le dire en passant, c'est une **prétenti** rique... (Rumeurs à gauche.) Oui, chimérique. Aucune idée **ne** peut avoir **d** tance contre les canons et contre la force que lui prêtait M. Victor Hugo **raisons** : la première, c'est que les idées sont variables et que les dogmes **so**: bles. (Très-bien! très-bien!) La seconde, c'est que les idées sont fabriquées **j** par moi... on connaît les officines où elles se fabriquent... (Rire général **e** prolongées d'approbation à droite.) Les dogmes, au contraire, ont une origi **rieuse** et surnaturelle...

A gauche : Oh! oh!

A droite : Oui! oui! — Très-bien! très-bien!

M. DE MONTALEMBERT. Et en dernier lieu, les idées ne règnent **que** temps; et sur quoi? sur l'imagination, tout au plus **sur** la pensée, sur **la rai** passion. Les dogmes règnent sur la conscience. Voilà la **différence**! (Applau **prolongés** à droite.)

Eh bien! du reste, **quand** M. Victor Hugo **m'aura trouvé une** idée qui **d** dix-huit siècles et qui a 100 millions de fidèles, **alors** je consentirai à **rec** cette idée-là les droits de l'autorité **que je réclame** pour l'Eglise. (Rires **ap** droite.)

Je termine, en relevant **un mot** qui m'a été sensible, comme à vous tous, **s** on a dit que l'honneur de **notre** drapeau avait été compromis dans l'expédit prise contre Rome, **pour détruire la** République **romaine** et rétablir **l'autorit** (A gauche : Oui! oui!)

A ce reproche, tous, dans cette enceinte, doivent être sensibles et le **repou** je viens de le faire en ce moment. Non, l'honneur de notre drapeau n'a **pas** promis; non, jamais ce noble drapeau n'a ombragé de ses plis une plus **nol** prise. (Réclamations à gauche. — Applaudissements à droite.)

L'histoire le dira. J'invoque avec confiance **son** témoignage et son **jugement**

A gauche: Nous aussi.

M. DE MONTALEMBERT. Vous aussi, soit! L'histoire, si je ne me trompe, voile sur toutes ces ambiguïtés, sur toutes ces tergiversations, sur toutes ces tions que vous avez signalées avec tant d'amertume et une sollicitude si **a** faire régner la désunion parmi **nous** (Très-bien) ; elle jettera le voile sur **tou** plutôt elle ne le signalera que pour constater la grandeur de l'entreprise **par** et la nature des difficultés vaincues. (Nouvelle approbation à droite.)

Mais l'histoire dira que mille ans après Charlemagne et cinquante ans **ap** léon , mille ans après que Charlemagne eut conquis une gloire immortelle **er** sant le pouvoir pontifical, et cinquante **ans après** que Napoléon, au comble **d** sance et de son prestige, eut échoué, en **essayant** de défaire l'œuvre de son prédécesseur, l'histoire dira que la France est restée fidèle à ses traditions **et** d'odieuses provocations.

Elle dira que 50,000 Français **commandés** par le **digne** fils d'un des **géan** grandes gloires impériales (Vifs applaudissements à droite) ont quitté les **riva patrie** pour aller rétablir à Rome, dans la **personne** du Pape, le droit, l'équité européen et français. (Nouveaux applaudissements à droite. — Réclamations **à**

Elle dira ce que Pie IX lui-**même** a dit dans **sa lettre** d'actions de grâces **a** Oudinot :

« Le triomphe des armes **françaises** a été remporté sur **les** ennemis de la **se** maine. » Oui, ce sera là l'arrêt de l'histoire : et ce sera **une des plus** belles **gk** France au dix-neuvième siècle.

Cette gloire, vous ne voudrez pas l'atténuer, la **ternir**, l'éclipser, en **vous p** *dans un tissu* de **contradictions**, de **complications** et **d'inconséquences** inextric

z-vous ce qui ternirait à jamais la gloire du drapeau français? Ce serait d'opposer ce
:apeau à la croix, à la tiare qu'il vient de délivrer: ce serait de transformer les soldats
ançais de protecteurs du Pape en oppresseurs; ce serait d'échanger le rôle et la gloire
e Charlemagne contre une pitoyable contrefaçon de Garibaldi. (Vifs et longs applau-
issements à droite.

(L'orateur reçoit, en descendant de la tribune, les félicitations les plus vives de ses
:ollègues.)

ASSEMBLÉE LÉGISLATIVE.

Séance du 20 *octobre.* — PRÉSIDENCE DE M. DUPIN.

La séance est ouverte à une heure un quart.

La parole est à M. VICTOR HUGO pour une question personnelle :

M. de Montalembert a dit hier que les applaudissements d'une partie de l'Assemblée
étaient mon châtiment. Ce châtiment, je l'accepte et je m'en honore.

Une voix : Il n'y a pas de quoi!

M. V. HUGO. Il fut un temps où M. de Montalembert faisait de son talent un autre
emploi.

Une voix : Il ne l'a jamais mis au service d'une intrigue.

M. EMM. ARAGO. On nous a donné beaucoup de paroles. Aujourd'hui, nous voulons
des actes. M. de Montalembert vous disait hier avec une incomparable éloquence à laquelle je rends justice, au point de vue de l'art, que l'Eglise était notre mère. Mais la
liberté, Monsieur! Vous n'êtes pas seulement des sacriléges, mais des parricides. (Rires
à droite.) La France n'a qu'un rôle digne à jouer vis-à-vis de l'Italie; c'est de lui dire :
Tu es souveraine comme moi, choisis ton gouvernement; rappelle le Pape ou mets-toi
en République. Mais c'est ce que l'on ne fera pas. Aussi, ministres de la République
française, l'histoire inscrira vos noms sur une triste page, en tête de laquelle on lira :
Trahison!

M. LE PRÉSIDENT. La parole est à M. le président du conseil.

M. ODILON BARROT. Je n'ai pas voulu clore ce débat avant de bien préciser la
question qui est posée devant l'Assemblée. Il faut arriver au positif, savoir ce qu'on
veut.

Le gouvernement a-t-il exagéré son droit, compromis la politique de la France?
Ses moyens sont-ils impolitiques ou injustes? Ainsi posée, la question est facile à saisir.

Le caractère de l'expédition française à Rome était l'action propre et indépendante
de la France. La France était dans cette alternative ou de s'abstenir ou d'intervenir.
S'abstenir, c'était le déshonneur; intervenir pour la République, c'était une folie et un
crime. Qu'a fait la France? Elle est venue comme un arbitre pour empêcher la réaction et protéger l'humanité et la liberté.

On nous a accueilli par la guerre. Rome a été prise. J'aurais désiré que le Saint-
Père y rentrât immédiatement. Les négociations ont traîné en longueur. La lettre du
Président a eu pour but de les hâter. Ces négociations, je les reprends dès l'origine.
Nous n'avons pas demandé la souveraineté parlementaire, nous avons demandé le vote
délibératif de l'impôt dans la consulte. Au mois de juin, le Saint-Père paraissait disposé à rétablir la forme qu'il avait donnée avant la révolution. Nous espérons qu'il y
reviendra. Mais quels moyens employer? La menace ou la violence? Au nom du président de la République et de son ministère, il n'est jamais entré dans leur pensée de
faire violence au Saint-Père. (Sensation.)

A ceux qui ont voulu faire sortir de la lettre du Président une pensée de violence, je
suis autorisé à donner le plus éclatant démenti. (Mouvement prolongé.

Pour l'institution politique, nous avons demandé de plus des libertés municipales, et
le peuple romain les a plus étendues que qui que ce soit. La sécularisation, nous la
poursuivrons; l'amnistie, nous serons plus vifs, plus pressants. Il nous la faut, nous
l'aurons.

Voilà ce que le gouvernement a fait, voilà ce qu'il fera. Approuvez-le ou blâmez-le.
Il n'y a pas de milieu. (Sensation.)

M. ÉMILE BARRAULT. Le pouvoir exécutif et le cabinet sont passés avec bagages dans le camp de la droite. Moi, je resterai à gauche avec la lettre. (E Les catholiques seuls sont conséquents.

Voix : La clôture! la clôture!

M. LE PRÉSIDENT. On me demande à lire une clôture motivée. (Rires.)

Une voix : Aux voix!

Plusieurs ordres du jour sont présentés et rejetés.

Les trois projets sont mis aux voix et adoptés.

Nombre de votants,	649
Majorité absolue,	325
Pour,	469
Contre,	180

La séance est levée.

CHRONIQUE ET FAITS DIVERS.

ALGÉRIE — Dans la nuit du 5 au 6, les nommés Ahmed-ben-Chérif, M med-ben-Abdallah-ben-Kheira, kabyles des Beni-Menacer, signalés com auteurs de l'assassinat commis le 2 du courant, sur les employés du télé du Zakkar, près Milianah, ont été arrêtés dans les Soumatha, par les soins vice des affaires arabes. Le signalement de ces deux hommes est tellemer forme à celui qui a été répandu dans toutes les directions, après l'évén qu'il ne reste plus aucun doute sur leur identité. Ils ont, du reste, été po ment reconnus par un cavalier des Beni-Menacer.

Ils sont arrivés à Blidah et ont été déposés à la prison du bureau aral attendant qu'ils soient remis entre les mains de la justice militaire.

— On remarque depuis quelques jours les visites assidues de lord Norm l'Élysée.

— Le *Moniteur* publie ce matin :

1° Vingt-six lois autorisant autant de départements à s'imposer extraordi ment ou à contracter des emprunts.

2° Deux lois autorisant les villes de Bordeaux et de Nantes à s'impos traordinairement.

— Indépendamment de l'ambassadeur qu'il entretient en France, le gouv ment ottoman vient de nommer un consul général à Paris, chargé spéciale de tout ce qui a rapport au commerce et à l'industrie. Son choix, dit le *Jo du Havre,* est tombé sur Arimi-Effendi, un des hommes les plus éclairés Turquie et des plus compétents sur ces matières.

— On s'occupe beaucoup en ce moment dans la Loire du projet de tra le chef-lieu du département à Saint-Etienne, qui est incontestablement la la plus populeuse et la plus importante.

BOURSE DU 20 OCTOBRE.

Le 3 p. 100 a débuté au comptant à 55 60, a fait 55 40 au plus bas, et à 55 55.

Le 5 p. 100 a débuté au comptant à 87 85, a fait 87 60 au plus bas, et à 87 80.

Les actions de la Banque ont été cotées à 2,335.

L'un des Propriétaires-Gérants, CHARLES DE RIANCE

Imp. BAILLY, DIVRY et Comp., place Sorbonne, 2.

L'AMI DE LA RELIGION.

Discussion sur les affaires de Rome.

A M. H. de Riancey, représentant.

« Cher ami,

ous écris sous le coup de la plus vive émotion : vous devi-
en laquelle. Quelle consolation ! quel honneur pour la France,
e monde, qu'un homme tel que M. de Montalembert ! Je né
pas qu'une abondante souscription ne répande par milliers
cours, mais je veux être parmi les souscripteurs : voulez-
bien m'inscrire pour deux cents francs. Permettez-moi d'a-
: que vous devriez dans la même brochure comprendre M. de
sière. Ce serait alors un traité complet, saisissant tous les
s d'esprit, réfutant tous les ordres de contradiction.
n'ai pas la possibilité d'écrire plus, mais vous me compten_
bien.

vous de cœur.

« A. DE FALLOUX.

octobre. »

A M. le Rédacteur de l'AMI DE LA RELIGION.

« Paris, le 21 octobre 1849.

« Monsieur le Rédacteur,

apprends que M. de Falloux, obéissant à cette haute intelli_
e de ce qui est noble et bon, que nous lui connaissons tous, a
pensée d'une souscription pour propager l'admirable discours
. de Montalembert et d'y joindre celui de M. de la Rosière, qui
un véritable traité sur la question.
est peut-être une témérité de ma part de prétendre compléter
nsée de M. de Falloux. Permettez-moi, néanmoins, d'exprimer
sir que ces deux discours soient précédés par le rapport de
hiers, qui sera pour eux comme une lumineuse introduction.
euillez, Monsieur le Rédacteur, accepter pour cette œuvre ma
cription de cent francs, et agréer l'assurance de mes senti_
ds dévoués en Notre-Seigneur.

« † PIERRE-LOUIS, Évêque de Langres. »

s avons regardé comme un devoir de publier ces lettres. Une
nitiative appartenait de droit à M. de Falloux. Il n'appartenait
oins à Mgr l'Évêque de Langres d'y répondre le premier. Les
pensées et les nobles paroles viennent du cœur.

La France les aime et les comprend. Elle tiendra à honneur d
associer.

Une souscription est donc ouverte pour la publication du disc
de M. de Montalembert, de celui de M. de la Rosière et du raj
de M. Thiers.

Ce sera un monument durable d'une des plus belles discuss
d'une des plus grandes scènes qui aient marqué nos annales p
mentaires.

Tous les hommes de cœur, tous ceux qui appartiennent au g
parti de l'ordre, tous ceux qui sont dévoués à la gloire du pays
la cause de l'Église ; représentants, prêtres, citoyens, tous voud
se joindre à ce témoignage de sympathie, d'admiration et de pa
tisme.

————————•-0-•————————

Nous croyons utile de placer sous les yeux de nos lecteurs les diverses a
ciations des journaux de Paris sur le discours de M. de Montalembert.
commençons d'abord par les feuilles du parti de l'ordre.

Le *Journal des Débats* :

« C'est M. de Montalembert qui a pris la tâche de rappeler M. Victor Hugo
telligence pratique et positive des choses de ce monde, et il l'a fait avec une vi
mais aussi avec une éloquence, une sensibilité, une magnificence de langage q
produit l'impression la plus profonde sur l'Assemblée, et ont valu à l'orateur un
plus beaux triomphes oratoires. L'effet a été irrésistible ; car nous avons vu du
discours des passages où la Montagne, dominée elle-même et comme fascinée
charme du talent, oubliait quelquefois d'interrompre l'orateur, entendait preq
lencieuse la brûlante flétrissure qu'il imprimait à la démagogie socialiste, à tous l
cès qui, depuis deux ans, ont déshonoré la liberté des factions en Europe, car ell
les ont été libres depuis le 24 février. C'était par accès seulement que ses fure
réveillaient et éclataient en tempêtes que toute l'énergie et toute la présence d
de M. Dupin, car il en a montré beaucoup dans cette mémorable séance, ne son
venues que très-difficilement à maîtriser. »

L'*Assemblée nationale* :

« C'est le privilége de la foi de vaincre toutes les contradictions, toutes les résist
toutes les colères. M. de Montalembert est particulièrement anthipatique à ces he
qui ne savent rien, qui ne croient à rien et qui ne respectent rien. Il les a con
de l'entendre. Il leur a expliqué, dans un magnifique langage, ce que c'est que l
pauté, quelles sont les nécessités de son existence, et surtout quels sont ces bienf
a dit à ceux qui inscrivent le nom de la liberté sur tous les murs, ce que c'est que
berté. Il en avait le droit plus que personne, car il l'a aimée, il a fait plus, il a
battu toute sa vie pour elle. »

L'*Opinion publique* :

« M. de Montalembert, enfin, a prononcé, au milieu des interruptions violente
sionnées, incessantes de la Montagne, un des plus beaux, des plus raisonnables
plus éloquents discours que nous ayons entendus. Il a lavé, on peut le dire, la t
française des invectives sans justice, sans élévation, qui venaient d'en descendre
le pasteur universel des âmes. »

L'*Univers*, l'*Union*, le *Pays*, la *Voix de la Vérité*, analysant avec la mêm
miration le discours de M. de Montalembert, « l'un des chefs-d'œuvre de la
humaine, dit l'*Univers*, l'une des impérissables gloires de la tribune fran
seule entre tous les organes du grand parti de l'ordre, la *Gazette de France*
devoir garder le silence ; nous le regrettons pour elle.

. Quant aux journaux anarchiques, depuis le *Siècle* jusqu'à la *Voix du Peuple*, leur colère n'a pas de bornes. Le *National*, qui s'est approprié depuis quelque temps le langage violent et grossier de la *Réforme* d'il y a six mois, le *National* ne rougit pas de dire que la lecture de l'homélie de l'orateur catholique, interrompue si souvent par les clameurs furieuses de la Montagne, « a fait entrer l'Assemblée dans le calme plat. » Cette diatribe se termine par les lignes suivantes, contrefaçon misérable d'un article de M. Marrast, en janvier 1848 :

« Nous connaissons déjà ces poisons bénits qu'a distillés l'éloquence ultramontaine de M. de Montalembert pour les avoir vus dans le bénitier de l'*Univers*. Nous n'agiterons pas cette lie de venimeuses calomnies contre les idées et les hommes de la démocratie. Il y a longtemps que tout ce que peut dire et faire un homme tel que M. de Montalembert n'a plus le don de nous émouvoir. Notre dédain est toute notre réponse. »

Le compte-rendu de la séance du 19, par la *Démocratie pacifique* et par la *République*, surpasse tout ce qu'on peut imaginer en fait d'impudence. Suivant la feuille phalanstérienne, M. de Montalembert aurait voulu démontrer ceci :

« Qu'aucun peuple catholique ne doit être libre, car être libre c'est discuter, et la discussion n'est permise avec le prêtre que dans les limites par lui-même assignées. »

La *République*, qui se pique pourtant de franchise démocratique, emploie le même procédé d'analyse :

« La séance d'aujourd'hui présente un immense intérêt, car nous avons eu la pensée du parti catholique par l'organe de M. de Montalembert. L'orateur du Sunderbund y a mis toute la franchise que l'on peut attendre du jésuitisme. Il ne s'agit plus de la présidence de Louis Bonaparte, il ne s'agit plus de République, il ne s'agit plus de royauté constitutionnelle ni de gouvernement représentatif, il faut rétablir l'autorité absolue, la théocratie pure ; il faut refaire la vieille société féodale. Apparaissez! leudes et féodalités, princes, rois et empereurs, allez demander votre investiture au successeur de saint Pierre, qui vous délivrera le droit d'oppression sur les peuples à charge d'hommage-lige. Hors le catholicisme, point de salut, point de société.

« Voilà ce que M. de Montalembert est venu dire à la tribune française du dixneuvième siècle, en provoquant les applaudissements frénétiques des impies de la veille et des dévots du lendemain. »

La *Voix du Peuple*, journal du citoyen Proudhon, a l'esprit de s'abstenir de ces grossières falsifications et de ces niaises calomnies :

« Qu'avons-nous toujours dit? Que la souveraineté temporelle du Pape est incompatible avec la liberté politique du peuple romain, que partager sa souveraineté c'est l'abdiquer, et que Rome est le seul État où le gouvernement représentatif est impossible, et qu'il n'y a pas de milieu entre la monarchie absolue et la république. Eh bien ! voilà, terme pour terme, pensée pour pensée, ce que M. de Montalembert est venu développer avec un de ses succès les plus magnifiques de tribune. »

La *Liberté*, journal qui, depuis qu'il a été désavoué par l'Elysée, s'est fait sansculotte, de bonapartiste qu'il était, la *Liberté*, après avoir rendu au talent éminent de M. de Montalembert un hommage que lui arrache la force de la vérité, cherche, ce semble, à se dédommager de la violence qu'il s'est faite en terminant son compte-rendu par ces mots : « M. de Montalembert est une vipère sous un miel. »

Ces paroles sont dignes assurément de celles que le même journal adressait avant-hier à l'honorable M. de Falloux. Ah ! vous avez bien raison d'associer dans vos calomnies et dans vos haines ces deux hommes. Dieu, qui a départi à tous les deux cet admirable talent que vous-mêmes êtes obligés d'avouer, leur a aussi mis au cœur, ce qui est plus précieux encore, le courage et le dévouement avec lesquels on sauve la société.

Hier, les feuilles démagogiques célébraient la conquête qu'elles viennent de faire de l'honorable M. Victor Hugo. Aujourd'hui, la *Tribune des Peuples* nous apprend que M. Emile de Girardin est définitivement enrôlé sous la bannière démocratique et sociale.

« Notre collaborateur, P. Dugers, rendant compte, dans le *Courrier de Versailles*, de l'incident où M. Emile de Girardin a pris une attitude si énergique, disait en terminant son appréciation : « Ah! monsieur de Girardin, quelle puissance! si vous mettiez « tout votre cœur dans votre esprit! »

« Hier au soir, P. Dugers a reçu le billet suivant à la *Tribune des Peuples* :

« Je l'y mettrai.

« Que l'on m'en donne l'occasion.

« 18 octobre.   « EMILE DE GIRARDIN. »

M. E. de Girardin se croit appelé aux plus hautes destinées sous le régime nouveau, dont l'avénement nous est prédit par tous les prophètes du socialisme.

Nous reproduisons un touchant extrait d'une lettre écrite par M. de Corcelles, et lue hier à la tribune par M. le ministre de la justice.

M. de Corcelles rapportait ainsi les bienveillantes paroles que le Saint-Père avait daigné adresser aux représentants de la France, avec l'affection la plus paternelle et la grâce la plus délicate :

« Vous autres, Français, vous êtes toujours pressés; vous voulez toujours aller trop vite. Nous autres, Romains, nous prenons notre temps; parfois nous en prenons beaucoup je l'avoue; mais il ne faut pas vous en effrayer. Je veux, en attendant, vous donner une bonne nouvelle. J'ai voulu faire quelque chose d'agréable pour la France. Notre législation a besoin de révision. J'ai dit hier qu'il fallait tout simplement prendre pour modèle le Code Napoléon. Nous aurons quelques changements à y apporter. Mais c'est chose facile que de corriger, après coup, les détails des grandes et belles œuvres. »

Est-ce avec des menaces que l'on dominerait un tel mélange de fermeté et de douceur!

NOUVELLES RELIGIEUSES.

FRANCE. — DIOCÈSE DE BORDEAUX. — Nous pouvons annoncer la prochaine réunion du Concile de la province de Bordeaux. L'époque précise de son ouverture ne s'est néanmoins déterminée qu'après la prise de possession de Mgr l'Evêque nommé de Poitiers, l'un des suffragants de la métropole de Bordeaux. Cinq autres évêchés, on le sait, en relèvent et forment de cette province ecclésiastique une des plus importantes de la France; ce sont ceux d'Agen, de Périgueux, de La Rochelle, de Luçon et d'Angoulême.

Quelques mois encore, et nous aurons vu les saintes assemblées produire, dans les diverses parties de la France, les fruits les plus précieux pour l'Église.

DIOCÈSE DE VERDUN. — Un antique et vénéré sanctuaire de la sainte Vierge existe dans ce diocèse, qui, de sa position au centre d'une vallée, prit au moyen âge le nom, qu'il a conservé jusqu'à nos jours, d'église de *Benoîte-Vaux* (vallée bénite). Mgr l'Evêque de Verdun, désireux de rendre à ce lieu si cher à la piété chrétienne et but de nombreux pèlerinages, quelque chose de cet ancien éclat que lui ont enlevé le temps et les révolutions, s'adresse pour cet objet aux fidèles de son diocèse, dans un mandement rempli d'intérêt que nous avons sous les yeux. *Nous nous* proposons d'y revenir et d'en extraire quelques passages.

Chronique et Faits divers.

On lit dans une correspondance de Constantinople du 5 octobre :

« M. Charles Rolland, maire de Mâcon, ancien membre de l'Assemblée constituante, se trouve depuis trois semaines environ à Constantinople. On le dit chargé d'une mission pour M. de Lamartine, qui aurait, dit-on, l'intention, ainsi qu'un journal allemand l'a déjà annoncé, de se retirer en Orient. Depuis qu'il est ici, M. Rolland a eu de fréquentes entrevues avec le grand-visir et le ministre des affaires étrangères. Il part aujourd'hui pour Smyrne avec un des employés supérieurs des bureaux de la poste, Ahmed-Effendi, et malgré le mystère qui n'a cessé d'envelopper cette négociation, on donne comme positif que le sultan cède à M. de Lamartine, à titre gratuit, une immense étendue de terrains situés dans une plaine fertile, à quelques heures de Smyrne, et faisant partie des biens de la couronne, et que M. Rolland part avec Ahmed-Effendi pour en prendre possession au nom de M. de Lamartine, qui arriverait lui-même au printemps prochain. »

—Des placards démagogiques ont été apposés pendant la nuit dans divers quartiers de Paris, et notamment le long du quai de la Tournelle. L'affaire de Rome y fournissait le sujet. Les ouvriers ont été les premiers à arracher les affiches provocatrices.

—La Haute-Cour n'a pas tenu d'audience aujourd'hui.

—Le conseil des ministres s'est réuni successivement dans la matinée à la chancellerie et à l'Élysée.

Un courrier est parti, dit-on, pour Saint-Pétersbourg, et un autre pour Vienne.

Lord Normanby a eu une conférence avec M. le Président de la République.

—Mgr le nonce apostolique, qui a suivi très-assidûment les débats de l'Assemblée sur les affaires de Rome, s'est rendu ce matin chez M. le président du conseil et chez le ministre des affaires étrangères.

— Les gardes nationaux de Paris formant la députation qui doit assister à la cérémonie de l'inauguration de la statue du général Négrier partiront de Paris le samedi 27 au soir.

Ils doivent offrir à la garde nationale de Lille, en souvenir de son bon accueil de l'an dernier, une épée d'honneur sortant des ateliers de M. Alexandre Guey, rue Chapon, 11.

Des artistes distingués se joignent à la députation pour donner, le lundi, un concert au profit des pauvres.

BULLETIN DE LA POLITIQUE ÉTRANGÈRE.

Des lettres de Rome, à la date du 14 de ce mois, font connaître que le prince Valkousky, aide-de-camp de l'empereur de Russie, a traversé Rome, se rendant à Portici, auprès du Saint-Père. Ce délégué de l'empereur, s'il faut en croire des personnes bien renseignées d'ordinaire, serait chargé d'une mission qui se rattacherait à celle du comte Bendoff, parti récemment de Rome pour la même destination. Il s'agirait d'un emprunt, avec lequel le Saint-Père pourrait payer les dettes de l'ex-république et retirer le papier de l'État.

Le *National sarde*, cité par le *Statuto*, dit qu'il résulte de l'instruction suivie à Rome, sur l'assassinat du comte Rossi, que l'assassin du célèbre ministre, celui qui l'a frappé, est aujourd'hui à Augusta, petite ville de Géorgie, dans les Etats-Unis, sous le nom de Rameti.

— La *Gazette d'Augsbourg* nous donne, d'après le *Lloyd* des détails on ne peut plus curieux sur la position prise par la presse anglaise dans la question hongroise.

Les organes de la presse anglaise qui cherchent leurs inspirations dans *Downing street* ou dans la bourse de Teleky-Pulzky, tels que le *Globe*, l'*Examiner* et le *Daily-News*, étaient certainement les alliés les plus désintéressés que Kossuth eût en Europe.

Leur seul raisonnement était celui-ci : que la Hongrie devait devenir indépendante pour ouvrir un marché aux produits anglais. Ils calculaient par sous et deniers combien Manchester et Birmingham gagneraient si l'on se servait de coutellerie anglaise, et si l'on se chaussait de cuir anglais. Ils destinaient à la Hongrie tous les bienfaits d'une colonie commerciale, tels que ceux dont jouit le Portugal, taillaient déjà en espérance la plume qui devait servir à la signature d'un nouveau traité de Méthuen, et rêvaient peut-être un autre Gibraltar sur la mer Adriatique.

Venise, magasin aux pirates anglais; Trieste anéantie; Fiume, entrepôt du commerce anglo-magyare, quelle perspective pour l'industrie et les capitaux britanniques ! Cela vaut bien la peine de calomnier hardiment et d'accueillir toujours avec joie les plus fausses nouvelles, de fabriquer de faux bulletins, de supposer des proclamations, de proclamer de grands meetings sympathiques et de s'enfermer dans des discussions de droit public, dont les auteurs se donnaient toutes les peines du monde pour montrer la paille que l'Autriche avait dans les yeux, ne voyant pas la poutre qui était dans les leurs. Sans cela ils auraient vu que toutes les raisons qu'ils donnaient pour la séparation de l'Autriche et de la Hongrie se seraient beaucoup mieux appliquées à l'Angleterre et à l'Irlande, à l'Irlande qui, par sa position et la religion de la majorité de ses habitants, par trois siècles d'oppression et de tyrannie, est plus étrangère à l'Angleterre que la Hongrie ne l'a jamais été à l'Autriche. En vérité on ne pouvait pas attendre une pareille logique des apologistes et des salariés d'un homme d'Etat qui a pour principe dans sa politique que les citrons desséchés sont bons à jeter; qui refuse aux victimes de ses menées diplomatiques un asile sur le territoire anglais lorsqu'ils vont s'y réfugier; qui renouvelle en Sicile le drame de Praga, et qui, aux îles Ioniennes, réprime avec la poudre et le plomb, avec le fouet et la potence ce qu'il prend ailleurs si tendrement sous sa protection.

A ces protecteurs du parti magyare il ne reste plus, après le naufrage de leurs protégés, qu'à se raccrocher à la planche de salut que leur offre l'obstination turque, soutenue par la diplomatie anglaise. Cette obstination peut être basée sur des raisons respectables. Mais les discoureurs philanthropiques qui s'élèvent aux nues sur les bords de la Tamise, se tairaient bien vite s'il s'agissait de l'extradition d'un

d'un agitateur canadien ou indien, et si Widdin était dans le
ge de Dublin, de Montréal ou de Calcutta.

inion de l'Europe ne s'y laissera pas tromper, car, derrière un
but apparent, se cache seulement le désir d'augmenter les
ns enflammés que la politique *libérale, désintéressée et chré-
du ministère anglais actuel tient prêts pour les jeter à la pre-
occasion dans la maison du voisin Mazzini et consorts, ont fait
enant leur devoir en Italie ; Louis Blanc, Ledru-Rollin et tous
ugiés français serviront contre la France les réfugiés de Wid-
unis à Londres, aideront à tenir l'Autriche en bride. Alors sa
, de même que son prédécesseur Eole-Conning, n'aura qu'un
dire pour soulever les tempêtes, et, *cuncta supercilio movens,* il
a de suite sur le trône de Donning-Street les hommages de
ers.

ORIGINES HISTORIQUES
DE LA PUISSANCE TEMPORELLE DU SAINT-SIÉGE.

—

(7e article.)

—

continuons de publier les savants articles de M. Dumont, auxquels les
tances dans lesquelles nous sommes placés, donnent un intérêt tout
lier.

ient beaucoup à établir que les Évêques de Rome ont vécu, du-
lusieurs siècles, dans la dépendance extérieure des lois com-
et de l'autorité séculière. Là dessus point de difficulté ; Dieu
lu ainsi pour de bonnes raisons, qui ne sont pas conséquem-
elles des protestants, des incrédules et des politiques. Loin de
er, je m'empresse d'abord de retracer cette situation de dé-
ce, toujours gênante et dure à porter ; car le despotisme im-
fit promptement succéder à la persécution cruelle de l'idolâ-
persécution plus déloyale de l'hérésie. Ensuite survinrent
cidents très-graves. L'élection de Damase (367) fut troublée
e concurrence qui se renouvela (418) contre Boniface Ier. Peu
Sixte III, à peine élu, se vit attaqué par de si noires calomnies
our l'honneur du Saint-Siége. il résolut de les réfuter publi-
nt dans un Concile. Chaque fois, l'autorité impériale remplit
nent son office, ne dépassant pas sa limite et assurant la liberté
e du clergé. Et quand il s'agit de la justification de Sixte III,
ur sa demande et son *autorisation* que Valentinien III ordonna
cile (433). Le Pape, pour tranquilliser les Évêques, mécontents
ondescendance, eut soin de déclarer, avant toute apologie, qu'il
lait de sa propre volonté, sans prétendre engager aucun de ses
eurs par cette formalité et cet exemple.

e louable que paraîtra la susceptibilité de Sixte III, celle des
s est plus remarquable encore. Ce respect de tradition et de

devoir envers le Saint-Siége avait en effet un juste sujet d'inquiétude.
Un acte si extraordinaire, ajouté aux premiers essais de schisme, annonçait déjà une nouvelle et périlleuse épreuve, en suggérant au
pouvoir séculier l'envie et le prétexte de régler l'avénement pontifical. La crainte n'était que trop fondée. Les barbares brisèrent l'empire; un préfet d'Odoacre s'ingéra dans l'élection de Félix III (483).
Odoacre, vaincu, livrant l'Italie à Théodoric, le règne d'un arien,
quoique d'abord très-réservé envers l'Église, enhardit l'ambition et
la brigue. Le Pape Symmaque eut un rival (498), et après son élection, reconnue légitime par la cour de Ravenne, comme la première
faite et la plus généralement consentie, il se vit en butte aux haineu-
ses intrigues d'une faction. Il jugea convenable d'y répondre de la
même manière que Sixte III. Le Concile *palmaire*, où il se justifia
aussi noblement (501), se tint avec la plus libre régularité, mais toutefois avec l'intervention préalable de l'autorité royale, ce qui impli-
quait tacitement un droit de confirmation, d'où la possibilité d'imposer un choix et de peser indirectement sur l'Eglise par l'intrusion
suprême.

Le mal se découvrit lorsque Jean Ier, obligé par prudence d'aller
comme ambassadeur de Théodoric à Constantinople, et n'ayant p
en conscience en soutenir les exigences hérétiques, n'eut plus a
retour qu'à mourir en prison; alors son successeur fut nommé pa
le chef barbare (526). Heureusement le nouveau Pape, Félix IV, très
estimé du clergé, en obtint l'adhésion. La cour de Ravenne, apri
Théodoric, garda la même prétention, ce qui suscita (530), penda
vingt-neuf jours, un compétiteur à Boniface II, et lui inspira la per
sée de désigner son successeur, expédient assez fâcheux, que le clei
gé et le sénat approuvèrent à regret, et que Boniface annula lui
même dans un Synode, comme contraire aux canons. L'Italie éta
en ce temps-là disputée aux Goths avec avantage par les Grec
Rome principalement en souffrit. La guerre ne connut plus de loi
et un homicide usurpateur, Théodat, plaça sur le Saint-Siége Silv
rius, contre le refus du clergé, qui donna pourtant son assentime
pour ne pas occasionner un schisme. Bélisaire reprit Rome (537),
le rétablissement de l'autorité impériale, après soixante ans de l
cune, s'annonça par une violation plus indécente des règles eccl
siastiques. Dans sa basse soumission aux volontés de l'indigne in
pératrice Théodora, Bélisaire n'hésita pas à exiler le Pape Silveri
et à lui substituer Vigile. Cet intrus, à la mort de son prédécesse
demanda lui-même une nouvelle élection pour effacer l'irrégular
simoniaque de la première. Le clergé, disposé à le rejeter, malgré
protection du victorieux capitaine, finit par céder encore, de pe
d'un schisme, mais en exigeant publiquement une profession de
orthodoxe, que Vigile, au reste, garda, comme on sait, très-cour
geusement dans le cinquième Concile général à Constantinople (55
Ainsi la dépendance de l'Église romaine et de la Papauté se trou

e par la gêne d'une formalité si longtemps inconnue, cette
ément préalable du pouvoir séculier à l'ordination pontifi-
droit politique, né chez les premiers barbares conquérants
ie, devait paraître trop commode aux empereurs grecs et à
: hétérodoxe des chrétiens d'Orient, pour que la cour de By-
: le retînt pas à son tour. Ce droit passa ensuite aux princes
giens, puisaux empereurs allemands; pendant plusieurs siè-
ne fut pas une des moindres calamités qui assaillirent la
de saint Pierre; et pourtant de ce long assujettissement, de
rème débilité est sortie cette nouvelle puissance temporelle
:, qui a vu tomber autour d'elle les trônes, les dynasties, les
ités, et qui demeure toujours la même, inébranlable à toutes
ques, à toutes les révolutions.

t le phénomène que présente la Papauté. On croit le com-
parce qu'on le voit. Les grands publicistes, qui ne sont em-
-s de rien, prétendent en avoir découvert la cause: c'est, seins, une ambition la plus patiente et la plus insatiable, une
t ardente hypocrisie, qu'ils signalent tour à tour avec une
ignation ou un dédain railleur. Ainsi l'ont décidé Saint-Marc,
Sismondi, et, après eux, tous les enfileurs d'annales, de ré-
es et d'observations philosophiques. D'autres, comme les
du protestantisme allemand et leurs écoliers de France, se
ionneur d'une vue plus haute et plus impartiale, y admirent
d'une habileté prompte autant que vigilante à ménager, à
s moindres succès, à diriger les passions humaines et sou-
n tirer de grandes choses. Ces deux manières d'expliquer l'o-
e l'autorité temporelle du Saint-Siège s'appellent des explica-
ionnelles; soit: je ne disputerai pas sur la qualité. Et beau-
: très-bonnes gens, à force de s'instruire à ces perspicacités,
nent cela parfaitement; aujourd'hui surtout, que le monde
oit plus obligé d'être voltairien, qu'on n'a plus à craindre,
nt religion, l'invincible sourire des glorieux de l'ère impé-
ii n'imaginaient pas d'autre Dieu que leur dieu Mars, on ac-
sez facilement quelque estime à l'Église, à la poésie de son
la morale de son Évangile, toutefois avec une certaine pru-
. une conviction égale qu'il faut un Pape pour présider à la
et un conseil d'État pour examiner ses bulles, qui cachent
quelque finesse. Cette variété de doctrinaires, sans trop ap-
r les moyens et l'intention, trouve extrêmement naturel que
ance pontificale se soit élevée par l'influence religieuse, la
rale qui est le plus grand mobile de l'humanité. C'est là
ecret. — Vraiment oui: l'influence religieuse! la force mo-
dinets cela volontiers; c'est assez bien trouvé. Mais voudrait-
lire d'abord ce que c'est que la force morale? D'où elle
ommenl elle s'y prend pour opérer? et comment elle a fait
:r cette puissance visible qu'on nomme la Papauté?

Ensuite, je demanderai si la force morale, l'influence religieuse, le plus grand mobile de l'humanité, quand l'humanité lui obéit, a toujours vu les hommes fort pliables à ses commandements, les princes et leurs ministres fort dociles à ses inspirations? Car nulle action n'a rencontré autant d'obstacles et d'hostilités que celle des Papes. Leur existence n'a été qu'une lutte continue contre ces autres puissances qui possèdent la force matérielle, et que la facilité de décider par le glaive n'a que trop disposées à en abuser à l'égard de cette autorité, toujours humainement très-faible, toute morale qu'elle est, ou plutôt parce qu'elle est essentiellement morale.

Sans doute « *l'homme ne vit pas seulement de pain*, » sublime enseignement que notre intelligence déchue n'aurait jamais connu d'elle-même, et qu'elle ne saurait trop méditer ; l'homme ne vit pas seulement de pain, mais malheureusement il est bien contraint d'en vivre. De même si le droit seul donne à l'autorité une impulsion énergique et une assiette solide, l'influence la plus active, l'autorité la plus recommandable ne peut se passer ici-bas d'un appui matériel, du secours des armes ; et le droit n'est autre chose même que le légitime emploi de la force. Plus on prétend donc assigner une origine naturelle, une cause humaine à la souveraineté temporelle du Saint-Siége, plus il faut nous en montrer les traces et les effets réels. Si ce qu'il plaît d'appeler l'ambition sacerdotale a été l'esprit de la conduite des Papes, personne n'ignore de quoi l'ambition est capable, avec quelle avidité elle épie les occasions, avec quelle audace et quelle adresse elle s'y jette, s'efforce de se faire jour et d'agrandir son cercle. Or les occasions n'ont pas manqué sous l'empire romain ; certes, l'imbécile orgueil de Constance, la domination méprisée de ses eunuques, les odieuses extravagances de Julien l'Apostat, la candide jeunesse de Gratien et de Valentinien II, ont fourni des motifs assez plausibles et des circonstances assez favorables aux Papes Jules Ier, Libérius, Damase, pour commencer à s'affranchir de l'autorité impériale. Du moins, au plus tard, quand les barbares sont venus, c'était le moment ou jamais de tout entreprendre et de tout oser. Si les Papes eussent considéré de cette vue humaine, qu'on suppose si pénétrante, ce débordement imprévu du Nord, qui menaçait la société tout entière d'un irréparable désastre, ils n'avaient d'autre espoir de salut que d'animer et de diriger la résistance.

Et au plus fort de l'ébranlement, quand le sort de l'empire n'était pas décidé, quand des princes sans caractère et des généraux sans dévouement laissaient tout l'Occident ouvert à l'invasion, le Saint-Siége était occupé par ce saint Léon, qui affronta Attila et Genséric au milieu de l'épouvante universelle ; celui-là, dont on ne niera ni le courage, ni le génie, pouvait alors légitimement se faire chef de l'Italie pour la défendre, et peut-être l'eût-il sauvée, en effet, si un Pape n'était qu'un homme comme un autre, et un ambitieux *comme on* le veut.

Une erreur, qui a pris cours et qu'il est à propos de redresser en
passant, c'est que ces vieilles races naguère païennes, accoutumées
aux nonchalantes et frivoles jouissances de la civilisation, avaient
fait nécessairement leur temps ; que leur mollesse, incapable de se
régénérer par le Christianisme, devait céder la place aux races neuves du nord, plus aptes à l'ardente austérité de l'Évangile ; comme si
la Providence avait nécessairement besoin d'un peuple et d'un instrument plutôt que d'un autre. Trois siècles de martyrs, la légion ful-
minante, la légion thébéenne, la durée de l'empire byzantin, et cette
race grecque qui vient de secouer la longue oppression des Turcs,
tout cela proteste suffisamment contre l'impuissance alléguée des nations anciennes. Si l'on pouvait admettre qu'un peuple fût fatalement
destiné à la ruine, ce serait, sans doute, le peuple juif. Cependant,
combien de promesses de prospérité permanente à cette race choisie
et séparée, si sa fidélité la méritait ! Et pourquoi Moïse, Isaïe et le
Sauveur lui-même l'ont-ils tant avertie et menacée, sinon pour
qu'elle évitât le châtiment ? Les Romains comme les Juifs se sont attiré leur perte, ceux-ci par mépris, ceux-là par négligence de la vérité connue, sans quoi ils subsisteraient encore, comme le pensait
saint Augustin (1).

Quant aux barbares, on ne voit pas aisément ce que leur sauvage
adresse apportait d'heureux à l'Église. Plus on étudie le moyen âge
et les effroyables invasions des cinquième et neuvième siècles, plus
on reste convaincu qu'ils ont été le fléau le plus redoutable de la société spirituelle ou chrétienne, même les Francks, les seuls, pendant
assez longtemps, qui se déclarassent catholiques, tous les autres étant
ariens. Dans cette situation désespérée, un événement, qu'on ne devait guère attendre, le baptême de Clovis, offrait tout à coup aux
Papes un expédient imprévu, un seul, il est vrai, mais plein de chances, celui d'enflammer, par le fanatisme, la foi grossière et turbulente des Francks, et de les pousser sur les Goths, les Lombards et les
Grecs. Les conjectures sur le succès d'une telle politique s'établiraient
sur des vraisemblances très-rationnelles. Gibbon n'a-t-il pas dit que
les Évêques ont constitué le royaume de France, et ne sont-ce pas
les Conciles de Tolède qui ont fait le royaume d'Espagne ? Il y avait
alors chez les Papes Symmaque, Hormisdas, Vigile, une intelligence
assez haute, assez ferme pour concevoir et entreprendre un pareil
dessein.

Je sais très-bien que cela ne devait pas être, selon notre appréciation catholique ; mais il s'agit ici de celle de nos adversaires, qui est
tout autre. Considérez bien, leur dirai-je, ce que vous avancez. Vous
appelez la dépendance primitive des Papes, et vous avez raison,
plus que vous ne le savez peut-être ; vous voyez que l'ambition est

(1) S. August. *De Civitate Dei*, 17-2, 4-34, 28.

un défaut de l'humanité, la tentation la plus ordinaire de tout homme en position de s'agrandir; vous avez encore raison. Mais en conclure que les Papes sont absolument des ambitieux et qu'ils ont acquis par-là leur pouvoir temporel, c'est ce que je vous dénie; car, même en disant vrai, vous mentiez en effet.

Nous disons une chose très-historique et très-sensée, quand nous affirmons que les Papes n'ont pas dû faire autrement qu'ils n'ont fait; mais la même affirmation chez vous est fausse, parce que ce qui devait être, selon vos maximes, n'a pas été et ce qui a été ne devait pas être. Puisque à vos yeux le Christianisme n'est qu'une phase de la vie sociale, l'influence pontificale une action de politique toute humaine, un Pape, un homme qui se conduit par les mêmes sentiments et les mêmes intérêts que tous les autres, vous êtes obligés de nous montrer ces sentiments et ces intérêts dans la conduite des Papes; il faut nous prouver que s'ils ne sont pas devenus plus tôt princes temporels, c'est qu'ils n'ont pas pu, que les occasions et les moyens leur ont manqué. Plus l'ambition est profonde, persévérante, plus il sera facile d'en surprendre et d'en noter les tentatives. Car il n'y a jamais eu, il n'y aura jamais d'ambition qui se contente et se nourrisse de menées sourdes, de ressorts cachés, d'une influence secrète dans une attente séculaire. Etrange assertion qui suppose des causes et des effets contradictoires!

Les impartiaux ou mitoyens, qui veulent qu'on n'outre rien d'un côté ni de l'autre, croiront témoigner une très-digne déférence à la religion et au Saint-Siége, en faisant l'apologie des temps anciens aux dépens des temps modernes et en objectant que les Papes des premières époques ne réclamaient pas le pouvoir temporel, qu'ils se reconnaissaient sujets et tenus à la soumission commune, et qu'on est mal fondé à prétendre pour eux ce qu'ils ne prétendaient pas eux-mêmes. — Rien n'est plus certain que cette absence de toute prétention de la part des Papes; s'ils avaient cru avoir droit au pouvoir temporel, ils l'auraient réclamé indubitablement et l'auraient obtenu beaucoup plus tôt. Je vais plus loin encore: les Papes n'y ont pas songé; ils n'ont pas vu les circonstances les plus favorables à leur élévation temporelle, et qu'ils pouvaient très-honorablement accepter. Les événements ont tout fait, sans eux et malgré eux, comme l'a si bien dit le comte de Maistre dans un de ces mille éclairs de vérité qui jaillissaient de ce lumineux esprit (1).

Comment cela est-il arrivé? Comment cela est-il possible? C'est ce que nous ferons voir.

ÉDOUARD DUMONT.

(1) *Du Pape*, 2-6.

L'un des Propriétaires-Gérants, CHARLES DE RIANCEY.

Imp. BAILLY, DIVRY et Comp., place Sorbonne, 2.

L'AMI DE LA RELIGION.

Liberté d'Enseignement.
—

RAPPORT DE M. BEUGNOT.
—

ous mettons immédiatement sous les yeux de nos lecteurs les
cipaux passages du Rapport déposé par M. Beugnot, au nom de
ommission chargée par l'Assemblée législative d'examiner le
et de loi sur l'instruction publique (1).

ous ne savons encore ce que deviendra ce projet, ni le sort que les
cultés politiques du moment lui réservent. Quoi qu'il en soit, le
port de M. Beugnot restera comme un des monuments les plus
ortants de la controverse soulevée à cet égard.

a question y est traitée à fond. Ce grand travail est digne du pu-
iste éminent qui, en le rédigeant, y a marqué l'empreinte élevée
on caractère et toute l'étendue de son esprit.

e plus, ce n'est pas au fond une œuvre purement individuelle,
s en quelque sorte collective. On sait les noms des hommes con-
rables qui y ont pris part, et qui s'y sont associés par leurs déli-
tions et par leur assentiment.

armi les membres de cette seconde commission, nos amis auront
ouvé avec bonheur et reconnu avec confiance, à côté de ceux qui
ient déjà fait partie de la première commission, l'adjonction de
nseurs aussi anciens et aussi éprouvés de la liberté d'enseigne-
t. Citons notamment, avec M. Beugnot, Mgr l'Evêque de Lan-
, et MM. de Barthélemy, de l'Espinay, etc.

ous ne disons pas assurément que cette œuvre soit désormais à
ri de toute contestation particulière et de toute critique de détail.
s-mêmes nous aurons sans doute à proposer à ce sujet des obser-
ons et des réserves. Nous le ferons avec autant de franchise que
modération.

es membres de la seconde commission, comme ceux de la pre-
re, ont éprouvé, eux aussi, que les catholiques ne sont seuls, ni
s l'Assemblée, ni dans la société; et que, par conséquent, lorsqu'il
it de votes à obtenir et de lois à faire passer, on est bien obligé
compter souvent avec la majorité, et quelquefois même avec la
orité.

ne serait donc pas juste ni exact de considérer le projet de la

(1) Cette commission est composée de MM. Salmon, Coquerel, Baze, de Melun (Ille-
ilaine), de l'Espinay, Sauvaire-Barthélemy, Dufougerais, Barthélemy-Saint-Hi-
, de Montalembert, Rouher, Thiers, Beugnot, Fresneau, Janvier, Parisis.

commission, pas plus que le projet de M. de Falloux, comme leur œuvre exclusive, comme leur symbole absolu, comme l'expression de tous leurs vœux et la satisfaction de tous leurs désirs.

Toutefois, la seconde commission n'a perdu ni son temps ni ses peines. Et le Rapport auquel elle a donné son adhésion, est un éclatant et nouveau témoignage des progrès immenses acquis depuis dix-huit mois à la sainte cause au triomphe de laquelle nous consacrons tous nos efforts.

On y verra en effet, en grande partie du moins, les éclaircissements, les modifications, les développements qui ont été demandés, et que nous avons pour notre part réclamés et provoqués avec insistance.

C'est ainsi que la commission a pu fortifier dans leur application quelques-uns des principes solennellement consacrés déjà dans le projet primitif, et réaliser plus sûrement un certain nombre d'améliorations désirables qui s'y trouvaient comprises, au moins implicitement et en germe.

Le Rapport de M. Beugnot justifiera ces considérations.

Il suit l'ordre indiqué dans le projet de loi par la division de ses trois titres : 1° AUTORITÉS; 2° ENSEIGNEMENT PRIMAIRE; 3° ENSEIGNE-MENT SECONDAIRE.

TITRE PREMIER.

DES AUTORITÉS.

1° Le rapporteur aborde ainsi le *chapitre premier*, relatif au conseil supérieur :

« Le ministre de l'instruction publique exerce les droits réservés à l'État sur l'enseignement public ou privé. Il doit jouir dans l'accomplissement de ses devoirs d'une pleine liberté, car il est responsable devant l'Assemblée législative de chacun de ses actes. La loi ne pourrait donc restreindre son pouvoir ou en entraver l'action sans violer les principes constitutionnels ; mais il lui est permis d'imposer au ministre l'obligation de prendre, avant de se décider dans toutes les questions graves, l'avis d'un conseil dont elle aurait à l'avance déterminé la composition, de manière à entourer le ministre des lumières les plus pures de l'expérience et à prévenir toute erreur de sa part. C'est ce que le projet de loi se propose de faire. »

Ce conseil (M. Beugnot insiste sur ce changement fondamental), ce conseil ne sera plus ni par son but, ni par son organisation, ni par ses attributions semblable au conseil de l'université.

« Si l'on veut, dit M. Beugnot, donner une idée précise et juste de cette institution appropriée au principe de la liberté, il faut dire qu'elle représentera les droits et les intérêts de la société tout entière, et que son influence devra être aussi sage et aussi impartiale qu'elle sera puissante et vénérée. »

La composition du conseil où siégeront quinze personnes étrangères à la profession de l'enseignement, et onze autres qui l'auront pratiqué à différents titres, ne tend, au point de vue du législateur, qu'à lui imprimer le caractère supérieur qui vient déjà d'être indiqué. *C'est ce* que le Rapport confirme en ces termes :

« En combinant ensemble ces deux éléments qui se fondront si vite en un seul, la loi montre que son intention est de remettre à la société elle-même, représentée par ce qu'elle a de plus sage et de plus éclairé, la direction suprême de l'enseignement. »

Nous lisons encore, page 21 :

« La religion, les familles, l'Université et les écoles libres sont représentées dans une proportion équitable. Il est à présumer que l'esprit de critique s'épuisera en savants calculs pour démontrer que la répartition des voix dans le conseil fera pencher quelquefois la balance de tel ou tel côté au détriment de la justice. Convaincus que les hommes éminents ou distingués appelés à siéger au sein de ce conseil ne se trouveront pas longtemps en rapport les uns avec les autres, sans qu'une seule et même pensée ne les inspire, nous ne nous arrêterons pas à ces combinaisons d'une arithmétique arbitraire auxquelles chaque opinion pourrait également s'abandonner. »

On sait que la première catégorie des conseillers se compose de *trois* Archevêques ou Évêques nommés par leurs collègues, d'*un* pasteur protestant, d'*un* membre du consistoire central israélite, de *trois* membres de l'Institut, de *trois* magistrats de la Cour de cassation nommés par leurs collègues, et de *trois* conseillers d'État dont le projet primitif réservait la désignation au ministre, et que la commission propose de laisser au choix du Conseil d'État lui-même.

La présence des trois Archevêques et Évêques a été l'un des points qui ont rencontré le plus de difficultés et d'objections de la part de quelques-uns des adversaires du projet. Ceux-ci soutenaient avec instance que la position offerte à NN. SS. les Évêques dans le conseil supérieur n'était pas acceptable, parce qu'en y entrant ils abandonnaient aux autres membres de la commission une part du pouvoir spirituel qu'ils possèdent de droit divin sur la direction morale et religieuse des consciences. Nous avons toujours répondu, de notre côté, qu'une telle supposition n'avait pu entrer dans la tête de qui que ce fût. On n'a pas moins persisté à dire que nous ne savions pas quelles avaient été les intentions des membres de la première commission, et, qu'en tout cas, si elles avaient été telles que nous les supportions, la commission de l'Assemblée se garderait bien d'y adhérer.

Voici la déclaration formelle de la commission à cet égard :

« Qui s'étonnerait que l'Épiscopat français soit appelé à veiller, par l'intermédiaire des trois délégués qu'il possèdera dans le sein du conseil, sur la direction morale et religieuse de l'éducation publique ? ARBITRES SOUVERAINS SUR TOUTES LES MATIÈRES QUI TOUCHERONT DE PRÈS OU DE LOIN A DES VÉRITÉS DONT ILS SONT LES GARDIENS NATURELS, les Évêques trouveront dans cette fonction spéciale le principe d'une haute influence sur les délibérations du conseil, si le caractère qui brille en eux et leur sagesse ne devaient pas la leur faire promptement acquérir. »

Ainsi les Évêques, dans la commission comme partout, resteront, de l'aveu de tout le monde, les ARBITRES SOUVERAINS SUR TOUTES LES MATIÈRES QUI TOUCHENT DE PRÈS OU DE LOIN A LA FOI. Nous répétons ces expressions : sont-elles claires ?

Si la pensée du projet et de la commission n'était pas encore assez évidente, la manière dont est résolue et expliquée la question des livres serait un nouvel exemple qui achèverait surabondamment de la mettre en lumière :

« Les seuls livres qui devront être défendus dans les établissements particuliers seront les ouvrages contraires à la morale, à la Constitution ou aux lois.

Les livres consacrés à l'exposition des dogmes religieux ne seront admis dans les écoles publiques ou privées que *revêtus de l'approbation de l'*AUTORITÉ RELIGIEUSE,*diocésaine ou consistoriale.* »

Feront encore partie du conseil, en outre de *trois membres* appartenant à l'enseignement libre, HUIT MEMBRES choisis par le Président de la République, en conseil des ministres, parmi les anciens conseillers de l'Université, les inspecteurs généraux, les recteurs et professeurs des Facultés; et ces HUIT MEMBRES, dans le plan de la commission comme dans le projet primitif, formeront une section particulière dont il importe de bien préciser la composition personnelle, le rôle spécial et les véritables moyens d'influence.

Quant à la composition du personnel, voici une remarque capitale :

« Si l'on prétendait que la section permanente perpétuera sous le régime nouveau les traditions du régime ancien et qu'elle ne sera en définitive que le conseil de l'Université déguisé et tout aussi puissant qu'au temps passé, nous répondrions qu'*un tiers des inspecteurs généraux et une partie des recteurs devant appartenir ou avoir appartenu à l'enseignement libre*, il s'ensuit que des membres de cet enseignement entreront dans la section permanente. C'est *pour leur y réserver quelques places* que nous n'avons pas réduit le nombre des membres de cette section. »

Ainsi, non-seulement l'enseignement libre sera représenté dans le conseil par trois membres, qui y seront admis à ce titre, mais il pourra avoir aussi une place importante dans la section permanente.

Quant aux attributions mêmes qui pourraient donner occasion à la section permanente d'exercer une action excessive ou des empiétements redoutables, on a voulu les limiter : 1° par l'objet même auquel elles s'appliqueront, puisqu'elles ne porteront exclusivement que sur les écoles payées par l'Etat, et en aucune manière et en aucun cas sur les établissements libres; 2° par les attributions générales au contraire et supérieures du conseil tout entier, en dehors duquel la loi ne laisse « que les purs détails d'administration. »

En telle sorte que les membres de la section permanente ne seront, en dehors de ce conseil supérieur, que des chefs de bureau ou de division, attachés, dans un rang plus élevé, au ministère de l'instruction publique.

Tel sera donc le mécanisme de cette institution; telles en seront les conséquences pratiques :

« Considérée en dehors du conseil supérieur, la section permanente est, comme nous l'avons dit, un simple conseil d'administration, qui prépare le travail et les décisions du ministre, dans les affaires de second ordre, et *relatives seulement aux écoles publiques dont il serait impossible que le conseil supérieur connût.* La multiplicité de ces affaires et le grand nombre de personnes qu'elles intéressent exigent que cette section soit permanente.

« Le conseil supérieur devant étendre sa sollicitude, sa haute surveillance et sa juridiction disciplinaire aussi bien sur les établissements de l'Etat que sur les établissements *libres, arrêter les programmes*, rédiger les règlements, distribuer les encouragements, etc., nous ne comprendrions pas que l'on essayât de soutenir que la section permanente, dans laquelle entreront des membres de l'enseignement libre, à raison des fonctions publiques qu'ils auront remplies, s'emparera de tout le pouvoir et n'en laissera que la trompeuse apparence au reste du conseil. Si ceux qui se disposent à faire concurrence aux écoles publiques n'avaient pas plus de foi en eux-mêmes et dans leur droit, il serait permis de concevoir des craintes sur l'avenir de la liberté d'enseignement.

«Si l'influence des membres de la section permanente est conquise sur la faiblesse et l'indifférence des autres membres du conseil, de ceux qui ont plus particulièrement la mission de stipuler pour la liberté, ils ne pourront s'en prendre qu'à eux-mêmes, car la loi se sera attachée à leur fournir tous les moyens de faire respecter le droit et prospérer les intérêts dont ils sont les défenseurs.

«Au surplus, ne nous préoccupons pas de craintes sans fondement et formons-nous une plus juste idée de l'esprit qui animera un conseil composé d'hommes d'élite, de citoyens éminents, de Pontifes vénérés, de grands magistrats, sur la haute intelligence desquels il n'est pas à craindre que les préventions et l'esprit de parti exercent de l'empire. Après avoir traversé les difficultés que rencontre toute institution naissante, celle-ci, nous en sommes convaincus, marchera d'un pas ferme vers le but indiqué, vers le perfectionnement non interrompu de l'éducation publique par la liberté.»

2° Le Rapport examine ensuite l'organisation *des conseils académiques*, qui forme le *chapitre deuxième.*

Il déclare nettement que, sous un *mot ancien*, ces conseils sont une *chose* nouvelle :

«Le projet de loi *crée des institutions nouvelles*, mais il conserve les *anciennes dénominations*, respectant ainsi, sans qu'on puisse l'en blâmer, la puissance de l'habitude, si grande en notre pays sur tout ce qui se rapporte à l'administration publique.

«Dans chaque département, il existera, sous la désignation reçue de *conseil académique*, un conseil chargé de veiller sur l'enseignement, la discipline et l'administration économiques des écoles de l'État, *et sur les droits des écoles libres* : sur les développements de l'enseignement secondaire ou supérieur, comme sur les détails de l'instruction primaire, et qui jugera, en matière contentieuse et disciplinaire, sauf recours, en certains cas, les membres de l'enseignement public et de l'enseignement libre. Il se trouvera donc au chef-lieu, ou sur tout autre point de chaque circonscription départementale, une institution qui sera pour le département ce que sera le conseil supérieur pour la France entière.»

Le nombre des *Académies* se trouverait ainsi porté à quatre-vingt-six. Pourquoi ?

«Le projet propose d'accorder à chaque département une institution spéciale, chargée de veiller sur les intérêts et les besoins de l'enseignement, analogue à celle qu'y possèdent les divers services publics. On ne conçoit pas, en effet, que le plus grand intérêt moral de la société soit traité avec moins de faveur que les intérêts matériels et secondaires du pays. Il y a là une lacune évidente dans le système de nos institutions scolaires. Nous saisissons l'occasion de la combler, et comme le dit l'exposé des motifs, de décharger le pouvoir central des innombrables institutions sous le poids desquelles il fléchit, en rendant aux pouvoirs locaux des droits dont ils peuvent et sauront mieux user que lui.»

D'autres raisons non moins graves viennent appuyer cette considération essentielle.

«A nos yeux, l'établissement de la liberté d'enseigner doit être, pour le système entier d'instruction publique, le signal d'une réforme profonde qui, dans les écoles de l'État, place l'éducation au niveau de l'instruction ; mette en honneur dans les écoles libres les méthodes les plus perfectionnées d'enseignement, fasse sortir l'instruction primaire de la voie où elle est entrée, et communique à tous les membres de l'enseignement, quels qu'ils soient, une ardeur pour le bien, et une connaissance de leurs de-

.oirs, qui ne s'affaiblissent jamais. Cette réforme, à laquelle nous ne craignons pas d'attacher les destinées de notre nation, ne pourrait s'accomplir au moyen des académies actuelles, dont le nombre serait évidemment insuffisant.

« Lorsque les dispositions du projet de loi et les amendements de la commission relatifs à l'instruction primaire seront connus, on comprendra que cette partie seule du service exigerait, dans chaque département, un pouvoir énergique, actif, vigilant, auquel, certes, des occupations nombreuses et variées ne manqueraient pas. Si nous ajoutons que les conseils académiques auront dans leurs attributions l'administration supérieure des facultés, des lycées et des colléges communaux, les affaires contentieuses et disciplinaires, et enfin la surveillance des maisons particulières d'éducation, sans parler de beaucoup d'autres devoirs que la loi nouvelle leur impose, nous aurons démontré que ces conseils destinés à exercer, dans les départements, la plus forte portion de pouvoir réservé à l'État sur l'instruction, ne seront pas de simples comités d'enseignement primaire, et que la demande du gouvernement ne saurait être repoussée. En présence de si grands intérêt, s'arrêter devant une dépense en elle-même peu considérable ne nous paraît pas possible. »

Nous mettrons en réserve tout ce que dit le Rapport sur le *conseil spécial à la ville de Paris*, et sur la *présidence* du conseil académique que les uns veulent donner au *recteur*, les autres au préfet. Sur ce dernier point la commission s'est divisée par moitié, et nous aurons à développer davantage notre sentiment sur ce sujet comme sur le précédent. Nous insisterons seulement, pour éclairer dès à présent le terrain de cette discussion, sur l'observation fondamentale que M. Beugnot a déjà faite et qu'il reproduit dans les termes suivants :

« Le projet de loi compose le conseil académique à l'image du conseil supérieur mais il accorde, dans le sein de ce conseil, une représentation plus forte à l'intérêt général de la société qu'aux connaissances spéciales en matière d'enseignement, parce que le conseil académique sera une institution locale, organe des besoins et des vœux des familles. dans laquelle on n'apercevra même plus les vestiges d'une institution universitaire. Le nom seul aura été conservé. Nous ne comprendrions pas qu'un mot induisît en erreur et portât ombrage. »

M. Beugnot termine le chapitre deuxième du titre premier par ces paroles :

« La loi se montre confiante et généreuse envers les conseils académiques ; elle le remet le soin de veiller sur l'instruction publique dans le département, ne réservant pour le pouvoir central que ce qui forme ses attributions essentielles. Les départements comprendront-ils l'étendue de ce bienfait, et qu'en leur abandonnant le droit de diriger l'éducation de la jeunesse, nous plaçons le plus cher de leurs intérêts sous l'égide leur conscience et de leur patriotisme ? Trouveront-ils sans peine des citoyens actifs zélés, pleins d'amour pour le bien, qui brigueront, non pour s'en décorer, mais pour remplir avec ardeur, les fonctions de membres du conseil académique ? Les propositions que nous faisons à l'Assemblée sont notre réponse. Nous croyons à la sincérité des vœux exprimés en faveur de la liberté de l'enseignement, et que ces vœux contenaient des engagements. S'il ne devait résulter des débats soulevés au sujet de cette liberté que des pétitions, des discours et des écrits ; si, au moment de mettre la main à l'œuvre chacun s'isolait dans son intérêt privé, et cherchait dans la prétendue insuffisance de la loi la cause de son *inaction*, nous nous serions sans doute trompés. »

Les mêmes pensées avaient été exprimées déjà un peu plus haut

« Cette loi enlève à l'Université sa suprématie, ses priviléges, ce qui forme ce qu'on appelle son monopole. Le gouvernement de l'instruction générale va passer des mains d'un seul aux mains de tous, en vertu de ce principe dont le projet de loi poursuit sans cesse *l'application*, à savoir que les gouvernés pourront tous devenir gouvernants à leur tour. Si l'on conserve, sous un régime si nouveau, les préventions et les craintes conçues sous le régime précédent, s'il suffit d'une simple qualification empruntée au vocabulaire de l'Université pour jeter dans le cœur des amis de la liberté d'enseignement d'aussi vives alarmes; si, sur un tel motif, il est vrai, ce que nous sommes loin de croire, que les Évêques éprouveront des scrupules à venir occuper la place qui leur est réservée au sein des conseils académiques, évidemment nous poursuivons une entreprise chimérique et nous ne réussirons, ni nous ni personne, à fonder cette liberté. »

3° Venant au *troisième chapitre* du titre premier, la commission n'a pas confondu deux choses distinctes, quoiqu'elles doivent concourir au même but : *l'Inspection* et *la surveillance*.

« La *surveillance* et l'*inspection* sont, sous deux aspects différents, le même moyen employé pour maintenir dans les maisons d'éducation le respect des bons principes et le culte des fortes études.

La *surveillance, devant être exercée à tous les instants*, appartient *nécessairement aux autorités locales*, et afin qu'elle ne puisse s'endormir, ou contracter des habitudes de faiblesse, l'inspection vient, à certaines époques, vérifier ses actes et ranimer son zèle, s'il s'est énervé. »

Tout en faisant ensuite une part d'honneur bien grande à l'inspection, le Rapport ne dissimule pas que c'est surtout la force des faits existants et la facilité d'employer des instruments que nous avons sous la main « qui l'ont conduite à s'efforcer de les disposer pour l'emploi nouveau qui doit en être fait. »

« Le projet de loi, ajoute-t-il, lève une grande difficulté, en déclarant que l'inspection des établissements libres *ne peut porter que sur la moralité, le respect de la Constitution et des lois, et l'hygiène*. LES MÉTHODES SONT ET DOIVENT DEMEURER LIBRES. Sur ce point, l'instituteur n'a de compte à rendre qu'aux familles. La liberté que celles-ci réclament, et à juste titre, leur imposera de sérieux devoirs et, entre autres, celui de veiller par elles-mêmes à ce que l'instituteur tienne fidèlement ses engagements et conforme son enseignement au programme qu'il a publié.

« Vainement demanderait-on d'autoriser l'inspection des méthodes seulement pour les constater et pour fournir au conseil supérieur les indications dont il a besoin, afin de pouvoir juger des progrès ou du déclin de l'instruction générale, car cette autorisation, qui dégénèrerait en abus, et porterait indirectement de graves atteintes à la liberté, n'apprendrait rien à un inspecteur qu'il ne pût savoir de tout instituteur libre dans l'établissement duquel d'heureuses innovations auraient été introduites; pourquoi cet instituteur dissimulerait-il des succès ? »

La liberté, qui trouve une première sauvegarde contre les abus de l'inspection dans les limites auxquelles elle est restreinte, en possèdera une seconde dans la constitution de cet important service, s'il est loyalement organisé. C'est du moins l'espoir, c'est le vœu de la commission, qui, pour en rendre la réalisation plus aisée, donne au ministre plus de latitude qu'il n'en demandait lui-même dans le choix des inspecteurs.

Qu'on en juge par les paragraphes qui terminent l'examen du TITRE PREMIER :

« Les inspecteurs d'académie seront choisis par le ministre sur une liste d'admissibilité présentée par le conseil supérieur, et sur laquelle les chefs d'institution libres et leurs professeurs pourront aussi bien être portés que les fonctionnaires des écoles de l'État ; de plus, un tiers des inspecteurs généraux sera pris parmi les membres appartenant ou ayant appartenu à l'enseignement libre : la loi satisfait donc à ce que réclame l'égalité entre les concurrents. L'inspection sera réciproque.

« Les inspecteurs sortis des institutions particulières porteront au sein des écoles de l'État le culte des règles de la véritable éducation. A leur tour, les inspecteurs vieillis dans les colléges de l'État apprendront aux instituteurs particuliers à perfectionner leurs méthodes d'enseignement et leurs réglements d'études. Chacun prêtera son concours, offert et accepté volontairement, à l'œuvre de la régénération de l'instruction publique, et là où tant d'esprits inquiets ou prévenus s'attendaient à ne trouver que lutte et envie, on verra naître l'union de tous dans la pensée de bien faire et de justifier la confiance des familles.

« La commission approuve donc le système d'inspection proposé par le projet de loi; mais, afin de laisser au ministre ou au conseil supérieur une plus grande latitude dans le choix des personnes appelées aux fonctions d'inspecteurs, elle pense qu'il ne convient pas d'imposer à ceux-ci le grade de licencié et dix ans d'exercice, indépendamment du stage. Des membres de l'enseignement public ou de l'enseignement libre pourraient être d'excellents inspecteurs et ne pas remplir ces trois conditions. »

TITRE DEUXIÈME.

L'ENSEIGNEMENT PRIMAIRE.

La loi de 1833 a été longtemps l'objet d'une espèce de culte passionné et exclusif. On l'appelait avec emphase la *Charte de l'instruction primaire*. Quand nous en avons signalé hautement les vices et les périls, on a presque crié au scandale!

Aujourd'hui cette déplorable législation a eu ses effets, et l'arbre est jugé par ses fruits.

Les esprits les plus modérés la jugent aujourd'hui avec une sévérité trop fondée, et M. Beugnot est leur véritable organe quand il s'adresse, dans les termes qu'on va lire, à ceux qui prendraient encore sur ce point la défense de cette œuvre et du *statu quo*.

Ils invoquent le succès :

« Nous répondrons, dit M. Beugnot, que si le législateur de 1833 se proposait pour but unique d'augmenter le nombre des écoles primaires, et des élèves qui les fréquentent, il a certainement réussi; mais que s'il entrait dans sa pensée de rendre, en outre, meilleure, plus efficace, plus morale, mieux appropriée aux besoins réels de la classe populaire, l'instruction donnée dans ces écoles; d'assurer des soins paternels à cœur et à l'intelligence naissante des enfants, afin que l'enseignement devînt pour les classes laborieuses un principe d'ordre, d'amélioration véritable et de bonheur, il est permis de douter que son succès eût été aussi complet, et l'on se demande avec une inquiétude croissante, comme le dit si bien le sage auteur du projet de loi, s'il n'eût pas mieux valu n'ouvrir d'écoles qu'avec la certitude de n'avoir pas plus tard à les fermer. »

Après une critique vraie, ferme, et de la législation présente, et de la manière dont elle a été mise en vigueur, et des fruits qu'elle a produits, le rapporteur aborde le chapitre des *instituteurs*.

Ici la loi a un double but à atteindre, autant qu'il est possible protéger le bien et empêcher le mal.

En ce qui touche la protection du bien, le dévouement religieux et la charité chrétienne ne réclament que deux choses : une véritable et sage liberté, une légitime part à certaines immunités que l'État accorde déjà à ceux qui prennent l'engagement de servir le pays en se consacrant à l'enseignement.

On se rappelle les indignes et odieuses vexations, les scandaleuses *poursuites* auxquelles l'enseignement charitable a été trop souvent en butte. **La commission de l'Assemblée a pensé à cet égard comme celle qui l'a précédée, et elle entend que la loi future mette un terme à ces entraves ridicules et à ces restrictions stupides.**

« Des curés, des prêtres, des fonctionnaires de l'enseignement public, d'anciens officiers ou sous-officiers de l'armée ne pourraient s'astreindre à subir un examen public, ni justifier du certificat de stage. Est-il juste cependant de leur interdire d'ouvrir une école? N'offrent-ils pas toutes les garanties de savoir que nous désirons? La loi ne serait-elle pas plus libérale sur ce point que celle de 1833 ? Nous sommes d'avis que le brevet de capacité et le certificat de stage, puissent être suppléés par le diplôme de bachelier ou tout autre titre jugé équivalent par le conseil académique... »

Et nous lisons encore:

« La loi doit être exécutée, mais avec discernement et en respectant le bien partout où il se fait, et les coutumes que l'esprit de charité a établies. Il s'agit de garantir l'instruction primaire contre toute corruption possible, contre tout danger réel et non de faire sentir jusque dans les hameaux la main d'une autorité exclusive et jalouse.

« Ainsi, liberté aux personnes charitables d'enseigner gratuitement à lire et à écrire, et de faire le catéchisme aux enfants; liberté pour les curés et les vicaires de remplir ce pieux devoir; liberté aussi et encouragements, s'il se peut, à ces pauvres *sous-maîtres*, dont parlait naguère, avec un si touchant intérêt, le conseil général du Jura, qui « fixés pendant les mois d'hiver à la glèbe ingrate de l'instruction, dans l'intérêt des plus misérables habitants des montagnes, vont offrir leurs bras pendant l'été, aux travaux de la terre, et paient eux-mêmes et entretiennent, par leurs faibles économies, comme laboureurs et faucheurs, leur dévouement pendant la mauvaise saison. » Nous ne voulons rien de plus que la répression de la fraude et de la cupidité. »

Il avait été demandé, dans le sein de la commission, que les membres des congrégations religieuses vouées à l'enseignement eussent la faculté de suppléer le brevet de capacité par les lettres d'obédience qui leur sont accordées après un long noviciat et de sévères examens.

Cette proposition n'a été repoussée qu'à la simple majorité d'une voix.

Le rapporteur expose ensuite le sentiment qui a prévalu parmi ses collègues au sujet: 1° de l'inamovibilité des instituteurs ; 2° de leur nomination et de leur révocation ; 3° de l'exemption militaire ; 4° de leur recrutement.

1° L'inamovibilité des instituteurs ne s'appuie sur aucune raison péremptoire ; elle ne produit que des inconvénients :

« Tout nous engage donc à faire rentrer les instituteurs sous le régime commun et à confier au conseil académique, autorité éclairée, bienveillante, voisine, qu'aucune prévention, aucun intérêt particulier n'excitera ni ne fera agir, le droit de les nommer, de les changer de résidence et de les révoquer, non pas s'ils commettent tel ou tel acte qualifié négligence ou faute grave par la loi actuelle et qui les rend justiciables du comité d'arrondissement; mais si le conseil, dans sa conscience, ne croit plus que leurs services puissent être utiles à l'enfance. »

2° Le paragraphe suivant n'est que la conséquence de l'explication du premier :

« Nous attribuons donc le droit absolu de nomination au conseil académique, qui sera toutefois obligé de choisir l'instituteur, conformément au vœu exprimé par le conseil municipal de la commune, soit parmi les brevetés, soit sur la présentation faite par les supérieurs des congrégations enseignantes reconnues par l'État.

« Lorsque nous disons que le conseil académique devra choisir, si tel est le vœu du communes, des instituteurs parmi les congrégations religieuses reconnues par l'État nous entendons qu'il tiendra compte des circonstances et des usages, et qu'il peut porter son choix sur des membres de congrégations établies et en instance pour être re- connues, si toutefois elles méritent et lui inspirent de la confiance. Pour qu'une con- grégation religieuse obtienne d'être reconnue, il faut d'abord qu'elle existe, et qu'en- suite elle ait mérité, par ses travaux et ses succès, d'être revêtue d'un caractère légal, dont le gouvernement ne s'est jamais montré prodigue. La congrégation des Frères de Marie, de l'Instruction chrétienne, a commencé en 1816, à Notre-Dame de l'Hermitage (Loiret); elle compte actuellement 800 sujets, 140 maisons d'école, réparties dans 16 dé- partements, et dans ces écoles environ 20,000 enfants. Cependant malgré des demandes en autorisation qui remontent à l'année 1830, cette utile et laborieuse congrégation n'est pas encore reconnue. Les conseils académiques pourront lui demander des in- stituteurs, ainsi qu'à toutes les congrégations qui se trouvent dans une situation ana- logue. »

3° L'exemption militaire est maintenue et rendue égale pour tous, mais à des conditions plus sévères :

« Comme l'inamovibilité, l'exemption du service militaire a été accordée aux jeunes gens qui se destinent à l'enseignement primaire public, et aux membres ou novices des congrégations religieuses vouées à l'enseignement, afin de provoquer des vocations vers une carrière difficile et ingrate. Nous n'avons aucune objection à présenter contre cette immunité, que le temps a consacrée; nous pensons seulement que l'engagement de se vouer pendant dix ans à l'enseignement primaire public ne suffit pas pour être dispensé du service militaire, de cette dette contractée par tous les citoyens enver leur mère commune ; des fonctions ou des professions non moins importantes que celles d'instituteur n'en sont pas affranchies. Nous élevons à quinze ans la durée de l'engagement. »

4° Enfin, la commission a résolument abordé le point où l'on peut placer la source principale des dangers et des vices qui font de l'en- seignement primaire, tel qu'il est aujourd'hui donné, un fléau plutô qu'un bienfait.

Nous publions en entier ce remarquable passage :

« L'erreur capitale de la loi de 1833 fut d'imposer à l'instituteur primaire un sa misérable, et en même temps d'exiger de lui des connaissances variées, brillantes, et sûrement très-inutiles à la fonction qu'il doit remplir. On a tenté récemment d'amé iorer sa position, et ce n'a été que justice ; mais quelle que soit la munificence du lé gislateur, jamais elle n'élèvera le sort de l'instituteur au niveau de l'éducation qu'il reçue et des désirs que cette éducation fait germer dans son cœur.

« On a fondé à grands frais, non pas, comme la raison l'indiquait, loin du tumulte de villes, mais dans les chefs-lieux de 78 départements, des écoles normales primaires, o des élèves maîtres doivent se former, sous la direction de professeurs habiles, à l'exerci de leur profession et à la pratique des méthodes perfectionnées. Des établissements d ce genre existent et ont, dit-on, réussi en Allemagne : on en conclut qu'ils réussiraie en France. Le programme de l'enseignement primaire ayant été amplifié, les études on pris dans ces écoles des accroissements exagérés et sans but. Croirait-on qu'on y en seigne les logarithmes, l'algèbre, la trigonométrie, la cosmographie dans ses théories a tronomiques, et qu'on y donne, non pas des notions élémentaires et usuelles, mais de cours entiers et complets de géométrie, de physique, de chimie, de mécanique, etc.

« L'élève acquiert promptement la preuve de l'inutilité d'un pareil enseignement, ca il n'est pas même interrogé sur ces matières par les commissions d'examen, dont le pro gramme n'est plus en rapport avec celui des écoles normales, qui tous les jours s'e grandit.

« Quant à l'instruction religieuse et morale et à la pédagogie, qui devraient être l base des études, leur enseignement y languit, moins par la faute des directeurs et de maîtres, que par celle des élèves qui puisent dans leurs travaux scientifiques et littérai

...un esprit bien différent de celui que nous souhaitons de voir se répandre dans les campagnes.

« Quand on songe que les jeunes instituteurs sortis de ces établissements, véritables académies, n'ont pour toute perspective, après deux ou trois années d'études, qui excitent leur esprit et ouvrent leur imagination aux plus brillantes espérances, que la chétive et monotone existence d'un maître d'école de village, existence qu'ils envisageaient de loin, sans en deviner la tristesse et les dégoûts, on ne se sent pas la force de blâmer leurs écarts, on réserve sa sévérité pour le législateur qui, cédant à un amour irréfléchi de l'innovation et à l'autorité d'exemples inapplicables à notre pays, n'a pas vu qu'en transformant les instituteurs primaires en des demi-savants, il en faisait des hommes malheureux et des mécontents.

« Le danger de cet enseignement n'a pas échappé à la pénétration de tous les ministres qui, sous le dernier gouvernement, dirigèrent l'instruction publique. L'un des plus distingués d'entre eux, devinant pour ainsi dire ce qui arriverait, disait en 1840 :

« Si l'enseignement de ces établissements était mal ordonné ou trop développé sur quelques points, si les prétentions d'un faux savoir y remplaçaient les connaissances saines et positives, si l'esprit religieux et moral, la droiture des principes, la simplicité des habitudes n'y dominaient, on pourrait craindre que la société ne fût plus troublée que secondée par tant d'instituteurs qui seraient mécontents de leur état, et n'en connaîtraient pas les devoirs et le but. »

« Si nous parcourions les procès-verbaux des conseils généraux pour les sessions des quatre ou cinq dernières années, nous trouverions les craintes exprimées par le prudent ministre, devenues de tristes réalités, qui suscitent partout les plaintes les plus vives, et par malheur aussi les mieux motivées. Évidemment, il existe là une source de désordres que l'Assemblée dans sa sagesse doit tarir.

« Faut-il nous attacher à corriger et à faire rentrer dans de justes limites, l'enseignement des écoles normales, afin de pouvoir conserver, sans danger pour la société, des établissements que les départements n'ont pas élevés sans de longs efforts et de lourds sacrifices ?

« Votre commission a résolu cette question négativement.

« Si l'on restreint l'enseignement des écoles normales à ce qu'il devrait être, elles deviennent inutiles ; s'il est conservé, il se développera encore, et l'on ne peut dire ce que deviendront ces établissements.

« Quelle que soit l'autorité des exemples puisés à des sources étrangères, il est certain que les véritables écoles normales sont les écoles primaires elles-mêmes où des jeunes gens, qu'aucune séduction n'attire, peuvent sous la direction de maîtres vieillis dans la carrière, et en les voyant à l'œuvre, apprendre, bien mieux que dans les livres ou qu'aux leçons de savants professeurs, un art qui n'a pas, à vrai dire, de théorie. En annexant des écoles primaires aux écoles normales, afin de fournir aux élèves les moyens de mettre en application les principes qu'on leur enseigne, les fondateurs de ces écoles ne nous ont-ils pas indiqué où se donne le véritable enseignement normal ?

« Le jeune homme qui volontairement ira s'enfermer dans une école primaire afin d'obtenir un jour le brevet de capacité, connaîtra de bonne heure les difficultés et les privations de l'existence à laquelle il se destine, et si la vue des obstacles qu'il aura plus tard à surmonter ne le rebute pas, si au contraire son émulation est excitée par l'exemple du maître sous lequel il vit et dont il deviendra bientôt l'égal et l'ami, alors on pourra dire qu'une vocation sincère et durable existe en lui. Nous aurons trouvé, sans efforts pénibles, sans grandes dépenses et sans tout le luxe scientifique des écoles normales, le véritable instituteur primaire, simple, laborieux, borné dans ses besoins et dans ses désirs, et pour lequel ses écoliers et sa commune seront le monde tout entier, en un mot l'instituteur que les écoles normales ne nous ont point donné et qu'elles ne nous donneront jamais.

« On regarde ces écoles comme nécessaires au recrutement du corps nombreux des instituteurs primaires ; on se plaît à affirmer que sans les mille instituteurs environ qu'elles fournissent annuellement, les écoles communales se dépeupleraient avec rapidité. Ce ne sont pas les écoles normales qui provoquent les vocations. Les plaintes des conseils généraux contre la désertion des élèves-maîtres en faveur desquels ils avaient payé les frais d'études et de pension, attestent qu'elles en détruisent autant qu'elles en font naître.

« La commission est d'avis, non pas de supprimer l'enseignement normal, mais de l'améliorer en le ramenant à sa véritable source, et il n'y aurait aucune raison de prétendre qu'elle enlève à l'enseignement laïque les moyens de se recruter et de prospérer. Nous supprimons un abus, un danger, et pas autre chose.

« Dans une société tourmentée par la passion des emplois publics, où la foule des aspirants encombre toutes les professions libérales, une fonction dans laquelle on est assuré de trouver, avec la dispense du service militaire, des moyens d'existence, ne sera jamais dédaignée. Si elle devait l'être par ceux qui ne la recherchent qu'en vue des avantages qu'elle procure, il n'y aurait pas lieu de nous alarmer. L'appel de la patrie serait entendu par les instituts religieux dont l'unique mission est de former pour l'enfance des instituteurs qui concentrent sur elle leurs pensées, leurs affections, leur vie entière. Les vides faits dans le corps des instituteurs primaires par le calcul et l'égoïsme seroient comblés par le dévouement.

« Les departements pourront, s'ils le jugent nécessaire, employer une partie des fonds qu'ils votaient pour l'entretien de leurs écoles normales, à créer dans les meilleures écoles primaires des bourses d'élèves-maîtres et à distribuer des récompenses aux instituteurs qui auront le mieux et le plus formé de ces élèves. Ajoutons que la commission ne demande pas de fermer sur le champ ces établissements. Des dispositions réglementaires donneront aux conseils généraux le temps nécessaire pour opérer cette réforme avec la prudence et les ménagements désirables.

A la fin du titre deuxième se trouve entamée la question, aussi délicate qu'elle est grave, des *Écoles de filles*. Nous en ferons pour notre part l'objet d'un examen spécial.

Voici en quels termes le rapporteur de la commission s'exprime ensuite sur les pensionnats primaires :

« La législation ne s'est pas montrée jusqu'ici très-favorable à l'établissement des pensionnats primaires, dont l'inconvénient est de rompre les habitudes de famille au moment où l'enfant commence à en sentir la douceur ; mais il existe, par malheur, un si grand nombre d'enfants auxquels on ne peut rendre de plus grand service que de les arracher aux exemples qu'ils reçoivent dans leur famille, que nous ne saurions trop applaudir aux succès obtenus par des pensionnats primaires établis dans un esprit de désintéressement et de charité. Les pensionnats de ce genre préparent à l'éducation professionnelle, qui s'est développée, dans ces derniers temps, sous l'influence des progrès de l'industrie. Il est à souhaiter que ce genre nouveau d'éducation prenne son point d'appui dans la religion et la morale, car il n'a ni pour but, ni pour effet de purifier et d'élever l'esprit. »

Nous arrivons au dernier titre du projet, au sujet duquel la controverse a été la plus vive et la plus persistante.

(*La fin au prochain numero.*)

M. Beugnot a déposé, indépendamment du Rapport que nous analysons plus haut, un autre Rapport sur une question préjudicielle qui avait été posée en ces termes :

« L'Assemblée doit-elle ordonner le renvoi au conseil d'État du projet de loi présenté par le gouvernement ? »

La commission a pensé :

1° Que la communication au conseil d'État des projets de lois organiques, *n'est pas obligatoire* pour le gouvernement.

2° Que le renvoi du projet de loi primitif à l'examen du conseil d'Etat, serait sans objet, puisque la discussion s'établira sur le projet de loi amendé dans le fond et dans la forme par la commission.

3° Que l'Assemblée ne doit point regretter que le projet de loi primitif n'ait pas été soumis à l'examen du conseil d'État, car ce projet est le fruit des délibérations d'une commission composée des hommes les plus éclairés et les plus compétents sur cette matière.

Par ces considérations, la commission propose de passer à la discussion.

Séance de l'Assemblée.

Il est devenu proverbial dans l'Assemblée, que les journées d'interpellation sont des jours complètement et tumultueusement perdus. C'est un malheur, et un malheur dû à la conduite persévérante de la Montagne. Un droit aussi précieux, aussi grave ne devrait être exercé, si on veut lui garder toute sa puissance, qu'avec la plus grande réserve. A force d'en user et d'en abuser, on le compromet, on l'amoindrit, on le ruine. Aujourd'hui ni M. Napoléon Bonaparte, ni M. Émile Barrault, ni M. Pierre Leroux n'ont voulu mentir à l'adage. Le premier a occupé de sa personne et de ses griefs une assez bonne partie de la séance : il s'agissait d'une priorité de rapport. Après un débat assez confus, l'Assemblée a repoussé la prétention de M. Bonaparte; la discussion de sa proposition, relative à l'abrogation des lois de proscription contre la maison de Bourbon, n'aura lieu qu'après celle du projet analogue de M. Creton.

M. Émile Barrault a subi aussi un échec; ses interpellations, sur la nomination du préfet d'Alger, ont été éloignées par l'ordre du jour.

Quant à M. Pierre Leroux, il a longuement parlé sur des faits de violence dont quelques-uns de ses amis auraient été victimes à propos d'un procès qui se rattache au complot du 13 juin.

M. le président du conseil a fait vigoureusement justice des allégations de l'orateur : il a vengé les magistrats attaqués, et a professé les vraies doctrines sur le respect dû à l'action des lois et des tribunaux. Après avoir établi les principes les plus incontestables sur le droit d'investigation qui appartient aux juges instructeurs, le ministre a lu ensuite quelques rapports, desquels il résulte que les prétendues violences dont se plaint M. Pierre Leroux se réduisent à avoir attaché avec des cordes les bras d'inculpés prêts à s'échapper, dans une ville où leurs partisans avaient monté une échauffourée pour les dégager. Si, du reste, ces prévenus ont été conduits à pied, c'est qu'ils l'ont voulu, disant « que des prolétaires comme eux n'allaient pas en voiture. » En réalité, ils ont très-bien accepté la voiture, lorsque les lieux où ils espéraient faire de l'effet ont été franchis.

M. Bac a voulu ranimer ce débat expirant. L'Assemblée l'a clos en reprenant son ordre du jour purement et simplement, après avoir renvoyé à un mois de nouvelles interpellations de M. Chavoix.

La souscription pour la publication des discours de M. de Montalembert et de M. de la Rosière, et du rapport de M. Thiers, sur les affaires de Rome, est ouverte au secrétariat du *Comité électoral de la Liberté religieuse*, chez MM. Lecoffre et Cie, rue du Vieux-Colombier, 29 ; aux bureaux de l'*Ami de la Religion*, 29, rue Cassette, et des autres feuilles religieuses.

En outre, les personnes qui désireraient avoir le discours de M. de Montalembert seul, le trouveront chez MM. Lecoffre et Cie, au prix de 5 c.

Discussion sur les affaires de Rome.

Encore un mot sur cette grande discussion dont les catholiques conserveront avec soin et reconnaissance les plus précieux monuments.

C'est un beau succès, sous tous les rapports, que notre cause a remporté la semaine dernière à l'Assemblée législative.

La politique française, en Italie, y a été, il est vrai, injuriée par la Montagne, dénaturée par le tiers-parti, effacée par le ministère mais elle a été admirablement retracée par M. Thiers, invinciblement justifiée par M. de la Rosière, magnifiquement développée e glorifiée par M. de Montalembert.

La Montagne a apporté dans ces débats des violences et des outrages.

L'opposition de la gauche, des piéges et des chicanes ;

Le ministère, des équivoques.

Mais M. Thiers a fait entendre le langage du bon sens et de l vraie politique.

M. de la Rosière a rappelé les principes élémentaires, les antéc dents historiques, les règles essentielles de la diplomatie.

Enfin M. de Montalembert a élevé la question dans la sphère d idées les plus généreuses, des plus nobles sentiments, de la foi plus pure, des plus magnifiques inspirations et des plus larges poin de vue.

M. Thiers avait montré que notre intervention avait été une né cessité de l'intérêt national.

M. de la Rosière a prouvé qu'elle était inévitable selon les princ pes et dans les conditions normales du droit européen.

M. de Montalembert a eu l'honneur de rehausser et d'éclairer en core plus cette immense question en faisant sentir à tous les espri et à tous les cœurs qu'elle n'était pas seulement française et eur péenne, mais catholique.

Ainsi, dans cette discussion, tout a été du côté de la justice et d bon droit, la forme comme le fond, l'abondance des preuves, la v riété des arguments, la force du talent et le prestige de l'éloquenc

Le Motu proprio.

Nous lisons ce matin, dans une correspondance de Rome, le passage suivant adressé au *Journal des Débats* :

« En France, on juge tout au point de vue français, et je crois qu'on désire et qu'on demande pour tel ou tel autre peuple souvent plus que ce peuple lui-même ne désire et ne demande pour lui. Le fait est que les réformes promises dans le *motu proprio*, si elles doivent être réalisées sincèrement, sont A LA FOIS ET TOUT CE QUE PEUT DONNER le Pape et tout ce que peut supporter son peuple. »

Le *Journal des Débats*, après s'être déplorablement égaré dans la question romaine, avait déjà commencé à être éclairé par le Rapport de M. Thiers et par le discours de M. de Montalembert. Maintenant ce sont ses correspondants eux-mêmes qui achèvent de lui ouvrir les yeux.

La *Démocratie pacifique* attribue à M. de Montalembert, pour s'en faire un prétexte d'attaque, un article de l'*Univers* sur l'origine de la République.

C'est tout simplement une invention du journal phalanstérien, invention qui n'a pas le moindre fondement.

Nous pouvons affirmer que M. de Montalembert n'a inséré qu'un seul article dans l'*Univers* depuis la Révolution de février jusqu'à la convocation de l'Assemblée nationale.

Cet article n'avait aucun rapport avec celui que lui prête la *Démocratie pacifique*. Il a paru le 28 février et il était signé.

La *Démocratie pacifique* peut rechercher cet article et le reproduire, si elle veut. Nous en serions charmé pour notre compte.

Nouvelles de Naples.

Les journaux italiens sont remplis de détails sur les visites faites par le Saint-Père dans plusieurs monastères et établissements publics de Naples ou des environs.

On ne sait ce qu'on doit le plus admirer, au milieu de tous ces récits, des sentiments de vénération, de pieuse joie, d'émotion et d'amour des peuples à la vue du Père commun de la chrétienté, ou de cette aimable bonté qui marque, pour ainsi dire, chacun des pas de Pie IX. Le défaut d'espace nous oblige à renvoyer à un autre jour les détails sur ce sujet.

L'Association catholique religieuse d'Allemagne et le Comité de la liberté religieuse de Paris.

La lettre suivante, adressée par M. Joseph Wick, licencié en théologie, président de l'Association catholique d'Allemagne, à M. le président du Comité électoral de la liberté religieuse :

« Très-honoré Comte,

« Le témoignage de cordiale sympathie que vous avez adressé à l'Association catholique d'Allemagne, m'impose l'agréable devoir, en ma qualité de président actuel de cette Association, de vous exprimer nos chaleureux remercîments. Le zèle religieux que vous déployez, Monsieur le Comte, de concert avec les membres du Comité catholique de France, et le saint dévouement avec lequel vous défendez la liberté de l'Église de Jésus-Christ et ses droits, seront assurément un éclatant exemple offert à notre imitation. Afin que vous voyez, Monsieur le Comte, combien nous avons la bonne volonté de concourir en quelque chose à la gloire de Dieu, à l'édification de notre sainte mère l'Eglise catholique, et au bonheur de l'humanité, j'ai l'honneur de vous adresser le compte-rendu officiel de la seconde assemblée générale de l'Association catholique d'Allemagne, qui s'est tenue à Breslau au mois de mai de cette année. J'ai l'honneur d'ajouter l'assurance qu'une union plus étroite avec l'Association catholique de France, nous rendra toujours très-heureux. Je salue cordialement nos frères les catholiques de France, et je me dis, Monsieur le Comte, avec une haute considération, votre très-humble serviteur.

« Le président de l'Association catholique d'Allemagne,

« Joseph WICK, licencié en théologie.

« Breslau, en Silésie, le 20 septembre 1849. »

NOUVELLES RELIGIEUSES.

FRANCE.— DIOCÈSE DE TOURS.— Mgr l'archevêque de Tours, qui doit aller présider à Rennes le Concile de sa province, a invité le R. P. de Ravignan à l'y accompagner comme son théologien.

DIOCÈSE DE GRENOBLE. — Nous recevons de Grenoble d'intéressants détails sur une cérémonie religieuse dont la Chartreuse vient d'être témoin :

« Le dimanche, 30 septembre, Mgr l'Évêque de Gap a consacré solennellement la magnifique église que les religieux de la Grande-Chartreuse viennent de faire bâtir dans la paroisse de Saint-Pierre-de-Chartreuse qui avait été incendiée, il y a quelques années. Ces pieux cénobites, qui ne vivent que de privations, ont trouvé le moyen de construire une église digne du moyen âge et de l'enrichir de tous les objets nécessaires à la célébration du culte. La chaire, les fonts baptismaux, la table de communion, les stalles confectionnées par des religieux, sont du goût le plus épuré. Les deux cloches données aussi par la Chartreuse figureraient très-bien dans une grande cathédrale. M. l'abbé Combalot, à l'occasion de la consécration de cette église, a prononcé un remarquable discours.

« Rappelant les mots dont bien des fois on a abusé, liberté, égalité, fraternité, ces mots qu'on rencontre aujourd'hui partout reproduits sous nos yeux, mais qui, il faut bien le reconnaître, ne sont nulle part moins que dans les cœurs, l'orateur a fait voir que le christianisme seul avait produit la chose, comme lui seul la réalise dans la société et dans l'habitude de la vie.

« Le dimanche suivant, 7 octobre, le même Prélat a fait l'ordination dans l'église de la Grande-Chartreuse, en remplacement du vénérable Évêque de Grenoble, que l'âge et les infirmités avaient empêché de monter au désert. Les ordinants, au nombre de douze, étaient tous religieux profès; savoir : quatre tonsurés, quatre minorés, deux sous-diacres, un diacre et un prêtre. Ce fut un tableau des plus solennels que celui que présenta le moment de l'imposition des mains : quarante-cinq religieux entouraient le Pontife, et, avec lui, étendant la main sur *la tête de ce jeune prêtre prosterné*, leur frère dans le cloître, et qui allait le devenir aussi dans le sacerdoce, appelaient sur lui, par la ferveur de leurs prières, ces dons célestes, cette vertu vivifiante du Saint-Esprit qu'invoquaient en même temps les paroles que l'Église met dans la bouche de l'Évêque. »

ITALIE.—DIOCÈSE DE TURIN.=On lit dans l'*Armonia* de Turin :

« Nous apprenons qu'une pétition se signe en ce moment par le clergé séculier et régulier du diocèse de Turin pour demander au gouvernement que S. E. Mgr Fransoni soit au plutôt rappelé à son siége, et puisse se livrer librement et avec sécurité au soin de son troupeau, suivant le vœu de tous les gens de bien du diocèse.

Espérons, ajoute l'*Armonia*, que le gouvernement saura tenir compte du vœu des populations et lui donner satisfaction.

ITALIE. — DUCHÉ DE PARME. — Nous avons déjà parlé plusieurs fois du décret du duc de Parme qui abolit dans ses Etats l'ordre des Bénédictins. Les journaux italiens rapportent un nouveau décret de ce prince créant une commission à l'effet de faire le partage entre les pauvres, les hospices de Parme et divers couvents, des approvisionnements en vivres qui appartenaient au monastère supprimé de Saint-Jean-l'Evangéliste.

Les éclaircissements donnés par le gouvernement de Parme, à la date du 29 septembre, ne paraissent pas à l'*Osservatore* suffisants pour justifier sa mesure. S'il y avait des coupables, dit ce journal, revenant à l'occasion de ces éclaircissements sur cet acte contre lequel il s'était déjà élevé avec énergie, s'il y avait des coupables on pouvait sévir contre eux et les bannir tous depuis le premier jusqu'au dernier ; mais prononcer l'abolition de l'ordre, jamais on n'aurait dû le faire ; si cette abolition était nécessaire, le Saint-Siége (et lui seul), pouvait l'ordonner.

Sans doute, ajoute l'*Osservatore*, nous regardons le duc de Parme comme un prince éminemment catholique ; mais pourtant il est vrai qu'il n'a pas procédé comme tel. Ce n'est pas assez de différer dans ses actes de la manière de faire des démocrates, il faut de plus procéder et agir selon les lois du catholicisme.

Bulletin de la politique étrangère.

Le gouvernement a reçu aujourd'hui des nouvelles de Saint-Pétersbourg et de Constantinople. Le différend qui existe entre les deux puissances alliées et la Turquie n'est pas terminé, mais tout espoir de transaction n'est pas encore perdu. Dans l'état présent des choses, la Russie ni l'Autriche ne veulent céder. Elles exigent que la Porte leur accorde l'extradition des Hongrois insurgés qui se sont réfugiés sur son territoire. D'après les dernières dépêches reçues, il résulterait que si l'espoir d'un accommodement, dans un avenir plus ou moins prochain, n'est pas perdu, de très-grandes difficultés surgissent journellement, et donnent lieu à de sérieuses appréhensions. Il ne faut pas perdre de vue qu'il s'agit ici non d'un conflit dont l'Orient devrait seul être le théâtre, mais d'une guerre générale, d'une conflagration qui pourrait bouleverser l'Europe entière. Le Président de la République, qui veut que la voix de la France soit partout écoutée, est inébranlablement résolu, nous le savons, à ne pas laisser porter la moindre atteinte, sous ce rapport, à l'honneur du pays. Mais, en des temps *comme les nôtres*, il faut se tenir en garde contre les entraînements les plus généreux. C'est ce que comprend à merveille la majorité de la Chambre qui veut cependant, elle aussi, que la parole de la France soit haute et respectée. Cette majorité pense qu'une guerre générale serait un immense malheur pour le pays; elle fera tous ses efforts pour empêcher que cette guerre n'éclate, tant qu'elle ne croira pas que l'honneur de la France l'exige impérieusement. Il faut que le pays, comme l'Assemblée, prenne devant l'Europe cette attitude grave qui annonce la résolution et,l'énergie, mais qui n'exclut pas la prudence.

Il était question aujourd'hui à la Chambre d'interpellations prochaines sur les affaires turco-russes. Il est probable que le cabinet ne les acceptera qu'autant qu'il aurait reçu de ses ambassadeurs à Vienne, à Londres, à Constantinople et à Saint-Pétersbourg des renseignements certains et des réponses catégoriques. Les correspondances de Vienne s'accordent à dire que si la France veut mettre de la modération dans son langage, comme elle l'a fait jusqu'ici, il n'est pas douteux que ces grandes affaires ne se terminent pacifiquement. Il n'y a que d'imprudentes bravades qui puissent jeter le pays dans une guerre où il aurait à lutter contre les armées formidables des trois grandes puissances du Nord, avec le concours peut-être peu loyal et assurément éphémère de l'Angleterre.

La *Gazette de Vienne* du 16 publie, dans sa partie officielle, la convention conclue entre l'Autriche et la Prusse, au sujet du pouvoir central provisoire pour l'Allemagne. Le *Moniteur prussien*, qui n'avait pas encore donné cette pièce, la reproduit d'après la *Gazette de Vienne*. Elle ne diffère guère de celle qui est connue depuis une huitaine de jours par la voie de Francfort. La *Gazette de Vienne* l'a fait suivre de la ratification de l'Autriche, en date du 12 octobre, et de la déclaration suivante du vicaire de l'empire : « Je donne mon assentiment à la convention conclue à Vienne, le 20 septembre dernier, entre le gouvernement autrichien et le gouvernement prussien, au sujet de la formation d'un nouveau pouvoir central provisoire pour l'Allemagne, et fixée par le prince Schwartzenberg et le comte Bernstorff.

« Je déclare, en outre, que, dès que l'assentiment de tous les gouvernements allemands aura été accordé à cette convention, je serai prêt à déposer ma dignité de vicaire de l'Empire, et à remettre entre les mains de S. M. l'empereur d'Autriche et de S. M. le roi de Prusse les droits et les devoirs qui m'ont été confiés par l'Assemblée nationale, le 12 juillet 1848. »

La *Gazette de Breslau* nous apprend que le père du comte Leiningen-Westerbourg, récemment exécuté dans Arad, vient de mourir de chagrin; il était âgé de quatre-vingts ans et avait le grade de feld-maréchal-lieutenant en retraite. C'est l'aïeul de l'infortuné Batthyanyi qui, dans la diète historique de Presbourg, où Marie-Thérèse implora le secours des Hongrois contre l'armée victorieuse de *Frédéric* II, prononça le fameux mot : « *Moriamur pro rege nostro*

Maria-Theresa », et que toute l'Assemblée des magnats répéta avec enthousiasme.

ASSEMBLÉE LÉGISLATIVE.

Séance du 22 octobre. — PRÉSIDENCE DE M. NAPOLÉON DARU.

M. NAPOLÉON BONAPARTE. Je me plains de ce que la commission de l'initiative parlementaire ait fait un rapport sur une proposition tendant à rapporter le décret du 27 juin relatif aux insurgés de juin, plutôt que sur mes propositions relatives à l'abrogation du bannissement de la famille des Bourbons.

Je me plains de ce qu'après avoir fait un premier rapport sur ma proposition première, quand elle était complexe, la commission d'initiative parlementaire ait pris celle de M. Creton, pour laisser ainsi de côté les miennes, qui sont beaucoup plus complètes et beaucoup plus actuelles.

M. Dupin m'a dit naïvement qu'on préférait être agréable à M. Creton, qui est de la majorité. Cette explication ne me satisfait pas.

M. PISCATORY, président de la commission. L'Assemblée ayant été saisie de la proposition de M. Creton avant celle de M. Louis Bonaparte, il a paru convenable de faire d'abord le rapport sur la proposition de M. Creton.

L'Assemblée, consultée, vote dans ce sens.

Après de longs débats entre MM. de Larochejaquelein et Thouret, au sujet de la demande d'interpellations faite par M. Émile Barrault sur la nomination de M. Lautour-Mizeray, préfet de l'Algérie, l'Assemblée passe à l'ordre du jour.

L'Assemblée fixe à lundi les interpellations de M. Francisque Bouvet sur la mise en état de siége de la 6e division militaire.

M. PIERRE LEROUX lit et développe son mémoire tendant à prouver que MM. Desage, avocat à Boussac, son gendre, et Desmoulins, son ami, ont été arrêtés indûment et traités avec une rigueur inouïe ; que, de plus, des lettres ont été ouvertes à la poste.

M. ODILON BARROT. Personne plus que moi ne désire concilier les devoirs de la justice avec les droits de l'humanité ; mais, chef de la magistrature, je dois le premier donner l'exemple du respect à ses actes. Le pouvoir judiciaire a cru devoir examiner la conduite des deux prévenus ; il l'a pu ; nous devons nous incliner devant ses décisions.

Quant à la façon dont les prévenus ont été conduits de Boussac à Lyon, ce sont eux qui ont voulu partir à pied, en disant que des prolétaires n'allaient pas en voiture. Ils y sont cependant montés, à Chambon, parce qu'ils avaient produit leur effet.

Pour la violation du secret des lettres, il est des cas exceptionnels où elle est permise à la justice, qui a le droit de fouiller les endroits les plus intimes de la maison des citoyens. La juridiction militaire qui s'est saisie de l'examen de la conduite de MM. Desages et Desmoulins a parfaitement pu user de ce droit.

M. BAC. Je prétends que les prévenus ont été jetés dans des cachots, couchés sur une paille humide.

Je soutiens en droit que la juridiction militaire n'avait pas le pouvoir d'appeler devant elle les prévenus.

L'Assemblée remet à trois mois des interpellations de M. Chavoix sur des vexations qui se seraient commises dans la maison d'arrêt de Périgueux.

M. LE GÉNÉRAL D'HAUTPOUL propose d'ajourner son projet de loi tendant à modifier les règles de l'avancement de l'armée.

M. LE COLONEL CHARRAS. Il y a urgence, surtout en ce qui concerne les sous-officiers, à discuter le projet du général d'Hautpoul.

M. LE GÉNÉRAL BEDEAU. Je n'entends pas, au nom de la commission, discuter la question au fond, mais je crois qu'il y a lieu d'ajourner.

L'Assemblée vote l'ajournement.

CHRONIQUE ET FAITS DIVERS.

Le *Moniteur* de ce jour n'a pas de partie officielle.

Résultat officiel du recensement des votes dans le département de la Seine-Inférieure.

Votants,	91,769
M. Bourdon,	60,852
M. Deschamps,	29,174
Voix perdues,	1,743
Majorité de M. Bourdon,	31,678

— Le conseil des ministres s'est réuni aujourd'hui à midi à l'Élysée. Tous les ministres, excepté M. de Falloux, retenu encore par l'état de sa santé au château de Stors, y ont assisté.

Nous n'avons pas besoin de dire que les bruits de modification ministérielle qui ont couru sont dénués de fondement.

— Nous sommes priés d'insérer la note suivante :

Une lettre indirectement attribuée à M. le ministre de l'instruction publique et que l'on prétendait avoir été adressée à M. de Corcelles, parut, il y a quelques semaines, dans un journal italien et fut reproduite par plusieurs journaux français.

Ce document portait tellement en lui-même sa propre réfutation, que M. de Falloux, qui du reste n'était pas nominativement désigné, se reposa sur le bon sens public pour en faire justice.

Hier, le journal la *Presse* a été plus loin ; il a publié cette lettre avec le nom de M. de Falloux en tête, lui a donné une date et l'a posée en regard d'un passage du discours de M. de Montalembert.

En conséquence, M. de Falloux ne peut pas laisser l'opinion se méprendre sur son silence et déclare cette pièce absolument controuvée.   (*Patrie.*)

— On lit dans un journal belge :

« L'empereur de Russie a envoyé 100,000 fr. à M. Horace Vernet. C'est le prix du magnifique tableau que cet habile artiste a fait parvenir dernièrement à Saint-Pétersbourg. »

— L'*Oressend-Posten* rapporte, d'après des lettres de Copenhague, que Louis-Philippe négocie depuis longtemps avec la couronne danoise pour l'achat du château royal Fredensbourg, situé entre Copenhague et Helsingbord. Il a l'intention d'y finir ses jours.

BOURSE DU 22 OCTOBRE.

Le 3 p. 100 a débuté au comptant à 55 90, a fait 56 au plus haut, et reste à 55 90.

Le 5 p. 100 a débuté au comptant à 88 10, a fait 88 35 au plus haut, et reste à 88 10.

Les actions de la Banque ont été cotées à 2,335 50.

L'un des Propriétaires-Gérants, CHARLES DE RIANCEY.

Paris, imp. BAILLY, DIVRY et Comp., place Sorbonne, 2.

L'AMI DE LA RELIGION.

Mgr l'Archevêque de Bordeaux a bien voulu joindre la recommandation suivante, en faveur de l'*Ami de la Religion*, à une circulaire qu'il vient d'adresser à son clergé :

« Je profite de cette occasion, Monsieur le curé, pour vous recommander, ainsi qu'à tous vos confrères, un journal connu avantageusement depuis un grand nombre d'années dans le clergé de France, auquel il est spécialement destiné : c'est l'*Ami de la Religion*, qui paraîtra désormais tous les jours, au prix de 32 fr. par année. Les garanties qu'il offre par le caractère sage de sa rédaction, par l'exactitude qui l'accompagne, et surtout par son dévouement aux intérêts de la religion et du clergé, réclament en faveur de ce journal une confiance et un concours que je m'applaudirai de lui voir obtenir de plus en plus dans mon diocèse. »

AFFAIRES DE ROME.

On lira avec un vif intérêt la correspondance suivante, qui nous est adressée de Rome. La légitime anxiété que manifeste notre correspondant sera prochainement calmée : l'attitude de la majorité pendant la mémorable discussion des affaires de Rome, le magnifique élan d'enthousiasme et de respect produit par le discours de M. de Montalembert, rassureront tous les esprits aussi bien qu'ils apporteront une douce et profonde consolation au cœur du Père des fidèles.

Correspondance particulière de L'AMI DE LA RELIGION.

Rome, 14 octobre 1849.

« L'importance des nouvelles attendues de France, l'anxiété qu'inspire les résolutions prises déjà peut-être par la majorité de notre Assemblée législative, tout cela a arraché les esprits aux discussions pratiques pour les jeter de nouveau sur le terrain des généralités et des contemplations rétrospectives : quelques-uns de nos profonds politiques, dédaignant les détails, s'élancent même du premier coup jusqu'au sommet de la difficulté, et déclarent qu'il ne reste plus à la France qu'un seul moyen de sortir de la question romaine : c'est *de sortir de Rome*. A leur sens, ce ne serait pas demain, ce serait aujourd'hui qu'il faudrait quitter Rome : ils nous précipiteraient ainsi volontiers, du même coup, dans une sottise et dans une lâcheté.

« Non, nous ne pouvons pas quitter Rome parce que nous avons bien fait, religieusement et politiquement parlant, d'y venir ; parce que si l'expédition était à recommencer demain, il faudrait, sans hesiter, la recommencer ; on a invoqué dans le temps la nécessité de maintenir notre influence en Italie ; cette raison est sérieuse et respectable ; mais il est facile de voir aujourd'hui que, pour être complètement dans le vrai, c'est avec des principes plus élevés et plus généreux, c'est sous d'autres aspects qu'il faut apprécier la question ; les embarras même dans lesquels nous nous trouvons doivent faire comprendre combien la Papauté importe à l'intérêt et au salut politique du monde, combien tout ce qui touche à sa souveraineté même temporelle est intimement lié avec les notions d'autorité, base trop méconnue aujourd'hui de nos sociétés. Il fallait venir à Rome pour sauvegarder ces grands principes ; il fallait y venir surtout, parce que la France est la fille aînée, la fille chérie de l'Église ; parce que les outrages faits au Chef vénéré de la Chrétienté sont ses propres outrages, et qu'entre Barabbas et l'admirable vicaire de Jésus-Christ, elle ne pouvait pas préférer Barabbas.

« Il est vrai que nous sommes tombés dans une situation des plus difficiles, et cela à la suite de l'expédition ; mais est-ce à cette expédition elle-même qu'il faut nous en prendre ? En aucune façon ; nous devons surtout en accuser nos fautes, fautes commencées, ne craignons pas de le reconnaître, le jour même où, pour la première fois, le gouvernement a porté à la tribune la question de l'intervention romaine, et qui se sont trop longtemps continuées depuis. Pourquoi, dès l'origine, ne pas avoir déclaré franchement, simplement le triple but qui nous conduisait vers Rome : le rétablissement de l'autorité temporelle du Saint-Père, notre appui dans les réformes modérées qu'il voulait accorder à son peuple, le maintien de notre juste influence en Italie ? Ce point, sans vouloir parler de ce qu'on pourrait appeler nos autres fautes, suffirait pour expliquer les embarras d'aujourd'hui ; pour être juste, il faut ajouter que l'éloignement du Saint-Père de sa capitale, et les retards apportés à la publication du *motu proprio* du 12 septembre dernier, ont singulièrement aggravé sa position.

« Toutes ces difficultés, quels que soient d'ailleurs leur origine et leurs causes, constituent-elles une situation inextricable ? Je suis persuadé du contraire, d'autant plus que plusieurs déjà ont disparu.

« Que le gouvernement se place dans le vrai, qu'il se prononce nettement devant la Chambre pour la politique modérée, que tout en tenant compte de l'opinion publique, il ne lui donne pas une importance exagérée, qu'il écarte, d'une part, les fantômes du saint-office et de l'inquisition, de l'autre, les paroles hautaines comme celles de la lettre du président de la République, qu'il dirige sa diplomatie vers un but ferme et défini, et je suis convaincu que l'on reconnaîtra bientôt que rien n'était perdu.

« Si cependant la France, après être entrée dans cette voie, voyait *échouer ses efforts*, il lui resterait encore une ressource extrême, ainsi *que plusieurs journaux* l'ont déjà annoncé, ce serait de faire appel à un Congrès où elle prendrait un rang d'autant plus honorable qu'elle aurait montré précédemment plus de modération.

« Nous nous trouvons en présence de deux actes considérables : le *Motu proprio* du 12 septembre et l'amnistie du 19 du même mois.

« On a déjà beaucoup parlé en France du *Motu proprio;* mais ce qu'on ne saurait trop répéter, c'est que cet acte pontifical, considéré comme programme, — et il ne s'est jamais annoncé avec la prétention d'être autre chose — satisfait pleinement à Rome les hommes modérés. On dit que l'ambassadeur de France a cru devoir diriger des réclamations ou une sorte de protestation contre cette pièce, pour obéir à la teneur de ses instructions; il n'en est pas moins vrai qu'elle promet les seules réformes dont le peuple romain soit capable, celles qui sont le plus appropriées à ses besoins et à ses antécédents.

« On ne peut sans injustice apprécier d'une manière absolue le manifeste du 12 septembre; sa valeur dépendra des lois organiques dont il contient la promesse. Jusque-là il faut suspendre son jugement et employer tous ses efforts pour donner à ces lois toute la perfection dont elles sont susceptibles. Il est si contraire à la vérité de dire que le Saint Père soit, dans ces circonstances, inquiété par des pensées de défiance contre la France, qu'on assure qu'il y a quelques mois déjà, il avait demandé à notre gouvernement de lui envoyer des hommes spéciaux, ayant fait leurs preuves dans l'administration, afin de s'éclairer de leurs conseils. Nous avons vu alors venir à Rome MM. Boulatignier et Frémy : le premier, ancien membre de l'Assemblée constituante et aujourd'hui conseiller d'État; le second, représentant du peuple à l'Assemblée législative et ancien secrétaire général du ministère de l'intérieur. Ces deux messieurs sont partis pour Naples, appelés formellement, dit-on, par le Saint Père. Il est impossible de donner à notre pays une preuve plus évidente de bon vouloir et de bienveillance.

« L'erreur du gouvernement dans les affaires de Rome, c'est une ignorance des véritables conditions de l'Église et de la Papauté; il s'était imaginé obtenir quelque succès d'enthousiasme et d'aventure qui lui permît de se présenter en triomphateur devant la Chambre et devant le pays; cela n'était pas possible avec les habitudes de réserve et de prudence de la cour pontificale.

« Quant à l'amnistie, j'étonnerais beaucoup sans doute les politiques du *National* et des feuilles socialistes, en disant qu'elle est pour moi la preuve de la sincérité et de la droiture du gouvernement romain : et cependant rien n'est plus vrai. Il n'arrive que trop souvent que de pareils actes promettent beaucoup plus qu'ils ne donnent; c'est le contraire qui a eu lieu ici. En définitive, il n'y a pas eu du fait de l'amnistie, et pour crime politique, *une seule incarcération;* et l'autorité pontificale s'est prêtée de la meilleure grâce du monde aux passeports délivrés par l'administration française, et sait-on, en définitive, quel sera le chiffre de cette effroyable émigration? Il ne dépassera pas trois cents personnes, et cela après huit mois de violence et d'anarchie. Il faut avouer qu'en France, quand nous faisons de la transportation, nous avons la main un peu plus rude. On ignore aussi trop généralement que la plupart de ceux qui se sont trouvés atteints par cette mesure d'expulsion sont presque tous d'anciens et d'ingrats amnistiés qui devaient à Pie IX leur retour dans leur patrie.

« Je vois qu'aujourd'hui j'ai fait un peu comme tout le monde, et qu'au lieu de vous entretenir des événements courants, je me suis aussi lancé dans le rétrospectif. Ce qui me console de ces longueurs, c'est que nous n'avons en ce moment rien de nouveau. Notre armée est travaillée par la propagande française et italienne ; mais sa modération ne se dément pas; les amis de Calandrelli paraissent moins sûrs du succès de leur chef ; et j'avoue que pour ma part je n'ai jamais vu que notre gouvernement s'oubliât à ce point de récompenser l'homme qui, le 16 novembre, de concert avec *Torre*, avait pointé le canon contre le Saint-Père au Quirinal, et qui en ce moment est sous les accusations les plus graves pour crimes de droit commun.

« Permettez-moi, en terminant, de vous mettre en garde contre deux dangers très-graves, pour quiconque veut juger sciemment en France les affaires de Rome ; ces dangers résultent, d'une part, de l'accueil que vous avez fait à tous les étrangers, Romains et Italiens; ils cherchent à se réhabiliter en faussant à plaisir l'opinion publique par les mensonges les plus impudents; vous en avez eu la preuve dans les lettres de M. Mazzini; la plupart de ces hommes parlent français et se sont déjà emparés du journalisme. L'autre danger, pour être moins sérieux, ne doit cependant pas être dédaigné; il vient de ce déluge d'agents de toute sorte et de toute qualité, qui, tous commissionnés par le ministère des affaires étrangères, au grand préjudice du trésor et de la vérité, se font les narrateurs plus ou moins officiels des événements de Rome; ne serait-il pas possible de nous délivrer de tous ces messieurs? et s'ils ont envie de voyager, de les engager à le faire à leurs frais. Les dépenses qu'ils occasionnent au budget sont scandaleuses, en présence des besoins qui accablent encore nos braves soldats.   S. E.

La même lettre contient le *post-scriptum* suivant :

« Je vous annonce qu'après demain se tiendra, malgré les *férie d'octobre*, la seconde réunion *extraordinaire* de la Chancellerie apostolique, d'après les ordres formels du Souverain Pontife, afin d'achever l'expédition des Bulles destinées aux nouveaux Évêques, préconisés dans le dernier Consistoire du 28 septembre.

« Les Bulles partiront probablement, quelques jours après, par le prochain courrier, et Mgr l'Evêque élu d'Orléans, ainsi que Mgr l'Evêque élu de Poitiers, ne peuvent tarder à les recevoir. »

Il est question, dans la correspondance de Rome qu'on a lue plus haut, d'un certain Calandrelli : voici ce qui concerne cet homme. Il commandait l'artillerie de la République romaine pendant le siége. Après la prise de Rome, ses amis avaient eu l'audace de faire couvrir le bruit que le gouvernement français devait lui donner un commandement de son grade dans la légion étrangère. Ce scandale, qui aurait emprunté un caractère de gravité plus considérable encore à cause des poursuites pour délit civil sous le coup desquelles se trouve M. Calandrelli, avait été vivement exploité à Rome par les démagogues. Nous sommes en mesure de déclarer que le ministère n'a jamais eu une telle pensée et qu'il en repousse la supposition avec la plus grande énergie.

Des dernières élections partielles et de leur signification.

Nous devons revenir aujourd'hui et insister sur le fait électoral qui a passé presque inaperçu au milieu des débats parlementaires.

Trois départements, la Seine-Inférieure, l'Yonne, la Gironde, avaient, le 14 octobre, chacun un représentant à nommer.

Dans la Seine-Inférieure, le candidat modéré, M. MATHIEU BOURDON a passé. Dans l'Yonne, M. ANTOINE BONAPARTE, soutenu par les amis de l'ordre, l'a également emporté. Dans la Gironde, au contraire, M. LAGARDE, le représentant de l'opposition, a triomphé.

Cette triple élection présente, on le voit, des circonstances dignes de remarque; et elle peut, elle doit nous donner une grave leçon.

Assurément, le fait principal qui en ressort, c'est la *supériorité numérique*, incomparable des hommes d'ordre.

Dans la partie la plus industrielle de la Normandie, ils comptent au scrutin au moins *trente mille* suffrages de plus que leurs adversaires.

Dans l'Yonne, où depuis longtemps les républicains de la veille et, depuis 1848, les socialistes avancés forment deux partis très-forts, la réunion des voix obtenues par eux n'arrive qu'à un chiffre inférieur de plus de moitié au total de celles qui se sont ralliées autour de M. Antoine Bonaparte.

Enfin personne, sans doute, malgré le succès de l'honorable M. Lagarde, ne se hâtera de regarder comme aussi complète que soudaine la conversion prétendue de la Gironde à la Montagne.

La *supériorité numérique* est donc un avantage incontestable pour la cause de l'ordre.

Mais l'indifférence et l'apathie d'une part, la division et les entêtements de l'autre, voilà nos grands ennemis.

Croirait-on que huit mille électeurs à Rouen, cinq mille au Havre, pour ne citer que ces deux villes, se sont abstenus de voter? Dans l'Yonne, plus de la moitié des électeurs n'a pas pris la peine de se déranger.

Il faut bien dire à ces *déserteurs* du scrutin, qu'ils trahissent, non-seulement leurs devoirs les plus impérieux, mais leurs intérêts les plus chers. Celui qui ne sait pas prendre sur soi, qui n'a pas le courage d'écrire un bulletin pour venir en aide, dans un temps comme le nôtre, aux efforts des honnêtes gens, celui-là s'expose, plus qu'il ne pense, à être obligé, tôt ou tard, à défendre, à coups de fusil, sa fortune, sa famille et sa tête !

. Aveugles et insensés les hommes de cette espèce ! Mais combien d'autres, sans être plus raisonnables, sont incomparablement plus coupables encore !

Ce sont ceux qui ne veulent pas imposer silence à des inimitiés désormais sans raison comme sans objet ; qui sacrifient sans cesse l'intérêt commun à des préférences de personnes, à des passions de parti, à des prétentions exclusives de domination ; qui ne savent pas mettre au-dessus de leurs calculs égoïstes les principes vrais, essentiels, permanents de la société ; qui, en un mot, ne craignent pas de ranimer les rancunes du passé au moment où l'avenir seul doit préoccuper tout le monde ?

Qu'on le remarque bien ; c'est là précisément où l'esprit de conservation paraît avoir le plus de force et d'énergie qu'il subit honteusement aujourd'hui l'un des échecs dont la Révolution aura le plus à se réjouir.

Et n'oublions pas que la division des défenseurs naturels de la société laisserait passer, quoi ? Rien que l'anarchie, la guerre civile, la terreur !

Il n'y a, au contraire, que l'union des partis, dans des conditions égales de justice, de modération et de dévouement, qui nous préservera seule des plus terribles catastrophes et nous préparera, tôt ou tard, un meilleur avenir.

L'Assemblée a vidé aujourd'hui quelques questions de détail et en a ajourné d'autres. M. de Mouchy a apporté, avec convenance et netteté, des considérations utiles et pratiques sur l'exploitation des chemins de fer à propos du projet de loi relatif à la ligne de Marseille à Avignon.

Puis on a passé à la deuxième délibération du projet de dissolution des gardes nationales de Vaise et de la Guillotière.

Les autres projets de loi ont été ajournés à de prochaines séances.

Demain, discussion de la prise en considération de la proposition de M. Creton et de celle de M. Napoléon Bonaparte, sur l'abrogation des lois d'exil contre les Bourbons.

M. Gasc a déposé aujourd'hui son Rapport, fait au nom de la troisième commission de l'initiative parlementaire sur la proposition de M. Napoléon Bonaparte, tendant à rapporter le décret du 27 juin 1848 relatif aux insurgés de juin.

Après avoir constaté que les arrestations qui furent faites dans les premiers jours, évaluées à 15,000, se trouvèrent réduites à 11,058 par les mises en liberté qui furent presque immédiatement opérées, la commission expose que l'instruc-

...tion qui suivit réduisit encore ce nombre à 4,318. Les commissions de clémence l'ont fait descendre à 1,209 environ. Si les règles absolues de la justice n'ont pas pu être observées, l'Assemblée constituante et le pouvoir exécutif se sont du moins entourés de toutes les précautions qui pouvaient défendre les insurgés contre l'arbitraire et l'erreur.

La Législative pourra adoucir la sévérité trop justifiée du décret de 1848, en autorisant la transportation des insurgés sur une terre rapprochée et toute française, mais elle ne jugera pas sans danger de proclamer une amnistie complète et définitive que le gouvernement, malgré sa disposition à la clémence, ne juge pas opportun de proposer.

La commission est d'avis qu'il n'y a pas lieu de prendre la proposition en considération.

———————

Il y a au fond du cœur de M. Louis Blanc une appréhension qui ne lui laisse ni trêve ni repos : celle d'être oublié, même des quelques milliers de pauvres diables qu'il avait fascinés en 1848. Aussi, le brillant disciple de J.-J. Rousseau ne néglige-t-il aucune occasion de faire résonner parmi nous sa phrase déclamatoire et sonore. Les journaux socialistes nous en donnent, ce matin, un nouvel échantillon :

« Londres, le 15 octobre 1849.

« Citoyen rédacteur,

« Le jugement par lequel on a voulu frapper, dans la personne du citoyen Cabet, un des plus purs et des plus courageux serviteurs de la démocratie, nous a profondément indignés sans nous surprendre. Quelles que puissent être les opinions sur un essai de colonisation, inspiré d'ailleurs par un sentiment de dévouement si élevé, tous les socialistes se considèrent comme atteints solidairement par l'arrêt rendu contre Cabet.

« Il appartenait à ceux qui ont sanctifié le pilori et le bagne, de réhabiliter les bancs de la police correctionnelle. Chacun de nous désormais a payé sa dette.

« Les fusillades, les pontons, l'exil, le carcan, les galères et les condamnations infamantes sont la consécration des idées nouvelles.

« C'est toujours le gibet d'ignominie transformé en labarum de victoire, le bonnet des esclaves devenu le symbole glorieux de la liberté.

« Salut et fraternité.

« Les membres du comité :
« Signé : Louis BLANC, président.
J. CAZAVANT, secrétaire.

« CAUSSIDIÈRE; Louis MÉNARD; RATTIER; J.-H. BEAJEAU;
A. BOURA; DELEAU; A. DUBOIS, ouvrier mécanicien; A.
WATRIPON; MARTIN BERNARD. »

C'est très-généreux de la part de messieurs les communistes de Londres de se considérer comme *atteints solidairement par l'arrêt rendu contre M. Cabet*. Mais cette générosité, nous les en prévenons, ne leur profitera guère; l'essai de colonisation du grand *Mapaa* a été apprécié à sa juste valeur par les classes ouvrières.

———————

Dans la Seine-Inférieure, sur 213,522 électeurs inscrits, il s'en est présenté 89,410 seulement. Même indifférence électorale dans la Gironde : sur 175,965 électeurs, il n'en est venu que 79,590. C'est donc pour ces deux départements 223,000 électeurs qui se sont abstenus, et 150,000 qui ont voté. Ainsi, près des cinq huitièmes des électeurs ont négligé d'user de leurs droits.

Concile de la province de Turin.

Les Evêques de la province ecclésiastique de Turin, réunis en Concile, ont voulu, avant de se séparer pour aller reprendre le gouvernement de leurs diocèses et y porter le résultat de leurs saintes délibérations, s'adresser en commun aux fidèles de la province, et les exhorter, avec une autorité à laquelle les circonstances donnaient plus de poids encore, à demeurer inébranlables dans la foi de l'Eglise.

Nous avons lu, nous avons encore sous les yeux la lettre collective des Evêques piémontais; nous voudrions pouvoir la reproduire ici tout entière, montrer avec elle les combats de l'Eglise et ses victoires, répéter ses paroles de vénération et de dévouement à la sainte Eglise de Rome, et les encouragements que la sollicitude pastorale adresse aux peuples dont elle est chargée. Mais la place nous manque; nous sommes contraints à nous borner à quelques citations prises presque au hasard.

Après avoir montré l'Eglise marchant à travers les siècles, toujours assaillie par la persécution et toujours triomphante, couronnée pour ainsi dire par la gloire de tous ses saints, les Evêques continuent ainsi :

« Voilà, ô nos bien-aimés, voilà quelle est la mère et la maîtresse de laquelle un bienfait tout gratuit du ciel nous a faits les enfants et les disciples.

« On a droit de s'étonner qu'après quatre mille ans de merveilles, qu'après dix-huit siècles et demi de continuelles victoires, elle ait encore des ennemis : ils pourraient lire à l'avance leur propre sort dans celui des infidèles, des tyrans, des hérétiques, des incrédules et des libertins qui les précédèrent dans la rébellion et aussi dans la défaite. Mais ne craignez rien ! C'est Dieu lui-même qui le permet ainsi pour procurer plus de gloire à son Eglise. »

Plus loin, voulant prouver par un exemple les alternatives continuelles que subit l'Église dans son passage sur la terre, les Pères du Concile s'expriment ainsi :

« Avant les derniers bouleversements, alors que de l'une à l'autre extrémité de l'Italie, on célébrait par des chants et des fêtes non interrompues, l'auguste nom de Pie IX, il semblait que l'Eglise allait jouir de cette paix que dépeint Isaïe, quand il montre, à la venue du Messie, les animaux les plus féroces s'adoucissant ; mais trop tôt elle perdit son caractère, elle devint cette paix fatale que déplore le même prophète; paix toute remplie d'amertume, ou plutôt, elle devint cette paix mensongère, sous laquelle se dissimulait la guerre la plus perfide et la plus terrible.

« Le monde, s'écrient-ils un peu plus loin, n'a pas été ce qu'était Pie IX..... Non, plusieurs même de ses enfants les plus chers ne l'ont pas connu ; et il a été, en ce point, aussi semblable à l'Homme-Dieu dont il tient la place, et duquel Jean a écrit qu'il vint dans sa propre demeure, et que les siens ne l'ont pas reçu..... Mais Dieu a changé en triomphe l'exil de son représentant sur la terre. De tous les points du globe, des hommages parviennent, des tributs furent offerts à l'auguste exilé. Les hérétiques eux-mêmes, vénéreront dans Pie IX, la majesté du malheur et la sainte magnanimité de son caractère. L'Episcopat tout entier, d'un pôle à l'autre, s'est levé pour rendre honneur à l'étendard de Pierre et unir sa voix à celle de son successeur, l'immortel Pie IX. »

Vers la fin de leur lettre, les Pères du Concile de Turin font allusion à ces étranges efforts tentés, au milieu des bouleversements sociaux et politiques de l'Italie, pour obtenir des catholiques des *souscriptions d'adhésion aux doctrines protestantes.*

« Nous protestons !..... Oui, oui, *protestons*, nous aussi ; *protestons* contre l'attentat, contre l'outrage sacrilège fait à notre religion, à la religion *catholique, apostolique et romaine.* — *Protestons* par-dessus tout contre la licence effrénée de la presse, qui falsifie la parole même de Dieu, afin d'empoisonner la source même de notre religion. »

Le Concile de Turin est venu dignement continuer ce qu'avait commencé le

Concile provincial de Chambery, et leur exemple est suivi par les provinces ecclésiastiques de Verceil et de Gênes. Ainsi va s'étendant et se multipliant la réunion de ces saintes assemblées; Dieu en tirera la gloire de son Église, qui puisera là des forces nouvelles pour les épreuves qui l'attendent; elle s'y préparera pour de nouveaux combats, pour de nouvelles victoires.

On lit dans l'*Etoile du Peuple*, journal de Nantes :

« Nous apprenons à l'instant même que Mgr l'Evèque de Luçon vient d'interdire la chapelle du lycée de Napoléon, par suite de la nomination de M. Cahen à la chaire de philosophie de cet établissement. Le prélat a eu grandement raison. La Vendée tout entière applaudira à cette énergique mesure; qui était ici un impérieux devoir.

« Elle sera surtout fort applaudie par M. de Lamartine, dont nous allons citer le sentiment à propos de ces interdits si mérités.

« Et encore ici l'Eglise, consciencieuse et convaincue, a raison, car si elle
« croit, elle ne peut pas jouer une comédie sacrée en assistant de sa présence
« l'Etat dans une œuvre qu'elle dit être la perversion de la foi, ni couvrir com-
« plaisamment de son manteau les fraudes de l'enseignement philosophique, qui
« lui dérobe ses âmes entre le pupitre et l'autel. C'est indigne d'elle! C'est se
« jouer des hommes, c'est trafiquer des enfants, c'est vendre Dieu! Ses ministres
« le sentent, et ils protestent en attendant qu'ils frappent. La politique peut s'en
« affliger, la foi ne peut que s'en applaudir, et la raison ne peut que s'en féli-
« citer. »

« C'est en 1843 ou 1844 que M. de Lamartine tenait ce langage. Il disait vers la même époque :

« La jeunesse recevant un double enseignement contradictoire, et tiraillée en
« sens contraire par la philosophie et par la foi, finit par tomber entre eux
« deux dans le scepticisme, la mort de l'âme... »

« Que ne pourrait-on pas dire aujourd'hui, après que l'Université a voulu, sous le ministère Carnot, précipiter la génération naissante dans le communisme, et qu'elle a trouvé presque partout des recteurs complaisants, empressés à transmettre comme on l'a fait en Vendée son catéchisme du communisme?

« L'Université se hâtera, nous l'espérons, de rappeler cet Israélite, et de confier le cours à un professeur bon catholique et capable. »

NOUVELLES RELIGIEUSES.

DIOCÈSE DE VALENCE. — On nous écrit de Valence le 16 du courant : « Les actes de dévouement inspirés par la charité chrétienne échappent bien souvent à la connaissance des hommes, dissimulés qu'ils sont par l'humilité de leurs auteurs, ou bien ils ne sont connus que d'un bien petit nombre. Et pourtant l'honneur de la religion demande que ce silence soit quelquefois rompu; c'est ce motif qui nous engage à publier les détails qui suivent :

« M. le ministre de la guerre avait écrit, le 12 de ce mois, à Mme la supérieure générale de la Trinité de Valence, qu'il comptait sur le dévouement des Sœurs qu'elle dirige pour seconder l'administration dans la mission pénible que lui impose l'invasion du choléra en Algérie, et il demandait neuf Sœurs pour cela.

« La supérieure ayant communiqué cette lettre à sa communauté, toutes les Sœurs qui la composent se jettent à l'instant à ses pieds, chacune lui demandant comme une grâce d'être désignée pour cette mission.

« La bonne supérieure ne pouvait choisir que celles dont la santé et les forces physiques leur permettraient de supporter les fatigues du voyage et de l'œuvre à laquelle il fallait les dévouer. Elle a donc choisi quatre Sœurs un peu anciennes, et puis cinq novices d'un tempérament suffisamment robuste et exercées déjà au soin des malades ; celles-ci ont demandé avec instance le bonheur de devancer e moment de leur profession religieuse, qui ne devait avoir lieu que dans huit jours, afin de pouvoir s'offrir pour cette belle mission. La cérémonie s'est faite hier, et aujourd'hui 16, ces neuf généreuses victimes de la charité sont parties sur le bateau à vapeur d'Avignon avec une joie, un bonheur difficile à exprimer. Elles s'embarqueront à Marseille pour Oran le 18.

« Cette congrégation possède déjà à Oran une petite colonie de plus de vingt Sœurs occupées au soin des malades, et des classes pauvres, aux asiles au soin des enfants abandonnés. Elles ont offert aux autorités civiles de suspendre leur classes pour soigner les cholériques. — Voilà ce que la religion inspire à de pauvres filles ; qu'on cherche quelque chose de semblable dans les rangs de ceux qui voudraient les bannir de notre société. »

Bulletin de la politique étrangère.

Les nouvelles de Rome transmises par la voie des journaux continuent à être complétement dépourvues d'intérêt. Celles de Turin n'annoncent point encore la solution de la crise ministérielle.

Les dernières correspondances de Naples, à la date du 15 de ce mois, nous apprennent que les esprits se sont calmés dans cette ville, et que les arrestations ont cessé. Le journal le *Tempo* parle longuement de clémence et de justice, et ce langage est fait pour dissiper les inquiétudes. Le prince Wolkonsky, qui vient d'arriver à Naples, est l'un des aides-de-camp généraux de l'empereur et le chef de son cabinet particulier. Sa mission, dit-on, se rattache à la guerre de notes qui s'est faite récemment entre M. Temple et le ministre Fortunio. Il est très-probable que le prince verra le Saint Père et que la question de l'emprunt reviendra de nouveau sur le tapis.

Si du Midi nous passons au Nord, le tableau se rembrunit singulièrement. Les correspondances de Vienne rapportent que le baron Haynau est parti pour Graetz, après avoir donné sa démission que l'empereur refusa d'accepter. On dit que le général Haynau, homme inébranlable dans ses résolutions, a déclaré aux ministres qui lui adressaient des représentations sur les exécutions de la Hongrie, que son souverain lui avait remis des pouvoirs illimités et que, si l'on prétendait modifier ses plans ou ses résolutions d'une manière quelconque, il renoncerait à ses fonctions de généralissime et quitterait même l'Autriche.

Le 17, il y a eu au château de Schœnbrunn une conférence de ministres à laquelle l'ambassadeur d'Angleterre assistait. Le mot de cette conférence était la demande d'extradition des réfugiés hongrois en Turquie.

ASSEMBLÉE LÉGISLATIVE.

Séance du 25 octobre. — PRÉSIDENCE DE M. NAPOLÉON DARU.

séance est ouverte à deux heures un quart.

ANTONY THOURET. Citoyens, hier l'article 80 du règlement de l'Assemblée violé. Il est de mon devoir de protester; ma protestation sera courte . Il faut que l'Assemblée donne l'exemple du respect de la loi, qu'elle a faite pour elle. Si jamais l'édifice de la Constitution croule, que mettra la place ?

LE PRÉSIDENT. Je crois que l'art. 80 peut se concilier avec l'art. 40 du .

A. THOURET. L'art. 40 n'a pas trait au droit absolu de chacun de nos col d'interpeller le gouvernement. Ce droit est réglé par l'art. 80.

: L'ordre du jour !

BAZE. On ne peut pas interpeller sur des questions qui ne sont pas sujettes rpellations.

A. THOURET. La majorité peut tout; mais elle aurait dû respecter un auquel il ne faut jamais porter atteinte. (L'ordre du jour.)

cident n'a pas de suite.

DE TOCQUEVILLE dépose un projet de loi portant demande d'ouverture dit.

dre du jour appelle la première délibération sur le projet de loi relatif à la sion du chemin de fer de Marseille à Avignon.

MARTIN demande l'ajournement jusqu'à ce qu'il ait été statué sur le pro loi du chemin de fer de Lyon à Avignon.

LACROSSE combat l'ajournement. Le travail du chemin de fer de Mar à Avignon est impatiemment attendu par de nombreux ouvriers. Le Trésor cun sacrifice à faire ni dans le présent ni dans l'avenir pour cette entre-

ssemblée repousse l'ajournement. Elle décide qu'elle passera à une se délibération.

rdre du jour appelle la délibération sur le projet de loi tendant à prolonger de dissolution des gardes nationales de Lyon, la Croix-Rousse, Vaise, la otière. L'Assemblée décide qu'il sera passé à une troisième délibération.

rdre du jour appelle la délibération : 1° sur la prise en considération de estelin, tendant à reconnaître l'indépendance de la Hongrie. — La proposi est retirée.

Sur la prise en considération de la proposition de M. Darblay, tendant à dresser, par les soins du ministre des finances, tous les crédits votés sur les urces de l'exercice 1849. — La commission propose de prendre la proposi en considération. — Adopté.

Sur la prise en considération de la proposition de M. Coraly, tendant au tien et à la stricte exécution des traités des 15 juillet 1840 et 1841. La dis ion est renvoyée à lundi.

Sur un projet de loi relatif à des crédits supplémentaires à attribuer au mi re des affaires étrangères.

us les articles du projet sont successivement adoptés.

discussion sur les crédits supplémentaires de la marine est renvoyée à de- .

séance est levée à quatre heures.

Chronique et Faits divers.

— A onze heures, ce matin, le conseil des ministres s'est réuni encore au palais de l'Elysée, dans le cabinet du Président de la République.

— L'ambassadeur de Turquie a eu, ce matin, une longue conférence avec M. le ministre des affaires étrangères, à l'hôtel des Capucines.

— On va porter la garnison de Paris à cent mille hommes. Tous les forts reçoivent un demi-armement et une garnison proportionnée d'artilleurs et de soldats du génie.

— Le comité de la propagande anti-socialiste a tenu, dimanche dernier, une réunion à laquelle assistaient plusieurs de ses membres les plus éminents. M. Molé présidait. Plusieurs propositions ont été discutées et tout annonce que des résolutions importantes seront prochainement prises dans le parti de la cause que défend le parti modéré.

— Il y a grandes réceptions ce soir, chez les ministres de la rive droite. Il y a grand dîner chez le président du conseil.

— Les rouges veulent exploiter à leur profit le discours de M. Victor Hugo. On en prépare une édition destinée à la propagande socialiste. Pauvre M. Hugo!

— L'*Alsacien*, de Strasbourg, nous apporte les commencements d'un procès qui peut faire le pendant de celui de Versailles. Sept ou huit accusés sont inculpés d'avoir voulu faire de la citadelle de Strasbourg un dépôt d'armes européen, afin d'aider et de généraliser le 13 *juin*, preuve nouvelle, dit à ce sujet le *Courrier Français*, qu'il n'y a pas eu de conspiration le 13 juin !

— La *Voix du Peuple* (journal de l'ordre), de Colmar, nous apprend que le dernier discours prononcé et gesticulé à l'Assemblée, par M. Savoye, a eu infiniment peu de succès dans le Haut-Rhin. Ces éternelles divagations sur tous les sujets possibles, à l'occasion de notre expédition d'Italie ; ces lieux communs qui ont traîné partout, sont peu du goût des campagnards alsaciens, gens confiants, mais rancuneux quand ils sont trompés. Or, la *Voix du Peuple*, de Colmar, affirme que les électeurs du département sont aujourd'hui très-désabusés et très-repentants. C'est là une bonne nouvelle qui nous arrive d'un des départements les plus infectés par la propagande Ballard et par la propagande des réfugiés de la frontière.

— M. le comte de Pralorme a remis au président de la République les lettres de créance qui l'accréditent en qualité d'envoyé extraordinaire de Sardaigne en France.

— M. Richard Rush, ministre plénipotentiaire des Etats-Unis d'Amérique, a aussi remis des lettres qui mettent fin à la mission qu'il remplissait auprès de la République française.

BOURSE DU 23 OCTOBRE.

Le 3 p. 100 a débuté au comptant à 55 80, a fait 56 au plus haut, et reste à 55 90.

Le 5 p. 100 a débuté au comptant à 88 10, a fait 88 35 au plus haut, et reste à 88 10.

Les actions de la Banque ont été cotées à 2,333 50.

L'un des Propriétaires-Gérants, CHARLES DE RIANCEY.

Paris, imp. BAILLY, DIVRY et Comp., place Sorbonne, 2.

L'AMI DE LA RELIGION.

Liberté d'Enseignement.

RAPPORT DE M. BEUGNOT.

—

(Suite et fin.)

La commission a abordé, dans le *titre* III le point de la controverse qui a été l'objet des plus vives contestations.

TITRE III.

INSTRUCTION SECONDAIRE.

1° *Des conditions de la liberté*. Le rapporteur prend d'abord pour point de comparaison, dans le champ qui lui reste à parcourir, les divers projets antérieurement soumis aux chambres sur cette grave et importante matière.

Il constate en termes très-modérés, mais très-forts, leur injustice, leurs exagérations et leurs défauts :

« Tous les projets de loi, sauf peut-être celui de 1836, présentés sous le dernier gouvernement, dans le but de fonder la liberté de l'instruction secondaire, commençaient par proclamer le droit des familles; aucun n'était plus conforme aux intérêts véritables de la société, plus digne des respects du législateur, plus sacré; mais la tendresse des parents pouvant s'égarer dans l'appréciation de la moralité et du savoir des instituteurs, on proposait de conférer à l'Etat le droit de s'assurer de l'un et de l'autre.

« A l'égard de la moralité, ces divers projets de loi se montraient assez faciles : un certificat du maire, contresigné par quelques membres du conseil municipal, suffisait; mais quant au savoir littéraire ou scientifique du chef d'établissement et de ses professeurs ou surveillants, *l'exigence des grades conférés par l'Université, rivale des écoles libres, était poussée si loin, que l'ouverture de ces écoles devenait impossible, et la liberté pompeusement annoncée, une pure déception.*

« On ne tenait aucun compte ni de l'expérience acquise, ni du savoir constaté autrement que par des examens publics, ni de la sollicitude des parents dans le choix d'un instituteur, ni de l'intérêt des instituteurs dans le choix de leurs collaborateurs. Pour faire concurrence à l'Université, il fallait, de toute nécessité, obtenir d'elle une licence dont elle pouvait élever à son gré les conditions, et consentir à vivre sous sa surveillance, afin, disait-on, que le *niveau des études* ne fût point abaissé. »

Les anciens projets de loi confondaient, en effet, dans leurs exigences également exorbitantes deux catégories de personnes que le projet actuel distingue avec soin : 1° les chefs d'établissement; 2° les professeurs, les surveillants, les censeurs, etc., en un mot, tous les employés attachés soit à l'enseignement, soit à la discipline, soit enfin aux diverses fonctions des maisons d'éducation.

M. Beugnot dit successivement les conditions proposées aux uns et aux autres par la commission comme par le ministre.

Quant aux premiers :

« Les *conditions de savoir*, qui naguère étaient une arme si puissante contre la liberté, seront désormais faciles à remplir, et cependant très-suffisantes.

« Nous exigeons de l'aspirant qu'il soit pourvu du *diplôme de bachelier ès-lettres*, c'est-à-dire qu'il ait reçu l'éducation nécessaire à tout homme qui se destine à une profession libérale, et qu'il ait rempli, *pendant cinq ans*, les fonctions de *professeur ou de surveillant* dans un établissement d'instruction secondaire public ou privé. »

Et un peu plus loin :

«Un *stage de cinq ans* et le diplôme de *bachelier*, ou le brevet de capacité, telles sont les seules conditions de savoir et d'aptitude imposées à quiconque veut ouvrir une maison d'éducation. »

Le Rapport ajoute quelques éclaircissements, 1° sur la manière dont les aspirants auront pu faire le *stage* exigé ; 2° sur le brevet de *capacité*, qui peut remplacer pour eux le brevet de bachelier ; 3° sur les *exemptions* que les droits de la liberté, l'intérêt de la justice et la sincérité de la loi doivent nécessairement faire admettre, surtout aux débuts du nouveau régime.

Ainsi, en ce qui touche l'accomplissement de la première condition :

« Les fonctions de *surveillant* sont assimilées à celles de professeur pour l'accomplissement du stage, et non sans raison. *Dans les maisons ecclésiastiques et dans tous les bons établissements d'éducation, la surveillance est la fonction la plus importante,* confiée aux hommes les plus graves et les plus dignes. N'admettre que les professeurs, serait exclure les directeurs, censeurs, préfets de discipline, c'est-à-dire ceux qui possèdent l'expérience de l'éducation proprement dite. »

En second lieu, en établissant le *brevet de capacité*, on veut qu'il ne soit point purement et simplement une seconde édition du *baccalauréat* sous un autre nom :

« Les aspirants pourront avoir dépassé l'âge où l'on se présente sans embarras aux épreuves du baccalauréat, ou craindre de rencontrer dans les Facultés quelques vieux restes de préventions hostiles à la concurrence : nous les autorisons à suppléer le diplôme de bachelier par un *brevet de capacité* délivré par un *jury spécial* d'examen absolument étranger à l'enseignement public, car ce *jury sera le conseil académique lui-même.* »

Le paragraphe suivant est relatif aux *exemptions* :

« L'obligation d'un stage de cinq années dans un établissement d'instruction secondaire serait, au moins pendant les ans qui suivront la promulgation de la loi, un obstacle aux développements de la liberté, et *aurait en outre l'inconvénient durable d'éloigner de la carrière de l'enseignement des hommes capables d'y rendre de grands services,* mais que leur âge ou la position qu'ils ont occupée dans la société, détournerait de la pensée d'aller s'enfermer pour un longtemps dans une maison d'éducation où ils ne trouveraient qu'une existence peu conforme à leur vie antérieure.

« Les raisons qui nous ont décidés à autoriser les conseils académiques à accorder à certaines personnes recommandables la dispense du brevet de capacité pour exercer la profession d'instituteur primaire, reviennent ici dans toute leur force. Permettre, non plus au conseil académique, mais au conseil supérieur, dont l'intervention nous rassure contre la crainte de tout abus, de dispenser du stage les personnes dignes de cette faveur, sera un acte de justice, qui attirera vers la carrière de l'enseignement les *hommes que nous désirons le plus d'y voir entrer.* »

La déclaration qu'on va lire tend encore au même but de liberté sincère et de loyale équité :

oposons de déclarer que les chefs ou directeurs des établissements d'in-
ondaire, publics, ou libres, actuellement existants, continueront d'exercer
ns, sans être soumis aux prescriptions de l'art. 63. Ceux qui, par une raison
autre qu'une condamnation judiciaire ou disciplinaire, les auraient aban-
né la promulgation de la loi, jouiront de la même faculté.
is passé par les professeurs ou les surveillants dans les établissements d'in-
ondaire existants, ou ayant cessé d'exister, leur sera compté pour l'accom-
u stage. Il serait injuste de soumettre de nouveau à cette épreuve les an-
eurs qui voudraient répondre à l'appel de la liberté. »

était plus important que ces dispositions qui avaient tou-
lans l'esprit et dans l'intention formelle des membres de
re commission. Rien de plus net que les termes dans les-
econde commission les établit de manière à dissiper toutes
upations et toutes les alarmes.

mission a compris aussi que la liberté de l'enseignement
e pas seulement à ce qu'on soit libre d'ouvrir des établis-
mais qu'elle serait illusoire si l'on était encore gêné ou do-
s la direction, dans l'organisation, dans la destination des
is une fois fondées :

autre obligation n'est imposée à l'instituteur. Libre à lui d'adopter le mode
ent qui lui paraîtra le meilleur, d'en changer quand bon lui semblera, et de
professeurs et pour surveillants les personnes qui lui inspireront le plus de

ôit, ce paragraphe est destiné à garantir la *liberté* des
s méthodes, des programmes des études. Quant à la *liberté*
nes, après avoir vu ce qui regarde la première catégorie,
chefs d'établissements, passons avec le Rapport à la seconde.

s précédents projets de loi, l'État prenant plus de souci des établissements
i'en prenait des siens propres, exigeait qu'il y eut dans chaque maison par-
istruction secondaire, trois licenciés et que tous les surveillants fussent ba-
gradué de moins que la loi ne portait, et l'établissement était aussitôt fer-
à vrai dire, rendre impossible l'ouverture d'aucune maison de ce genre, ou
er à une existence précaire, si jamais elle parvenait à s'établir. *Le projet de
ces exigences dont le but n'était que trop évident* et se fie à l'intérêt bien
l'instituteur, qui ne fondant pas sans doute une maison d'éducation pour y
ortune et y perdre sa réputation, saura bien appeler à son aide des doc-
licenciés et le devenir lui-même, si l'opinion publique attache une garantie
iucation à la présence de ces gradués dans une institution. »

s'unissant aux bienveillantes intentions de la première oom-
la seconde commission, tout en mettant à la facilité qu'elle
es conditions excessivement rigoureuses, laisse un peu plus
e aux *commissions,* aux *départements* et à *l'État* lui-même
éger les établissements libres, dignes de leur intérêt et de
iance.

nnons notre approbation à la disposition du projet de loi de laquelle il ré-
s établissements libres pourront obtenir une subvention des communes, des
ts ou de l'État.
roposons d'ajouter que ces établissements pourront, en outre, obtenir la
l'un local. Nous ne voulons pas faire moins pour les instituteurs libres que
du 11 floréal an x. »

II. *Des établissements publics d'instruction secondaire et des petit séminaires.*

Nous ne saurions entrer ici dans le détail et dans la critique de l situation qui résulterait de la loi pour ces deux sortes d'établiss ments.

1° Quant aux établissements dits plus spécialement *établissemen* publics, nous recommanderons seulement à l'attention de nos le teurs, une idée sur laquelle la commission a insisté avec énergie elle est signalée dans l'article 76, que le Rapport explique ainsi :

« L'art. 76 porte : « Les établissements publics d'instruction secondaire sont les l cées et les colléges communaux, » et ajoute : « Il peut y être annexé des pensionnat L'art. 78 prévoit le cas où des villes qui auraient établi un pensionnat près d'un ly viendraient à le supprimer. Dans l'opinion du législateur, le lycée et le pensionnat ront donc à l'avenir deux institutions distinctes, qui pourront être réunies ou séparé La législation actuelle n'admet pas cette séparation, et s'il existe à Paris deux ly qui ne reçoivent que des externes, cet état de choses est exceptionnel et provient causes locales. »

Voici le commentaire qui suit cette indication :

«Si, dans le principe, l'Etat se fût borné à faire donner l'enseignement dans ses c léges, laissant les soins si nombreux et si variés de l'éducation à des maîtres parti liers, dont il se serait attaché à multiplier le nombre, afin de prévenir la formati de ces vastes établissements *où la surveillance directe du chef sur chaque élève devi impossible*, l'instruction publique serait probablement entrée dans une voie meille et ne se verrait pas exposée au reproche de *délaisser la partie essentielle de tâche*, sans permettre que d'autres l'accomplissent. Mais Napoléon avait à peine stitué le corps enseignant, qu'il s'appliquait à faire affluer les pensionnaires dans colléges de l'Etat. Les locaux des lycées existants, disait-il dans son décret du novembre 1811, seront, dans le courant de l'année, mis en état de contenir, aut que possible, 300 élèves. — Les locaux des lycées nouvellement érigés seront de ture à contenir, autant que possible, 200 pensionnaires, et seront disposés dans le court délai possible. L'idée de séparer les pensionnats des colléges paraît ne s'être mais présentée à l'esprit des chefs de l'Université, *qui n'ont apporté aucun obstacl l'agglomération d'un* NOMBRE EXCESSIF *d'élèves dansplusieurs de ces colléges.* Une CIPLINE APPARENTE peut sans doute régner au sein de pareils établissements, grâ un régime presque militaire. Mais chaque élève y reçoit-il des soins appropriés à la ture particulière de son esprit et de son caractère ? Ses dispositions naturelles, ses p chants, ses faiblesses, y sont-ils l'objet d'une étude suivie et attentive ? *En un mot, ducation y est-elle possible?* NOUS EN DOUTONS

« Un préjugé puissant, que l'erreur des familles encourage et dont on n'obtiendra aisément raison, défend cet état de choses ; toutefois il est bon d'avoir posé dans la le principe que le *collège et le pensionnat ne sont point inséparables ;* plus tard, lors la liberté d'enseigner commencera à modifier l'état de l'enseignement en France, pourra faire davantage. »

Le rapporteur ajoute :

« Il nous paraît inutile de conserver le premier paragraphe de l'article 78 a conçu : « Le nombre des lycées sera augmenté selon le besoin des localités. » En cette disposition n'a aucune portée, et si elle doit avoir pour effet indirect d'engage gouvernement à créer de nouveaux lycées, nous ne saurions l'approuver.

« Le nombre des lycées n'est déjà que trop grand. Il y en a un certain nombre coûtent beaucoup plus qu'ils ne valent. La création d'un lycée de troisième classe pose à la ville une dépense de 4 à 600,600 fr., sans compter les fondations de bour et à l'Etat une subvention annuelle de 30 à 35,000 fr. L'éducation y est moins bonn *l'enseignement* n'y est pas meilleur que dans beaucoup de colléges communaux.

e l'école normale supérieure fournit aux lycées laissent trop souvent à dési-
us d'un rapport essentiel. Dans les 312 colléges communaux, il y en a au
qui ont de l'importance et rendent des services aussi grands pour le moins
tie des lycées. Le législateur ne doit point ignorer ces vérités que le gouver-
contestera pas. »

sont les seules observations auxquelles a donné lieu le cha-
xième du titre 3; mais la commission a signalé d'une manière
plusieurs points qui devront être modifiés successivement
législation intérieure des établissements publics.

nir nouveau, dit-elle, et très-différent du passé s'ouvre pour les établisse-
ies d'instruction primaire et secondaire, et le gouvernement doit les prépa-
uve de la concurrence, pour laquelle ils n'ont point été créés. La législation
it, amas confus d'ordonnances, de réglements, d'arrêtés, de décisions, qui
ir les plus hauts intérêts de l'instruction, comme sur les plus infimes détails
pline, atteste le zèle des chefs de l'Université pour tout prévoir, régler, or-
out assujettir au niveau de l'uniformité, mais elle demande à être éclairée
. Le précédent gouvernement avait entrepris cette tâche laborieuse; nous
que le gouvernement actuel l'achève, afin que la législation universitaire,
peine de quarante ans, cesse d'être, par la multitude et l'obscurité de ses
, un mystère pour ceux qui ont intérêt à la connaitre, et *qu'on ne tente pas*
ivre des dispositions légales que notre loi aurait abrogées. »

s arrivons aux *petits séminaires.*
ne question que nous réservons d'une manière plus spéciale.
onsacrerons plusieurs articles, et nous nous efforcerons de la
fond.
ous bornerons aujourd'hui à reproduire sur ce grave sujet
de la commission.
l le rapporteur rappelle ainsi les antécédents et les pré-
: la discussion :

lu 23 ventôse an XII, dit-il, rendue en exécution du Concordat, *reconnait* le
Évêques d'entretenir dans leur diocèse, sous le nom de *séminaire.* une mai-
ction pour ceux qui se destinent à l'état ecclésiastique. Cette même loi tenta
: l'enseignement qui y serait donné, mais le décret du 17 mars 1808 déclare
ction dans les séminaires dépend des Archevêques et Evêques qui nomment
t les professeurs. Lorsqu'il fondait l'Université, Napoléon reconnaissait que
es étaient des *écoles spéciales* qui ne devaient pas être soumises aux lois
ir l'instruction publique.
rfectionner le système d'enseignement pratiqué dans les séminaires, et afin
les vocations religieuses, les Evêques jugèrent utile de diviser ces maisons
ions : Dans la première, nommée *petit séminaire.* est donné un cours géné-
mplet d'instruction secondaire ; les élèves entrent ensuite dans la seconde,
nd séminaire. pour y appliquer aux études théologiques les connaissances
quises et se préparer à recevoir les ordres.
les secours du gouvernement, les petits séminaires n'en prospérèrent pas
leurs progrès alarmèrent l'Université. Tous les élèves admis dans les petits
entraient pas dans les grands, pas plus que tous les élèves des grands n'en-
les ordres. »

avoir rendu cet hommage au caractère, à l'étendue et à
ité du droit épiscopal, que la loi actuelle comme les autres
nnes ou futures, peuvent bien reconnaitre, mais non créer
, de quelque manière que ce soit, le Rapport résume les
ons et les décisions de la commission :

« Deux opinions ont été émises à ce sujet dans la commission.

« D'un côté, l'on a pensé que les petits séminaires devaient être considérés comme des écoles spéciales, auxquelles la règle générale ne pouvait être imposée ; de l'autre, il a été soutenu QUE L'ORDONNANCE DE 1828, ÉTANT ABROGÉE PAR LA PRÉSENTE LOI, ces établissements passaient naturellement sous l'empire dudit droit commun. Dans ce cas, le directeur d'un petit séminaire, quoique nommé par l'Évêque, devrait avoir rempli les conditions de diplôme et de stage prescrites par la loi, et serait aux yeux de l'autorité publique le seul chef reconnu de l'établissement.

La commission trouve de grands inconvénients à enlever aux petits séminaires le caractère qui leur est imprimé par les lois de l'Eglise, et que le décret de 1808 leur a reconnu.

« En principe, l'Evêque *est* et *restera toujours le chef véritable* de son petit séminaire. Interposer entre lui et l'Etat une sorte de garant responsable, qui, chef unique de l'établissement aux yeux de la loi, pourrait *aspirer* à le devenir réellement, ce serait placer en regard l'une de l'autre deux volontés qui, peut-être, ne concorderaient pas toujours ensemble, et créer, contre l'intérêt, et certainement contre le vœu de l'Etat, des difficultés à des établissements qui en ont surmonté de très-grandes, parce que la bonne harmonie et la subordination régnaient dans leur sein.

« Pourquoi exiger un autre chef du petit séminaire que l'Evêque ? Est-ce afin que tout établissement qui ressemble plus ou moins à une école d'instruction secondaire, ait pour directeur un homme dont la moralité est constatée, qui soit bachelier ès-lettres, et qui ait fait un stage de cinq ans ? Mais un Evêque, nommé par le gouvernement et revêtu du caractère sacré, n'offre-t-il pas mille fois plus de garanties à l'Etat et à la société que la loi n'en exige des instituteurs ordinaires ? Le pouvoir de l'Evêque sur son petit séminaire est pour nous un gage si assuré de tout ce que nous demandons en faveur de la jeunesse, que nous craindrions de l'affaiblir.

« *Les petits séminaires* CONTINUERONT DONC D'EXISTER *comme des écoles* SPÉCIALES. DANS CHAQUE DÉPARTEMENT, *l'Evêque diocésain pourra former et diriger un établissement d'instruction secondaire ecclésiastique, en dehors des conditions exigées par l'article* 63. *Cet établissement sera soumis à la surveillance de l'Etat.* LA PRESCRIPTION FORMELLE DE LA CONSTITUTION *ne laisse de place pour aucune exception.*

« Quelques membres de la commission ont demandé que cette surveillance fût exercée par le ministre des cultes, et non par le ministre de l'instruction publique, prévoyant le cas où ces deux ministères cesseraient d'être réunis dans la même main, comme ils le sont aujourd'hui. Les écoles spéciales, a-t-on dit, ne sont point placées sous la surveillance du ministre de l'instruction publique, pourquoi lui remettre celle d'établissements qui ont un caractère tout particulier ?

« La commission n'a pas découvert plus de motifs pour exclure de la surveillance le ministre de l'instruction publique que pour l'y appeler exclusivement. C'est un point sur lequel le gouvernement se concertera avec les Evêques, afin que la Constitution soit fidèlement exécutée, en évitant ce qui pourrait froisser des droits légitimes. *Les ordonnances du mois de juin* 1828, *ont laissé dans le cœur des Evêques de France, de pénibles souvenirs et un sentiment de défiance naturel, mais auquel une loi qui doit le faire évanouir, ne saurait s'associer sans inconséquence.* »

Nous n'avons en ce moment qu'à prendre acte des principales déclarations comprises dans les passages que nous venons de citer.

Il en résulte donc et il est bien entendu :

1° Que l'ORDONNANCE DE 1828 EST ABROGÉE par la présente loi ;

2° Que les PETITS SÉMINAIRES resteront ce qu'ils sont, des ÉCOLES SPÉCIALES, sous l'autorité absolue et sous la seule garantie des Evêques ;

3° Que chacun de NN. SS. les Évêques aura le droit de créer au moins UN petit séminaire dans son diocèse, et DEUX si son diocèse se *compose de* DEUX départements.

Nous pouvons ajouter, que le sentiment de la commission est que d'ailleurs la loi ne saurait agir rétroactivement contre aucun des petits séminaires existant au moment ou elle sera adoptée, quel qu'en soit alors le nombre. Il y a pour tous les établissements droit acquis et inattaquable.

La commission enfin ne cache pas, qu'elle a la main forcée par la prescription *constitutionnelle*, en ce qui touche la surveillance; mais elle a soin de faire remarquer, qu'en se soumettant à la Constitution, elle laisse le point à régler par l'accord du gouvernement avec l'Episcopat.

Le paragraphe qui suit, n'est qu'un annexe des dispositions précédentes.

« L'article 28 de l'ordonnance du 25 février 1821 porte que, lorsque dans les campagnes un curé ou un desservant voudront se charger de former *deux ou trois jeunes gens* pour les petits séminaires, ils devront en faire la déclaration au recteur de l'Académie, qui veillera à ce que le nombre ne soit pas dépassé. Cette disposition sera maintenue et nous demandons même que dans l'application elle soit étendue, en ce sens, que le recteur n'intervienne que si les curés, dans les campagnes ou dans les villes, abusaient de la faculté qui leur est accordée de donner l'instruction classique à un certain nombre d'élèves, pour tenir de véritables pensionnats, sans s'être conformés aux injonctions de la loi. Le recteur dénoncera l'enseignement frauduleux, mais il saura respecter les anciens usages et le dévouement. »

III. *Des congrégations religieuses, des certificats d'études et des autres mesures de vexation que la loi abroge, de l'esprit et du caractère général de la loi.*

1° Nous avons dit que le projet, par cela seul qu'il serait converti en loi, abrogeait nécessairement toutes les anciennes proscriptions, toutes les restrictions, toutes les entraves qui jusqu'à présent ont constitué, non-seulement le monopole, mais la tyrannie de l'Université sur tout ce qui se rattache à l'enseignement.

Nous avons soutenu, notamment, que les membres des congrégations religieuses, non reconnues, étaient manifestement compris dans le droit commun; qu'une exception aussi odieuse que celle qu'on a prétendu trop souvent leur appliquer, ne pouvait pas se supposer; que tous les jurisconsultes étaient unanimes à cet égard; que la première commission avait donné au silence de la loi la signification la plus large en même temps que la plus juste et la plus nécessaire; qu'enfin, s'il le fallait, la seconde commission et le ministre seraient plus explicites.

On a affirmé que nous ne comprenions pas le projet; que les membres catholiques de la première commission étaient pour le moins tombés dans un piège; qu'on le verrait bien dans la seconde commission, et que le projet interdisait l'enseignement aux membres des congrégations religieuses non reconnues.

M. Beugnot, au nom de la seconde commission, répond :

« Nous venons d'indiquer les conditions auxquelles tout Français pourra ouvrir et diriger une maison d'éducation. Le souvenir d'un ancien débat qui naguère passionnait les esprits et qu'on s'efforcera peut-être, mais en vain, de rajeunir, exige que nous nous expliquions, en peu de mots, sur une question que le projet de loi ne soulève pas, mais qu'il est aisé d'y rattacher. Les membres des congrégations religieuses non reconnues par l'État pourront-ils ouvrir et diriger des établissements d'instruction secondaire ou y professer ?

» LA RÉPONSE NE PEUT ÊTRE DOUTEUSE. Nous réglons l'exercice d'un droit public, à la jouissance duquel sont appelés tous les citoyens, sans autre exception que ceux dont l'immoralité a été déclarée par un arrêt de la justice. Nous disons avec le rapporteur du projet de loi présenté à l'Assemblée constituante : « *La République n'interdit qu'aux IGNORANTS ou aux INDIGNES le droit d'enseigner. Elle ne connaît pas les corporations, elle ne les connaît ni pour les GÊNER, ni pour les PROTÉGER; elle ne voit devant elle que des PROFESSEURS.* »

» Si nous voulions étendre, par des motifs étrangers à l'objet spécial de cette loi, le cercle des interdictions, nous ne saurions où nous arrêter, le droit d'enseigner, deviendrait le *privilége* de quelques-uns, *l'égalité et la Constitution seraient violées.* Ainsi donc, NUL DOUTE, D'APRÈS LE PROJET DE LOI, LES MEMBRES DES ASSOCIATIONS RELIGIEUSES NON RECONNUES, dans lesquels nous ne voyons, nous aussi, que des citoyens AUQUELS NUL N'A LE DROIT DE. DEMANDER CE QU'ILS SONT DEVANT DIEU ET LEUR CONSCIENCE, JOUIRONT DE LA FACULTÉ D'ENSEIGNER, *parce que cette faculté est un droit civil et qu'ils jouissent de tous les droits de ce genre.*

Plus tard, l'Assemblée déterminera le mode d'exercice et les limites d'un autre droit, du droit d'association ; elle fera alors ce que l'intérêt public et le respect de la liberté de conscience et des cultes lui conseilleront ; mais devancer l'époque où la discussion sera ouverte sur ce point et introduire dans le projet de loi actuel la clause du serment imposé aux instituteurs de n'appartenir à aucune congrégation religieuse non reconnue, que contenaient les anciens projets de loi et qui suscita de si énergiques protestations, ce SERAIT DÉFIGURER *celui dont nous nous occupons, transformer une œuvre de justice et d'égalité,* en un ACTE EMPREINT DE TERREURS FRIVOLES OU D'INCURABLES PRÉJUGÉS. »

Est-ce assez clair, assez net, assez précis ?

De même pour l'*affirmation* exigée par l'article 2 des ordonnances de 1828. L'affirmation est abrogée avec l'ordonnance tout entière.

De même pour le *certificat* d'études que nous avons toujours dit avoir été supprimé par la première commission, et qu'on ne voulait pas admettre ! Laissons encore parler le rapporteur de la seconde commission :

« Après l'affirmation exigée par l'article 2 de l'ordonnance du 16 juin 1828, aucune prescription n'excita des réclamations plus vives et plus persévérantes, que celle qui est contenue dans l'ordonnance du 5 juillet 1820, et qui défend d'admettre à l'examen pour le grade de bachelier ès-lettres, quiconque n'aurait suivi, au moins pendant un an, un cours de rhétorique, et, pendant une autre année, un cours de philosophie dans un collége national ou communal, et dans une institution où cet enseignement serait autorisé. L'ordonnance du 17 octobre 1821 réduisit la durée des études au cours de philosophie et excepta de la règle générale les élèves des écoles ecclésiastiques régulièrement établies et ceux qui auraient été élevés dans les maisons de leur père, oncle ou frère; mais l'exception créée en faveur des écoles ecclésiastiques disparut devant les ordonnances du 16 juin 1828. La prescription générale des deux années d'études fut remise en vigueur, et l'ordonnance du 17 octobre 1821 se trouva abrogée par un simple arrêté du conseil royal de l'Université, resté inédit. Tel est l'état de la législation sur ce point.

« Il serait superflu d'examiner de nouveau une question si souvent agitée. Lorsque la liberté d'enseigner n'existait pas et que l'Université distribuait seule l'instruction, soit dans ses propres colléges, soit par l'intermédiaire d'instituteurs particuliers qui vivaient sous son bon plaisir, elle avait le pouvoir d'éloigner du baccalauréat les aspirants élevés à l'étranger ou dans des écoles ecclésiastiques qui, à travers des fortunes très-diverses, étaient parvenues à se soustraire à son monopole. Les certificats d'études étaient des certificats d'origine et rien de plus. Mais, lorsque chaque citoyen sera libre d'ouvrir une maison d'éducation secondaire et de préparer à l'examen du baccalauréat, lorsqu'aucune préoccupation religieuse ou politique ne compliquera plus une question purement scientifique ou littéraire, quel serait le but de ces certificats? N'est-ce pas alors qu'il faudra se contenter de demander à un candidat ce qu'il sait et non où il a appris ce qu'il sait?

« On prétend maintenir les certificats d'études sous le régime de la liberté, en disant qu'il convient que les jeunes gens ne se présentent à l'examen du baccalauréat qu'après avoir suivi réellement, n'importe où, un cours de rhétorique et un cours de philosophie, et que la suppression de ces certificats fera inventer des procédés à l'aide desquels les élèves surchargeront tant bien que mal leur mémoire de ce qui est exigé dans un examen toujours superficiel. Cet abus peut exister, ce sera au zèle et à la sagacité des examinateurs de pourvoir à sa répression; mais si nous nous servions de la loi pour faire dominer dans les écoles libres les méthodes d'enseignement qui aujourd'hui nous paraissent les meilleures ou les seules bonnes, nous serions amenés à prescrire autre chose qu'un cours de philosophie et un cours de rhétorique au sein de ces établissements, nous y règlerions tout l'ordre des études, en un mot, *nous supprimerions la liberté*, sous le prétexte banal et trompeur de maintenir ou d'élever le niveau des études. Nous avons foi dans la liberté, après avoir surmonté les difficultés de ses premiers ans, elle ravivera en France le goût des bonnes lettres jadis en si grand honneur. »

Enfin, s'il pouvait encore subsister quelque doute, quelqu'incertitude sur un point quelconque de la loi, le législateur aura prévu le cas, et il établit ainsi la règle qui devra être scrupuleusement suivie :

« Si, dit le Rapport, en cherchant à déterminer avec équité le caractère des preuves de moralité et d'aptitude, que les citoyens devront fournir, ou à régler le droit de surveillance dont l'État est pourvu, *des doutes, des difficultés* venaient à surgir, *ces doutes, ces difficultés* DEVRAIENT ÊTRE RÉSOLUS DANS LE SENS LE PLUS FAVORABLE A LA LIBERTÉ; car, nous ne craignons pas de le répéter, la LIBERTÉ EST LE PRINCIPE DOMINANT, en cette PARTIE, DE NOTRE DROIT PUBLIC.

« Il ne faut pas oublier qu'elle a été établie, d'abord en FAVEUR DES FAMILLES, afin qu'elles puissent, usant d'UN DROIT SACRÉ, FAIRE ÉLEVER LEURS ENFANTS SELON LE VŒU DE LEUR CŒUR ET DE LEUR CONSCIENCE ; et ensuite en faveur des CITOYENS qui ont le DROIT de mettre leurs lumières, leur expérience et leur dévouement au service des familles. »

Avions-nous tort de dire, que partout où il y avait des *blancs* dans la loi, c'est la liberté qu'il fallait y voir?

Ceci nous ramène aux motifs généraux et à l'exposé des considérations qui ont guidé la commission parlementaire et que nous trouvons tant au commencement du Rapport que dans sa *conclusion*.

MOTIFS GÉNÉRAUX ET CONCLUSION DE LA COMMISSION.

La commission, en ouvrant ses délibérations, a vu qu'elle était placée en face : 1° de la Constitution; 2° des antécédents de la question; 3° des faits existants et des principes qu'il s'agissait de réaliser.

1° La commission était enfermée dans les limites de la Constitution :

« La nouvelle Constitution, allant plus loin que la Charte de 1830, a défini les droits de l'État. Nous devons nous incliner devant sa décision, et présenter à l'Assemblée, non pas notre avis sur des points de doctrine, source inépuisable de contestations, mais les moyens qui nous ont paru, après une étude attentive, les plus propres à réaliser avec fidélité les promesses de la loi fondamentale. »

Mais, *examinant bien le texte de l'article* 9, la commission n'en a pas méconnu la première prescription : le rétablissement de la liberté dans l'enseignement.

« L'article 9 de la Constitution est ainsi conçu : « L'enseignement est libre. — La liberté de l'enseignement s'exerce selon les conditions de capacité et de moralité déterminées par les lois, et sous la surveillance de l'État. Cette surveillance s'étend à tous les établissements d'éducation et d'enseignement, sans aucune exception.

« On le voit, le législateur proclame avant tout le droit des familles, *l'enseignement est libre!* Tel est le principe souverain en cette matière, auquel tout doit remonter et se rattacher. »

2° La commission s'est demandé ensuite si les difficultés du problème posé par la Constitution, envenimé par les souvenirs d'une longue lutte, devaient être insurmontables. Elle ne l'a pas cru.

Il importe de savoir précisément à quel point de vue elle s'est placée, et c'est pourquoi nous reproduisons intégralement cette partie du Rapport.

« Tous les projets de loi sur la liberté de l'enseignement présentés aux anciennes chambres législatives étaient annoncés comme des actes de pacification, comme d'équitables transactions entre les droits nouvellement créés et mis en présence les uns d'autres. Mais, à cette époque, la nécessité d'une conciliation n'était pas aperçue, et chaque opinion, se croyant appelée à la possession d'une société paisible et puissante, préférait courir les chances d'une lutte prolongée, qu'abandonner aucune de ses espérances.

« Cette lutte ne fut certainement pas sans éclat ni sans profit pour la solution d'une des plus hautes questions morales et politiques qui puissent être soumises aux méditations du législateur. Chacun apporta dans ce grand et mémorable débat, auquel la nation ne cessa de prendre un intérêt qui l'honore, le tribut de ses lumières et de son expérience, mais chacun aussi conservait ses idées absolues, ses prétentions exclusives, l'espoir d'une transaction équitable où les intérêts et les droits légitimes de l'État et des familles auraient été reconnus et assurés s'éloignait chaque jour davantage.

» La conciliation si long-temps et si vainement poursuivie est devenue possible aujourd'hui. Les événement dont la France a été le théâtre dans ces derniers temps ont plus contribué à éclairer et à calmer, sur ce point, les esprits, à modérer les désirs, rapprocher les personnes que les plus savantes discussions n'auraient pu le faire.

» Lorsque la société tout entière, avec sa religion, ses mœurs, ses plus précieux intérêts, ses saintes et éternelles lois, est devenue tout à coup l'objet d'attaques aussi audacieuses que multipliées; quand les notions élémentaires de la vérité, de la justice et du droit sans lesquelles aucune association humaine ne saurait exister un seul jour, ont eu besoin d'être expliquées et défendues; quand un désordre moral dont nul ne pressent la profondeur s'est révélé au milieu de nous, alors tous les hommes sages, tous les amis sincères de la patrie ont compris qu'il ne s'agissait plus de savoir pourquoi et de quelle mesure précise le bien se ferait, mais qu'il fallait recueillir toutes les forces morales du pays, s'unir intimement les uns aux autres pour combattre et terrasser l'ennemi commun, qui, victorieux, ne ferait grâce à personne.

» Ce retour des consciences et des esprits, naguère divisés, vers un sentiment de paix et de concorde donne au législateur une liberté d'action dont il n'avait pas encore joui et diminue les difficultés de sa tâche.

» Dans une grave et vive discussion, lorsqu'aucun des deux partis ne croit à la solution prochaine du débat, chacun s'attache plus à soutenir l'honneur des principes qu'à régler ses vœux sur ce qui lui est possible d'obtenir, et les prétentions n'ont plus de bornes; mais quand tout annonce que le moment de clore la controverse et de passer de la théorie à l'application est venu, alors les esprits les plus absolus consentent à tenir compte des faits et à ne plus nourrir des espérances irréalisables.

» Si le législateur a retrouvé sa liberté, ce ne sera pas pour en abuser; il doit chercher, sans préoccupation de système ni de parti, sans engouement comme sans crainte de l'innovation, et guidé par l'unique pensée d'assurer le bonheur des générations

onder sur les deux seules bases qui puissent être adoptées, *la morale et la re-* n plan d'éducation publique approprié aux besoins, aux intérêts et au génie de lion, qui devienne le premier élément de sa stabilité et de sa grandeur. »

ici maintenant comment la commission a été amenée à adop- bases du projet, comme les plus propres à atteindre le but se proposait, en tenant compte des lois et des institutions tes.

t distribue l'enseignement par des agents qu'il prépare à cet effet et qu'il dirige. er si, dans le principe, il a eu tort ou raison de s'emparer de cette haute fonc- les particuliers ou des associations ne la rempliraient pas plus avantageuse- rait une étude sans profit, puisqu'un fait, qui a quarante ans de date, tran- estion ; mais ce que la réflexion et l'expérience de tous les temps attestent, ine corporation exclusivement et officiellement chargée de donner l'instruction , par sa nature même privé du sentiment d'émulation qui communique aux ns comme aux individus le besoin de faire mieux, de se perfectionner conti- nt soi-même, et qui inspirait au génie le plus vaste et le plus puissant qui ait gouvernement de l'ancienne France, à Richelieu, cette pensée : « Si les uni- nseignaient seules, il serait à craindre qu'elles revinssent avec le temps à l'an- ieil qu'elles ont eu autrefois, qui pourrait être à l'avenir aussi préjudiciable par le passé. »

e nation s'est formée sous l'empire de la concurrence en matière d'enseigne- us lui restituons cet élément de progrès, qui profitera même à l'institution dont eindre les priviléges.

iversité moderne a été l'objet d'apologies et de reproches outrés ; mais si son nent ne s'est pas toujours maintenu à l'abri de critiques sérieuses, il ne faut en i les hommes ni les méthodes, mais le privilége dont elle jouissait et à l'ombre n ardeur s'est égarée. Dépourvue des lumières que la concurrence lui aurait elle a demandé des inspirations à l'esprit de système et des leçons à l'étranger, ix guides trompeurs ont trahi plus d'une fois son amour du bien public et de la armi les effets salutaires de la liberté, il faut placer l'amélioration de l'ensei- public. Puisse cette vérité réconcilier avec elle ceux qui ne l'envisagent pas ntieux ou sans inquiétude.

us ne considérions la concurrence que comme un moyen de perfectionner l'é- nous l'envisagerions, il faut le dire, sous son aspect le moins élevé. Le droit préexistant de la famille, ce droit que les lois reconnaissent, mais qu'elles ne t, et qui survit dans la conscience publique, quand elles lui refusent leur sanc- roit exige que le choix des familles puisse s'exercer, non-seulement sur les , mais sur les méthodes et les doctrines, sans rencontrer d'autres limites que sont posées par la morale et le respect des lois. Fonder la concurrence, c'est acrer un droit impérissable et assurer les progrès de l'enseignement. Comment un principe à la fois si juste et si utile ?

xercera cette concurrence ? Nous répondons, tous les citoyens, tous ceux qui t appelés à remplir la noble et difficile fonction d'instituteur de la jeunesse, ont donné des gages publics de moralité et de savoir. Nous n'essaierons pas de incapacités, d'introduire des exceptions, là où notre Constitution a proclamé le mun.

garantie de cette rivalité et de la surveillance du gouvernement, nous entre- ssession d'un système d'instruction publique auquel la simple consécration de és et reconnus par la Constitution saura fournir des éléments d'un perfection- el et continu.

ore concurrence n'enlèvera pas à l'enseignement le caractère national qu'il rver. L'enseignement, s'il est donné par un seul, fût-ce même par l'Etat, peut ins des voies choisies arbitrairement et où nul n'aurait le droit de l'arrêter. Il me, mais ne sera pas nécessairement national, ou, en d'autres termes, con- caractère, à l'esprit, au vœu de la nation, sur lesquels l'Etat ou ses agents méprendre. *Au moyen de la liberté, quand chaque citoyen jouira de la fa-*

culté de distribuer l'enseignement, si telle est sa vocation, cet enseignement, ᵥ
sa nature, reproduira les dispositions particulières qui réunies composent le
national, et la concurrence saura bien empêcher que cette reproduction de l'e
blic ne flotte au gré de l'opinion dominante. L'éducation est une, elle doit êt
nale, mais plusieurs la conduiront plus sûrement qu'un seul vers ce but. »

Après avoir envisagé les obstacles que toute loi sur l'enseig
rencontrera dans la force des habitudes, dans les regrets de
dans la défiance des autres, la commission conclut ainsi :

« Le législateur qui, voulant régler de la manière la plus juste et la plus sage
tion publique chez une grande nation, placerait ses espérances non pas dans le
et dans l'union de toutes les bonnes intentions et de toutes les lumières, ma
lutte persistante et régulièrement établie des volontés rivales, serait aveugle o
car au lieu de chercher à calmer les passions, comme il en a le devoir, il leur
un aliment durable.

« Qui donc se refuserait de prendre part à cet acte de conciliation si loyal
fert ? Ce ne sont pas les hommes dans le cœur desquels vivent les principes
car ceux-là savent qu'il leur est ordonné de faire le bien dans tous les temps
les moyens, et qu'un jour il leur serait demandé compte d'une occasion qu'i
laissé échapper et d'un découragement dont les plus formidables obstacles ne
pas pour les absoudre.

« Gardons-nous de toute illusion. Comme la lutte ne pourrait pas se prolo
jours et qu'il faudrait qu'en définitive un des deux adversaires succombât, celu
comberait serait la liberté, si peu comprise, si mal aimée par notre nation, et
regrets ne la feraient pas renaître.

« Ne sacrifions donc pas au désir d'éviter ou de tourner quelques difficul
cution beaucoup moins grandes qu'on ne le pense le succès d'une sage pensée.

« Lorsque la liberté aura été établie et qu'une situation nouvelle, sans ana
le passé, aura été faite au corps enseignant ; lorsque les écoles libres ne pourr
plus craindre de voir renaître sous une forme déguisée le monopole condan
Constitution, elles prendront confiance en elles-mêmes et dans la liberté, elle
tiendront à ne plus redouter ce qui ne sera plus redoutable, et, fidèles à leur
elles ne verront plus leurs anciens adversaires que d'utiles coopérateurs aux
devront de bons avis et de bons exemples.

« Votre commission donne donc son approbation à l'idée fondamentale du
loi. Elle croit que quelques points de contact habilement ménagés entre les
l'État et les institutions libres, au lieu de raviver d'anciennes animosités, fe
nouir des préventions déjà sensiblement affaiblies, et que l'éducation nationa
à cette rivalité bienveillante et féconde formera, pour des jours plus calm
notres, des générations sages et fortes, qui continueront avec gloire l'œuvre
tion assignée par la Providence à notre pays.

« Le désir d'opérer ce rapprochement avec prudence, sans alarmer aucune
ni aucun intérêt légitime, rend, comme nous l'avons reconnu, la tâche du
plus compliquée et plus délicate, car s'il est aisé de séparer, il l'est peu de
lorsqu'il s'agit de faire à chacun sa juste part d'influence dans une action con
doit s'attendre, non pas à ne satisfaire personne, mais à ne pas satisfaire les p
extrêmes, celles qui parlent le plus haut et entraînent le plus facilement les
certains. Cet inconvénient est attaché à tout projet de transaction, et nous n'
tes pas la pensée que celui dont nous examinons en ce moment le caractère pu
per à la loi commune. Mais nous ne devons pas nous préoccuper de savoir s
répondra aux désirs, aux espérances, aux illusions de chacun, ce qui n'est
ble ; nous devons nous borner à rechercher quels sont, quant à la liberté de
ment, les vrais devoirs du législateur et si le projet de loi s'y est conformé.

« Le premier devoir du législateur, lorsqu'il établit et régularise un droit
d'avoir foi dans ce droit et de croire à son avenir. S'il conserve des doutes,
intérieurement de s'abandonner à la liberté, il cherchera à ressaisir dans l'o

qu'il aura concédé en théorie, et son œuvre incomplète et pleine de contradictions attestera l'incertitude de sa volonté.

« Prétendre tout prévoir, tout réglementer, afin de conserver sous le régime nouveau l'unité rigoureuse qui existait sous le régime ancien ; ne pas tenir compte des faits existants, des aptitudes constatées par elles-mêmes, du zèle et du dévouement des individus et des associations, non plus que des avantages résultant d'une combinaison de moyens divers qui tendent au même but ; porter partout le niveau de prescriptions uniformes et inflexibles, au risque de violenter de bonnes et sages coutumes, ce serait méconnaître une maxime qui n'est jamais plus vraie que quand elle s'applique à l'établissement d'un droit nouveau, et en particulier à celui dont nous nous occupons, à savoir : qu'on ne doit pas faire par la loi ce qu'on peut faire par les mœurs.

« La France renouvelle avec une grande facilité ses institutions et ses lois, et, malgré ses fréquents changements, elle s'est accoutumée à croire que l'impulsion et la direction devaient en toutes choses venir de la puissance publique, que, par une contradiction étrange, elle s'applique sans cesse à affaiblir. Ce qui peut être vrai pour les intérêts matériels, ne l'est assurément pas pour les intérêts moraux, et si, lorsqu'il entreprend de rédiger une loi sur la liberté de l'enseignement, le législateur s'entoure de défiances et refuse de se confier à la vertu, à la charité, à l'amour du bien public qui vivent encore dans le cœur de tant de bons citoyens ; s'il pense que ses décrets et ses mesures administratives pourront faire naître ou remplacer le sentiment qui rende digne d'élever et de former la jeunesse, c'est-à-dire le dévouement, la loi qu'il rendra ne sera point une loi de justice et de liberté, et elle usera rapidement, comme ces lois éphémères que la méfiance inspire et que la conscience publique repousse. »

Enfin l'honorable rapporteur, revenant encore une fois sur cette idée, termine par de graves et sévères paroles :

« La persévérance de nos efforts, et notre ardent désir de clore enfin, et au profit du pays un débat où aucune idée, aucune passion nouvelle ne peuvent plus se produire, nous donnent l'espoir que le travail consciencieux présenté par la commission obtiendra l'assentiment de l'Assemblée et de tous les hommes éclairés et amis du bien.

« Cependant qu'on nous permette, en terminant, et afin de prévenir toute incertitude, de bien préciser le terrain sur lequel nous nous sommes placés, et d'où nous faisons appel au seul sentiment qui puisse guider dans l'appréciation impartiale d'une loi aussi importante, à l'amour sincère de la patrie.

« Aux hommes qui ont juré de détruire notre société, ses idées, ses mœurs, ses institutions, sa religion, pour élever sur tant de ruines accumulées on ne sait quel édifice encore inconnu, à l'ombre duquel naîtraient des générations animées d'une haine sauvage contre tout ce que le monde croit et honore depuis qu'il existe, nous répondrons avec franchise que le projet de loi a pour objet principal de déjouer leurs desseins, en arrachant l'enfance et la jeunesse au péril de leur détestable influence, et que s'il ne doit pas amener ce résultat, c'est que nos efforts auront trahi nos intentions. Nulle équivoque sur ce point.

« Parmi les amis de la véritable et sage liberté, qui espèrent en elle, jusque dans les plus mauvais jours, il en est dont l'esprit a contracté, à la suite des luttes politiques qui signalèrent l'époque de la Restauration, l'habitude de placer les envahissements du clergé sur les droits de l'Etat, au nombre des périls qui menacent notre société. Ils redoutent l'influence occulte des prêtres et des congrégations religieuses, et ils nous reprocheront sans doute de ne pas avoir partagé leurs alarmes. Avant de condamner notre sécurité, qu'ils jettent un moment leurs regards sur la société, non pas seulement en France, et qu'ils nous disent, la main sur la conscience, quelle est la cause première de ce besoin insatiable de révolutions, ce besoin qui, après s'être attaqué aux institutions et aux gouvernements, s'acharne aujourd'hui, et menace de ne rien laisser survivre de ce qui fait la force et la grandeur de la civilisation ; qu'ils nous disent s'il n'y a pas de puérilité à redouter, pour le présent ou pour l'avenir, dans un pays tel que le nôtre, la domination cléricale, et imprudence grave à repousser le concours des idées religieuses dans l'œuvre de salut public que nous entreprenons. Il suffit d'en appeler de leurs préjugés à leur raison.

« Ces préjugés sont entretenus par les prétentions irréfléchies et absolues de quel
amis de la liberté d'enseignement, qui réclament, pour le clergé, non pas le droit
seigner en vertu d'une loi commune et sous certaines conditions, exigées au nom
morale, du bon ordre et de l'intérêt des familles, mais un droit préexistant, sans
tes, sans garanties, sans responsabilité aucune, fondé sur le caractère spirituel et d
de la mission qu'il a reçue. Eux aussi, partant d'un point opposé, se laissent entra
par le désordre général des idées, dénient tout droit, toute autorité en matière d'en
gnement à la société, et réclament une indépendance, dont sans doute ils ne veu
pas faire pour eux seuls un monopole, et qui, généralisée, inoculerait au sein de l'é
cation nationale ce même principe d'anarchie, source des maux dont souffre la pa
que nous avons le devoir et la volonté de combattre partout où il apparaît.

« Si vous portez un intérêt réel à une cause pour laquelle d'autres que vous ont c
battu, et dans des jours moins favorables, au lieu de vous abandonner à des prétent
déréglées, à des excitations imprudentes, mettez-vous résolûment à l'œuvre, cultiv
vaste champ ouvert à votre ardeur, faites ce que vous demandez à pouvoir faire, c
loi vous en fournit les moyens. Vous rencontrerez des obstacles plus nombreux,
puissants que vous ne le pensez, dans les mœurs, les idées et les grandes erreurs d
temps, efforcez-vous de les surmonter ; que rien ne rebute le dévouement et la pe
vérance dont nous vous croyons animés, car la liberté impose de rudes labeurs à c
qui savent la comprendre et qui l'aiment, non pour en discourir, mais pour lui f
produire, à force de patience et de sueurs, des fruits salutaires. Et si, ce que nou
croyons pas, nous avions par mégarde, laissé subsister dans la loi quelques disposit
nuisibles à l'amélioration morale et intellectuelle de la jeunesse, unique objet de
efforts, plus tard vous vous présentiez devant le législateur et, lui montrant le
que vous auriez fait, celui que vous voudriez faire encore, vous obtiendriez, av
redressement de la loi, l'hommage et la reconnaissance du pays tout entier.

« Messieurs, ce projet de loi est le cinquième qui, dans l'espace de douze ans, a
présenté, sur le même sujet, aux assemblées délibérantes de la France. Quelle que
l'opinion que l'on porte sur son mérite, on reconnaîtra qu'il révèle, dans le mini
qui l'a rédigé et dans l'Assemblée législative qui attend avec impatience l'instant
discuter, une grande et généreuse pensée, celle de s'arracher aux émotions du pré
pour assurer du moins à notre patrie un avenir meilleur et digne d'elle. Puisse
pensée rapprocher les esprits, applanir les difficultés et amener la solution d'une q
tion qu'on ne pourrait ajourner de nouveau sans la déclarer insoluble. »

Tel est le Rapport de M. Beugnot : tel le projet de M. de Fall
est sorti de l'examen attentif et des longues délibérations de la co
mission parlementaire.

Répétons-le, des modifications de détail, des éclaircissements,
développements dont il contenait le principe, des améliorations
y existaient en germe, ont été apportés à la rédaction primit
Mais les bases n'ont pas été changées et le projet reste le même.

Encore une fois, nous ne lui attribuons pas une perfection qui n
pas dans les choses de ce monde et que ce temps-ci supporte
moins que tout autre. Nous n'oserions dire d'avance quelle
pour cette œuvre le résultat des discussions qu'elle doit encore
bir. Dieu seul sait si, après tant d'obstacles et d'oppositions si n
heureusement soulevés contre elle du côté où elle devait trou
secours et appui, il lui sera donné enfin de surmonter toutes
difficultés et toutes les complications de la politique.

Mais quoi qu'il en soit, et telle qu'elle est, telle qu'elle vient d'
encore acceptée, expliquée et développée par la commission et pa
Rapport si élevé, si complet et si consciencieux de M. Beugnot, la

oyons pouvoir le redire, serait un immense service rendu à
té, comme à la patrie et à la religion.

certain qu'elle offre un régime avec lequel le *statu quo* ne
t pas un instant la comparaison:

Je améliore autant que possible l'*enseignement primaire*;

afin dans l'*enseignement secondaire*, non-seulement elle ouvre
large carrière à la liberté des études, des programmes, des
les, des systèmes d'enseignement littéraire, professionnel, spé-
ais qu'elle garantit toutes les libertés par la première, la plus
,e, la plus effective de toutes, la liberté des *personnes*, laquelle
e à tout :

berté des personnes, à savoir : 1° la liberté de tous les mem-
guliers et séculiers du clergé, des congrégations religieuses
professeurs des petits séminaires, par la suppression de toute
ition obligatoire, de toute promesse relative à l'enseignement
ix, par leur admission, enfin, franche et complète dans le
mmun ;

a liberté sans aucune restriction des professeurs, répétiteurs,
s d'études, surveillants, en un mot, de toutes les personnes
es à quelque titre que ce soit aux établissements libres, ou
s à l'enseignement particulier:

a liberté des élèves, jadis divisés en catégories, absolument
s'ils avaient étudié hors de l'Université, tous dénombrés et
omme du bétail, soumis à des entraves presque impossibles à
s'ils avaient fait leurs études dans les petits séminaires, main-
complétement affranchis par la suppression de tout certificat
s.

majorité est favorable à la loi, voilà les avantages dont les
ques entreront immédiatement en jouissance.

u contraire, la loi ne passe pas, ce sera sans doute, comme le
ien sentir le rapporteur de la commission, ce sera un incal-
: malheur.

utefois, même dans cette hypothèse, faudra-t-il dire que les
c de la première et de la seconde commission, le rapproche-
t les efforts de tant d'hommes éminents, une discussion si ap-
lie et si éclatante, seront absolument perdus? Non, cela est
ible.

projet actuel n'est pas lui-même converti en loi, il sera, quoi
asse et quoiqu'on veuille, la base de toute loi future et le point
irt de la liberté.

u tard, soyons en sûrs, nous en verrons le triomphe.

, mieux qu'hier, mieux qu'aujourd'hui, dans l'attente ou dans
session de ces bienfaits, le pays en comprendra l'importance,
nira celui dont la persévérance et la fermeté les lui auront

it à nous, ce sera *notre* consolation d'avoir devancé ce jour immanquable de la complète justice ! Et, nous ne craigons pas de le dire dès à présent, notre admiration et notre reconnaissance sont acquises à l'habile et courageux ministre qui a si admirablement saisi l'occasion tout à la fois la plus délicate et la plus favorable; qui a su s'emparer si glorieusement de la situation par la fermeté comme par la prudence de son initiative ; et qui, au milieu de tant de conquêtes assurées par lui à notre cause, ne semble avoir songé qu'à se départir autant qu'il était en lui de l'honneur qui lui en revient, pour nous en garantir davantage la possesion dans le présent, et le développement solide et durable dans l'avenir !

Séance de l'Assemblée.

L'ordre du jour appelait la discussion des propositions relatives à l'abrogation des lois d'exil portées contre la maison de Bourbon. L'Assemblée était sous le poids d'une légitime préoccupation. Tandis que d'une part un sentiment profond de respect et de justice sollicite l'abolition de ces actes de proscription et de colère, d'un autre côté la main qui offre cette sorte de réparation est trop insidieuse, la forme de la proposition est trop injurieuse aux illustres infortunes à qui elle s'adresse, la nécessité de ne pas diviser la majorité en présence des périls sociaux est trop évidente pour que la raison politique ne l'emporte pas sur les élans généreux du cœur.

L'Assemblée l'a compris : de belles et nobles paroles de M. Berryer lui ont tracé son devoir, et les violentes invectives de M. Jérôme-Napoléon Bonaparte ont achevé d'entraîner sa conviction.

M. Berryer ne s'est pas seulement montré grand et habile orateur: il a parlé en homme d'Etat et en homme de dévouement. Rappelant les titres de gloire qui environnent cette race auguste qui a régné depuis tant de siècles sur la première nation du monde, il l'a présentée revêtue de la majesté du malheur, et il s'est écrié : « Les révolutions peuvent la déshériter de son avenir, vous ne pouvez pas la déshériter de son passé! » Rien ne lui serait plus outrageant que d'offrir à ses membres de déposer cet héritage pour venir prendre le rang de simples citoyens. Inutile, inefficace, la proposition est dangereuse: c'est un piége tendu à de nobles sentiments, c'est la désunion, c'est la division jetée parmi les hommes d'ordre ! Il faut rejeter la proposition.

La majorité a vivement félicité M. Berryer. En vain M. Pascal Duprat a t-il essayé de semer ensuite quelques brandons de discorde; en vain M. Jérôme-Napoléon Bonaparte a-t-il excité d'effroyables tempêtes, en irritant jusqu'à la passion un débat où, il a bien eu l'audace de le dire, « il ne voulait apporter que la conciliation. » En deux mots, M. Berryer a replacé la question sur son vrai terrain, en donnant à M. Bonaparte une leçon méritée.

Le gouvernement, par l'organe, assez peu adroit aujourd'hui, de

ure, était venu, en adoptant le principe de la proposition, con-
son ajournement. Voici le résultat du voie : 490 voix ont re-
a prise en considération : 100 seulement l'ont appuyée.
ance s'est terminée par une lecture de M. Lagrange en faveur
sportés de juin.

'on, après avoir établi que les honnêtes gens, qu'ils le veuil-
non, sont étroitement solidaires, et qu'il ne servirait de rien
ues-uns de passer désormais à l'ennemi, termine ainsi :

d'une entente cordiale avec l'Assemblée, il n'y a pour le président que
d'une chute éclatante. La solidarité qui existe entre tous les bons ci-
xiste, à plus forte raison, entre son gouvernement et la majorité. Issus
ne origine, élus pour la même fin, ils ne peuvent pas se séparer sans
de leur séparation un égal dommage.
importe quel langage a été tenu à l'Elysée. Il est naturel de penser que
lu pays, l'intérêt du président et de son gouvernement y ont parlé plus
ore. Nous nous en félicitons. Mieux vaudrait assurément que le prési-
ût point eu à repousser de malheureuses et funestes inspirations; si
il a été dans cette nécessité douloureuse; eh bien, sa fermeté est une
garantie pour la cause de l'ordre. »

---

emblée nationale fait ressortir avec un grand sens la déplora-
ation où se trouve placé tout gouvernement qui, n'ayant au-
issance d'initiative, est obligé de se tenir toujours sur la dé-
:

rsailles, ne dirait-on pas que les accusateurs sont les accusés? Quelles
ns hautaines! et le pouvoir, en présence de tant de hardiesse, reste
ésarmé!
ouvernement, sous les coups des journaux, n'est-il pas incessamment
traduit devant les assises de l'opinion irritée?
ociété n'est-elle pas, elle-même, déplorablement attaquée par des démo-
e toute nature qui la sapent par tous les côtés?
s pouvoirs n'osent rien! ils assistent paisibles spectateurs à cette décom-
aux symptômes de ce grand cataclysme! »

---

sophi credula gens, a dit le philosophe Sénèque. Il paraît que
socialiste est plus crédule encore. Voici, en effet, l'incroya-
velle que nous lisons dans la Liberté, ce matin :
Robert Peel, l'illustre et ancien premier ministre d'Angle-
vient de créer à Londres un journal complètement socialiste.»
prions la Liberté de vou'oir bien nous faire connaître le
: cette nouvelle feuille. Admirateur de l'illustre baronnet,
us empresserons de faire inscrire notre nom sur la liste de
nés.

On lit dans la *Patrie* :

« On annonce que le général d'Hautpoul va être appelé au commandement en chef de l'armée de Rome. Il réunira les pouvoirs militaires et les pouvoirs diplomatiques. — M. le général Rostolan et M. de Corcelles rentrent en France.

« Le général d'Hautpoul est un de nos généraux les plus expérimentés. Il est le neveu du célèbre général d'Hautpoul, frappé mortellement à Eylau en exécutant, à la tête d'un corps de cuirassiers et de dragons, une des plus belles charges de cavalerie dont l'histoire de la guerre fasse mention.

« L'empereur décida que les canons pris dans cette bataille serviraient à lui élever une statue en bronze.

« Le général d'Hautpoul actuel compte, lui aussi, de beaux services militaires. — Il est depuis longtemps l'ami dévoué du Président de la République. »

Nos propres renseignements confirment cette nouvelle. Nous ajouterons que M. d'Hautpoul était membre de la commission relative aux affaires de Rome, et qu'il est un des hommes les plus justement estimés de la majorité, avec laquelle il a constamment voté. Sa nomination est un nouveau gage de réconciliation entre le Président de la République et l'Assemblée.

A M. le Rédacteur de l'Ami de la Religion.

Monsieur,

J'ai lu dans les journaux de ce matin une lettre signée par plusieurs membres de l'Assemblée législative, qui ont cru devoir donner publiquement l'explication de leur vote en faveur des crédits supplémentaires de l'expédition de Rome; cet exemple m'autorise à dire en peu de mots ce que je comptais développer hier à la tribune, lorsque la clôture de la discussion m'a fait renoncer à la parole; je n'ai voté les crédits supplémentaires qu'à la suite de la protestation par laquelle le ministère, parlant au nom du pouvoir exécutif tout entier, a déclaré n'avoir jamais eu la pensée de contraindre la volonté du Saint-Siége par violence matérielle ou morale. Dans ce sens, j'approuve qu'il lui soumette les inspirations qu'un sage libéralisme lui suggérera; mais je dois avouer que, dans ma pensée, l'intérêt du libéralisme n'est pas tant d'obtenir immédiatement dans les institutions des Etats pontificaux telle ou telle part qui, à raison des circonstances actuelles, sera nécessairement restreinte, que de s'honorer par le protectorat généreux et désintéressé de l'indépendance temporelle du Souverain Pontife; je crois que c'est à l'union intime de la France avec la papauté qu'il est réservé de rendre, dans l'Europe civilisée, au spiritualisme chrétien, sa prédominance et sa popularité, et en même temps d'y réhabiliter le vrai libéralisme, compromis par les excès de la démagogie; c'est aussi à cette alliance que sera due la renaissance de la politique française, contrainte, depuis bien des années, d'abdiquer le glorieux patronage de la liberté et de la nationalité des peuples dont la sainte cause s'était fatalement confondue avec celle de l'anarchie.

Recevez, Monsieur le Rédacteur, l'assurance de ma considération la plus distinguée,

J. DE MONTIGNY,
Membre de l'Assemblée législative.

Pie IX dans les hôpitaux de Naples.

es lieux où plus de souffrances appellent plus de consolations ne peuvent res-
étrangers à la douce charité de Pie IX dans le choix qu'il fait des établisse-
nts qu'il daigne rendre heureux de sa présence.

l visitait, il y a quelques jours, à Naples, l'hospice des Incurables, et son pas-
e y a été comme un baume bienfaisant pour les infortunés qui y souffrent.

à, on le vit s'approcher avec bonté du lit des malades, et il s'y arrêtait d'au-
t plus longtemps, qu'ils lui paraissaient avoir plus besoin d'être encouragés.
'informait auprès des médecins qui l'accompagnaient de la nature des mala-
s, et il était facile de reconnaître alors dans le Saint-Père l'ancien supérieur de
pital de Saint-Michel.

yant trouvé dans une des salles un malade originaire des États pontificaux,
arrêta auprès de son lit, l'entretint avec une bienveillance toute particulière,
oulut savoir de lui le lieu précis de sa résidence et la demeure de ses parents.

ant-il s'étonner si, en présence d'un tel consolateur, tant de souffrances
ent comme suspendues, et si chez les pauvres malades un sentiment dominait
autres, le sentiment de la reconnaissance envers le Seigneur et envers celui
, dans ce moment, était doublement son image? Le bonheur et la souffrance
rouvaient réunis sur leurs visages; leurs paroles restaient inachevées, moins
ore à cause de la faiblesse qu'à cause de l'émotion. Ceux qui pouvaient se sou-
r à demi de leur lit et s'incliner, les mains jointes, devant le Père commun
fidèles, ceux qui pouvaient lui adresser quelques paroles, étaient un objet
nvie pour ceux auxquels l'épuisement de leurs forces ne permettait de deman-
sa bénédiction que par l'expression de leurs yeux qui bientôt allaient se fer-
r pour toujours.

'est un tableau bien différent, mais plein d'un égal intérêt, que celui du Saint-
e au milieu des jeunes enfans élevées dans la maison royale dite de la *Reine*
belle, se prêtant avec bonté aux fêtes qu'elles lui avaient préparées, aux com-
nents qu'elles lui adressaient, aux chants par lesquels elles accueillaient sa
ue, et consentant à recevoir de leurs mains des vases de fleurs artificielles et
broderies qui étaient leur ouvrage.

e ne fut pas assez pour la paternelle condescendance de Pie IX, il voulut lui
me se rendre compte du travail de ces enfants, du degré de leur instruction;
n interrogea plusieurs, leur adressant des questions sur leurs études, et il ré-
pensa chacune des heureuses répondantes par le don d'un rosaire.

Les dernières nouvelles d'Italie racontent le voyage du Saint-Père à Nocera,
ur y honorer saint Alphonse de Liguori. Ce fut par le chemin de fer qu'il se
dit à Nocera : là, comme ailleurs, les populations accoururent en foule pour
tourer le Souverain Pontife des témoignages de leur amour et de leur vénéra-
n.

NOUVELLES RELIGIEUSES.

FRANCE. — DIOCÈSE DE PARIS. — Les deux statues de saint Gervais et de
nt Protais, martyrs, principaux patrons de l'église Saint-Gervais, viennent d'ê-
placées sur le fronton de ce temple; elles présentent huit pieds de hauteur.
blies sur le piédestal qui repose dans une niche.

DIOCÈSE D'AVIGNON. — On parle de la réunion assez prochaine du Concile de
province d'Avignon. Il s'ouvrirait le 8 décembre, et se trouverait ainsi placé
us les auspices de la sainte Vierge, dont l'Église célèbre ce jour-là l'immacu-
e Conception.

TOSCANE. — Le Saint-Père a, dit-on, engagé les Evêques de Toscane à se concerter entre eux pour se réunir prochainement en Concile.

ROME. — On écrit de Rome :

« Les soldats français continuent à donner de grandes consolations à ceux qui leur donnent des soins dans les hôpitaux et ailleurs. Plusieurs ont fait leur première communion ; d'autres se sont approchés des sacrements, ce qu'ils n'avaient pas fait depuis plusieurs années :

« Je vous assure, ajoute l'auteur de ces détails, que ces braves soldats donnent d'admirables preuves de leur foi. »

ASSEMBLÉE LÉGISLATIVE.

PRÉSIDENCE DE M. DARU. — *Séance du 24 octobre.*

M. CRETON. Je n'ai voulu ni m'attribuer l'initiative d'une pensée généreuse, ni diviser la majorité sur une question brûlante. J'invoque la dignité du pays, la justice, la bonne politique.

Des lois qui frappent des hommes innocents, inoffensifs, sont iniques. La société a le droit de surveiller, non de proscrire, ceux dont l'influence ou le nom seuls peuvent l'inquiéter. Ceux qu'on proscrit seraient presque excusables s'ils conspiraient.

Si la République continue à proscrire, elle se perdra. (Mouvement.)

M. BERRYER. Votre commission d'initiative conclut à ce que la proposition, quant à présent, ne soit pas prise en considération.

Je demande moi, dès à présent, que par un vote péremptoire l'Assemblée refuse de prendre la proposition en considération. (Mouvements divers.)

J'ai de tout temps repoussé les lois de proscription. Ce sont des actes de colère, ce sont de vaines barrières. (Approbation.)

Si je m'oppose aujourd'hui à leur abrogation, c'est par des sentiments analogues à ceux qui me les faisaient repousser.

Les propositions ne sont pas sérieuses. A l'égard des membres de la maison de Bourbon, elles seront sans résultat.

Dans toute société, il faut choisir entre l'un et l'autre de ces deux principes : le principe héréditaire, le principe électif. Ils s'excluent réciproquement.

Sous notre forme actuelle de gouvernement, y a-t-il un seul membre de la maison de Bourbon qui veuille rentrer en France comme simple citoyen ? (Violente interruption.)

Les révolutions peuvent déshériter les princes de leur avenir ; elles ne peuvent les déshériter de leur passé. (Vive approbation.)

La proposition veut-elle forcer les fils de ceux qui ont régné tant de siècles sur la France à jeter dans l'oubli la gloire et le rang de leurs aïeux ?

D'ailleurs, si l'un d'entre eux revenait comme simple citoyen et se faisait candidat à la présidence, il jetterait le désordre au sein de la France ! Oui, je ne crains pas de le dire, c'est le désordre que vous voudriez sur le pays ! (Mouvement.)

Et vous, hommes de tous les partis qui gardez votre foi, mais qui vous réunissez pour le bien de la société, ne voyez-vous pas qu'on veut compromettre votre union ? Rejetez la proposition unanimement. (Sensation profonde.)

M. PASCAL DUPRAT. M. Berryer m'a converti. Je voterai la proposition pour montrer qu'il y a un abîme entre l'absolutisme et la République, et pour ôter aux princes leurs folles espérances.

M. DUFAURE. Le gouvernement adopte le principe de la proposition. Il aurait *voulu en prendre* l'initiative, mais l'état des esprits exige l'ajournement.

Si vous votiez la proposition, on dirait dans certaines provinces que vous avez rappelé le Roi de France, et dans d'autres on se servirait de cette interprétation pour exciter des mouvements démagogiques.

M. NAPOLÉON BONAPARTE. Ma proposition est toute dans un esprit de conciliation. (Oh! oh! — Bruits divers.)

Je veux répondre à M. Berryer, en constatant qu'il a déployé le drapeau de l'absolutisme. (Dénégations.—Tumulte.)

Notre victoire républicaine de Février (Allons donc! où étiez-vous?) a tué toutes les prétentions. Le pays saura qu'il y a ici des ennemis et des amis de la république. Ma proposition ne sera pas inutile. Dans la famille déchue il y a des jeunes gens (Oh! oh!) qui ont demandé à rentrer comme simples citoyens.

M. Bonaparte lit deux lettres de MM. le duc de Nemours, le duc d'Aumale et le prince de Joinville, adressées au mois de mai 1848 à la Constituante.

La République, ajoute-t-il, ne les craint pas. Elle peut les admettre.

M. BERRYER. Les accusations de M. Bonaparte sont de celles qu'on ne relève pas. (Très-bien! très-bien!) Quant à ce qui me regarde, il aurait dû se souvenir que j'ai usé mon peu de crédit sous le dernier gouvernement pour aider les sollicitations de ses proches. (Aux voix! aux voix!)

La proposition est repoussée par 496 voix contre 100.

M. LAGRANGE lit un long mémoire envoyé par les transportés de juin.

Haute-Cour de justice.

Les dernières audiences ont offert peu d'intérêt. La déposition des témoins a confirmé des faits déjà connus pour la plupart; des menaces d'intimidation avaient été tentées contre l'un d'eux.

Le témoin Dupuis a indiqué à M. Ledru-Rollin le vasistas par lequel le tribun a pu s'échapper comme l'avaient fait déjà plusieurs artilleurs.

Quelques paroles de deux témoins, M. Valois et M. Goubeau, capitaine dans la garde nationale, ont blessé la susceptibilité des accusés; l'un d'eux, l'accusé Daniel Lamazière, s'est récrié et a dit au dernier témoin qu'il mentait.

La cour a prononcé contre Lamazière, pour ce fait, une condamnation à trois mois d'emprisonnement et 100 fr. d'amende.

On continue l'audition des témoins, qui ne présente rien de remarquable.

Chronique et Faits divers.

Les premiers présidents et les procureurs généraux près les Cours d'appel de France sont appelés à Paris pour la grande cérémonie de l'institution de la magistrature, qui aura lieu au Palais-de-Justice, à Paris.

— Des correspondances de Saint-Pétersbourg portent que l'inquiétude commence à gagner cette ville. Les préparatifs de guerre que l'on fait sont considérables, et l'escadre russe est à Sébastopol, avec ordre de se tenir prête à mettre en mer dans un délai de quatre jours après ordre reçu. On tient en disponibilité un grand nombre de remorqueurs à vapeur, pour le cas où leurs services seraient nécessaires.

— Le procureur de la République près le tribunal de première instance de la Seine a fait saisir aujourd'hui la *Démocratie pacifique* et la *République* à la poste dans leurs bureaux, à raison de la publication d'une lettre signée de Louis Blanc et autres réfugiés à Londres.

La prévention est celle d'apologie de faits qualifiés crimes et délits par la loi pénale.

— On nous écrit d'une ville du Nord, que nous ne nommerons pas :

« Tous les rouges sont partis depuis le commencement de la semaine ; on croit qu'ils se dirigent vers Paris, point sur lequel se portent en ce moment beaucoup de réfugiés étrangers. On ne sait au juste à quoi attribuer ce départ précipité ; mais les conjectures ne manquent pas. »   (*Echo de la Frontière.*)

— L'*Indicateur* de Reims, annonce, à la date du 22 octobre, qu'il y a eu des scènes de désordre sur divers points de cette ville. Il ajoute que les détails qu'on lui rapporte lui ayant été communiqués trop tard, il les publiera demain.

— On écrit de Genève, le 18 octobre :

« Le suffrage universel doit élire chez nous, au commencement de novembre, un nouveau conseil d'Etat. On se demande qui l'emportera du parti radical représenté par M. James Fazy, ou du parti conservateur, mis de côté depuis la révolution du 6 octobre 1846. Les grandes affaires européennes semblent tourner au profit de l'ordre ; les pouvoirs ébranlés reprennent des allures plus vigoureuses ; le bon droit a déjà prévalu sur la violence de l'anarchie en plusieurs localités. »

— On lit dans l'*Union* de la Dordogne, du 19 octobre :

« Le colportage des écrits incendiaires du socialisme ne se fait pas dans la Dordogne comme partout ailleurs. Des brochures infâmes se glissent dans des Bibles, dans des almanachs, livres inoffensifs d'apparence, mais qui n'en contiennent pas moins un poison mortel. Il y a des dépôts chez certains instituteurs, chez certains cantonniers, chez certains facteurs ruraux. C'est aux juges de paix à veiller. Mais parmi nos juges de paix, fort dignes et fort honorables en majorité, il y en a cependant encore qui sont les sentinelles avancées du socialisme. »

— Sous ce titre : *Une ville inconnue*, on lit dans *le Courrier des Etats-Unis* :

« Le gouvernement de l'Etat de Chiapas (Mexique) a ordonné qu'il fût procédé à une reconnaissance, afin de savoir s'il existe positivement, comme on le croit en général, une ville inconnue sur la montagne des Cordillières, appelée de la Pimienta. Il a été déjà question, à plusieurs reprises, de cette ville mystérieuse, dont on distingue vaguement les constructions de la plaine, à l'aide de longues-vues. Ce qui fait croire surtout à l'existence d'une ville sur le Pimienta, c'est le grand nombre de troupeaux qu'on aperçoit paître sur le versant de la montagne. Cette circonstance indiquerait qu'au lieu de ruines antiques, comme à Milta et Palenque, il s'agirait ici d'une cité peuplée par des habitants avec lesquels aucune communication n'a encore eu lieu. Dans tous les cas, le résultat de l'expédition ordonnée par le gouvernement de Chiapas sera de nature à exciter vivement la curiosité. »

BOURSE DU 24 OCTOBRE.

Le 3 p. 100 a débuté au comptant à 55 70, a fait 56 65 au plus bas, et reste à 55 65.

Le 5 p. 100 a débuté au comptant à 88, a fait 87 90 au plus bas, et reste à 88.

Les actions de la Banque ont été cotées à 2,325.

L'un des Propriétaires-Gérants, CHARLES DE RIANCEY.

Paris, imp. BAILLY, DIVRY et Comp., place Sorbonne, 2.

L'AMI DE LA RELIGION.

s trouvons un nouveau gage des bienveillantes sympathies de
copat à l'égard de l'*Ami de la Religion*, en même temps qu'un
ragement à nos efforts, dans la lettre suivante, que Mgr l'Evê-
e Gap a bien voulu adresser à son clergé.

« Gap, le 19 octobre 1849.

« Monsieur le Curé,

'*Ami de la Religion*, interprète fidèle des vœux et des besoins
l'Eglise dans notre patrie, intelligent et zélé défenseur de nos
its et de nos libertés, et, à ces titres, si digne de la confiance du
rgé, vient de commencer aujourd'hui une publication quoti-
nne.

ette amélioration, depuis long-temps désirée, va répondre mieux
nécessité de l'époque et au légitime empressement des lecteurs,
is, en retour des sacrifices que ce nouveau mode de publication
pose à la rédaction, elle a droit de compter sur de plus nom-
uses et de plus vives sympathies.

e verrai donc avec plaisir, Monsieur le Curé, les abonnements
multiplier dans votre canton. Les prêtres les plus voisins pour-
nt facilement se réunir pour recevoir ce journal. Ils se met-
ent ainsi, sans de grandes dépenses, au courant des événements
ves et intéressant la religion, qui, chaque jour, se pressent au-
r de nous, et qu'un Curé est dans la presque indispensable né-
sité de connaître.

euillez, Monsieur le Curé, faire part de mes désirs à MM. les
res de votre canton, et recevoir la nouvelle assurance de mes
iments les plus dévoués.

« † IRÉNÉE, évêque de Gap. »

Séance de l'Assemblée.

que fois que la question de l'amnistie des transportés de juin
résentée à l'Assemblée, elle y a excité des violences et des al-
ons, mais rarement le tumulte avait été aussi épouvantable
ourd'hui. M. Lagrange avait renouvelé au commencement de
ice les plaintes dont il avait fait déjà l'exposé hier. M. le minis-
l'intérieur y a répondu de la manière la plus haute et la plus
ploire. M. Bonaparte est alors monté à la tribune, et, à chaque
', il a soulevé des tempêtes : tantôt c'étaient des réclamations
ques de la majorité, tantôt des cris et des hurlements de la
e la gauche. Mais la plus pénible et la plus indicible émotion

qui ait été causée au milieu de cette orageuse séance a été la scène suivante.

Au moment où M. Bonaparte parlait du décret de transportation, M. Dahirel s'est écrié : « Vous l'avez voté ! » L'orateur n'avait pas répondu : à peine descendu de la tribune, il se fait apporter le *Moniteur*, remonte, et déclare qu'il n'y a pas eu de scrutin de division, et qu'il n'a pas voté comme le prétend M. Dahirel. Ce dernier persiste en rappelant que M. Bonaparte votait alors avec la majorité. M. Bonaparte renouvelle son démenti, et l'Assemblée éclate en bruit tumultueux. Les membres se lèvent, plusieurs représentants apostrophent le Président. M. Benoist d'Azy, qui occupait le fauteuil, déclare avec dignité que ce pénible incident est clos. Néanmoins plusieurs membres, rappelés à l'ordre, veulent s'expliquer, et M. Antony Thouret vient déclarer que M. Bonaparte n'a voté ni dans un sens, ni dans l'autre, et qu'il s'est abstenu.

Nouvelle confusion, nouveau tumulte. A grand'peine, le calme se rétablit, et la clôture est votée. Le scrutin repousse l'amnistie par 419 voix contre 183.

La séance a été terminée par quelques projets de loi d'intérêt local et par la discussion sur les crédits supplémentaires de la marine.

Le collège de Saint-Dizier.

Nous avons sous les yeux une circulaire portant la signature de M. le maire de la ville de Saint-Dizier, dans laquelle ce magistrat fait connaître que le conseil municipal de cette ville vient de confier la direction de son collège, devenu, par autorisation de M. le ministre de l'instruction publique, collège libre, à des ecclésiastiques voués depuis longtemps à l'instruction de la jeunesse.

Cette mesure, ajoute la circulaire, a été prise par le maire et le conseil municipal dans *le désir* qu'ils éprouvaient *de doter la ville de Saint-Dizier d'une institution florissante.*

Il paraît, en effet, d'après les renseignements qui nous ont été fournis, que jusque-là cet établissement ne *florissait* guère. Le collège universitaire de Saint-Dizier réalisait, dans ses termes les plus extrêmes, le tableau que M. Cousin, en 1837, traçait d'un très-grand nombre de nos collèges communaux, quand il les appelait des *collèges irrémédiablement défectueux qu'on ne peut sauver de la ruine absolue, quand viendra la libre concurrence, qu'en les transformant.*

Le collège universitaire de Saint-Dizier n'avait pas attendu la libre concurrence pour subir cette *ruine absolue*; le nombre de ses internes allait dans le dernier temps de son existence jusqu'à un, et pour soutenir ce triste établissement, petite ville de Saint-Dizier s'imposait le lourd sacrifice de 9,000 fr. environ.

Espérons que la transformation du collège universitaire en une institution libre lui portera bonheur, le sauvera; que cet air d'une demi-liberté qu'il va respirer en attendant que la loi nouvelle lui en confère une plus large, lui vaudra mieux que l'atmosphère universitaire, et que la récompense de son heureuse inspiration ne se fera pas attendre longtemps pour la ville de Saint-Dizier.

Nos vœux, au surplus, ne sont déjà plus de simples prévisions et de vagues espérances; la simple annonce du nouvel établissement et des maîtres qui le di-

ront a ranimé la confiance ; il n'est point ouvert encore, et, sur cette simple
annonce, déjà vingt internes au moins ont été inscrits.

Nous félicitons Saint-Dizier et ses magistrats municipaux de leur détermination
t du succès qui la couronne déjà ; que pouvons-nous souhaiter aux nombreuses
localités où les collèges universitaires offrent trop de ressemblance avec le ci-
evant collège de Saint-Dizier, sinon d'imiter l'exemple qui leur est donné, d'es-
ayer aussi de la transformation ; pourquoi le même effet ne produirait-il pas la
même cause ?

La Constitution, donnée à la Prusse au mois de décembre 1848, ouvre à
Église, dans ce royaume, une phase, pour ainsi dire, toute nouvelle ; elle a
été l'attention de l'Episcopat de Prusse, qui a consigné ses sentiments à ce
sujet, dans la pièce suivante, que nous sommes heureux d'offrir à nos lec-
eurs :

Mémoire des Évêques catholiques de Prusse touchant la Constitution accordée
aux États Prussiens, le 5 décembre 1848.

En conséquence de la Constitution civile accordée au pays par Sa Majesté le
roi, le 5 décembre de l'année dernière, l'Église catholique de Prusse est entrée,
par rapport à ses relations extérieures avec l'État, dans une situation essentiellement différente de ce qu'elle était auparavant. Ce changement touche à des intérêts trop importants, et pénètre, médiatement ou immédiatement, d'une manière trop profonde dans la vie de l'Église catholique, pour que tous ceux qui,
n Prusse, professent sa foi n'aient pas dû y prendre la part la plus vive. Mais
surtout elle devait appeler au plus haut degré l'attention tout entière des Evêques
catholiques. Leur position à l'égard de l'État, aussi bien que celle qui résulte du
rang qu'ils occupent dans l'Église catholique, leur fait un devoir rigoureux d'examiner avec autant de conscience que d'impartialité les nouveaux articles constitutionnels réglant les affaires religieuses, d'en étudier parfaitement les dispositions dans leur contenu et dans leur application pratique, et ensuite d'y conformer leur manière d'agir.

L'examen approfondi auquel ils se sont livrés les a promptement amenés à
constater qu'il n'avait point toujours été tenu un compte suffisant des justes exigences de l'Église catholique. Sans doute, d'un côté, par la nouvelle loi fondamentale de l'État, des libertés et des droits essentiels de l'Église catholique, qui,
depuis longtemps, avaient été lésés de la manière la plus oppressive, ont été de
nouveau reconnus. Cette reconnaissance, les Évêques catholiques, avec toute la
partie catholique de la nation, l'ont saluée dans la nouvelle Constitution avec joie
t gratitude, et ils ont regardé comme un devoir sacré pour eux de prendre, sans
délai, et dans toute son étendue, possession de ce qui avait été librement fait en
veur de l'Église catholique, et de le mettre aussitôt à exécution. — Mais, d'un
utre côté, ils n'ont point vu toutes leurs justes espérances remplies, la Consti-
ution nouvelle blessant, dans quelques-unes de ses dispositions, les droits im-
rescriptibles de l'Église catholique. A cela s'est encore ajoutée la circonstance
qu'aussitôt après la publication de la nouvelle loi fondamentale de l'État, on a vu
manifester d'une manière tout-à-fait inattendue des prétentions tendant à limi-
ner et à borner de nouveau les libertés et les droits ecclésiastiques établis dans
tte loi même de la manière la plus claire et la mieux déterminée.

Tout cela doit remplir les Évêques catholiques de sollicitude, attendu qu'ils ne
uvent se dissimuler qu'il ne se trouve là qu'une source d'innombrables embar-

ras et de luttes déplorables, dont après les longues dissensions qui n'ont porté fruit ni à l'Etat ni à l'Eglise ils appelaient si vivement la fin, mais dont ils ne sauraient éviter la regrettable et cependant, dans l'état présent des choses, inévitable continuation, pénétrés qu'ils sont du devoir rigoureux imposé à leur charge de défendre les droits de leur Eglise, et en même temps, pleins de confiance dans la parole par laquelle le divin fondateur de cette Eglise a promis d'être avec elle jusqu'à la fin des temps. Les Evêques catholiques ne peuvent ni ne doivent permettre que les libertés et les droits inhérents à leur Eglise, en vertu de sa fondation, et par conséquent inaltérables, lui soient d'une façon quelconque soustraits, ni même qu'ils subissent une diminution. Aussi, tout en déclarant publiquement qu'ils acceptent les libertés et les droits de l'Eglise catholique reconnus de rechef dans la nouvelle Constitution de l'Etat, et qu'ils les maintiennent dans toute leur étendue, ils déposent en même temps une solennelle protestation contre toute proposition admise dans la loi fondamentale de l'Etat qui mettrait ces droits et ces libertés en péril, ainsi que contre toute tentative pour borner de nouveau les dispositions qui y sont inscrites, par de prétendus éclaircissements. Ils se rendent le témoignage de ne demander en cela pour leur Eglise, rien que ce qui lui appartient pour la complète garantie et pour le développement de sa vie et de son action naturelle. Dans un Etat constitutionnellement libre, l'Eglise catholique ne peut et ne doit pas être constitutionnellement privée de liberté; elle doit au contraire, conformément à la loi fondamentale de l'Etat, réclamer la plénitude de sa liberté et de son indépendance; et elle n'accomplira sa haute mission avec plus de fruit pour la prospérité de l'Etat, que si l'Etat se montre plus juste envers elle, en lui garantissant sans limites toute la libre action qui lui appartient.

C'est en partant de ce point de vue que les Evêques catholiques ont soumis à l'examen, la nouvelle Constitution de l'Etat, dans ses dispositions concernant l'Eglise; et ils se sentent forcés de signaler comme résultat de leur épreuve, les points suivants offerts avant tous les autres à leur considération.

En tête des concessions reconnues, les Evêques catholiques placent la garantie, en tout temps confirmée comme inviolable par une suite d'antiques actes ci vils les plus solennels et d'autres diplômes seigneuriaux, et aujourd'hui constaté à plusieurs reprises dans la nouvelle loi fondamentale, de l'existence, immuable et maintenue à travers les siècles, de l'Eglise catholique romaine comme personne morale, ainsi que de tous les droits et positions qui en dépendent, et les Evêques expriment sur ce point leur vive reconnaissance.

L'autre droit, non moins important, librement accordé à l'Eglise, de régler et d'administrer ses affaires, tant extérieures qu'intérieures, sans inspection de tutelle, et sans obstacle provenant d'une immixtion étrangère, en créant, ordonnant et dirigeant en toute indépendance, et selon ses déterminations personnelles et libres, pour les fins particulières de la purification et de la sanctification du monde, a été salué par les Evêques avec une joie toute spéciale, et ils ont mis d'autant plus d'empressement à en prendre possession, que la politique mal conseillée des derniers siècles y avait mis des entraves de jour en jour plus étroites dont la déplorable pression était trop souvent devenue pour l'œuvre de l'Eglise et pour son succès, nuisible et destructive.

Outre le rejet de ces entraves et l'abolition du bon plaisir qui s'était étendu au delà de toute limite, cette indépendance rendue à l'Eglise embrasse, quant au gouvernement intérieur, le libre règlement de toute espèce de service divin et de pratiques de dévotion dans les fêtes catholiques, ainsi que les jours de jeûne et d'abstinence; l'érection des nouvelles charges ecclésiastiques, ainsi que le maintien et la réception de congrégations religieuses selon le besoin de l'Eglise et

formément aux dispositions canoniques ; la libre publication de tous les man-
ents des pasteurs, tant du Souverain Pontife que des Evêques, et la libre in-
iture de toutes les charges ecclésiastiques ; la libre élection des Evêques et des
hateurs, la libre collation des bénéfices canoniaux de métropole et de collé-
t, et la libre nomination des vicaires-généraux, officiaux, conseillers, doyens
tres fonctionnaires épiscopaux, ainsi que des curés et autres ecclésiastiques
arge d'âmes, pour lesquelles nomination, collation, élection, etc., l'autorisa-
ou la confirmation par l'Etat a été jusqu'ici requise.

ais les évêques catholiques comprennent dans ce droit de libre collation dés
ges, et cela en opposition avec les prétentions de l'Etat, l'abolition du droit
résentation et de nomination ; ils s'appuient à cet égard sur le principe même
ette indépendance reconnue à l'Eglise, et sur les déclarations contenues dans
rticles 14 et 15 de la nouvelle Constitution de l'Etat entendus tant dans leur
it que dans leur sens littéral le plus clair : une exacte exposition de la matière
t pour prouver toute la justesse de leurs prétentions.

(La suite à un prochain numéro.)

L'Œuvre de M. l'abbé Védey.

n pauvre et simple prêtre, M. l'abbé Védey, curé de Varaigues, dans le dio-
de Périgueux, imagina, il y a quelques années, de convertir en une salle
le pour les enfants délaissés, un coin de son étroit presbytère. Il débuta par
ire l'auxiliaire quotidien du maître d'école de sa paroisse, en attendant qu'il
être maître lui-même. Ce digne prêtre se présenta plus tard aux concours de
eignement primaire, y reçut son brevet, et commença d'accomplir une par-
e son projet en enseignant la religion et la lecture à ses pauvres enfants.
cela ne suffisait point à son zèle ; il voulut aussi leur enseigner l'agriculture
urer leur avenir. Il fonda, avec un peu d'argent qui provenait de son mo-
patrimoine, les premières bases de sa maison.
et établissement a pour but d'inspirer, avant tout, le sentiment religieux et le
de l'agriculture dans les classes laborieuses. M. l'abbé Védey, tout en veil-
à la bonne tenue et à la direction de son pensionnat primaire, travaille à for-
des jeunes gens zélés et désintéressés, qui se consacreront à l'instruction et
oulagement <i>des pauvres, surtout de ceux qui sont le plus abandonnés.</i> Ces
es gens s'attacheront principalement à fonder dans les campagnes des clas-
gratuites, où l'on ne s'occupera que d'instructions religieuses, de lecture et
riculture, et seul des maisons ou colonies agricoles destinées à recueillir
enfants les plus délaissés, afin de leur enseigner, principalement par la pra-
e, les meilleures méthodes pour la bonne culture des terres. Ces enfants se-
pris à l'âge de huit à dix ans, et gardés jusqu'à dix-huit. Lorsqu'ils auront
ans, on leur donnera un petit livret, sur lequel on inscrira, à titre de ré-
ense pour leur travail et leur bonne conduite, 20 c. par semaine. Il y aura
, tous les huit jours, un prix d'honneur accordé, par les enfants eux-mêmes,
lui qui aura le mieux travaillé, et ce prix fera doubler la récompense hebdo-
ire pour celui qui l'aura mérité. Au moyen de cette masse, ces enfants, re-
de la misère, pourront avoir, à dix-huit ans, avec l'avantage de l'instruction,
de 100 fr. en argent, et leurs habits en bon état. Ils seront de bons agri-
urs, <i>pratiques</i> surtout, et capables de tenir un livre de compte. Voilà l'œu-
à laquelle M. l'abbé Védey s'est dévoué. On aime à penser que les secours du
ernement et ceux de la charité privée aideront à son développement. Pour

notre part, nous nous plaisons à {la recommander à l'attention des hommes de bien et à réclamer leur appui en sa faveur.

Mgr. l'Evêque de Périgueux, M. le sous-préfet de Nontron, plusieurs membres du conseil général, et un grand nombre de personnes notables, assistaient, cette année, à la distribution des prix de l'école d'agriculture de M. l'abbé Védey. Ce fut une touchante solennité que cette fête, où des éloges et des encouragements publics furent donnés au digne prêtre par son premier pasteur et par les autorités de l'arrondissement.

Colonie agricole de Saint-Ilan.

Nous parlions, il y a peu de jours, de la colonie de Saint-Ilan; on ne lira pas sans intérêt quelques détails sur ce sujet :

« M. Ach. Duclézieux a fondé une colonie agricole dans l'ancien monastère de Saint-Ilan. A la vue du grand nombre de mendiants et d'orphelins que l'on rencontre partout, il résolut d'appliquer au défrichement et à la culture des terres de pauvres enfants abandonnés. Afin d'éviter les inconvénients attachés aux agglomérations nombreuses, son plan fut de grouper les enfants par famille de vingt sujets chacune sous la direction de quatre contre-maîtres.

« Dès 1845, une maison-école fut commencée à cette fin, et deux ans après elle fut à même de fournir les premiers contre-maîtres ou pères de ces enfants adoptifs. En 1847, deux essaims sortirent de Saint-Ilan, et s'établirent l'un à Meslin, l'autre à Bellejoie. On vit bientôt sur les traits des enfants combien ce genre de vie développait chez eux de force et d'activité. Les familles s'entr'aidèrent avec bonheur dans leurs semailles d'hiver, et à la moisson elles se prêtèrent un mutuel secours pour battre les grains et sauver les récoltes. Tout le pays en fut ému. Chacun vit tout de suite combien on trouverait de force et de vie dans ces colonies habilement échelonnées et appuyées les unes sur les autres.

« La docilité et la bonne conduite des enfants ne se sont pas démenties. L'œuvre de Saint-Ilan n'est donc pas à l'état de projet; elle est déjà réalisée; la maison-mère a sous la main une colonie agricole, une maison de moniteurs, une école de contre-maîtres, une maison d'aumôniers et deux colonies partielles avec des ateliers propres à l'agriculture et aux différents besoins de l'œuvre. Les fondements de la maison des patrons sont jetés. Mais voici ce qu'il faudrait faire pour son développement complet dans les cinq départements de la Bretagne et afin de l'amener à devenir un modèle pour les autres provinces :

« 1° Constituer intégralement la maison-mère de Saint-Ilan ;

« 2° Créer une colonie centrale par département ;

« 3° Propager la création de colonies partielles ;

« 4° Constituer intégralement la colonie-mère, qui doit être composée : d'une colonie agricole d'orphelins pour servir à l'instruction des élèves contre-maîtres d'ateliers propres à l'instruction pour les besoins des colonies; d'une école de moniteurs ou d'enfants pris à dix-huit ans dans les colonies pour recevoir une instruction plus développée, en récompense de leur mérite; d'une école de contre-maîtres ou pères de ces familles adoptives; d'une école de patrons, enfants de riches propriétaires, que l'on désire élever pour en faire les protecteurs des enfants pauvres; d'une maison d'aumôniers pour les besoins spirituels des colonies. Toutes ces parties sont essentielles à la constitution intégrale de la maison-mère.

« 5° Créer une colonie centrale par département. Une colonie centrale sert à grouper par famille de vingt sujets tous les enfants d'un même département aux

...els l'État doit secours et assistance. Ils sont là, à la disposition des conseils généraux, des conseils municipaux, des propriétaires, pour le défrichement des ..des, le reboisement des montagnes, l'entretien des chemins, etc.

« 6° Propager la création de colonies partielles. Une colonie partielle est composée de vingt orphelins pauvres dirigés par quatre contre-maîtres pour en faire ..s soldats, des travailleurs, des contre-maîtres ou des fermiers propriétaires en ..établissant dans les conditions ordinaires de la vie.

« M. Ach. Duclésieux, qui a déjà sacrifié une grande partie de sa fortune à la ..dation ... réalisation d'une œuvre si utile, espère que la charité, dont il donne ..i-même un si généreux exemple, lui viendra en aide. »

NOUVELLES RELIGIEUSES.

FRANCE. — DIOCÈSE DE BOURGES. — Dans toutes les parties de la France de ..nds travaux ont été exécutés, depuis quelques années, pour la réparation de ..s magnifiques monuments religieux que nous avait légués le moyen-âge. — Ces ..vaux se continuent. — C'est ainsi que nous apprenons qu'une somme de trente ..ille et quelques cents francs vient d'être affectée par M. le ministre des cultes ..certaines réparations intérieures de la cathédrale de Bourges, entr'autres à l'en..vement des boiseries sculptées du chœur, qui seront remplacées par des grilles ..aptées aux stalles, et à la démolition des murs qui fermaient le chœur des ..ux côtés et privaient une partie des nefs sises au nord d'un éclairage suffisant. ..outes les grilles en bois des chapelles vont également disparaître pour être rem..cées par des grilles à hauteur d'appui. Ces améliorations, vivement désirées, ..nt se faire successivement à partir du mois de novembre. Les travaux de la ..hapelle des Fonts sont déjà commencés.

DIOCÈSE DE MARSEILLE. — Un journal du midi fait des réflexions pleines de ..ns à l'occasion de quelques-unes de ces odieuses gravures où l'impiété le di..ute parfois au cynisme, et qui sont offertes trop souvent aux regards du peu..le. Il s'agissait d'estampes s'attaquant aux ordres religieux et représentant des ..ênes d'hommes ivres vêtus de l'habit d'un de ces ordres.

« Le moment est bien choisi, dit ce journal, pour cette exhibition destinée à ..diculiser et à calomnier ces bons religieux. Tous les journaux et des docu..ents officiels viennent, en effet, de nous apprendre que les RR. PP. Capucins de ..arseille, faisaient preuve du dévouement le plus admirable, depuis le commen..ement de l'épidémie qui fait tant de ravages dans cette ville. Une inscription ..lacée sur une des places de Marseille rappelle également que, lors de la peste ..e 1720, les capucins firent des prodiges de charité et d'abnégation. Voilà pour..ai les hommes qu'on représente, dans de mauvaises gravures, comme des ..eurs, des ivrognes et des débauchés ! »

.On a raison de s'effrayer de l'avenir de la société, quand tout ce qui est digne ..e respect et de reconnaissance est livré impunément aux railleries et aux in..tes du peuple.

DIOCÈSE DE NANTES. — Nous apprenons que quatre missionnaires de la so..été des missions étrangères vont s'embarquer à Nantes, sur le navire le Cent ..ept-trois, qui doit les transporter dans les mers de Chine. Ce sont :

MM. Sylvestre, du diocèse de Dijon, destiné pour le Camboge, qui fait partie ..u vicariat apostolique de la Cochinchine occidentale ; Donrisboure, du diocèse ..e Bayonne, destiné pour la Cochinchine orientale ; Bernou, du diocèse de Bor..aux, destiné pour les missions de Chine ; Marin, du diocèse de Gap, destiné ..ur la Malaisie.

AMÉRIQUE. — Les Jésuites viennent de fonder deux missions importantes
· les Montagnes-Rocheuses, l'une dans la tribu des Têtes-Plates, et l'autre d
tribu des Pends-d'Oreilles. Les directeurs de ces missions appartiennent à la
son de la rue des Postes.

Bulletin de la politique étrangère.

Il y a partout beaucoup de tiraillements, suites inévitables des
ses par lesquelles les Etats ont passé et des difficultés encore
dantes dans la politique de chaque pays.

La crise ministérielle est terminée à Turin, ou, du moins, i
eu un replâtrage dans le cabinet. Le roi a nommé M. Galvagno
cien ministre de l'agriculture, du commerce et des travaux pu
ministre secrétaire d'Etat de l'intérieur, en remplacement du cl
lier Pinelli, dont la démission a été acceptée.

En Espagne, en quarante-huit heures, il parait que le min
Narvaez a été tour à tour renvoyé et repris.

Les journaux espagnols donnent à ce sujet des détails qu'
saurait accepter que sous bénéfice d'inventaire. Narvaez, ayant
sa démission, tous ses collègues auraient déclaré le soir qu'ils
tireraient avec lui. Un cabinet nouveau avait été formé sous la
sidence du général Cléonard. Mais il n'était pas né viable. L'a
ministère est rentré sur-le-champ aux affaires.

Des lettres de Hambourg annoncent que cette petite répul
touche en ce moment à une révolution. Une assemblée constitu
subitement élue après les événemens de mars 1848, y a décrét
nouvelle constitution essentiellement démocratique. Cependa
Sénat et l'ancienne Assemblée législative, loin d'accepter cette
velle constitution et de se dissoudre comme elle le leur presc
continuèrent à se réunir, à s'entendre, à promulguer des lois,
fin de compte, dans un but de conciliation, ils ont proposé à la
stituante, qui a continué à fonctionner de son côté, de révise
semble la nouvelle constitution, pour la rendre moins radicale
proclamer d'un commun accord.

La Constituante a repoussé toutes ces propositions et mainten
œuvre intacte; de sorte qu'aujourd'hui, il n'y a plus d'autre i
la situation qu'une lutte entre les partis, pour décider quelle es
des Assemblées qui dissoudra l'autre par la force et imposera s
cisions. Le sénat et l'Assemblée législative sont soutenus
bourgeoisie et les troupes prussiennes qui tiennent en ce m
garnison à Hambourg. La Constituante a derrière elle les mass
dentes soulevées au nom de la démocratie.

A Rome, le 16, à sept heures, on voyait sur les murs du
Chigi, du côté de la place Colonna, une affiche en tête de la
était inscrite cette légende : *Dieu et le peuple.* Au dessous ces
mots : *Nouvelles de France.* Il y avait une croix, une épée et ur

peau à la Napoléon, puis l'annonce qu'une révolution avait éclaté à Paris, et que la Montagne avait triomphé. Un officier du 43ᵉ de ligne, à la vue de la multitude qui s'était rassemblée, s'approcha de l'affiche, en prit connaissance, et dit à haute voix qu'il ne fallait pas croire de pareils mensonges, qui n'étaient que l'œuvre d'anarchistes encore en trop grand nombre à Rome.

On voit que les révolutionnaires ne se découragent pas, leur tactique est toujours la même.

--- --- ---

HAUTE-COUR DE JUSTICE.

La fin de l'audience du 24 a été occupée par les dépositions de M. le colonel d'Alphonse et de M. Monnier. Il résulte de la déposition du premier, confirmée par l'accusé Guinard, que ce dernier s'est présenté à M. d'Alphonse tenant M. Ledru-Rollin par le bras et se rendant prisonniers. M. Guinard est resté, mais M. Ledru-Rollin s'est échappé, malgré la parole donnée. M. Monnier a fait arrêter le représentant Suchet. Il est constaté que l'accusé Forestier, colonel de la 6ᵉ légion, a offert aux représentants montagnards de se réunir au Conservatoire des Arts-et-Métiers.

L'audience du 25 n'a présenté que des dépositions sans intérêt.

--- --- ---

ASSEMBLÉE LÉGISLATIVE.

PRÉSIDENCE DE M. BENOIST D'AZY. — *Séance du 25 octobre.*

M. LE GÉNÉRAL DE GRAMMONT a la parole pour un fait personnel. M. Napoléon Bonaparte, dit-il, à renouvelé à cette tribune contre l'armée, une accusation à laquelle je répondrai une fois pour toutes. (Violente agitation à gauche.) Au 24 février, comme au mois de juillet, comme au 10 août, les défenseurs du trône...

A gauche : A l'ordre! à l'ordre! (Tumulte effroyable.)

M. NAPOLÉON BONAPARTE, s'élance vers la tribune, au pied de laquelle, M. le général Tartas l'arrête un instant. Il monte ensuite au fauteuil du président auquel il parle avec animation. Le président réclame en vain le silence.

M. DE GRAMMONT. Il est évident qu'il y a un côté de cette salle qui veut m'intimider. Mais j'apprendrai à ces messieurs, que leurs cris hostiles, loin de m'intimider, produisent un effet tout contraire. (Mouvement.)

Le silence se rétablit un instant à gauche.

M. DE GRAMMONT, continuant à lire son discours. N'avez-vous pas vu des soldats pousser le sentiment du devoir jusqu'à se laisser frapper et fusiller à bout portant dans les journées de Février? (Vif mouvement.)

La Montagne éclate en cris furieux.

Plusieurs membres interpellent l'orateur, et lui crient qu'il a demandé la parole pour un fait personnel et qu'il n'a pas le droit de parler d'autre chose.

Le président s'efforce en vain d'obtenir le silence.

M. de Grammont descend enfin de la tribune en disant : « L'armée protestera toujours contre ceux qui cherchent à détruire la société. » Approbation

M. Bourdon, nommé en remplacement de M. Victor Grandin, est admis comme représentant de la Seine-Inférieure.

M. LE PRÉSIDENT. L'ordre du jour appelle la discussion sur la proposition de M. Napoléon Bonaparte, tendant à rapporter le décret du 27 juin 1848, relatif aux mesures de juin.

M. DUFAURE, ministre de l'intérieur. Personne n'a contesté la mesure de transportation ordonnée après la sanglante bataille de juin 1848, par l'Assemblée constituante

De 12,000 individus alors arrêtés, il n'en reste pas dans les mains de l'autorité que de 1,000 ou 1,200. La clémence du gouvernement s'est étendue sur tous les autres.

Quant à ceux qui restent, au lieu de leur rendre une liberté qui ne leur serait moins fatale qu'à la société, mieux vaut leur entretien en Algérie aux frais du pays leur désœuvrement dans les rues de la capitale. (Approbation.)

Une voix à gauche : Ce n'est pas la question! (Murmures.)

M. DUFAURE. On me dit que je ne suis pas dans la question. Messieurs, faut-il que je vous raconte ce qui se passe dans les lieux où ces hommes sont détenus, p vous prouver qu'il serait dangereux de leur donner la liberté. Dispensez-moi d' chercher ces raisons...

Une voix à gauche : Prenez vos raisons dans la justice. (Nouveaux murmures.)

M. DUFAURE. Quiconque se préoccupera de ce qu'il y a de juste dans le décret, ce qu'exigent les intérêts du pays et l'intérêt des accusés eux-mêmes, ne protestera contre nos paroles.

M. Lagrange a lu un mémoire contre la situation des détenus dans nos prisons. Ce sont pas des révélations, c'est un système d'attaques aussi persistant que dénué de f dements.

On a commencé par reprocher à l'administration d'avoir, dans la prison de la Fo de Paris, un certain nombre de détenus qui sont privés de toutes communications tre eux. Je me suis enquis des faits; je me suis transporté à la Force, j'ai trouvé détenus tous réunis dans la même cour se livrant à divers jeux, très-gais et ne se d tant même pas de ce qu'on avait dit d'eux. (Rires.)

Plus tard les mêmes journaux dirent qu'à la Conciergerie les détenus étaient enf més dans des cachots infects. J'ai voulu voir par moi-même; j'ai trouvé les cellules p faitement propres, situées au rez-de-chaussée, mais parquetées. J'ai demandé aux tenus si c'étaient là leurs casemates. Ils m'ont répondu : Ce sont les journaux qui dis cela ; nous ne nous occupons pas des journaux. (Hilarité.)

M. le ministre cite encore plusieurs exemples du même genre. A Belle-Isle nota ment, les insurgés sont traités avec la plus grande douceur, et mieux que nos soldat nos marins.

M. NAPOLÉON BONAPARTE. Les insurgés ne sont pas coupables!

M. ERNEST DE GIRARDIN. On est coupable quand on prend les armes contre pays.

M. NAPOLÉON BONAPARTE. Il faut prouver qu'ils les ont prises. La discussion affaires d'Italie me faisait espérer qu'on donnerait l'amnistie en France, puisqu'on conseille à Rome.

Le décret de transportation est une injustice.

M. DAHIREL. Vous l'avez voté!

M. BONAPARTE. Je veux ajouter un fait historique. En 1836, à Strasbourg, une i surrection a eu lieu : le chef de cette insurrection ayant été soustrait au jury, le ju a refusé de juger ses complices. (Oh! oh!) C'était une leçon.

Citoyens, ne faites pas qu'on puisse dire que la clémence des révolutionnaires ne l a valu que la barbarie des réactionnaires. (Allons donc!)

M. GASC. Ce qu'on demande est non-seulement inopportun, mais pourrait avoir conséquences les plus funestes.

M. BONAPARTE paraît à la tribune avec un volume du *Moniteur*. Un interrupte dit-il, a dit que j'avais voté la transportation. Le *Moniteur* prouve qu'il n'y a pas eu scrutin public.

M. DAHIREL. Nous vous avons tous vu. (Oui! oui!) Vous votiez avec nous comm vous avez fait jusqu'après votre retour de Madrid.

M. BONAPARTE persiste dans son allégation. (Tumulte.)

M. ANTONY THOURET. Un article de la constitution défend que les représentant soient recherchés pour leurs votes. (Hilarité.) D'ailleurs j'ai vu M. Louis Bonaparte s'a stenir. (Ah! ah!)

La clôture est demandée et prononcée.

La proposition est repoussée par 419 voix contre 183.

Les élections de la Gironde sont validées.

L'ordre du jour appelle la discussion des crédits supplémentaires pour la marine.
MM. GRAVÔTÉ, CHABERT, MORTIMER-TERNAUX, PECOUL, ESTANCELIN et M. le ministre de la marine sont successivement entendus. La discussion est renvoyée à demain.

Des almanachs populaires.

Dans peu de jours, nous publierons un travail sur les almanachs, qui commencent à se répandre à profusion dans les villes et les campagnes. Nous signalerons les principaux, leurs doctrines, leurs dangers. On ne se doute pas assez de la puissance d'une propagande qui répand annuellement jusqu'à *six millions* de ces petits livres. On ne fait pas assez d'efforts pour faire à cette propagande une large concurrence. Nous approuvons tous les efforts tentés dans ce but, et ne pouvons que recommander très-chaudement l'annonce suivante d'un almanach à la rédaction duquel des hommes que nous connaissons et honorons ont contribué.

« Pour la troisième fois, quelques membres de la Société de Saint-Vincent-de-Paul (conférence de Saint-Jacques-du-Haut-Pas, de Paris) viennent prier leurs confrères de faire et de répandre un almanach semblable à celui qui, tiré en 1849 à 8,000 exemplaires, a pu à la fois éclairer et consoler quelques âmes par ses doctrines, et, par ses minimes bénéfices, aider à soutenir quelques familles abandonnées.

« Le prix de l'almanach pour 1850 est fixé à 25 c. au lieu de 50 c.

« On est prié de s'adresser à M. le président de la conférence Saint-Jacques, rue de ..., 97, à Paris. »

Chronique et Faits divers.

Plusieurs préfets mandés à Paris y arrivent successivement.

— A onze heures, ce matin, les ministres se sont encore réunis en conseil au palais de l'Elysée.

— Un courrier de Saint-Pétersbourg est arrivé de grand matin au gouvernement, apportant les dépêches de M. de Lamoricière.

— Aujourd'hui, à deux heures, dans la grande salle du palais de l'Institut, a eu lieu la séance annuelle des cinq académies réunies, sous la présidence de M. Boussingault de l'Académie des Sciences.

— Cette nuit, on a encore affiché des placards séditieux aux environs de la porte Saint-Denis.

— L'ordre le plus grand règne dans les rues. Depuis un mois, la moyenne des arrestations pour crimes, délits et contraventions, a diminué de moitié.

— Les troubles qui ont eu lieu pendant quelques jours à Bordeaux, où les rouges ont voulu donner à M. Lagarde une ovation à laquelle se mêlaient des cris contre les *riches* et les propriétaires, ont été réprimés par la garde nationale. Devant les sommations légales, les perturbateurs se sont dispersés en fuyant, et tout a disparu.

— Une lettre de Dresde nous informe que M. de Gérando, un des Français qui ont pris une part active dans les événements de la Hongrie, et qui remplissait auprès de Kossuth les fonctions de secrétaire, est parvenu au prix de dangers sans nombre à se soustraire aux agents de Haynau, et qu'il est arrivé dans cette ville. Mais sa santé et ses forces étaient tellement affaiblies par l'excès des fatigues, qu'il a dû interrompre son voyage et s'arrêter à Dresde, où il attend un membre de sa famille.

. . . . . . M. le gouverneur doit visit

. . . . s du détroit de Davis annonc
. . . yés par des montagnes de g
. . . . d ns la baie de Melville.
. . . . cens flottants, et, en peu
. . . . avite, ce dernier américain
. . . se réfugièrent sur la glac
. . . . gé leurs provisions.
. . . . er, et, après d'innombrables
. . . abissement danois situé à cinq
. . . . chalement reçus. De là ils se
. . . . ert dans ce désastre.
. . . . tait également naufrage dan
. . . e du détroit de Davis. La
. . . . ivres sterling (1,250,000 f

. . . avait eu lieu, à Milan,

. . . millions de florins les bie
. . . . et dévolus au fisc.
. . . . d'être cité. Un domestique, n
. . . . portefeuille contenant pour 6(
. . . . commissaire de police de son
. . . . du portefeuille était un employé
. . . . sé toute récompense.

. . . 2 OCTOBRE.

. . . fût 85 70 au plus bas, et

L'AMI DE LA RELIGION.

LIBERTÉ D'ENSEIGNEMENT.
—
Des petits Séminaires.

i les nombreuses et graves questions que soulève le nouveau
e loi sur la liberté de l'enseignement, il en est une dont l'im-
e principale réclame un examen plus approfondi : c'est la
i des *petits séminaires*.

rêt supérieur de cette question particulière est unanimement
iée, et elle inspira toujours à l'Episcopat de vives et justes
des.

tet, les petits séminaires sont les pépinières de l'Eglise de
c'est là, comme dans sa première source, qu'elle se renou-
à est le berceau de ses prêtres, l'école première de ses doc-
e sol originaire de ses apôtres.

it les généreux, les immenses sacrifices que font chaque jour
gneurs les Evèques pour assurer l'existence et la prospérité
petits séminaires. Tout ce qui concerne ces précieux établis-
, affecte profondément les intérêts les plus chers et les plus
e la religion parmi nous.

a point encore oublié avec quelle unanimité de sentiments,
elle fermeté de conduite, avec quelle élévation de langage
pat français tout entier a protesté contre les entraves oppres-
s ordonnances de 1828.

it récemment encore, dans la controverse mémorable sou-
ir cette grande question, nos Evèques ont fait de nouveau
e leur voix avec cette modération et cette force, dont leurs
tions nous ont offert constamment un si noble et si touchant

, le chef suprême de l'Episcopat catholique, ce Pontife im-
qui préside aujourd'hui si glorieusement aux destinées de
Eglise, adressait naguère, à tous les Evèques du monde, ces
lles paroles :

érables frères, continuez à déployer tous les efforts, toute
gie de votre zèle épiscopal, pour l'éducation des jeunes
: que par vos soins on leur inspire, même dès l'âge le plus
, le goût d'une piété et d'une vertu solides; qu'ils soient ini-
us vos yeux à l'étude des lettres, à la pratique des fortes et
s disciplines. Augmentez, s'il le faut, le nombre de ces in-
ons pieuses ; placez-y des maîtres et des directeurs excellents

« et capables; veillez sans repos, et avec le dévouement le plus en-
« tier, afin que dans ces saints asiles les jeunes clercs soient con-
« stamment formés à la science et à la vertu, mais toujours confor-
« mément à l'enseignement catholique, sans le moindre péril de
« contact avec l'erreur, de quelque espèce que ce soit. »

Certes, après de telles paroles, je ne crains pas de le dire : attaquer les petits séminaires, ce serait blesser au cœur l'Eglise et son
sacerdoce.

Aussi la première commission appelée par M. de Falloux à délibérer sur cette grave question, avait-elle formellement et unanimement décidé :

« Que la spécialité des petits séminaires serait respectée ;

« Qu'ils demeureraient sous la direction immédiate des Evêques ;

« Que nulle direction laïque ou séculière ne leur serait imposée ;

« Que le certificat d'études étant aboli, tous leurs élèves pourraient
se présenter à l'examen du baccalauréat ;

« Et qu'enfin, nulle déclaration relative aux congrégations religieuses ne serait exigée ni des directeurs, ni des professeurs. »

La nouvelle commission nommée par l'Assemblée a été aussi
ferme dans sa décision, et, comme cela devait être, plus explicite
encore que la première, sur ce point important. Voici comment elle
s'exprime par l'organe de son rapporteur : « *Les petits séminaires* continueront d'exister *comme des écoles spéciales.* Dans chaque département, *l'Evêque diocésain pourra former et diriger un établissement d'instruction secondaire ecclésiastique, en dehors des conditions
exigées par l'art.* 63. »

Aucune des conditions légales de capacité ni de moralité ne sera
donc imposée aux chefs de ces établissements; ils ne seront astreints ni au stage, ni aux grades, ni au brevet, ni à aucune des autres formalités prescrites par l'article 63 et par les articles suivants,
qui sont l'explication, le développement, la conséquence de l'article 63.

Et, en effet, comme l'exprime énergiquement le Rapport de la
commission, « *un Évêque nommé par le gouvernement, et revêtu d'un
caractère sacré, n'offre-t-il pas mille fois plus de garanties à l'Etat et
à la société que la loi n'en exige des instituteurs ordinaires. Le pouvoir
de l'Evêque sur son petit séminaire est pour nous un gage si assuré de
tout ce que nous demandons en faveur de la jeunesse, que nous craindrions de l'affaiblir.* »

Et quant à la surveillance formellement prescrite par la Constitution, et rappelée par l'honorable rapporteur de la commission législative, il est manifeste qu'elle ne peut être qu'une *surveillance d'ordre
public,* assurément fort inutile et peut-être assez déplacée dans de
établissements et avec des hommes d'un tel caractère, surveillance
d'ailleurs telle aussi que les Evêques et les petits séminaires ne l'ont
jamais redoutée. Seulement, la commission, par l'organe de son

pporteur, a exprimé qu'en exerçant cette surveillance on devrait
ter avec soin tout ce qui pourrait froisser LES DROITS DE L'EPIS-
PAT, et, de près ou de loin, porter atteinte à la SPÉCIALITÉ des pe-
séminaires. Car, il ne faut jamais le perdre de vue, ces établis-
nents ont une spécialité essentielle, inviolable : spécialité d'objet,
par conséquent spécialité de moyens; spécialité de direction, spé-
lité d'enseignement, spécialité d'éducation, spécialité morale, spé-
lité littéraire.

n vain quelques esprits, plus préoccupés d'une certaine pratique
ninistrative qu'édifiés sur les droits et la connaissance réelle des
ses, ont-ils essayé de révoquer en doute la nécessité et la spécia-
des petits séminaires.

es lois solennelles que l'Eglise a portées pour instituer ces éta-
sements, toutes les règles qu'elle a tracées à ce sujet, le fait même
leur existence dès les premiers siècles du Christianisme, prouvent
inciblement qu'ils ont été toujours jugés indispensables.

 dois ajouter que parmi nous les hommes d'Etat les plus éminents
 proclamé que ces maisons spéciales étaient nécessaires non-seu-
ient à l'Eglise, mais à l'Etat, mais à la société elle-même.

ette nécessité des petits séminaires est manifestement fondée sur
ature des choses.

est-il pas évident qu'il importe de former de bonne heure les
es gens aux habitudes ecclésiastiques; de les préserver, dès le
nier âge, des dangers du monde et du scandale des mœurs pu-
ues; d'étudier et de cultiver en eux le germe de vocation qu'ils
vent avoir reçu de Dieu; de les appliquer enfin à des études spé-
es et en rapport avec les fonctions sacrées qu'ils rempliront un
 ?

Eglise, en établissant ces écoles, en réglant tout ce qui constitue
 existence, en les entourant de toute sa sollicitude, n'a donc fait
céder à un impérieux besoin, qu'obéir au devoir qui lui est im-
 de former elle-même et de perpétuer son sacerdoce.

 voilà pourquoi leur existence avait précédé les lois elles-mêmes;
lois ne sont venues que pour fortifier ou relever des institutions
fondées : il est facile de s'en convaincre en consultant les monu-
its de l'histoire ecclésiastique.

s les premiers temps, des écoles cléricales florissaient à Alexan-
, à Rome, à Hippone, et dans toutes les parties du monde catho-
e : saint Léon le Grand le suppose, lorsqu'il ordonne aux évêques
rique, que ceux là seuls soient promus au sacerdoce, qui auront
é leur vie entière, *dès leurs premières onnées*, dans les exercices
 discipline ecclésiastique.

près les troubles des premiers siècles, dit le savant pape Benoît
 et lorsque la tranquillité fut rétablie, on s'empressa d'ériger
séminaires épiscopaux, dans lesquels, sous les yeux de l'évêque.
lus jeunes clercs devaient être élevés et instruits jusqu'à ce qu'ils

eussent atteint l'âge de recevoir les ordres sacrés ; et d'après le cinquante-cinquième canon du Concile de Nicée, il est ordonné aux chorévêques d'élever les clercs, de les distribuer dans les églises, et de veiller à ce qu'ils soient instruits. Aux siècles suivants, il est moins question des séminaires épiscopaux, parce que, dit encore Benoît XIV on érigea des collèges de clercs dans l'intérieur des monastères.

On le comprend : je ne viens pas faire ici sur ce point une dissertation savante . je me borne à quelques citations décisives ; si ce que j'avance était contesté, je m'engagerais facilement à le prouver par tous les monuments de l'histoire ecclésiastique. J'ai déjà cité Saint Léon et Benoît XIV : les souverains pontifes ne sont pas seuls à élever la voix ; les Conciles parlent à leur tour ; je me bornerai à en citer quelques-uns :

« Nous ordonnons, dit le Concile de Tolède (563), que les enfants destinés à la cléricature soient instruits, *dès leurs premières années*, dans la maison de l'Eglise, sous l'œil de l'Evêque, et par le chef qu'il désignera. »

Le Concile de Vaison (529) allait plus loin encore, et ordonnait que la maison de chaque prêtre devînt en quelque sorte un petit séminaire, et il attestait que c'était l'usage universel en Italie.

Le sixième concile de Paris tient à peu près le même langage.

Je devais au moins rappeler quelques-uns de ces anciens monuments, parce que plusieurs écrivains modernes ont avancé que ce soin spécial de l'enfance cléricale était postérieur au concile de Trente : c'est là une étrange et grossière erreur ; l'immortel concile n'a fait, sur ce point, que confirmer tous les décrets des conciles précédents : voici ses graves paroles :

« Il n'est pas possible que les jeunes gens, sans une protection de Dieu très-puissante et toute particulière, *se perfectionnent et persévèrent dans la discipline ecclésiastique*. s'ils n'ont été formés à la piété et à la religion *dès leur tendre jeunesse*, avant que les habitudes des vices les possèdent entièrement ; le saint concile ordonne que toutes les églises cathédrales, métropolitaines et autres supérieures à celles-ci, chacune selon la mesure de ses facultés et l'étendue de son diocèse, seront tenues et obligées de nourrir et élever dans la piété et d'instruire dans la profession et discipline ecclésiastique, un certain nombre d'enfants de leur ville et diocèse, ou de leur province. »

Au reste, je l'ai dit, nous ne sommes pas seuls à penser ainsi sur la nécessité des écoles spéciales au sacerdoce :

« Il faut, disait M. Portalis, il faut que la jeunesse, destinée à la cléricature, soit nourrie dès l'âge le plus tendre à l'ombre du sanctuaire, qu'elle y croisse dans la piété, qu'elle y soit disposée, par la prière et les religieuses habitudes, à cette vie de sacrifice et d'abnégation qui doit être la sienne ; qu'elle soit enseignée par les pieux exemples autant que par les leçons des maîtres.

« Pour cela, il faut des écoles spéciales, toutes spéciales, tout ecclésiastiques.

« Ces écoles, ce sont les petits séminaires : les petits séminaires, qui sont la condition nécessaire de l'existence des grands séminaires, comme les grands séminaires sont la condition nécessaire de l'existence du sacerdoce : les petits séminaires, qui sont la pépinière des élèves destinés à recruter les grands séminaires, d'où sortent les prêtres.

« Ces petits séminaires doivent exister par cela même que les grands séminaires existent.

existé de tout temps en France. On les trouve déjà dans les canons du
cile de Paris, tenu en 827, sous Louis le Débonnaire. »

le Concile de Trente, ils ont été l'objet de la sollicitude de
Un grand nombre d'ordonnances en fait foi, et notamment
ation de 1698, portant « institution de diverses maisons d'é-
pour les jeunes clercs pauvres, âgés de douze ans, et qui
t avoir de bonnes dispositions pour l'état ecclésiastique. »

ncore comment un ancien ministre de l'instruction publique.
stant (1), démontrait, pour notre époque, la spécialité des
clésiastiques :

res époques, quand les croyances religieuses étaient très-générales et très-
quand les raisons mondaines d'entrer dans la carrière ecclésiastique étaient
ussi, quand cette carrière ouvrait la voie à la fortune, au pouvoir, aux hon-
omprends parfaitement que l'on n'eût aucun besoin d'écoles ecclésiastiques
es ; je comprends parfaitement que le clergé se recrutât naturellement, sui-
dans les écoles publiques, *au milieu de l'éducation commune*, et qu'alors, en
e telles conditions sociales, il valût beaucoup mieux et pour la société et pour
i-même que les écoles publiques fussent les écoles ecclésiastiques prépara-
e Bossuet fût élevé à côté du grand Condé.
ls cela à merveille, je le répète, dans un état de société où les croyances re-
ient générales et puissantes, où la carrière ecclésiastique était une carrière
i attirait un grand nombre d'aspirants.
jourd'hui, messieurs, regardez autour de vous, il n'y a rien, absolument rien
le. D'une part, l'empire des croyances religieuses s'est prodigieusement af-
tre part, les motifs mondains, les motifs de fortune et de pouvoir qui atti-
efois tant d'hommes dans la carrière ecclésiastique, ces motifs n'existent
rte que ni les considérations morales, ni les considérations mondaines qui
crutaient naturellement et facilement le clergé, ne se rencontrent plus dans
tuelle.
ant, messieurs, l'empire des croyances religieuses n'est pas moins nécessaire
qu'à d'autres époques ; je n'hésiterai pas même à dire qu'il est plus néces-
nais : nécessaire pour rétablir, non-seulement dans la société, mais dans le
e et la paix qui sont si profondément altérés.
lonc pour cette société-ci du plus grand intérêt, et d'un intérêt plus grand
s'il est possible, d'entretenir avec soin, de propager l'empire des croyances
et si l'établissement des écoles secondaires ecclésiastiques préparatoires est
essaire au recrutement du clergé, à la propagation des croyances et de l'in-
gieuses, je dis que ces écoles, quand bien même elles auraient été à d'autres
institution peu nécessaire, seraient aujourd'hui d'une nécessité pressante ;
ine institution que non-seulement il faut laisser naître d'*elle-même*, mais
société et les pouvoirs publics doivent prêter leur appui.
! je suis convaincu, pour mon compte, que le clergé a besoin aujourd'hui
de recrutement ; que ce recrutement, autrefois naturel, facile, puisqu'il
a force de l'empire des croyances religieuses, et aussi des séductions mon-
hées à la carrière ecclésiastique ; ne s'opérant plus aujourd'hui de la même
ec la même facilité, la même certitude, il est nécessaire que des institutions
s, organisées dans ce but, viennent suppléer à l'absence des anciens moyens
ent du clergé.
tiens donc en principe comme bonne, utile, nécessaire à la société actuelle
s-heureuse influence, l'existence des écoles secondaires ecclésiastiques »

nsidérations sont la réponse la plus péremptoire à ceux qui
et qui parleraient encore aujourd'hui, de placer les écoles

uizot.

ecclésiastiques sous l'empire de ce qu'ils appellent *le droit commun.*

M. Saint-Marc-Girardin, en 1837, d'accord avec M. Guizot sur le but qu'il fallait atteindre, ne différait avec lui que sur le chemin à prendre.

« L'Etat, disait-il... l'Etat même ne peut se passer de ces écoles, car il ne peut pas se passer de prêtres, et il est reconnu que pour former des prêtres, il faut des écoles particulières. Ces écoles sont donc une des nécessités de la société. »

M. Thiers disait en 1844 : « On comprend que, pour une fonction
« aussi spéciale dans la société que celle du sacerdoce, on accorde
« une éducation spéciale : c'est dans ce but que les petits séminaires
« ont été institués. »

Il n'y a donc réellement plus de contestation sérieuse à cet égard; sauf quelques insinuations indirectes dont il est inutile ici de mesurer la portée, la nécessité et la spécialité de nos petits séminaires sont à peu près unaniment avouées! Mais cet aveu arraché par l'équité et par le bon sens à nos adversaires eux-mêmes, comme on s'efforce de nous le faire payer chèrement! Que de préventions odieuses, que de paroles perfides, que d'injustices à cette occasion contre nous!

Et d'abord, nous dit-on, vous n'êtes pas dans le *droit commun;* vous êtes dans le privilège : c'est toujours un inconvénient; il faut en subir les conséquences! C'est ce que nous examinerons prochainement.

UN ANCIEN SUPÉRIEUR DE PETIT SÉMINAIRE.

SÉANCE DE L'ASSEMBLÉE.

L'Assemblée a continué et terminé la discussion des crédits supplémentaires de la marine. Il a été prononcé d'assez bons discours et il a été fait de justes critiques de certaines parties de l'administration. C'est le prélude de l'enquête parlementaire qui est proposée par la commission du budget. Nous avons vu avec plaisir M. Levavasseur, M. Estancelin et M. Charles Dupin plaider la cause de notre marine. Un débat assez confus s'est élevé à propos d'une adjudication de charbon qui doit être faite lundi et qu'on voulait renvoyer à un temps plus éloigné.

L'Assemblée a voté les crédits : 514 voix contre 71 ont adopté le projet.

M. de Falloux est arrivé aujourd'hui à Paris, où il doit passer deux jours. On assure qu'il est revenu, dans l'intention de remettre lui-même sa démission entre les mains du Président de la République. Il partirait ensuite pour le Midi, où l'état de sa santé le force à se rendre.

Nous avons lu avec une satisfaction particulière, dans un récent *numéro du Correspondant,* les lignes suivantes :

hui on ne s'entretient plus que de la rechute de M. de Falloux, et c'est
éritable angoisse qu'on suit les phases de la maladie de M. de Falloux.
jissait en ce moment que de la gloire de l'homme d'Etat, on pourrait
que c'en est une assez belle, pour un homme aussi nouveau dans la
litique, que de tenir ainsi en suspens, dans un grand pays comme la
esprits de tous ceux qui ont le sentiment du présent et la prévoyance
Mais ce n'est pas de M. de Falloux seulement qu'il s'agit à l'heure
est de nous tous, c'est de la France, qui, amenée sur le bord de l'abîme
de sédition, a trouvé dans un jeune homme, hier presque inconnu,
de résolution et ce bonheur de parole qui conjurent les plus imminen-
phes.
sons les vœux les plus ardents pour que la constitution physique de
ux, assez frêle déjà pour une âme aussi vaillante, résiste à ce dernier
e le pays ne soit d'aucune façon privé de services qui lui sont devenus
es. Ce qui augmente encore aux yeux des catholiques l'intérêt qu'ex-
Falloux, c'est qu'ils savent qu'aucun sentiment ambitieux ne l'a porté
et qu'en l'acceptant il n'a fait que déférer aux instantes prières de
nes des personnes qui ont droit de parler au nom des intérêts de la
savait donc les immenses difficultés qui l'attendaient, en s'alliant à des
ont les principes avaient jusqu'alors si prodigieusement différé des
ı certitude de rencontrer des luttes à la hauteur desquelles ne saurait
:une force humaine n'a pu l'empêcher de se dévouer à une telle tâche.
'ici le plus noble exemple que nous ayions rencontré de ces martyres
que auxquels le public, envieux de prétendues grandeurs, ne sait pas
lu temps rendre hommage.

---

re polémique s'est engagée à propos de la récente nomina-
f. Cahen et de la mesure qu'elle a provoquée de la part de
ıque de Luçon.
ıination faite par M. Lanjuinais est d'autant plus fâcheuse
ppelle plusieurs actes également regrettables de l'adminis-
ı ministre intérimaire, notamment le rapport de l'ordon-
ıcernant la *tenue des Conciles* et *l'affaire de Gap*.

---

liteur de ce matin publie, dans sa partie officielle, la note
qui confirme les renseignements que nous avons donnés
er et qui imprime au choix de M. d'Hautpoul sa haute si-
n :
ouvernement a décidé que M. d'Hautpoul, membre de l'As-
e nationale, remplirait les fonctions de ministre plénipoten-
t temporaire auprès du Saint-Siège, lorsque les pouvoirs de
orcelle, qui, en vertu de la loi électorale, sont sur le point
dre leur terme, auront cessé. »

---

rnal, le *Dix Décembre*, attaque aujourd'hui avec une exces-
:ité le discours prononcé par M. de Montalembert, à propos
es de Rome.
rnal avait été plus juste et il s'était exprimé dans des termes

très convenables à l'égard de cette admirable harangue le lendemain du jour où elle retentissait encore au cœur de tous ceux qui
avaient eu le bonheur de l'entendre et de l'applaudir.

Le *Dix Décembre* disait alors que cette opinion avait besoin d'être
relue avec attention et consciencieusement méditée.

C'est un avis qu'il se donnait à lui-même et que nous rappelons à
la loyauté et à l'intelligence politique de ce journal.

Nous sommes convaincus que s'il est aujourd'hui si hostile au discours de M. de Montalembert c'est qu'il l'a oublié.

Le *Journal des Débats* publie sur les affaires de Rome une lettre
très-curieuse, et dont nous reproduisons quelques passages avec empressement. Un journal le faisait observer avec infiniment de raison, ce matin, ces sortes de retour sont des actes qui n'ont rien que
d'honorable. Nous sommes dans un temps où le passé des hommes
et des partis doit être bien plus un sujet d'enseignement que de ré-
crimination :

« Si vous voulez le Pape, il faut le vouloir libre, maître et souverain. *El papa netto* :
tout autre alternative est une chimère..... L'Église est patiente parce qu'elle est éternelle, *patiens quia æterna*. Elle vous lassera ; elle peut attendre, elle attendra longtemps, toujours ; et vous, vous vieillirez, vous blanchirez. Le temps lui appartient,
parce qu'elle ne le compte pas. ...... Vous demandez à l'Église ce qu'elle ne peut pas,
ce qu'elle ne doit pas vous donner : l'abdication. Elle sait que ce que vous lui demandez, si elle le donnait, la mènerait, forcément, fatalement, à la sécularisation complète, c'est-à-dire au déplacement du pouvoir, c'est-à-dire à son propre détrônement.
Quand l'empereur se fit sacrer, il prit la couronne des mains du Pape et la mit lui-
même sur sa tête. Ce que vous demandez, c'est que le Pape mette sa propre couronne
sur le front de César. Ne l'attendez pas......

« ..... L'Église ne vous donnera pas volontairement le pouvoir ; alors voulez-vous le
lui prendre ? Il y a quelque chose de plus difficile que de prendre Rome, d'enlever
d'assaut les bastions, c'est de prendre la Rome invisible et intangible, c'est d'emporter
la Cité de Dieu, c'est de lutter avec une ombre, comme Jacob luttait avec l'ange.
Retiendrez-vous l'eau qui coule en la pressant dans vos mains ? Ce n'est pas par la
violence qu'on vous résistera ; oh ! non ; ce sera par l'impassibilité ou par la résignation.
La force, on en triomphe : on sait où la prendre ; mais la faiblesse, que ferez-vous
contre elle, et où la prendrez-vous ?...

« Voyez-vous ce Pontife errant dans l'exil, cet homme de Dieu portant sa tête d'a-
sile en asile de pierre en pierre ! Il n'intrigue pas lui, il prie. Toutes les forces de la
terre ne prévaudront point contre ce qu'il croira son devoir ; le bruit des armes ne do-
minera point la voix tranquille et le pur murmure de sa conscience. Hélas ! lui aussi
avait eu foi dans la liberté. En prenant possession des clefs de saint Pierre, il lui avait
ouvert les portes du tabernacle qui trop longtemps étaient restées fermées sur elle ; il
l'avait prise par la main, et l'avait introduite dans le monde sous le signe paisible de la
croix. Mais la liberté qu'il avait rêvée, c'était la liberté sans tache et sans souillure,
celle qui dit : Paix sur la terre aux hommes de bonne volonté.

« Quand il l'a vue s'échapper de ses mains, changer sa robe virginale contre la carma-
gnole, et la croix pour la torche, et se jeter en bacchante à travers le monde, quand il
a vu les larmes, et le sang, et les ruines qui marquaient son passage, alors il s'est interrogé, alors il a été saisi par les angoisses du doute, et il s'est demandé s'il ne s'était
pas trompé, et si le pasteur avait fidèlement veillé sur ses brebis. Aujourd'hui sa conscience est alarmée : et, en face de la responsabilité qu'il a devant Dieu, que lui im-
porte celle qu'il peut avoir devant les hommes? Il obéira aux commandements de Dieu
son seigneur et maître, et n'en reconnaîtra point d'autres. S'il faut qu'il reste dans l'exil

dra sa couronne aux saules des fleuves de Babylone, et il dira avec son grand
seur, Grégoire VII : « J'ai pratiqué la justice et fui l'iniquité, voilà pourquoi je
: dans l'exil. » Il défie la force des princes et des peuples, parce que la sienne
urs : *Hi in curribus, aut hi in equis, nos autem in nomine Domini Dei nostri*

se-bien remarquable, cette appréciation si vraie de la force
ise que le Souverain Pontife puise dans sa faiblesse même, le
pondant des *Débats* l'écrivait à Rome, à peu près dans le même
où M. de Montalembert prononçait à la tribune des paroles si
parablement belles sur cette invincible faiblesse de l'Eglise!

Gazette d'Auvergne du 24, qui nous arrive ce matin, rapporte
qui serait de la plus haute gravité et qui amènera sans doute
mptes explications :

ıt-Il vrai, comme on nous l'a assuré, qu'à la distribution des prix du lycée de
t, cette année, un élève de seconde aurait reçu en prix les œuvres *complètes de
,* y compris *la Pucelle?*
e fait est vrai, et il l'est pour nous jusqu'à preuve du contraire, cela dénote un
mplet des devoirs que contracte l'Université vis-à-vis des familles chrétiennes,
bsence de surveillance déplorable et qui mérite d'être signalée. »

---

entes propositions ont été déposées sur le bureau de l'Assemblée, et en-
à la commission chargée de donner son avis sur la prise en considé-

emière, présentée le 23 octobre, est de M. Favreau ; elle est relative au
des terres vaines et vagues des cinq départements de l'ancienne province
agne ; elle demande que les partages de ces terres, attribuées à l'exclu-
communes, aux particuliers qui étaient au 28 août 1792, en possession
. d'y communer, soient déclarés d'utilité publique.
uxième, présentée le 24 octobre, est de M. Bravard-Veyrières ; elle tend
e un terme à l'application du décret du 22 août 1848, sur les concordats
s et à restituer aux dispositions du livre 3 du code de commerce, sur les
et banqueroutes, tout leur empire ; attendu que le décret du 22 août 1848
concordats amiables n'est applicable *qu'aux cessations de paiements sur-
depuis le 24 février jusqu'au 22 août* 1848 ; que les cessations de paie-
ont il s'agit ont dû être régularisées depuis longtemps ; et que lorsqu'on
core réclamer l'application du décret précité, en déclarant que la cessa-
paiements remonte à une époque antérieure au 22 août 1848, il y a évi-
it là un abus auquel il est urgent de mettre un terme.
isième proposition a été présentée le 24 octobre par M. Labordère ; il de-
jue les commissaires et sous-commissaires de surveillance administrative
mins de fer exercent dans l'étendue du ressort affecté à leur service les
s de police judiciaire dans les termes de l'article 23 de la loi du 23 juil-
, et des art. 51 et 57 de l'ordonnance du 23 novembre 1846.
endraient le titre de *commissaires et sous-commissaires spéciaux de la*

ommissaires et sous-commissaires spéciaux de police des chemins de fer
nommés par le Président de la République.

On nous communique la lettre suivante, arrivée de la Chine aujourd'hui :

« Hong-Kong, 29 août 1849.

« On vient de commettre en Chine un de ces grands crimes qui peuvent avoir les plus graves conséquences. M. d'Amaral, gouverneur et régénérateur de Macao, en est la victime. Il était à la promenade avec son aide-de-camp ; mercredi, 22 août, vers six heures et demie du soir, près du mur de séparation, il fut saisi tout à coup par six brigands, gens achetés, dit-on, par la promesse de 2,000 ais qui leur aurait été faite par le gouvernement chinois. Le malheureux gouverneur n'avait qu'un bras, le bras gauche ; il n'eût pas assez de temps pour tirer ses pistolets, qu'il avait toujours sur lui. On lui porta d'abord un coup de poignard au côté ; on le jetta ensuite à bas de son cheval, et on lui coupa le bras et la tête de manière à lui laisser la mâchoire inférieure et un morceau de langue attachés au tronc, qui fut abandonné sur le sable. On emporta le bras et la tête. La rage des Portugais à cet affreux spectacle n'eût pas de bornes, et l'on songea aussitôt à la vengeance. Une poignée de soldats se mit en marche contre les Chinois, qui étaient incomparablement supérieurs en nombre. Dès samedi les 100 Portugais s'emparèrent de la porte de division et du petit fort qui s'y rattache. Par deux lettres que je viens de recevoir, nous apprenons qu'hier ils se sont emparés d'un fort assez considérable à quelque distance des murs ; ils y ont tué environ 100 hommes, et mis le reste en fuite, après avoir encloué 40 pièces de canon. Ce qui donne beaucoup de courage aux Macaites, c'est la présence de deux navires de guerre américains, de deux bâtiments anglais, et de *la Bayonnaise* qui arrivait ici hier matin, et qui, en apprenant les affaires de Macao, partit immédiatement pour s'y rendre. Si j'avais d'autres nouvelles avant le départ de la malle, je vous en donnerais un résumé dans un post-scriptum. »

Une autre correspondance qui nous arrive à l'instant, complète les détails qu'on nous promettait dans la lettre précédente :

« La mort du gouverneur de Amaral a exaspéré tous ses soldats : un appel à tous les étrangers a été fait. Les matelots anglais, conjointement avec la garde portugaise et la garde nationale, ont fait le service de la ville. Ils se sont emparés de la porte qui sépare les terrains chinois des possessions portugaises : alors le fort chinois a ouvert son feu contre les gardiens de la porte. Les Portugais amènent de l'artillerie légère : aidés par des obusiers français, ils répondent avec avantage au feu du fort. Les batteries portugaises sont placées au pied de la colline où est le fort : les jeunes gardes nationaux montent à l'assaut ; bientôt les couleurs portugaises flottent sur le fort ; les Chinois fuient dans toutes les directions ; les Portugais ont mis le feu aux villages voisins.

« C'est le lieutenant Mesquita qui, par une charge furieuse, sous le feu de mousqueterie, s'est emparé des portes du fort. Le commandant chinois a été fusillé : par de terribles représailles, la multitude lui a coupé la tête et la main qu'elle a portées, avec des cris terribles de vengeance, jusqu'au milieu de Macao.

« Les Portugais se sont battus avec une rare intrépidité. L'Overland Register espère que cet événement n'aura pas d'autres suites fâcheuses pour les étrangers. Cependant on doit craindre le contre-coup produit à Canton par le récit de cet affaire. Le nombre des tués et des blessés du côté des Chinois s'élève à plusieurs centaines.

« *Tout le corps* diplomatique résidant à Macao, a exprimé au conseil du go vernement, ses vifs regrets sur la mort affreuse du brave gouverneur Amaral, qui, par sa sage administration, avait changé la face de la colonie.

« M. Fortz-Bonin, ministre de France, M. Henry du Chesne, attaché de légation, ont fait enlever et transporter sur un lit funèbre les restes du malheureux gouverneur.

« Il n'y a en rade devant Macao, qu'un bateau à vapeur anglais, et une corvette américaine, on attend aussi la corvette française, *la Bayonnaise.* »

NOUVELLES RELIGIEUSES.

FRANCE.— DIOCÈSE DE TOURS.—Monseigneur l'Archevêque de Tours, vient d'adresser aux fidèles de son diocèse un mandement à l'occasion de l'ouverture du Concile de la province de Tours.

Ainsi que nous l'avions indiqué déjà, l'ouverture du Concile est fixée au 11 novembre, jour de saint Martin, et le lieu indiqué est la ville de Rennes, comme étant placée à peu près au centre des huit diocèses, dont les pontifes doivent composer le concile.

Monseigneur l'Archevêque de Tours annonce aussi, que les abbés des bénédictins de Solesmes, des trappistes du Port-du-Salut, de Belle-Fontaine, de Meilleraye, de Thymadent, dont les abbayes sont situées dans la circonscription de la province, doivent se trouver au Concile.

Enfin le prélat demande à ses diocésains, d'appeler par leurs prières toute les grâces du Ciel sur la réunion qui va avoir lieu.

DIOCÈSE DE SOISSONS. — En même temps que nous indiquons l'ouverture du Concile de Tours, nous avons à annoncer la clôture de celui de la province de Rheims.

Elle a eu lieu lundi dernier.

La veille, au soir, une cérémonie solennelle préludait, pour ainsi dire, à celle de la clôture. Les pères du Concile s'étaient rendus processionnellement du séminaire à la cathédrale où Mgr l'Évêque de Soissons prononça, après vêpres, un discours qui fut suivi du Salut, du Saint-Sacrement et du chant du *Te Deum.*

Le lendemain, lundi, la sainte messe fut célébrée par le métropolitain, puis lecture fut donnée de seize décrets rendus par le concile.

Les pères du concile se sont ensuite approchés de l'autel et ont apposé leur signature au bas des décrets. La bénédiction solennelle de Mgr l'Archevêque de Rheims a terminé la cérémonie.

L'époque du prochain concile a été fixée; il doit se réunir l'année prochaine.

DIOCÈSE DE NEVERS. — Mgr l'Evêque de Nevers vient de publier les procès-verbaux du Synode diocésain convoqué par lui et qui a eu lieu sous sa présidence les 11, 12 et 13 septembre dernier. Il a été tenu cinq sessions dans lesquels un grand nombre d'objets différents a été successivement proposé à l'attention du synode. Nous reviendrons, avec quelques détails, sur divers points d'un intérêt plus particulier dont s'est occupée l'assemblée synodale de Nevers.

DIOCÈSE DE BLOIS. — Mgr l'Evêque de Blois a confié la direction du grand séminaire de son diocèse aux Pères de la compagnie de Jésus.

Avant lui, Mgr l'Evêque de Montauban avait déjà appelé ces religieux dans son diocèse pour les charger du soin d'y diriger les études théologiques et de préparer au sacerdoce les élèves de son grand séminaire.

DIOCÈSE DE PERPIGNAN. — Des prières publiques ont été commencées, il y a quelques jours, dans toutes les églises de Perpignan, pour obtenir du ciel que cette ville soit préservée du choléra.

SUISSE. — On écrit de Lucerne : « Le grand conseil vient de prononcer la suppression de la société des missions des jésuites. »

Bulletin de la politique étrangère.

Aucune nouvelle importante de l'Italie. On mande seulement de Bologne, à la date du 17, que le feld maréchal, comte de Thuy, chargé du gouvernement civil et militaire de cette ville, a fait paraître une proclamation au sujet des nombreux incendies qui se sont manifestés dans les campagnes. Quiconque, dit le décret, sera surpris en flagrant délit par la force armée, sera à l'instant fusillé.

Aux îles Ioniennes, le proconsul anglais Ward, procède avec encore plus de rigueur que les *barbares Germains*. Quelques habitants de Céphalonie, ayant adressé quelques observations à M. le haut commissaire, sur les moyens atroces qu'il emploie pour s'emparer des deux chefs de l'insurrection qui vient d'avorter, le commissaire a, dit-on, répondu que si les Céphaloniens ne se décidaient pas à lui livrer, sans retard, les deux chefs Vlaco et Nodaro, ils auraient à s'en repentir amèrement.

Les dernières lettres arrivées de Constantinople nous permettent d'espérer que l'équilibre de l'Europe ne sera pas rompu. On dit que Kossuth, Dembinski et leurs compagnons seront internés à Candie ou dans la forteresse de Rhodes. De cette façon, la Russie ni l'Autriche n'auront aucune raison pour persister à demander l'extradition de ces rebelles hongrois. La Turquie affecte, toutefois, de faire de grands préparatifs de guerre. Les troupes s'y livrent à de grandes manœuvres. Le sultan, ces temps derniers, est allé passer la revue d'un corps d'armée de près de 70,000 hommes. Le prince a été ravi de la tenue martiale de ses troupes; mais un témoin oculaire estime que de toute cette multitude, c'est à peine si le vingtième serait en état de tenir quelques heures contre quelques régiments russes ou autrichiens.

P. S. Nous recevons, ce soir, des nouvelles de Madrid. Nous nous bornerons à traduire littéralement le journal l'*Heraldo*, qui renferme tous les détails désirables sur la crise qui vient d'avoir lieu de l'autre côté des Pyrénées :

« Du 21.— Pendant que le ministère Cléonard Balboa se préparait à prendre la direction des affaires publiques, la reine Isabelle II, ayant réfléchi, et effrayée des conséquences que pouvait avoir pour ses intérêts personnels l'éloignement d'un ministère qui l'a toujours servie fidèlement et puissamment, résolut de mander la reine-mère au palais, désirant la consulter dans ces graves perplexités. La reine Christine fit répondre au message qu'elle ne rentrerait pas au palais tant que le ministère Cléonard Balboa resterait au pouvoir. La reine Isabelle II, se faisant alors accompagner par Mme la duchesse de Gor, se rendit en personne au *palais de la reine-mère*. La conférence entre la reine-mère et son auguste fille lura une demi-heure, et lorsque la reine Isabelle quitta le palais de sa mère, on emarqua sur ses traits qu'elle était moins soucieuse qu'en allant faire sa visite à on auguste mère.

«Le général Narvaez, à l'issue de cette royale conférence, avait été mandé au-rès de la reine-mère. La reine Christine, au nom de sa fille, offrit au général de réintégrer immédiatement dans la présidence du conseil. Le général Narvaez vait d'abord refusé; mais cédant aux vives instances de la reine Christine, et renant en considération les circonstances critiques où se trouve le pays, il se écida à reprendre en mains la direction des affaires publiques. Le général Cléo-ard, qui n'avait été prévenu de rien encore, se rendait pendant ce temps uprès de la reine Isabelle II pour lui demander quelques signatures à des actes dministratifs. La reine pria le général d'ajourner ce travail, prenant rendez-ous pour une conférence quelques heures plus tard. Le général Narvaez, mandé ar la reine, ne tarda pas à venir au palais, et vivement pressé par la reine de re-rendre la présidence du conseil, il y consentit. »

ASSEMBLÉE LÉGISLATIVE.

PRÉSIDENCE DE M. DARU, VICE-PRÉSIDENT. — *Séance du 26 octobre.*

M. **NOVYN TRANCHÈRE** dépose des pétitions contre le rétablissement de l'impôt des oisons.

M. **LACROSSE** dépose un projet de loi pour augmenter le cercle des attributions des ommissaires près les chemins de fer.

La proposition de distribuer 250,000 francs aux victimes des affaires de juin 1848 est envoyée à une commission spéciale.

On reprend ensuite la discussion du projet de loi portant demande de crédits sup-lémentaires et extraordinaires pour la marine en 1848 et 1849.

M. **DE TRACY.** Hier M. Estancelin a demandé une enquête, en assurant que les approvisionnements de notre marine marchande étaient insuffisants, et que les char-bons fournis par elle étaient de mauvaise qualité. Je ne m'oppose pas à l'enquête, mais ne puis laisser passer les assertions de M. Estancelin.

Notre marine est dans un état plus prospère qu'on ne le dit; entre autres faits, je rai que nous ne devons avoir à flot que 24 vaisseaux au plus, et nous en avons 25.

M. **LEVAVASSEUR.** On fait beaucoup trop bon marché de la marine française et en articulier de la marine marchande, qui rend de grands services. — Sans doute le trans-ort par les bâtiments français est un peu plus coûteux; il vaudrait mieux, sous le rap-ort de l'économie, faire transporter les tabacs par les navires américains et le charbon ar les navires anglais, mais on sacrifierait ainsi 200 bâtiments et 500 armateurs ançais.

Du reste, pour donner une idée de l'exagération de certains calculs, on a prétendu e sur les [...] y avait sur les transports français une perte de 1,100,000 francs ependant le chiffre total de la dépense a été de 600,000 francs.

M. **ESTANCELIN.** Je n'ai pas voulu désobliger M. le ministre de la marine; mais j'ai lu à constater des faits, ou, selon moi, les adjudicataires gagnent trop. Il faut, sans ut, encourager les nationaux, mais il ne faut pas faire en leur faveur des sacrifices agérés. On a avancé ici que tous les bois de construction d'approvisionnements pour tre flotte étaient des bois français. On connaît mal l'état des choses il n'y en a pas moreau. Je n'ai fait, du reste, que rappeler ce qui a été écrit par M. le prince de inville. Je ne crois pas qu'il faille conserver un monopole au profit de la marine mar-ande.

Après des explications de M. Passy, qui soutient le projet sous le point de vue finan-r, et de M. Etienne, qui assure que les dépenses sur cet objet ont été toujours trou-s très-régulières par la cour des comptes, l'Assemblée prononce la clôture de la dis-ssion, et vote l'article 1er à une très-forte majorité.

M. LEVAVASSEUR. Je suis informé qu'une adjudication très-importante va être faite lundi pour la fourniture du charbon ; il faudrait la remettre à une époque plus éloignée.

M. CH. DUPIN. Il est très-important pour la France de ne pas faire croire à l'Angleterre, qu'elle a d'elle un besoin indispensable. L'Angleterre, notre amie, peut devenir notre ennemie du jour où elle verra que la France peut ou veut se passer d'elle. Il faut donc que notre marine ait une position bien indépendante, une attitude, une importance digne de notre pays. Pour cela, il importe d'encourager les développements de la marine marchande, cette puissante auxiliaire de la marine nationale.

M. PASSY. Je suis complètement de cet avis et je compte apporter bientôt un projet de loi relatif aux paquebots de la Méditerranée.

M. FAVREAU. Il faut absolument remettre l'adjudication qui doit avoir lieu lundi, car si on l'autorise maintenant, les adjudicataires, qui iront au meilleur marché, traiteront nécessairement avec les Anglais, qui ont la houille à de meilleures conditions et sont dispensés d'un droit de 4 schillings que paie la marine française.

M. PASSY. La mauvaise saison empêche de reculer l'adjudication. Je crois qu'il est digne de l'Assemblée de laisser le ministère faire dans cette circonstance ce qui lui paraîtra le plus convenable

L'Assemblée montre qu'elle adopte cet avis en votant l'article 2.

Un incident s'élève sur la rédaction de l'article 3.

M. MAUGUIN propose cette nouvelle rédaction :

« Les crédits ouverts par le décret du 20 septembre 1849 sont annulés. Les dépenses faites en vertu de ce même décret sont imputées sur les crédits ouverts par la présente loi. »

Ces termes sont mis aux voix et adoptés.

L'ensemble de la loi est adopté, au scrutin de division, par 514 voix contre 74.

La séance est levée à cinq heures et demie.

Haute-Cour de justice.

La Haute-Cour a terminé hier l'audition des témoins relatifs aux faits généraux du procès du 13 juin. Il reste maintenant à entendre les témoins dont les dépositions portent sur les charges particulières à chacun des accusés. Comme ces derniers ont annoncé qu'ils produiraient leurs moyens de défense ou d'excuse postérieurement à ces dépositions, il est à présumer que les plaidoiries ne commenceront pas avant huit ou dix jours.

L'audience d'aujourd'hui a été consacrée au jugement du gérant de la *Tribune des Peuples*, qui est cité devant la Haute-Cour pour répondre à une prévention qui résulte d'un des articles publiés par ce journal sur le procès.

Après que M. Hermans, gérant de la *Tribune des Peuples*, a accepté la responsabilité de l'article incriminé, M⁰ Laissac a présenté une exception d'incompétence contre la Haute-Cour. Il a cherché ainsi à excuser son client plutôt qu'à le justifier.

La *Tribune des Peuples*, dit-il, s'imprime presqu'en même temps que se tient votre audience ; le rédacteur écrit au milieu des émotions que soulève le débat ; il n'a pas le temps de se relire, et vous ne sauriez l'assimiler à l'écrivain qui peut méditer votre œuvre et imposer silence aux sentiments de douleur et d'indignation qu'il a éprouvés.

Vous savez, citoyens magistrats, que la liberté de la presse est, non pas seulement le droit de dire la vérité, mais encore le droit de dire impunément une erreur, à la seule condition de prouver sa bonne foi.

M. Suin, avocat-général, a signalé les graves conséquences du délit que le ministère public a poursuivi.

Ce qui est hors de doute, a-t-il dit, c'est que dans cette enceinte, devant vous, à votre audience, il se commet un délit grave, qui prend naissance ici, et qui ne va au dehors que pour recruter des forces et revenir le lendemain plus fort pour apporter l'insulte et la raillerie à l'action de la justice.

On dénature le sens de vos débats.

Examinant le délit reproché à la Tribune des Peuples, M. l'avocat-général demande à la Haute-Cour de ne pas permettre qu'on insulte ce qui doit être respecté de tous les partis, la justice; qu'on porte atteinte à la fois à l'indépendance du jury et à ce qu'on appelle les vengeurs.

Ce serait là un grand mal, dit-il, ce serait là un grand danger, et c'est pour cela que nous avons cru que l'excellence du remède était dans la promptitude; et aussi n'avons-nous pas hésité à porter notre plainte devant votre haute juridiction.

M⁰ Michel (de Bourges) réplique.

La Haute-Cour a condamné M. Hermans à un mois de prison et 1,000 fr. d'amende.

VOYAGE HISTORIQUE.

—

Le Comte de Saint-Leu.

—

Notes recueillies dans la bibliothèque de Mgr de Curium, et tirées des œuvres du comte de Saint-Leu (1).)

C'est une découverte que de rencontrer, loin de la France, un Français de plus, inconnu jusque-là, qui se souvient du comte de Saint-Leu, en 1847 (2)!... Singulière destinée! avec une sorte de passion pour une calme et honnête obscurité, il rêve toute sa vie un ermitage abrité en quelque val inconnu, le petit champ d'Horace avec de vieux livres, le jardin du vieillard de Galèse ; mais il est né frère de Napoléon. Epris pour lui d'une sincère admiration, son plus habile conseiller, son plus sincère ami, il passe opprimé non-seulement sous sa gloire, mais sous sa défiance et son dédain. Il a l'horreur instinctive du sang, et soldat dès l'enfance, à treize ans l'arme au bras, il est à Toulon, à Arcole, au Caire, en Vendée, en tête des plus braves, avec un courage et un dégoût toujours croissant. Une chose lui pèse encore plus que la guerre, c'est un commandement suprême, le poids des choses publiques, une politique étouffante, un état surexcité, une situation extrême ; il lui faudra sauver la Hollande, affaissée sous la compression des quatre plus lourdes années du blocus continental, suspendue sur tous les abymes, entre la mer qui l'envahit, la guerre allumée à l'entour, le gouffre béant d'une dette énorme. le bouleversement de l'Europe. Ce qui l'eût manifestement consolé, c'eût été un règne pastoral, quelque chose de saint Louis, un peuple heureux et sympathique à son âme, une monarchie des vieux âges. Son règne est brusquement inauguré par une épée, qui le renverse plus vite encore, prince loyalement catholique, en face du protestantisme le plus tranché, entre des vainqueurs et des vaincus irréconciliables ; il ne peut,

---

(1) *Documents sur la Hollande, par le comte de Saint-Leu*. Londres, Lackington et Comp., 1820; 3 vol. in-12. Cette édition est plus complète que celle de La Haye et de Paris, et la seule originale. Nous avons rencontré à la Bibliothèque nationale un exemplaire qui nous parut l'hommage d'auteur. Il est coté parmi les *dons*, au n⁰ 2513. Çà et là quelques passages très-significatifs sont sous-lignés et signalés par une main crispée et maladive qui trahit les dernières émotions du comte de Saint-Leu.

(2) Cette date fixe l'époque à laquelle ces notes furent recueillies et ces articles écrits.

ni parler la langue de son peuple, ni vivre de ses mœurs, ni croire d
sa foi, pas même respirer le même air, sans user douloureusemen
sa vie.

Aura-t-il du moins sous son toit le bonheur de la vie domestique
A son foyer Louis trouve encore des douleurs, car le seul de ses fil
qu'il conserve avec lui se meurt, à demi orphelin, sous l'inclémen
d'un royal exil, dans le palais solitaire de son père. *Fais ce que doi
advienne que pourra;* il adopte cette devise comme si, replié sous so
manteau, sans patrie, sans amis, sans peuple, sans famille, il allait s
suffire à lui-même. Mais non! il doute de lui; il n'y a, nous dit-i
qu'une triste nuit sur son âme appesantie. D'autres ont pu, avec un
sereine philosophie, passer du trône aux fêtes de Corinthe, aux jar
dins de Salone, aux académies de la Lorraine. Pour lui, il sent qu
les bonnes lettres dédaignent le vieillard dont elles n'ont pas conn
l'enfance, et il n'atteint pas ce repos de la vieillesse; longtemps ava
son dernier jour, ses mains se crispent de douleur, au point de n
pouvoir n'écrire ses dernières pensées, ni produire ses émotions au
trement que par des lignes brisées. Il a beaucoup écrit pourtan
orateur, publiciste, poète, correspondant actif des académies et d
notre Institut, la littérature est encore une de ses déceptions: s
français a toujours été une langue apprise; ses timides expression
trop correctes pour son siècle, trop unies pour une vie de bivoua
trop familières pour un roi. Il s'adresse à la France, qui ne l'a p
lu; il ne pouvait être compris que de la Hollande catholique qui
peut pas l'entendre, et qui n'existait pas encore. Ses œuvres sont u
rareté, en Hollande comme en France, et puisque, pour la premiè
fois, je les rencontre, sous le toit le plus hospitalier que je connais
convié même à suppléer au livre par les précieux entretiens d'
prélat qui a vu le roi Louis, par les souvenirs d'une noble fami
qui a sa place dans les mémoires du comte de Saint-Leu, je veux co
naître le frère de Napoléon, et le voir, sculpté de plein pied, su
son véritable horizon, la Hollande, et par l'artiste le plus sincère,
plus sûr, par lui-même.

I.

LOUIS SOLDAT (1).

« Il détesta la guerre, dont il ne comprit pas le but, pour des êtres aussi proviso
que nous le sommes, et durant une existence aussi incertaine et aussi fragile. »)
MOIRES, t. I, p. 362.

Louis commence sa carrière militaire à treize ans, aux premi
coups de canon de la République. Comme il se rendait à l'école r

(1) J'ai vainement cherché, dans les premières pages de ces mémoires, parmi
récits minutieux de l'enfance de Louis, les traces d'un apostolat de Napoléon, fais
en garnison à Thionville, le catéchisme à son frère et le préparant à sa prem
communion. Il est à craindre que ce trait n'appartienne à la vie legendaise de l'Em
reur, *déjà fort chargée.*

itaire de Châlons-sur-Marne, il rencontra sur sa route le siège de
Lyon, et eut grand peine à traverser les massacres des Brotteaux :
« Des hommes ramassaient des hommes, et les mitraillaient froide-
ment sur les places publiques (1). »

A Châlons-sur-Saône, il apprend que l'école militaire est dissoute,
et revient sur ses pas rejoindre son frère à Toulon. Il l'accompagne à
l'armée des Alpes comme adjoint à son état-major. Il débute à la
prise d'Oneille et par la bataille *del Cairo*. Sur la route de Nice, devant Saorgio, il voit le feu de si près qu'il se jette devant son frère
pour le couvrir, et, malgré une verte réprimande, fait une ronde
autour des retranchements sous une pluie de balles. Arrivé à une
batterie, dont les épaulements étaient à barbettes, pendant que tout
le poste baissait la tête sous un feu très-vif qui balayait le terrain,
Louis reste immobile. Napoléon, qui s'en aperçoit, l'interpelle : « Un
officier d'artillerie, répond le jeune Louis, ne doit pas avoir peur de
son arme ; notre arme, c'est le canon. »

En si bon chemin, il lui fallut revenir sur ses pas à cette même
école de Châlons-sur-Marne pour subir les examens. Il oublia si aisément sa campagne, que ce qui le frappe le plus dans cette école, c'est
d'y retrouver le vieil esprit français, « le bon ton, la douce franchise, cette politesse de cœur, naturelle à la majeure partie de la
nation » et même des sentiments assez peu républicains. « On sait,
dit-il, qu'à cette époque toute la jeunesse se faisait gloire d'être opposée au gouvernement républicain » (2).

Son frère le rappelle à l'armée d'Italie, pour en faire son aide-de-
camp. Louis retrouve son courage avec toutes ses saillies et ses bou-
tades. Au passage du Pô, il marche de front avec Lannes ; il entre,
par la brèche, avec Dommartin, à Pizzighitone. Il est seul à cheval,
au milieu des grenadiers qui enfoncent les portes de Pavie, seul servant de but à tout le feu de l'ennemi et à bout portant. Il prend sa
part à la bataille de Vallegio, ne perd rien au siège de Mantoue, sort
le dernier des champs d'Arcole. Là, il était sur le pont, sous le drapeau de son frère, près de Lannes qui tombe à ses côtés, de Vignolles
qui est frappé dans ses bras : deux fois il longe, au galop du cheval,
la chaussée meurtrière de Villanueva, où ni grenadier, ni tambour
ne pouvaient mettre impunément le pied. Il sauva Napoléon au moment critique et décisif, lorsque son cheval l'emporta dans un abîme
de boue. Ce serait infini de le suivre pas à pas à travers de pareilles
prouesses, à Rivoli, à la Favorite, à Mantoue, à Forli. Arrivé là, trop
jeune et trop fougueux, il reste un moment, épuisé et malade.

A peine rétabli, il part pour l'Egypte : il en revient, en mission
extraordinaire, rapportant le premier drapeau conquis. C'était le coup

(1) *Document pour servir à l'Hist. de Holl.*, par le comte de St-Leu, Londres, 1817,
t. I, p. 39.

(2) Documents, p. 1, p. 16.

de théâtre; pour le frapper, sa vie fut mise en jeu; le frère du géné
ral en chef est lancé à travers les vaisseaux turcs, russes, anglais
sur la plus petite, la plus vieille, la plus délabrée des chaloupes ca
nonières. Reconnu, poursuivi à outrance, il lui fallut, entre Naples e
la France, dans un moment de péril extrême, jeter à la mer les illus
tres drapeaux qu'il devait arborer de Toulon à Paris et présenter a
Directoire. Il s'acquitte pourtant de son message, retourne à so
poste, et tombe malade à Autun. Il y apprit par les feuilles publique
que Napoléon était à Paris.

Il ne reparaît plus, que pour faire les premiers coups de feu ave
les guérillas d'Espagne; il était sur ce champ de bataille, à la pai
de 1801. Il fit encore une apparition dans la malheureuse Vendée e
dût y subir un spectacle qui acheva de le révolter contre les bou
cheries humaines. Il était à Alençon, « au moment, dit-il, où, malgr
ses efforts et sa profonde affliction, on fusillait les chefs des chouans
On ne lui donna pas le temps de faire parvenir à son frère un cour
rier. » On voulait qu'il présidât le conseil comme colonel; mais i
refusa avec indignation, « prières, ordres, menaces (1), tout fut inu
tile. Il protesta contre cette infamie; il ne négligea rien pour l'em
pêcher; mais il ne le put, parce qu'il se trouvait sous les ordre
d'un autre. Il ordonna à ses officiers d'en faire autant. »

Il ne sera pas sans intérêt de rapprocher de ce passage ce qu'il di
de la mort du duc d'Enghien. Il accourut à Paris, dès les première
nouvelles. « Il était trop tard ! Il n'aurait pu empêcher ce malheur
trop de menées trompèrent le premier Consul; il ne put que joindr
ses pleurs à ceux de sa belle-mère, d'Hortense, de sa sœur Caroline
également affligées d'un tel malheur. Napoléon, lui-même, fut plu
sieurs jours triste, rêveur, et d'une humeur extrêmement maussade
il n'y a pas de doute qu'il ne fût perfidement et rapidement entraîn
dans ce malheur. »

Jusque-là, Louis n'est que soldat, son frère semble le tenir à l'é
cart, en sous-ordre; il montra de nouveau qu'il pouvait remplir u
commandement supérieur. Pendant la première campagne d'Autri
che, un mois lui suffit pour mettre sur un pied complet l'armée d
nord, défendre les côtes de l'ouest, sauver les chantiers d'Anvers e
de la Hollande, échelonner six divisions le long du Rhin. Cette paci
fique campagne, sans coup férir, fut la plus glorieuse de Louis et l
flatta d'autant plus qu'elle contribua puissamment à la paix générale
Napoléon en témoigna publiquement sa satisfaction dans un bulle
tin, et en même temps désigna in petto son frère pour régner su
les contrées du Nord, qu'il avait si habilement protégées.

C'est à cette époque qu'eut lieu le mariage de Louis; le 4 janvie
1802 il épousa Hortense Beauharnais. « Ils ont eu, écrit-il lui-mêm

(1) Ces mots sont soulignés, tout ce passage est textuel dans les *Documents*, vo
t. I, p. 108.

dans ses mémoires, trois enfants qu'ils ont aimés avec une égale tendresse. L'aîné s'appelait Napoléon-Charles et mourut en Hollande, le 5 mai 1807. Le second se nomme Napoléon-Louis; il fut baptisé à Saint-Cloud, par Sa Sainteté le Pape Pie VII. C'est cet enfant que Louis tenta de mettre à sa place en Hollande, quand il abdiqua en 1810. Le troisième reçut le nom de Charles-Louis-Napoléon (1).

D. F. B. PITRA, de l'abbaye de Solesmes.

Chronique et Faits divers.

A midi, il y a encore eu conseil des ministres à l'Elysée national. A 11 heures, ce matin, M. le général Changarnier, accompagné d'un nombreux état-major, quittait les Tuileries pour aller passer une revue de troupes à Vincennes.

— Hier, le bruit a couru que la flotte partie pour les Dardanelles avait reçu l'ordre de revenir.

— A trois heures de l'après-midi, un convoi de poudre est parti de Vincennes pour Paris, escorté d'un fort détachement de chasseurs à pied.

— Un nouvel organe révolutionnaire vient de paraître. On pourrait l'appeler le journal des journaux socialistes. Il s'intitule lui la Solidarité, et se propose de justifier sa double épigraphe : « A chacun selon ses besoins. — Par chacun selon ses forces. »

— Les journaux de Londres du 25 au matin ne sont pas arrivés.

— Le National contient l'article suivant :

« On peut voir dans ce moment-ci, appendu à la voûte de l'hôtel des Invalides, en compagnie des immortels trophées de nos victoires de la République et de l'Empire, un drapeau aux couleurs nationales.

« S'il est vrai, ainsi que des personnes fort compétentes nous l'affirment, que le nouveau trophée de M. Oudinot n'aurait jamais appartenu à l'armée romaine et ne serait autre que le drapeau italien qui décorait la maison du café des Beaux-Arts, à Rome, et qui fut enlevé par nos troupes lors de leur entrée dans cette ville, nous ne comprendrions pas que M. le ministre de la guerre nous laissât être plus long-temps la risée des étrangers, et nous le prions de vouloir bien vérifier le fait que nous signalons. Un sentiment de haute convenance et l'honneur de nos armes l'exigent impérieusement. »

Il est faux que le drapeau suspendu au dôme des Invalides ait été pris dans la ville de Rome au moment de l'entrée des Français. Ce drapeau avait été glorieusement enlevé par nos soldats au combat de la villa Pamphili, à la suite d'une action très-énergique. Le fait d'armes est, d'ailleurs, consigné dans le rapport même du général en chef.

— Depuis cinq jours, M. le président de l'Assemblée nationale est retenu chez lui par une bronchite accompagnée d'une toux assez vive pour l'empêcher de présider.

---

(1) Ce troisième est le Président actuel de la République française. Nous profitons de cette occasion pour déclarer que ce travail, écrit en 1847, a été fait sans aucune préoccupation politique, et ces notes recueillies, en dehors de toute prévision. Nous étions comme humiliés de ne pas connaître un frère de Napoléon, dont on nous parlait tout le long de notre route, dans un pays étranger. Nous saisîmes la première occasion de mieux connaître le seul français dont se souvienne la Hollande.

— M. le prince de Ligne, ex-ambassadeur de Belgique à Rome, a reçu du Saint-Père, en prenant congé de lui, les insignes do grand-cordon de l'ordre de Pie IX. En ce moment, M. le prince de Ligno se trouve à Paris.

— Les habitants de Newcastle ont pu être témoins dernièrement, dans l'atelier de M. Miller, d'un fait aussi curieux que rare. Les ouvriers, en travaillant une pièce de bois de hêtre, ont trouvé dans le cœur du bois un nid et le squelette d'un oiseau paraissant appartenir à une mésange. Il n'existait d'ailleurs à la surface extérieure aucune trace apparente d'ouverture, et à l'intérieur aucun indice n'annonce l'existence d'une cellule. La seule explication que l'on puisse donner de cette singularité c'est qu'une cavité se sera formée sur l'œil d'une branche coupée, mais que postérieurement la sève ayant repris son cours, elle aura été complètement interceptée par une pousse. Cette conjecture même rend très-difficile l'explication de la présence de l'oiseau.

— Hier soir, une effroyable détonation a jeté l'effroi dans le faubourg Poissonnière. Les vitres de presque toutes les maisons de la rue Richer, depuis le coin de la rue du Faubourg-Poissonnière jusqu'à la cité Trévise, de la cité, de la rue Bleue et du faubourg Poissonnière, jusqu'à la rue Richer, ont été brisées par cette violente commotion. Une fuite de gaz, dans le gazomètre construit sous la Restauration, pour le service de l'Opéra, dans les terrains dépendant de la liste civile, rue Richer, 4, en face de la station des voitures, avait occasionné ce désastre.

Ce gazomètre était établi dans une sorte de hangar, malheureusement trop bien clos ; une fuite assez considérable avait rempli de gaz ce bâtiment, et au moment où l'employé chargé du service y entrait pour régler la distribution, le gaz s'est enflammé, et l'explosion a entraîné la destruction des cloisons et mis le feu aux charpentes. L'employé a reçu des brûlures, qui, heureusement, ne donnent pas d'inquiétudes sérieuses.

Des secours prompts et bien dirigés ont arrêté l'incendie, qui, pendant un instant, donnait des inquiétudes pour les maisons environnantes. On a pu se convaincre alors que le gazomètre lui-même n'avait pas fait explosion, et contenait encore du gaz.

Deux dames du quartier ont été légèrement blessées dans leurs appartements par des éclats de menuiserie. Nous n'avons pas appris qu'il y ait eu d'autres accidents. Ainsi on n'aura heureusement, pour ainsi dire, que des pertes matérielles à déplorer.

BOURSE DU 26 OCTOBRE.

Le 3 p. 100 a débuté au comptant à 55 80, a fait 55 65 au plus bas, et reste à 55 70.

Le 5 p. 100 a débuté au comptant à 88 10, a fait 87 95 au plus bas, et reste à 88.

Les actions de la Banque ont été cotées à 2,520.

L'un des Propriétaires-Gérants, CHARLES DE RIANCEY.

Paris, imp. BAILLY, DIVRY et Comp., place Sorbonne, 2.

L'AMI DE LA RELIGION.

NOUVELLES DE ROME.

(*Correspondance particulière de l'Ami de la Religion.*)

Rome, 20 octobre 1849.

Les hommes du parti modéré qui, en France, ont jugé avec trop de sévérité le *Motu proprio* du 12 septembre dernier, regretteront bientôt, je l'espère, la précipitation de leurs jugements.

Il était évident que, même sans tenir compte des circonstances exceptionnelles dans lesquelles se trouvent les Etats du Saint-Siége, aucune puissance italienne ne pouvait songer en ce moment à faire des réformes politiques qui, pour nos adversaires à nous tous, qui que nous soyons, pourvu que nous appartenions au parti de l'ordre, ne sont que des à-comptes à la révolution et des moyens pour ramener le désordre ; ce qui se passe en Piémont doit convaincre les plus aveugles.

Pour ne parler que de Rome, nous avons dit que l'acte pontifical du 13 septembre renfermait en germe toutes les améliorations dont ce pays est susceptible, et qu'avec un peu de patience, on ne tarderait pas à en voir les heureux effets. Le moment n'est pas encore venu sans doute de la publication des lois organiques ; mais le soin avec lequel elles sont élaborées, les hommes qui composent la Commission des travaux judiciaires, la seule que je connaisse, toutes ces choses sont de nature à donner les plus légitimes espérances.

La Commission des travaux judiciaires est la même que celle qui fut établie en 1847, et qui alors fut accueillie avec les sympathies les plus générales ; trois des membres devaient être remplacés par suite de décès ou d'absence, les choix du Saint-Père sont tombés sur l'avocat Dionisi, Mgr Mertel et l'avocat Sylvani, les trois hommes les plus distingués de Rome peut-être par leurs connaissances judiciaires et non moins recommandables par la sagesse de leurs opinions ; chacun d'eux a sa spécialité : l'avocat Dionisi pour le droit criminel, Mgr Mertel pour le droit canon, l'avocat Sylvani pour le droit civil.

Le cardinal Antonelli s'est réservé la rédaction du projet de loi sur les municipalités ; on en connaît déjà les principes, et j'ai vu des hommes, que je regarde comme libéraux, manifester des inquiétudes sur la largeur des bases qu'il veut établir ; ce qui confirme cette opinion, c'est ce que l'on rapporte d'une conversation du cardinal avec l'un des ambassadeurs d'une des grandes puissances auprès du Saint-Siége : Son Eminence se trouvait entourée de livres contenant nos différentes lois municipales, on s'entretint naturellement de ce sujet,

et voilà les paroles du cardinal, dont je vous garantis l'exactitude :
« Rien de tout cela n'est assez libéral. »   S. E.

Rome, 20 octobre 1849.

L'éloignement des membres de l'ex-constituante romaine a produit ici un bon effet. Il a coupé court aux complots de ces hommes qui rêvaient toujours une restauration du gouvernement républicain ; il a découragé les exaltés de Rome qui ont vu dans cette mesure un commencement d'exécution à des menaces si souvent proférées et trop souvent inexécutées.

Les relations entre M. de Corcelles et les trois Cardinaux qui, dit-on, avaient été un peu froides au commencement, sont parfaites maintenant. M. de Corcelles a été charmé de la loyauté et de la franchise qui ont dirigé la conduite des Cardinaux dans toutes les questions épineuses qui les mettent si souvent en contact avec le gouvernement français. Les Cardinaux, de leur côté, ont bien vite apprécié les opinions et la manière d'agir du représentant de la France. Dans toutes les positions critiques où il s'est trouvé, il a su concilier ses instructions avec les mesures que sa position sur les lieux mêmes lui faisaient regarder comme nécessaires.

Dans ses vues de modération et de respect pour l'indépendance temporelle du Pape, M. de Corcelles est parfaitement secondé par le général Rostolan, qui a souvent résisté à des ordres venus de Paris, et dont une rupture éclatante avec le gouvernement pontifical aurait été la conséquence probable.

Ils ont su tous deux s'attirer la confiance *personnelle* des Romains. Il paraît que le général Rostolan a demandé de nouveau à quitter son commandement ; il laissera des regrets à Rome à son départ.

On attend ici avec impatience les ordonnances réglementaires qui doivent servir de base à la consulte d'Etat et aux institutions municipales. Il paraît que le Pape voudrait que le gouvernement fût régulièrement établi pour le mois de décembre. S'il en est ainsi, les lois fondamentales ne peuvent pas se faire attendre long-temps, car il faut du temps pour préparer les listes des électeurs et des éligibles.

On lit dans la *Patrie* :

« M. de Falloux est arrivé hier à Paris pour faire les dispositions du départ que l'état de sa santé rend indispensable. Avant de quitter Stors, M. de Falloux a reçu la visite de M. de Persigny, envoyé par le Président de la République pour s'informer de la convalescence du ministre et lui exprimer le désir et l'espoir d'un prompt rétablissement. Les prescriptions impérieuses des médecins obligent M. de Falloux à s'éloigner momentanément des affaires. Ce matin, il s'est rendu chez M. le Président de la République pour lui remettre sa démission, qu'il lui avait déjà fait annoncer par M. de Persigny. Demain il quittera Paris pour s'acheminer vers le Midi. »

Cette note de la *Patrie* confirme les nouvelles que nous donnions hier. *Nous* pouvons ajouter que M. le Président de la République xprimé à M. de Falloux ses sentiments les plus affectueux et ses plus ifs regrets.

On nous assure que M. l'abbé de Dreux-Brézé, chanoine honoraire et ancien vicaire-général de Paris, est nommé à l'évêché de Mou-lins. Nous ne pouvons qu'applaudir à un si excellent choix : il honore ses ceux qui l'ont fait. La haute piété de M. l'abbé de Brézé, l'étendue et la solidité de son instruction et l'admirable dévouement dont il a donné tant de preuves aux classes ouvrières et aux pauvres de Paris, le rendaient digne de prendre rang dans l'épiscopat français, à une époque où la France a plus besoin que jamais du puissant secours que lui ont prêté dans tous les temps la sainteté, la science et la charité de ses évêques.

M. l'abbé de Dreux-Brézé avait été nommé vicaire-général de Paris par Mgr de Quèlen en 1837, en même temps que M. l'abbé Dupanloup.

Séance de l'Assemblée.

Aujourd'hui, séance de rapports de pétitions. D'ordinaire, ces séances sont sans intérêt : elles fatiguent le public et l'Assemblée, et elles jettent une sorte de discrédit sur le droit de pétition lui-même. Cela tient au triste usage que l'on fait trop souvent en France de ce droit si précieux. Toutes les idées les plus bizarres, tous les plans les plus incohérens, toutes les inventions les plus ridicules semblent s'être donné rendez-vous pour assiéger les portes du Parlement. C'est un malheur que nous ne saurions trop déplorer : car rien n'est plus périble, en un pays libre, que de voir succomber sous l'abus de l'exercice d'une grande et utile liberté qui est parfois la seule ressource contre les des oppressions et le seul moyen légal de résistance ou de plainte. Nous rappellerons toujours, à l'honneur des catholiques, que sous le dernier gouvernement, ils ont réhabilité, par un usage sérieux et sincère, en faveur de la liberté d'enseignement, ce droit de pétition qui chez d'autres nations a joué un rôle si considérable.

La séance de ce jour s'est écoulée à passer en revue une foule de demandes mesquines ou absurdes, au milieu desquelles quatre pétitions ont seules attiré l'attention de l'Assemblée. La première était elle d'un homme dont le nom se reproduit à chaque session parlementaire, et y est accueilli par le plus énergique mépris et par la plus légitime indignation. C'est « le citoyen Paganel, » comme il intitule lui-même. Cette fois l'Assemblée, pour flétrir plus sûrement les calomnieuses attaques contenues dans sa pétition, l'a renvoyée au ministre de la justice.

Une pétition relative au libre exercice de la boulangerie a donné lieu à un remarquable rapport et à des observations pleines de renseignements curieux. L'Assemblée, s'associant à la pensée libérale de sa commission, a prononcé le renvoi au ministre de l'agriculture et du commerce.

Des excès inouïs de pouvoir commis par la minorité démagogique qui appuie la commune de Barbentane, ont amené M. Poujoulat à la tribune, et l'Assemblée, en votant le renvoi aux ministres de l'intérieur et de la justice, a protesté, comme son rapporteur, contre les violences dont cette commune est victime.

Enfin une indigne pétition d'un instituteur de Corse contre Mgr l'Evêque d'Ajaccio, a été rejetée par l'ordre du jour à la suite d'un rapport qui témoignait du respect le plus profond pour le vénérable prélat.

NN. SS. les Evêques de la province de Paris sont en ce moment réunis à l'Archevêché pour mettre la dernière main, sous la présidence de Mgr l'Archevêque, aux lettres synodales et autres travaux qui doivent être le complément du Concile récemment célébré.

Pour répondre au vœu exprimé par plusieurs de NN. SS. les Evêques et par un grand nombre de nos amis, le discours prononcé par M. de Falloux sur les affaires de Rome avant la prorogation de l'Assemblée, sera ajouté à ceux de M. de Montalembert et de M. de la Rosière, et au rapport de M. Thiers.

Ainsi seront complétés les documents parlementaires relatifs à l'expédition d'Italie. L'homme d'Etat à qui en revient le principal honneur, y paraîtra à son rang, et cette publication deviendra ainsi un des plus beaux monuments de l'éloquence et de la politique nationales.

Les souscripteurs pourront faire retirer les exemplaires dans le courant de la semaine prochaine, au secrétariat du *Comité électoral de la liberté religieuse*, chez MM. Jacques Lecoffre et C⁰, 29, rue du Vieux-Colombier.

Les catholiques de Suisse persécutés.

—

Le radicalisme protestant poursuit son œuvre dans la malheureuse Suisse.

Des prêtres catholiques, pour avoir refusé de trahir leur religion et leur devoir, en profanant la chaire de leurs églises, en s'y rendant eux-mêmes les échos d'une parole protestante vis-à-vis du troupeau que l'Eglise a confié à leur garde, sont non-seulement frappés par la privation de leurs traitements, mais encore on ne prétend pas aller à moins que de *les suspendre de toutes leurs fonctions ecclésiastiques,* et cela en vertu d'un arrêté du conseil d'Etat!

C'est le canton de Vaud qui est le triste théâtre de ces indignes us de pouvoir, et nous avons sous les yeux l'étrange arrêté de son nseil d'Etat.

Une fête d'action de grâces avait été décrétée par l'autorité fédéle, et à cette occasion une *exhortation protestante* avait été adressée x curés catholiques, afin qu'ils eussent à en donner lecture dans urs églises, comme la chose devait avoir lieu dans les temples protants.

Les curés s'y refusèrent, mais en repoussant la pièce protestante, en substituèrent une autre préparée par eux en commun, et dont purent donner lecture à leur troupeau sans blesser leur conience.

C'est sur ce refus que l'autorité civile du canton de Vaud s'est arée; son conseil d'Etat s'est réuni, il a délibéré et il vient de pular un arrêté longuement motivé pour justifier l'acte odieux de perqution qui en est le couronnement.

Nous ne rapporterons pas tous les considérants de cet arrêté; indилons cependant quelques-uns de ses énoncés .

Après l'exposé de l'objet de l'arrêté, le conseil d'Etat du canton de uud ajoute :

« Vu la démarche qu'ont faite les ecclésiastiques catholiques en exercice dans le can4 peu avant le 9 septembre 1849, jour fixé pour la lecture, auprès de l'administration iésiastique du diocèse dit de Lausanne et de Genève, afin d'en obtenir des *règles de aite* ou *des directions* qui leur servent de justification dans leur refus, tandis qu'ils ont fait, depuis le 4 novembre 1848 jusqu'à l'époque de la lecture, aucune démarche près du conseil d'Etat, *seul compétent* pour interpréter, modifier ou rapporter son été ;

« Vu la déclaration collective que ces ecclésiastiques ont adressée au conseil d'Etat, déclaration portant qu'ils ne pouvaient se soumettre à l'ordre de lire l'exhortation. ordt contenu dans l'arrêté sur la célébration du jeûne fédéral du 1er septembre 1849;...

Considérant que *le droit* du conseil d'Etat d'*ordonner* aux ecclésiastiques catholiques office dans le canton, la lecture en chaire des *mandats* pour le jeûne, y compris l'exrtation, résulte de la position naturelle de l'Etat vis-à-vis de l'Eglise, de la Constitua du 10 août 1845, de l'arrêté de la Diète du 2 août 1832 sur la célébration d'un jeûne léral, de la position particulière aux chapelles tolérées en vertu de la loi de 1818 et l'article 12 de la loi du 23 mai 1832 sur la promulgation des lois, décrets et arrêtés;...

« Vu aussi ce qui se pratique à ce sujet dans beaucoup d'autres cantons suisses, l'iration causée par le refus des curés et autres prêtres catholiques, la nécessité de metfin à une *désobéissance* qui nuit à la solennité de la célébration du jeûne et affaiblit t yeux des populations le respect dû aux ordres de l'autorité ;

Tenant compte de ce que toutes les circonstances qui ont précédé, accompagné et vi le refus peuvent, d'ailleurs, *présenter d'atténuant* ,

Arrête :

Art. 1er. Les curés des cinq paroisses catholiques du district d'Echallens, auxquelles tercice du culte catholique est garanti par les articles 9 et 10 de la Constitution.

Sont suspendus de toutes leurs fonctions ecclésiastiques dans le canton de Vaud pour durée fixée à l'art. 4 ci-après.

Art. 2. Les prêtres desservant les chapelles catholiques tolérées.

Sont également suspendus de toutes leurs fonctions ecclésiastiques dans le canton de ud pour la durée fixée à l'art. 4 ci-après.

Art. 3. La *suspension prononcée* aux art. 1 et 2 ci-dessus aura pour effet, *ordre la* ession *des fonctions pastorales*, la privation des traitement, pension, bénéfice et retrition quelconque, pendant tout le temps que durera cette suspension, à l'exception du logement ou de l'indemnité qui en tient lieu, qui sont conservés à l'ecclésiastique suspendu.

· Art. 4. La présente décision déploiera son effet à dater du samedi 27 octobre prochain et cessera le 30 novembre qui suit.

Art. 5. Il sera donné communication du présent arrêté, par les préfets, aux intéressés et aux préposés des chapelles.

· Il *sera transmis* à l'administration ecclésiastique du diocèse, avec la demande de pourvoir, conformément aux usages établis, *à ce qu'exigent les circonstances pour le service religieux catholique dans le canton.* »

Voilà donc le dernier mot du radicalisme protestant ! *L'intolérance religieuse.*

Voilà le programme de la liberté, comme il l'entend, comme il prétend la donner, quand le pouvoir est dans ses mains !

En nous affligeant pour nos frères de Suisse de cette douloureuse épreuve, nous sommes tentés cependant de nous applaudir de cet acte qui va enfin, nous l'espérons, dessiller les yeux qui se refusaient encore de voir ; qui va déchirer complétement, pour l'Europe, ce voile hypocrite dont a cherché trop longtemps à se tenir enveloppé le parti auquel appartiennent les hommes qui continuent la persécution ouverte contre l'Eglise catholique en Suisse.

Il y a dans cet *arrêté* un mélange d'odieux et de ridicule, et l'on ne sait si l'on doit plus flétrir par l'indignation l'acte tyrannique, que dévouer au sarcasme cette sorte d'acte de juridiction épiscopale par lequel le conseil d'Etat du canton protestant de Vaud fulmine une censure à sa façon, en frappant d'interdiction des prêtres de l'Eglise romaine.

Que les catholiques suisses se fortifient par ces épreuves ; encore un peu de courage, encore un peu de patience : le jour n'est pas éloigné, nous en avons la confiance, où l'indignation de l'opinion publique forcera le radicalisme protestant à reculer dans cette voie de persécution où nous le voyons entré pour sa honte.

Cas de conscience.

« Jusqu'à quel point est-il loyal de passer dans le camp opposé « celui des électeurs dont on a reçu son mandat? »

Telle est la grave question qu'a soulevée, dans la presse de province, l'étrange revirement qui s'est opéré dans les opinions de M. Victor Hugo.

« Est-ce donc, avait dit M. de Montalembert, pour recueillir le « applaudissements de l'extrême opposition, que les électeurs mo-« dérés de Paris ont envoyé l'orateur à la tribune de l'Assemblée « nationale? »

Plusieurs journaux des départements examinent la chose avec toute l'attention qu'elle mérite.

Qu'en dehors des principes généraux, disent-ils, chaque représentant revendique une grande liberté d'appréciation, rien de plus juste. *Mais n'existe-t-il* pas entre les électeurs et leur mandataire un sorte de contrat d'honneur qui ne permet pas à ce dernier de défendre des opinions diamétralement opposées à celles dont il faisait profession au moment de son élection? Que le célèbre poète, dont l'imagination est si vagabonde, ait cru devoir rompre avec le parti modéré après plus d'une année de fidélité, c'était assurément son droit. Mais n'est-il pas de son devoir, après avoir passé d'un camp dans un autre, d'en appeler à ceux qui l'ont élu, afin de faire consacrer, par une réélection, sa conversion ou son apostasie? Deux armées sont en ce moment en présence : celle des défenseurs de la société et celle des anarchistes qui la veulent renverser. Être ou ne pas être, tel est le problème posé devant nous. Dans un pareil moment, changer de bannière, n'est-ce pas la plus coupable désertion? Mais les convictions peuvent changer? *In dubiis libertas.*—Soit.—Reste à savoir seulement si la manière de voir de vos électeurs est restée la même. Demandez-leur donc, à ces électeurs, anciens conservateurs, légitimistes, catholiques, hommes modérés enfin, s'ils sont disposés à vous accorder une seconde fois leur confiance, aujourd'hui que vous avez conquis celle des Montagnards et des socialistes?

La *Gazette de Lyon* contient ce qui suit :

« Des renseignements qui nous parviennent de Genève, ne nous laissent aucun doute sur la protection plus ou moins ostensible dont l'administration de M. James Fazy couvre les réfugiés étrangers qui, comme on le sait, abondent dans cette ville. Les arrêtés du gouvernement fédéral qui prescrivent leur éloignement sont perpétuellement éludés. Les réfugiés feignent de partir, reviennent en changent de nom; la plupart sont logés, nourris, et l'on dit même habillés aux frais du gouvernement génevois.

« Dans l'état d'agitation où est la France, ces menées méritent toute notre attention. Du reste, beaucoup d'esprits sérieux inclinent à penser que le gouvernement radical se dispose, dans un moment donné, à employer ces dangereux instruments soit directement contre la France, soit contre le parti conservateur génevois, à l'époque des prochaines élections. »

NOUVELLES RELIGIEUSES.

FRANCE. — DIOCÈSE DE PARIS. — Le vénérable curé de Notre-Dame-des-Victoires vient de voir l'œuvre admirable de l'archiconfrérie du S. Cœur de Marie, enrichie de grâces nouvelles. Sur sa demande, le saint Père a bien voulu, par son rescrit du 19 décembre 1847, accorder, à perpétuité, une indulgence plénière applicable aux âmes du purgatoire, aux fidèles qui communieront dans l'église Notre-Dame-des-Victoires et y prieront pour la conversion des pécheurs le quatrième dimanche d'octobre, jour de la fête patronale. Le saint Père proroge cette grâce à tous les jours de l'octave pour ceux qui n'auraient pu en profiter le jour même de la fête....

De plus, il a bien voulu étendre cette indulgence à toutes les églises, chapelles et oratoires consacrés à la sainte Vierge sous le titre de Notre-Dame-des-Victoires, par toute la terre.

Dimanche prochain, jour de la fête patronale de Notre-Dame-des-Victoires, les offices y auront lieu aux heures ordinaires. Le P. Chable prêchera à Vêpres, et le P. Philippon à l'office du soir.

— NN. SS. les Evêques de Nantes et de Metz sont actuellement à Paris. Ils sont descendus au séminaire de Saint-Sulpice.

— NN. SS. les Evêques d'Amiens, de Soissons et de Beauvais sont arrivés à Paris venant de la province de Reims.

— Mgr. l'Archevêque de Paris a célébré ce matin la messe du Saint-Esprit, dans la chapelle des Martyrs, pour l'ouverture des cours de l'école ecclésiastique des Carmes.

M. l'abbé Millaut, supérieur du petit séminaire de Paris, assistait à cette messe avec MM. les directeurs et professeurs, et les élèves de rhétorique et de philosophie de cet établissement, qui fournit à l'école des Carmes ses élèves les plus distingués.

Diocèse de Nantes. — Nous apprenons que, pour venir en aide à leurs frères du Kentucky, quinze religieux Trappistes de Melleraye ont pris hier soir les bateaux à vapeur de la Haute-Loire, se rendant au Havre, où ils s'embarqueront en compagnie de quatre prêtres eudistes, dirigés sur l'Amérique par leur communauté de Redon.

Diocèse d'Avignon. — Nous avons parlé de de cet acte si digne d'être encouragé et imité, par lequel un certain nombre d'habitants d'Avignon se sont réunis pour former un établissement d'éducation où ils pussent admettre gratuitement des enfants de familles peu aisées. Le journal *la Commune*, d'Avignon, nous donne les renseignements qui suivent à cet égard :

DE L'ENSEIGNEMENT GRATUIT.

« Depuis l'annonce du plan formé par une société de pères de familles pour assurer à leurs concitoyens l'avantage gratuit d'un plein enseignement, les demandes se multiplient de jour en jour, et la population presque entière est dans l'anxiété.

« Elle ne s'est pas contentée de donner son adhésion à un projet conçu dans son unique intérêt, de l'appuyer par les signatures sans nombre dont elle a couvert et dont elle couvre encore diverses copies de la demande en autorisation; elle est impatiente de la voir se réaliser et d'entrer dès à présent en jouissance d'un bienfait dont elle est depuis si longtemps privée.

« Quelques explications deviennent donc nécessaire pour ne pas laisser croire à tant et tant de familles intéressées dans la question, qu'il y ait, non pas abandon, mais négligence même de la part de ceux qui ont pris à cet égard l'initiative.

« En toutes choses, et alors même que le droit est plus incontestable, et que l'intérêt du peuple, pour qui sont faites les lois, parle plus haut, on ne peut se dispenser de subir les exigences des formes; et les formes retardent, mais sans jamais pouvoir opposer un obstacle réel ou de durée.

« Quelques petits intérêts particuliers de secte ou de faction pourront peut-être aussi tenter de faire opposition ; mais que nos concitoyens prennent patience : l'intérêt de quelques-uns aura beau se cacher derrière l'intérêt de l'Etat qu'ils ont depuis si longtemps livré à tout vent des factions par le scepticisme de l'enseignement, il ne saurait plus ni prévaloir ni faire illusion. Le masque est tombé ; il est percé à jour, et, en dépit des pressantes invitations du journal le *Siècle*, nous ne pensons pas qu'aucun dépositaire sérieux de l'autorité soit encore disposé à en faire usage. »

Bulletin de la politique étrangère.

Le courrier d'aujourd'hui ne nous a apporté aucune nouvelle de quelque importance de l'étranger.

La correspondance ordinaire de Madrid, du 22 octobre, annonce que tout y est rentré dans l'état normal. Les ministres ont tous repris leur portefeuille, et la jeune reine témoigne une grande joie d'avoir vu la crise de ces jours derniers se terminer si promptement.

Le gouvernement espagnol a envoyé sous bonne escorte, à leurs dernières destinations, les personnes arrêtées, il y a peu de jours.

Le bruit court que M. Isturitz sera décidément appelé à la présidence du sénat.

Du côté du Nord, tout paraît aussi devoir s'arranger. Une dépêche télégraphique, expédiée de Saint-Pétersbourg, par le général de Lamoricière, porte ce qui suit :

« Le comte de Nesselrode a notifié hier à l'envoyé Ottoman que S. M. l'Empereur, prenant en considération la lettre du sultan, se bornait à demander que les réfugiés fussent chassés de Turquie.

« Fuad-Effendi regarde l'affaire comme arrangée. »

Grand désappointement pour les révolutionnaires de tous les pays qui se flattaient de prendre leur revanche au milieu de la guerre universelle.

ASSEMBLÉE LÉGISLATIVE.

PRÉSIDENCE DE M. DARU, VICE-PRÉSIDENT. — *Séance du 27 octobre.*

L'ordre du jour appelle des rapports de pétitions.

M. FAVREAU. L'abbé Paganel, se disant le *citoyen Paganel*, prêtre à Paris, signale 2 prétendus détournements qui auraient eu lieu dans la caisse de l'archevêché sous Mgr de Quélen et des calomnies non moins odieuses relativement à la mort de Mgr son frère.

Messieurs, dit l'honorable rapporteur, le premier devoir d'un honnête homme est de ne pas accuser sans apporter les preuves à l'appui de l'accusation.

M. l'abbé Paganel est connu depuis longtemps pour se livrer à des calomnies. Dans une des pétitions que nous avons eu à examiner, l'abbé Paganel accuse les frères Tresseaux d'avoir poussé Mgr l'Archevêque de Paris jusqu'aux barricades, parce qu'ils avaient intérêt à se débarrasser de lui. (Oh! oh! assez! — Marques d'indignation sur tous les bancs.)

Nous avons pensé que des dénonciations calomnieuses aussi odieuses devaient être punies dans la personne de leur auteur. En conséquence, nous proposons le renvoi à M. le ministre de la justice. (Oui! oui!)

Une voix à gauche : L'abbé Paganel est aliéné.

M. FAVREAU. Non, il n'est pas fou.

M. DENAYROUSSE. Si je demande la parole, c'est parce que je suis compatriote de l'abbé Paganel. (Oh! oh!) Chacun sait que l'abbé Paganel reproduit annuellement ces accusations calomnieuses.

Il a été traduit, à ce propos, plusieurs fois devant les tribunaux, et il a même été condamné ; mais ces condamnations n'ont pas pu le corriger de cette manie de dénonciation ; il a donc renouvelé son système de diffamation.

Le renvoi au ministre de la justice ne pourrait aboutir qu'à ramener M. Paganel devant les tribunaux.

DE DAMPIERRE. Il l'a bien mérité. (Oui! oui!)

M. DENAYROUSSE. Et de le faire condamner pour monomanie... Interruption.

Une voix : Il y a des monomanies dangereuses.

M. DENAYROUSSE. Je demande l'ordre du jour.

M. FAVREAU, rapporteur. M. l'abbé Paganel n'est point monomane. Il a d'abord envoyé une pétition dénonçant les prétendus détournements de millions, puis il en a envoyé une seconde dans laquelle il présente la mort de l'archevêque de Paris comme le résultat d'un assassinat; il parle aussi de son propre assassinat qui aurait été tenté... (L'ordre du jour! — A gauche : Non! non!)

L'honorable membre qui m'a précédé à cette tribune a commis une erreur en disant que l'abbé Paganel avait été condamné pour diffamation. Des poursuites ont, en effet, été commencées, mais les personnes honorables ainsi attaquées n'ont pas donné suite à ces plaintes. La commission persiste à demander le renvoi au ministre de la justice. (Oui! oui!)

M. LATRADE appuie l'ordre du jour. Selon lui, si les conclusions de la commission étaient adoptées, cela porterait atteinte au droit de pétition.

Voix : Au contraire.

Autre voix : Singulière liberté que celle de la calomnie!

M. LATRADE. Jamais on n'a puisé dans une pétition le droit de poursuivre les pétitionnaires. (Mouvements divers.)

M. FAVREAU. Il s'agit de savoir si, sous prétexte d'adresser à l'Assemblée nationale des pétitions, on a le droit de diffamer, de calomnier et de donner par le retentissement de cette tribune, une déplorable publicité aux plus atroces accusations. Nous, membres de la commission, nous pouvons affirmer qu'un dévergondage sans nom règne dans la plupart des pétitions.

On y trouve les calomnies les plus odieuses; on accuse tel préfet de forfaiture, tel général du même crime; on appelle tel receveur fripon, et le tout sans preuves. L'Assemblée veut-elle donner, à l'ombre de cette tribune, une arène à la diffamation?

A gauche : L'ordre du jour!

M. FAVREAU. Permettez donc.... on ne peut adopter l'ordre du jour; nous ne pouvons vous le proposer, sans donner connaissance à l'Assemblée de la pétition. De là, une immense publicité : il faut que cette publicité ait son correctif.

M. LEFRANC. La calomnie ne peut être poursuivie que sur la plainte du calomnié; le renvoi au ministre de la justice ne peut aboutir.

Voix : C'est une erreur.

M. FAVREAU. Il y a plus de vingt-cinq personnes horriblement calomniées dans la pétition du sieur Paganel. Parmi les victimes se trouvent tous les rapporteurs qui se sont occupés de ces pétitions.

L'Assemblée repousse l'ordre du jour.

A gauche : Vous portez atteinte au droit de pétition.

A droite : Allons donc! Ce n'est pas le droit de calomnier.

L'Assemblée adopte à une grande majorité les conclusions de la commission.

« Le sieur Servat, à Massat (Ariége), propose un plan pour éviter de nouvelles révolutions. (Rires.) » — L'ordre du jour est adopté.

« Le sieur Berger, à Paris, demande une pension et la croix d'honneur pour avoir prévenu le gouvernement toutes les fois qu'une émeute se préparait. (Rires.) » — L'ordre du jour est adopté.

M. GIRAUD, rapporteur :

« Des habitants de Paris, au nombre de cinq, se plaignent de ne pouvoir obtenir l'autorisation d'ouvrir des boulangeries, et demandent justice pour ce fait, qui serait, à leurs yeux, une violation de l'article 13 de la Constitution. »

L'honorable rapporteur, après être entré dans de longs développements, demande le renvoi à M. le ministre de l'agriculture et du commerce.

Après quelques mots de M. Lanjuinais le renvoi est prononcé.

« Le sieur Richard, prêtre, à Barcelonnette (Basses-Alpes), demande à jouir des bénéfices de la loi qui accorde une pension aux prêtres infirmes. » — Ordre du jour.

« Le sieur Vernon Girardet, avocat à Paris, demande qu'il soit pris des mesures pour soutenir contre les rois l'indépendance des peuples. Il demande que la France déclare immédiatement la guerre au roi de Naples, à l'empereur d'Autriche et à l'empereur de Russie. » (On rit.) — Ordre du jour.

« Les habitants de Planen, ou Planic (Côte-d'Or), maire et adjoints en tête, demandent que la France prenne part à la grande bataille des peuples contre les rois, et envoie contre le Czar tous les corps disponibles. » (Hilarité.) — Ordre du jour.

Haute-Cour de justice.

Audience du 27 octobre.

On a entendu le témoin Hodé, médecin de l'accusé Songeon. M. Hodé a protesté qu'il n'était pas au complot et qu'il ne se rappelait pas ses premières dépositions dont le procureur-général a lu quelques passages, notamment ceux-ci :

« Je n'ai pas vu les membres du comité à l'œuvre ; mais, d'après ce qui m'a été dit et mes impressions, je crois qu'ils ont agi de leur personne ; la Montagne se plaint amèrement d'avoir été compromise par l'action de la commission exécutive des Vingt-Cinq. De son côté, la commission exécutive paraît elle-même accuser de lâcheté certains membres de la Montagne, parce que c'est la Montagne qui a empêché de faire des barricades aux Arts-et-Métiers. »

M. Hodé. — Si j'ai déclaré ces choses, je ne les ai pas comprises.

M. le président. — On appréciera votre réponse.

M. le procureur général lit ensuite une lettre, signée de l'accusé Songeon, et où l'on remarque un paragraphe qui concerne, dit-on, M. Madier de Montjau jeune, l'un des accusés :

Le 13, M. de M..., ce grand blond révolutionnaire que vous devinez, était chez lui dès l'affaire ; Sellier brûlait des papiers, l'autre s'aperçoit qu'il en a plein ses poches, voit bien le cas, il se met à les brûler, mais il s'interrompt pour jouer avec son sabre, cela dure une heure et demie ; de minute en minute, la police peut arriver. A trois heures, Sellier s'étonne, le gourmande, lui fait sentir son imprudence ; l'autre impassible, les papiers graves toujours étalés ; puis, de guerre lasse, après un dialogue, vague, inexplicable, confus, il dit en regardant fixement Sellier : « Pour une république comme çà, il vaudrait cent fois mieux Henri V. Qu'en pensez-vous ? »

M. le président. — Pouvez-vous donner quelques explications sur cette lettre ?

Le témoin. — A l'égard de M. Madier de Montjau jeune, je ne sais rien. Quant au complot, ma conviction n'y en a pas eu.

M. le président. — Cependant on y cite des dates, notamment le 29 janvier.

M. Madier de Montjau aîné proteste contre les indications qu'on pourrait tirer, relativement aux opinions de son frère, de la phrase qu'il a adressée à Songeon.

M. Paris, horloger à Epernay, a reçu, le 13 juin, une lettre non datée, signée de la lettre A, qu'il a cru reconnaître pour être écrite par M. Allyre Bureau. Dans cette lettre, qui a été détruite, se trouvent les lignes suivantes :

« La montagne est réunie aux Arts-et-Métiers avec la légion d'artillerie. Dieu protège le droit et la justice. » Ces derniers mots étaient soulignés.

Chronique et Faits divers.

M. le général André Santa-Cruz a remis au Président de la République les lettres qui l'accréditent en qualité de ministre plénipotentiaire de la République bolivienne auprès de la République française.

— Des dépêches venues de Saint-Pétersbourg annoncent que l'empereur de Russie a pris en considération la lettre du sultan et se borne à demander que les réfugiés sortent de Turquie.

— L'ordre vient d'être donné de commencer l'exécution en pierre de quatre grands groupes équestres qui vont orner le pont d'Iéna. Les travaux ont une valeur de près de 100,000 fr.

— Le *Morning-Chronicle* du 25 octobre publie la statistique suivante des diverses fractions des deux chambres américaines :

Sénat : 31 démocrates, 24 whigs, 3 partisans du sol libre, 2 vacances. Total, 60.

Chambre des représentants : 104 démocrates, 103 whigs et indigènes, 13 partisans du sol libre, 11 membres à élire. Total, 231, sans les délégués.

D'après les nouvelles élections à faire, 3 whigs et 8 démocrates seront nommés. Il y aura, dès-lors, 106 whigs et 112 démocrates.

Majorité démocratique, sans les partisans du sol libre, 6 ; majorité des whigs sur les partisans du sol libre démocratique, 5 ; majorité démocratique actuelle, 1.

— Le conseil des ministres s'est réuni ce matin à l'Elysée.

— Voici un fait qui ne manque pas d'un certain intérêt pour les amateurs de rapprochements historiques et curieux :

Depuis 1789, toutes les révolutions en France se sont accomplies sous des Papes portant le nom de Pie.

Louis XVI a été détrôné sous Pie VI.

Le Directoire renversé sous Pie VI.

Napoléon est tombé sous Pie VII.

Charles X détrôné sous Pie VIII.

Et enfin Louis-Philippe sous Pie IX.

— On lit dans le *Courrier de Lyon* :

« L'aéronaute Arban, notre compatriote, à la suite d'une ascension qu'il vient de faire à Barcelonne, n'a pas encore reparu dans cette ville. Son ballon s'est dirigé dans la direction de la Méditerranée, et l'on craint qu'un malheur ne lui soit arrivé. Nous avons néanmoins l'espoir que ce malheur ne se confirmera pas. »

AVIS.

Nous regrettons d'être encore obligés de prier nos abonnés d'être indulgents pour les irrégularités qu'éprouve notre service.

Le changement de nos Bureaux, le changement de notre Imprimerie, notre transformation en Journal quotidien nous serviront d'excuse.

Nous demandons qu'on veuille bien nous accorder quelques jours de délai, pour faire droit à toutes les demandes d'anciens numéros et à toutes réclamations.

A DATER DU MARDI, 30 OCTOBRE, LES BUREAUX DE RÉDACTION ET D'ABONNEMENT sont transférés RUE SERVANDONI, N° 19 (près Saint-Sulpice).

BOURSE DU 27 OCTOBRE.

Le 3 p. 100 a débuté au comptant à 56, a fait 55 65 au plus bas, et reste à 56.

Le 5 p. 100 a débuté au comptant à 88 35, a fait 87 80 au plus bas, et reste à 88 85.

Les actions de la Banque ont été cotées à 2,320.

L'un des Propriétaires-Gérants, CHARLES DE RIANCEY.

Paris, imp. BAILLY, DIVRY et Comp., place Sorbonne , 2.

L'AMI DE LA RELIGION.

VOYAGE HISTORIQUE,
(Suite.)
II.
Louis, roi de Hollande.

Tendragt maakt magt.
L'union fait la force.

Un homme né modéré et sans ambition, mais non dépourvu de sens et de caractère, se trouvait glorieux et satisfait de voir son et sa famille l'objet du choix de ses concitoyens; vivement atta- à son pays, ne concevant pas de plus grand bien que celui de indépendante et occupée d'un simple particulier, il est élevé malgré lui près du trône impérial et ensuite porté sur de Hollande. Soudainement transplanté à l'étranger, isolé, ppui, sans d'autre préparation et d'autres guides que son cœur réflexions, il eut d'abord à combattre les obstacles nombreux devait nécessairement rencontrer, en des circonstances critiques, étranger et un roi, chez un peuple doué d'une intelligence supé- re, essentiellement juste et raisonnable, mais en même temps ré- cain, difficile, frondeur, ennemi de tout frein et surtout de tout étranger. Bientôt il eut encore à lutter contre les demandes os- les et les menées secrètes du gouvernement qui aurait dû être ppui, qui seul pouvait l'être, et à l'influence duquel il était re- le de son élévation. Au-dedans, au-dehors, de quelque côté tournât les yeux, il ne trouva qu'obstacle, que piéges et nulle appui, ni conseil sincère, ni secours, ni espérance : car ses rs furent toujours le but de sa conduite; ses principes partaient cœur; il n'aurait pu en changer, quand même il l'aurait lu, et dès-lors il n'y avait pour lui ni secours, ni appui, ni espé- ce chez les ennemis de la France. Si l'on ajoute à ces considéra- ons que le pays sur lequel il régnait se trouvait dans une telle si- ation financière, dans un tel état de gêne et d'exactions, qu'on ésespérait de son salut; si l'on considère que les événements et la uation de l'Europe, loin de s'améliorer pour la Hollande, devin- ent progressivement intolérables, on sera curieux de savoir com- ment un tel pays a pu résister quatre années, et l'on en tirera peut- tre la conséquence qu'on ne doit jamais désespérer du salut d'un ays tant que les individus ont quelque aisance et que le gouverne- nent s'identifie avec la nation et n'a d'autre opinion que l'opinion ublique (1). »

(1) *Documents*, t. I.

Les négociations pour la formation du royaume de Hollande, commencées vers le printemps de 1808, durèrent quatre mois, sans qu'une seule fois Louis y fût appelé. A l'instant définitif, Napoléon se contente de lui faire dire qu'un sujet ne pouvait se refuser d'obéir. « Tout est fini, disait Talleyrand dans un dernier protocole; » et il ajoutait avec l'ironie d'un habile courtisan : « Sans le prince Louis, jamais je n'aurais pu réussir. »

Le *Moniteur* donna un pompeux récit de l'inauguration du nouveau roi. « Vous, prince, dit l'empereur, le proclamant en manière de pontife, régnez sur ces peuples,... mais ne cessez jamais d'être français. La dignité de connétable de l'empire sera conservée par vous et vos descendants; elle vous retracera les devoirs que vous avez à remplir envers moi... »

Cette faconde impériale gazait assez mal le plan ourdi par Talleyrand et Napoléon, de gouverner la Hollande, comme un département, par un roi-préfet. Louis l'entendit autrement.

Il n'avait accepté qu'après avoir reçu la nouvelle que l'ancien stathouder venait de mourir, et que le prince héréditaire abdiquait ses droits et acceptait en indemnité la principauté de l'abbaye de Fulda.

Et si l'on veut savoir tout ce que cette nouvelle phase de son existence avait de prestige, un mot nous révèlera la vraie situation des choses : « L'existence de Louis, dit-il de lui-même, devenait de jour en jour plus insupportable en France. Sans tranquillité, muet au conseil, non employé militairement, voyant à cet égard ses fonctions restreintes à présenter des officiers au serment et à visiter de temps en temps l'Ecole-Militaire, portant ostensiblement les marques de la défaveur, très-peu de personnes osant le venir voir, il se sentait dans un état de gêne et de *spasme moral* qu'il lui était impossible de supporter plus longtemps, si les événements n'étaient venus l'arracher à sa position. »

Il n'entre point dans notre but, de faire l'histoire de ce règne, assez court par sa durée, mais chargé d'incidents et mêlé à tous les grands évènements de l'époque. Tous les détails en sont déduits au long dans les *documents historiques* du comte de Saint-Leu. Nous voudrions seulement mettre en lumière ce qu'on ne peut y démêler qu'avec une certaine attention, les affaires des catholiques et la part du roi Louis à une émancipation qui nous semble avoir été sa mission providentielle. On dirait que lui-même efface modestement ou méconnaît cette page, la plus belle de sa vie; et après avoir lu les trois volumes de ses mémoires, on serait tenté de croire, qu'à peine il accorde quelques regards distraits aux deux millions de catholiques, rangés sous son sceptre.

C'était déjà, pour ces Ilotes néerlandais un grand événement que le chef du pays fut un de leurs coreligionnaires, un frère de Napoléon, et, ce qui était plus grand, un sincère chrétien. La Hollande érieuse et réfléchie, contemplait avec respect, pour s'en souvenir longtemps, ce frère de Napoléon, pratiquant avec simplicité le culte les plus petits de ses sujets, remplissant ses devoirs comme le dernier d'entr'eux, plaçant ostensiblement une croix dans son palais d'Amsterdam, érigeant au vestibule cette superbe statue en marbre de saint Ignace, qui y subsiste encore, disposant dans cet ancien *Stadhuis*, où les Stadhouders et les hautes puissances avaient tant de fois lancé des placards de proscription contre les papistes, une chapelle catholique où il passait, en sortant de la salle du Trône, pour y entendre la messe de son chapelain, le vénérable abbé de la Lambardie!

La Hollande entière, ses moindres villages comme ses grandes cités, furent le théâtre de ce muet et persuasif apostolat. Quoique toujours souffrant et fréquemment absent, le roi Louis visita plusieurs fois tout son royaume. Ce fut dans ces voyages qu'il retrouva les pauvres catholiques, admira leurs vertus, surprit leurs misères, et s'efforça d'y porter remède.

En 1809, il visita la Gheldre et l'Ower-Yssel, pour achever les études sur son grand projet du *Watterstat*, et concilier les différends que la possession des églises suscitait entre les protestants et les catholiques. Il accorda à ceux-ci, sur les instances mêmes du magistrat réformé de Hasselt, une église nouvelle; il leur rendit à Compen le Buitenkerk; à Zutphen, l'église de Nieuwestaad, fit réparer celles de Deutichen et de Doesburg, donna une bibliothèque au grand séminaire de S'Heerenberg et permit *de porter à soixante* le nombre des élèves.

L'année suivante, il visitait le Brabant et la Zélande. Là, comme dans l'Over-Yssel, les catholiques étant en très-grande majorité, il exigea de l'administration des domaines qu'elle réparât les églises catholiques. C'était faire observer pour la première fois les édits de pacification du seizième siècle.

Il encouragea de sa présence la création récente d'un établissement qui subsiste encore, dans une prospérité croissante et méritée, le petit séminaire de Saint-Michel-Gestel. Il accorda le même intérêt à celui de Guinette, transporté depuis à Haeren.

A Bois-le-Duc, à Sommelsdyck, à Goérée et sur plusieurs autres points, les catholiques recouvrèrent leurs églises. Saint-Jean de Bois-le-Duc est encore l'une des plus belles cathédrales de la Hollande.

Le roi Louis visitait de préférence les hôpitaux et les orphanotrophes, ces palais des orphelins, l'une des touchantes et belles choses de la Belgique et de la Hollande. Il ne passait nulle part sans faire quelque bien. « Partout les habitants vinrent au-devant de lui, lui » exposèrent leur situation, et lui parlèrent de leurs petits griefs et des améliorations nécessaires avec la franchise et la simplicité hollandaise (1). »

(1) Documents, t. III. p. 92.

« Ayant remarqué que les Zélandaises, quoique excellentes mère
avaient l'habitude de nourrir presque uniquement leurs plus jeun
enfants de lait de vache ou de bouillie, il profita d'un autre usa
pour corriger cet abus. Les femmes portent un demi-voile très-m
deste, en linge fin, retenu par une lame d'or, que l'on applique d'un
côté du front avant le mariage, et de l'autre, après. Le roi décré
que les mères qui nourriraient leurs enfants auraient seules le dro
de porter un cercle d'or entier autour du front. »

Il trouva le village d'Acrle ravagé par une épidémie ; sur 180 ma
sons, 140 étaient attaquées ; le roi visita ces demeures infectées : l
malades désespérés étaient à peine sensibles à ses consolations.
rencontra partout le curé catholique « gai, actif, d'une tête aus
calme que son cœur était animé, bravant sans cesse la mort et l'ir
fection, assistant, nuit et jour, chaque malade à son tour, se faisa
scrupule de réserver pour quelque nourriture plus que le temps n
cessaire et se disant encore : il faut me soutenir pour les aider...
Le roi s'empressa d'appeler un célèbre médecin, Dommerie de Bo
meer, de donner immédiatement des fonds et de faire venir à la hâ
tous les médicaments. Il donna carte blanche au curé, au médeci
aux magistrats : « Faites votre affaire, leur dit-il, d'éteindre cet
cruelle maladie ; disposez de tout ce que je puis, sans ménagemen
plus tôt vous aurez éteint ce fléau, moins vous aurez dépensé. »

La contagion cessa, mais le curé fut victime de son zèle. « Il e
« impossible, nous citons toujours, de faire mieux l'éloge de ce d
« gne ministre de la religion, qu'en rapportant la réponse qu'il
« au roi, lorsque celui-ci lui dit : — Je crains qu'à force de vous e
« poser sans cesse, il ne vous faille enfin périr aussi. — Eh qu'ir
« porte ! si je fais mon devoir et que Dieu le veuille, répondit-il. (
« homme fit beaucoup d'impressions sur les spectateurs protestan
« Le roi était fier d'avoir ainsi représenté à leurs yeux l'esprit et
« caractère des prêtres catholiques. Et lorsque les réformés les pl
« arriérés de sa suite demandèrent à leurs voisins avec étonneme
« qui était cet ecclésiastique, le roi leur répondit avec joie : Messieu
« c'est là un vrai curé catholique (1). »

D. F. B. PITRA, de l'abbaye de Solesmes.

La dernière réunion de la majorité de l'Assemblée au conseil d'Etat a eu
certaine importance. On y a abordé divers sujets. M. Raudot a exposé les
rils de notre situation financière. M. Vesin a ensuite apporté à la tribun
question des fonctionnaires. On sait quelles plaintes arrivent de tous les
partements sur les choix ou sur le maintien d'un grand nombre de foncti
naires qui pervertissent les populations. A la suite de l'attaque que M. Vesi
dirigée à ce sujet contre le ministère, il s'est adressé aux hommes éminent
la majorité, et les a engagés à prendre en main les affaires.

(1) *Documents*, t. III, pag. 90-93.

M. Molé a déclaré que pour son compte il ne reculerait jamais, dans la mesure de sa puissance, à se mettre au service de son pays, soit comme soldat, soit comme général.

Quelques membres ont combattu la pensée de renverser le ministère. M. Denjoy leur a répliqué, et la question a été ajournée à une prochaine réunion.

Commissions et Bureaux de l'Assemblée.

La commission du budget a adopté définitivement, dans sa séance de ce jour, le budget du ministère de l'intérieur.

— Le ministre des travaux publics a déposé un projet de loi ayant pour but d'attribuer la qualité d'officiers de police judiciaire aux commissaires et sous-commissaires chargés de la surveillance administrative des chemins de fer. Ce projet sera soumis à l'examen des bureaux.

— M. Fournier a fait, au nom de la commission des crédits supplémentaires, le rapport sur le projet de loi portant demande d'un crédit de 135,745 fr. 32 c. pour l'achèvement de l'hôtel de la présidence de l'Assemblée nationale.

— De l'examen de la commission, il résulte que les instances de M. Marrast, président de l'Assemblée constituante, qui pressait les travaux pour être en mesure de donner une fête le 3 août, ont entraîné une dépense de 40,000 francs de plus que les devis adoptés.

La commission, admettant d'abord que l'obligation de n'entreprendre aucun travail en dehors du devis, et sans autorisation préalable, est une obligation rigoureuse pour l'architecte, a reconnu en outre que, parmi les dépenses dont il es ici question, la plupart n'ont pas eu pour but l'utilité, puisque parmi celles-ci, figurent des glaces neuves, sous prétexte que les anciennes étaient de trop petit volume, et qu'on y voit figurer encore des peintures, des dorures, des encadrements de glaces, tous ouvrages de luxe, exécutés provisoirement au prix de frais extraordinaires, considérables, uniquement pour hâter de quelques jours une soirée d'inauguration, et qu'il a fallu recommencer plus tard. En conséquence, elle a vu dans l'irrégularité qui a produit ces dépenses, une infraction grave aux prescriptions les plus essentielles de la loi, et les a qualifiées de véritables prodigalités. Elle a été unanime à penser qu'il ne suffisait pas de blâmer sévèrement de tels abus; mais qu'il fallait en prévenir le retour en repoussant toute dépense faite ainsi au mépris de la loi et des intérêts de l'État.

Elle propose donc de rejeter comme non justifiées par l'utilité, la dépense des travaux, exécutés provisoirement et celle des frais qu'ils ont occasionés; de supprimer, conformément à l'article 20 de la loi du 27 juin 1833, les honoraires de l'architecte sur les dépenses qui excèdent le devis. Quant aux glaces neuves, tout en persistant à blâmer énergiquement cette dépense, considérant que les glaces font aujourd'hui partie du mobilier de l'hôtel, la majorité de la commission propose d'admettre la dépense de 15,000 francs, montant de leur coût.

On se rappelle que, dans la séance de mercredi, alors que M. Napoléon Bonaparte se glorifiait de la victoire de février, comme s'il en avait été l'un des héros, M. Heeckeren interrompit le fils de l'ex-roi de Westphalie par cette vigoureuse sortie, que le *moniteur* a enregistrée « Dans ce temps là, *citoyen* « prince de la montagne, vous sollicitiez la pairie et 150,000 fr. de rente !»

L'apostrophe, il faut en convenir, était rude et frappait à bout portant. Aussi, que M. Napoléon Bonaparte en eût été vivement blessé, tout le monde l'a compris. Mais ce qu'on ne comprend pas, c'est que l'honorable représentant, qui n'a pas cru devoir relever à la tribune l'interruption de son collègue, s'en vienne maintenant sommer, par ministère d'huissier, l'*Assemblée nationale* et le *Constitutionnel* d'avoir à insérer dans leurs colonnes un démenti aux assertions dont il vient d'être question, assertions que les rédacteurs des deux journaux avaient mentionnées dans leur compte-rendu de la séance.

Le *Constitutionnel* et l'*Assemblée nationale* refusent naturellement d'insérer la lettre de M. N. Bonaparte, car, disent-ils, c'est l'auteur de l'interruption qui, seul, a qualité pour maintenir ou pour retirer les paroles qu'il a avancées.

La Haute-Cour de justice n'a pas eu de séance aujourd'hui.

Nous annoncions hier la clôture du Concile de Soissons; nous donnons ici la liste définitive de tous les décrets qui ont été approuvés par les pères du Concile :

1° *Décrets concernant la Foi.*

Titre 1er.— De l'obéissance due à l'Eglise et au Saint-Siége.

2° De la Foi Catholique et des principales erreurs qui renversent les fondements de la Foi.

3° De la justice et de la charité.

2° *Décrets concernant les personnes ecclésiastiques.*

Titre 1er.— De la vie et des bonnes mœurs des clercs.

2° Des Evêques — leur dignité — leurs prérogatives — leurs obligations.

3° Des vicaires généraux, chapitres cathédraux, chanoines.

4° Des doyens ruraux, curés, vicaires, chapelains.

5° Des ordres religieux et autres pieuses congrégations.

¡3° *Décrets concernant les choses ecclésiastiques.*

Titre 1er.— De la Sainte liturgie et du Culte divin.

C. I.— De la liturgie.

C. II.— Du Culte divin — Culte de la Sainte Vierge et des Saints.

C. III.— Du Culte des images et des reliques.

C. IV.— De la sanctification des dimanches et fêtes et du précepte d'entendre la messe.

C. V.— Du chant et de la musique dans les Eglises.

Titre 2°. — Des Sacrements en général.

C. I.— Des cérémonies usitées dans l'administration des Sacrements.

C. II.— Des dispositions requises dans celui qui administre les Sacrements.

Titre 3°. — Du Baptême et de la Confirmation.

Titre 4°. — De la Pénitence.

C. I.— Des qualités requises dans le ministre du sacrement de Pénitence.

C. II.— Des devoirs du Confesseur.

Puissance de la Prière.

Une force que le monde connait peu, qu'il honore même parfois de ses dédains, c'est la puissance de la prière. Dieu, qui, selon l'expression de saint Paul, *ne s'est laissé sans témoignage* dans aucun siècle, s'est plu dans tous les temps à récompenser la pieuse confiance de ceux qui l'invoquent par des marques sensibles de sa bienveillante protection.

Naguère, dans la Péninsule, un homme opprimait l'Eglise et ses ministres ; le Pontife de Rome publie un Jubilé, ordonne des prières dans toutes les régions catholiques, et bientôt le *Duc de la Victoire* est en fuite, forcé de chercher un asile sur une terre étrangère.

Après les journées de février, au moment où toutes les grandeurs, les fortunes, les puissances humaines semblaient s'écrouler à la fois, et s'engloutir dans un abîme, quelques personnes pieuses crurent qu'il n'y avait d'espérance de salut pour la France et pour la société que dans le secours du Très-Haut. Sur-le-champ, elles répandent dans la capitale et dans les provinces des formules de prières, *neuvaines*, *quarantaines*, etc., pour rallier, encourager, du moins aider le mouvement religieux des cœurs catholiques. Chose digne de remarque, et bien consolante pour la confiance chrétienne, il n'est presque aucune de ces saintes tentatives qui n'ait été accompagnée ou suivie de quelque succès, ou même d'éclatants triomphes pour la cause de l'ordre et de la tranquillité publique.

Ainsi la première quarantaine de prières, qui avait commencé le Mercredi des Cendres, 8 mars 1848, se terminait le 16 avril, jour de la solennelle manifestation de la garde nationale qui sauva Paris et la France.

Une autre pratique de neuf jours venait aboutir au dimanche de Pâques, jour où les élections générales envoyaient en majorité les partisans de l'ordre à l'Assemblée nationale.

Aux journées de juin, 1848 et 1849, — qui concoururent les unes et les autres avec l'octave de la Fête-Dieu, — pendant que les vaillants défenseurs de la société exposaient leur vie en combattant les ennemis de la paix publique, des chrétiens pleins de foi et de faveur, prosternés dans les temples devant le Saint-Sacrement, alors exposé sur nos autels, y offraient à Dieu de concert et à l'envi leurs ardentes supplications.

Le 18 décembre 1848 avait été choisi comme providentiellement pour être le terme d'une union de prières pour la prospérité de la France, et le 10 décembre recueillit 6 millions de voix et de suffrages pour le nom de Napoléon proposé comme drapeau d'union, d'ordre et de sécurité.

Enfin, pour abréger ; le 27 mai 1849, fête de la Pentecôte, veille de l'ouverture de l'Assemblée législative, on avait répandu parmi les pieux fidèles une nouvelle *union de prières* qui devait se continuer jusqu'au 2 juillet, et le juillet fut précisément le jour où Rome ouvrit ses portes à notre brave armée.

Depuis près de deux ans le ciel n'a cessé de nous protéger, de nous arracher à bien des dangers. Sommes-nous à l'abri de nouvelles tempêtes ? Tout est-il fini ? Pourquoi donc cesserions-nous d'élever nos cœurs et nos vœux vers Dieu notre Père ?

Nous ne pouvons nous refuser à la pieuse demande qui nous est faite d'annoncer qu'une quarantaine de prières pour N. S. P. le Pape et pour l'Eglise sous les auspices de la Vierge immaculée, s'ouvrira le 31 octobre pour finir le dimanche 9 décembre, où se solennise à Paris la fête de l'immaculée conception. L'autorité ecclésiastique a bien voulu approuver cette quarantaine. On récitera chaque jour, à cette intention, le *Pater* et l'*Ave* ; on y joindra autant que possible, l'assistance à la messe, surtout les samedis, la pratique des bonnes œuvres et la communion.

NOUVELLES RELIGIEUSES.

NCE. — DIOCÈSE DE MONTPELLIER. — Depuis quelques jours, par suite
asserios administratives, les Frères des écoles chrétiennes de Cette ont été
de quitter cette ville et de laisser ainsi vagabonder dans les rues et crou-
s l'ignorance plus de quatre cents enfants qui recevaient chez ces vénéra-
Itituteurs une instruction morale et religieuse. Les murmures et les plain-
pères de famille doivent faire comprendre à M. le maire de Cette que l'o-
publique a été fortement froissée par la retraite des Frères.

ÈSE D'ALGER. — Le 16, à Alger, avaient lieu les obsèques do Henriette
morte à la suite d'une attaque de choléra. Elle était âgée de quarante-
s, et en avait passé vingt dans la congrégation des Filles de Saint-Vincent-
l. Depuis son arrivée à Alger, elle avait servi avec un zèle infatigable les
ques du lazaret et de l'hôpital civil. Toutes les autorités d'Alger figuraient
lége funèbre. Mgr l'Evêque, assisté de son chapitre et de ses grands-vi-
a fait solennellement l'absoute.

Bulletin de la politique étrangère.

n des correspondants du journal anglais le *Times* lui écrit, à la
lu 20 octobre, une fort longue épître, où nous remarquons le
ze suivant :

'ai eu une longue conversation aujourd'hui avec une personne
ue de Rome après un voyage de deux mois. Sans donner plus
ds à son opinion qu'à celle de tout autre observateur impar-
qui, s'il avait des préventions, s'est efforcé de s'en guérir, je
rapporterai succinctement le résultat de ses observations. Le
eur n'était chargé d'aucune mission diplomatique. Il a visité les
romains en amateur.

vant de quitter Paris il était entièrement opposé à la politique
rpédition romaine; il était partisan déclaré des réformes politi-
et administratives. Son voyage a complétement changé ses opi-
, et ce changement vient de la conviction qu'il a acquise que le
e romain est incapable d'apprécier ou de comprendre les réfor-
olitiques. Plusieurs conversations qu'il a eues avec le Pape le
t fait voir animé des intentions les plus bienfaisantes pour son
e : mais Sa Sainteté regrette ce qu'elle appelle *sa témérité*, c'est-
d'avoir accordé des réformes excellentes en elles-mêmes, mais
turées, et qui pourraient replonger l'Italie dans l'anarchie. Le
eur dont je parle n'a pu s'empêcher de reconnaître la justesse
marques du Saint-Père sur l'ingratitude qu'il a trouvée auprès
ommes à qui il avait rendu les plus signalés services, et qui,
lui avoir juré à la sainte Table, dans l'enthousiasme de leur
raissance, une *fidélité à toute épreuve*, l'ont abandonné peu de
après.»

t assez remarquable, on l'avouera, de voir un protestant ap-
r la conduite du Saint-Père à peu près de la même manière
ionorable M. de Montalembert.

Les dernières nouvelles de Turin confirment nos tristes prévisions d'il y a peu de jours. L'opposition révolutionnaire grandit chaque jour dans la capitale du Piémont. La démagogie entrave par tous les moyens imaginables le gouvernement du jeune roi, et elle se flatte de renverser du trône le fils de l'infortuné Charles-Albert. Espérances mille fois insensées; car le triomphe des démagogues amènerait nécessairement l'intervention de l'Autriche et de nouvelles catastrophes pour ce malheureux pays. On joue à la révolution dans les deux chambres. Triste jeu, qui a coûté bien des millions au Piémont, et qui, cette fois, pourrait lui coûter sa liberté.

Les lettres reçues aujourd'hui de Berlin nous apprennent que, dans la séance de ce jour de la seconde chambre des États prussiens, M. de Radowitz, commissaire du roi, a répondu à l'interpellation de M. de Beckerath, relative à la question fédérale allemande. Dans cette réponse, M. de Radowitz a déclaré que la Prusse a été obligée de convenir avec l'Autriche de la formation d'un pouvoir central provisoire, afin de créer, vis-à-vis de l'étranger, un état légal qui garantît les droits et les devoirs des confédérés. La Prusse savait, en le faisant, qu'elle abandonnait une arme puissante, qu'elle se préparait un obstacle à l'établissement de l'État fédératif restreint; mais elle n'a pas voulu se servir de la révolution contre ses adversaires; elle a dompté la rébellion dans les États de ses adversaires, ne se laissant pas aveugler par cet axiome : « L'ennemi de mon ennemi est mon ami. »

Le gouvernement prussien a proposé de faire procéder, au 15 janvier, aux élections de la diète fédérale, qui se réunira à Erfurth. Les objections du Hanovre et de la Saxe ne seront pas un obstacle suffisant pour empêcher la convocation de ce parlement. C'est au gouvernement prussien de former le noyau d'un État fédéré, auquel pourront se joindre les États qui aujourd'hui s'y opposent, mais qui pourront changer d'opinion.

Les plénipotentiaires du Hanovre et de la Saxe, MM. de Vangenheim et de Zeschau, ont publié une déclaration, dans laquelle ils motivent leur opposition à la réunion de la diète, qui, à leurs yeux, au lieu de l'union désirée, ne créerait qu'un schisme irrémédiable. Ils ajoutent néanmoins qu'ils considèrent toujours comme obligatoire l'alliance du 26 mai.

Pendant que le plan de la Prusse se heurte contre l'opposition du Hanovre et de la Saxe, le ministère du vicaire de l'empire, appuyé par l'Autriche et la Bavière, agite un autre plan qui consiste à entourer le nouveau pouvoir central des plénipotentiaires de tous les États allemands et de faire dépendre de leurs décisions les résolutions de ce pouvoir. C'est donc une restauration pure et simple de l'ancienne diète germanique de Francfort. La lutte entre l'ancien et le nouveau système sera ainsi formellement engagée; la victoire est douteuse entre les deux partis.

lettre de Hambourg parle d'un mariage projeté entre la prin-
arie de Cambridge, nièce du roi de Hanovre, et le duc Fréde-
lesse, héritier présomptif de la couronne de Danemarck. La
1ence de ce mariage serait, dit-on, le maintien de l'union en-
)anemarck et les duchés de Schleswig et de Holstein, garanti
premières puissances de l'Europe. Nous ne connaissons pas le
le certitude de cette nouvelle.

lettre de Vienne, à la date du 21 octobre, renferme la recti-
1 suivante :

1sieurs journaux ont avancé que l'armée autrichienne subira
luction ; mais je puis vous assurer positivement qu'elle sera,
traire, augmentée, et portée jusqu'au printemps prochain au
énorme de 750,000 hommes, ainsi que cela a été décidé dans
férences militaires qui ont eu lieu ici.

été décidé, en outre, que l'armée sera divisée en quatre corps :
1s d'armée de l'*Est* (Hongrie), du *Nord* (Bohême, Moravie et
3), de l'*Ouest* (Tyrol et Vorarlberg), et du *Sud* (Italie). Le mi-
le la guerre a envoyé, en outre, à tous les arsenaux l'ordre de
r les travaux avec la plus grande vigueur. »

Chronique et Faits divers.

1sieurs centaines de gardes nationaux, en armes et sans armes, sont partis
r à neuf heures et demie de Paris pour Lille ; ils vont assister à l'inaugu-
e la statue élevée par souscription au général Négrier, tué dans les jour-
juin 1848.

revue annoncée pour aujourd'hui n'aura pas lieu. Le Président de la Ré-
3 vient de partir pour Saint-Germain, où il doit assister aux courses et
1 revue du régiment de cavalerie en garnison dans cette ville et des gardes
es des communes environnantes.

1 assure qu'un complot, dépisté par l'autorité, s'ourdissait dans l'ombre
lever en pleine audience les accusés de juin. Mais l'envahissement de la
vient désormais impossible grâce aux nouvelles précautions adoptées à la
s renseignements reçus au parquet et à la préfecture de police.

1 lit dans l'*Echo du Lot* :

Lot est un des départements chéris par la propagande rouge.

1s la ville de Figeac se tiennent des conciliabules rouge*s*, où la fine fleur
'mocratie de Maurs et de Villefranche vient organiser la propagande du
t de l'Aveyron.

1s signalons un café de cette ville où l'on chante des refrains anarchiques,
vocifère : Vive la République sociale ! et autres gentillesses monta-
1. »

1 lit dans le *Courrier de la Gironde* :

elques démocrates de Bordeaux ont reçu dernièrement, dans une des bade la place Richelieu, une leçon qui n'a pas mis les rieurs de leur côté.

1x ou trois cents personnes se trouvaient réunies dans un de ces petits
s forains, et assistaient aux exercices acrobatiques d'une troupe d'équili-
On était à l'entr'acte ; un de ces joyeux paillasses, que l'on prendrait par-

fois à leurs saillies pour les héritiers de Bilboquet ou de Galimafre, faisait l'intermède et occupait l'attention publique.

« Le paillasse venait de distribuer aux spectateurs quelques bouquets de violettes. — Mais, au théâtre comme ailleurs, il y a des petits et des grands, il y a des premiers et des derniers.

« L'aristocratie du théâtre forain était représentée par les stalles à cinquante centimes et les secondes, à vingt-cinq centimes ; la démocratie y avait aussi ses représentants ; elle perchait au paradis, dans la catégorie des quinze centimes.

« Les bouquets du paillasse étaient bien arrivés jusqu'aux secondes, — mais l'élévation et l'éloignement des quinze centimes n'avaient pas permis aux fleurs d'arriver aussi haut.

« Les quinze centimes se sont fâchés tout rouge ; les secondes et les premières ont été menacées d'un nouveau 15 mai. On a crié : A bas les secondes ! à bas les aristos ! à bas le paillasse qui donne tout aux riches ! (Des riches à 50 centimes !) à bas les réacs ! et finalement : Vive la République ?

« Un seul mot a suffi pour calmer cette tempête dans un verre d'eau.

« Le paillasse s'est dressé de toute sa hauteur sur la scène ; il a croisé ses bras sur sa poitrine, et s'adressant flegmatiquement aux perturbateurs :

« Citoyens, leur a-t-il dit, je croyais qu'il n'y avait que moi de payé ici pour » dire des bêtises. »

» Une hilarité générale a accueilli cet à-propos, et la comédie a aussitôt passé de la scène dans la salle.

> Les démocs, honteux et confus,
> Jurent, mais un peu tard,
> Qu'on ne les y prendra plus.

— Mme de Labriffe, née Marie-Geneviève-Joséphine de Canclaux, vient de mourir dans son habitation de Neuville, près de Houdad, où elle s'était retirée depuis plus de deux ans, atteinte de la maladie qui devait la ravir à sa famille, à ses nombreux amis et aux pauvres qu'elle soulageait avec cette bienveillance qui double le prix du bienfait.

— Un rapport de M. Bouet, gouverneur du Sénégal, inséré aujourd'hui au *Moniteur*, rend compte de l'expédition dirigée contre le Dimar, province du pays de Fouta, dont les chefs avaient adressé l'année dernière les injures les plus grossières au gouverneur de la colonie et à nos troupes. Les villages du Dimar ne sont pas comme ceux des autres parties du Sénégal, sur le bord du fleuve ; c'est ce qui avait donné courage aux chefs. La répression a été vigoureuse, et cependant nous n'avons perdu que deux hommes. Le gouverneur, qui dirigeait l'expédition, a été atteint d'une balle à la jambe.

— La *Réforme allemande* annonce que le célèbre historiographe Hurter a reçu l'ordre de quitter Vienne immédiatement. Il n'a obtenu que par un appel direct au Souverain l'autorisation de prolonger son séjour de six mois. On ignore le motif de cet acte de rigueur contre un homme qui jouit du titre et de la pension d'historiographe impérial et royal.

— Des avis reçus à l'île de la Réunion, dans les premiers jours d'août, annoncent la mort de Ranavalo-Manjacka, reine de Madagascar. Cet événement était de nature à applanir les difficultés qui, jusqu'ici, avaient empêché la reprise des relations entre les deux îles, l'héritier de Ranavalo étant tout disposé à traiter les Français avec les plus grands égards.

L'un des Propriétaires-Gérants, CHARLES DE RIANCEY.

Paris, imp. BAILLY, DIVRY et Comp., place Sorbonne, 2.

L'AMI DE LA RELIGION.

De la présence des Abbés dans les Conciles provinciaux.

—

Le R. P. Abbé de Solesmes a écrit une lettre au rédacteur de l'*Univers*, au sujet d'une critique que ce journal avait faite d'un article de l'*Ami de la Religion* sur les Conciles provinciaux. Nos lecteurs peuvent se souvenir qu'après avoir énuméré les diverses personnes qui doivent être invitées au Concile, nous disions : « Nous aurions pu « ajouter les Abbés ayant juridiction épiscopale, les représentants « des collégiales qui ont une semblable juridiction, mais comme il « n'y a plus en France de ces prélatures, ni de ces collégiales, nous « ne nous arrêterons pas davantage sur ces détails. » L'*Univers* conclut de ce texte qu'il n'existait plus, selon nous, d'Abbés canoniquement institués, et il nous rappela en détail les diverses fondations des monastères de la Trappe et de l'abbaye de Solesmes, pour nous prouver que les *prélats qui gouvernent ces abbayes ne sont pas des mythes, mais des Abbés réellement existants et de bon aloi* (numéro du 28 sept.). Nous nous empressâmes alors de lever l'équivoque que pouvaient avoir nos paroles, où nos réserves, en faisant observer que nous n'avions en vue que les Abbayes ayant juridiction épiscopale, c'est-à-dire, un territoire, un peuple à gouverner au spirituel, quand nous avions dit qu'il n'existait plus de ces prélatures dans l'état présent de l'Église de France; que nous ne contestions nullement l'existence de nos Abbés réguliers, ni les prérogatives qui résultent de leur titre. Toutefois en reconnaissant ce qui n'est ignoré de personne, nous nous abstînmes de nous prononcer, pour ou contre le droit que l'*Univers* attribuait à ces Abbés d'être invités aux Conciles de la province.

Le R. P. Abbé de Solesmes écrit à cette occasion :

« Je commencerai par dire que j'avais trouvé l'*Ami de la Religion* parfaitement exact dans ce qu'il disait, bien que j'eusse désiré avec d'autres personnes, entièrement désintéressées, qu'il eût développé davantage la doctrine des canonistes à l'endroit des Abbés. Tout le monde sait, en effet, que si un certain nombre de Prélatures *nullius* ont été conférées à des Abbés, un bien plus grand nombre appartenait et appartient encore à des Prévôts de Collégiales séculières. Dire que les Abbés *ayant juridiction épiscopale* avaient droit d'être convoqués au Concile provincial, et qu'il n'existe plus en France de ces Prélatures, c'était énoncer deux vérités; mais il n'aurait pas été inutile peut-être, pour le côté pratique, d'examiner en même temps si les Abbés réguliers, qui n'exercent la juridiction ordinaire que sur les membres de leurs monastères, ont ou n'ont pas une place dans les Synodes provinciaux.

« Mon intention n'est pas d'approfondir ici cette question. Le saint Concile de Trente se borne à dire que l'on doit convoquer, outre les Évêques, ceux qui, en vertu du droit ou de la coutume, *de jure vel consuetudine* (sess. XXIV, *de Reformatione*, cap. II), doivent assister au Concile de la Province. Toutes les convenances se réunissent qu me faire un devoir de ne pas aller au delà de ce simple énoncé. Le reste regarde de nos Métropolitains qui auraient des Abbayes dans leur Province, et il m'appartie moins qu'à personne de leur suggérer la conduite qu'ils auraient à tenir. » (L'Union n° du 13 octobre.)

Bien que dans une situation différente , nous avions eu les mêm motifs que présente Dom Guéranger pour ne pas traiter la qué tion soulevée par l'article de l'*Univers;* cette question nous paraît difficile à résoudre ; il nous semblait plus convenable d'en laisser l solution à Nos Seigneurs les Evêques, qui connaissent mieux que no les principes du droit et la discipline de leurs Provinces. Nous en sions continué de garder le silence, si depuis la lettre du R. P. Ab de Solesmes plusieurs de nos amis ne nous avaient conseillé d'en miner la question de droit, nous assurant que nous le pouvions fai sans inconvénient. Nous le ferons donc aujourd'hui , en soumetta nos idées et nos doutes à ceux que nous reconnaissons être seuls n juges.

La question porte uniquement sur les Abbés réguliers, qui n'o de juridiction que sur les membres de leurs monastères : il s'agit savoir, non pas s'il est utile, s'il est convenable de les appeler a Conciles provinciaux , mais si , pour nous servir des termes mêm de l'*Univers, si ces Abbés, et généralement tous les autres Abbés pr prement dits, sont compris parmi ceux que le droit et la coutume u verselle ordonnent d'inviter,* s'il y a par conséquent pour les Evêqu une rigoureuse obligation de les appeler au Concile, quoique d'a leurs ces Abbés, comme on en convient, ne doivent pas y avoir vo délibérative.

L'affirmative est tellement incontestable aux yeux de notre c tique, qu'il craindrait, dit-il, de faire injure à l'*Ami de la Religi* en lui supposant l'étrange opinion qui contesterait ce droit aux Abb bénis et portant mitre. Il nous demande : *Où est donc le canoni qui ait émis ce sentiment?* Nous pourrions à notre tour lui deman s'il a trouvé l'opinion des canonistes modernes bien arrêtée , bi unanime sur ce point ; s'il a pu se convaincre que tous, ou du moi la plupart, admettent en principe général le droit des Abbés à êt invités aux Conciles de la Province ? Parmi ceux que nous connai sons, plusieurs ne font aucune mention des Abbés, en parlant de composition des Conciles provinciaux (1), d'autres en parlent seul ment d'une manière incidente, fort obscure, de sorte qu'il n'est p aisé de savoir ce qu'ils en pensaient (2); d'autres supposent qu n'existe aucun droit ni aucune coutume générale dans l'Eglise, (

---

(1) Barbosa, in Conc. trid. sess. xxiv, cap. ii, n° 6-10. Tamburini, de *Jure* Disput. xxiv. Richard, *Analyse des Conciles,* t. 1, chap. vii, § ii.

(2) Fagnan, in cap. *Etsi membra :* de his quæ fiunt a prælatisis, n° 37-47 et passim. Card. Petra comm. in const. honorii ii, n° 35-44.

appelle les simples Abbés réguliers à ces Conciles (1). Il en est qui soutiennent formellement qu'il n'y a aucune nécessité de les y inviter (2). Benoit XIV, que l'on a quelquefois cité en faveur du droit présumé des Abbés, à cause d'un passage de son savant ouvrage *de Synodo*, ne parle que de ceux qui ont juridiction quasi-épiscopale, et voix délibérative dans les Conciles de la Province (3).

. A l'autorité des canonistes, que l'auteur des articles dans l'*Univers* suppose être unanimes en faveur de sa doctrine, il ajoute trois autres preuves · il se fonde, 1° sur ce que le cérémonial des Évêques assigne une place aux Abbés dans les Conciles; 2° sur les lettres de convocation par lesquelles les métropolitains appellent les Abbés parmi ceux qui, de droit ou de coutume, doivent assister au Concile; 3° sur la pratique des Conciles œcuméniques qui les reçoivent, et leur donnent même voix délibérative. Nous avouons que ces preuves n'ont pas dissipé nos incertitudes.

Puisqu'il y a dans l'Église des Abbés ayant juridiction épiscopale qui ont droit d'assister aux Conciles provinciaux, que d'autres peuvent avoir acquis un droit semblable en vertu de coutumes particulières; que d'autres enfin peuvent y être invités, et seraient même tenus, en certains cas, de s'y rendre sur l'appel du métropolitain, conformément à la promesse qu'ils en ont faite dans la cérémonie de leur bénédiction, il était naturel qu'on leur assignât la place qu'ils devraient occuper, dans le cas où ils y assisteraient. Il a donc été réglé que les chapitres des églises cathédrales seraient placés avant les Abbés; que les Abbés portant mitre précéderaient les Abbés commendataires, et ceux-ci les autres dignités. Ce règlement n'implique en aucune manière que tous les Abbés aient, en vertu du droit commun ou des coutumes générales, le droit de venir aux Conciles (4).

. La pratique des Conciles œcuméniques paraîtrait, au premier aperçu, plus concluante. L'Église donne place, et même voix délibérative aux Abbés, dans les Conciles œcuméniques : « or, dit l'*Univers*, si le droit et la coutume appellent ces Prélats au Concile œcuménique, on ne saurait raisonnablement douter qu'ils ne les appellent aux synodes métropolitains . quand d'ailleurs les actes de ces assemblées nous montrent cette pratique invariablement suivie depuis plusieurs siècles. » (N° du 28 septembre.)

Nous admettons le fait relativement aux Conciles généraux, en observant toutefois que ce privilége souleva de très-graves difficultés au Concile de Trente. La question du suffrage que l'on attribuerait

---

(1) Pirhinc, de *Officio judicio ordinarii*, sect. II, n° 17. Leurenius, Jus can. universam, lib. I, tit. 31, quæst. 843.

(2) Jacobatius de Conciliis, lib. II, de vocandis ad Concilium.

(3). De Synodo, lib. XIII, cap. II, n° 5.

(4) Cet ordre a été régulièrement suivi dans les Conciles tenus en France; nous y voyons les députés des chapitres de cathédrales nommés avant les Abbés.

aux Abbés s'étant présentée dès le commencement, il fut convenu que l'on attendrait l'arrivée d'un plus grand nombre de Pères pour la résoudre. Quelque temps après, trois Abbés de la Congrégation du Mont-Cassin, étant venus au Concile, envoyés par le Pape, donnèrent lieu à de nouvelles discussions très-vives, que les présidents du Concile ne purent calmer qu'en proposant aux Pères de statuer, que les suffrages de ces trois Abbés, quand ils seraient d'accord, ne compteraient que pour un seul (1).

Nous n'incidenterons pas sur cet article, il nous suffit d'observer que la conséquence qu'on veut déduire de la pratique des conciles généraux n'est pas rigoureuse. Outre qu'en matière de priviléges, ou de droits qui dépendent de la libre concession de l'Eglise, on ne peut pas toujours raisonner du plus au moins, il y a, sous le point de vue de la question présente, une assez grande différence entre les Conciles généraux et les Conciles provinciaux pour qu'on ait pu accorder aux abbés des prérogatives pour les uns, qu'on ne leur aurait pas accordées pour les autres.

Le R. P. abbé de Solesmes, se proposant d'expliquer pourquoi les prélats réguliers n'ont pas voix délibérative dans le Concile provincial, tandis qu'ils l'ont dans le Concile général, en donne cette raison :

« Le Concile provincial est réuni pour s'occuper des intérêts religieux de la Province; tous ceux qui exercent la juridiction ordinaire sur le clergé et les fidèles dans le ressort de cette Province, jouissent donc du droit de convocation et de suffrage, afin que, toutes les autorités ecclésiastiques étant rassemblées et agissant de concert, on puisse porter les décrets salutaires au peuple chrétien. C'est pour cette raison que les prélats inférieurs, séculiers ou réguliers, qui ont juridiction ordinaire sur une portion de territoire, les vicaires capitulaires, quand le siége épiscopal est vacant, non-seulement sont convoqués, mais ont droit de voter dans les délibérations (2).

» Dans le Concile général, il en est autrement. Toute l'Eglise doit y être représentée, et dans ce cas, les prélats simplement réguliers qui sont soumis immédiatement au Pape, et qui, par conséquent, ne peuvent donner suffrage au Concile de la Province, ont une place toute naturelle dans le Concile œcuménique, comme représentant l'Etat religieux qui forme une portion de l'Eglise, quoiqu'il n'appartienne proprement à aucun diocèse, ni à aucune province en particulier. Ainsi Paul III, dans la bulle de convocation du Concile de Trente, appelle distinctement au Concile les Abbés, après les Evêques, tandis que le décret publié à Trente sur les Conciles provinciaux ne les nomme pas parmi les membres spécialement désignés pour en faire partie; ils ne peuvent être compris que parmi ceux auxquels le *droit* ou la *coutume* confère le privilége d'y assister. »

Ces observations, si nous ne nous trompons, ne tendent pas seulement à expliquer pourquoi les Abbés n'ont pas voix délibérative au Concile provincial, mais à prouver qu'ils n'ont pas, en vertu de la législation générale de l'Eglise, le droit d'y être convoqués. En effet, si les Abbés ne peuvent donner suffrage dans les Conciles, *parce*

(1) Histoire du Concile de Trente, par Pallavicini; liv. VI, ch. II.
(2) Ce que dit ici dom Guéranger, relativement aux vicaires capitulaires, est confirmé par la pratique d'un grand nombre de Conciles : indépendamment des Conciles de Rouen et de Toulouse, que nous avons cités dans notre numéro du 11 septembre, on peut citer ceux de Bordeaux (1583), de Tours (1583), de Bourges (1584), de Cambrai (1631)

qu'ils sont immédiatement soumis au Pape, et qu'ils représentent l'état religieux qui n'appartient proprement à aucune Province en particulier, pourquoi auraient-ils le droit d'être appelés à ces Conciles, d'intervenir dans la discussion des matières qui y sont traitées ? Il y aurait là, il nous semble, une sorte d'anomalie. Ajoutons que le Concile de la province n'ayant pas juridiction sur les Abbés des monastères exempts, sauf un petit nombre de cas déterminés, ne pouvant modifier leurs priviléges ni leurs règles, les matières traitées dans ces Assemblées n'intéressent pas directement les Abbés, et dans les cas où ils y auraient intérêt, ils auraient toujours le droit de se présenter et de faire leurs observations sur ces articles particuliers. Le droit commun et l'équité naturelle autorisent toutes personnes intéressées, ecclésiastiques, religieux, laïques, de se présenter en pareilles circonstances.

Dom Guéranger conclut avec raison que les Abbés n'ont droit d'assister aux Conciles qu'autant que le droit ou la coutume leur confère ce privilége. Nous nous permettrons seulement d'observer, à l'occasion de ces derniers mots, que le Concile de Trente ne parle pas précisément de ceux qui auraient un *privilége* d'assister au Concile, mais de ceux qui sont obligés de s'y rendre sur la convocation des métropolitains, *qui de jure vel consuetudine interesse* DEBENT, ce que le décret explique d'une manière qui ôte tout équivoque, en disant que tous ceux là sont strictement obligés de venir au Concile, *convenire omnino teneantur.*

Nous ne pensons pas qu'il y ait en France, non plus qu'ailleurs, une discipline générale qui oblige les métropolitains de convoquer aux Conciles d'autres personnes que celles à qui le droit ou la coutume donne voix délibérative, en exceptant toutefois les chapitres qui sont dans une situation exceptionnelle.

Pour ce qui concerne les Abbés réguliers, nous remarquons qu'il n'est fait d'eux aucune mention spéciale dans la formule d'indiction que le clergé de France adressa l'année 1625 à tous les métropolitains pour les Conciles provinciaux (1). Est-il présumable que si la discipline reçue à cette époque avait accordé indistinctement à tous les Abbés le droit d'être convoqués à ces saintes Assemblées, s'il avait été reconnu qu'ils en étaient membres nécessaires, on ne les eût pas nommés dans cette formule ?

Plusieurs Conciles ont gardé le même silence, dans les lettres de convocation et dans leurs décrets sur la composition du Synode de la province ; nous citerons en particulier, les Conciles de Tours (1418), d'Aix (1585), d'Avignon (1594), de Bordeaux (1624), de Cambrai (1631). D'autres Conciles les ont appelés nommément, comme ceux d'Avignon, de l'année 1725, et d'Embrun, de l'année 1727, et plusieurs

___
(1) Labbe, tom. IV, col. 872, Non teneri, nisi eos qui de jure vel de consuetudine interesse debent

autres tenus dans les siècles précédents ; mais c'est moins en vertu
du droit qu'auraient eu ces Abbés, qu'en vertu de celui qu'avaient
les métropolitains de les faire venir au Concile ; ce n'est point un privilége qu'on leur reconnaissait, mais plutôt une obligation qu'on leur
imposait, en leur ordonnant, quelquefois même sous peine d'excommunication, de se rendre sur l'appel du métropolitain (1), et
dans les lettres d'indiction et dans les décrets dont nous parlons, on
supposait les Abbés dans le cas prévu par le Concile de Trente.

Ceci donna lieu à des contestations entre les Évêques et les Abbés
des monastères exempts , lesquels prétendaient n'être pas obligés de
venir au Concile de la Province. Le métropolitain et Evêque de la
province de Rouen, ayant consulté le Saint-Siége sur cet article, en
reçurent pour toute réponse que ceux-là seuls d'entre les Abbés réguliers exempts étaient tenus de se rendre au Concile , qui l'étaient
par le droit ou par la coutume (2). Ce fut probablement pour prévenir ces difficultés que le Concile de Bordeaux de l'an 1583, dans son
décret XXXIV, après avoir ordonné que l'on invitât les chapitres, se
contenta d'ajouter, relativement aux Abbés, qu'ils *pourront* assister
au Concile, selon l'usage de la Province, et le Concile de Reims de
l'an 1455, après avoir convoqué les Abbés soumis à la juridiction ordinaire des Évêques, avertit les Abbés exempts que s'ils croient qu'il
soit dans leur intérêt de venir, il leur sera libre de se présenter au
Concile (3).

Nous croyons pouvoir conclure de tout ce qui a été dit dans cet
article , 1° que les métropolitains sont tenus de convoquer au Concile
tous les Abbés, réguliers ou séculiers, qui auraient une juridiction
épiscopale : mais ceci n'a point d'application à l'état présent de l'Église de France. 2° Qu'ils ne sont obligés, ni en vertu d'un droit
commun, ni en vertu d'une coutume ayant force de loi pour les
églises de France de convoquer indistinctement tous les Abbés de leur
province. 3° Qu'ils n'auraient probablement pas le droit de convoquer avec injonction de venir au Concile, les Abbés exempts, à moins
que la coutume ne les y autorisât.

Cet article était écrit, quand on nous a communiqué les lettres
d'indiction du Concile de Tours, qui confirment nos conclusions, par
la différence qu'elles mettent entre les Chapitres et les Abbés, des divers monastères qui se trouvent dans la province. Le métropolitain
avertit les Chapitres qu'ils *doivent être convoqués* et qu'ils le sont
par ces présentes lettres, il dit ensuite aux Abbés qu'ils sont *invités
personnellement* au Concile. *Noverint capitula cathedralia se esse convocanda , et reipsa per præsentes litteras convocari... Item venerabili*

(1) *Actes de l'Eglise de Reims*, tom. II, page 729.
(2) *Mémoires du Clergé de France*, tom. I, page 779.
(3) Labbe, collect. conc. Conc. Narbonnense, cap XXIX, de Concilio proviuciali, e
1608.

Abbates monasteriorum N..... sciant se ad Concilium personaliter ini-
tari.

Nous avons pensé utile, au moment où la réunion des conciles provinciaux
en France rend la chose toute pratique, de traiter dans un article spécial la question qu'avait soulevée l'Univers, de la présence des abbés dans ces saintes assemblées.

La lettre si pleine de raison, si remarquable de modération et de convenance
adressée par le R. P. Abbé de Solesmes à l'Univers, le 13 octobre dernier, l'avait
fait déjà; il nous a paru cependant que quelques considérations nouvelles pourraient être présentées encore.

Nous n'avons pas besoin d'ajouter que l'opinion embrassée par nous, sur ce
point particulier, comme découlant des vrais principes du droit canonique, ne
saurait porter aucune atteinte à l'honneur des ordres religieux en général, et en
particulier à celui des abbés, pour lesquels nous avons une vénération profonde.

Si nous formons un vœu, c'est celui de voir se multiplier et refleurir en France
ces anciens et si illustres monastères, asiles de science, de piété et de pénitence,
dont l'absence a laissé longtemps un si grand vide dans notre société religieuse.

De l'affichage sur les portes de l'église.

Sur la réclamation de l'Evêque d'un des diocèses de l'Ouest, M. le ministre des
cultes vient d'adresser au préfet du département une lettre dont la connaissance
est d'une grande importance au clergé, surtout dans les campagnes.

Le ministre y blâme et y condamne l'abus introduit dans certaines localités
d'afficher sur les portes des églises, soit les actes de l'autorité publique, soit des
annonces d'intérêt privé.

Il rappelle que pour prévenir les inconvénients qui résultent de cet usage illé-
gal, l'autorité s'oppose dans plusieurs villes, et notamment à Paris, à ce qu'aucune affiche soit placardée sur les murs des églises. *Il est nécessaire*, ajoute
M. Lanjuinais, *que cette règle générale soit appliquée dans toutes les communes,
lors même que des usages contraires s'y seraient établis.*

Que MM. les curés usent donc du droit qui existe en leur faveur, droit que reconnaît, que proclame le ministre, pour s'opposer, dans les formes voulues, aux
actes de la nature de ceux que signale la lettre de M. le ministre des cultes; car
ces actes sont une véritable atteinte à la destination religieuse des églises, et ils
entraînent avec eux de graves inconvénients pour l'exercice du culte.

NOUVELLES RELIGIEUSES.

FRANCE. — DIOCÈSE DE PARIS. — Une cérémonie édifiante a eu lieu à Bagneux, diocèse de Paris, le dimanche 21 octobre. On y célébrait ce jour la fête de
saint Hermeland, patron de la paroisse. L'église de Bagneux possédait autrefois
les reliques de ce saint, renfermées dans un chef et un bras d'argent; mais ces
objets ne purent échapper à la rapacité révolutionnaire; ils furent enlevés lors
de la spoliation des Eglises, en 1792, et les reliques furent perdues.

Grâce à la bienveillance de Mgr l'Archevêque de Tours, et à la générosité de
M. le Curé de Loches, dans l'église duquel se trouve encore une partie du corps
de saint Hermeland, la paroisse de Bagneux a pu obtenir une nouvelle relique de
son patron. Elle a été placée dans une chasse élégante, qui a été portée proces-

sionnellement du presbytère à l'église avant la Grand'Messe, et ensuite exposé au milieu du chœur. L'éloge du saint a été prononcé et l'office divin célébré d'une manière aussi solennelle que le comportait la localité. Enfin ce jour a été pour les fidèles de Bagneux un jour de fête extraordinaire.

ITALIE. — Les nouvelles de Toscane indiquent les efforts de propagande protestante qui s'y font pour répandre des livres entachés d'erreur et hétérodoxes. Ces tentatives ont obligé le vicaire capitulaire de Lucques à publier une lettre pastorale pour prémunir les fidèles contre ce péril. Parmi ces ouvrages, elle en signale surtout un dont le titre le rend plus dangereux peut-être, parce qu'il peut contribuer davantage à induire en erreur ; il est intitulé : Traité des bienfaits du Christ.

SUISSE. — Nous rapportions, il y a deux jours, les actes d'odieuse persécution du conseil d'Etat du canton de Vaud contre les prêtres catholiques ; il paraît que le radicalisme protestant qui opprime la malheureuse Suisse se montre le même partout.

Voilà qu'en effet le grand conseil de Lucerne veut aussi partager la triste gloire de blesser dans leur culte les catholiques du canton ! Il vient de supprimer, par un acte de sa volonté, les *anniversaires* fondés en faveur des soldats tués sur le champ de bataille à l'affaire de l'expédition des corps francs.

Autre abus de pouvoir de la part du même grand conseil. — Beaucoup de communes du canton de Lucerne avaient fait des *fondations* pour assurer des *exercices spirituels* de dix en dix ans. Ils consistaient dans une retraite que donnait de temps en temps, dans les villages, pour les personnes qui voulaient en profiter, un prédicateur distingué. C'était pour subvenir aux frais qu'occasionaient ces prédications et ces exercices qu'on avait établi les *fondations*.

Le grand conseil de Lucerne, violant la liberté religieuse des Catholiques, leur a enlevé la consolation qu'ils puisaient dans ces actes de religion ; il a détruit d'un trait de plume, tout le bien qui en résultait pour les campagnes, en supprimant, dans sa tyranique omnipotence, toutes ces fondations.

On voit que le radicalisme protestant, qui triomphe à cette heure en Suisse, paraît tenir à honneur de fournir de nombreuses pages et d'abondants matériaux à l'histoire, de son intolérance religieuse.

POLITIQUE.
Séance de l'Assemblée.

L'état de siége établi depuis le 13 juin dans les cinq départements qui forment autour de Lyon la circonscription de la 6ᵉ division militaire, doit-il être levé ? Telle est la question portée pour la troisième fois devant l'Assemblée et par voie d'interpellation. C'est dire que la séance a été un long et tumultueux combat. M. Francisque Bouvet a ouvert le feu à grand renfort de dénonciations et d'invectives. Il semblerait que nos soldats sont des Cosaques campés en pays conquis, que nos généraux sont des Attila, courbant sous leur sabre des populations épouvantées et décimées. M. Dufaure a fait aisément justice de ces indignations de commande et de toute cette fantasmagorie de rhéteurs. Il a dit la vérité, à savoir que d'une part le régime de l'état de siége est mis en pratique avec la plus grande douceur par nos troupes, et que les habitants honnêtes sont heureux de posséder à si peu de frais le calme, la paix, la sécurité.

Il n'y a que les artisans de désordre qui se plaignent, rien n'est plus naturel : ils seraient réduits à l'impuissance. Il n'est donc pas étonnant que la Montagne ait servi d'écho à leurs fureurs. Ils ont trouvé du reste un digne interprète dans M. Bancel, dont la faconde théâtrale doit faire merveille dans les clubs. Malheureusement pour lui, M. Bancel parlait devant une assemblée qui ne se laisse ni intimider, ni séduire par la phraséologie démocratique et sociale. Il a subi deux sévères déconvenues. La première lui a été infligée par M. Dufaure, la seconde par le général Rapatel.

M. Bancel avait défié le ministère de donner un seul motif pour le maintien de l'état de siége, et il avait osé prétendre que l'insurrection de Lyon avait été favorisée par la négligence de l'administration : « Ayez donc là courage de dire toute votre pensée, a répliqué « M. Dufaure, avancez donc que c'est le gouvernement lui-même qui « a provoqué, qui a fait cette insurrection ! » M. Bancel est resté muet. Il est vrai qu'un de ses voisins s'est écrié : « Oui, c'est la po- « lice ! » « Le *Moniteur* constatera, que ce que l'orateur n'a pas osé « affirmer à la tribune, un de ses amis l'a dit dans le couloir, » a repris M. Dufaure. L'Assemblée a applaudi et la Montagne est demeurée couverte de confusion.

Quant aux motifs qui forcent le gouvernement à maintenir l'état de siége, M. le ministre a saisi l'occasion de déclarer que les manœuvres indignes des radicaux suisses y figuraient au premier rang. En vain a-t-il demandé au gouvernement de Genève d'interner cette tourbe de démagogues, qui ont fait de la Suisse le quartier-général de leurs coupables intrigues. Le radicalisme a besoin, pour décider l'élection du 12 novembre, de l'appui d'intimidation que lui prêtent les réfugiés. Parmi eux, il y a bon nombre de Français : « Je rougis de honte pour vous, s'est écrié M. Dufaure, en se tournant vers la gauche, que des Français, même proscrits, consentent à se mêler dans d'aussi infâmes complots ! » Cette énergique parole a suscité une acclamation unanime sur les bancs de la majorité.

Elle a porté au comble la colère des Montagnards. Alors le bruit, les cris, les interruptions se sont succédé sans trève. M. Raymond a irrité et fatigué la chambre, en renouvelant avec plus de pesanteur et d'emphase encore les diatribes de M. Bancel. Ce n'était pas tout. Un dernier désappointement attendait encore ce même M. Bancel. Il avait prétendu qu'un officier et des soldats seraient entrés de nuit dans un pensionnat de jeunes filles pour y faire des perquisitions. Le général Rapatel, jaloux de l'honneur de l'armée, est venu sommer l'orateur de dire le nom de l'officier et le numéro du régiment. M. Bancel, qui ne parlait que sur un on dit d'un de ses amis, a avoué que d'abord il ne s'agissait pas d'un officier, mais d'un caporal, et qu'au surplus, si on doutait, on n'avait qu'à faire une enquête. Des-

cendre si bas, après avoir affirmé si haut, la chûte était terrible.
M. Bancel ne s'en relèvera pas.

L'Assemblée en avait assez. Elle a repoussé deux ordres du jour
motivés, et a adopté l'ordre du jour pur et simple à une très-grande
majorité.

Le *Journal des Débats* de ce matin publie une seconde lettre de son
correspondant de Rome sur les affaires du Saint-Siége. Après avoir
démontré que, dès qu'on admet le principe de la souveraineté temporelle du Pape, il faut admettre pleinement et entièrement son indépendance, l'écrivain poursuit en ces termes :

« Chef de l'Eglise, il doit gouverner par l'Eglise ; prêtre, il doit se servir des prêtres.
La sécularisation complète de son gouvernement, c'est sa déchéance ; si vous voulez la
lui imposer, pourquoi l'avez-vous rétabli ? Il ne vous le demandait pas. Le Pape sera
toujours *forcé* de garder pour l'Eglise les plus importantes attributions. Ainsi, il prendra toujours un prêtre pour ministre des affaires étrangères, parce qu'il a, vis-à-vis des
nations étrangères, son double caractère de souverain temporel et de souverain spirituel. C'est par la même raison qu'il aura toujours des prêtres pour nonces. Ainsi encore il ne pourra mettre qu'un prêtre à la tête de l'instruction publique, parce qu'à ses
yeux l'Eglise a la mission d'enseigner, et qu'il a été dit aux apôtres : *Ite, et docete.* Et
ne vous scandalisez pas trop, car il en sera de même partout où il y aura une religion
d'Etat. Voyez l'Angleterre, la libérale Angleterre ! N'a-t-elle pas refusé, l'année dernière encore, de renouer les relations diplomatiques avec la cour de Rome, parce que
le Pape ne voulait lui envoyer pour ambassadeur qu'un prêtre ? La Constitution anglaise n'impose-t-elle pas à la couronne l'obligation de prendre le chancelier et le premier ministre parmi les protestants ? Ne voyons-nous pas, chez ce peuple libre, une levée générale de boucliers chaque fois que le gouvernement essaie de faire rentrer l'enseignement public dans les attributions de l'Etat ? Ne vous souvenez-vous pas que ce qui
a renversé le plus puissant ministre de la Grande-Bretagne, ce n'est point la profonde
révolution économique qu'il avait opérée dans son pays, mais la pauvre dotation qu'il
avait faite à un séminaire catholique ; et qu'il est tombé beaucoup plus sous le ressentiment de l'Eglise que sous la vengeance de la grande propriété ? »

Il y a, ajoute le correspondant des *Débats*, des conditions essentielles, nécessaires, qu'il faut accepter dans le gouvernement romain.
Et en les acceptant, ces conditions, il ne faudrait pas être injuste envers la Papauté ! Certains politiques français, qui n'ont pas la moindre
notion de ce qui est ou n'est pas dans les États de l'Église, voudraient
que Pie IX gouvernât avec le parti libéral, avec le parti modéré.
Mais, malheureusement, ce parti n'existe pas à Rome où il est étouffé
entre deux portes, parce qu'on ne lui ouvre ni à droite, ni à gauche.
Voilà ce qu'il faudrait considérer avant de critiquer la politique de
Pie IX.

« Et maintenant, dit l'écrivain en terminant sa remarquable épître, maintenant
accusera-t-on la Papauté d'intolérance, d'esprit d'exclusion, d'esprit de caste ? Autant
vaudrait lui reprocher de se défendre et lui faire un crime de vouloir vivre. La cour
de Rome accuse les modérés d'avoir contribué autant que les radicaux à la révolution,
et elle a raison ; plus d'un membre du Sacré-Collège accuse aussi le Pape d'y avoir contribué plus que tout le monde, et ils n'ont pas tort. Mais, et les modérés et le Pape
l'ont fait sans le savoir, sans le vouloir ; la force irrésistible de la logique les a poussés,
puis portés, puis entraînés. Quand la République française appelle la République romaine sa fille, elle se vante ; elle n'a pas même le droit de réclamer cette maternité

glante. La révolution romaine était commencée avant la nôtre ; on pouvait la suivre à pas, et en entrevoir le terme fatal. Elle avait commencé le jour où, pour la première fois, le Pape avait ouvert la porte à la souveraineté du peuple ; le jour où cet autre principe, aussi absolu que le sien, avait fait un premier pas sur le seuil du sanctuaire. Ce malheureux ministre qui tomba plus tard sous le couteau d'un assassin comprenait en le danger et le sentait venir. La brèche était ouverte ; au milieu des fleurs, au lieu des drapeaux, au milieu des fanfares et des ovations populaires, le cheval de Troie entrait dans la place, *machina ingens*, *fœta armis*, et de ses flancs sortait la révolution.

« Aujourd'hui les mêmes causes amèneraient encore les mêmes effets. Encore une fois, si l'on veut le maintien de la Papauté, et je raisonne toujours dans cette hypothèse, alors il ne faut pas lui demander le partage de sa souveraineté. Ce serait rouvrir temple de Janus qu'on vient de fermer ; ce serait remettre aux prises deux principes inconciliables, l'un qui veut descendre des hauteurs du ciel, l'autre qui monte des profondeurs de la terre. »

Lettre de M. le général Oudinot.

A l'occasion d'odieuses calomnies et de misérables insinuations que la presse démagogique exploite depuis quelques jours à la suite du *National*, M. le général Oudinot a écrit à M. le ministre de la guerre une lettre dont voici les principaux passages :

« Certains journaux persistent à déclarer que le drapeau romain suspendu à la voûte des Invalides a été pris misérablement dans les rues de Rome.

» Le rapport du 4 juin constate, vous le savez, Monsieur le ministre, que le drapeau quel on fait allusion a été enlevé à l'ennemi au mémorable combat de Pamfili. Il m'a été présenté sur le terrain avec d'autres trophées par le général Regnault de Saint-Jean-d'Angely (le baudrier du porte-drapeau est encore en ma possession).

» La prise d'un drapeau n'a de signification, à mes yeux, que lorsqu'elle se rattache étroitement à une action militaire énergique. S'il en eût été autrement, j'aurais envoyé à Paris le drapeau du fort Saint-Ange et les drapeaux des régiments qui se trouvaient à Rome lorsque nous nous sommes rendus maîtres de la place.

» Faut-il rappeler ici que l'armée expéditionnaire s'est emparée, dans les Etats du Saint-Siège, de 400 pièces d'artillerie, parmi lesquelles 7 canons ont été conquis avec une rare intrépidité sur le bastion n° 8 ! Le gouvernement français aurait pu enrichir ses arsenaux, orner l'hôtel des Invalides de ces trophées ; il les a laissés au gouvernement pontifical, et je me suis associé avec bonheur à cet exemple de générosité.

» Quelque glorieuse que soit la capture du drapeau de Pamfili, elle n'a qu'une importance secondaire lorsqu'on la compare aux grandes choses récemment accomplies par nos troupes ; aussi, monsieur le ministre, vous aurais-je épargné le récit d'un fait d'armes isolé si on ne le dénaturait perfidement, et si je ne devais vous mettre à même d'opposer l'inflexible vérité à d'incessantes calomnies.

Je suis, etc.   Signé, le général OUDINOT DE REGGIO. »

On lit dans l'*Assemblée nationale* l'article suivant, qui contient une nouvelle d'une véritable importance :

Les trois cours de Berlin, Vienne et Pétersbourg, et la confédération germanique, viennent d'adresser au gouvernement français une note relative aux affaires de la Suisse.

Cette note, assez développée, expose l'état de la question depuis 1846, et conclut en demandant au gouvernement fédéral d'abord le rétablissement de la souveraineté de la Prusse sur la principauté de Neufchâtel, puis l'expulsion des réfugiés révolutionnaires qui se sont formés sur son territoire ; quelques-uns ajoutent que l'on y insiste sur la restauration du pacte primitif et fédéral de 1815.

« Les trois cours invitent la France, comme partie signataire au congrès de Vienne, à se joindre à elles dans l'œuvre commune, afin d'éviter à la Suisse, par ses bons conseils, l'application des moyens coërcitifs, soit par un blocus hermétique, soit par les armes.

« La note est conçue dans les meilleurs termes pour la France. »

Nous ne cesserons de le répéter : l'Europe ne sera tranquille que quand le foyer révolutionnaire sera éteint en Suisse.

La Chine.

Aux nouvelles que nous avons données avant-hier de Macao, un de nos correspondants, qui est en mesure d'être très-bien informé, a joint des considérations d'une importance générale, et qui méritent d'être publiées.

« La Chine, nous écrit-il, est un pays par lui-même très-difficile d'abord à connaître, et ensuite à bien manier. Ceux qui n'ont passé, comme moi, que quelques années à ses portes, ne doivent pas se vanter d'y voir très-clair. Tout ce qui les entoure, passez-moi le mot, tend à les pétrifier en quelque sorte et à leur ôter toute idée d'action sérieuse et d'influence réelle à exercer devant eux.

« Toutefois il faut bien reconnaître que depuis long-temps les puissances européennes ont le talent d'ajouter encore par leur conduite aux difficultés inhérentes à ces parages, et d'y jouer le rôle le plus déplorable. On dirait d'un parti pris de faire tout à rebours, et de ne recourir jamais aux seuls moyens efficaces pour obtenir quelques résultats positifs et utiles dans le double intérêt de la religion et de l'humanité.

« Assurément, je n'ignore pas à ce point l'état de l'Europe, que je le croie capable en ce moment de se jeter dans des complications graves et lointaines à propos de la Chine. Toutefois, il n'est pas possible que le drapeau de la civilisation recule toujours dans ces contrées, comme il le fait depuis que vos révolutions et vos soulèvements vous paralysent et vous absorbent.

« Une heureuse époque semblait s'ouvrir naguère. Les menaces du dehors empêchaient au-dedans les persécutions contre les chrétiens. La foi aurait nécessairement profité de toutes les concessions réclamées par le commerce et par la politique, et de toutes les conquêtes acquises par les armes ou par les traités. Cet extrême Orient allait donc être ébranlé, entamé peut-être. Hélas ! tout ce mouvement s'est arrêté.

« L'Angleterre cependant n'attend sans doute qu'une occasion favorable pour recommencer ses entreprises, ajournées à cause des guerres de l'Inde, mais non pas abandonnées. Elle met ses griefs en réserve ; nul doute qu'elle ne cherche tôt ou tard à en tirer vengeance, et, s'il se peut, profit. Je ne la calomnie pas, en présumant qu'elle songera avant tout à obtenir de grandes compensations pour son avantage particulier, et en raison des sacrifices qu'elle aura faits et de la longanimité qu'elle aura montrée. Mais le fait est qu'elle a beaucoup de plaintes à faire entendre et de réclamations à faire valoir.

« La Chine a déjà reçu de la part de cette puissance une sévère leçon ; elle a besoin d'en recevoir une autre ; et je le désire du moins pour ma part, elle l'aura. C'est perdre son temps, chacun le sent ici, de jouer aux protocoles, aux dépêches et à la diplomatie avec le gouvernement le plus astucieux et le plus fourbe qui

; au monde. Ce qu'il lui faut, c'est un témoignage sensible et permanent de la
~~ér~~iorité européenne ; ce témoignage ne saurait être que la présence des repré-
~~t~~ants de l'Occident à Pékin même, à portée de l'Empereur.

~~ Pour en arriver là, il est vrai, il faudra la guerre. C'est possible. Mais tant
~~'on n'aura pas cela, on n'aura rien. Le vice-roi de Canton, très-inquiet pour .
~~t~~ête (et il a raison), se moque de nous pour plaire à son maître, tandis que
~~n~~ tant que nous sommes, Anglais, Américains, Portugais, Français, nous lui
~~l~~ssons le droit de nous traiter comme il l'entend. Je voudrais qu'il y eut un
~~aut~~re moyen de relever notre honneur, mais je ne vois que la force et quelle que
~~soi~~t celle des puissances qui l'emploie la première contre les Chinois, elle travail-
~~ler~~a pour toutes les autres.

« J'entends dire de la Chine à tous ceux qui la connaissent, que c'est un pays
~~o~~ù il faut du bâton en bas et du canon en haut. C'est donc aux capitales qu'il
~~fau~~t s'adresser, là plus qu'ailleurs, au Japon comme à la Chine. Veut-on ouvrir
~~la~~ Chine et le Japon, il faut avoir des forces suffisantes pour pénétrer et se main-
~~ten~~ir par les armes dans l'intérieur jusqu'à ce qu'on y soit admis sur le pied de
~~pa~~ix.

« Vous me direz : quelle grosse affaire ! C'est vrai. Mais tant qu'on n'aura ni les
~~mo~~yens ni même l'envie de la tenter, on enverra vainement ici des vaisseaux et
~~des~~ diplomates. Ils ne viendront y recueillir que des injustices et des avanies dont
~~nou~~s ferons très-bien de ne point parler, parce que nous ne pourrons nullement
~~y me~~ttre un terme.

~~N~~ous ne voulions pas croire à l'apostasie du général Bem : il nous en coû-
~~tai~~t de penser qu'un Polonais catholique, quelle qu'eût été sa conduite poli-
~~tiq~~ue, eût consenti à renier son Dieu et sa foi, surtout quand il trouvait dans
~~ses~~ compagnons d'infortune d'admirables exemples de fermeté. Les journaux
~~all~~emands nous apportent la lettre par laquelle le général Bem écrit au sul-
~~ta~~n pour lui annoncer qu'il embrasse l'Islamisme. Nous y joignons comme
~~supplé~~ment et comme contraste un article de la *Gazette d'Augsbourg :*

« Sire,

« J'ai de tout temps combattu contre l'empereur de Russie, votre ennemi et le nôtre.
En dernier lieu, j'ai combattu en Hongrie, toujours poussé par le même sentiment.
~~Vot~~re Majesté connaît les obstacles qui sont venus arrêter le succès de nos armes. Au-
~~jou~~rd'hui, je viens mettre mes faibles moyens au service de Votre
~~Ma~~jesté, pour combattre l'ennemi commun, l'empereur de Russie, et pour vous offrir
~~une~~ garantie de mon zèle et de mon dévouement, je déclare vouloir embrasser l'isla-
~~mis~~me.

Veuillez, etc.   Général BEM.

On écrit de Belgrade à la *Gazette d'Augsbourg :*

Les tentatives de conversion faites par les musulmans sur les réfugiés hongrois de
~~Wi~~ddin ont pris une tournure bien triste et bien cruelle. Ces malheureux réfugiés sont
~~dev~~enus des martyrs de la religion chrétienne ; on ne se borne plus à leur persuader que
~~le C~~oran offre de grands avantages aux croyants, on s'efforce de leur en inculquer les
~~pré~~ceptes à coups de baïonnettes et de poings. Le peuple de Widdin, excité par les in-
~~tri~~gues des émissaires, insulte les réfugiés lorsqu'ils se montrent en public. Si l'un d'eux
~~pa~~raît sans fès sur la tête, on le traite de *giaour* et on lui lance des pierres. Un officier
~~de l~~a légion italienne, qui voulait faire un tour de promenade, fut arrêté sous prétexte
~~qu'il~~ avait voulu déserter ; un des Turcs lui adressa la parole en valaque, et le somma
~~de s~~e convertir. Sur la réponse négative de l'officier, le Turc le saisit à la gorge, lui
~~dit~~ : *Giaour !* et lui donna un coup de baïonnette.

Le consul général britannique de Bucharest, ayant appris que, parmi les émigrés de

Widdin, il y avait des Anglais, envoya immédiatement un courier au pacha, et la somma, au nom de son gouvernement, de les laisser partir. Le pacha ordonna immédiatement au général Guyon et au colonel Longworth de quitter Widdin; mais le général répondit qu'il voulait partager le sort de ses compagnons d'infortune, et qu'il resterait jusqu'à la solution de l'affaire. Le pacha n'y consentit pas, et força les deux Anglais à s'éloigner avec leurs huit chevaux, sans domestiques. »

Bulletin de la politique étrangère.

ITALIE. — NAPLES. — Tandis que les feuilles démagogiques attaquent avec une violence inouïe le roi Ferdinand, le prince, fidèle à ses engagements, vient de rendre un décret, publié le 13 à Palerme, qui sépare définitivement l'administration de la Sicile du royaume de Naples. Le vice-roi, qui sera un membre de la famille royale, aura le titre de lieutenant-général pour le roi. Il aura près de lui un conseil, composé d'un ministre et de trois directeurs généraux, chargés de la justice, des affaires ecclésiastiques et des finances. Ce dernier directeur aura dans ses attributions les affaires de l'intérieur et de la police.

L'effet de ces innovations a été immense en Sicile. L'Angleterre, protectrice des intérêts siciliens, sera-t-elle satisfaite? Cela est douteux, car, dans la bouche de lord Palmerston, intérêts siciliens signifient intérêts commerciaux de l'Angleterre.

Le Pape n'a pas quitté Portici. L'admirable situation de cette ville, l'air pur qu'on y respire, n'ont pas peu contribué au rétablissement de la santé du Saint-Père. Il sort beaucoup, et le peuple l'accueille toujours avec un grand enthousiasme.

CONSTANTINOPLE. — Les dernières correspondances nous apprennent qu'un assez grand nombre de Polonais ont encore embrassé l'islamisme. Cette dernière tache manquait à la démagogie.

L'ordre vient d'être donné par la Porte pour que les notables parmi les réfugiés soient envoyés à Choumla avec la légion polonaise. Les réfugiés italiens sont envoyés à Gallipoli.

On séparera les chrétiens de ceux qui ont embrassé l'islamisme, mais ils seront tous traités avec les mêmes égards.

M. de Sartiges, envoyé de la France en Perse, qui se trouve depuis environ deux mois à Constantinople, s'embarque demain avec le chancelier de sa légation, M. A. Outrey, sur les paquebots du Danube, pour se rendre à Paris par la voie de Vienne.

ASSEMBLÉE LÉGISLATIVE.

PRÉSIDENCE DE M. DUPIN. — *Séance du 29 octobre.*

La séance est ouverte à deux heures un quart.

La parole est à M. Francis Bouvet pour des interpellations au sujet de la prolongation de l'état de siége dans les départements compris dans la 6ᵉ division militaire.

M. FRANCIS BOUVET. Je viens signaler à l'Assemblée des abus commis dans plusieurs départements à la faveur de l'état de siége. Le ministère ne s'est pas contenté de l'établir à Lyon, cet état de siége; il a compris dans la même mesure, non-seulement le département du Rhône, mais encore tous ceux qui font partie de la 6° division militaire. Mes collègues et moi nous avons vu le département que nous avons l'honneur de représenter, livré à un état de choses dont on ne peut se faire une idée qu'en remontant aux temps les plus reculés de la barbarie féodale. (Rires.)

Le colonel du 48° de ligne arrivait dans nos localités les abus au poing et les pistolets armés.

Une voix : Ils n'étaient peut-être pas chargés. (Hilarité.)

M. FRANCIS BOUVET. Ce colonel tenait des assises prévôtales. Un mot affreux a été dit. Ce mot je le dirai. Mais il hésite à sortir de mes entrailles. (Rire général.) L'officier que je dénonce s'appelle Lafont de Villers.

Voix : Et le mot effroyable !

M. FRANCIS BOUVET. J'ai à signaler des attentats à la famille !...

Voix : Et le mot ! le mot !

M. FRANCIS BOUVET. Je demande des explications à M. le ministre de l'intérieur, et je maintiens la véracité des faits.

M. DUFAURE. Je me bornerai à lire une lettre de M. le préfet de l'Ain : « Il y a eu une propagande anarchique qui a répandu le trouble dans nos campagnes. C'est au cris de : A bas les riches ! que le socialisme a établi son influence éphémère. »

M. BOUVET. C'est une calomnie !

M. DUFAURE. Le colonel Lafont avait une mission difficile. Le général Gémeau m'a écrit ceci : « Vous connaissez bien M. Lafont de Villers. Il est juste et sans passion : il s'est contenté de faire arrêter les plus coupables parmi les coupables. »

M. BANCEL. Vous avez fait quelque chose d'irrégulier en appliquant l'état de siége. Il est vrai que le sang a coulé à la Croix-Rousse. Mais était-ce une raison pour étendre l'état de siége à cinq départements? Savez-vous pourquoi l'insurrection de la Croix-Rousse a éclaté? Parce que l'administration avait laissé affichée pendant trois heures une dépêche annonçant le triomphe à Paris du parti modéré. On a retenu, comprimé la garde nationale, et si le sang a coulé, ce n'est pas à notre opinion qu'il faut en faire remonter la responsabilité. (Violentes réclamations.)

Vous aviez un beau rôle à jouer, Monsieur le ministre; il vous appartenait de concilier, de guider ce peuple pacifique; vous ne l'avez pas voulu : vous lui opposez des barrières; eh bien ! il franchira tout, il les renversera, il se changera en cataracte... (Hilarité prolongée.—Très-bien ! à gauche.)

M. DUFAURE. On nous dit : Vous poursuivez l'idée démocratique. Expliquons-nous. Si vous voyez dans l'insurrection de Lyon l'idée démocratique, oui, nous la poursuivrons.

A gauche : Vous nous calomniez.

M. DUFAURE. Oui, Messieurs, c'est l'idée démocratique ainsi calomniée, ainsi travestie, ainsi donnée pour base à l'insurrection, que l'état de siége a pour but de poursuivre.

Et puis on vient nous dire hardiment que c'est nous qui l'avons affichée !..... Allez donc plus loin : vous parlez d'hommes forts..... Soyez donc forts dans l'opposition ! Dites que nous avons mis des fusils entre les mains des émeutiers.

Voix dans le couloir : C'est vrai ! (Mouvement.)

M. DUFAURE. J'aime à entendre l'aveu. (Rires et murmures). Ce que l'
n'a pas osé dire, l'un de ses amis le dit dans le couloir. (Sensation.)

A droite : Le nom de l'interrupteur !

Une voix : C'est M. Baudin !

M. DUFAURE. Vos vues sont longues, Messieurs, je vous connais et ;
devine.

A gauche : Et nous aussi.

M. DUFAURE. Vous préparez des défenses pour un procès qui se jug
de nous. (Vive sensation.)

A gauche : Vous frappez des malheureux.

M. ROURZAT. C'est ignoble.

M. DUFAURE. N'ayez pas peur ; j'ai consacré plus d'années que vous
fense des accusés.

L'orateur déclare que l'état de siége ne sera pas encore levé dans la 6ᵉ
militaire ; que l'Assemblée n'oublie pas que la 6ᵉ division est voisine de la
car le 11 novembre il doit y avoir à Genève une élection du grand conseil

Les deux partis, modéré et radical, y sont en chiffre égal. Or, le parti r
trouvé un moyen de peser sur le parti modéré par l'intimidation... (
gauche.) Un honorable membre rit....

A gauche. — Vous ne devriez pas parler de cela.

M. DUFAURE. Je ne ris pas, moi, j'ai honte. (Sensation.) Le parti r
trouvé bon de garder à Genève la plupart des réfugiés français dont nou
demandé l'internat. Le parti radical veut, avec leur secours, intimider
modéré. Eh bien ! j'ai honte qu'il se trouve des Français capables de se
de si infâmes calculs. (Mouvement.)

A gauche : Vous insultez les absents.

M. LE PRÉSIDENT. Vous vous êtes attiré cela ; laissez parler. (Rires.

M. DUFAURE. Les projets des radicaux de Genève vont plus loin ; ils
rèteraient pas à une simple intimidation, si l'issue de la lutte était cont
parti radical. (Sensation.) A nos frontières règne une grande préoccup
sujet de cette élection du 12 novembre. Les réfugiés que nous avons là
à leurs amis de France de se rendre à Genève. (Mouvement.)

Nous avons arrêté deux de ces hommes, et nous avons obtenu de leur
l'aveu des motifs qu'ils avaient pour se rendre à Genève. (Voix à la Mo
Ce sont des Grégoire.) Avec ces symptômes, vous comprenez la nécessité
de siége.

Le gouvernement serait heureux de pouvoir le lever. Ce n'est pas là
nuflexion hypocrite, c'est un sentiment très-réel, très-intime. Non, le
n'est pas venu de lever l'état de siége. Ce n'est pas à nous qu'il fa
prendre.

Je me hâte de terminer, car je veux épargner à mes collègues le tort r
m'interrompre (se tournant vers la Montagne). J'ai la conviction qu'en ?
ce que vous attaquez, en flétrissant ce que vous semblez adorer, je ser
que vous la liberté et la République. (Applaudissements.)

M. RAYMOND (de l'Isère). Me conformant au vœu exprimé par le co
néral de l'Isère, je viens demander à M. le ministre de l'intérieur pour
persiste à laisser ce département en état de siége. Tout est pacifié, il ne ?
laisser la contrée sous le régime anormal. C'est du reste ce qu'a pensé l
municipal.

M. RAPATEL. Un membre de cette Assemblée a prétendu qu'un offic
pénétré avec ses soldats dans un pensionnat de jeunes filles pendant la

pse sa conduite avait été des plus blâmables. Je le nie, et je demande qu'on nomme l'officier, ou qu'au moins on désigne le régiment auquel il appartiendrait.

M. BANCEL. L'officier dont j'ai parlé avait reçu l'ordre de visiter la maison. I ne l'a pas fait, il est vrai, mais des actes répréhensibles ont été commis, et pour que l'Assemblée puisse s'en convaincre, je demande une enquête.

M. Baudin a la parole pour un fait personnel.

M. BAUDIN. Mon frère a été traduit devant un conseil de guerre, après une ongue instruction, et toutes les accusations portées contre lui par le général Géneau, se sont évanouies devant un acquittement à l'unanimité.

La gauche présente des ordres du jour motivés, qui sont écartés par l'ordre u jour pur et simple voté à une grande majorité.

La séance est levée à cinq heures et demie.

Haute-Cour de justice.

Audience du 27 octobre.

Les audiences sont consacrées maintenant à l'audition des témoins qui concernent les ctes particuliers de chaque accusé.

Voici les paroles que M. *Suchet* adressa à M. Lenoir, adjoint au maire du 6ᵉ arrondissement :

« Je viens au nom de mes collègues, représentants du peuple, réunis et délibérant ux Arts-et-Métiers, chercher M. le colonel Forestier, pour qu'il vienne s'aboucher vec eux. »

M. le général Perrot dépose que l'ordre de congédier l'artillerie fut remis au colonel Guinard qui, bien que blessé de ce contre-ordre et ne dissimulant pas son opinion ur la violation de la Constitution, parut dévoué à l'ordre, et s'en alla en disant : Je vai mon devoir.

Guinard explique qu'il n'a renoncé à faire exécuter le contre-ordre que lorsqu'il a mpris que son exécution exposerait ses hommes à de véritables dangers quand chaque tterie, pour regagner son arrondissement, traverserait des points occupés par des oupes furieuses.

Les autres dépositions n'offrent pas d'intérêt.

Au moment où la voiture du Président de la République entrait dans la ur de l'Elysée, une malheureuse femme s'est précipitée au-devant des chewux en poussant des cris déchirants. Arrêtée par les gardiens qui ne voulient pas la laisser pénétrer dans le palais, elle continuait à se lamenter, demandant à parler au Président...

A peine descendu de voiture, le Président a donné l'ordre de l'introduire près de lui.

Cette pauvre femme s'est jetée à ses pieds sans pouvoir proférer une seule urole. Le Président l'a relevée et s'est informé avec bonté de la cause de son désespoir. Alors cette malheureuse lui a appris que son fils, le nommé Carère, était détenu sur les pontons de Belle-Isle, comme insurgé de juin et r'elle venait implorer sa grâce.

Le Président lui a demandé si son fils aurait des moyens d'existence lorsr'il serait rendu à la liberté.

— Oh ! oui, s'est-elle écriée, car son père est un ouvrier honnête et laborieux, ainsi que ses frères. C'est dans un moment d'égarement qu'il s'est laissé entraîner ; mais je suis assurée qu'il suivra désormais le bon exemple.

Le Président lui a promis que sa demande serait exaucée, et aussitôt il a écrit lui-même à M. Victor Fouché, procureur de la République, pour ordonner la mise en liberté immédiate du sieur Carrière.

La malheureuse mère s'est retirée en versant des larmes de joie et en bénissant le Président de la République.

Je savais bien, disait-elle en sortant aux nombreux témoins de cette scène, je savais bien que le Président de la République aurait pitié de mes larmes et qu'il me rendrait mon enfant !

Nous lisons dans l'*Abeille de la Vienne* : « On annonce la réunion prochaine du Concile de la province de Bordeaux. Cependant l'époque de son ouverture ne sera déterminée qu'après la prise de possession de Mgr l'évêque de Poitiers, l'un des suffragants de la métropole de Bordeaux. Cinq autres évêchés relèvent de cette province ecclésiastique, l'une des plus importantes de France ; ce sont : Agen, Périgueux, La Rochelle, Angoulême et Luçon.

Chronique et Faits divers.

—Un nouveau courrier d'Italie est arrivé aujourd'hui au ministère des affaires étrangères.

— À 10 heures, ce matin, le Président du conseil et le ministre des affaires étrangères, étaient réunis à l'Elysée, chez M. le Président de la République. À 11 heures les autres ministres sont arrivés : il y a eu conseil.

— Ce matin, l'ambassadeur de la Sublime-Porte et le personnel de l'ambassade, ont fait visite à M. le Président de la République.

— Un rassemblement considérable s'était formé hier à quatre heures sur le boulevard des Italiens, devant le magasin de M. Mayaud, marchand de musique et éditeur des albums du célèbre compositeur de romances, Mme Victoria Arago. La cause de ce rassemblement venait de ce que parmi les mélodies du nouvel album de Mme Arago, étalées en montre, quelques ouvriers avaient aperçu *Les Berceuses du Roi.* — Le titre de la romance ayant paru une provocation à ces ouvriers, ils ont voulu briser la devanture, et, sans l'intervention des sergents de ville qui ont arrêté deux des plus ardents républicains, le magasin eut peut-être été dévasté comme a failli l'être, on se le rappelle, celui de M. Jeanne, il y a trois mois, pour une cause analogue et aussi futile.

— La fameuse brochure d'Huber, dans laquelle il se propose de faire connaître, une *bonne fois*, les anciens amis qu'il a attaqués devant la Haute-Cour, doit, dit-on, paraître cette semaine.

— On fait circuler le programme du journal l'*Alliance des peuples*, feuille révolutionnaire qui s'imprimera à Lausanne sous la responsabilité de démagogues suisses qui n'ont pas, eux, à redouter d'être *extraditionnés*. — Peut-être ces grands agitateurs auront-ils une fois de plus compté sans l'Europe qui les surveille et qui les atteindra partout, dès que la nécessité se fera sentir.

— ALFRED-LE-GRAND. — Mille ans se sont écoulés depuis la naissance d'Alfred-le-Grand ; les habitants de Wantage, sa ville natale, ont célébré cet événement la semaine dernière par de grandes réjouissances. Toute la ville était en

ls à cette occasion ; les boutiques étaient fermées et toutes les affaires suspen-
ues. Bhacun a contribué à l'envi, à l'éclat de cette fête nationale, et nous avons
rement vu autant d'unanimité dans des démonstrations publiques. Les routes et
i rues étaient ornées d'arcs de triomphe, les maisons étaient décorées de ra-
maux verts et de fleurs. Des drapeaux et des bannières innombrables flottaient
ns les airs, et de nombreuses inscriptions rappelaient au voyageur étranger que
roi Alfred-le-Grand était né à Watange dans l'année 849.

— Un phénomène des plus rares a été remarqué jeudi dernier dans le port de
lcamp. A trois heures de l'après-midi, la mer, qui avait encore deux heures à
onter, a baissé tout à coup d'environ trente-trois centimètres ; elle a repris en-
ite assez doucement le niveau qu'elle avait quitté, et elle a continué de monter
squ'à près de cinq heures, heure à laquelle elle a atteint sa hauteur calculée.
: vent était alors sud-ouest, bonne brise.

— Les réparations qui se pratiquent aux grandes fenêtres du chœur de l'église
étropolitaine ne sont point encore terminées et l'office canonial continue à se
liébrer soir et matin dans la chapelle de la Vierge, située dans l'abside. Le
rand autel et les belles boiseries du chœur ont été couverts de toiles pour les
réserver de la poussière provenant de la réparation de l'édifice. Il eût été à dési-
ir que l'on eût pris les mêmes précautions pour les huit grands tableaux qui surmontent ces boiseries, et qui sont des plus beaux que l'on puisse admirer dans
s églises de Paris. Ces tableaux, qui représentent les principaux traits de la
iinte Vierge, sont dus au pinceau de Jouvenet, de Hallie, de Louis Boulogne et
'Antoine Coypel. Celui de Jouvenet représentant la Visitation passe à juste titre
our un chef-d'œuvre. Ce grand artiste, quoique paralytique de la moitié du corps,
eignit de la main gauche ce tableau qui est l'un des plus beaux qu'il ait faits.
In lit au bas ces mots : *J. Jouvenet dextra paralyticus sinistra fecit.* — 1716.

— Nous tenons de source certaine que les six bataillons de la garde mobile
ont être réduits à trois à l'expiration de l'année 1849, terme légal de leur exis-
ance. Ces trois bataillons formeraient un régiment qui aurait le titre de *légion
française* et qui serait envoyé en Algérie. Ce régiment jouirait des mêmes avan-
ages que les régiments de la légion étrangère, en ce qui concerne la solde et l'a-
nancement.

Le commandement de ce corps serait donné à M. Pierre Bonaparte, qui rece-
rait en même temps le grade de lieutenant-colonel. Les bataillons auraient pour
chefs MM. Clary, Aladenize et un autre officier qui n'est pas encore désigné. Tous
es officiers composant actuellement les cadres de la garde mobile, âgés de moins
le *trente ans*, seraient conservés après un examen préalable.

— Une découverte d'un haut intérêt pour la science a été faite la semaine
lernière dans la commune de Suèvres.

Un cultivateur labourait un champ à peu de distance de l'Eglise de Saint-Lu-
in, située à l'extrémité sud-est du bourg de Suèvres, lorsque enfonçant un peu
lus profondément que d'habitude le soc de sa charrue, il mit à jour des frag-
nents d'une sorte de parois dont il fut loin d'apprécier d'abord l'importance ;
'en était assez cependant pour que son attention fût vivement excitée et pour
qu'il appelât sur les lieux quelques personnes plus capables qu'il ne l'était lui-
nême d'apprécier la nature de sa découverte.

On reconnut bientôt qu'il s'agissait d'une véritable mosaïque romaine dans un
ssez bel état de conservation. On poursuivit la fouille, et la mosaïque apparut
lors sur une longueur de près de 13 mètres ; à peu de distance on découvrit

aussi des fûts de colonnes en marbre et de nombreux vestiges d'antiquités ru
maines.

Il est à désirer que la commune de Suèvres ne reste pas abandonnée à se
propres ressources et à ses seules appréciations dans cette circonstance, et qu
de nouvelles fouilles soient faites sous une direction intelligente et avec des res
sources qui permettent d'en tirer tout le parti possible. Le petit champ du brav
cultivateur de la commune de Suèvres est devenu aujourd'hui le champ de l
science.

— Quatre statues ont été commandées, il y a déjà long-temps, pour être pla
cées aux angles des deux perrons du palais de la Bourse. Ces statues sont celle
de l'Industrie, à M. Pradier; le Commerce, à M. Dumont; la Justice, à M. Duret
et l'Agriculture, à M. Seurre. Les travaux qui s'exécutent aux angles du monu
ment, pour disposer les socles qui doivent recevoir ces statues, avaient fait espé
rer qu'enfin elles allaient être mises en place; elles ne le seront pas encore pro
chainement, car une seule est terminée; c'est l'Industrie, de M. Pradier. La sta
tue de M. Duret est entre les mains du praticien. M. Dumont est moins avanc
dans son travail, et M. Seurre n'a pas encore commencé.

— On parle, mais vaguement encore, de la prochaine arrivée d'un ambassa
deur que l'empereur Abder-Raman enverrait à Paris.

— On annonce que M. Josué Hofer, représentant du Haut-Rhin, impliqué dan
l'attentat du 15 juin, est parti mercredi soir par la malle-poste de Mulhouse, pou
se constituer prisonnier à Versailles, et comparaître devant la Haute-Cour.

— Le bey de Tunis vient de prendre à son service plusieurs Français occupé
par Mehemet-Ali, et que son petit-fils, qui a renoncé aux travaux de son grand
père, vient de congédier. On cite, entre autres, le directeur de l'école de cava
lerie du Caire, l'ingénieur chargé des travaux du Nil et le vétérinaire des troupe
égyptiennes.

— A propos du sinistre qui a eu lieu hier dans le gazomètre de la rue Richer,
nous avons dit combien le faubourg Poissonnière avait été maltraité; les maison
portant les numéros 16 et 18 de la cité Trévise l'ont été davantage encore; les
maisons mitoyennes de l'usine ont éprouvé au moment de l'explosion une se
cousse tellement violente, que des personnes en ont été renversées de leurs siè
ges; le derrière de ces maisons, hautes de cinq étages, a le plus souffert; pas une
vitre n'est restée aux croisées, et aux trois premiers étages les fenêtres ont été
jetées en dedans des appartements ou dans les cours, qui sont encombrées de
débris.

.BOURSE DU 29 OCTOBRE.

Le 3 p. 100 a débuté au comptant à 56, a fait 56 au plus bas, et reste
à 56 10.

Le 5 p. 100 a débuté au comptant à 88 40, a fait 88 40 au plus bas, et reste
à 88 60.

Les actions de la Banque ont été cotées à 2,330.

L'un des Propriétaires-Gérants, CHARLES DE RIANCEY.

Paris, imp. BAILLY, DIVRY et Comp., place Sorbonne, 2.

L'AMI DE LA RELIGION.

Le Drapeau du Peuple,

Journal de la démocratie et du socialisme chrétien (1).

Rédacteur en chef : M. l'Abbé CHANTÔME.

...st avec la plus vive émotion, et nous le dirons avec la plus
...e tristesse, que nous accomplissons le devoir impérieux de met-
...re les yeux de NN. SS. les Évêques de déplorables et scanda-
...s pages extraites du programme d'un journal nouveau qu'un
...astique, déjà trop malheureusement connu, M. l'Abbé Chan-
...se propose de fonder, et dont il annonce la publication quoti-
...e à dater du 15 novembre.

...sagesse de NN. SS. les Évêques leur révélera les moyens
...us simples et les plus forts de préserver leur clergé, leur
...au et la société toute entière des dangers dont les menace
...rition de telles doctrines, et l'espèce de consécration sacrilége
...ourrait leur donner, aux yeux d'un peuple abusé, le caractère
...être qui les proclame.

...prêtres et les catholiques fidèles, liront avec indignation et
...être avec effroi, ces pages écrites par une main sacerdotale ; et
...lieu de tant de violentes surprises, de tant de douloureuses ap-
...nsions qui nous assaillent chaque jour, en entendant s'élever
...elle voix et de telles paroles du sein même de la Tribu sacrée,
...uveront le sujet d'un étonnement plus douloureux encore, et
...larmes plus vives pour l'avenir.

...'ils se rassurent cependant ; nos Évêques, tout à la fois gardiens
...aines doctrines, et protecteurs de la société menacée, sont aver-
...t leur sainte autorité, plus efficace et plus puissante que toutes
...ntroverses, saura écarter le scandale du sanctuaire et prévenir
...ril des âmes.

...ici comment s'exprime M. l'abbé Chantome :

...n février 1848, *nous démocrates vainqueurs sur toute la ligne,* nous tenions
nos mains les destinées du monde, *et nos adversaires, réduits au silence,*
...aient notre victoire.

...is et la France étaient à nous ! L'Italie, l'Allemagne, l'Autriche renver-
...t l'absolutisme, le Nord tout entier s'agitait. Belges, Anglais, Irlandais,
...gnols se sentaient ébranlés ; l'Amérique nous tendait une main amie, et
...les peuples, réveillés par le souffle de la liberté, étaient prêts à s'unir ;
...ent sublime, qui entr'ouvrit les voiles de l'avenir et nous en fit pressen-
...s grandeurs.

Prime d'une action de 50 francs aux vingt mille premiers abonnés.

Aujourd'hui les ennemis de notre cause triomphent! Ils ont le gouvernement officiel de tous les peuples !

La France sent son génie pour un instant abattu, l'Italie, l'Allemagne succombent, l'Autriche est dominée, la Hongrie vaincue, la Pologne comprimée, et le Czar, triomphant à la tête des rois ses vassaux, peut se vanter, à son tour, de tenir le sceptre du monde.

Pourquoi ce triomphe de la réaction? Parce que le mouvement démocrate que a MANQUÉ GÉNÉRALEMENT DE RADICALISME.

Sans doute les démocrates ont puissamment servi leur cause; ils ont travaillé, ils ont souffert, ils sont encore en grand nombre exilés ou dans les fers; nous leur devons donc le respect et la reconnaissance. Mais ils ne nous semblent pas avoir dit *le mot suprême, absolu, populaire de la démocratie*: enfin, avouons-le, dans les luttes décisives de ces dernières années, ils ne nous paraissent pas avoir été COMPLÈTEMENT RADICAUX.

Le mouvement démocratique a *manqué de radicalisme* sous Louis-Philippe. Les journaux regardés comme les organes publics de la démocratie d'alors, tels que le *National* et la *Réforme*, se renfermant dans les limites trop étroites de la question politique, n'exprimèrent pas, sur ce point même, *une doctrine complète et radicale*; ils ne semblèrent ambitionner qu'une forme républicaine, insuffisante, par cela même qu'ils lui enlevaient les conséquences les plus importantes des vrais principes démocratiques et sociaux. Cette presse n'a donc semé qu'un grain amaigri et infécond dans le sillon révolutionnaire de 1848.

Le mouvement démocratique a *manqué de radicalisme en février*. Le gouvernement provisoire ne sut point jeter l'ancre solide d'une doctrine radicale dans l'Océan révolutionnaire où il avait lancé la France.

Le mouvement démocratique *a manqué de radicalisme* dans les élections pour la Constituante....

Le mouvement démocratique a *manqué de radicalisme dans les agitations populaires qu'il excitait partout*.....

Le mouvement démocratique *a manqué de radicalisme dans les clubs passionnés, orageux*, auxquels il ne sut pas imprimer une direction DOCTRINALE ET FÉCONDE.....

Il a manqué de radicalisme *dans ses journaux*.....

Il a manqué de radicalisme dans *l'Assemblée constituante*; il n'y sut jamais poser *la question démocratique et sociale, pour en demander les rigoureuses conséquences*; et c'est ainsi que n'ayant point su obtenir une constitution *vraiment démocratique et sociale*, il a laissé produire une constitution toute de transition et sans caractère franchement dessiné.

Le mouvement démocratique, représenté surtout par la Montagne à l'Assemblée constituante, a *manqué de radicalisme dans son attitude vis-à-vis le mouvement socialiste, en le méconnaissant, en le* REPOUSSANT LONGTEMPS, *en ne* L'ACCEPTANT QU'AVEC CONTRAINTE, comme une machine de guerre , *faisant suspecter ainsi sa sincérité dans l'emploi qu'il en faisait.*

Le mouvement démocratique qui s'est manifesté dans le clergé, au moment *de février 1848, a manqué de radicalisme.*

ù lumière se fasse donc, il en est temps. Qu'elle se fasse pour le peu-
ir la nation tout entière. Qu'elle éclaire toutes les doctrines, toutes les
s. *Qu'un symbole radical, lumineux et précis*, véritablement démocra-
social, soit dressé ; la situation le demande, le mouvement le réclame
ompher.

nous, c'est dans cette voie que nous entrons. Forts des expériences
és, éclairés par les fautes mêmes de ceux au courage desquels nous
s hommage, nous tentons de POSER UNE DOCTRINE ABSOLUE, RADICALE.

devons dire, tout d'abord, que nous regardons la RÉFORME SOCIALE
devant être le but PRINCIPAL DE NOS EFFORTS. Nous déclarons que
gardons l'application, même la plus complète, du principe et de la
émocratique, comme insuffisante et vaine, tant que la question so-
aura pas reçu sa solution et son application complète aussi.

QUESTION POLITIQUE.

PRINCIPES GÉNÉRAUX.

posons le principe démocratique ou la souveraineté du peuple comme
IPE ABSOLU dans l'ordre politique.

considérons toutes les nations qui ne sont point arrivées à le réaliser
ant chez elles comme étant dans un état, imparfait ou illégitime, de
s de tyrannie, essentiellement transitoire.

voulons l'application du principe démocratique dans toutes ses con-
s légitimes et rigoureuses, *sans reculer devant aucune.*

résentant, simple avoué de ses concitoyens, reçoit un mandat im-

résentant, comme tout mandataire, doit être toujours essentiellement
é par son collége électoral.

llége électoral doit organiser un bureau permanent, qui pourra le
er officiellement de lui-même ou sur la demande de l'Assemblée
e, ou sur celle de son propre député.

ncipe démocratique a pour conséquence également absolue, l'établis-
sincère du gouvernement *républicain, forme nécessaire et invariable
nocratie.*

s le principe démocratique, tous les citoyens sont soldats ; *tous, sans
, doivent servir sous les drapeaux, à un âge, et avec des limites de
qui ne gênent aucune carrière. — Le service militaire entre comme
ent nécessaire dans l'éducation de la jeunesse. — L'armée est essen-
t soumise à la puissance civile, et *l'élection pour les grades lui est
t reconnue.*

ignement doit être *gratuit* et OBLIGATOIRE pour les parents.

sommes éloignés des soulèvements armés, quoique *nous professions
ssent devenir justes et même* OBLIGATOIRES, *telles conditions étant*

QUESTION SOCIALE.

stion *démocratique* conduit logiquement et nécessairement à la QUES-
IALE. La *démocratie* ne peut s'établir pleinement dans l'ordre poli-

lique, sans réformer profondément dans l'ordre social. Pour nous , la Répu-
BLIQUE DOIT DONC ÊTRE DÉMOCRATIQUE ET SOCIALE.

La question sociale n'est que l'accomplissement de la justice, de l'égalité,
de la liberté, de *sociabilité parfaite.*

Nous la formulons brièvement : 1° *dans* LE DROIT AU TRAVAIL ; — *2° dans le*
droit à tous les fruits du travail ; — 3° dans le droit de propriété qui en résulte ; — 4° dans l'abolition de l'usure, c'est-à-dire de l'intérêt du capital sous
toutes ses formes ; — 5° dans le maintien sacré de la famille ; — 6° dans la
liberté complète de l'association à tous ses degrés possibles. — Toutes ces af-
firmations nous paraissent les conditions nécessaires ou les conséquences absolues du principe de la souveraineté démocratique.

QUESTION RELIGIEUSE.

Attachés INFLEXIBLEMENT *au principe démocratique, nous abandonnons cette*
question religieuse à la libre conscience des citoyens, à la libre discussion des
diverses croyances, et nous avons foi que la vérité triomphera infailliblement
dans cette lutte pacifique et toute de liberté. Nous exposerons nos convictions
religieuses lorsque nous le croirons utile, et nous prêterons notre actif concours à toutes les réformes ecclésiastiques qui doivent nécessairement s'opérer à notre époque.

Nous croyons que l'alliance intime et profonde de la démocratie et de la religion, est un des moyens les plus puissants du progrès efficace et solide. Nous
croyons que ces deux éléments s'harmonisent essentiellement, et nous croyons
être ici d'accord avec tous les instincts populaires du socialisme et de la démocratie.

Tout ministre d'un culte est rétribué par son église, mais il ne reçoit point
do salaire de l'Etat. *Ce salaire nous paraît contraire au principe démocratique*
de la liberté de conscience, ODIEUX POUR LES RELIGIONS QUI LE REÇOIVENT, et
dangereux pour leur liberté.

Nous voulons être LIBRES et FORTS tout à la fois, LIBRES DANS LA PLÉNITUDE
DE NOTRE INDÉPENDANCE DÉMOCRATIQUE ET SOCIALE, FORTS PAR NOS DOCTRINES
ABSOLUES; doctrines qui, tout en garantissant notre liberté, donnent à l'ordre
social un fondement solide. »

Déjà, il y a bientôt vingt années, à la suite d'une de ces terribles
commotions qui en ébranlant les fondements de la terre, étourdis-
sent quelquefois les esprits les plus élevés, et précipitent les téméraires dans des abîmes, un prêtre, que les catholiques avaient béni
et trop glorifié peut-être, mais qui du moins avait rendu à l'Église
d'utiles et éclatants services, se laissa emporter au vertige de l'orgueil
révolutionnaire, et celui qui repoussa alors la voix paternelle du vicaire de Jésus-Christ, se traînant aujourd'hui à la suite de l'impiété
anarchique, dont il était autrefois le victorieux adversaire, subit les
dernières humiliations que Dieu puisse réserver ici-bas aux coupables
déchéances du génie humain et du caractère sacerdotal.

Aujourd'hui, après une nouvelle révolution, un autre prêtre in-
*connu jusqu'*alors, et dont les club sont été la première et la seule cé-

...rité, s'élance du premier pas au-delà des bornes que M. de La-
...mais avait d'abord respectées. Puisse M. l'abbé Chantôme,
...yé lui-même de la réprobation qui flétrit son début, s'arrêter
...une voie si funeste, car autrement, sans tomber de si haut, sa
...te ne serait ni moins profonde, ni moins ignominieuse !

...On nous prie d'annoncer que le samedi, 24 novembre, à quatre heures du
..., chez les dames Augustines du Saint-Cœur-de-Marie, rue de la Santé, 29,
...vrira une retraite pour les dames par le R. P. Humphry, qui donnera trois
...ces chaque jour, le matin à neuf heures, l'après-midi à deux et quatre
...

...Les dames qui désireront en profiter et habiter dans la maison y auront des
...ments selon leur convenance ; celles qui ne pourraient quitter leur famille
...ront y passer la journée et y prendre leurs repas.

...aura à la chapelle des places pour les personnes qui ne pourraient qu'as-
...aux instructions. Ainsi chacune, selon sa position, sera à même de jouir
...bienfait d'une suite de pieux entretiens qui se succéderont pendant plusieurs
...

NOUVELLES RELIGIEUSES.

FRANCE. — DIOCÈSE DE PARIS. — Le nombre des élèves admis au grand sé-
...re de Saint-Sulpice de Paris s'élève déjà, au commencement de l'année sco-
..., au chiffre de 310, y compris 60 élèves aspirants à l'état ecclésiastique, en-
... à Issy pour y étudier durant deux ans la philosophie et la physique théo-
...que et expérimentale.

— Vendredi prochain, Mgr Nakar, archevêque du Liban, officiera pontificale-
..., dans l'église de Saint-Gervais, à l'occasion de l'octave des morts. Mgr For-
..., archevêque de Nice, nonce apostolique, présidera à la clôture de cette
...octave solennelle durant laquelle M. l'abbé Coquereau, chanoine de Saint-
..., prêchera tous les soirs.

— Mgr Rappe, évêque de Cleveland (Amérique), a quitté récemment Paris, se
...duit près du Saint-Père. Le prélat séjournera quelques jours à Lyon, son pays
...tal.

— M. Louvrier, vicaire à Sainte-Elisabeth, vient d'être nommé à la cure de
Vincennes, en remplacement de M. Veyrines, récemment décédé.

— Les autorités municipales viennent d'autoriser de grandes quêtes, dans toutes
les églises de Paris, le jour de la Toussaint, pour venir en aide aux innombrables
malheureux qui peuplent toujours la capitale.

DIOCÈSE DU MANS. — Un mandement vient d'être publié par Mgr l'Evêque du
Mans, à l'effet de demander des prières pour attirer les bénédictions de Dieu sur
le Concile de la paroisse de Tours, qui va bientôt s'ouvrir.

HOLLANDE. — Les catholiques fondent à La Haye un journal quotidien en
langue française. Le premier numéro paraîtra le 1er novembre, sous ce titre : *Le
Publiciste, journal des Pays-Bas.*

ITALIE. — DIOCÈSE DE GÊNES. — On lit dans le *Catholique*, de Gênes :

« Toute la ville voit avec une profonde indignation, la publication d'un libelle
intitulé : *Jésus-Christ, devant un conseil de guerre.*

« Chacun attendait avec une religieuse impatience, une réparation digne de l'outrage le plus indigne qui ait été jamais fait au chef divin de la religion chrétienne.

« L'autorité ecclésiastique, publie une lettre pastorale à ce sujet : elle est destinée à servir de réparation à cette œuvre indigne et qui blesse au cœur les catholiques.

Séance de l'Assemblée.

L'Assemblée était encore menacée aujourd'hui de deux interpellations, interpellations directes de M. H. Didier, interpellations déguisées de M. Corally. Elle a eu le bon esprit de n'y pas perdre son temps. Quelques mots de M. le ministre de la guerre et de M. de Rancé ont clos le débat sur l'état des colons en Afrique, de même qu'un très-bon discours de M. A. de Kerdrel a fait justice du détestable précédent par lequel M. Corally prétendait transformer des interpellations en une proposition ordinaire.

La discussion relative à une enquête parlementaire sur l'administration de la marine a ensuite repris son cours. La séance alors a été vraiment une séance d'affaires, de débats utiles, sérieux, instructifs. L'honneur en revient à M. Benoist d'Azy, qui a précisé avec une grande lucidité de termes le but et l'objet de l'enquête, et à un jeune orateur, M. Collas, représentant de la Gironde, qui a fait un tableau très-remarquable de la situation de notre marine. Malgré un peu d'inexpérience, M. Collas s'est conquis un rang distingué dans l'estime de l'Assemblée. Il a des connaissances étendues ; il a étudié profondément, il possède bien la matière qu'il traite. Il expose avec méthode et s'élève parfois à des mouvements chaleureux. Pendant les deux heures qu'il a occupé la tribune, l'Assemblée lui a prêté une attention soutenue et croissante, qui était commandée par l'intérêt des détails et des faits rapportés. M. de Tracy a répliqué brièvement : au fond, le ministre ne conteste ni l'utilité ni l'urgence de l'enquête. Toutefois il est bon que, comme préliminaire, les opinions diverses éclaircissent les principaux points que cette enquête doit approfondir. La discussion est continuée à demain.

On écrit de l'Ariége à un journal du matin que, « dans le cas où une condamnation serait prononcée par la Haute-Cour de Versailles contre le représentant Pilhes, le candidat en faveur duquel des démarches actives sont faites, même par une foule de petits fonctionnaires que l'indifférence du préfet semble autoriser, serait M. Flocon. »

Nous espérons que le ministère ne négligera rien pour réveiller le zèle de ses agents supérieurs, et pour faire cesser les coupables menées auxquelles pourraient se livrer certains fonctionnaires subalternes.

mmission de l'initiative parlementaire a été d'avis, à l'unanimité, de
en considération la proposition de M. le général Baraguey-d'Hilliers,
à modifier le décret du 19 juillet 1848, relatif aux écoles Polytechni-
militaire.

Mortemart a été chargé de présenter le rapport à l'Assemblée législa-

---

De la correspondance des Débats.

avons cité avec satisfaction certains passages des dernières
ondances publiées par le *Journal des Débats*. Mais nous ne
s laisser passer sans protestation une pensée qui se retrouve
reusement dans ces lettres, et qui ferait injure à l'admirable
ye de Pie IX.

! il n'est pas vrai que la révolution contemporaine soit née de
nitiative qui, seule peut-être, si elle eut été comprise et soute-
Rome et ailleurs, pouvait au contraire prévenir en Europe
désastres et de catastrophes. Non, le Souverain Pontife n'a
comme le dit le correspondant des *Débats, ouvert* la porte à
raîneté *du peuple*. Ne cessons donc de le répéter, les libérale s
ges entreprises de sa généreuse politique n'ont pas plus de
avec le principe des mazziniens que les bienfaits de la liberté
le n'en ont avec les impurs excès de la démagogie. Et aussi
s et nécessaires réformes, lors même que l'ingratitude la plus
et la plus criminelle les a tournés contre leur auteur, lui ont
pour toujours l'éternelle reconnaissance des esprits élevés et
rs catholiques; comme au contraire les attentats par lesquels
épondu de anarchistes cosmopolites ne leur vaudront jamais
écration du genre humain.

Haute-Cour de justice.

tion des témoins continue. Les dépositions sont sans intérêt : elles ont toutes
ux faits particuliers relatifs à M. le colonel Forestier, dont on connaît la con-
dant la journée du 13 juin.

---

ruits de dislocation ministérielle ont pris plus de consistance aujour-
n faisait courir dans l'Assemblée différentes listes. Les unes indique-
n remaniement partiel où l'élément qui domine dans l'entourage de
serait fortement représenté ; les autres iraient jusqu'à une reconstitu-
plète du cabinet. La réunion de la majorité qui devait avoir lieu ce
conseil d'Etat et qui devait s'occuper de la question ministérielle, est
. Nous ajoutons trop peu de foi aux renseignements contradictoires
s sont parvenus pour donner encore les noms des personnages qu'on
t pour les divers portefeuilles.

Chronique et Faits divers.

A onze heures, ce matin, il y a eu conseil des ministres à l'Elysée national.

— A dix heures, ce matin, lord Normanby, ambassadeur d'Angleterre, était à l'hôtel des Capucines en conférence avec le ministre des affaires étrangères.

— On s'est entretenu aujourd'hui à l'Assemblée de nouvelles modifications ministérielles. Cette fois la majorité des représentants a paru s'en préoccuper, ce qui ferait supposer que ces bruits n'étaient pas tout à fait sans consistance.

(Patrie.)

— On assurait à l'Assemblée que le conseil d'Etat devait tenir ce soir une séance extraordinaire.

— M. de Tocqueville a été hier rendre une visite à M. le président du conseil, à sa terre de Bougival, où il est retenu par une indisposition, qui n'offre pourtant pas de caractère alarmant.

— La cérémonie pour l'institution de la magistrature aura lieu le 3 novembre.

— La malle de Bordeaux n'a apporté ce matin, à Paris, ni correspondances ni journaux de Madrid.

— Le gouvernement suédois vient d'employer contre l'ivrognerie un de ces remèdes qui indiquent jusqu'à quel degré est arrivé ce vice. — Pour la première fois, amende de 15 rixdalers; pour la seconde, 30 rixdalers; pour la troisième ou quatrième fois, perte du droit de voter ou d'être élu, avec exposition, le dimanche suivant, au pilori, devant l'église paroissiale; et la cinquième fois, réclusion dans une maison de correction et condamnation à un an de prison.

Une personne convaincue d'avoir poussé un individu à l'ivresse paie 15 rixdalers, et une somme double si celui-ci est mineur.

— Deux journaux nouveaux viennent de paraître à Paris, la *Feuille du Village*, journal démocratique, [dirigée par M. Joigneaux, représentant du peuple, et le *Bienfaisant*, que dirige M. de Monglave.

— On annonce que le gouvernement s'occupe de la question des fortifications de l'île de Corse, cette sentinelle avancée de la Méditerranée. Une commission vient d'être nommée pour étudier les divers systèmes déjà mis en avant, et préparer un projet de loi qui, ensuite, sera soumis aux délibérations de l'Assemblée nationale,

— On lit dans *l'Echo* de Montpellier du 23 :

« Les accusés compromis dans l'affaire de la préfecture sont partis avant-hier pour Aix. Un omnibus est allé les prendre à la maison d'arrêt et les a conduits à l'embarcadère du chemin de fer de Nîmes. Durant le trajet on a entendu sortir de l'omnibus les cris de : *Vive Barbes! vive Robespierre! vive la guillotine!* Ces cris ont été recueillis par des témoins dont la véracité est au-dessus du soupçon, et l'on comprendra que nous ayons dû les constater avec le plus grand soin avant d'en parler. »

— Un bon nombre de réfugiés polonais et italiens ont déjà quitté la Grèce, les premiers se rendent en Belgique, par Marseille; les autres en Suisse, par Gênes. Les Polonais et beaucoup d'Italiens attendaient, pour prendre une résolution, que la question de la Russie avec la Turquie soit terminée, afin de grossir les rangs des Turcs en cas de guerre.

— Philippeville, en Algérie, vient d'être le théâtre d'un épouvantable incendie. Une lettre de cette ville, du 20 octobre, renferme de longs détails sur ce sinistre. Toute la banlieue a semblé un moment prête à devenir la proie des flammes. Fort heureusement le vent est tombé tout à coup. Quelques instants encore, et Philippeville n'était plus qu'un monceau de ruines.

— On nous écrit de Champtocé :

« Hier, un épisode terrible est encore venu nous glacer de terreur.

« Plusieurs terrassiers du chemin de fer étaient occupés à miner un terrain es-
caré, dans l'espoir de le faire écrouler ensuite en un seul bloc; une charrette
était en chargement sous cette espèce de caverne. Tout à coup un cri est poussé
les ouvriers prennent la fuite. Au même instant, un horrible craquement se fait
entendre. La charrette venait d'être broyée sous une énorme masse de terre; on
apercevait plus que la tête du cheval enseveli sous les décombres. On crut un
instant que tous les ouvriers avaient pu s'échapper; mais bientôt on se compte;
un jeune homme manquait à l'appel. On se met à l'ouvrage avec ardeur, on dé-
blaie à la hâte. Tout le monde était terrifié, car aucune plainte ne venait soutenir
l'espérance des travailleurs. Bientôt en effet on rencontra le corps du malheureux
jeune homme entièrement brisé. La mort a dû être instantanée. »

Bulletin de la politique étrangère.

ITALIE. — Absence complète de nouvelles de quelque importance.
Les feuilles officielles de l'Allemagne font seulement connaître la
nouvelle organisation civile et militaire que l'empereur d'Autriche
a arrêtée pour ses possessions italiennes. Nous citons textuellement :

« S. M. l'empereur, considérant que la situation de l'Italie exige impérieusement
que le pouvoir exécutif soit réuni dans une même main, et que, d'un autre côté, le rétablissement de la paix impose au gouvernement l'obligation de réorganiser dans la
Lombardie et la Vénétie l'administration civile d'après les principes de la Constitution
et les besoins de ces pays, a daigné approuver, le 16 courant, les dispositions principales de l'administration provisoire de ces pays, et nommer gouverneur général civil
et militaire le comte Radetzki.

« Il y aura auprès du gouverneur général une section pour les affaires civiles et une
autre pour les affaires militaires indépendantes de la première. Le comte de Monte-
celli dirigera la section civile, ainsi que le comte de Strassolo. Le gouverneur général aura sa résidence à Vérone. Le feld-maréchal-lieutenant comte Charles Schwart-
zberg est nommé gouverneur civil et militaire de Lombardie : il résidera à Milan.

« Le général Puchner est nommé gouverneur civil et militaire de Venise, où il résidera. Toutes les affaires sont soumises en dernier ressort au gouverneur général, à
l'exception des mesures financières qui relèvent directement du ministre des finances. »

TOSCANE. — On dit que, d'après une convention à intervenir entre l'Autriche et la Toscane, 10,000 Autrichiens continueront à occuper le grand-duché jusqu'au moment où l'organisation militaire
dont va s'occuper le gouvernement toscan sera assez avancée pour
permettre l'évacuation du pays par l'armée impériale. Cette évacuation devra avoir lieu sans délai à la prière du grand-duc.

ÎLES-IONIENNES. — Le *Globe* de Londres publie des nouvelles de
Corfou du 19 octobre. On a appris par le *Sharpshooter*, arrivé de Céphalonie à Corfou, la capture du prêtre Nodaro et de l'un de ses compagnons, et la reddition de Vlacco à Luxuri. L'état de siége a été levé
partout, si ce n'est à Luxuri, où le procès s'instruit. S. E. sir Henry
Ward y est toujours; le *Sharpshooter* devait repartir le jour même
de son arrivée pour Céphalonie, afin d'aller y chercher son excellence et son état-major.

La *Gazette de Corfou* ne contient rien d'intéressant, si ce n'est une lettre du lord haut-commissaire sir H. Ward au président du sénat. S. Exc., après avoir parlé de l'existence d'une société secrète à laquelle la plupart des réfugiés italiens se sont ralliés depuis leur arrivée à Corfou, et après avoir détaillé quelques actes de la société, déclare prendre sur lui la responsabilité d'ordonner à ces étrangers qui ont violé les droits de l'hospitalité par leurs intrigues, de quitter le territoire ionien, et de placer les sujets ioniens appartenant à la société, sous la surveillance de la police, jusqu'à l'adoption de mesures ultérieures.

ASSEMBLÉE LÉGISLATIVE.

PRÉSIDENCE DE M. LE GÉNÉRAL BEDEAU. — *Séance du 30 octobre.*

La séance est ouverte à deux heures un quart.

Après une discussion sans importance sur le procès-verbal de la séance d'hier, M. Didier est appelé à la tribune pour des interpellations.

M. DIDIER. L'Assemblée constituante a voté un crédit de 5 millions destiné à envoyer six mille nouveaux colons en Algérie. Les meilleurs mois pour ces émigrations sont ceux de septembre, d'octobre et de novembre. Il faut que la population sache sans retard s'il y aura ou non des départs cette année. Dans l'intérêt des classes ouvrières et des cultivateurs qui ont tous les yeux fixés sur l'Algérie, je demande une réponse catégorique.

M. LE MINISTRE DE LA GUERRE. Suivant la loi du 15 mai, une commission a été nommée, qui devait aller étudier sur les lieux l'état des choses. Cette commission est de retour; elle fera son rapport. Aujourd'hui, je n'entrerai pas dans les détails.

M. DIDIER. La situation est grave et exige qu'on anticipe sur le rapport.

M. CHARRAS. Je demande pourquoi le ministre de la guerre a tardé six semaines à nommer la commission.

Voix : L'ordre du jour! — L'ordre du jour est adopté.

Vient ensuite une proposition de M. Corally, dont le but est d'engager le ministère à réclamer des puissances étrangères la stricte exécution du traité du 15 juillet 1840.

M. CORALLY. Cette question d'Orient est assez grave pour préoccuper les esprits les plus sérieux. Quand on songe au rôle fâcheux joué en 1840 et 1841 par notre diplomatie, on peut souhaiter que l'Assemblée trace le rôle que le gouvernement doit jouer.

M. DE KERDREL. La proposition de M. Corally n'est qu'une interpellation déguisée. Ce n'est pas sur des bruits de journaux qu'on doit venir ici déposer une proposition. Si M. Corally voulait faire quelque chose avec l'espérance d'aboutir à quelque résultat, il devait adresser franchement des interpellations. La commission ne pouvait prendre la proposition en considération.

M. LE PRÉSIDENT. M. Corally vient de déposer une sorte d'amendement à la proposition.

M. DE KERDREL. Nous ne pouvons accepter cet amendement.

Les conclusions de la Commission sont adoptées.

L'ordre du jour appelle la discussion sur la proposition d'une enquête parlementaire.

M. COLAS. La monarchie de Juillet a eu 250 navires armés. Depuis février, on a mis en construction un vaisseau appelé la *Barricade*. (On rit.)

L'orateur termine ainsi :

Vous n'aurez pas de marine aussi longtemps que le pays ne saura pas au juste ce que le matériel et le personnel lui coûtent d'argent; vous n'aurez pas de marine aussi longtemps que vous n'aurez pas créé une unité, une organisation qui n'existent pas; vous n'aurez pas de marine aussi longtemps que vous n'aurez pas introduit une surveillance sévère dans les services, aussi longtemps que vous n'aurez pas pourvu à toutes les nécessités signalées.

M. DE TRACY. Je n'accuse pas l'orateur, mais si ces paroles pouvaient être accueil-

par cette Assemblée, ce serait un coup douloureux et injustement porté à notre
...

discussion est continuée à demain.
séance est levée à six heures.

* * *

s'est glissé quelques fautes dans notre dernier numéro; ces fautes pro-
...nt d'une transposition des textes ou autorités cités au bas des pag. 359
...; nous croyons devoir les rétablir. — Pag. 359 : (1) Mémoires du Clergé,
p. 729. — Pag. 360 : (1) Labbe, Conc. Narbonnense, cap. xxiv, de Conc.
..., tom. xv, col. 1603. (2) Labbe, tom. xv, col. 872 : Non teneri, nisi eos
de jure vel de consuetudine interesse debent. (3) Actes de l'Eglise de
...s, t. ii, p. 729.

...ag. 359 : au Concile de Tours de 1448, ajoutez celui de 1583.

...age 357 ; dernière ligne : nous voyons les députés des chapitres des cathé-
...les... lisez : nous voyons les chapitres des églises cathédrales nommés
...nt les abbés.

* * *

Manuel de l'Ouvrier chrétien.

—

(1 volume in-24.)

...y a long-temps qu'on l'a dit : « Un bon livre, c'est une bonne
...on. » Mais jamais cette vérité ne fut plus évidente qu'aujourd'hui.
...misère en effet est bien profonde depuis quelques années; elle
...nge bien des familles dans de cruelles privations ; mais là cepen-
...il n'est pas encore le plus grand malheur des classes laborieuses.
...au moins elles comprenaient les causes des grandes catastrophes
...engloutissent leur bien-être, en même temps que la tranquillité
...tous ! si elles sentaient qu'en cessant d'être chrétiennes, et par là
...me patientes, résignées, économes; qu'en écoutant les artisans du
...ordre et les ennemis de leur foi, elles ont elles-mêmes préparé
...r détresse, le mal, quelque profond qu'il soit, serait bien vite ré-
...é. En vérité, nos corps ne souffrent, que parce que nos âmes sont
...lades par l'indifférence, par l'incrédulité, par l'athéisme pratique,
...fléau si spécial de notre siècle. Guérir avant tout les âmes, telle
...t être la première pensée, non pas seulement du chrétien, mais de
...t homme de sens.

...Chacun se pénètre de plus en plus de ces vérités : mais on est trop
...vent porté à se contenter d'un vœu stérile pour la propagation des
...s livres. Tantôt on se récrie sur les dépenses à faire, tantôt on
...te de l'utilité des livres proposés, et parfois ce n'est pas sans
...son.

...Nous sommes heureux de faire connaître un petit livre qui vient
...paraître, et qui, par la modicité de son prix, par l'heureux choix
...s matières qu'il embrasse, répond à cette double objection. C'est
...*Manuel de l'Ouvrier chrétien*. Destiné aux ouvriers qui ont le bon-

heur d'avoir la foi et qui veulent la conserver, comme à ceux qui désirent la conquérir, il traite tous les sujets les plus propres à ranimer les sentiments religieux, et à éclairer les consciences. Le préambule débute par réhabiliter l'amour et l'honneur du travail, si flétri de nos jours, puis il prémunit les ouvriers contre les principaux ennemis qui menacent leur moralité, leur foi, leur bien-être, celui de leurs familles. Ces ennemis sont l'impureté, l'ivrognerie, le respect humain, le blasphème, la violation du dimanche, les désordres du lundi, la passion des agitations politiques. Chacun de ces sujets est traité dans un style simple, familier, énergique, en un mot, vraiment populaire et chrétien. Ce préambule se termine par un règlement de vie pour l'ouvrier.

La première partie de l'ouvrage se compose d'un choix des prières les plus nécessaires. Tout y est; rien n'est omis, malgré la dimension si exiguë du format. La seconde contient des instructions, des méditations, des cantiques. Nous signalerons surtout les réponses aux principales objections populaires contre la religion. Ces réponses sont d'une utilité de tous les jours.

Ce livre, nous en avons la confiance, deviendra le *vade mecum* de tous les ouvriers des Sociétés de Saint-Joseph, de Saint-François-Xavier, et de tant d'autres analogues. Son prix en effet est des plus modique, de 50 c. tout cartonné, et son format est assez petit pour que les ouvriers puissent le porter sans gêne et sans embarras.

Une édition nouvelle de ce livre se prépare pour les militaires, avec les changements nécessaires. Si un vœu pouvait être formé aussi, c'est qu'une troisième édition fut faite pour les *cultivateurs* chrétiens si nombreux encore, mais si entourés de séductions et de piéges.

Le *Manuel de l'Ouvrier chrétien* se trouve à Paris, chez Gaume frères, libraires, rue Cassette, 4; au secrétariat-général de la Société de Saint-Vincent-de-Paul, rue Garancière, 8; aux Missions-Etrangères, rue du Bac, 120; à Lyon, à Strasbourg, à Metz, à Besançon, Rennes, Bordeaux, Toulouse et Lille. Il se répandra bientôt sans doute dans toutes les villes, et il ne sera pas d'ouvrier chrétien qui ne veuille le posséder. Ajoutons pour terminer que Mgr l'Archevêque de Paris a approuvé cet ouvrage, et dans l'approbation a mentionné l'intérêt qu'il daigne y attacher.

BOURSE DU 30 OCTOBRE.

Le 3 p. 100 a débuté au comptant à 5650, a fait 56 au plus bas, et reste à 55 90.

Le 5 p. 100 a débuté au comptant à 88 80, a fait 88 10 au plus bas, et reste à 88 25.

Les actions de la Banque ont été cotées à 2,240.

L'un des Propriétaires-Gérants, CHARLES DE RIANCEY.

Paris, imp. BAILLY, DIVRY et Comp., place Sorbonne, 2.

L'AMI DE LA RELIGION.

SÉANCE DE L'ASSEMBLÉE.
Message du Président de la République.— Changement de ministère.

L'Assemblée présentait aujourd'hui le plus étrange spectacle. Dans la salle les représentants inattentifs, restant à peine quelques instants à leur place, quittant sans cesse leurs bancs pour s'interroger et se communiquer des nouvelles, suivaient sans l'écouter la discussion sur l'enquête relative à l'administration de la marine. Dans les couloirs, dans la salle des conférences, un mouvement inexprimable : des groupes se formant et se dispersant ; des conversations bruyantes ou des confidences à demi-voix, une agitation universelle enfin qui, de temps à autre, envahissait les abords de la salle des délibérations et refluait jusqu'au pied de la tribune.

La crise ministérielle était le sujet de toute cette émotion. Il ne s'agissait plus seulement d'une modification partielle : on parlait d'un remaniement complet, absolu. Les ministres, qui siégeaient encore à leur banc, ne dissimulaient pas qu'ils y paraissaient pour la dernière fois. On assurait que leur démission leur avait été demandée impérativement, sans délai. On faisait circuler des listes et on les donnait comme officielles : voici celle qui avait le plus de crédit : M. le général d'*Hautpoul*, président du conseil et ministre de la guerre, M. *Ferdinand Barrot*, ministre de l'intérieur ; M. *Fould*, ministre des finances ; M. l'amiral *Romain-Desfossés*, ministre de la marine ; M. *Rouher*, ministre de la justice ; M. *Bineau*, ministre des travaux publics ; M. *de Parieu*, ministre de l'instruction publique et des cultes ; M. *Dumas*, ministre de l'agriculture et du commerce. Pour les affaires étrangères, les nouvelles changeaient presque à chaque heure. C'était d'abord M. Casimir Périer ; sur son refus, on indiquait M. de Flavigny : il aurait même été question de M. Billault. Enfin, on a donné comme certaine la nomination de *M. de Rayneval*, actuellement ambassadeur à Naples.

Au milieu de ces échanges de nouvelles et des commentaires qu'elles excitaient, la séance continuait. On votait l'enquête, on souriait à une boutade de M. Lagrange s'adressant à un ministre, et le priant de communiquer l'observation qu'il lui faisait à son successeur, « puisqu'il ne paraissait pas bien sûr de rester long-temps aux affai- « res. » On prolongeait indéfiniment un scrutin pour reprendre les conversations. On trouvait toutefois le temps d'applaudir à quelques nobles paroles de M. de Tracy en faveur de la marine, acte à la fois de patriotisme sincère et de courage politique.

La salle enfin avait fini par être désertée, quand tout à coup, les représentants rentrent en foule : le bruit se répand que M. le colonel Vaudrey vient d'apporter un message du Président. En effet, le calme étant rétabli, et au milieu du silence le plus profond, M. Dupin déplie une longue lettre : on s'attendait à une simple liste de ministres. C'est un manifeste entier, l'émotion augmente et se trahit presque à chaque ligne.

C'est en effet un événement et un événement des plus graves que le Message. En voici le texte que nous soumettons aux méditations de nos lecteurs :

« Monsieur le président ,

« Dans les circonstances graves où nous nous trouvons, l'accord
« qui doit régner entre les différents pouvoirs de l'État ne peut se
« maintenir que si, animés d'une confiance mutuelle, ils *s'expliquent*
« *franchement l'un vis-à-vis de l'autre.* Afin de donner l'exemple de
« *cette sincérité* , je viens faire connaître à l'Assemblée quelles
« sont les raisons qui m'ont déterminé à changer le ministère et à
« me séparer d'hommes dont je me plais à proclamer les services
« éminents, et auxquels j'ai voué amitié et reconnaissance.

« Pour raffermir la République menacée de tant de côtés par l'a-
« narchie, pour assurer l'ordre plus efficacement qu'il ne l'a été jus-
« qu'à ce jour, pour maintenir à l'extérieur le nom de la France à la
« hauteur de sa renommée, *il faut des hommes qui, animés d'un dé-*
« *vouement patriotique, comprennent la nécessité d'une direction uni-*
« *que et ferme, et d'une politique nettement formulée ; qui ne compro-*
« *mettent le pouvoir par aucune irrésolution , qui soient aussi préoc-*
« *cupés de ma propre responsabilité que de la leur, et de l'action que*
« *de la parole.* (Mouvement.)

« Depuis bientôt un an, j'ai donné *assez de preuves d'abnégation*
« pour qu'on ne se méprenne pas sur mes intentions véritables.
« *Sans rancune* contre aucune individualité, contre aucun parti, j'ai
« *laissé arriver aux affaires les hommes d'opinions les plus diverses,*
« *mais sans obtenir les heureux résultats que j'attendais de ce rappro-*
« *chement. Au lieu d'opérer une fusion de nuances, je n'ai obtenu*
« *qu'une neutralisation de forces.* (Mouvement.)

« *L'unité de vues et d'intentions a été entravée; l'esprit de concilia-*
« *tion pris pour de la faiblesse.* A peine les dangers de la rue étaient-
« ils passés , qu'on a vu les partis relever leur drapeau , réveiller
« leurs rivalités et alarmer le pays en semant l'inquiétude.

« *Au milieu de cette confusion* , la France inquiète, parce qu'elle
« ne voit pas de direction, *cherche la main, la volonté , le drapeau*
« *de l'élu du* 10 décembre. Or, cette volonté ne peut être sentie, que
« s'il y a communauté entière d'idées, de vues, de convictions, entre
« le président et ses ministres, *et si l'Assemblée elle-même s'associe*

« à la pensée nationale dont l'élection du pouvoir exécutif a été l'ex-
« pression.

« Tout un système a triomphé au 10 décembre, car le nom de Na-
« poléon est à lui seul tout un programme. Il veut dire : à l'intérieur,
« ordre, autorité, religion, bien-être du peuple; à l'extérieur, di-
« gnité nationale. C'est cette politique inaugurée par mon élection
« que je veux faire triompher avec l'appui de l'Assemblée et celui du
« peuple. Je veux être digne de la confiance de la nation en mainte-
« nant la Constitution que j'ai jurée. Je veux inspirer au pays par ma
« loyauté, ma persévérance et ma fermeté, une confiance telle que
« les affaires reprennent et qu'on ait foi dans l'avenir.

« La lettre d'une Constitution a sans doute une grande influence
« sur les destinées d'un pays; mais, la manière dont elle est exécu-
« tée en exerce peut-être une plus grande encore. Le plus ou le
« moins de durée du pouvoir contribue, certes, puissamment à la
« stabilité des choses, mais c'est aussi par les idées et les principes
« que le gouvernement sait faire prévaloir que la société se rassure.

« Relevons donc l'autorité sans inquiéter la vraie liberté. Calmons
« les craintes en domptant hardiment les mauvaises passions et en
« donnant à tous les nobles instincts une direction utile.

« Affermissons le principe religieux sans rien abandonner des con-
« quêtes de la Révolution, et nous sauverons le pays, malgré les par-
« tis, les ambitions, et même les imperfections que nos institutions
« pourraient renfermer.

« LOUIS-NAPOLÉON BONAPARTE. »

Il est impossible de reproduire l'effet de cette lecture. La majorité
l'a accueillie avec une préoccupation profonde et croissante. La Montagne l'a salué de ses rires et de ses mouvements ironiques.

La séance a été levée aussitôt et les représentants sont sortis en
proie à l'agitation la plus extrême.

Pour nous, nous avons souligné les passages les plus significatifs
du message.

Nous ne pouvons dissimuler le sentiment d'alarmes qu'il nous a
causé. Le ton dont il est écrit, la manière dont il traite des hommes
d'État dont certes nous ne partagions pas en tout les opinions, mais
parmi lesquels se trouvait, jusqu'au jour où la maladie l'a frappé,
le plus noble, le plus éloquent, le plus ferme de nos amis, les desseins qu'il annonce, la politique de hasardeux isolement qu'il semble
marquer : l'étrange rapprochement qu'il fait entre le principe religieux et les conquêtes révolutionnaires; tout nous inspire des appréhensions invincibles: Dieu veuille que de nouvelles et redoutables
crises ne soient pas prochainement réservées à notre Patrie, et puissent les prières de toutes les âmes dévouées détourner de notre
France les nouveaux malheurs dont l'avenir semble chargé !

A onze heures du soir, le supplément du *Moniteur* qui doit contenir le décret pour la nomination des nouveaux ministres n'a point encore paru.

Des Rumeurs du moment.

On a fait circuler depuis vingt mois assez de bruits dénués de tout fondement pour qu'on ait le droit de se défier long-temps de ceux même qui prennent le plus de consistance. Toutefois, quand les événements semblent leur donner eux-mêmes un certain crédit, notre devoir est de les recueillir et de les livrer à nos lecteurs, au moins à titre de renseignements sur l'état des esprits et sur les préoccupations des hommes politiques.

La *Presse* s'est saisie d'une *Correspondance* adressée à plusieurs journaux de province, et qui contient les passages suivants :

« *Les bruits les plus graves circulent en ce moment dans les hautes régions politiques.* Chacun convient que le pouvoir affaibli et étriqué, comme on nous l'a fait depuis 1818, n'a pas de vie et surtout pas d'utilité possible pour faire le bien du pays.

« *La majorité est disposée à agrandir ce pouvoir*, à augmenter ses moyens d'action, *à élargir sa base* et à lui donner *de la longueur* et de la stabilité. Beaucoup d'hommes intelligents et consciencieux de la gauche elle-même comprennent le besoin et *donneraient les mains à un acte national* qui aurait pour but d'atteindre ce résultat.

« *La majorité est disposée à concourir à cet acte légalement :* c'est-à-dire A PROLONGER LES POUVOIRS DU PRÉSIDENT, et à lui faire une *situation plus conforme à sa mission gouvernementale* et presque providentielle.

« Le peuple, le vrai peuple, pour lequel le nom de Napoléon est presque devenu le symbole d'une religion et la seule politique qu'il adopte, ne demande que cet agrandissement du pouvoir présidentiel, parce qu'il attend de lui, lorsque ce pouvoir aura ses libres allures, la satisfaction de ses légitimes intérêts; non de ses passions, de ses appétits coupables, mais de ses besoins réels et honnêtes. Napoléon Bonaparte plus fort, plus puissant, serait plus aussi le protecteur, le bienfaiteur politique du peuple, tout en protégeant également les classes élevées.

« *Tout annonce donc qu'un effort sera tenté, tôt ou tard, prochainement* ou dans un terme éloigné, pour dénouer cette situation actuelle dans le sens que nous indiquons. *Cette situation devient en effet intolérable* par son malaise, ses incertitudes et son manque d'avenir. On y étouffe faute d'air, on ne peut s'y mouvoir parce qu'on ne voit autour de soi que des abimes.

« De là viennent ces bruits avant-coureurs qui se répandent dans le monde politique et qui s'infiltrent partout, bruits d'agitations, bruits de coups d'État, bruits de mouvements populaires, bruits de projets impérialistes, bruits de revues et de mouvements militaires; tous sont exagérés, la plupart sont faux; mais il y a au fond de tous le sentiment de cette vérité que nous venons d'exposer. La situation est d'une lourdeur accablante, on veut en sortir, on en sortira un jour, mais par la porte légale !

« La majorité concourra à cette solution, en laissant peut-être de côté quelques hommes qui se trompent sur la disposition réelle du pays, *mais en conservant une telle force numérique qu'il n'y aura pas à contester sa force.*

« Nous venons d'entrer dans le fond de la situation actuelle, en indiquant la *solution qui est dans la pensée de tous.* »

La *Correspondance* de Tours, qui paraît si sûre des dispositions de la majorité, n'a certainement pas mission de parler ainsi en son nom. Toutefois la *Presse*, adhérant volontiers à cette prétention, s'est fait une arme de l'article qu'on vient de lire pour sa polémique contre *le Président* et contre la majorité.

Elle s'est donc empressée de répondre :

« Les auteurs de ce projet ouvertement avoué se font d'étranges illusions s'ils croient il dépend d'eux de donner aux pouvoirs du Président une durée plus longue que la 'ée prescrite par l'article 45 de la Constitution.

« La majorité peut doubler, tripler si elle le veut l'allocation accordée au Président de République , à titre de frais de représentation , mais elle ne saurait ajouter une heure i durée constitutionnelle de ses pouvoirs.

« Il se peut que le pouvoir présidentiel, tel que l'a fait la Constitution de 1848, soit pouvoir « étriqué ; » mais le pouvoir est antérieur à l'élection du 10 décembre, et si le trouve tel, rien ne forçait de l'accepter, rien ne forçait de le briguer.

« Conseiller à la majorité « d'agrandir et de prolonger ce pouvoir, » c'est conseiller itement à la majorité de violer ouvertement le texte et l'esprit de la Constitution ! »

L'Opinion publique, ce matin, n'acceptait pas aussi facilement que *Presse* la donnée d'une révolution par en haut. Avant de croire on coup d'État, elle voulait qu'on lui dit par qui et pour qui il se rait :

« Du côté de la majorité disait-elle avec raison, il n'y a pas la moindre disposition ßtrer dans cette voie. La majorité n'a pas besoin de coup d'État pour être la majorité.

« Sa force, c'est le respect de la loi, puisque c'est elle qui fait la loi. Elle a trois au- ·s d'existence devant elle; elle peut traduire en décrets toutes les mesures raison- ple·s et utiles, et nous dirons à sa louange qu'elle est disposée à voter tout ce qui lui i proposé dans l'intérêt de l'ordre, de la prospérité, du progrès véritable, pourvu ! la proposition se renferme dans les limites de la légalité. Elle comprend très-bien ! sortir de ce cercle serait quitter son terrain pour se placer sur le terrain révolu- maire où ele perd tous ses avantages. Le coup d'État ne peut donc, en aucune fa- , tenir du côté de la majorité.

« Du côté de la minorité, il ne nous paraît pas moins impossible. Nous croirions ⊢seulement commettre envers le Président de la République le délit d'offense prévu la loi du 27 juillet sur la presse, mais faire à son bon sens la plus sanglante des res, si nous supposions un moment qu'il eût la pensée de se jeter dans l'embuscade due par la révolution. Oublions, si l'on veut, qu'il y aurait là un crime ; ce serait, même temps, la plus injustifiable des folies. Les 18 brumaire, on le sait, ne se font avec la Montagne, mais contre la Montagne. La révolution est une dure maîtresse, ile mène loin ceux qui se font ses créatures. L'histoire est remplie d'enseignements ! sujet, et une des gloires de l'empereur Napoléon sera d'avoir encore mieux aimé · le prisonnier de l'Europe que le prisonnier couronné de la révolution. »

Le *Dix Décembre*, toutefois, n'a pas cessé de pousser chaque jour in coup d'État, ou du moins à un coup de tête. Mais dans le cas où désirs se réaliseraient, que fera M. le général Changarnier? Ce ait la la grande question dans un tel moment. Après il en vien- il bien d'autres.

.e *Dix Décembre* tâche d'entraîner de son côté, le chef habile et ne qui a sauvé, au 29 janvier et au 13 juin, la cause de l'ordre. s ce journal appelle à son aide des arguments qui pourraient bien ·r contre son but.

·oici comment il s'exprime :

Le général pencherait sans doute vers la droite, en considération de ce qu'elle se tra autrefois honnête et prudente, et qu'elle pourrait moins l'oublier aujourd'hui. Mais après les services que l'honorable général a rendus au pays, son chemin est tout é; il doit se consacrer de plus en plus, de mieux en mieux aux intérêts de la France, · qu'on puisse dire de lui qu'il servit *jusqu'au bout* les principes d'autorité, pendant iiblesses et les troubles, inséparables des premiers moments d'un pouvoir nouveau.

Dans quel pays et dans quel temps vivons-nous pour que de telles questions soient ainsi posées, discutées, livrées aux interprétations, aux critiques, aux machinations peut-être des plus dangereux ennemis de la société ?

Quoi qu'il en soit de ces manœuvres, l'*Union* résume et juge ainsi la situation :

« Deux politiques sont en présence : la politique des transactions et la politique des coups de tête. Suivant qu'on adoptera l'une ou l'autre, la France tendra à l'ordre ou à l'anarchie, à la prospérité ou à la ruine. »

Rien n'est plus vrai.

La France serait donc encore à la veille des plus redoutables crises.

Hier, la situation se présentait sous cet aspect. Aujourd'hui elle n'est plus la même. Demain elle redeviendra peut-être ce qu'elle était hier.

Que conclure de toutes ces rumeurs contradictoires et de toutes ces étranges oscillations? C'est qu'au fond on peut s'attendre à tout quand nul ne sait plus guère ni ce qu'il fait ni ce qu'il veut.

Les Ultra-Bonapartistes.

Décidément la coterie que représente le *Dix Décembre* se jette dans les voies les plus fâcheuses. Non contente de rêver la division de la majorité, de conspirer une rupture entre le Président de la République et l'Assemblée, de travailler en un mot autant qu'il est en elle à la dissolution du grand parti de l'ordre, elle déclare la guerre à tout propos et hors de propos aux idées, aux principes, aux institutions, aux œuvres et à la liberté du catholicisme.

Qu'on en juge par les passages suivants, extraits de son principal article d'aujourd'hui sur un remarquable rapport de M. Benoist d'Azy dont nous aurons à entretenir nos lecteurs :

« Tout le monde sait quel est, en fait d'activité humaine, le *fond des doctrines catholiques :* TRAVAIL INCESSANT ET ABRUTISSANT, RÉCOMPENSE NULLE; en un mot, mortification et renoncement.

« Les nations prétendent à l'heure qu'il est avoir fait en Europe et dans le monde entier, au moyen âge et dans les temps modernes, *une expérience suffisante de la discipline catholique.* C'est elle qui, comme progrès, a PERDU *plusieurs civilisations des plus florissantes,* celles de l'Espagne, de l'Italie; et QUI A COMPROMIS POUR LONG-TEMPS L'EXISTENCE DES AMÉRIQUES.

« La liberté que M. Benoist d'Azy invoque *pour les droits du travail,* est la liberté de laisser se noyer le malheureux qui se débat en pleine eau contre les atteintes d'une mort certaine.

« On peut mettre cette *liberté parfaitement en parallèle avec celle de l'enseignement;* un de nos spirituels confrères faisait remarquer que la liberté de l'enseignement est tout bonnement la liberté d'enseigner l'absolutisme.

« Ces principes se résolvent évidemment en ceci : *empoisonner l'intelligence des masses, par la liberté de l'enseignement, les empêcher de vaincre la misère par la liberté du travail.*

. « Eh bien! dans son bon sens admirable, dans son instinct assuré, le peuple repousse der dens aussi dangereux. Il ne veut pas plus de la liberté de l'enseignement que de la liberté du travail. »

Il ne faut pas chercher dans les colonnes du *Dix Décembre* ce que le peuple pense, mais ce que ce journal pense lui-même. A ce point de vue beaucoup plus restreint, cet article est encore curieux.

Il est encore douteux assurément, s'il y a encore en ce pays-ci un peu de raison et de bon sens, que la coterie ultra-bonapartiste vienne jamais à l'emporter. Mais, quelque puisse être le succès de ses intrigues et de ses efforts, il vaut mieux qu'elle soit connue avant qu'après.

Répétons qu'elle était naguère hautement désavouée par le Président de la République.

Situation de notre armée à Rome.

Nous recevons de notre correspondant ordinaire de Rome, une lettre que nous n'avons pas besoin de recommander à l'attention particulière de nos lecteurs. Elle est du plus vif intérêt, et elle peint à merveille la situation où notre expédition se trouve à Rome.

« Rome, 24 octobre 1849.

« J'ai eu occasion de voir et d'entendre ces derniers jours, plusieurs personnes arrivant de la Romagne et des Marches; leurs témoignages avaient d'autant plus d'intérêt pour moi, que je les savais d'opinions politiques très-diverses. Toutes s'accordent cependant à reconnaître qu'un grand calme règne dans ces provinces, que les assassinats, autrefois si fréquents, y ont complétement cessé, et que la meilleure intelligence paraît exister entre la population et les troupes autrichiennes et espagnoles qui y sont établies.

« En est-il de même à Rome et dans les cantonnements occupés par nos soldats? C'est le contraire malheureusement qui est vrai : et si la tranquillité générale est respectée, les crimes particuliers se multiplient d'une manière effrayante. Hier, à quatre heures de l'après-midi, j'ai vu près de l'église de *Santa-Maria della Consolazione*, un homme qui venait de recevoir trois coups de couteau dans la région du cœur, et qui était étendu mort sur le pavé; avant hier, à la nuit tombante, deux de nos soldats ont encore été assassinés, et cela sans aucune provocation de leur part : l'un d'eux venait d'allumer son cigare à celui d'un italien, et au moment où il allongeait le bras pour le lui rendre, ce misérable l'a renversé d'un coup de poignard. J'ignore les détails de l'autre crime.

« D'où viennent ces crimes? on ne saurait les attribuer à la férocité du peuple romain, au milieu duquel l'assassinat politique était à peu près inconnu avant le 16 novembre. — Reconnaissons plutôt la vraie cause du mal : reconnaissons franchement que nous en sommes les principaux auteurs. Que nos braves soldats conservent la modération *dont ils ne se sont jamais départis*, qu'ils persévèrent indivi-

duellement vis-à-vis de la population dans le calme et la douceur
qui les rendent un objet d'admiration pour les hommes sensés; ce
seront là en effet pour eux des titres non moins honorables que leur
courage et leur patience; mais ce qu'il faudrait, c'est que ceux qui
ont reçu la haute et sérieuse mission de rendre la justice et de la
faire exécuter, sortissent enfin de leur sommeil?

« Oui, il y a une mansuétude stupide et une philantropie barbare,
et ces Messieurs, généraux ou autres ne paraissent pas s'en douter:
ils ne paraissent pas comprendre qu'il vaut mieux sévir contre quelques scélérats que de laisser assassiner et nos généreux soldats et les
honnêtes gens. Qu'ils regardent cependant autour d'eux; qu'ils voient
ce qui a été fait par les autres puissances intervenantes, les résultats qu'elles ont obtenus, ils ne peuvent pas méconnaître la leçon
qu'ils doivent tirer des exemples qu'ils ont presque sous les yeux.

« Je déteste autant que qui que ce soit les réactions politiques:
mais il ne s'agit ici que de la répression d'attentats contre les personnes, et comme je ne sache pas que l'assassinat ait encore été
élevé à la hauteur des crimes politiques, il me paraît qu'il est permis
à tout le monde de demander hautement la punition des coupables.

« Ce n'est pas la police qu'il faut accuser: elle a éloigné de Rome
plusieurs milliers d'étrangers compromis dans les désordres révolutionnaires; elle a arrêté quelques-uns des assassins; on dit même
qu'ils ont été jugés. Mais alors pourquoi la loi n'a-t-elle pas reçu sa
sanction? Pourquoi aucun condamné n'a-t-il encore subi sa peine?
Je me trompe: on en a fusillé un, mais c'était un de nos soldats,
condamné par un conseil de guerre, et personne n'aurait réclamé
si on lui avait fait grâce.

« Dans tous les pays, mais plus encore en Italie qu'ailleurs, l'impunité du mal poussée à cet excès est une trahison vis-à-vis des gens
de bien et une barbarie; si notre susceptibilité nationale ne nous
permet pas d'accepter la comparaison avec les Autrichiens et les Espagnols, nous pourrions nous rappeler ce qui a été fait au commencement de ce siècle, lors de notre invasion dans les États romains,
des meurtres avaient été également commis contre nos soldats; on
s'empara des coupables: ils furent fusillés sur la place du Peuple,
et depuis ce moment on n'entendit plus parler d'assassinats.

« Une autre faute de nos généraux, c'est de s'être laissés entourer
par des Italiens complétement indignes de leur confiance? Comment
s'expliquer autrement les inégalités qui existent dans la manière dont
les charges de la guerre se trouvent réparties; les familles et les établissements qui sont le plus accablés, sont précisément ceux qui ont le
plus souffert des violences de la République; tous les appartements
des Cardinaux sont occupés; les princes Borghèse et Doria, les seuls
qui aient suivi le Saint-Père à Gaëte, n'ont pas même une chambre où
ils puissent coucher dans leurs immenses et magnifiques palais, tandis
que ceux des princes Canino ou Piombino sont ou complétement vides,

u occupés seulement par quelques soldats, les maisons des Domini-
nins et celles des Jésuites sont traitées comme les appartements des
ardinaux, et le couvent de S. Andrea della Valle, auquel appartient
P. Ventura, est épargné. Cette inégalité choquante existe pour
ut le reste, comment s'étonner dès-lors de la défiance que mani-
ste contre nous la partie honnête et saine de la population.

«Pour parler de sujets moins tristes, la nouvelle du retour du Saint-
ère prend de la consistance; les lettres qui viennent de Portici l'an-
oncent comme prochaine; cette pensée relève le courage des hom-
es modérés; ils y voient, avec raison, l'une des plus grandes espé-
nces de la situation; plusieurs députations chargées de hâter cet
ureux événement, sont parties cette nuit. On cite celles du clergé
main, de la municipalité, de la chambre de commerce : puissent-
s tous ensemble obtenir un bon et prompt succès. On cite parmi la
putation du clergé romain le chanoine Tarnassi, l'avocat abbé Ar-
ghi, le curé de Saint-Jean-de-Latran et quelques autres ecclésias-
ues.

« Je crois vous avoir parlé de la mission à Portici de MM. Frémy et
ulatignier : il paraît qu'ils ont été parfaitement accueillis par le
int-Père, qu'il les a largement consultés sur ses projets de réforme
ministratives, et que même il leur a demandé la rédaction d'un
and travail.   « S. E. »

Le *Tempo*, de Naples, du 18 octobre, publie une lettre du Cardinal Antonelli
i, au nom du Pape, confère au ministre de la guerre napolitain, prince d'Is-
tella, la grand'croix de l'ordre de Pie. Voici la lettre :

« Aux appartements du Palais-Royal de Portici,
10 octobre 1849.

Les preuves éclatantes de dévouement singulier au Saint-Siége et au Souverain
tife que Votre Excellence a données, alors que votre auguste maître a concouru
c les autres puissances catholiques appelées à intervenir pour le rétablissement de
dre et du gouvernement légitime dans les Etats de l'Eglise, n'ont pu qu'appeler la
veillante attention du Saint-Père. Sa sainteté, voulant que Votre Excellence, déjà
stre par son mérite militaire, conserve un témoignage durable de sa reconnaissance
tificale, pour tout ce que, de concert avec les braves troupes royales, vous avez su
e dans cette noble entreprise, a daigné vous conférer la grand'croix de l'ordre de
, en brillants.

En outre, Sa Sainteté, pour manifester sa paternelle satisfaction vis-à-vis des
pes qui ont fait partie de l'expédition, en ordonnant qu'une médaille d'honneur
iale fût frappée pour elles, a ordonné qu'un nombre déterminé de décorations fût
iné aux officiers de cette armée.

Le Cardinal, premier secrétaire d'Etat soussigné, en se félicitant de faire part à
re Excellence de cette faveur, a l'honneur de vous faire tenir ces insignes de l'or-
de Pie, conjointement avec le brevet de nomination, sous la réserve de donner effet
anciennes dispositions pontificales quand tout sera prêt.

Le Cardinal secrétaire, en vous félicitant cordialement d'un honneur si justement
ité, vous prie d'agréer l'expression de sa considération la plus distinguée.

« G. Card. ANTONELLI. »

Dans *des instructions* adressées par M. le ministre de la guerre à

MM. les généraux commandants les divisions territoriales et les divisions actives, nous avons remarqué les dispositions suivantes relatives aux bataillons de guerre, et qui témoignent du zèle constant de M. le général Rulhière, pour la bonne organisation de notre vaillante armée :

« Dans les bataillons de guerre, séparés à dessein de tout ce qui entrave les mouvements des troupes, on doit, surtout, développer les habitudes militaires par la fermeté du commandement, la ponctualité dans le service, la promptitude et l'énergie dans l'action. On doit être *toujours prêt* à se mettre en marche au premier ordre pour une destination inconnue, sans embarras et sans étonnement.

» Les exercices d'ensemble, les prises d'armes inattendues, les marches militaires y seront souvent répétés. Les officiers de tous grades y prendront sous les yeux du colonel, l'habitude de s'occuper, *avant tout*, de leurs hommes, de leurs besoins divers, et même de leur bien-être, en route comme en station. En même temps, les sous-officiers et soldats se formeront de plus en plus à marcher légèrement sous leurs armes et sous leur bagage, et à sortir de leurs casernes à toutes les prises d'armes générales, comme si l'on n'y devait jamais rentrer.

» Dans les dépôts, on doit centraliser, en la régularisant, l'administration courantes des bataillons; on doit préparer ou réunir pour eux, non-seulement les effets divers nécessaires pour les habiller et les équiper, mais aussi les hommes pour les recruter et les grossir.

« A tous les degrés de la hiérarchie militaire, depuis le caporal d'ordinaire jusqu'au général en chef, l'administration se lie intimement au commandement. Ce n'est pas tout de savoir faire combattre des soldats, il faut encore savoir les faire vivre, en les conduisant au lieu du combat.

» Il est entendu que toutes ces dispositions s'appliqueront aux corps de cavalerie, sauf les modifications légères qu'entraîne forcément la différence du service et de l'organisation dans les deux armes. »

CONCILE DE LA PROVINCE DE TOURS.

Décret de convocation.

Nous nous empressons de publier la traduction du décret de convocation pour le Concile de la province de Tours, qui va s'ouvrir à Rennes :

« François-Nicolas-Magdelaine Morlot, par la grâce de Dieu et du Saint-Siège apostolique, Archevêque de Tours : A nos très-vénérables frères les Evêques, aux Vénérables doyens et chapitres et aux Abbés et monastères de notre province de Tours, salut en Notre-Seigneur.

« La destinée de l'Eglise de Dieu, que Notre-Seigneur Jésus-Christ a rachetée par son très-précieux sang, fut toujours, en son voyage à travers cette vallée de larmes, d'être agitée par diverses tempêtes et éprouvée par de très-grandes afflictions, comme nous le voyons arriver particulièrement en notre temps. Mais au milieu de ses douleurs et de ses périls, elle ne cesse jamais d'être consolée, soutenue et protégée par le Dieu tout-puissant, le Père des miséricordes et l'Auteur de toute consolation, qui, au milieu même des plus grandes iniquités des hommes, ne donne jamais un tel cours à sa colère qu'il oublie sa miséricorde et qu'il détourne de nous le regard favorable de sa clémence.

Il n'est personne, vénérables Frères, qui ne reconnaisse et qui n'admire les

...oignages nombreux et éclatants de cette divine assistance qui nous ont été tout donnés depuis le commencement de ce siècle si plein de difficultés, et particulièrement en cette Église de France; mais qu'aurait-on pu se pro-mettre de plus étonnant et que peut-il y avoir en même temps de plus digne de notre reconnaissance envers Dieu que ce renouvellement de saints Conciles, na-guère encore si inespéré, et qui tout à coup nous devient si facile.

« Grâces donc soient rendues à celui qui nous a tant de fois retirés des plus grands périls, et qui, par son ineffable miséricorde, nous donne aujourd'hui la faculté de tenir ces saintes assemblées desquelles nos Pères ont dit, avec tant de vérité, *qu'il n'y a pas de moyen ni plus utile pour la propagation de la foi, ni plus doux pour la réformation des abus, ni plus efficace pour rappeler les peu-ples aux anciennes bornes. Et encore : qu'où les Conciles manquent, il est iné-vitable que les erreurs et les vices abondent.*

« C'est pourquoi, vénérables Frères, nous appuyant sur la protection divine, pleins de confiance en l'assistance de la bienheureuse Marie, toujours vierge, aux intercessions de tous les saints, de ceux surtout sous le patronage des-quels nos églises ont le bonheur d'être placées; obéissant en même temps avec e au désir de notre très-saint et bien-aimé Père le Pape Pie IX, exprimé dans ses lettres données à Gaëte le 17 mai 1849; et après avoir pris l'avis de nos vé-nérables Frères les Évêques de la Province, nous réglons et ordonnons, par ces présentes lettres de convocation, que notre Concile provincial s'ouvrira, pour être ensuite continué et conclu Dieu aidant. Dans la ville et dans l'église de Rennes, le troisième jour des ides du mois de novembre prochain, est la fête du très-glorieux Pontife et confesseur saint Martin, évêque de Tours, selon les prescrip-tions du saint Concile œcuménique de Trente, pour la défense de la foi catho-lique, pour la conservation entière et fidèle, ou le renouvellement même, s'il en est besoin, de la discipline ecclésiastique; et pour la correction et la réforme de toutes les choses qui pourraient être reconnues défectueuses.

« Et, à cet effet, de notre autorité archiépiscopale, nous requérons, exhortons avertissons tous et chacun de nos vénérables Frères en Jésus-Christ, les Evê-ques du Mans, d'Angers, de Nantes, de Rennes, de Saint-Brieuc, de Quimper et Vannes, nos co-provinciaux, qu'ils aient à se trouver présents au jour marqué, et par eux-mêmes, soit par leurs procureurs légitimement délégués, pour la cé-lébration dudit Concile provincial, en la ville sus-désignée de Rennes.

Que le chapitre de notre sainte église métropolitaine et les autres chapitres des ses cathédrales sachent qu'ils doivent être convoqués, comme effectivement ce sont, par les présentes lettres, convoqués audit Concile provincial, à l'effet du consentement de leurs Evêques, s'il en est besoin, et réunis en chapitre, délèguent un ou deux d'entre eux pour être présents au dit Concile.

Pareillement que les vénérables Abbés des monastères, savoir : de Solesmes, l'ordre de Saint-Benoît; du Port-du-Salut, de Bellefont, de la Meilleraie, de madaue, de l'ordre de Cîteaux de Notre-Dame de la Trappe, sachent qu'ils sont personnellement invités au même Concile provincial.

Pour cela, nous prions nos très-vénérables Frères les évêques de vouloir bien donner respectivement communication de notre présent décret tant à leurs cha-pitres, qu'aux Abbés ci-dessus désignés.

Et, en attendant, vénérables Frères, prions avec instance, et faisons prier le plus que nous pourrons, les pieux fidèles de nos diocèses, afin que Dieu, source de bien, et principe de toute sagesse, veuille nous assister tous, dans l'exécution si salutaire dessein, qu'il daigne répandre en nos cœurs son saint Esprit, et qu'ainsi, par son secours, nous puissions décider ce qui sera le plus expédient pour la gloire et l'utilité de la sainte Église, et pour le salut des âmes.

« Donné à Tours, etc....., le septième des ides d'octobre, jour de la Fête des Saints Martyrs Denis et ses compagnons , de l'année 1849.

« † F. N., Archevêque de Tours. »

Mémoire des Évêques de Prusse touchant la Constitution du 5 décembre 1848.

—

(Suite.)

Il existe, par rapport à la participation exercée jusqu'ici par l'État dans la collation des offices ecclésiastiques, nommément des fonctions de curé et autres à charge d'âmes, deux espèces de droits fiscaux de présentation et de nomination, qu'il faut bien distinguer : l'un, que l'État s'est attribué par suite de la sécularisation des évêchés, chapitres, couvents et abbayes ; et l'autre qui, en vertu de quelque fondation, repose sur un titre canonique particulier.

Après la sécularisation, le pouvoir politique s'est attribué et a exercé le droit de patronat, et avec lui, le droit de présentation et de nomination; comme si cela devait aller de soi-même. Lorsqu'on a élevé la question du principe en vertu duquel ces droits étaient revendiqués, on prétexta différentes raisons. Tantôt on prétendit que le pouvoir politique avait acquis ces droits, parce qu'il était devenu le successeur des établissements supprimés ; et tantôt on mit en avant qu'il en était entré en possession, parce qu'avec la propriété des biens des établissements ecclésiastiques supprimés, tous les droits antérieurs de ces établissements étaient aussi passés entre ses mains.— Mais ni l'un, ni l'autre n'est fondé en raison.

Le droit de patronat et de présentation, que les établissements ecclésiastiques supprimés possédaient, n'appartenait aux collégiales, chapitres et couvents, ainsi qu'aux divers dignitaires et prélats, évêques, abbés, prévôts, doyens et autres, que comme tels : c'était un droit de patronat ecclésiastiques (*jus patronatûs ecclesiasticum*), par conséquent toujours et uniquement un droit *personnel* (*jus patronatûs personale*) et non pas un droit *réel* (*jus patronatûs reale*) c'est-à-dire attaché aux biens en tant que biens ; et il ne pouvait en conséquence être exercé que par une personne ecclésiastique comme telle, et jamais par le simple possesseur des biens. — Qu'il en soit ainsi, c'est ce que démontre constamment l'histoire, quand elle s'occupe de cet objet.

Le caractère de leur origine était comme une autre base sur laquelle ces droits reposaient. Ils résultent, en effet, tantôt de la fondation, tantôt de l'incorporation, et ne pouvaient passer à l'établissement ou à la dignité ecclésiastique qu'en tant qu'ecclésiastiques. Ce *droit s'est donc aussi éteint avec lesdits établissements et personnes* écclésiastiques, comme le patronat de race ou de famille (*jus patro-natus gentilitium*) s'éteint avec la race; et le patronat personnel pou-vait aussi peu passer à des tiers par héritage, que le patronat de race n'aurait pu s'attacher à la dignité ecclésiastique, ou bien que les droits de juridiction épiscopale ou quasi épiscopale inhérents à cette dignité ecclésiastique n'auraient passés aux nouveaux possesseurs de fait des biens territoriaux. Dans la déclaration que « les bénéfices, abbayes et couvents nommément et formellement attribués à l'in-demnité, aussi bien que ceux mis à la disposition des souverains, passent en général à leurs nouveaux possesseurs avec tous les biens, droits, capitaux et revenus, quelque part qu'ils soient situés, » le pa-ragraphe 36 de l'arrêté général de la députation impériale de 1803, indique lui-même quels sont les droits desdits établissements suppri-més qui devaient se transmettre. Ce n'étaient que les droits d'une nature analogue aux propriétés foncières, aux capitaux et aux reve-nus, c'étaient des droits *réels*, se rapportant à des choses matérielles, comme propriétés foncières, fonds de rente et capitaux, aliénables contre des biens matériels et temporels ; mais non des droits ecclé-siastiques et spirituels (*spiritualia*), qui ne sont point aliénables contre des biens matériels et temporels, et de l'espèce desquels est le droit de patronat. De plus, l'arrêté général de la députation impé-riale ne pouvait jamais transmettre que des droits purement tempo-rels et qui n'étaient point dépendants du caractère spirituel et de la dignité ecclésiastique, et n'y étaient point attachés. Les droits d'autre nature, avaient cessé en même temps qu'avaient lieu la suppression desdits établissements et la cessation des dignités ecclésiastiques, ou plutôt, la sécularisation elle-même n'ayant été qu'une situation de fait établie uniquement par un abus de pouvoir de la puissance tem-porelle, ces droits ne sont éteints que par la mort de leurs derniers possesseurs légitimes. Le maintien et l'exercice de ce droit de patro-nat de la part de l'État, n'eut donc en lui-même, dès le commence-ment, aucune justification, mais fut à la suite de la sécularisation violente qui l'avait précédé, une nouvelle violence du fort contre le faible, à laquelle le temps ne pouvait conférer aucun titre ni donner aucune véritable légitimité. Ce fut et ce n'a jamais été autre chose qu'une usurpation de fait.

A la place desdits établissements ecclésiastiques supprimés, les princes ont sans doute doté l'Eglise de diverses manières et plus ou moins convenablement ; mais cette dotation n'est nullement telle qu'elle pût, d'après les règles canoniques fondamentales, et en droit, fonder un patronat. Il lui manque d'abord la condition essentiellement exi-gée que la dotation soit un pur acte de libéralité envers l'Eglise, un don à elle offert, attendu qu'elle n'a été que l'acquit d'un engage-ment de justice passant avec les biens transmis et à eux attaché.

« Tous les biens des bénéfices, abbayes et couvents d'ancienne fon-dation, *déclare le paragraphe 35, de l'arrêté général de la Députa-*

tion impériale, dont l'emploi n'a pas été formellement déterminé dans les ordonnances précédentes, sont abandonnés à la libre et parfaite disposition des souverains respectifs, tant pour subvenir aux frais nécessaires du culte divin, aux établissements d'instruction et autres d'utilité publique, que pour alléger leurs finances, sous la réserve expresse de l'entretien perpétuel des églises cathédrales qui seront conservées. »

Cet engagement, loin d'avoir jamais été nié, a été reconnu à plusieurs reprises, et nous ajoutons à ce propos, que les *éclaircissements*, publiés par le ministère des affaires ecclésiastiques, à la date du 15 décembre de l'année dernière, touchant les dispositions contenues dans la Constitution, sur la religion et l'instruction publique, déclarent avec raison « que lorsque des négociations furent ouvertes avec le Saint-Siége, pour le rétablissement de la Constitution ecclésiastique, ce ne fut pas une grâce, mais l'acquit d'un engagement très-fondé ; si l'Etat se chargea de la dotation des évêchés et des instituts qui en dépendaient, ce ne fut pas une grâce qu'il fît, mais qu'il acquitta un engagement très-fondé. »

De même, la dotation des diverses églises paroissiales ne fut que l'accomplissement d'un engagement très-fondé, qui pour le Rhin et la Westphalie repose sur la déclaration citée, et pour les autres parties de la monarchie sur d'autres titres de droit spéciaux, conséquences de la sécularisation. La dotation payée par l'Etat par suite de ces engagements, fut donc simplement l'acquit d'une dette qui lui incombait légitimement, et s'il est vrai que le débiteur ne peut, par le paiement de sa dette, acquérir à l'égard de son créancier un droit qui n'y est point attaché, tout aussi peu l'Etat l'a pu à l'égard de l'Eglise.

Il manque encore à cette dotation une seconde condition fondamentale ; par cette circonstance, qu'elle n'est point tirée de la propriété du dotateur (*ex propriis*), comme il est prescrit par le droit ecclésiastique, mais que proprement et en réalité, elle ne l'est que des deniers de l'Eglise elle-même. L'Etat n'a donc été ici, en aucun sens, bienfaiteur envers l'Eglise, et par suite il n'a pu acquérir aucun titre de droit. De tout cela, il résulte évidemment, que toute raison mise en avant de la part de l'Etat, pour le maintien du droit revendiqué par lui est en général insoutenable, et par conséquent que le droit réclamé lui-même est radicalement nul.

Ce n'est donc qu'un devoir naturel imposé à l'Eglise et à ses Évêques de s'opposer résolûment à l'exercice ultérieur du droit fiscal de présentation comme à une injuste *servitude*, et de le repousser à jamais, nommément en ce moment, que, dans leur conviction même, le droit de l'Etat légitimement fondé pour la présentation et la nomination, a été complétement et expressément aboli par la nouvelle *Constitution.*

NOUVELLES RELIGIEUSES.

FRANCE. — DIOCÈSE DE PARIS. — Le 3 novembre, Mgr l'Archevêque de Paris officiera pontificalement, dans la Sainte-Chapelle à l'occasion de la prestation de serment de la haute magistrature de France.

Pendant la cérémonie seront exécutés des chants religieux qui appartiennent exclusivement à la musique du treizième siècle, époque, comme on le sait, où saint Louis faisait bâtir la Sainte-Chapelle.

Ainsi, les murailles consacrées de ce monument, l'une des merveilles du treizième siècle, entendront de nouveau ces chants contemporains de leur fondation, qui depuis bien des années, depuis plusieurs siècles peut-être n'avaient pas retenti dans leur enceinte. On annonce, au surplus, qu'un grand éclat doit être donné à cette cérémonie.

— Le séminaire des missions étrangères, cette pépinière inépuisable de zélés missionnaires, qui, tous les ans, jette sur les côtes inhospitalières du Tonquin et de la Cochinchine, et sur bien d'autres points du globe, ses prêtres pour y porter la *bonne nouvelle*, et éclairer, suivant le texte sacré, *les peuples assis à l'ombre de la mort*, a été récemment témoin d'une de ces cérémonies que les départs de missionnaires ramènent plusieurs fois dans l'année.

C'est un usage gardé précieusement dans cette maison, qu'alors que des missionnaires doivent partir, la veille au soir il se réunissent, dans la chapelle intérieure, avec les autres membres de leur communauté. Là, après une exhortation aux nouveaux apôtres, par l'un des anciens, qui ont acquis, par bien des années passées dans la vie de missionnaire, le droit d'adresser, au moment où ils quittent la patrie, à leurs jeunes confrères, de saintes et encourageantes paroles; au milieu des chants qui rappellent ces mots de l'Écriture si bien appropriés à la circonstance: *Qu'ils sont beaux les pieds de ceux qui annoncent la paix*; toute l'assistance vient, sous l'inspiration des pensées de la foi, embrasser les pieds des apôtres qui vont les quitter.

Cette année, une circonstance particulière ajoutait un intérêt de plus à la cérémonie déjà si touchante par elle-même. Au nombre des missionnaires partant, il s'en trouvait un qui avait passé une partie des années de sa jeunesse dans les camps : puis il avait abandonné la vie militaire pour se livrer aux études qui précèdent le sacerdoce, et c'était à la guerre pacifique de la conquête des âmes, dans les missions, qu'il allait consacrer la suite de sa vie.

Cette circonstance avait amené, dans la chapelle des missionnaires, un grand nombre de militaires; ils venaient eux aussi, mêlé aux vénérables prêtres des missions, et les yeux pleins de larmes, porter leur adieu à leur ancien confrère, et baiser ces pieds, pour ainsi dire, consacrés à l'avance.

Un protestant, dit-on, assistait aussi à cette scène des adieux du missionnaire catholique, et des larmes attestaient l'émotion dont son cœur était pénétré. Qui sait si ce spectacle auquel une curiosité peut-être toute humaine l'avait amené, n'aura pas commencé le travail intérieur qui aboutit si souvent à la conversion de nos frères égarés?....

— Paris est inondé d'almanachs démocratiques. Ils sortent pendant la nuit, dirait-on, de dessous les pavés des rues, et, une fois en possession de la voie publique, ils se répandent partout popularisant les mauvaises doctrines.

— Parmi les prédicateurs qui doivent se faire entendre, pendant la station de l'avent, dans les chaires de la capitale, on indique les noms qui suivent : M. Baulain, à la Madeleine; M. Lacarrière, à Saint-Eustache; le P. Humphry, à Notre-Dame-de-Lorette; le P. Lefebvre, aux Missions-Étrangères; M. Deplaces, à Saint-Vincent-de-Paul.

DIOCÈSE DE TOULOUSE. — Une cérémonie touchante a eu lieu ces jours derniers dans le pénitencier de Toulouse. Plus de soixante enfants ont reçu le sacrement de la confirmation, et presque tous ont fait la sainte communion avec une piété et un recueillement dont les spectateurs ont été profondément édifiés, et qui témoignent de la sollicitude constante du directeur de cet utile établissement.

Mgr le coadjuteur a pris deux fois la parole avec cette douceur et cette onction qui portent si facilement à l'âme la foi et le bonheur. Après la cérémonie, il a parcouru avec un intérêt paternel les ateliers et toutes les autres parties de la maison.

Bulletin de la politique étrangère.

ITALIE. — Rome, 24 octobre. — Le clergé s'est assemblé hier, sous la présidence du vicaire-général le Cardinal Patrizi, pour faire choix des députés qui doivent, aujourd'hui, se mettre en route pour Naples. La municipalité, réunie au Campidoglio, a élu, de son côté, une députation dont font partie le prince Deschalchi, Belli, Scaramucci, Massari, et plusieurs autres avocats et propriétaires. La chambre des communes a fait de même : les trois ambassades vont aller supplier le Saint-Père de rentrer dans sa capitale qui, depuis son absence, présente l'aspect d'une ville désolée. Plusieurs se flattent que le Souverain Pontife reviendra à Rome pour présider aux solennités de la Toussaint.

Tous les Romains que des passions démagogiques n'aveuglent pas, comprennent parfaitement que, sans le Pape, Rome est réduite à un rôle tout-à-fait secondaire en Europe. Les finances du pays sont dans un état déplorable. Or, quel espoir d'améliorer cette situation, s'il y a toujours divorce entre l'État et son chef? L'emprunt est la voie la plus naturelle pour sortir d'embarras. Mais il faut qu'on rassure les capitaux, et cela sera impossible tant que le Souverain-Pontife se verra obligé de prolonger son séjour sur la terre étrangère. Cependant le déficit s'agrandit chaque mois. Septembre a présenté des rentrées inférieures de 600,000 écus aux dépenses. Octobre ne sera pas moins désastreux, assure-t-on.

AUTRICHE. — L'organisation de l'Italie, de la Hongrie et de la Gallicie est, en ce moment, la grande question à l'ordre du jour à Vienne. La Hongrie recevra d'abord, ainsi que nous l'avons dit, une organisation provisoire toute militaire et administrative pendant la durée de l'état de siége. Elle obtiendra ensuite une diète ou des diètes provinciales dans chacun des cinq ou six grands districts qui constitueront la division. Sur diverses nationalités qui la composent, telles que les Slovaques, les Ruthènes, les Valaques, les Serbes jouiront, à côté des Magyares, de l'usage de leur langue et des institutions adaptées à leurs besoins locaux.

Nous avons fait connaître hier comment serait administré le *royaume Lombardo*-Vénitien.

à la Gallicie, rien n'a été encore définitivement arrêté.

reçu en Angleterre des correspondances de Gibraltar du 2?
avec des nouvelles importantes du Maroc. Voici les détail
is recueillons dans les journaux de Londres :

...teau à vapeur espagnol est arrivé inopinément à Gibraltar, le 22. Il amenai
.. tous les résidants français au Maroc, qui avaient abandonné ce territoire pa
. rupture des négociations que le chargé d'affaires de France était en train d
.. vis-à-vis du gouvernement marocain.

...teau à vapeur a annoncé que le consul général et le vice-consul de Franc
...mbarqués à bord de la frégate la *Pomone*, et que l'on s'attendait pour cum'
.. hostilités que l'arrivée de l'escadre française. Ces hostilités, suivant toute
.. bilités, devaient commencer par le bombardement de Tanger et de Mogador
... égate à vapeur française la *Dauphine*, a été expédiée de Tanger à Toulon dan
.. le 22, pour donner l'ordre à notre flotte de la Méditerranée de se rendre de
.. ...er.

...tribue cette brusque rupture des négociations à l'exécution d'un courrier au
.. service de M. Roche, notre chargé d'affaires, exécution qui a été faite ...
.. l'empereur, nonobstant l'insistance qu'a mise notre gouvernement à ce qu
... tion n'eût pas lieu. »

ASSEMBLÉE LÉGISLATIVE.

PRÉSIDENCE DE M. DUPIN. — *Séance du 31 octobre.*

..ce est ouverte à deux heures un quart.
..ésident donne lecture d'une lettre de M. le Garde-des-Sceaux, qui l'inform
..cinq places seront réservées aux membres de l'Assemblée, dans le palais d
..e 8 novembre, jour de l'installation de la magistrature. Cent cinquante bille
.. à la disposition de MM. les questeurs.
..ARLES DUPIN. Je me suis prononcé pour l'enquête, mais j'ai besoin de pro
..tre cette allégation produite hier, que la France n'a plus de marine. Not...
..nt 700 millions; elle a fait, dans ces dernières années, les expéditions glo
.. Saint-Jean d'Ulloa, du Tage, de Mogador.
..L'enquête !
..TRACY. L'enquête sera utile non parce qu'il y aurait de graves abus, ma...
..il faut fixer de grandes questions administratives. Voilà l'esprit dans leque
..ptons l'enquête.
..ure de la discussion générale est fermée.
..mble du projet d'enquête est adopté.
..mblée vote un projet de loi tendant à ouvrir un crédit de 91,000 fr. au minist
.. intérieur.
..mblée ajourne à lundi, la discussion de la proposition de M. Baraguay-d'Hil-
..liant à modifier le décret du 19 juillet 1848, relatif aux écoles Polytechnique et
.. Cyr.
..dit 122,960 fr. 73 c., est voté pour indemnité au sieur Allard.
..nd mouvement se fait remarquer.
..PRÉSIDENT. Je dois donner connaissance à l'assemblée du message suivant,
.. ar M. le Président de la République. (Voir plus haut.)
..ce est levée à cinq heures un quart.

Haute-Cour de justice.

..nce de ce jour a été consacrée à l'audition des témoins. Aucun fait nouveau
..vélé. L'audience continuera vendredi. Samedi il n'y aura pas de séance à
.. la cérémonie de l'institution de la magistrature.

Chronique et Faits divers.

— La distribution des récompenses nationales aux exposants de l'industrie aura lieu d'ici le 10 novembre. Le grand rapport du jury est terminé.

— Le chargé d'affaires de la Confédération suisse, à Paris, se donne, en ce moment, beaucoup de mouvement, ses allées et venues sont incessantes, de même que ses visites au palais de l'Elysée.

— Hier au soir et ce matin, les conseils, les conférences, les allées et venues d'hommes d'Etat à l'Elysée étaient incessantes.

— Un grand nombre d'officiers de la marine nationale, indignés depuis long-temps de ce qui se passe dans cette administration, sont venus à Paris pour appuyer l'enquête.

— La navigation est très-active en ce moment sur la haute et la basse Seine.

— Hier soir a eu lieu, chez M. d'Albert de Luynes, une réunion des protecteurs de la société publique de prévoyance, l'Entrepôt National, qui a pour but de créer dans les quartiers les plus pauvres et les plus populeux de Paris des établissements où toutes les denrées de nécessité première seront livrées aux ouvriers au prix de revient. Il paraîtrait que ce projet honorable va recevoir les développements qu'il comporte.

— On lit dans le *Publicateur* de Napoléon-Vendée :

« Par lettre ministérielle reçue hier, M. Cahen, nommé professeur de philosophie au lycée de Napoléon, vient d'être appelé à Paris. »

— M. de Flahaut, ancien ambassadeur à Vienne, qui, depuis longtemps se tenait éloigné de France, vient de revenir à Paris.

M. de Flahaut, qui a été longtemps attaché à la personne de la reine Hortense, est, dit-on, rappelé à Paris, sur la pressante invitation de M. le Président de la République.

— Un certain nombre de soldats de la garde républicaine viennent d'être licenciés.

— Un journal rappelle, à propos du punch offert dimanche soir, à Lille, aux gardes nationaux de Paris, celui qu'offrit, le 25 octobre 1694, dans la ville de Lisbonne, l'amiral Russel, commandant en chef des armées navales d'Angleterre, à tous les officiers et les équipages de sa flotte.

Il fit préparer cette fête dans un magnifique jardin, au milieu duquel était un vaste bassin de marbre qui, bien nettoyé, servit de bol. L'amiral y fit jeter les ingrédiens suivans :

Eau-de-vie de Cognac,	600	bouteilles.
Vin de Malaga,	1,200	—
Rhum,	600	
Citrons ou limons en tranches,	25,000	
Eau bouillante clarifiée,	3	tonneaux.
Jus extrait de	2,600	
Livres de sucre,	600	
Noix de muscade rapées,	200	

Un dais élevé au-dessus du bassin-bol le garantissait de la pluie. Un batelet en bois rose était monté par un mousse, qui voguait sur le punch même et en servait à la compagnie, pour laquelle l'amiral avait de plus fait dresser dans les quatre allées du jardin des tables chargées d'une abondante collation sous la *voûte parfumée* des orangers et des citronniers.

— M. Rosenfeld, directeur de l'école primaire israélite de notre ville, vient 'être suspendu de ses fonctions.

Cet arrêté de suspension émanant de M. le général Gemeau, il est évident que ette mesure se rattache à la politique d'une manière intime, qui dans notre ville omme dans beaucoup d'autres, compte de fervents sectaires parmi les hommes jui sont chargés de répandre l'instruction.

VARIÉTÉS.

SOUVENIRS LITTÉRAIRES DU PETIT SÉMINAIRE DE PARIS, *ou choix d. devoirs en poésie et prose latine, chez Poussielgue, rue du Petit-Bourbon-Saint-Sulpice, 3, et chez Lecoffre, rue du Vieux-Colombier.*

Qui donc de nos jours s'occupe de poésie? Quelle muse chante au milieu de notre fracas de révolutions? N'avons-nous pas vu ceux qui avaient reçu d'en haut le doux parler du poète, le feu sacré de l'inspiration, briser leur lyre, et étonner par leurs tristes essais politiques un monde qui n'eut pas demandé mieux que d'applaudir à leurs chants. Décidément, quand Platon voulait qu'on chassât de sa République les poètes, après les avoir couronnés de fleurs, nous serions tentés de croire qu'il avait vu les poètes et leurs républiques du dix-huitième siècle. Voilà pour la poésie française. Mais que dirons-nous de la latine? Avez-vous lu des vers latins quelquefois et quelque part? Si vous ne connaissez pas ce genre de composition, nous vous annonçons un petit volume de quatre cents pages tout plein de vers latins, et ce qui mieux est, de très-bons vers latins.

Autrefois le magistrat eût lu des vers latins, mais maintenant, entre les débats de la Cour de haute justice de Versailles, et les séances des assises, il ne lirait même pas ceux que composa le chancelier de L'hôpital! Le médecin eût lu des vers latins, mais de nos jours, a-t-il lu ceux de Lucrèce sur la peste d'Egypte, devant laquelle, comme devant notre choléra,

> Mussabat tacito medicina timore.

Hélas! le vers latin n'est plus guère connu et cultivé que par ceux qui sont chargés de l'instruction littéraire de la jeunesse. Les Jésuites autrefois avaient dans leur Compagnie des hommes qui, nourris de la plus pure antiquité, surent chanter sur tous les tons, et donner d'élégants modèles dans tous les genres de poésie. Il n'y a plus de Vanière, ni de Commire. L'ancienne Université de Paris comptait un grand nombre d'habiles versificateurs. L'*Hermès romanus*, l'*Apis romana* recueillirent de jolies pièces : mais maintenant c'est presque exclusivement parmi les prétendants au prix de vers latins au grand concours, ou parmi les aspirants au grade de licencié ès-lettres, qu'est cultivée la poésie latine. Elle a toujours été en grand honneur au petit séminaire de Paris, où l'on conserve un nombre considérable de pièces de vers latins dus à d'anciens élèves qui occupent maintenant des positions importantes dans toutes les carrières.

Sous l'administration de M. Dupanloup, maintenant évêque d'Orléans, les études reçurent une impulsion nouvelle à une époque que l'historien de Mgr Affre, M. Cruice, a appelée l'âge d'or du séminaire. Pour exciter les élèves à imiter leurs jeunes devanciers et à continuer l'*âge d'or*, M. l'abbé Cathelin, préfet des études du petit séminaire, a réuni et mis en ordre un très-grand nombre de pièces de vers latins, et quelques compositions en prose latine toutes de cette époque, à peu d'exceptions près. Les vers français ayant toujours été proscrits dans la maison, il n'y en a pas une seule pièce.

Ce recueil peut être fort utile aux professeurs qui y trouveront non-seulement de belles matières, mais d'excellents vers latins de toutes les mesures.

Les sujets sont variés, poétiques, empruntés à l'histoire, à la fable, aux grands événements contemporains. Nous avons remarqué en particulier les descriptions du Jardin-d'Hiver, celle des machines à vapeur, la mort de Mgr Affre, Notre-Dame-des-Ermites, le grand Saint-Bernard. Nous mentionnerons aussi la plainte poétique d'un jeune élève qui craint que sous la République on ne supprime avec la fête des rois, l'usage antique et solennel des gâteaux et des libations trop réactionnaires.

Nous citons quelques-uns de ces vers :

> Dicere si non fas : longà rex luce fruatur,
> At nobis liceat saltem clamare : Bibit rex !
> Invisi minimè sunt inter pocula reges.
> Quos Faba sola parit, non possunt esse tyranni.
> O Bruti genus austerum! Si pellere vultis
> Tarquinios, regnare tamen permittite Momum :
> Momus erat festi rex et conviva facetus.
> Aures si velat nomen regale severas,
> Regis qui lætus gaudebat nomine quondàm
> Saltem consul erit, levioraque sceptra tenebit :
> Nomine sic alio veteres Faba servet honores.

Ce petit ouvrage sera utile à MM. les professeurs : nous le signalons à l'époque de la rentrée des classes.

M. Cathelin indique que les pièces qu'il a élite ont été faites de 1838 à 1839. Nous regrettons qu'à côté des initiales de chaque jeune auteur, il n'ait pas mis la date précise; c'eût été un intérêt de souvenir de plus et un moyen de mieux comparer les années entr'elles. Plusieurs pièces de circonstance et d'intérêt local et domestique auraient demandé quelques notes explicatives.

Heureux ceux qui, malgré le bruit de la chute des Empires, conservent les traditions et le calme des lettres antiques!   P. C. C.

AVIS. — Demain, 2 novembre, l'AMI DE LA RELIGION ne paraîtra pas à cause de la solennité de la Toussaint.

BOURSE DU 31 OCTOBRE.

Le 3 p. 100 a débuté au comptant à 56, a fait 56 10 au plus haut, et reste à 56.

Le 5 p. 100 a débuté au comptant à 88 80, a fait 88 10 au plus bas, et reste à 88 35.

Les actions de la Banque ont été cotées à 2,240.

L'un des Propriétaires-Gérants, CHARLES DE RIANCEY.

Paris, imp. BAILLY, DIVRY et Comp., place Sorbonne, 2.

L'AMI DE LA RELIGION.

SÉANCE DE L'ASSEMBLÉE.
Programme du nouveau ministère.

La séance d'aujourd'hui a été la contre-partie de celle d'avant-hier, et nous nous en félicitons. Pour le moment, les sages avis et les conseils de prudence paraissent avoir repris quelque empire. Puisse cette disposition heureuse s'affermir et se maintenir! La paix et la sécurité dont la France a tant besoin, ne peuvent qu'y gagner.

L'agitation était encore très-vive dans les abords de la salle ; le manifeste du 31 octobre était l'objet de toutes les conversations. Mais un certain calme d'esprit avait remplacé les mouvements très-énergiques qui se manifestaient la veille et qui, hier encore, éclataient dans tous les groupes politiques. Le sentiment de la majorité était une expectative tranquille et résolue. Elle paraissait très-simplement déterminée à attendre le ministère à l'œuvre et à ne le juger que sur ses actes. Peu à peu le bruit se répandit que le cabinet devait faire une démonstration très-significative ; l'impression produite par le message n'aurait pas été perdue. On aurait réfléchi, on aurait compris la gravité, le péril de certaines paroles : on tiendrait à rassurer de légitimes alarmes, à atténuer un effet malencontreux. Ces nouvelles jetaient sur toute l'Assemblée une teinte de curiosité inquiète qu'augmentait encore l'insignifiance des travaux auxquels la conviait son ordre du jour. Aussi les projets de loi passaient, les votes se suivaient, les ajournements se multipliaient sans que personne y fît attention. Tous les regards étaient portés vers le banc des ministres complétement inoccupé. Enfin, l'impatience commençait à gagner, quand les huit membres du cabinet sont entrés de concert. Le silence fut établi. M. le ministre de la guerre ayant demandé la parole, a lu le programme suivant :

« Messieurs, le programme contenu dans le message de M. le président de la République est assez nettement formulé pour marquer hors de toute équivoque la politique qu'il nous a appelés à suivre.

« Lorsqu'il a bien voulu nous demander notre concours, il avait déjà cru devoir user de son initiative constitutionnelle ; il ne nous sera certes pas défendu de chercher dans les actes du cabinet qui nous a précédés plus d'un exemple de glorieux dévouements au pays et d'une intelligence élevée de ses intérêts.

« Dans la situation qui nous était faite, toute sympathie individuelle devait se taire ou plutôt se résigner dans l'adhésion à un témoignage éclatant et solennel d'amitié et de reconnaissance.

« L'avenir nous était montré ; nous avons été convaincus de l'urgence d'y pourvoir.

« Le nouveau cabinet, nos antécédents le disent assez, n'est pas formé contre la majorité de cette Assemblée; au contraire, il développe avec énergie les principes avoués; elle n'en a et ne peut en avoir d'autres.

« Il faut maintenir l'union de toutes les nuances dans un seul parti : celui de la France à sauver.

« On y parviendra par l'unité de vues, par la confiance en la force du pouvoir élu au 10 décembre, appuyé sur la majorité de cette assemblée; enfin, par le sentiment impérieux du devoir, réveillé partout dans l'esprit des fonctionnaires de l'Etat.

« Tel est le but que nous a conviés à poursuivre avec lui le chef du gouvernement, mettant, selon son droit noblement compris, sa responsabilité à côté de la nôtre dans ce difficile mais patriotique effort.

« Paix au dehors; garantie par la dignité qui convient à la France, maintien énergique et persévérant de l'ordre au dedans; administration plus que jamais vigilante et économe des finances de l'Etat, tel est le programme que nous dictent à la fois les intérêts du pays, la confiance de cette Assemblée et la conviction personnelle du chef du gouvernement.

« Au premier rang de nos devoirs nous mettons la perfection du travail à tous ses degrés et dans toutes ses formes; nous voulons que le laboureur et l'ouvrier, de plus en plus rassurés sur le lendemain, retrouvent enfin complètement cette confiance qui commence à renaître.

« Mais nous voulons aussi que cette sécurité, se répandant vers les autres régions de la société, y ranime les travaux de l'intelligence et rende à la fortune et au crédit un ressort depuis longtemps détendu.

« Le cabinet, en acceptant le fardeau des affaires, qu'il ne recherchait pas, a dû compter sur vos sympathies et sur votre appui. Votre raison élevée et votre patriotisme lui donnaient ce droit. »

Cette lecture a été accueillie sur les bancs de la majorité par une satisfaction digne et contenue. Chacun a apprécié le sentiment qui a dicté ce nouveau programme, et, sans relever le contraste, on en a su gré.

Nous ne ferons pas autrement que la majorité. Nous formerons seulement ce vœu, c'est que les pensées de conciliation et de rapprochement émises par le cabinet soient exécutées avec une constante et parfaite persévérance: la majorité s'y prêtera avec sincérité, et ce n'est pas d'elle que viendront ni les provocations, ni les ruptures.

Le nouveau Ministère.

Le *Moniteur* d'hier matin, chose assez bizarre, a publié la liste des nouveaux ministres à la partie *non officielle*.

Le supplément, portant en tête *partie officielle*, n'a paru qu'à trois heures.

Le décret du président est ainsi conçu :

« Le président de la République décrète ce qui suit :

« Art. 1er. La démission des ministres est acceptée.

« Art. 2. Sont nommés ministres :

« M. le général d'Hautpoul, à la guerre;

« M. de Rayneval, aux affaires étrangères;

« M. Ferdinand Barrot, à l'intérieur;

M. Rouher, à la justice;

M. Bineau, aux travaux publics;

M. Parieu, à l'instruction publique et aux cultes;

M. Dumas, à l'agriculture et au commerce;

M. Achille Fould, aux finances;

M. le contre-amiral Romain-Desfossés, à la marine.

M. le général d'Hautpoul est chargé, par intérim, du portefeuille des affaires étrangères.

Fait au palais de l'Elysée-National, le 31 octobre 1849.

« *Le président de la République,*

« LOUIS-NAPOLÉON BONAPARTE. »

Le Dix Décembre.

Le journal le *Dix Décembre* est le seul qui se dise hautement, sans réserve et sans restriction, enchanté du Message du Président la République.

On dirait qu'il y voit la découverte d'un monde nouveau :

Un événement d'une portée immense a marqué la séance de ce jour; le ministère a changé, la vraie politique du Président a pris un nouvel essor; politique ferme, nationale, telle qu'il appartient à un membre de la famille de Napoléon de la ...

Sa voix sera entendue avec bonheur; la lettre qu'il a adressée à l'Assemblée nationale respire à la fois l'intelligence la plus complète des besoins de la situation, et le dévouement le plus sincère aux intérêts nationaux et populaires amais le mal n'a été ... avec plus de sagacité, signalé avec plus de vigueur; c'est dire que le remède est ... et que les plaies sociales recevront leur guérison. La reconstitution de l'autorité, ..., la religion, le bien-être du peuple, rendront à la France cette prospérité, ... seul le manque de foi en l'avenir, et la dignité nationale maintenue à l'ex-..., rendra au nom français cette prépondérance que dix siècles de gloire lui ont ...

Le message du Président est gros d'avenir; la portée en est immense. »

Malgré la joie et l'enthousiasme du *Dix Décembre* pour le mes-sage, nous avons besoin de croire que le ministère nouveau n'est pas que des éloges de cette feuille; et qu'il n'ira pas du moins cher-r dans les articles qu'elle a récemment publiés, son esprit et son gramme.

La coterie qui inspire le *Dix Décembre* sera sans doute désavouée nouveau. Aucun ministère ne peut honorablement subir un tel g ou même un tel patronage.

Revue des journaux.

Le supplément du *Moniteur*, annoncé pour avant-hier soir, n'ayant nt encore paru hier, à midi, ce retard avait fait supposer que le nouveau cabinet était déjà en état de dislocation. Mais hier, dans l'a-s-midi, la liste ministérielle que nous avons fait connaître a paru intégralement dans la feuille officielle. Les hommes d'ordre atten-nt avec calme, mais non sans se préoccuper des graves éventua-s qui peuvent surgir, le résultat de cette nouvelle épreuve.

Voici les opinions des divers journaux sur le renvoi de l'ancien ministère, l'avènement nouveau et le message du Président :

Le *Constitutionnel* ne dit pas un mot du message. Il ne consacre au ministère qu'une seule ligne.

« Tous ces noms appartiennent à la majorité de l'Assemblée. »

La *Presse* garde le silence : on dit que M. de Girardin est à Londres, au congrès de la paix. Le *Journal des Débats* espère que la France ne sera pas jetée en de nouvelles et folles aventures :

« Nous espérons que malgré sa surprise, malgré ses regrets beaucoup plus vifs que peut-être hier elle ne l'aurait cru elle-même, la majorité ne se divisera pas, qu'elle se rappellera toujours combien son union est indispensable au maintien de l'ordre social, et que la défense des lois et de la liberté repose sur sa fermeté et sa modération. Il n'y a que les fous qui puissent songer en ce moment à courir de nouvelles aventures, et nous ne connaissons encore en France de parti qui rêve des coups d'Etat que celui d'où sont sortis les combattants du mois de juin 1848 et les conventionnels du Conservatoire des Arts-et-Métiers. »

L'*Ordre*, qui recevait les inspirations de M. Odilon Barrot, s'exprime ainsi :

« La majorité parlementaire, sans se dissimuler que le coup d'autorité du président a été fait principalement contre son influence..., la majorité est décidée à prêter à ce cabinet son concours, tant qu'il marchera dans des voies de prudence et de conservation. Sa sollicitude est éveillée sans doute sur les embarras présents et les dangers de l'avenir ; elle se montrera, comme c'est son devoir, attentive et vigilante. En secondant les intentions louables et les desseins sagement conçus, *elle mettra obstacle avec une invincible fermeté aux entreprises téméraires.* Mais il ne dépendra pas d'elle qu'un conflit, que les ennemis de l'ordre se plaisent dès aujourd'hui à entrevoir, ne soit jusqu'au bout évité. »

L'*Union* termine ainsi son article sur la situation :

« La Révolution marche !...

« Le ministère chassé ! la politique personnelle inaugurée tout à coup ! En voilà certes plus qu'il n'en faut pour donner à cette journée une place importante dans nos fastes révolutionnaires.... »

L'*Opinion Publique* se montre beaucoup moins inquiète de la crise:

« Il n'y a rien là, dit-elle, qui doive effrayer. Il faut que la lumière soit faite sur les hommes et sur les choses. L'Assemblée, forte de son union, peut traverser cette nouvelle épreuve et la faire traverser au pays. La parole est à M. le Président de la République, qui l'a demandée ; l'Assemblée et le pays, dont la souveraineté réside en elle, attendent. »

On lit dans l'*Événement* :

« Ce ministère, bien que pris tout entier parmi les membres de la majorité, ne satisfera pas celle-ci, nous en sommes convaincus.

« Ce ministère ne contentera pas non plus la minorité.

« Il ne contentera pas enfin le pays, qui connaît à peine les noms des nouveaux ministres, et qui s'effraiera peut-être de voir les destinées du pays confiées à des noms aussi obscurs dans des circonstances aussi graves.

« On nous répondra que ce ministère contente l'Élysée. Nous répliquerons que l'Élysée n'est pas la France. »

Le *Siècle* et le *Crédit* témoignent leur sympathie au Président de la République, et ils attendent la réalisation de ses promesses.

La *République*, qui s'est un peu modifiée sous l'influence de

M. Pierre Leroux, se montre *quasi* satisfaite. Elle espère bien que le message du Président est un pas qui le conduira forcément dans les voies de la révolution démocratique et sociale.

« Plusieurs des expressions contenues dans ce document sont dignes de remarque. Le président veut « raffermir la République *menacée de tant de côtés* par l'anarchie. » Voici la première fois, si nous ne nous trompons, que le Président parle aussi nettement d'affermir la République. Quant à cette expression : « *menacée de tant de côtés,* » elle constate la position nouvelle que le Président cherche à prendre. C'est ainsi qu'il ajoute plus bas : « A peine les dangers de la rue étaient-ils passés, qu'on a vu les *an-
« ciens* partis relever leurs drapeaux, etc. » C'est là une déclaration de guerre en forme à l'adresse de la légitimité et de l'orléanisme.

« Nous ne dirons rien du programme « à l'intérieur, ordre, autorité, religion, bien-
« être du peuple ; à l'extérieur, dignité nationale ; » ce sont des mots à l'usage de tous les gouvernements ; la réalisation seule en serait nouvelle et originale.

« Nous noterons encore ces paroles : « Je veux être digne de la confiance de la na-
« tion, en maintenant la Constitution que j'ai jurée. »

« C'est là un engagement formel, nous en prenons acte. »

Un peu plus loin, la même feuille donne à M. Louis Napoléon les conseils désintéressés que voici :

« S'il veut en effet lutter contre les anciens partis, il faut qu'il s'appuie sur les hom-
mes dévoués à la nouvelle forme de gouvernement que la France s'est donnée. L'esprit républicain socialiste est le seul antidote efficace de l'esprit royaliste. Si, par une inspiration malheureuse, il entreprenait de lutter contre le passé sans s'appuyer sur l'ave-
nir ; s'il exaspérait les haines des amis de la royauté sans obtenir la confiance des amis de la République et de la Constitution, il serait irrévocablement perdu ; les royalistes déçus lui feraient chèrement expier la peur qu'il leur aurait inspirée, sans que les républicains auxquels il n'aurait donné aucun gage, pussent avancer la main pour le soutenir.

« M. Louis Bonaparte a franchi le Rubicon ; s'il s'en tient aux velléités, aux à peu près, s'il ne rompt pas avec les mesures de tiers-parti, s'il n'appelle pas à lui des serviteurs avérés de la République, s'il n'inaugure pas, non plus par des paroles, mais par des actes, une politique nationale, républicaine et populaire, nous le répétons, il est perdu. »

« Tandis que la *République* accueille tout à la fois avec des espéran-
ces et presque avec des menaces le nouveau cabinet qu'elle appelle cependant « un ministère du jour des morts ; » *La Voix du Peuple*
même de M. Proudhon, dit que c'est le *cabinet d'une nuit de mardi-
gras.*

« Et, comme nous ne sommes pas en carnaval, ajoute-t-elle, nous comptons trouver une autre liste dans le *Moniteur* de demain. »

Le *National*, qui pense qu'un 18 brumaire se prépare, annonce qu'il en appellerait, dans ce cas, au refus de l'impôt, moyen préco-
nisé, ces jours derniers, par MM. Proudhon et Émile de Girardin. C'est donc un plan arrêté. Voici, au surplus, la déclaration du *National* :

« Est-ce donc un 18 brumaire que l'on prépare ? Nous l'attendons.

« Nous l'attendons avec la ferme confiance que si, un homme, quel qu'il fût, obéis-
sant à des conseils détestables, était assez aveugle pour essayer d'usurper la souveraineté populaire, sa tentative échouerait misérablement.

« Dans aucun cas, les républicains n'ont à prendre l'initiative de l'agression. Ce n'est ni leur intérêt ni leur droit. Résister peut devenir leur devoir : ils le rempliront...

« Dévoués à la République, pleins de respect pour la Constitution, décidés à attendre du jeu pacifique et régulier de nos institutions le triomphe de nos idées, nous résisterions à toute atteinte portée à l'édifice populaire, dans la forme ou dans le fond, par le REFUS IMMÉDIAT DE L'IMPÔT. »

Le *Temps*, qui prend ses désirs pour des réalités, termine son article par ces paroles sinistres :

« La lutte immédiate est entre le président et la majorité de l'Assemblée. Si le président persiste, il n'a de ressources que dans un coup-d'État. Et la majorité est absolument dans la même situation vis-à-vis du président.

« Que le peuple veille ! »

De M. l'abbé Chantome.

Dans un de nos précédents numéros, nous avons signalé à nos lecteurs la PÉTITION adressée par M. l'abbé Chantome à N. S. P. le Pape et à NN. SS. les Évêques. Dans ce premier article, sans aborder le fonds de la pétition, nous nous bornions à faire ressortir ce qu'un tel acte, sa forme, sa publicité, sa présentation à l'adhésion des prêtres et des LAÏQUES, avaient d'étrange, de scandaleux, de contraire aux principes les plus essentiels du gouvernement ecclésiastique.

L'éclat malheureux que M. l'abbé Chantome semble prendre à tâche d'appeler de plus en plus sur son nom et sur ses œuvres, ne nous permet pas de différer plus longtemps de faire connaître à nos lecteurs le plan et les détails les plus saillants de cette audacieuse requête. Nous n'aurons pas à discuter : il est des écrits qu'on réfute assez en les citant.

Voici le titre :

PÉTITION *adressée au Pape, aux Conciles, aux Évêques, sur les RéFORMES à opérer dans l'Église catholique,* PRÉSENTÉE A L'ADHÉSION *des ecclésiastiques et des* LAÏQUES, *par M. l'abbé* CHANTOME, *rédacteur en chef de la Revue des Réformes et du Progrès* (1).

Le cadre dans lequel M. l'abbé Chantome consent à circonscrire l'objet de ses demandes, n'est pas moindre que celui-ci :

Les réformes qu'il requiert, accomplissant en cela, selon lui, *le devoir rigoureux pour tout catholique de dire hautement sa pensée,* lui semblent devoir embrasser :

« 1º Le *gouvernement de l'Église* dans son ensemble et dans toutes ses parties; 2º l'enseignement et l'éducation ecclésiastique; 3º la prédication, ou l'enseignement des peuples; 4º les ordres religieux et congrégations; 5º le culte et la liturgie; 6º les biens et les revenus de l'Église; 7º enfin quelques points spéciaux qui paraissent d'une haute gravité. »

Voici maintenant quelques extraits. Nous le répétons, de telles choses n'ont pas besoin de commentaires; elles provoquent assez d'elles-mêmes la réprobation.

---

(1) Aujourd'hui de plus rédacteur en chef du *Drapeau du Peuple, journal de la démocratie et du* SOCIALISME *chrétien.* Et ces titres, M. l'abbé Chantome les allie avec celui de *supérieur de la société du* VERBE DIVIN. Il paraît, du reste, que cette société n'existe guère qu'en projet.

« *Nous demandons* que le Souverain Pontife soit élu par le clergé *et le* PEUPLE RO-
MAIN, conjointement avec la députation des Eglises du monde...

» *Nous demandons* que SE DÉPOUILLANT A JAMAIS DE TOUTE DIGNITÉ TEMPORELLE,
tentation permanente de faste, d'ORGUEIL et de CUPIDITÉ, embarras civil et politique,
peu conforme au précepte de saint Paul, qui ne veut pas que le prêtre soit impliqué
dans les affaires séculières, le Souverain Pontife... *sous l'influence efficace du Concile
œcuménique ou de ses délégués*... se consacre uniquement au ministère apostolique, à
toutes les fonctions de premier pasteur dans l'Eglise.

« *Nous demandons* que le Pape traite toutes les affaires de l'Eglise *avec ceux que le
Concile œcuménique ou l'Eglise universelle aura désignés pour être ses conseillers ordinaires*, dans les choses qui ne sont pas réservées au Concile général.....

« *Nous demandons* que le Pape soit le plus fidèle observateur des canons....

« *Nous demandons* que le Pape exerce *en grand*, et sur les ressources que lui fournira
la Chrétienté, l'hospitalité envers tous les pèlerins volontaires.... qui viendront visiter
l'Eglise romaine.... »

Ainsi le Pape, appauvri, dépouillé de tout, réduit à vivre d'aumônes, sera obligé de nourrir tous ceux à qui il plaira de faire le voyage
de Rome, et cela sans doute pendant tout le temps qu'ils trouveront
bon d'y rester !!!

« *Nous demandons la séparation complète de l'Église avec les pouvoirs politiques.....*

« *Nous demandons* que le salaire du culte donné par l'État soit refusé comme un
danger, comme une *injure*, comme une *inutilité.....*

« *Nous demandons* que le Concile œcuménique soit tenu à des époques fixes et de
la manière la plus fréquente possible....

« *Nous demandons* que ce Concile, convoqué par le Souverain Pontife, *ou de toute
autre manière*, dans des cas extraordinaires, soit composé de tous les Évêques du monde...., des députés ecclésiastiques et LAÏQUES *élus dans tous les diocèses....*

« *Nous demandons* que le Concile s'occupe des intérêts généraux de l'Eglise, de la
Foi..... du progrès *en tout genre*, des abus *de toute nature.....*

« *Nous demandons* que tous les peuples, TOUTES LES PROFESSIONS, TOUTES LES
OPINIONS RELIGIEUSES, puissent envoyer des députés au Concile, POUR Y PRÉSENTER
LEURS REQUÊTES et *les* DISCUTER avec ceux qui seraient désignés pour cet objet.....

« *Nous demandons* que le Concile établisse une COMMISSION PERMANENTE qui, restant auprès du Pape, GOUVERNE AVEC LUI L'ÉGLISE ET DÉCIDE de tout ce qui n'est
pas réservé au Concile et que l'urgence ne force pas de résoudre à l'instant... .

« *Nous demandons* que les Conciles nationaux soient composés de tous les Évêques de
la nation, des *députés* ecclésiastiques et LAÏQUES *élus* dans les diocèses.

« *Nous demandons* que les Evêques .... pratiquent la vie commune..... qu'ils soient
servis par les clercs..... *qu'ils accomplissent pleinement les devoirs de la dignité pastorale. ...*

« *Nous demandons* que l'Evêque fasse TOUS *les offices paroissiaux en personne*, dans
sa cathédrale.....

« *Nous demandons que les paroisses, par délégation, ou autrement*, assistent pério-
quement à la messe épiscopale pour..... S'ENTENDRE AVEC L'ÉVÊQUE POUR TOUS LEURS
INTÉRÊTS RELIGIEUX.....

« *Nous demandons* que le synode diocésain, présidé par l'Evêque, se réunisse périodiquement et à termes très-rapprochés, pour DÉCIDER..... TOUT *ce qui regarde le bien
spirituel et matériel du diocèse .... pour* RÉVISER, *s'il y a lieu, les jugements et ordonnances..... Nous demandons* que ce synode soit composé.......... de prêtres *élus par
leurs confrères, des* députés *du reste de la cléricature, et des* DÉPUTÉS LAÏQUES, *
choisis par les paroisses.....*

« *Nous demandons* que TOUS les diocésains, SANS EXCEPTION, soient invités à faire
connaître leurs vœux, leurs pensées POUR TOUTES SORTES d'améliorations, par des
mémoires ou PÉTITIONS. ..

« *Nous demandons* que la messe paroissiale formant l'assemblée, le CONCILE hebdo-

madaire DE TOUS LES PAROISSIENS..... pour célébrer le culte..... *et* TRAITER EN COM.
MUN *des intérêts* SPIRITUELS *et matériels de la paroisse,* devienne obligatoire.....»

La pensée qui restera au lecteur le moins attentif, après la lecture de ces simples extraits, c'est que de telles pétitions, s'il était au pouvoir de M. l'abbé Chantome de les transformer en décrets, auraient pour effet, aussi inévitable qu'immédiat, de déterminer l'invasion de la multitude, l'irruption du peuple dans le gouvernement, dans l'administration de l'Eglise catholique; c'est-à-dire de changer, de la manière la plus complète, et tout à la fois la plus subversive, la nature de ce divin bercail, où le Fils de Dieu, en y assemblant toutes les nations conquises par son sang, a voulu qu'il n'y eût à tout jamais que des pasteurs et des brebis, des pasteurs qui enseignent et dirigent des brebis qui écoutent et obéissent.

Oui, tout le système de l'organisation de l'Eglise, toute l'économie de son divin gouvernement, tout le plan de cet admirable édifice dont la sagesse éternelle s'est fait elle-même l'architecte, un homme — et cet homme est un prêtre — conçoit et ose produire au grand jour la folle et audacieuse pensée de les modifier à son gré, c'est-à-dire de les renverser, de les anéantir. Car, cette divine constitution a cela de propre que la changer c'est la détruire.

Certes, la superbe et inquiète manie d'innover, manie toujours si dangereuse, mais qui prend un caractère sacrilége quand c'est sur l'Eglise elle-même qu'elle s'exerce, ne pouvait pousser un esprit égaré à de plus extrêmes et à de plus scandaleux excès.

M. l'abbé Chantome proteste que ses intentions sont pures, et qu'il est disposé à se soumettre au jugement de l'Eglise, si ses doctrines étaient trouvées contraires à la foi.

A cette protestation nous répondons trois choses :

La première, que la pureté d'intention et la disposition à se soumettre à l'Eglise, si les doctrines qu'on professe étaient trouvées contraires à la foi, ne peuvent servir à personne de sauf conduit pour propager à l'aise et en toute sécurité les plus dangereuses comme les plus fausses théories.

Le seconde, que des protestations peu différentes de celles de M. Chantome, et les interprétations qu'ils ont su leur donner, déjà bien des novateurs, devenus depuis des hérétiques formels, s'en sont servi comme de forts retranchés où ils ont soutenu , jusqu'aux plus déplorables extrémités, pour leur ruine et celle de plusieurs, la scandaleuse lutte de l'erreur contre la vérité catholique.

La troisième, qui apportera quelque consolation à la douleur des amis de l'Eglise; c'est qu'en acceptant, comme nous l'avons déjà fait et aimons encore à le faire, la protestation de l'auteur de la *pétition,* nous avons lieu de concevoir l'espérance qu'il aura le bonheur de s'arrêter sans plus de délai, et de ne pas s'engager davantage en une *voie où il ne saurait* faire un seul pas de plus, sans se précipiter peut-

dans des abîmes où les chutes sont le plus souvent sans re-
...

---

y a un autre ecclésiastique à qui M. l'abbé Chantome écrivait-il
quelque temps :

*Eh bien! je n'hésite pas, s'il en était besoin, à vous encourager à poursuivre jus-
qu'à la fin la lutte que vous avez entreprise. »*

et ecclésiastique est M. l'abbé Anatole Leray. Il la poursuit avec
leur, cette lutte à laquelle M. l'abbé Chantome l'encourage : car
nous écrit de Bretagne qu'il parcourt cette religieuse province, et
l y va partout de presbytère en presbytère, pour semer ses dam-
nables doctrines.

r, il est bon qu'on sache comment M. l'abbé Anatole Leray en-
[la portée de cette lutte à laquelle il s'est dévoué, et les succès
l s'en promet.

oici ce qu'il écrivait à la date du 3 février 1849 :

*Vous vous effrayez de l'apparition de quelques prêtres démocrates et socialistes. Eh,
Dieu! il faut cependant que l'exception devienne la règle. DONNEZ LE TEMPS
JEUNE CLERGÉ de s'initier à ces généreuses doctrines; d'en saisir les rapports et
oints d'union avec les principes chrétiens, alors ce sera UN VÉRITABLE TORRENT
ASTATEUR. Déjà plusieurs prêtres pensent et agissent dans ce sens. »*

ous ne tarderons pas à faire connaître plus amplement M. l'abbé
tole Leray à nos lecteurs.

Dans la 17e livraison de la *Revue des réformes et du progrès*, M. l'abbé Chantome
ayé à ses lecteurs quelques phrases additionnelles, propres, selon lui, à expliquer
justifier le sens de sa pétition. Selon nous, ces additions ne sont ni explicatives ni
fautives, mais simplement contradictoires, et propres seulement à faire illusion à la
itude des esprits superficiels. Selon nous, c'est une rétractation directe, expresse,
elle, qui est ici nécessaire. Au reste, l'autorité ecclésiastique décidera.

---

ous avons fait connaître la lettre que les Evêques de la province
Turin, réunis en Concile, ont adressée à N. S. P. le Pape avant de
éparer; nous publions aujourd'hui la réponse de Sa Sainteté. On
oit combien le gardien suprême de la foi catholique applaudit à
réunions où l'Episcopat, concentrant ses lumières et ses forces, se
l plus redoutable à l'erreur.

Au vénérable Frère Jean, archevêque-évêque de Saluzzo.

PIE PP. IX.

Vénérable Frère, salut et bénédiction apostolique.

ous avons éprouvé une grande consolation, vénérable Frère, en recevant
ttre écrite le VIII des calendes de ce mois, en votre nom et celui des au-
vénérables Frères de la province de Turin, ainsi qu'un exemplaire im-
é de la lettre pastorale que, dans votre réunion de Villeneuve, vous avez
ssée le 29 du mois de juillet au clergé et aux fidèles de vos diocèses.

effet, dans cette lettre pastorale, éclatent de toute part votre foi, votre
ur et votre respect pour Nous et la Chaire de saint Pierre, votre zèle sa-

cerdotal à défendre notre très-sainte religion contre l'effort et les attaques de ses ennemis déclarés, et votre vigilance à découvrir et déjouer les trames de ceux qui lui dressent des embûches. Au milieu de cette tempête, que les portes de l'enfer ont vomie contre l'Eglise catholique, rien de plus consolant pour Nous, rien de plus désirable que de voir Nos vénérables Frères les Evêques catholiques appelés à partager Notre sollicitude, redoubler, sous la conduite du siége apostolique, de soins, d'efforts et de constance, pour rendre de bons combats et guérir les plaies d'Israël. Aussi Nous vous félicitons vivement dans le Seigneur, vous et vos vénérables Frères de la province de Turin, d'avoir réuni vos conseils et vos travaux pour la défense courageuse de la sainte Eglise, et les infatigables soins du salut des âmes.

Nous vous encourageons à continuer avec une constance de plus en plus vive, et sous la protection de Dieu, à livrer les combats du Seigneur comme de bons soldats de Jésus-Christ, à toujours veiller, à travailler sans cesse, afin que les fidèles qui vous sont confiés, se raffermissent chaque jour dans la confession de la vérité catholique, et que prévenus du venin et du danger des erreurs qui circulent, ils les détestent, les évitent et marchent dignement devant Dieu, lui plaisant en tout et féconds en toutes sortes de bonnes œuvres. Par cette occasion, Nous vous témoignerons à vous et à vos vénérables frères, combien Nous a été agréable la lettre que vous Nous avez adressée le 29 du même mois de juillet, lors de votre réunion dont les actes Nous ont été transmis par Notre vénérable frère l'Archevêque de Tarse, Nonce du Siége Apostolique auprès du roi de Sardaigne.

Nous ne manquerons pas de vous faire connaître en son temps Notre jugement sur les mêmes actes, et maintenant Nous prions humblement le Père des miséricordes qu'il daigne bénir vos soins pastoraux, vos conseils et vos travaux, afin que cette portion si vaste du champ du Seigneur devienne de jour en jour plus fertile en fruits de justice.

Comme gage du secours d'en haut et en témoignage de Notre bienveillance particulière pour vous et vos vénérables frères, Nous vous donnons avec amour et du fond du cœur, Notre bénédiction apostolique, ainsi qu'au clergé et aux fidèles de la province de Turin.

Donné à Naples, au faubourg de Portici, le 13 octobre de l'an 1849, de Notre pontificat le quatrième.

NOUVELLES RELIGIEUSES.

FRANCE. — DIOCÈSE DE PARIS. — Aujourd'hui, 2 novembre, fête de la Commémoration des Morts, le peuple de Paris s'est porté, comme chaque année, avec empressement, aux divers cimetières de la capitale. Plus que jamais la foule était compacte, car que de deuils se sont accumulés depuis six mois !

— A l'église de Saint-Méry, par le zèle de M. Annat, curé de cette paroisse, l'Octave des Morts se célèbre avec une grande solennité. Les fidèles de toutes les paroisses s'y portent avec zèle. Mgr le Nonce apostolique doit y célébrer la Sainte Messe.

ROME. — L'invasion du parti démagogique dans le gouvernement de Rome avait produit dans l'éducation publique les abus les plus déplorables. Par une re-

...cation en date du 17 octobre, S. E. le Cardinal-Vicaire oblige les instituteurs ...maires à demander une approbation nouvelle pour le commencement de l'an...ée scolaire. Une amende punit la contravention à cette mesure ; la récidive en...ainerait des peines plus sévères.

SUISSE. — On lit dans l'*Osservatore Romano* :

« Le bruit court que la Suisse va avoir aussi son Concile national. L'Archevê...ue de Milan, les Évêques de Bâle, de Lausanne et de Genève, de Coire de Saint-...all, de Sion et de Bethléem, les abbés d'Einsilden, du Grand-Saint-Bernard, etc., ...vraient se réunir dans l'église de Notre-Dame-des-Ermites, à Saint-Maurice. » ...Nous saluons cette nouvelle de nos vœux les plus ardents. La réunion des Évê...ues en Concile, partout si nécessaire, l'est surtout dans une contrée si cruelle...ent éprouvée par l'intolérance hérétique.

— L'*Observateur* de Genève s'élève avec une juste indignation contre l'ar...te du canton de Vaud que nous avons fait connaître à nos lecteurs. Il en mon...e l'injustice, l'inconstitutionalité, l'odieux. Puissent tant de voix qui, de toute ...rt, flétrissent cet acte de despotisme brutal, être enfin entendues, et ramener à ...s principes plus libéraux ces grands parleurs de liberté !

ESPAGNE. — La *Ferrolana*, frégate espagnole, vient de recevoir à son bord ...Fr. Benedetto Serra, évêque de Porto-Vittoria, accompagné de plusieurs mis...onnaires qui le suivent à la Nouvelle-Hollande. La population de Cadix, après ...oir uni dans la cathédrale ses prières à celles de ces généreux prêtres, les a ...compagnés jusqu'au bâtiment.

Bulletin de la politique étrangère.

ITALIE. — Les nouvelles d'Italie apportées par les courriers de ces ...ut derniers jours ne contiennent pas de nouvelles importantes.

La commission provisoire municipale de Rome a voté une adresse ...r Saint-Père pour le prier de hâter sa rentrée à Rome. Une députa...on doit lui porter cette adresse ; elle se composera du prince Odes...chi, président, et de MM. Belli, Perioli, Massini, Scaramuci. La ...putation devait partir le 23 pour se rendre auprès du Saint-Père.

Legge prétend que le général Zucchi, après avoir donné sa dé...ission, se serait retiré à Reggio de Modène, sa patrie.

M. Lucien Murat, chargé de représenter la France à Turin, est ar...vé dans cette capitale le 28 octobre.

La *Gazette de Milan* publie une proclamation du maréchal Ra...tzki aux habitants du royaume lombardo-vénitien, dans laquelle ...ous remarquons le passage suivant :

« Habitants du royaume lombardo-vénitien, loin de vos cœurs la défiance au sujet ...la sincérité et de la pureté des intentions de votre gouvernement, défiance que beau...up d'entre vous nourrissez encore. C'est le désir et la volonté de l'empereur notre ...aître de voir le royaume lombardo-vénitien heureux et content sous son sceptre, et je ...is fier d'avoir été choisi pour être l'organe de sa volonté. Si j'ai été personnellement ...bjet de quelqu'injure imméritée, tout souvenir en est effacé de mon cœur. Pardon et ...bli du passé, voilà ma devise. Je compte sur votre coopération, sur votre confiance, ...n ai besoin pour donner la vie aux projets que j'ai conçus pour le bonheur d'un pays ...i m'est devenu cher par un long séjour, et en qui j'aime ma seconde patrie. »

ILES IONIENNES. — L'*Oberon* est arrivé d'Argostoli à Malte ; il a ap-

porté la nouvelle que les deux rebelles, Vlacco et Nodaro, le p[...]
ont été pris par sir G. H. Ward en personne. Vlacco aurait p[...]
le lord premier commissaire qu'il avait lui-même tenu cou[...]
joue. Un conseil de guerre a condamné ces deux hommes à être
dus. Cette sentence a été exécutée le 19. Vlacco a montré de l[...]
cheté à l'heure de la mort; le prêtre était insouciant. On lui
rasé la tête et on lui avait retiré sa soutane avant de lui faire
cette peine ignominieuse. Le supplice du prêtre a produit un[...]
agitation. La tranquillité est rétablie dans les îles.

Le *Triston* a apporté également à Malte des nouvelles de Cor[...]
25 octobre. Chez plusieurs personnes influentes à Corfou, on a t[...]
des papiers qui prouvent qu'il existait un projet de conspiration
exciter la révolte dans les îles Ioniennes. Le but des conspir[...]
était d'annexer les îles Ioniennes à la Grèce; des bandes d'Alb[...]
avaient été enrôlées à raison de 50 fr. environ par mois. On lit,
un rapport de M. Ward au président du sénat, que ces homm[...]
vaient être embarqués secrètement à Zaverdo, et de là transpo[...]
Céphalonie.

Il existe à Corfou une société secrète dite la Grande Fraternit[...]
chefs sont M. Stefano Valiado et un Albanais latin nommé An[...]
de Filippo Melgassy, et le docteur Pietro Quartemo. Ces homm[...]
partiennent à d'autres sociétés de vieux et nouveaux carbonari,
Calogero est secrétaire, et le docteur Poffamo, l'agent à Athèn[...]
ces sociétés se sont ralliés récemment des réfugiés italiens, [...]
tamment le colonel Zambeccari et M. Roco Cantreni, au domic[...]
qui se tenaient ces réunions. Les projets de la société compre[...]
l'Italie, les provinces de la Turquie d'Europe et les îles Ionienne[...]
l'on aurait voulu annexer à la Grèce.

On le voit, les révolutionnaires chassés de leur pays reconna[...]
partout l'hospitalité qu'on leur accorde en poussant au désor[...]
la révolte et au meurtre des populations jusque-là tranquill[...]
heureuses.

Haute-Cour de justice.

M. BARON, entrepreneur de peinture, a empêché une barricade qu'on voulait
rue du Temple. Il a été désarmé et n'a pu qu'à grand'peine échapper aux violen[...]
il a été l'objet. Deux officiers l'ont emmené à la mairie, lui reprochant d'avoir [...]
ordre, comme si l'ordre n'était pas donné d'avance de résister à l'érection des
cades.

Le témoin déclare, en outre, avoir entendu l'accusé Suchet dire au maire qu'[...]
chercher la garde nationale pour aller soutenir le gouvernement provisoire qui
d'être installé au Conservatoire des Arts-et-Métiers. L'adjoint Lenoir répondit [...]
connaissait pas d'autre gouvernement que celui de l'Assemblée nationale.

M. LE PRÉSIDENT. Êtes-vous bien sûr d'avoir entendu les paroles que vous a[...]
à l'accusé Suchet?

M. BARON. Parfaitement sûr, car cela m'a paru assez extraordinaire pour qu[...]
l'aie pas oublié.

Le trompette Estaquin est confronté avec le nommé Fournier, qui a été bles[...]

.... de 13, et qui prétend n'avoir pas provoqué la blessure dont il a été victime.
.... confrontation qui devait, croyait-on, avoir de l'intérêt, n'amène aucun résul-
.. ....ain et se traîne au milieu de détails confus qui ne méritent pas d'être mentionnés.
.... quelques autres dépositions de peu d'intérêt, l'audience est levée et renvoyée à

ASSEMBLÉE LÉGISLATIVE.

PRÉSIDENCE DE M. DUPIN. — *Séance du 2 novembre.*

La séance est ouverte à deux heures et quart.

Les représentants arrivent lentement; les conversations sont animées dans plusieurs ...... de l'hémicycle; tous les anciens ministres, à l'exception de MM. de Falloux et Odilon Barrot sont à leurs bancs de représentants; nous remarquons au côté droit MM. Lacrosse, Rulhières et de Tracy; MM. Dufaure, de Tocqueville et Passy sont ... au centre-gauche.

On paraît attendre avec impatience l'arrivée du nouveau ministère.

La séance reste suspendue.

A deux heures trois quarts, la séance est reprise.

L'ordre du jour appelle la discussion de divers projets de loi d'intérêt local.

L'Assemblée adopte ces divers projets autorisant des changements de circonscription territoriale dans les départements de la Charente et de la Vendée, et autorisant les dé-partements de la Charente, du Rhône et de la Haute-Loire à s'imposer extraordinaire-ment.

L'ordre du jour appelle la discussion d'un projet de loi portant demande d'un crédit supplémentaire de 47,303 fr. pour frais de perception des contributions directes.

L'Assemblée adopte.

M. LE PRÉSIDENT. M. Dufaure m'écrit pour demander la nomination d'une com-mission de quinze membres pour examiner le compte des fonds de sûreté générale pen-dant son administration jusqu'au 31 octobre 1849.

La nomination de cette commission sera mise à l'ordre du jour des bureaux de lundi.

La séance est de nouveau suspendue.

Plusieurs membres: L'ordre du jour!

M. LE PRÉSIDENT. L'ordre du jour appelle la discussion d'un projet de loi relatif à un échange....

A gauche: Pourquoi passe-t-on le projet relatif aux gardes nationales de Lyon et de la Croix-Rousse?

M. LE PRÉSIDENT. Parce qu'il n'y a pas de ministres présents.

L'Assemblée décide qu'il y a lieu de passer à une troisième délibération sur le projet d'échange de bois entre l'État et Col, notaire à Nevers.

L'ordre du jour appelle la première délibération sur les propositions de M. Dufour-nel et Lestiboudois, relatives aux sociétés de secours mutuels et à la création d'une caisse générale de pensions de retraite.

M. Mauguin paraît à la tribune, et la quitte aussitôt.

Après quelques mots prononcés par M. Lestiboudois, la discussion des propositions de MM. Dufournel et Lestiboudois est ajournée.

M. BÉCHARD. La commission de l'assistance s'en occupe en ce moment.

M. LE PRÉSIDENT. Raison de plus pour ajourner. La parole est à M. le ministre de la guerre.

M. LE GÉNÉRAL D'HAUTPOUL donne lecture d'un programme ministériel. (Voir plus haut.)

M. LE PRÉSIDENT. Nous reprenons la troisième délibération du projet de loi sur les gardes nationales de Lyon et communes suburbaines.

M. FERD. BARROT. Je demande à l'assemblée d'ajourner cette discussion à lundi; il m'a été impossible de me faire encore remettre les dossiers relatifs à cette affaire.

La discussion est ajournée à lundi.

M. LE PRÉSIDENT. M. le ministre de l'instruction publique demande également l'ajournement de la discussion sur l'incident relatif au renvoi au conseil d'État du projet de loi sur l'instruction publique.

Cette proposition est également adoptée.

M. LE PRÉSIDENT. Voici une demande d'interpellation signée de M. Savatier-Laroche. (Ah! ah! Déjà!)

Je demande à interpeller le ministère :

1° Sur les causes qui ont déterminé la dissolution du précédent cabinet et la formation du nouveau ;

2° Sur la ligne politique que ce dernier entend suivre tant à l'intérieur qu'à l'extérieur. (Agitation.)

Voix nombreuses : L'ordre du jour !

M. LE PRÉSIDENT. La demande avait été remise avant que M. le ministre de la guerre n'eût fait connaître l'exposé qu'il vient de lire à l'Assemblée et qui peut être considéré comme une réponse. (Oui! oui!)

Il n'y a plus rien à l'ordre du jour.

La séance est levée à trois heures et demie. — L'Assemblée s'ajourne à lundi.

La sixième livraison des MÉLANGES D'ARCHÉOLOGIE, des RR. PP. Cahier et Martin, vient de paraître à la librairie Poussielgue-Rusand. Cette livraison renferme un très-curieux travail de M. Lenormand, membre de l'Institut. Il résulte des recherches du savant auteur que le fauteuil en bronze rendu au cabinet des antiques est l'ouvrage même de saint Eloi, exécuté pour Clotaire II.

Il est étrange qu'un monument aussi important pour l'histoire de l'art en France ait été si peu étudiée jusqu'ici.

Chronique et Faits divers.

L'installation des nouveaux ministres a eu lieu ce matin dans leurs hôtels respectifs.

Un conseil a été tenu à midi à l'Elysée.

— Certains journaux ont l'habitude de chercher à égarer l'opinion du pays en commentant avec mauvaise foi les actes du pouvoir ou en inventant une foule de nouvelles complètement fausses. Ainsi, tous les bruits répandus sur les propositions de portefeuilles offerts à telle ou telle personne, en dehors des ministres actuels, par le Président de la République ou en son nom, n'ont aucun fondement : nous sommes autorisés à le déclarer formellement. (Patrie.)

— Il vient de se passer dans le Tarn des faits vraiment incroyables, et qui accusent hautement l'imprévoyance et la faiblesse de l'autorité.

Les accusés dans l'affaire des troubles d'Alby, ont quitté cette ville pour se rendre à Montauban, où ils doivent être jugés par la cour d'assises. Par suite d'une singulière imprévoyance de l'administration, ils sont partis à pied ; de nombreux rassemblements les ont accueillis par des manifestations tumultueuses et les ont accompagnés en poussant des cris séditieux jusques à une grande distance de la ville. Inutile de parler des ovations qui leur ont été faites sur toute la route il paraît qu'un mot d'ordre avait été donné par les *frères* d'Albi.

A Cordes, un rassemblement plus nombreux encore que celui qui les avait accompagnés à leur départ, les attendait ; ils sont entrés dans la ville avec ce bruyant cortége et ils y ont passé la nuit dans une auberge ; là, un banquet leur a été offert et plus de quatre-vingt personnes ont assisté à ce festin, qui était, dit-on, présidé par un adjoint du maire, et où se trouvait également un brigadier de gendarmerie et aussi, assure-t-on, un commissaire de police. Plusieurs *toasts* ont été portés par les accusés.

Ze banquet s'est prolongé fort avant dans la nuit.

Les accusés sont partis le lendemain matin pour Saint-Antoine, où une manifestation tumultueuse les a également accueillis ; ils ont eu le plaisir de se poser martyrs de la cause démocratique devant trois mille personnes venues dans la localité pour la foire qui se tenait précisément ce jour-là.

Ordre a été donné par M. le préfet du Tarn au sous-préfet de Gaillac, de se transporter à Cordes pour procéder à une enquête.

— On écrit de Saint-Gaudens, le 28 octobre 1849 :

Le résultat des élections municipales est déplorable. Grâce à l'inertie des hommes intelligents, à l'indifférence de 709 électeurs qui ont déserté le scrutin, la liste des démissionnaires a triomphé.

— Le nommé Blum, un des plus fameux voleurs de Paris, est parvenu à s'évader hier du Palais-de-Justice. Blum avait été conduit par un gendarme dans la salle d'attente qui précède le cabinet du juge d'instruction. Au bout d'une heure, le gendarme qui n'avait pas déjeuné, s'avança pour prier un de ses camarades qui se trouvait à l'autre extrémité de la salle de lui procurer un morceau de pain ; le prisonnier profita de ce mouvement pour ouvrir la porte et s'échapper. Au bout du corridor Blum trouva une porte qu'il ouvrit à tout hasard ; il descendit plusieurs degrés et arriva bientôt dans le corps-de-garde des gardes républicains donnant sur le quai aux Fleurs. Il passa au milieu des soldats sans se déconcerter et ne tarda pas à disparaître.

— Le lord-maire de Londres a été créé baronnet à l'occasion de l'inauguration du marché aux charbons et de la première apparition du prince de Galles dans une cérémonie publique.

— On lit dans le *Courrier de Lyon* :

Les Savoisiens résidant à Lyon viennent d'organiser entre eux une société de bienfaisance. Le bureau de la société est situé à Lyon, rue Plat-d'Argent, n° 12. Plusieurs sociétés de cette nature sont déjà établies dans notre ville et produisent de très-bons résultats. Nous ne pouvons qu'encourager ces efforts de la charité effective qui cherche à s'organiser elle-même. Nous avons lu les statuts de la société, nous n'avons pas à en faire ici la critique ; s'ils sont plus tard reconnus défectueux sous certains rapports, il sera très-facile d'y remédier. Il est incontestable qu'ils offrent de grands avantages aux sociétaires, et qu'ils aideront puissamment au développement de la solidarité et de la fraternité véritable entre tous les membres de la même patrie.

— Le service des postes se fait depuis quelque temps d'une manière déplorable ; tous les jours il nous arrive de recevoir des lettres qui sont adressées à d'autres journaux ou à des personnes qui habitent des quartiers éloignés ou la banlieue ; nous ne nous étonnons plus si les lettres de nos correspondants et de nos abonnés nous manquent si souvent.

Nous appelons l'attention du ministre des finances sur un état de choses qui compromet si gravement les relations de famille et les transactions commerciales.

(*La République.*)

— On lit dans l'*Instructore del Popolo* de Turin :

« Une dame en deuil, paraissant appartenir à la haute classe de la société, est arrivée, le 19 au matin, à Soperga ; elle était accompagnée par un domestique en deuil. Elle a demandé à visiter les tombeaux des rois de la maison de Savoie. Les caveaux lui ayant été ouverts, cette dame, arrivée à la tombe de Charles-Albert, au milieu des plus ferventes prières, s'est évanouie : elle est tombée sans connaissance.

» Cette dame est une mère qui a failli être tuée par son amour maternel : c'était la mère de Charles-Albert qui était venue prier sur la tombe de son fils!

« Lorsqu'elle est revenue à elle, elle a quitté l'église pour retourner à Moncalieri. La famille royale était inquiète : on ignorait la cause de son absence prolongée. »

— Un des plus nombreux meetings que l'on ait vus depuis longtemps s'est tenu à Luchd-Hall, dans le but de recevoir le rapport du comité et d'examiner les moyens propres pour développer le mouvement général des esprits en faveur de la paix.

Plusieurs étrangers de distinction assistaient à cette réunion ; le général Klapka, commandant des forces réunies à Comorn, le général Niza, gouverneur de la citadelle, étaient l'objet de l'attention générale ; on remarquait aussi parmi les assistants M. Horace Say, conseiller d'Etat en France ; M. Frédéric Bastiat, représentant du peuple ; M. Joseph Garnier, secrétaire du congrès de Paris ; M. Guillaumin, éditeur du *Journal des Economistes* ; M. Léon Say, M. Palmer, M. Dupin, conseiller d'Etat ; M. Samuel Garney, Es. Richard Cobden, M. P. rev. W. Brock, Charles Gilpin, rev. Richards.

A six heures précises, le fauteuil du président a été occupé par M. W. Ewart, membre du parlement.

Lecture a été donnée des lettres écrites par MM. l'Archevêque de Paris, Victor Hugo, de Lamartine, Girardin, Coquerel, Cormenin, pour exprimer leurs regrets de ne pouvoir assister à la réunion de Londres.

Parmi les orateurs qui ont été entendus dans cette réunion, on remarque les noms de MM. W. Brock, Cobden, Ewart, Frédéric Bastiat et Horace Say.

M. Garnier s'est exprimé en français ; son discours a été traduit par M. Scoble, interprète.

Le général Klapka s'est levé et a félicité le meeting. Des applaudissements ont retenti.

M. Mahon, des Etats-Unis, a lu une résolution tendant à faire déclarer que le Congrès persistera de tous ses efforts dans l'entreprise commencée, et que les fonds seront recueillis par voie de souscription.

— La population de Londres et de ses faubourgs, d'après les derniers recensements, est actuellement de 2,356,960 habitants. L'accroissement, de 1839 à 1849, a été de 525,904.

Le nombre des maisons construites dans cette capitale, dans les dix dernières années, est de 64,058, et celui des rues nouvelles ouvertes de 1,653, d'une étendue de 200 milles, ou environ 70 lieues.

— Plusieurs journaux ont répété, d'après la *Bretagne* de Vannes, que l'on venait de faire des découvertes archéologiques très-curieuses dans la commune de Plouharnel (Morbihan), où l'on connaissait déjà tant de monuments celtiques, que l'on peut la regarder comme un véritable musée druidique. Nous avons pris sur ces découvertes des renseignements aux meilleures sources. Voici un résumé complet et authentique des résultats des fouilles intelligentes pratiquées par M. Lebail, maire de Plouharnel, dans les *Tumulus* de sa commune.

On a découvert dans un monticule, situé à l'entrée du bourg, trois allées couvertes, contiguës, de dimensions différentes et terminées par des grottes ou chambres souterraines. La première allée à 8 m. 45 c., la seconde 10 m. 20 c. et la troisième 4 m. 75 c. seulement de longueur ; leur largeur et leur hauteur varient de 1 m. à 1 m. 40 c. Elles sont par conséquent très-basses, et moins élevées que celles de Gavrlinnis, que l'on ne peut cependant parcourir qu'en se *baissant*. Ces allées couvertes et fermées de grosses pierres semi-brutes, comme tous les monuments druidiques, sont toutes terminées par des grottes plus hautes, qui ont de 2 à 4 mètres de long, sur 2 à 3 mètres de large, et près de 2 mètres d'élévation, à l'exception de celle qui termine la troisième allée ; celle-ci semble inachevée ainsi que l'allée elle-même, et est beaucoup plus petite que les deux autres. Ce n'est pas tout; à ces trois corridors souterrains et à ces trois grottes mystérieuses, s'ajoute une quatrième excavation également revêtue de blocs équarris de granit, tout noircis par le feu, et remplie de débris étranges. Ce cabinet terrible est situé à gauche de la seconde chambre souterraine avec laquelle il communique. On voit que c'est presque tout un temple souterrain, dans le genre des cryptes religieuses des Péruviens et de l'Inde.

— On lit dans l'*Union-Francomtoise* :

«*Saint-Loup-sur-Angronne*.—Depuis quelque temps, les loups se sont multipliés dans nos contrées d'une manière effrayante. Une louve, suivie de ses quatre petits, semble avoir choisi pour domicile les bois de Saint-Loup, de la Pixeure et d'Anjeux, où elle se promène avec le sans-gêne du propriétaire. Nous avons contemplé nous-même, pendant plus d'un demi-quart d'heure, cette dangereuse hôtesse, paisiblement assise au milieu de ses quatre louveteaux, dans une tranchée du bois des *Noires-Terres*. On nous raconte que le jeune Perrot, de Fontaines, a été attaqué mardi dernier par trois de ces animaux, qui l'ont renversé de cheval, et l'eussent sans doute mis en pièces sans l'arrivée de son père, accouru à ses cris, et surtout sans l'apparition d'une lanterne, qui mit en fuite les terribles agresseurs. Le jeune homme est encore malade de frayeur. Le fils du facteur aux lettres de Luxeuil à Saint-Loup, Corberand, attaqué presque au même lieu et sans doute par les mêmes animaux, s'en est débarrassé en tirant sur eux un pistolet à deux coups, qui a malheureusement crevé, en le blessant au doigt. Qu'on juge de ce qu'oseront dans les mauvais jours d'hiver ces dangereux habitants de nos bois, déjà si audacieux à cette heure.

Les feuilles de l'Est, qui nous arrivent aujourd'hui, dénoncent de nouveaux faits de propagande socialiste, dont cette partie de notre frontière serait le théâtre. Cette propagande est de double nature. D'abord les départements de l'Est sont des plus infectés par la propagande de l'intérieur. Ils partagent ce privilège avec quelques départements du Midi, comme le Lot, l'Hérault, etc. En outre, la frontière du Rhin est soumise à une propagande de contact, par l'effet du passage continuel des réfugiés étrangers.

Quant à la propagande de l'intérieur, on sait qu'on la doit surtout à la librairie Ballard, sorte de choléra *social*. Quant à la propagande de l'extérieur, il paraît que la Suisse la favorise pour se débarrasser d'une foule d'hôtes dangereux. *Les autorités bernoises évacuent sur la France une masse de réfugiés auxquels elles prodiguent les passeports avec une facilité extrême.* Elles ferment même les yeux sur le commerce des compagnies qui se font fort d'épargner aux émigrés politiques la formalité du passe-port, et d'expédier promptement ces messieurs en Amérique, *ou ailleurs*. Le gouvernement seconde, involontairement sans doute, ces entreprises par les lenteurs de ses bureaux qui dégoûtent les solliciteurs de passe-ports. Cela sert même de prétexte aux réfugiés qui *négligent* de se présenter aux préfets de la frontière, et s'éparpillent en France, *incognito*.

Le *Journal de la Côte-d'Or* ajoute qu'il connaît des Français spécialement voués à la propagande de la frontière. Il en désigne un qui, sous prétexte de déménagement, va chercher, et rapporte les lettres des réfugiés.

Nous n'avons cessé et nous ne cesserons d'appeler l'attention de l'autorité de ce côté.

Des Almanachs populaires.

—

(Premier article.)

—

Qu'est-ce qu'on apprend dans un almanach? A cette question, si elle leur était adressée, beaucoup de simples gens répondraient : on apprend, dans un almanach, à connaître les jours de l'année, les éclipses de soleil et de lune, les noms des saints et des saintes.

Les jours de l'année, les éclipses! Il s'agit bien de cela vraiment dans nos almanachs du dix-neuvième siècle. Nos vieilles grand'mères se contentaient de suivre dans leur almanach les variations de la lune ; elles y cherchaient encore des noms pour leurs prochains petits-enfants, marquaient de l'ongle les jours de grandes fêtes religieuses, de jeûne, et les anniversaires de la famille.

Dès longtemps, l'almanach, fort bien renseigné d'en-haut, avait prédit les beaux et les mauvais jours, avec une grande et imperturbable assurance, fondée sur ce consolant calcul que s'il y avait 365 chances de se tromper, il y en avait aussi 365 de ne pas se tromper. On avait ajouté des pronostics effrayants sur la couleur des cheveux des garçons, ou le caractère des filles, nés sous tel ou tel signe du zodiaque. Mais tout cela était innocent, innocent comme la petite grenouille dans l'eau, qui annonce les beaux jours, innocent comme la bonne aventure que les vieilles ridées tiraient aux jeunes filles en lisant dans la main l'histoire de leur propre vie et de leur printemps, hélas! fort éloignés, innocent comme les légendes de la veillée.

Il en est, en ce temps-ci, bien autrement. L'almanach n'est plus un bon vieux bonhomme assez semblable au temps, gai et radoteur, toujours le même, toujours nouveau. C'est un professeur d'histoire, de philosophie, de politique, d'horticulture, de sylviculture, de poésie, de littérature, d'art.

Et ne croyez pas que ce professeur ne soit pas écouté. Qu'on le sache bien, l'histoire, la philosophie et la politique de l'almanach ont plus d'influence sur les paysans, les ouvriers et les populations les plus nombreuses, que tous les journaux, que beaucoup de sermons, que tous les discours de M. le maire. Un dicton de l'almanach devient proverbe. Une erreur d'agriculture de l'almanach devient pratique. On le lit, on le relit, on le consulte, on le cite. Sur la planche, dans la chaumière, à côté du livre de prière et souvent à sa place, au-dessus de l'endroit où :

> Entre la bonne Vierge et le buis de l'année,
> Quatre épingles au mur fixent Napoléon,

almanach. C'est le précepteur, l'ami, le conseil, le docteur,
ıl annuel, l'encyclopédie, la bibliothèque tout entière. On
l0 millions d'exemplaires. Quel ouvrage sublime atteint ja-
·ingtième partie de ce chiffre?

c la France était gouvernée par un seul homme, c'était une
ıestion que le choix, que l'influence du précepteur de cet
Une telle tàche n'était pas au-dessous de Fénelon. La France
rne elle-même, et si l'on recherche qui est le précepteur de
ɔ, qui inspire aux cœurs les sentiments élevés, orne l'intel-
le principes vrais, sentiments et principes qu'il faudra con-
ı moment de l'exercice de ce suffrage universel dont les ca-
uverains dominent, après les volontés de Dieu, les destinées
rie, si on se pose cette question, ah! la réponse est doulou-
: plus grand nombre des habitants de la France est livré,
t enseignement, à la propagande effrénée de toutes les er-
de tous les vices. On a repoussé la main 'qui portait l'É-
et pour accepter la main qui a porté le *Père Duchêne*, le
le la Canaille.

·ez quel est l'aveuglement des honnêtes gens! Ils s'indi-
l'heure qu'il est, de l'audace 'd'un Evêque qui ne veut pas
es petits enfants qui croient en Jésus-Christ, entre les mains
·ecteur de collège qui n'y croit pas; mais ils ne font rien
pêcher le désordre, l'anarchie, le pillage, les révolutions
~~échées dans cinq ou six millions de petits~~ livres répandus
on dans des milliers de pauvres demeures où ne se trouve
ɔon livre ou seulement une bonne image pour en contre-
· la funeste influence! Que le ciel nous aide, dit-on... Ai-
ɔc toi-même, honnête homme!

x au moins dire tout haut le peu que je sais sur la manière
composent ces almanachs qui servent de manuels au peu-
u'on y dit, non pas sur la couverture, toujours très-évangé-
pleine de promesses, mais dans les chapitres et les anecdo-
ːux que tous ceux en bien petit nombre qui liront ces pages
montrer à mes frères des villes et des campagnes, avec quels
: appâts on les pipe comme des oiseaux, et toutes les bille-
·iminelles ou niaises que, sous prétexte d'éclipses de lune et
ion du temps, on leur fait l'injure de leur débiter.

ɡuons entre les almanach.

de bons almanachs, en petit nombre, que j'appellerai les
lıs *consciencieux*. De ceux-là, je parlerai peu, et cependant
i en terminant quelques mots, afin de mettre l'éloge après le
le recommander ce qui est recommandable, d'encourager cɔ
le bon exemple et de bon conseil.

, en outre, les almanachs *techniques et spéciaux*, tels que :
ıch *horticole*, qui apprend à planter les choux, science que
hommes, même politiques, devraient connaître, — l'alma-

nach *agricole*, du *Bon cultivateur*, etc., succursale de la maison rustique, — l'almanach du *vigneron*, de l'*éleveur de vers à soie*, etc., etc. De ceux-ci je ne dirai rien. Je les loue, je les recommande, toutes réserves faites sur la valeur de leurs conseils, dont je ne suis pas juge compétent. C'est une excellente chose que de composer ainsi de petits manuels, populaires, utiles, à bon marché, qui mettent à la portée de tous les traditions du bon sens et de l'expérience, ou les découvertes par lesquelles la science fait mieux profiter les hommes des trésors qu'ils doivent au bon Dieu.

Enfin, il y a des almanachs que je nommerai *industriels*. Ces derniers, je veux les dénoncer, les attaquer, les poursuivre.

Il y a à Paris, et dans quelques villes de province, un ou plusieurs libraires que je pourrais nommer, qui entreprennent la spécialité de l'almanach, et ne se soucient guère d'empoisonner la France, pourvu que leur trafic rapporte. La librairie démocratique et sociale particulièrement, s'est adonnée avec habileté, depuis quelques années, à ce genre d'opération. Les mêmes gens qui crient très-haut que les pauvres ne doivent pas payer d'impôt, vont sans scrupule lever impôt sur la crédulité des pauvres au moyen de leurs almanachs, comme le marchand de vins lève des contributions sur leurs faiblesses; tant il est vrai que les plus lourds impôts sont ceux que nous payons sans qu'on nous les demande, impôts perçus par nos défauts! Des mêmes officines sortent des almanachs de toute couleur, de toute grandeur, de toute valeur. On les fait, comme les chapeaux, *au goût du jour*. Il en faut pour ceux qui aiment à rire et pour ceux qui aiment à frissonner, pour les dévots et pour les impies, pour les démocrates et pour les réactionnaires, pour les couvents et pour les clubs. Le tout est confié à des mains habiles, et quelles mains! qui coupent à droite et à gauche, empruntent aux ouvrages bons et mauvais, mélangent avec goût le plaisant et le sévère, et sachant calculer avec le prix du papier, du tirage et des vignettes, les justes exigences d'un honnête, mais copieux bénéfice, ont préparé, achevé et livré en un mois le million voulu des almanachs nouveaux.

Examinons un peu si l'œuvre répond à la peine et commençons l'énumération.

BOURSE DU 2 NOVEMBRE.

Le 3 p. 100 a débuté au comptant à 55 40, a fait 55 10 au plus bas, et reste à 55 35.

Le 5 p. 100 a débuté au comptant à 87 25, a fait 87 05 au plus bas, et reste à 87 30·

Les actions de la Banque ont été cotées à 2,240.

L'un des Propriétaires-Gérants, CHARLES DE RIANCEY.

Paris, imp. BAILLY, DIVRY et Comp., place Sorbonne, 2.

L'AMI DE LA RELIGION.

LIBERTÉ D'ENSEIGNEMENT.
Des petits Séminaires et du Droit commun.

(2e article. — Voyez le N° du 27 octobre dernier.)

lroit commun ! Il n'y a pas de mot dont aient plus abusé contre
es ennemis des petits séminaires. Nous l'ajoutons même avec
: quelques amis de la liberté d'enseignement, dans l'entraîne-
et la préoccupation de la polémique, n'ont peut-être pas tou-
ıssez bien compris sur ce point les principes essentiels et la vé-
ı choses.

ə demanderai d'abord : ce droit commun dont on nous parle
bien fixé, bien défini ? Ceux de nos amis qui sont tentés de
aux prétendus avantages du droit commun, pour les écoles ec-
ıtiques, se sont-ils bien rendu compte de tout ce dont il était
estion ?

supposant que le droit commun soit bientôt une liberté sin-
peut-on nous garantir qu'il ne changera jamais? Peut-on nous
ettre que la loi de M. de Falloux, en le définissant aujourd'hui,
ıra éternellement, et qu'il ne courra pas le risque de redevenir
'il était, c'est-à-dire un monopole et une oppression intoléra-

reviendrai sur cette première observation si décisive; mais
ı en ce moment, et avant tout, faire remarquer à ceux qui in-
ınt contre nous le *droit commun*, qu'ils confondent ici deux
ı parfaitement distinctes, à savoir : *le privilége et la spécialité*.
e que les petits séminaires sont dans le privilége, et placés en
ı du droit commun, parce qu'ils ont nécessairement une spé-
ı aussi bien que les écoles de marine, que les écoles militaires,
es écoles industrielles et commerciales, c'est vraiment ne pas
mprendre soi-même !

and l'Université réclame pour elle, non-seulement l'exception
privilége, mais le monopole, et qu'elle livre les derniers com-
pour le conserver, comment peut-on de bonne foi nous accuser
ıuloir échapper au droit commun par le privilége, nous qui ne
mons, au nom de la nécessité et de la spécialité de nos écoles,
ı droit commun à *toutes les écoles spéciales de préparer leurs su-*
ıux carrières diverses qui les attendent?

s petits séminaires sont dans les attributions du ministère de la
ı et des cultes: les écoles dont je viens de parler sont dans les

attributions du ministère de la guerre, de la marine, de l'agriculture et du commerce : qui a jamais pensé à dire que toutes ces écoles sont dans le privilége, et qu'elles demeurent en dehors du droit commun, parce qu'elles ne dépendent pas du ministère de l'instruction publique ?

Il y a ici une déplorable méprise ; c'est le moins que je puisse dire.

Mais la bonne foi la plus vulgaire ne suffit-elle pas à nous défendre contre l'injustice de nos adversaires? Les écrivains universitaires eux-mêmes n'ont-ils pas été condamnés à rendre sur ce point hommage à la vérité?

On a déjà cité ce qu'écrivait, à propos des séminaires et des autres écoles spéciales, M. Matter, inspecteur général de l'Université, dans un travail publié au tome XIV de l'*Encyclopédie des gens du monde*, sur l'instruction publique :

« La plupart des écoles spéciales sont complétement étrangères au ministère de l'instruction publique.

« L'école Polytechnique, l'école militaire de Saint-Cyr, le collége militaire de la Flèche et les écoles d'artillerie relèvent du ministère de la guerre ; — l'école navale de Brest relève du ministère de la marine ; — l'école des Mines, le Conservatoire des arts de Paris, les écoles des arts et métiers de Chàlons et d'Angers relèvent du ministère des travaux publics ; — les grands et petits séminaire relèvent du ministère de la justice et des cultes ; — l'école forestière de Nancy relève du ministère des finances. »

Il aurait pu ajouter que l'école d'Alfort, où se trouvent 300 élèves, relève du ministère de l'agriculture et du commerce.

N'est-il pas évident, puisque toutes les carrières spéciales et publiques ont leurs écoles spéciales, que la spécialité à laquelle on voudrait donner le nom odieux d'exception et de privilége, n'est plus ici que la liberté dans l'ordre, la spécialité des vocations et des fonctions diverses dans l'harmonie sociale?

Le bon sens ne proclame-t-il pas que les petits séminaires n'ont jamais été placés en-dehors du droit commun, parce qu'ils ont nécessairement une spécialité, comme les écoles de marine, comme les écoles militaires, comme les écoles industrielles et commerciales?

Seulement, la spécialité des petits séminaires est une spécialité de l'ordre le plus élevé, le plus respectable : une spécialité inviolable et sacrée.

M. Portalis a rendu un juste et éclatant témoignage à ces principes :

« L'égalité devant la loi n'est pas le nivellement ; l'égalité ne veut pas que des établissements placés dans des conditions diverses soient régis par une règle uniforme mais qu'ils soient soumis indistinctement à l'autorité de la loi. *Sous cette autorité, il est équitable que chacun vive selon sa constitution propre ; ce serait le contraire qui blesserait l'égalité. C'est ainsi qu'il est des priviléges apparents qui ne sont que des rappels à l'égalité proportionnelle.*

« Les petits séminaires doivent donc rester des écoles de clercs spécialement placés sous l'autorité et la surveillance des Evèques, »

C'est ce que Napoléon *lui-même avait compris, lorsqu'il reconnais* il, comme le rapporte M. Beugnot, que les séminaires étant des *écoles spéciales*, ils ne devaient pas être soumis aux lois générales sur l'instruction publique.

Vainement, nous dira-t-on, qu'à l'origine de la grande controverse sur la liberté d'enseignement, plusieurs de NN. SS. les Evêques crurent pouvoir déclarer qu'ils accepteraient le droit commun : car ils déclarèrent en même temps qu'ils n'accepteraient ce droit commun, que s'il devait devenir et demeurer toujours une liberté telle, qu'elle leur permit de conserver la spécialité actuelle de leurs petits séminaires. Ils déclarèrent que, si ce droit commun, quel qu'il fut, compromettait la nature et le but des écoles ecclésiastiques, ils ne pourraient jamais l'accepter.

Et n'est-il pas manifeste, en effet, d'après les principes que nous avons établis, et d'après les aveux mêmes de nos adversaires, que l'Eglise ne pourrait sans manquer à tous ses devoirs et sans se trahir elle-même, accepter le droit commun et la surveillance même de l'Etat, si ce droit commun et cette surveillance donnaient à l'autorité laïque une action quelconque sur le gouvernement spirituel des petits séminaires et sur l'éducation ecclésiastique de nos élèves? Si nos règlements religieux, si nos réglements disciplinaires et nos exercices de piété, si nos programmes d'examen, nos livres d'étude et les auteurs classiques pouvaient, sous le prétexte de ce droit commun et de cette surveillance, nous être imposés par des hommes étrangers à tout ce qui constitue la vie et la direction intime de l'éducation ecclésiastique; si des livres et des auteurs non approuvés par l'Eglise, pouvaient être placés entre les mains de nos élèves, comme ils l'ont été et comme ils le sont encore ailleurs; en un mot, si ce droit commun et cette surveillance devaient aboutir à élever la jeunesse ecclésiastique comme on élève la jeunesse laïque; à faire faire à l'une et à l'autre les mêmes études sous la même discipline, sous la même loi et aux mêmes conditions : si c'étaient là de près ou de loin, directement ou indirectement, en tout ou en partie, le droit commun et la surveillance auxquels on voudrait soumettre les petits séminaires, nous les repousserions, parce qu'en anéantissant la spécialité de ces établissements on porterait ainsi un coup mortel à l'éducation sacerdotale, et par suite on ruinerait infailliblement le sacerdoce en France.

Et n'est-ce pas ce que M. Portalis lui-même exprimait avec énergie, lorsqu'il disait : « Les petits séminaires doivent demeurer en-dehors du droit commun. On ne peut les faire rentrer dans ce qu'on appelle le droit commun sans les détruire. » Est-ce au fond ce que voudraient ceux qui invoquent contre nous le droit commun? Je voudrais ne le pas croire. Mais il importe que tous nos amis réfléchissent sérieusement sur ce point, et en comprennent toutes les graves conséquences.

Ce serait d'ailleurs une étrange erreur de ne voir dans nos petits séminaires que du grec et du latin : ce qu'il faut y voir avant tout, c'est la spécialité morale et religieuse, dont nous avons parlé dans notre précédent article, c'est l'éducation ecclésiastique donnée à la jeunesse du sanctuaire. Quant au grec et au latin, il y a encore ici une observation importante à faire.

Sans doute, ces études linguistiques nous sont communes avec les écoles universitaires; mais elles ont en même temps pour nous une SPÉCIALITÉ singulière.

Qu'on ne s'y trompe pas : si nous étudions, comme d'autres, les langues et les littératures grecque et latine, ce n'est pas seulement parce qu'elles sont les plus belles langues que l'homme ait jamais parlées, les archives immortelles des plus magnifiques créations de l'esprit humain; ni parce que chacune d'elles a été, à son tour, le lien universel des peuples et le langage de la plus haute civilisation : nous les étudions surtout parce qu'elles sont pour nous deux langues nécessaires, DEUX LANGUES SAINTES. *Ce sont les langues de l'Eglise catholique : de l'Eglise grecque, de l'Eglise latine.*

Notre liturgie, nos canons, tous nos Pères, tous nos Conciles, nos livres saints eux-mêmes, sont écrits dans ces langues. L'existence de la société laïque ne tient pas à l'étude du grec et du latin; la société spirituelle, l'Église, ne peut s'en passer. La divine Providence a confié à ces langues le sacré dépôt de nos traditions : elle a fait de l'une d'elles surtout l'organe permanent du catholicisme : c'est dans cette langue éternelle qu'il prononce ses oracles; qu'il a toujours parlé et qu'il parle encore à tous ses enfants dispersés sur la surface du globe.

Vous faites faire la philosophie en français; vous négligez étrangement le latin ; le droit romain, lui-même, vous ne l'enseignez plus, vous ne le faites plus étudier qu'en français : nous ne vous en blâmons pas : c'est votre affaire. Mais si la philosophie s'enseignait, chez nous comme chez vous, en langue vulgaire; ou si nos élèves, selon vos anciennes et tyranniques exigences, devaient la faire dans vos maisons, nous en souffririons gravement : nos jeunes gens perdraient infailliblement l'habitude de la langue ecclésiastique, qui ne serait bientôt plus pour eux qu'un idiome étranger (1). La désuétude et, par suite, le dégoût de la langue amèneraient nécessairement pour eux l'éloignement et le dégoût de leur état : naturellement ces jeunes gens se porteraient plutôt vers des carrières dont les études ne leur offrent pas de pareilles difficultés, et ainsi se perdraient toutes les vocations ecclésiastiques.

Il n'y aurait qu'un moyen d'éviter ces graves inconvénients; mais ce serait par un inconvénient plus désastreux encore. Il faudrait con-

(1) C'est ce que nous éprouvons pour le petit nombre d'aspirants qui arrivent dans les grands séminaires, après avoir fait leur philosophie dans un établissement universitaire : on est très-souvent obligé de la leur faire reprendre en latin : plusieurs reculent devant cette nécessité.

damner la théologie à s'enseigner en français et à renoncer à sa langue propre, à cause de la difficulté qu'auraient les élèves à la parler et même à la comprendre : mais de là, les saints Pères négligés, les conciles ignorés, les décrets des souverains pontifes et toutes les lois de l'Église à peu près inconnues, tous les plus grands théologiens, tous les monuments les plus savants de la discipline et de l'histoire ecclésiastique laissés dans l'oubli, la science catholique tout entière abaissée!

Voilà jusqu'où va pour nous la question du grec et du latin. On le voit, ce n'est pas seulement à nos yeux une question d'amour-propre ou de goût littéraire plus ou moins respectable; c'est une question toute religieuse : c'est une question de conscience.

L'enseignement de ces langues est pour nous, chez nous, dans nos écoles, un droit imprescriptible en même temps qu'un devoir sacré ; nous ne pourrions sur ce point reconnaître à aucune puissance humaine un droit quelconque contre nous. Si un nouveau Julien l'Apostat, monarchique ou républicain, voulait nous interdire d'enseigner ces langues saintes à la jeunesse cléricale, nous y mettrions notre vie, notre sang; et le martyre déciderait au besoin la question.

Sans aucun doute, ces conséquences n'ont pas été prévues par ceux qui attaquent ainsi la spécialité de nos écoles : il est difficile, même avec une conscience droite, de parler juste sur des choses auxquelles on est nécessairement étranger; et, je le dis sans reproche. Il est très-probable que si je voulais parler des affaires de la guerre et de la marine, avec la meilleure foi du monde et les intentions les plus pures, il m'arriverait inévitablement de tomber dans les plus misérables imprévoyances, comme celles que je viens d'indiquer.

Mais, dit-on enfin, vos petits séminaires seront donc fermés à l'État? L'État ne sait rien de ce qui se passe, l'État n'y entre, n'y pénètre jamais. L'État n'a aucun moyen de savoir si l'esprit qu'on y inspire à la jeunesse est un bon ou un mauvais esprit.

La réponse est facile. Les petits séminaires ne sont point fermés à l'État : pas plus que les autres écoles spéciales; ils sont, il est vrai, fermés à l'Université, comme les écoles spéciales le sont également, mais ils ne sont pas pour cela fermés à l'État.

Les petits séminaires sont, dans chaque diocèse, sous la surveillance immédiate et la direction spéciale de l'Évêque, qui est, d'après le concordat, choisi et nommé par le gouvernement, et qui demeure aux yeux du gouvernement, pour les écoles ecclésiastiques de son diocèse, l'autorité responsable. Que veut-on de plus?

Tous les vicaires généraux, les chanoines, les curés des grandes villes, c'est-à-dire tous ceux qui, dans chaque diocèse, ont une influence plus ou moins prochaine sur l'éducation des petits séminaires, sont tous agréés par le gouvernement sur le rapport du ministre des cultes. Tout cela ne suffit-il pas?

Les petits séminaires, comme les autres écoles spéciales, comme tous les établissements et toutes les choses ecclésiastiques, sont donc dans toutes les formes les plus exactes de la situation convenue entre l'Eglise et l'Etat.

Quant au fond, quant à l'affection et au dévouement, c'est chose que la défiance n'inspira jamais !

M. Portalis était mieux inspiré lorsque, répondant à nos injustes détracteurs, il leur disait :

« Les petits séminaires, les établissements ecclésiastiques sont-ils « donc une terre étrangère? Les prêtres ne sont-ils pas Français et « citoyens aussi bien que nous? Le chef de l'Eglise est, sans doute, « leur chef dans l'ordre spirituel; mais n'est-il pas celui de tous les « Français qui professent la religion catholique? N'est-il pas le pon- « tife suprême, le pasteur commun de tous les fidèles? »

Il n'y a donc, il ne peut y avoir aucune difficulté sérieuse à ce sujet : la nécessité, la spécialité, la sage direction de nos petits sé- minaires sont absolument hors de cause.

(La suite à un prochain numéro.)

NOUVELLES RELIGIEUSES.

ROME. — S. E. le Cardinal-Vicaire a publié un Mandement contre le blas- phème et a prescrit des prières pour servir de réparation aux outrages commis par les blasphémateurs contre la Majesté divine.

FRANCE. — DIOCÈSE DE PARIS. — Le *Moniteur* publie ce matin un rapport de M. le ministre de l'agriculture et du commerce, approuvé par le président de la République, qui décerne des médailles d'honneur aux personnes dont le zèle à secourir les victimes du choléra a été le plus signalé. Nous avons remarqué dans cette liste plusieurs de MM. les Curés de Paris et un grand nombre de Sœurs de la Charité.

DIOCÈSE DE TOULOUSE. — Mgr le coadjuteur a béni, mardi dernier, les cryptes de l'église de Saint-Aubin, et y a officié toute la journée. Une innombrable af- fluence de fidèles s'étaient rendus à cette cérémonie. Le lieutenant-général, le pré- fet et le maire étaient présents.

DIOCÈSE DE RENNES. — Le Concile s'ouvrira le dimanche 11 novembre, dans la cathédrale. Après la cérémonie, les Pères de l'auguste assemblée se rendront processionnellement au grand séminaire, où doit se tenir la session et où ils res- teront enfermés jusqu'à la clôture, qui sera également célébrée par une proces- sion solennelle.

Institution de la Magistrature.

Le Palais-de-Justice avait aujourd'hui un air de fête inusité dans le sanctuaire des lois. Des guirlandes de fleurs et des drapeaux déco- raient tous les abords.

De grands préparatifs avaient été faits dans la salle des Pas-Per- dus, des tribunes avaient été formées dans les arcades, une immense estrade s'élevant jusqu'à la voûte occupait un tiers à peu près de cette

[...]elle, un autre tiers était réservé à diverses députations de l'ar-
[...]barreau, de la magistrature et des corps constitués.

[...]tre tiers était réservé aux grands dignitaires de l'Etat et de la
[...]magistrature.

[...] contre de cette partie de la salle était placé le fauteuil le plus
[...] pour le Président, deux fauteuils d'un degré plus bas pour le
[...]président de la République et le ministre de la justice; sur un
[...] inférieur, un autre fauteuil pour le président de l'Assemblée
[...]nale. Puis, de chaque côté, sur deux lignes perpendiculaires
[...] trois premiers fauteuils, d'autres fauteuils pour les ministres.

[...] la messe du Saint-Esprit, qui a été célébrée à la Sainte-
[...]elle, qui a été remise absolument dans le même état que sous
[...] Louis, son fondateur, le Président est venu prendre place avec
[...] le cortège. Tous les fauteuils de l'ancienne Chambre des pairs
[...] été disposés en plusieurs rangées circulaires derrière le Pré-
[...]dent de la République; ils ont été occupés par le corps diploma-
[...], par les députations du conseil d'Etat, de l'Assemblée nationale,
[...] de hauts dignitaires et les représentants de la presse.

[...] Les conseillers à la Cour de cassation, les conseillers à la Cour des
[...]mptes, les présidents et les procureurs-généraux des Cours de Pa-
[...] et des départements occupaient d'autres fauteuils sur les lignes
[...] aux sièges des ministres.

[...] Nous avons entendu successivement les discours du nouveau garde-
des-sceaux, de premier président de la Cour de cassation et du procureur-général Dupin.

Le ministre de la justice a lu ensuite la formule du serment.

Tous les magistrats nouveaux ont répondu : *Oui, je le jure.*

M. le président de la République se lève alors et prononce le discours suivant :

« Messieurs,

« Je suis heureux de me trouver aujourd'hui au milieu de vous, et de présider
une cérémonie solennelle, qui, en reconstituant la magistrature, rétablit un principe qu'un égarement momentané a pu seul faire méconnaître. Aux époques agitées, dans les temps où les notions du juste et de l'injuste semblent confondues,
il est utile de relever le prestige des grandes institutions, et de prouver que certains principes renferment en eux une force indestructible. On aime à pouvoir
dire : les lois fondamentales du pays ont été renouvelées, tous les pouvoirs de
l'Etat sont passés en d'autres mains, et cependant, au milieu de ces bouleversements et de ces naufrages, le principe de l'inamovibilité de la magistrature est
resté debout.

« En effet, les sociétés ne se transforment pas au gré des ambitions humaines;
les formes changent, la chose reste. Malgré les tempêtes politiques survenues
depuis 1815, nous ne vivons encore que grâce aux larges institutions fondées par
le consulat et l'empire; les dynasties et les chartes ont passé, mais ce qui a sur-
vécu et ce qui nous sauve, c'est la religion, c'est l'organisation de la justice, de
l'armée, de l'administration.

« Honorons donc ce qui est immuable, mais honorons aussi ce qu'il peut y avoir de bon dans les changements introduits. Aujourd'hui, par exemple, qu'accourus de tous les points de la France, vous venez devant le premier magistrat de la République prêter le serment, ce n'est pas à un homme que vous jurez fidélité, mais à la loi. Vous venez ici, en présence de Dieu et des grands pouvoirs de l'Etat, jurer de remplir religieusement un mandat dont l'accomplissement austère a toujours distingué la magistrature française. Il est consolant de songer qu'en dehors des passions politiques et des agitations de la société, il existe un corps d'hommes n'ayant d'autre guide que leur conscience, d'autre passion que le bien, d'autre but que de faire régner la justice.

« Vous allez, messieurs, retourner dans vos départements; reportez-y la conviction que nous sommes sortis de l'ère des révolutions, et que nous sommes entrés dans l'ère des améliorations qui préviennent les catastrophes. Appliquez avec fermeté, mais aussi avec l'impartialité la plus grande, les dispositions tutélaires de nos codes. Qu'il n'y ait jamais de coupables impunis, ni d'innocents persécutés. Il est temps, comme je l'ai dit naguère, que ceux qui veulent le bien se rassurent, et que ceux-là se résignent, qui tentent de mettre leurs opinions et leurs passions à la place de la volonté nationale.

« En appliquant la justice dans la plus noble et la plus large acception de ce grand mot, vous aurez, messieurs, beaucoup fait pour la consolidation de la République, car vous aurez fortifié dans le pays le respect de la loi, ce premier devoir, cette première qualité d'un peuple libre. »

Le Moniteur officiel.

Les habitudes si régulières du *Moniteur* semblent singulièrement bouleversées. Il revient ce matin pour la troisième fois sur la nomination des nouveaux ministres.

D'abord, la composition du ministère a été annoncée dans le numéro du jeudi 1er novembre, à la partie *non officielle*.

Dans la journée a paru un *supplément extraordinaire*, antidaté du 31 *octobre*, portant en tête, *Partie officielle*, et contenant le décret que nous avons reproduit hier et qui donnait en bloc la nomination de tous les ministres.

Aujourd'hui, 3 novembre, le numéro ordinaire du *Moniteur* commence par dix nouveaux décrets, deux pour M. d'Hautpoul comme ministre de la guerre et comme ministre intérimaire des affaires étrangères, et les huit autres pour chacun de ses collègues.

Tous ces décrets ne sont revêtus que de la signature du Président de la République, sans aucun contre-seing.

La forme de ces décrets est du reste régulière, puisque l'art. 67 de la Constitution est conçu en ces termes :

« Les actes du président de la République, *autres que ceux par lesquels il nomme et révoque les ministres*, n'ont d'effet que s'ils sont contresignés par un ministre. »

On voit que les actes par lesquels le Président de la République nomme et révoque les ministres, se font sous sa seule et unique responsabilité.

De la démission des anciens Ministres.

Le premier décret, du 31 octobre, et ceux qui ont paru ce matin, font mention de la démission des anciens ministres.

Le *Journal des Débats* contient, à propos de ce fait qui a été contesté, la note suivante :

« Rigoureusement parlant, nous croyons que l'assertion est exacte; car, si nous sommes bien informés, les collègues de M. Odilon Barrot qui auraient refusé de donner leur démission mercredi matin, lorsque le Président de la République la leur demandait d'abord, la lui auraient adressée après la lecture faite du message dans le sein de l'Assemblée législative. »

Le nouveau ministère.

Le *Journal des Débats* juge ainsi la situation :

« Le silence dans toutes les parties de l'Assemblée, l'isolement du ministère au milieu de toutes les fractions qui la composent, tel est l'aspect frappant de la séance d'aujourd'hui. Nous ne voulons pas dire qu'il en résulte aucun symptôme d'hostilité pour le nouveau cabinet. Le message du Président promet une politique nouvelle, annonce que désormais l'action va succéder à la parole; il est tout naturel que l'Assemblée attende qu'elle soit un peu mieux informée, avant de juger cette politique nouvelle et ces actes nouveaux. Le caractère vague, la couleur tout à fait insaisissable du manifeste dont il lui a été aujourd'hui donné lecture ne permet pas encore de comprendre pourquoi l'ancien ministère a cessé d'exister, ni pourquoi le nouveau a pris les affaires. Au milieu d'une obscurité si profonde, la majorité semble avoir pris le parti d'attendre avant de se prononcer. »

Le message du Président semblait avoir fermé la bouche au *Constitutionnel*. Il la rouvre aujourd'hui sous l'impression plus favorable du discours de M. le ministre de la guerre :

« Le message présidentiel reçoit, nous le pensons, sa véritable interprétation dans les commentaires médités et conciliants du programme ministériel. Ce dernier manifeste résume la situation. Il est de nature à calmer les esprits.

« Le Président de la République s'est séparé le 31 octobre de son ministère. En cela il exerçait un droit incontestable. L'article 64 de la Constitution le lui confère. Seulement l'exercice de ce droit constitutionnel éclatait d'une manière imprévue et dans des conditions insolites. On s'attendait à une modification partielle. Il s'opère une dissolution complète. Ce n'est pas tout. Le ministère, qui, lors de sa création, n'avait pas été fait de la chair de la majorité, s'assimilait de plus en plus à elle. Il venait d'obtenir un nouveau succès parlementaire, une nouvelle adhésion de la majorité. On avait le regret de voir ce cabinet perdre la confiance du Président de la République, au moment où il faisait des progrès dans la confiance de l'Assemblée. »

Un peu plus loin, la même feuille ajoute :

« Il respire dans le message comme dans tous les actes émanés de Louis Bonaparte, un vif désir de répondre par des actes à l'élection du 10 décembre, et aux espérances fondées sur le nom glorieux qu'il porte. Il semble se reprocher de n'avoir pas rendu encore d'assez grands services au pays. Mais, il faut le dire, dans l'expression de ce regret, quelques paroles du message rejettent peu justement la responsabilité du bien non encore accompli, sur le ministère et la majorité qui ont prêté leur concours au Président.

« Ces quelques paroles avaient produit une impression pénible. Nous devons dire que le langage du programme ministériel a beaucoup affaibli cette impression. »

L'*Assemblée nationale* est encore plus indulgente :

« Comme la majorité avait droit de l'espérer, comme nous l'avions annoncé, les nouveaux ministres sont venus à la tribune, par l'organe de M. le général d'Hautpoul, donner des explications sur le message et le dépouiller de tous les éléments de malentendu.

« La phrase qui attaquait les *anciens partis* de la majorité a été remplacée par un appel à l'union de toutes les nuances.

« L'oubli que l'on avait fait du concours de la majorité se trouve largement réparé par l'énergique protestation de s'identifier avec les principes de la majorité, seuls principes que le nouveau ministère veuille et puisse avoir.

« Tout ce qu'il pouvait y avoir de personnel dans l'action future du pouvoir exécutif disparait devant la nouvelle demande de concours et d'appui faite à l'Assemblée.

« L'on nous assure que cette politique ne s'arrêtera point à de vaines paroles, mais qu'elle sera immédiatement manifestée par des actes.

« Nous ne demandons pas mieux que d'applaudir à d'aussi brillantes promesses et leur mise à exécution ne saurait nous laisser indifférents ou ingrats. »

Le journal des ultra-bonapartistes et celui des bonapartistes mécontents sont également désappointés.

La *Liberté*, l'organe de ces derniers, qui commençait à se réjouir dans son premier article, le fait suivre du *post-scriptum* que voici :

« Ces lignes étaient écrites, quand le discours prononcé à la séance d'aujourd'hui par M. le général d'Hautpoul est venu tout remettre en question et réveiller les justes griefs du parti démocratique. Comment ne pas désespérer du nouveau gouvernement en présence de cette déclaration ? »

Le *Dix Décembre*, qui comptait hier sur l'enthousiasme universel, commence à reconnaître que ses sentiments ne sont pas généralement partagés :

« Nous sommes désolés de le dire, MAIS LA FRANCE EST UN PAYS INCORRIGIBLE POUR l'intrigue.

« Il est dit qu'*aucune leçon ne profitera à l'esprit de coterie.* »

Cependant, s'il y a une leçon qui devrait profiter aux coteries les plus incorrigibles, certes c'est bien la leçon que reçoit en ce moment le *Dix Décembre*. Après avoir décrit tous les embarras de la politique qu'il prétendait inspirer au président, ce journal s'écrie :

« Le président de la République est obligé de s'éloigner de la droite ; la gauche bat des mains à cette rupture.... pour aider au président à rentrer dans les seuls errements du pouvoir ?...

« Non, vraiment — pour l'attirer à elle.

« C'est-à-dire pour recommencer à gauche ce qui vient de se faire à droite.

« Maintenant, tirez-vous de là. »

Maintenant, tirez-vous de là ! Voilà le dernier mot de ces détestables flatteurs, dont les conseils perdraient infailliblement tous ceux qui seraient assez mal inspirés pour les suivre.

Nouvel échec dans la Gironde.

Nous avons déploré l'échec éprouvé par les hommes d'ordre à la dernière élection qui a eu lieu à Bordeaux pour le siége laissé vacant dans l'Assemblée par le regrettable M. Ravez.

C'est un comité soi-disant conservateur, le *Comité de l'Esprit des lois*, qui a cette fois jeté la discorde dans les rangs modérés, et déterminé le triomphe de l'opposition, en élevant une autre candidature contre celle du fils de M. Ravez.

Une circonstance très-favorable s'est présentée, ou du moins un rapprochement désirable pouvait s'opérer. M. Ravez fils était le seul candidat modéré de son canton pour le conseil général. En face de lui, il n'avait pour concurrent qu'un socialiste avancé.

Dans une telle situation, qu'a fait encore le *Comité de l'Esprit des lois?* A-t-il mis de côté ses préventions, ses rancunes, voire même ses griefs, s'il croyait en avoir? C'est ce que devaient faire tous les bons citoyens en semblable occurrence en vue d'un intérêt général, puissant et pressant.

Le *Comité* et ses amis se sont abstenus. Plus de la moitié des électeurs n'ont point paru au scrutin, et le CANDIDAT SOCIALISTE A ÉTÉ ÉLU!

Avec un pareil entêtement de parti et un égoïsme de ce genre, on peut perdre la société!

Bulletin de la politique étrangère.

ITALIE. —Le 25, le Ghetto de Rome, quartier des juifs, a été entouré par la force armée, et des visites domiciliaires ont été faites dans beaucoup de maisons. On prétend que cette mesure a amené la découverte d'un grand nombre d'objets de prix enlevés pendant la période révolutionnaire.

Lors du siége de Rome, les triumvirs avaient fait sortir de prison beaucoup de forçats que l'on forçait de travailler aux fortifications de San-Pancrace. Un certain nombre moururent dans cette position périlleuse, le reste s'était dispersé dans Rome. On écrit de cette ville, en date du 24, à la *Gazette Piémontaise,* que dans la nuit du 20 au 21 octobre, par suite des dispositions prises entre les chefs de la police, les commandants des vélites pontificaux, avec main-forte de troupes françaises, ont arrêté cent cinquante-deux individus; parmi eux se trouvent beaucoup de ces condamnés.

Le général autrichien d'Aspre quitte Florence pour la ville de Plaisance, où il a reçu l'ordre de porter le quartier-général de son corps d'armée. On dit qu'il sera remplacé dans le commandement des troupes d'occupation de la Toscane par le général Lichtenstein, qui sera placé, du reste, sous ses ordres immédiats.

Le ministère sicilien est constitué. Un décret, en date du 23, rendu par le roi Ferdinand, nomme comme directeur auprès de Filangieri, gouverneur-général de la Sicile, MM. la Lumina pour les grâces, la justice et les affaires ecclésiastiques; Scrofani, pour l'intérieur; don Giardino pour les finances, et le capitaine Maniscalco pour la police.

Deux jours auparavant, le *Journal des Deux-Siciles* avait publié, dans sa partie officielle, une autre ordonnance établissant à Palerme une consulte d'état, composée d'un président et de sept conseillers, qui seront tous Siciliens. Six rapporteurs et un secrétaire sont attachés à cette consulte, dont les attributions sont fort larges, mais entièrement consultatives.

Des lettres de Malte, en date du 22, portent que le vapeur *Rosamond* a laissé l'escadre de l'amiral Parker en vue d'Hydra, se dirigeant vers les Dardanelles, où *elle devra* se réunir à la flotte turque, dont l'amiral anglais prendra le commandement en chef; il entrait dans la mer Noire si la Russie déclarait la guerre à la Porte. Le *Rosamond* a porté au contre-amiral Harvey, qui se trouve dans les eaux de Malte, l'ordre d'expédier vers les Dardanelles tous les vaisseaux de guerre qui arriveront.

AUTRICHE. — Des lettres en date du 29, adressées de Vienne à la *Gazette de Breslau*, annoncent que le général Hanslab a déterminé la plus grande partie des Magyares réfugiés à Viddin, à rentrer dans leur patrie.

Une notification officielle du conseil de guerre de Pesth fait connaître dix nouvelles condamnations, soit aux fers, soit à l'emprisonnement dans une forteresse. Parmi ces condamnés se trouve un magistrat de Pesth, vieillard de 73 ans, convaincu d'avoir tenu des discours violents contre la dynastie autrichienne pendant le siége de Bude.

PRUSSE. — Nous avons parlé il y a trois jours, des rixes sanglantes qui avaient eu lieu à Paderbon entre les habitans de cette ville et le régiment de hussards qui y tient garnison. Nous apprenons aujourd'hui que le gouvernement prussien, contre toutes les prévisions, a donné tort aux habitants. Loin de renvoyer les hussards, il a expédié un escadron de cuirassiers, qui ont été logés chez les bourgeois.

Chronique et Faits divers.

— Une seconde proposition relative à l'établissement d'une taxe sur les chiens a été présentée aujourd'hui par MM. Remilly, Dufournel, Perreau, Aubry Fabré, Houel de Ravinel et Resal. Dans cette nouvelle proposition on remarque les passages suivants : « Il ne sera pas dû de taxe pour les *jeunes chiens nourris encore par leurs mères* ni pour les chiens appartenant à l'aveugle indigent. Les conseils municipaux pourront exempter de la moitié ou même de la totalité de la taxe ; 1° le chien du pâtre commun ; 2° celui réputé nécessaire à l'exercice d'une profession sujette à patente ; 3° celui appartenant au fermier dont la demeure sera située à plus de 100 mètres de toute habitation. »

— Un dépôt de poudre de guerre vient d'être découvert au Luc (Var), chez des individus suspects. Le substitut du procureur de la République s'est rendu sur les lieux pour constater le délit.

BOURSE DU 3 NOVEMBRE.

Le 3 p. 100 a débuté au comptant à 55 60, a fait 55 35 au plus bas, et reste à 55 75.

Le 5 p. 100 a débuté au comptant à 87 25, a fait 87 60 au plus bas, et reste à 87 90.

Les actions de la Banque ont été cotées à 2,320.

L'un des Propriétaires-Gérants, CHARLES DE RIANCEY.

Paris, imp. BAILLY, DIVRY et Comp., place Sorbonne, 2.

L'AMI DE LA RELIGION.

L'INSTITUTION DE LA MAGISTRATURE.

Nous devons revenir aujourd'hui sur cette grave et importante cérémonie, dont l'ensemble et les principales circonstances ont porté le caractère auguste qui s'attache au respect austère de la Loi, à la notion supérieure du Droit et au sentiment profond de la Justice, rehaussés, vivifiés, consacrés par les plus hautes inspirations et par les saints mystères de la Religion.

De telles solennités sont rares dans nos annales judiciaires. On ne trouve depuis la révolution que deux exemples analogues. Le 7 janvier 1811, l'installation officielle de la magistrature impériale eut lieu, après une messe du Saint-Esprit, sous la présidence du grand-juge Regnier. Une seconde installation eut lieu, lors de la Restauration, le 21 février 1815. A ces deux dates, il faut ajouter maintenant celle du 3 novembre 1849.

La Sainte-Chapelle, depuis soixante ans dépouillée de tout caractère religieux, s'est rouverte aux cérémonies catholiques.

Tout le monde sait que ce parfait modèle de l'art au treizième siècle est en restauration depuis plusieurs années. Un architecte éminent, M. Lassus, a su harmoniser parfaitement les dispositions radicales et provisoires qu'exigeait la cérémonie, avec les réparations pleines de goût et de tact archéologique, qu'il a déjà fort avancées.

Mgr l'Archevêque s'était rendu à la chapelle, escorté par les chanoines de la cathédrale; quand le Président de la République est arrivé, il lui a adressé le discours suivant :

« Monsieur le Président et Messieurs,

« C'est une grande pensée d'avoir amené aux pieds de celui qui *juge les justices même* la magistrature du pays au moment où elle va recevoir une institution nouvelle. C'est en même temps une belle inspiration d'avoir voulu marquer cette auguste solennité par l'inauguration nouvelle de ce temple depuis si longtemps fermé, de ce temple qui rappelle les plus glorieux souvenirs de notre histoire, parmi lesquels domine celui du grand prince qui fut à la fois législateur et magistrat, et pour lequel l'amour du peuple ne trouva pas de plus beau titre que le titre de roi justicier.

« Dieu, comme il s'appelle lui-même, est le juste juge par excellence. La religion est la source la plus élevée de la justice. Voilà pourquoi nos pères considéraient la magistrature comme un second sacerdoce.

« Ils étaient pénétrés de cette idée, les magistrats immortels qui ont fait la gloire de nos anciens sénats. Quelle gravité, et même quelle austérité de mœurs ! Le tribunal était pour eux un véritable sanctuaire. En déposant les insignes de leur charge, ils n'en déposaient jamais la dignité. La sainteté de leur état les accompagnait partout. Leur vie se partageait entre la distribution de la justice et l'étude des lois divines et humaines. Leur âme aimait à s'élever vers Dieu pour contempler la justice jusque dans son essence, et se former sur le plus parfait des modèles. Le respect qu'ils avaient d'eux-mêmes leur assurait le respect des peuples. On comprenait, en les voyant, cette parole du Très-Haut : O vous qui jugez la terre, vous êtes comme des dieux : *Ego dixi, Dii estis.*

« De si nobles sentiments et une conduite si belle et si pure n'étaient pas seulement fondés sur la vertu, mais sur la vérité. Au-dessus de toutes les lois humaines, il existe une loi primordiale, éternelle, divine, qui est leur principe et dont elles doivent être les conséquences. Il est impossible de séparer les conséquences de leur principe sous peine de s'exposer aux plus dangereuses déviations. Si la loi n'était que l'expression de la volonté arbitraire de l'homme, elle serait sans racine dans le cœur, sans écho dans la conscience, et elle n'aurait plus que la force brutale pour sanction.

« Magistrats, pourquoi vous appelle-t-on les ministres de la loi humaine ? Souffrez qu'au nom de la vérité je rende à vos fonctions toute leur grandeur : non, vous n'êtes pas seulement les ministres de la loi humaine, vous êtes encore les ministres de la loi divine. La première ne doit être que l'expression fidèle de la seconde, et, ce qui le prouve, c'est que si la loi humaine, au lieu d'être conforme à la vérité et à la justice éternelle, était enfantée par l'erreur ou par les passions des hommes, vous déchireriez aussitôt vos toges et vous aimeriez mieux être les victimes que les ministres d'une telle loi.

« Ce n'est qu'en comprenant ainsi la magistrature que l'on comprend le caractère en quelque sorte ineffaçable qu'elle imprime sur l'homme qui en est une fois revêtu. Si elle ne se distinguait pas des autres fonctions publiques, si elle ne se rattachait pas à un ordre immuable, indépendant des vicissitudes du temps, comment prétendrait-elle leur échapper ?

« Non : religion, morale et justice, choses éternellement inséparables, c'est le soleil avec les rayons qui jaillissent de son sein pour éclairer et féconder la nature.

« Il l'avait compris le grand homme qui, voulant restaurer la société en France, restaura du même coup la religion et la justice. En ouvrant les temples de la divinité, il ouvrit en même temps les temples de la loi ; il marqua par là l'alliance de ces deux grandes forces dont nul Etat ne saurait se passer, et c'est lui qui voulut aussi que cette alliance fût chaque année solennellement renouvelée au pied des autels.

« Il vous appartenait mieux qu'à personne, Monsieur le Président, de suivre ces belles et salutaires traditions. La France, en vous conférant la première magistrature du pays, s'est souvenue qu'au nom que vous portez se rattachait la vraie restauration de l'ordre par celle de la religion et par la promulgation de nos codes immortels. Vous donnerez en ce moment une preuve éclatante de votre sagesse et du culte que vous avez voué à de glorieux souvenirs, en affermissant la magistrature, en l'environnant d'un nouveau lustre, et en rehaussant en même temps par votre présence la pompe de cette auguste et sainte solennité. C'est ainsi que vous apprenez aux peuples à respecter à la fois la religion et la justice, ces deux sources de la paix et de la prospérité des Etats.

« Bénissez, ô mon Dieu, le chef entre les mains de qui la première nation de l'univers a remis en ces temps périlleux le soin de ses destinées. Qu'il soit, dans l'exercice si difficile du pouvoir, constamment digne de vous et d'elle. Epanchez sur lui les célestes trésors de la lumière et de la grâce. Que vos dons précieux se répandent également dans l'esprit et dans le cœur de ces magistrats qui sont venus s'incliner ici devant votre majesté souveraine. Que l'hommage qu'ils vous rendent aujourd'hui ajoute encore à la juste admiration et au respect dont cette belle institution de la magistrature française jouit auprès de tous les peuples de l'Europe. Dictez-leur, ô juge suprême, des jugemens toujours équitables ; faites-en les organes de votre propre justice, et que jamais ne soit démenti par aucun d'eux cet oracle de votre bouche : *Per me (judices) decernunt justitiam.* »

Nous n'avons pas besoin de faire remarquer avec quel bonheur Mgr l'Archevêque de Paris a évoqué les vivants souvenirs de la Sainte-Chapelle, cette fondation admirable de ce grand Roi que ses peuples appelaient le *Justicier* et que l'Eglise a mis au rang de ses saints ! Quelle plus belle leçon que la mémoire de saint Louis, et

uel plus frappant exemple de l'union indissoluble et nécessaire de
l Justice et de la Religion !

Nous avons rapporté hier les paroles dignes et convenables que
l. le Président de la République a prononcées dans cette circon-
lance, et qui lui ont valu une approbation unanime.

Nous donnons encore aujourd'hui des extraits, textuellement tirés,
'après le *Moniteur*, des discours de M. Portalis, premier président
e la Cour de Cassation, et de M. Dupin, procureur-général à la
même cour.

La Messe étant terminée, le cortége s'est rendu dans la salle des
'as-Perdus, où a eu lieu la prestation du serment. Après quelques
mots du nouveau ministre de la justice, M. Rouher, qui a eu le bon
oût de faire l'éloge de son prédécesseur, M. Portalis a prononcé un
iscours dont nous nous plaisons à reproduire les passages sui-
ants :

« C'est au nom du peuple français que les cours et les tribunaux prononcent leurs
rêts et leurs jugements ; c'est au premier magistrat de la République, investi par i
alliance et les suffrages du peuple, du devoir suprême de procurer l'exécution des loi
le maintien de l'ordre public, qu'il appartenait de présider à la consécration nouvelle
le la magistrature reçoit de la loi et d'ajouter par sa présence à la solennité de cet
avre de réparation.

« L'ordre public est le règne du droit, le pouvoir judiciaire est le principal instru-
ent de ce règne ; la paix et la sécurité en sont les fruits ! Quel moyen plus sûr d'éta-
ir la concorde entre les citoyens que cette intime alliance de la paix et de la justice !

« Dans ces jours de luttes sanglantes et d'épreuves douloureuses, encore si près de
us, le sentiment religieux s'est manifesté avec énergie. Les fondements de l'ordre so-
al ont été mis à nu, et la France, éclairée par les événements accomplis, a reconnu
e la religion, cet élément constitutif de la sociabilité humaine, cette source divine du
oit, doit intervenir dans toutes les grandes époques de la vie politique et civile des
tions, que sans elle et hors d'elle les fêtes et les cérémonies publiques n'ont ni signifi-
tion ni dignité réelles.

« Aussi l'institution de la loi va-t-elle nous être donnée sous les auspices du *Dieu
vant*. C'est en sa présence qu'aura lieu le renouvellement d'un dépôt sacré aux mains
èles qui en sont encore en possession, et qui n'ont usé du pouvoir que ce dépôt leur
nférait qu'avec le soin religieux que commande l'accomplissement du plus saint des
voirs. C'est en prenant à témoin le *Souverain Juge* que nous allons répéter la pro-
sse que nous nous faisons chaque jour à nous-mêmes, *de juger selon la justice* et de
us maintenir à la hauteur de nos fonctions et de nos devoirs. »

M. Dupin, debout et couvert, a pris ensuite la parole. Nous regret-
ns que M. le procureur-général n'ait pas pu, même dans un temps
mme celui-ci et dans une telle occasion, oublier tout à fait ses
eilles antipathies. Sachons lui gré sans doute d'avoir relégué parmi
s *Olim* le souvenir du gallicanisme parlementaire. Toutefois M. Por-
lis, qu'on a pu appeler autrefois le dernier des gallicans, lui avait
nné un meilleur et plus digne exemple par son silence sur un tel
jet. La phrase d'ailleurs que nous soulignons plus bas venait mal
milieu du résumé historique où elle se trouve et où l'auteur a
int aux qualités ordinaires de son talent, des vues plus justes et
us impartiales sur le rôle de notre ancienne magistrature.

« Dans cet antique palais, jadis la demeure des rois devenu plus tard le temple de la justice, où l'on montre encore la salle de Saint-Louis (1), et cette grand'chambre du Parlement de Paris, sanctuaire vénéré, où les plaideurs ne pénétraient jamais sans éprouver une sorte de saisissement religieux, on a vu de grandes pompes, de magnifiques solennités; aucune toutefois qui pût, mieux que celle-ci, s'appeler à bon droit *la fête de la justice!*

« Quand les rois venaient au palais tenir ce qu'on appelait leurs *lits de justice*, aux splendeurs ordinaires de la magistrature s'ajoutaient celles de la royauté; mais celle-ci semblait n'étaler sa puissance et ne se montrer dans toute sa majesté que pour éclipser l'autorité du Parlement, entraîner ses votes, ou, s'il résistait, lui faire violence en forçant l'enregistrement des édits.

« Au lieu de voir dans ce vain appareil un exercice régulier du pouvoir, l'opinion publique était réduite à déplorer cette force déployée au sein même de la justice : le scandale des protestations venant contredire les actes, et des registres consacrant tout à la fois un acte d'obéissance et un germe de rébellion.

« Telles furent pendant longtemps l'incertitude et l'imperfection de nos institutions. Les assemblées des états généraux, qui, dans l'origine, formaient le droit public de la monarchie, avaient cessé d'être convoquées. Un pouvoir qui tendait à devenir absolu, méditait de les laisser tomber dans l'oubli; et, pour paraître conserver à la nation un simulacre de garantie, on avait recours au parlement.

« Flatté de cette attribution extraordinaire, qui semblait l'associer au pouvoir législatif et à l'action politique du gouvernement, le parlement avait fini par croire qu'il représentait les états généraux *au petit pied.* Et cependant, les ministres de la couronne, tout en se servant de l'autorité parlementaire, avaient soin de lui rappeler l'infériorité réelle de ses attributions. De là, ces tiraillements perpétuels dans l'exercice d'un pouvoir incomplet, dont la compétence incertaine était fréquemment taxée d'usurpation. Fort avec les rois faibles, faible avec les rois forts, tantôt subjugué, tantôt vainqueur, dans cette lutte sans cesse excitée par les entreprises du gouvernement et entretenue par la résistance des magistrats : telle fut l'histoire du parlement de Paris.

« Toutefois, messieurs, malgré tant de fluctuations et de vicissitudes dans l'exercice de ses pouvoirs, cette illustre compagnie a rendu d'immenses services au pays : — par ses remontrances fermes, courageuses, sagement mesurées; — par sa lutte contre la puissance féodale, en conquérant au profit du pouvoir central *le dernier ressort*, ce dernier mot de la justice et des lois, qui constitue la véritable souveraineté; — par sa vigueur et *sa persévérance dans la défense du droit* public et des maximes de France contre les prétentions *jadis si redoutables des ultramontains* : — enfin par la sagesse et la haute équité de ses arrêts.

« C'est ainsi que la magistrature française était devenue l'objet d'un respect universel. »

M. Dupin montre ensuite la décadence de cette grande institution :

« Tel est le sort de toutes les institutions. La sagesse des anciens de la compagnie s'étaient vue quelquefois compromise par la fougue et l'étourderie des moins expérimentés. Alternativement obséquieux et frondeur, tantôt révolutionnaire et tantôt défenseur obstiné des abus, arrivé à ce point qu'il faisait également obstacle à la marche du gouvernement et aux réformes les plus désirées et les plus nécessaires, le parlement se vit brisé en 1771 par un coup d'État de la royauté, et en 1790 par les états-généraux dont il avait lui-même, avec d'autres espérances, demandé la convocation. »

Voici maintenant comment M. le procureur-général rappelle ce que le pays a dû à l'Empereur pour la reconstitution de la magistrature, et à la Restauration pour le rétablissement du grand principe de l'inviolabilité :

« L'ordre civil n'est pas constitué en France, disait Napoléon dans son conseil d'État, « car il n'existe que lorsque la justice criminelle tient chacun dans le devoir. C'est surtout « ~~navs~~ qui ont une puissance militaire considérable, qu'il convient de l'orga-

_____

(1) es requêtes de la Cour de cassation.

« aiser fortement, afin que, dans tous les temps, il arrête *le torrent de la force.* » Eh !
messieurs, que n'eût-il pas dit, en d'autres circonstances, des pays où la forme du gouvernement et l'abus de la liberté souvent convertie en licence tiennent incessamment
les populations en émoi, et peuvent à chaque instant soulever les masses ? « Voilà, »
ajoutait Napoléon, et nous devons le redire avec lui, après toutes les expériences que
nous avons faites, « voilà le point de vue sous lequel la réunion de la justice criminelle
« devient nécessaire. Il s'agit de former de grands corps, forts de la considération que
« donne la science civile, forts de leur nombre, au-dessus des craintes et des considé-
« rations particulières, qui fassent pâlir les coupables, quels qu'ils soient, et qui com-
« muniquent leur énergie au ministère public. » Ainsi parlait Napoléon.

« Une chose cependant manquait encore à l'institution judiciaire : c'était l'inamovibilité. — Ce grand principe de l'inamovibilité, anciennement en vigueur, violé par
Louis XI, mais bientôt rétabli ; toujours réclamé comme une garantie d'indépendance
et de bonne administration de la justice par les États généraux, alléguant que, « sans
« cela, les juges ne seraient vertueux, ni si hardis à bien faire leur devoir ; » — cette
inamovibilité, promise aux juges de l'empire, et toujours différée, leur fut conférée par
la Charte de 1814. Un instant violée après les Cent-Jours, cette règle ne tarda pas à reprendre son cours ; et, en 1830, elle fut maintenue avec une sage fermeté.

« La Constitution de la République est venue donner à ces grandes choses une nouvelle sanction. »

Si le passé a droit aux hommages, il faut aussi comprendre les conditions du régime actuel; leur simple énoncé est une leçon qui ne
doit être perdue pour personne :

« Sous la Constitution actuelle, personne en France n'a le droit de tenir une
conduite ou de parler un langage supérieur aux lois. Il n'est personne qui ne doive fléchir sous le niveau de la justice : personne qu'elle n'ait le droit d'atteindre et de juger
en matière criminelle, publiquement, et avec assistance de jurés et de défenseurs, même
les membres de la représentation nationale, même les ministres, même le chef du pouvoir exécutif, dans les formes et dans les cas prévus et réglés par la Constitution. »

Nous terminerons par les passages relatifs au *serment* des magistrats :

« La loi actuelle, vous le savez, messieurs, a été préparée au sein de la commission
d'organisation judiciaire, sous la présidence d'un ministre dont le cœur plein de droiture a donné, dans ces temps difficiles, l'exemple du dévouement et du devoir courageusement accompli ; peu ambitieux du reste, et qui, de tout le pouvoir dont il était revêtu, ne regrette, j'en suis sûr, que l'honneur qui lui semblait réservé de présider à cette
auguste cérémonie.

« Aux termes de cette loi, rapportée, dans l'Assemblée législative, par un jeune jurisconsulte dont M. Odilon Barrot, bon juge du vrai mérite, avait su reconnaître et distinguer le talent, les membres des cours et tribunaux doivent prêter individuellement le
serment suivant :

« *En présence de Dieu* et devant les hommes, je jure et promets, en mon âme et
« conscience, de bien et fidèlement remplir mes fonctions, de garder religieusement le
« secret des délibérations, et de me conduire en tout comme un digne et loyal magis-
« trat. »

« Assurément cette formule aurait pu se produire avec plus de développement ; elle
serait fort longue, si l'on avait entrepris d'y exprimer en détail tous les devoirs du magistrat : on a dû préférer une clause générale qui les comprend tous. Et nous pouvons
répéter à cette occasion ce que l'avocat-général Guy du Faur de Pibrac disait au Parlement de Paris : « La formule dont nous usons en notre serment est *compendieuse;* en
« peu de paroles elle nous oblige à beaucoup. »

« Ce serment, d'ailleurs, n'est-il pas un engagement pris devant Dieu? N'a-t-il pas
dès lors son complément dans le sentiment religieux? Un magistrat chrétien, en rendant
la justice, et dans tous les actes de ses fonctions aura donc toujours devant les yeux les
préceptes de la sagesse éternelle, sous la protection de laquelle cette auguste cérémonie

est venue se placer, et dont nous venons d'invoquer les inspirations dans cette chapelle de Saint-Louis, si belle aux yeux de l'art, si respectable par ses souvenirs, dans laquelle M. le premier président Séguier, fidèle aux pieuses traditions de ses ancêtres, et présageant l'avenir, avait fondé ce qu'il appelle dans son testament une *messe de justice*, pour y être célébrée chaque jour, après que cet oratoire du saint roi aurait été restauré.

« Or c'est la sagesse elle-même, c'est la sagesse divine qui donne cet avertissement à ceux qui veulent entrer dans la magistrature : « Si vous n'êtes pas résolu à remplir « avec vigueur les entraves de l'iniquité, n'essayez point de devenir juge, de peur que « vous ne vous laissiez intimider ou influencer par des hommes puissants, et que vous « ne laissiez le scandale s'introduire dans vos jugements. »

« C'est elle qui nous dit : « Aimez la justice, vous qui jugez la terre ; — Instruisez-« vous, *erudimini !* — Ne faites pas ce qui est injuste ; — Jugez justement votre pro-« chain. »

« C'est elle enfin, c'est Dieu lui-même qui recommande aux juges, comme des causes privilégiées, celles de la veuve et de l'orphelin, celles du pauvre et de l'étranger. »

Après la prestation de serment et le discours de M. le Président de la République, toutes les personnes qui avaient participé ou assisté à cette importante cérémonie se sont retirées sous l'impression religieuse et profonde que produit toujours la pompe des grandes institutions civiles, quand elles savent se rattacher elle-même et emprunter une plus auguste majesté au culte de Celui qui est le Père, le Conservateur et le Réparateur de la société humaine.

———————

Nous croyons devoir placer sous les yeux de nos lecteurs, en leur rappelant nos précédentes réserves, quelques extraits d'une nouvelle lettre écrite de Rome, le 24 octobre, par le correspondant du *Journal des Débats* :

« Nous comptons bien recevoir, par le premier courrier, la nouvelle que le gouvernement et l'Assemblée ont reconnu la pleine et entière indépendance du Souverain Pontife, en laissant à son initiative le soin de développer les institutions dont la promesse est consignée dans le *motu proprio*. C'est, croyez-le bien, la seule manière d'arriver à une solution, du moins la solution la plus pressante en ce moment, c'est-à-dire la rentrée du Pape dans Rome. Car tant que le Pape ne sera pas revenu ici, rien ne se fera...

« Nous avons entendu beaucoup parler de dissentiments entre la majorité et le pouvoir exécutif, et de crise ministérielle ; il est inutile que je m'en occupe ici, car cela doit être réglé depuis longtemps d'une manière ou d'une autre. Mais a-t-il été bien réellement question d'imposer au Pape un programme politique ? En ce cas, je me permettrais de demander si c'est bien sérieusement qu'on veut voir le Pape rentrer dans Rome, et si c'est sérieusement qu'on a voulu le rétablir sur son trône. La lettre du Président se résumait, si je ne me trompe, en quatre demandes principales : amnistie générale, sécularisation de l'administration, Code Napoléon, gouvernement libéral. Je comprends qu'on étende autant que possible le cercle de l'amnistie. Mais, de bonne foi, on ne peut pas exiger d'un gouvernement, n'importe lequel, qu'il reçoive dans la place ceux qui ont juré de le faire sauter ; et de plus, je ne sais pas trop ce que nous pouvons répondre au gouvernement romain quand il nous dit que nous voyons la paille dans son œil, et ne voyons pas la poutre dans le nôtre.

« Sur le second point, la sécularisation de l'administration, j'ai essayé de vous montrer dernièrement qu'il fallait bien admettre, dans un gouvernement ecclésiastique, l'élément ecclésiastique ; et qu'ensuite, pour faire une administration laïque, il fallait... des laïques. Quant au Code Napoléon, je ne fais que me rendre à des opinions qui ont beaucoup plus de poids que n'en saurait avoir la mienne, en disant que la réforme judiciaire des États romains ne peut être efficacement abordée de front, mais que si elle

en lui, ce sera par des effets indirects et par l'extension régulière des autres réformes. Enfin, en ce qui concerne un gouvernement libéral, on ne peut qu'être d'accord avec la lettre du Président. Il s'agit seulement de savoir ce qu'on entend par ce mot. Un gouvernement libéral, c'est tout ce qu'on voudra ; c'est un homme aussi bien qu'une loi. Le Sultan, qui n'a pas de Chambres, n'est-il pas en ce moment un souverain libéral ? La Convention, qui, dit-on, était un gouvernement de discussion, était-elle un gouvernement libéral ? *Eh bien ! à Rome, le gouvernement le plus libéral possible, c'est le gouvernement personnel du Pape.* . . . .

« Nous sommes donc ici dans l'expectative. Nous attendons le vote de l'Assemblée française ; nous attendons la détermination que prendra le Pape. Si le Pape est bien persuadé qu'il rentre chez lui en pleine possession de ses droits ; si l'effectif de nos troupes doit être diminué d'un tiers ou de moitié, et si, au lieu d'une armée d'occupation chargée de *demander des institutions philosophiques*, il ne voit plus à Rome qu'une garnison destinée à maintenir l'ordre public, alors vraisemblablement il cessera d'avoir peur de nous et rentrera dans sa capitale. »

NOUVELLES RELIGIEUSES.

FRANCE. — DIOCÈSE DE PARIS. — Ce matin a eu lieu dans la chapelle des Carmes l'installation des RR. PP. Prêcheurs. Mgr l'Archevêque de Paris a, du pied de l'autel, prononcé quelques paroles pieusement recueillies par la foule assemblée dans l'enceinte trop étroite ; le R. P. Lacordaire a ensuite inauguré en chaire ses travaux dans cette nouvelle demeure. C'est aux Carmes qu'il prêchera la station de l'Avent.

La communauté compte neuf religieux dont quatre sont revêtus du sacerdoce.

— Avant hier a eu lieu l'inauguration de la Sainte-Chapelle du Palais, on a remarqué à la suite des diverses députations, celle de l'ancien Ordre du Saint-Sépulcre de Jérusalem, institué pour la garde des saintes reliques.

— On nous écrit d'Alger :

« Alger, ce 20 octobre 1849.

« Dix-huit Sœurs de Saint-Vincent-de-Paul viennent d'arriver ces jours derniers par le courrier de Marseille : déjà elles ont été expédiées dans l'intérieur pour soigner les cholériques dans les hôpitaux de Blidah et de Médéah, et porter les secours de la charité dans quelques colonies agricoles. On assure que d'autres Sœurs ne tarderont pas à les suivre, et que M. le ministre de la guerre serait dans l'intention d'en demander pour la plupart des villages, afin de remonter le moral des colons. Cette mesure lui ferait honneur, c'est l'une des plus utiles qu'il puisse adopter pour l'Algérie. Jusqu'à présent les Sœurs de Charité n'ont été appelées que dans quelques villes, nos pauvres colons de l'intérieur ne sont pas moins intéressants que les ouvriers d'Alger, d'Oran ou de Philippeville. Il semble même que ceux qui sont fixés au sol africain, qui le défrichent, qui l'arrosent de leurs sueurs méritent une plus grande sollicitude encore, que les artisans de passage qui affluent dans nos ports. »

PARTIE POLITIQUE.
Réunion du Conseil-d'État.

Nous nous sommes imposé le devoir de ne parler qu'avec une extrême réserve de tout ce qui se passe dans des réunions qui n'ont pas un caractère public, et dont les compte-rendus, n'étant livrés à la presse que par indiscrétion, manquent souvent d'exactitude aussi bien que d'authenticité.

Toutefois le récit suivant ayant été déjà répété par plusieurs journaux, nous n'hésitons pas à le reproduire :

« La réunion dite du Conseil-d'Etat a tenu hier au soir une séance extraordinaire. La réunion était au grand complet, sous la présidence de M. de Broglie.

« Le principal motif de la réunion était la conduite à tenir à l'égard du nouveau cabinet. Plusieurs membres ont tour à tour pris la parole.

« M. de Larochejacquelein a démenti formellement les propos que certains journaux lui avaient fait tenir, dans une des séances précédentes, contre le président de la République.

« M. Berryer, dans une allocution chaleureuse, a exprimé à la réunion les sentiments pénibles que lui avait fait éprouver le Message adressé à l'Assemblée nationale. L'honorable orateur a dit que, dans sa conscience, cette majorité, pour laquelle on avait des paroles amères, méritait plus d'égards. Son plus beau titre est d'être composée d'hommes de partis divers, dont toute la vie avait été une lutte constante pour la défense de leurs convictions personnelles, et qui n'avaient pas hésité un instant à sacrifier leurs convictions pour se grouper, afin de sauver la société en péril.

« L'honorable membre croit donc qu'il ne faut pas refuser au nouveau cabinet le concours de la majorité, qu'il faut attendre des actes, mais qu'il faut aussi, par un ordre du jour motivé, aussitôt que l'occasion se présentera, faire connaître la manière dont le Message a été apprécié par la majorité.

« Ces paroles ont paru obtenir l'adhésion générale de la réunion.

« M. Molé, tout en partageant les sentiments de M. Berryer, ne pense pas qu'il faille, par un acte quelconque, faire connaître l'impression fâcheuse qu'a éprouvée la majorité de l'Assemblée.

« M. Thiers, sans formuler sa pensée sur l'incident en question, dit qu'il faut attendre les actes du ministère, mais qu'il faut surtout agir avec énergie et prouver que la majorité ne reculera pas, quelles que soient les atteintes que l'on voudra porter à son pouvoir. Ces paroles ont été accueillies par des applaudissements.

« D'après cette impression, il est certain que le nouveau cabinet n'a, quant à présent, que le concours conditionnel de la majorité. »

La réunion s'est encore occupée du projet de loi sur l'enseignement.

« M. Beugnot a pris la parole au sujet du projet de loi sur l'instruction publique. D'après les paroles de l'honorable membre, il paraîtrait que le nouveau cabinet voudrait renvoyer cette question au conseil d'Etat ; mais la majorité de la réunion a décidé que l'Assemblée législative devait en rester saisie. La réunion s'est ensuite séparée en s'ajournant à la semaine prochaine.

Ces renseignements concordent, on le voit, avec les dispositions dans lesquelles nous avons dit que la majorité de l'Assemblée persiste.

— · · ——— ◦◦◦ ———

Quelques journaux ont prétendu que M. de Parieu avait l'intention de retirer le projet de loi présenté par M. de Falloux sur la liberté de l'enseignement. D'autres feuilles avancent qu'il serait possible que ce projet, sans être retiré, fût préalablement envoyé au Conseil-d'État.

Nous ne croyons pas que ces nouvelles aient le moindre fondement.

En premier lieu, le retrait du projet soulèverait une question constitutionnelle fort grave. Il est de principe qu'un projet sur lequel un rapport a été déposé est devenu la propriété de l'Assemblée. Le ministère peut refuser de le soutenir; mais l'Assemblée demeure toujours maîtresse de le discuter et de le voter.

Dans la circonstance présente, lorsqu'il s'agit surtout d'une loi organique, quand une commission telle que celle que présidait M. Thiers, s'est livrée à de longues délibérations; quand un rapport aussi étudié et aussi développé que celui de M. Beugnot a résumé ses travaux, il n'est pas à croire que l'Assemblée abandonne sa prérogative.

En second lieu, l'Assemblée renverra-t-elle le projet devant le conseil d'État? C'est la dernière ressource des adversaires de la loi.

Mais d'abord cette question a été soumise à un débat spécial devant la réunion de la majorité, et à l'unanimité moins une voix, il a été décidé que le renvoi n'aurait pas lieu.

De plus, comment songer à ce renvoi, dans l'état des choses? L'Assemblée, saisie du projet, en ayant en quelque sorte fait son œuvre, peut-elle dignement et convenablement le soumettre à l'examen d'un corps qui lui est inférieur?

Que deviendrait d'ailleurs le projet dans cette phase nouvelle?

Ou il ne subirait aucun changement, et alors qu'est-ce que l'autorité du conseil d'État ajouterait à celle de la commission parlementaire et de la commission extra-parlementaire qui l'ont élaboré?

Ou le projet reviendrait modifié, bouleversé, défiguré — et quand on connaît l'esprit qui anime un grand nombre des membres du Conseil-d'État, on sait que cette seconde hypothèse est la plus probable. Mais, dans ce cas, on n'aboutirait qu'à quelques embarras de plus. Et on ne lierait pas davantage les mains à l'Assemblée, qui n'est en rien tenue d'adopter les vues du Conseil-d'État.

En résumé, le retrait du projet, l'envoi au Conseil-d'État, en d'autres termes, l'ajournement, serait une mesure aussi impolitique que funeste aux intérêts de l'Église et de la liberté.

Impolitique, en ce qu'elle laisserait perdre une occasion éminemment favorable; en ce qu'elle sacrifierait des avantages aujourd'hui concédés, même par les anciens adversaires de nos droits; enfin, en ce qu'elle rendrait stérile l'union de la majorité dans une question qui touche aux intérêts les plus sérieux de la société.

Funeste à la religion et à la liberté, en ce qu'elle maintiendrait, pour un temps indéfini, le *statu quo* lamentable qui nous régit et dont chaque jour et chaque heure aggravent le terrible poids, en ce qu'elle reculerait peut-être à jamais l'avènement de la liberté et pourrait compromettre sans retour les bienfaits que le dévouement et la charité réservent aux jeunes générations.

Heureusement, la majorité a compris que l'intérêt du pays veut que la loi soit discutée et qu'elle soit acceptée sur les bases posées par la commission. La majorité admettra, nous l'espérons, les améliorations qui rendront le projet plus favorable encore à la religion et à la liberté. Mais elle ne consentira pas à en être dessaisie et à voir jouer, sur cet ajournement, l'union qui fait sa force !

Revue des journaux anglais :

Nous avons publié, avant-hier et hier, l'opinion des divers organes de la presse de Paris sur la dernière crise ministérielle. Qu'il nous soit permis aujourd'hui de placer sous les yeux de nos lecteurs quelques extraits des derniers journaux anglais sur le même sujet. Il ne saurait y avoir que profit pour tout le monde à connaître les réflexions, dures sans doute, mais quelquefois judicieuses, que le spectacle de ce qui se passe chez nous inspire aux feuilles les plus considérables de l'Angleterre.

On lit dans le *Times* :

« S'il est possible de donner un sens clair et précis à la mesure extrême par laquelle le président de la République française vient de changer tout son ministère, ainsi qu'au message si résolu dans lequel il a annoncé cette espèce de coup d'État à l'Assemblée nationale, nous devons supposer que M. Louis Bonaparte veut faire savoir à la France et au monde entier sa résolution péremptoire de prendre en personne la direction suprême des affaires de la République. C'est la répétition ou plutôt la parodie du mot de Louis XIV : « L'État, c'est moi.... »

« Quoiqu'il en soit, le dernier épisode de l'histoire espagnole, la comédie qui vient de se jouer à Madrid, est à peine plus étrange que le changement que M. Louis Bonaparte vient d'entreprendre. Il doit encore rester sous jeu quelque chose qui éclatera prochainement. Le simple souffle d'une assemblée populaire irritée balaierait un cabinet comme le nouveau. La popularité languissante de M. Louis Bonaparte, sans la dignité de la royauté, sans le lustre de la gloire militaire, sans la protection de l'irresponsabilité constitutionnelle, s'abîmerait bien vite dans l'obscurité de ceux qu'il vient d'appeler à gouverner la France. Il ne peut pas plus en faire des hommes d'État qu'il ne peut se faire lui-même empereur ; et tout en parlant de la dignité nationale, il montre en même temps le gouvernement de la France tombé au dernier degré de la déconsidération et de l'insuffisance. Autant donc que nous pouvons essayer de nous former une opinion sur une entreprise si soudaine d'exécution et si grande dans ses conséquences possibles, nous tendons à croire que M. Louis Bonaparte a fait un faux et périlleux mouvement, qu'il est entré dans une voie qui lui sera fatale s'il y persiste. . . . . Il doit paraître très-curieux que la démission de M. de Falloux pour cause de mauvaise santé soit l'une des causes qui ont le plus puissamment contribué à la dissolution du cabinet, car l'homme dans lequel le prétendant a le plus de confiance était le ministre le plus énergique du Président.

« Parmi les conséquences immédiates de ce changement, nous devons mettre au premier rang l'excitation qu'il va donner à tous et à chacun des partis qui, en France, pour des raisons particulières à chacun d'eux, comptent les heures du gouvernement actuel. Depuis l'ultra-légitimiste qui rêve la restauration d'Henri V sur le trône de ses ancêtres, jusqu'au républicain rouge, qui attend avec impatience le jour où il pourra livrer la France à des hordes de sauvages, il n'est pas une fraction politique qui ne regarde M. Louis Bonaparte comme une transition à quelque chose d'autre, il n'en est pas une qui ne comprenne qu'en assumant, dans les circonstances actuelles, la responsabilité immédiate et personnelle de l'administration, M. Louis Bonaparte s'est placé entre un succès complet, couronné par le pouvoir absolu, et la ruine. Un grand homme comme son oncle pouvait

river au premier ; un homme moindre, comme le neveu, a pu du moins ne pas avoir
sur de la seconde alternative. Son message est imprudent, mais il est hardi ; et quoiqu'il puisse être difficile de dominer l'humeur belliqueuse des hommes politiques de la
rance, M. Louis Bonaparte leur montre que s'il a peu de motifs de leur être recon-
aissant, il ne croit pas non plus avoir de raison pour les craindre. »

Le *Globe* fait ressortir, en quelques lignes, les graves difficultés de
l situation :

« Nous avons sincèrement pitié de M. Louis Bonaparte : avec de bonnes intentions
abliques, il est dans une position éminente, sans avoir aucune ni même une très-petite
ase de puissance réelle. Il voit peu à peu s'écouler le temps de sa présidence sans avoir
occasion de prendre l'initiative de mesures de nature à justifier son mot : « que le nom
à Napoléon équivaut à tout un système social. » Nous ne croyons pas plus que
L. Louis Bonaparte qu'un principe d'omnipotence parlementaire dans une seule Assem-
lée doive suffire pour gouverner la France. Si, aux termes de la Constitution française
actuelle, une seule Assemblée législative populaire tient tête à un seul chef exécutif
u populairement, l'Assemblée n'ayant pas le pouvoir de déposer le Président, et ce
rnier n'ayant pas le pouvoir de dissoudre l'Assemblée, il doit arriver naturellement,
rcément et nécessairement, ce qui arrive aujourd'hui, une lutte. »

Le *Globe* ne croit pas à un coup d'Etat de la part de M. Louis Bo-
aparte.

Il pense que M. le Président de la République française partage la
alutaire conviction de tous les hommes politiques et de tous les par-
s en France, à l'exception des républicains rouges, c'est-à-dire que
tenter de nouveaux changements par de nouvelles violences NE SERAIT
AS SEULEMENT UN CRIME, MAIS UNE DUPERIE. »

Voici comment s'exprime le journal *Daily-News* :

« C'est la deuxième édition du plan fantastique de la reine Isabelle pour destituer
arvaez, sans le courage ou le pouvoir de réaliser le projet. Si ce parti a été conçu par
a caprice de tête de Louis Napoléon, il ne durera qu'un jour. S'il a été suggéré et ap-
yé par des hommes qui voient plus loin, leur but est de créer l'anarchie et de jeter
s choses dans la confusion pour se produire comme sauveurs. Le résultat le plus mani-
ste sera de jeter le discrédit sur le Président et de frayer la voie à sa chute légale ou
égale. Nous concevons qu'un parti travaillant à la prompte restauration des Bourbons
t conseillé à Louis Napoléon cette démarche. Le projet ne peut pas venir d'un parti-
a sage ou sincère de la République ou de l'intérêt napoléonien.

« Tout en approuvant la bonne intention du Président et en sympathisant avec l'es-
it de libéralisme et de liberté qui est au fond de cette grave résolution du Président,
us y voyons plus de raisons que jamais de douter de sa sagesse et de prédire sa chute.»

Le *Morning-Chronicle* et le *Morning-Herald* tiennent à peu près le
ième langage. Le *Sun* est la seule feuille de Londres qui accorde
ne complète approbation au message du Président de la Répu-
lique.

« Nous ne voyons rien d'inconstitutionnel dans ce fait, d'autant plus que le minis-
re, bien que soutenu par une forte majorité dans l'Assemblée législative, n'avait ni la
nfiance du peuple ni celle des députés populaires ; que ce cabinet était un amalgame
s éléments les plus hétérogènes, où la duplicité et la contradiction étaient sans cesse
i lutte. Bref, ce que le peuple n'a pu faire avec ses barricades, ce que l'Assemblée lé-
slative n'a pas osé tenter dans la crainte de certaines conséquences, M. Louis Bona-
arte n'a pas hésité à le faire. Quant au cabinet nouveau, la médiocrité politique de ses
embres montre seule qu'il ne saurait être que transitoire. Le général d'Hautpoul,
ioique soldat capable, a besoin de plus d'énergie pour le département de la guerre
'il est appelé à diriger. M. Fould est riche et connaît les grandes opérations finan-

cières, mais a-t-il l'esprit d'invention qui crée des ressources à un Etat obéré? M. Parieu, parleur agréable, a à prouver qu'il est homme d'Etat. MM. Dumas, Desfossés, Rouher et Ferdinand Barrot sont des nullités respectables, il est vrai, mais peu propres par cela même à se maintenir à la tête d'un gouvernement. Le président doit, en nommant au plus tôt un autre cabinet plus capable de diriger les affaires du pays, donner la preuve de sa sincérité. Son manifeste de mercredi est un coup hardi : que ses actes montrent maintenant qu'il veut la consolidation et non le renversement des institutions républicaines. »

Chronique et Faits divers.

Ainsi que nous l'avons annoncé, MM. les premiers-présidents et les procureurs généraux des départements qui avaient assisté hier à la cérémonie de l'institution de la magistrature, ont été invités à dîner le soir à l'Elysée.

—Le Président de la République a été passer, aujourd'hui, une grande revue à Versailles.

— A Genève, où vont avoir lieu les élections pour le gouvernement de ce canton, il y a 11,000 électeurs, savoir : 3,300 conservateurs protestants, 3,300 radicaux, et 4,300 catholiques. Ce sont donc les votes catholiques qui feront pencher la balance. Les catholiques ne demandent pas le pouvoir, mais ils voteront pour le parti qui leur donnera une impartialité, sans restriction mentale, et sans arrière pensées.

— On lit dans le *Courrier de Lyon* du 30 octobre :

« On annonce que le pays de Gex est infesté, depuis quelques semaines, de bandes de malfaiteurs qui parcourent les routes, mettent le pistolet sous la gorge des voyageurs isolés et les dépouillent de l'argent et des bijoux qu'ils peuvent porter sur eux. Des troupes ont été demandées par l'autorité locale pour renforcer la force publique, devenue insuffisante pour la protection de cette contrée. On ajoute, qu'à en juger par l'accent des individus qui composent ces bandes, on a pensé qu'ils appartenaient à l'émigration italienne en ce moment réfugiée en Suisse. Cette particularité n'aurait rien de surprenant; et sans incriminer en masse cette émigration, on comprend que parmi un si grand nombre d'hommes dépourvus de moyens d'existence et habitués à une vie aventureuse, il s'en trouve quelques-uns qui aient recours à ce moyen criminel de se procurer les ressources nécessaires. »

Ce n'est plus à M. l'abbé Jacquemet, mais à M. l'abbé de Valette que devront être adressées désormais toutes les communications et demandes relatives à la Direction de l'*Ami de la Religion*. Nous regrettons que la santé de M. l'abbé Jacquemet ne lui permette plus de se charger de ces soins.

Nous prions instamment tous nos abonnés de vouloir bien nous faire connaître immédiatement toutes les irrégularités qu'à pu souffrir le service de leur abonnement. (Envoyer la dernière adresse imprimée ou lisiblement écrite.)

L'un des Propriétaires-Gérants, CHARLES DE RIANCEY.

Paris, Imp. BAILLY, DIVRY et Comp., place Sorbonne, 2.

L'AMI DE LA RELIGION.

DU DROIT DE QUÊTER DANS LES EGLISES.

Plusieurs journaux annonçaient, il y a quelques jours, que « les administrations municipales de Paris, jalouses de soulager la misère qui redouble au commencement de l'hiver, *avaient autorisé*, pour le jour de la Toussaint, de grandes *quêtes* en faveur des pauvres dans *toutes les églises de la capitale.* » Assurément cet hommage rendu au *sentiment* de juste compassion qui anime l'administration municipale des divers arrondissements de Paris, est très-louable dans son principe ; mais il soulève une des questions les plus délicates sur les droits de l'Église et sur la liberté de la charité. Il ne sera pas sans intérêt de l'examiner rapidement.

Il semblerait ressortir du fait allégué 1° que les quêtes pour les pauvres *dans les églises* sont un droit réservé aux autorités municipales ; 2° qu'elles ne peuvent avoir lieu *sans l'autorisation de ces mêmes autorités;* c'est-à-dire, en d'autres termes, que le monopole des aumônes recueillies, même dans les églises, appartient à la municipalité, et que la charité des fidèles ne peut être sollicitée dans le temple sans la permission du maire.

L'énoncé d'une semblable théorie suffirait, assurément, pour démontrer combien elle est incompatible avec les notions les plus élémentaires de la justice et de la liberté. Aussi ne nous y arrêterions-nous pas si elle n'était la traduction vulgaire d'une législation mal comprise et susceptible, jusqu'à un certain point, de cette malheureuse interprétation. Il nous semble donc utile d'éclairer par quelques faits, et par une rapide discussion, l'état du droit en cette matière, les conséquences qu'il peut avoir et les réformes qu'il appelle.

Que l'aumône doive être un acte essentiellement libre; que celui qui donne puisse donner comme il veut, quand il veut et à qui il veut, c'est là évidemment un principe qui paraîtra hors de toute contestation.

Que dans une société où la liberté de la religion catholique est solennellement reconnue, proclamée et garantie, les ministres de cette religion soient libres de solliciter, comme cela est leur devoir essentiel, la charité des fidèles, laquelle est pour ces fidèles un devoir étroit et la première des vertus ; que les fidèles, de leur côté, soient libres de déposer entre les mains de leurs Pasteurs, ou des administrateurs préposés au temporel de l'église, les aumônes dont ils voudront leur confier la disposition : ce sont encore là des axiomes dont on rougirait d'avoir à démontrer l'évidence.

Qu'enfin, dans les assemblées des fidèles, l'autorité spirituelle ait le pouvoir, et qu'elle l'ait seule, de permettre que telle personne, telle association, tel corps viennent pour des besoins, pour des misères générales ou particulières, implorer la miséricorde des chrétiens réunis au pied des autels; c'est là encore une faculté parfaitement en rapport avec le droit et l'esprit de l'Eglise.

En d'autres termes, l'Evêque et le Curé sous sa juridiction, les Fabriques d'après les réglements rédigés par l'Evêque, doivent seuls être en possession d'ordonner et de percevoir des quêtes dans les églises. Et si les bureaux de bienfaisance, les hospices, les œuvres de charité, les administrations civiles elles-mêmes ont le désir d'en faire pour le soulagement de quelque misère spéciale, ces corporations ou associations doivent obtenir au préalable la permission de l'ordinaire.

Le bon sens, d'accord avec le respect, indiquent que telles sont nécessairement les conditions qui président à l'exercice de la double liberté du culte et de la charité.

Ajoutons que la pratique de tous les temps confirme cette vérité.

« Le droit des quêtes, » dit l'illustre et savant Mgr Affre, Archevêque de Paris, dans son *Traité de l'administration temporelle des paroisses*, « appartient aux Evêques, non comme une chose accidentelle
« ou un privilége révocable, mais comme une chose inséparable de
« leurs fonctions. Nous le retrouvons à l'origine même de l'Eglise. Les
« Apôtres établissent des diacres pour l'exercer en leur place. Dans
« les cinq premiers siècles, l'histoire ecclésiastique nous montre à
« chaque page les Evêques occupés du soin des pauvres... Mais ce
« soin ne leur était pas dicté uniquement par un sentiment de charité ni pratiqué comme un conseil évangélique; ils le regardaient
« comme un devoir. Les lois canoniques l'avaient réglé dans ce sens
« et elles l'ont rappelé une multitude de fois. Depuis les Constitutions
« apostoliques jusqu'au Concile de Trente, il avait attiré l'attention
« d'une multitude de Conciles. Le dernier Concile général en a parlé
« comme d'un précepte divin : *Cum præcepto divino*, dit-il, *mandatum sit omnibus quibus animarum cura commissa est... Pauperum
« aliarumque miserabilium personarum curam paternam gerere, et in
« cætera omnia pastoralia incumbere...* (Sess. 23, *de reform.*, c. L.) »

Et M. Portalis, dont l'opinion ne sera certainement pas suspecte, écrivait en 1806, dans un rapport inédit adressé à l'Empereur : « Dans
« les premiers siècles de l'Eglise, les Evêques et les prêtres administraient seuls le bien des Eglises. Ce fait est constaté par l'histoire. »

Devant un principe et une pratique aussi incontestables, que fait la loi civile? Les uns disent qu'elle se tait, et en réalité on ne trouve dans les décrets et dans les ordonnances aucun article qui constate spécialement la reconnaissance du droit. Mais d'abord a-t-on besoin de stipuler l'évidence? et ensuite le libre exercice de la religion ca-

...tie garanti par le Concordat de 1801, la liberté des cultes pro-
...solennellement par les Chartes et par la Constitution de 1848,
...sent-ils pas à mettre au-dessus de toute atteinte des intérêts
...sacrés? « Si la Charte, disait encore Mgr Affre, nous assure la
...liberté d'exercer notre culte, elle ne peut nous interdire une vertu
...qui en est l'âme, et qui, d'après notre divin Législateur, en forme
...partie la plus pure et la plus digne de ses récompenses. »
...Cette liberté de la charité, d'ailleurs, qui est une partie si essen-
...tielle de la liberté de conscience et de religion, n'avait pas attendu
...les Chartes et les Constitutions pour se voir reconnue par les hom-
...mes les plus éclatants. Il nous plaît de rendre à M. Portalis, en
...particulier, ce témoignage que, dès les premiers temps du rétablis-
...sement du culte en France, il avait soigneusement revendiqué et dé-
...fendu cet imprescriptible droit : « Les aumônes, disait-il dans un
...rapport du 16 avril 1806, sont des dons *volontaires et libres* : celui
...qui fait l'aumône pourrait ne pas la faire; il est maître de choisir,
...le ministre de sa propre libéralité. La confiance ne se commande
...pas, on peut la donner ou la refuser à qui l'on veut. *Les lois n'ont*
...*jamais entrepris de forcer le retranchement impénétrable de la liberté*
...*du cœur;* l'homme qui est en état de faire l'aumône, et qui en a
...la *volonté,* peut donc s'adresser même à de simples particuliers. A
...qui appartiendra donc l'administration de ces aumônes? *A celui ou*
...*ceux que le donateur aura chargé d'en faire la distribution. Il n'y a*
...*il ne peut point y avoir d'autre règle en pareille matière. Ebran-*
...*ler cette règle, ce serait tarir la principale source des aumônes. »*
...Il est difficile de mieux dire, et d'être à la fois plus éloquent et plus

...Le droit de l'Evêque, le droit du Pasteur ressortent donc évidem-
...ment et de ces faits et de ces axiomes.
...Le droit des Fabriques en découle également, mais toujours sous
...l'autorité de l'Evêque. « Si dans la suite des temps, reprend M. Por-
...talis, on associa des laïques aux Evêques et aux prêtres dans la ré-
...gie des biens de Fabrique... ils ne pouvaient entrer dans le manie-
...ment des biens ecclésiastiques sans y être appelés par l'Evêque et
...le Chapitre. *Laici sine assensu Prælatorum et Capitulorum bona fa-*
...*ricæ ecclesiasticæ depalata administrare non possunt.* C'est un canon
...de Salzbourg en 1420. Dans aucun temps, on n'a osé contester aux
...évêques et aux curés la part qu'ils doivent avoir dans les adminis-
...trations fabriciennes. » Et il concluait : « Tout engage donc V. M.
...se reposer sur les Evêques du soin de proposer les règlements les
...plus convenables à l'administration des Fabriques. »
...Mgr Affre, bien plus net, bien plus exact, bien plus savant, s'ex-
...primait sur le même sujet avec un énergique laconisme : « Tout ce
...qui concerne les quêtes doit être réglé par l'Evêque sur le rapport
...des marguilliers. »
...Remarquons que *les articles organiques garantissent de leur côté*

ce droit des Fabriques en disant qu'elles sont établies pour veiller à l'entretien et à la conservation des temples, et à l'*administration des aumônes.* »

Jusqu'ici il n'y a rien que de juste, que d'équitable, que de conforme aux principes.

Mais d'autres personnes que l'Evêque, le Curé et la Fabrique pourraient-elles prétendre un *droit* de quête dans les églises ?

A titre de permission émanée de l'autorité ecclésiastique, oui,— à titre de droit spécial, non !

Une telle prétention blesserait manifestement et la liberté de la charité et la faculté de choisir le ministre de sa libéralité et l'indépendance des assemblées religieuses.

Toutefois, en fait, il n'en est pas ainsi ; la législation et la jurisprudence ont donné matière à des prétentions contraires qui sont allées quelquefois non-seulement jusqu'à revendiquer la faculté de quêter dans les temples, mais même à réclamer le monopole de toutes les collectes quelconques faites en faveur des pauvres.

Cette prétention si exorbitante a été mise en avant par les bureaux de bienfaisance.

C'est ce que nous verrons dans un prochain article.

----

*A Monsieur le Rédacteur de l'*Ami de la Religion.

« Monsieur,

« Je m'unis avec empressement à l'heureuse idée que M. de Falloux a conçue, et je me joins aussi au vœu qu'a énoncé Mgr l'évêque de Langres. Je vous envoie, en conséquence, 50 francs pour contribuer à l'impression du rapport de M. Thiers et des discours de MM. de Montalembert, de Falloux et de la Rosière, sur la question romaine.

« † CLAUDE-HIPP., *Ev. de Chartres.* »

Un libelle blasphématoire.

Dans les derniers temps de son apostolat politico-socialiste, le successeur de Fourier, convaincu que sa doctrine prétendue pacifique allait prochainement triompher, ne se croyait plus obligé de garder aucun ménagement envers le Catholicisme. On en était presque venu, parmi les fouriéristes, à traiter l'Église et le Christianisme en général selon les us et coutumes du citoyen Proudhon, qui a, lui du moins, le mérite de la franchise. Mais, depuis l'échauffourée du 13 juin, la *Démocratie Pacifique* a repris ses vieux errements. Avec plus d'ardeur que jamais, elle adjure le Clergé « de revenir à la sainteté de sa vie primitive. »

L'un des théologiens du journal phalanstérien a publié, il y a quelques cinq ou six mois, une petite brochure ayant pour titre : « *Jésus-Christ devant les conseils de guerre.* » L'auteur de cette brochure a prétendu démontrer, après je ne sais combien de rêveurs niais et de démagogues effrontés de tous pays, que la société chrétienne primitive professait les doctrines du socialisme moderne, et que si Notre Seigneur apparaissait à notre époque, il se verrait poursuivi et peut-être condamné comme criminel. Ces monstrueuses absurdités ont si peu de crédit en France : le mépris des hommes instruits en a fait promptement justice. Mais en Italie, où les *condottieri* du socialisme font flèche de tout bois, l'œuvre de M. Victor Meunier a obtenu l'honneur d'une traduction, et la ville de Gênes en a été infectée. Informée de ce scandale, l'autorité ecclésiastique a publié une circulaire, qui a été lue dans toutes les églises, et qui ordonne des prières pendant trois jours en expiation des outrages répandus sur le nom du Sauveur dans le détestable opuscule du fouriériste français. Enfin, s'il faut en croire la *Démocratie Pacifique*, une effroyable perturbation, une sorte de révolution dans la ville de Gênes. La *Démocratie Pacifique* voue au mépris du monde phalanstérien les paroles de la circulaire du Vicaire capitulaire de Gênes, qui renferment ce jugement si exact :

« Ce petit livre est un tissu des plus impies et des plus effrontés blasphèmes contre la divine personne et la doctrine de N. S. Jésus-Christ, dans lequel, au moyen d'une sacrilége falsification des Ecritures et des Pères, le saint, l'innocent, le divin Maître est assimilé (chose horrible à dire) aux plus grands malfaiteurs du monde. »

Voilà pourtant les doctrines et les hommes auxquels MM. Chantome et Leroux ne craignent pas de témoigner leur sympathie !

NOUVELLES RELIGIEUSES.

ROME. — On nous écrit que l'armée française se fait admirer par sa discipline et son dévouement à la religion autant qu'elle l'a fait aux jours des combats par sa valeur militaire. Aux décorations et aux médailles d'honneur, gage de la reconnaissance du souverain, le Saint-Père a voulu ajouter un souvenir du Chef de l'Eglise ; un petit livre intitulé le *Trésor du Soldat*, vient d'être imprimé par ordre de Sa Sainteté pour être donné à chaque soldat, comme un témoignage de la prédilection paternelle du Souverain Pontife.

MADRID. — Un décret royal du 29 octobre vient de pourvoir à l'exécution de la loi du 20 avril dernier qui établissait les droits du clergé à l'indemnité. D'après les dispositions de l'arrêté le clergé est chargé de l'administration des biens non vendus des quatre ordres militaires, dont le produit est appliqué à la dotation ecclésiastique. De nombreux articles déterminent les charges dont seront grevés ces biens et le mode d'administration. Ces détails, quoique ne manquant pas d'intérêt, nous mèneraient trop loin : peut-être y pourrons-nous revenir un jour. Contentons-nous d'applaudir à cette mesure qui, quoique tardive, annonce pourtant la réparation d'une grande injustice.

SÉANCE DE L'ASSEMBLÉE.

La réunion dans les bureaux a occupé une grande partie de la journée. Il fallait procéder à leur réorganisation mensuelle, puis renouveler les trois commissions d'initiative parlementaire, des congés et des pétitions ; enfin nommer plusieurs autres commissions chargées de l'examen de diverses propositions.

Ces opérations terminées, la séance publique a été ouverte et on a procédé au scrutin pour la nomination des quinze membres qui se livreront à une enquête sur l'administration de la marine. Ce scrutin a été fort long, et la discussion n'a commencé qu'à près de quatre heures. Elle portait sur la prolongation du licenciement des gardes nationales de Lyon : elle n'a eu d'autre intérêt que le début de M. Ferdinand Barrot, début modeste et assez insignifiant. Il ne faut pas juger le nouveau ministre de l'intérieur sur cette apparition à la tribune : attendons ses actes. L'Assemblée était fort résolue à ne pas rendre des armes aux hommes de désordre qui ont ensanglanté la seconde ville de France. Aussi a-t-elle repoussé la proposition à une grande majorité, malgré les efforts souvent habiles de MM. Chanay et Mathieu (de la Drôme), qui ont essayé, non sans adresse, de compliquer la question de quelques sorties sur le ministère.

L'Assemblée a pris ensuite en considération, au grand déplaisir de M. Charras, une proposition de M. Baraguey-d'Hilliers, tendant à faire cesser la gratuité des écoles de Saint-Cyr et Polytechnique. M. Charras a saisi l'occasion de faire une profession de foi en faveur de l'enseignement gratuit à tous les degrés « et *obligatoire !* » a crié une voix. « Obligatoire ! » a répondu la Montagne en donnant dans le panneau. Une hilarité générale a éclaté, témoignant l'éloignement de l'Assemblée pour cette folie du socialisme.

On assure que le gouvernement a résolu de confier à M. le général Baraguey-d'Hilliers le commandement des troupes françaises en Italie, et d'y joindre la mission de poursuivre les négociations diplomatiques. Quelque brave et honorable que soit M. Baraguey-d'Hilliers, il ne semble pas offrir pour ce poste si important toutes les conditions qu'exigent les ménagements et les difficultés de la situation. Ce choix ne serait pas de nature à aplanir les obstacles et à donner aux graves intérêts qui sont en jeu la satisfaction qu'on avait droit d'attendre.

Les Fonds secrets.

M. Dufaure a toujours eu l'estime de ceux-là même qui ne croyaient pas pouvoir accorder une entière approbation à sa politique comme ministre de l'intérieur.

En se retirant, il donne un exemple qui fait honneur à son administration. Il laisse, dans la caisse des fonds secrets, une épargne considérable.

Cette économie n'a pas empêché le maintien énergique de l'ordre

iel dans nos rues. Quant à l'ordre moral, ce ne sont pas, hélas!
penses de police qui auraient pu le raffermir.

ieuse coïncidence! La commission, chargée de régler le compte
ds secrets, déposait son Rapport le jour même où l'ancien mi-
de l'intérieur, qui avait enfin senti la nécessité de se rappro-
l'avantage de la majorité, recevait, avec ses collègues, sa brus-
mission.

s publions, avec plaisir, les conclusions d'un document qui est
te éloge de M. Dufaure, et qui peut devenir un avis utile pour
dinand Barrot.

ci comment s'exprime le rapporteur :

ns doute, Messieurs, on peut ne pas apprécier comme nous l'économie
e par le ministre actuel dans l'emploi de ces deniers, puisque lui-même
ceux qui l'ont précédé ou suivi aux affaires dans la période de 1848,
déjà prélevé sur ces fonds les sommes nécessaires à l'usage auquel ils
stinés ; mais quand le passé nous apprend cependant que jusqu'à présent
fait sinon unique, du moins fort rare, de voir un ministre de l'intérieur
r au trésor une somme considérable provenant d'un défaut d'emploi des
le sûreté générale, la commission croit devoir le signaler à l'attention de
blée; et, tout en encourageant M. Dufaure à ne pas faire d'économies
ciables à un bon service, elle donne des éloges à sa gestion, autant dans
cipe d'équité que dans l'espoir de lui créer des émules, ou tout au moins
tateurs. »

Travaux des Bureaux et Commissions.

urd'hui, à midi, avant la séance publique, les bureaux de l'Assemblée se
unis pour nommer les présidents et secrétaires des bureaux; les candi-
la majorité du parti modéré l'ont emporté dans tous les scrutins, dont
s résultats :

PRÉSIDENTS.	SECRÉTAIRES.
MM.	MM.
x.	
Beugnot.	Leverrier.
le Vatimesnil.	Eschasseriau.
Buffet.	Desmarest.
Vésin.	de Larcy.
général de Leidet.	de Bryas.
Lanjuinais.	Cordier (Calvados).
Faucher (Léon).	Ancel.
le Tocqueville.	Pidoux.
général de Bar.	Betting de Lancastel.
l'amiral Cécille.	Toupet-Desvignes.
le Laussat.	de Luppé.
Berryer.	Howin de Tranchère.
Molé.	Bauchart.
Gouin.	de Mortemart.
Lacrosse.	de Coislin.

bureaux ont nommé ensuite plusieurs commissions, notamment celle de
ive parlementaire, qui est composée de MM. Gasc, de Dalmatie, Druet-

Desvaux, Valette, de Larochejacquelein, Dubois (Amable), Demanta, de Lihvansaye, Béchard, de Montebello, Piscatory, Chegaray, de Riancey, de Casabianca, Desmousseaux de Givré, de Blois, de Sèze, Ferré des Ferris, Giraud (Augustin), Maissiat, Favreau, Hervé de Saint-Germain, Porion, Saiz, Baze, Godelle, de Mortemart, Goulhot de Saint-Germain, de Flavigny, Mispoulet.

La commission chargée de recevoir et d'épurer définitivement le compte de l'emploi des crédits affectés aux dépenses de sûreté générale par le ministre de l'intérieur, du 2 juin au 31 octobre dernier, sur l'exercice 1849, se compose de MM. Aubry (Vosges), Renouard, Payer, Journu, de Roquette, Etienne, Fournier, de Surville, Gicqueau, Barthélemy-Saint-Hilaire, Rodat, de Meustier, le général Oudinot, Lestiboudois et Aubergé.

Le parti bonapartiste.

Le *Dix Décembre* ne craint pas de se dire l'organe du parti bonapartiste.

Nous devons faire remarquer que jusqu'à présent le *parti bonapartiste* n'est pas le parti du Président de la République. Heureusement !

Toutefois ce parti, non content d'avoir un journal, veut, à ce qu'assure le *Dix Décembre*, avoir une réunion parlementaire.

Ecoutons-le :

« A la suite des graves événements qui ont agité ces jours derniers les hautes régions gouvernementales, une scission serait sur le point de s'opérer dans l'ancienne majorité, des rangs de laquelle surgirait un nouveau parti parlementaire décidé à soutenir la politique personnelle du Président. — Une réunion préparatoire a eu lieu hier au soir à l'hôtel du prince de la Moskowa. Parmi les représentants qui y ont assisté, on nous signale MM. Lucien et Antoine Bonaparte, Casabianca, de la Moskowa, Frédéric de Lagrange, Vieillard, de la Redorte, de Salis, de Mouchy, Charamaule, Larabit, les généraux Achard, Wast-Vimeux, Husson, de Grammont, et MM. de Caulaincourt, Gavini, Lallier, Etchevery, etc., etc., etc. Le nouveau parti suivrait la ligne politique indiquée dans le message de Louis-Napoléon, et ne donnerait son appui au ministère qu'autant qu'il marcherait lui-même franchement dans la voie tracée par le Président. Le programme du général d'Hautpoul a été l'objet de quelques critiques ; plusieurs des représentants présents à la réunion ont trouvé ce document trop indécis et n'indiquant pas assez nettement ce caractère d'entière adhésion à la politique présidentielle, qu'on était en droit d'attendre d'un ministère formé dans de telles circonstances. »

Nous doutons que les représentants ci-dessus désignés consentent eux-mêmes à accepter le rôle et la responsabilité qu'on voudrait leur faire.

Querelle de préséance.

On a beau décréter l'*égalité*, les questions d'étiquette et de préséance se renouvellent sous tous les régimes, sous le régime républicain comme sous les autres.

Voici ce qu'on lisait hier dans le *Moniteur du soir* :

« *Lorsque* le bureau de l'Assemblée législative et la députation se sont présentés à la Sainte-Chapelle pour la cérémonie de l'institution de la magistrature, ils ont été fort étonnés de voir que le fauteuil destiné au président de l'Assemblée était placé au-dessous de l'estrade destinée au Président de la République. M. Baroche, retenu par ses fonctions de procureur-général, était remplacé par M. Daru, vice-président de l'Assemblée, qui n'a pas cru devoir occuper la place qui lui avait été désignée. On a fait alors élever immédiatement une estrade en face de celle du Président de la République. Les mêmes dispositions ont été aussi exécutées dans la salle où a eu lieu l'institution de la magistrature.

« On assure qu'un conflit de préséance s'était aussi élevé entre le vice-président de la République et le garde des sceaux.

« Pour empêcher que ces conflits ne se renouvellent, quelques représentants ont l'intention de saisir l'Assemblée d'une proposition tendant à fixer par un article de son règlement la place que le président de l'Assemblée doit occuper dans les cérémonies publiques. »

Assurément on ne peut qu'approuver M. Daru. Après le message, il faut que l'Assemblée maintienne ses droits, même dans les petites choses. En montrant de la fermeté dans des affaires de peu d'importance apparente, elle s'épargnera peut-être la nécessité d'en déployer dans de plus graves conflits.

Toutefois, si le débat s'engage, la signification en sera claire pour tout le monde. Sous la question de forme, la question de fonds sera assez transparente. On traitera peut-être uniquement dans les discours et les actes publics de la préséance : en réalité, ce sera le problème de la prépondérance de l'un des pouvoirs sur l'autre qui sera posé. Selon la Constitution, la solution n'est pas douteuse en faveur de l'Assemblée.

Chronique et Faits divers.

Ce matin, à dix heures et demie, le nouveau conseil des ministres s'est réuni, pour la troisième fois, au palais de l'Élysée, sous la présidence de M. Louis-Napoléon. La séance a duré deux heures.

— M. Arthur de Gobineau, chef du cabinet de M. de Tocqueville, est, dit-on, nommé second secrétaire de légation en Suisse.

— L'académie des Beaux-Arts a procédé au remplacement de M. Richomme, membre de la section de gravure. Il y avait 34 votants.

Au premier scrutin, les voix se sont ainsi réparties : MM. Henriquel Dupont, 17 ; Laugier, 9 ; Domard, 8 ; Lefèvre, 4 ; Martinet, 1.

— Trente-trois modèles ont été déposés, le 31 octobre, à l'école des Beaux-Arts pour le concours du monument à élever à la mémoire de Mgr l'Archevêque de Paris. La moitié presque de ces modèles avaient déjà fait partie du premier concours. Ils reparaissaient avec des corrections, des augmentations. Les dispositions à prendre pour l'exposition publique de ces projets ne demandant que quelques jours, on pense que celle-ci pourra avoir lieu le 12 ou le 15 de ce mois. Le jugement, selon toute apparence, sera prononcé dans les premiers jours de décembre.

— On a enlevé aujourd'hui les échafaudages qui masquaient depuis si longtemps la façade supérieure de l'église Notre-Dame. Les tours sont maintenant dégagées de tous les obstacles qui s'opposaient à ce que le regard en embrassât l'harmonieux ensemble.

Bulletin de la politique étrangère.

ITALIE. — Plusieurs lettres affirment que la légation française a reçu la nouvelle positive que le Saint-Père, voulant étendre le bienfait de l'édit du 18 septembre dernier, a déclaré qu'en y faisant mention des membres du gouvernement, il a entendu que ces paroles fussent exclusivement applicables aux membres composant le gouvernement provisoire et aux ministres de ce gouvernement.

Le Souverain Pontife a, en outre, diminué considérablement le nombre des chefs militaires qui, d'après le sens de l'édit, seraient restés exclus de l'amnistie, et il a promis que de nombreuses exemptions individuelles auraient lieu au profit des amnistiés récidivistes et des membres de la Constituante qui ont voté sa déchéance.

L'*Observateur* de Rome, du 29, parle de nouveau du prochain retour du Souverain Pontife dans sa capitale :

« Outre le clergé et la municipalité de Rome, la chambre du commerce envoie une députation à Portici pour exposer au Saint-Père combien le commerce souffre de l'absence de Rome du Souverain Pontife, et pour faire connaître à Sa Sainteté le vœu des négociants, qui appellent de tous leurs désirs le jour où le Saint-Père pourra se montrer à son peuple au Quirinal et au Vatican. Les élus de la chambre du commerce sont MM. Ingami, Righelli et Costa. Dès le moment où l'auguste Souverain Pontife a quitté Rome pour sauver sa liberté et sa dignité, et peut-être sa vie menacée par la bande de factieux et de mécréants dont Rome était devenue la proie, dans le fond de notre cœur nous avons prévu que le temps viendrait où Rome regretterait l'éloignement du Saint-Père et ferait des vœux pour son retour. Nos prévisions s'étant réalisées, fasse Dieu que maintenant se réalise le vœu des négociants, de tant d'autres bons Romains et de tout l'État ! »

FLORENCE, 26 octobre. — Nous annoncions dernièrement le prochain départ de la Toscane du général d'Aspre et de son état-major ; nous croyons aujourd'hui pouvoir confirmer cette nouvelle, en ajoutant que le général Lichtenstein va venir prendre le commandement des troupes autrichiennes en Toscane, et que le général d'Aspre prendra le commandement d'un corps qui aura son quartier-général à Plaisance.

AUTRICHE.— *Vienne*, 31 octobre.— La *Gazette de Vienne* contient un article semi-officiel sur les réfugiés de Widdin. Cet article confirme que la plupart des réfugiés désirent ardemment le retour dans leur patrie, même au risque d'être châtiés. Une proclamation affichée à l'hôtel du consulat autrichien de Widdin a accédé à leur vœu. Bem et Guyon ont fait tous leurs efforts pour retenir les autres insurgés, mais 2 ou 3,000 sont déjà rentrés sous la domination de l'Autriche.

RUSSIE. — La *Patrie* d'hier soir et la plupart des journaux du matin parlent d'une note très énergique que l'empereur Nicolas aurait fait adresser à l'Angleterre, à la nouvelle des ordres donnés à la flotte anglaise.

Nous apprenons ce soir, de la source la plus certaine, que les bruits qui ont couru à ce sujet sont singulièrement exagérés. Lord Palmerston, avant d'envoyer la flotte anglaise dans le Levant, aurait prévenu le gouvernement russe, par une note *toute de miel*, que le cabinet britannique éloignait toute pensée de collision et même de dissentiment quelconque. Cette fameuse note, connue à Paris de plusieurs diplomates, ne renferme pas la moindre menace, même indirecte.

Toutefois, le fait seul de cette note et de l'envoi de la flotte anglaise a, sinon blessé, du moins excité la susceptibilité du gouvernement russe. Mais, comme calmant, il a reçu presque aussitôt la nouvelle que cette flotte allait se retirer. Tout l'embarras ne provient que du retard des explications. Quant à la France, rien n'est plus simple que sa conduite dans cette affaire. L'Angleterre, sans nous prévenir du ton de sa note, avait engagé le gouvernement français à envoyer sa flotte en Orient. La flotte était partie, et elle se trouvait dernièrement à Ourlac. Mais le ministère voyant la solution pacifique de l'affaire relative à la demande d'extradition des réfugiés hongrois, avait adressé lui aussi une note au gouvernement de l'empereur de Russie pour lui annoncer qu'il donnait l'ordre à la flotte française de mettre à la voile et de rentrer à Toulon. Lorsque les dépêches de Russie, concernant cette affaire, sont arrivées à Paris, ces jours derniers, tout était terminé, et elles s'étaient seulement croisées avec la note dont nous venons de parler. Il est heureux que la France, en cette occurrence, ne se soit pas laissée complétement traîner à la remorque de l'Angleterre qui, la chose est évidente, avait la ferme intention de jouer le cabinet de Paris.

ASSEMBLÉE LÉGISLATIVE.

PRÉSIDENCE DE M. DUPIN. — *Séance du 5 novembre.*

La séance est ouverte à trois heures un quart.

Nomination d'une commission de quinze membres, chargée de procéder à une enquête parlementaire sur la situation de la marine.

L'ordre du jour appelle ensuite la troisième délibération sur le projet de loi tendant à proroger l'état de dissolution des gardes nationales de Lyon, de la Croix-Rousse, de Vaise et de la Guillotière.

M. CHANAY. Je puis certifier que l'organisation de la garde nationale lyonnaise n'offre aucun danger.

M. F. BARROT. Je crois qu'il est indispensable de laisser le gouvernement armé du droit de dissoudre les gardes nationales. Sans cela, il ne pourrait pas répondre de la tranquillité publique. Lorsque la garde nationale n'est pas en mesure de remplir son mandat, c'est-à-dire de maintenir l'ordre, de défendre la société, elle doit être désarmée, car elle serait un péril pour l'ordre social.

M. MATHIEU (de la Drôme). Je viens protester au nom de la ville de Lyon, qui m'a honoré de ses suffrages.

M. BUSSIÈRE, rapporteur, défend le projet qui est adopté.

L'ordre du jour appelle la proposition de M. Baraguey-d'Hilliers, tendant à modifier le décret du 19 juillet 1848, relatif aux écoles polytechnique et de Saint-Cyr.

M. BARAGUEY-D'HILLIERS défend sa proposition qui se justifie par les inconvénients et les vices du décret de 1848.

Le projet de décret de la Constituante reposait sur ce principe que, sous un gouvernement démocratique, toutes les fonctions publiques sont accessibles à tous les citoyens.

A gauche : C'est vieux !

M. BARAGUEY-D'HILLIERS. Messieurs, ce principe n'est pas neuf, et il n'a pas mieux été appliqué par la révolution de Février que par les anciennes monarchies. (A gauche : Oh ! oh ! Oui... (Rires.) Il a été adopté par tous les gouvernements qui nous ont précédés et qui voulaient que leurs affaires fussent bien conduites. (Interruption à gauche.)

Oh ! vous ne m'effraierez pas...

L'orateur fait ressortir le danger qu'il y a à surexciter l'ambition des familles et des jeunes gens.

Nous avons déjà trop, dit-il, de demi-savants. Les jeunes gens en sont-ils plus heureux ? Non. En sortant du collège, quand ils n'ont pas de places, ce sont des esprits mécontents, des esprits méconnus. (On rit.) Ils sont peu satisfaits de la part que la société leur fait, ils deviennent les ennemis de la société. Les révolutions se font par ces gens-là (Oui ! oui !), car le peuple n'en ferait pas sans eux, croyez-le bien, il y perd trop. (Mouvement.)

L'orateur ajoute qu'il n'est pas juste de dire que le pauvre soit sacrifié. Car il peut obtenir des bourses dans les écoles militaires et dans les collèges. Les dernières instructions du ministère en font foi.

M. CHARRAS combat la proposition. Il fait remarquer que le précédent ministère approuvait le décret de 1848, puisqu'il avait sollicité les fonds nécessaires pour l'exécuter en 1850. Je demande, dit l'orateur, à M. le ministre de la guerre, s'il persiste dans cette pensée, ou si, organe de la politique personnelle de M. le Président, il croit devoir repousser le décret de 1848.

L'orateur déclare qu'il veut l'enseignement gratuit à tous les degrés.

M. D'ADELSWARD rappelle dans quelles circonstances est intervenu le vote du décret à l'Assemblée Constituante. La Constitution posait le principe de la gratuité de l'instruction. Si vous admettez ce principe aujourd'hui, ne voyez-vous pas qu'on vous demandera la gratuité à tous les degrés ? (Interruption à gauche.)

Voix à gauche : Oui ! oui ! c'est bien ce que nous voulons ! (Bruit et rires.)

L'orateur appuie la prise en considération. (Assez ! assez !)

M. LE PRÉSIDENT. La discussion est fermée.

A gauche : Non ! non ! Un ministre !

M. LE PRÉSIDENT. Je consulte l'Assemblée. Que ceux qui sont d'avis de fermer la discussion veuillent bien se lever.

La discusssion est fermée.

M. LE PRÉSIDENT. La commission est d'avis de prendre la proposition en considération. Il va être procédé à un scrutin de division sur ces conclusions.

Voici le résultat du dépouillement de ce scrutin :

Nombre des votants,	578
Majorité,	290
Pour la prise en considération,	377
Contre,	201

La prise en considération est adoptée.

La séance est levée à 6 heures 1|4.

QUESTION DE L'ENSEIGNEMENT.
Projet de loi de la Commission.

Nous publions, d'après le *Moniteur*, le projet de loi tel qu'il a été rédigé par la Commission parlementaire et tel qu'il se trouve à la suite du *Rapport* de M. Beugnot :

Projet de loi de la Commission.

TITRE PREMIER.

Des autorités préposées à l'enseignement.

CHAPITRE PREMIER.

Du conseil supérieur de l'instruction publique.

Art. 1er. Le conseil supérieur de l'instruction publique est composé comme il suit :

Le ministre, président :

Trois Archevêques et Évêques, nommés par leurs collègues ;

Un pasteur de l'une des deux églises protestantes, nommé par les présidents des consistoires ;

Un membre du Consistoire central israélite, nommé par ses collègues ;

Trois conseillers d'État, nommés par leurs collègues ;

Trois magistrats de la Cour de cassation, nommés par leurs collègues ;

Trois membres de l'Institut, nommés en assemblée générale de l'Institut ;

Huit membres choisis par le Président de la République, en conseil des ministres, parmi les anciens membres du conseil de l'Université, les inspecteurs généraux, les recteurs et les professeurs des Facultés. Ces huit membres formeront une section permanente ;

Trois membres choisis par le ministre, parmi les membres de l'enseignement libre.

Art. 2. Les membres de la section permanente sont nommés à vie.

Ils peuvent néanmoins être révoqués par le Président de la République, en conseil des ministres, sur la proposition du ministre de l'instruction publique.

Ils reçoivent seuls un traitement.

Art. 3. Les autres membres du conseil sont nommés pour six ans.

Ils sont indéfiniment rééligibles.

Art. 4. Le conseil supérieur tient au moins quatre sessions par an.

Le ministre peut seul le convoquer en session extraordinaire toutes les fois qu'il le juge convenable.

Art. 5. Le conseil supérieur peut être appelé à donner son avis sur les projets de loi ou de décret, et en général sur toutes les questions qui lui sont soumises par le ministre.

Il est nécessairement appelé à donner son avis sur tous les arrêtés portant règlement pour les établissements d'instruction publique, sur la création des Facultés, lycées et collèges, sur l'autorisation d'accepter des donations ou legs faits aux écoles publiques ou aux écoles libres ; sur les secours et encouragements à accorder aux écoles ; sur les livres qui pourront être introduits dans les écoles publiques et sur ceux qui devront être défendus dans les écoles libres.

Il juge en dernier ressort les affaires contentieuses relatives à l'obtention des grades, aux concours devant les Facultés, à l'ouverture des écoles libres, aux droits des maîtres particuliers, à l'exercice de la liberté d'enseigner, ainsi que les affaires disciplinaires relatives aux membres de l'enseignement public et de l'enseignement libre.

Le conseil donne, en outre, son avis sur l'état général de l'enseignement, sur les abus qui pourraient s'introduire dans les établissements d'instruction et sur les moyens d'y remédier.

Art. 6. La section permanente assiste le ministre dans l'examen des questions qui se rapportent à la police, à la comptabilité et à l'administration des écoles publiques, ainsi qu'aux droits et à l'avancement des fonctionnaires de ces écoles, sauf l'exception prévue en l'art. 17.

La section présente au conseil, au moins une fois par an, un rapport sur l'état de l'enseignement et de la discipline dans les écoles publiques.

CHAPITRE II.

Du conseil académique.

Art. 7. Il sera établi une académie dans chaque département.

Art. 8. Chaque académie est administrée par un recteur, assisté d'un ou de plusieurs inspecteurs, et par un conseil académique de département.

Art. 9. Les recteurs ne seront pas choisis exclusivement parmi les membres de l'enseignement public.

Art. 10. Le conseil académique est composé comme il suit :

Le recteur, président ;

Un inspecteur de l'Académie, désigné par le ministre ;

Le préfet ou son délégué ;

L'Évêque ou son délégué ;

Un ecclésiastique désigné par l'Évêque ;

Un pasteur de l'une des deux églises protestantes, dans les départements où il existe une église légalement établie ;

Un délégué du Consistoire israélite, dans les départements où il existe un Consistoire ;

Un membre délégué de la Cour d'appel, ou, à défaut de Cour d'appel, un membre du tribunal de première instance désigné par le tribunal du chef-lieu de l'Académie ;

Quatre membres nommés par le conseil général et pris dans son sein ou hors de son sein.

Art. 11. Pour le département de la Seine, le conseil académique est composé comme il suit :

Le vice-recteur, président ;

Le préfet ;

L'Archevêque de Paris ou son délégué ;

Trois ecclésiastiques, désignés par l'Archevêque ;

Un ministre de l'Église réformée, nommé par le Consistoire ;

Un ministre de l'Église consistoriale de la confession d'Augsbourg, nommé par le Consistoire ;

Un membre du Consistoire central israélite, nommé par le Consistoire ;

Trois inspecteurs d'Académie, désignés par le ministre ;

Un membre de la Cour d'appel, nommé par la Cour ;

Un membre du tribunal de première instance, nommé par le tribunal ;

Quatre membres du conseil municipal de Paris et deux membres du conseil-général de la Seine, représentant la banlieue, nommés par le conseil-général ;

Le secrétaire-général de la Préfecture du département de la Seine.

Art. 12. Le conseil académique donne son avis :

Sur l'état général des différentes écoles établies dans le département ;

Sur les réformes à introduire dans l'enseignement, la discipline et l'administration des écoles publiques ;

Sur les comptes des lycées et collèges.

Il juge, sauf recours, dans les cas déterminés, au conseil supérieur, les affaires contentieuses et disciplinaires relatives soit aux écoles publiques, soit aux écoles libres.

Art. 13. Le conseil académique soumet à l'approbation du ministre les réglements intérieurs des lycées et collèges.

Il statue sur les réglements relatifs aux écoles publiques primaires.

Il fixe le taux de la rétribution scolaire, sur l'avis des conseils municipaux et des délégués cantonaux.

Il propose au ministre les instituteurs qui devront être récompensés, décerne les récompenses accordées, et donne son avis sur toutes les demandes de secours et d'encouragements.

Il détermine les cas où les communes peuvent, à raison des circonstances, et, provisoirement, établir des écoles primaires dans lesquelles seront admis des enfants de l'un et de l'autre sexe, et les cas où elles doivent établir des écoles séparées pour les enfants appartenant aux différents cultes légalement établis.

Art. 14. Le conseil académique adresse, chaque année, au ministre et au conseil général, un exposé de la situation de l'enseignement dans le département.

Les rapports du conseil académique sont envoyés par le recteur, au ministre, qui les communique au conseil supérieur.

CHAPITRE III.

De l'inspection.

Art. 15. La loi reconnaît deux espèces d'écoles primaires ou secondaires :

1° Les écoles fondées ou entretenues, en tout ou en partie, par les communes, les départements ou l'État, et qui prennent le nom d'écoles publiques ;

2° Les écoles fondées et entretenues par des particuliers ou des associations, et qui prennent le nom d'*écoles libres*.

Art. 16. L'inspection des établissements d'instruction publique ou libre est exercée :

1° Par les inspecteurs-généraux,

2° Par les inspecteurs d'académie,

3° Par les inspecteurs de l'instruction primaire,

4° Par les délégués cantonaux, le maire et le curé, pasteur ou délégué du consistoire israélite, en ce qui concerne l'enseignement primaire.

Art. 17. Les inspecteurs d'académie sont choisis par le ministre sur une liste d'admissibilité présentée par le conseil supérieur et sur laquelle nul ne pourra être porté, s'il n'a été professeur de Faculté, proviseur de lycée, principal de collége communal de premier ordre, chef d'institution libre ou professeur dans un établissement public ou dans un établissement libre, ou s'il n'est licencié ou docteur.

Nul ne pourra être porté sur la liste d'admissibilité aux fonctions d'inspecteur-général, s'il n'appartient à une des catégories précédentes, ou s'il n'a été recteur ou inspecteur d'académie.

Un tiers des inspecteurs-généraux sera pris parmi les membres appartenant ou ayant appartenu à l'enseignement libre.

Art. 18. L'inspection de l'enseignement primaire est spécialement confiée à deux inspecteurs généraux.

Il y a, en outre, dans chaque arrondissement, un inspecteur de l'enseignement primaire, choisi par le ministre sur une liste d'admissibilité présentée par le conseil académique.

Un règlement déterminera le traitement, les frais de tournée, l'avancement et les attributions des inspecteurs de l'enseignement primaire.

Art. 19. L'inspection des établissements de l'Etat s'exercera conformément aux réglements délibérés par le conseil supérieur;

Celle des établissements libres ne pourra porter que sur la moralité, le respect de la Constitution et des lois, et l'hygiène.

Art. 20. Tout chef d'établissement secondaire qui refuserait de se soumettre à la surveillance de l'Etat pourra être traduit devant le tribunal correctionnel de l'arrondissement, et condamné à une amende de 100 fr. à 1,000 fr.

En cas de récidive, l'amende sera de 500 fr. à 3,000 fr., et l'établissement pourra être fermé.

Le procès-verbal des inspecteurs constatant le refus du chef d'établissement fera foi jusqu'à inscription de faux.

TITRE II.

De l'enseignement primaire.

CHAPITRE 1er.

Dispositions générales.

Art. 21. L'enseignement primaire comprend :

L'instruction morale et religieuse,

La lecture,

L'écriture,

Les éléments de la langue française,

Le calcul et le système légal des poids et mesures.

Tout instituteur peut donner à son enseignement des développements conformes aux besoins et aux ressources des localités.

Art. 22. L'enseignement primaire est donné gratuitement à tous les enfants dont les familles sont hors d'état de le payer.

CHAPITRE II.

Des instituteurs.

SECTION PREMIÈRE.

Des conditions d'exercice de la profession d'instituteur public ou libre.

Art. 23. Tout Français, âgé de vingt-et-un ans accomplis, peut exercer la profession d'instituteur primaire, public ou libre, dans toute la France, s'il est muni d'un brevet de capacité.

Le brevet de capacité pourra être suppléé par le certificat de stage dont il est parlé à l'art. 48, par le diplôme de bachelier ou par tout autre titre jugé équivalent par le conseil académique.

Les instituteurs adjoints peuvent n'être âgés que de dix-huit ans, et n'avoir encore de brevet de capacité ou de certificat de stage.

Art. 24. Sont incapables de tenir une école publique ou libre, ou d'y être employés, les individus qui auraient subi une condamnation pour crime ou délit contraire à la probité ou aux bonnes mœurs, les individus privés par jugement de tout ou partie des droits mentionnés en l'art. 42 du Code pénal, et ceux qui ont été interdits en vertu de l'art. 28 présente loi.

Art. 25. Quiconque aura ouvert ou dirigé une école en contravention aux art. 1 et 2 sera poursuivi devant le tribunal correctionnel du lieu du délit, et condamné à une amende de 50 à 400 fr.

L'école sera fermée.

En cas de récidive, le délinquant sera condamné à un emprisonnement de quinze à trente jours et à une amende de 100 à 400 fr.

SECTION II.

Des conditions spéciales aux instituteurs libres.

Art. 26. Tout instituteur qui veut ouvrir une école libre doit préalablement déclarer son intention au maire de la commune où il veut s'établir, lui indiquer le local et lui donner l'indication des lieux où il a résidé et des professions qu'il a exercées pendant les dix années précédentes.

Cette déclaration doit être, en outre, adressée par le postulant au recteur de l'Académie et au procureur de la République.

Elle demeurera affichée, par les soins du maire, à la porte de la mairie pendant un mois.

Art. 27. Le recteur, soit d'office, soit sur la plainte du procureur de la République, peut former opposition à l'ouverture de l'école, dans l'intérêt des mœurs publiques, dans le mois qui suit la déclaration.

Cette opposition est jugée à bref délai, contradictoirement et sans recours, par le conseil académique du département.

Si le maire refuse d'approuver le local, il est statué à cet égard par le conseil académique.

A défaut d'opposition, l'école peut être ouverte, à l'expiration du mois, sans autre formalité.

Art. 28. Tout instituteur libre, sur la plainte du recteur ou du procureur de la République, pourra être traduit, pour cause de faute grave dans l'exercice de ses fonctions, d'inconduite ou d'immoralité, devant le conseil académique du département, et être interdit de l'exercice de sa profession dans la commune où il exerce.

Le conseil académique peut même le frapper d'une interdiction absolue, sauf appel devant le conseil supérieur de l'instruction publique.

Cet appel devra être interjeté dans le délai de dix jours, à compter de la notification de la décision, et ne sera pas suspensif.

SECTION III.

Des instituteurs communaux.

Art. 29. Les instituteurs communaux sont nommés par le conseil académique du département, et choisis, conformément au vœu exprimé par le conseil académique de la commune, soit parmi les brevetés, soit sur la présentation qui est faite par les supérieurs des associations religieuses vouées à l'enseignement et reconnues par l'État, ou par les Consistoires.

L'institution est donnée par le recteur, au nom du ministre de l'instruction publique.

Le conseil académique peut changer les instituteurs communaux de résidence, les suspendre, ou les révoquer de leurs fonctions.

Art. 30. Tout instituteur communal convaincu de négligence dans ses fonctions, est mandé devant une réunion spéciale des délégués cantonaux, qui peut lui donner un simple avis ou le réprimander. En cas de réprimande, le procès-verbal est transmis au conseil académique.

S'il y a urgence, l'instituteur peut être suspendu provisoirement de ses fonctions par le maire, à charge de rendre compte, dans les deux jours, au délégué cantonal, et, à Paris, à la réunion des délégués de l'arrondissement, qui annule la suspension ou la maintient jusqu'à décision du conseil académique.

Le préfet et le sous-préfet peuvent également suspendre un instituteur, à charge d'en donner avis au conseil académique.

Art. 31. Les instituteurs adjoints des écoles publiques, les jeunes gens qui se préparent à l'enseignement primaire public dans les écoles désignées à cet effet, les membres ou novices des associations religieuses consacrées à l'enseignement et reconnues par l'État, sont dispensés du service militaire s'ils ont, avant l'époque fixée par le tirage contracté devant le recteur l'engagement de se vouer, pendant quinze ans, à l'enseignement primaire public.

Art. 32. Il est interdit aux instituteurs communaux d'exercer aucune profession commerciale ou industrielle.

Art. 33. Le conseil académique détermine les écoles publiques auxquelles, d'après le nombre des élèves, il doit être attaché un instituteur adjoint.

Les instituteurs adjoints sont nommés et révocables par l'instituteur, avec l'agrément de l'inspecteur d'académie.

Le conseil municipal fixe leur traitement, qui est à la charge de la commune.

Art. 34. Les départements pourvoient au recrutement des instituteurs communaux en entretenant des élèves-maîtres dans les écoles primaires désignées par le conseil académique.

Sur la proposition du conseil académique, le ministre et le conseil-général du département décerneront des récompenses aux instituteurs qui se seront distingués en formant des élèves-maîtres.

Art. 35. Le ministre de l'instruction publique, après avoir consulté le conseil supérieur et le conseil-général, pourra autoriser un département qui a fondé une école normale primaire, à la conserver provisoirement et pour un temps déterminé.

CHAPITRE III.

Des écoles communales.

Art. 36. Toute commune doit entretenir une ou plusieurs écoles primaires.

Le conseil académique du département peut autoriser une commune à se réunir à une ou plusieurs communes voisines pour l'entretien d'une école.

Toute commune a la faculté d'entretenir une école entièrement gratuite.

Le conseil académique peut dispenser une commune d'entretenir une école publique, à la condition de pourvoir à l'enseignement primaire gratuit, dans une école libre, de tous les enfants dont les familles sont hors d'état d'y subvenir.

La commune peut exiger que l'instituteur communal donne à son enseignement les développements dont il est parlé à l'art. 21.

Art. 37. Toute commune doit fournir à l'instituteur un local convenable, tant pour son habitation que pour la tenue des classes, et un traitement.

Art. 38. Le traitement des instituteurs communaux se compose : 1º d'un traitement fixe ou rétribution municipale qui ne peut être inférieure à 200 fr.; 2º du produit de la rétribution scolaire; 3º d'un supplément accordé à tous ceux dont le traitement fixe, joint au produit de la rétribution scolaire, n'atteint pas 600 fr.

Art. 39. Une caisse de retraite ou une caisse de secours seront substituées par un règlement aux caisses d'épargne des instituteurs.

Art. 40. A défaut de fondations, dons ou legs, le conseil municipal délibère sur les moyens de pourvoir aux dépenses de l'enseignement primaire dans la commune.

En cas d'insuffisance des revenus ordinaires, il est pourvu à ces dépenses au moyen d'une imposition spéciale votée par le conseil municipal, ou, à défaut du vote de ce conseil, établie par arrêté du pouvoir exécutif. Cette imposition, qui devra être autorisée chaque année par la loi de finances, ne pourra excéder 3 centimes additionnels au principal des quatre contributions directes.

Lorsque des communes, soit par elles-mêmes, soit en se réunissant à d'autres, n'auront pu subvenir, de la manière qui vient d'être indiquée, aux dépenses de l'école communale, il y sera pourvu sur les ressources ordinaires du département, ou, en cas d'insuffisance, au moyen d'une imposition spéciale votée par le conseil général, ou, à défaut du vote de ce conseil, établie par arrêté. Cette imposition, autorisée chaque année par la loi de finances, ne devra pas excéder 2 centimes additionnels au principal des quatre contributions directes.

Si les ressources communales et départementales ne suffisent pas, le ministre de l'instruction publique accordera une subvention sur le crédit qui sera porté annuellement pour l'enseignement primaire au budget de l'Etat.

Chaque année, un rapport annexé au projet de budget détaillera l'emploi des fonds alloués pour l'année précédente.

Art. 41. La rétribution scolaire sera perçue dans la même forme que les contributions directes publiques, et par douzièmes; elle sera exempte des droits de timbre, et donnera droit aux mêmes remises que les autres recouvrements.

La rétribution pourra être annuelle, sur la demande du conseil municipal.

Il est interdit à l'instituteur communal de percevoir lui-même cette rétribution.

CHAPITRE IV.

Des délégués cantonaux et des autres autorités préposées à l'enseignement primaire.

Art. 42. Le conseil académique du département désigne plusieurs délégués résidant dans chaque canton, pour surveiller les écoles publiques et libres du canton, et déterminer les écoles particulièrement soumises à la surveillance de chacun.

Les délégués sont nommés pour trois ans et rééligibles. Chaque délégué est en relation, tant avec le conseil académique, auquel il doit adresser ses rapports, qu'avec les autorités locales pour tout ce qui regarde l'Etat et les besoins de l'enseignement primaire dans la circonscription.

Il peut, lorsqu'il n'est pas membre du conseil académique, assister à ses séances avec voix consultative.

Les délégués se réunissent au moins une fois tous les trois mois au chef-lieu de canton, sous la présidence du juge de paix, pour convenir des avis à transmettre aux conseils académiques, ou pour mander devant eux les instituteurs, comme il est dit à l'article 33.

Art. 43. A Paris, les délégués de chaque arrondissement se réunissent au moins une fois tous les trois mois avec le maire et un adjoint, et avec un curé de l'arrondissement et un ecclésiastique désigné par l'Archevêque, pour s'entendre au sujet de la surveillance locale, comme il est dit à l'article suivant, pour convenir des avis à transmettre au conseil académique, pour annuler ou maintenir la suspension provisoire des instituteurs prononcée par le maire, ou pour mander devant eux les instituteurs, comme il est dit en l'art. 30. Le juge de paix de l'arrondissement et les ministres des cultes autorisés, autres que le culte catholique, s'il y a dans l'arrondissement des écoles suivies par des enfants appartenant à ces cultes, assistent à ces réunions avec voix délibérative.

La réunion est présidée par le maire.

Art. 44. Les autorités locales préposées à la surveillance et à la direction morale de l'enseignement primaire sont, pour chaque école, le maire et le curé, pasteur ou délégué du consistoire israélite.

Dans les communes de population mixte, un ministre de chacun des cultes aura toujours l'entrée de l'école pour veiller à l'éducation religieuse des enfants de son culte.

Lorsque des écoles séparées existeront, les enfants d'un culte ne devront pas être admis dans l'école d'un autre culte, sauf le vœu formellement exprimé par les parents.

Le maire, le curé, pasteur ou délégué du Consistoire israélite peuvent s'entendre avec les délégués cantonaux, pour leur surveillance locale, dans les villes qui sont à la fois chefs-lieux de canton et d'arrondissement.

Art. 45. Le maire dresse chaque année, de concert avec les ministres des différents cultes, la liste des enfants qui doivent être admis gratuitement dans les écoles publiques. Cette liste est approuvée par le conseil municipal et définitivement arrêtée par le préfet.

Art. 46. Les ministres des différents cultes sont spécialement chargés de surveiller l'enseignement religieux de l'école.

L'entrée de l'école leur est toujours ouverte.

Art. 47. Le conseil académique nomme une commission d'examen chargée de juger publiquement, et à des époques déterminées par le recteur, l'aptitude des aspirants au brevet de capacité, quel que soit le lieu de leur domicile.

Cette Commission se compose de sept membres et choisit son président.

Un inspecteur d'arrondissement pour l'instruction primaire, un ministre de chacun des cultes professés dans le département, et deux membres de l'enseignement public ou libre, en font nécessairement partie.

Art. 48. Le conseil académique délivrera des certificats de stage aux personnes qui justifieront avoir enseigné, pendant trois ans au moins, dans les écoles publiques ou libres autorisées à recevoir des stagiaires.

CHAPITRE V.

Institutions complémentaires.

SECTION PREMIÈRE.

Des pensionnats primaires.

Art. 49. Toute personne âgée de vingt-cinq ans, ayant au moins cinq années d'exercice comme instituteur, ou deux années comme maître dans un pensionnat primaire, et munie d'un brevet de capacité, peut ouvrir un pensionnat primaire, après avoir déclaré son intention au recteur de l'Académie et au maire de la commune.

Le programme de l'enseignement et le plan du local doivent être adressés au maire et au recteur.

Le conseil académique prescrira, dans l'intérêt de la moralité et de la santé des élèves, toutes les mesures qui seront indiquées dans un réglement d'administration.

Les pensionnats sont soumis aux art. 24, 25, 26, 27 et 28 de la loi et à la surveillance des autorités qu'elle institue.

SECTION II.

Des écoles d'adultes et d'apprentis.

Art. 50. Il pourra être créé des écoles primaires pour les adultes au-dessus de dix-huit ans, et des écoles pour les apprentis au-dessus de douze ans.

Le conseil académique désignera les instituteurs chargés de diriger les écoles communales d'adultes et d'apprentis.

Il ne pourra être reçu dans ces écoles d'élèves des deux sexes.

Art. 51. Nul instituteur libre ne peut ouvrir une école d'adultes ou d'apprentis sans en prévenir les autorités, conformément aux art. 27 et 28.

Art. 52. Il sera ouvert chaque année, au budget du ministre de l'instruction publique, un crédit pour encourager les auteurs de livres ou de méthodes utiles à l'instruction primaire, et à la fondation d'institutions telles que

Les écoles du dimanche,

Les écoles dans les ateliers et les manufactures,

Les classes dans les hôpitaux,

Les cours publics ouverts avec l'autorisation des autorités compétentes,

Les bibliothèques de livres utiles,

Et autres institutions dont les statuts auront été soumis à l'examen de l'autorité.

CHAPITRE VI.

Des écoles de filles.

Art. 53. L'enseignement primaire dans les écoles de filles comprend, outre les matières de l'enseignement primaire des garçons, les travaux à l'aiguille.

Art. 54. Tout ce qui se rapporte à la surveillance et à l'inspection des écoles de f[...] sera l'objet d'un réglement spécial. Les autres dispositions de la présente loi rela[...] aux écoles et aux instituteurs sont applicables aux écoles de filles et aux institutrices[...]

Art. 55. Les lettres d'obédience tiendront lieu de brevet aux institutrices ap[...] nant à des congrégations religieuses vouées à l'enseignement et reconnues par l'É[...]

L'examen des institutrices laïques n'aura pas lieu publiquement.

Art. 56. Toute commune de huit cents âmes de population agglomérée et au[...] est tenue d'avoir au moins une école de filles.

Le conseil académique désignera parmi les communes d'une population infé[...] celles qui seront également tenues d'avoir une école de filles. Il prendra l'avis du[...] seil municipal.

Art. 57. Aucune école primaire, publique ou libre, ne pourra, sans l'autorisation[...] conseil académique, recevoir d'enfants des deux sexes, s'il existe dans la commune[...] école publique ou libre de filles.

Art. 58. Les dispositions de l'art 38 sont applicables à l'institutrice communale[...].

Art. 59. Le traitement fixe des institutrices des écoles publiques de filles sera de[...] cent cinquante francs au moins.

CHAPITRE VII.

Des salles d'asile.

Art. 60. Les salles d'asile sont publiques ou libres.

Un réglement du conseil supérieur déterminera, sous les peines contenues en la[...] sente loi, tout ce qui se rapporte aux conditions d'âge, d'aptitude et de moralité[...] personnes qui y seront chargées de la direction et du service, ainsi qu'à la surveill[...] et à l'inspection de ces établissements.

Art. 61. Ce réglement déterminera également le programme de l'enseignement[...] exercices dans les salles d'asile publiques, et tout ce qui se rapporte au traitement[...] personnes qui y seront chargées de la direction ou du service.

Les personnes chargées de la direction des salles d'asile seront nommées dans la[...] forme et par la même autorité que les instituteurs et les institutrices.

Art. 62. Les salles d'asile peuvent recevoir des secours sur les budgets des com[...] des départements et de l'État.

CHAPITRE VIII.

Mesures transitoires.

Art. 63. Le ministre, sur le rapport des recteurs, déterminera par un régleme[...] quelle classe appartiendront les inspecteurs de l'enseignement primaire actuellement[...] exercice.

Art. 64. Les comités actuels continueront provisoirement leurs fonctions jusqu[...] constitution des autorités instituées par la présente loi.

Art. 65. Un réglement sera fait pour l'application du titre II de la présente loi à l'[...] gérie.

(*La fin à un prochain numéro.*)

BOURSE DU 5 NOVEMBRE.

Le 3 p. 100 a débuté au comptant à 56 05, a fait 55 65 au plus bas, et re[...] à ce cours.

Le 5 p. 100 a débuté au comptant à 88, a fait 87 75 au plus bas, et rest[...] ce cours.

On a coté le 5 p. 100 romain à 80.

L'un des Propriétaires-Gérants, CHARLES DE RIANCEY.

Paris, imp. BAILLY, DIVRY et Comp., place Sorbonne, 2.

L'AMI DE LA RELIGION.

Mgr l'Évêque de Valence, dans une circulaire adressée à son clergé, a écrit le passage suivant, que nous reproduisons avec la reconnaissance respectueuse que nous inspire toujours l'approbation de NN. SS. les Évêques :

« Depuis un an l'*Ami de la Religion* nous a paru se distinguer par
« la pureté de ses principes, un ton grave de discussion, l'impor-
« tance des matières qui y sont traitées relativement aux circon-
« stances. Nous savons qu'il est rédigé par des hommes de talent,
« recommandables surtout par leur pieux dévouement et leur zèle
« éclairé pour les intérêts de l'Église.

« Nous recommandons ce journal à notre clergé et aux hommes
« religieux comme digne de leur confiance et de leurs sympathies.
« Il paraît tous les jours depuis le 15 octobre. »

Projet de loi sur l'enseignement.

Nous avons publié hier le projet de loi sur l'enseignement ; nous voulons aujourd'hui en résumer brièvement tous les détails et, par l'exposé simple et concis de ses dispositions fondamentales, des réformes qu'il opère et du régime pratique qu'il inaugure, le dégager de tous les nuages et de toutes les diffamations.

Il est nécessaire, pour le présent et pour l'avenir, de bien constater, dans un moment comme celui-ci, ce qu'est la loi qu'on nous propose et le système auquel une inconcevable préoccupation préfère le maintien du *statu quo*.

Le projet de loi opère huit grandes réformes principales :

1° Les *ordonnances de 1828* sont abrogées ;
2° Le *certificat d'études* n'existe plus ;
3° Les *petits séminaires* sont affranchis ;
4° Les *grades* obligatoires pour tous sont abandonnés ;
5° Les *congrégations religieuses* se voient admises au droit commun ;
6° L'*inamovibilité* des instituteurs primaires est abolie ;
7° Les *écoles normales* primaires disparaissent.
8° Le *monopole* de l'Université est renversé.

Voici maintenant le régime que le projet établit pour les *petits séminaires*, pour les *établissements libres*, pour l'*instruction primaire*, pour les *établissements officiels*, et enfin la part qu'à tous ces points de vue il fait à la liberté et la place qu'il offre à l'Église :

I.

POUR LES PETITS SÉMINAIRES.

Les petits séminaires sont AFFRANCHIS ; car :

1° Les ORDONNANCES DE 1828 ÉTANT ABROGÉES, comme l'attestent les déclarations expresses et réitérées du Rapport, il s'ensuit :

Que le nombre des élèves n'y est plus limité ;

Que l'odieuse injonction de faire porter aux plus jeunes enfants l'habit ecclésiastique tombe d'elle-même ;

Que le choix du supérieur n'est plus soumis à l'approbation du gouvernement ;

Que les membres des congrégations religieuses peuvent être admis à l'enseignement et à la direction dans ces établissements dont ils étaient exclus.

2° Le CERTIFICAT D'ÉTUDES ÉTANT ABOLI, il s'ensuit que tous les élèves peuvent se présenter désormais sans distinction et sans exception à l'examen du baccalauréat, et entrer dans toutes les carrières.

3° Enfin, les petits séminaires demeurent des ÉCOLES SPÉCIALES sous l'autorité, la direction et la juridiction immédiate des Évêques.

Les supérieurs, non plus que les professeurs, ne sont assujettis à aucune condition légale d'examen, de capacité, de moralité, de stage, etc., etc.

4° Quant à la SURVEILLANCE exigée par la Constitution :

Elle est purement d'ordre public ;

Elle ne pourra s'étendre ni à l'éducation religieuse, ni aux réglements disciplinaires, ni à l'enseignement et aux programmes d'études ;

Elle est restreinte à ce qu'on est convenu d'appeler *le respect des lois, la moralité et l'hygiène*.

Le gouvernement, ainsi que le prescrit la commission, devra s'entendre avec les Évêques pour l'exercer d'accord avec eux, et de manière à ne froisser en rien les droits légitimes de l'Épiscopat.

Voilà, pour les *petits séminaires*, ce que la loi donne et ce qu'on repousse !

II.

POUR LES INSTITUTIONS LIBRES.

1° Toute *autorisation préalable* est supprimée.

2° Nul grade, nul brevet de capacité, nul stage, *aucune condition quelconque* n'est exigée ni des préfets, ni des professeurs, quels qu'ils soient, ni des maîtres d'études, ni des surveillants.

3° Le simple diplôme de bachelier, obtenu à l'âge où l'on finit les premières études, suffit pour le chef de l'établissement.

Ce grade si simple n'est pas même exigé absolument.

Ceux qui éprouvent quelque répugnance à passer l'examen du

baccalauréat pourront y suppléer par un brevet de capacité délivré par le conseil départemental.

Quant au *stage*, il est obligatoire seulement pour le chef de l'établissement.

Le conseil supérieur pourra en prononcer la dispense.

Le stage est valable, qu'il ait été fait dans les établissements libres ou dans les établissements officiels ; dans des établissements ecclésiastiques ou dans des établissements laïques ; dans des établissements actuels et futurs ou dans des établissements aujourd'hui supprimés ou détruits.

4° Les membres des *congrégations religieuses*, non reconnues par l'État, sont admis de plein droit dans tous les établissements, quels qu'ils soient, à la faculté d'enseigner.

Il ne saurait y avoir, comme le dit expressément le Rapport, AUCUN DOUTE A CET ÉGARD.

5° Le *certificat d'études* étant supprimé, est décidée par conséquent l'admission à l'examen du baccalauréat de tous ceux qui se présenteront, quelle que soit l'école où ils auront été élevés, quels qu'aient été leurs maîtres, laïques ou ecclésiastiques, qu'ils viennent d'un collège de l'État, de Brugelette ou de Fribourg.

6° Aucune prescription, aucune entrave, aucune condition n'est imposée à la liberté des *programmes*, des *méthodes* ni des *réglements*.

7° Les écoles libres ne sont soumises en rien ni à l'*administration* ni à la direction des autorités, mais seulement à une surveillance d'*ordre public*, strictement définie, rigoureusement limitée au *respect des lois*.

C'est manifestement et exclusivement dans ce sens que s'entend l'interdiction des livres par le conseil supérieur.

Voilà pour les *établissements libres* ce que la loi donne et ce qu'on repousse !

III.

POUR L'INSTRUCTION PRIMAIRE.

1° Le stage dispense même de tout examen de capacité ;

2° Les pensionnats primaires peuvent s'ouvrir, sans aucune autorisation préalable, aux conditions les plus faciles, et ne sont soumis qu'à la simple surveillance ;

3° Les supérieurs des associations religieuses ont le droit de présentation pour leurs sujets ;

4° Les membres et novices des associations religieuses consacrées à l'enseignement, et reconnues par l'État, jouissent de l'exemption du service militaire ;

5° Les écoles normales, si dangereuses, si puissantes pour le mal, et qui ont si déplorablement dénaturé le caractère et la mission des instituteurs primaires, sont supprimées ;

6° Toute inamovibilité est enlevée à l'instituteur communal ;

7° Le comité local est supprimé, et l'instituteur est sous la surveillance immédiate et spéciale du curé dans chaque commune, non-seulement en ce qui regarde l'enseignement religieux, mais aussi la direction morale de l'école.

La funeste indépendance de l'instituteur, vis-à-vis du curé, disparaît donc en même temps que son inamovibilité;

8° Le comité d'arrondissement est supprimé, et le curé est en rapport direct avec son Évêque présent de droit dans le comité départemental;

9° L'enseignement charitable est entièrement libre.

Voilà pour l'*instruction primaire* ce que la loi donne, et ce qu'on repousse!

IV.

POUR LES ÉTABLISSEMENTS DE L'ÉTAT.

Il n'y a plus ni corporation, ni hiérarchie, ni gouvernement universitaire.

Quant AUX AUTORITÉS, l'ancien conseil royal, absolu, arbitraire, irresponsable, tout puissant pour le mal et impuissant pour le bien, et les académies actuelles qui n'en sont que les agents passifs, dépendants, privés de toute initiative, de toute liberté, sont remplacés:

1° Par un conseil académique départemental, autorité locale, immédiate, toujours présente; éclairée, impartiale, efficace autant qu'elle peut l'être dans la situation des choses; composée de telle manière que, sur onze membres, il pourra n'y en avoir qu'un seul appartenant à l'enseignement officiel, tandis que non plus l'Université, non plus même l'État, mais la société, sera représentée en entier par ses forces les plus vives.

2° Un *conseil supérieur*, élevé par sa composition et maintenu tout à la fois par la nature, l'étendue et les limites de ses attributions, au-dessus de toutes les routines, de toutes les passions, de tout esprit de corps, de tout intérêt exclusif.

Les membres de la *section permanente* pourront et devront être ÉGALEMENT choisis parmi les membres de l'enseignement libre et de l'enseignement officiel.

Ils n'auront aucune espèce de rapports avec les établissements libres.

Ils n'auront même, quant aux affaires de l'enseignement officiel, que des fonctions de pure administration matérielle, et ne seront, dans un rang plus élevé, que huit chefs de bureau ou de division auprès du ministre de l'instruction publique.

Tout ce qui regarde la *direction*, le *gouvernement*, la *haute administration* de l'instruction publique ne relève que du conseil supérieur, n'appartient qu'à lui seul et compose tout son apanage.

3° Une *inspection* organisée sur des bases toutes nouvelles:

elles actuelle supérieur et départementaux ont pour agents des inspecteurs pris également parmi les membres appartenant à l'*enseignement libre*, aussi bien que parmi les membres appartenant à l'enseignement officiel.

V.

POUR LE SYSTÈME GÉNÉRAL DE LA LOI.

Il importe de rappeler encore qu'il ne s'agit ici que des établissements officiels, et que ni les *inspecteurs*, ni le *conseil supérieur*, ni les *conseils académiques* départementaux n'ont à prétendre aucune autorité *ni d'administration, ni de direction quelconque* sur les ÉTABLISSEMENTS LIBRES, et qu'ils ne peuvent y exercer que la *surveillance d'ordre public* définie plus haut, et qui est le SEUL LIEN par lequel ces établissements se rattachent à eux.

A l'exception de ce lien, établi en vertu de la Constitution, la SÉPARATION EST ABSOLUE entre les deux ordres d'établissements OFFICIELS et LIBRES.

Elle est ABSOLUE, sauf bien entendu (nous le reconnaissons, et c'est ce dont on se plaint!), sauf les *droits de la religion* et la haute et nécessaire influence des premiers Pasteurs de l'Église sur les établissements officiels constitués et payés sur le budget, et aux frais d'une nation en immense majorité catholique.

Ainsi non-seulement la liberté d'enseignement primaire et secondaire est établie aux conditions les plus faciles et les plus simples;

Non-seulement les petits séminaires sont affranchis;

Non-seulement la corporation et l'ancienne hiérarchie universitaire sont détruites;

Non-seulement la centralisation gouvernementale et administrative est abolie par la création des conseils départementaux;

Non-seulement c'est la société elle-même avec ses forces vives qui se substitue à l'Université, à l'Etat, pour le gouvernement et la surveillance de l'instruction publique;

Mais de plus:

C'est l'Église de France tout entière, représentée dans le conseil supérieur par les trois Evêques, élus de tous leurs collègues;

Représentée dans les conseils départementaux par les quatre-vingts Evêques et par les quatre-vingts ecclésiastiques de leur choix;

Représentée dans chaque paroisse par les 40,000 curés exerçant sur l'instruction primaire l'action la plus immédiate, la plus constante, la plus nécessaire;

Aidée d'ailleurs de tous les ecclésiastiques et de tous les laïques fidèles qui entreront dans l'enseignement libre autant qu'ils le voudront;

Aidée de toutes les Congrégations religieuses reconnues et non re-

connues par l'Etat, et qui entreront, autant qu'il conviendra à leur
zèle, dans l'enseignement primaire et secondaire;

C'est l'Eglise de France tout entière à qui l'on demande d'entrer
dans le gouvernement de l'instruction primaire, de l'instruction secondaire, de l'instruction supérieure, et, ce qui est plus important
encore, de devenir la gardienne de la liberté d'enseignement et la
protectrice de tous les établissements libres;

C'est l'Eglise de France tout entière, avec toutes ses forces les plus
élevées, les plus libres, les plus puissantes, qui est invitée par l'Etat
lui-même, par les grands pouvoirs de la nation, à venir au secours
de la société menacée, en rentrant elle-même, et demeurant d'ailleurs
dans toute la plénitude de ses droits.

Et, comme le dit le rapporteur de l'Assemblée, « qui s'étonnerait
« que l'EPISCOPAT FRANÇAIS soit appelé à veiller, par l'intermédiaire
« des trois délégués qu'il possèdera dans le sein du conseil, SUR LA
« DIRECTION RELIGIEUSE ET MORALE de l'éducation publique? ARBI-
« TRES SOUVERAINS SUR TOUTES LES MATIÈRES QUI TOUCHERAIENT,
« DE PRÈS OU DE LOIN, A DES VÉRITÉS DONT ILS SONT LES GARDIENS
« NATURELS, les Evêques trouveraient dans cette fonction spéciale
« le principe d'une haute influence sur les délibérations du conseil,
« si le caractère qui brille en eux et leur sagesse ne devaient pas la
« leur faire d'ailleurs promptement acquérir ! »

Voilà ce que la loi propose, et voilà ce qu'on veut empêcher le clergé
français d'accepter !

Quant à nous, voilà pourquoi nous avons combattu; voilà pourquoi nous combattrons jusqu'à la dernière heure;

Voilà pourquoi nous avons déploré et nous déplorons plus que jamais l'inconcevable aveuglement de ceux qui, prêtant à l'Eglise leur
faiblesse, leur inexpérience et leur impuissance, ont tout fait et font
tout encore pour l'empêcher d'accepter la grande et noble entreprise à laquelle on la convie; pour l'empêcher d'accepter la liberté
d'enseignement qui lui est donnée, la délivrance des petits séminaires qu'on lui offre, l'affranchissement des congrégations religieuses
qu'on proclame, le renversement du monopole universitaire auquel on se résigne, et la plus magnifique occasion de sauver la société française et de prendre la première place à la tête du mouvement providentiel et régénérateur que le monde attend après tant
d'agitation et de tourmentes !

Quant à nous, notre tâche du moins aura été remplie.

Et si, la loi de M. de Falloux ayant succombé sous l'effort et la con-
juration de toutes les passions les plus contraires, si dans dix ans
une autre loi, une loi de liberté est encore à faire;

Si d'ici là l'horrible situation où nous sommes, demeure toujours
la même ou s'aggrave chaque jour;

un monopole effroyable continue à moissonner les générations naissantes, et à les arracher à la foi et à l'Eglise;

Si les petits séminaires et toutes les écoles sacerdotales continuent à gémir dans les humiliations et les entraves qui les oppriment, et qui étouffent depuis quarante ans dans sa sève l'épanouissement de l'Eglise;

Si les congrégations religieuses, toujours exclues de l'enseignement, restent sous le coup de proscriptions menaçantes;

Si le détestable enseignement des instituteurs primaires achève son œuvre impie de bouleversement social;

Du moins nous n'aurons rien épargné pour conjurer de tels malheurs; pour éclairer l'obstination des uns; pour relever le courage des autres, et, en présence de la solidarité de nos désastres, nous pourrons du fond de notre âme en repousser la responsabilité devant les hommes et devant Dieu!

———————

Les ennemis, volontaires et involontaires, de la liberté d'enseignement, persistent à répandre le bruit que M. de Parieu voudrait retirer le projet présenté par M. de Falloux, examiné par la commission que présidait M. Thiers et rapporté par M. Beugnot.

Nous ne pouvons pas croire que le nouveau ministre de l'instruction publique ait l'intention qu'on lui attribue sans doute gratuitement.

Certes, s'il est à l'intérieur une question qui ait avancé pendant la durée du dernier cabinet, c'est celle de l'enseignement. Nous pouvons dire, à l'honneur de l'habile et courageux ministre qui a tant fait pour hâter la solution que les besoins et les difficultés de ce temps réclament et comportent, qu'elle a marché sous son impulsion malgré tous les obstacles, comme au dehors l'expédition de Rome.

Deux entreprises semblables, ainsi conçues et réalisées, seraient plus que suffisantes à glorifier une vie. Elles ont été l'œuvre de moins d'une année. L'une, espérons-le, n'échouera pas plus que l'autre.

Le ministère actuel a pris pour devise : Des *actes* et non des *paroles*. Nous ne savons pas encore quels seront ses actes propres. Mais il serait aussi étrange que déplorable qu'il commençât par abandonner et renier ceux des actes de ses prédécesseurs qui ont trouvé le plus de faveur auprès de la majorité et qui touchent aux plus pressants intérêts de l'ordre social.

———————

Le National et les Religieux.

Le *National* est très-mécontent de l'installation des Dominicains aux Carmes. Ce qui ajoute à sa colère, c'est que d'autres en soient satisfaits.

Prenant à partie un journal qui a constaté comme nous ce consolant symptôme, il s'écrie :

« Le pauvre homme ! — Sa joie nous fait peine ; car nous ne pouvons la lui garantir, *même pour un an*, comme on garantit les pendules de pacotille. »

Est-ce que le *National* espère voir, avant la fin de 1849 ou pendant le cours de 1850, se renouveler les massacres qui ont inondé du sang des martyrs la sainte maison des Carmes ?

Mais voici qui est encore plus incroyable. Le *National* s'est rappelé de tels souvenirs ; il n'a pas reculé devant leur horreur ; il n'y a trouvé qu'un odieux sujet de plaisanterie.

« O joie ! ô triomphe ! Dans la ville de la révolution, moins de deux ans après la révolution, dans cette même église où la révolution — la première, entendons-nous — « fusillait » des moines, les moines reparaissent ; et des lèvres de moine on entend sortir des paroles de moine. »

Nous nous arrêtons. Après tout, il est assez naturel que le *National* honore les traditions des bourreaux de 93, s'il compte marcher sur leurs traces !

M. Proudhon et ses confessions.

Hier nous faisions ressortir le contraste qui existe entre l'âpre franchise de M. Proudhon et le système à double face de la *Démocratie pacifique*. Aujourd'hui, sous le titre de *Confessions*, M. Proudhon livre au public un opuscule dont la cynique nudité dépasse tout ce qu'il est possible d'imaginer en ce genre. Nous nous bornerons, pour le moment, à citer ces quelques lignes :

« Un Dieu qui gouverne et *qui ne s'explique pas* est un Dieu que je nie, que je hais par-dessus toute chose.

« Pour moi, je ne recule devant aucune investigation. Et si le révélateur suprême se refuse à m'instruire, je m'instruirai moi-même, je descendrai au plus profond de mon âme, je mangerai comme mon père le fruit sacré de la science, et quand d'infortune je me tromperais, j'aurais du moins le mérite de mon audace, *tandis que* LUI (LUI!) n'aurait pas l'excuse de son silence.

« Plus de partis, plus d'autorité, liberté absolue de l'homme et du citoyen. En trois mots, j'ai fait ma profession de foi politique.

« Les gouvernements sont les fléaux de *Dieu*.

« *La démocratie est l'abolition de tous les pouvoirs spirituel et temporel*, législatif, exécutif, judiciaire, propriétaire. L'exploitation de l'homme par l'homme, a dit quelqu'un, c'est le vol. Eh bien! le gouvernement de l'homme par l'homme, c'est la servitude ; et toute religion positive, aboutissant au dogme de l'infaillibilité papale, n'est elle-même autre chose que l'adoration de l'homme par l'homme, l'idolâtrie.

« Après l'adoration de l'homme par l'homme, nous avons encore : le jugement de l'homme par l'homme, et, pour terminer la série, la punition de l'homme par l'homme. »

Nous ne relèverons pas les exécrables blasphèmes dont nous sommes forcés, hélas! de souiller nos colonnes. L'horreur et le mépris public suffiront pour en faire justice.

DE M. L'ABBÉ CHANTOME

... de sa PÉTITION, en ce qui touche l'éducation ecclésiastique, le culte, la liturgie, etc.

Nous continuons à mettre sous les yeux de nos lecteurs quelques extraits de la pétition de M. l'abbé Chantome.

On verra que, dans le plan de cette vaste réformation qu'il croit avoir mission de provoquer, et pour laquelle il fait appel *aux laïques, au peuple*, en même temps qu'il s'adresse au Pape, aux Conciles, aux Évêques, il n'est rien à quoi il ne touche. Il faut que tout passe sous sa main pour être ou renversé, ou modifié, ou transformé. Le rajeunissement de l'Eglise est à ce prix.

I.

Demandes concernant l'enseignement et l'éducation ecclésiastique.

M. l'abbé Chantome prétend :

« Que le manque de contact avec la société, résultant de l'éducation sacerdotale telle qu'elle est pratiquée généralement dans l'Eglise, et surtout en France, produit dans le clergé.... UNE FAIBLESSE MORALE QUI LE FAIT MÉPRISER *surtout de la jeunesse.... et des classes* ARDENTES *et influentes de la société, et le rejette dans un silence, une attitude qui sont l'opposé du zèle sacerdotal et du courage apostolique....*

« Que c'est ce qui éloigne du sein de l'Eglise une foule de volontés énergiques *qui auraient d'accourir en entrant dans des rangs si dédaignés, en se plaçant sous une influence qu'ils trouvent* SI ASPHYXIANTE ET SI BORNÉE.....

« Que la jeunesse ecclésiastique, ainsi élevée, n'a qu'une science purement théorique, FAUSSE ET ABSURDE SOUVENT DANS LA PRATIQUE ; *qu'elle reste écolière, avec des habitudes, des sentiments, un langage étroit et petit.....*

« Que la piété qu'on inspire dans les séminaires est une piété sans caractère propre, puisée dans des livres faits tout spécialement pour la vie religieuse, *s'enveloppant de pratiques monacales faussées*, sans en prendre l'esprit vigoureux, et formant des hommes qui, n'étant pas faits pour vivre dans l'ascétisme du cloître, et en ayant du reste sucé presque tous les principes, ne peuvent y rester fidèles dans la vie pastorale, *opposée à la vie religieuse* par son but et sa nature; que les jeunes ecclésiastiques sont ainsi trompés dès le principe *sur les vertus de leur état*;

« Que, renfermé dans *ses maisons claustrales*, le jeune clergé ne s'habitue pas aux *flots de la foule* et aux offices du peuple chrétien, etc.... »

En conséquence, M. l'Abbé Chantome demande :

« Que l'enseignement ecclésiastique se commence dans les presbytères ou collégiales des paroisses, et se continue dans le presbytère épiscopal. »

Il demande « que *les curés soient les supérieurs ordinaires* des jeunes clercs. »

Il demande « que l'enseignement qu'on leur donne soit *public*; que les cours faits pour eux soient *ouverts à la jeunesse du dehors*, et que les jeunes clercs soient envoyés *en même temps aux écoles séculières* choisies par les catholiques, *pour y respirer la vie publique* et *l'amour des institutions du pays*. »

Il demande « que l'enseignement ecclésiastique forme dès le principe les degrés bien harmonisés d'une vaste synthèse de la science catholique ou *de la science universelle* ; qu'il accepte les études d'art, et qu'il se mette en rapport avec *toutes* les branches des connaissances humaines. »

Il demande « le retrait de *presque tous les livres élémentaires* mis entre les mains des ecclésiastiques dans les séminaires. »

Il demande « que les élèves ecclésiastiques *assistent aux baptêmes*, AUX MARIAGES, *aux confirmations, aux visites des malades*, AUX FUNÉRAILLES DES FIDÈLES, etc... »

En lisant ce nouveau plan d'éducation ecclésiastique on se sent partagé entre deux sentiments : l'étonnement et l'indignation. On ne sait si l'on doit accuser l'auteur de la pétition, ou bien d'une ignorance qui surprendrait même dans un laïque tant soit peu instruit, ou bien d'une témérité qui a de quoi effrayer chez un prêtre.

Quoi ! M. l'abbé Chantome ignore-t-il que cette organisation, que ces grandes et saintes formes de l'éducation cléricale qu'il flétrit d'une manière si outrageante, ont été l'œuvre des Conciles et des saints : l'œuvre de prédilection du Concile de Trente, l'œuvre d'une multitude de Conciles provinciaux, l'œuvre du vrai et immortel réformateur du clergé, saint Charles Borromée, ce prodige de sainteté et de sagesse !

Et, en ce qui touche notre pays en particulier, qui ne sait que nos écoles sacerdotales y eurent pour fondateurs ces Évêques si éminents, ces prêtres si illustres par leur sainteté et leur doctrine, qui ont jeté un si grand éclat sur l'Église de France en l'avant-dernier siècle ; qui ne sait que Dieu, à cette époque, sembla visiblement s'attacher à renouveler le clergé dans sa source, qui est la jeunesse cléricale, en élevant, presque en même temps, par les mains de ces hommes vénérables, des séminaires dans tous nos diocèses. Et certes, la forte et sévère éducation que le clergé reçoit dans ces pieux asiles, et qu'il ne trouverait pas ailleurs, était et est encore nécessaire ; et on ne peut douter qu'elle n'ait été providentiellement ménagée pour préparer le clergé français aux épreuves si terribles qu'il a traversées et qu'il traverse encore avec tant de fidélité et tant de gloire.

Non, il est impossible que M. l'abbé Chantome ignore à ce point l'histoire de l'établissement des séminaires, ni qu'il ait pu oublier si complétement des faits aussi considérables.

Mais s'il n'ignore pas ces faits, comment qualifier alors sa hardiesse, et la témérité d'un prêtre qui *pétitionne*, et qui prétend *faire pétitionner* les ecclésiastiques et les laïques, pour demander la réforme, le renversement de ce que la sagesse de l'Eglise a décrété ; le zèle des saints, édifié ; l'expérience de plusieurs siècles, consacré.

II.

Demandes concernant le culte, la liturgie, les beaux-arts, etc.

M. l'abbé Chantome *demande* :

« Que la prédication ne soit plus abandonnée des Évêques...., abandonnée au clergé des paroisses, laissée dans un arbitraire, dans une anarchie à peu près complète, soit pour la forme des sujets à choisir, soit pour la suite et la méthode à y mettre. »

Il *demande* « que le culte qui, aujourd'hui, attire peu les peuples, qui est abandonné souvent à ceux qui n'en ont pas la moindre notion...., soit ramené aux formes antiques pratiquées dignement. »

Il *demande* « que la langue française et les langues vulgaires formées et écrites soient admises graduellement et avec prudence dans toutes les parties de la liturgie spécialement destinées au peuple ; attendu que les motifs principaux qu'a eus l'Église pour con-

... servir les langues anciennes dans la liturgie et repousser les langues formées plus tard, n'existent plus. »

Il demande « que l'usage de la communion sous les deux espèces soit rétabli et facultatif. »

Il demande « que tous les vêtements ecclésiastiques soient réformés et rendus à leurs formes antiques. »

Il demande « le rétablissement des anciennes agapes, ou des repas pris en commun dans les paroisses. »

Il demande « que, poursuivant et perfectionnant les essais religieux du moyen-âge, on ouvre des salles pour y faire représenter des drames historiques nationaux ou religieux parfaitement purs. »

Il demande « que la paroisse suivant les usages des peuples les plus catholiques, aux jours de dimanches et de fêtes, prépare elle-même des amusements honnêtes et variés pour le peuple chrétien ; qu'elle place à leur tête des personnes choisies ; que ses clercs y apparaissent, et en éloignent par leur seule présence tous les dangers. »

Il demande « que l'Eglise... rejette loin d'elle tous les biens, tous les revenus ; que non-seulement le salaire des cultes donné par l'Etat soit refusé, mais que tous les tarifs... soient complétement abolis comme contraires à la piété... »

Il demande « que le principe de la communion, de la solidarité des catholiques, au point de vue des biens matériels, soit proclamé d'une manière éclatante par l'Eglise, tout en posant le principe fondamental du droit individuel à la propriété. »

Nos lecteurs savent maintenant quelles sont les réformes demandées par M. l'abbé Chantome :

Les unes attaquent, dans ses fondements mêmes, la constitution de l'Eglise ; renversent toute l'économie de son divin gouvernement, et ne tendent à rien moins qu'à faire du royaume de Jésus-Christ une république désordonnée, on le livrant à l'invasion de la multitude, en le transformant comme en un vaste club.

Les autres attaquent le sacerdoce dans ses sources, en sécularisant l'éducation ecclésiastique ; en jetant les jeunes clercs au milieu de la contagion des écoles publiques ; en flétrissant, dans les écoles cléricales, l'œuvre des saints, les décrets des Conciles, la sagesse de l'Eglise.

Quant aux dernières, sur le culte, etc....., on ne saurait les qualifier qu'en disant que le ridicule, dans ces étranges réformes, le dispute à la témérité : mais, en pareille matière, et au temps surtout où nous vivons, rien n'est ridicule, tout est effroyable en des entreprises de telle nature ; et pour nous, nous l'avouerons avec franchise : dans toutes ces choses nous voyons pour l'Eglise des périls sur lesquels il nous est impossible de fermer les yeux.

————◇————

Nous rappelons à nos lecteurs que le journal quotidien de M. l'abbé Chantome : le *Drapeau du peuple, de la démocratie et du socialisme chrétien*, doit paraître le 16 novembre. A cette occasion, nous croyons devoir, une seconde fois, mettre sous leurs yeux les paroles que nous avons déjà citées, d'un ami de M. l'abbé Chantome, de celui-là même à qui ce dernier écrivait, comme nous l'avons vu : « Je « n'hésite pas à vous encourager à poursuivre jusqu'à la fin la lutte « que vous avez entreprise. »

Voici les paroles de l'ami de M. Chanteme :

« Vous vous effrayez de l'apparition de ces quelques prêtres démocrates et socialistes. Eh mon Dieu ! il faut cependant que l'exception devienne la règle. DONNEZ LE TEMPS AU JEUNE CLERGÉ de s'initier à ces généreuses doctrines ; d'en saisir les rapports et les points d'union avec les principes chrétiens : alors ce sera UN VÉRITABLE TORRENT DÉVASTATEUR. »
(Extrait d'une lettre de M. l'abbé Anatole Leray, du 3 février 1849.)

NOUVELLES RELIGIEUSES.

DIOCÈSE DE RENNES. — On annonce que plusieurs des Pères du Concile arriveront dans notre ville dès le milieu de la semaine prochaine, pour se concerter sur les cérémonies qui doivent accompagner l'ouverture et la teneur du Concile, et sur le programme des nombreuses et importantes questions qui y seront traitées.

Du nombre de ces Prélats est Mgr l'Evêque du Mans, qui amène au Concile M. l'abbé Vincent, un de ses vicaires-généraux, en qualité de théologien.

Il y sera aussi accompagné par MM. Hourtebize et Hamon, délégués du chapitre de la cathédrale du Mans.

DIOCÈSE DE MENDE. — La visite pastorale de Mgr l'Evêque de Mende a fait de nouveau paraître ce qu'il y a de foi vivace dans ces rudes populations des montagnes. Partout un accueil plein d'enthousiasme, partout un égal empressement à recevoir la bénédiction du premiers pasteur. A Marvejols, on se presse à la consécration que l'Evêque fait de ses diocésains au saint Cœur de Jésus. A Florac, les protestants s'unissent avec les catholiques dans les mêmes respects, « en sorte que, dit l'*Echo de l'Aveyron*, le cœur du zélé Pontife s'ouvrait à l'espérance en voyant les brebis fidèles et les brebis égarées rangées sous la houlette du même pasteur. »

Il ne paraît pas que les visites des apôtres socialistes produisent les mêmes symptômes d'union et de moralité.

DIOCÈSE DE BORDEAUX.— NN. SS. les évêques réunis à Bordeaux, à l'occasion du sacre des évêques d'Amiens et de Nantes, écrivirent au Saint-Père une lettre collective à laquelle Sa Sainteté a répondu par le Bref suivant. « La voix du chef de l'Eglise, dit Mgr l'Archevêque de Bordeaux dans sa lettre pastorale, du Vicaire de Jésus-Christ, du Père de la grande famille, est toujours toute puissante sur le cœur de ses enfants ; mais il nous semble qu'elle tire aujourd'hui un accent plus solennel et plus pathétique encore de ses paternelles douleurs :

PIE IX, PAPE.

« Vénérable Frère, salut et bénédiction apostolique. Nous avons reçu la lettre collective que vous avez bien voulu nous écrire, en date du 29 du mois dernier, avec quelques-uns de Nos Vénérables Frères les Evêques, réunis auprès de vous à l'occasion du sacre des nouveaux Evêques d'Amiens et de Nantes. Nous y avons reconnu votre amour et votre dévouement envers Nous et le siège apostolique, ainsi que la joie et l'allégresse dont vous avez tous tressailli, à la première nouvelle de l'entrée de l'armée française dans la ville de Rome. Vous avez pensé, vous aussi, et vous étiez fondé à le croire, que, grâce à cet appui, les peuples soumis à Notre autorité temporelle, libres désormais de toute crainte et de toute terreur, allaient jouir enfin d'un repos et d'une paix vivement regrettés. Fasse le Ciel qu'un avantage aussi précieux soit bientôt accordé à la ville de Rome ; car, personne ne l'ignore, des hommes trop coupables s'y sont rassemblés de toute part ; et que n'ont-ils pas fait pour lui donner, dans cette déplorable révolution, l'apparence d'une cité complètement infidèle à son devoir d'obéissance envers l'autorité temporelle des Pontifes romains! autorité à laquelle pourtant, personne ne l'ignore, elle a dû elle-même tous les grands talents et toutes les institutions pieuses dont la gloire l'a illustrée dans tous les temps, aux yeux de toutes les nations. Prions, vénérable Frère, le Dieu tout-puissant, afin qu'il ait bientôt pitié de cette ville, et qu'il jette les yeux sur son sanctuaire abandonné. Cependant comme gage de Notre tendresse envers vous et Nos vénérables Frères, les autres Evêques, qui Nous ont offert avec vous ce pieux tribut d'hommage, Nous voulons que vous receviez Notre bénédiction apostolique; et pour qu'elle appelle sur tous la grâce céleste, Nous la donnons à tous et aux troupeaux confiés à la foi de chacun, mais particulièrement à vous, vénérable Frère, à tout le clergé de votre Eglise de Bordeaux, et à votre peuple fidèle, avec tout l'amour que Nous ressentons pour vous au fond de Notre cœur.

« Donné à Gaëte, le 28 août 1849, l'an IV de Notre Pontificat.

« PIE IX, PAPE.»

ANGLETERRE.—York. — Le R. docteur Briggi, évêque de la ville, a posé, il y a peu de jours, la première pierre d'une nouvelle église dédiée à Saint-Georges. Les fidèles partirent de l'Eglise-mère, pour se rendre processionnellement au lieu désigné. Les enfants des écoles catholiques des deux sexes, la congrégation du Vivant-Rosaire, celle du Saint-Sacrement, traversèrent, bannières déployées, les principales rues de la ville et attendirent un moment l'Evêque qui, arrivant bientôt, accompagné de son clergé, prononça un discours analogue à la circonstance.

La cérémonie terminée, le peuple *en masse* (ces mots sont en français dans le compte-rendu anglais) déposa, suivant une ancienne coutume catholique, ses offrandes sur la pierre.

SÉANCE DE L'ASSEMBLÉE.

Il faut bien laisser au ministère le temps de prendre le courant des affaires et de préparer ses actes. C'est la meilleure, l'unique raison du peu de travail qu'accomplit l'Assemblée dans ses séances publiques. Aujourd'hui encore, la discussion a été très-courte : les questions à l'ordre du jour étaient, il est vrai, d'une médiocre importance. Deux incidents ont fait tous les frais de l'attention publique. Le premier s'est élevé à l'occasion de l'examen d'une proposition de M. Crestin. Cet honorable Montagnard offrait de confier 6,000,000 à M. le ministre des travaux publics pour réparer les prétendues inégalités et injustices qui se commettent dans la répartition des travaux pour les chemins vicinaux. Au fond, c'était une pitoyable arme de guerre, dont l'Opposition a eu honte elle-même. M. Crestin, ne se trouvant pas de force à supporter la publicité de la discussion, a retiré sa proposition. Ce procédé trop commode a été vigoureusement relevé par M. de Ségur-d'Aguesseau, qui a repris immédiatement, en son nom, le projet déserté. Cette reprise a donné occasion à un jeune orateur, M. Cordier (du Calvados), rapporteur de la commission, de faire un discours très-sensé, très-énergique, et qui lui a valu, pour son début, la faveur de l'Assemblée.

Le second incident s'est produit dans la discussion du crédit à allouer pour les dépenses du palais du président de l'Assemblée. On voulait laisser à la charge de l'architecte les frais extraordinaires de travail de nuit commandés par M. Marrast pour la fête d'inauguration de ce palais. M. de Vatimesnil, dans un discours plein de spirituelles et vives saillies, et où les sentiments de la plus juste équité s'étayaient de l'atticisme le plus pur mêlé au ton le plus parlementaire, a montré l'injustice de cette résolution. L'Assemblée a voté le crédit.

Timbre sur les journaux.

M. Rodat a présenté la proposition suivante :

« Article unique. L'art. 3 du décret du gouvernement provisoire en date du « 4 mars 1848, portant suppression de l'impôt du timbre sur les écrits pério- « diques, est rapporté. Les lois abrogées par ledit article sont remises en vi- « gueur, pour être pleinement exécutées jusqu'à la promulgation de la loi « organique de la presse. »

M. Desmousseaux de Givré a présenté la proposition suivante :

« Résolution. L'Assemblée nationale n'assiste à aucune cérémonie publique, « et n'y envoie pas de députation. » (Art. 72 de la constitution de l'an III.)

Bulletin de la politique étrangère.

ITALIE. — Les journaux italiens confirment ce que nous avons annoncé hier sur la prochaine rentrée du Pape dans ses Etats. Le *Statuto* assure que le Saint-Père n'attendait pour retourner à Rome qu'un vote approbatif de notre Assemblée, sur le *motu-proprio*. La *Riforma* de Lucques croit savoir d'une manière certaine que Sa Sainteté se rendra sous peu à Terni. Enfin l'*Opinione* de Turin annonce le départ pour Portici des députations romaines dont nous avons déjà parlé. Ce journal ajoute qu'elles ont emporté avec elles une lettre adressée à Pie IX par le général Oudinot, où il l'engage à rentrer à Rome. Cette lettre aurait été apportée de Paris par le frère du général, qui vient de retourner à l'armée expéditionnaire en qualité de chef de bataillon. Les députations ont résolu de prier le Saint-Père de revenir au Vatican dans les premiers jours de novembre.

MAROC. — Le bateau à vapeur le *Pacha* est arrivé le 4 novembre à Southampton, avec des nouvelles de Gibraltar du 27 octobre.

D'après ces nouvelles, le paquebot à vapeur anglais le *James* aurait levé l'ancre pour Tanger le 27 octobre. La frégate à vapeur anglaise l'*Arrogant* l'y aurait suivi bientôt après.

M. Chanteain, consul général de France à Tanger, accompagné de M. Fleurat, vice-consul, de Mme Duvala, femme du consul de France à Mogador, et de M. Merelli, vice-consul dans la même ville, *est arrivé à* Gibraltar le 27 au matin, sur un steamer de guerre

ais. **M.** Duvala, vice-consul à Mogador, n'avait pas encore aban-
é cette place.

'est pas dit un mot, dans les nouvelles publiées par les jour-
anglais, de l'imminence des hostilités contre le Maroc.

5. *Le Times*, que nous recevons à l'instant, contient les nouvelles
ntes :

outhampton, dimanche soir. — Nous avons des nouvelles du
c, qui sont de trois jours plus fraîches que celles apportées par
oustan. Le différend avec la France n'avait pas changé d'aspect,
n s'attendait à voir éclater les hostilités. Le 26 octobre, la fré-
à vapeur française *Dauphine* est retournée à Tanger de Mogador
annoncer que le gouverneur n'avait pas voulu laisser s'em-
ner le consul de France. Là-dessus, le chargé d'affaires de
ce avait envoyé la *Pomone* à Mogador avec ordre d'insister pour
e consul eût la faculté de partir.»

Haute-Cour de justice.

dience de la haute-cour, suspendue pendant deux jours, a été reprise hier matin.
dition des témoins à décharge, cités par les accusés, a occupé toute la séance ;
t continuée aujourd'hui.
la fin de la dernière audience, une vive discussion est survenue entre deux té-
; M. Ernest Grégoire avait déclaré, lorsqu'il a déposé, que deux capitaines de
rie de la garde nationale lui avaient dit avoir vu, dans une des salles du Con-
ire des Arts-et-Métiers, une liste de dictateurs en tête de laquelle se trouvait le
e M. Ledru-Rollin ; ces deux capitaines ont dénié le fait ; M. Ernest Grégoire a
nu son affirmation, et a fini par donner un démenti à l'un de ces témoins.
e président a mis fin à cet incident, qui était, du reste, en dehors des faits du pro-
ministère public n'ayant pas relevé cette preuve du complot dans l'acte d'accu-

 de remarquable dans les autres dépositions.

ASSEMBLÉE LÉGISLATIVE.

PRÉSIDENCE DE M. BENOIT D'AZY. — *Séance du 6 novembre.*

éance est ouverte à deux heures un quart.
tre du jour appelle la discussion sur la prise en considération de la proposition de
la Rochette relative au sel *de troque.*
E LA ROCHETTE. Je demande que la proposition soit renvoyée par une décision
semblée à la commission du budget.
envoi est adopté.
E PRÉSIDENT. Je vais donner connaissance à l'Assemblée du résultat du scru-
a eu lieu hier pour la nomination de la commission chargée de procéder à une
le sur les services de la marine.
 Collas, Daru, amiral Hernoux, Charner, J. de Lasteyrie, Benoît d'Azy et Du-
ont proclamés membres de la commission.
ain on procèdera à un nouveau scrutin pour la nomination des autres commis-

E GÉNÉRAL D'HAUTPOUL dépose un traité de commerce et de navigation con-
re la France et le Chili.
tre du jour appelle la discussion sur la proposition de M. L. Crestin, tendant à
er un crédit de 6,000,000 à M. le ministre des travaux publics pour être em-

ployés à rectifier les routes et chemins vicinaux des départements privés de chemin de fer.

La proposition est retirée.

Discussion du projet de loi portant demande d'un crédit de 133,745 fr. 32 c. pour solder les travaux faits pour l'achèvement de l'hôtel de la présidence.

La commission propose de rejeter, comme non justifiées par l'utilité, la dépense des travaux exécutés et celle des frais qu'ils ont occasionnés.

M. DE VATIMESNIL. Messieurs, sur le crédit demandé, votre commission propose de retrancher une somme de 15,782 fr. 73 c. Cette réduction se décompose ainsi : 3,281 fr. pour honoraires de l'architecte, 8,878 fr. 73 c. pour travaux provisoires, et 3,682 fr. pour plus-value de travaux de nuit. Ces travaux ont été réellement exécutés.

Je n'ai pas d'observation à faire quant à ce qui concerne les honoraires de l'architecte ; mais je dois dire que la proposition de la commission ne me paraît pas conforme à l'équité, en ce qui regarde les travaux. Il s'agit de travaux faits à l'hôtel de la présidence. D'après le rapport, ces travaux extraordinaires seraient en dehors des prévisions du devis, et c'est pour cela que la commission propose de ne pas tenir compte de la dépense.

Cependant, Messieurs, si je suis bien informé, tous ces travaux étaient prévus ; mais ce qui n'était pas prévu, ce qu'il était impossible de prévoir, c'est la précipitation avec laquelle ils ont été accomplis.

L'orateur fait valoir les motifs qui militent en faveur de l'architecte. Il dit que cet employé s'est toujours conformé aux obligations légales. Il n'a dévié que dans cette circonstance ; mais cette circonstance est-elle normale ?

Non, la volonté de l'architecte n'était pas parfaitement libre.

Ce ne sont que des présomptions, dit l'orateur ; je vais donner la preuve que l'architecte n'a fait que céder à des ordres ; cela résulte d'un rapprochement de dates et d'un article du *Moniteur*. En effet, le 24 juillet 1848, un honorable membre de la Constituante avait été élevé aux fonctions de président.

Le 3 août, il donna une soirée qui produisit une certaine sensation. Jusqu'au 24 juillet, les travaux ne marchaient pas. Du 24 juillet au 3 août, ils ont marché très-rapidement. Tout a été fini au temps voulu. Ainsi, des travaux qui auraient demandé deux mois ont été terminés en dix jours.

C'est cette précipitation qui a été cause de la dépense.

L'orateur lit l'article du *Moniteur* sur la soirée du 3 août.

Faites donc, je vous prie, un léger effort d'imagination, et représentez-vous, d'un côté, le président de l'Assemblée nationale, et de l'autre côté le pauvre architecte... (Hilarité générale.)

Le président d'une assemblée souveraine, le président d'une assemblée dictatoriale, car il n'y avait pas alors de Constitution.... le président d'une assemblée qui nommait la commission exécutive.... enfin le premier homme de l'Etat....

Ce président dit à l'architecte : « Je veux donner une soirée, soyez prêt. » M. le président avait certes de bonnes raisons pour donner cette soirée. C'était dans une pensée de conciliation..... le *Moniteur* en fait foi ; il voulait réunir les hommes de toutes les opinions. Il y avait un autre motif. Les sinistres journées de juin jetaient encore sur Paris un voile de deuil... Il était temps d'en sortir.

Enfin, les ouvriers de luxe, qu'il me soit permis de prononcer ici ce mot qui choque, je le sais, certaines oreilles, au moins tant qu'elles ne sont pas arrivées au pouvoir..... (Rires sur tous les bancs) les ouvriers de luxe mouraient de faim..... il fallait bien que quelqu'un donnât le signal... Il appartenait au président de l'Assemblée de le donner.

Eh bien ! quand le président disait à l'architecte : Que tout soit prêt... que mes appartements soient peints et dorés... (Nouveaux rires.) Quand le président de l'Assemblée souveraine disait cela, représentez-vous l'architecte prenant un ton pédantesque, et posant en censeur, et signifiant à M. le président une espèce de *non possumus*. (Rire général.)

Enfin, invoquant les formalités bureaucratiques, disant : « Il faut que j'aille trouver mes chefs... nous verrons plus tard. »

Eh bien ! si l'architecte avait tenu ce langage, s'il avait fait manquer la soirée (Rires.)

~~entièrement eût été incorrectement; on l'eût peut-être trouvé réactionnaire.~~ (Hilarité.)

M. LE PRÉSIDENT met aux voix, par division, la réduction proposée par la commission.

L'Assemblée vote les 5,800 fr. pour les travaux extraordinaires et les 3,600 fr. pour les travaux de nuit, mais elle rejette les 3,234 fr. demandés pour les honoraires de l'architecte.

Le chiffre du projet du gouvernement est mis aux voix et adopté avec cette simple réduction de 3,234 fr.

L'art. 1er, ainsi amendé, est adopté.

Les art. 2 et 3 sont adoptés également.

On procède au scrutin sur l'ensemble du projet.

Voici le résultat :

Nombre des votants,	564.
Majorité absolue,	283
Bulletins blancs,	382
Bulletins bleus,	181

L'Assemblée adopte.

La séance est levée à 4 heures 1⁄2.

QUESTION DE L'ENSEIGNEMENT.

PROJET DE LOI DE LA COMMISSION.

(Fin. — Voir le N° précédent.)

TITRE III.
De l'instruction secondaire.

CHAPITRE PREMIER.
Des établissements particuliers d'instruction secondaire.

Art. 66. Tout Français âgé de vingt-cinq ans au moins, et n'ayant encouru aucune des incapacités comprises dans l'art. 25 de la présente loi, pourra former un établissement d'instruction secondaire, sous la condition de déposer dans les mains du recteur de l'Académie où il se propose de s'établir les pièces suivantes, dont le recteur lui remettra récépissé :

1° Un certificat de stage constatant qu'il a rempli, pendant cinq années au moins, les fonctions de professeur ou de surveillant dans un établissement d'instruction secondaire public ou privé ;

2° Soit le diplôme de bachelier ès-lettres, soit un brevet de capacité délivré par un jury d'examen dans la forme déterminée à l'art. 23 ;

3° Le plan du local et le programme des études de l'établissement.

Sur la proposition des conseils académiques, le conseil supérieur pourra accorder des dispenses de stage.

Art. 67. Les certificats de stage seront délivrés par les chefs des établissements où le stage aura été accompli.

Tout certificat faux sera puni des peines portées en l'art. 160 du Code pénal.

Art. 68. Tous les ans, à des époques déterminées, le conseil académique se constitue en jury, à l'effet d'examiner les aspirants au brevet de capacité.

Le programme de l'examen sera arrêté par le conseil supérieur de l'instruction publique.

Il comprendra les connaissances sur lesquelles porte l'examen du baccalauréat. Néanmoins le candidat pourra être interrogé plus particulièrement, s'il le demande, sur la partie de l'instruction qui constitue l'objet spécial de son enseignement. Dans ce cas, le brevet de capacité en fera mention.

· Nul ne pourra être admis à subir l'examen de capacité avant l'âge de vingt-cinq ans.

Art. 69. Aucun certificat d'études ne sera exigé des aspirants au diplôme de bachelier ou au brevet de capacité.

Art. 70. Pendant le mois qui suivra le dépôt des pièces requises par l'art. 1er, le recteur, le préfet et le procureur de la République pourront se pourvoir devant le conseil académique, et s'opposer à l'ouverture de l'établissement dans l'intérêt des mœurs publiques ou de la santé des élèves.

Après ce délai, s'il n'est intervenu aucune opposition, l'établissement pourra être immédiatement ouvert.

En cas d'opposition, le conseil académique prononcera, la partie entendue, sauf appel devant le conseil supérieur de l'instruction publique.

Art. 71. Est incapable de tenir un établissement public ou libre d'instruction secondaire ou d'y être employé, quiconque est atteint de l'une des incapacités déterminées par l'art. 24 de la présente loi.

Art. 72. Quiconque, sans avoir satisfait aux conditions prescrites par la présente loi, aura ouvert un établissement d'instruction secondaire, sera poursuivi devant le tribunal correctionnel du lieu du délit et condamné à une amende de 100 à 1,000 fr. L'établissement sera fermé.

En cas de récidive, le délinquant sera condamné à un emprisonnement de quinze à trente jours et à une amende de 1,000 à 3,000 fr.

Art. 73. En cas de désordre grave dans le régime intérieur d'un établissement libre d'instruction secondaire, le chef dudit établissement pourra être appelé devant le conseil académique et soumis à la réprimande avec ou sans publicité.

La réprimande ne donne lieu à aucun recours.

Art. 74. Tout chef d'établissement libre d'instruction secondaire, toute personne attachée à l'enseignement ou à la surveillance d'une maison d'éducation, pourra, sur la poursuite d'office du ministère public, ou sur la plainte du recteur, être traduit, pour cause d'inconduite ou d'immoralité, devant le conseil académique, et être interdit de sa profession, à temps ou à toujours, sans préjudice des peines encourues pour crimes ou délits par le code pénal.

Appel de la décision rendue pourra toujours avoir lieu, dans les quinze jours, devant le conseil supérieur.

Art. 75. Les établissements libres pourront obtenir des communes, des départements ou de l'Etat, un local ou une subvention, sans que cette subvention puisse excéder le dixième des dépenses annuelles de l'établissement.

Toute commune subventionnant un établissement libre exigera, soit du directeur de l'établissement, soit de deux professeurs au moins, .e diplôme de licencié.

Si l'établissement subventionné ne comprend que les classes de grammaire, quatre professeurs, y compris le directeur, devront être pourvus du diplôme de bachelier.

Les conseils académiques seront appelés à donner leur avis préalable sur l'opportunité de ces subventions : en cas d'avis défavorable de leur part, le conseil supérieur pourra être saisi.

Art. 76. Dans chaque département, l'Evêque diocésain pourra former et diriger un établissement d'instruction secondaire ecclésiastique en dehors des conditions exigées par l'art. 63, lequel établissement sera soumis à la surveillance de l'Etat.

Art. 77. Les chefs ou directeurs d'établissements d'instruction secondaire, publics ou libres, continueront d'exercer leurs fonctions, et ceux qui en ont interrompu l'exercice pourront le reprendre, sans être soumis aux prescriptions de l'art. 63.

Le temps passé par les professeurs et les surveillants dans ces établissements leur sera compté pour l'accomplissement du stage prescrit par cet article.

CHAPITRE II.
Des établissements publics d'instruction secondaire.

Art. 78. Les établissements publics d'instruction secondaire sont les lycées et les collèges communaux.

Il peut y être annexé des pensionnats.

Art. 79. Les lycées sont fondés et entretenus par l'Etat, avec le concours des départements et des villes.

Les collèges communaux sont fondés et entretenus par les communes.

Art. 80. Toute ville dont le collège communal sera établi en lycée devra faire les dépenses de construction et d'appropriation requises à cet effet, fournir le mobilier et les collections nécessaires à l'enseignement, assurer l'entretien et la réparation des bâtiments.

Les villes qui voudront établir un pensionnat près du lycée devront fournir le local et le mobilier nécessaires, et fonder pour dix ans, avec ou sans le concours du département, un nombre de bourses fixé de gré à gré avec le ministre. A l'expiration des dix ans, les villes et départements seront libres de conserver aux mêmes conditions ou de supprimer le pensionnat, sauf le droit acquis aux boursiers en jouissance de leur bourse.

Art. 81. Pour conserver un collège communal, toute ville devra satisfaire aux conditions suivantes : fournir un local approprié à cet usage et en assurer l'entretien ; placer et entretenir dans ce local le mobilier nécessaire à la tenue des cours, et à celle du pensionnat, si l'établissement doit recevoir des élèves internes ; garantir, pour cinq ans au moins, le traitement fixe du principal et des professeurs, lequel sera considéré comme dépense obligatoire pour la commune, en cas d'insuffisance des revenus propres du collège, de la rétribution collégiale payée par les externes et des produits du pensionnat.

Dans les délais déterminés par les conseils académiques, les villes qui ont fondé des collèges communaux en dehors de ces conditions devront y avoir satisfait.

Art. 82. Les collèges communaux sont de deux ordres : ceux où les élèves reçoivent une instruction complète et analogue à celle des lycées ; ceux où les élèves ne reçoivent qu'une partie de cette instruction.

Art. 83. Dans les collèges communaux de premier ordre, les régents devront avoir pour chaque chaire les mêmes grades que les professeurs dans les lycées ; mais le titre d'agrégé ne sera point exigé.

Aucun régent ne pourra occuper plus d'une chaire.

Art. 84. Dans les collèges communaux de second ordre, l'enseignement des langues anciennes ne pourra excéder les classes dites de grammaire.

Tout collège communal de second ordre devra avoir au moins quatre régents gradués, y compris le principal.

Art. 85. Sont abrogées toutes les dispositions des lois, décrets ou ordonnances contraires à la présente loi.

Chronique et Faits divers.

Le gouvernement a reçu ce matin deux courriers venant d'Italie et un venant de Constantinople, porteurs de dépêches importantes. A onze heures, le conseil des ministres s'est assemblé au palais de l'Elysée.

— On parle encore du refus fait par M. de Rayneval d'accepter le ministère des affaires étrangères. On assure qu'à ce sujet, M. le prince de la Moskowa a été appelé aujourd'hui par M. le Président de la République en audience particulière.

— Il y a quelques jours, des terrassiers, étant occupés à faire une fouille rue de Vincennes, sur les hauteurs de Belleville, découvrirent, à une certaine profondeur, un corps dans un état de parfaite conservation ; aucune dent ne manquait à la mâchoire, pas plus que les cheveux à la tête, et l'habit dont il était revêtu a pu faire reconnaître facilement l'uniforme d'un officier autrichien.

M. le commissaire de police de Belleville, ayant été prévenu, s'empressa de se rendre sur les lieux, et, d'après les informations qu'il prit auprès des vieillards de cette localité, il apprit qu'en 1814 un jeune officier autrichien, passant en cet endroit, fut tué d'un coup de marteau asséné sur la tête, et enseveli tout habillé sur la place même où il avait succombé.

On a constaté, en effet, que le crâne avait été brisé par un instrument contondant, et que le système osseux annonçait un homme de vingt-trois à vingt-quatre ans.

— On écrit de Genève :

« Il est certain que le gouvernement de la Suisse n'a fait qu'un semblant de concession à celui de la France, en internant les réfugiés politiques de Genève dans le canton de Vaud ; car ces Messieurs reviennent dans cette ville avec la plus grande facilité, c'est une agréable promenade pour eux. »

— Une réunion clubiste, contenant quarante-sept démagogues, a eu lieu jeudi soir, dans un local privé du faubourg Saint-Antoine ; le sujet principal des discours prononcés dans cette séance a été le message du Président, dont les termes ont soulevé, à plusieurs reprises, des torrents de menaces plus ou moins violentes ; aucune proposition sérieuse n'ayant été faite, l'on s'est séparé sans bruit, avec promesse de se revoir, les circonstances devant faire fixer un nouveau jour pour se retrouver.

— Le chemin de fer a amené, il y a quelques jours, de Paris au Havre, des réfugiés politiques, presque tous polonais. Ils ont voyagé aux frais du gouvernement ; ils sont partis à bord du navire américain le *Manchester*, et y seront nourris aux frais du gouvernement, qui paiera en outre leur passage. Enfin, à leur arrivée à New-Orléans, destination du navire, il leur sera remis, au débarquement, 25 fr. à chacun.

Il faudrait s'étonner que tous les réfugiés politiques ne prissent pas la route de France pour aller aux États-Unis. (*Courrier des États-Unis.*)

— On écrit d'*Alger* :

« Par disposition testamentaire, M. Fortin-d'Ivry, décédé dans son domaine de Chaïba, il y a quinze jours, a laissé toute sa fortune aux pauvres. Ses propriétés de France qui donnent un revenu de 50,000 fr. au moins, seraient destinées au soulagement des pauvres de la métropole. Ses terres de l'Algérie, parmi lesquelles sont compris les domaines de Chaïba et de la Régaïa, d'une contenance de 5,500 hectares, seraient spécialement réservées pour les pauvres de la colonie. M. Fortin-d'Ivry, dans son testament, consacre 200,000 fr. à la construction d'un hôpital civil près d'Alger.

ERRATUM.

Il s'est glissé une erreur grave dans notre numéro d'hier, page 435 : au lieu de : MM. Chantome et Leroux, *il faut lire* : Chantome et Leray.

BOURSE DU 6 NOVEMBRE.

Le 3 p. 100 a débuté au comptant à 55 75, a fait 55 70 au plus bas, et reste à ce cours.

Le 5 p. 100 a débuté au comptant à 87 80, a fait 88 au plus haut, et reste à 87 90.

On a coté le 5 p. 100 romain à 80.

L'un des Propriétaires-Gérants, CHARLES DE RIANCEY.

Paris, imp. BAILLY, DIVRY et Comp., place Sorbonne, 2.

L'AMI DE LA RELIGION.

SÉANCE DE L'ASSEMBLÉE.

RENVOI DU PROJET DE M. DE FALLOUX AU CONSEIL D'ÉTAT.

Nous avions trop présumé du sentiment de dignité de l'Assemblée et de l'union de la majorité. Cette dignité a été abaissée, cette union a été rompue : 307 voix contre 303 ont décidé que le projet de loi sur la liberté de l'enseignement serait renvoyé au conseil d'Etat. Que la responsabilité de ce fait si grave et des conséquences incalculables qu'il peut avoir, retombe sur ceux qui ont eu le triste courage de l'affronter !

Le *Moniteur* nous apportera demain leurs noms, et nous les enregistrerons avec soin. Il faut que la France sache à qui a tenu l'échec qui, au premier pas, arrête dans sa route l'essor de la liberté religieuse.

Il ne faut pas nous le dissimuler : le vote de ce soir n'est pas seulement un acte d'hostilité contre la loi présentée par M. de Falloux : c'est une déclaration de guerre contre la liberté d'enseignement, contre la liberté des familles, contre la liberté des congrégations, contre la liberté de conscience. Quand nous avons entendu M. Parieu, dont la parole a eu une influence considérable sur les résolutions, déclarer que dans le cas de renvoi il se contenterait de présenter quelques mesures urgentes contre les *instituteurs primaires* et pour l'abolition du *certificat d'études*, tout le monde a parfaitement compris que c'était là l'étroite mesure où se borneraient les réformes dans le *statu quo* si lamentable qui pervertit les générations, tandis qu'en même temps le conseil d'Etat, dont l'esprit est assez connu, se chargerait d'exécuter à loisir les autres prétentions cléricales et anti-universitaires du projet de loi. C'est dans ce sens que la Montagne, qui hurlait d'aise, a donné ses suffrages ; c'est dans ce sens que les débris du parti du *National*, réconciliés par une commune haine de l'Eglise avec le socialisme, ont jeté leur bulletin dans l'urne. Voilà le piége où de gaîté de cœur se sont laissés prendre ces esprits flottants et indécis, toujours prêts à sortir d'une difficulté par un ajournement, espérant se sauver de la discussion en la renvoyant à un délai indéterminé, et couronnant cette faiblesse par la satisfaction de saluer l'aurore du nouveau ministère. Faut-il ajouter, — mais nous aimons encore à ne pas le croire, — que quelques catholiques, par dépit contre la loi, auraient également cédé au vertige et sacrifié, pour faire tomber un projet qui ne réalise pas tous leurs désirs, l'avenir même de la liberté et l'intérêt des âmes?

La discussion, du reste, avait été sérieuse, solennelle, digne des questions capitales qui s'y trouvaient engagées. M. Pascal Duprat l'avait inaugurée en venant se faire l'organe des plaintes officieuses du conseil d'Etat. Que dire d'un corps constitué qui va chercher son patronage parmi les hommes les plus avancés de l'opposition révolutionnaire !

Mais, du moins, M. Pascal Duprat était dans son rôle. M. Lherbette n'avait-il pas attaqué le projet de M. de Falloux comme devant « jeter la France dans le jésuitisme. » C'était à la Montagne à continuer le défi. Et c'était bien en effet un défi, puisque à peine M. Beugnot a-t-il eu pris la parole pour défendre l'œuvre du courageux et habile ministre « que la France entière entoure de son estime et de son regret, » que des cris et des clameurs ont commencé sur tous les bancs de la gauche, et n'ont presque pas cessé d'accompagner les orateurs qui ont parlé dans le même sens. La droite a répondu par les plus énergiques applaudissements à l'adresse de M. de Falloux, et ce sera une gloire nouvelle pour lui comme ç'a été pour nous une vive et profonde consolation.

M. Beugnot s'est élevé à de hautes et remarquables considérations. Il a parfaitement démontré que l'Assemblée ne pouvait, sans amoindrir sa prérogative, se dessaisir d'un projet sur lequel une commission nommée par elle travaille depuis six mois, et il a admirablement fait ressortir que le renvoi serait de la part de la majorité la désertion de ses devoirs envers le pays, et de la part de l'opposition un signe de faiblesse et d'impuissance, puisqu'elle semblerait ainsi fuir avant le combat.

Devant de telles raisons, les épigrammes fort émoussées de M. Lherbette devaient manquer leur effet. M. Fresnean est revenu à la charge, et avec une excellente lucidité de raisons et une remarquable netteté d'élocution, il a invoqué les principes constitutionnels et l'exemple décisif de l'Assemblée constituante.

Ce n'a pas été l'avis de M. le général Cavaignac, qui est descendu dans l'arène pour envenimer la discussion par un ton d'irritation et de susceptibilité qui ne va pas à son caractère, et qui a été très-peu goûté.

M. le ministre de l'instruction publique a ensuite abordé la tribune. Il s'est déclaré désintéressé dans la question, et décidé à laisser l'Assemblée et la commission juges de leur propre cause. C'était implicitement reculer devant le projet de loi : il l'a plus catégoriquement abandonné en disant qu'il le laisserait suivre le sort que lui ferait l'Assemblée, demandant un mois pour préparer son opinion si le projet était retenu à l'ordre du jour, et, s'il était renvoyé, se bornant à quelques mesures d'urgence. On sait ce que sont ces mesures. L'Episcopat et les catholiques apprécieront ce qu'ils ont à attendre de pareilles déclarations.

Après M. Parieu, l'Assemblée a entendu M. Baze, qui, au milieu des trépignements de la Montagne, a donné des motifs nouveaux et excellents contre le renvoi, avec une vigueur et un courage dignes des plus grands éloges. Il est pénible de penser que des arguments aussi concluants et aussi bien présentés n'aient pas pu dominer les passions rétrogrades voilées sous d'apparents scrupules de constitutionnalité.

L'Assemblée était en proie à une vive agitation. Elle a à peine accordé quelques instants d'attention à M. Barthélemy Saint-Hilaire, et elle n'a pas voulu entendre M. de Vatimesnil. Le vote a eu lieu au milieu de l'anxiété générale. Trois fois les secrétaires ont compté et recompté les bulletins. Enfin le président a proclamé le résultat. La Montagne l'a accueilli avec une joie mêlée d'étonnement. Elle ne pouvait croire à son succès. Que cette satisfaction soit la récompense de ceux qui ont voté avec elle!

La violence était l'accompagnement obligé de cette séance. Au commencement du discours de M. Baze, des clameurs sont parties de la tribune des journalistes : c'étaient des adhésions illicites aux démonstrations de la Montagne. Cette violation de la majesté de l'Assemblée a été immédiatement réprimée. M. le président a fait évacuer toute la tribune. Pour la dignité de la presse, il faut qu'un scandale pareil ne se renouvelle pas.

———

On a entendu un député de la majorité dire, en déposant son billet blanc dans l'urne : *J'enfonce les capucins et les calotins.*

Que faut-il penser des catholiques qui ont voté comme ce représentant?

———

D'après le vote d'aujourd'hui, sont maintenus INDÉFINIMENT :

1° Le monopole de l'Université ;

2° La proscription des ordres religieux dans l'enseignement ;

3° Les conditions humiliantes de nombre, de costume, d'affirmation, etc., imposées aux petits séminaires par les ordonnances de 1828 ;

4° L'impossibilité pour les communes d'accorder une subvention aux établissements particuliers ;

5° L'exigence des grades de licencié et de bachelier, à tous les degrés de l'enseignement, et selon le bon plaisir du conseil de l'Université ;

6° Les écoles normales primaires qui ont enfanté tous les instituteurs communaux dont la France est infectée.

Tels sont les bienfaits de ce *statu quo* que certains catholiques ont préféré à la loi, à cette loi qui fondait à jamais la liberté de l'enseignement, la liberté aussi complète que le comportent la Constitution et les mœurs de la France, et qui, en outre, transformait l'Université en une simple administration publique, soumise *plus qu'aucune autre* aux influences religieuses et sociales les plus respectables.

Il faut que M. l'abbé Chantome compte bien sur la confusion et la faiblesse des temps où nous vivons pour oser lever parmi nous le *Drapeau du socialisme chrétien*, quand il ne peut ignorer que le Souverain Pontife, tout récemment encore, a réprouvé *nommément le socialisme* comme une doctrine détestable et subversive de tout ordre social.

Voici les paroles de Pie IX :

« Les demandes d'institutions nouvelles et *le progrès si hautement* « *proclamé* par les hommes de cette espèce, tendent uniquement à « exciter des troubles perpétuels, à détruire totalement et partout les « principes de la justice, de la vertu, de l'honneur, de la religion; à « établir, à propager, à assurer au loin, au grand dommage et à la « ruine de toute société humaine, la domination de cet horrible et « lamentable système, radicalement contraire à la raison et au droit « naturel, et qu'on appelle le *socialisme* ou même le *communisme*. »

On le voit, quelle que soit la confusion et la faiblesse du temps, l'Eglise n'est jamais ni faible, ni confuse. Nous conjurons M. l'abbé Chantome d'y penser, de s'épargner à lui-même et à ses frères des périls que les vrais prêtres, que les hommes de foi, ont toujours redoutés.

Plusieurs des erreurs et des audacieuses témérités de M. l'abbé Chantome n'ont-elle pas été déjà formellement condamnées d'avance par l'Encyclique de N. S. P. le Pape Grégoire XVI, en date du 15 août 1832, et par le Mandement de Mgr Affre, en date du 14 septembre 1845, auquel adhérèrent tous NN. SS. les Evêques de France?

On nous assure que M. l'abbé Chantome prétend que ses opinions et ses erreurs, s'il se trompe, n'ont rien à démêler avec la foi ni avec l'autorité ecclésiastique, parce que ce sont des opinions purement politiques, où il est libre de se tromper.

Qu'il nous permette de lui faire observer : 1° Que c'est à l'aide de cette déplorable et trompeuse excuse que M. de Lamennais s'est précipité dans un abîme ; 2° que sa *pétition* ne traite absolument que de choses ecclésiastiques, du gouvernement de l'Eglise, du culte, de la liturgie, etc. ; 3° que le prospectus de son *Drapeau* n'est pas seulement un prospectus politique : le *socialisme* y est hautement prêché, ainsi que les doctrines les plus subversives, non-seulement de tout ordre politique, mais de tout ordre social. L'Eglise n'a jamais laissé apparaître de telles erreurs sans les réprouver hautement.

L'union étroite que M. Chantome prétend d'ailleurs établir entre ses doctrines politiques et socialistes, et la doctrine évangélique, n'est qu'un scandale et un péril de plus.

Moniteur d'hier a confirmé la nomination de M. Baraguey-
lliers que nous annoncions avant-hier. Voici le décret qu'il pu-
:

Président de la République
Décrète :
l. 1er. Le général de division Baraguey-d'Hilliers est nommé au commande-
en chef de l'armée expéditionnaire de la Méditerranée, en remplacement
néral d'Hautpoul, nommé ministre de la guerre.
t. 2. Le ministre de la guerre est chargé de l'exécution du présent décret.
lt à l'Elysée-National, le 4 novembre 1849.

Le Président de la République,
LOUIS-NAPOLÉON BONAPARTE.

Le ministre de la guerre,
D'HAUTPOUL.

le général Baraguey-d'Hilliers partira pour Rome samedi pro-
n.

---

lit dans la Patrie :
Le gouvernement vient, dit-on, de donner l'ordre à une de nos
tes à vapeur de se rendre à Portici, pour se mettre à la dispo-
n de N. S. P. le Pape, qui paraîtrait décidé à retourner immé-
ment dans ses États, et irait débarquer à Civita-Vecchia. »

Nouvelles de Rome.

(Correspondance particulière de l'AMI DE LA RELIGION.)

Rome, 30 octobre.
puis la chute de la République à Rome, on y avait laissé vivre tranquille-
M. Carputo, napolitain, et révolutionnaire exalté, qui avait promis une ré-
ense de 10,000 piastres (50,000 fr.) à celui qui assassinerait le roi de Naples.
des premières opérations de la police romaine, a été d'arrêter cet homme
le remettre aux mains de la justice napolitaine, en vertu d'un traité d'extra-
pour les crimes civils et politiques, passé entre les deux gouvernements.
police française s'est singulièrement émue de cette arrestation. Sans autre
de procès, sans même en instruire les autorités romaines, elle a ouvert les
s de la prison à M. Carputo et lui a donné un passeport.
paraît cependant, qu'à la suite de notes assez vives échangées entre les deux
ités, Carputo aurait été de nouveau arrêté à Civita-Vecchia.
e ordonnance du ministre des finances prélève sur les propriétés foncières
mois de plus d'impôt pour l'exercice 1849. Dans des moments aussi criti-
en présence d'une situation financière aussi délabrée que celle des États
ins, il était indispensable que le gouvernement se créât de nouvelles res-
es. Il est seulement fâcheux peut-être que ce surcroît d'impôts vienne peser
ement sur les propriétaires qui ont déjà tant souffert du temps de la Répu-
c.
aurait pu éviter, du moins en partie, ce nouveau sujet de mécontentement
issant avec une juste rigueur contre les auteurs de la révolution romaine.
nt-ce pas les Canino, les Armellini, etc., qui ont voté les lois les plus vexa-
, qui ont au moins été complices de cette guerre faite à toutes les proprié-

tés, — pourvu qu'on ne touchât pas aux leurs ! — Ne serait-il pas juste de les faire contribuer ?

Depuis longtemps on savait que le *Ghetto*, — quartier des juifs, — avait servi de dépôt à un grand nombre d'objets volés dans Rome avant l'entrée des Français. Si on y avait fait des perquisitions dès les premiers jours de juillet, je suis persuadé qu'elles auraient eu un heureux résultat : faites maintenant, le but principal était manqué. Les juifs avaient eu le temps de fondre les métaux et de faire passer à l'étranger les objets précieux. Néanmoins, au commencement de la semaine dernière, les Romains, à leur réveil, ont été fort étonnés de trouver le *Ghetto* cerné par les troupes françaises et romaines. Des recherches minutieuses ont duré deux ou trois jours. Elles ont amené la saisie de quelques ornements d'église, et autres objets de peu de valeur, dit-on.

Les universités ne seront pas ouvertes pour le moment ; c'est ce que nous apprend une ordonnance du préfet de la congrégation *dei studii*. Cette mesure est généralement approuvée. Les jeunes gens des universités ont été dans toute l'Italie les séïdes de la révolution. Ce sont les légions dites *dei studenti* qui ont commis les plus grands excès à Rome et dans les provinces. Fallait-il donc, au moment où les esprits sont encore tellement excités, s'exposer à la réunion dans une même ville d'un grand nombre de jeunes gens qui seraient un foyer constant de désordres ! Les cours ne seront cependant pas interrompus, mais ils se feront séparément, et dans les principales villes des professeurs seront chargés de l'examen des jeunes gens qui se destinent à la jurisprudence ou à la médecine.

Voici maintenant les *on dit* de Rome :

On dit que trois Cardinaux nouveaux seront bientôt proclamés. Ce sont Mgr d'Andrea, ex-nonce en Suisse, aujourd'hui légat à Pérouse ; l'archevêque de Gaëte, Mgr Garibaldi.

On dit que le Pape est aujourd'hui à Bénévent ; de là, en passant par le mont Cassin, il se rendrait à Gaëte où une flotte française l'attendrait pour le transporter à Civita-Vecchia.

On dit que les gardes nobles de Sa Sainteté ont reçu l'ordre de se trouver le 8 du mois prochain à Civita-Vecchia pour y être à la disposition du Pape.

Mais je ne vous donne ces *on dit* que comme de simples bruits qui, cependant, sont fort répandus dans la ville.

Nous recevons également de Rome, à la date du 31 octobre, la nouvelle suivante :

« La décision de l'Assemblée législative du 20 octobre, a ici comblé de joie les bons et profondément découragé les méchants. »

Les chanteurs publics.

Un grand nombre d'individus, exerçant la profession de chanteurs, parcourent les départements. La plupart des chansons qu'ils font entendre sont contraires à la religion, à la morale, à l'ordre public et au gouvernement. Les choses les plus respectables y sont tournées en dérision, et souvent aussi on y fait appel aux plus mauvaises passions. Comme ces individus s'abstiennent habituellement de colporter et de vendre leurs chansons, qu'ils se contentent de chanter en public, quelques maires, tout en regrettant ces scandales, ont pensé qu'ils ne pouvaient les réprimer. C'est une erreur. La loi du 15 mai 1819, modifiée par le décret du 11 août 1848 et par la loi du 27 juillet 1849.

teint les délits commis non-seulement par voie de presse, mais encore par
nt autre moyen de publication. Ainsi elle porte des peines contre quiconque,
ir des *discours*, des *cris* ou des *menaces* proférés dans des lieux publics ou
ias des réunions publiques, aussi bien que par des imprimés, écrits, gravu-
is ou emblèmes, aura cherché à troubler la paix publique en excitant le mé-
ris ou la haine des citoyens les uns contre les autres ; se sera rendu coupable
attaques contre les droits et l'autorité du Président de la République ; se sera
vré à des offenses envers sa personne : aura attaqué le respect dû aux lois et
l'inviolabilité des droits qu'elles ont consacrés ; aura publié ou reproduit des
rumeurs ou nouvelles fausses, et de nature à troubler la tranquillité publique, etc., etc.

Or, il est évident que les chansons sont des moyens de publicité aussi bien
que les discours et les écrits, et que l'effet peut en être aussi dangereux. Aux
termes des lois précitées, c'est la publicité qui constitue le délit, et il ne peut
y avoir aucun doute sur l'application des dispositions de ces lois aux chansons
chantées en public. Les autorités municipales sont donc parfaitement en droit
de déférer aux tribunaux les chanteurs qui se rendraient coupables des délits
dont il s'agit, sur la voie publique, dans les cafés, dans les cabarets, etc., etc.

Propagande socialiste.

On lit dans l'*Impartial*, de Rouen, du 6 novembre :

« Il existe, dans une commune de l'arrondissement de Rouen, une école communale où, loin d'enseigner le catéchisme et la morale, l'on apprend aux enfants
que la propriété c'est le vol, que le capital est infâme, que l'on doit faire la guerre
aux riches. L'instituteur primaire ne se contente pas de professer de telles maximes devant ses élèves, il se rend encore dans les fabriques pour y faire l'éducation politique des ouvriers et, le jour des élections, il patronne publiquement les
candidats rouges.

« Que penser d'un comité local qui pousse l'oubli de ses devoirs jusqu'à tolérer
de pareils abus au lieu de les dénoncer au comité supérieur pour que ce dernier
les réprime et en fasse justice ? Nous espérons que cette simple note éveillera sa
vigilance, qu'il aura à cœur d'éteindre ces foyers de socialisme d'où s'échappent
la corruption et la haine dans nos campagnes. Si tous ceux qui disposent d'une
autorité quelconque, à quelque degré de la hiérarchie administrative qu'ils appartiennent, n'opposent pas à l'ennemi commun un rempart solide et persévérant, on
ne tardera pas à voir éclater la mine socialiste. Les victimes qu'elle fera n'auront pas du moins à se plaindre de n'avoir pas été prévenues. »

NOUVELLES RELIGIEUSES.

DIOCÈSE DE MOULINS. — Le *Moniteur* confirme la nomination de M. l'abbé de
Dreux-Brézé à l'évêché de Moulins :

« Un arrêté de M. le Président de la République, rendu sur la proposition de
M. le ministre de l'agriculture et du commerce, chargé par intérim du ministère
de l'instruction publique et des cultes, en date du 28 octobre dernier, a nommé
M. l'abbé de Dreux-Brézé, ancien vicaire-général et chanoine honoraire de Paris,
évêque du diocèse de Moulins, en remplacement de Mgr Pons, décédé. »

DIOCÈSE DE FRÉJUS. — Les RR. PP. Jésuites, au nombre de neuf, ont commencé ces jours derniers une mission dans les bagnes de Toulon. Les forçats s'y rendent librement et avec une exactitude qui fait présager les fruits les plus heureux. Un très-grand nombre d'entre eux s'est déjà approché du sacré tribunal, et au moment où je vous écris, les ouvriers évangéliques ne pouvant suffire à la besogne, doivent avoir reçu un renfort de neuf prêtres nouveaux, qu'ils avaient demandé aux diverses provinces de leur ordre. Ils ne reçoivent rien du gouvernement pour les dépenses nombreuses de voyages, d'hôtel, etc., etc., que leur occasionnent ces saints exercices. Quelques dames pieuses se sont chargées de pourvoir à tous leurs frais, qui s'élèveront au delà de 2,000 fr. ... Lorsque les forçats ont su que les PP. ne recevaient rien du gouvernement, ils ont demandé à leurs gardes de vendre à leur profit les petits objets de coco et de paille qu'ils confectionnent dans leurs moments de loisir ; cette permission leur a été accordée , et lorsqu'ils sont venus déposer entre les mains des PP. le produit de leur vente, ceux-ci l'ont généreusement refusé. — « Nous ne vous demandons qu'une chose, ont-ils dit, pour nous prouver votre reconnaissance, c'est de ne pas rendre nos travaux inutiles, et de vous montrer obéissants et soumis à vos gardes. » Et ce jour-là (chose inouïe dans les annales des bagnes) le rapport du soir a été favorable à tous les condamnés ; pas un seul d'entre eux n'avait mérité une mauvaise note. — Mgr. l'Evêque de Fréjus a promis de venir terminer lui-même les exercices de la mission.

BELGIQUE. — GAND. — S. Em. le Cardinal Giraud, Archevêque de Cambrai, officiera pontificalement à la messe, aux vêpres et au salut de la cathédrale de Saint-Bavon, dimanche prochain 11 de ce mois. La messe sera célébrée pour N. S. P. le Pape. Le lendemain, fête de saint Liévin, patron de la ville de Gand, S. Em. prêchera à la cathédrale.

SUISSE. — NEUCHATEL.— A côté du mode de procéder si généralement blâmé du gouvernement vaudois envers le clergé catholique, nous devons signaler celui du gouvernement de Neuchatel comme un exemple de tolérance aussi vraie que juste. On nous écrit de cette ville :

« Les ecclésiastiques catholiques reçurent aussi une proclamation pour le jour de prières fédérales ; mais elle ne contenait rien qui ne pût être lu par les catholiques. Néanmoins l'envoi de cette proclamation aux curés catholiques était accompagné d'une lettre du préfet qui leur annonçait que l'autorité exécutive, après mûre réflexion, avait décidé de modifier l'invitation qui leur était adressée : Ignorant si le culte catholique permet la lecture de semblables publications du haut de la chaire, le préfet s'empresse de leur annoncer qu'ils ne sont pas astreints à lire autre chose de la proclamation que ce qui leur paraîtrait utile, et qu'ils peuvent en toute liberté y apporter des modifications convenables, ou même ne la pas lire du tout. Mais les ecclésiastiques catholiques se firent un plaisir de lire du haut de la chaire cette proclamation tout entière : elle ne contenait, comme nous l'avons dit , absolument rien qui pût blesser les sentiments des catholiques. Maintenant, comparez ! »

Afrique.

Les dernières nouvelles de l'Algérie nous apprennent que les troupes françaises placées sous le commandement du général Herbillon, dans la province de Constantine, étaient encore occupées à faire le siége de Zaatcha, bourgade fortifiée, chef-lieu d'une oasis, à soixante

...ïes au sud de Constantine. L'enceinte de Zaatcha est formée par un
...ur très-épais et entouré d'un fossé d'eau courante, large et profond.
...eux assauts tentés par nos troupes ont été repoussés. On est obligé
...faire venir de Constantine des pièces de gros calibre.

L'*Akhbar* du 28 nous apporte les détails suivants sur le siége de
...atcha :

« Les dernières nouvelles données par le *Moniteur algérien* du 20 octobre annon-
...ent que M. le colonel de Barral, parti de Bouçada, avait dû faire jonction, le 12, avec
... le général Herbillon devant Zaatcha. Cette jonction a été effectuée au jour dit. Les
...èches ont été continuées méthodiquement et avec très-peu de pertes. Enfin le 20
... matin, deux brèches paraissant abordables, les colonnes d'assaut ont été formées et
...sont élancées en avant sous la protection du feu de l'artillerie.
« Leur bravoure et leurs efforts n'ont pu surmonter la défense opiniâtre opposée par
...nnatiques de toutes les oasis renfermés dans la bourgade, défense très-bien secondée
...r la difficulté des lieux. L'une des brèches a été disputée près de deux heures. Il a
...llu rentrer dans les tranchées en rapportant 170 hommes tués ou blessés, dont 9 of-
...iers. Le siége a donc repris sa marche lente et régulière. L'état sanitaire est bon.
...Leur des troupes n'est aucunement refroidie par cet échec. Nous avons le ferme es-
...ir qu'avec un peu de temps et de patience il sera réparé. »

ASSEMBLÉE LÉGISLATIVE.

PRÉSIDENCE DE M. DUPIN AINÉ. — *Séance du 7 novembre.*

La séance est ouverte à deux heures un quart.

L'ordre du jour appelle la discussion sur le renvoi proposé du projet de loi sur l'enseignement au conseil d'Etat.

M. BEUGNOT. La commission a l'honneur de proposer à l'Assemblée de passer à la
discussion.

M. PASCAL DUPRAT. La Constitution a reconnu que l'examen du conseil d'Etat
fait une garantie et non un détail inutile, superflu. Il s'agit d'un intérêt vital de la
république.

M. BEUGNOT, rapporteur :

Il y a deux points dans la question : le fait et le droit. Je les examinerai en peu de
mots.

Je crois que les projets de lois issus de l'initiative ministérielle doivent être présentés
au conseil d'Etat.

Cependant, je pense que l'honorable auteur du projet de loi qui nous occupe, l'ancien ministre de l'instruction publique, que les regrets de la France accompagnent dans
a retraite... (Bruit et interruption à gauche. — Oui! oui! Applaudissements à droite.)
— A gauche. — Jésuites!

M. BEUGNOT. Je crois, dis-je, que les formalités prescrites n'étaient pas applicables
à ce projet, parce qu'il est une des lois organiques. La question est là.

J'ouvre le rapport de M. Marrast, et j'y trouve que la Constitution peut être considérée comme incomplète si on la sépare des lois organiques.

Il lui avait paru utile d'insérer dans la Constitution un article dans lequel l'Assemblée s'engageait à faire les lois organiques.

C'étaient donc, vous le voyez, des lois spéciales, des annexes de la Constitution.

Elles ont un caractère qui ne permet pas de les assimiler aux lois ordinaires. (Murmures à gauche.)

La Constitution fixait à dix le nombre de ces lois, parmi lesquelles se trouve la loi sur
enseignement.

Des circonstances ont empêché l'Assemblée constituante de remplir l'œuvre qu'elle
était imposée.

A gauche. — C'est vous qui l'en avez empêchée.

M. BEUGNOT. Elle réduisit le nombre des lois organiques qu'elle ferait et fixa elle-même l'époque de sa dissolution. Enfin, le 8 mars 1849, parut la loi sur le conseil d'Etat.

Maintenant, qu'arrive-t-il ?

On dit que l'Assemblée actuelle n'a pas hérité des droits et des devoirs de l'Assemblée précédente. Nous ne disons pas le contraire. Mais ce que nous soutenons, c'est que le caractère spécial de ces lois est maintenu.

Nous pensons que le gouvernement est libre de préparer ces lois comme il l'entend, car il s'agit, je le répète, d'annexes à la Constitution, il s'agit de la couronner... (Hilarité à gauche.) Non, le gouvernement ne peut pas être forcé de soumettre cette loi au conseil d'Etat.

Je ne conteste pas le document qui a été lu tout à l'heure, bien qu'il ne porte pas de signature, mais je regrette de voir qu'un corps si haut placé, vienne protester de cette façon. (Très-bien !)

Le projet fut présenté par M. de Falloux le 18 juin. Tout le monde savait qu'il n'avait point été soumis au conseil d'Etat. Cependant M. Duprat ne réclama point. Pourquoi ne réclama-t-on pas s'il y avait violation de la Constitution ?

Une voix à gauche : M. Lherbette a demandé le renvoi.

M. LE PRÉSIDENT. N'interrompez pas ; vous profitez de l'obscurité. (Rires.)

M. BEUGNOT. Vous le voyez, cette prétendue violation passait inaperçue. Il ne s'était pas écoulé moins de quinze jours quand M. Lherbette demanda le renvoi au Conseil d'Etat.

Si la violation existait, il fallait que l'Assemblée dessaisît immédiatement la commission.

Maintenant, que veut-on ? On ne veut certainement pas qu'après quatre mois de travaux sur ce projet, il soit envoyé au conseil d'Etat avec les modifications qu'il a subies ?

J'attache un grand prix à ce projet, et je désire que l'Assemblée le vote promptement, à la satisfaction du pays. (Rires ironiques à gauche.)

Eh bien ! aujourd'hui le renvoi serait inutile et sans objet. (Interruption à gauche.)

On ne songe sans doute pas à renvoyer le projet amendé. La commission l'a modifié, elle a ajouté deux chapitres entiers, et elle a complétement modifié le chapitre sur l'enseignement primaire.

Je termine. Je n'ai pas été entendu avec faveur par un certain côté de cette Assemblée. Cette opposition a fait naître dans mon cœur un sentiment d'espérance et de bonheur...

Je vois que les adversaires du projet reculent (Très-bien !), ils n'osent pas se rendre sur le terrain où nous les attendons. C'est là un heureux symptôme pour les amis de la liberté, de la vraie liberté. (Interruption à gauche.)

M. BOURZAT. Nous sommes prêts à discuter.

M. BEUGNOT. Ne désertez donc pas le combat.

M. BOURZAT. C'est que vous avez la majorité. (Ah ! ah ! Rires à droite.)

M. BEUGNOT. Savez-vous quel est votre but ? Vous voulez que le projet sur l'instruction publique aille s'enfermer dans les cartons du conseil d'état. (Oui, c'est cela.) C'est là un heureux symptôme pour les amis de la liberté de l'enseignement. La proposition de M. Pascal Duprat n'est qu'un moyen habile de prévenir la discussion de ce projet.

J'avertis mes amis de la majorité. C'est un piège, n'y tombez pas. (Murmures.) Savez-vous ce qui résulte de tout ceci ? C'est que cette loi inquiète les adversaires de la liberté d'enseignement et que l'on voudrait préparer contre la majorité le reproche d'impuissance. (Très-bien !)

M. LHERBETTE. La réclamation du conseil d'Etat a couru sur tous les bancs : elle devait être connue.

M. FRESNEAU. Les deux pouvoirs sont d'accord sur ce projet ; il y a urgence, et vous devez agir comme de vrais mandataires du pays en le votant. En le renvoyant au conseil d'Etat, l'Assemblée ne comprendrait pas sa dignité ! (Très-bien !)

Je n'ajoute qu'un mot. Ne tranchons pas à notre détriment une question de dignité ; montrons de l'activité, de l'énergie dans le travail. Encore une fois, il y a urgence.

Assemblée ne peut rester indéfiniment sous le coup qui la menace. Il y a urgence.
A gauche : Il ne fallait pas attendre six mois ! :

M. FRESNEAU. Il y a urgence au point de vue administratif, et au point de vue poli-
que surtout.

Il faut arrêter les désordres qui se manifestent dans l'instruction primaire et dans l'instruction secondaire. (Mouvement.) Et on vient opposer à ces graves raisons, une question de procédure ! Le pays attend de nous les lois essentielles ; occupons-nous-en dès
que nous le pourrons, et sans nous laisser arrêter par de vaines questions de chicane.
(Très-bien ! très-bien !)

LE GÉNÉRAL CAVAIGNAC. Citoyens représentants, deux orateurs ont déjà demandé
cette tribune le renvoi du projet de loi au conseil d'Etat. Je suis aussi du nombre de
ceux qui se préoccupent toujours des vœux de la Constitution. (Approbation à gauche.)
Les lois organiques sont donc pour nous, Assemblée législative, comme toutes les
autres lois. La Constituante pouvait les faire sans contrôle en qualité de Constituante.
Nous, vous ne le pouvez pas, ce serait une usurpation de pouvoir. (Approbation à gauche.)

M. BAZE monte à la tribune. Il prononce quelques mots, mais il est interrompu par
des exclamations qui partent de la tribune des rédacteurs en chef.

M. LE PRÉSIDENT. Huissiers, faites évacuer la tribune où ce bruit a eu lieu. Le plus
grand scandale, c'est de voir une partie de cette Assemblée tendre la main aux perturbateurs qui ne lui appartiennent pas.

La tribune est complétement évacuée.

Cet incident a causé une certaine émotion dans l'Assemblée.

M. BAZE reprend la parole.

Voix nombreuses à gauche : La clôture ! la clôture !

M. LE PRÉSIDENT. Faites silence !

Le silence se rétablit lentement.

M. BAZE répond au reproche adressé à la commission d'avoir usé de subterfuge pour
que le projet de loi ne fût pas soumis au conseil d'Etat. Il s'attache à démontrer que le
renvoi n'est pas possible. Quant au document qui a été produit à la tribune, il n'est pas
le résultat d'une délibération ; c'est une simple note, sans caractère officiel, adressée au
président.

M. LE PRÉSIDENT. Ce document n'a été communiqué à personne.

A gauche : Vous ne pouvez pas discuter.

M. LE PRÉSIDENT. J'ai répondu sans commettre une indiscrétion.

M. BAZE. C'est là une tactique qu'il me suffira de vous signaler pour que vous en fassiez bonne justice.

On vous a dit que le seul argument mis en avant par la commission était le caractère
organique de la loi ; l'honorable général Cavaignac surtout s'est attaché à combattre cet
argument ; mais la question a un autre aspect que je demande à vous faire envisager.
Cette loi a été comprise par l'Assemblée constituante au nombre des lois organiques.
Elle a supposé le pays organisé, fonctionnant sous un ensemble de lois.

L'orateur établit, la Constitution à la main, que le conseil d'Etat n'a à se livrer qu'à
un examen préalable des lois du gouvernement, et que jamais les lois organiques n'ont
du lui être soumises. Les lois organiques étaient réservées aux constituants et à leurs
successeurs de la Législative.

L'Assemblée, dit l'orateur, ne doit pas oublier qu'il s'agit ici d'une question de dignité ; qu'elle veille sur ses légitimes prérogatives ! (A gauche : Assez ! Aux voix !)
qu'elle proclame bien haut qu'elle n'abandonnera rien de son droit, et qu'elle ne s'a-
baissera pas devant des pouvoirs placés au-dessous d'elle. (Aux voix ! Assez !)

MM. Charamaule et Barthélemy Saint-Hilaire se disputent la tribune.

De toutes parts : Aux voix ! la clôture ! assez !

M. PARIEU, ministre de l'instruction publique, monte à la tribune, et dit :

Le gouvernement est complétement désintéressé dans la question. C'est un incident
de procédure législative.

Ces questions appartiennent à votre souveraine appréciation ; le gouvernement est
désintéressé. Tranchez la question sans aucune arrière-pensée politique. Voici quelle

est la position du gouvernement : Si vous retenez le projet, nous ne serons pas à même de le discuter avant un mois.

Dans le cas contraire, s'il y a renvoi au conseil d'Etat, nous lui soumettrons les questions les plus urgentes seulement, c'est-à-dire nous vous proposerons d'urgence un projet de loi relatif spécialement aux instituteurs primaires et à l'abolition du certificat d'études.

M. BARTHÉLEMY SAINT-HILAIRE revient, au milieu des cris de : Aux voix, sur la distinction entre les lois organiques et non organiques.

M. DE VATIMESNIL monte à la tribune.

A gauche, avec force : Aux voix! assez! aux voix la clôture!

M. DE VATIMESNIL. essaie en vain pendant plusieurs minutes de se faire entendre.

M. LE PRÉSIDENT. Je vais consulter l'Assemblée sur la clôture.

La clôture est prononcée.

M. LE PRÉSIDENT. Je mets aux voix les conclusions de la commission. On a demandé le scrutin des deux côtés de l'Assemblée. (Ah! ah!)

On procède au scrutin.

Voici le résultat :

Nombre des votants, 610 ; majorité absolue, 306 ; bulletins blancs, 307 ; bulletins bleus, 303.

L'Assemblée n'a pas adopté les conclusions de la commission. Le projet sur l'instruction publique est renvoyé au conseil d'Etat.

Chronique et Faits divers.

La Monnaie vient de livrer au ministre du commerce 50 médailles d'or, 350 d'argent et 500 de bronze destinées à être décernées dimanche 11 aux industriels exposants que le jury national a désignés. Il y aura en outre 20 croix d'honneur accordées par le Président de la République.

—M. l'ambassadeur de la Sublime-Porte donnera un grand dîner, cette semaine, aux membres du gouvernement et aux ambassadeurs.

— On dit qu'il va être créé, au ministère de la guerre, un conseil supérieur et consultatif chargé de préparer un ensemble de lois organiques pour l'armée.

— Le conseil d'amirauté s'est assemblé à dix heures, ce matin, au ministère de la marine.

— Les ouvriers décorateurs travaillent, depuis quelques jours, dans les appartements des Tuileries. On dit que M. le Président de la République doit y donner ses grandes soirées dansantes cet hiver.

— Voici une curieuse réclame faite par un journal rouge en faveur de l'Almanach d'un Paysan dont l'auteur est, comme chacun sait, P. Joigneaux, représentant du peuple : « Il ne nous appartient pas de faire l'éloge de cette publication populaire. Nous dirons seulement à nos lecteurs qu'il n'est pas un seul préfet en France, pas même à Paris, qui en autorise le colportage. »

BOURSE DU 7 NOVEMBRE.

Le 3 p. 100 a débuté au comptant à 55 70, a fait 55 60 au plus bas, et reste à 55 65.

Le 5 p. 100 a débuté au comptant à 88, a fait 88 15 au plus haut, et reste à 87 80.

On a coté le 5 p. 100 romain à 80,

L'un des Propriétaires-Gérants, CHARLES DE RIANCEY.

Paris, imp. BAILLY, DIVRY et Comp., place Sorbonne, 2.

L'AMI DE LA RELIGION.

SÉANCE DE L'ASSEMBLÉE.

Le scrutin d'hier a jeté une émotion extrême dans le commencement de la séance d'aujourd'hui. Des erreurs avaient été signalées ; des représentants absents figuraient sur la liste comme ayant voté ; les chiffres du *Moniteur* n'étaient pas conformes au résultat proclamé hier, et on se rappelait que M. le président lui-même avait, en indiquant le vote, ajouté « *sauf rectification.* » M. de Kerdrel s'est fait organe des doutes qui s'élevaient de toutes parts, et il a conclu que la dignité et la sincérité des votes exigeaient le renouvellement du scrutin. La Montagne, qui craignait de se voir enlever sa victoire, a uni ses violences aux efforts du tiers-parti et à la pusillanimité de la plaine. M. Victor Lefranc a soutenu de ses arguments les clameurs de l'extrême-gauche, et malgré de courageuses paroles de M. Baze, l'Assemblée a passé à l'ordre du jour.

Quoiqu'il en soit de cet expédient, il restera démontré aux yeux du pays que le vote du renvoi au conseil-d'Etat est entouré des incertitudes les plus légitimes, et selon l'expression d'un honorable orateur, qu'il ressemble « à un vote de surprise. »

L'Assemblée a eu quelque peine à se calmer après cet incident. Elle a abordé toutefois la deuxième délibération du projet de loi relatif au chemin de fer de Marseille à Avignon. M. de Mouchy, en d'excellents termes et avec une aisance pleine de simplicité et de naturel, a développé, en faveur de la compagnie concessionnaire de ce chemin, un amendement qui tendait à lui faire accorder des avantages plus considérables.

Des hauteurs du Socialisme, M. Morellet est descendu pour attaquer le projet du gouvernement et pour essayer de glorifier la mainmise de l'Etat sur l'exploitation des voies de fer. L'Assemblée a fait justice de ces théories subversives.

M. le ministre des travaux publics ne veut pas faire autant que M. de Mouchy. Inutile de dire qu'il est l'ennemi très-déclaré des doctrines de M. Morellet. Encouragement aux compagnies, concessions de temps bien plus que concessions d'argent, accorder moins des subsides qu'une longue durée d'exploitation, tel est le système que M. Bineau a développé avec beaucoup de clarté et à l'approbation de la droite.

M. Sainte-Beuve a repris les arguments de M. de Mouchy : après lui, M. Lherbette a fait le procès aux compagnies, et l'Assemblée a continué la délibération à demain.

Double désertion.

Hier il y a eu, à l'Assemblée, une double désertion.

Les socialistes, les montagnards, les révolutionnaires de toutes nuances, aussi bien que les conservateurs voltairiens, éclectiques, universitaires et ministériels quand même, se sont donné la main dans le vote qui a renvoyé le projet de M. de Falloux devant le conseil-d'Etat.

C'était une désertion.

Tous ceux-là ont fui la discussion; ils ont déserté la lutte, mais ils étaient dans leur rôle.

Rien de plus naturel, rien de plus explicable que cette coalition et cette manœuvre rétrograde de toutes les haines, de toutes les passions et de toutes les peurs contre la liberté et contre l'Eglise.

Toutes ces impuissances coalisées n'avaient qu'à perdre à voir discuter et adopter immédiatement par l'Assemblée :

Le renversement du monopole universitaire ;

L'abrogation des ordonnances de 1828;

La suppression des écoles normales primaires;

L'admission des congrégations religieuses au droit commun;

En un mot, l'application dans leurs bases fondamentales de la liberté d'enseignement, de la liberté d'association, de la liberté religieuse.

Quel aveu pourtant que ce vote d'ajournement !

Ainsi les grands principes, au triomphe desquels nous avons voué notre vie, qui étaient si peu partagés il y a quelques années, si combattus encore il y a quelques mois, ont fait enfin tant de progrès dans les esprits, qu'on n'osait pas même les combattre de front! Et l'on est bien forcé de reconnaître qu'ils n'auraient pu faire encore que de nouvelles conquêtes dans une délibération publique et solennelle !

Qu'on se figure, en effet, ce qu'eût été, pour la cause de la liberté religieuse, un débat où elle aurait [été soutenue en l'absence mais avec le souvenir de M. de Falloux, non-seulement par le talent et l'autorité de ses plus anciens et de ses plus dévoués défenseurs, par Mgr l'Evêque de Langres, par MM. de Montalembert, de Barthélemy, Beugnot, de Vatimesnil, Berryer et tant d'autres, mais aussi par les adhésions et les hommages des politiques les plus éminents, comme MM. Thiers, Molé, de Broglie, Odilon Barrot, Dufaure, etc., etc., qui tous acceptaient unanimement le projet de M. de Falloux et le rapport de la commission.

Quand même la liberté religieuse n'eût fait alors qu'un premier pas (et on sait quel pas décisif c'était!), il n'y avait plus, dans ce pays, de force humaine qui pût, d'ici à longtemps, en arrêter l'essor !

Tous ses ennemis l'ont bien compris, et c'est pour cela que, au risque de se couvrir eux-mêmes de confusion par leur retraite, ils ont tendu à la majorité un piége que M. Beugnot avait si bien signalé et où cependant des catholiques mêmes sont misérablement tombés.

Voilà la seconde, la douloureuse désertion !

Oui ! bien aveugles ou bien coupables, quels que soient d'ailleurs leurs sentiments à l'égard de la loi, ces catholiques qui ont manqué à la fois à leur mandat, à la liberté et à leur pays !

Bien aveugles ou bien coupables ! car s'ils n'approuvaient pas le projet de loi, s'ils voulaient quelque chose de mieux ou du moins quelque autre chose, est-ce qu'ils n'avaient pas la tribune et le droit d'amendement ?

Est-ce qu'ils ne devaient pas faire connaître à l'Assemblée et à la France les motifs de leur opposition et les vœux de leurs consciences ?

Est-ce qu'ils ne trouvaient pas là une admirable occasion, en osant regarder en face la Montagne et l'Université, de produire leur système s'ils en ont un ; de modifier et d'améliorer la loi s'ils la croient défectueuse, et de la rejeter enfin si elle leur paraît mauvaise et illibérale, mais de la rejeter franchement, honorablement, à ciel ouvert, en disant pourquoi, en ne se traînant pas à la remorque de la révolution et de l'impiété, et en sauvegardant ainsi, avec leur honneur, le présent et l'avenir ?

Faut-il donc croire qu'ils n'ont pas vu la liberté qui était devant eux ; qu'ils l'ont ainsi méconnue volontairement ou à leur insu ; qu'ils n'ont pas su la saisir et l'embrasser ; qu'ils ont reculé devant la discussion, devant la lumière, devant les explications de leurs amis et les contradictions de leurs ennemis ; qu'ils ne se sont pas sentis de force à suivre leurs chefs et leurs alliés, et quels alliés ! dans un débat où ils n'auraient trouvé en face d'eux que deux obstacles également méprisables : ou la violence ou l'intrigue !

Quoiqu'il en soit, qu'ils l'aient ou non voulu, ils se sont faits les complices et les dupes des socialistes, des montagnards, des voltairiens, des universitaires et des courtisans de toutes les couleurs, non pas pour frapper le projet de loi de M. de Falloux, mais pour déserter la cause de la liberté religieuse en se dessaisissant des droits qu'ils avaient à la défendre, et en la renvoyant devant un corps dont ils connaissent l'esprit ; dont l'immense majorité est imbue des traditions administratives les plus étroites, ou des plus mauvaises tendances de la Constituante ; et qui n'est, pour la plus grande partie de sa composition, que le résidu de la fraction la plus dangereuse de cette Assemblée.

Ah ! nous voulons bien supposer qu'ils n'ont pas vu la portée de leurs votes. Mais ils la sentiront, hélas ! trop tôt, et ils en éprouveront, nous n'en doutons pas, des regrets immortels. Car la liberté religieuse en France est vaincue en ce moment une fois encore dans notre pays. Et si elle succombe, ce n'est pas sous les coups de ses anciens adversaires ralliés autour d'elle : ce n'est pas sous les coups de ses ennemis permanents et éternels, un instant réduits à l'impuissance; c'est sous le poids de l'aveuglement et de l'obstination de quelques-uns de ses défenseurs naturels, qui l'arrachent au jugement de la représentation nationale, qui l'éloignent de la barre du pays, et qui la jettent à la merci d'un corps hostile et irresponsable, comme une victime importune qu'ils n'osent pas tuer de leurs mains au grand jour, mais qu'ils livrent en quelque sorte à des muets pour l'étouffer dans l'ombre.

Certes la liberté religieuse a subi et subira encore, avant de triompher en France, bien d'autres épreuves. Mais nous ne comptions pas du moins que celle-là lui fût réservée.

———————

Le 10ᵉ bureau avait nommé hier matin M. de Montigny dans la commission pour l'enseignement, en remplacement de M. Rouher.

C'était encore un témoignage d'adhésion donné par ce bureau au rapport de M. Beugnot et à la cause de la liberté d'enseignement.

———————

On a remarqué que les ministres présents à la séance s'étaient abstenus de prendre part au vote.

La plupart des anciens ministres, MM. Passy, de Tocqueville, Lanjuinais, Rulhières, etc., ont voté en bleu, avec la minorité de 303 voix.

———————

Quelques membres de la majorité qui ont voté avec la Montagne et l'Université, nous affirmaient ce matin que ni eux, ni cinquante ou soixante de leurs collègues qui sont tombés dans le piége voilé sous le renvoi au conseil-d'Etat, n'ont prétendu décider autre chose qu'une question de procédure. Ils prétendent que si la loi revient à l'Assemblée, on retrouvera cette fraction prête à la voter dans son ensemble telle que la commission l'a amendée. Nous prenons acte de cette déclaration, bien tardive malheureusement !

———————

On assure que ce qui a le plus effrayé M. Parieu et qui l'a le plus déterminé au rôle passif auquel il s'est réduit, c'est l'*affranchissement des petits séminaires* et l'*admission des congrégations religieuses* dans l'enseignement.

———————

Revue des journaux.

L'*Union*, qui n'avait pas donné une approbation sans réserve au projet de M. de Falloux, mais qui n'en méconnaissait pas l'importance, apprécie aujourd'hui comme nous la situation :

« L'Assemblée nationale a pris aujourd'hui une grave résolution. Elle a décidé que le projet de loi de M. de Falloux sur l'instruction publique serait renvoyé au conseil-d'Etat, contrairement à l'avis de la commission, et au mépris des plus vulgaires notions des droits parlementaires. Cette fatale résolution a passé à la majorité d'une voix, par *suite de la défection d'une partie de la majorité.*

« Il faut le dire franchement, puisque certains hommes travaillent à faire renaître de vieilles questions de parti : la fraction de la majorité qui a voté aujourd'hui avec la Montagne, pour le renvoi au conseil-d'Etat, n'a eu d'autre but que d'ajourner indéfiniment le projet de M. de Falloux, et d'obtenir un autre projet moins favorable à la liberté d'enseignement. »

L'*Assemblée nationale* dit aussi :

« Le renvoi au conseil-d'Etat du projet de loi sur la liberté de l'enseignement est une fin de non-recevoir, une de ces chicanes qui retardent la solution des problèmes les plus essentiels de l'ordre social.

« La majorité s'est cette fois divisée. La défection est venue de cette fraction de conservateurs matérialistes et philosophes qu'on appelle le parti universitaire.

« Le parti universitaire a perdu la Restauration, il a perdu la royauté de Louis-Philippe ; maintenant il perd l'esprit de la majorité.

« Vous êtes pleins d'inquiétude sur l'avenir de la société, et vous lui ôtez le pain de la vie religieuse, vous la livrez à l'indifférence, à la démocratie universitaire. Vous faites de petits savants, de petits démolisseurs, des discoureurs à perte de vue, des Grecs du Bas-Empire.

« Épargez donc ! Et puis gémissez sur ce qu'on fait des barricades, sur ce que le blasphème est sur toutes les lèvres, l'émeute dans tous les cœurs !

« Faites des souscriptions pour répandre de bons livres et de petites brochures, lorsque l'école et l'atelier vous disent : « A nous l'avenir, car nous sommes socialistes. »

« Mais il fallait faire de l'opposition à M. de Falloux, et le parti universitaire a tout sacrifié pour se donner cette petite satisfaction. »

Le *Constitutionnel* pense, comme M. Beugnot, que l'Assemblée est tombée hier dans un piége. Il énumère tous les obstacles qu'on lui suscite, et il conclut ainsi :

« En un mot, on met toutes les entraves possibles à la marche de l'Assemblée législative, et on se plaît à lui dire : Tu ne marches pas. »

L'*Opinion publique* recherche sur qui pèse la responsabilité d'un vote aussi balancé que celui qu'elle déplore comme nous :

« On a vu aujourd'hui, dit-elle, ce que c'est qu'un homme de moins dans une assemblée, dans une situation.

« M. de Falloux, qui a brillé bien des fois par sa présence, a brillé cette fois, et d'une manière plus éclatante peut-être, par son absence. Supposez-le assis au banc des ministres, montant à la tribune pour combattre le renvoi au conseil-d'Etat ; le renvoi était rejeté sans aucun doute par cent voix de majorité. Supposez même que, M. de Falloux absent et retenu loin de la tribune par la maladie, un ministre de l'instruction publique sympathique à ses idées fût venu, au nom de l'ancien cabinet, demander que la loi de l'enseignement fût maintenue à l'ordre du jour, les cinquante ministériels quand même qu'on trouve dans toutes les assemblées, et les esprits indécis qui s'attachent à l'opinion du pouvoir, eussent fait pencher la balance du côté de la loi d'enseignement.

« C'est donc le message du Président de la République qui a fait échouer la loi d'enseignement ; c'est le ministère indécis et incertain qu'il a nommé qui a porté un coup mortel à cette loi, en venant déclarer qu'il lui était indifférent qu'on renvoyât ou qu'on ne renvoyât pas le projet au conseil-d'Etat, et qu'en tout cas il avait besoin d'un mois au moins pour se former un avis. M. le Président de la République nous a promis des actes, voici le premier : il a fait échouer la loi d'enseignement Si les pères de famille catholiques voient ajourner leurs espérances, c'est grâce à lui et au ministère qu'il a choisi, ministère indifférent sur la question de la liberté d'enseignement, qui ne prend parti ni pour ni contre, qui a besoin d'étudier pour savoir ce qu'il pense sur une question mûrie par quinze ans de discussions, élaborée par deux grandes commissions, sous la Constituante et sous la Législative, et qui, quand il s'agit d'exprimer sa pensée, déclare qu'il n'en a pas. »

Voici comment l'*Univers* apprécie le renvoi du projet de M. de Falloux et l'attitude de M. Parieu dans la discussion d'hier :

« Le ministre de l'instruction publique a déclaré que le gouvernement n'avait aucun intérêt au débat. Seulement, *pour éclairer et pour rassurer les consciences*, il a cru devoir entrer dans quelques explications A ceux que des motifs d'urgence portent à désirer la prompte délibération possible sur la loi d'enseignement, il a dit que le cabinet ne serait en mesure d'y participer que dans un mois. Il a ajouté que si le projet était renvoyé à l'examen du conseil-d'Etat, le cabinet était résolu à pourvoir immédiatement à ce *qu'il y avait de plus grave et de plus sérieux dans l'état actuel de l'instruction publique*, en proposant de supprimer l'inamovibilité des maîtres d'école et les certificats d'étude. Cette déclaration nous a paru faire grande impression sur l'Assemblée. Les mesures annoncées sont, en effet, *une satisfaction suffisante donnée à l'ordre et à la liberté*, et permettent d'attendre que l'on puisse traiter en toute réflexion et maturité la loi qui doit organiser l'enseignement. »

Ainsi, la suppression du *certificat d'études et quelques dispositions contre les maîtres d'école* semblent une SATISFACTION SUFFISANTE à ceux qui repoussent comme une DÉCEPTION une loi dont les bases principales sont, non-seulement la suppression du *certificat d'études* et la destruction de l'*inamovibilité* des instituteurs, mais l'abandon des *écoles normales primaires, l'abrogation des ordonnances de 1828*, l'admission des *congrégations religieuses* au droit commun, l'abolition de tous les *grades* obligatoires, la destruction du monopole *universitaire* et la liberté des établissements privés, fondés aux conditions les plus simples, les plus faciles, les plus inévitables d'après les prescriptions de la Constitution.

Ainsi, la hiérarchie, l'organisation, le monopole de l'Université restant ce qu'ils sont, l'autorisation préalable demeurant nécessaire, tous les grades, tous les examens, toutes les inspections universitaires étant maintenus, pas une institution primaire ou secondaire ne pouvant librement se former ou se développer ; pas un religieux ne pouvant être admis à l'enseignement, soit des établissements laïques, soit des petits séminaires ; toutes les mesures vexatoires subsistant contre les écoles sacerdotales, l'éclectisme du conseil royal en haut et le socialisme des instituteurs primaires en bas ; — dans une telle situation, il suffit de la parole du ministre actuel de l'instruction publique, déclarant qu'il pourvoira, ainsi qu'on vient de le voir, à ce qu'il Y A DE PLUS GRAVE ET DE PLUS SÉRIEUX dans l'état de l'instruction publique, pour ÉCLAIRER et pour RASSURER les consciences qu'alarmait et indignait si vivement le projet présenté par M. de Falloux, appuyé par M. de Montalembert, et rapporté par M. Beugnot !

Et ces consciences sont désormais *si éclairées* et *si rassurées* sur l'état de l'instruction publique, moyennant les deux mesures promises par M. Parieu, qu'elles attendront maintenant avec sécurité et avec calme l'application indéfiniment ajournée de principes si ardemment, si constamment réclamés depuis dix-huit années pour le bien de la religion et le salut des âmes !

Voilà donc où aboutissent ces déclamations superbes, ces prétentions absolues, ce dédain pour toutes les considérations de personnes, de temps et de pays! C'est-à-dire que les mécontents de la veille sont devenus les satisfaits du lendemain, et qu'après avoir si dangereusement compromis la liberté de l'Eglise par leurs exagérations et leurs impatiences, ils la sacrifieraient à leurs vains triomphes et à leurs inconcevables défaillances.

———————◆———————

LISTE DES REPRÉSENTANTS qui ont voté POUR *le renvoi du projet sur l'enseignement au conseil-d'Etat.*

Nous publions, comme nous l'avions annoncé, la liste des représentants qui ont voté le renvoi au conseil-d'Etat. Il faut que l'*Ami de la Religion* conserve leurs noms comme le *Moniteur*. Nous avons souligné ceux qui votent d'ordinaire avec la majorité, ou qui ont été élus comme favorables à la liberté d'enseignement :

Abbattucci (Charles) [Corse], d'Adelswærd, *Alengry*, Allier, *André (Charente)*, Anglade, Antony Thouret, Arago (Emmanuel), Arago (François), Arbey, Arène, *Arnaud (Ariége)*, Arnaud (Var), Aubry (Nord), Auguste Mie.

Bajard, Baucel, Badsept, Bard (Antoine), Barrault (Emile), Barre, Barrillon, Barthélemy (Eure-et-Loir), Barthélemy Saint-Hilaire, Bastiat, Bauchart (Quentin), Baudin, Baune, de Beaumont (Somme), Belin, Benier, Benoît (Rhône), Bertholon, Besse, Bochard, *Bonaparte (Antoine)*, Bonaparte (Napoléon), Bourzat, Bouvet (Aristide), Bouzique, *Boysset, Bravard-Veyrières*, Bréhier, Breymand, Brillier, Brives, Bruckner, Bruys (Amédée), Burgard.

Canet, Carbonneau, *Casabianca*, Cassal, *de Caulaincourt*, Ceyras, Chabert, Chadenet, Chaix, *Chambolle*, Chamiot, Chanay, Charamaule, *Charlemagne*, Charras, Chassaigne, Chauffour (Victor), Chavassieu, Chavoix, Cholat, Chouvy, Chovelon, Clary, Clément (Auguste), Combier, Constant Tournier, Conte, Coquerel, Coralli, *Corne*, Crépeaux, Crépu, Crestin (Léon) *Creton; Cunin-Gridaine*, Curnier.

Daguilhon, *Debrotonne*, Delajus, Delavallade, Delbetz, Delbrel, Delebecque, Denayrouse, Derrley, *Detours*, Didier, *Douesnel*, Doutre, *Dubignon*, Dubois (Amable), Duché, *Ducos (Théodore)*, Dufournel, Dufraisse, Dulac, Duprat (Pascal), Dupré, Duputz, Durand-Savoyat, Durieu (Paulin), Dussoubs (Gaston).

Emile Péan, Ennery, *Evain*.

Fabvier (le général), Farconet, Farran, Faure (Rhône), Fawtier, Fayolle (Creuse), *Feburel*, Flandin, *Foblant*, Font, Forel, Fourgassié-Vidal, Fourtanier, Francisque Bouvet, Frichon.

Gasselin (de Fresnay), Gastier, Gavarret, Gaviui, *Gérard (Léon)* [Loir-et-Cher], Gérard (Oise), Gilland, Gillon, Gindriez, de Girardin (Ernest), *Goldenberg, Gouin, Goulhot de Saint-Germain*, Greppo, Grevy, *Grimault, Guiller de La Tousche*, Guisard, Guiter.

Hernoux, Houël, Huguenin, Huot (Vosges), Jehl, Joigneaux, Joly, Joret, Jouy, Juéry, Jumeraud.

Laborde, Labordère, Labrousse, Lacave, La Claudure, Ladoucette, Lafayette (Oscar), Lafon, Lagrange (Charles), Laidet (le général), Lamarque, Lamennais, *Langlais*, Lasteyras, Latrade, Laurent (Ardèche), Lavergne, Lebeuf (Louis), Lebreton (le général), Lefranc (Pierre), Lefranc (Victor), Legrand, Lemaire, *Leroux (Emile)*, Leroux (Jules), *Levet*, Lherbette, Loiset, *Lopès-Dubec*, Louvet, *Loyer*.

Madesclaire, Madet (Charles), Malardier, *Malbois*, Marchant, Martin (Alexandre), Mathieu, Michot-Boutet, Millotte, *Mimerel*, Miot, Mispoulet, *Monet*, Monnier (Haute-Loire), Montagut, Montholon (le général), Moreau (Creuse), *Moreau* (Seine), Morellet, Morin, de la Moskowa (Ney), Muhlenbeck, *Murat-Sistrières*.

Noël Parfait.

D'Ornano (le général).

Paillet, *Paulmier*. Payer, Pelletier, Pénières, Perdiguier, Perreau, *Péupin*, Pierre Leroux, Pigeon, de *Plancy* (Aube), de *Plancy* (Oise), *Porion*, Pougeard, *Pradié*.

Quinet (Edgar).

Racouchot, de *Rancé*, Rantian, Raspail (Rhône), *Rateau*, Raulin, de *Ravinel*, Remilly, Renaud, Renouard, Repellin, *Resal*, Rey (Drôme), Rey (le général), Reymond, Richard (Cantal), Richardet, *Riche*, Rigal, Rochut, Rollinat, Ronjat, Rouët, Roussel (Lozère), Roussel (Yonne).

Sage, Sain, Saint-Ferréol, Saint-Marc Rigaudie, Sainte-Beuve, Salmon (Meurthe), Salmon (Meuse), Salvat, Sartin, Sautayra, Savatier-Laroche, Savoye, *de Ségur d'Aguesseau*, Sevaïstre, Seydoux, Signard, Sommier, Soubies, Sobervie (le général).

Talon, Tamisier, *Tartas* (*le général*), Taschereau, Teilhard-Latérisse, *Ternaux* (*Mortimer*), Terrier, Testelin, *Tirlet*, *Toupet des Vignes*.

Vacheresse, *Valette*. Vasseur, *Vast-Vimeux* (le général), de Vatry, Vavin, Vendois, Verninac, Versigny, Victor Hugo, Vieillard, Vignes, Viguier.

Wallon, Westercamp.

Yvan.

De M. de Regnon et de son Appel au Pape.

Nous marchons de surprise en surprise, de désordre en désordre : il est manifeste que, dans les temps d'anarchie intellectuelle et morale où nous vivons, il faut s'attendre à tout.

M. de Regnon vient de publier un APPEL à Sa Sainteté le Pape Pie IX, *au sujet du projet de loi sur la liberté d'enseignement ;* et cet appel, il l'adresse à la presse, au public, au peuple, en même temps qu'au Pape.

Le renvoi de la loi au conseil-d'Etat, prononcé hier à l'Assemblée législative, semblerait rendre inutile l'examen de cette brochure.

En effet, le conseil-d'Etat répondra lui-même à l'appel de M. de Regnon, et se chargera de lui donner pleine satisfaction, ainsi qu'aux catholiques qui ont fait contre la loi de M. de Falloux la glorieuse campagne, dont le vote d'hier est la fin et dont les applaudissements de la Montagne ont été la récompense.

Nous ne nous occuperions donc pas de cette étrange publication, si elle ne touchait, par un côté plus important encore, aux choses les plus graves ; et si, dans ces jours de confusion, elle n'ajoutait à tant de tristes étonnements et à tant de scandales, un étonnement et un scandale de plus.

Sur le fonds et sur la forme de cet APPEL, voici les simples et courtes observations que nous croyons devoir faire.

On le sait, M. de Regnon, depuis quelques années, s'est signalé par l'exagération la plus outrée de ses principes, par l'emportement de ses opinions et de son langage.

Depuis quinze ans, il réclame, sous prétexte de liberté absolue, de liberté illimitée, la séparation complète de l'Eglise et de l'Etat. Depuis quinze ans, il se plaint des Evêques de France qui ne veulent pas entendre sa voix et répondre à ses *appels*..

« En vain, dit-il, nous les avons implorés depuis tant d'années. En vain nous leur avons exposé nos douleurs, nos craintes pour l'avenir moral de la France. En vain *nous les avons étourdis* de nos plaintes et de nos cris, comme pères de famille blessés eux-mêmes dans les instincts les plus sûrs de la foi chrétienne. Rien n'a pu ébranler leur invincible résolution de rester attachés, quand même et comme par le passé, à nos les ministres des cultes. Rien n'a pu les toucher ; rien n'a pu les convaincre de là calmité de nos plaintes et de nos douleurs.

« L'épiscopat français, *trop dévoué aux fausses doctrines d'un Etat sans foi*, semble l'aider à enlever aux catholiques français leurs droits de liberté religieuse et d'enseignement, écrits dans la Constitution. »

On a fait à M. de Regnon l'honneur de le proclamer un logicien rigoureux, inflexible. Il nous semble impossible de lui décerner une telle louange, si c'en est une : à nos yeux, nous le disons avec franchise, en même temps qu'avec respect pour un homme d'un caractère honorable, mais d'une allure d'esprit qui n'est, selon nous, qu'une faiblesse emportée ; à nos yeux, M. de Regnon n'est qu'un de ces raisonneurs dont Fénélon disait autrefois qu'à force de raisonner, ils cessent d'être raisonnables, et semblent parfois ne conserver plus rien absolument, ni de la raison, ni des sentiments les plus nécessaires de la convenance et du respect. La première citation que nous venons de lire et celles que nous ferons encore le prouveront abondamment.

M. de Regnon, par suite de cette prétendue logique rigoureuse, opposant sans cesse la tolérance civile et constitutionnelle des cultes avec un indifférentisme impie, demande la séparation absolue de l'Eglise et de l'Etat, comme M. de Lamennais la demandait autrefois, comme M. l'abbé Chantome et ses adhérents la demandent aujourd'hui.

Nous ne discuterons point ici avec M. de Regnon cette grande question dont il ne comprend pas même les termes. Nous nous bornerons à lui rappeller les graves paroles de Grégoire XVI, dans son Encyclique du 15 août 1832, Encyclique, pour le dire en passant, étrangement oubliée depuis quelque temps par ceux-là mêmes qui se sont proclamés si hautement et si exclusivement catholiques :

« Il y a des hommes artificieux, disait alors le Souverain Pontife, qui n'aspirent qu'à pouvoir se féliciter avec Luther d'être libres de tout ; et, pour y parvenir plus facilement et plus vite, ils tentent audacieusement les entreprises les plus criminelles.

« Nous n'aurions rien à présager de plus heureux pour la religion et pour les gouvernements, des vœux de ceux qui veulent que *l'Eglise soit séparée de l'Etat*, et que la concorde mutuelle de l'empire et du sacerdoce soit rompue. Car il est certain que cette concorde, qui fut toujours si favorable et si salutaire aux intérêts de la religion et à ceux de l'autorité civile, est redoutée par les partisans d'une liberté effrénée. »

Nous avons dit que la brochure de M. de Regnon nous paraissait un scandale. Nous maintenons ce mot sévère : il ne l'est pas trop pour flétrir convenablement l'inconcevable langage avec lequel M. de Regnon ose parler de Nosseigneurs les Evêques de France.

La vivacité et l'emportement de son zèle lui font en tout ceci visiblement une déplorable illusion, que désavoueront sa foi, sa conscience et sa raison elle-même, lorsque, remis des violentes émotions qui le troublent en ce moment, il sera rendu à lui-même.

Quelques citations de sa brochure suffiront pour justifier notre douleur et notre indignation :

« La voix des rares défenseurs de la liberté de l'Eglise et de la liberté de l'enseignement catholique, semble isolée et perdue en France, parce qu'elle n'est pas appuyée par la voix toute-puissante de l'épiscopat français.

« Ce serait aux Evêques français à nous guider au milieu des périls qui menacent notre religion et notre avenir.

« Mais, hélas! depuis longues années, nos Evêques ont gardé le silence à notre égard.

« Quels que soient les gouvernements qui se succèdent, ils se contentent de prendre un rôle purement passif. Choisis eux-mêmes par les divers ministres des cultes, ils n'ont pas la force de leur résister, ni de se déclarer indépendants. Ils ne veulent pas prendre parti pour les pères de famille, ni lutter contre le monopole universitaire, ni seconder efficacement les efforts des catholiques pour obtenir la liberté de l'Eglise et celle de l'enseignement catholique. *Bien plus, ils agissent* DANS UN BUT CONTRAIRE, *car ils prêtent partout secours à nos propres adversaires*, en faveur du monopole irréligieux : car ils agréent des aumôniers nommés par l'Université elle-même auprès des écoles mixtes. Ils facilitent par là *la propagation des doctrines de panthéisme, de scepticisme et de rationalisme*, qui se répandent dans la jeunesse, presque sous le couvert de leur manteau épiscopal, et à la profonde douleur de tous les pères de famille catholiques.

« Nos vénérables Evêques de France ne paraissent pas s'être émus de nos observations ni de nos supplications. Il continuent de garder, à l'égard des pères de famille, *un silence désespérant* depuis quatre mois, à l'exception toutefois du vénérable Evêque de Chartres, qui combat toujours pour la liberté de l'Eglise. Aucune autre opposition contre cette loi future ne s'est déclarée dans l'Episcopat. La plus importante en ce jour vient des laïques. Les journaux religieux l'*Univers* et la *Voix de la Vérité*, expression des laïques catholiques, ont presque seuls signalé par la presse les conséquences funestes et irrémédiables de l'adoption d'un pareil projet de loi.

« Comment expliquer ce silence, de la part de nos Evêques dans un moment si important?

« Comment ne pas s'étonner que les *bergers restent muets* et impassibles, *en présence des loups qui ravagent les bergeries*, et qu'ils ne prêtent même aucun secours, aucun appui, aucune sympathie même, à ceux qui se dévouent pour les défendre?

« L'Episcopat français, renfermé dans les fonctions sacrées, ne prend part ostensiblement à aucune des mesures publiques qui intéressent les citoyens. Il a accepté le rôle passif, et *il se considère comme le sujet fonctionnaire d'un ministre des cultes*, d'un ministre de l'instruction publique. Ainsi il obéit aux injonctions qu'il en reçoit.

« Nos Evêques s'appuient sur ce pouvoir inconstant, impopulaire, sans Dieu et sans morale; et c'est pour cela qu'ils perdent journellement, comme ils le sentent bien, ce doux empire de persuasion, que les pasteurs de l'Eglise de Jésus-Christ font facilement accepter aux peuples, et qui n'est jamais plus puissant que lorsqu'il s'exerce dans la plénitude de la liberté morale.

« Ils marchent *trompés et fascinés*, à la suite du pouvoir gouvernemental qui veut les égarer, et ils maintiennent l'*absurde union* de l'Eglise catholique, avec un Etat qui dément tous les dogmes dans son enseignement public, et qui, méprisant l'Eglise, veut s'en servir pour assurer son monopole.

« Il est donc malheureusement constaté que l'Episcopat français et les pères de famille catholiques sont complétement divisés entre eux, au sujet de la *ligne de conscience* à suivre pour les affaires de l'Eglise et de l'enseignement catholique. L'épiscopat accepte la servitude pour l'Eglise et pour l'enseignement : *il la sanctionne même*.

« Comment les catholiques ne seraient-ils pas affligés de voir nos Evêques, *dans le camp des ennemis de la foi*, se laissant administrer par le Pouvoir athée qui les a nommés, et lui aidant à peser en quelque sorte sur les croyances des peuples, au moyen de leur concours d'aumôniers, pour assurer le monopole universitaire qui pervertit toutes les générations nouvelles? Pourquoi nos Evêques ne sont-ils pas avec nous? Pourquoi nous ont-ils abandonnés à notre malheureux sort, pour ne porter secours qu'à nos *oppresseurs, qui ne veulent se servir d'eux, en les humiliant, que pour réagir par eux contre nous-mêmes?*

« Ils sont aveuglés et jetés sans défense, *sans dignité*, aux pieds de tous les pouvoirs étatiques, qui se succèdent en France avec tant de rapidité. La révolution de Février 'a pu ébranler cette persistance de l'Episcopat à se croire lié intimement à des pouvoirs athées.

« Les Conciles provinciaux de Paris et de Reims, qui viennent d'avoir lieu, ne semblent pas s'être occupés de la question des rapports de l'Eglise de France avec l'Etat, ni de la fausse position de l'*Episcopat* soutenant les écoles mixtes ou plutôt panthéistiques de l'Université, ni des plaintes des catholiques. *Aucun Evêque ne semble avoir compris*,...

« Qui nous sauvera du péril imminent qui nous entoure, puisque nos Evêques nous abandonnent ? »

Assurément ces citations suffisent. Nous n'y ajouterons point de réflexions : elles se présentent d'elles-mêmes en foule. Nous ne dirons qu'un mot : c'est que, pour peu que ce que nous voyons depuis quelque temps, disons tout, depuis quelques années ; pour peu que cela continue ; pour peu que M. de Regnon, M. l'abbé Chantome, M. l'abbé Leray et quelques autres s'avancent ; pour peu que le système des *pétitions*, des *consultations* et des *appels publics* s'établisse ; nous verrons disparaître et périr les derniers vestiges de ce qui reste encore parmi nous d'autorité et de respect : les digues conservatrices céderont au *torrent dévastateur* dont on nous menace. Le *presbytérianisme* et le *laïcisme* triomphants envahiront l'Eglise de France : comme on nous en menace encore, le désordre qui est aujourd'hui l'exception *deviendra la règle* ; et il n'y aura plus pour les uns qu'à battre les mains, pour les autres qu'à gémir sur la confusion de toutes choses, sur la perte des âmes, sur l'avilissement du gouvernement ecclésiastique, sur la ruine des dernières espérances de ce triste et malheureux pays !

Il faut en finir sur ce déplorable sujet ; et cependant il faut bien dire encore à M. de Regnon qu'il prend avec N. S. P. le Pape lui-même un ton, un langage, une position qui ne lui convient en aucune manière ; et, nous n'hésitons pas à le dire, qui ne convient à personne sur la terre.

Le plus grand et le plus saint des Evêques, le plus illustre patriarche, un Concile même, ne pourrait se permettre ce que M. de Regnon se permet avec le Souverain-Pontife.

M. de Regnon a beau parler au nom de la très-sainte Vierge ; et, pour excuser sa témérité, et ce qu'il nomme *sa trop grande franchise*, dire au Pape *qu'il cède à des inspirations qu'il a cru divines*. Toutes ses folies n'en sont que plus scandaleuses et plus effrayantes.

Au fond et dans le vrai, que fait-il :

1° Il en appelle des Evêques de France au Pape, et nous avons vu dans quel langage ;

2° Et puis, par la publicité de son appel, il en appelle du Pape lui-même à l'opinion publique.

Son appel n'est qu'une forme nouvelle du droit de *pétition*, qu'on s'efforce depuis quelque temps d'introduire dans l'Eglise.

Consultations, *mémoires*, *pétitions*, *doutes de conscience* et tout ce qu'on imaginera de semblable, adressé à la presse, au public, au peuple, en même temps qu'au Pape et à NN. SS. les Evêques, tout cela, nous avons déjà eu occasion de le dire et nous le répéterons ici en finissant ; tout cela est un même désordre, un même renversement du gouvernement et de la hiérarchie ecclésiastique.

NOUVELLES RELIGIEUSES.

ITALIE. — ROME. — Les Evêques de la province de l'Ombrie vont se réunir en Concile à Spolète.

S. E. le Cardinal Vizzardelli, préfet de la Congrégation des Etudes, a prorogé l'ouverture de l'archigymnase de Rome, ainsi que des académies de l'état pontifical. Le but de cette mesure est de donner les moyens d'agir à la commission de censure chargée de rechercher la conduite des professeurs et employés, sous le gouvernement des triumvirs. Plusieurs dispositions particulières garantissent aux étudiants les résultats ordinaires de l'année scolaire.

ASSEMBLÉE LÉGISLATIVE.

PRÉSIDENCE DE M. DUPIN AÎNÉ. — *Séance du 8 novembre.*

La séance est ouverte à deux heures un quart.

M. DE KERDREL demande à l'Assemblée la permission d'interrompre quelques instants pour élever un incident relatif au vote d'hier.

J'ai lu ce matin le *Moniteur*, et j'y ai fait différentes remarques. Ainsi, MM. Baune, Chauffour, Combier et Versigny, absents pour congés, sont portés comme ayant voté pour le renvoi au conseil-d'Etat.

Si le *Moniteur* était exact, le résultat du scrutin serait interverti. (Réclamations à gauche.)

Je ne viens pas demander que le vote ait une signification contraire à celle qu'on lui a donnée. Je viens dire seulement qu'il résulterait de ces premières remarques, que le nombre des votants serait de 598 au lieu de 602, et qu'il y aurait eu 299 voix pour et 299 contre.

Le renvoi ne serait donc pas adopté. (Bruit à gauche.)

Ce n'est pas tout. M. Hennecy, absent dans son département, est porté comme ayant voté. M. Crémieux, qui est à Versailles, figure comme ayant voté pour ; M. Dieuleveut, qui a voté contre, est porté absent ; M. Auguste Giraud, qui est absent, est porté comme ayant voté. Enfin, M. de Rémusat, qui a déclaré s'être abstenu, figure parmi ceux qui ont pris part au vote.

Il importe à l'honneur de tous d'avoir un vote qui soit l'expression de la vérité. Je propose donc à l'Assemblée, au nom de sa dignité, au nom des souvenirs de l'Assemblée constituante, d'annuler le vote... (Vives réclamations à gauche. — Interruption.)

A gauche : L'ordre du jour !

A droite : Non! non!

L'ordre du jour est adopté.

MM. Lacrosse, Dahirel, Ch. Dupin, de Montebello sont proclamés membres de la commission d'enquête sur la marine.

L'ordre du jour appelle la deuxième délibération sur le projet de loi relatif au chemin de fer de Marseille à Avignon. Après plusieurs discours sans importance, la séance est renvoyée à demain.

BOURSE DU 8 NOVEMBRE.

Le 5 p. 100 a débuté au comptant à 55 70, a fait 55 65 au plus bas, et reste à 55 85.

Le 5 p. 100 a débuté au comptant à 87 95, a fait 87 80 au plus bas, et reste à 88 20.

L'un des Propriétaires-Gérants, CHARLES DE RIANCEY.

Paris, imp. BAILLY, DIVRY et Comp., place Sorbonne, 2.

L'AMI DE LA RELIGION.

Des Études ecclésiastiques.

(1er article.)

Le rétablissement des Conciles provinciaux et l'attentive sollicitude des Évêques ne peuvent manquer, en confirmant tout ce qu'il y a
heureux et d'utile dans l'état actuel de nos études ecclésiastiques,
à leur imprimer un nouvel essor et de leur donner des garanties
nouvelles. Non assurément qu'il faille opérer de vastes réformes,
changer les méthodes et se laisser entraîner par un certain besoin
d'innover, toujours plein de périls et rarement accompagné de vrais
progrès. Mais, en présence des graves exigences de ce temps, les enfants dévoués de l'Église et les plus humbles soldats de la milice
sainte, seront bien venus auprès de leurs pères et de leurs maîtres
dans la foi, quand ils chercheront avec respect à saisir et à développer, sous le rapport des études, la pensée des premiers Pasteurs; pour
consolider, pour agrandir, pour élever ce qui est, et pour accroître
les jours de gloire et de triomphe de notre Mère commune dans
l'œuvre de la conquête des âmes rachetées par le sang de Jésus-
Christ.

Nous croyons donc qu'on nous permettra volontiers d'offrir ici aux
estimables lecteurs de l'*Ami de la Religion,* et en particulier aux
membres du Clergé, quelques réflexions sur l'important sujet des
études et des sciences ecclésiastiques.

Nous dirons d'abord notre pensée sur la langue latine considérée
comme base de l'éducation cléricale. Heureux si nous pouvions honorer aux yeux de tous cette marche toujours forte et féconde, ces
usages et ces méthodes si riches en résultats utiles pour tous les
temps et qui nous furent légués par les plus beaux des âges catholiques.

A certains esprits préoccupés qui nous demanderaient la raison de
ce grand intérêt attaché à la langue latine, nous répondrions par les
belles pages de l'illustre comte de Maistre; ne craignons pas de les
transcrire :

« Il faut que l'extérieur de l'Eglise catholique annonce son caractère d'éter-
« nelle invariabilité. Et qui donc lui imprimera ce caractère, si elle n'obéit pas à
« la main d'un chef souverain, et si chaque Eglise peut se livrer à ses caprices
« particuliers? N'est-ce pas à l'influence *unique* de ce chef, que l'Eglise doit ce
« caractère *unique* qui frappe les yeux les moins clairvoyants? Et n'est-ce pas à
« lui surtout qu'elle doit cette langue catholique, la même pour tous les hommes
« de la même croyance? Je me souviens que, dans son livre *sur l'importance des
« opinions religieuses,* M. Necker disait qu'il est enfin temps de demander à

« *l'Eglise romaine pourquoi elle s'obstine à se servir d'une langue inconnue, etc.*
« Il est enfin temps, au contraire, de ne plus lui en parler que pour reconnaître
« et vanter sa profonde sagesse. Quelle idée sublime que celle d'une langue uni-
« verselle ! D'un pôle à l'autre, le catholique qui entre dans une église de son rit,
« est chez lui, et rien n'est étranger à ses yeux. En arrivant, il entend ce qu'il
« entendit toute sa vie ; il peut mêler sa voix à celle de ses frères. Il les com-
« prend, il en est compris ; il peut s'écrier : Rome est toute en tous lieux, elle
« est toute où je suis.

« La fraternité qui résulte d'une langue commune est un lien mystérieux, d'une
« force immense.....

« Rien n'égale la dignité de la langue latine. Elle fut parlée par le PEUPLE-ROI
« qui lui imprima ce caractère de grandeur unique dans l'histoire du langage hu-
« main, et que les langues même les plus parfaites n'ont jamais pu saisir. Le
« terme de *majesté* appartient au latin. La Grèce l'ignore ; et c'est par la majesté
« seule qu'elle demeura au-dessous de Rome dans les lettres comme dans les
« camps (1). Née pour commander, cette langue commande encore dans les li-
« vres de ceux qui la parlèrent. C'est la langue des conquérants romains et celle
« des missionnaires de l'Eglise romaine. Ces hommes ne diffèrent que par le but
« et le résultat de leur action. Pour les premiers, il s'agissait d'asservir, d'humi-
« lier, de ravager le genre humain ; les seconds venaient l'éclairer, le rassurer
« et le sauver ; mais toujours il s'agissait de vaincre et de conquérir, et de part et
« d'autre c'est la même puissance ,

...... *Ultra Garamantas et Indos proferet imperium*........

« Trajan, qui fut le dernier effort de la puissance romaine, ne put cependant
« porter sa langue que jusqu'à l'Euphrate. Le Pontife romain l'a fait entendre
« aux Indes, à la Chine et au Japon.

« C'est la langue de la civilisation mêlée à celle de nos pères les Barbares ; elle
« sut raffiner, assouplir, et, pour ainsi dire, spiritualiser ces idiomes grossiers,
« qui sont devenus ce que nous voyons. Armés de cette langue, les envoyés du
« Pontife romain allèrent eux-mêmes chercher les peuples qui ne venaient plus
« à eux. Ceux-ci l'entendirent parler, le jour de leur baptême, et depuis ils ne
« l'ont plus oubliée. Qu'on jette les yeux sur une mappemonde, qu'on trace la
« ligne où *cette langue universelle se tut* ; là sont les bornes de la civilisation et
« de la fraternité européennes ; au delà vous ne trouverez que la parenté hu-
« maine, qui se trouve heureusement partout. Le signe européen, c'est la langue
« latine.

« ...Après avoir été l'instrument de la civilisation, il ne manquait plus au latin
« qu'un genre de gloire, qu'il s'acquit en devenant, lorsqu'il en fut temps, la lan-
« gue de la science. Les génies créateurs l'adoptèrent pour communiquer au
« monde leurs grandes pensées. Copernic, Keppler, Descartes, Newton, et cent
« autres très-importants encore, quoique moins célèbres, ont écrit en latin. Une
« foule innombrable d'historiens, de publicistes, de théologiens, de médecins,
« d'antiquaires, etc., inondèrent l'Europe d'ouvrages latins de tous les genres.
« De charmants poètes, des littérateurs du premier ordre, rendirent à la langue
« de Rome ses formes antiques, et la reportèrent à un degré de perfection qui ne
« cesse d'étonner les hommes faits pour comparer les nouveaux écrivains à leurs

(1) Fatale id Græciæ videtur, ut cùm majestatis ignoraret nomen, sola hæc quemad-
modum in castris, ita in poësi cæderetur. Quod quid sit, ac quanti, nec intelligunt qui
alia non pauca sciunt, nec ignorant qui Græcorum scripta cum judicio legerunt. (DAN.
Heinsii, ded. ad filium, à la tête du Virgile d'Elzevir, in-16, 1636.)

modèles. Toutes les autres langues, quoique cultivées et comprises, se taisent cependant dans les monuments antiques, et très-probablement pour toujours.

« Seule entre toutes les langues mortes, celle de Rome est véritablement ressuscitée ; et semblable à celui qu'elle célèbre depuis vingt siècles, *une fois ressuscitée, elle ne mourra plus* (1).

« ..... Enfin, toute langue changeante convient peu à une religion immuable. Le mouvement naturel des choses attaque constamment les langues vivantes ; et sans parler de ces grands changements qui les dénaturent absolument, il en est d'autres qui ne semblent pas importants, et qui le sont beaucoup. La corruption du siècle s'empare tous les jours de certains mots, et les gâte pour se divertir. Si l'Eglise parlait notre langue, il pourrait dépendre d'un bel-esprit effronté de rendre le mot le plus sacré de la liturgie ou ridicule ou indécent. Sous tous les rapports imaginables, la langue religieuse doit être hors du domaine de l'homme (2). »

Nous ne demandons point pardon à nos lecteurs de cette longue citation. Comment se décider à dire autrement, et à dire mal ce qui a été si bien dit, si admirablement démontré ! D'ailleurs, chacun le sait, il en est des livres comme des amis ; qui se plaint d'une entrevue prolongée avec un ami vénéré et chéri, dont l'esprit, le cœur, le génie attirent et enchantent, et qu'on n'avait peut-être pas retrouvé depuis un long temps ? Les écrits de M. de Maistre sont pour tous des amis de ce genre.

La haute raison de l'Eglise romaine et de ses Pontifes a donc dû favoriser et promouvoir par tous les moyens l'étude de la langue latine, et il ne faut jamais en laisser affaiblir dans nos rangs l'honneur et le goût. L'Eglise, du reste, pourrait-elle penser, pour l'instruction des jeunes élèves du sanctuaire, autrement que n'ont pensé les antiques les plus renommés, les meilleurs arbitres des saines et fortes études ? Sans interruption et sans exception jusqu'à nos jours, grâces en soient rendues à Dieu, les vrais juges ont prononcé une même sentence en faveur de la langue latine, malgré tous les appels qu'on a essayé d'interjeter au tribunal de l'opinion.

S'agit-il de former l'esprit et la pensée des jeunes gens ? c'est un principe reconnu que pour apprendre à bien penser, à bien parler, il faut l'exemple et les leçons des écrivains qui ont le mieux pensé et le mieux exprimé leurs pensées. C'est dans une sorte de commerce familier et domestique avec ces grands hommes, que les facultés de l'enfant peuvent acquérir leur force et leur développement. Or, les anciens Grecs et Latins, nous sommes toujours forcés d'en convenir avec Fénélon, sont les modèles les plus parfaits à imiter, les maîtres les plus sûrs à écouter, lorsqu'on s'adonne sérieusement à l'étude de la littérature et de l'éloquence. Il sera éternellement vrai que leurs écrits, sous le rapport de l'art et du bon goût, sont les sources assurées où l'on puise l'amour du beau, où l'on trouve la propriété des mots, la justesse des expressions, la vigueur et la clarté des idées, la

(1) Christus resurgens ex mortuis, jam non moritur. *Rom.* vi, 9.
(2) *Du Pape*, liv. 1er, c. 20.

noblesse des sentiments, et par conséquent la vraie manière de bien penser et de bien parler. « Qu'est-ce en effet que le latin, demandait « Geoffroi, en supposant qu'on l'apprenne bien, sinon la meilleure « manière d'apprendre sa langue par comparaison et par pratique; « de se former l'esprit, le jugement, le goût et le style, par le com- « merce des personnages les plus ingénieux et les plus sages de l'an- « tiquité (1). »

On a pu quelquefois entendre des hommes, bien intentionnés sans doute, mais peu réfléchis, se plaindre de cette longue suite d'années employées principalement à l'étude des lettres latines. Se laisser aller à ces plaintes, c'est ne pas se rendre bien compte de l'objet et du but de l'éducation classique.

N'est-ce pas d'abord l'entendement, cet instrument précieux s'ap- pliquant à toutes les sciences, qu'il faut s'attacher à cultiver dans les enfants? Il faut former leur raison, exercer leur esprit ; il faut leur apprendre à penser et à exprimer leur pensée : c'est après tout la seule chose qu'ils aient besoin de savoir jusqu'à l'âge de quinze ou seize ans! Alors seulement ils sont susceptibles des raisons et des abstrac- tions sur lesquelles toutes les sciences sont fondées. Et l'expérience et la vérité ne conduisent-elles pas à affirmer que tout le temps em- ployé aux sciences avant cet âge est presque entièrement perdu? C'est pourquoi, en procédant avec sagesse, il a fallu établir un enseigne- ment propre à ce premier âge, qui consiste à leur interpréter, à leur faire traduire les ouvrages des hommes qui, dans tous les siècles, ont pensé de la manière la plus juste, la plus agréable, la plus naturelle. C'est assurément le meilleur moyen de leur apprendre à penser et à écrire. C'est après avoir meublé leurs têtes des idées d'autrui, après s'être essayés longtemps à les rendre dans différents dialectes, c'est après avoir comparé l'idiome français avec les deux plus belles lan- gues que les hommes aient jamais parlées, que les jeunes gens peu- vent penser, réfléchir, raisonner, écrire ; c'est alors qu'ils sont pro- pres à tout.

Nous venons de résumer les raisons des hommes les mieux versés dans la théorie et la pratique de l'éducation ; et l'on comprend au reste que nous n'entendions nullement séparer l'étude du grec de celle du latin ; tout en donnant la principale importance à ce der- nier, nous ne voudrions pas non plus paraître exclusif et barbare à ce point de retrancher, du temps des classes proprement dites, toute autre étude accessoire, comme l'histoire, la géographie, les langues modernes, les éléments des mathématiques, quelques arts d'agré- ment ; mais nous osons adjurer les pères de famille, les maîtres de l'enfance et les hommes sérieux de juger dans ce qu'il est réelle- ment le cours classique de latin et de grec. Il est l'apprentissage et le travail de l'entendement pour se former à penser, à parler, à

(1) *Spectateur français au dix-neuvième siècle*, tome III, p. 163.

duire. On peut avoir, par d'autres procédés, des plantes de serres chaudes, des fleurs artificielles : un arbre vigoureux, des fruits sains et mûrs, on ne les aura jamais que par la courageuse application à la culture des méthodes anciennes. Constatons-le avec reconnaissance et avec vérité. L'Église, non plus que la société laïque, n'a point abandonné dans le domaine de l'éducation ces traditions des grands siècles philosophiques et littéraires.

X. DE RAVIGNAN.

(La suite à un prochain numéro.)

Les deux camps.

En parcourant les listes du scrutin de division pour ou contre la loi sur la liberté d'enseignement, nos lecteurs auront sans doute remarqué la manière dont se groupent les noms qui composent ces listes.

Parmi les 299 votants *pour* la loi et *contre* le renvoi, on remarque MM. Molé, Thiers, Berryer, de Montalembert, l'évêque de Langres, Benoist d'Azy, Beugnot, Changarnier, Daru, Desèze, Léon Faucher, Fresneau, Janvier, de Kerdrel, Lacrosse, de Larcy, de Melun, Nettement, le général Oudinot, Passy, Piscatory, de Larochejacquelein, le général Rulhières, de Riancey, Roger (du Nord), Sauvaire-Barthélemy, de La Rosière, de Tocqueville, de Vatimesnil, Vezin, etc., c'est-à-dire, *sans une seule exception,* tous les chefs, tous les orateurs du parti modéré, tous les défenseurs anciens et nouveaux de la liberté religieuse et de l'indépendance du Souverain Pontife.

Parmi les 303 votans *contre* la loi et *pour* le renvoi, on trouve MM. Edgar Quinet, Emmanuel Arago, Auguste Mie, Barthélemy-Saint-Hilaire, Baudin, Baune, Napoléon Bonaparte, Bourzat, Brives, Charras, Crémieux, Pascal Duprat, Emile Péan, Edgard Quinet, Frichon, Gastier, Greppo, Joigneaux, Joly, Lagrange, LA MENNAIS, Malardier, Pierre Leroux, Richardet, Ronjat, Sommier, Savoie, Victor Hugo, c'est-à-dire, *sans une seule exception,* tous les Montagnards, tous les interrupteurs qui se sont fait un nom par leurs vociférations, tous les adversaires de l'Église et de Pie IX.

N'est-il pas évident, d'après ce rapprochement, que le petit nombre de catholiques qui, par leurs votes ou leurs exhortations, ont déserté hier la cause de la liberté et de la vérité, devraient quitter désormais les bancs de la droite, pour aller siéger à la Montagne, ou se confondre avec ce tiers-parti, dont l'œuvre a toujours été de décomposer les majorités conservatrices et de perdre la patrie !

Tous les représentants de la Bretagne ont voté comme un seul homme, dans l'intérêt catholique, sur la question du renvoi de la loi de l'enseignement au conseil-d'État.

Parmi les cinquante-neuf représentants de cette religieuse province qui appartiennent, comme on sait, en nombre à peu près égal, aux deux grandes fractions de la majorité, on ne trouve pas un seul vote négatif, pas une seule abstention volontaire.

C'est un grand et noble exemple. S'il eût été suivi par tous ceux qui doivent leur nomination à l'action électorale des catholiques ou à leurs professions de foi favorables à la liberté religieuse, nous n'aurons pas à gémir sur le vote le plus funeste qui ait été rendu depuis la proclamation du suffrage universel.

Nous avons donné hier les extraits des journaux qui déplorent le renvoi du projet de loi de M. de Falloux au conseil-d'État. Ce sont les organes de toutes les fractions de la majorité qui ont compris, à quelque degré que ce soit, les désastreux effets et les dangers imminents du monopole universitaire.

Il nous reste à faire aujourd'hui la revue des feuilles dont l'*Univers* partage la satisfaction.

Nous ferons grâce à nos lecteurs des diatribes purement socialistes et révolutionnaires. Qu'on juge du reste par ces quelques passages de la *Réforme* :

« D'après le vote de l'Assemblée, le projet Falloux-Beugnot sur l'instruction publique sera renvoyé à l'examen du conseil-d'Etat. Nous échappons, pour le moment, à cette loi de sacristie, qui, sous prétexte de liberté d'enseignement, organisait par toute la France le despotisme clérical, mettait en présence, dans toutes les cités et dans toutes les communes, le prêtre et le laïque, l'esprit de l'avenir et l'esprit du passé.

« Cette décision a jeté la gente dévote dans la stupéfaction. Sa désolation était sans bornes. Elle avait si bien compté en finir par cette loi avec l'esprit du siècle! Jusqu'à présent, la conspiration de l'idiotisme n'avait point rencontré d'obstacle ; encore quelques jours d'attente, et la sainte ignorance se répandait par le monde, au grand triomphe de la morale et pour le bonheur du peuple. »

Le *National*, qui est plus politique, a mesuré aussi la portée de son succès, et il exprime, avec une railleuse franchise, sa surprise et sa joie :

« Le parti ultramontain, renforcé des « impies de la veille, dévots du lendemain », conduits par M. Thiers et ses caudataires, a été battu hier, le scrutin en fait foi, par la coalition des hommes qui ne veulent pas remettre les destinées de la France aux mains des Frères de la doctrine chrétienne et des disciples de Loyola. Cet échec était inattendu, et il a blessé au cœur la sainte milice qui se rallie sous l'étendard de la papauté infaillible.

« L'armée de la Foi est *facile à mettre en déroute*, à l'heure des batailles rangées. »

Les plus habiles et les plus modérés des universitaires contiennent davantage leur joie, mais ils ne la cachent pas.

Voici ce que dit l'*Ordre* :

« Au fond de cette discussion de légalité et de procédure parlementaire, il y avait une question politique dont nous ne cherchons pas à dissimuler la gravité.

« Le conseil-d'Etat va être saisi de l'examen du projet de loi sur l'instruction publique.

« Il exercera, nous l'espérons, un contrôle éclairé et efficace sur une œuvre dans laquelle nous avons eu l'occasion de signaler plusieurs innovations aussi dangereuses qu'irréfléchies. »

La Presse, qui, comme on sait, est devenue l'alliée des révolutionnaires, les suit encore sur ce terrain :

« Après une discussion, dans laquelle M. Beugnot est intervenu, au nom du parti catholique, pour combattre le renvoi de la loi sur l'enseignement au conseil-d'État, ce
renvoi, vivement appuyé par MM. Pascal Duprat, Lherbette, Cavaignac et Barthélemy
Saint-Hilaire, au nom du respect de la Constitution, a été prononcé à quatre voix de
majorité.

« Ce vote *équivaut à l'enterrement de la loi de M. de Falloux.*

« Ainsi, cette majorité, dont tous les journaux de la rue de Poitiers célèbrent encore
ce matin l'indissoluble union, vient de se diviser sur la question *la plus vitale, sur la
question que M. de Montalembert considérait comme la pierre angulaire de la politique de la droite.* »

Nous ne terminerons pas sans faire remarquer le silence absolu
du *Journal des Débats.*

On voit que si les révolutionnaires, les socialistes, les voltairiens
jettent des cris de triomphe, les éclectiques, les faux philosophes,
les prétendus politiques, les universitaires les plus modérés et les
plus habiles témoignent des mêmes sentiments, chacun à sa façon.

Nous n'entendons pas entrer dans une polémique avec l'*Univers*
sur le sujet douloureux de toutes les préoccupations catholiques.

Mais il y a dans son article de ce matin certaines idées et certaines expressions, qu'il nous est impossible de ne pas recommander à
l'attention de NN. SS. les Evêques et du public catholique.

Nous citerons textuellement.

L'*Univers* dit : « Le projet de loi sur l'enseignement ne reviendra
« probablement pas du conseil-d'Etat.... C'est un projet annulé,
« comme tous ceux que le monopole a présentés ou acceptés jusqu'à
« ce jour. »

Ainsi ce projet a été, lui aussi, selon l'*Univers*, présenté et accepté
par le monopole : d'où il résulte que M. de Falloux, Mgr Dupanloup
et M. de Montalembert sont *le monopole!* Telle est la justice, telle la
reconnaissance de l'esprit de parti, même chez les catholiques.

L'*Univers* continue : « Nous avons exhorté les représentants catho-
« liques à voter pour le renvoi au conseil-d'Etat. Plusieurs l'ont fait ;
« d'autres, en plus grand nombre, se sont abstenus. Si nous avons pu
« exercer quelque influence sur leur détermination, nous sommes
« loin d'en éprouver le moindre regret ; au contraire..... *Nous con-
« sentirions de bon cœur à ce que le bulletin, l'unique bulletin qui a
« formé la majorité, fût tombé de notre main.* »

Ainsi donc, voilà qui est entendu : l'*Univers* accepte, il fait plus,
il revendique pour lui seul la responsabilité du vote qui a brisé la
majorité et indigné les catholiques. Il a raison de ne pas s'exagérer
son importance ; nous ne connaissons pas plus de trois ou quatre représentants sur lesquels ses virulentes déclamations contre le projet
aient fait quelque impression ; mais ces trois ou quatre voix ont suffi
pour constituer la majorité. La responsabilité qu'il réclame pèse donc

tout entière sur sa tête. C'est désormais à la France catholique qu'il
appartient de juger du bon sens, de la droiture et de l'humilité de
ceux qui la précipitent avec une telle légèreté dans les périls de
l'avenir.

L'*Univers* dit encore : « Nous n'étions pas seuls à combattre le pro-
« jet, et si d'éminents catholiques l'ont soutenu, des catholiques non
« moins éminents l'ont repoussé. » Il faudrait pourtant s'entendre
sur le sens qu'attache l'*Univers* à l'épithète d'*éminent*.

Nous savons, quant à nous, que Mgr de Langres et Mgr d'Orléans,
MM. de Falloux, de Montalembert, de Vatimesnil, Beugnot, Barthé-
my, Nettement, de Valmy, etc. ; en un mot, tous les anciens et éminents champions qui depuis vingt ans défendent la cause catholique,
désiraient la discussion et l'adoption du projet de loi. Ils voulaient,
certes, l'amender et l'améliorer, si c'était possible ; mais ils étaient
unanimes pour l'accepter, même sans amendement, si c'était là une
condition inséparable de son adoption. Quels sont donc, hors de la
liste que nous venons de dresser, les catholiques *éminents* en France ?
MM. les rédacteurs de l'*Univers* peut-être. C'est beaucoup, sans doute;
mais ils nous permettront bien d'ajouter que ce n'est pas assez.

Restent NN. SS. les Evêques, autres que les deux *éminents* prélats
que nous avons déjà nommés.

L'*Univers* invitait dernièrement son nouvel ami, M. Parieu, à examiner les cartons de M. de Falloux, afin d'y rechercher les protestations des Evêques contre le projet de loi. Si nous avions le droit
d'être écoutés par M. Parieu, nous lui adresserions la même exhortation et avec instance. Nous croyons être à peu près sûrs que, parmi
les quatre-vingts Evêques de France, il n'y en a pas plus de trois
qui aient repoussé le projet, comme l'a fait l'*Univers*, dans son principe et dans son entier. Plusieurs ont demandé des améliorations,
que la commission a introduites pour la plupart. Un grand nombre
enfin ont formellement approuvé le projet, et ont exprimé le vœu de
le voir adopter et exécuter au plus tôt.

L'*Univers* nous reproche de soutenir un projet de loi dressé en
commun avec M. Cousin. L'*Univers* était représenté dans la commission où siégeait M. Cousin, par un de ses collaborateurs actuels :
il doit donc savoir mieux que personne à quel point M. Cousin s'est
élevé contre les principales dispositions du projet de loi. Si l'*Univers*
l'a oublié, nous lui apprendrons que M. Cousin a travaillé comme
lui, pour obtenir le renvoi de la loi au conseil-d'Etat ; et qu'aujour-
d'hui, comme lui, il se réjouit d'avoir réussi.

Quand l'*Univers* objecte que nous sommes en *compagnie de l'Ordre* et du *Journal des Débats*, il fait preuve de peu de mémoire et de
peu d'adresse. — Quand même nous aurions été d'accord avec
l'*Ordre* et le *Journal des Débats*, nous pourrions n'en pas rougir : ces
journaux, souvent si répréhensibles au point de vue religieux, ont
défendu la cause de l'ordre social. Mais nous n'avons pas d'ailleurs

servateur. Le *Journal des Débats* n'a jamais dit un mot en faveur du projet de loi de M. de Falloux, et il a attaqué le rapport de M. Thiers ; l'*Ordre* a attaqué et la loi et le rapport : ils sont donc de la compagnie de l'*Univers*, laquelle se compose en outre du *National* et de la *Réforme*, de la *Tribune des peuples* et de la *Démocratie pacifique*, de la *Liberté de penser* et de l'*Émancipation de l'enseignement*, de M. Pierre Leroux et de M. l'abbé Chantome, de M. Edgar Quinet et de M. Lamennais. On conçoit que dans une telle *compagnie*, il n'y ait pas de place pour nous.

— — —

Nom des représentants qui se sont abstenus *et de ceux qui ont voté contre le renvoi au conseil-d'État.*

Pour achever l'étude que mérite le vote du 7 novembre sur le renvoi de la loi de l'enseignement au Conseil-d'État, nous donnons aujourd'hui la liste des membres qui ont voté *contre* ce renvoi, et des membres absents sans congé. Dans cette dernière catégorie, nous mettons en italiques les noms de ceux qui ont assisté à la séance, et dont l'abstention volontaire a déterminé la défaite de la cause catholique et brisé l'union de la majorité.

CONTRE.

D'Albert de Luynes, Ancel, d'Andigné de la Châsse, Aubergé, d'Aubermesnil, Aymé (Charles).

De Balzac, de Bar (le général), de Barbançois, Barchou de Penhoën, Bavoux (Évariste), Baze, de Beaune, Béchard, Beaghel, de Belvèze, Benoist d'Azy (Gard), Benoît-Champy, Bérard, Berger, de Bernardi, Berryer, de Berset, Bertrand (Marne), Bertrand (Yonne), Betting de Lancastel, Beugnot. Bigot, Bigrel, Blavoyer, de Blois, Bocher, Bobillé, de Botmiliau, Bouchet de Grandmay, Boubier de l'Écluse, Bourbousson, Bourbe, Bouvattier, de Broglie, de la Broise, de la Bruguière, de Brays, Bucher de Chauvigné, de Bussières.

Caillet du Tertre, Callet, Camus de la Guibourgère, Carteret, Casimir Périer, de Casabianca, Cécille (le vice-amiral), Cesbron-Lavau, Champanhet, Changarnier, Chaper, Charpot, de Charencey, Charner, Chauchard, Chanvin, Chazaud, Chégaray, Choque, du Boullay, de Coislin, Collas, Collas de la Motte, Combarel de Leyval, Combes, Cordier (Calvados), du Couédic, de Crouseilhes, Curial, Cuverville.

Dabeaux, Dahirel, Dalbis du Salze, Dambray, Darblay, Dariste, Daru, David (Ferdinand), Debès (Ferdinand), Defontaine, Defontenay, Defourment, Delavau, Delessert, Demante, Demarest, Denis, Denissel, Denjoy, Depasse, Descat, Desèze, Desjobert, Desmaroux, Desmars, Desmousseaux de Givré, de la Devansaye, de Dompierre d'Hornoy, Douay, Druet-Desvaux, Dufougerais, Duparc, Dupetit-Thouars, Dupont-Delporte.

Eschasseriaux, de l'Espinasse, Estancelin, Etcheverry.

Failly, Favre (Ferdinand), Favreau, Faucher (Léon), de Faultrier, Ferré de Ferris, de Flavigny, Fornier de Saint-Lary, Fortoul, Fournier, Franqueville, Fréchou, Fresneau.

Gain, Garnon, Gasc, Gaslonde, Gérard (Meurthe), Germonière, de Gicqueau, Gigon, Labertrie, de Girard (Gustave), Girot-Pouzol, Godelle, Le Gorrec, Gourgand (le général), Grammont, de Grammont (le général), de la Grange (Gironde), de Granville, de Grasset, Grellier-Dufougerout, Gros, de Grouchy (le général).

D'Havrincourt, Hébert, de Heeckeren, Hennecart, Heurtier, Hovyn-Tranchère, Hubert-Delisle, d'Hunolstein, Husson (le général).

Janvier, Journu, Junyen.

De Kéranflech, de Kératry, Kerdrel (Ille-et-Vilaine), de Kerdrel (Morbihan), de Kéridec, Kolb-Bernard.

De Laboulie, Lacrosse, de Ladevèze, de Lafosse, de Lagrange (Gers), de Lagros, Laimé, de Larcy, Larrabure, Laurenceau, Lauriston (le général), de Laussat, Lecomte (Eugène) [Yonne], Le Crom, Lefavrais, Lefebvre du Groarlez, Lefebvre-Duruflé, Le Fis (le général), Legros-Devot, Lélut, Lemarois, Léo de Laborde, Lemulier, Lepeletier d'Aulnay, Lequien, Leroy-Beaulieu, de Lescours, de Lespérut, de Lespinay, Lemusseur, Leverrier, de Luppé.

Manescau, Mareau (Théodore), Martel, Martin de Villers, Mathieu-Bodet, Mathieu de la Redorte, Maze-Launay, Mége, de Melun (Ille-et-Vilaine), de Melun (Nord), Mérentier, de Mérode, Michaut (Meurthe), Molé, Monnier (Morbihan), de Montalembert, de Montebello (Nap.), de Montigny, Morel-Cornet, Moulin, de Moustier.

De Nagle, Nettement (Alfred), de Neuville, de Nouailles-Mouchy, Noël (de Cherbourg), Normant des Salles.

D'Olivier, Oudinot (le général).

De Panat, Parisis, Pascal (Frédéric), Passy, Pécoul, Pervinquière, Pidoux, de Pioger, Piquet, Piscatory, Plichon, Pongerard, Postel, Poujoulat, Prudhomme.

De Querhoënt.

Randoing, Rapatel (le général), Regnault de Saint-Jean-d'Angély (le général), de Rességuier, de Riancey (Henri), Rioust de Largentaye, de la Rochejaquelein, de la Rochette, Rodat, Roger (du Nord), Rogé (le général), de Roquefeuil, de Roquette, des Rotours de Chaulieu, Rouget-Lafosse, Rouillé (Emile), Rouveure, Roux-Carbonnel, Rulhières (le général).

De Saint-Georges, de Saint-Germain (Hervé), Saint-Priest (Félix), de Saint-Priest (le général), de Salis, Sauvaire-Barthélemy, de Seré (Henri), de Sesmaisons, Simonot, Sonis, Soullié, Soult de Dalmatie, de Staplande, Suchet d'Albuféra, de Surville, Symphor-Vaudoré.

Thiers, Thieullen, Thuriot de la Rosière, de Tinguy, Tixier, de Tocqueville, Toupot de Bévaux, de Tréveneux, Tripier de Lozé, Tron.

De Vandeul, de Vatimesnil, de Vaujuas, de Vandeuvre, de Vergeron, Vernhette (Aveyron), Vernhette (Hérault), Vezin, Viard, de Villeneuve, Vitet.

Wartel-Deretz.

ABSENTS AU MOMENT DU VOTE.

Abbatucci (Loiret), Achard (le général), Anstett, Aubertin, Aubry (Vosges), Avril.

Baraguey-d'Hilliers (le général), Barrot (Ferdinand), Barrot (Odilon), de Beaunay, Bedeau (le général), Beyer, Bineau, Bixio, Boch, Boichot, Boinvilliers, Briffault, Buffet.

De Cambacérès, Cantagrel, Cavaignac (le général), Cazalès, de Chasseloup-Laubat (le général), de Chasseloup-Laubat (Prosper), de Chazelles, Commissaire, Considérant, de Corcelles.

De Dampierre, Daniel Lamazières, Demesmay, Deville, Dieuleveult, de Doubet, Drouyn-de-Lhuys, Ducluzeau, Dufaure, Dumas, Dupin (Charles), Duquesne.

Etienne.

Fargin-Fayolle, Félix Pyat, Fould (Achille), Fouquier d'Hérouel.

Gambon, Giraud (Augustin), Gleizal, Granier, Grillon.

D'Hautpoul (le général), Heitzmann, Hoffer, d'Houdetot.

Jaffard, Jannot, Jouannet.

Kœnig, Kopp.

Lagarde, de Lamartine, de Lamoricière (le général), Landolphe, Lanjuinais, de Lariboissière, de Lasteyrie (Jules), Laurean, Ledru-Rollin, Lemercier, Lepic, Lourieu.

Maigne, Maissiat, de Maleville, Manuel, Maréchal, Marrast (François), Martin-Bernard, Mathé (Félix), Mauguin, Ménand, de Mornay, de Morny, de Mortemart.

Noblet.

Parieu, de Persigny, Pefliéger, Pilhes, Pons-Tande.

Raconlt-Lafosse, Rattier, Raudot, Reybaud (Louis), Richier, Rolland, Romain-Desfossés, Roselli-Mollet, Rougeot, Rouher.

Saint-Romme, Sazerac de Forge, Suchet (Var).

De Talhouet, Thomine Desmazures, Turpin.

Vaudrey, Vautbier.

De Wendel, Wolowski.

Cette liste est celle du *Moniteur*. A la séance d'hier, MM. Abba-tucci, Bixio et Demesmay ont déclaré qu'ils avaient voté *pour* le ren-voi, et MM. Dieuleveult et Augustin Giraud ont déclaré qu'ils avaient voté *contre*.

On lit dans l'*Opinion publique* :

« Dans le vote sur le renvoi de la loi d'instruction publique au conseil-d'Etat, M. Charles Dupin s'est abstenu.

« M. Dupin (de la Nièvre) n'est porté ni parmi les absents, ni parmi ceux qui ont voté pour, ni parmi ceux qui ont voté contre; M. Dupin était au fauteuil.

« Il va sans dire que M. Chambolle, ce rédacteur de l'*Ordre* qui nous accusait naguère d'avoir voulu diviser la majorité, a voté avec la Montagne.

« Le Clergé pouvait, par la loi nouvelle, obtenir une part d'influence dans l'é-ducation, et l'on sait que M. Chambolle et les philosophes de sa trempe sont, par-dessus toute chose, les ennemis jurés du Clergé. »

L'*Assemblée nationale* rend compte, dans les termes suivants, de l'incident qui a ouvert la séance d'hier :

« Ce qui est bon à prendre est bon à garder, dit un proverbe qui n'est pas précisé-ment une leçon de morale. Ce qui est bon à surprendre est sans doute aussi bon à gar-der, même le bénéfice d'une tricherie parlementaire, même le résultat d'un vote frau-duleux, même le résultat d'un faux en matière législative.

« Oui, 307 voix seulement, contre 303 avaient approuvé cette consultation d'avocats qui dessaisissait l'Assemblée au profit du conseil-d'Etat et ajournait indéfiniment la plus urgente de toutes les lois. — Et aujourd'hui, quand il a fallu livrer aux colonnes du *Moniteur* les noms des trois cent sept protecteurs, par aveuglement ou par parti pris, des docteurs d'irréligion et de socialisme, de tout étage, professeurs de faculté ou maîtres d'école, huit noms d'absents ont pris place dans la phalange des trois cent sept.

« M. de Kerdrel est venu dénoncer cette *erreur*, — c'est le nom parlementaire de ces sortes de fraudes — qui a déplacé la majorité. Il a cité les noms : ils étaient d'ailleurs au *Moniteur*, et personne ne pouvait le contester. Il a constaté l'absence : le *Moniteur* la constatait pour quelques-uns; elle était de notoriété publique pour les autres, pour M. Cré-mieux par exemple, qui assistait hier aux débats de la Haute-Cour à Versailles. L'erreur (erreur, soit !) était évidente, matérielle, palpable. Il y avait deux moyens de la répa-rer, par la rectification ou par le renouvellement du vote. Lequel croyez-vous qu'ait choisi l'Assemblée ?

« Malgré les efforts de M. de Kerdrel et de M. Baze, l'Assemblée, sur les plaidoiries de M. Charamaule et de M. Victor Lefranc, a légitimé, c'est-à-dire validé, maintenu le résultat surpris hier par huit universitaires.

« Avis à la fraude en matière de votes législatifs, une prime lui est offerte.

« Ainsi ce monopole d'un enseignement qui démoralise, qui corrompt les générations, odieux dans son principe, odieux par la façon dont il s'exerce, devient plus odieux en-core par les moyens à l'aide desquels il se maintient et continue de s'imposer à la France qui le repousse. »

SÉANCE DE L'ASSEMBLÉE.

La séance a été presque tout entière consacrée à la fin de la deuxième délibération du projet de loi relatif au chemin de fer d'A-vignon à Marseille. Le premier article a été voté à 384 voix contre 197. Au commencement de la séance, M. de Crouseilhes a demandé l'urgence sur la proposition relative aux transportés de juin. Le débat a été renvoyé à lundi.

———

M. Frémy, représentant du peuple, chargé d'une mission auprès du Souverain Pontife, est revenu ce matin de Portici. Il a été chargé par Pie IX de faire savoir à **M. Thiers**, qu'aussitôt après avoir pris lecture du rapport de cet homme d'État sur l'expédition de Rome, Sa Sainteté s'était décidée à retourner dans sa capitale.

M. Thiers a reçu cette flatteuse et paternelle communication, avec une satisfaction qu'il s'est empressé de faire connaître à plusieurs de ses collègues.

———

Nous pouvons annoncer avec certitude que le Pape, aussitôt après qu'il a été informé du vote de l'Assemblée sur les crédits de notre expédition en Italie, a envoyé chercher **M. de Corcelles** à Rome, afin que l'ambassadeur de France le ramenât dans sa capitale.

Cette nouvelle comblera de joie tous les bons Français et tous les enfants dociles de l'Église.

Dieu veuille que la nouvelle du changement de ministère et du rappel de M. de Corcelles, n'arrive pas à Portici assez tôt pour arrêter l'exécution de la résolution du Pape!

———

L'*Assemblée nationale*, au sujet du *Drapeau du Peuple*, publication de M. l'abbé Chantome, fait les réflexions suivantes :

« Voici donc encore un nouveau défenseur de toutes les théories démocratiques les plus avancées et les plus absolues, celles même que les républicains les plus anciens et les plus fidèles, pourvu qu'il leur reste un peu de sens et d'honnêteté pratiques, regardent comme impossibles à réaliser, telles que le droit au travail; la dépendance constante et absolue du représentant vis-à-vis de ses électeurs; non-seulement le droit, mais l'obligation absolue pour tous les peuples d'arriver à la république *démocratique* et *sociale*, à ce point qu'aucun autre gouvernement ne peut être légitime, que le peuple même le plus heureux sous une autre constitution politique, n'aurait pas le droit de le conserver, que toute minorité, quelque faible qu'elle fût par le nombre, pourrait légitimement, si elle en avait l'audace et la force, lui imposer la république *démocratique* et *sociale, forme nécessaire* et *invariable* de la démocratie.

« Tout cela avec la désorganisation de l'armée et de l'impôt, la ruine du capital, l'instruction obligatoire et les *soulèvements armés obligatoires* aussi, *telles conditions posées :* tout cela, disons-nous, et bien d'autres choses encore, est enseigné, proclamé comme autant de dogmes *politiques* et *religieux*, et par qui! non par M. Proudhon, par M. Barbès, mais par M. l'abbé Chantome, par un prêtre !

« Voilà le nouvel adversaire, faut-il le dire, le nouvel ennemi que nous, défenseurs de la société, nous trouvons en ce moment devant nous.

« Nous ne dissimulons pas la douleur et l'embarras que nous a causés d'abord la nécessité de nous armer pour un combat nouveau.

« Et encore, si nous avions pu nous dire que ce prêtre égaré, comme ses malheureux devanciers Châtel et Lamennais, était maintenant séparé complètement du corps vénérable qu'il déshonore ! Mais serait-il donc vrai qu'à ce moment M. l'abbé Chantome ferait encore partie de la commission diocésaine des études nommée par Mgr l'Archevêque de Paris, qu'il posséderait à cette heure encore les pouvoirs qui, aux yeux des peuples, sont le témoignage et l'expression de la confiance et de l'approbation de l'autorité ecclésiastique!

« ...de sorte que ce serait véritablement un prêtre autorisé, ayant par conséquent les apparences d'un prêtre respectable, contre lequel il nous faudrait défendre en ce moment la société menacée.

« En vérité, si dans son sein l'Église elle-même laissait enseigner de pareilles doctrines, et si, pour en arrêter le scandale, la force et la volonté lui manquaient à la fois, ne faudrait-il pas désespérer entièrement de notre avenir ?

« Mais non : l'autorité que M. Chantome est avant nous obligé de reconnaître, si épargnera la honte et le malheur de poursuivre sa route ; ou si (ce qu'à Dieu ne plaise !) il restait sourd à sa voix, s'il nous fallait définitivement compter en lui un ennemi de plus, du moins par sa résistance il se sera jugé lui-même, et pour le combattre, ce n'est pas dans le sanctuaire qu'il nous faudra le chercher désormais. »

Nous croyons pouvoir affirmer que l'autorité à laquelle en appelle l'*Assemblée nationale*, ne laissera pas le mal faire de nouveaux progrès ; et il est permis d'espérer que le scandale de cette publication nous sera épargné.

Voilà bien longtemps que le génie du mal s'est mis à l'œuvre pour détruire en France le sentiment religieux. On a détruit les couvents, tué les prêtres, pillé les églises : c'était bien aller......, et pourtant on n'a pas réussi. Il a fallu en revenir à la religion, et, après l'avoir officiellement bannie, on l'a rappelée avec une joie officielle ; mais alors arrivait la guerre des tracasseries, des dédains affectés, des moqueries ; les mauvais livres, les chansons, les dessins irréligieux ont été répandus avec profusion. Et puis?.... Et puis il s'est trouvé que ce qu'il y a de plus profondément enraciné en France, c'est la religion; et que, si l'on veut du milieu de tant de ruines, relever quelque chose de solide, c'est sur la religion qu'il faut bâtir. Ces réflexions nous sont venues à la lecture d'un mandement de Mgr l'Évêque de Verdun, dans lequel S. G. recommande à la charité des fidèles de son diocèse un lieu de pèlerinage très-vénéré. Après avoir, avec une simplicité pleine de charme, raconté les commencements de la Benoîte Vaux , suivi ses progrès et montré « la foule, hélas! toujours si nombreuse des malheureux et des pauvres « qui venaient le chapelet en main confier à la consolatrice des affligés le secret « de leurs douleurs » ; le prélat s'écrie : « Vous n'avez pas dégénéré de leur foi.... « Nous avons souvent admiré ces foules suppliantes qui se pressaient en « masse autour de l'enceinte trop étroite pour les contenir, et n'eussions-nous « d'autres preuves de votre piété, il nous suffira de dire qu'à dater de la dernière « solennité pascale, les prêtres pieux et dévoués auxquels nous avons confié la « garde de ce sanctuaire ont eu la consolation de distribuer le pain eucharistique, « à près de cinq mille pèlerins. »

Ce sont là de beaux spectacles pour la foi! Et quand nous songeons qu'il est beaucoup de diocèses en France où les lieux consacrés par de pieuses traditions réveillent la dévotion dans les âmes, nous ne pouvons qu'ouvrir notre cœur à un immense espoir de salut.

NOUVELLES RELIGIEUSES.

ROME. — En date du 28 octobre, S. Em. le cardinal-vicaire publie une notification où, après avoir déploré le scandale qui s'était introduit à Rome pendant les troubles au sujet de la sanctification du dimanche et des fêtes, il s'effraie de retrouver les mêmes symptômes de relâchement après le rétablissement du gouvernement légitime; et puisque, dit l'acte officiel, les exhortations ne suffisent pas à rappeler certains esprits au devoir, il remet en vigueur les lois existantes sur la matière, résumées dans l'édit du 30 juin 1847, et menace les délinquants d'une répression sévère.

PARIS. — Mgr l'Archevêque de Bordeaux vient d'arriver à Paris.

MOULINS. — Un service de quarantaine a été célébré dans l'église cathédrale de Moulins pour le repos de l'âme de Mgr de Pons. C'est le R. P. Abbé Stanislas de Notre-Dame-de-Sept-Fons qui a présidé à l'office, Tout le clergé de Moulins, les élèves des deux séminaires, les communautés religieuses et un grand nombre de fidèles y assistaient.

BELGIQUE.— Grammont, le 5 novembre. — Nous sommes à peu près délivrés du choléra qui a affligé notre ville pendant plus de deux mois et demi. La société de Saint-Vincent-de-Paul s'est distinguée particulièrement en visitant les habitations où la misère avait sa demeure avant que l'épidémie y vînt faire ses ravages. La présence de ses membres au chevet des souffrants, où ils bravaient cette maladie aussi prompte que terrible, y relevait le courage et inspirait la résignation.

GENÈVE. — Les questions soulevées par les prochaines élections se compliquent de tout l'intérêt religieux. Les catholiques, par leur nombre, maîtriseront évidemment le scrutin. Le parti auxquels ils se rattacheront sera vainqueur. Mais à qui donneront-ils, sinon leurs sympathies, du moins leur concours ?

Ils sont peu portés pour le radicalisme, mais ils redoutent une restauration du régime conservateur qui, à Genève, est synonyme de prosélytisme protestant. Ils semblent craindre que l'exclusivisme calviniste ne vienne remplacer le régime très-large en fait de culte que le radicalisme *tolérant* de sa nature, a laissé s'établir. Mais la *tolérance* de ces messieurs est autant à redouter que le zèle persécuteur des autres ; car avec eux si le protestantisme ne lève pas la tête c'est qu'on compte bien l'envelopper dans la même ruine.

Bulletin de la politique étrangère.

ITALIE. — Turin, 5 novembre. — L'agitation politique existe à la surface, il est vrai, mais jusqu'à présent elle n'a pas pénétré les masses.

La Chambre des députés qui, il faut bien le dire, puisque c'est la vérité, représente exclusivement le public des cafés et les politiques peu intelligents, est animée d'un détestable esprit. Cependant elle a conscience de ce qu'elle est, elle comprend que sa manière de voir rencontre peu de sympathies dans le pays, et elle n'ose pas user de la puissance parlementaire.

Si le ministère avait été plus énergique ou plus habile, il lui aurait été facile de faire marcher la majorité dans des voies franchement constitutionnelles. Malheureusement, M. d'Azeglio, qui est un homme d'infiniment d'esprit, n'a jamais voulu se donner la peine de diriger les débats parlementaires. Cette besogne lui sourit peu, et il s'est reposé de ce soin sur M. Pinelli. Celui-ci ne manquait ni de courage ni de talent, mais il était dépourvu de tact, et d'ailleurs il n'a jamais pu se dépouiller de son écorce d'avocat de province. Il était donc au-dessous de la tâche.

Nous avons eu une nouvelle petite crise ministérielle qui a reçu, hier matin, une solution.

Le général Bava s'était mis en opposition formelle avec ses collègues pour ce qui regarde la réorganisation de l'armée. Il avait voulu tout réformer, tout changer sans les consulter.

M. d'Azeglio, qui, en sa qualité de président du conseil, n'entend pas qu'on se passe de son aveu, a réclamé contre cette conduite un peu sans façon. D'explications en explications la brouille est arrivée, et comme, après tout, le général Bava n'est qu'une spécialité, il a dû se retirer. C'est le général Alphonse Lamarmora, le vainqueur de Gênes, qui le remplace. C'est un choix excellent. On a fait entrer au ministère des travaux publics M. Paléocapa, ingénieur des plus distingués. C'est un réfugié vénitien, mais il n'a rien de révolutionnaire, et le cabinet ne pouvait se recruter dans un meilleur sens.

L'entrée du général Lamarmora fera jeter les hauts cris à l'opposition ; mais il n'y a pas de mal à cela. Le pays comprendra par ce choix que le ministère ne veut pas céder, et, sous ce rapport, cette nomination produira un bon effet.

ALLEMAGNE. — Une correspondance de Hambourg donne de nouveaux détails sur la situation on ne peut plus tendue des affaires dans les duchés de Schleswig-Holstein.

L'ouverture de la session de l'ancienne assemblée des duchés a eu lieu à Kiel le 1er de ce mois.

Cette correspondance nous apprend que les députés du Schleswig s'y sont rendus, bien qu'ils ne dussent plus en faire partie aux termes de l'armistice. M. Bargum, élu président, a prononcé un discours des plus violents et jeté, du haut de son fauteuil présidentiel, un appel aux armes contre le Danemarck.

ASSEMBLÉE LÉGISLATIVE.
Séance du 9 novembre.

L'ordre du jour appelle la suite de la deuxième délibération sur le projet de loi relatif au chemin de fer de Marseille à Avignon.

M. DE MOUCHY retire son amendement déposé.

M. VERSIGNY. L'État devrait s'emparer de toute la circulation. Je n'entends pas, toutefois, que l'État mette la main sur la famille et la propriété. Je ne suis pas communiste.

M. LE RAPPORTEUR. J'accepte avec bonheur cette déclaration. Mais M. Versigny voudrait voir toute la circulation au pouvoir de l'État. Or, ce système ne tend à rien moins qu'à forcer l'État de se rendre maître de tous les moyens de transport, quels qu'ils soient.

L'orateur termine en engageant l'Assemblée à voter un projet qui ranimera les sources du véritable travail. Ce sera là un véritable bienfait, et dont le pays sera reconnaissant envers l'Assemblée (Très-bien!)

Il est procédé au scrutin public. Voici le résultat du scrutin.

Nombre des votants,	581
Majorité,	292
Pour,	384
Contre,	197

L'article 1er est adopté.

M. D'HAUTPOUL, ministre de la guerre, dépose : 1° un projet de loi portant demande de crédits supplémentaires de 14 millions, applicables au service des subsistances militaires, tant en France qu'en Algérie; 2° un projet de loi tendant à appeler 80,000 hommes sur la classe de 1849.

La séance est levée à six heures moins un quart

Chronique et Faits divers.

La rédaction définitive de la proposition de M. de Melun (Nord), sur l'assainissement des logements des ouvriers, vient d'être adoptée par la commission d'assistance publique. M. de Riancey a été désigné comme rapporteur.

—Plusieurs journaux ont annoncé que M. Oscar de Vallée, substitut du procureur de la République du tribunal de la Seine, avait donné sa démission. Cette nouvelle est inexacte.

— Hier matin, un détachement de deux cents hommes du 7e de chasseurs est arrivé à Paris, où il vient renforcer un bataillon de cette arme qui s'y trouve déjà en garnison. Ce détachement a été pris dans le dépôt qui se trouve à Metz.

— La Cour d'appel a fait sa rentrée lundi dernier, 5 novembre.

L'installation de la Cour de cassation a eu lieu aujourd'hui dans la chambre de ladite Cour, sous la présidence de M. Portalis.

L'installation du tribunal civil de la Seine s'est effectuée également aujourd'hui à 11 heures et demie, sous la présidence de M. de Belleyme.

— La Cour des comptes a tenu le 5 novembre sa séance solennelle de rentrée, sous la présidence de M. Barthe, premier président.

— Le gouvernement vient de décider qu'un tableau représentant la cérémonie d'inauguration de la magistrature serait commandé à un de nos plus grands artistes. Le moment choisi sera celui de la messe du Saint-Esprit, dans la Sainte-Chapelle. On dit que ce beau travail va être confié à Paul Delaroche.

— LILLE. — On lit dans la *Liberté* :

« L'audience solennelle d'installation des magistrats de notre tribunal, qui aura lieu lundi, dans la salle du tribunal civil, sera précédée par une messe du Saint-Esprit, à laquelle assisteront toutes les autorités judiciaires en grand costume.

« Il faut remonter jusqu'avant juillet 1830 pour retrouver ces cérémonies religieuses qui accompagnaient toujours les actes importants de la magistrature française, et dont la coutume était aussi ancienne que l'institution elle-même. »

— On a distribué le rapport de M. Hubert-Delisle, au nom de la commission chargée d'examiner le projet de loi tendant à proroger pour trois ans les lois relatives aux étrangers réfugiés en France. Tout en proposant d'accorder la prorogation demandée, l'honorable rapporteur demande, au nom de la commission, l'application ferme et sévère de la législation spéciale qui régit la condition des étrangers réfugiés dans notre pays.

Enfin la commission est d'avis que le gouvernement interdise notre territoire aux combattants qui ont dirigé leurs armes contre nos soldats, et veille avec sollicitude au retour dans leur patrie des étrangers dont les frontières ont été rouvertes par des amnisties réelles.

La sollicitude traditionnelle du pouvoir dans la question des réfugiés a fait successivement descendre le chiffre des subsides de 5,600,000 fr. dépensés en 1840, à celui de 1,600,000 fr. appliqués aux émigrés en 1848, bien que de continuelles secousses politiques aient jeté sur la terre étrangère un grand nombre de proscrits.

— On lit dans la *Constitution* de l'Allier :

« Nous apprenons que les détenus prévenus dans l'affaire des troubles de Moulins, du 9 juillet dernier, ayant été sommés de se rendre devant le juge d'instruction, ont refusé d'obéir à cette injonction ; par suite de ce refus, ils ont été interrogés dans la prison. »

— Le directoire fédéral suisse a, dit-on, décidé l'éloignement de M. Mazzini du territoire helvétique. L'ex-président de la République romaine doit s'embarquer prochainement au Havre pour les Etats-Unis.

— Les journaux de Louisville annoncent l'arrivée en cette ville d'un bâtiment bizarre venant des sources du Kentucky. Ce n'est ni un bateau à vapeur, ni un navire à voiles, ni une embarcation à rames. Deux pirogues attachées ensemble, et sur lesquelles on a construit un pont, puis une cabine, à l'arrière une roue que deux mules mettent en mouvement, telle est la description de cet étrange esquif, sur lequel cinq ou six familles se sont embarquées pour émigrer dans l'Ouest. Nécessité est mère de l'industrie.

M. Sainte-Beuve, de l'Académie française, vient d'insérer dans le *Constitutionnel* un article critique sur M. de Montalembert. Sans adopter toutes les appréciations de l'élégant et judicieux auteur, nous nous plaisons à reproduire cette pièce remarquable par le ton d'équité et de haute convenance qui y règne. C'est une nouvelle preuve du progrès que font tous les jours des esprits éminents, mais long-temps prévenus, vers les seules doctrines dont émanent et le vrai et le beau. La vérité se dégage peu à peu, et un jour peut-être nous bénirons nos souffrances actuelles, quand il sera évident pour tous que les excès où se jette la pensée ont rallié forcément les intelligences droites et amies du bien.

M. DE MONTALEMBERT ORATEUR.

Je voudrais parler ici de M. de Montalembert orateur, au point de vue du talent, pour le caractériser et le saisir dans les principaux traits de son éloquence. Ce n'est point un adhérent qui parle, c'est encore moins un adversaire ; c'est quelqu'un qui l'a suivi dès son entrée sur la scène publique avec curiosité et intérêt, et bientôt avec admiration et applaudissement ! Cette admiration, indépendante du fond même, devenait aisément unanime chez tous ceux qui l'entendaient ; mais les preuves réitérées et diverses qu'il a données de sa puissance oratoire dans ces deux dernières années le classent définitivement parmi les maîtres de la parole. En regard de tant d'autres talents qui se dissipent ou qui s'égarent, on est heureux d'en rencontrer un qui grandit et s'élève en raison des difficultés et des obstacles, qui mûrit visiblement chaque jour, qui remplit ou qui même dépasse les plus belles espérances.

Pourtant, je le dirai d'abord, si M. de Montalembert était resté purement et simplement dans la ligne qu'il suivait avant février 1848, j'aurais éprouvé quelque difficulté à parler de lui en toute liberté, même dans un autre lieu que le *Constitutionnel*. En effet, à ne le prendre que dans cette carrière déjà si pleine qu'il a fournie durant treize années au sein de la Chambre des pairs, je vois en lui un orateur des plus distingués, l'avocat ou plutôt le champion, le chevalier intrépide et brillant d'une cause ; mais tous ses développements d'alors roulent sur deux ou

trois idées absolues, opiniâtres, presque fixes : il défend la Pologne, il attaque
l'Université, il revendique une liberté illimitée pour l'enseignement ecclésiastique,
pour les ordres relig'eux ; il a deux ou trois grands thèmes, ou plutôt un seul, la
liberté absolue. Ce thème est pour lui un point de foi, un sujet de conviction :
aussi son éloquence n'est-elle pas celle d'un avocat, mais d'un croyant, d'un
lévite armé, ou mieux d'un croisé qui aurait reçu le don du bien dire. Il me semble, en chaque question, le voir marcher tout droit devant lui contre l'adversaire, glaive en main et cuirasse au soleil. J'admire et j'applaudis de grand
cœur avec la noble Chambre d'autrefois ce qu'il y a de jeune, de brillant, d'a-
ventureux dans ce tournoi à outrance ; ce sont des exploits de tribune ; mais je
me demande quels pouvaient être les résultats. Ce n'est que depuis 1848 que M.
de Montalembert, acceptant la leçon des événements, a cessé d'être un orateur
de parti pour se montrer un orateur tout à fait politique. Jusque-là on l'admirait,
et à moins d'être étroitement de son parti, on ne le suivait pas.

Maintenant de quelque côté qu'on vienne, on le suit volontiers ; on accepte
non pas seulement la vibration et l'éclat, mais le sens de ses nobles paroles. Il a
cessé de voir les questions par un seul aspect ; il unit deux choses contraires, il
combine. Il n'a pas perdu ses convictions, mais il consent à entrer dans celles
des autres, à compter et à composer avec elles. De là un effort et un frein auquel
son éloquence elle-même ne peut que gagner. Il est trop aisé et trop simple de
n'obéir qu'à un seul souffle direct, impétueux ; le beau de la force humaine est
de se contenir, de se diriger entre des impulsions diverses et d'assembler sous
une même loi les contraires. « On ne montre pas sa grandeur, a dit Pascal, pour
être en une extrémité, mais bien en touchant les deux à la fois et remplissant
tout l'entre-deux. » M. de Montalembert n'est plus tout entier à une extrémité ;
il a montré qu'il savait embrasser des points opposés et marcher, lui aussi, dans
l'entre-deux. Il a fait place, dans son esprit, à un certain contraire. Quelles que
soient les convictions profondes du dedans, c'est là un grand pas de fait pour la
vérité pratique et applicable. Le vrai talent non plus n'a point à se repentir de ces
contrariétés qu'il s'impose. L'énergie gagne par la prudence ; l'éloquence plus
mûre n'y perd pas, et elle donne désormais la main à la politique qui n'est autre,
le plus souvent, qu'une transaction. Depuis ses derniers discours, qui sont aussi
les plus éloquents, M. de Montalembert en a fait l'épreuve ; il a mérité cet éloge,
que M. Berryer lui donnait en le félicitant : « Vous êtes un esprit non absolu,
mais résolu. » Généreux éloge que nous le supplions de justifier de plus en plus
et toujours.

M. de Montalembert a commencé de bonne heure et presque adolescent à se
produire par la parole. Sa longue jeunesse, à laquelle on est accoutumé depuis
dix-huit ans, n'est pas close encore ; né en 1810, il n'a que trente-neuf ans. Jamais il n'y eut jeunesse ni adolescence plus écoutée. Une circonstance singulière
le mit en vue dès 1831. Disciple alors de M. de Lamennais, et rédacteur très-ac-
tif du journal l'*Avenir*, il y faisait ses premières armes en réclamant, au nom de
la Charte, cette entière liberté d'enseignement qu'il n'a cessé de revendiquer depuis. Pour mieux constater le droit, il ouvrit une école gratuite avec deux de ses
amis, M. de Coux et l'abbé Lacordaire. L'école ne fut ouverte que deux jours ; le
commissaire de police vint la fermer, et les trois *maîtres d'école* (comme ils s'in-
titulaient) se virent traduits en police correctionnelle. C'était précisément ce qu'ils
avaient voulu afin de provoquer le débat public. Mais la mort du père de M. de
Montalembert, survenant sur ces entrefaites, investit tout d'un coup le jeune
homme des prérogatives de la pairie, et le procès fut évoqué devant la Haute-
Cour. C'est ainsi que M. de Montalembert, devenu à l'improviste pair de France

tout à la veille de l'abolition de l'hérédité, fit ses débuts d'orateur à la barre de la noble chambre, en septembre 1831, à l'âge de vingt-et-un ans, et en qualité d'accusé. Mais, à voir sa jeunesse, sa bonne grâce et son aisance, la netteté élégante et incisive de sa parole et de sa diction, on oubliait naturellement, et les juges étaient les premiers de tous à oublier qu'on avait affaire à un accusé; on ne voyait que les commencements d'un orateur.

La Chambre entière écoutait, avec une surprise qui n'était pas sans agrément, les audaces du jeune homme, et, ne regardant qu'au talent et à la façon, elle y trouvait avant tout des gages et de futures promesses pour elle-même. Elle accueillait ce dernier né de l'hérédité avec la faveur et presque la tendresse qu'une mère a pour le dernier de ses enfants. Depuis ce jour, M. de Montalembert, condamné pour la forme à une légère amende, fut véritablement porté dans les entrailles de la pairie, il en fut le Benjamin. Lorsqu'il reparut, quatre ans après, dans cette même chambre, pour y siéger avec voix délibérative, il eut le droit de tout dire, de tout oser, moyennant cette élégance de parole et de débit qui ne l'abandonne jamais. Il put y faire entendre en toute franchise les accents les plus passionnés pour cette liberté dont l'amour fut le seul excès de sa jeunesse; il put y développer sans interruption ses théories absolues, qui eussent fait frémir dans une autre bouche, mais qui plaisaient presque dans la sienne. Il put même y donner libre cours à ses qualités incisives, mordantes, acérées, et se montrer personnel envers les potentats et les ministres impunément. Dans un ou deux cas, M. le chancelier le rappela bien à l'ordre pour la forme; mais la faveur qui s'attachait au talent couvrait tout. Son amertume (car il en eut parfois) semblait presque de sa part de l'aménité. L'âpreté du sens était déguisée par l'élégance du bien dire et le parfait bon air. En toute circonstance et quoi qu'il se permît, il n'eut qu'à remercier la Chambre de lui accorder, comme le lui dit un jour M. Guizot, *les immenses libertés de sa parole*. Ici on me permettra quelques remarques qu'il m'a été impossible de ne pas faire durant les années où j'étudiais de loin, en silence, ce talent précoce et grandissant.

Il faut bien des qualités, il faut même quelques défauts peut-être pour composer un grand orateur; ou, du moins, quelques-unes des qualités de l'orateur, quand il débute très-jeune, avant de devenir tout à fait des qualités, peuvent ressembler à des défauts. Ainsi la confiance en sa propre idée, la certitude dans l'affirmation, avant d'être de l'autorité réelle, peut ressembler à de la témérité. Je mentirais à ma pensée si je ne disais que ce fut quelquefois le cas pour M. de Montalembert. Jamais, sous prétexte d'avoir mis son humilité, une fois pour toutes, aux pieds du Saint-Siége, un jeune talent d'orateur ne s'est passé plus en sûreté de conscience ses facultés altières, piquantes, ironiques, et n'a joué plus librement de l'arme du dédain. Jamais, à la faveur d'une conviction religieuse profonde, on a eu moins de souci ni de ménagement de l'adversaire. Et puisque j'en suis aux remarques critiques sincères (et à qui les adresserait-on mieux qu'au noble talent qui est la sincérité même?), j'en ferai aussi quelques-unes sur le fond.

M. de Montalembert, dès le premier jour, entra en lice, je l'ai dit, avec une idée absolue. Tout enfant, il avait fait contre l'Université le serment d'Annibal, et il lui avait juré haine et guerre éternelle. Ce fut là, durant dix-huit ans, sa conclusion réitérée et acharnée, son *delenda Carthago*, comme pour Caton. Il avait retourné le mot de Voltaire, et il s'écriait, lui aussi : *Ecrasons l'infâme!* En écrasant l'Université, c'était, en effet, l'ennemie mortelle du christianisme, c'était le séminaire de l'incrédulité qu'il prétendait exterminer. Très-frappé des pertes graduelles, croissantes, que faisait la foi catholique au sein des jeunes générations, et qui proviennent de tant de causes combinées, M. de Montalembert, pour couper court au mal, crut qu'il fallait en dénoncer toute l'étendue, et marquer au vif la séparation entre la partie saine et celle qui, selon lui, ne l'était pas. Il s'attacha, en conséquence, à ranger en bataille l'armée des catholiques, à la discipliner et à la morigéner, à l'épurer et à la compter, au risque de la diminuer, sinon de l'amoindrir; il supprima les neutres. Jusque-là, en France, tout homme qui ne disait pas : *Je ne suis point catholique*, était censé l'être. Il s'attacha à montrer que la plupart de ces gens-là n'étaient point des alliés pour lui, mais plutôt pour l'ennemi. Il tendit d'une manière tranchée à instituer le duel entre ce qu'il appelait *les fils des croisés* et *les fils de Voltaire*. En répétant sans cesse : *Nous autres catholiques*, au lieu de dire : *Nous tous catholiques*, comme on faisait auparavant; en se représentant lui et les siens comme dans un état d'oppression criante et d'isolement, il donna à penser que le catholicisme en France pourrait n'être bientôt plus qu'un grand parti, une grande secte. J'honore cette franchise, je respecte cette foi de Polyeucte, qui repousse les tièdes, et qui, forte d'un espoir supérieur, réclame le combat, même inégal, sans douter de la victoire; mais, politiquement et moralement, j'aurais mieux aimé laisser un peu plus de confusion sur ces objets. Quand on aura démontré à une foule d'honnêtes gens qui se croyaient encore catholiques. qu'ils ne le sont pas, qu'y aura-t-on gagné? M. de Montalembert, depuis le 24 février, semble l'avoir compris, et c'est avec bonheur qu'on l'a entendu, dans ses discours sur la liberté d'enseignement, des 18 et 20 septembre 1848, consentir à prendre la religion chrétienne, indépendamment du degré de foi individuelle, la considérer plus généralement au point de vue social, au point de vue politique, et accepter pour coopérateurs tous ceux qui, à l'exemple de Montesquieu, l'envisagent au même titre.

Ce fut dans la session de 1844, et à l'occasion surtout de la loi sur l'instruction secondaire, que l'orateur prit, à la chambre des pairs, la position élevée qu'il a gardée depuis, et qu'il se posa décidément comme le chef du parti catholique, le défenseur et un peu le conducteur du clergé et de l'épiscopat français tout entier. C'était un beau rôle à l'âge de trente-trois ans, et il sut le remplir dans toute sa hauteur et son étendue. Il était allé, en 1843, à l'île de Madère, pour y chercher un climat propice à la santé de sa jeune femme; il y travaillait dans ses loisirs à une Histoire de saint Bernard. A la nouvelle du projet de loi, c'est-à-dire du danger, il lança de ce rocher de Madère une brochure où il traçait aux catholiques leurs devoirs et la ligne de conduite à suivre dans la conjoncture présente. Il revint tout exprès de Madère pour soutenir le poids de la discussion, et il y retourna ensuite pour veiller à ses affections domestiques, conciliant ainsi d'une manière touchante les devoirs de l'homme privé avec ceux de l'homme public. C'est ce caractère moral qui, répandu sur toute une vie, contribue beaucoup à l'autorité dès la jeunesse.

BOURSE DU 9 NOVEMBRE.

Le 3 p. 100 a débuté au comptant à 56 10, a fait 56 05 au plus bas, et reste à 56 20.

Le 5 p. 100 a débuté au comptant à 88 35, a fait 88 70 au plus haut, et reste à 88 60.

On a coté le 5 p. 100 romain à 80 3|4.

L'un des Propriétaires-Gérants, CHARLES DE RIANCEY.

Paris, imp. BAILLY, DIVRY et Comp., place Sorbonne, 2.

L'AMI DE LA RELIGION.

SITUATION DES CATHOLIQUES A GENÈVE.
—

Nous recevons de Genève la lettre suivante, qui emprunte à la situation critique de ce canton un intérêt capital :

« Genève, 5 novembre 1849.

« Permettez-moi de vous tenir au courant de la situation de notre ville et surtout de celle des catholiques.

« Quand M. Dufaure a dit à la tribune de votre Assemblée nationale que les partis se balançaient ici, à quelques voix près, il a dit vrai ; mais il n'a mentionné que deux partis, les *radicaux* et les *modérés*, sans tenir compte des catholiques. Et pourtant sur 11,200 électeurs que compte le canton, il y a environ 3,500 radicaux protestants, 3,500 conservateurs de la même communion, et 4,200 catholiques. Si ces derniers voulaient, ils seraient donc les maîtres de la position. Mais malheureusement l'action civile et politique leur manque : chacun d'eux est placé dans une sorte de clientèle, et trop souvent il dépend de son patron et vote avec lui. Et comme les conservateurs sont mieux posés dans le monde pour exercer de l'influence, la majorité des catholiques suit leur impulsion.

« Je n'ai pas besoin de vous dire que je parle de la masse, comme on doit faire en pays de suffrage universel, et ce calcul est plus vrai ici que partout ailleurs, parce que nulle part ailleurs il n'y a moins de catholiques dans une position indépendante. Les paysans des communes d'origine française, (détachées du pays de Gex), ont des croyances très-affaiblies. Ceux des communes savoyardes valent quelquefois mieux ; mais les sociétés secrètes commencent à les corrompre. Quoi qu'il en soit, il y a pourtant ici un noyau de vrais catholiques, d'hommes qui placent l'intérêt de la religion avant tout, et dont l'appui assurait la majorité aux conservateurs.

« Or, cette élite des forces catholiques est décidée à voter par billets blancs. Voici pourquoi :

« En 1835, les Génevois *pur-sang*, alarmés des progrès de la population catholique, formèrent, pour l'extirper peu à peu du canton, une association connue sous le nom d'*Union protestante*. Quiconque entrait dans cette association s'engageait à ne jamais acheter quoi que ce fût d'un catholique, à ne jamais l'employer comme avocat, comme médecin, comme notaire, comme domestique, etc., etc. C'était interdire le feu et l'eau à leurs concitoyens non protestants. Vous pressentez l'irritation qui en est résultée. Eh bien ! le gouvernement, dit conservateur, qui a péri au mois d'octobre 1846, était entre les mains des fauteurs de cette malheureuse *Union protestante*. Inde iræ.

« Cependant les catholiques se sont fait tuer en 1846 pour défendre le gouvernement établi. Mais ce gouvernement s'étant abandonné lui-même, ayant abdiqué au fort de la lutte, ils n'ont pas éprouvé le désir de le relever. M. Fazy a fort habilement tiré parti de cette situation. Il s'est donné la mission, non-seulement de dissoudre l'*Union protestante*, mais de démolir pièce à pièce l'établissement calviniste, de lui enlever sa dotation, de le traiter de tout point comme l'assemblée de 1789 a traité l'établissement catholique en France. Les catholiques ne l'ont point aidé dans cette œuvre de destruction; mais elle ne leur a pas déplu. A la vérité, M. Fazy a fini par se retourner contre eux, et il a mis la main sur l'instruction primaire en déclarant que toutes les écoles communales seraient essentiellement mixtes. C'est le principal grief des catholiques contre lui : son maxinisme en est un autre fort grave. Mais on le redoute moins, au point de vue religieux, que les hommes de l'*Union protestante*.

« Vous avez maintenant la clé de la situation. Voici les faits :

« Les principaux catholiques de Genève, anti-révolutionnaires par principe, désiraient ou au moins préféraient un gouvernement non radical. Ils ont donc fait des avances aux conservateurs. Un catholique, ex-membre du gouvernement déchu en 1846, est allé trouver les chefs du parti conservateur : ces ouvertures n'ont point été appréciées : en même temps deux autres catholiques, mais qui ne comptent pas parmi les défenseurs de la liberté religieuse, et qui doivent figurer sur la liste du gouvernement conservateur; ont multiplié les démarches en faveur des conservateurs. Ils n'ont pas même voulu promettre de favoriser la rentrée immédiate de Mgr l'Evêque de Lausanne et Genève : ils ont offert de lui rouvrir les portes de son diocèse *dans un an*, et à condition que le prélat résiderait à Carouge et non à Genève. Ils ont annoncé l'intention de revenir sur toutes les lois qui ont entamé l'établissement protestant, mais *sans rapporter la loi de M. Fazy sur les écoles*, attendu, ont-ils dit, qu'ils ne voulaient pas être taxés de réaction, et qu'en attaquant la loi en question, *ils déplairaient aux protestants*. Ils ont paru disposés toutefois à adoucir l'exécution de cette loi par un règlement meilleur que celui qui est en vigueur, sans s'expliquer davantage à cet égard. Puis ils ont demandé que Mgr Marilley s'engageât à soumettre au gouvernement le choix de TOUS *les curés du canton*, en ce sens que, pour chaque succursale vacante, *le prélat présenterait au conseil-d'Etat protestant une liste de trois candidats*, ENTRE LESQUELS LE GOUVERNEMENT CHOISIRAIT !

«Le Prélat a fait répondre qu'il ne pouvait admettre un tel concordat, et que, n'étant point citoyen génevois, mais citoyen de Fribourg, il s'abstiendrait de toute intervention dans les élections de Genève.

« Ces faits n'étaient pas de nature à concilier aux deux candidats l'appui des catholiques. La liste des conservateurs a paru sur ce

.... Elle porte au gouvernement M. Cramer, président du
.... protestant, et le général Dufour, qui a commandé l'expé-
.... patricide de 1847, et qui est odieux, surtout pour avoir laissé
......., sans réclamation aucune, la capitulation de Fribourg, qu'il
...... signée et qui garantissait le maintien du gouvernement établi,
..... seule condition que ce gouvernement se retirerait du *Sonder-*
.... La liste est complétée par cinq autres noms, entre autres celui
..... Rigaud, l'un des plus hostiles aux catholiques qu'il fût possible
.... trouver. Les deux catholiques dont nous avons parlé sont égale-
.... portés.

.... l'indignation a été grande parmi les catholiques éminents. Ce-
.... ils ont consenti à se faire violence : il a été convenu que
.... observateur n'attaquerait pas cette liste dérisoire ; qu'on tenterait
.... nouvelles démarches.

.... Ces démarches ont eu lieu et n'ont abouti à rien. Il faut donc
.... désespérer d'un rapprochement, et les catholiques d'une certaine va-
.... peuvant en *conscience* voter pour M. Fazy, ni en *honneur* pour
.... général Dufour, sont décidés à s'abstenir, c'est-à-dire à voter
.... *billets blancs.* Ces catholiques indépendants ont fait tout ce qui
.... honorablement possible pour s'unir aux conservateurs; ils ont dé-
.... leur responsabilité morale : *liberaverunt animas suas.* »

.... l'Archevêque de Paris vient d'adresser à MM. les Curés de
.... deux circulaires dont nous donnons ici les extraits :

« Paris, le 6 novembre 1849.

« Monsieur le Curé,

« Le fléau terrible qui, durant plusieurs mois, s'est appesanti sur nous, vient
... de cesser.

« Combien de fois, pendant ces jours douloureux, avons-nous levé nos mains
suppliantes vers le ciel pour demander à Dieu miséricorde. Nous lui disions avec
les Prêtres de l'ancienne loi : Pardonnez, Seigneur, pardonnez à votre peuple, et
ne soyez pas éternellement irrité contre nous : *Parce, Domine, parce populo tuo,
et in æternum irascaris nobis.* Combien de fois, au saint Sacrifice, en tenant
dans nos mains la victime de propitiation, l'avons-nous offerte au Seigneur pour
qu'il séchât tant de larmes, qu'il consolât tant d'âmes brisées, et qu'il vînt en
aide à tant de veuves et d'orphelins !

« Mais il nous reste, monsieur le Curé, un devoir à remplir à l'égard de ceux
qui ne sont plus. Beaucoup de familles ont été frappées; il en est peu qui
n'aient à déplorer la perte d'un parent ou d'un ami. Nous savons aussi que, dans
ces temps de trouble et d'angoisse, malgré le zèle infatigable de notre Clergé, qui
a donné, en ces douloureuses circonstances, tant de preuves de son dévouement
et de sa charité, un certain nombre de nos frères n'ont pu obtenir que sur le
seuil de nos temples les prières de l'Eglise; plusieurs même, et nous en avons été
profondément affligés, ont été conduits directement au cimetière, privés de ces
dernières bénédictions.

« Or, nous avons regardé comme une obligation de notre charge pastorale de
réparer, autant qu'il était en nous, l'omission d'un devoir aussi sacré, omission,
du reste, qui ne peut être imputée qu'à la difficulté des circonstances.

« Nous avons donc décidé qu'un service funèbre aurait lieu dans toutes les églises de notre diocèse, pour le repos de l'âme des fidèles morts du choléra.

« En conséquence, nous avons arrêté les dispositions suivantes :

« 1° Dans les huit jours qui suivront la réception de cette Lettre, messieurs les Curés de chaque paroisse feront un Service solennel pour les victimes du choléra.

« 2° La dispense que nous avions donnée de la loi de l'abstinence et du jeûne cessera, à partir de la lecture de la présente Circulaire.

« 3° Néanmoins, pour nous conformer à toutes les règles de la prudence, nous permettons encore l'usage du gras, le samedi, jusqu'à Noël.

« 4° Le lundi, 12 du mois courant, nous célébrerons nous-même ce Service dans l'église Saint-Médard, à neuf heures. »

« Paris, le 8 novembre 1849.

« Monsieur le Curé,

« Le gouvernement nous demande d'appeler les bénédictions du Ciel sur les produits du travail et de l'industrie. Nous nous associons avec le plus vif empressement à une si religieuse et si salutaire inspiration. Le travail est pour l'homme comme pour la société un principe de perfectionnement moral. La Religion le bénit, elle le commande, elle l'ennoblit et le sanctifie. Les conquêtes des sciences et de l'industrie révèlent la grandeur de l'homme, elles font briller le rayon divin que le Créateur a fait descendre sur lui ; elles rapprochent, elles mêlent les peuples, et elles sont par-là un puissant moyen de maintenir partout l'ordre et la paix.

« Les sociétés s'honorent en honorant le travail sous toutes ses formes, et en s'efforçant de le récompenser dignement. Pour nous, monsieur le Curé, en demandant au Ciel d'en ouvrir, au profit de tous, les sources fécondes, en priant pour que les bras ne restent pas inoccupés, que les labeurs ne soient pas stériles, que la terre donne avec abondance ses trésors en échange des sueurs du laboureur, que l'atelier reprenne et conserve toute son activité, que le commerce florisse, que l'industrie, sur ses traces, porte au loin et écoule ses produits, en demandant pour nos frères tous ces biens temporels, pourvu que nous ne les séparions pas des biens spirituels, qui seuls peuvent les empêcher de se corrompre, que faisons-nous, si ce n'est demander pour notre pays la fin de ses souffrances, la paix et la prospérité ?

« A ces causes, monsieur le Curé, après avoir lu au prône, dimanche prochain, 11 du courant, la présente Circulaire, vous donnerez à Vêpres le bénédiction du Saint-Sacrement, et vous la ferez précéder du chant du Cantique : *Benedicite omnia opera Domini Domino.* »

— — — — —◦◇◦— — — — —

Nous sommes en retard avec le *Publiciste*, journal catholique publié à La Haye, en français. Ce n'est pas que nous n'ayions applaudi aux efforts de nos frères de Hollande ; loin de là ! Partout où les catholiques, si longtemps accablés par des législations oppressives et absurdes, peuvent enfin élever la voix, et, comme le dit le directeur du *Publiciste*, « prendre leur place dans la « presse universelle et mettre un terme aux empiétements du pouvoir et « aux machinations ténébreuses du protestantisme ; » partout où, secouant les liens dont tous les despotismes les ont chargés depuis trois siècles, ils se décident à parler pour plaider leur cause devant l'Europe, nous leur applaudissons et nous leur présageons le succès : car il faut

...... je comprenne bien, l'erreur a besoin des ténèbres ; quand on la démas-
..... quand on la jette au grand jour de la publicité avec ses tyrannies, ses
..... trames, ses hypocrisies de toute espèce, elle se déconcerte et recule.
..... qu'ont senti les hommes dévoués qui se réunissent pour écrire le
..... et bientôt ils recueilleront les fruits de leur zèle. La seule appari-
..... leur journal est déjà un fait important et significatif.

Nous avons eu sous les yeux une lettre de M. l'abbé Chocarne à
l'abbé Chantome. Les réticences qu'il nous avait paru y voir,
nous avaient empêchés de l'insérer. Aujourd'hui, c'est avec un sentiment de bonheur, que nous ouvrons nos colonnes à la lettre suivante, adressée au rédacteur du *Spectateur de Dijon* :

« Monsieur le Rédacteur,

Il m'est pénible d'avoir une seconde fois à occuper de moi vos lecteurs ; mais je
dois à moi-même, je dois à mon sacerdoce les quelques explications que j'ai l'honneur de vous adresser. C'est une rectification que réclame de moi l'ambiguïté bien involontaire du désaveu que je vous ai prié avant-hier de publier. En le relisant ce matin, j'ai facilement reconnu qu'il exprimait mal ma pensée. Permettez-moi donc de le
.... aujourd'hui. »

A M. l'abbé CHANTOME.

« Monsieur l'abbé,

J'avais eu le malheur d'adhérer trop à la légère à votre pétition au Pape,
demandant des réformes dans la discipline ecclésiastique. Je n'avais pas compris
d'abord la portée et les dangers de votre pétition. Le prospectus de votre
journal, le *Drapeau des Peuples*, m'a montré l'abîme où vous pouviez aboutir, et
tout en faisant des vœux pour que vous ne suiviez pas plus long-temps cette
route semée d'écueils, j'ai dû m'en éloigner moi-même sur-le-champ.

Les rapports qui avaient commencé à s'établir entre nous, Monsieur l'abbé,
m'autorisent à vous dire que je prierai de cœur pour que Dieu ne permette pas
que, malgré les bonnes intentions et les sentiments de foi vive que je vous crois,
vous vous égariez plus long-temps dans des poursuites qu'il ne m'appartient pas
de juger.

Je vous prie, en conséquence, de ne plus compter sur mon adhésion, que je
rétracte, en la regrettant bien sincèrement.

« Agréez, etc.   CHOCARNE, curé de Bellefond. »

Le *Moniteur* contient la note suivante, qui proteste avec énergie
contre les pensées de coups d'Etat attribuées récemment au Président de la République :

« Le Président a dit dans son dernier Message : « Je veux être digne de la
confiance de la nation en maintenant la Constitution que j'ai jurée. » Ces paroles
sont nettes, précises, à l'abri de l'interprétation et du doute. C'est presque la formule de son premier serment. Eh bien! dans certains journaux, dans les salons,
à l'Assemblée, partout enfin on accrédite le bruit d'un prétendu coup d'Etat; on
suspend comme à plaisir cette menace sur la tête des personnes les plus faciles à
alarmer; on trouble méchamment la sécurité publique. Nous sommes autorisés à
déclarer qu'il y a là intention perfide, calomnie odieuse, insulte à la loyauté de celui qui ne viola jamais sa parole. »

SÉANCE DE L'ASSEMBLÉE.

La séance entière a été consacrée à la discussion des articles du projet de loi sur le chemin de fer d'Avignon à Marseille. Le calme n'a été troublé que par un incident relatif à la lecture d'une proposition. La Montagne aurait voulu qu'on lût en entier ladite proposition : la majorité s'est contentée d'en entendre l'exposé sommaire.

L'Assemblée est ensuite parvenue, malgré force scrutins de division imposés par la gauche, à passer à la troisième délibération, après avoir adopté les différents articles.

———◆———

Nous l'avons dit, nous ne descendrons pas à des disputes. Nous n'avons pas coutume de discuter de la sorte, et nous n'avons pas envie de la prendre, surtout avec l'*Univers*. Nous n'aimons pas les injures.

Nous avons dit ce que nous avions à dire. Nous nous sommes bornés, nous nous bornerons à constater et à établir des faits.

Et d'abord, il est bien constant que c'est l'*Univers* qui, de concert avec la Montagne et les universitaires, a fait échouer la loi, et qu'il s'en vante. Ce souvenir sera ineffaçable.

Il est bien constant aussi que l'*Univers* partage la joie de tous les ennemis de l'Eglise, et que tous les ennemis de l'Eglise partagent la joie de l'*Univers*.

———◆———

L'absence de M. de Falloux, qui est la douleur des honnêtes gens, et qui sera peut-être le malheur de la France, fait seule le triomphe de l'*Univers*.

———◆———

Tout le monde sait que M. Cousin a lutté pendant deux mois, d'abord contre les partisans de la liberté d'enseignement, et ensuite contre M. Thiers lui-même, pour repousser le projet de loi de M. de Falloux.

M. Cousin y a mis une énergie et une persistance que rien n'a pu vaincre.

M. Cousin est arrivé enfin à déclarer que, bien loin d'adopter le projet ou de le subir, il accepterait pour le faire tomber tous les secours, même celui de la Montagne.

M. Cousin a tenu parole ; et s'il triomphe en ce moment, c'est qu'il a trouvé en effet, avec le secours de la Montagne, celui de l'*Univers*.

———◆———

Il est assez difficile de savoir au juste quelles sont les intentions et quelle sera la conduite de M. Parieu.

Nous accepterons, quant à nous, tout avantage, quel qu'il puisse être, qui nous sera offert, pourvu qu'il soit au profit de la liberté, et qu'il nous fasse sortir du *statu quo*, à quelque degré que ce soit.

Mais nous nous devons à nous-mêmes, et nous devons à la loyauté
du ministre de l'avertir que s'il s'en tient aux mesures qu'il a annoncées, ou à d'autres semblables, de telles propositions ne sauraient
être regardées par la majorité que comme un leurre et un piége.

En effet, de deux choses l'une : ou M. Parieu est décidé à accepter
le projet de loi avant comme après l'examen du conseil-d'Etat, et
alors à quoi bon une proposition nouvelle pour des améliorations qui
sont dans le projet ?

Dans ce cas donc, la présentation de ces deux dispositions, comme
projet à part, ne serait qu'un *leurre*.

Ou (et c'est la seconde hypothèse) M. Parieu abandonne le *projet*
de M. de Falloux.

Et alors ce serait tendre un *piége* que de faire une *proposition
spéciale* restreinte à l'adoption de deux mesures comprises dans le
projet de loi, mais en n'ayant pour but que de retirer les autres
avantages précis, formels et certains, qui s'y trouvent également
consacrés.

L'intervention du ministre n'aboutirait donc pas, en définitive, aux
deux petites concessions dont on parle, mais au maintien, à la consécration, au rétablissement :

De l'autorisation préalable;

Des grades obligatoires pour l'enseignement;

Des écoles normales primaires;

Des ordonnances de 1828;

Des entraves des petits séminaires;

De la proscription des ordres religieux;

Du monopole de l'Université.

C'est-à-dire qu'en voulant se donner l'air d'accorder quelque chose,
il retirerait presque tout.

On assure que M. Parieu, pour empêcher les membres de l'Assemblée, partisans de la liberté d'enseignement, de reprendre la loi de
L. de Falloux au nom de l'initiative parlementaire, aurait annoncé
qu'il tiendrait la main, conformément à la loi du conseil-d'Etat, à
ce que le projet sur l'enseignement en revînt tout au plus au bout
d'un mois.

Il promettrait aussi de le soutenir dans son ensemble et dans toutes
ses parties, à l'exception de deux points sur lesquels le gouvernement n'aurait pas le courage de s'engager :

Le premier changement sur lequel il insisterait concernerait les
quatre-vingt six recteurs. Il ne comprendrait pas qu'ils pussent
être pris parmi les membres de l'*enseignement libre*.

Il voudrait, en second lieu, que les établissements libres fussent
forcés de se suffire à eux-mêmes. Ces établissements, selon M. le ministre, ne devraient jamais être autorisés à recevoir aucune subven-

tion soit de l'Etat, soit du département, soit des communes, quelle que fût l'utilité de ces établissements et quel que fût le désir des communes, des départements et même de l'Assemblée qui vote le budget.

Le ministre avait paru, dit-on, très-hésitant sur quelques autres articles que nous ne croyons même pas devoir indiquer. Notons seulement la nécessité pour les enfants de porter dans les petits séminaires l'habit ecclésiastique. Ainsi du reste.

Espérons que M. le ministre de l'instruction publique ne laissera pas étouffer les bonnes dispositions qu'il a montrées autrefois pour la religion et la liberté, dans l'atmosphère des bureaux et du monopole.

L'*Univers* dit, pour excuser l'ajournement indéfini de la liberté d'enseignement, que la question n'est pas assez avancée et que la discussion de la loi future réclame plus de *maturité*.

Assurément, il n'y a pas une question au monde qui ait été plus étudiée, plus discutée, plus examinée sous toutes ses faces et sous tous les régimes ; dans la presse, dans les commissions, à la tribune, dans les cabinets qui se sont succédé ; pas une qui soit plus *mûre* tout à la fois et plus urgente.

Nul ne nie plus aujourd'hui, excepté la Montagne et les universitaires auxquels l'*Univers* est venu donner la victoire :

1° Que le maintien du *statu quo* dans l'enseignement des jeunes générations est la perte de la religion et de la patrie ;

2° Que la loi de 1833 sur l'instruction primaire, est une des sources les plus considérables et l'une des armes les plus dangereuses du socialisme et de la révolution ;

3° Que l'*éclectisme obligatoire* des faux philosophes fait autant de mal en haut que la propagande anti-sociale des maîtres d'école en fait en bas ;

4° Que le *monopole et la centralisation* de l'instruction publique dans les mains de l'Université doivent enfin disparaître ;

5° Que les *établissements libres* doivent pouvoir s'établir, en réduisant aux termes les plus simples, les prescriptions et les restrictions inscrites dans la Constitution ;

6° Que les *petits séminaires* ne sauraient subir plus longtemps des entraves et des vexations, que la société rougit de leur imposer et contre lesquelles protestent l'indépendance et l'honneur de l'Eglise ;

7° Que les *membres des congrégations religieuses* doivent jouir de la faculté d'enseigner, comme de tous les autres droits, communs à tous les citoyens.

Voilà où l'on en était arrivé le 7 novembre !

Voilà ce qui a été revendiqué depuis 1808 ; voilà ce que nous soutenons plus que jamais depuis dix-huit années ; voilà ce que dix projets de loi nous ont constamment refusé et ce qu'accorde enfin le

...jet de loi, présenté par l'initiative de M. de Falloux, élaboré par
...tient travail d'une première commission, revu et complété par
...nières des membres les plus compétents, les plus religieux, les
...libéraux et les plus influents de l'Assemblée !

...Et voilà la liberté que l'*Univers*, après l'avoir niée, méconnue et
...battue avec tant de violence depuis plus de quatre mois, vient
d'arracher à la discussion et de livrer de concert avec la Montagne et
...Université au trébuchet du conseil-d'Etat, parce que, au moment
...tout cela est gagné, la question selon lui, n'est pas mûre.

L'*Univers* soutient, comme la Montagne et l'Université, que M. de
Falloux, en saisissant directement l'Assemblée de la question de la
...té dans l'enseignement, et que l'Assemblée à son tour, en ac-
...tant le projet avant l'examen préalable du conseil-d'Etat, ont
commis « une VIOLATION MANIFESTE DE LA CONSTITUTION. »
Nous signalons l'assertion ; nous ne la réfutons pas.
L'*Univers* interprète ainsi la Constitution, parce qu'il l'a lue comme
...projet de M. de Falloux, avec les yeux de la Montagne et de l'Uni-
...té.

...C'est par erreur que nous avons inséré hier, en italiques, les noms
de MM. de Beaunay, de Chazelles, de Dampierre, d'Houdetot, de La-
...boissière, de Mornay, de Morny, de Persigny. Ces honorables membres étaient réellement absents, et ne se sont pas volontairement
...tenus. MM. Dieuleveult et Augustin Giraud, comme nous l'avons
...dit, ont voté *contre* le renvoi. MM. Grillon et de Chazelles déclarent, dans le *Moniteur* de ce matin, qu'ils auraient voté avec la mino-
...té *contre* le renvoi.

ASSEMBLÉE LÉGISLATIVE.
Séance du 10 novembre. — PRÉSIDENCE DE M. DARU.

L'ordre du jour appelle la suite de la discussion sur le projet de loi relatif au chemin de fer d'Avignon à Marseille.

M. CHARAMAULE présente un amendement portant que l'Etat interviendra, aux
frais de la compagnie, dans la gestion de l'entreprise pour la conservation de ses intérêts, contrôlera les dépenses et les recettes, et en assurera l'application au remboursement des sommes dont il se trouverait à découvert.

M. BINEAU. Que veut M. Charamaule?.... Il veut que l'Etat intervienne dans la gestion. Or qu'est-ce qu'intervenir dans la gestion? Ou ce n'est rien, ou c'est gérer soi-
même. Si l'Etat gérait lui-même, quelle responsabilité incomberait sur lui! C'est pour
cela que le système de M. Charamaule est impossible. Ce système constituerait un danger pour le trésor.

M. CHARAMAULE monte à la tribune.

Voix nombreuses : Aux voix ! aux voix !

M. LE PRÉSIDENT. La discussion est close.

M. LE PRÉSIDENT met aux voix l'article 1er qui est adopté.

M. CHARAMAULE présente un nouvel amendement, qui est repoussé par 353 voix
contre 213.

M. VERSIGNY propose un paragraphe additionnel à l'art. 5, qui statuerait que le règlement de la compagnie porterait les noms de tout porteur d'actions à partir du
1er novembre 1849.

M. BINEAU. L'amendement de M. Versigny est inutile et inexécutable.

L'amendement est rejeté.

Les articles 6 et 7 sont adoptés.

L'Assemblée décide qu'elle passera à une troisième délibération.

La séance est levée à six heures un quart.

VARIÉTÉS.

M. de Montalembert orateur.

—

(Suite et fin.)

—

A partir de cette session de 1844, le talent de M. de Montalembert n'eut plus qu'à se déployer; il avait atteint toute son élévation. Son discours sur l'incorporation de Cracovie, du 21 janvier 1847, restera comme un des plus mémorables sur ces sortes de sujets faits pour inspirer. J'avoue que je me méfie toujours un peu de ce qu'on appelle éloquence en de tels sujets, et je cherche avant tout à la distinguer de la déclamation. Mais ici l'éloquence est bien réelle et sentie; elle est brûlante. Flétrissant l'ancien partage de la Pologne, et posant en principe que l'injustice amène tôt ou tard après elle le châtiment, l'orateur fait voir « la nation opprimée qui s'attache aux flancs de la puissance opprimante comme une plaie vengeresse immortelle. » Et plus loin, comparant le peuple écrasé à l'antique géant étouffé sous l'Etna : « On a cru, s'écriait-il, anéantir un peuple, on a créé un volcan. » M. de Montalembert a une faculté qui manque à beaucoup d'autres, d'ailleurs éloquents, et qui fait que sa phrase ne résonne pas comme une autre phrase : il a la faculté de l'indignation. Il a conservé dans sa vivacité première le sentiment du juste et de l'injuste. Son cœur saigne véritablement devant certains spectacles, et son ame parle par sa blessure. Mais ce discours sur Cracovie fut surpassé encore par celui de l'année suivante, du 14 janvier 1848, sur les affaires de Suisse. Ici l'approche des grands événements dont il sent d'avance le courant électrique, enflamme l'orateur : ce n'est plus de la Suisse, ni de la souveraineté cantonale, ni des jésuites d'au-delà du Jura qu'il parle; il s'agit bien de tout cela, il s'agit de nous-mêmes : « C'est un vaincu, annonçait-il en commençant, qui vient parler à des vaincus, c'est-à-dire aux représentants de l'ordre social, de l'ordre régulier, de l'ordre libéral qui vient d'être vaincu en Suisse et qui est menacé, dans toute l'Europe, par une nouvelle invasion de Barbares. » Une fois entré dans cette veine toute vive, il n'en sortit plus, et tout son discours ne fut qu'une évocation directe, personnelle, prophétique. On a souvent dit de la puissance de la parole, qu'elle transporte; jamais le mot ne fut plus applicable que dans ce cas; il n'y eut jamais de discours plus transportant. La noble Chambre fut près d'oublier un moment sa gravité dans un enthousiasme jusqu'alors sans exemple; toutes les arrière-pensées, d'ordinaire prudentes et voilées, reconnaissant tout d'un coup leur expression éclatante, se révélèrent. On peut dire que la Chambre des pairs eut son chant du cygne dans ce dernier discours de M. de Montalembert.

Il y aurait eu pourtant, au point de vue politique, ou même seulement logique, des observations à faire sur quelques parties de ce discours, si l'effet général n'avait tout couvert. Par exemple, l'orateur, au milieu de tout ce qu'il signalait de dangers, continuait de faire ses réserves en faveur de la liberté entière et absolue. Il dénonçait chez nous les manifestations et ce qu'il appelait les excès du radicalisme, et il approuvait qu'on les tolérât. Il sonnait la trompette d'alarme, et *il ajoutait en même* temps : Gardez-vous de courir aux armes. C'était là un reste

ience et de système, dont il a fallu le 24 février pour l'affranchir, lui
p d'autres. Depuis lors, son beau talent avec la fermeté, la souplesse
ir qui le distinguent, avec cet art de présenter la pensée sous des as-
urs larges et nets, avec l'éclat et la magnificence du langage qui ne se
oint chez lui de la chaleur du cœur, s'est mis tout entier au service,
ent des belles causes, des causes généreuses, mais aussi des choses
et possibles. C'est là le point sur lequel j'aime à insister. Le 22 juin
buta devant l'Assemblée nationale en venant parler sur la propriété (à
a projet de décret sur la reprise de possession des chemins de fer par
exprima des considérations justes, élevées, opportunes, dans un loyal
ux langage. En présence d'une Assemblée si nouvelle et au sortir de
iphère de faveur où son éloquence avait été nourrie sans s'y amollir,
ger apprentissage à faire; il le fit en un instant. Ce n'est qu'à titre de
unce qu'il a lieu maintenant de regretter la Chambre des pairs; mais
idées nouvelles, si diversement composées et si orageuses, lui vont à
il y trouve *grand honneur*, dit-il, et *grand plaisir*. Sa faculté ironique
: hautaine qui, à certains jours pourtant, excédait un peu le ton de la
nbre et pouvait sembler disproportionnée, trouve ici des objets très-
a, et il n'en laisse, à la rencontre, échapper aucun; il joint aux autres
l'orateur celle de la riposte et de l'à-propos. Faisant allusion aux fau-
ient commises et dont personne ne pouvait se croire exempt, il disait
uelqu'un qui le complimentait, et tout en déclinant l'éloge : « Nous ne
us qu'une réunion d'humbles pénitents. » Mais les pénitents comme
talembert se relèvent vite, et je ne conseillerais pas aux adversaires de
r. Qu'on se rappelle ce spirituel discours (12 janvier 1849) dans lequel
l'Assemblée nationale de consentir à se dissoudre, et où il la suppliait
a tons, avec un respect tempéré de sarcasme. Les interrupteurs évi-
i'ont rien à gagner avec lui.
a discours sur l'inamovibilité de la magistrature (10 avril 1849), nous
L. de Montalembert sur le terrain de M. Dupin, d'accord avec lui et
la main pour la première fois peut-être. Le passage du discours où le
ie la magistrature est pris et interprété au pied de la lettre, et où
a rapproche socialement parlant du sacerdoce du prêtre; ce double
il importe de maintenir debout; ce torrent des révolutions qui doit, en
quver au moins deux rives inébranlables, et se contenir entre le temple
: le temple de Dieu, tout cela est à la fois de la haute éloquence et de
politique. En parlant sur la loi de la presse (21 juillet 1849), dans
ssion où le talent de M. Thiers lui-même a grandi et a su ajouter à ses
bituelles je ne sais quoi de contenu et le ressort de l'émotion, — dans
ssion pénible, M. de Montalembert a trouvé à proférer hautement des
avaient bien du poids et de l'accent sur ses lèvres. C'est ce même
qui, dans son dernier discours sur les affaires de Rome (19 octobre),
iroclamer avec amertume que le résultat le plus net de l'anarchie, ce
de détrôner quelques rois, c'était de détrôner la liberté : « Les rois
intés sur leurs trônes, s'est-il écrié douloureusement, la liberté n'est
itée sur le sien. Elle n'est pas remontée sur le trône qu'elle avait dans
. » Je n'ai rien à dire de ce dernier discours qui retentit encore. Le
ir l'Eglise d'autant plus forte qu'elle est faible, et qui apparait revêtue
ibilité d'une femme et d'une mère, ce pathétique mouvement, même
qui, à distance, ne prendraient ces choses qu'au point de vue du beau,
er comme une des plus heureuses inspirations de l'éloquence.

A la tribune, M. de Montalembert arrive aux effets sans grands efforts et comme par suite d'un développement continu. Il y est d'une parfaite aisance. Il a peu de gestes ; mais il possède la plus essentielle des parties qui concourent à l'action, il a la *voix*, une voix d'un courant pur et d'une longue haleine, d'un timbre net et clair, d'un accent distinct et vibrant, très-propre à marquer les intentions généreuses ou ironiques du discours. Fils d'une mère anglaise, on croirait sentir dans sa voix, à travers la douceur apparente, une certaine accentuation montante qui ne messied pas, qui fait tomber certaines paroles de plus haut et les fait porter plus loin. Je demande pardon d'insister sur ces nuances, mais les anciens, nos maîtres en tout, et particulièrement en éloquence, y apportaient une minutieuse attention, et un grand orateur moderne a dit : « On a toujours la voix de son esprit. » Un esprit clair, net, ferme, généreux, un peu dédaigneux, marque tout cela dans sa voix. Ceux dont la voix n'est pas l'organe expressif et sensible de ces moindres nuances du dedans, ne sont pas faits pour produire, comme orateurs, des impressions pénétrantes.

M. de Montalembert improvise-t-il, ou récite-t-il en partie? a-t-il écrit des portions de discours d'avance, ou ne les a-t-il que préparées? Ce sont des questions qui tiennent au secret de chacun et sur lesquelles il serait difficile de se prononcer par conjecture. Si j'en crois de bons renseignements, M. de Montalembert, dans son procédé de composition oratoire, a passé par les différentes phases qui sont familières aux gens du métier. Au début, il a commencé simplement par écrire ses discours et par les lire, puis par les réciter. La plume en effet est le premier, on l'a dit, et le plus sûr des maîtres pour façonner à la parole. Enhardi bientôt, il s'est mis à parler sur de simples notes, et, si je ne me trompe, aujourd'hui il combine ensemble ces diverses manières, en y ajoutant ce que la pure improvisation ne manque jamais de lui fournir. Le tout est enveloppé dans une sorte de circulation vive qui ne laisse apercevoir aucun intervalle, et qui fait que les jets du moment, les pensées méditées ou notées, les morceaux tout faits se rejoignent, s'enchaînent avec souplesse, et se meuvent comme les membres d'un même corps. Tout orateur qui l'est véritablement sent toujours combien il lui reste de progrès à faire pour atteindre à cet idéal que les plus grands eux-mêmes ont désespéré de réaliser. M. de Montalembert a donc encore à gagner dans l'avenir, surtout s'il est vrai, comme l'a remarqué l'antique Solon, dans de beaux vers qu'on a de lui, que l'accord parfait de la pensée et de l'éloquence ne se rencontre avec plénitude que de quarante-deux à cinquante-six ans. Observation large et juste, et qui ressemble à une loi! Bien de vivants exemples, autour de nous, la confirmeraient.

Comme écrivain, M. de Montalembert a publié en 1836 l'*Histoire de sainte Elisabeth de Hongrie*, une touchante et poétique légende dont il s'était épris durant un séjour en Allemagne. Il a traduit le livre des *Pèlerins polonais*, du poète Mickiewicz. Il a écrit aussi quelque chose contre les destructeurs des monuments gothiques. Mais son grand ouvrage, son œuvre capitale en perspective est une *Histoire de saint Bernard*, depuis longtemps préparée, et que ses devoirs d'homme public l'ont empêché jusqu'ici de mener à fin. Deux volumes contenant les préliminaires, sur la formation, le développement et le rôle des Ordres monastiques au moyen-âge, sont imprimés, mais non publiés. On le voit, ce n'est point l'unité qui manque à une telle vie.

L'un des Propriétaires-Gérants, **CHARLES DE RIANCEY.**

Paris, imp. BAILLY, DIVRY et Comp., place Sorbonne, 2.

L'AMI DE LA RELIGION.

DU DROIT DE QUÊTER DANS LES EGLISES.

—

(2ᵉ article. — *Voir le numéro 4860.*)

—

En 1796, à l'époque où le culte catholique était proscrit, des *commissions* charitables furent instituées par les lois des 16 vendémiaire et 7 frimaire an V; ces commissions étaient le représentant légal des pauvres, et étaient chargées de la distribution des dons, legs et offrandes.

Après le rétablissement du culte, et quand les églises furent rouvertes, les Bureaux de bienfaisance, qui avaient succédé à ces commissions, voulurent avoir part aux quêtes et collectes faites dans l'intérieur des temples. Notons avec soin qu'alors ils ne réclamaient pas ce privilége à titre de monopole, ni même à titre de droit. Ce n'est que plus tard que la prétention se produisit dans toute son étendue.

Pour le moment, on se contenta d'un arrêté du ministre de l'intérieur (3 prairial an XI, 1803) qui « autorisa les administrateurs à faire quêter dans tous les temples consacrés à l'exercice des cérémonies religieuses. » En 1806, cette autorisation, qui n'émanait que du bon plaisir ministériel, fut convertie en décret le 12 septembre. On faisait des pas dans la voie des empiétements.

Mais sur quoi reposent donc et l'arrêté de prairial et le décret de septembre?

En vertu je ne dis pas de quel principe, mais de quel prétexte les commissions laïques, municipales de bienfaisance, prétendent-elles un droit quelconque sur l'aumône des fidèles, sur la bourse des citoyens? En vertu de quelle autorité le ministre de l'intérieur, ou même l'Empereur, se substituant au pouvoir spirituel, viennent-ils permettre à telle ou telle administration de faire une quête dans l'intérieur même de l'église?

Ils s'appuyent sur la loi de 1796. Mais comment en fait, arguer d'une loi rendue lorsque les temples étaient fermés, pour s'en faire ouvrir arbitrairement l'entrée? Comment en droit, attenter à la liberté de l'Eglise en vertu d'une loi rendue dans un temps où l'Eglise était proscrite et captive? Le Concordat n'était-il pas venu stipuler l'indépendance de la religion? L'article 76 du décret du 18 germinal an X n'avait-il pas reconnu aux Fabriques le droit d'*administrer les aumônes?*

Le droit et la raison étaient contre les Bureaux de bienfaisance. On essaya d'y suppléer par la force. Le ministre de l'intérieur proposa un projet de décret qu'il soumit au conseil-d'Etat et dont les considérants étaient ainsi conçus :

« *L'administration des dons et aumônes offerts en faveur des pau-*
« *vres*, ainsi que le produit *des quêtes et des collectes faites en leur*
« *faveur,* FAIT ESSENTIELLEMENT PARTIE *des attributions* des commis-
« sions charitables instituées par les lois des 16 vendémiaire et 7 fri-
« maire an V, et l'*administration des aumônes* dévolue aux fabriques
« par la loi du 18 germinal an X N'A *pour objet* QUE *les aumônes offerts*
« *pour les frais du culte, l'entretien et la conservation des temples.* »

Ce projet exorbitant qui, d'une part consommait le plus détestable envahissement, et de l'autre dépouillait les Fabriques et les pasteurs de la libre disposition des aumônes, fut attaqué avec la plus grande vigueur, par M. Portalis, dans un rapport très-remarquable adressé le 16 avril 1808 à l'Empereur. Ce document, peu connu, contient les doctrines les plus saines et les idées les plus élevées et les plus justes sur la liberté de la charité; et nous croyons, en en reproduisant les principaux passages, être utiles à cette sainte cause.

« L'administration des aumônes, dit M. Portalis, n'est et ne peut
« être le privilége exclusif d'aucun établissement quelconque: Sans
« doute, les commissions charitables sont des institutions utiles,
« mais ce serait dénaturer leur caractère et peut-être même détruire
« leur utilité que de les transformer en institutions exclusives. La
« bienfaisance souffle comme elle veut et où elle veut; si vous ne la
« laissez pas respirer librement, elle s'éteindra ou elle s'affaiblira
« dans la plupart de ceux qui sont disposés à l'exercer. J'ajoute que
« ce serait mal connaître l'intérêt des pauvres que de les isoler en
« quelque sorte de toutes les âmes religieuses qui peuvent les pro-
« téger et les secourir : tel confle ses aumônes à une fabrique qui ne
« les conflerait pas à un autre établissement. Loin de prescrire des
« limites et des conditions imprudentes à la bienfaisance, il faut lui
« ouvrir toutes les voies qu'il lui plaira de choisir pour s'étendre.
« Le considérant du projet d'arrêté est donc inconciliable avec tous
« les principes, avec la pratique de tous les temps, et avec la nature
« même des choses. »

En ce qui touche le droit des Fabriques d'administrer les aumônes qu'elles reçoivent, M. Portalis reprend : « Pour exclure quelqu'un de
« ce droit, il faudrait aller jusqu'à dire qu'il leur est interdit de rece-
« voir les aumônes, c'est-à-dire, il faudrait détruire la liberté natu-
« relle qu'ont les hommes qui consacrent une partie de leur fortune
« à des aumônes, de choisir les agents de leur bienfaisance et de leur
« libéralité. »

L'illustre rapporteur prouve ensuite que la loi de germinal a consacré pour les Fabriques le droit qu'on veut leur enlever: « J'en atteste
« l'histoire de tous les temps, ajoute-t-il, les Fabriques ont toujours
« été *en possession* de recevoir des aumônes et de les administrer.

.a religion a été la première amie des pauvres, et il est impossible de méconnaître tout ce que l'humanité lui doit. »

C'est sous l'influence de cette belle discussion que la prétention des
reaux de bienfaisance au monopole des quêtes fut rejetée. Ils se
ent réduits à la simple *autorisation* de faire quêter. C'était trop
jà.

Trente ans durant, le débat en demeura à ce point. Mais en 1831,
fut tout à coup renouvelé avec une violence plus grande que ja-
ais. Un avis du Conseil-d'Etat, du 6 juillet, et une lettre du minis-
ᵉ de l'intérieur au préfet de la Seine, le 14 mai 1838, établirent
mme *évident* le droit *exclusif* des Bureaux à faire des quêtes et
llectes.

A cette doctrine si étrange et si intolérable, Mgr Affre répond, dans
n beau Traité de l'administration des paroisses, par des arguments
remptoires. Il ne connaissait pas les Rapports de M. Portalis encore
édits. Mais il montre combien le privilége attribué aux Bureaux
rait *odieux*, et il termine en disant : « Il serait étrange que dans
une société où tout ce que les lois n'interdisent pas, alors même
qu'il blesse la morale, est toléré, permis, quelquefois même encouragé par l'administration, il fût défendu, dans le silence des
lois, de faire l'œuvre par excellence de la charité que Dieu a si spécialement bénie, et à laquelle nul homme n'ose refuser ses hommages! Revenons au texte de la loi. Il n'y a pas d'exclusion formelle
contre les curés. Si elle renfermait quelque disposition douteuse,
ce serait le cas, ou jamais, de lui appliquer l'axiome : *Odia res-
tringenda...* Il ne sera jamais possible au législateur de proscrire
les appels publics à la charité. On commandera en vain à des hommes et surtout à des chrétiens de ne pas élever la voix pour exhorter leurs semblables à couvrir la nudité ou à soulager la faim,
avant d'en avoir obtenu la permission d'un bureau de bienfaisance !

« S'il n'y a aucune loi à nous opposer, nous en avons de nombreuses en notre faveur et qui n'ont rien d'obscur. Nous avons la loi
naturelle, loi universelle aussi ancienne que le monde, promul-
guée partout où il y a des hommes. Nous avons la loi de tous les
peuples civilisés; nous avons nos livres sacrés, toutes nos traditions, tous nos enseignements! »

Devant de telles paroles et de telles autorités, le doute n'est plus
ssible. Il reste, je le sais, un texte de décret qui *autorise* les Bu-
aux de bienfaisance: mais quant à leur monopole, il ne saurait être
voqué sans la plus odieuse violation de tous les principes.

Or, ce texte, il est évidemment à réformer. Il faut, de plus, que la
i de 1796 soit complétement révisée et refondue : c'est trop déjà
'elle ait pu servir de base ou même de prétexte à d'aussi étranges
npiétements.

En résumé,

Liberté de la charité, liberté de l'aumône, liberté de l'Église ; que chacun choisisse le ministre de ses libéralités ; que loin de restreindre les limites de la bienfaisance, on l'étende. Que nul, ni pouvoir civil, ni pouvoir municipal, ne puisse émettre une prétention arbitraire, partielle ou exclusive, sur telle ou telle nature de dons ou d'offrandes. Que l'autorité spirituelle soit la maîtresse des collectes qui lui sont confiées, et qu'elle seule donne les autorisations qu'elle jugera convenables aux fidèles ou aux corps qui voudront solliciter la miséricorde des chrétiens rassemblés dans le lieu saint dont elle est la gardienne. C'est à ce prix seulement que la hiérarchie, l'ordre des pouvoirs, la pratique de tous les temps, la nature même des choses, seront respectés.

Si donc, pour en revenir à l'annonce qui a fait l'objet de ces réflexions, on veut être dans le vrai et dans le juste, il faudra qu'on dise : « Les autorités municipales ont été autorisées par l'autorité diocésaine à faire, à tel jour de fête, une quête solennelle dans les églises de Paris pour subvenir à telle misère. »

Au reste, l'exemple de chaque jour est là. Jamais la sainte pitié de l'Église catholique n'a été sollicitée en vain ; et quand il a fallu, au milieu de nos malheurs, secourir les inondés du Midi, les victimes des désastres de la Martinique et de la Guadeloupe, les Évêques se sont empressés de rivaliser avec les grands pouvoirs de l'État, et l'aumône recueillie librement sou à sou dans nos temples est heureusement et glorieusement venue en aide aux millions prélevés sur le trésor de la nation !

NOUVELLES RELIGIEUSES.

DIOCÈSE DE PARIS. — On assure que les bulles de NN. SS. les Evêques d'Orléans et de Poitiers sont arrivées à Paris, et qu'elles sont soumises en ce moment à la vérification du conseil-d'État.

Le sacre de Mgr l'Evêque de Poitiers se ferait à Chartres, et celui de Mgr d'Orléans à Paris.

— M. l'abbé Carrières, professeur et directeur au séminaire de Saint-Sulpice, a été invité à se rendre au Concile de Rennes en qualité de théologien.

— Vendredi a eu lieu, dans l'église paroissiale de Saint-Gervais, sous la présidence de Mgr l'Archevêque de Bordeaux, la clôture solennelle de l'octave des Morts. Le 2 novembre, cette touchante octave de prières et de prédications avait été ouverte par Mgr Nukal, archevêque du Mont-Liban. Pendant huit jours, tous les soirs, une multitude presque entièrement composée d'hommes, se pressait attentive autour de la chaire sacrée pour y recueillir l'éloquente parole de M. l'abbé Coquereau. Dans ces temps si pleins de tristesse et d'angoisses, où tous les yeux interrogent l'horizon, ce pieux concours des classes laborieuses est un grand sujet d'espoir et de consolation, et nous pouvons dire avec l'éloquent orateur qui vient d'évangéliser ce quartier de Paris : « Que d'éléments encore de vie et de « reconstruction pour notre société, si l'on voulait bien comprendre que dans « l'enseignement chrétien seulement se trouvent la sauvegarde et le salut de « tous ! »

Diocèse de Rennes. — Mgr l'Archevêque de Tours et Mgr l'Evêque du Mans
nt arrivés à Rennes. On s'attendait à voir se joindre à NN. SS. les Evêques de
province le vénérable Mgr de Lesquen, dont le souvenir est encore si vivant
ns son diocèse. Cette espérance a été déçue. On a appris que le prélat vient
être atteint d'une attaque de choléra à Dinan, où il s'est retiré depuis qu'il a
mis en des mains plus jeunes le bâton pastoral. On ajoutait que son état était
désespéré. Sa mort serait un deuil pour tout le diocèse, qui a conservé pour lui
n respect et un attachement profond.

Diocèse de Soissons. — On nous écrit de cette ville :

« Le diocèse de Soissons vient de perdre un prêtre remarquable par le dé-
ouement apostolique, M. Chrétien, curé de Saint-Erme, mort à l'âge de
oixante et un ans.

« Pendant trente ans qu'il a gouverné sa paroisse, il l'a régénérée et soutenue
squ'à la fin dans la pratique. Sa piété, sa douceur, l'aménité de son caractère,
 parole à la fois simple et éloquente, parce qu'elle partait d'un cœur pénétré
es sentiments de foi les plus vifs, en avaient fait l'idole de ses paroissiens. »

Diocèse de Marseille. — Une cérémonie religieuse, aussi intéressante par
s circonstances qui s'y rattachent que par la solennité qui doit l'accompagner,
eu lieu jeudi 8 octobre dans la maison de Nazareth. Cinq petites Ethiopiennes,
cueillies par les Dames de Nazareth et élevées par elles dans les principes de
 religion chrétienne, ont reçu le baptême des mains de Mgr l'Evêque.

La présence de ces enfants dans une maison religieuse de Marseille révèle un
e ces dévouements que le christianisme seul a pu inspirer, comme il inspira
rançois-Xavier et Vincent-de-Paul. En 1839, un prêtre, Nicolas Olivieri, de
ênes, parcourait le Levant. La vue du marché du Caire, où une foule de petites
égresses étaient exposées en vente, l'émut de compassion et excita sa charité.
es pauvres enfants volées pour la plupart à leurs parents, quelque fois même
endues par eux, sont conduites comme un vil bétail par d'impitoyables marchands
ui les livrent aux riches égyptiens. Ce prêtre, courageux autant que modeste,
onçut la pensée d'arracher ces malheureuses à leur triste sort. Plein d'ar-
eur, pénétré de sa sainte mission, il revient en Europe, parcourt les diocèses,
 consacre toutes ses forces, toutes ses facultés, à recueillir les aumônes des fi-
èles qui veulent bien s'associer à son œuvre.

La Providence a béni les efforts de l'honorable prêtre; son dévouement, son
le charitable ont reçu leur récompense. Soixante-quatorze de ces pauvres filles
nt été rachetées par lui, ramenées de ces pays à demi-barbares, et confiées par
roupes à diverses communautés religieuses de France et d'Italie, et cependant
 rachat de chacune d'elles n'a pas coûté moins de 400 à 500 fr.

Les dames de Nazareth furent assez heureuses, il y a quelques mois, pour être
ppelées à concourir à la divine mission du prêtre Olivieri. Une dame aussi re-
ommandable par sa piété que sa bienfaisance, et qui portait le plus vif intérêt à
ette œuvre de rédemption, recevait ordinairement ces petites négresses à leur
rivée à Marseille, en attendant leur destination ultérieure; elle eut un jour la
ensée de demander pour elles l'hospitalité à la maison de Nazareth. Cette hospi-
lité, qui ne devait être que passagère, fut bientôt une adoption.

Peu de temps après, un nouvel envoi de ces petites filles eut encore lieu; elles
rent aussi accueillies dans la maison, et trois autres viennent d'y être admises. »

Quelques-uns de ceux qui ont été entraînés dans le vote désas-
reux du 7 novembre, s'étonnent de notre émotion, et nous de-

mandent si c'est donc un crime ou une folie que d'avoir travaillé et de travailler encore au renversement de la loi sur la liberté d'enseignement. Nous répondons sans hésiter : Ce serait un crime si, voyant le mal immense et peut-être irréparable que ce renversement peut faire, on y avait sciemment donné les mains. Et comment ne pas le voir sans une prodigieuse aberration d'esprit ?

En effet, qu'une loi faite et présentée par M. de Falloux, appuyée par M. de Montalembert, rapportée par M. Beugnot, préparée, améliorée successivement par tous les plus illustres défenseurs de la liberté d'enseignement ; qu'une telle loi succombe sous les coups de la Montagne, parmi les cris de joie de l'impiété révolutionnaire, et en même temps aux applaudissements de quelques catholiques ! Quiconque ne voit pas là un fait étrange, menaçant, selon nous ne voit rien. Pour notre part, nous affirmons que ce fait sera, sinon d'une lamentable conséquence — Dieu l'empêchera peut-être — au moins d'un souvenir ineffaçable.

Et que ceux que ces paroles atteignent nous les pardonnent ! Ils devaient sentir que leur place était misérablement choisie auprès d'un prêtre comme M. de Lamennais, auprès d'un universitaire comme M. Quinet, auprès d'un maître d'école comme M. Malardier ; des alliés comme MM. Pierre Leroux, Charras, Emmanuel Arago, Ronjat, Victor Hugo et tant d'autres devaient leur faire peur ! Mais non : se séparant des hommes les plus religieux de l'Assemblée, ils ont été tristement se mêler aux plus irréconciliables ennemis de l'Eglise et de leur foi !

Le tout pour renverser une loi qui abolissait le certificat d'études et les ordonnances de 1828 ;

Qui affranchissait les petits séminaires et les congrégations religieuses ;

Qui détruisait les grades obligatoires, les écoles normales, l'inamovibilité des instituteurs et le monopole de l'Université !

Ah ! sans doute, on pouvait encore souhaiter une loi plus parfaite ; on pouvait, on devait travailler à l'améliorer : c'était le droit, c'était le devoir de tout honnête homme, de tout catholique intelligent !

Et certes, depuis dix mois, M. de Montalembert et M. de Falloux, Mgr l'évêque de Langres et Mgr l'évêque d'Orléans, M. Beugnot et M. Barthélemy, en un mot, tous les catholiques des commissions et de l'Assemblée, tous y travaillaient sans relâche. Mais étouffer cette loi sous un vote comme celui du 7 novembre ! l'arracher à la lumière ! fuir la discussion ! livrer ainsi par voie détournée, l'Église, la liberté d'enseignement, la France à tous les hasards de l'avenir ; et puis, applaudir encore ! Voilà, nous l'avouons, ce que nous n'avons pu supporter patiemment et ce qui a fait déborder tous les sentiments de notre âme !

Toutefois, ne perdons pas courage ; dans les combats pour Dieu, il faut savoir subir la défaite d'un moment : Dieu n'est jamais vaincu ! Quand on voit l'œuvre du zèle le plus pur succomber sous l'effort et par la rencontre des passions les plus contraires, sans doute on frémit d'abord ; mais bientôt on se ranime, on se recueille, et on attend avec confiance la lumière cachée de Dieu, et ces jours que les divines Écritures nomment admirablement « *Dies retributionis.* »

Il existe un journal qui risque d'éclipser l'*Univers* par la joie que lui inspire le renvoi du projet de loi de l'enseignement, et qui, certes, partagerait volontiers avec lui la responsabilité de ce grand acte. Il s'appelle l'*Émancipation de l'enseignement;* il est rédigé par une société d'instituteurs primaires, et voici comment il parle :

« SAUVÉS, NOS AMIS, VOUS VOILA SAUVÉS !

« Plus de Falloux au ministère, ainsi que nous l'avons annoncé jeudi dernier.

« Plus de loi Falloux à l'Assemblée nationale, ainsi que nous l'avons tant de fois prédit.

« CETTE EXÉCRABLE LOI, par le vote d'hier, a été renvoyée devant le conseil-d'État.

« L'homme, FRAPPÉ PAR LA MAIN DE DIEU, brisé dans son orgueil, dans son pouvoir, DANS SA SANTÉ MÊME, ERRE ON NE SAIT OÙ, COMME UN AUTRE CAÏN.

« Et son œuvre, écartée du grand temple législatif, va être, au dehors, passée au crible jusqu'à ce qu'il n'en reste plus trace.

« LE SERPENT MORT, SON VENIN A PÉRI.

« JOIE, ALLÉGRESSE parmi vous, nos amis, SUR TOUTE LA LIGNE.

« Vos souffrances vont diminuer.

« Votre ciel, dans une partie de l'horizon, *commence à redevenir beau.*

« Celui de vos adversaires *s'assombrit.*

« Si vous les aviez vus hier, au moment où s'éteignait, malgré leur haleine ravivante, la mèche de l'infernale machine qu'ils avaient si laborieusement construite contre vous, si perfidement braquée contre l'avenir de la République !...

« Ils étaient consternés !

« Torturés comme des maudits !

« *Le renvoi devant le conseil-d'État est une atteinte à notre dignité,* murmurait M. Berryer au milieu d'une de ses blanches légions.

« *Nous sommes perdus,* s'écriait ailleurs M. Thiers.

« Quant à M. de Montalembert, en constatant la déroute de ses croisés, il changea véritablement de couleur ; il bleuit comme sous le coup d'une apoplexie.

« Voyons maintenant de quelle façon ces différentes variétés de réactionnaires, chefs et soldats, tous encore si invulnérables et superbes il y a quinze jours, ont été vaincus, *à l'heureuse et* MIRACULEUSE *séance* d'hier qui ouvre enfin la série des trop justes défaites que leur réservait l'inexorable destin.... »

L'*Univers* nous adresse une observation à laquelle nous nous empressons de faire droit.

Il est vrai que le *Journal des Débats,* sans se déclarer partisan du projet de loi de M. de Falloux, en a donné, à l'époque où il fut présenté, il y a quatre mois, un exposé plus exact et plus impartial que l'*Univers.*

Quant à l'*Ordre,* nous avons dit et nous maintenons qu'il a toujours trouvé le projet et le rapport de M. Beugnot trop favorables à la religion et à la liberté. On sait que M. Chambolle a voté le renvoi au conseil-d'Etat.

Au reste, nous répétons que, bien loin de rougir de l'adhésion de ces journaux au projet de M. de Falloux, nous regrettons seulement qu'ils n'aient pas donné un appui plus complet et plus persévérant à nos principes.

––––––––––

Nous ne répondrons pas aux nouvelles récriminations de l'*Univers*. Pour nous, l'argument le plus éloquent, le plus concluant en faveur du projet de loi de M. de Falloux, se trouve dans la liste des votans *pour* et *contre* la loi. Que l'*Univers* reproduise cette double liste : la réunion de tous les noms dévoués à l'égalité, à la liberté religieuse, sans exception et d'un seul côté, renferme la condamnation sans appel de la ligne qu'il a suivie et du mal qu'il a fait.

––––––––––

On lit dans l'*Union* d'hier :

« Nous recevons la lettre suivante :

« Monsieur le rédacteur,

« Vous regrettez, dites-vous, d'avoir trouvé, sur la liste des représentants qui ont voté le renvoi de la loi d'enseignement au conseil-d'Etat « les noms de MM. Foblant, Murat, « Sistrières, de Ravinel et de Ségur d'Aguesseau, sur lesquels la majorité semblait tou- « jours devoir compter. »

« En ce qui nous concerne, monsieur le rédacteur, il n'y a dans votre appréciation qu'un mot de trop, c'est le mot *toujours*.

« La majorité peut, en effet, compter sur nous ; mais elle doit y compter seulement dans les circonstances où il nous semblera qu'elle a raison, jamais quand nous croirons qu'elle a tort.

« A tort ou à raison, il nous a paru que la majorité s'égarait cette fois, et voilà pourquoi nous nous sommes, cette fois, séparés d'elle, notre parti étant bien pris de n'obéir jamais, dans nos votes comme dans tout le reste, qu'aux inspirations de notre conscience.

« Agréez, monsieur le rédacteur, l'assurance de notre parfaite considération.

F. DE RAVINEL,   FOBLANT,
Représentant du peuple.   *Représentant du peuple.*

L'*Union* répond :

« Nous n'avons pas prétendu que MM. Foblant et de Ravinel n'avaient pas obéi *aux inspirations de leur conscience*. Nous comprenons assez bien nos devoirs pour nous abstenir de tout ce qui pourrait paraître une personnalité injurieuse. Nous sommes fâchés seulement, et nous persistons à regretter que la conscience de MM. Foblant et de Ravinel leur ait dicté un vote qui, à notre avis, est en opposition directe avec leurs votes antérieurs.

« M. Foblant est un des rédacteurs de l'*Espérance*, de Nancy, feuille éminemment catholique, et M. de Ravinel, représentant des Vosges, a été chaudement patroné par ce journal. Qu'il nous soit permis de dire qu'il nous a semblé étrange de voir deux catholiques voter avec MM. les universitaires. »

––––––––––

Les catholiques anglais apprécient de la même manière que nous la portée du renvoi du projet de loi de M. de Falloux au conseil-d'Etat. Dans le *Tablet*, que nous recevons aujourd'hui, nous lisons cette

rase remarquable : MAJORITÉ CONTRE LE PARTI DE L'ÉGLISE, QUA-
TE VOIX ! (*Majority against the church party, 4.*)

Rectification.

En citant, d'après le *Courrier d'Auvergne*, un fait déplorable, nous
vions dit que nous espérions le voir démentir. C'est avec plaisir que
ous trouvons dans le même journal les lignes suivantes :

On lisait dans le numéro du *Courrier d'Auvergne*, du 24 octobre :

« Serait-il vrai, comme on nous l'a assuré, qu'à la distribution des prix du lycée de
Clermont, cette année, un élève de seconde aurait reçu en prix les œuvres *complètes*
de Voltaire, y compris la *Pucelle*? Si ce fait est vrai, et il l'est pour nous jusqu'à
preuve du contraire, cela dénote un oubli complet des devoirs que contracte l'Université vis-à-vis des familles chrétiennes, ou une absence de surveillance déplorable
et qui mérite d'être signalée. »

« Aujourd'hui, dit le *Courrier*, sur les réclamations de M. le proviseur du lycée, et
'après le résultat de nos propres informations, nous nous faisons un devoir de reconnaî-
re que le fait sus-énoncé était dénué de fondement, et nous regrettons qu'à cette occa-
ion l'administration du lycée ait été l'objet d'une imputation aussi inexacte que fâcheuse.

« La juste susceptibilité de M. le proviseur nous a montré qu'il était aussi sensible
que nous à ce grand intérêt de moralité publique. »

La lettre suivante a été adressée au rédacteur du journal le *Dix
Décembre* :

« Monsieur,

« Vous avez donné à la réunion qui a eu lieu chez M. de la Moskowa un caractère et
ine interprétation que nous n'acceptons pas ; il n'a jamais été dans notre pensée de
os séparer de la majorité, et rien n'a été dit en notre présence qui pût nous fair
upposer la volonté de la diviser.

« DE MOUCHY, Fréd. DE LAGRANGE. »

Nous avions bien prévu que la réunion annoncée ne s'établirait
as.

Cérémonie de l'industrie nationale.

Voici quelques détails sur la solennité de la distribution des récompenses
lécernées à l'industrie nationale :

A neuf heures trois quarts, le Président de la République, suivi des officiers
le sa maison, est parti de l'Élysée en voiture ; il avait près de lui M. Boulay,
le la Meurthe, vice-président ; le ministre de la guerre, le ministre du commerce ; dans d'autres voitures d'honneur étaient les ministres et les aides-de-
'amp de Louis-Napoléon.

Le cortége est arrivé par le Pont-au-Change. Il était précédé par un magni-
ique escadron de cuirassiers.

Le président de l'Assemblée nationale, M. Dupin, est également arrivé au
'alais-de-Justice, précédé et suivi par un escadron de lanciers.

Le Président de la République a été reçu au haut du grand escalier d'honneur par le jury central, qui l'a conduit immédiatement à la grande chambre d'audience de la Cour de cassation. C'est là qu'à eu lieu la distribution des croix; puis le Président, suivi de tout le cortége, s'est rendu à la Sainte-Chapelle où il a entendu la messe, célébrée par Mgr l'Archevêque de Paris.

Après la messe, le Président s'est rendu dans la salle des Pas-Perdus au milieu de laquelle on avait placé pour lui un fauteuil. Sur une autre estrade, à gauche, le président de l'Assemblée occupait également une place d'honneur.

Avant l'appel des récompenses, le Président de la République a prononcé un discours dont nous extrayons les passages suivants :

« Elle n'est pas dégénérée, cette nation qui, malgré ses bouleversements, alors qu'on croyait les ateliers déserts et le travail paralysé, est venue faire luire à nos yeux, comme une consolation et un espoir, les merveilles de ses produits.

« Le degré de civilisation d'un pays se révèle par les progrès de l'industrie, comme par ceux des sciences et des arts. Plus nous avançons, plus, ainsi que l'annonçait l'Empereur, les métiers deviennent des arts, et plus le luxe lui-même devient un objet d'utilité, une condition nécessaire de notre existence.

« Mais ce luxe qui, par l'attrait de séduisants produits, attire le superflu du riche, pour rémunérer le travail du pauvre, ne prospère que si l'agriculture, développée dans les mêmes proportions, augmente les richesses premières du pays et multiplie les consommateurs.

« Aussi le plan principal d'une administration éclairée et préoccupée surtout des intérêts généraux, est de diminuer le plus possible les charges qui pèsent sur la terre. Malgré les sophismes répandus tous les jours pour égarer le peuple, il est un principe incontestable qui en Suisse, en Amérique, en Angleterre, a donné les résultats les plus avantageux : c'est d'affranchir la production et de n'imposer que la consommation.

« La richesse d'un pays est comme un fleuve : si l'on prend les eaux à la source, on la tarit; si on les prend au contraire lorsque le fleuve a grandi, on peut en détourner une large masse sans altérer son cours. (Vifs et unanimes applaudissements.)

« Au gouvernement appartient d'établir et de propager les bons principes d'économie, d'encourager, de protéger, d'honorer le travail national. Il doit être l'instigateur de tout ce qui tend à élever la condition de l'homme, mais le plus grand bienfait qu'il peut se donner, celui dont découlent tous les autres, c'est d'établir une bonne administration qui crée la confiance et assure un lendemain. Le plus grand danger peut-être des temps modernes vient de cette fausse opinion inculquée dans les esprits, qu'un gouvernement peut tout, et qu'il est de l'essence d'un système quelconque de répondre à toutes les exigences, de remédier à tous les maux.

« Les améliorations ne s'improvisent pas; elles naissent de celles qui les précèdent. Comme l'espèce humaine, elles ont une filiation qui nous permet de mesurer l'étendue du progrès possible et de le séparer des utopies. Ne faisons donc pas naître de vaines espérances, mais tâchons d'accomplir toutes celles qu'il est raisonnable d'accepter ; manifestant par nos actes une constante sollicitude pour les intérêts du peuple ; réalisons, au profit de ceux qui travaillent, ce vœu philanthropique d'une part meilleure dans les bénéfices et d'un avenir plus assuré.

« Pendant que vous ferez ainsi votre devoir de citoyens, moi, n'en doutez pas, *je ferai mon devoir de premier magistrat de la République.*

« *Impassible* devant les calomnies comme devant les séductions ; sans faiblesse comme sans jactance, je veillerai à vos intérêts qui sont les miens, je maintiendrai mes droits qui sont les vôtres. »

Élections de Narbonne.

· On nous écrit de Narbonne :

· « Les élections municipales de Narbonne viennent d'avoir lieu une seconde fois; la liste des amis de l'ordre a obtenu une majorité de 210 voix. A une première élection les rouges l'avaient emporté, mais l'enquête qui a eu lieu à ce sujet a fait reconnaître l'inscription illégale d'un grand nombre d'électeurs. Le nouveau résultat du scrutin montre clairement de quel côté avait eu lieu la fraude; c'est une preuve ajoutée à tant d'autres de la bonne foi écarlate.

« De toutes les villes du département, dont les conseils municipaux avaient été cassés depuis un an, Narbonne est la première qui ait donné la victoire au parti de l'ordre. Ce succès va exercer une immense influence. Grâces en soient rendues aux électeurs qui n'ont pas failli à leur devoir comme dans la Gironde, et qui sont accourus presque tous pour prendre part au scrutin. »

Haute-Cour de justice.

Les trois dernières audiences de la Haute-Cour ont été consacrées aux réquisitoires du ministère public.

MM. de Royer et Suin, avocat-général, ont successivement porté la parole.

Le discours de ce dernier magistrat a été interrompu par un incident regrettable.

M. l'avocat-général rappelait des faits relatifs à la manifestation, faits constatés à l'audience par la déposition d'un témoin, lorsqu'il a été subitement interrompu par l'accusé Schmitz, qui a opposé un démenti aux paroles de l'organe du ministère public.

M. l'avocat-général de Royer a immédiatement pris des réquisitions contre l'accusé, coupable d'un outrage fait, à l'audience, à un magistrat dans l'exercice de ses fonctions.

En l'absence de Me Crémieux, défenseur de Schmitz, Me Jules Favre, assis au banc de la défense, a présenté quelques observations en faveur de l'accusé.

Le ministère public a déclaré ne pas vouloir persister dans ses réquisitions, si l'accusé rétractait l'expression dont il s'était servi; mais, malgré cette déclaration, malgré les exhortations paternelles de M. le président, malgré le conseil de quelques-uns de ses coaccusés, M. Schmitz a maintenu ses expressions injurieuses.

Il a été condamné pour ce fait à deux mois de prison.

Aujourd'hui, les plaidoiries des défenseurs ont commencé. Ils ont voulu, comme moyen de défense, soutenir qu'au 12 juin la Constitution était violée par le gouvernement et l'Assemblée.

Sur l'injonction qui leur a été faite de renoncer à cet argument, les avocats ont déclaré que la défense n'était pas libre et ils se sont retirés, refusant de plaider.

Faits divers.

M. Michel Horvath, archevêque de Csanad et ministre de l'instruction publique du gouvernement provisoire de Hongrie, et M. Almazy, président de la chambre des députés de Debreczin, sont arrivés à Bruxelles. M. Lonyai Menyhart, membre de la chambre des députés, est arrivé à Paris.

— Il y a en ce moment à Liverpool un négociant qui fabrique des maisons en fer qu'il expédie en Californie. Ce négociant a passé récemment un con-

tral aux termes duquel il s'engage à fournir dix de ces maisons dans l'espace de
deux mois. Toutes sont destinées aux habitants des régions aurifères.

VARIÉTÉS.

Un des membres les plus distingués de la majorité de l'Assemblée,
M. Poujoulat, a récemment publié une petite brochure intitulée : *La
Droite et sa mission*, dans laquelle nous avons remarqué le passage
suivant, que nous nous empressons de signaler à l'attention de nos
lecteurs ; il est difficile de mieux dire des vérités plus incontestables :

« Plus nous réfléchissons à l'état présent de notre pays, plus nous sommes
frappés de cette vérité, qu'il n'y a plus en France que deux forces : l'une de
conservation, c'est le catholicisme ; l'autre de destruction, c'est le socialisme.
La première enseigne la soumission ; la seconde, la révolte. Le catholicisme
prêche l'amour, la paix, l'oubli de soi ; il glorifie la pauvreté, élève la douleur, et ne considère la vie que comme un temps rapide accordé à l'homme
pour mériter l'heureuse gloire d'un monde futur ; le socialisme souffle la haine
au cœur des citoyens, les pousse les uns contre les autres, et ne montera jamais à la sublimité de l'esprit de sacrifice ; il fait de la pauvreté la malédic-
tion de ceux qui possèdent, voit dans chaque souffrance un sujet d'accusation
contre Dieu et les lois humaines, et, méconnaissant l'ordre mystérieux de
l'autre côté du sépulcre, veut bon gré malgré demander à la terre, à cette
poussière d'un jour, le bonheur ! Le catholicisme combat les passions, règle
les instincts, modère la pensée de l'homme et s'efforce de retenir les forces
vives d'un peuple dans une paisible harmonie ; le socialisme flatte les mauvais penchants, les excite, les favorise, lâche la bride aux plus violents appétits, et fait de chaque individu un tyran qui se croit le droit de tout entreprendre à son profit. Le catholicisme mène au progrès par des voies naturelles
et régulières, éclaire les esprits d'une lumière supérieure, mûrit les nations,
leur donne le goût et la mesure des grandes choses, et imprime aux idées d'ordre le caractère d'une loi de Dieu ; le socialisme marche au progrès à reculons
et enferme le mouvement humain dans l'effroyable cercle de la force brutale ;
son progrès, c'est l'amoncèlement des ruines ; l'idéal de son rêve, c'est le
chaos. Voilà pourquoi il tressaille à chaque bruit de révolution, à chaque
commotion qui promet des débris, semblable à l'archange tombé de Milton
qui, après l'entrée du Péché et de la Mort dans le monde, s'élance au bord de
l'univers pour jouir de la lointaine odeur des tombes futures. Catholique ou
socialiste, appelée à vivre ou condamnée à une ruine prochaine, telle est l'alternative offerte à la France. Les systèmes philosophiques ne la sauveront
point ; la philosophie ne sauve pas les empires. Ou la France périra, ou elle
redeviendra sérieusement catholique dans ses institutions, ses mœurs et ses
lois. »

L'un des Propriétaires-Gérants, **CHARLES DE RIANCEY.**

Paris, imp. BAILLY, DIVRY et Comp., place Sorbonne, 2.

L'AMI DE LA RELIGION.

LIBERTÉ D'ENSEIGNEMENT.
Coup-d'œil rétrospectif.

Les déclamations des uns, les gémissements des autres, doivent
cesser : les faits parlent plus haut que tous les discours. Que les
faits seuls demeurent et se fassent désormais entendre.

Les faits et le Temps, cet autre grand maître des choses humaines,
donneront peut-être la lumière aux aveugles et l'ouïe aux sourds.
Puissent-ils donner également la force aux faibles, la prudence aux
insensés, et aussi l'amour du bien aux méchants ! Dieu seul peut
faire de tels miracles aux jours de sa grande miséricorde. Espérons
qu'il les fera.

Quoi qu'il en soit, voici les faits : irrécusables, éclatants, ineffaça-
bles.

L'alliance joyeuse, triomphante, de quelques catholiques avec
les ennemis les plus implacables de l'Église et de leur foi, soit
dans l'Assemblée, soit dans la presse, pour le vote du 7 novembre,
est un fait.

C'est encore un fait, que tous les méchants ont jugé la loi de M. de
Falloux si redoutable pour eux et si favorable à la religion, qu'ils se
sont unanimement levés comme un seul homme pour la faire tomber, et que la presse retentit encore de tous les applaudissements de
l'impiété révolutionnaire.

Un troisième fait, aussi irrécusable, aussi significatif que les deux
précédents, c'est que tous les représentants catholiques, sauf trois ou
quatre qui ont eu l'inconsolable malheur de décider la victoire de
nos ennemis, ont été unanimes contre le renvoi au conseil-d'Etat,
d'accord en cela avec tous les chefs du grand parti de l'ordre, avec
tous les hommes considérables de l'Assemblée, avec tous les plus illustres et plus anciens défenseurs de la liberté d'enseignement.

Enfin, il y a un autre fait, moins connu, et aussi important à connaître et à constater que les faits précédents, qui les domine et les
éclaire tous singulièrement.

On a vainement dit, contre tout bon sens, et misérablement répété
que la loi de M. de Falloux avait été faite d'accord avec l'Université
et en sa faveur : c'est contre le monopole universitaire et malgré l'U-
niversité qu'a été faite cette loi. Le vote du 7 novembre et la joie des
universitaires le proclament plus que jamais. Mais ce qu'il importe
qu'on sache, ce qu'une regrettable discrétion avait fait taire jusqu'à
présent, c'est que l'opposition profonde, irréconciliable de l'Université

au projet de M. de Falloux, date de l'origine et fit explosion au sein
même de la première commission.

Toutes les grandes réformes opérées par le projet de loi et qui devaient avant peu d'années changer profondément la face de la France
en la couvrant d'institutions libres et chrétiennes, ont été, dans la première commission nommée par M. de Falloux, des conquêtes laborieuses. Ce n'est qu'après des mois entiers de luttes ardentes, sans
cesse renouvelées, que M. de Montalembert, M. Dupanloup, M. Lau-
rentie, M. Henry de Riancey, M. Cochin, M. de Corcelles, M. Fresneau, M. de Melun, et leurs amis, ont successivement obtenu, emporté de vive force :

L'affranchissement des petits séminaires :

L'admission des congrégations religieuses, non reconnues par l'E-
tat, et des jésuites expressément nommés : toute la question se per-
sonnifia comme d'ordinaire en eux seuls, et fut acceptée et résolue
sur eux ;

L'abolition du certificat d'études ;

L'abolition des grades ;

La destruction des écoles normales ;

La réforme radicale de l'instruction primaire ;

La dislocation profonde et irrémédiable de la hiérarchie universitaire ;

La surveillance constitutionnelle pour les petits séminaires, expliquée comme elle l'a été par M. Beugnot, et se bornant pour les institutions libres *à une surveillance d'ordre public;*

La liberté des pensionnats primaires, et de l'enseignement charitable ;

· Enfin, la grande place réservée à NN. SS. les Evêques et au clergé
dans les conseils de l'instruction publique.

Nous ne pouvons et nous ne voulons pas dire tous les efforts qu'il
a fallu renouveler, pendant quatre mois de luttes journalières, pour
faire triompher, par la seule force de la discussion, sur tous ces
points fondamentaux, la raison, la justice et la liberté.

Tous les membres de la commission en ont assurément gardé le
souvenir.

Je le sais : les catholiques de l'*Univers* qui, le 7 novembre dernier,
sont devenus moins difficiles en fait d'alliance, ont vu ici ce que
dans leur langage ils ont appelé l'*alliance monstrueuse des ministres
de Dieu et des ministres de Satan.* Et en cela, chose singulière ! ils ont
encore été d'accord *avec les ministres de Satan,* qui ont éprouvé et
témoigné contre cet appel fait à tous NN. SS. les Evêques et au
clergé, pour le gouvernement de l'instruction publique et pour la
protection des institutions libres, la même horreur que les catholiques de l'*Univers.*

Parlons sérieusement : sans équivoque et sans injure envers personne. L'institution des comités départementaux et la place impor-

tante que dans chaque diocèse NN. SS. les Evêques et le clergé pouvaient y occuper, et la part d'influence profonde, inévitable, décisive qu'ils devaient nécessairement y prendre, dans l'instruction primaire comme dans l'instruction secondaire, et dans l'instruction supérieure même.

Voilà, après la liberté conquise pour tous et parfaitement assurée par les réformes que nous venons de rappeler, quel devait être et quel fut en effet le point capital du débat.

Les chefs de l'Université le comprirent pour leur part, mais autrement que l'*Univers*, et il n'y a pas d'efforts qu'ils n'aient fait pour l'emporter ici. La liberté, bien qu'ils ne l'aimassent guère, leur faisait moins peur que l'institution des comités départementaux avec les Evêques présents. Sur ce point, la résistance universitaire fut désespérée : l'université se sentit blessée au cœur et jeta un cri. Entre ses représentants et nous, la lutte alla jusqu'à la dernière extrémité. Ils ne cédèrent pas, nous leur devons cet hommage : ils furent vaincus.

Mais ici se rencontre un nom que nous n'avons pas encore prononcé ; un nom, toutefois, qui ne peut être oublié en cette grande et mémorable circonstance : c'est le nom de M. Thiers.

Ils furent vaincus par M. Thiers. Il y aurait, de notre part, injustice, ingratitude à le méconnaître et à le taire.

Oui, ils furent vaincus par M. Thiers. Certes, celui qui écrit ces dernières et douloureuses pages a longtemps et vivement combattu M. Thiers : il l'a fait sans regrets ; mais il le déclare aujourd'hui, après ce qu'il a vu de M. Thiers pendant quatre mois, après les services auxquels le Souverain-Pontife lui-même vient de rendre un si glorieux et si touchant témoignage, si jamais il était condamné à combattre à l'avenir M. Thiers, ce ne serait pas sans d'inexprimables regrets.

Dès le premier jour où il parla dans la commission de M. de Falloux, M. Thiers n'hésita pas à se déclarer : « *Sur toutes ces questions je suis changé*, nous dit-il, *parce que tout est changé autour de nous.* »

Cette parole si vive et si profonde était vraie et disait tout.

Elle souffrait cependant une exception : M. Cousin n'était pas changé.

Aussi, dès le premier jour, et jusqu'à la fin, la lutte de M. Thiers pour l'Eglise contre M. Cousin fut constante. Nul de ceux qui en furent les témoins ne peut l'avoir oublié. Il y eut là souvent un grand spectacle ; il y eut là souvent, entre ces deux hommes, dans la vive familiarité de ces solennelles discussions, des scènes inattendues, involontaires, d'une émotion, d'une force imprévue, et qui demeureront un souvenir ineffaçable pour tous.

Et toujours M. Cousin défendait l'Université à outrance, et reprochait à M. Thiers de ne plus la défendre, de la livrer au clergé, lorsque M. Thiers ne voulait, en réalité, qu'une chose : sauver la société à l'aide de l'Eglise.

Dans ces graves débats, dans ces grandes luttes, il se rencontra des jours et des heures où, nous ne craignons pas de le dire, Dieu se fit profondément sentir. Les hommes eux-mêmes agissaient sous sa main sans le savoir; le Bien et le Mal se trouvèrent souvent en face dans toute l'ardeur de leur antagonisme, dans tout leur éclat, dans toute leur puissance. Tout se personnifiait étrangement quelquefois en deux hommes : l'un peut-être étonné de son rôle, mais trouvant dans sa riche nature tout ce qu'il fallait pour s'y élever noblement, et le remplissant jusqu'au bout avec une admirable droiture et une vigueur d'esprit et de bon sens invincible. — C'était M. Thiers.

L'autre, moins étonné du sien, le soutint aussi jusqu'à la fin avec une constance indomptable, avec une force et une souplesse prodigieuse, avec des ressources inépuisables d'esprit, d'éloquence et d'habileté. — C'était M. Cousin.

Nous rendons à M. Cousin, en présence de toute l'Université, encore et pour longtemps peut-être debout en France grâce à lui et au vote du 7 novembre, nous lui rendons cet hommage qu'il a vaillamment combattu contre nous. Rien n'a pu lasser son courage : il a fait durer la lutte quatre mois entiers; il n'a pas déserté un seul jour, un seul moment, sa cause. Il l'a soutenue par tous les moyens : les plus faibles, dans ses mains, devenaient forts. Il n'y a rien qu'il n'ait défendu, même après l'avoir abandonné; rien qu'il n'ait essayé de sauver; rien surtout où il ait déployé plus de zèle que pour empêcher l'institution des Conseils départementaux, et délivrer le recteur de la présence redoutée de l'Évêque. C'est alors qu'il dit à M. Thiers : « Il y a vingt ans que nous sommes amis. Si vous soutenez « cette loi, qui est la ruine de l'Université, je vous combattrai partout, toujours; pour vous combattre, j'accepterai tous les secours ! »

Enfin M. Cousin fut vaincu; il l'avoua, car il avoue tout; mais le dernier jour même, il fit un dernier effort pour empêcher sa défaite d'être constatée. Et aujourd'hui, il est vainqueur ! tout lui a réussi. Je le reconnais : c'est un puissant adversaire que M. Cousin.

Car il se laisse tuer et ne meurt pas. Nous l'avons cru vaincu sans ressources : et il assiste aujourd'hui à son triomphe, et c'est nous qui voyons aventurer en un jour les travaux et les conquêtes d'une longue année !

Et comment et pourquoi de si étranges, de si brusques retours ? Il est temps de le dire : car il est temps de recueillir de tous ces faits les grandes et tristes leçons qu'ils renferment. M. Cousin est vainqueur : une fois encore il a sauvé le monopole universitaire : la liberté est encore une fois étouffée, et l'Eglise repoussée. Et pourquoi ? parce qu'après avoir vaincu nos ennemis, nous sommes tombés sous les coups de nos amis.

Ah ! c'est qu'il aurait fallu s'oublier soi-même : il aurait fallu ne pas aimer la guerre pour la guerre; il aurait fallu consentir à respecter sincèrement l'honneur et l'existence de ses adversaires désarmés; d'immenses avantages avaient été remportés : il aurait fallu que tous, même ceux qui n'y avaient contribué que de loin, s'en réjouissent en silence. C'était de l'héroïsme peut-être : c'est un héroïsme sur lequel nous avions eu le tort de compter.

Dans ce désastre passager de nos plus chères espérances, il faut cependant se consoler : un homme de grand sens et de grand cœur nous le disait hier : « Tout cela était trop bon peut-être pour des temps comme les nôtres! » Du moins ç'a été un glorieux essai; et quoi qu'il arrive, le grand et beau travail de M. Beugnot demeurerera comme le monument et le souvenir de cette courageuse entreprise de quelques hommes, à la tête desquels la reconnaissance et la justice demandent de placer M. de Falloux, M. Thiers, M. de Montalembert.

Oui, consolons-nous. Et qui sait l'avenir ? Nous vivons en des temps où nul ne connaît quel sera le lendemain du jour qui s'achève, ou la veille de l'événement que nul n'attend et que Dieu sait. Il faut donc se confier uniquement à Dieu, en rendant hommage aux hommes qui ont courageusement travaillé à ce qui était son œuvre, et pouvait devenir le salut de la société et la gloire de l'Église.

Quant aux catholiques, ils méditeront toutes ces choses. Ils y trouveront peut-être la sagesse qui est meilleure encore que la liberté, et la lumière de Dieu qui est préférable, dit l'Écriture, à la lumière même du jour. Il n'y avait qu'une question de bon sens à résoudre : la solution n'a pas été heureuse. Un grand mal a été fait; mais le remède n'est peut-être pas éloigné. Quand le mal va si loin, il s'épuise. Pour nous, nous espérons que le mal sera bientôt épuisé. Aussi c'est avec une grande paix, en embrassant dans la charité de l'Évangile tous ceux que nous avons combattus, et attendant d'ailleurs le jour où il plairait à Dieu de nous faire reprendre les armes, que nous redirons les antiques paroles : *Hic cœstus atque arma repono.*

On nous assure, et nous avons de fortes raisons de croire à la vérité de ce fait, — que le conseil-d'État n'a été pour rien dans la lettre adressée au président de l'Assemblée à l'occasion du projet de loi sur l'enseignement, lettre dont M. Pascal Duprat s'est fait l'éditeur à la tribune. Ce document serait l'œuvre isolée du président et de l'un des vice-présidents du conseil-d'État, qui l'auraient rédigé et envoyé sans consulter leurs collègues. Le conseil non seulement n'aurait pas été appelé à en délibérer, comme on l'a dit, mais ses membres ne l'auraient même pas connu. Des interpellations auraient été, à la suite de la séance de la chambre, adressées aux auteurs de la lettre, et on ne leur aurait pas laissé ignorer combien le corps entier regrettait d'avoir été compromis à ce point.

L'Opinion publique signale un calcul des universitaires qui ont obtenu le vote du 7 novembre, et qui consentiraient à séparer l'enseignement primaire de l'enseignement secondaire pour faire quelques concessions sur l'un, et fortifier leur position et leur monopole dans l'autre.

L'Opinion publique s'exprime ainsi :

« Il y a des gens qui font peu de différence entre un prêtre et un gendarme, et qui regardent la religion comme une sorte de police morale qui met un frein à la convoitise des pauvres. A ce point de vue, ils sont prêts à faire les plus larges concessions quand il s'agit de l'enseignement primaire, et à opposer les frères de la Doctrine chrétienne aux instituteurs socialistes. Mais qu'il s'agisse de l'enseignement en général, demandez-leur seulement qu'une porte soit ouverte à la liberté, ils s'empressent de la fermer.

« Ce qui est précisément le caractère divin du catholicisme, c'est qu'il n'est pas la religion d'une partie du peuple, mais la religion du peuple tout entier ; c'est que la vérité qu'il enseigne s'applique à tout le monde, et que devant lui seul existe cette égalité complète, vainement rêvée dans l'ordre politique. La religion chrétienne est la mère de l'humanité ; aucun de nous, s'il veut être de bonne foi, ne peut la renier ; aucun de nous ne peut repousser cette règle suprême de nos actes et de nos pensées, et il y aurait un dédain ridicule, soit pour la religion, soit pour les classes populaires, à vouloir qu'il y eût, comme on dit, une religion pour le peuple, et à n'en pas vouloir pour nous-mêmes.

« Tout ce qui tendrait à scinder la grande discussion qui doit porter sur la liberté de l'enseignement en général, à présenter un projet de loi isolé et partiel sur l'enseignement primaire, rencontrerait donc, nous en sommes sûrs, une opposition formelle de la part des catholiques, et, si le ministère veut écouter un avis, il ne présentera pas le projet annoncé par M. Parieu. »

Nous ne pouvons qu'applaudir aux observations si évidentes et aux conseils si sages de *l'Opinion publique*. Ne tombons plus dans les pièges universitaires.

———————

Nous prions *l'Univers* de vouloir bien relire en entier l'article où nous avons cru voir qu'il reprochait à M. de Falloux et à l'Assemblée d'avoir violé la Constitution en se passant, pour une *loi organique*, de l'examen préalable du conseil-d'Etat.

Dans cet article, *l'Univers* reconnaissait d'abord que ce n'était pas *nous* qui reprochions à ses amis, dans le vote du 7 novembre, une *violation* manifeste de la Constitution.

Mais *l'Univers* n'était pas aussi modéré à notre égard ; et prenant l'offensive contre la conduite du ministre et de l'Assemblée, il ajoutait les passages suivants que nous citons textuellement :

« La raison politique est une arme qui veut être maniée avec prudence et discernement. *Qu'invoquent, à l'heure qu'il est, les* ENNEMIS DE L'ORDRE SOCIAL? Sur quel terrain *prennent appui les dictatures* MONTAGNARDES ET SOCIALISTES *dont nous sommes menacés?* N'est-ce pas sur celui de la raison politique? N'y a-t-il pas là un motif suffisant pour que les gens très-sensés puissent estimer que le RESPECT DE LA CONSTITUTION ET DES LOIS est en ce moment la meilleure et la plus sage raison politique? »

Et qui donc avait manqué au respect de *la Constitution et des lois?*

« D'autres, comme l'*Ami de la Religion* LUI-MÊME, PENSENT que le RESPECT DE LA LÉGALITÉ ÉTABLIE n'est ni ce qu'il y a DE PLUS LÉGITIME, ni ce qu'il y a DE PLUS OPPORTUN dans la raison politique. »

Comme ni M. de Falloux, ni l'Assemblée, ni l'*Ami de la Religion* n'ont ja mais admis ni pratiqué cette étrange doctrine de la *raison politique* qui équivaudrait à celle de la *souveraineté du but* professée par la Montagne et qui ne s'applique que par la *violation de la Constitution et des lois*, nous devions énergiquement protester contre une telle imputation, et la signaler c'était la réfuter.

Nous voyons avec plaisir qu'aujourd'hui l'*Univers* n'y persiste pas.

Mgr l'Archevêque de Paris a retiré à M. l'abbé Chantome, qui appartient au diocèse de Langres, tous les pouvoirs qu'il avait dans le diocèse de Paris.

On nous envoie de Langres la lettre suivante, adressée par Mgr Parisis aux curés de son diocèse :

« Paris, le 31 octobre 1849.

« Monsieur le Curé,

« Vous avez sans doute quelque connaissance des publications faites par M. l'abbé Chantome, surtout dans ces derniers temps. Mgr l'Archevêque de Paris ayant nommé une commission pour procéder à leur examen et préparer les éléments d'un jugement canonique, s'il y a lieu, je n'ai pas cru devoir prendre moi-même à cet égard aucune mesure disciplinaire.

« Cependant, M. l'abbé Chantome ayant depuis longtemps cessé toute relation avec moi, et m'ayant ainsi ôté les moyens de lui adresser les conseils et les représentations dont il eût eu si grand besoin, je me trouve obligé, pour l'honneur du diocèse qui l'a conduit au sacerdoce et pour l'édification des peuples qui me sont confiés, de vous prévenir, Monsieur le curé, que, s'il se présentait dans une paroisse de votre canton pour y exercer quelque fonction du saint ministère ou pour y célébrer la sainte messe, le pasteur du lieu devrait s'y refuser jusqu'à ce qu'il en ait obtenu de moi UNE PERMISSION SPÉCIALE.

« En transmettant cette décision à vos confrères du canton vous ne manquerez pas, Monsieur le curé, de leur faire comprendre les graves motifs qui m'y ont porté et la profonde douleur que j'en éprouve. Mais, dans ces jours de désordre intellectuel et de bouleversement social, ceux qui sont sur les murs de la ville sainte pour veiller à sa garde nuit et jour, ainsi que dit le Seigneur, sont obligés de signaler le péril, surtout quand il vient de l'intérieur même de la place (1).

« Prions tous, Monsieur le curé, pour ce prêtre qui pouvait nous donner tant de consolations, et qui est maintenant pour nous l'objet de tant d'inquiétudes et d'effroi.

« Agréez, Monsieur le curé, l'assurance de mes sentiments affectueux en Notre Seigneur.

« † P. L. Evêque de Langres. »

Discours de Mgr l'Archevêque de Paris.

Voici le discours que Mgr l'Archevêque de Paris a prononcé hier, à la cérémonie pour les récompenses de l'industrie :

(1) Super muros tuos, Jerusalem, constitui custodes : totâ die et totâ nocte in perpetuum non tacebunt. (Isaï LXII, 6.)

« Monsieur le Président et messieurs,

« La religion s'empresse d'accourir encore aujourd'hui à la voix de la patrie. Elle est heureuse de venir ajouter ses pompes, ses prières et ses bénédictions à cette grande solennité nationale. Dans cette fête, qui a pour objet d'encourager, de couronner et d'ennoblir de plus en plus le travail, elle ne trouve rien qui ne soit conforme à ses principes et à ses sentiments. Ce n'est pas elle qui pourrait jamais oublier l'ouvrier, dédaigner sa condition et ses œuvres, elle dont le berceau fut la boutique d'un artisan !

« N'a-t-elle pas été la mère de notre agriculture, et, dans les temps anciens, son institutrice la plus éclairée et la plus active? Ce sont ses enfants, ce sont ses moines surtout, qui ont abattu les forêts, rendu fertiles les terres, fondé des villages et créé, pour ainsi dire, des nations là où régnaient le silence, la solitude et la barbarie.

« En formant des peuples nouveaux, en conquérant des peuples anciens, en les unissant tous par un lien commun, elle a multiplié les rapports entre les hommes, favorisé leurs transactions et étendu le cercle où le commerce était appelé à se mouvoir.

« On ne l'accusera pas sans doute d'être l'ennemie des arts, cette religion qui a élevé tant de monuments magnifiques. Voyez le temple où nous sommes réunis : quoiqu'il n'ait pas encore retrouvé, malgré les plus habiles efforts, toute sa splendeur primitive, voyez si dans ces voûtes suspendues sur nos têtes, dans ces colonnes qui s'élancent, dans cet or qui ruisselle sur la pierre, dans ces peintures et dans ces sculptures à la fois savantes et si délicates, en un mot, dans toute cette magnifique expression d'une seule des pensées de la religion, vous ne trouverez pas assez de preuves de son amour pour les arts.

« Mais, peut-être, la religion n'éprouve-t-elle pas les mêmes sympathies pour les sciences et pour l'industrie. Eh, qu'on se détrompe ! Quand elle voit l'homme reconquérir peu à peu, et à la sueur de son intelligence, cet empire du monde qu'il avait perdu ; quand elle le voit, sur les ailes de son génie, franchir les espaces et aller mesurer les cieux ; quand elle le suit, tantôt se traçant une route certaine à travers les flots et les tempêtes, tantôt, sur la terre, dérobant à la nature ses secrets, dominant les climats et les faisant servir comme des esclaves à ses usages, effaçant les distances, et, par les merveilles de la vapeur, ajoutant si prodigieusement à ses forces et à sa vie ; devant ce grand spectacle, non, la religion ne reste ni muette ni indifférente ; elle applaudit à des efforts qui manifestent la grandeur primitive du roi de la création, son origine divine et sa ressemblance avec son auteur ; elle bénit des résultats qui, sous la main de la Providence, conduisent l'humanité à ses fins.

« Voulez-vous une autre preuve de l'estime qu'elle fait des arts et de l'industrie?

« Ecoutez : « C'est le Seigneur, disent les livres saints, qui appelle par son nom Béséléel, fils d'Uri, lorsqu'il s'agit de construire et d'embellir le tabernacle de l'ancienne alliance ; il le remplit de sagesse et d'intelligence, et de science, et d'habileté pour toute sorte d'ouvrages, soit pour exécuter ce qui peut se faire en or et en argent, et en airain, pour tailler et pour graver les pierres précieuses, et pour tous les ouvrages en bois. Il y a aussi appelé Ooliab, continue l'historien sacré ; il le remplit également d'un esprit de sagesse, pour exécuter tous les ouvrages en étoffes de différentes couleurs, et en broderies, d'hyacinthe, de pourpre, d'écarlate teinte deux fois, et de simple tissure, et pour inventer même de nouveaux ouvrages et toutes sortes de dessins. » (Exode, c. XXXV, v. 30-35.)

« Voilà ce que sont aux yeux de notre religion sainte les divers travaux du génie et de la main des hommes.

« Sans doute elle préfère les biens éternels aux biens terrestres. Elle ne croit pas que tout soit dit pour le bonheur des peuples, comme des individus, quand la terre est fertile, que la richesse s'accroît et que partout coule l'abondance. Elle sait que les sociétés ne vivent pas seulement de pain, mais de vérité, de justice et de moralité. Elle avertit l'homme d'élever son cœur et son regard en haut, de ne pas mettre son âme dans la matière et ses espérances dans le temps. Elle lui montre des Etats florissants, qui étaient fiers de leurs richesses, dont le commerce et l'industrie faisaient chaque jour des progrès, arrêtés tout à coup sur la voie des prospérités, et s'écroulant avec fracas au premier souffle des révolutions, parce qu'ils étaient minés profondément par le sensualisme et la corruption.

« Mais quoique la force et la vie des sociétés temporelles soient principalement dans leur adhésion aux principes éternels que la religion proclame, il n'en est pas moins vrai qu'elles augmentent, par le travail, tout ce qui regarde l'aisance, leur bien-être et leur sécurité. Ce travail est déjà lui-même une vertu : il est le prix de l'ordre ; il est le principe d'un perfectionnement moral qui élève l'homme, et qui, en lui faisant accomplir sa destinée ici-bas, le conduit, par la voie la plus sûre, vers ses destinées immortelles.

« Votre dessein, plusieurs fois manifesté, monsieur le Président, est de rouvrir pour le pays, avec le concours de l'Assemblée nationale, les sources les plus abondantes du travail, et de frayer les voies les plus larges à l'industrie et au commerce. Vous avez aussi compris le besoin de ne pas laisser l'homme se matérialiser, de rattacher la terre au ciel par les liens à la fois les plus doux et les plus forts, et de faire descendre sur les sources de la richesse un rayon d'en haut, afin qu'elle soit toujours un principe d'ordre, de paix et de vrai bonheur. De pareils efforts et de pareils sentiments vous assureront la reconnaissance du peuple et les bénédictions du ciel.

« Puisse donc ce grand Dieu, le créateur de la nature, en voyant ces œuvres sorties des mains de ses enfants, les bénir avec amour et dire, comme en présence de ses propres ouvrages : Toutes ces choses sont bonnes: *Viditque Deus cuncta quæ fecerat, et erant valde bona!*

« Oui, ô mon Dieu, elles sont bonnes ces œuvres, puisqu'elles manifestent la grandeur du génie de l'homme, et publient ainsi, à leur tour, comme les cieux, la gloire de son créateur. Elles sont bonnes, puisque vous avez voulu les faire servir, dans l'ancienne et la nouvelle loi, à l'embellissement de vos temples et à la pompe de votre culte. Elles sont bonnes puisqu'elles tendent à diminuer la souffrance du pauvre et à augmenter le bien-être du peuple : *Et erant valde bona.* »

NOUVELLES RELIGIEUSES.

DIOCÈSE DE LYON. — Un prêtre de la congrégation de Saint-Viateur, muni du titre modeste d'instituteur primaire, vient de fonder un pensionnat à Couzon, près de Fontaines. Cet ecclésiastique apprendra aux enfants, confiés à ses soins, à lire, à écrire, à parler correctement leur langue. Ces fonctions paraîtront peut-être bien subalternes ; mais ce prêtre ne croit pas pouvoir mieux servir la société, à une époque où elle a besoin d'être reprise par la base, qu'en consacrant ses talents et son temps à l'éducation de la jeunesse.

Il sera secondé dans ses fonctions par les clercs de Saint-Viateur, déjà occupés de l'instruction des enfants.

L'exemple donné par un prêtre, occupé de l'instruction primaire, mérite d'être signalé, et nous n'hésitons pas à recommander son institution aux parents vertueux, qui ne destinent pas leurs enfants aux hautes carrières ; ils trouveront à Couzon, sur les rives de la Saône, un air salubre et une localité de facile accès.

SUISSE. — FRIBOURG. — Notre position religieuse est de jour en jour plus pénible. A la fin du mois dernier, le préfet, accompagné de gendarmes, pénétrait dans la demeure de M. Moullet, vicaire-général, et la fouillait de fond en comble. A propos de quoi cette vexation indigne? Pour y découvrir et y saisir la courageuse et touchante lettre pastorale de notre Evêque exilé. Vous savez quelles mesures odieuses ont été prises depuis contre le clergé dans le canton de Vaud. Nous ne sommes pas plus heureux que nos frères de la partie française de la Suisse.

Toute cette persécution est une violation manifeste de la liberté de la presse inscrite dans notre Constitution. On attaque tous les jours dans tous les journaux de la Confédération la sainte hiérarchie de l'Eglise, et on ne tolère pas que ses pasteurs élèvent la voix pour exhorter leurs troupeaux à la patience et à la fidélité dans le service de Dieu. Les radicaux et leurs amis parlent beaucoup de liberté et n'en veulent que pour eux. Ils se disent *libéraux*, et ne sont, autant que leurs forces le permettent, que des *persécuteurs*.

La liberté religieuse a été la première en butte aux violences de ces despotes de bas étage. Aujourd'hui, ils agissent avec des apparences de légalité, et ils continuent à violer le pacte fondamental de la Suisse avec autant de ruse qu'ils ont montré auparavant de brutalité.

Le séminaire diocésain va être fermé au premier jour. La loi sur l'instruction publique n'en permet la réouverture qu'à des conditions incompatibles avec le caractère et la mission d'une telle institution. Notre Evêque ne reculera pas dans l'accomplissement de son devoir ; mais que va devenir notre clergé sans séminaire, sans théologie ?

L'ombre seule de la mitre épiscopale fait pourtant frémir nos fiers gouvernants. Ils ont chassé, exilé, poursuivi Mgr Marilley ; mais ils le trouvent encore trop près d'eux et de nous sur la frontière de France. On assure qu'en réponse aux réclamations de votre pays sur les menées des révolutionnaires de tous pays qui s'agitent chez nous, certains cantons voudraient qu'on répondît en demandant à votre gouvernement de faire *interner* l'Evêque proscrit.

Poussera-t-on jusqu'à ce point l'insolence envers la France ?

Un malheureux jeune homme avait voulu récemment, dans un jour de fête, couronner de lauriers l'arbre de la liberté élevé le 14 novembre 1847, comme symbole de l'asservissement des catholiques à Fribourg. Il est tombé d'une hauteur de plus de cinquante pieds, du sommet de l'arbre qui s'est rompu, et il a expiré sur-le-champ. Cette mort affreuse a produit une vive impression.

SÉANCE DE L'ASSEMBLÉE.

On s'attendait à une discussion orageuse, à l'occasion des transportés de juin. M. le ministre de l'intérieur y a coupé court en annonçant que M. le Président de la République avait amnistié un grand nombre de ceux qui étaient détenus à Belle-Isle. Cette nouvelle a été accueillie avec réserve par l'Assemblée. Le gouvernement est le meilleur juge de l'opportunité de semblables mesures, et il les prend sous sa responsabilité. M. le ministre de la justice a en même temps présenté un projet de loi sur le lieu de la transportation. C'est l'île de Mayotte.

L'Assemblée a commencé ensuite les débats sur les sociétés de secours mutuels et les caisses de retraite pour les ouvriers. La commission repousse la théorie d'une retenue obligatoire à imposer aux ouvriers et aux patrons. M. Lestiboudois soutient, au contraire, ce principe. Son argumentation, pas plus que son élocution, n'ont été goûtées de la majorité. L'accent germanique de M. Goldenberg, et la nature encore plus étrange d'un discours qu'il a lu, et qui n'avait aucune espèce de rapport avec le sujet en discussion, ont eu un sort pareil. M. Pelletier (du Rhône) est ensuite monté à la tribune. C'est un des Montagnards les plus intrépides et les plus audacieux dans la bonne opinion qu'il a de lui et dans la hardiesse de ses doctrines. Il a bien osé répéter les sacriléges blasphèmes des socialistes de la *Presse*, de la *Voix du Peuple* et de la *Démocratie pacifique*, qui prétendent que les Pères de l'Eglise et les Apôtres sont les premiers chefs du communisme.

Le dédain et le dégoût de l'Assemblée ont répondu par avance à ces déclamations odieuses, et M. Buffet s'est rendu l'interprète du sentiment général en repoussant par quelques paroles énergiques et vivement senties les paradoxes de M. Pelletier.

Entrant ensuite dans l'examen du point important de la discussion, M. Buffet a combattu la retenue obligatoire avec une clarté de termes et une hauteur de bon sens qui lui ont valu les plus légitimes applaudissements.

À demain la suite de ce sérieux débat.

Projets de lois.

On assure que le ministère doit présenter très-prochainement plusieurs projets de lois très-importants, parmi lesquels figureraient en première ligne les lois de finances qui doivent porter remède aux graves embarras où peut se trouver réduit le Trésor par suite du déficit si démesurément accru depuis la révolution de février.

On croit que l'impôt sur le revenu ne sera pas maintenu. Les impôts indirects qui ne frappent que la consommation seront conservés ou rétablis, conformément au principe d'économie politique que posait hier, dans son discours, M. le Président de la République.

On annonce aussi que le cabinet se propose de présenter prochainement un projet de loi sur la déportation, loi importante s'il en fut jamais, au point de vue du maintien de l'ordre et de la tranquillité dans le pays.

Haute-Cour de justice.

Comme nous l'avons dit, les trois dernières audiences de la Haute-Cour ont été consacrées aux réquisitoires sur lesquels nous devons revenir aujourd'hui.

M. l'avocat-général de Royer, en l'absence de M. le procureur-général Baroche, retenu chez lui depuis plusieurs jours par une indisposition, a exposé les faits généraux de l'accusation, qu'il a soutenue ensuite plus particulièrement vis-à-vis des accusés appartenant aux deux comités dits le *Comité des Vingt-Cinq* et le *Comité de la Presse*.

M. l'avocat-général Suin a repris les faits concernant les accusés représentants du peuple ou appartenant à l'artillerie de la garde nationale.

Le complot qui a éclaté à Paris avait, a dit le ministère public, des ramifications dans toute la France au moyen de la *Solidarité républicaine* ; les chefs attendaient le signal qui devait partir de la capitale et qui en est parti en effet, mais avec la nouvelle du prompt rétablissement de l'ordre.

Les affaires d'Italie n'étaient qu'un prétexte depuis longtemps désiré par les membres de cette société souterraine qui cherche partout en Europe à se substituer à la société véritable, et qui ensanglanterait l'univers pour y établir le règne de ses utopies et de ses folies.

Dans cette circonstance, du reste, comme dans tant d'autres, la guerre a
mené la tête.

L'appel aux armes jeté par M. Ledru-Rollin, du haut de la tribune nationale,
dans la séance du 11 juin, était la réponse au mot d'ordre donné par le comité
de la presse socialiste.

Le 11 juin, en effet, tous les journaux démocratiques avaient publié, en tête de
leurs colonnes, le *mandat impératif* accepté par les représentants socialistes au
moment de leur élection, mandat où se trouvaient notamment les propositions
suivantes :

1° LA RÉPUBLIQUE EST AU-DESSUS DU DROIT DES MAJORITÉS ;

2° Si la Constitution est violée, les REPRÉSENTANTS DU PEUPLE doivent DON-
NER L'EXEMPLE DE LA RÉSISTANCE (A MAIN ARMÉE).

Les mots « à main armée, » rayés dans une séance du comité des vingt-cinq,
avaient été rétablis par le chef de la Montagne, dans son discours à l'Assemblée
nationale.

Le cri de guerre une fois poussé, l'insurrection recrute ses adhérents et organise son action. De là réunion des conjurés le 11 au soir, dans la journée et la
nuit du 12, soit dans le local de la rue du Hasard, soit dans celui de la *Démocratie pacifique*, soit rue du Coq-Héron, dans les bureaux du journal le *Peuple*.

Puis enfin, quand le moment suprême est arrivé, l'orateur de la Montagne, qui
a donné le signal de la guerre civile, reçoit une note dans laquelle on l'avertit que
le peuple est debout avec une arrière-garde armée en cas d'évènement.

C'est alors qu'a eu lieu cette manifestation *pacifique* dont le début est signalé
tout d'abord par des violences graves envers M. Lacrosse, ministre des travaux
publics, et dont la marche et la dispersion sont marquées par des désarmements
de gardes nationaux, des pillages de boutiques d'armuriers, des tentatives de
barricades et par ces cris séditieux : *A bas le Président ! Vive la Montagne ! Vive
la République démocratique et sociale ! Aux armes ! On assassine nos frères !*

Tout cela ne s'accomplit pas sans une répression énergique, mais nécessaire.

« Il faut que la pitié soit juste, a dit M. l'avocat-général de Royer, et qu'elle ne
« tombe que sur des personnes où elle ne s'égare pas. Les guerres civiles sont
« toujours un malheur, mais l'odieux doit en retomber sur ces hommes coupables
« qui égarent leurs concitoyens, qui les jettent dans les dangers et dans les ha-
« sards de ces luttes impies. Ah ! Messieurs, ceux qu'il faut plaindre, ce sont les
« enfants, les femmes de ces malheureux, que des meneurs sacrifient à leur folle
« ambition ! Pour eux notre pitié ; mais pour ceux qui dirigent ces manifesta-
« tions, nous ne devons avoir que de justes sévérités. »

On sait le reste ; l'arrivée de la Montagne au Palais-National, sa marche vers
le Conservatoire des Arts-et-Métiers, au milieu d'un certain nombre d'artilleurs
de la garde nationale commandés par le colonel Guinard ; l'envahissement du
Conservatoire par l'insurrection, et sa reprise immédiate par les défenseurs de
l'ordre.

Nous ne reviendrons pas sur tous ces faits, non plus que sur les charges concernant tel ou tel accusé.

Quant aux questions de droit traitées par l'accusation, elles sont élémentaires,
et nous n'en parlerions pas si elles n'avaient pour but de répondre à certaines
théories sur le droit de manifestation, de résistance et de répression légales, théories qui ont vainement tenté de se produire au grand jour de l'audience.

Relativement au droit de manifestation, M. l'avocat-général Suin a rappelé que,
sous la République, les citoyens avaient bien le droit de s'assembler pour exprimer *leur pensée* sur des faits politiques, mais que ce droit était limité par la néces-

dté publique. (Art. 8 de la Constitution.) Que, dans tous les cas, la force publique étant essentiellement passive, et embrassant dans son ensemble la garde nationale et l'armée, des gardes nationaux ne pouvaient se réunir avec ou sans armes à l'état de *garde nationale* pour délibérer sur les affaires publiques. (Articles 101, 104 de la Constitution, et art. 7 de la loi de 1852 sur la garde nationale.) Qu'ainsi la manifestation était illégale et inconstitutionnelle.

Quant au droit de résistance légale ou en d'autres termes, quant au droit de déclarer si la Constitution a été violée, M. l'avocat-général de Royer a démontré qu'il appartenait à l'Assemblée nationale seule, et qu'il ne pouvait être exercé ou autorisé que par elle. En effet, la souveraineté réside dans l'universalité des citoyens français, et l'article 1er de la Constitution ne permet à aucune fraction du peuple d'usurper cette souveraineté. D'un autre côté, l'art. 20 de la Constitution porte que le peuple exerce cette souveraineté par délégation donnée à ses représentants. Lors donc que ces derniers se sont prononcés sur une question d'interprétation de la Constitution, l'interprétation en sens contraire n'est plus permise aux citoyens, et toute résistance de leur part devient un crime.

Enfin, pour ce qui est du droit de répression légale, M. l'avocat-général Suin en examinant la question de savoir si les artilleurs, au conservatoire des Arts-et-Métiers, avaient tiré les premiers, ou n'avaient fait au contraire que répondre au feu de la garde nationale, a établi avec une grande méthode d'argumentation, que cette question n'avait rien à faire au procès parce que, dès le moment que la garde nationale se trouvait en présence de barricades, gardées par des hommes armés, elle était en présence de l'insurrection contre l'ordre et les lois, et que dès-lors, en faisant usage de ses armes, elle n'agissait que pour la défense de l'ordre et des lois. L'emploi immédiat des armes dans une pareille circonstance se résume en effet dans une question de prudence et de salut public.

Ces principes encore une fois sont élémentaires, mais on cherche tellement à les obscurcir et à les embrouiller dans les temps de crise où nous vivons, qu'il est bon quelquefois de les rappeler. Il appartenait au ministère public de les défendre devant la juridiction la plus élevée du pays.

Chronique et Faits divers.

Nous trouvons dans un journal slave qui se publie à Paris, de curieux détails que nous lui empruntons touchant la couronne de Saint-Etienne, dont la soustraction est imputée à Kossuth :

Une couronne perdue. — Décidément la magique couronne de Saint-Etienne ne se retrouve pas. Kossuth l'a enfouie on ne sait où ; et pourtant c'est elle seule qui, aux yeux du peuple Magyare, donne à ses rois la légitimité ; aussi, la cour de Habsbourg paraît-elle très affligée de cette perte. Le prix matériel de ce diadème est minime. Les autres insignes du couronnement, comme le globe, l'épée et le manteau, qui ont été retrouvés à Dubra en Transylvanie, ont une bien plus grande valeur ; mais ils ne remontent qu'à la maison d'Anjou, dont ils portent l'écusson, tandis que la couronne qu'on cherche en vain partout, est celle-là même que le premier roi chrétien des Magyares, saint-Etienne, reçut vers l'an 1000 du Pape Sylvestre II. Quand la race des Arpad s'éteignit, en 1301, la couronne de saint Etienne fut emportée à Prague par le roi de Bohême Venceslas, puis remise à Othon de Bavière. Elle passa de ses mains dans celles du voïevode de Transylvanie, Landiblas, qui dut enfin la restituer à Charles-Robert d'Anjou. Déposée alors au château royal de Visselhrad, cette couronne fut secrètement enlevée l'an 1440 par les Allemands, et remise à l'empereur Frédéric IV. Il fallut que Mathias

Corvin la rachetât pour une somme d'argent. Après la bataille de Mohues, le diadème fut volé de nouveau dans le Visschrad, et donné d'abord à Jean Zapoïja, puis, en 1527, à Ferdinand Ier, et enfin au sultan Soliman. C'est après tant de vicissitudes que la couronne de Saint-Etienne passa des mains des Turcs, dans celles des Habsbourg. L'empereur Joseph II la fit transporter à Vienne, d'où Léopold la renvoya de nouveau en Hongrie. Elle se trouvait à Ofen, quand Kossuth, obligé de fuir vers Debrecsin, l'a fait disparaître.

—On dit que l'Angleterre, toujours fidèle à sa politique, a fait offrir à Kossuth, le plus important des proscrits de Widin, actuellement à Constantinople, un asile aux environs de Londres. C'est lord Stratfort Canning qui aurait été chargé de cette toute gracieuse mission. Ainsi Kossuth serait attendu d'un jour à l'autre à Southampton, tandis que les autres réfugiés iraient : les magyares à Ternoro, les italiens à Gallipoli, et la légion polonaise à Chemla.

— On sait que vers la fin du mois d'octobre, cent réfugiés polonais auxquels le gouvernement français ne pouvait continuer de donner des secours, sont partis pour l'Amérique. Depuis cette époque, la police française a constamment refusé des permis de séjour à tous les étrangers qui arrivaient dans la capitale sans moyens d'existence. Plusieurs voyageurs nouveaux, attirés par le procès de Versailles ou tout autre motif, viennent de recevoir leurs passeports, avec désignation de la ville et du département où ils devront, par mesure d'ordre, résider sous peine d'expulsion.

—M. Marais (d'Alençon) vient de présenter à l'Assemblée nationale une nouvelle machine à voter. Une commission spéciale sera probablement chargée de l'examiner. Cet instrument législatif paraît infiniment supérieur à tous ceux qui ont été produits ; rien à la fois de plus simple et de plus ingénieux. En moins de deux minutes, presque instantanément, les votes, pour et contre, sont recueillis, comptés et imprimés, avec indication du nom de chaque représentant et du département auquel il appartient, et aussitôt la liste des votants, imprimée et tirée sur place en autant d'exemplaires que l'on veut, circule dans la salle et dans les tribunes.

Plus d'erreurs possibles, plus de récriminations de la part des représentants, plus de rectification dans le *Moniteur* et les autres journaux. La machine est non-seulement intelligente, mais encore infaillible. Elle dit la vérité, toute la vérité rien que la vérité, qualités précieuses dans une assemblée politique.

Il est à regretter que cette *machine à voter* n'ait pas été présentée plus tôt. MM. les universitaires de la Chambre n'auraient pas obtenu le triomphe dont M. de Kerdrel a si énergiquement flétri le scandale.

— Depuis une quinzaine de jours, presque toutes les maisons du faubourg St-Germain sont, pendant la nuit, dégarnies des boutons en cuivre placés à l'extérieur et communiquant à la sonnette du concierge. M. de C..., propriétaire, rue du Cherche-Midi, dont la sonnette avait été arrachée déjà trois fois, résolut de prendre les voleurs en flagrant délit ; il fit donc poser sur sa porte un magnifique bouton bien doré, et qui, placé d'une façon très-apparente, devait tenter les malfaiteurs, et M. de C... se cacha derrière sa porte cochère, qu'il avait à dessein laissée entr'ouverte. Vers deux heures du matin, le patient propriétaire aperçut, empoignant le bouton tentateur, une main qu'il saisit aussitôt ; mais celui auquel elle appartient lui applique un vigoureux soufflet et prend la fuite.

M. de C..., précédé de son portier, se mit à sa poursuite, en criant : « A la garde ! » et ne tarda pas à atteindre son voleur près de la Croix-Rouge. Là une lutte s'engage entre eux ; mais le voleur parvient de nouveau à s'esquiver, laissant entre les mains de ses adversaires sa blouse et sa casquette. A cet instant *débouchèrent* de la rue Sainte-Marguerite des sergents-de-ville qui avaient entendu es cris poussés par M de C ..., qu'ils surprirent examinant, avec le portier, les dépouilles de l'inconnu; ces agents, croyant tenir les coupables, les conduisirent, malgré leurs réclamations, au violon, où ils ont passé la nuit. Ce n'est que ce matin, et après justification de leur identité, qu'ils ont été mis en liberté.

Bulletin de la politique étrangère.

ITALIE. — On nous écrit de Rome :

« Le jour des Morts, le général Rostolan a fait faire un service à Saint-Louis-des-Français. Les drapeaux de nos onze régiments étaient placés autour du catalfalque avec une députation de tous les régiments de l'armée. Le général Rostolan et l'honorable M. de Corcelles, dont l'éloge est dans toutes les bouches, et qui mérite l'admiration de tous les catholiques, assistaient à cette cérémonie funèbre. Le remplacement de ces deux hommes si distingués est un fait déplorable. Quelle confiance veut-on que le Saint-Père ait dans cette politique ? Son retour paraissait certain; mais maintenant ne se croira-t-il pas dans l'obligation de ne pas se livrer à des politiques si mobiles et si peu sûrs ? »

ALLEMAGNE. — Dresde, 6 novembre. — Le parti démocratique ici, comme partout, est assez puissant, moins par le nombre que par l'audace et par l'activité. La Chambre des députés est mauvaise. Parmi les candidats à la députation ont figuré des chefs du parti qui a fait l'insurrection de l'an dernier. Plusieurs n'ont échoué qu'à un très-petit nombre de voix. Le docteur Theil, qui aujourd'hui encore est en prison, prévenu de crime de haute trahison, a été nommé. L'excellent roi Frédéric-Auguste est fort triste; le résultat des élections l'a fort impressionné. Les préoccupations du prince saxon sont celles de tous les hommes sages de l'Allemagne, malheureux pays dont les affaires s'embrouillent juste au moment où l'horizon s'éclaircit du côté du Bosphore. Une lutte sérieuse se prépare. La Prusse a passé le Rubicon. Elle va convoquer la diète, c'est-à-dire déchaîner encore une fois la révolution, il est vrai, jusqu'à un certain point, habile et modérée.

Plus on examine les choses à froid, plus il paraît probable que la lutte qui va s'engager aura pour résultat l'anéantissement des petits États allemands, au profit de la Prusse et de l'Autriche.

MAROC. — Une lettre de Gibraltar, à la date du 29 octobre, donne des détails circonstanciés sur l'incident qui a ajouté de nouvelles complications à nos démêlés avec le gouvernement marocain :

« .... Le bateau le *Dauphin* se dirigea sur Mogador pour prendre M. Vallat, notre consul, et sa famille, ainsi que les résidents français.

« Ayant connaissance des instructions qui lui étaient adressées, M. Vallat voulut en effet s'en aller; mais il en fut empêché. Le gouverneur objectait que M. Vallat étant venu résider à Mogador avec l'autorisation de l'empereur, il ne pouvait quitter cette ville que sur l'ordre de l'empereur.

« Ce ne fut pas sans difficulté que notre consul obtint l'autorisation d'embarquer sa famille. Au lieu de l'embarquement où se trouvait le canot du *Dauphin*, stationnaient 300 soldats maures, le pacha en tête. Notre consul voulant s'approcher de sa famille pour lui faire ses adieux, se voit saisi par un soldat qui le repousse brutalement.

« L'embarquement est suspendu : après avoir subi de pareils sévices et en présence de la conduite plus que suspecte du pacha, notre consul voulut alors s'embarquer définitivement, et passa dans le canot. Mais les Marocains épiaient ses mouvements, et aussitôt quarante soldats se jettent sur lui ; pendant longtemps les matelots de l'embarcation luttèrent pour le retenir ; les forces étaient trop inégales. M. Vallat est entraîné, horriblement meurtri et contusionné, puis transporté au consulat, où cinquante d'entre eux sont préposés à sa garde et l'empêchent de sortir.

« Le *Dauphin*, impuissant à protéger plus efficacement notre représentant, leva l'ancre.

« Dès l'arrivée de ce vapeur à Tanger, la *Pomone*, qui s'y trouvait mouillée, reçut immédiatement l'ordre de se rendre à Mogador pour réclamer notre consul, et l'enlever même par la force, si besoin était. Le *Pomone* porte 44 canons et 600 hommes d'équipage ; le *Dauphin* n'a que 100 hommes et deux pièces de canon. »

ASSEMBLÉE LÉGISLATIVE.

Séance du 12 novembre. — PRÉSIDENCE DE M. DUPIN.

La séance est ouverte à deux heures un quart.

M. LE PRÉSIDENT. L'ordre du jour appelle la discussion du projet de loi relatif à la transportation des insurgés de juin en Algérie. L'urgence est demandée.

M. F. BARROT. On demande l'urgence. Le gouvernement ne s'y oppose pas. Nous sommes prêts à accepter le jour que la chambre voudra bien nous indiquer. Mais il règne une certaine fermentation en Afrique. Peut-être serait-il bon de renvoyer le projet à la commission, afin qu'elle fixât un autre lieu de transportation.

Le projet est renvoyé à la commission.

M. le ministre de la justice dépose un projet de loi sur la déportation.

Voix : Lisez ! lisez !

Le ministre donne lecture des six articles du projet, qui est renvoyé à l'examen des bureaux.

L'ordre du jour appelle une première délibération sur la proposition de MM. Dufournel et Lestiboudois relative aux sociétés de secours.

M. LESTIBOUDOIS défend son système.

M. PELLETIER. Je sais que, pour mériter les applaudissements de la majorité, il faut injurier une certaine partie de cette Assemblée, il faut parler de poignards, de pillage, d'incendie, de propriété, de famille, enfin de toutes sortes de banalités. (Rires à droite.

Voix : Ah ! vous appelez ça des banalités !

M. PELLETIER. M. le rapporteur nous adresse des mots bien durs, mais il n'apporte pas le plus petit argument à l'appui de ses accusations de pillage, d'incendie... C'est toujours la même accusation sur un nouvel air ! (Rires.)

M. le rapporteur veut-il nous faire un reproche de ce que nous nous appuyons sur l'Evangile, de ce que nous mettons sous le manteau des pères de l'Eglise ?

Voix : Vous ne les avez pas lus... (Rires.)

M. PELLETIER. Veut-il dire que nous sommes plus radicaux, plus révolutionnaires que les pères de l'Eglise... Non, nous ne le sommes pas... cela n'est pas possible.

Les hommes du Luxembourg n'ont jamais été plus avancés que les Bazile, les Chrysostôme, les Grégoire, communistes de la plus grande énergie. (Rires.) Je soutiens que si un républicain avait apporté à cette tribune, formulé en loi, ce principe de l'Evangile : « Le superflu ne vous est pas permis, quand votre frère n'a pas le nécessaire, » on l'eût pris pour un anarchiste.

Est-ce égarer les malheureux que de leur dire que tous les hommes sont égaux, libres, qu'ils doivent s'aimer de cœur ?...

Voix : Et vous prêchez la haine.

M. PELLETIER. Que de leur dire qu'ils doivent travailler, produire, jouir des fruits de la terre. Est-ce les égarer que de leur prêcher la liberté, l'égalité, la fraternité.

A droite : Soyez donc assez bon pour vous expliquer plus formellement.

À gauche : À l'ordre! Silence!

M. PELLETIER. Est-ce tromper les citoyens que de leur montrer comme possible une réforme de la société qui aura pour base l'amour (hilarité), qui ôtera aux ouvriers l'inquiétude du lendemain en leur donnant le crédit, le travail... Il faut en venir là; il faut absolument.

Si vous croyez qu'en disant cela au peuple nous abusons de la religion... c'est que vous ne comprenez pas la religion. Le peuple est convaincu que Dieu ne veut pas qu'il souffre éternellement.

Depuis quinze ans, dans les ateliers, se posent les problèmes suivants :

Le peuple se demande par quelle réforme il peut arriver à vivre en travaillant. Il gémit de voir la société abandonner ses enfants les plus pauvres, des pères de famille, des vieillards, des enfants! Il gémit de voir une jeune fille vertueuse mourir sur un lit de douleur à l'hôpital, tandis que le vice prospère et s'enrichit. (Rires.)

La question des salaires est vieille comme le monde. Tous les livres anciens en parlent; nous connaissons tous la Bible; nous y avons tous lu l'histoire d'Esaü... (Interruption et rires.) Esaü vendit son droit d'aînesse parce qu'il avait faim. (Rires.)

À droite : Mais non! mais non!

À gauche : Mais si! mais si! (Rires.)

M. PELLETIER. Eh bien, Esaü, c'est le prolétaire.

M. BUFFET. Messieurs, je ne me propose pas d'entrer avec l'honorable préopinant dans une discussion sur le sens et la pensée des opinions des pères de l'Eglise en matière théologique. Je ne reconnais ni la compétence de M. Pelletier ni la mienne, et vous me permettrez d'ajouter, ni la vôtre. (On rit.)

Il était réservé à notre temps d'infliger à la religion une flétrissure, en la rendant solidaire de votre doctrine subversive et détestable; de cette doctrine détestable qu'on appelle le socialisme, et qui est la plus formidable ennemie de la liberté, de la prospérité du peuple. (Très-bien!) Je n'ajouterai qu'un mot, c'est que les Pères de l'Eglise, dans les passages que l'on a cités, s'adressaient à la conscience des fidèles. Ils proclamaient des devoirs et non pas des droits. (Très-bien!)

Ils n'avaient pas à leur disposition de pouvoir législatif pour mettre l'impôt à la place de la charité, et ils ne pouvaient loger de garnisaires chez les récalcitrants. Je ne suivrai pas le préopinant dans toutes les questions qu'il a soulevées. Nous voulons tous arriver à quelque chose. Eh bien! on vous apporte un projet nettement formulé en articles, et à propos de ce projet on vient reproduire à la tribune les propositions les plus excentriques. (C'est cela! c'est cela!)

La séance est levée à six heures.

VOYAGE HISTORIQUE.
Mémoires du comte de Saint-Leu.

(3e article.)

LOUIS, ROI DE HOLLANDE.

En 1807, le 12 janvier au soir, on sentit à La Haye une secousse de tremblement de terre, une lueur à l'horizon annonça un terrible incendie. C'était du côté de Leyde. Le Roi y courait, lorsqu'il apprit, par le retour de l'un de ses aides de camp, qu'un bateau de poudre était sauté au milieu de la ville. Il hâta sa marche; il fit venir les garnisons voisines, sans armes; et en arrivant à Leyde, il fut vivement frappé du triste spectacle qui s'offrit à ses yeux. Le Rappersburg est le principal canal de la ville. Les rues qui le bordent renferment les plus belles maisons; la plus grande partie étaient renversées et encombraient le canal ; le reste, encore debout, menaçait de tomber, et des débris s'échappaient la fumée et la flamme. Huit cents maisons furent ou renversées ou endommagées... toutes les vitres, cassées ou pulvérisées, et par suite le pain, le vin, la farine et d'autres aliments devinrent inutiles ou dangereux.... Le roi partagea les hommes appelés au secours en trois corps : deux pour les deux côtés du canal, le troisième pour le reste de la ville. Il augmenta le nombre des pompes, fit venir de La Haye tout ce qui s'y trouvait en secours disponible, en demanda à Amsterdam, à Rotterdam , à Dordrecht ; il donna un prix de dix ducats à chaque individu qui aurait concouru à sauver une des victimes. Il eut la satisfaction d'en sauver beaucoup. Il fit ouvrir sa maison *Du Bois*, entre Leyde et La Haye, et la mit à la disposition des familles qui avaient perdu leurs habitations (1). — Longtemps après, le roi Louis, dans l'un de ses voyages, disant à quelques gens du peuple : « J'espère que vous oublierez que je ne suis pas né Hollandais, » — un vieillard lui répondit : « Nous l'avons bien oublié depuis Leyde » (2).

Le plus sûr moyen pour le roi Louis d'avoir un titre durable à la reconnaissance hollandaise, était de porter sa sollicitude sur la véritable merveille des Pays-Bas, ce vaste réseau de digues qui semble dire au Rhin : « Tu iras par là » , et à la mer : « Tu viendras jusqu'ici. »

Or c'est le roi Louis qui a véritablement créé, sinon la première idée, au moins un système régulier et général de l'administration des digues, ce qu'on nomme *watterstadt*, ou département des eaux. Nous ne pouvons énumérer l'ensemble de ses travaux, dont la seule table occupe plusieurs pages de ses Mémoires. Il lui fallut, dès son avénement, concilier avec la sagesse de Salomon les intérêts rivaux de Harlem et d'Amsterdam. En exhaussant sur toute sa longueur le Slapperdyck, il sauva la Hollande d'une inondation qu'eût infailliblement amenée l'ouragan du mois de février 1807. En cette année, on acheva une entreprise qui faisait reculer depuis plusieurs siècles, ces fameuses écluses de Kalwyck, qui ont dégagé le lit du Rhin, obstrué depuis mille ans, et permis de tenter une œuvre plus gigantesque, l'épuisement de la mer de Harlem. Louis s'y prenait d'enthousiasme, quand il disait sur ce ton qui sied aux grandes choses, et que la Hollande a pris à la lettre : « Et quand il s'agirait de porter le Leek sur l'Yssel, de creuser des canaux de réserve dans le Brabant, de dessécher le lac de Harlem et ceux de Rotterdam, qu'auraient ces opérations d'impossible pour un peuple qui a mis des bornes à la mer, et habite son lit malgré elle ! (3) »

____

(1) Dans cette journée, on regretta principalement Gay-Lussac et Kluit ; un savant ministre du Saint-Evangile, Rou, tiré de dessous les ruines, survécut peu à la catastrophe. On n'a jamais pu découvrir la cause première de ce désastre.

(2). T. III, p. 1 et suiv.

(3) *Documents*, t. I, p. 311.

Cependant, une débâcle faillit, en 1809, engloutir une partie de la Hollande. Vers les derniers jours de janvier, le canal de Bannerden, près d'Arnhem, étant encombré par les glaces, les eaux du Rhin refluèrent sur le Whaal, au même temps que la Meuse s'y jetait d'autre part. Cette triple masse d'eaux se précipita sur le diefdick du Betuwe, on appelle ainsi une sorte d'île ou de delta qui s'appuie sur Dordrecht et Gorcum, entre les deux principales branches du Rhin. La longue chaussée du diefdyck traverse ce delta et protège seule la partie basse, quand la pointe de l'île est envahie. Au premier assaut les eaux amoncelées du Rhin, de la Meuse, du Whaal, les digues furent entamées, et la brèche ouverte : le flot fouillait et dévorait les terres dispersées comme une arène mouvante. Le tocsin sonnait de toutes parts, la population éperdue cherchait les hauteurs; les villages s'aggloméraient sur le dos des digues. Quand une de ces digues fléchit et crève, c'est comme une explosion, le craquement est terrible, et il se creuse instantanément un abîme où la masse d'eau tombe en cataracte et rebondit en avant, plus irrésistible. Toute cette foule poussa le cri d'alarme : «*Dus de dyk es door !* la digue est donc rompue ! » En effet, le Whaal, par deux voies et une double cascade, entrait dans la partie basse, et s'en allait battre de toute sa fureur les faibles pilotis de Dordrecht et de Gorcum. Toute la population restait entassée sur le diefdyck, bloquée de toutes parts, entre deux mers, sur une étroite chaussée au niveau des eaux, ébranlée par chaque vague, prête à disparaître.

Ce fut à ce moment suprême que le roi Louis, avec tous les officiers du Watterstaat, franchit l'inondation sur une nacelle, pour aller se poster sur le point le plus menacé : il passe deux jours et deux nuits à parcourir ce théâtre de désastre, à diriger tous les travaux. Au moment où il revenait à Gorcum, l'inondation envahissait la ville par une vieille maison : à son ordre, soldats, bourgeois, paysans dépavent les rues, abattent des maisons, et improvisent une barricade qui sauve Gorcum.

Mais le lendemain, le diefdyck fut à son tour emporté, toute la Bétuwe inondée; il n'y eut qu'à prendre les mesures pour sauver les habitants et les débris du naufrage. Le roi visita tous les villages inondés et jusqu'aux maisons isolées, établit en permanence à Utrecht un comité du Watterstaat, pour sauver ce qui restait et dresser un plan général d'endiguement; il remonta le Leck jusqu'à Arnhem, le Whaal jusqu'à Nimègue, partout prodiguant ce qu'il avait de trésors, et trouvant, quand il ne pouvait plus rien donner, des paroles vraiment chrétiennes, qui seules pouvaient alléger un si grand désastre. Catholiques et protestants se pressaient autour de lui et levaient ensemble les mains au ciel. Il donna sans distinction ses éloges au dévouement des divers ministres de la religion. Il n'en trouva pas un, dit-il, qui ne fût à son poste, au milieu de ses paroissiens, les rassurant, les consolant, les dirigeant et remplaçant à la fois toutes les autorités absentes, il crut devoir distinguer entre tous, et nous sommes heureux nous-même de rappeler, à cette distance des temps et des lieux, ces honorables distinctions, le ministre réformé Prinsen, du village d'Ochten, le ministre Hoppe, du village de Dodewoert, qui fut nommé chevalier de l'ordre de l'Union.

Une vaste souscription acheva de réparer ces malheurs. Peu auparavant on avait trouvé un million d'offrandes ; la générosité hollandaise alla encore pour le désastre de Leyde, plus loin ; et la ville de Leyde elle-même, encore couverte de ruines, offrit à elle seule près de 50,000 florins, plus de 100,000 fr. de notre monnaie.

A en juger par ces traits, le règne de Louis semble un deuil continu : il eut pourtant ses heures sereines, ses beaux jours ; cette verte Hollande, si épanouie sous un beau ciel, retrouva plus d'une fois son habit de fête pour se rejouir avec son roi. C'était, pour les catholiques surtout, une surprise croissante et quotidienne , depuis le jour où l'un des leurs, M. Van Hot, membre du conseil législatif, vint, au nom des hautes puissances, recevoir le nouveau roi à la frontière, au milieu des fidèles Brabançons accourus à sa rencontre. Son entrée à La Haye fut une fête des vieux âges. Son premier discours aux Etats, véritablement habile, éloquent, mémorable, eut le plus grand retentissement. Il y développait sa pensée la plus permanente et la plus utile à la cause catholique : l'union de tous les Hollandais en un seul corps, sans aucune distinction de provinces, ni de cultes. Cette pensée remuait profondément ce peuple grave ; chaque parole emportait une conviction qui faisait un pas vers la liberté de l'Eglise ; chaque pas était un prodige pour ses enfants, déchus, exclus des fonctions publiques, sauf de rares et récentes exceptions. Parmi ceux qui répondirent à ce discours, on remarqua un ministre de l'Eglise wallonne, descendant d'une famille française réfugiée, M. de la Saussaye : « Sire, dit-il, nous regardons votre élévation au trône de Hollande comme une disposition de cette adorable Providence, qui règle tout avec un souverain empire, et dont les voies toujours profondes, souvent mystérieuses, sont dirigées par une sagesse qui atteint infailliblement son but. »

D. F. B. PITRA, de l'abbaye de Solesmes.

(La suite à un prochain numéro.)

BOURSE DU 12 NOVEMBRE.

Le 3 p. 100 a débuté au comptant à 56 55, a fait 56 50 au plus bas, et reste à 56 75.

Le 5 p. 100 a débuté au comptant à 89 10, a fait 89 50 au plus haut, et reste à 89 43.

On a coté le 3 p. 100 romain à 81 3|4.

L'un des Propriétaires-Gérants, CHARLES DE RIANCEY.

Paris, imp. BAILLY, DIVRY et Comp., place Sorbonne , 2.

L'AMI DE LA RELIGION.

M. le ministre de l'instruction publique et des cultes a adressé à NN. SS. les Evêques de France une lettre-circulaire, à l'occasion de l'institution des cours et tribunaux. M. Parieu ne se contente pas d'inviter les prélats à appeler les bénédictions de la Religion sur cette cérémonie solennelle; il les prie de célébrer *eux-mêmes* la messe du Saint-Esprit. Nous sommes loin de méconnaître l'intention chrétienne qui a dicté l'acte du ministre. Que le gouvernement demande des prières aux Evêques, rien de plus naturel; mais qu'il indique officiellement par qui ces prières doivent être faites, c'est quelque chose de contraire à tous les usages, nous dirons même aux plus simples convenances. Les pouvoirs les moins respectueux n'ont jamais exprimé une telle prétention. C'est en effet le droit et l'affaire de NN. SS. les Evêques, de régler leur propre conduite dans de pareilles circonstances, et de décider ce qui leur semble le mieux, selon les lieux et selon les temps.

Indépendamment de ce qu'elle a de peu réfléchi aujourd'hui, cette manière d'agir pourrait créer des précédents, dont certainement M. Parieu n'a pas entrevu les conséquences. Il faut que M. le ministre des cultes ait toujours devant les yeux cette vérité, à savoir que ses fonctions et son titre ne lui confèrent aucune espèce d'autorité sur les Evêques, et que, même en employant les formules de la politesse et du respect, il doit se garder de paraître intimer un commandement quelconque, et surtout d'entrer dans des détails de conduite dont les Evêques sont les seuls dignes appréciateurs.

On nous permettra de remarquer, en fait, que, dans beaucoup de villes épiscopales, il n'y a qu'un tribunal de première instance; et d'ailleurs, il nous aurait paru au moins d'une rigoureuse justice que ce fussent les magistrats eux-mêmes qui eussent prié les Evêques de venir célébrer la messe du Saint-Esprit, et que ce n'était pas aux prélats à adresser aux juges l'invitation de se rendre à la messe qu'ils célèbreraient. Or, M. le ministre de la justice n'a pas, que nous sachions, tracé ce devoir aux membres des cours et tribunaux.

Ces relations d'étiquette et de convenance, qui couvrent des questions de respect et de droits, ont toujours eu une importance réelle, et elles en prennent davantage au début d'un ministère.

Mgr l'Archevêque de Paris ayant, comme nous l'avons dit, retiré à M. l'abbé Chantome tous les pouvoirs qu'il avait dans ce diocèse, Mgr l'Evêque de Langres vient de donner à cet ecclésiastique l'ordre de se rendre dans son diocèse natal, afin de s'y livrer aux fonctions qui lui seront assignées.

NOUVELLES RELIGIEUSES.

DIOCÈSE DE NANTES. — Nous recevons des nouvelles de la petite colonie missionnaires partis de Nantes, il y a trois semaines, pour Natchez.

Elle a mis en mer le 30 octobre, par le *Rouennais*.

On sait que tous ces missionnaires sont nantais, et fort jeunes; la plupart même n'ont pas encore reçu l'ordre de la prêtrise. Ils vont à Natchez seconder le vénérable évêque que nous avons vu l'année dernière dans nos murs, et qui n'avait alors que deux ou trois prêtres pour fonder un immense diocèse grand comme la moitié de la France.

Nous nous intéressons vivement à ces jeunes lévites, dont le dévouement fait si grand honneur à notre pays, et au zèle desquels un des plus vastes diocèses des Etats-Unis devra, sans doute, sa consecration définitive au catholicisme.

Ce sont MM. Morisset, prêtre, de Pont-Château ; Babonneau, diacre, de Gorges ; Guillou, diacre, du Bignon ; Fiérabras, sous-diacre, de Paulx ; Ardouin, clerc minoré, de Paimbœuf. Ils sont accompagnés de M. Griguon, prêtre, du diocèse de Rennes.

Sur le même navire, se trouvent douze trappistes de Meilleray, parmi lesquels le P. Hélio, aussi nantais et ancien curé de la Renaudière. Ils vont rejoindre douze trappistes de la même abbaye, qui sont partis, il y a quelques mois, pour fonder l'établissement de Gethsémany, au Kentucky.

DIOCÈSE DE CARCASSONNE.—Dans la nuit du dimanche 4 au lundi 5 novembre un incendie, qui aurait pu occasionner les plus grands désastres, s'est déclaré dans le chœur de l'église cathédrale de Carcassonne et a entièrement consumé l'intérieur de cette partie du monument. C'est seulement le lundi, à 5 heures du matin, que ce commencement d'incendie a pu être signalé par le concierge qui se rendait à l'église pour sonner l'*Angelus*. Les flammes concentrées dans le chœur commençaient à gagner la nef quand les secours sont arrivés.

Grâce à l'activité et au courageux dévouement des pompiers de la ville, dont le zèle était encouragé par la présence des autorités accourues sur le théâtre de l'incendie, on est parvenu à se rendre maître du feu avant que le terrible élément ait pu gagner les combles de l'édifice et le détruire en entier.

Toutes les boiseries et les beaux tableaux qui décoraient le chœur ont été entièrement détruits. Le siége épiscopal, les stalles du chapitre, et jusqu'au magnifique parquet récemment posé dans le chœur, tout est devenu la proie des flammes. Le reste de l'édifice, quoique épargné par l'incendie, a été notablement endommagé à la surface par l'action de la fumée et de la chaleur qui avait transformé toute l'église en un vaste four embrasé. On évalue la perte à plus de cinquante mille francs. Les tableaux consumés appartenaient au pinceau de Rivalz, célèbre peintre de Toulouse au dix-septième siècle, et à celui de Gamelin père, de Carcassonne, dont les œuvres étaient fort estimées dans le siècle dernier. Nous pensons que l'Etat viendra au secours de la fabrique de St-Michel, et que de promptes réparations ne tarderont pas à rendre à notre malheureuse cathédrale son ancien éclat, qu'une seule nuit a suffi à détruire.

Les beaux vitraux gothiques dont l'origine remonte à Saint-Louis, époque de la reconstruction de Saint-Michel, ont été heureusement préservés. On attribue ce bonheur à l'action de la pluie qui est tombée constamment pendant la funeste nuit du 4, et qui, poussée par le vent d'est, refroidissait les plombs des vitraux, et en empêchait ainsi la fusion.

Pendant toute la journée du 5, de nombreux visiteurs se sont pressés dans l'intérieur de l'église et déploraient hautement les suites de ce fatal événement.

Le service divin a été interrompu pendant toute la journée du 5. L'office des chanoines n'a pu être repris que ce matin 7 novembre. On se perd en conjectures sur les causes de ce sinistre. Chacun s'accorde cependant à dire que la malveillance n'a pu l'occasionner : on croit assez généralement qu'à la suite de l'office du chœur qui s'est fait tardivement dans la soirée du 4 à raison des cérémonies du dimanche, un reste de bougie sera tombé de l'une des stalles du chapitre sur le parquet et que le feu se sera communiqué, après un long travail, des boiseries inférieures à la partie élevée de la menuiserie, et de là aux grands tableaux qui la surmontaient.

SÉANCE DE L'ASSEMBLÉE.

Au commencement de la séance, l'Assemblée était assez agitée. L'arrêt de la Haute-Cour de Versailles, qui vient de clore souverainement les débats de l'affaire du 13 juin, était l'objet de beaucoup de conversations. Fatale et nécessaire conclusion de ces agitations insensées et coupables, qui pouvaient rejeter notre pays, à travers des parodies ridicules, dans les dernières horreurs de la révolution et de l'anarchie.

A trois heures, enfin, laissant de côté ces souvenirs amers de la politique démagogique, l'Assemblée est entrée en séance et a repris cette grave et intéressante question des sociétés de secours et des *caisses de retraite pour les ouvriers*, question d'intérêt permanent et social, et dont la solution, qui touche à l'amélioration la plus pratique du sort des populations laborieuses, ne saurait être utilement obtenue que par le respect, le concours de la religion, de la liberté et de la charité.

M. Lemulier a parlé le premier. Sans nier les inconvénients et les dangers que les associations d'ouvriers peuvent présenter dans l'état actuel de la législation et des mœurs, il a très-bien indiqué les conditions religieuses et morales auxquelles ces mêmes associations peuvent produire les fruits les plus utiles et fournir une garantie de plus au maintien de la tranquillité et du bon ordre, aussi bien qu'à l'existence souvent si précaire des nombreuses populations qui vivent du commerce et de l'industrie.

Il y a une antipathie absolue et radicale entre ces conditions indispensables, et les théories socialistes et montagnardes. M. Rouveure en a donné une précieuse preuve en développant en son nom un système qui se rapproche de celui de M. Pelletier. Tous ces systèmes, toutes ces théories ne supportent pas l'examen, et dès qu'on en cherche le côté pratique, on est étonné de tout ce qu'ils montrent de ridicule, d'impuissance et de contradiction avec les lois éternelles, non-seulement de la société, mais de la nature humaine.

C'est toujours, sous prétexte de faveur et d'avantages pour le travail, l'intervention arbitraire, absolue, tyrannique de l'État, arrivant par la réglementation et l'impôt, à la double ruine des patrons et des ouvriers, sans compter celle du trésor public.

Si le système de M. Rouveure est presque *socialiste*, celui de M. Lestiboudois, qui repose aussi sur le principe de la retenue obligatoire, l'est beaucoup plus qu'il ne le pense. C'est ce dont M. Emile BARRAULT, plus sérieusement qu'il ne le croyait, a donné la preuve et les raisons par un seul mot digne de rester : « On vous accuse d'être quasi-spoliateur, a dit l'orateur, socialiste lui-même et qui connaît à fond tout le socialisme ; on vous accuse d'être QUASI-SPO-LIATEUR, donc vous êtes QUASI-SOCIALISTE. »

M. Barrault a encore essayé de rattacher le Président de la République au socialisme, soit comme disciple de l'école, soit comme faisant une concurrence au socialisme républicain avec une espèce de socialisme impérial.

L'Assemblée, qui, comme on le voit, se trouvait très-loin du projet de loi en discussion, y a été ramenée par M. RAUDOT. M. Raudot a fortement attaqué les tables de mortalité sur lesquelles reposent les calculs de la commission pour les caisses de retraite. Cette discussion aurait été mieux placée dans le débat sur les articles.

M. BENOIST D'AZY a clos la délibération par un excellent discours, empreint des sentiments les plus religieux et les plus généreux. Il a parfaitement réfuté les absurdes rêveries des socialistes de la Montagne, et il a montré de quel côté étaient le respect de la justice, le respect de la liberté, le sincère amour du peuple, la véritable charité.

L'Assemblée s'est associée, par de fréquents applaudissements, à ces nobles et chrétiennes paroles.

M. DUMAS, ministre de l'agriculture, a annoncé que le gouvernement présenterait prochainement un projet sur les caisses de retraite, et qu'il s'entendrait avec la commission.

L'Assemblée a ensuite voté un très-grand nombre de projets qui étaient à son ordre du jour, bien que plusieurs ministres fussent absents. Il ne s'agit, du reste, pour la plupart de ces projets, que d'une première lecture.

Haute-Cour de justice.

La Haute-Cour vient enfin de statuer sur le sort des accusés du 13 juin.

On se rappelle que les défenseurs s'étaient tous retirés, à l'audience de samedi, parce que la Haute-Cour n'avait pas voulu leur laisser plaider la violation de la Constitution et le droit à l'insurrection.

M. le président avait alors désigné d'office les avocats du barreau de Versailles pour assister les accusés dans leur défense.

Ces derniers ont refusé de se défendre et récusé le ministère des nouveaux défenseurs qui leur étaient donnés.

Dans ces circonstances M. le président a prononcé la clôture des débats, au milieu d'une émotion facile à comprendre.

Dans un résumé remarquable par l'élévation des pensées et du langage, il a ensuite rappelé les charges de l'accusation et suppléé d'office les moyens qu'on aurait pu faire valoir pour chacun des accusés.

Les avocats ont reçu dans ce résumé le blâme que méritait leur conduite.

« Nous avons dû les avertir, a dit M. le président, de la responsabilité qu'ils « assumaient sur eux, et vis-à-vis de leur ordre que nous n'avons vu à aucune « époque déserter, la veille de la lutte ; vis-à-vis de leurs cliens, dont quelques- « uns peut-être ramenés par le temps et la réflexion à une situation d'esprit plus « calme pourraient leur demander compte un jour de cet abandon ; vis-à-vis de la « société qui, élevant leur ministère au niveau de ses plus saintes et plus chères « garanties, n'a pas entendu apparemment qu'il leur fût libre de s'en départir à « l'heure suprême où va se consommer l'œuvre de la justice. »

Puis il a terminé par ces nobles paroles :

« Le moment est venu pour vous, messieurs les hauts-jurés, de rechercher et de proclamer, à l'égard de chacun des accusés, la vérité judiciaire qui ressort de ces longs débats.

« Si cette vérité ne vous apparait qu'à travers un nuage ; si, entre elle et celui que la société accuse, il reste une place pour le doute, ne condamnez pas. La justice des hommes ne doit, pas plus que celle de Dieu, frapper dans l'ombre.

« Mais si une conviction énergique, profonde, invincible, vous désigne les coupables sur ces bancs, que la lumière se fasse dans votre décision, comme elle se sera faite dans vos consciences.

« La force, messieurs les hauts-jurés, triomphe des agitations civiles. La justice seule triomphe des causes qui les font naître.

« C'est le malheur des temps où nous vivons que le désordre dans les idées, qui met perpétuellement obstacle à ce que l'ordre se rétablisse dans les faits. Il vous appartient d'intervenir, calmes et fermes comme la loi, au milieu de cette anarchie morale qui, après cinquante ans de lutte et de bouleversement, replace sans cesse la France sur le chemin des abimes.

« Plaise au Ciel que les enseignements de ce grand procès avancent l'heure où les principes éternels, qui sont la vie des sociétés humaines, reprendront leur empire, où cette malheureuse patrie dont le sang coule par tant de blessures, ralliera à un sentiment commun de dévoûment à sa gloire, toutes ces fortes intelligences, tous ces cœurs pleins d'ardeur et de sève, que nous voyons se consumer en stériles aspirations vers un avenir impossible.

« La France, MM. les hauts-jurés, a assisté tout entière à nos débats ; Ils porteront leurs fruits ; achevons consciencieusement notre œuvre : Dieu fera le reste. »

Le haut-jury est entré hier, à deux heures un quart de l'après-midi, dans la chambre de ses délibérations, et n'en est sorti que ce matin à sept heures et demie.

Par suite de son verdict

Ont été acquittés : Maillard, Baune, Allyre-Bureau, Louiou, Achintre, Delahaye, Merliot, Vernon, Angelot, Lemaître et Forestier.

Ont été condamnés à la déportation : Chippron, André, Dufélix, Lebon, Langlois, Paya, Commissaire, Maigne, Fargin-Fayolle, Pilhes, Daniel, Lamazières, Boch, Vauthier, Deville, Gambon, Guinard et Schmitz.

A cinq ans de détention : Suchet, Monbet et Fraboulet de Chalendar.

La Haute-Cour a ensuite ordonné la suppression de la protestation lue par Mᵉ Crémieux, après l'arrêt relatif à l'incident du lieutenant Petit, et prononcé la peine de la censure contre Mᵉ Thourel, pour les paroles par lesquelles il a accueilli l'arrêt qui défendait aux défenseurs de plaider la violation de la Constitution, et le droit à l'insurrection.

Circulaires ministérielles.

Le gouvernement, en rendant à la liberté la plus grande partie des insurgés de juin, semble avoir compris que cet oubli d'un triste passé lui impose la loi d'en prévenir plus énergiquement que jamais le retour.

Le manifeste du nouveau préfet de police, M. Carlier, est conçu dans ce sens. Les ministres des finances et de l'intérieur ont aussi écrit des circulaires, dont nous reproduisons quelques passages.

M. Fould adresse un sévère avertissement à quelques-uns des fonctionnaires de son administration, accusés de favoriser le socialisme :

« Plus je me plais, dit-il, à rendre hommage à l'intelligence et au dévoûment dont l'administration a fait preuve, plus j'éprouve de regrets de voir, par des renseignements que j'ai trouvés au ministère, et par des rapports que j'ai reçus, que quelques-uns des agents du département des finances se sont rendus coupables de faits graves dans leur conduite politique.

« Je veux espérer que les agents de tout grade des services financiers, dont le bon esprit m'est généralement connu, se pénétreront plus que jamais de la nécessité de rester étrangers aux menées des ennemis de l'ordre ; qu'ils continueront à apporter dans leurs fonctions le zèle et l'exactitude que le gouvernement de la République est en droit d'exiger d'eux. Si quelques-uns s'écartaient de leurs devoirs, vous auriez à me les signaler, sans aucune hésitation, en précisant les faits.

« Disposé, en toute occasion, à récompenser les bons services, je montrerai une juste sévérité à l'égard des agents qui se laisseraient entraîner hors de la voie que je viens de leur tracer. »

Voici maintenant comment s'exprime M. Ferdinand Barrot :

« Dans les temps de calme, lorsque les choses ont une marche régulière, l'administration investie d'un haut patronage peut assister, dans une sorte de neutralité, aux luttes de la politique; alors il ne s'agit que du concours pacifique des idées et des doctrines. Mais, dans un temps d'ébranlement profond, lorsque les luttes sont le plus souvent violentes et ont pour but marqué le renversement ou le maintien de l'ordre social, le rôle des administrateurs devient plus actif, leurs obligations plus étendues et plus impérieuses. Ils sont alors les premiers soldats de l'ordre; ils doivent courir à toutes les brèches, les défendre par leur énergie, tendre à les fermer par des efforts intelligents et assidus.

« Le concours actif et toujours en éveil que j'attends de vous avec confiance, vous l'exigerez rigoureusement de tous les fonctionnaires que vous avez sous vos ordres ; vous l'obtiendrez, Monsieur le préfet, de tous les bons citoyens que l'amour du pays et le sentiment de leurs intérêts doivent serrer autour d'une administration forte et vigilante. Il faut que l'impulsion soit générale, énergique et soutenue, pour qu'elle produise tout son effet. »

Nous ne pouvons qu'applaudir à ce langage, et nous désirons qu'il ne reste pas sans effet. Le dernier ministère était aussi très-énergique dans ses proclamations et ses circulaires. Le ministère actuel a promis des actes plutôt que des paroles. Il n'a qu'à tenir les engagements qu'il vient de renouveler.

L'article 32 de la loi du conseil-d'État.

Nous avons dû signaler la joie extrême, les espérances et les calculs que le vote du 7 novembre, a inspirés à la *coalition* qui l'a

...porté et qui se compose, au témoignage du *National*, de tous ceux ... ne veulent pas voir la jeunesse française aux mains des *disciples* ... *Loyola* et des *Frères de la doctrine chrétienne*.

...pendant, tout en déplorant les conséquences évidentes et désas... ...tées de ce vote, nous n'avons jamais exagéré son importance, au ...int de vue légal, et nous n'avons pas dit qu'il fût irréparable, si au ...u de servir de prétexte hypocrite pour l'ajournement indéfini de la ...libération sur la liberté de l'enseignement, il n'avait d'autres con... ...séquences réelles que celles qui résultent des dispositions de la loi ...ur le conseil-d'État et de leur application loyale.

En effet, l'article 32 de la loi que la Montagne et l'Université elles-mêmes ont si tardivement invoquée et si étrangement interprétée, est ainsi conçu :

: « Art. 32. —Tous les projets sur lesquels le conseil-d'Etat est consulté par l'Assemblée ...tionale ou par le gouvernement, sont transmis à la section de législation; elle en dé-...bère sans retard. L'avis de la section ou du conseil-d'État, selon la nature du projet, ...it être transmis à l'Assemblée nationale ou au gouvernement *dans le mois, au plus* ...*brif*, de la réception des pièces au secrétariat-général. »

Le *Pays*, journal peu suspect d'exagération et qui défendait la po-litique de M. Dufaure, fait à ce sujet les réflexions que voici :

« Si les pièces tardent trop à arriver au secrétariat-général, le retard accusera ... *défauts de notre système bureaucratique et un manque de bonne volonté de la* ...*part de M. le ministre de l'instruction* publique. Il faudra bien toujours qu'elles ... arrivent, et que l'avis du conseil-d'État se formule.

« Si, au contraire, les pièces arrivent au secrétariat-général dans un délai con-...venable, le vote déplorable de mercredi dernier n'aura causé qu'un retard de six ...semaines,' et la discussion ne s'en ouvrira que sous des auspices plus favorables ... un projet qui soulève de telles passions. »

Assurément le *Pays* a raison de croire que le vote du 7 novem-...bre, regretté aujourd'hui par plusieurs de ceux qui y ont pris part, ...est de nature à ouvrir bien des yeux. Mais en admettant même que ...la loi, faussement invoquée, soit du moins sincèrement et prompte-ment exécutée, n'est-ce rien que six semaines dans un temps comme ...celui-ci, et avec des adversaires tels que ceux qui ne veulent à aucun ...prix de la liberté d'enseignement, de la liberté d'association ni de la ...liberté religieuse !

———————

Nous lisons dans la *Gazette de Lyon*, journal qui a, comme on le ...sait, une grande et légitime autorité dans tout le Midi, l'article sui-vant, digne à plus d'un titre d'une attention particulière :

« L'Assemblée législative vient de commettre une faute considérable, et que ...tous les amis éclairés de la France ne sauraient trop déplorer. On dirait vraiment ...que cette pauvre société, qui se débat sous les griffes du socialisme qui com-...mence à l'étreindre, veut, jusqu'au dernier moment, refuser d'accepter le remède ...que l'on offre à ses maux.

« Lorsque le projet de loi sur l'instruction publique fut présenté, nous com-...prenions la divergence des opinions qu'il avait fait naitre. Mais après qu'il eut été élaboré par une commission dont la majorité était dévouée à la liberté d'enseignement, cette divergence était plus difficile à comprendre.

« Quoi qu'il en soit et quelle que fût l'opinion qu'ils eussent sur le projet de loi amendé par la commission, les amis de la liberté de l'enseignement ne pouvaient, à notre avis, hésiter sur le vote qu'ils avaient à exprimer dans la séance du 7 novembre. Quel but se proposaient les adversaires des conclusions de la commission ? Ils se proposaient d'enterrer le projet de loi, d'éloigner l'avènement de la liberté d'enseignement.

« Les adversaires du projet se sont conduits comme des hommes qui ont peur de la discussion : ils ont fui le combat.

« La question était posée entre les amis et les ennemis de la liberté d'enseignement. Ce sont les ennemis qui l'ont emporté.

« C'est ainsi que le fait apparaîtra aux yeux de toute la France, aux yeux de l'Europe entière. Oui, on dira : En France, la majorité du corps législatif est contraire à la liberté d'enseignement.

« C'est là un fait profondément déplorable. La France est le modèle de l'Europe. Les décisions bonnes ou mauvaises, prises en son nom, sont des exemples bons ou mauvais. Le 7 novembre, la France a donné un mauvais exemple; les populations catholiques du reste de l'Europe en seront affligées, peut-être découragées. Quant aux anarchistes, ils s'en applaudiront, car ils diront : C'est encore l'esprit révolutionnaire et voltairien qui prévaut en France : Vive la révolution !

« Des amis de la liberté, qui, sans doute, ne s'étaient pas bien rendu compte de la situation, ont eu le triste courage de voter avec la démagogie, avec les ennemis d'une liberté en faveur de laquelle ils avaient vaillamment combattu. Ils sont en fort petit nombre. Néanmoins nous ne dissimulerons pas que leur conduite a fait à notre cœur une blessure profonde.

« Ce n'est pas en s'alliant aux ennemis de la liberté d'enseignement, en s'associant à un procédé indigne d'hommes sérieux, qu'ils devaient manifester leur désapprobation, mais en combattant ouvertement le projet à la tribune. Si le projet avait échoué, eh bien ! au moins on aurait su à qui et à quoi l'attribuer; on aurait su si c'était parce qu'il ne faisait pas la part assez large à la liberté. Si telle avait été la cause de l'insuccès du projet, nous l'aurions considéré comme une gloire pour la France ; la démagogie en eût été atterrée, au lieu de s'applaudir, comme elle le fait, au sujet du dernier vote.

« Nous ne pouvons prévoir quelles seront les conséquences de ce vote touchant les rapports entre les différentes nuances de la majorité. Les hommes qui luttent plus spécialement en faveur des libertés religieuses peuvent se demander à quoi se réduit la prétendue union du parti modéré, si, du moment où il s'agit de prendre quelque mesure favorable à l'ordre moral, des fractions de ce parti croient qu'il leur est permis de voter avec les montagnards. »

Bulletin de la politique étrangère.

ITALIE. ══ Une lettre de Rome, du 3 novembre, renferme le passage suivant :

« Je lis tous les jours le *Constitutionnel*, le *Journal des Débats* et la *Réforme*, seuls journaux que l'on trouve dans les lieux publics, et tous les jours je m'étonne qu'on puisse écrire tant de choses sur la politique romaine, sur l'état des esprits dans la ville éternelle, etc. Rome, je vous assure (j'entends celle des honnêtes gens), jouit de la tranquillité la plus parfaite; on y passe son temps à faire la conversation dans les cafés; je m'amuse à voir réunis à la même table des prêtres, des dames romaines, des officiers français qui devisent avec vivacité sur l'Italie. Les Français, quoi que puissent

... familles démagogiques, sont fort aimés ici. Et comment ne le seraient-ils ? Après l'essami, ne se sont-ils pas conduits comme des jeunes filles ? Toutes les fois ... romain a besoin de protection, il la trouve auprès d'un français. Et l'argent, le ... argent qui circule, d'où provient-il ? des bourses françaises. Avant la République ... l'écu de 5 fr. valait quatre-vingt-treize baijoter. Il en vaut actuellement ...

... a un aphorisme italien qui dit : « L'argent vient par les Français et s'en va par ... Autrichiens. » Quant aux révolutionnaires, il ne reste de leur règne que du papier ... personne ne veut et des sociétés secrètes portant les noms de Brutus, de Cassius, ... Scévola, et dont tout le monde voudrait bien être débarrassé, ne fût-ce que pour acquérir la liberté de sortir le soir sans courir le risque d'être assassiné par quelque apôtre de la fraternité universelle.

« La nouvelle de la prochaine arrivée du Saint-Père dans sa capitale y a déjà ramené un certain nombre d'étrangers. Une seule chose fait craindre des retards et peut-être un changement de détermination de la part de Sa Sainteté : c'est le départ annoncé de M. de Corcelles, pour lequel Pie IX professe une estime toute particulière, et dont le départ serait ici considéré comme une calamité par tous les gens de bien. »

ALLEMAGNE. — *Francfort*, 10 novembre. — Nous apprenons d'une source digne de foi que le gouvernement hanovrien a donné sa sanction au traité conclu le 30 septembre dernier entre la Prusse et l'Autriche, relativement à la formation d'une commission centrale provisoire pour l'administration de l'empire.

L'adhésion du Wurtemberg et du grand duché de Bade est également arrivée.

Dresde, 8 novembre. — Les nouveaux députés arrivent lentement. Il n'y en a encore, à Dresde, que 52 dont l'élection ne soit pas contestée, et voici pourtant le dixième jour depuis la convocation. Les députés se voient souvent, et, dès aujourd'hui, on peut prévoir quel sera l'esprit du parlement. Sans le moindre doute, le gouvernement aura contre lui la majorité dans les deux chambres.

Parmi les députés nouvellement élus, quinze au moins sont en prison ou devenus incapables, comme ayant été chefs de la dernière insurrection.

Vienne, 7 novembre. — Les travaux de fortifications sur tous les points de la monarchie sont ou poussés avec vigueur, ou entrepris avec ardeur. La citadelle de Prague, entre autres, est presque achevée et en partie déjà armée. Les hauteurs du belvéder et le Zirka-Berg sont devenus des positions formidables.

TURQUIE. — On écrit de Constantinople, le 25 octobre, au *Times*:

« Il est arrivé des dépêches de lord Palmerston pour sir Stratford Canning, et du gouvernement français pour le général Aupick. Celles de Londres sont du 9 du courant; celles de Paris sont du 10.

« Les dépêches reçues par M. Stratford Canning expriment plus clairement l'intention de l'Angleterre de faire une alliance défensive avec la Porte-Ottomane, si le czar mettait à exécution ses menaces d'agression; l'ordre avait été donné en conséquence à l'amiral Parker de se mettre en communication avec M. Stratford Canning, et la flotte britannique est en ce moment à l'entrée des Dardanelles.

« Les dépêches qu'a reçues le général Aupick sont conçues à peu près dans les mêmes termes que celles du gouvernement anglais. La France approuve la conduite de la Porte-Ottomane et celle de son ambassadeur.

« Le gouvernement français exprime le désir que les ambassadeurs de S. M. B. et de la République agissent de concert dans cette question. Mais quant à la formation d'une alliance défensive avec le sultan, si la Russie lui déclarait la guerre, il n'y a rien de positif; tout est vague à cet égard. »

ASSEMBLÉE LÉGISLATIVE.

Séance du 13 novembre. — PRÉSIDENCE DE M. DUPIN.

La séance est ouverte à 2 heures un quart.

L'ordre du jour appelle la suite de la première délibération sur la proposition de MM. Lestiboudois et Dufournel.

M. ROUVEURE propose un nouveau système.

M. EM. BARRAULT. J'accepte comme légitime toute déclaration de guerre au socialisme. Vous usez de votre droit ; vous remplissez un devoir. Mais quand le gouvernement descend dans l'arène, je crois qu'il n'est pas dans son droit. Les gens de bien de tous les partis n'ont pu lire sans étonnement la prose incendiaire affichée sur les murs de Paris.

Voix nombreuses : A la question !

M. BARRAULT. M. Lestiboudois a soutenu le véritable système, celui de la retenue obligatoire sur les maîtres et sur les ouvriers. Le véritable système des caisses de retraites doit admettre comme éléments principaux ces deux retenues ainsi que l'intervention financière de l'Etat.

M. BENOIST D'AZY, rapporteur. Messieurs, au point où la discussion en est arrivée, je n'ai plus qu'à le résumer.

Je vais parcourir les différentes opinions qui se sont produites, et permettez-moi de dire tout d'abord qu'elles ne se sont pas répondues les unes aux autres.

Ainsi, M. Lestiboudois a soutenu sa proposition ; M. Goldemberg a présenté une série d'observations ne se rattachant pas directement à la question ; M. Buffet a répondu à M. Lestiboudois ; il a discuté profondément cette grave question de la retenue obligatoire.

Cette question, qui s'était déjà présentée à la commission, reviendra dans la seconde délibération.

Messieurs, on a dit que ce projet émanait du socialisme, et on a parlé de deux formes de socialisme. Eh bien, il faudrait s'entendre. Qu'appelle-t-on socialisme ? Car c'est là la plus grave question du moment.

L'erreur qu'il faut éviter, c'est de porter dans les questions de ce genre ce qui ressort du domaine de la conscience. Non, vous ne pouvez admettre que le domaine de la conscience passera dans la loi. Cela est impossible à admettre, nous le comprenons tous.

Si je croyais, comme M. Pelletier, que la proposition fût un moyen de faire entrer dans nos lois les doctrines socialistes, si elle devait avoir un si funeste effet, non seulement je la condamnerais, mais je m'y opposerais de tous mes efforts. (Approbation.)

Mais je n'y vois rien de cela ; j'y vois une œuvre de charité dans le sens chrétien, une œuvre de bienfaisance, l'amour de l'homme pour l'homme. (Approbation.)

Beaucoup d'entre nous ont vécu parmi les ouvriers, et tous nous en avons vus qui se sont élevés par le travail. On ne peut donc pas dire que le travail enferme l'ouvrier dans un cercle qu'il lui est impossible de franchir. On a parlé d'une enquête, faites-la et vous en verrez les résultats ; ils confirmeront mes paroles. (Très-bien !)

Moi aussi, messieurs, j'ai beaucoup vu les ouvriers, ces hommes si bons, si honorables.

si laborieux, et j'ai dû apprécier leurs excellents sentiments, leurs qualités ; aussi ce n'est pas sans émotion, sans un sentiment de bonheur, que je leur donne une nouvelle preuve de dévouement en parlant aujourd'hui comme je viens de le faire. (Très-bien ! très-bien !)

Et l'on nous accuse de rigueur, de mauvaise volonté ! Qui donc a dans le cœur des sentiments meilleurs que les nôtres pour tous ceux qui souffrent ! Je défie qui que ce soit de nous en remontrer, permettez-moi cette expression.

Le projet a été attaqué de deux côtés, et par ceux qui nous accusent de trop faire, et par ceux qui nous accusent de ne pas faire assez ! Je répondrai à toutes ces objections lors de la deuxième délibération. Et avant de descendre de la tribune, je dois placer un fait. On nous a annoncé que le nouveau ministère se proposait de présenter à la commission un projet, et de faire plus que nous ne proposons. Nous discuterons ce projet, qui se produira dans la délibération des articles.

En attendant, tous, vous voterez la prise en considération de notre proposition, car tous, vous voulez comme nous refaire cette société malade sur les bases de l'amour et du respect des classes les unes des autres. Le gouvernement ne peut tout faire seul ; aidons-le, et nous arriverons de concert à guérir des plaies cruelles, et que d'autres s'attachent à envenimer. (Très-bien !)

M. DUMAS. Le nouveau cabinet n'a pas cessé un instant de se préoccuper de rechercher les moyens d'améliorer sérieusement la situation des classes pauvres, des ouvriers, de tous ceux qui souffrent. Enfin, dans ce travail, la question des caisses de retraite a dû naturellement se présenter devant lui.

Un projet a été proposé dans lequel nous allons, en effet, un peu plus loin que la commission. Mais avant d'arrêter notre pensée définitivement sur ce projet, nous devions connaître les nouveaux plans de M. le ministre des finances. Nous l'avons entendu dans le cabinet aujourd'hui ; bientôt l'Assemblée aura connaissance de ses vues.

Nous n'avons pas cru devoir faire intervenir notre projet au milieu de la délibération ; nous avons cru qu'il valait mieux laisser passer l'Assemblée à une deuxième lecture et ensuite se présenter devant la commission, lui soumettre nos pensées et arriver avec elle à un ensemble complet, à un nouveau projet de loi qui vous sera présenté.

Je veux qu'il soit bien compris que lorsque le gouvernement entend porter du secours dans les classes pauvres et travailleuses, il n'y a rien là qui puisse rappeler les pensées du socialisme. (Très-bien ! très-bien !)

L'Assemblée consultée décide qu'elle passera ultérieurement à une deuxième délibération.

L'Assemblée prend en considération sans discussion une proposition de M. Favreau, relative au partage des terres vaines et vagues des cinq départements de la Bretagne.

M. LE PRÉSIDENT. L'impôt sur la race canine demande la parole.

L'Assemblée, à l'unanimité, prend en considération la proposition de MM. Goldemberg, Dufournel, Rumilly et autres, ayant pour but l'établissement d'une taxe sur la race canine.

L'Assemblée déclare qu'elle passera à une seconde délibération sur la proposition de MM. de Vatimesnil et Lefèvre-Duruflé sur la naturalisation et le séjour des étrangers en France.

La séance est levée à cinq heures et demie.

Chronique et Faits divers.

M. le général de division Baraguey-d'Hilliers a quitté Paris hier au soir, se rendant à Marseille. Il est accompagné du chef d'escadron Dieu et du capitaine Foy, du corps d'état-major, ses deux aides de camp.

— Les dénominations données depuis deux ans, sans autorisation régulière, à certaines rues et places de Paris, vont être soumises à un examen de révision dans le sein de la commission municipale.

— Un nouveau bateau à vapeur, *le Daim*, destiné au transport des dépêches entre Calais et Douvres, vient de faire la traversée avec une rapidité sans exemple. Le trajet de Calais à Douvres s'est effectué en une heure 43 minutes, et de Douvres à Calais en une heure 37 minutes. Aussi les constructeurs de ce bateau ont-ils gagné la prime stipulée dans le cahier des charges, prime de 12,000 fr. dans le cas où la traversée se ferait de Calais à Douvres en une heure 45 minutes, et de Douvres à Calais en une heure 40 minutes.

— Les fouilles ordonnées par M. le préfet de la Seine dans l'ancien cimetière de Clamart, aujourd'hui le grand amphithéâtre de dissection de l'Ecole de Médecine, n'ont encore produit aucun résultat. On sait que ces fouilles sont faites dans l'espoir de retrouver le corps de Mirabeau, qui y fut déposé après son expulsion du Panthéon par un décret de la Convention, en 1793.

— La ville d'Alger va être dotée d'un chemin de fer souterrain. Jamais ouvrage d'art ne fut exécuté avec des conditions de nécessité et d'utilité publique plus favorables que celui dont on va tenter l'entreprise. Pour qui connaît la ville d'Alger, le résultat de l'établissement de cette voie souterraine n'est pas difficile à apprécier.

— On écrit de Barcelone, le 1er novembre :

Dimanche dernier, le courrier de Madrid a été arrêté dans les environs de Tarrega par quatre hommes armés. Le général Ras de Olano était au nombre des voyageurs ; il a été dépouillé de tout ce qu'il portait par ces misérables, qu'on croit appartenir à la bande de Borgas. Un fait de même nature a eu lieu entre Ecija et la Luisiana.

La diligence de Séville, dans laquelle voyageait le général Pardo, a été attaquée par cinq bandits. Les voyageurs en ont été quittes pour la perte de leurs effets.

— Depuis quelques jours on est occupé à établir, au-dessus du grand portail de la cathédrale de Strasbourg, les statues représentant le jugement dernier, exécutées par l'habile et infatigable statuaire PH. GRASS. Depuis son entrée aux ateliers, plus de 60 figures ont été remplacées, et si ce n'étaient les dépenses excessives nécessitées depuis peu par les grands travaux de restauration de la cathédrale, il eût été permis de voir bientôt comblés tous les vides faits par les iconoclastes de 1793. A l'intérieur, le débadigeonnage a rendu à la nef sa mystérieuse et sévère grandeur, et il ne reste plus qu'à achever le chœur pour compléter la restauration du plus beau monument de cette cité.

— On lit dans un journal de l'Allier :

« Le citoyen Mathé, l'un des représentants que les démocrates de notre département ont envoyé siéger sur les hauteurs de la Montagne, est revenu sans congé encore se délasser parmi nous de ses travaux législatifs, et réchauffer le zèle des fidèles. Est-ce bien pour les faire promener ainsi à chaque instant dans les départements, que la République donne 25 fr. par jour à des représentants? De pareils abus sont-ils tolérables? Et ces gens-là ont fait une révolution au cri de : « Vive la Réforme ! ! ! »

BOURSE DU 13 NOVEMBRE.

Le 3 p. 100 a débuté au comptant à 57, a fait 56 70 au plus bas, et reste à 56 75.

Le 5 p. 100 a débuté au comptant à 89 85, a fait 90 au plus haut, et reste à 89 60.

L'un des Propriétaires-Gérants, CHARLES DE RIANCEY.

Paris, imp. BAILLY, DIVRY et Comp., place Sorbonne, 2.

'L'AMI DE LA RELIGION.

Concile de la Province ecclésiastique de Tours.

—

On nous écrit de Rennes, le 11 novembre :

« Hier, samedi, nous avons eu une belle journée ; aujourd'hui une plus belle, une plus touchante, une plus auguste encore.

« Hier, c'était ici l'installation de la magistrature. Vous savez que le ressort de Rennes est le plus considérable de toute la France. Tous les magistrats de la cour d'appel, des autres tribunaux et du parquet étaient réunis pour la prestation du serment et pour la nouvelle institution, qui est une consécration solennelle du grand principe de l'inamovibilité judiciaire. Tous les Pères du Concile, qui devait s'ouvrir le lendemain, avaient été invités à cette cérémonie. C'était une heureuse idée pour ajouter toute la majesté de la Religion à cette grande fête de la Justice. Les Pères y ont répondu avec empressement.

« A dix heures et demie du matin, la messe a été célébrée à la cathédrale par Mgr l'Evêque du Mans. On s'est rendu ensuite au Palais-de-Justice. Là, trois discours ont été prononcés, tous les trois empreints d'un sentiment franchement religieux. Il est regrettable toutefois que le premier avocat-général ait choisi pour sujet du sien la vie de Lanjuinais, caractère dont il n'a mis, du reste, en relief que les côtés les plus honorables.

« Hier aussi a eu lieu la première congrégation générale du Concile, la congrégation *préparatoire*. Ont été nommés officiers du Concile : MM. Bruchet de Tours, Vrignand de Nantes et Jégou de Quimper, secrétaires. *Promoteurs* : MM. Bernier d'Angers et Chevreau du Mans, tous deux vicaires-généraux. *Notaires :* MM. Lebreton, chanoine de Saint-Brieuc ; Lejoubioux, chanoine de Vannes ; Bouzassé, chanoine de Tours. *Maîtres des cérémonies :* MM. Raguideau de Nantes et Desnos de Rennes.

« Le Concile a adopté le réglement intérieur que voici :

« Lever à 5 heures et demie ; à 6 heures l'oraison, suivie de la messe. C'est un Père du Concile qui célèbre le saint sacrifice. Tous les Pères et les membres du Concile assistent à ces deux exercices.

« A 9 heures, congrégation particulière jusqu'à 11. Dîner à midi. Récréation jusqu'à 2 heures. De 3 heures à 5, congrégations. A 7 heures et demie, souper. A 9 heures moins un quart, la prière en commun à la chapelle.

« Les intervalles des exercices que je viens d'indiquer sont occupés par les travaux particuliers.

« Le silence est observé pendant tout le temps des récréations.

« Des exercices de piété ont lieu pour les domestiques. Un ecclésiastique pris en dehors du Concile y préside.

« Les sept Congrégations sont composées ainsi qu'il suit :

« 1° DE DIVINA CONSTITUTIONE ECCLESIÆ ET DE HIERARCHIA ECCLESIASTICA. *Président :* Mgr l'Evêque de Quimper. *Vice-président :* le R. P. abbé du Port-Du-Salut. *Membres :* MM. Goujon de Quimper, Mamouche, vicaire-général de Tours et supérieur du séminaire, Lejubioux, chanoine de Vannes.

« 2° DE FIDE ET DOCTRINA. *Président :* Mgr de Saint-Brieuc. *Vice-président :* M. Bernier, vicaire-général d'Angers. *Membres :* MM. Mivel, chanoine de Quimper ; Hamon, chanoine du Mans ; Bouraud, chanoine de Tours ; Méuard, chanoine de Saint-Brieuc.

« 3° DE CULTU DIVINO. *Président :* Mgr de Vannes. *Vice-président :* le R. P. abbé de Melleray. *Membres :* MM. Frain, chanoine de Rennes, Souchet, chanoine de Saint-Brieuc ; Flohy, chanoine de Vannes; Mesnard, chanoine d'Angers.

« 4° DE ADMINISTRATIONE SACRAMENTORUM. *Président :* Mgr du Mans. *Vice-président :* M. Vincent, vicaire-général du Mans. *Membres :* MM. Bigrel, vicaire-général de Saint-Brieuc ; Lebreton, chanoine de Saint-Brieuc ; Delaunay, chanoine d'Angers.

« 5° DE DISCIPLINA ECCLAESIASTICA. *Président :* Mgr d'Angers. *Vice-président :* M. Heurtebize, chanoine du Mans. *Membres :* MM. Helly, supérieur du séminaire d'Angers ; Bertin, chanoine de Vannes; Jabineau, chanoine de Nantes.

« 6° DE STUDIIS ECCLESIASTICIS ET DE CONGREGATIONIBUS RELIGIOSIS. *Président :* Mgr de Rennes. *Vice-président :* le R. P. abbé de Solesmes. *Membres :* MM. Debroise, chanoine de Rennes ; Sauveur, vicaire-général de Quimper ; Combes, chanoine de Rennes ; Leblanc, chanoine de Vannes.

« 7° DE DECRETIS. *Président :* Mgr l'Evêque de Nantes. *Vice-président :* M. Lanière. *Membres :* MM. Chevreau, vicaire-général du Mans; Litourt, chanoine de Nantes.

« Les Pères se réunissent deux fois le jour en congrégation générale, sous la présidence du métropolitain.

« Le Concile regrette l'absence de l'abbé de Thymadeuc, malade, et de l'abbé de Bellefontaine, démissionnaire, ainsi que du vénérable M. de Lesquen, ancien évêque de Rennes, aussi malade à Dinan. Mgr de la Hailandière, ancien évêque de Vincennes (Etats-Unis), assiste au Concile. »

———

Ce matin, dimanche, Rennes a eu le bonheur d'assister à un de ces merveilleux spectacles que notre chère Bretagne peut seule donner. *Quatre cents* prêtres, venus de tous les points des diocèses voisins, étaient réunis à huit heures et demie du matin, dans l'église de Notre-Dame. Le palais épiscopal, qui touche cette église, recevait en même temps les Pères du Concile et tous les ecclésiastiques qui devaient en faire partie.

Le temps, un peu brumeux au départ, est devenu bientôt magnifique. A 9 heures précises, la tête de la procession est sortie de l'église de Notre-Dame et s'est dirigée vers la cathédrale, en suivant la rue de Fougères, la place du Palais, les rues Royale, de la Monnaie et de la Trinité.

La grande largeur de ces rues, leur parfait alignement, la longueur immense des deux files formées par le clergé, tous les membres du Concile, théologiens et canonistes en habit de chœur; tous les délégués des chapitres cathédraux en chape; tous les officiers de l'autel, tous les porte-insignes de Mgr l'archevêque de Tours, revêtus des plus beaux ornements que possèdent les églises de Rennes; les trois abbés du Port-du-Salut, de Melleray, de Solesmes, en chape et mitre, Mgr de la Gailandière, ancien évêque de Vincennes; les sept évêques de la province (Nantes, Angers, Rennes, Saint-Brieuc, Quimper, le Mans, Vannes); Mgr le métropolitain, tous ces prélats accompagnés de leurs aumôniers et porte-insignes, formaient, je le crois, l'une des plus magnifiques pompes extérieures que la religion puisse offrir.

Toutes les rues étaient encombrées, toutes les fenêtres garnies de monde. Sur les flancs du cortége se trouvait une immense population, tellement pressée que la circulation était impossible. Une personne, bien placée pour en juger, m'assurait, hier au soir, qu'elle estimait à *quarante mille* le nombre des étrangers venus à Rennes depuis deux jours, de tous les points de la Bretagne et des provinces voisines; et, dans notre heureux pays, ces quarante mille étrangers sont quarante mille chrétiens qui saluaient avec bonheur ce premier Concile provincial dans leur bien-aimé pays.

Le trajet de l'évêché à la cathédrale a duré une demi-heure; l'ordre le plus parfait n'a cessé de régner. Grâce à un excellent maître des cérémonies, M. Raguideau, de Nantes, il y avait partout, dans la marche comme dans les ornements, comme dans l'observation de toutes les dispositions du cérémonial, une régularité, une précision, une majesté qui, pour tous, ajoutaient encore à tant de sujets d'édification et de ferveur.

La messe a été célébrée par Mgr le métropolitain avec toute la solennité possible. Tous les Pères du Concile, tous les ecclésiastiques du second ordre ont communié à cette messe, qui n'a fini qu'à onze heures environ.

La session d'ouverture s'est faite dans les formes ordinaires.

Monseigneur l'Archevêque n'a pas craint de joindre à la fatigue extrême d'une cérémonie si longue la fatigue d'un discours qu'il a voulu adresser lui-même à l'assemblée : il avait besoin de dire les joies de la sainte Eglise qui voit enfin se rouvrir l'ère de ses Conciles interrompus pendant un si long temps; les joies du Saint-Père qui, dans sa vie d'épreuves, n'a de consolations que celles qui lui viennent des triomphes de la religion; la nécessité pour tous, prêtres et fidèles, pendant la durée du Concile, de prier avec ferveur pour appeler le divin Esprit, dans la plénitude de ses dons, sur ceux qui sont réunis en son nom.

Alors a eu lieu la proclamation des décrets. Ils ont été lus du haut de la chaire par le premier secrétaire, M. Bruchet, archiprêtre de Tours, ecclésiastique plein de science, de gravité et de vertu, dont l'âge et la voix imposante répondaient parfaitement à la dignité de son ministère. La traduction du cérémonial, mise aux mains des fidèles, animait leur piété et leur permettait de suivre avec plus d'attention et d'intérêt les divers détails de cette grande solennité.

La cérémonie n'a fini qu'à deux heures. Les Pères du Concile ont été reconduits dans le même ordre, et en rapportant de la cathédrale les reliques de trois saints Evêques de Rennes, qui resteront à la chapelle du séminaire jusqu'à la fin du Concile. L'affluence des fidèles était plus grande encore que le matin; ce n'est qu'avec une peine extrême que, sur plusieurs points, on a pu ouvrir un passage. Le soleil le plus éclatant versait toutes ses splendeurs sur ce retour triomphal; des hymnes de louanges et d'actions de grâce étaient chantées par ce clergé innombrable, et trouvaient un écho retentissant et bien fidèle dans tous ces cœurs bretons et chrétiens.

SÉANCE DE L'ASSEMBLÉE.

La présentation des projets de loi de finances par M. Fould, au nom du nouveau cabinet, a été l'événement de la séance.

Le ministre, après avoir exposé l'état du Trésor et fixé le chiffre du découvert, a indiqué les mesures auxquelles le ministère s'était arrêté. Il a très-nettement et très-courageusement déclaré qu'il maintiendrait l'impôt sur les boissons, mais qu'il proposerait la nomination d'une commission d'enquête sur les vices de la perception de cet impôt et sur les réformes à y introduire. M. Fould a ensuite retiré formellement l'impôt sur le revenu, en le qualifiant, comme il l'est en effet, d'*arbitraire* et d'*inquisitorial*. Ces deux déclarations ont été accueillies avec satisfaction et applaudissement par la majorité, et avec colère et clameur par la Montagne.

M. Fould a annoncé, en outre, des économies de plusieurs millions sur les crédits supplémentaires de la guerre, et une augmentation de revenus par une extension de l'enregistrement et par un accroissement sur les postes. A l'aide de ces mesures, M. le ministre croit pouvoir promettre des diminutions sur quelques classes de patentes, et il pense arriver à l'équilibre des recettes et des dépenses. Puissent ces espérances se réaliser !

Le ministre demandait en terminant que tous ces projets fussent envoyés à la commission du budget. Grande émotion parmi certains représentants des contrées vinicoles, qui voulaient une commission spéciale. Successivement M. Hovyn de Tranchère (de la Gironde) et M. Lagarde (de la Gironde) sont montés à la tribune. L'Assemblée, dont l'opinion était faite, ne voulait pas en entendre davantage. Il a bien fallu que M. Lagarde lui cédât.

La Montagne a pris sa revanche, et il s'est élevé un des orages les plus violents dont on ait eu l'exemple depuis plusieurs mois. Ce n'étaient pas seulement des interpellations et des cris, c'était un tumulte indescriptible, un bruit inouï de couteaux de bois, de pupitres, de hurlements. La gauche voulait absolument que le ministre ne pût pas reprendre la parole; elle y a réussi.

Heureusement le scrutin est venu abattre cette violence. Le renvoi à la commission du budget a été prononcé.

L'Assemblée a voté ensuite un crédit pour le ministère de la guerre. Elle n'a pas pris en considération la proposition de M. le général Fabvier, tendant à la création d'un conseil supérieur et permanent de l'armée.

On avait annoncé que l'extrême-gauche, après la condamnation de ceux de ses chefs qui ont pris part à l'insurrection du 13 juin, donnerait en masse sa démission.

Nous n'avons pas rapporté ce bruit qui ne nous a jamais paru avoir le moindre fondement.

La Montagne ne demande pas mieux que de protester contre la justice. Elle ne renoncera jamais à porter, autant qu'il dépendra d'elle, le trouble dans la politique.

Hier, il est vrai, elle s'est abstenue de siéger, et l'on a pu juger du calme inusité de la séance. Mais c'était un deuil passager. Chose remarquable d'ailleurs que les prétendus représentants de la démocratie aient fait défaut à la première délibération sur l'assistance publique. Ils ont sacrifié ainsi, cette fois comme toujours, l'étude et le soin des intérêts permanents et pressants du peuple à leurs sympathies et à leurs préoccupations en faveur de l'émeute.

Le vote du 7 novembre et la province.

La presse catholique des départements est unanime dans son appréciation du vote du 7 novembre. Parmi les journaux mêmes qui avaient accueilli le projet de M. de Falloux avec le plus de réserve, de défiance et d'opposition, il n'en est pas un seul qui se réjouisse du succès de la manœuvre des socialistes, des montagnards et des universitaires. Nous n'en connaissons qu'un ou deux qui aient méconnu la portée de cette décision. Tous les autres déplorent aussi vivement que nous le retard, et peut-être la perte d'une discussion où la liberté religieuse et la liberté d'association, comme la liberté d'ensei-

.... qui ont demandé et voté ce renvoi. Les violences de [la Montagne, ses cris
..... : *Loi de Jésuites ! c'est la liberté des Jésuites !* auraient dû ouvrir les yeux aux
........, aux plus récalcitrants dans le sein de la majorité. Celle-ci a commis une
.... faute, elle a perdu l'occasion de faire une de ces lois qui déposent dans le cœur
.... société malade les germes féconds d'une régénération. Jugez quelle loi de liberté
.... sortira d'un conseil-d'État composé par l'ex-Assemblée constituante et
.... par M. Boulay (de la Meurthe) ! Puis, avant que cette loi soit sortie du con-
.... d'État, où en serons-nous ? Que se passera-t-il ? Le ministère, et notamment M. Pa-
......., ont manqué de franchise. »

L'Union Franc-Comtoise dit à son tour :

« Les représentants qui ont voté pour le renvoi au conseil-d'État, du projet de loi de
M. de Falloux sur l'enseignement, ont renvoyé, à une époque indéfinie, la discussion de
la loi la plus nécessaire pour les temps présents.

« Ils ont reculé la solution du problème social le plus important vers une époque
que peut-être nous ne verrons pas, et empêché les catholiques de se mettre à l'œuvre
pour la conservation et l'extension de leur foi et pour la régénération de l'humanité.

« Ils ont fortifié le monopole universitaire, en le laissant vivre un temps peut-être
bien long encore, et permis par là l'enseignement des funestes doctrines qui bouleversent
notre pays depuis tant d'années.

« C'est la faute la plus grave qui ait encore été commise ! Elle peut causer la ruine
de notre patrie et bouleverser la société européenne et le monde.

« Il ne faudrait pas dix ans de l'enseignement officiel, à tous les degrés, que la génération reçoit en ce moment, pour renverser le peuple le mieux assis.

« Qu'en serait-il pour notre pays, où les lois les plus fondamentales ont reçu déjà de
si rudes atteintes ! »

L'Union orléanaise, après avoir envisagé comme nous cette triste
séance, en signale du moins un côté consolant :

« Aujourd'hui, dit-elle, nous nous bornerons à enregistrer ce fait, qui, somme toute,
est encore pour nous une consolation : c'est qu'en ces temps de désordre intellectuel,
de démoralisation, les grands principes de liberté dont nous avons embrassé la défense
ont fait de tels progrès, que nul n'a osé les combattre de front.

« Montagnards et socialistes, révolutionnaires de toutes sortes, conservateurs, universitaires ont déserté la tribune. Pas un n'a osé aborder la discussion, et tous ont
demandé au plus vite un vote qui, en ajournant le projet, rendît stériles et les
promesses de la constitution, et les travaux des hommes les plus graves, les plus influents de l'Assemblée. »

Si la place ne nous manquait, nous citerions aujourd'hui bien d'autres articles excellents. Nous en omettons, non sans regrets, et des
meilleurs ; et parmi ceux que nous avons sous les yeux, nous avons
pris au hasard. Au moins, nous donnons encore le nom de quelques-
uns des journaux qui nous sont parvenus jusqu'ici, par exemple :
l'*Ordre* et la *Liberté*, de Caen ; l'*Union*, de la Sarthe, le *Mémorial*, de l'Allier ; le *Journal de Rennes*, la *Bretagne*, l'*Impartial*, etc., etc.

Cette douleur commune finira, nous en sommes convaincus, par
dissiper la joie incroyable des rares catholiques qui ont applaudi au
vote subreptice du 7 novembre. Cette joie étrange n'a-t-elle pas d'ailleurs succombé déjà sous le concert sauvage de tous ceux et de
ceux-là seuls qui l'ont partagée, de tous les ennemis de la religion,
de la liberté et de la société !

————————

Nous avons lu hier, avec douleur, dans l'*Espérance de Nancy*, un article dans lequel la conduite des quelques catholiques qui ont voté le renvoi, au conseil-d'Etat, du projet de loi sur l'enseignement, était l'objet d'éloges extraordinaires. Aujourd'hui, l'*Union* publie, à l'occasion de ce même article, les lignes suivantes qui expriment trop bien nos propres sentiments pour que nous ne nous empressions pas de les reproduire :

« L'*Espérance* de Nancy, qui défend avec un talent remarquable les questions religieuses, se félicite du renvoi du projet de loi sur l'instruction publique au conseil-d'Etat. Nous avons peine à comprendre la joie de cette feuille catholique. Elle déclare que le projet était *mauvais, inacceptable, boiteux par la base*, et non *susceptible d'amendement* ; et elle avoue que le vote de l'Assemblée *équivaut à un enterrement*.

« Grâce au ciel, cette opinion n'est pas la nôtre, malgré les réserves et les objections que nous avons faites. Nous dirons même que nous avons peu de sympathies pour les esprits absolus qui tiennent les peuples suspendus entre ces deux extrêmes : *Tout ou rien.*

« Si nous mentionnons le langage de l'*Espérance* de Nancy, c'est pour faire observer que le vote relatif au projet de M. de Falloux n'a porté qu'une atteinte passagère à l'union de la majorité. Des hommes très-sincères et très-dévoués au bien public ont applaudi à ce vote : c'est fort malheureux sans doute ; mais ces hommes tiennent, comme nous, à combattre le socialisme et à conjurer son règne abominable. S'ils ne saisissent pas toutes les occasions de lutter contre les enseignements démagogiques, ce n'est pas une raison pour les considérer comme séparés de la majorité, qui peut toujours compter sur leur concours.

« Que les journaux rouges cessent donc de parler de la division de la majorité ! Les défenseurs des principes sociaux ne leur donneront pas une telle satisfaction. »

Espérons surtout que les esprits égarés un instant par les sophismes universitaires, auront été éclairés par l'explosion des passions montagnardes et socialistes, et que la majorité calmée ne laissera pas le monopole jouir longtemps du triomphe qu'il croit avoir remporté sur la liberté de l'enseignement.

Bulletin de la politique étrangère.

On attend le retour de la députation qui s'est rendue à Portici auprès du Pape pour l'engager à rentrer dans ses Etats. On assure que le Saint-Père lui a répondu : « Nous n'avons pas voulu retourner « dans nos Etats tant qu'il existait en France une discussion sur l'in- « dépendance de notre volonté. Aujourd'hui qu'une heureuse solu- « tion semble mettre fin à tous les doutes, nous espérons pouvoir ve- « nir bientôt au sein de notre bonne ville de Rome. » A ces paroles, le Pape en a ajouté d'autres exprimant le plaisir qu'il éprouvait à entendre dire que le peuple de Rome désirait ardemment son re- tour.

— On écrit de Turin :

« L'esprit révolutionnaire agite cruellement le Piémont, les leçons terribles de No- vare n'ont pas suffi aux démocrates de ce pays pour les éclairer et les corriger. C'est pénible à dire, mais c'est exact. Les affaires politiques marchent difficilement à Turin. *Le roi est très-inquiet et très-mécontent* de toutes les taquineries parlementaires que s ennemis de l'ordre monarchique en Italie lui suscitent. Le ministre, M. d'Azeglio, est plein de bonnes intentions, d'excellentes volontés, malheureusement il cède trop ite et ne défend pas assez les prérogatives de la couronne. Il y a dans le ministère un arti qui voudrait dissoudre la Chambre et faire de nouvelles élections. Le roi ferait ersonnellement un appel au pays, dans une proclamation énergique : on espère beau-oup de cette idée ; mais le président du conseil s'y oppose, et dit que les choses ne sont as arrivées à maturité.

« Qu'arrivera t-il maintenant, au bout de ces luttes. Hélas ! il est facile de le prévoir. Ou le Piémont sera lancé dans les agitations révolutionnaires, et alors la guerre étran-ère viendra le frapper encore d'une invasion fatale et ruineuse, ou le gouvernement gissant avec énergie frappera la liberté pour atteindre la licence, et alors c'en sera fait lu régime constitutionnel en Italie : tant il est vrai que là comme ici, comme partout, a vraie liberté n'a pas d'ennemis plus dangereux que ses faux amis, les ultra-démo-rates. »

— On écrit de Hambourg :

« Appuyé sur les nombreuses forces prussiennes en garnison ici, e sénat ou pouvoir exécutif de notre République, après avoir épuisé nutilement toutes les voies de conciliation avec la Constituante, qui ontinue à se déclarer en permanence, est décidé à octroyer une Constitution. Le projet qui vient d'en être rendu public sera sous peu présenté à l'ancienne assemblée législative de la bourgeoisie. Cette nouvelle Constitution, essentiellement libérale dans ses dispositions, atisfait à tous les besoins réels de la population ; elle est accueillie avec faveur par tous les hommes raisonnables, et on peut prévoir qu'elle sera proclamée comme loi fondamentale. »

NOUVELLES RELIGIEUSES.

DIOCÈSE DE PARIS. — M. l'abbé Gandreau, curé de Saint-Eustache, vient d'en-richir sa paroisse d'une fondation qui promet les plus heureux fruits. Il a érigé, en son église, l'*Association pour la Bonne-Mort*, qu'il a fait affilier à celle de Rome, et par conséquent admettre au partage de tous les avantages spirituels de celle-ci. Cette confrérie, justement considérée comme le complément de toutes celles éta-blies en faveur des âmes du Purgatoire, a réuni, pendant l'Octave des Morts, un grand nombre de fidèles à Saint-Eustache. Vendredi soir, 9 du mois, la foule remplissait les vastes nefs de cette église : elle assistait empressée et recueillie à la clôture des exercices de prières et d'instructions qui avaient eu lieu deux fois la jour pendant les huit jours précédents. Mgr l'Évêque de Limoges avait bien voulu honorer de sa présence, présider et bénir la cérémonie ; M. l'abbé Brunet, son grand-vicaire, y avait apporté l'ornement et l'encouragement de sa parole vive et élevée ; l'assistance glorifiait la foi et devait remplir d'espérance le cœur de M. le curé de Saint-Eustache.

La cérémonie se termina par une procession, sans doute jusqu'alors inconnue à Paris. A Rome comme à Saint-Eustache, l'*Association pour la Bonne-Mort* est placée sous l'invocation de Notre-Dame-des-Sept-Douleurs ; mais à Rome elle a sept églises de station consacrées chacune à une des douleurs de la mère du Sau-veur. A Saint-Eustache l'*Association* a sept stations aussi, seulement elles se font à sept chapelles de l'église même, désignées pour représenter les basiliques de Rome et enrichies des mêmes droits spirituels qu'elles. La procession dont nous venons de parler, et qui se fit avec la plus grande édification, malgré la presse de la multitude, est la première visite qui ait été faite aux stations des Sept-Douleurs à Saint-Eustache, ou plutôt elle n'a été autre chose que l'érection même de ces stations.

DIOCÈSE DE LIMOGES. — L'attention publique est vivement excitée depuis plusieurs jours par les admirables travaux exécutés à la cathédrale de Limoges.

Les charpentes des combles recouvertes d'ardoises sont complétement terminées ; cinq paratonnerres les surmontent ; d'élégantes galeries de pierre, en harmonie avec le style de l'édifice, en décorent le pourtour et offrent à l'œil le spectacle le plus gracieux et le plus imposant.

Le vieux monument semble renaître de ses ruines et revêtir une jeunesse nouvelle ; les rides majestueuses que lui avaient imprimées les pas de plusieurs siècles, forment un contraste saisissant avec les ornements nouveaux qui le couronnent.

Le zèle et le dévoûment de Mgr l'évêque de Limoges, auquel sont dus ces beaux travaux de restauration, seront surtout bénis par la classe ouvrière, qui trouvera pendant l'hiver une source de travail dans les chantiers de la cathédrale. Il n'est personne en Limousin qui ne forme, comme notre digne évêque, le vœu de voir compléter ce bel édifice, dont il a si heureusement entrepris l'achèvement.

SUISSE. — FRIBOURG, 7 novembre. — La *Gazette de Fribourg* nous apporte le projet de décret du grand conseil de ce canton pour la suppression des fêtes religieuses. Voici les considérants de cet étrange document :

LE GRAND CONSEIL DU CANTON DE FRIBOURG.

« Considérant que le grand nombre de fêtes célébrées dans le canton, loin d'être favorables aux mœurs et à la religion, multiplient les occasions de débauche, de folles dépenses et d'oisiveté ;

« Considérant que la vraie religion ne condamne point le travail, et qu'elle ne saurait consister à vouer les facultés et les talents de l'homme à un stérile abandon, ni à détruire les fruits des labeurs de toute l'année en méprisant ainsi les dons de la divine Providence ;

« Considérant que dans un pays essentiellement agricole, les jours de fêtes sont des obstacles incessants aux récoltes et portent ainsi un préjudice notable à la qualité et à la valeur des produits du sol, ainsi qu'à la succession des travaux de l'agriculture ;

« Considérant que ce chômage forcé rend impossible la création d'établissements industriels et la concurrence de l'industrie fribourgeoise avec celle des pays voisins, en la condamnant ainsi à une stagnation absolue au détriment de la classe pauvre, privée des ressources de son travail ;

« Considérant que la constitution fédérale ayant statué le libre exercice du culte des confessions chrétiennes reconnues, une révision de la législation est devenue indispensable, afin de la mettre en harmonie avec ce principe de liberté ;

« Vu les démarches inutiles tentées auprès de l'autorité ecclésiastique du culte catholique afin d'obtenir un concours dont elle aurait dû prendre l'initiative pour l'allégement des classes souffrantes de la société et des peines du pauvre, dans l'intérêt de la morale et d'un besoin généralement senti ;

« Attendu que, s'il appartient à l'autorité religieuse d'instituer ou d'abroger des fêtes religieuses, le pouvoir civil a de son côté incontestablement le droit de leur sanction légale ;

« Considérant que plusieurs cantons de la Suisse, ainsi que d'autres pays catholiques, jouissent du bénéfice d'une suppression de fêtes, canoniquement sanctionnée, et que rien ne justifie une exception onéreuse au préjudice du canton de Fribourg ;

« Sur la proposition du conseil-d'Etat,

DÉCRÈTE :

« 1. Sont reconnues par l'Etat, et par conséquent soumises aux dispositions du Code pénal sur la police du culte, outre les dimanches, les fêtes religieuses de la Circoncision ou jour de l'an, de l'Annonciation, de l'Ascension, de la Toussaint et du jour de Noël.

« 2. Toute espèce de pénalité pour d'autres fêtes, reconnues ou instituées par l'Eglise, est supprimée, sans préjudice de la liberté individuelle et du respect dû au culte de chacun.

« 3. Hors les jours déterminés à l'art. 1er, toutes les autorités administratives et judiciaires, les fonctionnaires et employés publics de tout ordre seront en fonctions.

« 4. Le conseil d'Etat est chargé de l'exécution du présent décret, dès après sa promulgation. »

La *Gazette de Fribourg* veut encore espérer que la discussion, qui aura lieu dans la haute assemblée, modifiera complétement la manière de voir des auteurs de cet absurde projet de décret.

Une découverte intéressante a été faite récemment à Zurich dans l'église de Notre-Dame (*Fraumünster*). Une niche murée dont on y soupçonnait l'existence, a été ouverte par les soins de la société des antiquaires, et l'on y a trouvé un tableau bien conservé. C'est un *Ecce Homo*, accompagné des images des deux saints nationaux, Félix et Regula. Au bas du tableau se trouvent trois écussons armoriés; l'un est celui de Waldmann, les deux autres n'ont pas encore été déchiffrés; le tableau est donc antérieur à 1489, époque de la mort tragique du bourgmestre Waldmann.

ASSEMBLÉE LÉGISLATIVE.

Séance du 14 novembre. — PRÉSIDENCE DE M. DUPIN.

L'ordre du jour appelle la discussion du projet de loi portant allocation au ministre de la guerre de crédits extraordinaires montant à 37,967,300 fr. pour dépenses non prévues au budget de 1849.

On procède au scrutin sur l'ensemble du projet. L'Assemblée adopte à une très-grande majorité.

M. LE PRÉSIDENT. La parole est à M. le ministre des finances.

M. FOULD, ministre des finances. Messieurs, l'Assemblée et le pays attendent que le nouveau cabinet explique sa pensée sur la situation de nos finances, et sur le système qu'il se propose de suivre pour l'administration de cette branche si importante du service public. C'est un devoir pour nous de ne pas retarder cette communication; ce devoir, je viens l'accomplir.

Dans ces derniers temps, des efforts considérables ont été tentés pour modifier et détruire le régime de nos impôts. Attaquant tour à tour toutes nos contributions indirectes, on ne dissimulait point le but vers lequel on tendait pour réparer une prétendue iniquité dans la répartition des charges publiques; on cherchait à en déplacer le fardeau et à le faire peser uniquement sur la propriété.

C'était là toute une politique qui n'a pas tardé à porter ses fruits; en alarmant le pays, elle a détruit la confiance, arrêté les transactions et porté une profonde atteinte à la fortune publique et aux fortunes privées.

Cette politique ne saurait être la nôtre.

Le nouveau cabinet répudie ces théories insensées.

A son avis, l'organisation financière de la France, qui remonte à la première République, et doit sa sage et forte constitution à l'immortel auteur de nos Codes, est en harmonie avec les mœurs, les besoins, les institutions de notre société, telle qu'elle est sortie de la révolution de 1789.

Dans l'exposé des motifs au budget de 1850, notre prédécesseur balançait ses prévisions par un excédant de recettes de 7,044,632 fr.

Pour arriver à ce résultat, il avait recours aux moyens suivants:

L'annulation des rentes rachetées par l'amortissement, au moyen de la constitution des réserves annuelles.

La mise en recettes comme en dépenses de la dotation.

Le maintien de l'impôt sur les boissons.

La création de quelques impôts, et notamment d'un impôt sur le revenu.

La séparation du budget des travaux extraordinaires, et la constitution pour y subvenir d'un moyen de service spécial.

Les moyens proposés concernant les rentes qui appartiennent à la caisse d'amortissement et la mise en rentes comme en dépenses de la dotation de cette caisse, ont notre approbation complète. A cet égard, l'intérêt du trésor et celui des rentiers sont communs. Il importe à ceux-ci que le trésor soit dispensé de surcharger son grand-livre pour se procurer des ressources.

Quel que soit le désir du nouveau gouvernement d'alléger les charges des contribuables, nous sommes dans la pénible nécessité de demander, comme nos prédécesseurs, au patriotisme intelligent de l'Assemblée et du pays, et au dévouement des intérêts mêmes les plus engagés, le maintien de l'impôt des boissons pour l'exercice 1850. (Applaudissements à droite — Murmures à gauche.)

Mais, par un projet de loi que nous allons vous soumettre, nous vous proposons de nommer dans votre sein une commission d'enquête chargée d'examiner les vices qu'on reproche à sa perception. (Ah! ah! à gauche.—Rires ironiques.) C'est là une de ces grandes difficultés où la réunion de toutes les lumières, la présence de toutes les opinions et de tous les intérêts sont indispensables.

Mon collègue, M. le ministre de la guerre a arrêté un plan qui a pour objet d'éviter les demandes de crédits supplémentaires dont le chiffre aurait pu s'élever à 30 ou 40 millions. Il a en outre déjà communiqué à la commission du budget des mesures d'où résultera, dans les prévisions portées au projet de 1850, une diminution de dépenses de 8,500,000 fr. au moins et 16 millions si les circonstances permettent le retour prochain de notre armée d'Italie.

M. le ministre de l'intérieur propose une réduction de 7 millions.

M. le ministre de la marine, pour réduction de dépenses sur la garde mobile 2 millions 700,000 fr., et sur les fonds de secours des réfugiés 300,000 fr.

Nous arriverons par tous ces moyens, en les combinant avec les sept millions d'excédant annoncé dans le rapport de M. Passy, à équilibrer l'exercice 1850, malgré le retrait de la loi de l'impôt sur le revenu. Cet équilibre ne sera pas altéré pour quelques modifications dans la loi des patentes. Ces changements, en étendant le cercle des contribuables, auront pour effet de réduire dans une plus forte mesure que celle proposée par notre prédécesseur, les tarifs des dernières classes.

J'ai l'honneur de déposer sur le bureau de l'Assemblée un décret de M. le Président de la République, qui retire le projet de loi de l'impôt sur le revenu;

Un second décret qui retire le projet de loi de l'impôt sur les boissons;

Un troisième qui a pour but d'abroger le décret de l'Assemblée constituante du 19 mai 1849, et de demander à l'Assemblée de former une commission pour procéder à une enquête parlementaire sur l'assiette et le mode de répartition de cet impôt;

Un quatrième projet de loi sur les modifications à introduire dans la loi de l'an 7 sur l'enregistrement;

Un cinquième sur la taxe des lettres;

Enfin un projet de loi pour approuver la prorogation du traité du 12 novembre 1841 passé avec la banque de France.

Ainsi que l'Assemblée peut le voir, toutes ces mesures forment un ensemble dont chaque partie se coordonne avec le tout.

Dans l'intérêt d'une prompte discussion, j'en demande le renvoi à la commission du budget. L'incertitude ne pourrait se prolonger sans exercer une fâcheuse influence sur les transactions du commerce, et, par suite, sur les revenus publics.

A gauche : Lisez les projets.

A droite : Non! non!

L'Assemblée décide que la lecture n'aura pas lieu.

M. le ministre des finances demande que l'examen de tous ces projets soit renvoyé à la commission du budget.

M. HOVYN-TRANCHÈRE demande le renvoi à une commission spéciale. (A gauche : Appuyé !), car la commission du budget a déjà fait connaître son opinion en faveur du maintien de l'impôt des boissons. (A droite : Tant mieux.) Ce n'est pas là seulement une question de budget, mais encore une question politique.

M. LE PRÉSIDENT. Maintenant j'ai à mettre aux voix la question de savoir si tous les projets présentés par M. le ministre des finances seront renvoyés à une commission spéciale, comme le demande M. Hovyn-Tranchère.

A gauche : Le scrutin de division !

A droite : Non ! non !

M. CHASSELOUP-LAUBAT. Jamais on ne procède au scrutin de division sur une question de renvoi. (Si ! si !)

M. LE PRÉSIDENT établit, le règlement à la main, qu'il peut être procédé à un scrutin de division dans l'espèce.

L'Assemblée y procède.

Voici le résultat :

Votants,	628
Majorité absolue,	315
Bulletins blancs,	236
Bulletins bleus,	392

L'Assemblée ne renvoie pas à une commission spéciale les projets présentés par M. le ministre des finances, et rejette par conséquent la proposition de M. Hovyn-Tranchère. (Mouvement.)

L'ordre du jour appelle la discussion d'une proposition de M. de Grammont.

M. le général de Grammont a déposé une proposition ainsi conçue :

« Article unique. Le service des malles-postes de Lyon à Bordeaux, de Bordeaux à Nantes, et de Lyon à Marseille, sera immédiatement rétabli. »

L'Assemblée, après avoir entendu M. Maissiat, rapporteur, prend la proposition en considération et la renvoie à la commission du budget.

L'ordre du jour appelle la discussion sur la prise en considération d'une proposition de MM. Achard, de Grammont, Tartas, Gourgaud, Fabrier, et qui est ainsi conçue :

« Art 1er. Il est formé un conseil supérieur consultatif et permanent de la guerre.

« Art. 2. Le conseil est consulté sur tous les projets de loi, de décrets, de règlements sur l'armée, et sur toutes les questions d'administration générale qui la concernent. Il donne également son avis sur les rapports et les propositions des inspecteurs généraux.

« Art. 3. Les membres du conseil supérieur de l'armée sont nommés par décret du président de la République. La durée de leurs fonctions est de deux ans ; ils pourront être indéfiniment renommés. »

La proposition n'est pas prise en considération.

La séance est levée à six heures.

Chronique et Faits divers.

M. Drouin de L'Huys, ambassadeur de France à Londres, vient d'arriver à Paris. On assurait à l'Assemblée que l'honorable représentant de Seine-et-Marne était appelé par M. le Président de la République au ministère des affaires étrangères, en remplacement de M. de Rayneval, non acceptant.

— On fait en ce moment, à l'ambassade d'Angleterre, les préparatifs d'une grande fête qui aura lieu cette semaine, et à laquelle assistera M. le Président de la République.

— Le colonel du 51e de ligne, M. Claparède, vient de mourir du choléra à Alger.

— Hier, dans l'après-midi, M. le président de la République a donné audience à plusieurs cardinaux italiens récemment arrivés à Paris.

— Le général Pépé vient d'arriver à Paris.

— M. Rébillot, récemment promu au grade de général, vient d'être appelé à commander une des brigades du département de la Seine, sous les ordres de M. le général en chef Changarnier.

— Les arrivages en pommes sont tellement considérables depuis quelques jours, que c'est à peine si le quai dit *du Mail* est assez vaste pour pouvoir contenir les déchargements qui s'y font. Nos cultivateurs en sont à tel point embarrassés, qu'à bord de leur bateau ils donnent vingt pommes pour cinq centimes.

— La police pourchasse activement les colporteurs d'écrits socialistes et les chanteurs ambulants qui répandent dans les campagnes des chansons obscènes, anti-religieuses ou démagogiques.

De nombreuses arrestations de ces industriels propagandistes ont été opérées à Bourges, à Bordeaux, à Agen, à Toulouse et dans plusieurs autres villes importantes du Midi.

— Une arrestation assez importante a eu lieu hier dans les circonstances suivantes. Depuis quelques jours, une surveillance fort active était exercée par des agents du service de sûreté, aux abords du domicile d'un marchand cloutier du quartier Saint-Victor, qui avait été signalé à la police comme servant de receleur, et recevant dans ses magasins les produits des vols des métaux.

Ces deux hommes ont été arrêtés simultanément.

Depuis le matin, les agents étaient à leur poste d'observation, lorsqu'à trois heures de l'après-midi, ils virent s'avancer dans la direction de la rue Saint-Victor deux individus vêtus de bourgerons, et dont l'un semblait affaissé sous le poids d'un fardeau renfermé dans un sac de grosse toile qu'il portait sur son épaule. Ces deux hommes tournèrent la rue du Mûrier, et là ils se séparèrent; celui qui ne portait pas de paquet se dirigea vers la demeure du cloutier; quant à l'autre, il s'arrêta comme s'il attendait le retour de son compagnon.

— Le jeune Dudragne, âgé de vingt ans, condamné à mort pour deux assassinats, aux dernières assises de Saône-et-Loire, a été exécuté, à Châlon, lundi dernier, à sept heures du matin. Depuis sa condamnation, M. l'abbé Mazoyer, aumônier des prisons, par de fréquentes visites, l'avait préparé à soutenir chrétiennement cette terrible épreuve. Lundi, il ne savait rien encore, lorsque, à cinq heures et demie du matin, M. l'abbé Mazoyer entra dans sa chambre pour lui annoncer que le jour du supplice était arrivé, qu'il fallait se recommander à la miséricorde de Dieu. Il se leva et, avec M. l'aumônier, il fit sa prière à haute voix; après il entendit la messe pieusement, récitant sans cesse son chapelet. Après la messe, le bourreau arriva pour lui faire la toilette, et il demanda qu'on ne le liât pas, promettant d'aller au supplice tranquillement, accompagné de M. l'aumônier et du gardien qui le 'soignait. M. l'aumônier lui ayant répondu *que* le bourreau ne pouvait se dispenser de le lier, les larmes lui vinrent aux eux. Alors M. l'aumônier lui rappela que N. S. Jésus-Christ était allé au Calvaire tout lié, et cette pensée de la foi lui donna de la résignation : on le sortit de sa cellule pour le conduire au lieu de l'exécution; mais, arrivé à la porte, la charrette n'était pas encore là, et il fallut attendre un temps assez long, qu'il employa à offrir à Dieu, d'une voix intelligible, son supplice pour l'expiation de ses crimes. Enfin, voyant que la charrette n'arrivait pas, M. l'aumônier l'engageant à faire encore le sacrifice d'aller à pied au supplice, il s'y résigna, et, au nom de la foi, il marcha d'un pas ferme jusqu'à l'échafaud; là, après avoir demandé qu'on le mît dans sa bière avec son chapelet dans les mains, il embrassa deux fois le Christ, l'aumônier et son gardien. Une minute après, la justice humaine était satisfaite, et cet homme, qui avait attiré sur lui tant d'horreur, a emporté la pitié générale.

— Voici quelques renseignements sur un accident qui a eu lieu, il y a trois jours, au chemin de fer du Nord, près la station du Forest. Parti de Lille avec les dépêches d'Angleterre qui se trouvaient en retard, un train spécial parcourait la ligne avec une vitesse effrayante, brisant les rails sur son passage : lorsque arrivée au Forest, la locomotive qui, à ce qu'il paraît, n'était pas du tou apte à un service de ce genre, fit un soubresaut, sortit des rails et alla s'enfoncer dans les terres à une distance d'au moins trente mètres, entraînant à sa suite son tender et les quelques wagons qui formaient le train. Par un hasard tout à fait inexplicable, le chauffeur et le mécanicien en ont été quittes pour la peur. Des employés de l'administration des postes, qui se trouvaient dans les wagons, ont reçu quelques contusions; l'un d'eux a eu un pied fortement luxé.

— On nous écrit d'Hallivillers, près Breteuil (Oise) :

« L'on se plaignait depuis quelque temps des ravages occasionnés par les loups dans le canton d'Ailly-sur-Noye. Plusieurs battues avaient été infructueusement tentées dans les bois de Falloise, qui étaient leur demeure.

« Le 9 de ce mois, M. Ed. de Morgan, lieutenant de louveterie de l'arrondissement, fit reconnaître la présence de ces animaux dans les bois d'Hallivillers. Son équipage s'y transporta immédiatement, et, au laissé courre de Bastien, un premier loup, chaudement mené, fut tué devant les chiens après trois quarts-d'heure de chasse. Un second loup, presque immédiatement attaqué dans les mêmes bois, fut chassé successivement dans les bois d'Esquennoy et de Falloise, pendant trois heures et demie, et fut enfin forcé et pris par la meute dans une maison du village de la Warde, près Flers.

« Les nombreux témoins de cette chasse ont constaté avec plaisir cet heureux résultat, et en ont témoigné toute leur gratitude au chef de l'équipage. »

— A la suite des onze expositions de l'industrie qui ont déjà eu lieu en France, les récompenses accordées aux exposants ont suivi, quant au nombre, une progression qui s'arrête pour 1849. Voici les chiffres : En 1798, 25 récompenses; en 1801, 80 ; en 1802, 254; en 1806, 618; en 1819, 869; en 1823, 1,091; en 1827, 1,512; en 1834, 1,785; en 1839, 2,305; en 1844, 3,253; en 1849, 1,671. C'est en 1854 qu'aura lieu la prochaine exposition.

Les confessions d'un révolutionnaire,
POUR SERVIR A L'HISTOIRE DE LA RÉVOLUTION DE FÉVRIER,
par P.-J. PROUDHON.

« Je lèverai ma main vers le ciel, et je dirai : « Mon idée est im-
« mortelle ! »

C'est ainsi que, dans l'immensité de son orgueil, M. Proudhon parodie ces paroles du Deutéronome :

« *Levabo ad cœlum manum meam, et dicam : Vivo ego in œternum.* »

Nouveau Titan, M. Proudhon se propose, comme on voit, d'escalader le ciel. « Où la révélation surnaturelle finit, dit-il, la révéla-
« tion rationnelle commence. » Qu'un Bossuet, qu'un Fénélon, intelligences courbées sous le joug de la foi, soutiennent que les vues
de la Providence sont inaccessibles à la prudence de l'homme, il n'y
a lieu de s'en étonner : les théologiens « ont toujours voulu faire du
plus pur de notre conscience une phantasmasie de mystères. » Mais,
pour M. Proudhon, Dieu, loin d'être notre maître, est l'objet de notre
étude. « Un Dieu qui gouverne et qui ne s'explique pas, dit-il, est un
« Dieu que je nie, que je hais par-dessus toute chose....... Si le
« révélateur suprême se refuse à m'instruire, je m'instruirai moi-
« même; je descendrai au plus profond de mon âme..... et quand
« d'infortune je me tromperais, j'aurais du moins le mérite de mon
« audace, tandis que LUI (le Dieu tout-puissant!) il n'aurait pas
« l'excuse de son silence. »

Tout l'esprit du livre de M. Proudhon est dans ce peu de lignes.
Emporté par *un certain fanatisme particulier aux logiciens*, l'auteur
s'arme parfois du miroir de la vérité, et il le place hardiment en
face de ses *coreligionnaires* épouvantés. Point d'hypocrisie, point de
précautions oratoires dans les confessions du révolutionnaire franc-
comtois. De l'ancien Gaulois, M. Proudhon a l'orgueilleuse jactance
et le dédain insultant; mais il possède aussi, parfois, une qualité
vraiment celtique, la franchise.

Depuis près d'un siècle, le catholicisme n'a presque jamais eu en
face de lui d'adversaires franchement déclarés. « Le Nil, écrivait
« Voltaire à un de ses fidèles, le Nil cache sa tête et répand ses eaux
« bienfaisantes, faites-en autant. (1) » Et il ajoutait dans d'autres
lettres : « Lancez la flèche sans montrer votre main (2).... Les mys-
« tères de Mithra ne doivent pas être divulgués.... Il faut qu'il y ait
« cent mains invisibles qui percent le monstre (le christianisme), et
« qu'il tombe sous mille coups redoublés (3). » Il n'est pas de précepte que Voltaire inculquât plus souvent que celui de *frapper et de
cacher sa main.*

Le 18 janvier 1762, Voltaire écrivait encore au comte d'Argental
et à sa femme : « Mes anges, si j'avais cent mille hommes, je sais

(1) Lettre de Voltaire à Helvétius, 14 mai 1761.
(2) *Lettre à d'Alembert,* 28 septembre 1763.
(3) *Lettre à d'Alembert,* mai 1768.

raiso'

« / ce que je ferais; mais, comme je ne les ai pas, je communie-
brai à Pâques, *et vous m'appellerez hypocrite tant que vous voudrez.*
Oui, par Dieu, je communierai avec madame Denis et mademoi-
selle Corneille, et si vous me fâchez, je mettrai en rimes croisées
le *tantum ergo.* »

Tel a été, jusqu'à nos jours, le système adopté par tous les ennemis du christianisme. M. Pierre Leroux a fait connaître au public,
peu de temps après la mort de Jouffroy, ces paroles caractéristiques
du célèbre traducteur de Platon : « Le christianisme en a encore
« pour trois cents ans dans le ventre, et c'est pourquoi je lui tire mon
« chapeau ! »

Les phalanstériens ont poussé le procédé encore plus loin, s'il est
possible. Ils ont hardiment soutenu que les doctrines de Fourier se
peuvent facilement concilier avec toutes les institutions catholiques. M. Proudhon appartient lui à une autre école. C'est un condis-
ciple de Strauss, de Henri Heine, de Bruno Bauer, de Faerback, de
Becker, de Dœlek et autres membres de la *jeune Allemagne.* Comme
tous ces fanatiques sortis pour la plupart de l'école de Halle, il se
pose en ennemi déclaré de toutes les institutions chrétiennes; comme
eux, il attend, avec impatience, l'explosion de l'anarchie européenne,
le grand jour où lui, Proudhon, sera appelé à constituer le monde
à nouveau. Pour y arriver aussi promptement que possible, il faut
attaquer ouvertement, à outrance, de la base au sommet, le vieil
édifice des siècles catholiques. Mais le passé ne doit pas subir seul l'a-
nathème; il faut aussi que le présent passe par le creuset d'une impitoyable critique.

M. Proudhon dénonce donc et châtie dans ses meilleurs amis les
fautes qui, suivant lui, ont compromis l'avenir de la démocratie socialiste. Rien de plus instructif que cette partie des *Confessions.* Il faut
que le plus grand nombre possible de lecteurs connaissent le jugement que porte le célèbre socialiste sur les hommes qui ont fondé la
République en France, et qui, à les en croire, avaient reçu mission
d'établir dans le monde le règne de la justice et de la fraternité.
Voici d'abord, en quelques coups de pinceaux, un tableau de la
République sous le gouvernement provisoire :

« La postérité refuserait de croire aux actes du gouvernement de Février, si l'histoire
n'avait pris soin d'en enregistrer les pièces. A part quelques mesures d'économie politique et d'utilité générale...., tout le reste ne fut que farce, parade, contre-sens et con-
tre-bon sens. On dirait que le pouvoir rend stupides les gens d'esprit... La *Démocratie
pacifique* demandait que la blouse fût adoptée pour uniforme de toutes les gardes nationales... Georges Sand chantait des hymnes aux prolétaires... On eût dit le monde de
Panurge. Blanqui, ou plutôt son parti, avait-il donc si grand tort de vouloir, par un
coup de balai populaire, nettoyer ces étables d'Augias ? »

Maintenant, voici les portraits en miniature des grands hommes
d'État de février :

« Est-ce que Louis Blanc et Caussidière ont jamais su ce qu'ils faisaient? Dites que

Raspail et Blanqui furent des mécontents; Barbès, Huber, 8e
Blanc un utopiste plein d'inconséquence..... Ajoutez que le r
montra en tout d'une imbécillité rare, la commission exécu
pide..... l'Assemblée nationale d'une mollesse désespérante : je

Voulez-vous maintenant savoir l'opinion de l'aut
sions sur les promoteurs de la manifestation du 13 ju

«... Je dis que se placer vis-à-vis du pays et du pouvoir hors de la
Constitution, *alors qu'on ne pouvait avoir le pays pour soi*, qu'on ne pouvait vai
par la Constitution, c'était faire acte de folie et de mauvaise foi.

» Arrêté le 5 juin, le temps m'a manqué pour développer ces idées, qui eussent pu
être fait *ajourner* la manifestation du 13. Une manifestation? grand Dieu! au mom
où les *enfants terribles* du parti venaient de compromettre leur cause en hésitant, pa
excès de puritanisme révolutionnaire, à se placer résolument sur le terrain de la Co
stitution!..... Une manifestation qui semblait dire au pays : Louis Bonaparte ne veu
pas de la Constitution : nous n'en voulons pas davantage... Doctrinaires et radica
se sont perdus également à la recherche du gouvernement.»

Et qu'on ne croie pas que M. Proudhon se borne à faire la critique
des actes du parti démagogique depuis février 1848; il va beaucoup
plus loin : il nous révèle les projets que les radicaux auraient réa-
lisés, si la manifestation prétendue pacifique du 13 juin s'était changée
en émeute victorieuse.

« Le refus d'accepter sans arrière-pensée la Constitution, alors que de cette accepta-
tion des montagnards dépendait l'adjonction au parti d'une grande partie des bourgeois,
était aussi dépourvu de raison que de politique ; c'était une trahison envers le social
et le prolétariat, UN CRIME CONTRE LA RÉVOLUTION.

«Dira-t-on que j'exagère à dessein les conséquences d'une autorité dictatoriale?...
Qu'il n'a jamais été question dans le parti radical D'ABROGER DE PLEIN SAUT TOUTE
LES LOIS, DE DÉPOSSÉDER LES CITOYENS, DE DÉPLACER LES FORTUNES, DE TRAN-
SPOSER ET INTERVERTIR AVEC LES IDÉES *les hommes et les choses?*

« Oh! je sais à merveille que le néo-jacobinisme est fort peu socialiste, si peu qu
rien ! Je sais que, la victoire remportée, on se proposait de jeter la question sociale par
dessus le bord, et de créer au peuple de telles distractions, qui, sauf le ministère du progrès demandé par L. Blanc, sauf les quelques millions de crédit jetés à Considérant et
aux sociétés ouvrières, il n'aurait pas eu le temps de songer à l'organisation du travail
La réaction était prête, ET CONTRE LES MODÉRÉS ET CONTRE LES SOCIALISTES.

« Mais je sais aussi que ces fins politiques comptaient, comme l'on dit, sans leur hôte
ce terrible hôte qui s'appelle la *logique*, et qui est inexorable dans le peuple comme la
fatalité. Je sais de plus qu'après avoir réuni les banques à l'Etat, les canaux à l'Etat,
les chemins de fer à l'Etat, les mines à l'Etat, les assurances à l'Etat, les transports à
l'Etat, une foule d'autres choses encore à l'Etat, suivant les principes de l'économie domestique, gouvernementaliste et communautaire; après avoir établi l'impôt progressif,
aboli l'hérédité, rendu l'enseignement, y compris l'apprentissage, commun, gratuit et
obligatoire; organisé la concurrence, *c'est-à-dire le monopole des sociétés ouvrières*
contre l'industrie libre, créé des tarifs, fixé un minimum pour les salaires, un maximum pour les produits et les bénéfices, établi le papier-monnaie, etc.; je sais, dis-je,
qu'il eût été impossible de s'arrêter en si bon chemin, et que, bon gré malgré, on se-
rait arrivé à UN TRASBORDEMENT GÉNÉRAL de l'industrie, du commerce, de la propriété, de tout ce qui existe enfin, *en hommes et choses, sur* 20,000 lieues carrées de
territoire ! »

On ne fait pas impunément de pareilles révélations. Aussi radicaux et jacobins dénoncent-ils déjà l'impitoyable écrivain comme un
traître à la révolution et à l'humanité. M. Pierre Leroux lui-même
est descendu des hauteurs où il habite d'ordinaire, pour rappeler à la

-aison, au devoir, à la prudence, son jeune et impétueux confrère :

« Ah ! Proudhon, s'écrie le philosophe de la triade, dans la *République* du 11 novembre, ah Proudhon, je vous ai quelquefois appelé, j'en conviens, l'*enfant terrible* du socialisme. Pourquoi le socialisme est-il obligé de vous dire aujourd'hui ce que César disait à Brutus, *qui venait de l'assassiner : Et tu quoque, fili mi.*

« Je ne veux rien dissimuler. Je viens de lire les *Confessions* de Proudhon ; je lui
dois la vérité.

« Il s'égare.

« Il a voulu ruiner d'un seul coup, ruiner de fond en comble, et de manière à ce
qu'elle ne se relève jamais, l'influence de tous les amis du peuple, Barbès, Louis Blanc,
Cabet, Ledru-Rollin, la Montagne toute entière, que sais-je, de tous ceux qui, venus à
la lumière nouvelle de points différents, les uns de la bourgeoisie, les autres des rangs
du prolétariat ; les uns par la science, d'autres par le sentiment, d'autres par la pratique, les uns par la liberté, les autres par l'égalité, d'autres enfin par la fraternité,
tendent pourtant à s'unir dans un commun symbole, et ont au moins le droit qu'on
respecte leur dévoûment et qu'on traite sérieusement leurs croyances. Il a voulu, il a
prétendu être le seul homme raisonnable du parti populaire ; car je ne sache pas même
qu'il compte les écrivains ses collaborateurs, ni âme qui vive pour quelque chose dans
l'œuvre qu'il s'attribue.

« On a reproché à Rousseau d'avoir écrit, au début de sa confession : *Nul n'est meilleur que moi.* Proudhon a écrit à toutes les pages, à toutes les lignes de la sienne : *Vivo
ego in æternum : « Vous êtes tous des morts, et je suis immortel.*»

« Immortel ! Le nom d'Erostrate aussi est immortel.»

Après avoir jeté à Proudhon ce nom d'Erostrate que Considérant
appliquait aussi, il y a cinq ou six mois, à l'auteur du livre des *Contradictions économiques*, M. Leroux s'ingénue à démontrer que la République démocratique et sociale n'est pas atteinte, et que c'est Proudhon qui se frappe lui-même. Proudhon est tout dans son livre,
s'écrie le philosophe humanitaire :

« Hommes et choses, le peuple, tous les peuples, l'Humanité tout entière, que dis-je,
Dieu (qui, à la vérité, ne pouvait compter, puisqu'il n'existe pas), tout lui est sacrifié,
tout lui sert de piédestal pour s'élever majestueusement sur l'autel où il s'adore. Il est
beau, certes, de croire à son idée, *mais il faut d'abord avoir des raisons solides pour
y croire*; il faut ensuite être juste, équitable envers les autres, et charitable. »

Cela est très-bien dit. Mais M. Pierre Leroux a-t-il perdu souve-
nance de tous les anathèmes qu'il a fulminés contre l'une des vertus
chrétiennes les plus admirables et les plus nécessaires, l'humilité ?

Le livre de M. Proudhon n'a pas causé moins de terreur dans le
camp des fouriéristes. M. V. H., dans la *Démocratie pacifique* de
ce matin (14 novembre), consacre trois colonnes à l'examen des *Confessions* du révolutionnaire :

« Que veut donc cet homme, l'un des plus notables de notre époque..., cherchant à
faire le néant dans le monde réel, le néant dans le monde des théories, et n'apportant
que le néant comme sa conclusion personnelle ? »

On sait le profond mépris que professe M. Proudhon pour les folies
et les monstruosités phalanstériennes. Mais l'écrivain fouriériste ne
s'est pas senti le courage de rendre coup pour coup à ce terrible joû-
teur. La réplique de M. V. H. est on ne peut plus modeste et *pacifique :*

« Tout bien pesé, M. Proudhon reste un homme de puissance et de talent, qui a fait beaucoup parler de lui, qui en fera parler encore ; un écrivain sans pareil, non par affirmer, construire, organiser, mais pour nier, démolir et dissoudre ; un agent de destruction, qui broie tout indifféremment ; une meule sous laquelle doivent passer toutes les idées contemporaines.

« Il est utile aujourd'hui que cette meule existe et fonctionne, car il faut que toutes les idées du vieux monde, toutes les fausses notions sur lesquelles il est bâti soient moulues, anéanties.

« Il est utile que le Socialisme aussi subisse l'épreuve de cette machine formidable qui ne fait pas le pain, mais qui l'écrase, car les idées sociales ont besoin d'être contrôlées ; il faut qu'elles sentent leurs côtés faibles et les fortifient, qu'elles s'arment contre une critique plus pénétrante que celle des défenseurs du vieux monde : car elle part d'un homme qui n'est pas intéressé à le conserver. Proudhon est là pour montrer aux socialistes les parties confuses, mal définies, dépourvues de preuves qui déparent leurs théories ; c'est un bélier qui bat les murailles, forçant les assiégés à réparer toutes les brèches. Socialistes, sachez renforcer vos enseignements, les compléter, les éclaircir, les mettre à l'épreuve du bélier Proudhon, vous défierez alors toute autre attaque : le bélier Thiers ne sera pour vous qu'une plaisanterie.

« Instrument de destruction pour le vieux monde, stimulant énergique au progrès pour les fondateurs du monde nouveau, Proudhon joue à ce double titre un rôle précieux, indispensable. Il faut que les socialistes s'habituent à ses attaques les plus imprévues : c'est un exercice utile. On sonne l'alarme dans votre camp, préparez-vous, sachez accourir à la trompette, et l'ennemi véritable ne vous surprendra pas. Si Proudhon est un fléau pour les socialistes, c'est un fléau de Dieu, ne le maudissons pas ; la Providence nous l'envoie pour notre bien.

« Rester unis en face des réactionnaires, beau mérite ! Mais unis en présence de Proudhon, malgré Proudhon, qui suscitera des candidatures nouvelles à la veille des élections, refusera de signer les programmes collectifs, votera, écrira contre les propositions qui réunissent l'immense majorité ; rester unis quand on a l'homme des discordes et des dissidences, l'homme de la division, de la désorganisation, de la destruction, non pas en face de soi comme adversaire, mais, ce qui est plus redoutable, comme auxiliaire dans ses propres rangs ! c'est ici que la démocratie socialiste fera preuve d'accord et de discipline, preuve si merveilleuse qu'elle suffira pour démoraliser nos ennemis »

Ainsi, s'il faut en croire M. V. H., Proudhon, véritable *fléau de Dieu* pour les socialistes, n'en remplirait pas moins auprès d'eux un rôle précieux, indispensable. Chose bien remarquable ! nous devons tenir le même langage au grand parti de l'ordre. Oui, dans ce livre qui porte tous les caractères d'une incroyable hallucination d'esprit, et dont les théories, parfois, ressemblent au rêve d'un malade ou d'un fou, il y a POUR TOUT LE MONDE de précieuses, d'*inappréciables* révélations. C'est ce que nous démontrerons surabondamment dans un prochain article.

AURÉLIEN DE COURSON.

BOURSE DU 14 NOVEMBRE.

Le 3 p. 100 a débuté au comptant à 56 95, a fait 56 70 au plus bas, et reste à 57.

Le 5 p. 100 a débuté au comptant à 89 75, a fait 89 65 au plus bas, et reste à 90 05.

L'un des Propriétaires-Gérants, CHARLES DE RIANCEY.

Paris, imp. BAILLY, DIVRY et Comp., place Sorbonne, 2.

L'AMI DE LA RELIGION.

Nouvelles du Souverain-Pontife.

On nous écrit de Naples, le 6 novembre :

« Hier a eu lieu un consistoire à Portici. Plusieurs Evêques y ont été préconisés. Le Souverain-Pontife, assure-t-on, y a parlé ensuite de son prochain retour dans la capitale. Puisse bientôt son désir paternel s'accomplir et la première réunion des Cardinaux se tenir, après une si longue et si douloureuse absence, dans la Ville éternelle !

« Les choses prennent en ce moment un aspect plus favorable. Les discussions et le vote de l'Assemblée législative ont rassuré des esprits, justement alarmés. On apprend d'ailleurs que la tranquillité règne à Rome et que l'ordre s'y rétablit peu à peu. Le Pape, en revenant au milieu de ses sujets, détruirait par sa seule présence les dernières espérances et les derniers calculs de la démagogie qui, vaincue par l'armée française, ose bien maintenant représenter l'occupation comme hostile au Saint-Siége.

« D'autre part, il est sûr que s'il est quelques arguments que l'on fasse valoir avec insistance auprès de Pie IX pour le détourner de revenir à Rome tant que les Français y seront, on s'arme surtout de l'incertitude qui a si longtemps plané sur la politique de la France; on rappelle l'instabilité des ministères et même des gouvernements qui s'y succèdent; on invoque la mobilité extrême de leurs décisions ; et que répondre à tout cela ?

« Le Saint-Père vient de faire à Bénévent un petit voyage qui est d'un heureux augure pour sa rentrée dans ses autres Etats. Il est parti, le mardi 30 octobre, de Portici par le chemin de fer, qu'il a quitté à Cancella, près de Caserta, pour monter en voiture. Le trajet complet de Portici à Bénévent n'a duré que cinq heures.

« Le Saint-Père était accompagné de S. E. le Cardinal Secrétaire d'Etat et de Mgr Garibaldi, nonce apostolique auprès de S. M. le roi de Naples. Il a été reçu par le Cardinal Archevêque de Bénévent, avec une joie filiale et l'affection la plus touchante. Les populations à Bénévent et sur toute la route témoignaient également, par leurs manifestations enthousiastes, leur empressement et leur bonheur.

« Le chemin que le Souverain-Pontife a parcouru est fort intéressant. On passe par le fameux défilé des *Fourches Caudines*. Les campagnes autour de Bénévent sont belles et fertiles, et dans la ville même on remarque ce magnifique arc de Trajan, qui ne serait pas déplacé à côté des plus beaux monuments de Rome ; la cathédrale, noble et chrétien édifice, dont les proportions et le style n'excitent pas moins l'admiration que la richesse de ses ornements à l'intérieur.

« Là, comme partout, le Saint-Père a marqué son passage par des bienfaits sans nombre. Il a distribué des sommes considérables pour fournir des dots à des jeunes filles, pour permettre aux malheureux de retirer leurs engagements du Mont-de-Piété. Il a recueilli de toutes parts les bénédictions populaires et les témoignages de la reconnaissance comme de la fidélité universelle.

« Le Pape est revenu à Portici le 3 novembre.

« Cet heureux voyage est de nature à engager Pie IX, toujours si sensible aux inspirations du cœur, à faire de nouvelles visites à d'autres parties de son peuple. Tous ses enfants trouveront dans la vue d'un tel père, avec le signe d'un généreux pardon, l'occasion de lui renouveler l'expression de leur repentir et de leur amour. »

Nous recevons aussi de Rome des correspondances qui concordent avec les renseignements et les appréciations qu'on vient de lire. Nous extrayons de nos lettres les passages suivants :

« Il est toujours question ici du retour du Saint-Père. Pie IX a donné, dit-on, de grandes espérances à la députation du clergé. On dit qu'il a été plus explicite encore avec la députation municipale qui rentre en ville ce soir.

« L'heureux événement dont il s'agit serait le dernier coup porté aux révolutionnaires. Aussi continuent-ils à en nier même la possibilité. La présence du Pape déjouerait en effet leurs intrigues et leurs calomnies, et achèverait d'ouvrir les yeux aux plus aveugles sur les dispositions de la France et des cours.

« Le croirait-on ? les démagogues persistent à affirmer, pour séduire les esprits hésitants et tromper les oreilles crédules, que la diplomatie et le Saint-Siége ne sont pas encore d'accord ; que la France maintient son armée à Rome pour faire échec aux droits et à l'autorité du Pape ; et la preuve, c'est toujours l'absence de Pie IX! Les masses ici sont faciles à égarer, mais elles finiront cependant par reconnaître l'évidence. Elles ont un certain sens positif auquel la mauvaise foi la plus insigne ne saurait en imposer longtemps. Les démagogues leur disent et leur répètent : « Nous pouvons encore redevenir les maîtres. Les Français n'ont été contre nous que par occasion ; ils seront peut-être demain pour nous. » Mais quand Pie IX sera là, la révolution sera bien forcée de s'avouer vaincue.

« On a tâché d'exploiter encore en faveur de l'anarchie, le rappel du général Rostolan. La nomination de M. d'Hautpoul vient de désappointer ceux qui exploitaient ainsi par avance la retraite d'un homme dont la modération et la fermeté se sont concilié toutes les sympathies. En somme, vous ne sauriez croire toutefois combien tristement réagissent à l'étranger, et surtout en Italie, les moindres faits qui peuvent dénoter quelque hésitation ou quelque contradiction dans la politique de la France. La préoccupation constante de l'Europe est de voir cette girouette mobile tourner au vent de la Révolution. »

Question romaine.

Le *Comité de la liberté religieuse* vient de publier une petite brochure que nous ne saurions trop recommander de répandre. On se rappelle qu'aussitôt après la séance où M. de Montalembert recueillit, dans la discussion des affaires de Rome, un des plus magnifiques triomphes qui ait jamais illustré la tribune parlementaire, une souscription fut ouverte à l'effet de publier le discours de l'illustre orateur.

La souscription a permis de faire plus, et le *Comité de la liberté religieuse,* cédant aux nombreuses demandes qui lui en ont été faites, a cru devoir ajouter le rapport de M. Thiers, et les deux discours de M. de Falloux et de M. Thuriot de la Rozière.

On y a joint enfin des extraits d'un important travail de M. de Valmy.

Cette petite brochure, qu'on est parvenu à réduire au prix de 30 c., devra être dans les mains de tout le monde.

Les *catholiques* y reliront avec bonheur les plus éloquentes protestations que la vérité historique et la foi aient pu inspirer à deux hommes tels que M. de Falloux et M. de Montalembert.

Les *politiques* retrouveront dans le rapport de M. Thiers et dans le discours de M. de la Rozière deux morceaux éminemment remarquables, autant par la lucidité de l'exposition que par la connaissance approfondie des grands intérêts engagés dans cette grave question.

Enfin tous les honnêtes gens et tous les hommes religieux voudront conserver le souvenir d'une des plus solennelles discussions qui aient honoré jamais les Assemblées législatives de France.

La brochure compte 120 pages en petit texte. Elle vient de paraître chez Jacques Lecoffre et comp*, rue du Vieux-Colombier, 29. Les souscripteurs sont priés de faire retirer leurs exemplaires à l'adresse indiquée ci-dessus.

NOUVELLES RELIGIEUSES.

DIOCÈSE D'ANGOULÊME. — Lundi, 5 novembre, a eu lieu dans l'église de Comac un service solennel pour le repos de l'âme de Mgr Guitton, ancien vicaire-général du diocèse d'Angoulème, et mort évêque de Poitiers. Rien n'a manqué à cette cérémonie, qui, loin d'être seulement une commémoraison d'usage, avait été si bien inspirée par l'amour.

Autour du monument funèbre, dont la riche décoration était due à la reconnaissance d'un prêtre, ancien ami de Monseigneur, se pressait un concours nombreux de fidèles et d'ecclésiastiques, parmi lesquels nous devons citer MM. l'abbé Dumas, supérieur du petit séminaire, et Prévost, curé de Ruffec, venus en quelque sorte, au nom de tout le diocèse, attester par des larmes leurs vifs et douloureux regrets. Au milieu de l'enceinte sacrée étaient aussi rangés les élèves du petit séminaire diocésain, que tant de pieux souvenirs avaient conduits à la tou-

chante célébration des vertus d'un père. On se rappelle encore en effet, avec bo
heur, que la maison à laquelle ils appartiennent a été fondée par son zèle et s
dévouement, et que le saint prélat se trouvait parmi cette intéressante famill
lorsqu'il apprit que la Providence l'avait choisi pour successeur de saint Hilair
On ne saurait non plus oublier que c'est dans cette douce solitude que Mgr Gu
ton, dédaignant tous les honneurs, versa d'abondantes larmes à la vue de ce
lourde crosse dont le poids lui paraissait si accablant; et, quand il dut paraî
devant Dieu, Richemont, auquel il avait laissé la moitié de son cœur, comme
le disait lui-même, occupait ses dernières pensées.

M. l'abbé Pintaud, dont tout le monde sait apprécier le talent oratoire, et q
ami intime de Mgr Guitton, pouvait mieux que bien d'autres, nous faire av
sincérité l'historique édifiant de sa vie, a augmenté par une allocution pathé
que l'émotion toute filiale de ses auditeurs.

Avec M. Pintaud, nous avons suivi le généreux apôtre secondant, dans l'exe
cice de son haut ministère, la charité si connue de son évêque, et se montri
supérieur encore à l'idée qu'avait conçue de l'élévation de son âme et de la p
fondeur de sa science, celui qui l'avait préféré à plusieurs *têtes vénérables.* Ap
quelques années d'un apostolat bien rude, puisqu'il avait fallu défricher un te
rain auquel des revolutions anti-chrétiennes avaient imprimé leur cachet d'
credulité et de materialisme : lorsque Mgr Guigou succombait, pour ainsi di
sous le poids de ses infirmités, devenu administrateur universel des affaires
ecclésiastiques du diocèse, Mgr Guitton nous a montré ce que peuvent le savoir
l'intelligence, quand ils sont animés de l'esprit de Dieu; et si le fruit de tant
travaux evangeliques n'a pas été aussi immense que son zèle et son dévoueme
il a, du moins, déposé çà et là des germes de foi et de salut dans cette partie
champ du père de famille, qu'un digne et saint pasteur fertilise aujourd'hui a
les vertus les plus eminentes de l'Episcopat.

Assis sur le siège de saint Hilaire, il est inutile de dire que Mgr Guitton
montra aussi admirable qu'il l'avait été au milieu de nous, et qu'on le regarda t
jours comme une des gloires de l'Eglise de France. Enfin M. l'abbé Pintaud n
a fait voir au bout d'une carrière trop courte, mais bien remplie, l'homme
Dieu et l'homme de l'humanité allant recevoir la couronne céleste, le cœur
core vierge d'ambition et d'intrigue.

Qu'il nous soit permis, en terminant, d'exprimer notre vive reconnaissanc
l'éloquent orateur qui, dans cette circonstance, a su réhabiliter le ciergé de
Charente, que des informations recueillies avec trop de confiance, ont fait ju
trop sévèrement, du haut de la chaire de vérité, par un jeune prédicateur étr
ger à notre diocèse.   O. P.

Coblentz, 8 novembre.—Le prince de Prusse a reçu hier au soir, dans les
lons du château, la municipalité et le clergé de la ville. Il y a dans le disco
adressé par le prince à MM. les ecclésiastiques des aveux fort remarquables.
a remarqué ceux-ci : « La génération actuelle est entièrement gâtée ; il en
« élever une autre dans de meilleurs sentiments, et c'est l'affaire du cle
« Les maîtres d'école sont, en général, les auteurs des maux qui n
« accablent. Quelques ecclésiastiques aussi ont commis de graves fautes, il
« absolument que les choses changent. »

Les catholiques, dit le *Rhinische Volkhalle,* journal catholique de Cologne,
le droit d'être affligés et surpris du blâme, même indirect, adressé à l
clergé qu'on a mis aux fers et auquel on reproche son inaction. Qui a formé
maitres d'école pervers? Qui a élevé la génération actuelle? N'est-ce pas l'É
qui, dans sa sagesse omnipotente, a cru devoir se charger de tout cela? A-t

oublié comment ont été traités les Évêques qui un eu *l'audace* de réclamer une participation à l'éducation de la jeunesse?

SÉANCE DE L'ASSEMBLÉE.

Les questions de dignité, même quand elles se soulèvent à propos d'un point d'étiquette, ont le privilège de toucher au cœur les grandes assemblées. La proposition de M. Desmousseaux de Givré était de ce nombre. L'honorable membre, s'appuyant sur l'histoire de la révolution, et tirant induction de quelques faits récents où le rang de l'Assemblée nationale n'a peut-être pas été assez soigneusement respecté, l'honorable membre voudrait que l'Assemblée n'assistât à aucune cérémonie publique. C'était le parti qu'avait pris la Constitution de l'an III. M. Baze, au nom de la commission d'initiative parlementaire, n'est pas de cet avis. Il réserve le droit de l'Assemblée de fixer partout sa place; il sait que la Constitution attribue au chef du pouvoir exécutif la présidence des solennités nationales, et il estime qu'il n'y a ni utilité en droit ni opportunité en fait de prendre en considération la proposition de M. Desmousseaux.

L'Assemblée n'était pas très-satisfaite de cette opinion. Elle a accueilli avec une très-grande vivacité d'approbation un autre de ses membres, M. le général Leflô, qui est venu lui parler de sa souveraineté, de sa dignité, de sa toute-puissance. Chacune de ces paroles était couverte d'applaudissements, et quand M. Leflô a demandé de prendre la proposition en considération, non pas pour l'adopter, mais pour ouvrir l'occasion d'y substituer un règlement complet et catégorique qui établisse nettement la place que doit avoir et qu'entend garder le premier pouvoir de l'Etat, cette pensée a été adoptée à la presque unanimité.

Il est bon, il est utile que le sentiment profond de la dignité et de la majesté de l'Assemblée souveraine éclate et se manifeste aux yeux de la nation.

Après l'émotion causée par cette discussion, l'Assemblée a entendu une courte interpellation de M. de Ségur-d'Aguesseau, qui désirait savoir où en est le renvoi de la loi d'enseignement au conseil-d'Etat. M. Parieu a répondu que le renvoi étant le fait de l'Assemblée, c'était à l'Assemblée à en surveiller la prompte exécution. Les pièces ont été remises le 10 novembre. C'est donc vers le 10 décembre que le projet doit revenir.

Cet incident vidé, l'Assemblée a repris son ordre du jour. Elle a voté des crédits pour l'indemnité coloniale et elle a adopté les articles relatifs à l'amélioration de la race chevaline.

On assurait aujourd'hui, à l'Assemblée, que les élections de Genève auraient jeté la plus grande agitation dans le canton. Les conservateurs auraient le dessous. C'est la réalisation des pronostics que

notre correspondant nous annonçait. Si les conservateurs sont vaincus, ce sera pour avoir refusé de donner aux catholiques les légitimes satisfactions que ces derniers avaient droit d'attendre.

Notre intention était de dire quelques mots de la conduite étrange
des avocats de la Haute-Cour de Versailles, mais nous apprenons à
l'instant que le conseil de l'ordre s'est saisi de l'affaire. Nous attendrons sa décision.

Algérie.

On lit dans le *Moniteur algérien* du 10 :

« Les nouvelles reçues de Zaatcha par le courrier de mer, arrivé le 7 novembre, ne
vont point au-delà du 29 octobre ; une lettre de M. le général Herbillon, datée du 31 octobre, et dont copie a été transmise par M. le colonel Canrobert, à qui elle était adressée, les avait devancées par la voie de terre.

« Les premiers envois de munitions attendus de Bathna et de Constantine étaient arrivés au camp sans accident, grâce à la bonne contenance des escortes. — Cependant
deux ou trois voituriers civils, partis isolément, avaient péri victimes de leur incurable
imprudence. — La même témérité avait eu la même conséquence funeste pour quatre
ouvriers employés à l'exploitation des bois dans les montagnes à l'ouest de Bathna, et
qui avaient désobéi à l'ordre deux fois donné, de pourvoir à leur sûreté, en rentrant dans
la place.

« Du 1er au 5 novembre, les divers renforts envoyés par mer, dans les derniers jours
d'octobre, et quelques autres pris à Constantine même, s'étaient mis en route de cette
place pour Bathna, escortant des convois de vivres et des munitions. — Ces renforts,
qui forment un total de plus de 2,000 baïonnettes, sont maintenant bien près de
Zaatcha.

« Le colonel Canrobert, parti de Bou-Çada, le 4 novembre, doit avoir fait jonction le
8 avec M. le général Herbillon.

« M. le colonel Daumas et sa colonne doivent arriver sous deux jours à Bou-Çada. Le
colonel se mettra immédiatement en communication avec le général Herbillon.

« En résumé, le 12 ou le 13 novembre, au plus tard, 11,000 hommes seront réunis
autour de Zaatcha, les batteries seront prêtes à rouvrir leur feu, les travaux de sape et
les passages de fossé perfectionnés, rendront les approches moins périlleuses. M. le général Herbillon sera largement en mesure d'investir complètement la place, et d'as-
saillir les brèches élargies, tout en faisant face aux insurgés du dehors. »

Bulletin de la politique étrangère.

ITALIE. — Les journaux italiens ne contiennent aucune nouvelle
importante.

SUISSE. — Une dépêche télégraphique arrivée ce matin à Paris,
annonce que le parti radical l'a emporté à Genève dans les élections
qui viennent d'avoir lieu pour le renouvellement du conseil-d'État.

Des lettres de Genève, du 12 novembre, publiées ce matin par divers journaux, laissaient déjà entrevoir un pareil résultat. Dès le 12
au matin, en effet, jour où ont commencé les élections, les choses
avaient pris une tournure des moins rassurantes. Les ouvriers des
ateliers nationaux, le principal renfort des électeurs radicaux, vêtus
de toques et de cravates rouges, s'étaient rendus tambours en tête au
lieu de l'élection, qu'assiégeait une foule considérable.

˜. **Dans** l'enceinte réservée à l'élection, les tables du scrutin avaient **été** renversées, et le président du comité électoral conservateur, **M.** Achard, un homme généralement estimé, insulté par un agent **de** police, au point de se laisser aller contre ce dernier à des voies **de fait** regrettables. Le nombre des électeurs qui ont pris part à **cette** dernière élection paraît en outre avoir été de beaucoup plus **considérable** que celui des précédentes élections. On le porte à **10,000.** L'on prétend que le parti rouge l'aurait emporté de 600 voix **sur** les conservateurs. Dans ce cas le parti catholique aurait donné **aux** radicaux son appoint, qui devait décider du résultat des élections.

PRUSSE. — Une dépêche télégraphique publiée par la *Gazette de Cologne*, annonce que la seconde chambre des Etats prussiens a adopté, dans sa séance du 12 novembre, l'article 11 de la Constitution, relatif aux cultes, avec un amendement portant que la religion chrétienne continuera à servir de base aux institutions civiles en rapport avec le culte.

AMÉRIQUE. — Les journaux américains nous apportent la nouvelle de troubles qu'aurait provoqués, à Québec, la question d'annexion. Une réunion annexioniste avait été convoquée pour samedi dernier, et devait avoir lieu dans la salle du parlement. Le refus du maire d'y assister provoqua quelque tumulte, et le meeting s'ajourna à l'hôtel Saint-Georges.

Là, le désordre s'accrut, et un groupe d'émeutiers se rendit à la maison de M. Cauchon, représentant du comté de Montmorency, et l'un des adversaires les plus déterminés de l'annexion. Les fenêtres furent brisées à coups de pierre. Les détails nous manquent encore sur cette échauffourée.

Chronique et Faits divers.

A 11 heures, le conseil des ministres s'est assemblé au palais de l'Elysée national.

— Le bruit courait ce matin que M. Drouin de l'Huys, récemment arrivé d'Angleterre, acceptait décidément le portefeuille des affaires étrangères.

— La commission relative à la transportation s'est réunie ce matin, M. le ministre de l'intérieur a été entendu.

— La cour d'honneur de l'hôtel des monnaies était encore encombrée ce matin de piles énormes de lingots d'or et d'argent.

— Les élections pour les grades dans la garde nationale ont eu lieu à Saintes, dimanche dernier. Les électeurs modérés se sont abstenus, les électeurs rouges ont triomphé, l'ultra-démocratie s'est partagé les grades. Triste et nouvel exemple du mal que produit l'indifférence aussi fatale que la division du parti modéré.

— Les rouges de Rully (Saône-et-Loire) s'étaient insurgés, à propos de l'installation des Sœurs de l'école communale des filles. L'autorité supérieure a eu bientôt raison des mutins, et les Sœurs ont été réinstallées, grâce à l'arrivée de deux compagnies de ligne et de vingt-cinq gendarmes de l'armée des Alpes qui sont entrés tambour battant dans la commune. (*Courrier de Saône-et-Loire.*)

— On lit dans *la Liberté*, journal de Lille :

« Avant-hier, dans la soirée, les habitants des quartiers Saint-Sauveur et Saint-Maurice ont pu pour un moment se croire au beau temps des promenades nocturnes organisées sous le commissariat de M. Delescluze. En effet une bande composée d'hommes ivres faisant entendre les cris de : *A bas Henri V! à bas les carlistes!* entremêlés de celui plus significatif de: *Vive la République démocratique et sociale!* circulait dans les rues, bannière en tête, et précédée de quatre individus coiffés du bonnet rouge. Cette bande s'est dispersée à l'approche de la police. Les *bonnets rouges* avaient été distribués la veille par certains meneurs toujours prêts à fomenter le désordre. »

— Le roi des Belges a fait hier en personne, et dans sa capitale, l'ouverture de la session législative des chambres.

Dans son discours, le roi Léopold ne fait que constater l'heureuse situation politique du pays, le progrès croissant du commerce, de l'agriculture et de l'industrie, les réformes successives introduites dans les diverses institutions, la parfaite harmonie de tous les pouvoirs de l'Etat, enfin les excellents rapports de la Belgique avec toutes les autres nations.

—S'il est de vieilles coutumes qui tendent à disparaître, ce n'est pas assurément celle de promener les enfants dans les rues avec des lanternes allumées la veille et le jour de Saint-Martin. Jamais peut-être on n'avait vu les lanternes aussi nombreuses que samedi et dimanche ; c'était une illumination de l'effet le plus pittoresque. Les étrangers qui, pour la première fois, ont vu ce spectacle, l'auront trouvé bien étrange et auront cherché vainement à se l'expliquer. Nous ne pouvons non plus leur donner aucun renseignement sur l'origine de ce singulier usage qui se perd dans la nuit des temps. (*Observateur du Nord.*)

ASSEMBLÉE LÉGISLATIVE.

Séance du 15 novembre. — PRÉSIDENCE DE M. LE GÉNÉRAL BEDEAU.

La séance est ouverte à deux heures un quart.

L'ordre du jour appelle la discussion sur la prise en considération de la proposition de M. Desmousseaux de Givré, tendant à ce que l'Assemblée nationale n'assiste à aucune cérémonie publique et n'y envoie pas de députation.

La commission, à l'unanimité, conclut au rejet.

M. DESMOUSSEAUX. Nous sommes le premier pouvoir de l'Etat et nous ne devons pas paraître dans les cérémonies présidées par un autre pouvoir qui ne voudrait pas nous considérer comme son égal.

L'orateur entre dans diverses appréciations historiques, et rappelle ce qu'était le cérémonial à d'autres époques, et il ajoute :

Il y a quelques mois, un certain nombre de membres avaient déposé une demande de mise en accusation contre le Président de la République. Supposez qu'une cérémonie dût avoir lieu le lendemain, vous auriez vu l'accusateur et l'accusé côte à côte..... (Murmures. — Eh bien! eh bien!)

Il faut prendre des mesures de prudence et de dignité, des mesures de conciliation et d'égard envers le pouvoir. C'est là l'objet de ma proposition, et j'espère que l'Assemblée la prendra en considération.

MM. Leflô, Baze et Rouher prennent successivement la parole.

La proposition est prise en considération.

M. LE PRÉSIDENT. Je dois donner connaissance à l'Assemblée d'une demande d'interpellation déposée par M. Ségur-d'Aguesseau. (Marques d'attention.)

M. Ségur-d'Aguesseau demande à l'Assemblée la permission de faire une interpellation à M. le ministre de l'instruction publique relativement à l'exécution du vote de l'Assemblée qui a renvoyé, le 7 novembre, au conseil-d'Etat le projet de loi sur l'instruction publique. (Marques d'étonnement.)

Plusieurs voix : Tout de suite! oui! oui!

M. SÉGUR D'AGUESSEAU. Je n'abuserai pas des moments précieux de l'Assemblée. Je ferai mon interpellation en peu de mots.

L'art. 82 de la loi organique du conseil-d'Etat dispose que, lorsque ce conseil est consulté sur un projet de loi, il doit faire connaître son avis dans le mois au plus tard de la transmission des pièces. Si je ne me trompe, c'est le 10 ou le 11 novembre que les pièces du projet de loi sur l'instruction publique ont été envoyées au conseil-d'Etat. L'avis devra donc nous être transmis le 10 ou le 11 décembre.

Je désirerais, et c'est là l'objet de mon interpellation, que M. le ministre de l'instruction publique voulût bien donner à l'Assemblée l'assurance que le gouvernement fera tout ce qui dépendra de lui pour que le conseil-d'Etat... (Rumeurs.—Interruption.) transmette son avis dans le plus bref délai possible. Le gouvernement répondra ainsi à la légitime impatience de tous les amis de la liberté de l'enseignement.

M. PARIEU, ministre de l'instruction publique. Messieurs, je n'ai qu'un mot à répondre. Le renvoi du projet sur l'instruction publique émane de l'Assemblée. Il y a deux espèces de renvoi au conseil-d'Etat, l'un qui émane du gouvernement, l'autre qui émane de l'Assemblée. Le renvoi dont nous nous occupons émanant de l'Assemblée, c'est l'Assemblée seule qui devra, s'il y a du retard, réclamer la sanction de l'article qu'on invoque.

Quant à moi, messieurs, je puis vous donner l'assurance que si des explications sont demandées au gouvernement, le gouvernement s'empressera de les donner au conseil-d'Etat. (Très-bien! très-bien!)

M. LE PRÉSIDENT. Je dois dire que les pièces dont il s'agit ont été transmises, le jour même du vote, au conseil-d'Etat.

L'ordre du jour appelle la discussion du projet de loi relatif à la liquidation de l'indemnité coloniale.

L'Assemblée adopte le projet de loi.

L'ordre du jour appelle la discussion du projet de loi relatif aux achats d'étalons pour la remonte des haras nationaux.

M. LE MINISTRE DU COMMERCE et plusieurs orateurs sont entendus. La somme de 500,000 fr. demandée est votée par l'Assemblée.

La séance est levée à six heures.

VARIÉTÉS.

VOYAGE HISTORIQUE.

Mémoires du comte de Saint-Leu.

(4e article.)

Tendragt, maakt magt.
L'union fait la force.

LOUIS, ROI DE HOLLANDE.

Amsterdam fut choisie pour la résidence royale et déclarée capitale; c'était encore un événement pour les 50,000 catholiques qui déjà s'y trouvaient; ce fut pour tout le royaume une fête d'autant plus joyeuse, que, par une coïncidence providentielle, en ce même jour naquit le prince Charles-Louis. Qu'on juge de l'émoi de nos frères au jour de l'inauguration, à l'entrée du roi, à la prise de possession du palais : ils voyaient le plus illustre d'entr'eux, le chef de la noble famille Van Brienen (1), présenter les clefs de la ville avec les Wethouders; confondus parmi cent mille spectateurs, sur la grande place du Dam, ils entendaient un roi de Hollande dire, au milieu des vivats de cette foule :

« Je vous ai trouvés déchirés par les factions... J'aurais refusé d'être votre roi si je n'avais espéré voir autour de moi, dans la plus intime union, tous les ordres, toutes les classes, tous les individus. J'ai voulu qu'il n'y eût qu'une seule grande capitale, comme il n'y a qu'un seul Etat et un seul peuple. »

Que l'on se figure la jeune reine Victoria, apparaissant avant l'émancipation des catholiques et après l'une des plus calamiteuses saisons au milieu de l'Irlande, et adorée comme elle l'est, de ses plus pauvres irlandais, leur adressant ce langage, leur disant comme le roi Louis ne cessait de le répéter : « J'ai pris l'engagement d'être également affectionné pour tous mes sujets, avec la satisfaction que font éprouver la justice et la raison. Il n'y aura sous mon règne aucune différence entre les Hollandais (2). »

Et dans un message au conseil législatif : « Nous ne trouvons de consolation aux soucis et aux travaux de toute espèce, auxquels nous sommes livré, que par le doux espoir que peut-être le ciel récompensera notre zèle et notre dévouement aux intérêts de la nation en se servant de nous pour réparer les maux occasionnés par les événements, plus encore que par les partis (3). »

Il n'hésitait pas à déclarer que l'acte d'union du XVIᵉ siècle, fait à la hâte et pour un moment de crise, était à tort regardé comme l'arche sainte à laquelle on ne pouvait toucher, et qu'il devait, avec le temps, affaiblir l'Etat, l'empêcher de se consolider, détendre les liens de la patrie et amener sa ruine.

A un pasteur protestant, président d'une commission sur les cultes, qui vantait l'impartialité, la tolérance, les idées libérales qui doivent caractériser tout vrai protestant, il répond que tous les membres des différentes communions chrétiennes possèdent également sa sollici-

(1) Mgr de Curium appartient à cette ancienne famille. On peut d'autant plus aisément citer ces noms, que les derniers héritiers de cette illustration n'ont pas à craindre de commencer par eux-mêmes. M. Willem Van Brienen pouvait dater sa noblesse du jour où il donna *cent mille francs* pour les pauvres, dans une année désastreuse. Ce fut lui qui donna l'exemple, avec les Wethouders d'Amsterdam, de refuser les traitements alloués aux premiers magistrats de la capitale. Ce fut la maison Van Brienen qui, avec quatre autres d'Amsterdam, souscrivit, sans intérêt ni avantage, un prêt de 40 millions qui sauva la Hollande d'une banqueroute. Les noms de ces maisons méritent d'être conservés : c'étaient celles de Hope et Cᵉ, Raymond et Théodore de Smeth, Willem et Jean Willinck, Jean Hodson et fils, Willem Van Brienen et fils. M. de Brienen avait pour collègues au conseil de la cité MM. Willinck, Van de Groot, Lindt, Fesch et Saveryn.

(2) *Documents*, t. I, p. 168.

(3) *Message du 31 mars* 1807, t. II, p. 76.

tude, et qu'il n'y a que les hommes sans religion qu'il puisse voir sans aucun intérêt et avec mépris.

« Il voulut opposer à cette union mensongère et désastreuse une sincère alliance de tous les intérêts, et, dans cette pensée, il fonda un ordre, sous le titre même de l'Union, avec tous les insignes catholiques, le cérémonial antique, les serments et les devises d'autrefois (1); l'installation de cet ordre, la création des chevaliers, chaque anniversaire de l'inauguration, ramenaient, avec des fêtes pompeuses, une nouvelle manifestation de cet esprit de paix et de concorde, des sentiments profondément chrétiens, des souvenirs, des traditions, des espérances d'un monde nouveau; les plus hauts personnages et les plus éloquents, entre autres l'illustre Van der Palm, étaient les organes de ces idées, les instruments de cette révolution. Dès la première fête de l'Ordre et de l'Union, le grand chancelier Van der Goer, disait, en présence des Etats assemblés et des nouveaux chevaliers :

« Ce jour mémorable est destiné à consacrer la véritable union des Hollandais, l'extinction de tout esprit de parti... Vous demandez des vertus, sire; c'est ce que le roi de Hollande a droit d'exiger d'une nation qui en a donné l'exemple aux autres; c'était l'apanage de nos pères... Hollandais! souvenons-nous de ces temps où la simple province de Hollande, gouvernée encore par ses comtes, et bien plus petite alors qu'elle ne l'est de nos jours, était déjà montée à un tel degré de splendeur et de puissance, que l'amitié et l'alliance de ses princes furent recherchées par les rois voisins. Dès lors déjà l'abondance et la prospérité de cette étroite contrée excitaient la jalousie universelle. O ma patrie, les jours de ta prospérité et de ta gloire, les vertus, les succès de nos pères. ne seront plus pour nous un simple sujet de regrets. Le calme, l'union, la confiance renaissent... L'ordre de l'Union est un *ordre de chevalerie*, fondé sur l'honneur, dans la plus rigoureuse et la plus délicate acception de ce terme. Il a pour but... de combattre *les préjugés*, les erreurs, les vices, les faux principes, l'esprit de parti, de *ressentiment ou de haine*, la cabale, l'égoïsme et l'intrigue. »

Cependant ce règne à peine ébauché, cessa brusquement. Louis se retira, emportant avec lui presque toutes les espérances des catholiques. Ceux-ci se reprochent encore, après plus de trente ans, de n'avoir pas assez bien compris ce dessein providentiel, d'avoir trop compté sur un avenir qui leur échappa. Ils ne revinrent de leur surprise qu'au moment où leur joie s'évanouissait. Cependant il restait

---

(1) L'ordre avait pour décoration une double croix à huit rayons, portant sur une face : les sept faisceaux des provinces unies, serrés autour d'un sceptre, par le bandeau royal, un serpent se mordant la queue dessinait un cercle autour de la légende : *Eendragt maakt magt*, l'union fait la force. Sur l'autre face, le lion de Zélande, nageant; pour légende : *Doe wel en zie niet om*, fais ce que dois, advienne que pourra. Entre les branches de la croix, rayonnaient des abeilles d'or déployées; au-dessus de la croix, une couronne d'or. Le ruban bleu de ciel.

des germes féconds qui maintenant donnent leurs fruits. Louis laissa dans la Hollande un sentiment de respect pour les catholiques, un esprit plus tolérant et plus équitable dans l'administration, un bon nombre de catholiques dans des postes honorables, des écoles moins mixtes ou plus libres, de grandes églises rendues au culte et l'initiative partout prise pour en rebâtir, le clergé catholique salarié, et les populations non-réformées affranchies des redevances exorbitantes pour l'entretien des *dons nés*, un libéral essai de législation criminelle qui vient, après trente ans d'élaboration, de s'achever à la satisfaction des catholiques, puis ce vaste niveau du code civil qui acheva d'aplanir la surface de ce pays naguère hérissée de poteaux, de placards et d'affiches de proscription, enfin ces grands principes inscrits dans le pacte fondamental (1) :

« Les lois constitutionnelles garantissent à chacun sa liberté personnelle et sa liberté de conscience...

« Le roi et loi accordent une égale protection à toutes les religions qui sont professées dans l'Etat.»

D. F. B. PITRA, de l'abbaye de Solesmes.

ERRATUM. Nous devons rétablir trois noms qui ont été inexactement reproduits dans notre article d'hier sur le Concile de la province de Tours : Ainsi il faut lire M. l'abbé *Vrignaud* et non *Vrignand* ; Mgr de la *Hailandière* et non de la *Gailandière*; M. l'abbé *Bourassé* et non *Bouzassé*.

BOURSE DU 15 NOVEMBRE.

Le 3 p. 100 a débuté au comptant à 57 25, a fait 56 95 au plus bas, et reste à 57.

Le 5 p. 100 a débuté au comptant à 90 40, a fait 89 80 au plus bas, et reste à ce cours.

---

(1) Nous aurions pu insister davantage sur l'exemple personnel que donna le roi Louis de ses sentiments religieux. Nous citerons encore un fait et un passage curieux de ces mémoires ; et si nulle part que nous sachions ce fait n'a été remarqué, bien qu'il concernât l'un des hommes les plus éminents de la cause catholique, c'est une preuve de plus à notre avis, que le roi Louis est étrangement méconnu, et que nul n'a lu ses mémoires. Nous citons : « Il chercha parmi les hommes distingués en France, celui auquel « il pourrait confier son fils d'avance, afin que s'il était obligé d'abdiquer, son fils et la « reine eussent un appui et un guide sûr. Il fallait pour être agréé de l'empereur et respecté lors de la catastrophe, comme pour soutenir la Hollande dans ce cas, un homme célèbre, un français, un homme connu et estimé de l'empereur ; comme en Hollande, un monarchiste libéral, un homme indubitablement ferme d'honneur et de « probité. Il choisit M. de Bonald, qu'il ne connaissait que de réputation....... Sa lettre « parvint par un secrétaire expédié expressément dans le Rouergue, mais M. de Bonald « refusa. » Une pareille appréciation de M. de Bonald, en 1810, consignée par le roi Louis dans ses mémoires en 1817, est moins glorieuse à l'illustre philosophe, qu'honorable pour celui qui lui accordait cette confiance en ces termes. C'est la meilleure mesure de la sagesse élevée, courageuse, chrétienne du roi de Hollande.

L'un des Propriétaires-Gérants, CHARLES DE RIANCEY.

Paris, imp. BAILLY, DIVRY et Comp., place Sorbonne , 2.

L'AMI DE LA RELIGION.

Des Sociétés de secours mutuels et des Caisses de retraite.

(RAPPORT DE M. BENOIST D'AZY.)

L'importante question des *sociétés de secours mutuels* et des *caisses de retraite*, a été, comme on l'a vu, l'objet d'une première délibération à l'Assemblée législative. Cette fois, les orateurs ont exposé leurs idées générales et leurs propres systèmes. A la seconde lecture, l'Assemblée abordera le système de la commission. La commission en a confié le rapport et la défense à l'un de ses membres les plus éminents et les plus justement honorés.

Nous donnons aujourd'hui l'analyse du remarquable travail de M. Benoist d'Azy.

Le rapporteur a voulu établir tout d'abord les principes sur lesquels s'appuie notre société chrétienne, et que des doctrines ennemies voudraient en vain détruire.

Les sociétés humaines, comme l'homme lui-même, tendent incessamment vers une perfection à laquelle il leur est cependant interdit d'atteindre en ce monde. Supprimer la misère, les souffrances, les besoins, c'est là un rêve impossible, et une condamnable erreur. Mais entre la *perfection* absolue et le *progrès* relatif, entre la suppression totale, par exemple, de la misère, et sa diminution, son soulagement, il y a tout un abîme.

Si l'histoire, la raison, et avant tout la foi, nous enseignent que la perfection absolue de la société est une chimère, elles nous font à chacun un strict devoir de travailler sans relâche à son progrès moral et matériel, et dès-lors de rechercher et *de faire* tout ce qui peut encourager et assister ceux des membres de la grande famille qui souffrent ou qui sont dans le besoin.

« *Ce ne sont pas là*, dit le rapporteur, *des idées nouvelles, elles ont été pratiquées depuis l'origine du christianisme et sur une échelle d'autant plus grande, que la société a été plus éclairée et plus religieuse.* »

Après avoir démontré que les révolutions ont détruit les asiles, les institutions que la piété avait accumulés pendant des siècles, et rappelé ce fait consolant que de nouveaux dévoûments sont venus remplacer ceux qui avaient péri dans la tourmente, l'honorable rapporteur ajoute que malheureusement les misères humaines ont marché aussi vite que les moyens de les prévenir, et qu'il en surgit chaque jour de nouvelles à côté des progrès de la richesse, de la population et de l'industrie. Quant à nous, nous croyons que ce n'est pas dire assez. Nous croyons que la misère a marché *plus vite* que les moyens de la prévenir ou de la soulager; et cela, parce que le progrès industriel et *matériel* a été recherché, encouragé de préférence au progrès *moral;* parce que l'esprit chrétien, l'esprit de charité s'est affaibli dans la société sous le poids des liens administratifs et civils qui paralysent encore son action.

La situation des classes laborieuses se ressent toujours profondément des révolutions intellectuelles ou politiques qui agitent les sociétés. — On ne peut donc s'étonner que des besoins nouveaux et aussi des privations et des souffrances soient nés pour elles, des principes proclamés par la révolution française, et des découvertes scientifiques de ces derniers temps.

Les progrès de l'industrie ont pour effet ordinaire de déplacer certains travaux, d'en diminuer certains autres, d'en supprimer complétement quelques-uns, et ainsi l'ouvrier se trouve incessamment exposé à voir diminuer ou supprimer même entièrement le travail de son état, qui est l'unique ressource de sa famille.

D'un autre côté, la liberté sans frein et sans contre-poids de l'industrie, ne pouvait manquer de produire une *concurrence* sauvage qui amène nécessairement la vilité des prix, l'abaissement des salaires, et souvent le chômage. Il faut donc bien admettre que dans l'état actuel de notre société, et sans tenir aucun compte des commotions politiques, les classes laborieuses sont soumises plus que jamais à des incertitudes, à des variations telles que la sollicitude chrétienne ne peut manquer de s'en émouvoir.

Est-il un remède à cette situation ? Est-ce l'Etat qui doit en être responsable? Le rapport pose à cet égard les vrais principes, qu'il est plus important que jamais de tracer d'une main ferme. « Prétendre que c'est à l'Etat, à la société de prévenir, d'une manière « absolue, toutes ces mauvaises chances et d'y suppléer par un tra- « vail et un salaire suffisant, c'est là la théorie insensée du *droit au* « *travail;* c'est un rêve aussi dangereux qu'il est absurde.

« Mais ce qu'il faut pour que le progrès soit réel, c'est que la pré- « voyance et la bienfaisance se développent dans une égale propor- « tion ; ce qu'il faut faire, c'est de chercher les moyens de prévenir « et de soulager ces souffrances, de répandre dans ces classes labo- « rieuses qui sont exposées souvent à de si grandes variations dans « leur existence, l'esprit de prévoyance et d'économie ; de leur faire « comprendre que, par l'association et la mise en commun de quel- « ques épargnes, elles peuvent s'assurer des secours pour leurs jours « les plus difficiles, pour la maladie, pour la vieillesse: d'un autre « côté, de faire comprendre aussi à l'industrie qu'il est de bonne admi- « nistration pour elle de concourir à ces œuvres de prévoyance : car « c'est assurer à meilleur marché ce que tout homme voudra tou-

« jours trouver comme prix de son travail, le bien-être pendant sa
« vie laborieuse. le bien-être encore dans les dernières années de sa
« carrière; puis de rappeler à tous ceux que la Providence a placés dans
« une situation meilleure, qu'en prenant une part de charité et de
« dévouement à ces associations, en les éclairant, en aidant à leur
« bonne direction, en donnant tout à la fois de l'argent, du temps,
« des soins, des conseils, ils ne font qu'accomplir un devoir que leur
« situation leur impose. »

La commission ne pense pas que le double but qu'elle a en vue
puisse être atteint par une seule et même institution. Elle fait, en
conséquence, une distinction entre les *sociétés de secours mutuels* et
la *caisse de retraite*, chacune ayant un but spécial et une organisation particulière.

Dans son système, il suffira pour développer le bien qu'ont produit déjà en France les *sociétés de secours mutuels*, d'en étendre le
nombre, de les éclairer, de régulariser leur action; quant à la *caisse
de retraite*, elle propose de créer une caisse générale qui donnerait
à tout individu le moyen de s'assurer une pension alimentaire pour
sa vieillesse.

Relativement aux *sociétés de secours mutuels*, le rapporteur examine
d'abord l'objection tirée de l'existence de la *caisse d'Epargne*. Il proclame les services qu'elle a rendus, et l'indispensable nécessité de
la conserver comme une des plus utiles institutions du pays. Mais
il démontre avec une grande force combien elle est insuffisante
pour répondre aux besoins si divers de la classe laborieuse, et notamment à ceux qui naissent des chances de la maladie et de la vieillesse.

Quelques esprits critiquent encore le principe de ces institutions
de prévoyance. Ils l'accusent de porter en soi le germe de sentiments
l'égoïsme et de personnalité, contraires à l'esprit de la famille. Le
rapporteur fait justice de ces craintes exagérées, et invoque l'exemple de l'Angleterre et de la Belgique, qui n'ont pas hésité à entrer
franchement dans la voie où la commission propose de s'engager. Il
en est de même du *calcul des chances de mortalité*. Ce n'est pas sérieusement qu'on peut voir là un danger moral, lorsque ces chances
portent sur d'assez grandes masses pour que toute individualité
échappe aux calculs de l'égoïsme personnel.

Deux principes dominent le système proposé, et nous espérons
qu'ils sortiront triomphants de la discussion à l'Assemblée, comme
ils ont triomphé déjà dans le sein de la commission. Le premier est
celui de la *liberté*. Chacun aura la *faculté* de devenir associé. Nul ne
saurait y être *contraint*. Le second est non moins important : l'Etat
n'interviendra que pour *protéger*, pour *surveiller*, les sociétés de secours mutuels ne pouvant lui demander rien de plus. Elles s'organi-
seront à leur gré, et si le gouvernement leur propose un règlement
modèle, ce règlement ne sera aucunement obligatoire.

La *fixation* précise des *causes* de secours, la quotité de la cotisation, l'emploi des fonds, les cas de dissolution, sont examinés avec le plus grand soin. Ils devaient l'être; car ils renferment des difficultés dont la solution peut être décisive pour le sort de l'association.

Quant aux frais d'administration, toujours si considérables et absolument indispensables cependant, ils devraient être supportés, en partie du moins, par les communes ou par le département. Mais on peut espérer que des dons volontaires y pourvoiront aussi en partie, et que la charité privée viendra en aide à l'établissement des sociétés de *secours mutuels*, comme elle l'a fait si généreusement pour les *caisses d'épargne*.

Nous nous associons de tout cœur, pour notre part, aux vœux de la commission. Nous désirons, avec son honorable rapporteur, que ces associations de *secours mutuels* puissent s'étendre sur toute la surface de la France, jusque dans nos campagnes. Il en existe déjà un grand nombre en Angleterre, sous le patronage des propriétaires aisés. Ne pouvons-nous donc faire autant que l'Angleterre? Ne voudrons-nous pas, en faisant violence aux préjugés, à la répulsion qui existent encore contre l'association en général, contribuer à étendre une œuvre essentiellement chrétienne de naissance, et qui aujourd'hui même, quelque restreinte, quelque insuffisante qu'elle soit, produit les plus importants résultats?

SÉANCE DE L'ASSEMBLÉE.

La prise en considération de la proposition d'achat du haras de Saint-Cloud pour le compte de l'Etat, a excité un débat assez long et assez vif, où le fond même de la question a été abordé. Les uns, et le ministère partage cet avis, se contenteraient de l'acquisition des chevaux les plus remarquables, et ne se soucieraient pas de grever l'Etat d'un établissement nouveau. Les autres voudraient conserver à la France une collection de types rares, qui pourraient contribuer à l'amélioration de nos races chevalines. Ce n'était pas le moment de discuter de la sorte. M. d'Havrincourt en a fait la remarque, et l'Assemblée, se bornant à l'examen du seul point à décider, a déclaré qu'elle prenait la proposition en considération.

L'Assemblée est entrée ensuite dans le débat le plus confus et le plus inextricable, à propos d'une demande faite par quelques-uns de ses membres, et tendante à allouer à M. le vice-président de la République une somme de 50,000 fr. pour frais de représentation. La commission avait réduit le crédit à 20,000 fr. M. Noël Parfait est venu faire d'assez mauvaises plaisanteries sur le vice-président de la République, qu'il a appelé « la cinquième roue du char de l'Etat, » et quand on l'a sommé d'expliquer sa parole, il s'est troublé et a répondu que le vice-président lui paraissait un « *fonctionnaire contumace*. » Il est descendu de la tribune sous les rires ironiques de l'Assemblée. Restait la question elle-même, restait l'économie à faire, restait le silence du ministère qui ne semblait guère s'intéresser à la demande. Les défenseurs de la proposition l'ont à peine soutenue, et un premier vote a rejeté le principe. M. de la Moskowa s'est alors empressé de déclarer que la dignité du vice-président ne lui permettrait pas d'accepter les fonds votés, quel que fût le chiffre que fixât l'Assemblée. Il s'est élevé alors une confusion extraordinaire : vingt orateurs ont pris la parole pour le règlement, pour l'explication du vote, pour la position de la question. M. le général Bedeau, qui présidait, n'a pu en sortir qu'en proposant la prise en considération d'un amendement de M. Gavini, qui rétablissait la somme de 20,000 fr. L'Assemblée a encore rejeté cette prise en considération.

L'ordre du jour appelait ensuite la troisième délibération de la loi sur le chemin de fer de Marseille à Avignon. M. le rapporteur a demandé l'ajournement à lundi.

Le reste de la séance a été consacré à la deuxième délibération sur les coalitions d'ouvriers.

On a entendu M. Morin et M. de Vatimesnil.

Après l'honorable rapporteur, la Montagne voulait renvoyer à lundi. Elle s'est levée et est partie. La majorité, pour ne pas se laisser faire la loi, a insisté afin que la discussion continuât. On a prétendu que l'Assemblée n'était plus en nombre. « L'appel nominal » s'est-on écrié. Il était six heures moins un quart. Une grande demi-heure s'est écoulée en confusion, cris et interpellations croisées ; après quoi et de guerre lasse, la suite de la délibération a été ajournée à demain.

———— ○ ————

Au commencement de la séance, M. Rodat a retiré la proposition qu'il avait faite de rétablir l'impôt du timbre. Il s'est appuyé sur ce que le ministère avait déclaré que cette question était sérieusement mise à l'étude et serait prochainement l'objet de propositions de la part du gouvernement.

———— ○ ————

Entre deux votes, M. le ministre de la guerre a déposé des projets de loi. Il en a pris texte pour déclarer « que l'état de nos relations permettait au gouvernement d'assurer que la paix du monde ne serait pas troublée, et que le ministère réduirait l'effectif de notre armée à 390,000 hommes aussitôt que l'expédition romaine serait de retour, ce qui ne paraît pas devoir tarder », a ajouté M. le général d'Hautpoul.

L'Assemblée a accueilli ces paroles du ministre plutôt comme une heureuse espérance et une bonne volonté que comme une certitude à laquelle on puisse s'abandonner en toute confiance. Qui est assez puissant pour garantir, à l'heure présente, la paix européenne ?

———————————

Haute-Cour de justice.

Hier la Haute-Cour de Justice a tenu sa dernière audience.

Elle a condamné à la déportation tous les accusés contumaces, dont nous donnons les noms et anciennes professions :

1° Jean-Pierre-Ferdinand Servient, âgé de 26 ans, né à la Pointe-à-Pitre (Guadeloupe), professeur de mathématiques, ayant demeuré à Paris, rue du Gindre.

2° Jacques Nestor-Lucien Songeon, âgé de 31 ans, né à Bourgoin (Isère), ayant demeuré à Paris, rue Cassette, 3.

3° Hector, dit Victor Morel, âgé de 29 ans, cordonnier, ayant demeuré à Paris, rue des Vieilles-Étuves-Saint-Honoré, 9, et rue de la Limace, 9.

4° Édouard Madier de Montjau jeune, âgé de 37 ans, né à Nîmes, avocat, ayant demeuré à Paris, rue du Boulov, 22.

5° Cyprien Tessier-Dumolay, âgé de 34 ans, né à Cholet (Maine-et-Loire), journaliste, ayant demeuré à Paris, rue La Bruyère, 12.

6° François-Claude Pardigon, né à Salon (Bouches-du-Rhône), étudiant en droit, rédacteur du journal la Vraie République, ayant demeuré à Paris, rue Royer-Collard, 11.

7° Édouard Bonnet-Duverdier, âgé de 24 ans, né à Cadouin (Dordogne), étudiant en médecine, ayant demeuré à Paris, rue Saint-André-des-Arts, 3.

8° Jean-Charles-Ernest Cœur-de-Roi, âgé de 24 ans, né à Avallon (Yonne), étudiant en médecine, ayant demeuré à Paris, à l'hôpital du Midi, place des Capucines, et rue Saint-Laurent, 23.

9° Théophile Thoré, âgé de 45 ans, né à La Flèche (Sarthe), rédacteur en chef du journal la Vraie République, ayant demeuré à Paris, rue des Saints-Pères, 3.

10° Jules Lechevalier, rédacteur du journal la Tribune des Peuples, ayant demeuré à Paris, rue des Vieux-Augustins, 16.

11° Charles Delescluze, âgé de 39 ans, né à Dreux (Eure-et-Loir), rédacteur en chef du journal la Révolution démocratique et sociale, ayant demeuré à Paris, rue Damiette, 1.

12° Charles Ribeyrolles, rédacteur en chef du journal la Réforme, ayant demeuré à Paris, rue Jean-Jacques Rousseau, hôtel Bullion.

13° Alexandre-Auguste Ledru-Rollin, âgé de 40 ans, né à Paris, avocat, représentant du peuple (Seine), demeurant à Paris, rue de Tournon, 4.

14 Victor Considérant, représentant du peuple (Seine), rédacteur du journal la Démocratie pacifique, demeurant à Paris, rue de Beaune, 2.

15° Boichot, âgé de 29 ans, né à Villiers-sur-Suize (Haute-Marne), sergent-major au 7e léger, représentant du peuple (Seine), demeurant à Paris, rue de Babylone, 45.

16° Edmond Rattier, âgé de 27 ans, né à Paris, sergent au 49e de ligne, représentant du peuple (Seine), demeurant à Paris, rue Vanneau, 9.

17° Eugène Beyer, peintre, représentant du peuple (Bas-Rhin), demeurant à Paris, rue de Chabrol, 18.

18° Charles Pflieger, âgé de 32 ans, né à Altkirch, représentant du peuple (Haut-Rhin), demeurant à Paris, rue Richelieu, 25.

19° Louis Avril, représentant du peuple (Isère), demeurant à Paris, rue de Grenelle-Saint-Germain, 97.

20° Martin Bernard, âgé de 40 ans, né à Montbrison, représentant du peuple (Loire), demeurant à Paris, rue des Beaux-Arts, 12.

21° Charles Kœnig, âgé de 52 ans, représentant du peuple (Haut-Rhin), demeurant à Paris, rue Saint-Honoré, 274.

22° Guillaume Rougeot, représentant du peuple (Saône-et-Loire), demeurant à Paris, rue d'Argenteuil, 60.

23° Menand, représentant du peuple (Saône-et-Loire), demeurant à Paris, rue du Haut-Moulin, 8.

24° François Landolphe, âgé de 40 ans, ex-professeur, représentant du peuple (Haute-Saône), demeurant à Paris, rue des Quinze-Vingts, 1.

25° Josué Hofer, âgé de 44 ans, représentant du peuple (Haut-Rhin), demeurant à Paris, rue de la Paix, 22.

6° Émile Kopp, âgé de 32 ans, représentant du peuple (Bas-Rhin), demeurant à Paris rue et hôtel Corneille, 2.

7° Antoine Anstett, âgé de 39 ans, né à Scholestadt, représentant du peuple (Bas-Rhin), demeurant à Paris, rue et hôtel Corneille.

8° Rolland, représentant du peuple (Saône-et-Loire), demeurant à Paris, rue Croix-Petits-Champs, hôtel de la Marine, 48, et aussi rue Jacob, 26.

9° François-Jean Castagrel, âgé de 39 ans, représentant du peuple (Loir-et-Cher), demeurant à Paris, rue Saint-Honoré, 207.

10° Victor Heitzmann, âgé de 33 ans, né à Lyon (Rhône), représentant du peuple (Saône-et-Loire), demeurant à Paris, rue d'Argenteuil, 60.

11° Ferdinand Jannot, représentant du peuple (Saône-et-Loire), demeurant à Paris, rue de Rivoli, 10.

12° Félix Pyat, âgé de 38 ans, né à Vierzon, représentant du peuple (Cher), demeurant à Paris, rue des Barres-Saint-Paul, 9.

13° Théophile Kersausie, âgé de 50 ans, né à Guingamp (Côtes-du-Nord), ancien officier de cavalerie, sans domicile connu.

14° Joseph-Léopold Villain, âgé de 38 ans, ancien président du Comité central de la société des Droits de l'Homme, ayant demeuré à Paris, rue de Calais, 5.

15° Etienne Arago, âgé de 45 ans, né à Estagel (Pyrénées-Orientales), chef de bataillon de la 8e légion de la garde nationale de Paris, ex-directeur de l'administration des postes, demeurant à Paris, rue Richelieu, 92.

16° Périer, lieutenant-colonel de la garde nationale de Belleville, demeurant à Belleville, rue de Beaune, 65.

Statistique criminelle.

Le *Moniteur* a publié le compte-rendu annuel de la justice criminelle en France pour l'année 1847.

Il est remarquable que le nombre des accusations et des accusés pour crimes et délits individuels ait considérablement augmenté pendant le cours de l'année qui a précédé tant de révoltes et d'atteintes portées à l'ordre social.

Les Cours d'assises de nos 86 départements n'ont jugé en 1845 que 5,077 accusations et 6,908 accusés, et en 1846, 5,054 accusations, 683 accusés.

En 1847, elles ont eu à juger 5,857 accusations et 8,704 accusés.

C'est-à-dire qu'il y a eu en 1847, comparativement aux deux années précédentes, une augmentation d'environ 800 accusations ; soit 8 pour 100 ou un *sixième*, et de 1,900 accusés ou 28 pour 100 ou près de trois dixièmes.

Une augmentation analogue doit être constatée pour les délits correctionnels. A cet égard aussi, 1845 et 1846 étaient en progrès sur les années antérieures. En 1846, les tribunaux correctionnels avaient eu à juger 161,376 affaires, et 207,476 prévenus. En 1847, ils ont statué sur 184,922 affaires intéressant 239,291. Il y a donc un accroissement de 23,546 affaires de 31,815 prévenus, environ 15 pour 100.

Le compte-rendu inséré au *Moniteur* donne pour raison principale de cette recrudescence de crimes privés qui a débordé bientôt en violences contre la société, la *cherté des subsistances*. On peut rattacher en effet à cette cause des désordres affreux, ceux du Buzançais, par exemple. Beaucoup d'autres pourtant ne peuvent aucunement s'expliquer de cette manière.

Le *Constitutionnel* fait à ce sujet les réflexions suivantes :

« Une effervescence, qui annonçait une catastrophe prochaine, dominait les esprits. La fièvre révolutionnaire remuait déjà les masses.

« Or, une expérience, que tous les faits confirment, prouve qu'une augmentation dans le nombre des crimes et des délits correspond toujours aux époques signalées par des crises politiques. Les époques paisibles et exemptes d'agitation, où l'ordre est affermi, où les lois fonctionnent régulièrement, où l'on respecte les droits acquis, amènent une diminution dans la criminalité. Les périodes révolutionnaires surexcitent, au contraire, tous les instincts dangereux, interrompent le travail, éveillent des rancunes et des haines. Aussi les crimes vont-ils en augmentant. On peut s'attendre à un résultat plus regrettable encore dans la statistique criminelle de 1848. »

Assurément, ces observations sont très-justes en elles-mêmes. Mais nous ferons remarquer qu'elles s'appliqueraient bien plutôt à l'année 1848 qu'à l'année 1847.

Ce qu'on doit conclure donc et ce qu'il ne faut cesser de répéter, c'est qu'il y a un rapport intime et fatal entre la progression de l'immoralité privée et l'explosion des crimes publics ; c'est que, tandis que les révolutions politiques multiplient les attentats particuliers, la corruption et les vices des individus n'engendrent pas moins les désordres généraux et les commotions violentes dans la société.

Revue des journaux de province.

Le vote du 7 novembre a été accueilli dans le Midi comme dans les autres parties de la France.

On lit dans la *Guienne* :

« Nous comprenons parfaitement que l'ultra-démocratie qui pousse au bouleversement de la société, emploie tous les moyens qui lui paraissent propres à lui faire atteindre ce but. Nous ne sommes donc pas surpris qu'elle repousse tout ce qui tend à modifier le régime de l'enseignement public auquel nous devons en grande partie les passions soulevées aujourd'hui contre les éternels principes de l'ordre social. Les révolutionnaires savent parfaitement d'où vient leur force, et ils n'ont garde de la détruire en tarissant la source qui l'alimente. »

La *Gazette du Languedoc* ne s'exprime pas avec moins d'énergie :

« Le renvoi au conseil-d'Etat de la loi sur l'enseignement est un acte d'autant plus fâcheux, qu'il est bien temps assurément de combattre cet esprit irréligieux et sceptique que l'enseignement universitaire a si puissamment contribué à répandre en France.

« Laisser ces doctrines funestes gangrener plus longtemps les intelligences, c'est exposer le pays à une dissolution morale que ne tarderait pas à suivre la décadence matérielle.

« Le renvoi au conseil-d'Etat est un fait qui peut avoir les conséquences les plus funestes, car nous savons trop bien comment nous reviendra ce projet de loi, si tant est qu'il ne se soit pas enfoui dans les cartons.

« L'Assemblée devait aborder immédiatement cette grande discussion, et donner enfin au pays cette liberté la plus précieuse et la plus naturelle de toutes. Les patriotes montagnards et les voltairiens de 1880 ne l'ont pas voulu. Nous dirons à ces derniers qu'ils ont plus fait en un jour pour le socialisme, que Proudhon et sa secte depuis l'avénement de la République. »

Citons encore un journal de l'Est, la *Bourgogne* :

« Nous croyons qu'un certain nombre de représentants qui se sont séparés de la majorité ne se sont pas parfaitement rendu compte de la portée de leur vote; ils ont entendu M. Parieu déclarer que, dans le cas où l'Assemblée reprendrait le projet de loi sur l'enseignement, il serait dans la nécessité de demander un délai d'un mois pour avoir le temps d'étudier le projet et d'en soutenir la discussion. On a pensé que le délai demandé par le nouveau ministre permettrait de satisfaire tous les scrupules et toutes les exigences, et qu'on pouvait, pendant ce mois de répit, renvoyer le projet au conseil-d'État et échapper ainsi aux reproches de ceux qui, comme le général Cavaignac, prétendent que se passer de l'avis du conseil-d'État, dans cette circonstance, ce serait comme une usurpation, et, par conséquent, une violation de la Constitution.

« Ce vote n'en est pas moins fâcheux, et très-fâcheux, en ce qu'il diminuera la confiance que la majorité avait en elle-même. La combinaison des défections en amène, et l'on combat avec moins d'assurance quand on n'est pas sûr de ses auxiliaires.

« Malheur à la majorité, si elle fait un pas de plus dans cette voie! »

Nous reproduisons enfin un excellent article de l'*Union Franc-omtoise* :

« Les catholiques, par le projet de loi de M. de Falloux, amendé et travaillé par les deux commissions qui s'en sont occupées, pouvaient à l'instant même se mettre à l'œuvre, et fonder des établissements d'instruction publique, à tous les degrés, sans la permission de l'autorité ni de l'Université.

« Les mauvaises doctrines dont la jeunesse française, dans toutes les classes, est nourrie, allaient être combattues sur tous les points de la France. Des asiles nouveaux, où la foi catholique et les mœurs qu'elle commande auraient été enseignées et pratiquées, allaient être ouverts pour y recevoir les enfants des familles qui veulent vivre des croyances de nos pères. L'Université aurait perdu de nombreux élèves, et, à la longue, en aurait été réduite, probablement, inévitablement, au sort du collège de Saint-Dizier. Le renvoi au conseil-d'État compromet, et détruit pour un temps indéfini, le bien que le projet de M. de Falloux aurait permis d'accomplir.

« L'Université reste maîtresse de la jeunesse française. Personne ne peut enseigner qu'elle; personne ne peut bâtir une maison pour y enseigner sa foi et ses croyances; elle agit, elle parle, elle endoctrine sans concurrence possible. A voir ce qu'elle a fait au siècle présent, de la génération qui est aux affaires ou qui va y arriver, on peut prévoir ce qu'elle nous prépare, et ce que nous aurons infailliblement dans quelques années d'ici.

« Personne n'a la parole qu'elle depuis cinquante ans. Les systèmes impies qui se produisent de toutes parts, les mœurs effroyables de la génération présente, les utopies, les folies socialistes qui se produisent, et qui tendent à détruire la religion, la famille et la propriété, viennent de ses enseignements. Ce n'est pas qu'elle ait voulu, elle, de propos délibéré, et en sachant ce qu'elle enseignait, pousser au renversement de la société; mais, par sa constitution, n'ayant point de règle de doctrine, et admettant pour professeurs des hommes de toutes les religions, de toutes les croyances et de mœurs diverses, elle ne pouvait produire dans l'esprit de ses auditeurs qu'un affreux mélange d'idées, et un scepticisme, au point de vue religieux, qui devait les conduire à tous les travers de l'esprit et à tous les débordements des passions.

« Le renvoi, l'ajournement du projet de M. de Falloux, laisse l'Université continuer cette fatale mission. Nous allons nous enfoncer un peu plus dans le bourbier des révolutions, et nous livrer à de nouveaux orages. Les catastrophes précédentes ne sont rien en comparaison de celles qui vont être préparées : car un siècle aussi compromis que le nôtre, et qui ne fait pas un retour à de meilleures idées, est un siècle perdu. Au lieu de revenir à la vérité, continuer, pour un temps qu'il n'appartient à personne de déterminer aujourd'hui, pour un temps trop long, quelle qu'en soit la durée, la route suivie jusqu'à aujourd'hui, c'est vouloir nous précipiter dans l'abîme d'où nous ne sommes, en ce moment, qu'à quelques pas.

« Les folies, les idées anti-sociales, les projets extravagants, impies et révolutionnaires, qui apparaissent depuis février; les bouleversements dont nous avons été menacés, n'ont-ils pu donc servir de leçons et d'enseignement aux hommes qui nous gouvernent ? — La société a failli périr, et périr au milieu de la ruine de tous les intérêts et de décombres sanglants, et il faut de nouveaux symptômes pour faire comprendre que si l'on veut conserver la société, il faut l'animer d'autres idées que celles qui se manifestent de toutes parts, et lui donner une autre religion que celle des intérêts matériels. »

Le Correspondance de Rome du Journal des Débats

Nous avons publié avec satisfaction des passages remarquables extraits des lettres récentes du *Journal des Débats*, sur la situation de Rome. Nous y applaudissions d'autant plus, que nous y trouvions un hommage rendu à la vérité par une bouche non suspecte, et l'espérance de voir tôt ou tard la feuille qui recevait et enregistrait de tels aveux, modifier peu à peu sa politique si déplorablement fourvoyée dans les affaires d'Italie.

Aujourd'hui, on ne sait plus du tout où en est, ni le *Journal des Débats*, ni sa correspondance de Rome. A-t-il plusieurs correspondants qui ne s'entendent pas entr'eux et qui se contredisent quotidiennement ? Serait-ce la même plume qui écrirait tour à tour, sous les inspirations du christianisme ou selon les traditions voltairiennes du dix-huitième siècle ? Enfin, les courriers de Rome envoient-ils au *Journal des Débats* des renseignements recueillis sur les lieux, ou subissent-ils les directions souveraines qui leur viennent de Paris ? Questions douteuses ! Ce qui est certain, c'est que le *Journal des Débats*, qui a si souvent varié, n'a jamais été plus malheureusement versatile.

Nous ne citerons rien de la correspondance qui nous a de nouveau surpris et attristés. Nous aimons mieux reproduire les réflexions qu'elle inspire à un journal dont les rédacteurs ont appartenu au même parti que les *Débats*, mais qui en représentent maintenant la portion la plus éclairée, tandis que les autres s'obstinent et se perdent chaque jour davantage dans le plus incroyable et le plus coupable aveuglement.

Laissons parler l'*Assemblée nationale* :

« Le *Journal des Débats* recommence l'œuvre de démolition qui, par son voltairianisme insensé, a précipité la ruine de la Restauration et de la monarchie de Louis-Philippe.

« L'école universitaire et doctrinaire qu'il reproduit creuse l'abîme, et quand la société s'écroule, alors cette école disparaît, gémit, pleure, et le mal n'en est pas moins fait.

« Le *Journal des Débats* nous donne des nouvelles de Rome : à l'entendre, les Français ont porté dans la capitale du monde chrétien l'esprit voltairien et philosophique de manière que tout est dit pour la foi en la papauté.

« Désormais il fera beau voir l'école universitaire et les doctrinaires attaquer et dénoncer la propagande faite par le gouvernement provisoire ?

« Nous vous disons, nous, qu'avec cette politique insensée, vous pouvez retarder indéfiniment le retour du Pape à Rome ; résultat si désiré par le gouvernement. Connaissez-vous les dépêches d'aujourd'hui ? Savez-vous si le Pape dépassera Bénévent et n'attendra pas de connaître les instructions du général Baraguey-d'Hilliers ?

« Oui, nous savons que malgré les excellentes recommandations du général Hérisson, et l'estimable bon vouloir, quelques Français ont mis dans les chaires propagande...

taistions et révolutionnaires; mais, Dieu merci, c'est là le bien petit nombre, l'armée
n'a pas fait de propagande, pas plus qu'elle ne souffre qu'on en fasse dans ses rangs.

« Voyez les fatales conséquences de votre politique! vous justifiez les rouges, car eux
aussi font de la propagande, ni plus ni moins que vous.

« C'est donc un immense bienfait que les idées voltairiennes et révolutionnaires, pour
que nous les portions partout! Ces idées ne sont-elles pas la négation de tous les sentiments élevés, de toute foi grande et sublime!

« Le dernier mot des doctrines révolutionnaires n'est-il pas le communisme? Religion, pouvoir, propriété, famille, tout cela se tient par des liens mystérieux et profonds.

« La révolution française, fille de Voltaire et de Rousseau, contient dans ses flancs le
socialisme; il faut craindre qu'il n'arrive un jour où, comme le 24 février, messieurs les
universitaires et les doctrinaires verront s'élever ce géant destructeur et sanglant. »

Qu'ajouterions-nous à ces trop justes reproches? Et que dire d'ailleurs à des hommes qui, chaque jour, maudissant en France les fruits
naturels et les conséquences inévitables de nos tristes discordes, n'en
répètent pas moins, quand il s'agit du Pape et de la Chrétienté tout
entière : « Nous sommes les fils de la Révolution! Nous n'en aban-
donnerons pas la cause! Son drapeau, le drapeau de dix-huitième
siècle, est le nôtre! »

Et comment M. Proudhon n'aurait-il pas raison contre eux?

De M. l'abbé Anatole Leray.

Nous avons annoncé à nos lecteurs que nous leur ferions connaître
plus amplement M. l'abbé Anatole Leray.

Nous accomplissons aujourd'hui cette promesse. Ils verront que les
doctrines de M. l'abbé Chantome ne sont pas celles d'un dogmatiseur
isolé, et ils mesureront avec effroi l'étendue du danger que courrait
l'Eglise de France, si le nombre de ceux qui se groupent déjà autour
de tels hommes continuait à s'accroître.

I. Jugement de M. l'abbé Anatole Leray sur le clergé :

« L'union trop intime du clergé avec le temporel, l'enchaîne, le moule, le paralyse,
le pétrifie; et cela, j'oserai le dire, DEPUIS LE SOMMET JUSQU'AU DERNIER ÉCHELON
DE LA HIÉRARCHIE ECCLÉSIASTIQUE. »

Donc prêtres, Evêques, le Pape même, tout est enchaîné, moulé,
paralysé, pétrifié, dans cette Eglise où Jésus-Christ a promis d'être
jusqu'à la fin. M. de Regnon est moins avancé : il excepte au moins
le sommet de la hiérarchie.

II. Quelle idée M. Anatole Leray se forme du pouvoir doctrinal du
Saint-Siége, et de ses rapports avec l'opinion :

« Rome est un pouvoir qui sanctionne encore plus qu'il ne décide.... L'OPINION catholique est son point d'appui. Il faut donc que cette opinion puisse se prononcer partout, en toute rigueur, liberté et énergie. »

C'est l'introduction dans l'Eglise du gouvernement de bas en haut.
Rome n'aura plus qu'à proclamer les décisions que l'opinion aura
formées; et cette opinion, qui la formera? Ce ne seront pas apparemment les Evêques, qui sont enchaînés, moulés, paralysés, pétrifiés.

Ce seront les pétitions, la revue, le journal de M. Chantome et les brochures de M. Leray !

III. Etrange comparaison que M. Anatole Leray établit entre le catholicisme et les hérésies :

« Le catholicisme n'est autre chose que le vrai christianisme ; le christianisme sérieux, autour duquel les *hérésies* et les *sectes* viennent s'amonceler comme des enfers, ou s'étendre *comme des faubourgs, plus ou moins dignes de la cité qu'ils entourent,* mais qu'ils ne représentent jamais dans sa grandeur et sa beauté. »

Comme s'il n'y avait pas des différences plus profondes entre le catholicisme et les hérésies, que celle de la grandeur et de la beauté, que celle qui se trouve entre une ville et ses faubourgs !

IV. Opinion de M. Anatole Leray sur les journaux religieux :

« Ce sont des feuilles *rétrogrades,* véritables représentants de la partie *béotienne et écrevisse* du clergé. »

Notez que cette partie *béotienne* et *écrevisse* du clergé pourrait bien ne pas exclure le Pape lui-même et les Evêques. Elle les comprend même certainement si la partie *béotienne* et *écrevisse* est la même, comme il est probable, que celle qui est *enchaînée, moulée, paralysée, pétrifiée.* Car c'est toute la hiérarchie ecclésiastique, *depuis le sommet jusqu'au dernier échelon,* qui est réduite à ce déplorable état !

V. Admiration de M. Anatole Leray pour le P. Ventura.

C'est à regret que nous citons les paroles qui suivent. Nous ne le faisons qu'en rappelant que le P. Ventura lui-même les a réprouvées aussi bien que nous :

« Le P. Ventura est du nombre de ces *hommes d'élite* qui défendent la cause démocratique et sociale...

« Il cherche à délivrer la Papauté de la *servitude* des alliances avec les gouvernements et les dynasties, pour l'unir à la cause et à l'idée des peuples. C'est lui qui a inauguré à Rome la *politique de la franchise,* et frappé de mort, en la dépopularisant, *la diplomatie de la ruse et du mensonge.* Il a tout fait pour délivrer la Papauté de cette influence qui la *paralyse,* de ces intrigues qui l'*avilissent...* Le zèle de la vérité le dévore !...

« Le P. Ventura est la *personnification vivante de la pensée catholique...*

« Et si un Concile général a lieu prochainement, c'est lui qui en sera l'*âme* et *la parole puissante.* »

Quel châtiment, pour un grand homme un moment égaré, d'avoir eu à subir l'humiliation de telles louanges ! Il s'en est vengé par sa rétractation.

VI. Indulgence de M. Anatole Leray pour la démocratie romaine :

« En Italie, comme ailleurs, le mouvement démocratique *n'a rien d'hostile à la Papauté et à la Religion.* »

Le Pape avait été chassé de Rome quand M. Anatole Leray écrivait cela !

VII. Profession de foi de M. Anatole Leray :

« Je suis *démocrate* comme L'EVANGILE, les *Pères* et la *théologie vraiment catholique* m'ont appris à le devenir. Je suis démocrate, et je veux la *réalisation du principe démocratique,* non-seulement dans toutes les institutions politiques et sociales, mais encore, conformément à l'esprit et à l'ancienne législation de l'Eglise, DANS LES INSTITUTIONS ECCLÉSIASTIQUES.... Le temps est venu de procéder à ce *…………………………*

mplacement *de toutes les superfétations ~~systématiques~~, ~~administratives~~, diploma-
~~tiques~~ et *mercantiles*, introduites, de la région temporelle, dans la région qui devrait
~~être~~ plus spécialement spirituelle. »

La réalisation du principe démocratique *dans les institutions ecclésiastiques!* Et cela, entendons-le bien, est pris de l'*Evangile*, des
Pères et de la *théologie* vraiment catholique! On croit rêver!

Le peuple pétitionnant sur les matières ecclésiastiques, le peuple
nommant le ministre de l'Eglise, le peuple s'asseyant à côté des
évêques et des curés dans les Conciles et dans les synodes; voilà
quelques-unes des applications et des conséquences :

« Je suis *socialiste*, non point de ce socialisme créé par l'ignorance ou la mauvaise
foi ; mais suivant les données de ce SOCIALISME, FRUIT DE LA RAISON ET DE L'ÉVAN-
GILE. Je suis socialiste, c'est-à-dire que je ne crois point à la liberté sans l'égalité. Et
si je n'entends point parler de cette égalité physique ou matérielle, qui est à la fois une
chimère et une absurdité, mais.... de cette ÉGALITÉ SOCIALE QUI NE VEUT PLUS D'A-
RISTOCRATIE, NI DE TITRES, NI D'ARGENT, NI DE CLASSES, NI DE FONCTIONS. »

C'est un peu plus que l'égalité rêvée par la Convention dans ses
plus mauvais jours, et que la *Terreur* elle-même n'eut pas la puissance de réaliser.—*Plus d'aristocratie d'argent* : comment cela sera-
-il recommandé par ceux qui n'ont rien, et qui n'ont pas le bonheur,
comme M. Leray, de croire au précepte *non furaberis*. — *Plus d'a-
ristocratie de fonctions* : où cela va-t-il? — Jamais renversement
plus radical, plus insensé de toute hiérarchie sociale et de toute société humaine entra-t-il dans le cerveau d'un homme? Et faut-il que
nous ayons la douleur et la confusion de savoir que l'homme qui le
projette aujourd'hui, c'est un prêtre!

VIII. Les espérances de M. Anatole Leray :

« Vous vous effrayez de l'apparition de ces quelques prêtres *démocrates et socialistes.*
Mon Dieu! il faut cependant que l'exception devienne la règle. Donnez le temps au
moins grand de s'initier à ces généreuses doctrines, d'en saisir les rapports et les points
d'union avec les principes chrétiens. Alors ce sera un VÉRITABLE TORRENT DÉVASTA-
TEUR. Déjà plusieurs prêtres pensent et agissent dans ce sens. »

Avertissement effrayant, mais salutaire! — Sans le savoir, sans le
vouloir, M. l'abbé Anatole Leray, en laissant échapper ces lignes de
sa plume, a rendu à l'Eglise un service immense.

Ceux qui seraient curieux de connaître plus en détail les doctrines
de M. Leray, n'auront qu'à lire sa brochure intitulée : la *Religion et la
Démocratie*. (Paris, 1849.) C'est la source où nous avons puisé nos citations.

Nos lecteurs connaissent maintenant l'homme à qui M. l'abbé
Chantome écrivait :

« Je n'hésite pas à vous encourager à poursuivre jusqu'à la fin la lutte que vous avez
entreprise. »

Espérons que M. l'abbé Chantome, docile aux avertissements qu'il
a reçus de Mgr l'Archevêque de Paris et de Mgr l'Evêque de Langres, abandonnera les voies périlleuses où il est entré, et que M. l'abbé
Leray l'imitera dans son retour.

Funérailles militaires.

L'un des plus vaillants officiers de notre armée d'Afrique, le colonel Fumat, vient de succomber à Alger, d'une attaque de choléra foudroyant. Quelques camarades de ce brave militaire nous adressent le discours suivant, qui a été prononcé sur sa tombe par M. de Rozière, lieutenant-colonel d'état-major. Nos lecteurs admireront avec nous le sentiment profondément chrétien qui respire dans ces nobles paroles :

« *Militem atque virum :* C'est ainsi que l'antiquité désignait une nature d'élite comme celle du colonel Fumat.

« Aussi, dès son début dans la gendarmerie, fut-il placé par ses chefs dans une de ces villes populeuses, dans un de ces grands foyers où bouillonnent fatalement l'impatience, la misère et l'ignorance.

« Quand l'émeute grondait à Lyon, dans les premières années qui suivirent la révolution de 1830, et que l'insurrection se propageait aux villes environnantes, le capitaine Fumat fut chargé de maintenir l'ordre dans la ville de Saint-Etienne, cette fournaise du peuple, cette ardente émule de l'industrie et des troubles périodiques de Lyon.

« Dans ces luttes sanglantes, si douloureuses pour la patrie qui se voile, Fumat fut admiré pour sa fermeté, son jugement sain et droit, ses conseils aux ouvriers, son esprit de conciliation et de logique, et la vigueur de ses mesures quand il fallut agir. — Mais déjà l'ascendant de sa parole et de son énergie avait à peu près désarmé l'émeute, et fait rentrer dans le respect de la loi, — et presque dans la raison, — des milliers d'ouvriers fanatisés par l'ignorance de leurs droits, de leurs devoirs et de leurs véritables intérêts.

« Appelé aux grades élevés de la gendarmerie, il montra toujours, à Paris, à Marseille, à Lyon encore, ce même caractère de fermeté conciliante et réfléchie, qui, si elle ne calme pas toujours l'effervescence populaire, sait toujours la rendre moins dangereuse.

« Messieurs, le colonel Fumat commandait depuis quelques mois la légion de gendarmerie d'Afrique, cette élite de l'élite de l'armée française ; et il s'occupait d'améliorations nombreuses, essentielles, dans l'emploi si utile de cette arme en Algérie, lorsque la mort est venue l'enlever en peu d'heures à l'affection de sa légion, de sa famille, de ses nombreux amis et à l'espérance du pays.

« Dieu tout-puissant qui m'entendez, qui nous voyez, dans cet appareil militaire, déposer tristement, — sur cette plage si longtemps étrangère, — la dépouille mortelle de notre ami ; Dieu, souverainement bon, souverainement juste, daignez, dans votre inépuisable bonté, faire à son ame immortelle un accueil paternel, et avoir pour elle ce sourire de père indulgent que cet homme excellent avait pour les braves soldats qu'il commandait et pour les malheureux dont il comprenait les souffrances et les aspirations.

« Et si la voix d'un militaire peut faire entendre ici une sainte et fervente invocation, daignez,.... grand Dieu ! mettre fin aux ravages du fléau qui enlève chaque jour à la France, si jeunes encore, tant d'hommes d'intelligence et de cœur !...

« Gardez leur sang pour la patrie.... S'il doit couler, que ce soit pour l'éclat de ses armes, pour l'honneur de cette France à qui ses enfants ne marchandent jamais leur sang quand elle le demande pour sa gloire. Ils l'ont assez prodigué sur cette terre africaine !...

« Dieu des armées !... Que le bras de votre justice détourne enfin ce mystérieux et terrible fléau qui semble s'appesantir à dessein sur cette armée d'Afrique si longtemps éprouvée par tant de combats, de fatigues et de misères. Seigneur, elle a bien assez souffert ! Que toutes ses souffrances, passées et présentes, désarment aujourd'hui votre rigueur. Et gardez, ménagez pour la patrie le sang généreux des enfants de la France !

« Adieu, Fumat, adieu!... repose en paix au sein de Dieu, et dans la mémoire de tous ceux qui t'ont connu!

« Repose à côté de cet autre ami d'école militaire, descendu hier, — plein d'avenir comme toi, — dans cette tombe voisine.

« Adieu! colonels Claparède et Fumat! cœurs excellents!... Recevez tous les deux par ma voix l'adieu suprême de tous vos nombreux amis absents. Adieu! dormez à côté l'un de l'autre comme deux frères d'armes couchés au bivouac dans leur manteau de guerre!... L'ange de Dieu viendra vous sonner le réveil. »

NOUVELLES RELIGIEUSES.

ROME. —Sur la proposition de M. le ministre de la guerre, M. l'abbé Festard du Cosquer a été nommé chevalier de l'ordre de la Légion-d'Honneur, en récompense du courageux dévouement avec lequel il n'a cessé de prodiguer des secours spirituels aux blessés de l'armée française pendant le siége de Rome, et notamment lors du combat du 30 juin dernier.

DIOCÈSE DE FRÉJUS. — Mgr l'Évêque de Fréjus, à l'occasion de la réimpression du catéchisme diocésain, vient d'adresser au clergé et aux fidèles de son diocèse un mandement dont nos lecteurs nous sauront gré assurément de leur faire connaître cette page remarquable :

« Puissiez-vous, nos bien-aimés Coopérateurs, puissent aussi les chefs et les mères de famille, puissent la jeunesse chrétienne et la tendre enfance chercher et trouver dans ce livre que nous confions à votre zèle, et dans le charitable attrait que vous saurez y ajouter par vos soins intelligents, une partie des consolations que nous avons nous-même goûtées en nous occupant de ce travail. Cette étude, à vrai dire, ne nous apprenait aucune chose, dont, par la grâce de Dieu, nous ne fussions instruit depuis long-temps : et cependant laissez-nous vous avouer que nous sentions à tout instant tout notre cœur se dilater en accents profonds de reconnaissance et d'admiration, pour le Dieu si bon qui abaisse jusqu'à la portée des petits enfants des trésors si abondants de lumières, d'espérances, de force et d'amour, qui pénètrent l'âme dans toutes ses facultés, et qui lui font sentir, bien mieux que tous les raisonnements, qu'elle est là à la source unique du vrai, du beau et du bien suprême. — Non, N. T. C. F., ce n'est pas un livre peu considérable, ce n'est pas une lecture seulement destinée aux plus communes et aux plus faibles intelligences, qu'un abrégé de la doctrine chrétienne. Il est peu d'ouvrages plus dignes de l'homme fait, plus capables d'intéresser vivement le sage. Car il n'en est point qui réponde avec plus de netteté et de candeur, sans subtilités dialectiques, sans apprêt d'éloquence, sans surprises ni détours, à toutes les questions sur lesquelles il nous importe le plus d'être fixés. *Il y a un petit livre*, écrivait un célèbre professeur de ces derniers temps, qui avait eu le malheur de vouloir expliquer *comment les dogmes finissent*, et qui eut depuis le malheur plus grand de mourir dans l'anxiété de ses doutes, *il y a*, disait cependant un jour ce même homme, *un petit livre qu'on fait apprendre aux enfants. Lisez ce petit livre, qui est le Catéchisme : vous y* trouverez une solution de toutes les questions, de toutes sans exception... *Demandez*, ajoutait-il, à un *pauvre enfant* instruit à cette école.... Il vous fera une réponse sublime. Il n'ignore rien. Et quand il sera grand, il n'hésitera pas davantage... Car tout cela sort, tout cela découle avec clarté, et comme de soi-même, du christianisme.... Infortuné philosophe, qui a su reconnaître une telle vérité, et qui n'a pas su comprendre que de tels *dogmes* sont impérissables, comme Dieu qui les à révélés ! »

Diocèse de Saint-Flour. — Nous extrayons d'une lettre circulaire adressée par Mgr l'Evêque de Saint-Flour au clergé de son diocèse, le passage suivant où le vénérable prélat appelle l'attention de ses Coopérateurs sur les dangereuses menées des parleurs hypocrites d'égalité et de fraternité :

« N. T.-C. C., c'est bien à nous, ministres d'une société impérissable, *parce que ses fondements reposent sur la pierre ferme*, qu'il est ordonné, comme au prophète Jérémie, *de ne pas trembler devant le face des ennemis du Seigneur, mais de nous opposer comme un mur d'airain* aux tentatives de ces hommes d'autant plus dangereux qu'ils cachent le venin de leurs doctrines sous les grands mots de liberté, de progrès, et qu'ils se posent comme les seuls amis de l'humanité, en même temps qu'ils travaillent avec une infernale union à saper les bases de tout ordre religieux et social, et à replonger l'Europe chrétienne et civilisée dans toutes les horreurs de la barbarie. Ne craignez pas de démasquer ces hypocrites parleurs de fraternité et d'égalité, qui trompent le peuple par de menteuses espérances, le séduisent en lui promettant un âge d'or qui n'a jamais existé que dans l'imagination des poètes, et qui deviendraient ses impitoyables tyrans, si Dieu, dans sa colère, leur permettait de prévaloir. La Suisse livrée aux schismatiques envahissements de ses oppresseurs, et Rome, trop longtemps souillée par une domination parjure et inaugurée dans le sang, nous disent assez haut ce qu'il faut attendre de ces prétendus protecteurs des nationalités, et de ces chevaliers errants de la liberté des peuples.

« Découvrez aux fidèles inexpérimentés les piéges que tendent à leur bonne foi ces profanateurs d'une nouvelle espèce, qui s'efforcent d'abriter leurs rêveries démagogiques sous le manteau de l'Evangile, et osent transformer Notre Seigneur Jésus-Christ, le Roi immortel des siècles, le Rédempteur de nos âmes, en Pontife humanitaire de leur religion de socialisme et de progrès. Pour paralyser leur perfide influence auprès des classes souffrantes de la société, dévoilez le plan divin de la Providence toujours juste et miséricordieuse envers ses enfants, et faites comprendre à tous que la loi du travail, de la douleur, de l'expiation et des larmes pèse plus ou moins sur les descendants d'un père coupable et déchu; dites que la liberté promise dans l'Evangile consiste dans l'affranchissement des passions mauvaises qui tyrannisent le cœur et asservissent l'âme aux appétits désor-

bonnés des sens ; que l'égalité, dont nous devons être saintement jaloux, est celle qui donne le titre d'enfants du même Dieu et de frères
de Jésus-Christ, et qui nous confère en commun un droit inaltérable
à l'héritage céleste. Ne vous lassez pas de répéter que le vrai bonheur
dans cette d'exil et de passage vers une patrie meilleure se trouve
dans la modération des désirs, dans le témoignage d'une conscience
fidèle au devoir, et dans la résignation à supporter avec courage les
privations et les épreuves inhérentes aux diverses conditions humaines. Que ceux, qui se croient oubliés dans l'inégale distribution des
biens et des jouissances de la vie, lèvent leurs regards vers le ciel et
attendent avec confiance le grand jour des réparations, car alors *il
sera rendu à chacun selon ses mérites et ses œuvres*, et la justice divine
sera vengée des obscurs blasphèmes de l'impiété et du libertinage. »

Bulletin de la politique étrangère.

ITALIE. — Une lettre de Rome, à la date du 10 octobre, nous rapporte les nouvelles suivantes :

« Le bruit court que le général d'Hautpoul ne viendra pas ici, et qu'il sera remplacé,
sur la demande du Saint-Père, par le général Oudinot. Le Saint-Père en serait fort satisfait, car il croit que le général Oudinot obtiendrait les deux conditions auxquelles il
subordonne sa rentrée dans Rome : 1° la nomination de M. de Corcelles comme ambassadeur ; 2° la promesse qu'une garnison française sera maintenue à Rome et à Civita-
Vecchia.

« Ces deux conditions sont naturelles ; car on comprend bien que, malgré le changement favorable qui s'est opéré dans les esprits, le Pape ne peut rentrer dans sa capitale
sans armée et sans police organisée. Il tient donc, avant tout, à ce que le gouvernement
français promette formellement qu'au 31 décembre, époque présumée du départ des
Français, il restera, au château Saint-Ange et à Civita-Vecchia, au moins dix mille hommes.

« Le Pape dit à tous les Français qu'il fera certainement toutes les concessions possibles, mais ajoute-t-il, « je ne veux pas avoir la main forcée. » Ainsi il entend choisir
son temps et son heure. C'est tout simple. Il a été si souvent trompé, qu'il ne se fie plus
ni à vos ambassadeurs, ni à vos envoyés extraordinaires.

« Un seul possède toujours, et à juste titre, sa confiance tout entière ; je l'ai nommé
tout à l'heure, c'est M. de Corcelles. Ses vertus privées, sa foi, les excellents avis dont
Sa Sainteté lui est redevable, lui donnent une autorité que je crois supérieure encore à
celle du cardinal Antonelli. Il vient de se rendre auprès du Saint-Père. Les uns disent
que c'est pour prendre congé de lui, les autres qu'il s'agit de réclamer plusieurs modifications à l'amnistie, modifications promises, mais ajournées par le triumvirat des Cardinaux.

« Si je suis bien informé, ce voyage aurait encore un autre but. M. de Corcelles, qui
a eu plusieurs conférences avec la commission des finances, porterait au Saint-Père un
plan destiné à remettre un peu d'ordre dans la perception des impôts et à donner, sans
grever le Trésor public, du travail pour cet hiver aux malheureux qui meurent littéralement de faim.

« Depuis l'envahissement du Ghetto, dont je vous ai entretenu si longuement dans
ma dernière lettre, il n'est survenu ici aucun événement qui mérite d'être rapporté.
Vous savez maintenant que mes prévisions étaient fondées. Je ne partage pas les préjugés qui existent encore ici contre les habitants du Ghetto, mais je savais parfaitement
que l'autorité française ne s'était décidée à prendre des mesures aussi rigoureuses, qu'a-
près mûres réflexions, et pour aider une enquête judiciaire.

« Les nouvelles des provinces sont toujours fort tristes. La misère est grande. Les montagnes sont infestées de bandes de voleurs, et l'on assure que la route de Rome à Florence, par Spolète et Pérouse, est fort dangereuse. La situation d'Ancône est toujours déplorable. Les Autrichiens ont saisi plusieurs dépôts d'armes. Deux habitants, contre lesquels il existait quelques charges plus graves, ont été envoyés à Bologne pour être interrogés. Les autres ont reçu chacun quarante coups de bâton.

« La commission administrative extraordinaire de Bologne est supprimée. On va y envoyer un légat. Le cardinal Giuseppe Bofondi est désigné pour ces importantes fonctions. C'est, après le cardinal Antonelli, le plus jeune des cardinaux. Il est né, je crois, à Bologne ou à Forli ; il a habité longtemps les légations, dont il connaît tous les besoins. Sa nomination sera généralement approuvée. »

GENÈVE, 2 novembre. — On lit dans un journal de Genève :

« Entre six et sept heures du matin, un agent du gouvernement parcourt la ville entre deux huissiers précédés des tambours-pompiers. Il lit la proclamation du conseil d'État qui recommande le respect des lois, de la liberté des élections et la tranquillité publique.

« A huit heures, toute la ville est dans un mouvement extraordinaire.

« A neuf, à dix, à onze heures, arrivent les citoyens de la campagne. C'est un flot qui monte sans cesse vers le temple de Saint-Pierre. Jamais on n'a vu une pareille affluence ; les boiteux, les infirmes, les vieillards sont amenés en voiture. Pas un électeur ne manque ; les deux partis montrent une animation inaccoutumée.

« Du reste, la ville est parfaitement calme. Il n'y a pas même besoin de police.

« Autour de Saint-Pierre, la foule est immense ; plusieurs fois on est obligé de fermer l'église, où la presse est extrême. Le bureau a été une heure et demie à s'organiser et à s'installer ; tout s'est passé avec ordre et impartialité. Les électeurs écrivent leurs votes avec une entière liberté, seulement quelques paroles dures sont échangées entre M. Achard-Gauthier et un agent de police ; celui-ci reçoit un soufflet. M. Achard-Gauthier est arrêté.

« Six heures du soir. — Quelques bandes de gens avinés ou de gamins parcourent les rues, criant contre les aristocrates et chantant la Marseillaise. Point d'écho dans la population ; quelques cris semblables pendant la nuit.

« Neuf heures du soir. — M. Baumgartner vient déposer son vote dans l'urne ; il est reconnu. Cri général : « C'est Baumgartner ! à l'eau ! à l'eau ! qu'on le tue ! etc. » On se rue sur lui avec fureur, il est frappé violemment. M. le conseiller d'État Balthazar Decrey le prend dans ses bras pour le défendre, il est également violemment frappé. Il pérore, on ne l'écoute pas. Il couvre de son corps M. Baumgartner, il montre une fermeté et un courage dignes du plus grand éloge, il appelle de la troupe ; mais déjà M. Baumgartner a eu ses vêtements déchirés, on lui enlève son habit, son manteau, son gilet, et on va brûler le tout sur la place devant Saint-Pierre, et les furieux chantent autour... M. Decrey a sauvé la vie à M. Baumgartner ; les chasseurs le conduisent à la sacristie de Saint-Pierre. M. James Fazy va l'y trouver... Quel moment !

« M. James Fazy, qui est directeur du département de la police, fait avancer des carabiniers, qui, à grand'peine, conduisent au milieu d'eux, à travers la foule pressée, M. Baumgartner jusqu'à la prison de l'Évêché, derrière Saint-Pierre. »

Parlons maintenant du résultat des élections :

Le nombre des votants était de 10,385. Les voix ont été réparties comme il suit :

M. Moulinié (Jean-François),	5,583
M. Fazy (James),	5,482
M. Bordier (Frédéric),	5,479
M. Decrey (Balthazar),	5,342
M. Guillermet (Alexis-François-Louis),	5,338
M. Janin (Alexandre-François),	5,319
M. Pons (Antoine-Louis),	5,151

Les sept noms qui précèdent sont ceux des conseillers d'État, formant le gouvernement actuel et qui ont été réélus.

ASSEMBLÉE LÉGISLATIVE.

Séance du 16 novembre. — PRÉSIDENCE DE M. LE GÉNÉRAL BEDEAU.

La séance est ouverte à deux heures un quart.

L'ordre du jour appelle la discussion d'un projet de loi ayant pour objet d'autoriser la ville de Rouen à contracter un emprunt.

Ce projet de loi est adopté sans discussion.

M. ROBAT retire sa proposition sur le rétablissement du timbre des journaux et écrits périodiques.

L'ordre du jour appelle la discussion sur la prise en considération de la proposition de MM. Flandin et Durand-Savoyat, relative au haras de Saint-Cloud.

M. DUMAS, ministre de l'agriculture et du commerce. Je ne serai pas long, messieurs. Nous n'avons point hésité à faire le nécessaire pour nous procurer les types d'étalons arabes. Les personnes employées à la recherche de ces étalons, n'ont pas pu, jusqu'à présent, se procurer le nombre d'étalons jugé nécessaire.

Mais tout en reconnaissant la nécessité d'acheter ces types, nous ne sommes pas, d'un autre côté, frappés de la nécessité de porter au budget du ministère de l'agriculture et du commerce un établissement de plus.

M. LE PRÉSIDENT. M. le ministre de la guerre a la parole pour une communication du gouvernement.

M. D'HAUTPOUL, ministre de la guerre, présente un projet de loi portant rectification du budget de la guerre de 1850.

Ce nouveau travail présente une économie de 8,651,605 fr. sur les premières précisions, et M. le ministre s'engage à ne pas demander de crédits supplémentaires dans le cours de 1850, à moins d'événements tout à fait extraordinaires.

J'ajouterai, dit M. le ministre, que l'état de nos relations diplomatiques nous fait espérer que la paix ne sera troublée sur aucun point de l'Europe, et que par conséquent l'effectif normal de 380,000 hommes sera suffisant. Et dès le moment que l'armée d'Italie sera rentrée, il y aura une diminution d'effectif dans chaque arme. Dès que je le pourrai, et je le pourrai peut-être bientôt, je réaliserai les plus notables économies; en attendant, je prends l'engagement solennel qu'il n'y aura jamais de crédit supplémentaire. (Très-bien!)

Je demande le renvoi de ce projet à la commission du budget.

L'ordre du jour appelle la discussion de la proposition de M. de la Moskowa et autres, relative aux frais de logement du vice-président de la République.

M. NOEL PARFAIT se livre, au milieu du bruit des conversations particulières, aux déclamations ordinaires des Montagnards sur les questions de finances. Messieurs, dit-il, je regarde en bas, et non pas en haut! Et quand je vois la misère des campagnes, citoyens, quand je vois les souffrances du peuple.....

M. TASCHEREAU. Et les 25 fr. par jour, M. Parfait? (Rires.)

M. NOEL PARFAIT. Quant à moi, qui crois que M. le vice-président de la République n'a pas besoin d'un supplément de traitement, quant à moi qui ne vois pas la nécessité de graisser cette cinquième roue du char de l'Etat.... (Vifs murmures.)

A droite : A l'ordre !

Voix : C'est indécent !

Sur la plupart des bancs : Oui ! oui !

M. LE PRÉSIDENT. Je prie l'orateur de s'expliquer sur une expression qui a blessé la juste susceptibilité de l'Assemblée.

M. PARFAIT. J'ai qualifié la vice-présidence comme l'a fait la commission elle-même dans son rapport. La commission traite M. le vice-président de fonctionnaire contumace... (Murmures prolongés.)

A droite : A l'ordre ! à l'ordre !

L'article 1er de la proposition est mis aux voix et rejeté.

M. GAVINI présente un amendement à la proposition de M. de la Moskowa. Un crédit de 20,000 fr. serait ouvert à M. le ministre des travaux publics pour frais de logement à allouer au vice-président de la République.

M. DE LA MOSKOWA. Je ne crois pas trop m'avancer en venant déclarer, au nom de la dignité de M. le vice-président de la République, que, dussiez-vous même ter l'amendement de M. Gavini, l'honorable M. Boulay (de la Meurthe) n'en pas. (Applaudissements ironiques à gauche.)

Voix au centre : L'extrême droite se venge du conseil-d'État.

L'amendement n'est pas pris en considération. Nous remarquons que plusieurs bres de la droite se sont levés contre l'amendement.

L'ordre du jour appelle la troisième délibération du projet de loi relatif au chemin de fer de Marseille à Avignon.

La discussion est renvoyée à lundi.

L'ordre du jour appelle ensuite la deuxième délibération de la proposition de MM. Doutre, Benoît (du Rhône) et autres représentants, relative à l'abrogation des articles 414, 415 et 416 du code pénal.

L'Assemblée n'est plus en nombre.

La séance est levée à six heures.

Chronique et Faits divers.

M. Caussin de Perceval a été nommé aujourd'hui membre de l'Académie des Inscriptions, en remplacement de M. Leprevost d'Iray.

— Un journal de Paris annonce ce matin que M. Lahitte, lieutenant-général d'artillerie, vient d'être nommé ministre plénipotentiaire de la République française à Berlin.

— M. Guizot vient d'arriver à Paris.

— Le projet de relier l'Océan-Pacifique par une voie de communication à travers l'isthme de Panama, projet qui intéresse à un si haut degré le commerce du monde entier, va enfin recevoir son exécution par l'établissement de services de bateaux à vapeur allant de la ville de Panama sur le Chagres jusqu'au point le plus navigable, et par la création d'un chemin de fer s'étendant de ce point à l'Océan-Pacifique.

Les steamers sont déjà sur le chantier, et les travaux du rail-way commenceront le premier décembre prochain. La direction de ces travaux a été confiée à deux ingénieurs des États-Unis, qui viennent de construire dans la Nouvelle-Grenade, entre deux bras de la Madeleine, un travail de jonction, dont la longueur est de quatre-vingt-dix milles ou trente-huit lieues de France.

— Le jardin du Luxembourg reçoit chaque jour de nouveaux embellissements. On vient d'y placer sur leurs piédestaux les statues en marbre de Jeanne d'Albret, femme d'Antoine de Navarre et mère de Henri IV, et celle de Marguerite de Valois, sœur de François Ier, *Marguerite des Marguerites*, si connue par ses talents et son amour pour les lettres. Il est fortement question d'agrandir considérablement le musée de ce palais, lequel ne peut plus suffire, depuis longtemps, à abriter les œuvres des artistes vivants dont le gouvernement fait choix.

BOURSE DU 16 NOVEMBRE.

Le 3 p. 100 a débuté au comptant à 56 90, a fait 57 au plus haut, et reste à 56 95.

Le 5 p. 100 a débuté au comptant à 89 85, a fait 90 au plus haut, et reste à 89 90.

L'un des Propriétaires-Gérants, CHARLES DE RIANCEY.

Paris, imp. BAILLY, DIVRY et Comp., place Sorbonne, 2.

L'AMI DE LA RELIGION.

Affaires de Rome.

Nous recevons de Rome des nouvelles tristes, mais non inattendues. Nous ne nous sommes jamais fait illusion sur le contre-coup
qu'auraient nécessairement en Italie le renvoi subit et inexpliqué
du dernier cabinet et l'inauguration d'une politique dont on a pu
considérer la *lettre à M. Edgar Ney* comme le prologue.

Nos dernières lettres, en nous faisant entrevoir comme prochaine
la rentrée du Souverain Pontife dans sa capitale, étaient parfaitement
renseignées. Les témoignages sont unanimes sur ce point. Mais elles
ne nous cachaient pas non plus que l'espérance de cet heureux événement pouvait s'évanouir devant le moindre incident de nature à
réveiller de pénibles incertitudes et de trop justes alarmes.

Laissons parler notre correspondant :

« Rome, 10 novembre 1849.

« Rome a repris un aspect nouveau, la confiance renaît comme
par enchantement ; on ne parle que d'espérances. Le gouvernement
pontifical est au moment de conclure l'emprunt qui lui permettra de
retirer de la circulation les odieux billets créés par la République ; il
n'y a plus d'appréhensions à avoir du côté de la France ; elle a hautement proclamé l'indépendance du Saint-Père, et chacun veut lire
pour s'initier à ses plus généreuses inspirations, l'admirable discours
de M. de Montalembert ; on trouve également dans toutes les mains
l'excellent rapport de M. Thiers et le savant et substantiel discours de
M. Thuriot de la Rozière. Rien ne s'oppose donc plus au retour de
notre saint Pontife, et ce retour, si ardemment désiré, est l'objet de
toutes les conversations ; on veut connaître toutes les raisons d'espérer : il l'a déclaré à la commission du *Municipio*, il en a informé lui-
même les autorités françaises ; toutes les lettres particulières reçues
de Portici confirment ces rassurantes nouvelles, les appartements du
Vatican sont déjà préparés, on connaît même le jour de l'arrivée de
Sa Sainteté, ce sera pour le 28 de ce mois.

« Telles auraient été les nouvelles que j'eusse dû vous donner
le courrier de France fût parti seulement trois jours plus tôt, et j'ai
été trop heureux des espérances que j'ai vu se manifester autour de
moi, trop heureux de la pensée de pouvoir vous en entretenir, pour
ne pas vous avoir indiqué au moins cette phase malheureusement
trop éphémère de la question romaine ; oui, grâce à l'intelligence et
au bon sens de la majorité de notre Assemblée, nous étions rentrés
dans le vrai ; toutes nos hésitations, nos équivoques, toutes nos fautes

semblaient à la veille d'être réparées, le Saint-Père revenait à Rome, ramenant avec lui la prospérité générale et ses sages réformes.

« Comment en un plomb vil l'or pur s'est-il changé? »

« Toutes ces espérances sont, hélas! aujourd'hui complétement déçues. Déjà la nouvelle du remplacement du général Rostolan et surtout celui de M. de Corcelles avaient inspiré des inquiétudes ; l'avènement du nouveau ministère les a portées au comble ; quels sont les hommes qui le composent? D'où viennent-ils? Quels sont leurs antécédents? On trouve en général que les uns ne sont pas assez connus et que les autres le sont trop ; il est évident, à une ou deux exceptions près, que c'est un ministère obscur et domestique.

« Si l'on voulait gouverner avec la majorité, pourquoi avoir renvoyé en masse l'ancienne administration ; pourquoi n'avoir pris des hommes que de seconde ou de troisième valeur? Et si l'on ne veut pas gouverner avec la majorité, c'est donc un coup d'État que l'on prétend faire? Voilà les grands mots que l'on prononce ; on ajoute que l'on veut pousser la majorité à bout de voies pour avoir un prétexte contre elle ; on ajoute beaucoup d'autres choses, mais vous en savez assez pour connaître l'objet de nos inquiétudes.

« Il y a dans tout cela sans doute de l'exagération ; mais ce qui est certain, c'est qu'en présence des éventualités qu'on nous fait craindre, la rentrée du Saint-Père à Rome ne semble plus possible : les hommes les plus dévoués à sa personne, que je voyais, avant ces événements, désirer ardemment le retour de notre vénéré Pontife comme la solution unique de la crise, conseillent unanimement aujourd'hui une attitude expectante. Il me paraît probable que c'est la ligne de conduite qu'adoptera le Saint-Père.

« Je ne vous envoie pas de nouvelles de détail ; il ne s'en fait plus à Rome en ce moment : on ne vit plus que pour celles de France ; ne nous les faites donc pas attendre, car, lorsqu'on est éloigné, l'inquiétude est comme la pesanteur, elle s'accroît en proportion du carré des distances. »   S. E.

Ainsi, le retour du Souverain-Pontife terminait tout. Mais il fallait s'en tenir à la politique de l'Assemblée. Avec toute autre politique, rien n'est fini.

Espérons encore que la politique personnelle, à l'extérieur comme à l'intérieur, ne différera pas beaucoup de celle qui a été pratiquée depuis le 10 décembre. Mais dès à présent, on voit l'effet qu'un acte soudain, d'une portée difficile à saisir, a produit sur l'un des points où notre drapeau et notre diplomatie sont engagés de la manière la plus délicate. Combien mieux le Président de la République servait l'honneur et les intérêts de la France, quand il suivait les inspirations qui dictèrent ses *déclarations* solennelles aux électeurs et son premier *Message* sur les affaires générales du pays !

NOUVELLES RELIGIEUSES.

ROME. — Un journal du matin nous apprend que N. S. P. le Pape vient de nommer chanoine de Saint-Pierre Mgr de Falloux, frère du dernier ministre de l'instruction publique. Ce témoignage de haute estime et de bienveillance de la part de Sa Sainteté est une juste récompense de la conduite de ce Prélat qui, dans les plus mauvais jours du triumvirat républicain, n'a pas cessé, malgré les dangers auxquels l'exposaient son zèle et son courage, de remplir publiquement, dans Rome tous les devoirs de la mission purement ecclésiastique dont la police de Pie IX l'avait chargé.

Une lettre de Rome nous donne les détails très-intéressants que voici sur une première communion militaire dans l'église Saint-Pierre :

Il y a peu de jours, une cérémonie touchante avait lieu au tombeau des saints apôtres à Rome.

C'était le jour de la Toussaint. Un Evêque missionnaire, bien connu par son zèle et ses travaux, offrait le divin sacrifice. Il était arrivé récemment de la Chine où il avait été le baptême à plus de 80,000 païens. Echappé comme par miracle aux fureurs de la persécution, qu'il ne tardera pas à aller affronter de nouveau, le vénérable Evêque venu à Rome dans l'espoir d'y rendre de nouveaux services à la chrétienté.

Devant l'autel se groupaient, pieusement recueillis, des militaires de l'armée libératrice : les uns devaient recevoir, pour la première fois, leur Dieu ; d'autres y étaient venus pour se fortifier dans la bonne voie.

Au milieu d'eux, on voyait un officier supérieur, avec toute sa famille, y compris une jeune enfant, qui, elle aussi, avait voulu voir la fête religieuse. Quelques dames, ne restant étrangères à aucune bonne œuvre, avaient saisi avec empressement cette occasion de s'édifier. Un artiste, dont toute la vie a été consacrée aux travaux des missions, remplissait les fonctions de maître des cérémonies. Deux prêtres, qui avaient préparé les militaires à cet acte solennel, assistaient l'Evêque missionnaire.

Tous étaient profondément recueillis. Une joie douce et divine brillait sur leurs fronts. Les lèvres de quelques-uns étaient légèrement agitées. Ah, c'est qu'ils priaient ! D'autres, immobiles, fixaient leurs yeux sur l'autel. Ils étaient tous occupés des sentiments qui se succédaient dans leurs âmes.

Mais déjà on est au moment le plus auguste du sacrifice. Les paroles sacramentelles sont prononcées. Le Dieu du ciel et de la terre descend sur l'autel. Le moment si aimé de tous ne se fait pas long-temps attendre. L'Evêque missionnaire adresse quelques paroles chaleureuses au petit auditoire. Une émotion plus vive pénètre dans tous les cœurs. Le Dieu de joie et de paix vient s'unir à eux. Les consolations que répand sa présence sont inexprimables......

Le divin sacrifice terminé, Monseigneur veut bien encore ajouter quelques mots à sa première allocution. « Jeunes soldats, dit-il, vous allez être confirmés dans le lieu le plus célèbre de la terre. Oh ! que ce bonheur vous est envié des chrétiens de mon vaste diocèse de Chine ! L'engagement que vous contractez est bien solennel. Rappelez-vous que c'est devant les corps vénérés des saints apôtres Pierre et Paul, en présence de tous les habitants de ces demeures célestes, dont cette superbe et incomparable basilique n'est qu'une faible et imparfaite image ; que c'est à la face du monde catholique tout entier que je vais imprimer la croix sur vos fronts. Souvenez-vous que vous serez désormais soldats de Jésus-Christ. Vous le savez, tout soldat qui abandonne son poste devant l'ennemi est traître à la patrie. Ah ! vous ne reculerez jamais devant l'ennemi de votre salut !..... »

Je ne rends que bien imparfaitement les touchantes paroles de Sa Grandeur ; mais puis assurer qu'elles étaient toutes comme autant de traits enflammés qui allaient au cœur de ces nobles enfants de la France.

En mémoire de cette fête, Monseigneur voulut bien distribuer des médailles de la dame, des images, des petits livres imprimés à Rome par les soins d'une personne zélée et charitable, et intitulés : *Vie du soldat chrétien*, des chapelets, etc., etc. C'était à qui ferait des cadeaux à ces jeunes et vaillants libérateurs.

« Monseigneur accompagnait chaque don de quelques paroles aimables et édifiantes. Ce lui était un bonheur de dire à chacun quelque chose qui lui fît plaisir.

« L'âme avait reçu sa nourriture. Le corps ne devait pas être tout à fait oublié. Un frugal déjeuner avait été préparé dans une salle voisine de la sacristie. Mgr se plaça à l'extrémité de la table. Les autres convives se rangèrent tout autour. S. G. les entretint au long des manœuvres des soldats chinois, de la persuasion où ils sont que les canons anglais portent jusqu'à dix lieues, de leur agilité à s'enfuir devant l'ennemi au premier coup de fusil, etc.....

« Une gaîté parfaite présidait à ces agapes du dix-neuvième siècle. Après le joyeux festin, les convives voulurent faire la conduite à Mgr. Au moment de se séparer, l'un des soldats s'avance et remercie S. G. au nom de ses camarades. On se retire de part et d'autre, et tous disaient : « C'était bien beau ! Oh ! quelle belle fête.....»

« Dans la soirée, on les voyait dans les belles églises de Rome prier avec ferveur, et en sortant ils disaient encore : « Quelle belle fête ! Nous n'avions jamais été aussi heureux qu'aujourd'hui. »

LETTRE

DE NOTRE TRÈS-SAINT PÈRE LE PAPE,

A MGR L'ÉVÊQUE DE SAINT-FLOUR.

PIE IX, Pape,

VÉNÉRABLE FRÈRE, SALUT ET BÉNÉDICTION APOSTOLIQUE,

Vous recevrez, vénérable Frère, avec Notre présente lettre, un rescrit de la sacrée Congrégation interprète du Concile de Trente, qui vous prouvera Notre empressement à accéder à vos désirs. Or, à l'occasion de ce nouveau témoignage que Nous vous donnons de Notre bienveillance toute spéciale, Nous croyons devoir exciter plus vivement que jamais votre sollicitude pastorale, afin que, dans ces temps également fâcheux pour la société religieuse et pour la société civile, vous continuiez de remplir, avec autant de zèle que de vigilance, tous les devoirs d'un bon Pasteur ; que vous vous efforciez de défendre avec courage la cause de Dieu et celle de son Eglise ; que vous tâchiez de dévoiler au peuple chrétien, tant de vive voix que par de salutaires écrits, les erreurs, les impostures et tous les funestes artifices de ces hommes impies qui tendent des pièges à sa religion ; que vous ne cessiez jamais de donner d'utiles avertissements aux fidèles confiés à vos soins, et de les exhorter à ne point se laisser séduire ni tromper par les fausses doctrines qu'on leur débite et qui sont aussi diverses entre elles qu'étrangères à la vraie foi ; mais à demeurer fermes et inébranlables dans la profession de la vérité et de l'unité catholique, et à se distinguer toujours de plus en plus par une vie digne de Dieu, toute consacrée à sa gloire et pleine de bonnes œuvres.

Enfin, vénérable Frère, c'est du fond de Notre cœur et dans l'effusion de Notre tendresse, que Nous vous donnons, à vous et à Notre troupeau, Notre bénédiction apostolique comme un présage de tous les dons célestes et un gage de la vive affection que Nous vous portons.

Donné à Gaëte, le 30 août 1849, et la quatrième année de Notre pontificat.

PIE IX, Pape.

Abolition du certificat d'études.

Le *Moniteur* de ce matin contient un rapport de M. le ministre de l'instruction publique et un décret de M. le Président de la République, abolissant le *certificat d'études.*

Nous avons dit assez souvent que ce premier gage, enfin obtenu par la liberté, avait été conquis, non sans efforts, dans la première commission nommée par M. de Falloux; implicitement compris dans le projet présenté par l'habile et courageux ministre, hautement proclamé par le rapport de M. Beugnot et inséré formellement dans les articles du projet rédigé par la commission de l'Assemblée législative.

Quoique l'initiative de cette mesure n'appartienne pas au Pouvoir exécutif, nous voyons avec plaisir qu'il en réclame l'honneur, pourvu que ce ne soit pas un prétexte et un moyen de nous retirer d'autres avantages auxquels nous ne tenons pas moins qu'à celui-ci et qui sont consacrés dans la loi renvoyée au conseil-d'Etat.

Nous ajouterons que l'*abolition du certificat d'études* étant inscrite dans ce projet, devra néanmoins y être maintenue; car il ne peut pas dépendre du bon ou mauvais vouloir d'un ministre, d'établir ou de supprimer une telle exigence.

Nous publions textuellement le rapport de M. Parieu et le décret du Président :

RAPPORT A M. LE PRÉSIDENT DE LA RÉPUBLIQUE.

« Monsieur le Président,

« En acceptant de votre confiance le ministère de l'instruction publique occupé avec tant de distinction par l'*honorable prédécesseur que des circonstances* REGRETTÉES DE TOUS *en ont éloigné*, j'ai moins considéré les difficultés qui pourraient m'attendre, que la tâche honorable et patriotique *de diriger utilement, sous vos auspices, les forces morales du culte et de l'enseignement*, sauvegardes nécessaires d'une société devenue, par l'adoption du suffrage universel, maîtresse de ses destinées.

« Au sein de ces grandes institutions, sur lesquelles repose presque entièrement l'avenir du pays, mon premier regard devait constater une division profonde qui afflige depuis si long-temps tous ceux qui chérissent également l'immutabilité des dogmes religieux et le libre progrès de l'esprit humain.

« L'université, lors de sa création, a été destinée à représenter l'application à l'enseignement des principales forces conservatrices de la société dont les générations lui étaient confiées. Elle n'a été, sous ce rapport, qu'une des branches de la centralisation, dont son illustre fondateur possédait spécialement le génie.

« Soit qu'on se reporte à ses statuts primitifs, ou à la composition originaire de ses conseils, on voit la religion appelée à exercer une sérieuse influence sur l'esprit de son enseignement.

« Cependant, malgré des intentions excellentes et des efforts plus méritoires encore, ce but a-t-il été complètement atteint ?

« L'apparence seule d'un relâchement dans le lien nécessaire entre l'enseignement de l'Etat et les vieilles croyances heureusement conservées au sein de tant de familles n'a-t-elle pas, au contraire, suffi pour exciter des craintes et inspirer en faveur de la liberté de l'enseignement des vœux répétés avec insistance, surtout depuis les promesses constitutionnelles de 1830 ?

« Lorsque, après la révolution de Février, nous avons constaté les ravages que pouvaient produire des idées exclusivement dirigées vers la recherche ardente et immédiate de l'égalité du bien-être, le pays a trouvé tout à la fois, dans l'expérience de cette situation, la conscience d'un grand mal moral, et dans les principes libéraux de la constitution nouvelle, l'espoir fondé d'un meilleur avenir.

« L'art. 9 de cette constitution a proclamé la liberté de l'enseignement.

« Il est douteux pour nous que ce principe, isolé de toute action gouvernementale, puisse assurer la régénération complète de l'éducation nationale. Mais la liberté ne créera-t-elle pas tout à la fois un concours et une rivalité utiles à l'éducation publique?

« A nos yeux, la situation actuelle de l'enseignement en France appelle deux grands remèdes. L'un réside dans *l'application franche et régulière de la liberté consacrée par la Constitution*, et à laquelle, monsieur le Président, vous avez, dans plus d'une circonstance, témoigné votre sympathie sincère ; l'autre consiste dans *l'amélioration intérieure et administrative de l'Université*, dont vous n'oublierez, pas plus que la France, l'origine ni les honorables services.

« Si les sociétés se *conservent surtout par les dogmes*, elles ne *grandissent et ne brillent que par les sciences*, dont le concours de l'Etat soutient si puissamment le flambeau.

« Concilier les satisfactions appropriées à ces deux grands besoins de conservation et de progrès, ce n'est point, à nos yeux, organiser la guerre entre des principes moraux différents, c'est faire converger vers un même but, en les équilibrant, deux forces nécessaires au développement complet de l'humanité.

« Grâce à Dieu, il n'y a point, dans notre société, deux séries de maximes contraires qui puissent, avec un égal succès, être offertes aux préoccupations naturellement si graves et si religieuses des pères de famille. En matière d'éducation, c'est l'exécution, surtout, qui diffère, et la rivalité d'établissements divers, sous la surveillance ferme et confiante de l'Etat, ne saurait amener que des efforts utiles aux progrès de tous.

« Un projet de loi préparé par mon honorable prédécesseur, et tour à tour soumis à l'examen d'une commission de l'Assemblée législative et à celui du conseil-d'Etat, a été conçu dans le but de régler sur des bases nouvelles la lutte pacifique de *l'université et de l'enseignement libre*.

« *Mais il est des réformes qui tiennent à l'action même du pouvoir exécutif*, et que que votre sollicitude pour l'enseignement est impatiente de voir accomplir. Au premier rang, j'ai l'honneur de vous signaler *l'abolition du certificat d'études* exigé pour l'obtention du baccalauréat ès-lettres, par une mesure dont les statuts universitaires antérieurs à 1810 ne contiennent aucune trace. Cette suppression ne sera pas seulement propre à *honorer votre initiative* par un acte favorable à la liberté des pères de famille ; l'adhésion qu'elle a reçue dans le *conseil de l'Université* montrera, en outre, que le désir d'une conciliation salutaire est dans tous les cœurs.

« La condition des certificats d'études est principalement fondée sur l'art 1er de l'ordonnance royale du 17 octobre 1821, pour ce qui concerne la philosophie, et sur l'arrêté du conseil de l'Université du 17 juillet 1835, pour la classe de rhétorique. *Elle n'a pu être établie que comme sanction d'un droit d'enseignement dont la Constitution de 1848 a profondé modifié le caractère*. Dans les dernières années, elle a excité des réclamations nombreuses, et les autorités les plus graves, les plus attachées à l'ancienne législation de l'instruction publique, ne l'ont jamais absolument défendue. N'apparaît-elle pas comme une marque d'origine demandée au savoir et que nos mœurs repoussent?

« On en a sans doute adouci la rigueur en autorisant la production d'attestations relatives aux études domestiques ; mais ce palliatif n'a été souvent qu'une prime donnée à de regrettables, quoique excusables mensonges.

« Dans ces circonstances, monsieur le Président, je crois nécessaire l'abolition des certificats d'études, et cette mesure sera, de votre part, un éclatant hommage rendu à la liberté proclamée par la Constitution, non moins qu'à la raison et à la morale publiques.

« J'ai donc l'honneur de soumettre à votre approbation le projet de décret suivant.

« Veuillez agréer, monsieur le Président, l'assurance de mon profond respect.

Le ministre de l'instruction publique et des cultes,

« E. PARIEU.

« AU NOM DU PEUPLE FRANÇAIS,

ésident de la République,

 rapport du ministre de l'instruction publique et des cultes ;

rt. 9 de la Constitution :

nseil de l'université entendu,

te :

er. A dater de ce jour, aucun certificat d'études ne sera exigé des aspirants e de bachelier ès-lettres. Toutes dispositions contraires dans les ordonnances arrêtés ministériels sont et demeurent rapportées.

L. Le ministre de l'instruction publique et des cultes est chargé de l'exécution t décret.

l'Elysée-National, le 16 novembre 1849.

« LOUIS-NAPOLÉON BONAPARTE.

« *Le ministre de l'instruction publique et des cultes,*

« E. PARIEU. »

nous sommes bornés à souligner :

juste et noble hommage rendu à M. de Falloux par M. Pa-
l NOM DE TOUS ;

s passages qui paraissent, bien qu'assez confusément indiqués,
le d'assentiment du nouveau ministre au projet soum⬤ par
lécesseur à l'Assemblée législative.

avons regretté d'être obligés de signaler aussi, au milieu
grettable obscurité de langage, quelques phrases malheu-
ù sans doute l'expression a trahi la pensée de M. Parieu.

rieu comprendra, sans que nous insistions, qu'il n'appar-
à lui, ni au Président de la République, ni à personne de
parmi les *forces morales* qu'il est appelé à DIRIGER, la force
DU CULTE. Nous n'aurons pas, nous l'espérons, besoin de rap-
M. Parieu que s'il est le *ministre* de tous les cultes, il n'a
aucune espèce d'*autorité* ni de *direction* sur le nôtre. Du
oute prétention dans ce sens serait formellement et énergi-
t repoussée par le CULTE ou plutôt par l'ÉGLISE CATHOLIQUE.

rieu proclame ensuite que les sociétés se *conservent* sur-
les *dogmes*. Mais il ajoute qu'elles ne GRANDISSENT et, ne
que par les sciences! QUE PAR LES SCIENCES!

rieu ne peut pas croire sérieusement que l'influence de la
, ou des dogmes comme il dit, soit indifférente ou étrangère
ndeur, à l'éclat, à la prospérité des Etats.

ne ferons pas en ce moment d'autres commentaires sur le
de M. Parieu. Il n'en est pas besoin.

rieu avait annoncé deux mesures : l'une pour l'*abolition des
ts d'études;* l'autre, sur les *instituteurs primaires.* Il n'a encore
e moitié de sa promesse. On assure qu'il prépare, de plus,
s modifications au *baccalauréat.* Nous attendrons la suite de
s et le parti qu'il prendra dans la discussion du projet de loi
e Falloux, pour juger si la satisfaction qu'il prétend nous
est aussi illusoire qu'insuffisante, ou si c'est un pas réel, quoi-
-faible, dans une voie de réparation et de liberté.

Tracasseries universitaires.

Pendant que les ennemis et certains amis maladroits de la liberté d'enseignement et de la liberté religieuse se réjouissent à l'envi du renvoi au conseil-d'Etat, de la loi préparée sous les inspirations de M. de Falloux, l'Université poursuit son œuvre de monopole, en faisant traduire sur les bancs de la police correctionnelle ceux qui ont la prétention de donner à leurs frères malheureux le bienfait de l'instruction et de l'éducation.

Cette fois heureusement la liberté de la charité est sortie triomphante de l'épreuve judiciaire à laquelle elle avait été soumise; mais avec les incertitudes de la jurisprudence et les arguties persévérantes et infatigables de l'Université, qui peut espérer qu'il en sera toujours ainsi, tant que le législateur n'aura pas sanctionné d'une manière éclatante les droits de la charité, de la religion et des pères de famille?

Nous laissons parler la *Gazette des Tribunaux* :

« M. l'abbé R. a fondé à Puteaux, près Paris, un établissement de charité pour les jeunes enfants, qui réunit à la fois une crèche, une salle d'asile, une institution primaire et un institut agicole. A l'instar de cette maison de Puteaux, M. l'abbé R. en a fondé de semblables dans plusieurs départements, et il en est également le directeur-général. Or la partie enseignante de l'institution primaire de Puteaux a été confiée à des instituteurs choisis par lui-même, et qui ont pleinement satisfait aux exigences de la loi.

« Toutefois, et à cause de son titre de directeur-général de l'œuvre, M. l'abbé R., qui n'est pas pourvu de diplôme, a été traduit devant le tribunal de police correctionnelle, sous la prévention d'avoir ouvert une école publique sans en avoir au préalable obtenu l'autorisation.

« M. l'avocat de la République Vial a soutenu la prévention ; il trouve, en effet, contraire à la loi de laisser ainsi l'abbé R. diriger, de fait, cette école primaire sous le nom d'un autre ; l'instituteur qu'il a choisi est sous sa dépendance, et c'est lui, l'abbé R., qui est véritablement le chef de cette école ; or, la loi a voulu expressément que celui qui a la responsabilité réelle d'une école soit pourvu du diplôme et du certificat exigés par l'article 4 de la loi du 28 juin 1833.

« Mais sur la plaidoirie de Me Lachaud, le tribunal a prononcé le jugement qui suit :

« Attendu qu'il est constant que R. n'a jamais exercé personnellement les
« fonctions d'instituteur primaire, qu'il n'a pas dès lors été assujetti à justifier
« pour son propre compte du brevet de capacité exigé par la loi;

« Attendu qu'il résulte de l'instruction et des débats, que si la maison de cha-
« rité fondée à Puteaux par R., et dont il est le supérieur, a contenu une école
« primaire, ladite école a été tenue par un instituteur breveté;

« Qu'il a dès lors été satisfait au vœu de la loi; qu'il n'est pas établi que cet
« état de choses ait subi une interruption appréciable et de nature à motiver
« des poursuites;

« Par ces motifs, le tribunal renvoie R. des fins de la plainte. »

Osera-t-on dire, après un pareil procès, que la suppression du

certificat d'études pour le baccalauréat et la destruction de l'inamo-
ibilité des instituteurs primaires, seront des garanties suffisantes
données à la liberté, à la morale et à la religion?

SÉANCE DE L'ASSEMBLÉE.

Toute la séance a été employée à la discussion relative aux coalitions d'ouvriers, et cette discussion sera continuée lundi. La matière
est grave et délicate : il ne s'agit de rien moins que de modifier trois
articles du Code pénal. Sur la nécessité de cette modification, tout le
monde est d'accord; sur quoi l'on diffère, sur quoi les meilleurs esprits sont divisés, c'est sur le système qui sera substitué à celui de
l'an X. M. Bastiat, M. Sainte-Beuve, M. Valette, représentent les doctrines nouvelles . ils défendent le droit d'association ; ils veulent le
réglementer sévèrement, efficacement, mais sans le rendre illusoire.
L'ancienne école, dont M. de Vatimesnil est l'organe le plus éminent,
cherche à maintenir le principe de l'isolement, de la concurrence
sans limite ; elle recule devant la définition de la coalition ; elle est
préoccupée des craintes que les réunions d'ouvriers peuvent faire
concevoir à l'ordre public, et elle tend, sans le vouloir, à les annuler complétement et à faire revivre ces scènes pénibles qui ont signalé la grève des charpentiers en 1835.

Un amendement, proposé par M. Morin, a été rejeté. L'Assemblée
aura à se prononcer sur celui qu'ont signé MM. Valette et Wolowski.

On s'entretient, à l'Assemblée, de la composition définitive du ministère. Le
cabinet se compléterait, disait-on, par l'accession de M. Weiss qui deviendrait
ministre de l'intérieur. M. Ferdinand Barrot passerait aux affaires étrangères.
Les personnes qui sont au courant de l'administration savent que M. Weiss
est préfet du Doubs.

Par suite des arrêts rendus par la Haute-Cour de Versailles, mardi et jeudi
dernier, il y aura lieu à 29 réélections qui seraient ainsi réparties entre 15 départements :

Allier, 1, en remplacement de M. Fargin-Fayolle.—*Cher*, 2,— de MM. Félix
Pyat et Vauthier. — *Isère*, 1, — de M. Avril. — *Loir-et-Cher*, 1,— de M. Cantagrel. — *Loire*, 1, — de M. Martin Bernard. — *Haute-Loire*, 1, — de M. Jules
Maigne.—*Nièvre*, 1,— de M. Gambon.—*Hautes-Pyrénées*, 2,— de MM. Deville
et Pilhes. — *Bas-Rhin*, 4, — de MM. Anstett, Beyer, Commissaire et Kopp. —
Haut-Rhin, 3, — de MM. Hofer, Kœnig et Pfliéger. — *Saône-et-Loire*, 6, — de
MM. Heitzmann, Jeannot, Landolphe, Menand, Roland, Rougeot. — *Seine*, 4,—
de MM. Boichot, Considérant, Ledru-Rollin et Rattier. — *Var*, 1, — de M. Suchet. — *Haute-Vienne*, 1, — de M. Daniel Lamazière.

Bulletin de la politique étrangère.

PIÉMONT. — TURIN. — Les journaux d'Italie sont absolument dénués d'intérêt. On attendait à Turin, avec anxiété, la discussion sur le traité de paix avec l'Autriche, qui devait commencer le 14 à la chambre des députés. C'est demain que nous recevrons probablement les premiers détails de cette discussion, qui paraît devoir être très-animée. Il n'est pas probable, en effet, que la majorité de la chambre piémontaise prenne le parti de se rallier à la proposition du comte Balbo, qui consisterait à ratifier le traité par un vote sans discussion, et qui serait, comme nous l'avons dit, la seule manière raisonnable de procéder.

AUTRICHE. — Le *Messager populaire* autrichien déclare dénués de tout fondement les bruits calomnieux répandus sur le compte de M. Hurter. Loin d'avoir été expulsé de Vienne ou emprisonné, M. Hurter, qui, au commencement de la révolution, avait été privé de son traitement, a été réintégré dans ses fonctions d'historiographe par le ministère actuel. Le *Messager* ne trouve pas de terme assez fort pour qualifier la conduite des journaux qui s'attachent à ternir la réputation sans tache de cet homme de bien.

CONSTANTINOPLE. — On lit dans le *Journal de Constantinople* du 4 :

« Les nouvelles reçues hier par un steamer venant d'Odessa, ne laissent subsister aucun doute quant à l'aplanissement des difficultés soulevées vis-à-vis de la Russie.

« Tout le malentendu qui a existé est provenu d'une erreur d'interprétation de l'article du traité ; et comme cette erreur a été maintenant reconnue, les réfugiés de Widdin, dont les principaux sont arrivés à Choumla depuis quelques jours, seront simplement internés. »

ASSEMBLÉE LÉGISLATIVE.

Séance du 17 novembre. — PRÉSIDENCE DE M. DUPIN AINÉ.

La séance est ouverte à deux heures un quart.

M. FOULD, ministre des finances, dépose un projet de loi additionnel, ayant pour objet de comprendre les avocats dans la classe des patentables, et de réduire la sixième classe des patentés. (Approbation.)

L'ordre du jour appelle la suite de la deuxième délibération de la proposition de MM. Doutre, Benoit (du Rhône) et autres représentants, relative à l'abrogation des articles 414, 415 et 416 du Code pénal.

M. BASTIAT veut la liberté des coalitions, et repousse le projet qui rétablit l'égalité entre les patrons et les ouvriers.

M. DE VATIMESNIL. J'ai dit combien les coalitions étaient fatales aux ouvriers eux-mêmes. Rappelez-vous ce qui s'est passé à Chollet, il y a quelques années.

A la suite d'une coalition, les ouvriers obtinrent l'augmentation de salaire qu'ils avaient demandée. Mais quels ont été les résultats de cette malheureuse affaire ? C'est que l'importante industrie des calicots a disparu tout-à-fait de cette ville.

Une voix à gauche : Quel mal y a-t-il à cela ! (Rumeurs prolongées.)

M. DE VATIMESNIL. Quel mal il y a ! Demandez-le aux fabricants et surtout aux ouvriers, ce sont eux qui vous répondront. (Vive approbation. — Bruit à gauche.)

M. LE PRÉSIDENT. N'interrompez donc pas.

M. DE VATIMESNIL. Ceci doit servir de réponse à tout ce qu'on peut dire de l'heureux résultat des grèves. Quand l'ouvrier rencontre ce que vous appelez la justice, il en résulte pour lui les plus graves dommages. (Bruit à gauche.) Croyez-vous que le manque de travail ne soit pas un grave dommage ?

M. le rapporteur termine en revenant sur ce qu'il a déjà dit du chômage et des co-

tons en Angleterre. Il conclut au rejet d'un amendement de M. Morin. Quand on a
accordé une liberté dangereuse, dit-il, il est extrêmement difficile de la reprendre.
Cette difficulté se présenterait si l'Assemblée adoptait l'amendement de M. Morin.
(Très-bien! très-bien!)

M. LE PRÉSIDENT. Je mets aux voix l'amendement de M. Morin.

A la Montagne : Le scrutin de division !

On procède au scrutin.

L'Assemblée rejette.

M. VALETTE, de concert avec l'honorable M. Wolowski, présente un amendement.

M. BAZE défend le système de la commission.

L'orateur définit la coalition et entre dans les détails des faits qui seuls peuvent la
constituer.

Si l'intention de la coalition n'existait pas, dit-il, la culpabilité disparaîtrait.

Nous avons eu surtout en vue de faire une législation égale pour tous, pour l'ouvrier
comme pour le patron. (Approbation.)

M. WOLOWSKI demande le renvoi à lundi. (Oui! oui! — Appuyé !)

La séance est levée à six heures.

Chronique et Faits divers.

On a vu avec quelque surprise hier et aujourd'hui M. Pierre Bonaparte, que
'on croyait en Afrique, assister à la séance de l'Assemblée législative.

— Le consul de Tanger, qui est en ce moment à Paris, a eu hier une longue
conférence avec M. le Président de la République.

— Plusieurs préfets et sous-préfets sont en ce moment à Paris, ainsi qu'un
certain nombre de receveurs-généraux, qui ont eu de longs entretiens avec M. le
ministre des finances.

— Mardi prochain, le conseil de discipline de l'ordre des avocats de Paris,
'occupera de l'affaire relative aux débats de la Haute-Cour. Le conseil aura d'a-
bord à décider si les avocats qui plaidaient dans l'affaire seront appelés pour
fournir des explications. Dans le cas où cette question serait résolue négativement, le conseil n'aurait pas à prononcer.

— On annonce que M. Mazzini aurait convoqué à Liége, pour les premiers
jours de février, un grand congrès de la démocratie européenne. Le choix de cette
ville est assez significatif. On sait qu'elle se trouve en quelque sorte à cheval sur
'Allemagne et sur la France. Les amis de Struve et ceux de M. Ledru-Rollin
pourraient s'y donner la main sans entreprendre un long voyage.

— Les travaux de restauration qui s'exécutent maintenant dans la salle synodale de l'évêché d'Angers, viennent de mettre à jour un monument qui pique au
plus haut point la curiosité des archéologues.

Ce monument consiste dans une piscine avec son réservoir, placée à gauche de
la porte qui communique de l'évêché à la cathédrale. Les caractères architecto-
niques indiquent un monument du onzième siècle. Sur le bord de cette fontaine
sont gravés, en lettres unicales renversées, les deux vers suivants :

> Clericus et miles pergant ad cœtera viles;
> Nam locus hos primos decet, illos vilis et imus.

« Que le clerc et le soldat aillent à d'autres fontaines; ce lieu est réservé aux
hommes du premier rang; une piscine moins honorable et plus cachée convient
aux autres. »

Une description du monument et une copie de l'inscription ont été envoyées à
Paris.

— On a fait à Rome une découverte qui sera précieuse pour les musées de la

ville éternelle, car elle leur donne le seul genre d'antiquités qui leur ait ma
)usqu'à ce jour.

Des ouvriers qui enlevaient les fondations d'une maison démolie, ont déco
plusieurs fresques de l'époque dite Pompéiene, c'est-à-dire des derniers t
de la République. Elles étaient fort bien conservées et représentaient la des
d'Ulysse dons l'île des Lestrigons. Deux de ces tableaux ont été détachés et p
au musée du Capitole.

Un propriétaire voisin, M. Pilippo Bennicelli, qui, vu la position de sa dem
soutient avoir droit à l'un des tableaux, a fait continuer les fouilles à ses f
Il a rencontré la suite des murs romains et y a trouvé cinq autres tableau
représentent également les voyages d'Ulysse.

— On lit dans le *Journal de Vienne* : « Les fouilles archéologiques du ¢
Remestang touchent à leur fin. Comme toutes celles des années précédentes,
tre l'avantage d'enrichir notre musée, elles ont eu ce résultat intéressant de
lever un coin du voile qui couvre l'état ancien de la belle cité dont les ruine
sent sous le sol de Vienne moderne. Elles ont fait revoir la lumière à des r
curieux d'édifices autrefois richement décorés et d'une grande importance
voir : à une partie des murs qui en formaient les divisions intérieures, à beau
de marbres de placage, dont le sol et les parois des salles et des chambres ét
revêtus; à des fragments de chapiteaux et de fûts de colonnes en marbres b
et jaune antiques ; à quelques bronzes bien travaillés; et à une mosaïque en
composée de petites pierres noires et blanches qui forment des dessins et
compartiments géométriques d'un aspect assez agréable. Mais, quant à cette
nière, on est accoutumé dans notre ville à en retrouver de plus riches par les ¢
leurs et par les ornements. »

— Une foule nombreuse se presse depuis quelque temps au théâtre de la ¡
rie de l'Argue. Il nous suffira de dire que le spectacle consiste en des pose¢
tistiques figurées par des acteurs vivants, ayant pour tout costume un su
maillot couleur de chair qui dessine toutes les formes de leur corps, pour
comprendre la nature et le genre de représentation qui y est offert. Et ce
ajoute le comble à l'inconvenance de ces exhibitions, l'es tableaux religie
sont mêlés aux tableaux impudiques ; ainsi, après avoir assisté à la scène
Christ mourant, on voit reparaître en Vénus la femme qui vient de jouer le
de la Vierge au pied de la croix.

Fallût-il passer, dans un certain monde, pour des rigoristes outrés,
croyons de notre devoir de nous élever contre l'immoralité de pareils specta
Quel attrait y pousse cette foule avide, si ce n'est celui de l'excitation des se¤
quoi peut-elle contribuer, si ce n'est à hâter ce travail de démoralisation
s'opère de toutes parts et qui menace la société d'une ruine prochaine ?

(*Gazette de Lyon*.)

BOURSE DU 17 NOVEMBRE.

Le 3 p. 100 a débuté au comptant à 57, a fait 57 10 au plus haut, et ¡
à 57.

Le 5 p. 100 a débuté au comptant à 89 95, a fait 90 au plus haut, et ¡
à 89 85.

. *L'un des Propriétaires-Gérants,* CHARLES DE RIANCEY

Paris, imp. BAILLY, DIVRY et Comp., place Sorbonne ; 9.

L'AMI DE LA RELIGION.

Concile de la Province ecclésiastique de Tours.

On nous écrit de Rennes, 16 novembre :

« Je ne puis vous écrire aujourd'hui que quelques lignes à la hâte. Tous nos moments sont absorbés, et aux émotions de nos grandes solennités ont succédé le silence et le travail.

« Les travaux du Concile se poursuivent avec une grande et laborieuse activité. Un ordre admirable règne dans tous les exercices. Une édification soutenue fortifie et console tous les cœurs.

« Le silence n'est jamais troublé, c'est à la lettre. Rien de plus auguste que la gravité et le recueillement des Pères. Nos vénérables Pasteurs rassemblés s'astreignent absolument à la régularité, à la discipline, à la vie du séminaire.

« Les Pères abbés du Port-du-Salut et de Solesmes, sont très-utiles par leur concours dans les congrégations.

« Les Evêques se réunissent deux fois le jour en congrégations particulières. Leurs séances durent chaque fois trois et quatre heures. Et cela, bien entendu, sans préjudice des travaux des congrégations ordinaires qu'ils président.

« Le Métropolitain préside toujours les congrégations particulières des Evêques.

« Hier, 15, il y a eu congrégation générale. Plusieurs décrets y ont été portés. En voici les titres : *De Constitutione Ecclesiæ ; De hierarchia ; De summo Pontifice; De Episcopis.*

« Ajoutons-y quelques autres décrets sur l'administration des sacrements.

« On ne saurait encore assigner le terme du Concile. Il ne se séparera sans doute pas avant le 27 ou le 28 de ce mois.

« Les variations de la température sont plus fréquentes et plus sensibles ici qu'ailleurs. Toutefois, la santé des Pères n'en est pas affectée. Chacun se rend avec le même zèle aux exercices, dès six heures du matin. »

Correspondance particulière de L'AMI DE LA RELIGION.

Sa Sainteté Pie IX a désiré faire, les premiers jours de ce mois, une course dans une partie de ses Etats que bien peu de Souverains-Pontifes avaient visitée jusqu'ici. De Portici il s'est rendu à Bénévent, où il a été reçu par les autorités de la province, au milieu des acclamations de cette population sincèrement attachée au Saint-Siége. Dès l'inauguration de la république romaine, des commissaires furent envoyés à Bénévent pour y faire reconnaître le nouveau gouvernement ; mais les habitants de ce petit territoire se levèrent en masse, et peu s'en fallut qu'ils ne fissent chèrement payer leur audace aux commissaires républicains.

Pour récompenser cette fidélité, le Saint-Père a voulu que Bénévent fût la première ville de ses États honorée de sa présence. Après y avoir passé un jour et une nuit, et y avoir laissé pour la population indigente de nombreuses aumônes, Pie IX repartit pour Portici où il arriva le 3 au soir.

Les députations, dont je vous parlais dans une de mes dernières lettres, et qui avaient été envoyées à Portici par le clergé, la municipalité et le commerce de Rome, pour supplier le Pape de ne pas prolonger son séjour hors de ses États, sont de retour. Toutes trois ont été accueillies par le Saint-Père avec l'affabilité paternelle qu'il possède à un si haut degré. Il leur a répondu que son intention était d'accéder aux vœux de ses sujets et de rentrer à Rome avant la fin du mois.

Cette nouvelle, répandue dans Rome, y avait causé une grande joie ; malheureusement, on commence aujourd'hui à craindre que les nouvelles reçues de France ne viennent y apporter des obstacles. Comment croire en effet que le Saint-Père puisse avoir confiance dans un ministère qui, autant qu'on peut le prévoir, sera le fidèle exécuteur des volontés du Président, de celui qui a écrit la trop célèbre lettre au colonel Ney !

La garantie que la présence de M. de Falloux aux affaires pouvait donner au Pape, n'existe plus maintenant ; et le Président pourra dès-lors faire approuver par son ministère toutes les lettres qu'il lui prendra fantaisie d'écrire. — Le Pape peut-il s'exposer à voir son indépendance aussi facilement méconnue ? Je n'oserais émettre mon avis dans une question aussi grave et à laquelle se rattachent si étroitement la dignité de l'Eglise et la paix générale de l'Europe. . . .

Calandulli, ce colonel d'artillerie que l'opinion publique, depuis l'entrée des Français, désignait à la police comme s'étant rendu coupable de vols nombreux, vient enfin d'être arrêté. Il paraît qu'on a trouvé chez une de ses parentes un grand nombre d'objets volés et, entre autres, une quantité considérable de livres, beaucoup de dentelles et des armures anciennes du plus grand prix, qui appartenaient à la princesse de Saxe.

La police reprend une certaine activité ; quelques arrestations ont été faites ; mais toutes les trames de l'anarchie ne sont pas encore rompues ; l'on peut en juger par l'exactitude et l'ensemble avec lesquels leurs mots d'ordre sont exécutés. Dernièrement parut un réglement par lequel les propriétaires de maisons étaient obligés à faire disparaître tous les matériaux amoncelés pendant le siége, et qui encombraient encore les rues. Il paraît que cet ordre ne fût pas du goût des révolutionnaires ; car un beau matin, les propriétaires à leur

██████ trouvèrent le travail des jours précédents entièrement défait, ████ ██████bres occupant de nouveau les rues.

███ █ est peu de chose, mais il montre que l'esprit de désordre n'a ██████ perdu tout espoir, et qu'il veut continuer à tenir les es-████ agités jusqu'à un moment plus favorable.

███ ██ savez sans doute que plusieurs des jeunes gens qui faisaient ████ ██ corps des gardes nobles, s'étaient laissé entraîner par l'██ ██ révolutionnaire; quelques-uns même avaient pris du service ██ ██ les troupes de la République. Ces derniers sont au nombre de ██, et ont reçu l'ordre de garder les arrêts jusqu'à ce qu'une com-██████ militaire, nommée pour examiner leur conduite, ait décidé ██ leur sort.

NOUVELLES RELIGIEUSES.

DIOCÈSE DE NANCY. — Avant-hier a eu lieu, dans l'église des Cordeliers, avec ██ █████ accoutumée, le service funèbre anniversaire pour le repos de l'âme des ████ et princesses de la maison de Lorraine. Un grand nombre d'ecclésiasti-███, une députation de la Société d'Archéologie lorraine et beaucoup d'autres ████████ assistaient à cette cérémonie. L'office a été chanté par M. l'abbé ████████, aumônier de la Chapelle Ducale; c'est M. l'abbé Poirot, curé de la █████drale, qui a dit l'absoute.

GENÈVE, 14 novembre. — Le radicalisme suisse lève le masque. Sachons-lui █ré de sa franchise. Mieux vaut mille fois l'ennemi qui se montre que l'ennemi ██ se cache. Nous ne voulons aujourd'hui que citer sans commentaires les piè-██ officielles que voici :

« Fribourg, le 31 octobre 1849.

« Le conseil d'État du canton de Fribourg, à M. Jendly, vicaire-général.

« Monsieur le vicaire-général,

██ « Informés par notre direction des cultes que, dans la paroisse de Gruyères, on a ou-████ une souscription à laquelle beaucoup de personnes prendraient part, pour de peti-███ sommes, dans le but de suppléer, par voie de subside, au traitement du desservant ████████; considérant de plus que cet ecclésiastique *n'a jamais été reconnu par l'État*; ███ la souscription constitue un acte contraire à l'autorité, qui a ordonné de suspendre █████tement des revenus du curé de Gruyères; qu'elle n'a pas été autorisée par nous, ███ termes de l'article 24 de la loi du 5 juillet 1848, sur les communes et paroisses; que ████ collecte est fort onéreuse pour les populations, qu'elle irrite contre le gouverne-████; nous avons décidé, dans la séance de ce jour, que le desservant Gremaud serait █████ de son poste. Nous avons cru devoir vous informer de cette décision, en vous ███████ à cette occasion l'assurance de notre parfaite considération.

« *Le président,* PITTET.
« *Le chancelier,* BERCHTOLD.

Cette décision avait été précédée d'une lettre dans laquelle sont exposés, avec ███ impertinente et cynique précision, les principes de MM. du gouvernement ██ Fribourg. La voici :

« Fribourg, le 10 avril 1849.

« Le conseil-d'État du canton de Fribourg, à M. Jendly, vicaire-général.

« Monsieur,

« Par votre lettre du 6 du courant, vous croyez rectifier les rapports qui nous ont été ████ sur M. l'abbé Gremaud, en disant qu'il a été envoyé en qualité de desservant à Gruyères par son supérieur. A cette occasion, vous renouvelez en faveur de l'autorité ecclésiastique, les prétentions ambitieuses que l'État ne reconnaîtra jamais, et que nous avons eu l'honneur de vous démontrer plus d'une fois le néant. Nous ne reconnaissons à personne, dans toute l'étendue de notre territoire, le droit d'installer à un poste un *fonctionnaire public* sans notre aveu. Sous été répétés, l'abbé Gremand et d'autres supérieurs que le *gouvernement*. Si jamais le contraire a eu lieu, il n'en fut accuser que l'incurie du pouvoir, et il est temps d'y mettre un terme. *Un prêtre, comme un autre* *employé de l'État*, ne peut, ne doit être installé que par l'État. Le principe sur lequel repose l'ordre et la tranquillité du canton, et la considération de tout gouvernement qui se respecte, ne souffre pas la moindre exception, et sera maintenu. »

Le ministère.

La nouvelle de la nomination de M. Weiss, préfet du Doubs, au ministère de l'intérieur, ne s'est pas confirmée.

M. Ferdinand Barrot conserve son portefeuille, M. le général d'Hautpoul garde aussi le sien.

C'est M. le général DE LA HITTE que le Président de la République a choisi pour son ministre des affaires étrangères.

Le décret qui a paru ce matin au *Moniteur*, est ainsi conçu :

« AU NOM DU PEUPLE FRANÇAIS,

« Le Président de la République

« Décrète :

« M. le général de division de La Hitte, envoyé extraordinaire et ministre plénipotentiaire de la République près S. M. le roi de Prusse, est nommé ministre des affaires étrangères, en remplacement de M. de Rayneval.

« Fait à Paris, le 17 novembre 1849.

« LOUIS-NAPOLÉON BONAPARTE. »

Par cet acte le ministère du gouvernement *personnel* se trouve complet.

Il paraît que l'université emploie tous ses efforts pour faire effacer de la loi sur l'enseignement les *conseils départementaux* et pour y substituer le maintien des *anciennes académies*.

C'est ce que M. Parieu, qu'on dit favorable à cette pensée, appellerait la *transaction*.

C'est-à-dire QU'IL N'Y AURAIT PLUS DE LOI.

Quiconque ne comprend pas que le *comité départemental* est, en ce qui touche la réforme de l'instruction publique, la partie la plus importante de toute la loi, n'y a rien compris.

Faut-il ajouter que M. Parieu, contrairement à la conviction unanime des hommes les plus éminents de la majorité, ne croit pas pouvoir soutenir l'*affranchissement des petits séminaires* et le *droit commun pour les membres des congrégations religieuses* non reconnues par l'État ?

Quoiqu'on nous l'ait dit, il nous est impossible d'y ajouter foi !

Bulletin de la politique étrangère.

ITALIE. — TURIN. — Il y a eu, le 13 novembre, une assez vive discussion à la chambre des députés de Turin, au sujet du traité avec l'Autriche. Le député Buffa avait déposé une proposition ayant pour objet de faire déclarer que la chambre considérait comme un fait accompli le traité conclu à Milan, le 6 août 1849, entre le roi de Piémont et l'empereur d'Autriche. On a beaucoup déclamé, mais rien encore n'a été décidé.

AUTRICHE. — Les nouvelles de Vienne du 13 ne font que confirmer celles que nous avons données hier sur l'issue favorable des affaires d'Orient. Rien d'important, d'ailleurs, dans les correspondances de cette capitale.

La *Gazette de Cologne* dit qu'à Maros Varsahely, en Hongrie, on a fait des tentatives pour engager les soldats impériaux à trahir leur drapeau. Le gouverneur civil et militaire de la Hongrie, baron de Haynau, a publié un ordre d'après lequel les corrupteurs de ce genre seront punis de mort.

On mande du Banat que l'on y attend tous les jours les réfugiés de Widdin. Les autorités ont tout préparé pour leur réception.

CONSTANTINOPLE. — Dans le courant de la semaine dernière, le sultan a envoyé un de ses aides de camp, Elhem-Pacha, à Thérapia, chez l'ambassadeur de France et l'ambassadeur d'Angleterre, pour les complimenter et leur exprimer ses remercîments de l'attitude prise par les deux cabinets dans la question des réfugiés, et de l'appui qu'il en a reçu.

Jusqu'à ces derniers temps, le recrutement se poursuivait avec activité dans toutes les provinces de la Turquie. Les soldats irréguliers (*redifs*), qui avaient été réunis à Constantinople au nombre de 25,000 environ, n'ont pas été renvoyés dans leurs foyers ; ils ont été casernés, et toutes les dispositions sont prises pour leur faire passer l'hiver ici. Nous ignorons si ces dispositions seront changées par suite des réponses de Vienne et de Saint-Pétersbourg.

Conformément aux stipulations de la convention de Balta-Liman, relative aux principautés, la Porte a retiré toutes ses troupes de la Valachie et n'y a laissé que 10,000 hommes. Bien que jusqu'à présent aucune réduction n'ait été faite dans le corps d'occupation russe, on espère que l'exemple de la fidèle observation de cette convention par la Porte sera imité par la Russie, et que le cabinet de Saint-Pétersbourg évitera de faire naître sur cette question quelque difficulté nouvelle.

Chronique et Faits divers.

Il n'y avait hier au soir aucune réunion de représentants ni au palais d'Orsay (conseil-d'État), ni aux Beaux-Arts. Mais il y avait réunion des propriétaires-agriculteurs de la rue de Beaune. Les discussions étaient très-vives.

— Aujourd'hui, une partie des membres de l'Assemblée nationale, avec M. le président Dupin, s'est rendue au Conservatoire des Arts-et-Métiers, pour assister à la première séance des cours.

— M. Darcy, préfet du Rhône, est nommé sous-secrétaire d'État au ministère de l'intérieur.

— On craint pour demain une manifestation des anarchistes, à l'occasion de l'exécution de l'arrêt de la Haute-Cour, en ce qui concerne les contumaces. On sait que les noms des condamnés et des extraits de l'arrêt doivent être, conformément à la loi, affichés au poteau par l'exécuteur des hautes-œuvres sur la place du Palais-de-Justice. Le bruit s'était répandu qu'une mesure du gouvernement supprimait cette exécution, mais il ne s'est pas confirmé. Toutefois, comme de grandes mesures de précaution, et au besoin de répression, seront prises demain, il n'y a rien à craindre pour la tranquillité de Paris.

— On lit dans le *Courrier de Saône-et-Loire* :

« Depuis quelque temps, le théâtre de Chalon semble se transformer en un club révolutionnaire, où viennent se produire avec fracas les passions politiques les plus exaltées. Et certes, il ne faudrait que la représentation de dimanche pour nous confirmer dans cette pensée.

« Ce jour-là, on jouait *Marceau ou les Enfants de la République*, pièce insignifiante, il est vrai, mais bien propre à passionner les masses. Une partie du premier acte venait de s'écouler dans le calme, lorsque tout à coup apparut Napoléon. A son entrée en scène, le jeune officier d'artillerie qui, quelques années plus tard, devait s'immortaliser au siége de Toulon, fut salué par quelques coups de sifflet; mais, en revanche, Maximilien Robespierre, qui ne tarda pas à se produire, fut accueilli par de frénétiques applaudissements.

« Sans doute, l'injure faite au nom du grand homme venait d'être lavée; il avait eu l'honneur d'être sifflé par ceux qui applaudissaient Robespierre. Mais nous le demandons à tous ceux que n'aveugle pas la passion, ce fait n'est-il pas déplorable, et ne nous révèle-t-il point la profonde démoralisation qui s'est infiltrée dans le peuple? Clubistes effrénés, voilà votre œuvre ! »

— Le deuxième numéro du journal la *Solidarité*, qui poursuit la solidarisation de toutes les associations ouvrières socialistes, n'a pas paru ce matin, l'imprimeur n'ayant pas voulu se rendre responsable de la publication de certaines pièces émanées dans d'autres temps, d'un personnage très-haut placé.

VARIÉTÉS.

Les Confessions d'un révolutionnaire,

POUR SERVIR A L'HISTOIRE DE LA RÉVOLUTION DE FÉVRIER,
Par J.-P. PROUDHON.

—

(Deuxième article. Voir le N° 4869.)

—

II.

Je me suis engagé à démontrer que M. Proudhon, *cet enfant terrible du socialisme*, suivant M. P. Leroux, *ce fléau de Dieu des socialistes*, au dire de M. V. Hennequin, a écrit un livre rempli d'enseignements précieux pour tout le monde, et tout spécialement pour le grand parti de l'ordre.

· Ma tâche ne sera pas difficile.

· Il me suffira, pour arriver à ma démonstration, de résumer un certain nombre de faits mis en relief par l'écrivain, et dont la conclusion est toujours la même : DESTRUCTION UNIVERSELLE.

III.

. « La démocratie est l'abolition de tous les pouvoirs, spirituel et temporel.... C'est l'enchainement des actes révolutionnaires, c'est « TOUTE LA PHILOSOPHIE MODERNE (1). »

C'est par cet aveu dépouillé d'artifice, que M. Proudhon commence son troisième chapitre.

Lorsque les premiers hommes, dit l'auteur, se rassemblèrent au bord des forêts (2) pour fonder la société, imbus de la théorie d'une révélation, ils se dirent : Constituons au milieu de nous une AUTORITÉ qui nous surveille et nous gouverne! *Constituamus super nos Regem.* Aussi, *au berceau des sociétés,* toute autorité est-elle de droit divin. *Omnis potestas a Deo,* dit saint Paul.

L'autorité! voilà donc quelle a été la première idée sociale du genre humain.

Gouvernement, Pouvoir, Etat, Autorité, ces mots, suivant M. Proudhon, désignent tous la même chose. Absolutistes, démagogues, doctrinaires et socialistes, tournent incessamment leurs regards vers l'autorité comme vers leur pôle unique. Et pourtant, « l'homme une « fois parvenu à l'âge de maturité, le gouvernement doit disparaître... « Cette conclusion arrive ici avec la même rigueur de logique, avec la « même nécessité de tendance que nous avons vu LE SOCIALISME SOR- « TIR DE L'ABSOLUTISME, la philosophie naitre de la religion, l'éga- « lité se poser sur l'inégalité même. »

L'autorité SPIRITUELLE ET TEMPORELLE, M. Proudhon n'hésite pas à le proclamer, n'est qu'un organisme préparatoire, essentiellement corruptible, incapable par lui-même de produire autre chose que tyrannie et misère.

PLUS D'AUTORITÉ !

PLUS DE PARTIS !

LIBERTÉ ABSOLUE DE L'HOMME ET DU CITOYEN (3) !

En trois mots, voilà la profession de foi politique et sociale de M. Proudhon.

Les institutions religieuses, politiques, judiciaires, dont nous sommes si fiers, doivent, *par le progrès du temps,* se flétrir et tomber comme le fruit tombe dans sa saison (4).

---

(1) *Confessions,* c. III, p. 24.
(2) Curieuse hypothèse que M. Proudhon aurait bien dû laisser aux philosophes niais du dix-huitième siècle.
(3) *Confessions,* c. III, p. 20.
(4) Idem, p. 26.

· L'ancienne société reposait sur trois bases qui ont résisté pendant des milliers d'années au choc des révolutions :

LA RELIGION, dont le catholicisme (M. Proudhon le reconnaît) a été la plus haute expression.

L'AUTORITÉ, ou le gouvernement, c'est-à-dire « l'oppression et l'exploitation de l'homme par l'homme. »

LA PROPRIÉTÉ, ou le capital, sur lequel le socialisme a presque mis la main, « et qui ne reviendra pas (1). »

« Le CAPITAL, dont l'analogue dans l'ordre politique, est GOUVER-
« NEMENT, a pour synonyme, dans l'ordre de la religion, LE CATHO-
« LICISME.

« L'idée économique du capital, l'idée politique du gouvernement
« ou de l'autorité, l'idée théologique de l'Eglise SONT TROIS IDÉES
« IDENTIQUES et réciproquement convertibles : ATTAQUER L'UNE,
« C'EST ATTAQUER L'AUTRE, ainsi que le savent parfaitement aujour-
« d'hui tous les philosophes. »

Tout cela est-il assez clair, assez instructif!

Ainsi, voilà M. Proudhon qui reconnaît, qui proclame, ce que les écrivains catholiques ne cessent de répéter, sans réussir à le persuader à des pouvoirs indifférents ou sceptiques, savoir : que porter la main sur le catholicisme, sur l'Eglise, c'est ébranler du même coup et le gouvernement et la propriété!

« A côté du capital et du pouvoir, il était une troisième puissance
« qui, depuis soixante ans, paraissait endormie, et dont L'AGONIE
« menaçait d'être bien autrement redoutable : c'est l'Eglise! » (2).

L'Eglise! la religion! voilà donc le rempart, solide encore après tant d'assauts, qu'il faut renverser pour arriver à la destruction universelle.

« L'homme, en rapport avec son créateur, a dit M. de Maistre, pos-
« sède une action créatrice. Au contraire, dès qu'il se sépare de Dieu
« et qu'il agit seul, il ne cesse pas d'être puissant, car c'est un privi-
« lége de sa nature ; mais son action est négative et n'aboutit qu'à
« détruire. »

M. Proudhon a parfaitement compris cette vérité, et voilà pour-quoi il a toujours fait de l'idée théologique de l'Eglise son delenda Carthago. L'Eglise à bas, tout croule.

« Tous les hommes sont égaux et libres : la société, par nature et destination, est au-
tonome, comme qui dirait INGOUVERNABLE..... Il n'y a pas de gouvernement. Quiconc-
que met la main sur moi pour me gouverner est un usurpateur et un tyran : je le déclare mon ennemi..... l'idée de Providence, qui apparaît une des premières dans la société, y répugne. L'égalité nous arrive par une succession de tyrannies et de gouvernements » (3).

(1) Confessions, p. 165.
(2) Ibid., c. XVII, p. 252, in fine.
(3) Ibid., c. III, p. 17.

Il est très-vrai que nous naissons tous égaux et libres. « Mais, a dit un célèbre écrivain, entre égaux il n'existe *naturellement* ni devoirs, ni droits, ni sujets, ni pouvoirs, ni par conséquent d'ordre possible, et jamais on ne constituera de société seulement avec des hommes. *Il faut que l'homme soit d'abord en société avec Dieu pour pouvoir entrer en société avec ses semblables* (1). »

Et voilà pourquoi, chez les modernes comme dans l'antiquité (M. Proudhon le constate lui-même), *le sacerdoce est le père du gouvernement,* » du gouvernement qui, toujours et partout, « *a pris naissance d'une théorie de la Providence.* »

Il est donc évident que là où n'existe pas la foi en un Dieu dont la Providence gouverne le monde; là où l'homme ne croit pas à une *révélation,* à une loi religieuse qui communique à l'autorité le *droit* du commandement et qui impose à la société le *devoir* de l'obéissance; là, quiconque se permet de « *mettre la main sur quelqu'un pour le gouverner,* » doit être réputé, comme le dit M. Proudhon, « *un usurpateur et un tyran.* »

Et, en effet, si tout pouvoir ne dérive pas de Dieu (*omnis potestas a Deo*), si le commandement n'est pas une délégation de la souveraine autorité, en vertu de quel droit l'homme imposerait-il sa volonté à un autre homme, son égal? Sera-ce en vertu du droit de la force? Mais J.-J. Rousseau a lui-même reconnu et invinciblement démontré, dans son *Contrat social,* qu'aucun devoir ne peut résulter de la force, et qu'ainsi elle diffère essentiellement de l'autorité. La force est la puissance de contraindre, l'autorité est le droit d'ordonner. Du *droit* de commander résulte le *devoir* d'obéir : de la puissance de contraindre résulte simplement la nécessité de courber la tête sous la tyrannie.

Des philosophes, nous le savons, ont donné et donnent encore pour base à l'ordre social je ne sais quel pacte primitif en vertu duquel tous les membres d'une société, dans l'intérêt de chacun, déposeraient, à certaines conditions, l'exercice de leur souveraineté entre les mains d'un seul ou de plusieurs. Mais tout pacte implique l'idée d'une sanction qui le rende obligatoire. Et où trouvera-t-on cette sanction, « fondement nécessaire de l'obligation morale, et sans laquelle il n'existe pas de vrai contrat? » La volonté de l'homme n'étant pas obligatoire pour lui-même, comment donc le serait-elle pour autrui?

Rousseau a établi que celui qui cède sa souveraineté, la peut reprendre dès qu'il le veut. Or, partout où le pouvoir aura pour fondement un contrat social, il arrivera forcément l'une de ces deux choses : ou le peuple sera le plus fort, et alors il renversera le pouvoir dès que la fantaisie lui en prendra; ou la force sera du côté de l'autorité, et « elle aggravera les liens du peuple, au gré de ses caprices ou de ses craintes, comme on enchaîne un animal féroce de

---

(1) *Contrat social,* l. I.

peur d'en être dévoré. » Quand la force du peuple prévaut on a la tyrannie ; quand la force du souverain l'emporte, on a le despotisme.

« Mais le despotisme, a dit M. de Lamennais (1), est de beaucoup
préférable à l'anarchie, car l'anarchie n'est que le choc de tous les
pouvoirs particuliers, dont chacun cherche à prévaloir ; et jusqu'à ce
que l'un d'eux ait prévalu, le désordre est au comble, et L'UNIQUE
LOI EST LA DESTRUCTION. »

Ainsi donc, despotisme ou anarchie, voilà ce qui doit régner dans
toute société humaine, quelle qu'en soit la forme, où l'autorité ne
repose pas sur sa seule base légitime, c'est-à-dire *sur le droit
divin* (2).

Le despotisme, ou, pour parler comme M. Proudhon, *la fureur du
gouvernement,* voilà le fléau du peuple depuis que la France existe.

« Les gouvernants ont toujours empêché, toujours comprimé, toujours frappé ; ils
n'ont jamais *révolutionné* (3)..... La monarchie a dit : Tout pour le peuple, mais par le
prince.

« Les doctrinaires : tout pour le peuple, mais tout par la bourgeoisie.

« Les radicaux n'ont pas changé de principe pour avoir changé de formule : tout pour
le peuple, mais tout par l'Etat.

« Qui donc osera dire enfin : tout pour le peuple, et tout par le peuple, même le
gouvernement ! — Tout *pour* le peuple, agriculture, commerce, industrie, philosophie,
RELIGION, police, etc. — Tout *par* le peuple : le gouvernement et la RELIGION, aussi
bien que l'agriculture et le commerce..... Avons-nous besoin de parasites pour travailler et de prêtres pour parler à Dieu ? Nous n'avons pas davantage besoin d'élus qui
nous gouvernent... le gouvernement de l'homme par l'homme, c'est la servitude, et
toute religion positive, *aboutissent au dogme de l'infaillibilité papale,* n'est, elle-même,
autre chose que l'adoration de l'homme par l'homme.....

« Le pouvoir existe depuis un temps immémorial. Quelques-uns tels que Robespierre,
entrevoyaient bien la possibilité d'en changer la forme : PERSONNE N'EUT VOULU LE
SUPPRIMER... Le pouvoir était toujours, ET AVEC RAISON, posé comme étant de droit
divin : on prétendit, chose étrange, qu'il émanait du droit social, de la souveraineté du
peuple. On s'imaginait, *à l'aide d'un mensonge,* réconcilier le pouvoir avec le progrès.
On fut bientôt détrompé.

« Ce que Dieu a joint, l'homme ne le sépare pas.....

« Tant qu'elle combattit pour l'unité de la République... pour l'égalité des citoyens,
la Convention fut grande et sublime... Mais bientôt les hommes furent saisis d'une véritable fureur de gouvernement. Des mesures de salut public, *affranchies de formalités
légales,* étaient devenues nécessaires : BIENTOT LE BON PLAISIR DES DICTATEURS FUT
TOUTE LEUR RAISON : ILS NE SURENT que proscrire et guillotiner... C'est le pouvoir qui a perdu les Jacobins..

« A la Convention succède le Directoire... La Convention créée pour le péril ne comprend plus que le supplice; *son intelligence s'était retirée tout entière dans l'échafaud.*
Le Directoire auquel on avait demandé le repos, tombait en léthargie... Le 18 brumaire
fut bien moins l'œuvre de Bonaparte que de l'immense majorité du pays... On voulait,
pour conduire la Révolution, un pouvoir fort. On fut servi à souhait...

« Bonaparte tombé, on se promit de régler, par un pacte efficace, les conditions du
pouvoir. Nous eûmes la Charte...

« Mais la légitimité fit tant et si bien, qu'un jour elle se trouva, par mégarde, hors la

(1) *Indifférence,* T. I.
(2) Il va sans dire que nous prenons ces mots : *droit divin,* dans leur véritable sens
catholique, et non dans l'acception qui leur est donnée et par les écrivains révolutionnaires et par certains publicistes exclusifs.
(3) *Confessions,* p. 23.

loi, Paris alors dressa ses barricades : le roi-chevalier fut chassé, et tous les siens bannis hors du royaume.

« *Liberté, ordre*, telle fut la devise sous laquelle on recommença à faire du gouvernement, j'ai presque dit de la contre-révolution (sous la royauté de juillet). On avait honni le gouvernement de la légitimité : on ne voulait pas retourner au gouvernement des prêtres. Que restait-il? le *gouvernement des intérêts*. Ce fut celui qu'on adopta.

« ..... Il semble, au premier abord, qu'il n'y ait presque pas de différence entre la Charte de 1814 et celle de 1830... *Ce serait entièrement méconnaître la portée de la révolution de juillet*. 1830 et 1848 SONT DEUX DATES ENCHAÎNÉES L'UNE A L'AUTRE D'UN LIEN INDISSOLUBLE.

« En juillet 1830 *a été conçue la République démocratique et sociale*; le 24 février n'en a été, si j'ose ainsi dire, que l'accouchement.....

« Louis-Philippe était la bourgeoisie sur le trône..... Ni lui, ni Charles X ne faillirent à leur mandat : *c'est pour y avoir été trop fidèles* qu'ils sont tombés l'un et l'autre.....

« Le parti-prêtre... se prévalait... d'un article de la Charte qui déclarait la Religion catholique *religion de l'Etat*. Pour tranquilliser *les égoïsmes* autant que les consciences, on décida qu'à l'avenir, il n'y aurait plus de religion de l'Etat. Disciple de Hégel et de Strauss, *je ne l'eusse pas osé* : les doctrinaires n'hésitèrent pas. C'était le premier pas vers la *décatholisation exprimée dans les vœux des Jacobins*.....

« *Disons-le, on a été injuste envers les révolutionnaires de 1830. En coupant du même coup dans leur racine le catholicisme et la monarchie*, ils ont fait les deux tiers de la besogne : NOUS, leurs successeurs, NOUS N'AVONS EU D'AUTRE PEINE QUE DE TIRER DE CES PRÉMISSES LA LÉGITIME CONSÉQUENCE.

« Les réformateurs de 1830 ne s'étaient arrêtés que devant le capital. C'était le capital qu'ils avaient adoré.... Devant cette nouvelle puissance s'inclinaient le roi, la noblesse, le clergé, le peuple. A l'autorité de l'Eglise, à la foi monarchique, on avait substitué le culte des intérêts.... La philosophie avait prévalu contre le catholicisme.... La souveraineté du peuple avait prévalu contre la prérogative royale.... Mais qui pourrait prévaloir contre la propriété ?....

« Ainsi raisonnaient les doctrinaires ; révolutionnaires ardents contre le trône et l'autel, absolutistes impitoyables dès qu'il s'agit du monopole....

« La bourgeoisie ne savait pas en 1830, elle ne sait pas en 1849, ce qu'elle poursuivait à travers sa Charte réformée et son gouvernement représentatif. Elle sait seulement.... ce qu'elle ne voulait pas.

« La bourgeoisie ne voulait pas d'une monarchie légitime, issue d'un autre principe que de sa volonté....

« Elle n'aimait pas les jésuites, *entendant par jésuites aussi bien les gallicans que les ultramontains*..,. Pour elle le janséniste n'est qu'une variété du jésuite. *Si elle admirait Bossuet, son cœur était à Voltaire*. Elle tolérait le culte et le salariait ; mais, comme si elle avait refusé d'entrer en part avec Dieu, *elle avait mis la religion hors la loi*....

« Que veut-elle donc cette bourgeoisie... tracassière, ingouvernable ? .... *Elle veut des affaires. Elle fait bon marché du reste*. Des opinions ... elle s'en raille ; de la Religion, nous savons ce qu'elle pense. Ce que veut, ce que demande la bourgeoisie, c'est le bien-être, le luxe, les jouissances, c'est de gagner de l'argent.

« ET LE PEUPLE, SUR TOUS CES POINTS, EST DE L'AVIS DE LA BOURGEOISIE. Lui aussi prétend avoir sa part de bien-être, de jouissance et de luxe....

« Une querelle de parlement jetta dans la boue la grande prostituée. Les mêmes bourgeois qui avaient acclamé d'enthousiasme l'avènement de Louis-Philippe au trône, l'en précipitèrent.... *Le peuple se trouva derrière les rangs de la garde nationale pour donner à la catastrophe sa vraie signification*. Depuis dix-huit ans il attendait cette initiative de la bourgeoisie, ET SE TENAIT PRÊT. Que nos contemporains le nient, s'ils l'osent, ou qu'ils en reviennent, s'ils peuvent ! Mais moi, je ne suis ni un vendu de la veille ni un rénégat du lendemain ; *et je jure que la bourgeoisie française, en renversant la dynastie qu'elle avait faite*, A DÉTRUIT EN ELLE LE PRINCIPE DE PROPRIÉTÉ » (1).

(1) *Confessions*. Ce qu'on vient de lire est une série d'extraits des chapitres IV et V de l'ouvrage de M. Proudhon, depuis la page 25 jusqu'à la page 54.

Sans doute, dans les pages que nous venons de citer, il [
la part de l'exagération et du sophisme. Mais que de vérités
tes, incontestables ! « Le capital (ou la propriété) dont l'a
« dans l'ordre de la politique, est le gouvernement, a pour s
« dans l'ordre de la religion, le *catholicisme.* » Eh bien ! ré
naires ardents contre la religion et contre le droit divin du
vous voici amenés, par la force des choses, ou à revenir sur
c'est-à-dire à reconnaître avec M. Proudhon « *que l'idée te*
« *du capital, l'idée politique du gouvernement, l'idée théol*
« *l'Eglise,* du catholicisme, *sont trois idées identiques* »; ou bi
ser le socialisme détruire en France le principe de la proprié

La propriété, comme l'autorité qui lui sert de bouclier
droit qui a aussi pour fondement la loi religieuse. Di
à l'homme : « Tu ne voleras pas ; tu ne prendras ni la m
« ton prochain, ni son bœuf, ni son âne, etc. » Or, de deu
l'une : ou j'accepterai comme divin le commandement dicte
par Jehovah ; — et alors je me croirai obligé d'obéir, sous
crime; — ou bien, je regarderai ce précepte comme
tion d'un législateur humain, et, dans ce cas, je raisonner
sorte : « Tous les hommes sont libres *et égaux,* » donc
le droit de me forcer à respecter le capital d'autrui, c'est
lui laisser la libre jouissance des fruits de son travail. Plus fa
ce propriétaire, j'emploierai la ruse pour lui ravir son bie
fort, je le lui arracherai. M'opposerez-vous le devoir social, l'é
probité ? Mais je vous répondrai que le devoir, que l'équité
probité définis, imposés par les hommes, mes égaux, so
yeux de véritables billevesées; que je trouve, moi, du hau
souveraineté et de mon indépendance, parfaitement licite, |
ment légitime, parfaitement honnête, l'acte qui vous paraît si
si coupable, à vous. Qui décidera entre nous ? La force ? Ma
suis le plus fort ?

Donc, sans la loi religieuse, nulle société possible, et sans
religieuse, point d'autorité qui soit autre chose que la tyrann
de propriété qui ait une garantie logique, légitime, solide.

Religion, autorité, propriété, ce sont, M. Proudhon a mille
son de le dire, *trois idées identiques et réciproquement conv*
Oui, *attaquer l'une c'est attaquer l'autre,* et c'est parce qu'on a
l'idée théologique de l'Eglise, c'est parce qu'on a nié l'origin
du pouvoir, que M. Proudhon se croit autorisé à prédire la pr
destruction de la propriété.

AURÉLIEN DE COURS
(*La suite à un prochain*

L'un des Propriétaires-Gérants, CHARLES DE RIA

Paris, imp. BAILLY, DIVRY et Comp., place Sorbonne, 2.

L'AMI DE LA RELIGIÓN.

Correspondance de Mgr l'Evêque de la Rochelle et de M. l'Abbé Newman.

L'*Ami de la Religion* a inséré, dans les numéros 1198 et 1304 de collection, le jugement de Mgr l'Evêque de la Rochelle sur l'ouvrage de M. Newman, intitulé : *Histoire du développement de la doctrine chrétienne*, etc.

Nous ignorions alors que ce Prélat avait écrit, dans le temps, à l'auteur lui-même, et que, en rendant hommage à ses talents, il avait cru devoir lui adresser quelques modestes observations sur divers endroits de ce livre qui lui paraissaient susceptibles de correction et d'amélioration. Aujourd'hui cette lettre parvient à notre connaissance, ainsi que la réponse de l'illustre auteur.

Les lecteurs de l'*Ami de la Religion* nous sauront gré de leur communiquer ces deux pièces intéressantes.

L'une leur démontrera que l'admiration qu'inspirent aux premiers Pasteurs les plus hautes intelligences, ne saurait leur fermer les yeux sur les taches, même les plus légères, qui ont rapport à nos dogmes;

L'autre fera ressortir d'une manière plus éclatante encore le mérite d'un écrivain qui accueille les remarques critiques qui lui sont adressées, avec une humilité d'autant plus digne d'éloges, qu'elles se rapportent à une composition qui précède le temps de son entrée au sein de l'Eglise catholique.

Voici d'abord la lettre de Mgr l'Evêque de la Rochelle au R. P. Jh Newman :

« La Rochelle, ce 29 janvier 1848.

« Mon révérend Père,

« J'éprouve une douce satisfaction à vous donner cette qualité, qui annonce le chemin que vous avez fait dans les voies de la perfection, et qui présage celui que vous devez faire encore dans l'intérêt de votre âme, aussi bien qu'à l'avantage de vos frères.

« Je vous félicite d'avoir obéi fidèlement à la grâce divine qui vous appelait, et cela sans prendre conseil de la chair et du sang. (*Galat.* I, 16.) Je félicite la sainte Eglise, ma mère, d'avoir fait une telle conquête. Je félicite les âmes droites que vos exemples et vos prédications vont ramener en grand nombre, j'en ai la confiance, au sein de la vérité. Quand vous viviez encore loin d'elle; quand vous sembliez encore parfois lui déclarer une certaine guerre, cette fille du Ciel vous poursuivait constamment, saintement, tendrement; elle vous aimait; elle s'insinuait peu à peu dans votre cœur et votre esprit; elle vous appelait à *combattre* avec elle et sous ses étendards *les combats du Seigneur*. Lorsque, dans le silence du cabinet, vous interrogiez la tradition de tous les siècles chrétiens, depuis le berceau de l'Eglise; lorsque vous puisiez dans les trésors d'une érudition

immense, vous ne vous laissiez pas séduire par les attraits de la *science qui enfle*
vous étiez guidé par la *charité qui vivifie*; et, comme il est dit d'un ancien
Père, *vous cherchiez Jésus-Christ dans les livres*. Vous l'avez trouvé : ce divin
Sauveur n'est complet qu'avec son Eglise, dont il ne se sépare jamais, et qui, elle-
même, ne se sépare jamais de lui, qui est la souveraine vérité, comme elle est
la colonne et le fondement de la vérité. Il vous a montré *cette glorieuse Epouse
qui est toujours sans ride et sans tache*, et vous a invité puissamment à devenir
pour elle un enfant docile et soumis. Vous l'avez fait. Vous êtes pleinement à Jésus-Christ et à son Eglise. La terre s'en réjouit ; les Anges en ont tressailli d'allégresse ; l'enfer en a frémi : il a pressenti les résultats de cet heureux événement.

« Quand j'eus commencé la lecture du savant ouvrage où vous signalez les
motifs qui ont déterminé votre retour au *centre de l'unité*; vous le dirai-je? mon
cœur éprouva une double crainte. J'appréhendai d'abord que la profondeur de vos
pensées ne rendissent votre livre presque inaccessible aux communes intelligences; je tremblai ensuite qu'il ne s'y rencontrât trop souvent des restes d'anciens
préjugés d'éducation qui fissent naître dans l'esprit de vos lecteurs plus d'incertitude sur l'intégrité de notre foi que de propension et d'attachement pour elle.
La foi est quelque chose de si délicat et de si étranger à tout mélange d'erreur!
Il faut bien le dire ici : votre ouvrage ne convient guère qu'aux savants et aux
hommes réfléchis ; il est également vrai que ses obscurités s'éclaircissent à mesure que l'on avance dans cette lecture si intéressante; et l'on est amplement dédommagé de l'application que l'on a donnée aux principes, par les consolations
qui résultent des conséquences. On parcourt alors avec autant de facilité que de
plaisir ces pages si savantes, si belles, dont chaque ligne est un nouvel hommage
rendu à la vérité.

« Quant au second article qui m'avait inquiété, *j'avais craint où il n'y avait
pas lieu de craindre*, ou du moins mes préoccupations étaient exagérées. J'ai
trouvé dans votre langage l'expression d'un homme de foi et qui ne veut pas rougir plus tard de ce qu'il a avancé. Quelques points cependant m'auraient paru
susceptibles d'une explication plus étendue et plus en rapport avec l'enseignement catholique. Je cite la page 413 de la traduction de M. Gondon, où vous dites
*que la pratique des temps primitifs paraît avoir été que la rémission des gra-
ves offenses ne pouvait avoir lieu qu'une fois*. Ce n'est pas à un docte écrivain
comme vous qu'il faut citer les autorités nombreuses que fournissent les saintes
Ecritures et les histoires ecclésiastiques qui établissent une rémission plusieurs
fois réitérée, alors même que, suivant le langage du Sauveur, elle n'irait
pas jusqu'à *soixante-dix fois sept fois*, montrant que ce n'était pas en
vain que Jésus-Christ avait donné à ses apôtres le pouvoir de remettre en tout
temps et toujours toutes sortes de péchés, quelque nombreux et énormes qu'ils
pussent être; fussent-ils aussi multipliés que ceux du jeune homme, objet du zèle
du bien-aimé disciple, jeune homme qui avait si peu profité de son baptême, et
qui mérita néanmoins par son sincère repentir et ses aveux que saint Jean lui
donnât l'absolution de ses excès dans le libertinage, de ses vols, de ses meurtres, etc.; fussent-ils aussi scandaleux que celui de l'incestueux de Corinthe,
frappé d'excommunication, puis réconcilié par l'autorité du grand apôtre : car
Dieu est juste et fidèle, dit saint Jean, *et il s'est engagé à pardonner tous les péchés que l'on confesse avec les dispositions requises*. (I. Joan. 1, 9.) Je ne citerai pas ici Denis de Sainte-Marthe, ou le savant *Scheffmacker*, qui a réuni en
abrégé, *dans sa IV*e *lettre*, ce que tant d'autres théologiens ont établi beaucoup
plus longuement. Vous connaissez, entre autres, ce qu'a écrit le savant Bellar-

min: (*Controv.*, t. III, *De pœnit.*, l. 3.) Je ne relèverai pas non plus l'expression de *pain et de vin*, par laquelle vous indiquez quelquefois l'adorable Eucharistie, voulant parler des saintes espèces. Le contexte indique assez que vous n'usez pas de cette manière inexacte de parler pour affaiblir le dogme de la *transsubstantiation*. Aussi n'en parlé-je qu'afin qu'on ne puisse penser qu'un Evêque ait été indifférent à ce langage. Je ne saurais oublier que vous étiez censé appartenir encore à l'Eglise anglicane, quand vous écriviez votre livre. C'est la raison pour laquelle je m'abstiens de quelques autres observations dont votre ouvrage pourrait encore être susceptible.

« Partout, au reste, j'y ai reconnu un esprit droit, loyal, un homme cherchant de tout son cœur la vérité, qui ne peut manquer de se manifester à lui. Vous l'avez bien prouvé par votre conduite. Vous n'avez point été arrêté par la considération des sacrifices temporels que devait vous imposer votre entrée dans la sainte Eglise romaine. Génie élevé, noble et désintéressé, vous avez plané au-dessus de tout ce qui n'était que terrestre. Cette sublimité se remarque également dans toutes les parties de votre ouvrage. Votre coup-d'œil est celui de l'aigle ; vos pensées sont toujours grandes et surnaturelles dans leurs principes comme dans leurs développements.

« Vous étiez par le cœur enfant de l'Eglise, quand vous avez commencé à écrire : car votre bonne foi, vos sentiments profondément religieux vous plaçaient au rang de ceux pour qui le roi-prophète adressait à Dieu cette prière : Offrez votre miséricorde, Seigneur, à ceux qui vous connaissent, et votre justice à ceux qui ont le cœur droit : *Prætendes misericordiam tuam scientibus te, et justitiam tuam his qui recto sunt corde.* Ainsi la lumière a brillé pour l'homme juste, et la joie qui l'accompagne a inondé un cœur qui était digne d'elle : *Lux orta est justo, et rectis corde lætitia.*

« En suivant attentivement votre écrit, on ne peut s'empêcher d'y remarquer que la grâce divine était à votre poursuite. Elle ne vous a pas terrassé tout d'un coup comme Saül sur le chemin de Damas ; mais elle semblait vous dire : Je suis à votre porte et je frappe : *Ecce sto ad ostium et pulso.* Vous lui avez ouvert avec empressement la porte de votre cœur, et vous l'avez accueillie avec joie. Elle donnait la main à la vérité, cette compagne fidèle qui ne l'abandonne jamais, et qui ne vous a jamais paru plus belle et plus radieuse que dans ce grand jour, et il était dans l'ordre que sa présence couronnât tant de recherches que vous aviez faites pour la trouver. Ces recherches montraient déjà que vous n'étiez pas un homme à système, dont le but aurait été de faire prévaloir vos propres conceptions ; car vous saviez ce que dit le grand apôtre : que l'hérétique seul s'appuie sur son propre jugement, et prouve par là même ses égarements et sa condamnation : *Sciens quia subversus est qui ejusmodi est ; cùm sit proprio judicio condemnatus.* (Tit. 3, 11.)

« Je ne m'étonnerais pas cependant que votre merveilleux écrit trouvât des contradicteurs : il ne saurait être goûté par ceux qui ne vous pardonnent pas votre retour à l'Eglise. Quoi qu'il en soit, je serais encore bien plus surpris qu'un adversaire quelconque fût assez téméraire pour oser en entreprendre la réfutation suivie, et placer ses faibles épaules sous cet Atlas qui ne manquerait pas de l'écraser. Le plus audacieux des écrivains doit reculer devant cette tâche, alors même qu'une grande récompense serait offerte à son succès. C'est en vain que la Prusse a promis de se montrer généreuse envers l'écrivain qui réussirait à réfuter la *Symbolique de Mœhler*.

« Je le répète, M. R. P., vous étiez catholique de cœur, avant même d'appartenir au corps de l'Eglise : et si, avant le temps qui a précédé l'ouvrage qui

m'occupe, il vous est quelquefois échappé des expressions que la délicate orthodoxie romaine ne saurait admettre, on les pardonne aujourd'hui d'autant plus volontiers, aux préjugés de votre éducation première, qu'à peine éclairé des rayons
de la pure vérité, vous avez noblement cicatrisé cette plaie par un désaveu qui
nous la fait regarder comme une faute heureuse.

« Ceux qui seront blessés de la démarche que vous avez faite, n'auront pas du
moins à vous reprocher de vous y être déterminé aveuglément : vos rares talents,
votre profonde doctrine leur étaient assez connus : ils savent que, si vous êtes
habile dans un grand nombre de sciences, la religion a fait l'objet principal de
vos études et de vos recherches.

« Que votre ouvrage est beau ! qu'il devient intéressant à mesure que l'on
avance dans sa lecture ! la noblesse du style suit le progrès du livre. Vous avez
rajeuni, présenté sous un jour tout nouveau et beaucoup plus complet, des pensées que d'autres avaient déjà comme ébauchées et insinuées. Vos aperçus étonnent et ravissent, et, à mesure que l'on vous voit montrer plus entièrement votre face catholique, on bénit le ciel qui a donné à son Église un apologiste dont
la marche jusqu'ici avait été inconnue ; on s'écrie dans le transport de son admiration : Le doigt de Dieu est ici : *Digitus Dei est hic.*

« Nos frères séparés qui vous liront n'auront assurément pas à vous accuser
d'un langage amer. Si leur cœur est droit comme le vôtre ; s'ils cherchent comme
vous la vérité, ils diront à leur tour, comme vous, en terminant la lecture de votre ouvrage : *Viderunt oculi mei salutare tuum.*

« Pour moi qui avais appris à vous estimer longtemps avant que de connaître
vos savants écrits, je bénis le ciel qui vous a ouvert les yeux mille fois plus heureusement qu'à Tobie, puisqu'en vous accordant cette faveur, il n'avait pas seulement en vue votre sanctification, mais celle de beaucoup d'âmes dont, à l'aide
de Dieu, vous allez devenir la lumière. *Præibis enim ante faciem Domini parare
vias ejus : ad dandam scientiam salutis plebi ejus,.... illuminare his qui in te-
nebris et in umbrâ mortis sedent, ad dirigendos pedes nostros in viam pacis.*

« Je ne terminerai pas cette longue épître sans vous témoigner la satisfaction
que j'ai éprouvée de la manière dont vous avez parlé de la très-sainte et très-im-
maculée Vierge. Je la conjure instamment de vous prendre sous sa maternelle
protection pendant toute votre vie, que je désire être longue autant que féconde
en œuvres de salut, et à votre mort que je souhaite et espère devoir être celle d'un
prédestiné.

« Agréez, je vous prie, les sentiments respectueux avec lesquels je suis,

« Mon Révérend Père,

« Votre très-humble et très-obéissant serviteur,

« CLÉMENT, év. de la Rochelle. »

Nous donnons maintenant la réponse de M. l'abbé Newman à Mgr
l'Evêque de la Rochelle :

« Oratory, Birmingham, 30 octobre 1848.

« Monseigneur,

« C'est à peine si j'ose prendre quelques moments d'un temps si précieux que
celui de Votre Grandeur. J'espère cependant que vous ne refuserez pas d'accepter l'expression d'une reconnaissance que le hasard seul a jusqu'ici réprimée.

« Il y a un an, j'ai vu dans un journal une lettre de votre main au sujet de
mon livre sur le développement du dogme. J'ai tout de suite expédié, par l'intermédiaire de M. Gondon, une lettre pour vous remercier des expressions bienveil-

lontes dont vous vous êtes servi à mon égard. Malheureusement, je viens d'apprendre que cette lettre n'est jamais parvenue à cette personne.

« Je me hâte donc de vous dire combien je suis sensible aux sentiments de bonté que vous avez exprimés envers moi. J'ai au moins l'avantage de pouvoir vous assurer qu'une année n'a pas diminué la reconnaissance que j'ai sentie la première fois que j'ai lu la critique que vous avez daigné faire de mon ouvrage. Je ne vous remercie pas moins de la franchise avec laquelle vous avez remarqué ce qui vous a déplu.

« C'est du fond de mon cœur que je soumets mon travail au jugement de l'Eglise. Je n'avais pas encore le bonheur d'être son enfant, lorsque j'ai écrit mon ouvrage. Aussi ce livre n'est-il qu'un simple essai ; il ne fait qu'entamer une matière jusqu'ici presque intacte et tellement délicate, que c'est à peine si on ose y toucher. Je n'ai donc qu'à remercier ceux qui ont la bonté de m'indiquer ce qui leur paraît douteux dans mon ouvrage. Surtout, lorsque un rang élevé, une haute intelligence et une piété sans tache se réunissent dans celui qui daigne s'occuper de mon essai. Je serais bien ingrat, si je lui refusais l'hommage de ma reconnaissance et de mon dévouement.

« Daignez, Monseigneur, recevoir mes remerciments bien sincères pour l'encouragement que vous m'avez donné par la critique trop favorable que vous avez faite de mon travail.

« De Votre Grandeur,

« Le serviteur très-humble,

« JOHN NEWMAN, Congr. Orat. »

Le discours éminemment catholique prononcé par M. de Montalembert, dans la séance de l'Assemblée nationale du 19 octobre, était bien propre à trouver de l'écho dans les cœurs bretons. Son succès a été immense surtout dans le département des Côtes-du-Nord, qui s'est honoré en portant ses suffrages sur l'illustre orateur. Ce que toute la population des Côtes-du-Nord éprouve de sympathie pour les nobles paroles de M. de Montalembert, a été dignement exprimé dans l'adresse suivante, que quelques ecclésiastiques du canton de Châtelaudren ont fait parvenir à l'honorable représentant :

« Monsieur le Comte,

« Permettez-nous de vous remercier, au nom de la religion et de la société, des nobles paroles que vous avez fait entendre à la France dans la mémorable séance du 19 octobre. La France les redira à l'Europe et au monde catholique. Elles vont consoler le cœur de notre saint et bien-aimé Pie IX. Il croira comme nous que la religion ne périra pas, dans un pays où elle a de si nobles fils, et où elle inspire de si beaux talents et de si courageux dévouements.

« Puisque vous nous avez permis de voir en vous un Breton de plus et un quatorzième représentant des Côtes-du-Nord, nous vous prions d'agréer le témoignage de notre respect et de notre tendre affection. D'autres vous féliciteront assez de ce qu'ils appellent un succès de tribune. Pour nous, prêtres et pasteurs catholiques, nous vous félicitons moins encore des richesses de votre talent et des magnificences de votre parole que de cette piété élevée, de cette foi si ardente et si pure, qui vous ont toujours inspiré. Cette foi humble et simple vous sauvera même à des hauteurs, où d'autres ont senti leur raison se prendre de vertige.

« Vous serez aussi saint devant Dieu que grand aux yeux des hommes.

« Agréez, avec notre souvenir devant Dieu, l'assurance des sentiments catholiques et bretons, avec lesquels nous sommes,

Monsieur le Comte,
Vos respectueux et affectionnés serviteurs. »

(Suivent les signatures.)

« Châtelaudren, le 2 novembre 1849. »

M. de Montalembert a répondu en ces termes à M. l'abbé Durand, l'un des signataires de l'adresse :

« Paris, le 6 novembre 1849.

« Monsieur le Recteur,

« J'ai reçu avec la plus vive reconnaissance la lettre que vous m'avez fait l'honneur de m'adresser le 2 de ce mois, de concert avec M. le curé de Châtelaudren et deux autres ecclésiastiques de ce canton. Vous appréciez beaucoup trop haut mes faibles services : c'est surtout à l'Assemblée, à cette majorité composée d'hommes de cœur et de foi comme ceux que la Bretagne a élus, qu'il faut savoir gré d'une démonstration si éclatante, si propre à consoler l'Eglise et son auguste chef. — Mais votre sympathie, quoique trop indulgente, me servira de force et d'encouragement dans les luttes laborieuses et cruelles qui nous attendent encore, et où je compte sur le secours de vos prières pour pouvoir résister à tant d'adversaires divers.

« Veuillez, Monsieur le Recteur, être l'interprète de ma reconnaissance auprès de vos honorables confrères et agréer l'assurance de ma plus respectueuse considération.

« C. de MONTALEMBERT. »

Tandis que M. de Montalembert recevait de la Bretagne les cordiales félicitations qu'on vient de lire, à Rome, d'autres catholiques lui adressaient le témoignage de leur reconnaissante sympathie :

« Les exécrables blasphèmes vomis dans les carrefours de Rome par les prédicateurs de ruisseau pendant la lutte parricide qui a eu lieu contre l'Eglise ont été noblement expiés en partie par l'éloquence chrétienne du comte de Montalembert. Grâces à vous, illustre député de l'Assemblée législative de France, à vous qui, obéissant aux mouvements d'une âme religieuse, pouvez vous vanter d'avoir versé sur nos plaies le baume d'une parole inspirée de Dieu, source de toute sagesse....

« Il y a long-temps qu'on attaque le siége de Pierre, tantôt à découvert, et tantôt dans l'ombre. Ceux qui ont ébranlé les trônes des princes séculiers se sont flattés de miner l'Episcopat dans son unité, l'Eglise dans son gouvernement, la religion dans sa discipline; insensés! qui oubliaient que la parole de Dieu ne s'efface pas, et que le Rédempteur a promis de soutenir son œuvre.... L'épée française a brisé d'abord le joug qu'une poignée de démagogues appesantissait sur nous, et ensuite votre parole calme, modérée, prudente, est venue démontrer à la France que ses armées victorieuses ici ont triomphé des ennemis de la société humaine, et que dans la personne du Souverain Pontife elles ont rétabli le vrai, le juste, et servi la cause de l'Europe entière.....

« La cité éternelle, belle de sa foi, revient soumise et respectueuse aux pieds de ce Pie IX, en qui le monde catholique salua le Pontife, qui ouvrait au monde une ère nouvelle, et qui, cruellement trompé dans la sainteté, dans la pureté de ses idées, trouva l'ingratitude là où il répandait les bienfaits..... Oui, comte de Montalembert, les démagogues ont souillé le drapeau sous lequel ils ont fait triompher le crime. Vous l'avez dit, et nous le voyons. Il serait fatal pour Rome de rentrer dans la carrière politique.

« Mettez le poison et le poignard dans la main d'un enfant, et osez vous vanter d'être prudent! »

M. de Regnon nous adresse une longue réponse à l'article que nous avons publié sur son APPEL AU PAPE.

Dans cette lettre, M. de Regnon traite principalement de la *séparation de l'Eglise et de l'Etat*. On sait quelles sont sur ce point ses idées et ses exagérations. Nous n'avons ni à les reproduire ni à les réfuter en ce moment.

M. de Regnon aborde en terminant nos propres conclusions, et il s'exprime ainsi :

« Vous les avez exprimées en disant qu'au fond et dans le vrai :

« 1° J'en appelle des Evêques de France au Pape... dans quel langage !

« J'en conviens, Monsieur, mon appel n'a pas d'autre but.

« Est-ce que, comme pères de famille catholiques, nous n'en avons pas le droit naturel et légitime, lorsqu'il s'agit pour nous de l'éducation morale de nos enfants élevés dans l'indifférentisme, au milieu d'écoles publiques qui sont entourées d'aumôniers catholiques dûment autorisés par le pouvoir épiscopal ?

« Le langage est respectueux pour les Evêques, mais il a la force de la logique la plus irréfutable à mon avis.

« 2° Que par la publicité de mon appel, j'en appelle du Pape lui-même à l'opinion publique.

« Ici, Monsieur, il y a une assertion interprétative de votre part que je dois vous prier de redresser, car elle blesse profondément tous mes sentiments, toutes mes convictions et ma foi catholique même. J'ai toujours fait profession de la plus humble soumission, de la plus parfaite obéissance au chef de l'Eglise, au Pasteur suprême à qui Jésus-Christ a confié le gouvernement suprême de son troupeau, et qui, ayant reçu de lui la plus haute autorité doctrinale, a ainsi le dernier mot dans toutes les discussions humaines. Toute ma vie prouve mon entière soumission aux décisions infaillibles des Souverains Pontifes. D'ailleurs, l'opinion publique à laquelle vous prétendez que j'appelle du Pape, a toujours été de peu de valeur morale à mes yeux ; car, on le sait, je ne crains pas de la heurter tous les jours, de front, pour défendre ce que je crois être le seul moyen de triomphe pour la religion catholique en France.

« Si j'ai publié mon Mémoire, après en avoir envoyé à Sa Sainteté le Pape Pie IX une copie revêtue de ma propre signature, je n'en ai cependant fait tirer qu'un très-petit nombre d'exemplaires que j'ai envoyés aux Evêques et aux grands séminaires, pour leur offrir le moyen de me réfuter auprès du Pape, si je me suis fait illusion sur la question. Les quelques exemplaires restants ont été distribués aux journaux religieux ; à ce titre vous en avez reçu un, et puis à quelques catholiques très-connus. »

M. de Regnon peut seul se faire l'illusion de croire que son langage est *respectueux* à l'égard de NN. SS. les Evêques.

Nous voyons avec satisfaction qu'il semble du moins avoir compris combien la publicité donnée à son *appel au Pape* est peu conforme aussi aux sentiments de vénération et de soumission dus au Souverain-Pontife. Il semble aussi revenir, jusqu'à un certain point, sur ce passage que nous lisons dans l'écrit même qu'il adressait au Saint-Père :

« J'ai pensé que cet appel DEVAIT ÊTRE PUBLIC, et que toutes mes paroles devaient ÊTRE EXPOSÉES A LA CLARTÉ DU JOUR, pour que, si quelque chose de tout ce que j'ai dit ici n'était pas absolument exact ou plutôt n'était pas considéré à son vrai point de vue, il pût s'élever dans l'Eglise même, ou par la presse, des contradictions formelles, dont Votre suprême sagesse apprécierait l'importance. »

M. de Regnon doit comprendre que quand, *cédant à des inspirations qu'il croyait* DIVINES (textuel), il envoyait en même temps qu'au Souverain Pontife son APPEL à tous les journaux, c'était plus que s'il l'eût fait imprimer à dix mille exemplaires.

NOUVELLES RELIGIEUSES.

Diocèse de Paris. — La fabrique et le clergé de Saint-Eustache, désirant s'associer à une bonne œuvre, à l'occasion de la messe de M. Niedermayer qui sera exécutée dans cette basilique, en l'honneur de sainte Cécile, le 22 du mois, par les artistes les plus éminents de la capitale, avec l'agrément de Mgr l'Archevêque, ont décidé que le produit des chaises et des quêtes sera versé intégralement dans la caisse de secours de la société des artistes.

Diocèse de Dijon. — Lundi dernier, 12 du mois, il y avait foule et fête à Genlis. Mgr l'Evêque bénissait la nouvelle église de cette paroisse. J'ai eu là une fois de plus la preuve que les populations de la France, malgré l'extérieur d'indifférence, d'incrédulité même, dont on les a recouvertes, ont conservé le sentiment de la foi. Oh ! si la mauvaise presse, si des enseignements et des exemples détestables ne détournaient pas incessamment le peuple, il reviendrait à Dieu de lui-même, par besoin, par instinct, par cette intelligence naturelle de la vérité qui ne s'éteint qu'en partie sous l'action de l'esprit du mal ! On peut, sans exagération, dire que la cérémonie dura toute la journée ; et cependant le soir, lorsque le premier pasteur congédia cette masse de fidèles, personne ne paraissait fatigué. Quand j'aurai dit que clergé, conseil municipal, compagnie de pompiers, population, furent admirables de bonne tenue, de recueillement, de joie apparente, j'aurai raconté toute cette fête religieuse, qui, pour n'être pas bruyante comme ce qu'on appelle de ce nom dans le monde, n'en prouve que mieux un véritable bonheur.

Diocèse de Saint-Brieuc. — Dimanche dernier, la ville de Saint-Brieuc, dans la banlieue de laquelle le choléra a fait quelques ravages, a donné un touchant spectacle. La statue de la sainte Vierge a été portée dans les rues, et la population entière se pressait derrière la bannière de celle que les fidèles invoquent sous le nom de *salut des infirmes*. Le dévouement du clergé est comme toujours admirable.

Diocèse d'Angoulême. — Mgr l'Evêque d'Angoulême a prononcé dans son église cathédrale, à l'occasion de l'institution nouvelle de la magistrature, un remarquable discours dont nos lecteurs nous sauront gré de leur faire connaître quelques passages :

« En nous unissant à vous pour prier dans ce sanctuaire, en offrant sur cet autel, selon vos religieuses intentions, les mystères divins, nous accomplissons un devoir que l'Evangile place au premier rang entre ceux qui sont imposés à notre ministère pastoral et à la piété des fidèles.

« Le grand apôtre adressant au premier évêque d'Ephèse des instructions divinement inspirées, qui devaient, durant tous les siècles, sous tous les gouvernements et dans toutes les régions de la terre, servir de règle à la foi et à la conduite des chrétiens, s'exprime en ces termes : « Je vous conjure, avant toutes choses, de veiller à ce que l'on « adresse à Dieu des supplications, des demandes, des prières, des actions de grâces « pour tous ceux qui sont en dignité, » c'est-à-dire qui sont investis d'une magistrature quelconque. (I. Tim. 2-1.)

« Et, chose digne de remarque, Messieurs, dans le principe et pendant trois siècles, cette pressante recommandation s'est exclusivement appliquée à des temps où dominait l'idolâtrie, à des gouvernements souvent persécuteurs.

« La magistrature française est dans l'heureuse et louable habitude de prendre part à ces prières publiques que lui doit l'Eglise.

« Deux fois déjà, depuis moins d'un demi-siècle, elle a reçu une institution nouvelle ; et, à chacune de ces mémorables époques, elle a voulu, comme vous aujourd'hui, que *de si grandes* solennités judiciaires fussent consacrées par la religion.....

« Pourquoi, Messieurs, cette manière uniforme de penser et d'agir, à des époques si diverses, et sous des régimes politiques si opposés ?

« C'est que l'alliance entre la religion et la justice n'est point le résultat d'une convention accidentelle et passagère, mais une nécessité permanente, et qui dérive de la nature même des choses.

« Oui, Messieurs, il faut que la justice humaine remonte jusqu'au ciel pour y trouver sa raison d'être, son principe, son autorité. Il faut qu'elle emprunte à la religion son moyen d'investigation le plus puissant, le complément de son action, l'efficacité réelle de ses indispensables, mais hélas ! trop souvent inutiles sévérités.

« Entre les institutions humaines, aucune ne peut se passer de Dieu ; mais, évidemment, la magistrature judiciaire moins que tout autre.....

« Le blasphème, devenu sévèrement logique, déduit de la négation de Dieu, ou, ce qui revient au même, de la négation de son intervention dans les choses humaines, l'abolition radicale et absolue *des pouvoirs spirituel et temporel, législatif, exécutif, judiciaire, propriétaire.* Par une conséquence rigoureusement juste, il anéantit toute magistrature, en condamnant comme une usurpation inique et oppressive *le jugement de l'homme par l'homme et la punition de l'homme par l'homme.*

« La religion qui fait ainsi descendre du ciel l'autorité des magistrats, relève encore la dignité de leur ministère par une autre considération : celle de la responsabilité qui s'attache à leurs actes et de l'attention, on pourrait dire spéciale, avec laquelle Dieu surveille l'accomplissement de leurs devoirs.

« Prenez bien garde à tout ce que vous ferez, » disent aux juges de la terre nos livres divins ; « car ce n'est pas la justice des hommes que vous exercez, c'est celle du Sei- « gneur ; et tout ce que vous aurez jugé retombera sur vous. » (2 Paralip. 19. 6.)

« Cet exercice des fonctions judiciaires, la religion le facilite en même temps qu'elle l'ennoblit et le consacre...

« Qu'elle demeure donc indissoluble, Messieurs, l'union qui existe si heureusement entre les deux autorités, entre les deux sacerdoces, que la Providence a également chargés, quoique dans des sphères différentes, des intérêts moraux de la société !

« Que l'esprit divin, dont nous implorons en commun l'assistance, maintienne inaltérable cette puissante concorde qu'atteste l'imposante réunion qui remplit en ce moment l'enceinte sacrée du temple !

« Administrateurs et fonctionnaires aussi éclairés qu'intègres, dignes représentants de notre brave milice citoyenne et de notre admirable armée, vous tous qui, dans quelque ordre et à quelque degré que ce soit, êtes dépositaires de la puissance publique, soyez unis par vos sentiments, comme vous l'êtes par vos devoirs. »

SÉANCE DE L'ASSEMBLÉE.

Les deux Ecoles de jurisconsultes et d'économistes qui s'étaient déjà, deux jours durant, partagé l'attention de l'Assemblée, ont continué leur tournoi.

Lutte brillante, lutte sérieuse et grave et où tous les arguments se sont produits avec ampleur et avec éclat. M. Wolowski dans un sens et M. de Vatimesnil dans l'autre, ont développé leurs doctrines, et M. Rouher, ministre de la justice, est venu adhérer à l'opinion de la commission.

Etait-ce bien là la façon de voir qu'avait M. le garde des sceaux, à l'Assemblée constituante? C'est ce que M. Valette a demandé en citant le texte d'un rapport de l'an dernier.

L'Assemblée a rejeté l'amendement de M. Wolowski. Elle a rejeté également la prétention de M. Chauffour, tendant à attribuer au jury la connaissance des délits de coalition, réservés jusqu'à présent aux tribunaux correctionnels.

On a passé ensuite à la troisième délibération sur le projet de loi relatif au chemin de fer de Marseille à Avignon.

Revue des Journaux.

L'*abolition du certificat d'études* était devenue, depuis la présentation du projet de loi de M. de Falloux, un fait tellement inévitable, que les universitaires eux-mêmes en ont pris leur parti.

Ils se réjouissent d'ailleurs que cette mesure ait été décrétée *administrativement*, parce qu'un ministre pourrait rétablir ce qu'un ministre a supprimé. Mais c'est une espérance que l'Assemblée enlèvera sans doute encore à ces esprits étroits et rétrogrades.

On dit toutefois, et ce serait un malheur, qu'ils ont regagné un organe important. Le *Constitutionnel*, qui, depuis quelques jours, fait bon marché de la majorité et s'attache de plus en plus à la politique personnelle du Président de la République, abandonnerait aussi dans la question de l'enseignement M. Thiers pour M. Cousin.

Aujourd'hui, en effet, ce journal approuve sans réserve l'*initiative* et bien plus encore le rapport de M. de Parieu :

« La production des certificats d'études n'était exigée qu'en vertu d'une ordonnance royale de 1821 et d'un arrêté du conseil de l'Université de 1833. Ordonnance royale et arrêté se trouvent rapportés tous les deux par l'ordonnance nouvelle du chef de l'État.

« Cette mesure est la mise immédiate en pratique d'une des dispositions les plus importantes de la loi qui vient d'être renvoyée au conseil-d'État, de la disposition la plus vivement désirée par ceux qui se prétendent les seuls défenseurs de la liberté d'enseignement, désirée à *tel point, que quelques-uns d'entre eux y voyaient la loi tout entière.* »

Après avoir dit que, grâce à une telle mesure « on n'est pas bien loin de la liberté d'enseignement, » et décoché quelques traits contre « la *fraction la plus exigeante* » de la majorité, le *Constitutionnel* déclare que « *le corps enseignant si méritant* à tous égards, *retrouvera* avec satisfaction dans le langage de son chef, la bienveillance et les *promesses de concours auxquelles il a droit.* »

Le *Journal des Débats* se tait, ainsi qu'il l'a fait le 7 novembre.

L'*Univers* applaudit, comme le *Constitutionnel*, à l'*initiative* du décret; il ne croit pas devoir relever les phrases du rapport, où M. de Parieu professe que les sociétés ne grandissent et ne brillent « que par les *sciences* » et où le ministre se dit « *chargé de diriger, sous les auspices du Président de la République, les forces morales du culte et de l'enseignement.* »

Voici l'opinion de l'*Univers* :

« Nous voyons surtout avec satisfaction que le ministre de l'instruction publique ait compris qu'il n'était pas nécessaire, pour enlever cette entrave, de demander un vote à l'Assemblée législative. Le monopole universitaire tire en grande partie sa force de décrets, ordonnances et arrêtés que la simple volonté du Pouvoir exécutif peut faire disparaître. Si M. de Parieu veut entrer dans cette voie, ainsi que l'indiquent certains pasâges de son rapport, il pourra rendre de grands services à l'Eglise et à la liberté. Du reste, tout ne nous plaît point également dans le rapport de M. de Parieu; mais ce n'est pas le moment d'engager une discussion sur des phrases; nous préférons applaudir au fait. »

Le *Pays* dit à son tour :

« Nous reconnaissons dans cet arrêté un pas fait vers la liberté de l'enseignement, promise par la Constitution. Nous faisons cependant une réserve qui s'explique par la question suivante :

« Le décret du 17 est-il une adhésion donnée au projet de loi de M. de Falloux?

« Est-il, au contraire, un moyen inventé pour ensevelir ce projet de loi?

« Il nous reste d'ailleurs à protester encore aujourd'hui, comme nous l'avons déjà fait hier, contre le rapport de M. de Parieu, dont les traits les plus saillants sont un passage favorable à la centralisation qui ruine la France, et un hommage rendu à la politique personnelle qui perd le pouvoir. »

L'*Opinion publique* est, comme nous, sans prévention contre l'acte de M. de Parieu, mais sans illusion sur sa portée :

« Quoique l'on ait procédé à cette réforme par voie d'ordonnance, et sans y mettre le sceau de la loi par l'intervention de l'Assemblée, nous acceptons toute amélioration dans l'état de l'enseignement, *dût-elle n'avoir que quinze jours de durée, et un autre ministre vînt-il rétablir ce que M. de Parieu a supprimé.* Cependant nous devons faire remarquer l'inconvénient qu'il y a à faire ainsi *ministériellement* ce qui devait être fait *législativement.* »

L'*Union* ne laisse point passer sans observation la prétention du ministre à la direction de *forces* qui ne dépendent aucunement de lui :

« M. de Parieu a l'air de se croire appelé à *diriger les cultes* de la République. Il n'a rien à diriger du tout. Tout son devoir est de laisser les cultes se diriger eux-mêmes à leur façon, et il en est ainsi de l'enseignement. Oh! que les gouvernements ont peine à comprendre les obligations et les droits de la société moderne! Liberté et protection de la liberté : c'est là toute la politique contemporaine. Les gouvernements périssent pour s'obstiner à la méconnaître. »

La *Presse,* en se réservant la question de *forme,* publie sur le fonds un article très-remarquable :

« UN PREMIER PAS.

« On appelle, sous le régime actuel, *décret* ce que, sous le régime précédent, on appelait *ordonnance.*

« Un simple décret, inséré aujourd'hui au *Moniteur,* tranche une question qui passait pour extrêmement grave et délicate, et qui, depuis quinze années, tenait aux prises le Clergé et l'Université.

« Nous voulons parler des *certificats d'études* qui étaient exigés des aspirants au diplôme de bachelier ès-lettres.

« Désormais ces certificats d'études ne seront plus exigés.

« Il y a deux ans, si M. de Salvandy eût pris la mesure à laquelle M. de Parieu vient d'attacher son nom, M. Thiers fût monté à la tribune pour annoncer à la France que c'en était fait de la société et de l'avenir!

« Le *Constitutionnel,* le *Journal des Débats,* le *Siècle,* le *National,* etc., etc., n'eussent pas manqué de faire écho à la voix de M. Thiers.

« Cependant, voilà les certificats d'études supprimés, et les colonnes du temple ne se sont pas écroulées! Qu'on se rassure! si la société n'en va pas sensiblement mieux, elle n'en ira pas plus mal.

« Combien d'autres barrières de la même nature nous ont été léguées par tous les régimes déchus, et qui pourraient également disparaître sans danger, sans inconvénient et même avec avantage!

« Quand donc en finirons-nous de la superstition des obstacles inutiles ?

« L'abolition des certificats d'études est un premier pas fait dans la voie de la liberté; lorsque viendra enfin cette loi toujours promise et jamais votée sur l'enseignement, nous aurons à examiner si le ministre n'eût pas mieux fait, au lieu de se borner à abolir le certificat d'études, d'abolir tout de suite l'épreuve du baccalauréat?

« A quoi sert cette épreuve ?

« Elle concourt :

« A déclasser les populations ;

« A appauvrir les familles ;

« A stimuler les présomptions ;

« A détourner certaines vocations ;

« A obstruer certaines professions ;

« A multiplier les médiocrités ;

« A bouleverser la société.

« Puisqu'à tout propos et hors de propos on parle de communisme, nous dirons que le baccalauréat est le communisme de l'intelligence.

« Que l'instruction primaire s'étende à tous, nous le comprenons, nous le désirons, nous le demandons, nous le voulons ; mais que l'instruction universitaire passe le même niveau sur tant d'intelligences inégales, sur tant d'aptitudes si diverses, nous ne le comprenons pas.

« C'est insensé. »

Afrique française.

On écrit d'Oran, le 5 novembre :

« Oran est dans la consternation. On parle de 700 décès militaires déclarés, et 5,700 civils, sans y comprendre les décès non connus de la mosquée, des Juifs et des Maures. C'est un sixième de la population. Toutes les boutiques sont fermées, les affaires sont suspendues, on fait des feux, on tire le canon ; hier il y a eu une grande procession. Le choléra est foudroyant, des familles entières sont mortes. Dans une maison, les habitants, au nombre de dix, sont tous morts dans une nuit.

« Le choléra décime aussi les Arabes. Trente condamnés sont employés à ouvrir des fosses ; des prolonges ramassent tous les soirs les cadavres. Un bataillon de tirailleurs, fort de 400 hommes, en a perdu 200 ; le 2e chasseurs d'Afrique en a perdu 80. Le général Cuny a été malade ; son aide de camp est mort. Les quatre sœurs de charité sont tombées victimes du fléau.

« Les nouvelles du 10 sont un peu plus rassurantes. Le choléra diminuait. »

Bulletin de la politique étrangère.

ITALIE. — ROME, 15 novembre. — Tout le monde croit que le Pape ne pense plus en ce moment à revenir à Rome. Cette opinion a encore été confirmée par Mgr Orsini, à son retour de Naples. Dans tous les cas, Pie IX prendra, à cet égard, conseil du roi Ferdinand. Toutefois, on pousse avec activité les travaux du palais de Farnèse.

Demain, on brûlera les derniers bons de la République pour leur substituer des bons pontificaux.

BOLOGNE, 6 novembre. — Hier, les Autrichiens ont abattu tous les arbres qui environnent l'église de l'Annonciation pour que le canon de Saint-Michel in Bosco pût agir librement en cas de besoin.

Aujourd'hui arrive l'avant-garde des troupes autrichiennes qui taient en Toscane. Le général d'Aspre était arrivé à Bologne.

(*Constituzionale*.)

PIÉMONT. — Un voyageur digne de foi, qui a visité le Piémont, apporte que des émissaires protestants parcourent ce pays pour y épandre des bibles imprimées à Genève, et s'efforcent de propager les doctrines de Calvin. Ils sont appelés et protégés par les démagogues qui pensent que pour arriver à l'établissement de la grande République italienne, il faut se débarrasser du Pape et des Rois et protestantiser l'Italie. Malheureusement quelques prêtres ou moines favorisent cette propagande de protestants. La jeunesse de Turin partage les opinions des Montagnards de France; de plus, le jeune roi est mal entouré, et peut-être, un jour ou l'autre, tombera-t-il sous le poignard d'un assassin, ou sera-t-il victime de sa faiblesse vis-à-vis des démagogues.

Les imprimeries de Genève travaillent jour et nuit à faire des éditions de la Bible. On les distribue en Piémont, dans la Savoie, le haut Tarentais, et s'il y avait en France quelque mouvement socialiste, le Piémont et une partie de la Savoie se soulèveraient. Tout cela part du congrès socialiste de Genève. A Rome, au temps de la glorieuse République, on voyait circuler un grand nombre de ces Bibles.

AUTRICHE. — VIENNE, 13 novembre. — Les nouvelles des bords de la Theiss ne sont pas très-rassurantes. La résolution prise par le gouvernement autrichien d'annuler les billets de Kossuth sans indemnité, a excité, au fond de la Hongrie, des mécontentements qui peuvent amener de graves perturbations. Déjà des conflits sanglants ont eu lieu dans ce malheureux pays, et dans Pesth même règne une sourde fermentation que la stagnation du commerce et le manque de numéraire sont loin de calmer. De nombreuses bandes parcourent le pays. Ce sont, dit-on, des ramas de brigands; mais les combats qu'ils livrent aux colonnes expéditionnaires sont plutôt des combats de guerillas où il y a beaucoup de sang versé.

PRUSSE. — BERLIN, 15 novembre. — Le gouvernement, est, dit-on, informé que le parti du désordre a l'intention de faire un mouvement, du 17 au 30 de ce mois. En conséquence, il a pris toutes les mesures nécessaires pour le comprimer.

On craint aussi une levée de boucliers dans le duché d'Anhalt-Dessau; des troupes prussiennes ont été dirigées de ce côté.

ASSEMBLÉE LÉGISLATIVE.

Séance du 19 novembre. — PRÉSIDENCE DE M. DUPIN AÎNÉ.

La séance est ouverte à deux heures et demie.
Le procès-verbal est lu et adopté.
Quarante membres au plus sont présents.
Des pétitions sont déposées.

L'ordre du jour appelle la suite de la deuxième délibération de la proposition de MM. Doutre, Benoît (du Rhône) et autres représentants, relative à l'abrogation des articles 414, 415 et 416 du Code pénal.

La parole est à M. Wolowski pour l'amendement qu'il a présenté. de concert avec M. Valette.

M. WOLOWSKI. Messieurs, on n'a porté jusqu'ici, à propos des coalitions, que des renseignements peu exacts à cette tribune. On est tombé, par exemple, en parlant de l'état des choses en Angleterre, dans de fatales méprises, et il en est résulté une confusion de langage déplorable.

L'honorable membre fait l'histoire de la législation sur les coalitions en Angleterre, et il ajoute en terminant : Ce sont les fabricants eux-mêmes qui sont intéressés à ce que les droits des ouvriers soient nettement définis. Les intérêts des ouvriers et ceux des ouvriers sont solidaires.

En faisant plus que nous ne demandons, vous commettriez une imprudence, et en faisant moins, vous commettriez une injustice.

M. ROUHER, ministre de la justice. Au point où en est venu le débat, le gouvernement éprouve le besoin de vous dire sommairement sa pensée.

Après les explications qui ont eu lieu à cette tribune, il est convaincu qu'il n'y a pas de différence profonde entre l'amendement et le projet de la commission.

Je crois que la commission ne repousse l'amendement que dans la crainte qu'on n'en exagère le principe ; c'est pour cela qu'il faut bien s'entendre sur la portée des prescriptions que nous allons voter.

Après avoir rappelé quels étaient les principes sous lesquels ont été édictés les articles 414, 415 et 416 du Code pénal, M. le ministre s'attache à établir que la pensée qui porte à rejeter l'amendement de MM. Wolowski et Valette, c'est la crainte qu'avec les mots *injustement* et *abusivement*, on ne veuille se lancer dans la voie périlleuse de la réglementation des salaires.

Mais le rejet de l'amendement ne veut pas dire que le juge, en connaissant du fait matériel, ne devra pas aussi connaître de l'intention ; que son appréciation restera complète et libre, tout aussi libre que si les mots demandés par M. Wolowski étaient introduits dans la loi ; seulement, le danger que je signalais tout à l'heure aura disparu.

Il me semble que M. Wolowski doit maintenant comprendre que le sentiment de la commission n'est pas contraire à la pensée de son amendement ; M. Wolowski ne veut pas affaiblir l'autorité, j'en suis convaincu. Eh bien ! qu'il n'insiste pas pour son amendement. (Murmures à gauche.)

Oh ! je sais bien que, d'un côté de cette chambre, on trouve toujours l'autorité assez forte. (Nouvelle interruption.)

Eh bien ! oui, on a raison, car elle sera toujours assez forte pour réprimer le désordre. (Très-bien ! très-bien !)

L'Assemblée rejette l'amendement après avoir entendu M. de Vatimesnil ; un autre amendement, présenté par M. Chauffour, est aussi rejeté.

L'ordre du jour appelle la discussion du projet de loi portant prorogation du traité passé le 30 juin 1848, entre M. le ministre des finances et la banque de France.

L'Assemblée déclare l'urgence de ce projet et passe à la discussion des articles.

L'ensemble du projet de loi est adopté.

L'ordre du jour appelle la première délibération sur la proposition de M. Charras, relative à la publication des motifs des nominations et des promotions dans l'ordre national de la Légion-d'Honneur.

Voici la proposition, selon qu'elle a été amendée par la commission d'initiative parlementaire :

« Toutes les nominations et toutes les promotions qui auront lieu dans l'ordre de la Légion-d'Honneur seront individuelles et elles seront publiées au *Bulletin des Lois* et au *Moniteur universel* avec l'exposé détaillé des services militaires ou civils qui les auront motivées. »

Personne ne demande la parole.

L'Assemblée décide qu'elle passera à une deuxième délibération de ce projet.

L'ordre du jour appelle la troisième délibération sur le projet de loi relatif au chemin
fer d'Avignon à Marseille.

M. LE PRÉSIDENT. Je vais lire les articles du projet de loi, et je ne m'arrêterai
aux articles sur lesquels la parole serait demandée.

Les deux premiers articles sont adoptés.

M. Versigny propose un amendement qui est rejeté.

Les articles 4, 5 et 6 sont adoptés.

MM. DUFOURNEL et TERNAUX proposent un paragraphe additionnel à l'art. 6 ; ce
ragraphe est ainsi conçu :

« Ce décret déterminera, la compagnie entendue, les emplois de l'entreprise qui de-
ont, soit au moment de leur création, soit au moment ou ils deviendront vacants,
re réservés à d'anciens militaires des armées de terre et de mer qui auront passé sept
s sous les drapeaux et contracté au moins un engagement de deux ans. »

M. P. CHASSELOUP-LAUBAT déclare, au nom de la commission, que cette disposi-
n leur a paru trop exorbitante et il propose un paragraphe ainsi conçu :

« Un règlement d'administration publique déterminera, la compagnie entendue, les
iplois de l'entreprise, dont moitié devra être.... (le reste comme à l'amendement
MM. Dufournel et Ternaux).

Le paragraphe est adopté en ces termes.

L'article 7 est adopté sans discussion.

On procède au scrutin sur l'ensemble. En voici le résultat :

Nombre des votants	524
Majorité absolue	263
Pour	337
Contre	187

L'Assemblée adopte.

La séance est levée à six heures et demie.

Chronique et Faits divers.

On parle plus que jamais de mesures coercitives qui seraient prises en com-
un par les grandes puissances contre la Suisse pour faire disparaître de ce pays
s foyers de propagande anarchique qui menacent l'Europe. Les résultats des
ections à Genève pourraient influer sur les déterminations des gouvernements
cet égard.

— On commence à parler des élections qui, par suite de l'arrêt de Versailles,
ivent avoir lieu dans le département de la Seine. Le parti modéré s'y prépare.

On se rappelle qu'aux élections du 13 mai les dix-huit candidats modérés, sou-
nus par le comité de la rue de Poitiers et de l'Union électorale, réunirent
068,985 suffrages, et que les dix candidats socialistes furent nommés par
165,616 voix. Il est à craindre aujourd'hui qu'avec les divisions dont la majo-
té est menacée, le socialisme, dont le centre est à Paris, n'obtienne sinon un
ccès complet, du moins un avantage plus grand.

— Le résultat des élections qui viennent d'avoir lieu à Romorantin, est une
euve du retour qui s'opère parmi les électeurs dans les voies de l'ordre et de la
odération.

Le conseil municipal de cette ville se trouvant réduit à presque moitié de son
ombre légal par suite de décès ou de démissions, l'administration supérieure a
faire procéder à une élection spéciale pour onze nouveaux conseillers.

La liste tout entière des opinions modérées a passé. Elle portait les noms de
M. Cottereau-Piat, chef de fabrique ; Aubin, ancien procureur de la République,
stitué l'an passé ; Emile Martin, juge ; Léon Vallois, ancien sous-préfet ; Dela-
rge, juge ; Beaucheton, ancien juge de paix, destitué l'an passé ; Bonsergent,
édecin ; Baudon-Duclos, négociant ; Beauchêne, ancien président du tribunal ;

Moreau-Moreau, propriétaire ; Beauvais père, ancien employé supérieur du ministère des finances.

— Encore un peu de temps, et il ne restera plus rien du vieux Paris. Un de ses monuments les plus historiques, comme Paris jadis en renfermait beaucoup, l'hôtel de Sens, ce séjour de prédilection qu'habita Charles V, va disparaître par suite des nouveaux percements et élargissements des rues, ordonnés par la commission municipale. L'hôtel de Sens faisait partie de l'ensemble des propriétés qui composaient l'hôtel Saint-Paul, que, dans une ordonnance de 1364, Charles V déclara uni à la couronne. Charles V agrandit cet hôtel par l'achat de l'hôtel des archevêques de Sens, de celui de Saint-Maur, et de l'hôtel du Petit-muce. Il destina l'hôtel de l'abbé de Saint-Maur à son fils Charles, et au milieu de ces vastes emplacements il fit construire l'hôtel de la reine. Ces divers bâtiments réunis dans une même clôture étaient désignés sous le nom d'hôtel de Saint-Paul.

— L'organe du socialisme européen, l'*Alliance des Peuples*, journal qui s'imprime dans le canton de Vaud, vient de lancer une circulaire dans laquelle il demande des actionnaires et des abonnés.

☞ — La commission municipale de la ville de Paris vient d'adopter un projet d'isolement et de formation des abords de l'Hôtel-de-Ville, qui va changer presque complétement la physionomie de ce quartier populeux et marchand. Il ne s'agit de rien moins que d'un percement aligné de quatre-vingt-quinze mètres à partir de la grille de l'Hôtel-de-Ville, qui relierait, au nord et à l'est, ce monument à la place Saint-Jean, laquelle se trouverait reliée également à la rue Saint-Antoine, au moyen d'un percement à pan coupé. La commission municipale a ordonné l'élargissement des rues de Jouy, du Figuier et des Barres, ce qui aura pour résultat d'augmenter considérablement la circulation dans cette direction qui conduit directement sur plusieurs points importants, à l'entrepôt et aux chemins de fer de Lyon et d'Orléans.

La commission, en ce qui touche la rue projetée de l'Hôtel-de-Ville jusqu'à la place Saint-Jean, a rejeté dès à présent toute idée de prolongement ultérieur en ligne droite, au delà de la place, attendu que ce prolongement, qui suivrait la même direction que les rues du Roi-de-Sicile et Saint-Antoine, serait inutile à la circulation et nuirait sans motif aux intérêts existants de la rue Saint-Antoine. La commission a demandé enfin l'étude d'ensemble du périmètre d'une caserne projetée, et autant que possible l'isolement convenable et bien à désirer de l'église Saint-Gervais.

On pousse vivement en ce moment les formalités nécessaires pour les expropriations, afin d'exécuter le plus promptement possible le projet de percement jusqu'à la place Saint-Jean, et du dégagement des abords de l'Hôtel-de-Ville.

— La *Gazette de Lyon* annonce que M. de Falloux, se rendant à Nice, a traversé notre ville, mardi dernier. M. de Falloux a gardé le plus strict incognito pendant son court séjour à Lyon.

— Dimanche dernier, avait lieu au palais des Beaux-Arts la clôture de l'exposition des ouvrages qui ont concouru pour le monument à élever à l'Archevêque de Paris. Le public n'a cessé pendant huit jours de se porter à l'École des Beaux-Arts pour visiter cette exposition. Samedi, l'affluence était considérable. Reste à savoir maintenant auquel des concurrents le jury académique décernera la palme du triomphe. Nous avouons pourtant que ce choix sera quelque peu embarrassant. En effet, rien de bien saillant paraît ce grand nombre d'ouvrages exposés. Tout le monde paraissait d'accord sur l'infériorité de ce dernier concours relativement à celui de l'année dernière.

VARIÉTÉS.

Des Almanachs populaires.

(Deuxième article.)

I. *Le véridique Liégeois, par maître Mathieu Laensberg, mathématicien.* — 225ᵉ année.

A tout seigneur, tout honneur! C'est justice de commencer par le patriarche des almanachs, le Mathusalem des tireurs d'horoscopes, le vénérable et véridique Laensberg, bourgeois de Liège, qui, conservé en vie et en santé pour le bien des hommes depuis 225 ans, est universellement reconnu le secrétaire d'ambassade de la cour d'en-haut auprès de la République française.

Le véridique bonhomme vend encore ses almanachs à près de deux millions d'exemplaires, sans voir finir sa popularité incroyable. Depuis 225 ans les dynasties ont succédé aux dynasties, les républiques aux royautés, les consulats aux républiques, les empires aux consulats, les restaurations aux empires, les révolutions aux restaurations, et les restaurations aux révolutions,

> Et depuis deux cents ans le *Liégeois* respecté,
> Vit jeune encor de gloire et d'immortalité!

Pauvre paysan crédule, qui crois aux horoscopes du bonhomme, toi qui le consultes sur l'état du ciel et de la terre, ris de ses plaisanteries, et formes ta conduite sur ses paroles, pauvre paysan, apprends donc une bonne fois qui se déguise sous la robe longue et la barbe grise du vieillard liégeois, mort depuis longtemps!

A Paris, un écrivain plus ou moins obscur, payé par un libraire, prépare l'almanach au coin de son feu. Il distribue à son gré le mauvais et le beau temps à tous les jours de l'année, lit ton avenir dans sa cervelle, et éclate de rire en écrivant les belles sentences que tu respectes. Puis, il porte son manuscrit grossi de ce qu'il a coupé à droite et à gauche, avec ses ciseaux, au libraire qui le fait imprimer *en feuilles,* et l'adresse, sans être relié, à ses correspondants de province. Ceux-ci font ajouter, selon le goût des gens de leur endroit, quelque chose qui soit spécial à leur province, puis font imprimer selon la consommation. A Lyon, on tire tant de milliers; à Moulins, 20,000; à Bordeaux, peut-être 50,000; et les deux millions sont bientôt atteints.

Ce n'est pas tout. On fabrique de gros et de petits Liégeois, de bleus et de roses, enfin de vrais et de faux; on change le nom comme la couverture, le format comme l'adresse du libraire; mais c'est toujours le même produit, sorti des mêmes fabriques, fabriqué par les mêmes mains qui n'ont rien de commun avec les mains du bonhomme Mathieu Laensberg.

Rendons d'ailleurs justice au *Liégeois* de cette année. Il n'est pas trop mauvais. L'an dernier, on avait, toujours pour parler selon la mode, inséré dans le paisible petit livre, une théorie de l'insurrection. C'était court, mais c'était pratique. On avait aussi (ce qui n'était pas très-digne d'un savant en chronologie) supprimé quatorze siècles d'histoire, et fait disparaître les rois de France, suite de courtes notices avec images, qui sont une des matières traditionnelles du vrai Liégeois. Chose bizarre! l'almanach se vendit moins que de coutume, et on a dû rendre leur place à ce bon Dagobert « qui était « d'une grande piété et de mœurs relâchées », à Thierri II, sous lequel Charles « dit Martel, parce qu'il écrasa les Arabes, comme avec « un marteau, fit refouler les Sarrazins jusqu'aux Pyrénées »; à Pépin le Bref, « qui en purgea la Gaule », etc., etc.

On trouvera encore dans le Liégeois les horoscopes accoutumés, desquels il résulte, par exemple, que « ceux qui naissent en avril « sont sombres, taciturnes, vindicatifs, mais qu'il leur est plus fa- « cile qu'à tous autres de devenir doux et patients, » ou encore « que « ceux qui naissent en octobre sont impatients, colères, inconstants, « mais ont un cœur d'or et une probité à toute épreuve; » enfin « que « ceux qui sont nés en décembre sont méticuleux dans le ménage..., « mais joindront à la fortune le bonheur de la famille. »

Ajoutez d'autres niaiseries telles que les suivantes :

Mars : Les femmes auront beaucoup à souffrir. L'air nébuleux sera malsain.

Avril : La cupidité toujours enflammée créera de continuels assauts intérieurs.

Mais à part ces stupidités qui contribuent, il faut l'avouer, bien plus au succès du Liégeois que tous les plus sages et plus utiles discours, nous le répétons, il ne contient cette année rien de dangereux, et, comme les tisanes, s'il ne fait pas de bien, il ne peut faire de mal.

II. *Almanach républicain démocratique.*

Il n'en est pas de même de celui-ci. Il ne peut faire que du mal, et très-grand mal.

On peut le diviser en deux parties :

L'une est destinée à faire l'éloge fort peu modeste des auteurs et de leurs illustres amis, dont on contemple les portraits. C'est une touchante réciprocité de bons procédés.

On y apprend que :

« M. Considérant est essentiellement religieux, et représente réellement *Jean l'Evangéliste.* » (P. 36.)

« M. Barbès est un homme qui a peu ou point de pareils. » (P. 51.)

« M. Boichot a une expression mordante, Rattier une phrase plus large, *Commissaire* plus de bonhomie dans le langage, mais ils sont

frères par l'âme, et se ressemblent exactement par le cœur. »
(P. 70.)

« Raspail, vieillard vénérable, chimiste profond, démocrate ardent,
politique éclairé, logicien habile. » (P. 81.)

« M. Quinet, philosophe, penseur, écrivain, aussi bon historien
qu'excellent poète. » (P. 87.)

« Blanqui.... Ce n'est point la fougue chevaleresque de Barbès :
non! la tête de Blanqui est une puissance. Barbès est la foudre soudaine; Blanqui le volcan qui travaille longtemps avant de faire irruption; le premier frappe d'en haut et disperse; le second s'élance
d'en bas et enveloppe pour mieux étreindre. » (P. 105.) On pourrait
ajouter à ce beau parallèle, que Blanqui et Barbès « *sont frères par
l'âme* » et se détestent mortellement.

Mais continuons :

« Dire que Pierre Leroux a une figure aussi douce que ses manières sont simples, c'est indiquer déjà les formes dont il revêt sa pensée. En outre, nous le plaçons à côté de Considérant et de Félix Pyat
pour son immense amour de l'humanité, *sinon à leur tête.* » (P. 127.)

« Cabet,.... véritable apôtre, courageux martyr,.... un de ces hommes précurseurs de l'avenir. » (P. 135.)

« Proudhon,.... hardi penseur, écrivain mordant jusqu'à la violence, ardent démocrate,.... publiciste courageux, dialecticien puissant.... » (P. 163.)

« Guinard..... Ses opinions ne nous ont jamais paru très-avancées.
Sous la monarchie, il était du nombre des libéraux; depuis cette
époque, il n'a rien fait en faveur de la démocratie qui mérite une
mention particulière. » (P. 169.)

Pauvre M. Guinard ! l'éloge est froid.

A ces notices, pleines d'une si grande modestie, et qui paraissent
le but véritable de l'almanach, on a joint des articles politico-déma-
gogico-sociaux en prose et en vers, dont les auteurs sont les mêmes
Quinet, Barbès, Considérant, Leroux, placés ainsi à côté de leurs portraits. On va juger par des extraits si les portraits sont ressemblants :

« Le peuple, c'est le pays, la nation véritable.... » (P. 24.) LAMEN-
NAIS.

Le capitaine qui conduisit sa compagnie dans les bureaux du *Peuple* était « un Attila, le fléau des imprimeries et du journalisme,
qui conduisait une horde de Huns et de Vandales déguisés en gardes
nationaux. » (P. 31.) ANONYME.

« Je me jetterai dans l'abîme pour le combler!

« .... Ils ne sentent pas que le cœur est gâté, et qu'à une lieue à
la ronde on ne supporte pas leur haleine! » (P. 35.) MICHEL (de
Bourges.)

« A Rome, il ne s'agissait pas seulement de chasser un homme
appelé roi, mais *quelque chose* environné d'un prestige de fanatisme
plus grand encore, un Pape enfin..., » (P. 40.) LEDRU-ROLLIN.

« En voyant le Saint-Père, précédé de ses vénérables frères,... Autrichiens, *Français*,... qui viennent lui ouvrir la brèche dans le sang,
« par-dessus le cadavre de l'Italie,... qui ne reconnaîtra *l'éternel étran-*
« *ger ?*... Intronisez le Pape dans Saint-Pierre pour officier ;... le sang
« des Italiens remplira le saint-ciboire !... La torture est appliquée à
« un petit peuple !... l'Autriche tient les tenailles, l'Espagne verse la
« poix, Naples brûle les pieds, la France disloque les membres...

« J'ai travaillé de longues années pour empêcher mon pays de glis-
« ser dans ce cloaque de sang... » (P. 46, 47.)

Qui a composé ce cloaque d'injures contre le Pape et contre la
France? C'est signé E. QUINET.

« Sublime et formidable 93... » (P. 50.) A. BARBÈS.

Terminons par cette phrase, où l'un des auteurs porte un jugement très-modéré sur ses amis :

« Quelle magnifique perspective après Février !... et l'*ineptie* nous
« a précipités dans d'horribles fondrières... » (P. 72.) BLANQUI.

Ajoutons enfin ces candides paroles de l'éditeur dans sa préface :

« Nous apprenons que les foudres du parquet s'amassent sur la tête
« de l'Almanach... Nous ne craignons rien ; guidé par notre con-
« science et les intentions les plus pures, nous serons à nous-même
« un sévère censeur. » (P. 9.) « Moraliser, instruire le peuple en le
« délassant, voilà le but de l'Almanach.... Beaucoup de nos amis
« eussent voulu une rédaction plus hardie, plus vive, plus énergi-
« que,... mais *la plume n'est plus libre*... Nous ne pouvions faire da-
« vantage... » (P. 11.) JULES LAISNÉ.

Pour nous, ce ne sont assurément pas les foudres du parquet que
nous appelons sur vous, mais le jugement du bon sens et du bon
cœur de ce peuple que vous outragez en prétendant le *moraliser* par
vos basses excitations, et *l'instruire* par vos calomnies.

Il saura apprécier à leur valeur ces gens qui réservent leurs outrages pour Pie IX, pour la France, leur patrie, pour le drapeau national, et leurs éloges impudents pour leurs pareils et surtout pour
eux-mêmes ! Nous parlerons bientôt, et plus rapidement, de quelques
autres productions du même genre.   AUGUSTIN COCHIN.

(La suite à un prochain numéro.)

BOURSE DU 19 NOVEMBRE.

Le 3 p. 100 a débuté au comptant à 56 95, a fait 56 75 au plus bas, et reste
à ce cours.

Le 5 p. 100 a débuté au comptant à 89 85, a fait 89 55 au plus bas, et reste
à ce cours.

L'un des Propriétaires-Gérants, CHARLES DE RIANCEY.

Paris, imp. BAILLY, DIVRY et Comp., place Sorbonne, 2.

L'AMI DE LA RELIGION.

SÉANCE DE L'ASSEMBLÉE.

Le scandale est la vie des Montagnards : c'est leur élément. Ils étouffent dans le calme et dans les discussions sérieuses. Il leur faut de la passion et du tumulte à tout prix. Qu'ils fassent perdre le temps, qu'ils compromettent la dignité de l'Assemblée, ce n'est pas là leur souci. Dussent-ils y sacrifier leurs orateurs, dussent-ils y perdre ce qui leur reste de considération, peu leur importe. Ils auront ébranlé de leurs cris les parois de la salle des séances, ils auront lassé l'infatigable verdeur du Président; les feuilles du matin porteront à la France entière l'écho de leurs clameurs avec la réprobation des honnêtes gens. Ils seront contents !

Qu'ils jouissent pleinement de cette satisfaction. Rien, en ce genre, ne leur a été épargné. On était arrivé à la fin de la séance. L'Assemblée avait voté quelques projets de loi : elle avait discuté la proposition de M. de Vatimesnil sur la naturalisation des étrangers, proposition excellente, appuyée d'un remarquable rapport de M. de Montigny. Elle avait accueilli avec sympathie le début de ce dernier orateur, et adopté la plus grande partie des articles.

Ensuite, après un bon discours de M. B. de Lancastel, elle avait pris en considération la proposition que cet honorable membre lui avait soumise pour fixer le nombre et les attributions des ministres.

M. Raspail jeune monte à la tribune. Il a demandé que « nul ban- « quier ne puisse être nommé ministre, » et à l'appui de cette idée, il vient lire un factum écrit dans le plus mauvais style des plus pitoyables journaux rouges, et où il parle du « *tripot qu'on nomme la Bourse,* » du « *Dieu des boursicotiers,* » et autres aménités du même goût. L'Assemblée hausse les épaules; mais tout à coup l'orateur s'aventure à citer ce qu'il appelle un *fait :* il dit qu'on a vu un ministre faire, grâce à des coups de bourse, une épargne d'un million et demi sur un traitement de cent mille francs pendant quinze mois. « Nommez! nommez! » lui crie-t-on de toutes parts. M. Raspail se trouble, et, au milieu de son embarras, il ose dire, en se tournant vers la majorité : « Il est dans vos rangs! » On redouble de sommations et de défis. « Nommez! nommez! c'est une odieuse calomnie! à l'ordre! » La Montagne essaye de soutenir son orateur chancelant et interdit; M. Dupin la rappelle vertement à l'ordre, et M. Raspail s'excuse sur sa jeunesse, sur son inexpérience. Puis il reprend son outrecuidance; il continue la lecture de son libelle, et il avance qu'au 24 février on a trouvé aux Tuileries la lettre d'un souverain écrivant au roi Louis-Philippe : « Vos ministres ont été bien maladroits ; s'ils avaient été plus habiles, nous aurions gagné bien davantage ! » On juge des huées qui ont accueilli cette nouvelle incartade : « Nommez le souverain ! où est la lettre ? »—« Je l'ai prise dans les journaux, » répond M. Raspail avec une feinte ingénuité ! » Cette détestable défaite l'a achevé, et il est descendu de la tribune sous les huées de l'Assemblée.

M. de Larochejacquelein, au nom de la commission d'initiative, a relevé en quelques paroles très-vives et très-énergiques l'arrogance inouïe de M. Raspail : « Quand vous serez plus âgé, quand vous aurez plus d'expérience, lui a-t-il dit, vous saurez, Monsieur, qu'en politique les fautes les plus graves viennent très-souvent des calomnies les plus aventurées ! » M. de Montebello a ensuite défié M. Raspail de prouver ses odieuses allégations. Le Montagnard a balbutié quelques excuses, et l'Assemblée a rejeté à une immense majorité sa proposition. Il s'est pourtant trouvé sur la crête des bancs les plus élevés une cinquantaine de membres pour accepter la solidarité de l'œuvre et de la harangue de M. Raspail !

Destitution de M. Pierre Bonaparte.

On avait remarqué ces jours derniers avec étonnement, à l'Assemblée nationale, M. Pierre Bonaparte, qui était parti récemment pour la guerre d'Afrique en qualité de chef de bataillon dans la légion étrangère.

Le *décret* suivant du *Moniteur* expose à la fois les faits et la punition qu'ils ont reçue :

« Le Président de la République,

« Considérant que M. Pierre-Napoléon Bonaparte, nommé, au titre étranger, chef de bataillon dans le 1er régiment de la légion étrangère, par arrêté du 19 avril 1848, a reçu, sur sa demande, un ordre de service, le 19 septembre 1849, pour se rendre en Algérie ;

« Considérant qu'après avoir pris part aux événements de guerre dont la province de Constantine est en ce moment le théâtre, il a reçu du général commandant la division de Constantine l'ordre de se rendre auprès du gouverneur-général de l'Algérie pour remplir une mission concernant l'expédition de Zaatcha ;

« Considérant qu'il n'a pas rempli cette mission ; qu'il ne s'est pas rendu auprès du gouverneur-général, mais qu'il s'est embarqué à Philippeville pour revenir à Paris ;

« Considérant qu'un officier servant en France, au titre étranger, se trouve en dehors de la législation commune aux militaires français, mais qu'il est tenu d'accomplir le service auquel il s'est engagé ;

« Considérant que M. Pierre-Napoléon Bonaparte, en sadite qualité, n'était ni le maître de quitter son poste sans autorisation, ni le juge de l'opportunité de son retour à Paris ;

« Sur le rapport du ministre de la guerre,

« Décrète :

« Art. 1er. M. Pierre-Napoléon Bonaparte est révoqué du grade et de l'emploi de chef de bataillon à la légion étrangère.

« Art. 2. Le ministre de la guerre est chargé de l'exécution du présent décret.

« Fait à Paris, à l'Elysée-National, le 19 novembre 1849.

« LOUIS-NAPOLÉON BONAPARTE.

« Le ministre de la guerre,

« D'HAUTPOUL. »

On se rappelle que déjà M. Jérôme Bonaparte, chargé de l'ambassade de Madrid, avait quitté son poste sans la permission et contre l'ordre du gouvernement.

Il importe cependant qu'on sache bien qu'il n'y a pas de nom qui, dans notre temps et notre pays, place qui que ce soit au-dessus des lois.

M. l'abbé Chantome s'étant mis, malgré tous les avertissements paternels et les monitions canoniques, en état de résistance formelle contre son Evêque, l'officialité du diocèse de Langres vient d'être régulièrement saisie de cette affaire.

NOUVELLES RELIGIEUSES.

DIOCÈSE DE PARIS. — Mgr l'Archevêque de Paris recevra mercredi prochain et tous les mercredis suivants dans le nouvel hôtel de l'archevêché, rue de Grenelle-Saint-Germain, 127.

— Tout le monde sait quelle est, depuis la suppression des aumôniers de régiments, l'ignorance déplorable qui règne parmi nos soldats en fait de religion. Le prêtre n'a guère d'action sur eux que lorsqu'ils sont malades. Alors, il peut réveiller en eux des sentiments de foi, et souvent ses efforts sont couronnés de succès qui prouvent qu'il y aurait bien des moyens de ramener à de bons principes des malheureux auxquels il n'a manqué que quelques secours religieux pour rester dans la voie du bien. Arracher à l'impiété et à l'immoralité ces militaires que la société environne de tant de séductions, serait assurément un grand service rendu à la religion et au pays. Ce sont tous ces motifs qui ont inspiré à M. l'abbé Reb, aumônier de l'hôpital militaire du Roule, la pensée de fonder une bibliothèque pour l'usage des soldats, d'abord dans cet établissement, puis ensuite étendre ailleurs cette œuvre, s'il y a moyen.

Ayant rempli pendant vingt-cinq ans les fonctions de son ministère auprès des soldats, en France et en Algérie, M. l'abbé Reb a été à même de les bien connaître et de savoir quels sont leurs besoins. Nous espérons que le concours des gens de bien ne lui fera pas défaut pour cette bonne œuvre que l'autorité ecclésiastique a approuvée et dont l'utilité a été depuis bien longtemps comprise par l'Angleterre protestante, où dans chaque infirmerie de régiment se trouve une bibliothèque spéciale affectée à l'usage des soldats.

ASSEMBLÉE LÉGISLATIVE.

Séance du 20 novembre. — PRÉSIDENCE DE M. DUPIN AÎNÉ.

La séance est ouverte à deux heures et demie.

Plusieurs membres déposent des pétitions.

L'ordre du jour appelle la première délibération sur le projet de loi pour l'annulation de 79,371,693 francs de rentes appartenant à la caisse d'amortissement.

L'Assemblée décide qu'il sera passé à une seconde délibération.

M. LE PRÉSIDENT. L'ordre du jour appelle la discussion du projet de loi relatif à un crédit pour secours aux citoyens blessés et aux familles de ceux qui ont succombé dans les journées de juin 1848.

L'Assemblée prononce l'urgence.

Il est passé à la discussion des articles ; puis on procède à un scrutin de division sur l'ensemble du projet, qui est adopté par 432 voix contre 41.

L'ordre du jour appelle la troisième délibération sur le projet de loi tendant à proroger pour trois ans les lois relatives aux étrangers réfugiés en France.

Le projet est adopté.

M. LE PRÉSIDENT. L'ordre du jour appelle maintenant la deuxième délibération sur la proposition de MM. de Vatimesnil et Lefebvre-Duruflé, sur la naturalisation et le séjour des étrangers en France.

M. CHAMIOT présente et développe un contre-projet.

M. DE MONTIGNY défend la proposition soumise par la commission à la sanction de l'Assemblée. Messieurs, dit-il, la proposition de MM. de Vatismesnil et Lefebvre-Duruflé, prise en considération par l'Assemblée, a deux objets bien distincts, qui touchent l'un et l'autre aux droits de la souveraineté nationale. En effet, la naturalisation des étrangers importe à la dignité du corps de la nation, le séjour des étrangers en France intéresse l'inviolabilité du territoire; dans cette grave matière, il a paru à votre commission qu'il fallait se garder et d'une extrême rigueur, qui serait peu en harmonie soit avec les idées de notre temps, soit avec les instincts de notre pays, et d'une facilité trop indulgente, qui deviendrait une sorte d'abdication de notre nationalité; les circonstances semblent d'ailleurs commander d'autant plus de réserve que, d'une part, l'avènement du suffrage universel a donné plus d'importance à la qualité de citoyen français, tandis que, d'autre part, les commotions politiques et l'extension du paupérisme ont multiplié ces populations flottantes qui menacent le sol le plus hospitalier des invasions les plus fréquentes.

L'orateur s'attache à démontrer que le projet de M. Chamiot porte une atteinte grave à la souveraineté nationale, et qu'il exposerait la France à devenir le réceptacle de ces agitateurs cosmopolites qui sont l'effroi de l'Europe, et qui excitent le mépris des honnêtes gens. Eh quoi! s'écrie l'honorable membre, nous nous exposerions à voir l'un de ces hommes à notre tribune nationale!

Une voix : Nous en avons vu !

M. DE MONTIGNY. C'est impossible... vous ne le voudrez pas... vous ne voudrez pas voir au milieu de vous, jouissant de leurs droits de citoyens, ces hommes qui pourraient, pour bouleverser impunément le monde, cumuler plusieurs nationalités.

La proposition de MM. de Vatimesnil et Lefebvre Duruflé, amendée par la commission, fait tout ce que demandent la raison et la justice.

La proposition de M. Chamiot est mise aux voix et rejetée.

Plusieurs amendements sont présentés et rejetés.

Les articles 1, 2, 3 et 4 du projet sont adoptés.

Le reste du projet est renvoyé à la commission.

L'ordre du jour appelle la deuxième délibération sur les propositions de MM. Dufournel et Lestiboudois, relatives aux sociétés de secours mutuels et à la création d'une caisse générale de pensions de retraite.

M. ROUHER, ministre de la justice. Je prie l'Assemblée de vouloir bien remettre cette discussion à la semaine prochaine.

M. le ministre du commerce a préparé sur cette matière un projet qu'il doit communiquer à la commission d'assistance et à la commission des caisses de retraite.

L'Assemblée prononce l'ajournement.

L'ordre du jour appelle la discussion sur la proposition de M. Betting de Lancastel, ayant pour objet de fixer le nombre des ministres et leurs attributions.

L'Assemblée prend la proposition en considération.

L'ordre du jour appelle la discussion de la proposition de M. Raspail fils, relative à l'incompatibilité entre les fonctions de ministre et la profession de banquier.

La commission propose à l'Assemblée de ne pas prendre la proposition en considération.

M. RASPAIL fils. Il y a à Paris un tripot qu'on appelle la Bourse... (Rires et approbation à gauche.)

Là on spécule sur les nouvelles. Or, s'il y a dans un gouvernement un ministre habitué à jouer à la Bourse, ne peut-il pas arriver qu'il utilise, sans croire manquer à ses devoirs, les nouvelles qu'il aura en sa possession? (Mouvements divers.)

Mais, dira-t-on, pour mettre ainsi à profit sa position de ministre, il n'est pas nécé-re d'être banquier.

Cela est vrai, et l'on pourrait citer certain ministre qui, à certaine époque, a trouvé moyen d'économiser 1 million 500 mille francs sur ses appointements de 100 mille ncs. (Violentes interruptions à droite.)

Voix nombreuses : Qui ? qui ? Nommez-le !

M. LE PRÉSIDENT. Je ne puis laisser passer une attaque comme celle-ci. (Bruit à gauche.)

À droite : Nommez ! Qui voulez-vous dire ?

A gauche : Parlez ! parlez !

M. PE PRÉSIDENT. Vingt ou trente ministres des finances ont quitté les affaires en aportant une incontestable réputation. Vous faites peser sur tous une allégation ca-manieuse. (Très-bien ! très-bien ! — Rumeurs à gauche.)

À gauche : Continuez !

À droite : C'est indigne !

M. LE PRÉSIDENT. L'orateur doit s'expliquer, car nous ne pouvons permettre...

M. BRIVES. Servez-vous du mot de *loups-cerviers* ; M. le président, qui les appelait mal, sera obligé de vous approuver. (Rumeurs.)

M. LE PRÉSIDENT. Ce mot s'appliquait à ceux qui suivaient les armées étrangères.

M. RASPAIL. Avant de produire ce fait, j'ai dit que je rappelais un souvenir vague... (bruit à droite.)

A droite : Qu'est-ce que c'est qu'un souvenir vague ?... Vous n'avez rien dit de cela ! on ! non !

À gauche : Parlez ! parlez !

M. RASPAIL. J'ai dit d'abord que je n'avais qu'un souvenir vague. (Oh ! allons donc !) :ulement j'*observais* à l'Assemblée que j'étais très-jeune en politique...

Voix : On s'en aperçoit.

M. RASPAIL, se tournant vers la droite. Les membres de ce côté pourraient plus fa-lement que moi dire le nom...

Voix : A l'ordre ! vous êtes un insolent !

M. LE PRÉSIDENT. Quand on attaque des classes tout entières, elles se défendent as-x d'elles-mêmes, par leurs propres forces, contre les calomnies ; mais quand on indi-dualise, on doit nommer.

A gauche : Non ! non !

A droite : Oui !

M. LE PRÉSIDENT, à M. Raspail. Vous nommerez ou je vous rappelle à l'ordre.

A droite : Très-bien ! très-bien !

A la montagne : C'est de la tyrannie !

Un membre de l'extrême gauche se lève et se fait rappeler à l'ordre par M. le prési-nt.

M. LE PRÉSIDENT. En encourageant l'orateur avec cette vivacité-là, vous l'engagez pousser plus loin. Je vous rappellerai à l'ordre.

M. BOURZAT. On dirait qu'aucun ministre n'a jamais volé.

A droite : Allez au gouvernement provisoire.

M. LE PRÉSIDENT. M. Bourzat, taisez-vous. (Très-bien !)

M. RASPAIL. Lorsque je fais appel à un souvenir ou lorsque je puise dans l'histoire, n me rappelle à l'ordre. Je me soumets à ce rappel à l'ordre !

A droite : Votre histoire est de la calomnie !

M. LE PRÉSIDENT, à l'orateur. Vous êtes dans l'impuissance de citer le fait. Je le nstate. (Applaudissements.)

M. DE LAROCHEJACQUELEIN. M. Raspail nous avait promis de prendre des reu-ignements certains pour appuyer sa proposition. Ces renseignements, il ne nous les a as donnés, et cependant il est venu apporter des faits à la tribune.

Messieurs, M. Raspail a dit qu'il était très-jeune en politique. Eh bien ! quand il sera lus vieux, plus expérimenté, il saura qu'il y a un très-grand mal en politique, c'est de épandre des calomnies qu'on ne peut prouver. (Applaudissements.)

Si votre commission avait eu des renseignements certains sur un fait pareil, elle les eût portés ici.

Voix à gauche : Ce n'est pas la question.

M. DE LAROCHEJACQUELEIN. Comment! vous n'avez pas entendu qu'on a combattu votre commission si vivement qu'elle serait impliquée moralement dans un fait pareil s'il était prouvé.

Il y a des expressions qui acquièrent d'autant plus de gravité qu'elle sont écrites, (A droite : Et calculées.)

L'orateur, arrivant au fond de la question, dit que la révolution de février a choisi coup sur coup deux banquiers pour ministres des finances!

Voix : Et Garnier-Pagès n'était pas banquier.

M. DE LAROCHEJACQUELEIN. M. Goudchaux d'abord.... Il était banquier.

M. PEAN. M. Garnier-Pagès n'était pas banquier.

M. DE LAROCHEJACQUELEIN. Mais M. Trouvé-Chauvel était banquier. (Oui! oui!) Pouvez-vous attaquer la probité de MM. Trouvé-Chauvel et Goudchaux? Ce que nous propose M. Raspail ne serait pas un progrès. Il est naturel qu'un ministre des finances soit choisi parmi les hommes qui se connaissent en finances. L'important, c'est qu'on nomme des honnêtes gens et non pas des fripons. Faites une proposition pareille, et vous la ferez voter à l'unanimité. (Rires et applaudissements.)

M. RASPAIL. On m'a cité MM. Trouvé-Chauvel et Goudchaux ; mais je suis le premier à dire qu'on peut jouer à la bourse sans être banquier.

Une voix : Alors, à quoi bon votre proposition ?

M. Raspail descend de la tribune au milieu des rires.

M. LE PRÉSIDENT. L'orateur se déclarant impuissant à répondre aux interpellations de l'Assemblée (On rit), je vais mettre les conclusions de la commission aux voix.

M. FAVREAU monte à la tribune.

M. LE PRÉSIDENT. Je consulte l'Assemblée.

Cinquante membres de l'extrème gauche environ se lèvent pour la prise en considération. Un nombre considérable de membres se lèvent contre.

M. LE PRÉSIDENT. Il y a une immense majorité (Rires), la proposition n'est pas prise en considération.

La séance est levée à six heures.

VARIÉTÉS.

Mémoires d'Outre-Tombe,

PAR M. LE VICOMTE DE CHATEAUBRIAND.

(Quatrième volume.)

(4e article. — Voir les Numéros 4760, 4763 et 4809.)

Ce fut à Rome, en 1801, que M. de Châteaubriand conçut, pour la première fois, l'idée d'écrire les *Mémoires de sa vie*; et, dans une lettre à M. Joubert, il esquissait son plan. Ce ne devaient point être des confessions pénibles pour ses amis ; s'il était quelque chose dans l'avenir, ses amis y auraient un nom aussi respectable que beau. Il n'entretiendrait pas non plus la postérité du détail de ses faiblesses; il ne dirait de lui que ce qui était convenable à sa dignité d'homme et à l'élévation de son caractère. « Il ne faut, observait-il, présenter « au monde que ce qui est beau : ce n'est pas mentir à Dieu que de « ne découvrir de sa vie que ce qui peut porter nos pareils à des sen- « timents nobles et généreux. » Il eût été difficile de critiquer ce plan, *et, mieux* que personne, M. de Châteaubriand était en état de l'exécuter de manière à contenter les esprits les plus délicats, les plus difficiles. Pourquoi donc a-t-il cédé à la malheureuse pensée d'étendre un cadre déjà si riche, où trop souvent il a déposé la mauvaise humeur de sa vieillesse chagrine, tantôt relevant avec malice les petitesses et les ridicules de ses meilleurs amis, tantôt se livrant à une foule de digressions qui font oublier le héros et ses aventures, tantôt se perdant dans des rêveries et dans des réflexions mélancoliques dont on ne voit ni la nécessité, ni la convenance!

Je ne veux dérober à l'illustre écrivain aucun rayon de gloire qu'il peut légitimement revendiquer. L'empreinte qu'il a laissée dans la littérature du dix-neuvième siècle est profonde, et j'aime à la reconnaître. Son plus bel ouvrage, on ne l'oubliera jamais, se rattache au rétablissement des autels. Le conquérant et le poète concoururent également à cette œuvre réparatrice et éminemment sociale. L'un ouvrit les portes du temple que l'autre orna de fleurs et de *festons magnifiques*. Par ses peintures pleines de charmes, par ses souvenirs attendrissants, par ses tableaux éloquents des beautés et des bienfaits du christianisme, il effaça le ridicule que Voltaire avait jeté sur la religion, il la rendit aimable et prépara ses triomphes. Il faut lire dans le quatrième volume des *Mémoires d'Outre-Tombe*, le bien qu'a fait le *Génie du Christianisme*, et l'influence qu'il a exercée sur ses contemporains. Cette influence fut réelle; les journaux aussi bien que les libelles du temps en font foi, et la justice que le noble écrivain se rend à lui-même, tout lecteur impartial la lui rendra volontiers. Qui n'aimerait ces réflexions où se révèlent la foi et la modestie chrétiennes?

« Maintenant, dans la supposition que mon nom laisse quelque
« trace, je le devrai au *Génie du Christianisme*. Sans illusion sur la
« valeur intrinsèque de l'ouvrage, je lui reconnais une valeur ac-
« cidentelle, il est venu juste à son moment. Par cette raison, il m'a
« fait prendre place à l'une des époques historiques qui, mêlant un
« individu aux choses, contraignent à se souvenir de lui. Si l'in-
« fluence de mon travail ne se bornait pas au changement que, de-
« puis quarante années, il a produit parmi les générations vivantes;
« s'il servait encore à ranimer chez les tard-venus une étincelle des
« vérités civilisatrices de la terre; si le léger symptôme de vie que
« l'on croit y apercevoir se soutenait dans les générations à venir, je
« m'en irais plein d'espérance dans la miséricorde divine. Chrétien
« réconcilié, ne m'oublie pas dans tes prières, quand je serai parti;
« mes fautes m'arrêteront peut-être à ces portes où ma charité avait
« crié pour toi : « Ouvrez-vous, portes éternelles! *Elevamini, portæ*
« *œternales!* »

Rien n'est au-dessus du mouvement oratoire qui termine ce morceau. Bossuet n'eût pas mieux dit.

Le *Génie du Christianisme* n'est pas sans doute un ouvrage parfait. M. de Châteaubriand lui-même reconnaît ce qui lui manque sous le rapport des arts. En 1800, il n'avait pas encore visité l'Italie, la Grèce, l'Egypte. De même, il se reproche de n'avoir pas tiré un parti suffisant des vies des Saints et des légendes ; elles lui offraient pourtant des histoires merveilleuses : en y choisissant avec goût, on y pouvait faire une moisson abondante. Il y a, de plus, dans son ouvrage des jugements étriqués ou faux, tels que celui qu'il porte sur Dante, auquel il a rendu depuis un éclatant hommage. Ce n'est pas là toutefois le défaut capital du *Génie du Christianisme.* Ce qu'on peut reprocher avec plus de justice à M. de Châteaubriand, c'est d'avoir répandu sur des objets sacrés une parure profane dont il n'avait nullement besoin pour captiver ses lecteurs, quelque frivoles et indifférents qu'ils fussent aux grandes et éternelles vérités de la religion ; c'est surtout de n'avoir pas fait choix *d'un sage ami toujours rigoureux, inflexible,* qui l'eût aidé à corriger la première partie de son ouvrage, à s'exprimer sur le dogme et sur les mystères avec plus d'exactitude, de précision et de dignité, à fortifier et à étendre quelques-uns de ses raisonnements. Rien n'est plus court qu'un chapitre de M. de Châteaubriand ; on dirait qu'il a voulu imiter Montesquieu dans l'*Esprit des lois.* Au reste, ce quatrième volume des *Mémoires* renferme de nombreuses beautés, et avec les récits de sa famille, de son enfance, de sa jeunesse, de ses voyages et de son exil, c'est la partie la plus intéressante de l'ouvrage.

Les jugements de M. de Châteaubriand sont toujours sévères, ses appréciations et ses réflexions pleines d'amertume. Ses meilleurs amis n'obtiennent pas grâce auprès de lui, et si j'osais employer cette expression, je dirais qu'il aime à faire grimacer ses figures. Quoi ! dans la préface de ses *Etudes historiques,* il répand la louange à pleines mains ! Béranger pour avoir fait des chansons, Victor Hugo une préface de tragédie, Armand Carrel une brochure sur la révolution d'Angleterre, sont rangés parmi nos plus grands historiens ; et Fontanes, Joubert, Bonald, Chènedollé sont traités avec une sévérité qui est bien près de ressembler à de l'injustice ! J'ai parlé de Fontanes dans mon précédent article. Mais est-ce peindre Joubert que de le représenter se surveillant pour arrêter les émotions de l'âme qu'il croyait nuisibles à sa santé, et toujours dérangé par ses amis dans les précautions qu'il avait prises pour se bien porter ; plein de manies et d'originalité, changeant à chaque moment de diète et de régime, vivant un jour de lait, un autre jour de viande hachée, se faisant cahoter au grand trot sur les chemins les plus rudes, ou traîner au petit pas dans les allées les plus unies? Oui, sans doute, il était profond métaphysicien ; sa philosophie, par une élaboration qui lui était propre, devenait peinture ou poésie ; et Platon à cœur de La Fontaine, il s'était fait l'idée d'une perfection qui l'empêchait de rien achever. Mais avec quelle rapidité M. de Châteaubriand passe sur les nombreuses marques de dévouement que lui donna cet excellent ami, sur la *délicatesse* de ses affections, sur sa simplicité charmante, sur ce que

son âme noble, douce et sensible, offrait d'aimable et d'attachant !
Voici le portrait de M. de Bonald, on jugera s'il est flatté : « M. de
« Bonald avait l'esprit délié ; on prenait son ingéniosité pour du gé-
« nie ; il avait rêvé sa politique métaphysique à l'armée de Condé,
« dans la Forêt-Noire, de même que ces professeurs d'Iéna et de
« Gœttingue, qui marchèrent depuis à la tête de leurs écoliers et se
« firent tuer pour la liberté de l'Allemagne. Novateur, quoiqu'il eût
« été mousquetaire sous Louis XVI, il regardait les anciens comme
« des enfants en politique et en littérature, et il prétendait, en em-
« ployant le premier la facilité du langage actuel, que le grand-
« maître de l'Université n'était *pas encore assez avancé pour entendre*
« *cela.* »

Qui croirait qu'il s'agit ici de l'éloquent et profond auteur du *Divorce*, de la *Théorie du pouvoir politique et religieux*, de la *Législation
primitive*, de celui-là même dont M. de Châteaubriand a dit, dans
ses *Mélanges littéraires*, qu'il joignait l'autorité des bonnes mœurs à
l'autorité du génie, mais d'un génie plus profond qu'il n'est haut,
qui creuse plus qu'il ne s'élève ; que son imagination était spirituelle,
ingénieuse, ayant plus de calme que de mouvement, plus de lumière
que de chaleur ; et que, quant à ses sentiments, ils respirent partout
cet honneur français, cette probité, qui font le caractère dominant
des écrivains du siècle de Louis XIV. Si l'on m'objecte que ce sont là
des éloges que l'on donne à un ami vivant, je répondrai que ces éloges sont plus vrais et mille fois préférables aux jugements d'*Outre-
Tombe*.

Chênedollé sera-t-il point sous des traits plus flatteurs ? Écoutons :
« Chênedollé, avec du savoir et du talent non pas naturel, mais ap-
« pris, était si triste qu'il se surnommait le corbeau. Il allait à la
« maraude dans mes ouvrages. Nous avions fait un traité : je lui
« avais abandonné mes ciels, mes vapeurs, mes nuées ; mais il
« était convenu qu'il me laisserait mes brises, mes vagues et mes fo-
« rêts. » On conviendra aussi que cet encens ne porte pas à la tête.

M. Emery avait décidé l'illustre écrivain à se laisser nommer premier secrétaire de l'ambassade de Rome, que Bonaparte destinait à
son oncle, le cardinal Fesch. Une raison singulière, qu'il croit devoir
nous faire connaître, le détermine à accepter. Le hasard l'avait mis
en rapport avec l'abbé Emery : il avait passé aux Etats-Unis avec
l'abbé Nagot et divers séminaristes de Saint-Sulpice. Ce souvenir de
son obscurité, de sa jeunesse, de sa vie de voyageur, qui se réflé-
chissait dans sa vie publique, le prenait par l'imagination et le cœur.
Nous aurons donc le portrait de M. Emery, mais un portrait qui
fera peu d'honneur à l'intelligence pénétrante et aux sentiments élevés de M. de Châteaubriand :

« L'abbé Emery, estimé de Bonaparte, était fin par sa nature, par
« sa robe et par la révolution ; mais cette triple finesse ne lui ser-
« vait qu'au profit de son vrai mérite ; ambitieux seulement de faire

« le bien, il n'agissait que dans le cercle de la plus grande prospé-
« rité d'un séminaire. Circonspect dans ses actions et ses paroles, il
« eût été superflu de violenter l'abbé Emery, car il tenait toujours
« sa vie à votre disposition, en échange de sa volonté, qu'il ne cédait
« jamais : sa force était de vous attendre, assis sur sa tombe. »

Ici l'auteur vise à l'originalité ; mais, je suis fâché de le dire, tous
les traits de son tableau sont faux. M. Emery était mieux que *fin*, et
encore je ne conçois pas trop ce que c'est que d'être *fin par sa robe
et par la révolution :* ce sont là de jolies phrases de feuilletons. Confesseur de sa foi aux jours mauvais de la révolution et jeté dans les
cachots de la Conciergerie, il consolait et bénissait, en attendant son
tour, les victimes qui montaient à l'échafaud. Quand tous tremblaient
devant le plus formidable des Césars, seul il fit entendre la voix de
la vérité et plaida la cause du Souverain-Pontife. Loin de n'agir que
dans le cercle de la plus grande prospérité d'un séminaire, il portait son regard et son zèle sur toutes les Eglises de France. Par son
rare savoir, par sa profonde sagesse, par l'estime dont il jouissait, il
fut l'oracle du clergé et des fidèles.

Je ne pardonne à M. de Châteaubriand sa mauvaise humeur que
lorsqu'il entreprend de peindre la société philosophique du dix-huitième siècle, dont il a vu les derniers débris. Qu'il assaisonne alors
ses portraits d'un sel âcre et mordant ; qu'il se livre à son penchant
pour la causticité, je n'y vois nulle inconvenance : on ne doit jamais
oublier que nos malheurs datent de cette époque, et on ne saurait
trop flétrir ceux qui ont déchaîné les tempêtes au milieu desquelles
nous nous débattons encore. Il y a une verve d'ironie dans ce qu'il
dit de Mme d'Houdetot et de Saint-Lambert :

« J'avais aperçu M. de Saint-Lambert et Mme d'Houdetot au Marais,
« représentant l'un et l'autre les opinions et les libertés d'autrefois,
« soigneusement empaillées et conservées : c'était le dix-huitième
« siècle expiré et marié à sa manière. Il suffit de tenir bon dans la
« vie pour que des illégitimités deviennent des légitimités. On se
« sent une estime infinie pour l'immoralité, parce qu'elle n'a pas
« cessé d'être, et que le temps l'a décorée de rides. A la vérité, deux
« vertueux époux, qui ne sont pas époux et qui restent unis par res-
« pect humain, souffrent un peu de leur vénérable état ; ils s'en-
« nuient et se détestent cordialement dans toute la mauvaise hu-
» meur de l'âge : c'est la justice de Dieu...

« Mme d'Houdetot ne se couchait point qu'elle n'eût frappé trois
« fois à terre avec sa pantoufle, en disant à feu l'auteur des *Sai-
« sons :* « Bon soir, mon ami ! » C'était à quoi se réduisait, en 1803,
« la philosophie du dix-huitième siècle. La société de Mme d'Houde-
« tot, de Diderot, de Saint-Lambert, de Rousseau, de Grimm, de
« Mme d'Epinay, m'a rendu la vallée de Montmorency insuppor-
« table, et, quoique sous le rapport des faits, je sois bien aise qu'une
« *relique* des temps voltairiens soit tombée sous mes yeux, je ne re-

grette point ces temps. J'ai revu dernièrement, à Sannois, la maison qu'habitait Mme d'Houdetot; ce n'est plus qu'une coque vide, réduite aux quatre murailles; un âtre abandonné intéresse toujours; mais que disent des foyers où ne s'est assise ni la beauté ni la mère de famille, et dont les cendres, si elles n'étaient dispersées, reporteraient seulement le souvenir vers des jours qui n'ont su que détruire ! »

Ailleurs, en parlant de la mort d'un médecin provençal, il fait cette réflexion aussi juste que bien exprimée : « Il n'y a de véritablement malheureux en quittant la terre que l'incrédule : pour l'homme sans foi, l'existence a cela d'affreux qu'elle fait sentir le néant; si l'on n'était point né, on n'éprouverait pas l'horreur de ne plus être; la vie de l'athée est un effrayant éclair qui ne sert qu'à découvrir un abîme. »

La mort de La Harpe avait été chrétienne; il avait hautement abjuré ses opinions philosophiques; son talent s'était même agrandi par la religion. M. de Châteaubriand met en parallèle sa mort et celle de saint-Lambert. Tandis que l'auteur des *Saisons* mourait au milieu de toutes les consolations de la philosophie, La Harpe expirait au milieu de toutes les consolations de la religion. L'un fut visité des hommes à son dernier soupir; l'autre fut visité *de Dieu*, selon la belle et tendre expression du christianisme pour peindre la mort du fidèle.

Le récit de la mort de Mme de Beaumont est aussi très-attachant et rempli d'un douloureux intérêt. L'illustre fille de M. de Montmorin était douée d'un goût exquis et d'une admirable intelligence, elle réunissait autour d'elle les esprits d'élite qui avaient échappé comme elle aux orages de la révolution; mais atteinte d'un mal sans remède, elle fut chercher un ciel plus doux à Rome, où elle mourut entre les mains de M. de Châteaubriand. Ces lignes si simples complètent son éloge: « Madame de Beaumont a laissé, sur ce sol hospitalier aux morts, un pieux souvenir; on se la rappelle encore : j'ai vu Léon XII y prier à son tombeau. »

M. de Châteaubriand ne fut pas longtemps secrétaire de légation. Il eut le malheur de se brouiller avec le cardinal Fesch. Pourquoi? Il veut bien nous apprendre que son *écriture était un obstacle à ses talents*, et il faut convenir qu'elle n'était pas belle; il alla aussi un jour, sans façon, offrir l'hommage de son respect au roi abdicataire de Sardaigne. Mais je doute que ce soit là la véritable raison. Ailleurs, il a laissé échapper cet aveu précieux, qui nous expliquera plus d'une péripétie de sa vie politique : *Je ne vaux rien du tout en seconde ligne.* Au reste, si le noble écrivain ne fut pas traité avec tous les égards dus à son caractère et à son talent, il ne se gênait point, dans ses lettres à ses amis, pour tourner en ridicule l'ambassadeur et les gens de l'ambassade. Voici le tableau qu'il en trace dans ses *Mémoires*:

« Après mes longues promenades et mes fréquentations du Tibre,

« je ne rencontrais en rentrant, pour m'occuper, que les parcimo-
« nieuses tracasseries du cardinal, et les incroyables menteries du
« futur Evêque du Maroc. L'abbé Guillon, profitant d'une ressem-
« blance de noms qui sonnaient à l'oreille de la même manière que
« le sien, prétendait, après s'être échappé miraculeusement du mas-
« sacre des Carmes, avoir donné l'absolution à madame de Lamballe,
« à la Force ; il se vantait d'être l'auteur du discours de Robespierre
« à l'Etre-Suprême. Je pariai, un jour, lui faire dire qu'il avait été
« en Russie : il n'en convint pas tout à fait ; mais il avoua avec mo-
« destie qu'il avait passé quelques mois à Saint-Pétersbourg. » C'est
bien fort : on voudra n'en rien croire. Nommé peu de temps après
ministre dans le Valais, M. de Châteaubriand donna sa démission à la
première nouvelle de l'assassinat du duc d'Enghien. Cette démission
honorera éternellement la mémoire de M. de Châteaubriand, on doit
la regarder comme l'acte le plus beau, le plus courageux de sa vie
politique. Par un privilége particulier aux *Mémoires*, c'est à la vue
des ruines de Chantilly qu'il nous racontera la mort du duc d'Enghien. Ce récit offre de précieuses particularités que l'histoire s'empressera de recueillir ; la part de ceux qui ont figuré dans ce drame
sanglant y est faite avec une haute impartialité ; on y remarque des
pensées énergiques, des sentiments nobles, élevés, généreux, des
mouvements de la plus vertueuse indignation ; mais l'ensemble de
ce morceau me paraît manquer de rapidité, et il y règne je ne sais
quel ton guindé, tendu, péniblement affecté, que ne peut que gâter
l'impression que l'auteur a voulu produire. J'aime mieux ce morceau
que j'emprunte à une de ses brochures politiques ; ici tout est beau,
la pensée et l'expression :

« On commande le feu ; le duc d'Enghien tombe, sans témoins,
« sans consolation, au milieu de sa patrie, à quelques lieues de
« Chantilly, à quelques pas de ces vieux arbres sous lesquels le saint
« Roi Louis rendait la justice à ses sujets, dans la prison où M. le
« Prince fut renfermé : le jeune, le beau, le brave, le dernier reje-
« ton du vainqueur de Rocroy, meurt comme serait mort Condé, et
« comme ne mourra pas son assassin. Son corps est enterré furtive-
« ment, et Bossuet ne renaîtra point pour parler sur ses cendres. »

L'abbé DASSANCE.

BOURSE DU 20 NOVEMBRE.

Le 3 p. 100 a débuté au comptant à 56 90, a fait 57 20 au plus haut, et reste
à ce cours.

Le 5 p. 100 a débuté au comptant à 89 60, a fait 90 au plus haut, et reste
à ce cours.

L'un des Propriétaires-Gérants, CHARLES DE RIANCEY.

Paris, imp. BAILLY, DIVRY et Comp., place Sorbonne, 2.

L'AMI DE LA RELIGION.

Actes du Consistoire secret

Tenu à Naples, faubourg de Portici, par N. T. S. P. le Pape Pie IX,
heureusement régnant, le 5 novembre 1849.

Sa Sainteté le Pape Pie IX a tenu ce matin, au palais royal de
Portici, le Consistoire secret dans lequel le Saint-Père a proposé les
Eglises dont les noms suivent :

L'Eglise archiépiscopale de Lucques, pour le R. P. F. Jules Arri-
goni de Bergame, de l'Ordre des Mineurs Observantins Réformés de
Saint-François, professeur de théologie à l'Université de Pise.

L'Eglise épiscopale de Cortone pour Mgr Joseph-Antoine Borghi, de
l'Ordre des Capucins, transféré de l'Eglise épiscopale de Bethsaïde
in partibus infidelium.

L'Eglise épiscopale de Nicaragua, dans l'Amérique centrale, pour
Mgr Joseph-Georges de Viteri-y-Ungo, transféré de l'Eglise épiscopale
de Saint-Sauveur, également dans l'Amérique centrale.

L'Eglise épiscopale de Montefeltre pour le R. D. Crispin Agosti-
nucci, docteur en théologie et archidiacre dans le chapitre métropolitain d'Urbino.

Les Eglises épiscopales unies de Pistoie et Prato pour le R. P. D.
Léon Niccolaï, Florentin, procureur-général de l'Ordre des Chartreux
de Saint-Bruno et Consulteur de la Sacrée-Congrégation des Evêques
et des Réguliers.

Les Eglises épiscopales unies de Melfi et Rapolla pour le R. D.
Ignace Sellitti, prêtre de la ville de Lecce, docteur en théologie et
chanoine théologal de cette cathédrale.

A la fin du Consistoire, on a fait à Sa Béatitude l'instance du sacré
pallium pour l'Eglise archiépiscopale de Lucques.

LETTRE SYNODALE DES PÈRES DU CONCILE PROVINCIAL DE PARIS
AU CLERGÉ ET AUX FIDÈLES DE LEURS DIOCÈSES.

On veut bien nous communiquer la lettre synodale, adressée par
les *Pères du Concile provincial de Paris* au clergé et aux fidèles de
leurs diocèses.

Cet acte important, que nous regrettons de ne pas pouvoir mettre
aujourd'hui tout entier sous les yeux de nos lecteurs, contient des
avertissements et des conseils qui s'adressent principalement à la
presse et aux écrivains qui ont consacré leurs efforts à la défense
des droits et des libertés de l'Eglise. Nous nous empressons de reproduire ces pages; nous les avons recueillies avec autant de reconnaissance que de respect, et la ligne qui s'y trouve tracée sera à

l'avenir, comme nous avons toujours tâché qu'elle fût dans le passé, la règle invariable de notre langage etde notre conduite.

Voici comment s'expriment les Pères du Concile provincial de Paris, avec ce mélange de force et d'indulgence, de sagesse et de bonté, qui forme le caractère distinctif du langage de nos premiers Pasteurs :

« Un des inconvénients et presque une des nécessités des époques de trouble, c'est de voir se constituer et se développer des forces irrégulières qui commencent par être un secours, et qui finissent presque toujours par devenir un danger ; c'est ce que nous avons vu pour la presse de notre temps. Que de bien et que de mal ne nous a pas fait cette puissance des temps modernes ! Le mal qu'elle a fait a été surtout visible : chaque jour des flots de mensonges, d'impiété et de corruption ont été répandus dans le sein de la nation, et y ont exercé les plus grands ravages. Il fallait bien opposer la vérité à l'erreur, le bien au mal ; il fallait ne pas laisser une arme si puissante et si dangereuse entre les mains des ennemis seulement. Les écrivains catholiques sont descendus dans l'arène, et ils ont rendu à la religion les plus signalés services. Dans leurs livres, dans leurs journaux, ils ont repoussé les calomnies, ils ont défendu la vérité : nous avons applaudi à leurs efforts, et nous y applaudissons encore. Volontaires dans la milice sacrée, ils ont entouré l'arche sainte et l'ont défendue contre les Philistins.

« Mais notre gratitude ne saurait détourner notre vigilance ; l'amour que nous avons pour ces fils bien-aimés, l'amour que nous savons qu'ils ont eux-mêmes pour l'Eglise, ne nous a pas permis de passer sous silence un danger qui est né de la situation, et que le Concile n'a pas cru pouvoir se dispenser de signaler.

« La presse élève chaque jour la voix, l'univers entier l'entend ; elle retentit dans les lieux publics, elle pénètre au sein des familles ; il n'y a pas une seule question qu'elle ne croie de sa compétence. Elle donne sur toutes son avis, ses appréciations, ses jugements ; elle fait l'opinion, elle gouverne le monde.

« Cette puissante initiative de la presse, selon qu'elle est au service de la vérité ou de l'erreur, comme nous venons de le dire, produit de grands biens ou de grands maux. La liberté du mal étant donnée, ce n'est pas nous assurément qui voudrions restreindre la liberté du bien. Et pourtant tout n'est pas permis pour le bien ; le zèle est condamnable, quand il n'est pas tempéré par la sagesse. Il y a une licence que les enfants du siècle se donnent, mais que les enfants de l'Eglise doivent s'interdire. Pour eux il n'y aura jamais de liberté illimitée. La charité, la décence, les intérêts et les règles de la religion, le respect qu'ils se doivent à eux-mêmes et le respect qu'ils doivent aux autres, imposent une grande retenue à leurs pensées, et à leurs plumes un frein. Il est des sujets surtout qu'ils ne doivent traiter qu'avec la plus grande réserve et en s'environnant toujours de sages conseils. Quand il s'agit de l'Eglise, de ses droits, de ses intérêts, de sa conduite, pourraient-ils jamais oublier qu'il ne leur appartient pas de se jeter en avant, et de devancer les chefs ?

« Nous comprenons tout ce qu'il y a de droiture dans les cœurs, de pureté dans les intentions ; nous comprenons encore les ardeurs et les impatiences du zèle ; mais nous comprenons aussi le péril qu'il y aurait d'intervertir dans l'Eglise l'ordre des pouvoirs établis par Jésus-Christ, de donner la parole à ceux qui doivent écouter et le gouvernement à ceux qui doivent obéir. Ah ! ne portons pas dans notre société religieuse les mœurs, les habitudes des autres sociétés, si nous ne voulons pas aussi y porter bientôt le trouble et le désordre. Conservons-nous

urs de tout excès, afin qu'en nous voyant ceux du dehors soient forcés de rendre
hommage à notre foi, principe et règle de notre conduite. »

NOUVELLES RELIGIEUSES.

DIOCÈSE DE PARIS. — On pose, à l'heure qu'il est, des échafaudages dans le
choeur de l'église Saint-Eustache. La nef est entièrement restaurée, et il ne res-
era bientôt plus que les bas-côtés et le pourtour du chœur à raccorder avec l'en-
emble, pour que la restauration de cette magnifique église soit complète. Les
ouvriers occupés à enlever le badigeon des chapelles mettent encore chaque
our de nouvelles peintures à découvert.

Il est maintenant bien évident que toutes les chapelles étaient peintes, et on
ie comprend pas quelles furent les raisons qui déterminèrent le clergé de cette
paroisse, nous ne savons à quelle époque, à faire recouvrir ces peintures et la
iche ornementation des chapelles sous l'affreux badigeon. Les historiens du dix-
nuitième et même du dix-septième siècle, qui ont écrit sur Paris, ne font aucune
nention de ces peintures.

Quoi qu'il en soit, plusieurs de ces ouvrages sont remarquables par le dessin et
n beauté du coloris; deux d'entre eux sont certainement de Simon Vouet; la
nain de Probus est aussi reconnaissable dans quelques autres. Enfin, ces pein-
ures vont être restaurées, et déjà deux artistes sont à l'œuvre.

On commence à dresser dans la nef la nouvelle chaire à prêcher, qui est, dit-
n, un des plus beaux travaux de sculpture sur bois qu'on ait exécutés depuis
ongues années. L'ancienne chaire avait été faite sur les dessins de Lebrun, et on
n conserve encore de beaux restes, qui pourront être employés utilement. Le
anc-d'œuvre, fort heureusement, n'a pas beaucoup souffert lors de l'incendie :
e chef-d'œuvre est donc à peu près intact. Il paraît décidé qu'un jubé, comme
elui qui existe à Saint-Etienne-du-Mont, va être construit à l'entrée du chœur ;
I en existait un autrefois : c'est donc une restitution.

DIOCÈSE DE NIMES.— Nîmes vient d'avoir une belle journée. L'église de Saint-
'aul, qui était en construction depuis plus de quatorze ans, a été solen-
iellement consacrée dans la journée du 14 du courant. L'Archevêque d'Avignon,
nétropolitain de Nîmes, les Evêques de Mende, de Montpellier et de Viviers, as-
istaient à cette cérémonie, qui a tenu la matinée entière. Toutes les autorités ci-
iles et militaires avaient été convoquées à une solennité qui laissera, dans la
ille de Nîmes, un long souvenir. La cité entière était en fête, et une foule
norme n'a cessé de circuler pendant toute la journée aux abords du temple et
ur les magnifiques boulevards où il est situé.

C'est dans l'après-midi seulement que le public a pu pénétrer dans l'église, où
es masses de population se sont précipitées à l'instant et jusqu'au soir. Mgr
Evêque de Montpellier, qui a parlé après la célébration des vêpres et adressé
ux protestants nimois d'éloquentes exhortations à l'union catholique, a eu beau-
oup de peine à se faire entendre; sa voix puissante et sonore avait trop à faire
our dominer le murmure, impossible à étouffer complètement, de ces vagues
iumaines qui, depuis l'ouverture des portes, avaient inondé la basilique aux co-
ossales proportions.

Il y a eu une vive émotion lorsque l'Evêque de Nîmes, au moment de la bé-
iédiction, a prié Mgr Thibault de bénir à sa place le peuple qu'il venait d'évan-
éliser d'une manière si entraînante et si vraiment apostolique. On a vu, dans
e moment, de douces larmes couler de bien des yeux. Les chants sacrés, en-
onnés par six mille voix et retentissant sous ces voûtes magnifiques, ont ter-

miné dignement cette cérémonie d'un caractère à la fois si grandiose et si touchant.

DIOCÈSE D'AVIGNON.— Samedi dernier, dans l'après-midi, les dames de Saint-Joseph ont définitivement quitté l'asile, qui leur avait été offert, il y a cinq ans, à Saint-Pierre-de-Luxembourg, et sont toutes entrées dans les logements que leur avait fait préparer, à l'hôpital, la nouvelle commission des hospices. Malgré tout le secret gardé, elles n'ont pu totalement échapper à une dernière ovation, et une pluie de fleurs a de nouveau salué leur passage sous les guirlandes tressées par l'amour et la reconnaissance de la population.

SÉANCE DE L'ASSEMBLÉE.

Encore du scandale aujourd'hui, et tel qu'on n'en avait pas vu depuis les premiers jours de l'Assemblée législative. Rien ne peut donner idée de la scène à laquelle nous avons assisté ; la Montagne et ses orateurs en étaient arrivés au paroxysme de la fureur et de la violence. Vraiment, on sort triste et affligé du spectacle de pareils excès. Que gagne le pays, que gagnent même les révolutionnaires à de semblables saturnales ?

Le premier coup est parti doucereusement, nous voudrions pouvoir dire involontairement de la main de M. Crémieux. L'ancien membre du gouvernement provisoire est venu, sous la simple forme d'une question, demander au ministère si on pensait à payer des pensions aux blessés de Février. « On s'en occupe, » a répondu laconiquement le ministre. « Je demande la parole, » a dit de son banc M. de Ségur-d'Aguesseau. A la tribune ! a crié la gauche. M. d'Aguesseau s'y est rendu, et là il a interpellé le ministre pour savoir si on ne donnerait pas aussi des pensions aux veuves et aux enfants des gardes municipaux morts en défendant les lois, « les seuls, a-t-il ajouté, qui soient dignes des récompenses nationales. » On juge de la tempête que devait exciter cette parole ; mais il était impossible de prévoir jusqu'à quelle exaltation elle emporterait les Montagnards. Les cris : à l'ordre, les hurlements, les trépignements ne cessaient pas. C'était à qui se lèverait, montrerait le poing, apostropherait la droite, le président, l'orateur. Ce tumulte qui défie toute description, a duré près d'une heure. M. Baune, M. Lagrange ont bondi à la tribune, et leurs amis faisaient un si effroyable vacarme, qu'on ne pouvait pas les entendre.

M. Dupin a déployé la plus héroïque fermeté : il a tenu tête à tout le monde, accablant de ses censures, de ses apostrophes éloquentes ou de ses mordantes ironies les plus violents et les plus insubordonnés, et frappant enfin d'une réprobation en masse la Montagne entière. A ce moment, et par une bravade insolente, tous les Montagnards se sont levés en criant : *Vive la République !* La majorité demeurait calme, indignée et silencieuse, prêtant seulement main-forte au président, qui a fini par dominer le tumulte en faisant voter l'ordre du jour. En vain la Montagne voulait-elle essayer d'enpêcher la reprise des travaux. M. de Montigny, rapporteur de la question qui devait venir à la discussion, a courageusement et à plusieurs reprises occupé la tribune. Mais l'incident a recommencé, M. de Ségur ayant demandé la parole pour un fait personnel. Il a tenté d'expliquer sa première harangue, en prétendant qu'il ne croyait avoir rien dit qui ne fût digne d'un républicain sincère, et qu'il considérait comme une calomnie qu'on mît en doute ses opinions républicaines. On aurait de beaucoup préféré que M. de Ségur gardât le silence, et l'impression de cette seconde allocution n'a pas été heureuse.

L'Assemblée, tout émue, a repris son ordre du jour avec une certaine inattention, au milieu de laquelle elle a rejeté la prise en considération de deux propositions de MM. Huguenin et Miot. La proposition de M. Henri Didier, tendant à confier à une commission parlementaire le soin de rédiger la loi relative à l'Algérie, a ramené l'animation dans le débat. M. Piscatory ayant trouvé occasion, en combattant ce projet, de se plaindre, avec une habileté mêlée de malice, du silence singulier que, depuis plusieurs séances, le *ministère de l'action* garde opiniâtrement sur les questions que l'initiative parlementaire amène devant l'Assemblée, M. F. Barrot est venu se justifier, lui et ses collègues. Il l'a fait avec une grande inexpérience de tribune, très-peu d'adresse de parole, rejetant la faute sur ce que le cabinet est très-neuf dans les affaires et qu'il n'a pas eu le temps de les étudier.

L'Assemblée, assez peu édifiée de cet aveu dépouillé d'artifice, a renvoyé à demain pour se prononcer.

———

On lit ce soir dans la *Patrie* :

« Après l'incident tumultueux qui a signalé le commencement de la séance, il n'était bruit que de cartels échangés entre plusieurs membres de la majorité et de la Montagne.

» On assurait même qu'à la reprise de la séance, quatre représentants, assistés de leurs témoins, s'étaient rendus immédiatement sur le terrain.

« M. Victor Foucher, procureur de la République, s'est transporté sur-le-champ au palais de l'Assemblée pour aviser, disait-on, aux moyens de prévenir tout malheur.

« On a cité plusieurs noms ; nous nous abstenons de les reproduire, pour ne pas alarmer les familles et commettre des inexactitudes, toujours fâcheuses en pareille circonstance.

« En écrivant ces lignes, nous ne pouvons nous empêcher de faire de pénibles réflexions sur cette déplorable tendance qui semble s'être emparée d'une fraction de l'Assemblée, de faire dégénérer en luttes personnelles les discussions de la tribune ; le pays en ressentira une douloureuse impression ; et quant à la liberté, elle ne peut que perdre à ces scènes de violence qui rappellent les plus mauvais jours de notre histoire, et que repousse la civilisation. »

———

Les représentants qui tiennent leurs séances au palais du conseil-d'Etat, se sont réunis hier au soir sous la présidence de M. Piscatory. Les diverses propositions soumises à l'assemblée relativement à la loi électorale actuellement en vigueur ont été l'objet principal de leurs délibérations. La majorité a été, dit-on, d'avis d'adopter les dispositions qui auraient pour but de prescrire qu'à l'avenir les élections eussent lieu à la commune.

L'*Assemblée Nationale* publie, à propos de l'acte qui a frappé M. Pierre Bonaparte, l'article suivant :

« C'est la seconde fois que le Président de la République se trouve dans la nécessité de remplir contre ses cousins un devoir rigoureux.

« Sans doute, il est triste d'être obligé de s'isoler des membres de sa famille et de contribuer à prouver, par des rigueurs nécessaires, que Napoléon-le-Grand n'a pas laissé de postérité ; mais lorsque l'on reconnaît de plus en plus dans cet isolement la difficulté de relever ce glorieux héritage, n'est-ce pas du moins une bien douce consolation que de laisser dans les souvenirs de son passage au pouvoir des preuves éclatantes d'abnégation et de dévouement au pays ?

« La destitution sévère infligée aux deux cousins démontre combien l'ambition est mauvaise conseillère. Dans un but que nous nous abstenons de démasquer, ils avaient tous deux pris place dans les rangs révolutionnaires, tous deux ils avaient demandé à la Montagne des éléments de popularité, des espérances pour certaines éventualités. On sait le chemin qu'ils ont fait dans cette voie fatale.

« Nous ignorons si c'est parmi les Montagnards que les deux princes élyséens ont puisé les principes qu'ils ont mis en pratique en Espagne et en Algérie ; mais, du moins, ils doivent reconnaître que le pays, pas plus que le pouvoir, n'est disposé à tolérer ces étranges écarts sur la route de la légalité, du devoir et des convenances. »

Le journal des fouriéristes, la *Démocratie pacifique*, a publié hier, au sujet des messes du Saint-Esprit, un article indigne, qu'elle fait précéder de cette épigraphe plus indigne encore :

— Saint Esprit, descends, descends jusqu'en bas.
— Non, dit l'Esprit saint, je ne descends pas !

Voici un échantillon de la prose tout à la fois impie et hypocrite de cette feuille qui, naguère encore, protestait de son respect pour les croyances catholiques :

« Nous ne voulions pas parler de ces messes renouvelées des jours les plus religieux de la sainte Restauration, de cette époque chère au souvenir des sacristies, où l'on vit les athées du Directoire et les sacripants de l'Empire suivre dévotement les processions, un cierge bénit à la main.

« L'esprit et la sainteté n'abondent jamais trop, même dans les cours d'appel et les tribunaux de première instance.

« Mais si nous louons l'humble et pieux magistrat qui va s'agenouiller au pied de l'autel, demander à Dieu aide et secours contre son insuffisance et la défiance qu'il a de ses propres forces, pour l'auguste fonction dont il est investi ; si nous accordons toute notre estime, toute notre confiance, tout notre respect à l'interprète des lois humaines implorant du ciel les lumières et la droiture nécessaires pour juger les hommes, pour disposer, par un arrêt sorti de ses lèvres, de la fortune, de la liberté, de la vie, de l'honneur de ses semblables, c'est à condition que la prière sera modeste, l'humilité réelle et la foi sincère ; à condition, enfin, que l'on ne fera pas de cet acte pieux, qui doit être tout recueillement intime, une manifestation politique, *une sorte de parade officielle, en vue de flatter les prêtres et non pas de plaire à Dieu.*

« Or, depuis quelques jours, les journaux modérés des provinces font si grand bruit de ces solennités insolites et imprévues par lesquelles nos bons juges ont trouvé à propos de signaler la fin de leurs vacances, *de ces exhibitions de robes rouges et de robes noires qui ont effrayé les populations* des villes les plus paisibles, qu'en vérité cela finissait par devenir TROP SCANDALEUX, pour que nous n'unissions pas notre voix à celle de nos confrères de la presse démocratique des départements qui se sont élevés contre *cette ridicule et puérile parodie des temps qui ne sont plus et ne reviendront pas*, n'en déplaise à nos modernes jésuites à robe courte ou à robe longue.

« Nous respectons la religion et les hommes religieux, *et malgré nos griefs contre le catholicisme actuel*, nous n'aimons pas qu'on exploite, et qu'à force de les exploiter, on tourne en dérision les choses saintes.

« Indépendamment du petit complot politique qui les organise, de la pensée de recul et d'obscurantisme qui y préside, ces cérémonies officielles, à nous qui nous sentons vraiment religieux, ne sembleraient qu'une immense jonglerie, bien plus propre à chasser la foi sérieuse de nos temples qu'à l'y attirer et l'y maintenir.

« Qu'est-ce donc quand on connaît le sentiment qui les inspire ?

« La réaction catholico-légitimiste qui nous gouvernait hier et nous gouverne encore aujourd'hui, n'a qu'un but, qu'un rêve, qu'une pensée : étouffer la lumière de la loi nouvelle sous l'éteignoir des vieilles superstitions. »

La *Démocratie pacifique* trouve scandaleuses les saintes cérémonies du culte catholique. Elle est, en cela, fidèle aux enseignements de son maître, ce *Dieu d'un monde inconnu*, comme on l'a appelé, qui croyait que le moyen de tuer le catholicisme c'était de suivre une *marche opposée à celle d'une religion austère* (*Théorie des quatre mouvements*, OEuvres complètes, t. I, de la p. 291 à la p. 301.) Cette *marche*, opposée à celle de l'Eglise, les phalanstériens voudraient bien amener la France à l'adopter. Mais Dieu ne permettra pas que notre pays descende jamais jusqu'à ce degré d'ignominie.

Actes officiels.

Par décret du Président de la République, en date du 20 novembre :

M. de Maupas, sous-préfet de Boulogne, est nommé préfet de l'Allier, en remplacement de M. Coquet.

M. de Saint-Marsault, préfet de la Corrèze, est nommé préfet des Deux-Sèvres, en remplacement de M. Degouve-Denuncques.

M. Bourdon, ancien sous-préfet, est nommé préfet de la Corrèze.

M. Paulze-d'Ivoy, sous-préfet de Meaux, est nommé préfet de l'Orne, en remplacement de M. Visinet.

M. Pierre Leroy, sous-préfet de Reims, est nommé préfet de Saône-et-Loire, en remplacement de M. Cerfberr.

M. de Lapeyrouse est nommé préfet de l'Ain, en remplacement de M. Dezé.

M. Brian, ancien préfet, est nommé préfet de la Charente-Inférieure, en remplacement de M. Wissocq.

M. Vaïsse, préfet du département du Doubs, est nommé préfet du Nord, en remplacement de M. David.

M. Pardeilhan-Mezin, ancien préfet, est nommé préfet du Doubs.

M. Durand Saint-Amand, ancien préfet, est nommé préfet de la Creuse, en remplacement de M. Leroy.

M. Barral, membre du conseil général de l'Isère, est nommé préfet de l'Isère, en remplacement de M. Bordillon.

M. Dubessy, préfet des Pyrénées-Orientales, est nommé préfet du Loiret, en remplacement de M. Pereira.

M. Dulimbert, sous-préfet de Béziers, est nommé préfet des Pyrénées-Orientales.

M. Boulage, préfet de l'Yonne, est nommé préfet du Morbihan, en remplacement de M. Tricoche.

M. Contencin, ancien préfet, est nommé préfet de la Meuse, en remplacement de M. Lemaire.

M. Combes-Sieyès, ancien sous-préfet, est nommé préfet de la Haute-Marne, en remplacement de M. Salarnier.

M. Duhamel est nommé préfet du Lot, en remplacement de M. Dausse.

M. Dubois, sous-préfet de Villefranche, est nommé préfet de la Haute-Loire, en remplacement de M. Serrurier.

M. Migneret, sous-préfet de Saint-Quentin, est nommé préfet de la Sarthe, en remplacement de M. Panse.

———————

Par décret du Président de la République, en date du 20 novembre, ont été nommés :

Procureur de la République près le tribunal de Marvejols, M. Fayet, procureur de la République près le siége d'Apt, en remplacement de M. Combemale.

Procureur de la République près le tribunal d'Apt, M. Combemale, procureur de la République près le siége de Marvejols.

Procureur de la République près le tribunal de Valenciennes, M. de Warenghien, ancien magistrat, en remplacement de M. Gaddeblé, décédé.

———————

Bulletin de la politique étrangère.

ESPAGNE. — On écrit d'Algésiras, à la date du 10 du courant :

« Je puis vous assurer que le différend entre le gouvernement français et le Maroc est heureusement terminé. L'empereur a accédé à toutes les exigences de la France, et la frégate à vapeur française la *Pomone* a quitté Gibraltar, ayant à son bord les consuls de Tanger, de Casa-Bianca, etc., qui retournent à leurs postes. Les juifs et les autres personnes qui s'étaient réfugiées à Gibraltar retournent également dans le Maroc. »

TURQUIE. — CONSTANTINOPLE, 13 novembre. — La flotte anglaise, composée de sept vaisseaux de ligne, dont quatre steamers et une frégate, est maintenant à l'ancre dans la baie de Barbieri. Elle est commandée par l'amiral Parker. La flotte française est, dit-on, à Lemnos.

WIDDIN, 4 novembre. — Tous les émigrés magyares ont été transférés à Schoumla. Le premier convoi, composé de 400 Polonais, est parti le 30 octobre. Murad-Pacha, autrefois Bem, était parti à la tête; Messaros et le comte Vay étaient avec lui. Le 31 ce fut le tour de 102 Italiens, ayant à leur tête le comte Monti. Le 1er novembre une troisième troupe, composée de tous les renégats, sauf Bem et Balogh, au nombre de 165, s'est mise en mouvement sous la conduite de Plein, aujourd'hui Fehrad-Pacha. Kmeli (Kiamil-Pacha) fermait cette marche avec sa suite.

Le 3 novembre, les Magyares et quelques étrangers se sont mis en marche au nombre de 320. Kossuth portait une grande plume blanche à son chapeau ; à côté de lui se trouvait Balogh, auteur de l'assassinat du comte Lamberg. Le comte Casimir Bathyany, les deux Perczel, et le pololais Rzyjemski faisaient partie de ce dernier cartége. Quarante femmes le suivirent, à pied ou en voiture. La comtesse Bathyany voyageait dans un équipage particulier. L'ex-conseiller de cabinet Hazmann était sur une charrette à deux roues.

P. S. Il paraît, dit un journal du soir que des nouvelles inquiétantes sont arrivées hier de Saint-Pétersbourg. Les dispositions de l'empereur concernant le démêlé avec la Turquie seraient devenues beaucoup moins pacifiques par suite de l'attitude menaçante prise par l'Angleterre ; et les conséquences de ce brusque changement pourraient être d'autant plus graves que l'ordre porté à notre flotte de rétrograder, aurait été, dit-on, arrêté à Toulon, où se trouverait encore, à cette heure même, le porteur du pli ministériel destiné au chef de notre escadre.

ASSEMBLÉE LÉGISLATIVE.

Séance du 21 novembre. — PRÉSIDENCE DE M. DUPIN AÎNÉ.

La séance est ouverte à deux heures et demie.

M. LÉON FAUCHER. Je me propose d'interpeller M. le ministre des finances sur l'état de la circulation de la Banque de France, et sur la limite légale apportée à cette circulation. D'accord avec le ministre, je prie l'Assemblée de fixer les interpellations à vendredi prochain.

M. LE PRÉSIDENT. Il n'y a pas d'opposition? (Non! non!) Les interpellations auront lieu vendredi.

M. CRÉMIEUX. Messieurs, vous avez adopté hier un projet, allouant 250,000 fr. aux veuves et orphelins des victimes du mois de juin 1848. Je demande à M. le ministre de l'intérieur s'il a pris une précaution semblable pour les blessés de Février, leurs veuves et orphelins. (Bruit.)

A droite : Il n'y a pas eu de blessés en Février.

M. CRÉMIEUX. Je connais l'un de ces hommes qui a reçu une balle dans la cuisse droite et qui a été amputé de la cuisse gauche dans les combats qui ont été livrés en Février.

A droite : Il n'y a pas eu de combats en Février.

M. CRÉMIEUX. Je sais que la commission des récompenses de Février a remis son travail à M. le ministre. Le ministre s'en est-il occupé? Quels sont ses projets?

M. F. BARROT, ministre de l'intérieur. Mon prédécesseur s'est occupé de cette question des récompenses à accorder aux combattants de Février. D'ici à deux ou trois jours j'apporterai un projet sur les blessés de Février et sur les blessés de Juin.

M. LE PRÉSIDENT. Sans tirer à conséquence.

M. SÉGUR-D'AGUESSEAU, de sa place. Messieurs...

A gauche : A la tribune! à la tribune!

M. SÉGUR-D'AGUESSEAU. Messieurs....

A gauche : A la tribune! On n'entend pas !

M. LE PRÉSIDENT. Mais il n'a pas parlé.

A gauche : A la tribune !

M. LE PRÉSIDENT. Vous n'avez pas le droit de l'exiger. On n'entend que vos cris.

M. SÉGUR-D'AGUESSEAU. Le président m'accorde la parole pour parler de ma place. (Oui! oui!)

A gauche : On ne vous entendra pas. (Si ! si !)

M. SÉGUR-D'AGUESSEAU. Je maintiendrai mon droit. (Très-bien ! — Bruit à gauche.)

M. LE PRÉSIDENT. Le règlement dit que les orateurs doivent parler à la tribune, à moins qu'ils ne soient autorisés à parler de leur place par le président.

A gauche : On n'entendra pas !

M. LE PRÉSIDENT. Cessez vos clameurs ; ce sont elles qui empêchent d'entendre.

A droite : Parlez ! parlez !

M. SÉGUR-D'AGUESSEAU. Si vos interruptions ne m'avaient pas empêché...... (Violente interruption à gauche.)

M. Ségur-d'Aguesseau se dirige vers la tribune.

A droite : Non ! non ! pas à la tribune !... Parlez de votre place.

M. Ségur-d'Aguesseau retourne à sa place.

M. LE PRÉSIDENT, à la gauche. Je vous invite au silence. On verra bien si vous faites exprès de ne pas entendre, ou bien s'il y a vraiment nécessité de changer de place et de venir à la tribune. Gardez le silence, et je suis sûr que vous entendrez l'orateur comme vous m'entendez moi-même. Je prie M. Ségur-d'Aguesseau de parler haut. (Rires)

M. SÉGUR-D'AGUESSEAU. Après l'interpellation qui vient d'être adressée à M. le ministre de l'intérieur, à l'égard des combattants de Février, je crois de mon devoir de demander également si dans les secours seront compris les braves gardes municipaux et leurs veuves, qui sont les seuls à mon avis dignes de l'intérêt national. (Violentes exclamations à gauche.)

Un grand nombre de membres du côté gauche se lèvent et interpellent vivement l'orateur. Une grande confusion règne dans l'Assemblée.

M. LE PRÉSIDENT. Une surprise a été faite à l'Assemblée. Il faut rentrer dans le règlement.... (Interruption à gauche) et je prie le ministre de me seconder. (Nouvelle et bruyante interruption.)

M. Baune monte à la tribune, et essaie inutilement de se faire entendre.

M. LE PRÉSIDENT. Vous n'avez pas la parole.

M. Baune fait de nouvelles tentatives pour se faire écouter.

Le tumulte qui règne dans l'Assemblée arrive à son apogée. M. Baune continue à vouloir parler malgré le président.

Le tumulte continue ; l'extrême gauche se livre à la plus violente agitation.

M. LE PRÉSIDENT. Si M. Ségur-d'Aguesseau avait voulu faire une interpellation, il aurait dû demander un jour.

J'avoue que j'ai été, ainsi que l'Assemblée, l'objet d'une surprise. M. Crémieux n'a dit qu'un mot, et la réponse a été si brève que je n'ai pas eu à intervenir.

M. Ségur-d'Aguesseau a saisi cette occasion pour y rattacher des considérations d'une autre nature.

A gauche : Ah ! ah !

M. LE PRÉSIDENT, Voilà pourquoi j'ai retiré la parole à M. Ségur-d'Aguesseau. L'incident est terminé et l'Assemblée va rentrer dans son ordre du jour. (Violentes réclamations à gauche.)

Le tumulte devient plus intense ; la tribune est envahie par de nombreux membres de l'extrême gauche, parmi lesquels MM. Baune et Lagrange. Les deux membres se disputent la parole vivement et avec les gestes les plus animés. Enfin M. Lagrange, qui occupait la tribune, consent à en descendre et à l'abandonner à M. Baune.

M. BAUNE. Citoyens, l'émotion soulevée par l'incident...

A gauche : Faites faire silence, Monsieur le président.

A droite : C'est vous qui faites du bruit. (Rires.)

M. BAUNE. Les paroles plus qu'imprudemment prononcées par M. Ségur-d'Aguesseau appellent une réponse... (Assez ! assez !)

Je rappellerai à M. d'Aguesseau que ni les séides du gouvernement déchu... (Violente interruption à droite.) que ni les séides qui fuyaient au 24 février... (La voix de M. Baune est couverte par un bruit effroyable de cris : A l'ordre !)

M. LE PRÉSIDENT à M. Baune. Vous avez demandé la parole sur le rappel à l'ordre, et vous entamez un autre sujet...

A gauche : Il fait bien !

M. BAUNE. Monsieur le président, je trouve toujours en vous le procureur-général de la majorité et jamais l'avocat de la minorité...

A droite : A l'ordre ! à l'ordre !

A gauche : Allons donc, royalistes !

A droite : Taisez-vous donc, anarchistes !

Voix : A la question ! à la question !

M. BAUNE. Je suis dans la question !

M. REGNAULT DE SAINT-JEAN D'ANGELY interpelle très-vivement l'orateur.

A gauche : A bas l'homme du sabre !

On n'entend plus un mot de ce que dit M. Baune.

M. LE PRÉSIDENT. Je consulte l'Assemblée sur la censure à appliquer à M. Baune. Oui ! oui !) Monsieur Baune, vous avez résisté à tous les avertissements...

A gauche : Il a bien fait !

M. LE PRÉSIDENT. Je consulte l'Assemblée, le règlement à la main. Elle me donnera force et raison, parce qu'il faut que force et raison restent à la loi ! (Très-bien !)

A gauche : Vous soutenez les royalistes !

M. LE PRÉSIDENT. Après mes avertissements, M. Baune a persisté avec plus de force. Je consulte l'Assemblée.

Une immense majorité se lève pour la censure.

A gauche : Rappelez-nous tous à l'ordre !

M. LE PRÉSIDENT. Laissez-moi d'abord vider l'incident.

A gauche : Vive la république !

A droite : Vive l'ordre ! et à bas les factieux !

M. Doutre crie : Vive la République ! d'une voix si perçante qu'il excite une longue hilarité.

M. LE PRÉSIDENT. La censure sera appliquée à M. Baune.

A gauche : Censurez-nous tous !

A droite : L'ordre du jour ! l'ordre du jour !

M. LE PRÉSIDENT. Nous reprenons la discussion sur la proposition de MM. de Vatimesnil et Lefebvre-Duruflé.

M. Joly monte à la tribune et s'y rencontre avec M. de Montigny.

A gauche : Parlez, Joly ! Joly, parlez !

A droite : L'ordre du jour ! l'ordre du jour !

M. CRÉMIEUX. Je demande la parole pour un rappel au règlement.

M. TASCHEREAU. L'incident est vidé.

M. LE PRÉSIDENT. M. de Montigny a la parole.

A gauche : Il ne parlera pas !

M. TASCHEREAU. Toujours en vertu de la liberté !

M. Crémieux veut monter à la tribune.

M. LE PRÉSIDENT. Laissez-nous reprendre l'ordre du jour, M. Crémieux !

A droite : Allons, M. Crémieux, assez de scandale ! nous ne sommes pas à Versailles !

M. Crémieux s'efforce de monter à la tribune, où se trouve M. de Montigny.

M. LE PRÉSIDENT. Vous n'avez pas la parole.

A gauche : Nous voulons que M. Ségur-d'Aguesseau soit rappelé à l'ordre. (Oui ! oui ! — Bruit prolongé.)

M. Crémieux se décide enfin à quitter l'escalier de la tribune.

M. LE PRÉSIDENT. L'Assemblée veut-elle passer à l'ordre du jour ?

Voix nombreuses : Oui ! oui !

M. LE PRÉSIDENT. L'Assemblée passe à l'ordre du jour. (Exclamations à gauche.)

La plus grande agitation règne dans l'Assemblée.

M. DE MONTIGNY monte à la tribune.

M. LE PRÉSIDENT. L'Assemblée restera calme malgré trente individus qui troublent les séances avec préméditation.

M. BERTHOLON. Ce sont les royalistes qui troublent les séances.

M. LE PRÉSIDENT. Messieurs, je vous rappelle à l'ordre nominativement.

Tous les membres de la Montagne se lèvent, et nous entendons les cris : R
rappelez-nous tous à l'ordre !

M. LE PRÉSIDENT. Je vous rappelle à l'ordre.

M. BERTHOLON (à la tribune). M. le président vient de rappeler à l'ordre tr
bres de ce côté de l'Assemblée... (Assez ! assez ! à droite.) Oh ! vous ne m'in
pas !

Voix à gauche : Non ! non ! soyez-en sûrs ! (Bruit.)

M. BERTHOLON. Le président, dis-je, a cru devoir rappeler à l'ordre tr
bres du côté gauche de l'Assemblée. Contre ce rappel, qui selon moi n'est pas
(Rumeurs) j'ai cru que le règlement me donnait le droit de réclamer. Le p
dit que nous troublions les séances ; j'ai répondu que ceux qui troublaient l
étaient ceux qui venaient faire ici des manifestations royalistes ; je dis maint
ceux-là sont des perturbateurs, des factieux, et je les signale au pays, car il
ici provoquer au désordre et à la guerre civile. (Interruption. — Très-bien !

M. SEGUR D'AGUESSEAU se lève.

A gauche : A l'ordre ! à l'ordre !

M. de Montigny remonte à la tribune ; M. Ségur-d'Aguesseau, qui est au
tribune, insiste pour répondre.

M. LE PRÉSIDENT. M. Ségur-d'Aguesseau a la parole.

Voix nombreuses : Silence ! silence ! Écoutez !

Nous remarquons que les ministres se plaignent du voisinage de la Monta
moment très-agitée. Enfin les membres qui environnaient la tribune regag
places, et le silence se rétablit lentement.

M. SEGUR-D'AGUESSEAU. Messieurs, ce n'est qu'en arrivant au pied de cet
que j'ai su que j'avais été rappelé à l'ordre par M. le président. (Marques
d'étonnement.)

Je suis convaincu que M. le président ne m'eût pas rappelé à l'ordre s'il n
tendu ; mais il en a été sans doute empêché par le tumulte. J'avais eu, en e
neur de lui demander la parole pour un fait personnel. Je croyais que le règle
nait toujours le droit de répondre à une attaque, de parler pour un fait perso

Je demande donc maintenant la parole pour un fait personnel. (Vous l'a
lez ! parlez !)

Eh bien, je ne puis tolérer les paroles qui m'ont été adressées. C'est une c
dire à un homme qui est entré dans cette Assemblée avec l'intention loyale
un gouvernement républicain régulier ; c'est une calomnie de lui dire que :
pellation avait un caractère royaliste. Je crois avoir agi au contraire en bo
cain. (Exclamations à gauche. — Très-bien ! très-bien !)

Mes interrupteurs, je dirai mes calomniateurs... (Violente interruption à
Une voix à gauche : C'est une insulte.

M. SEGUR-D'AGUESSEAU. J'ai le droit de dire de mes interrupteurs qu
lomnient, puisque je l'ai prouvé.

A gauche : Non ! vous n'avez rien prouvé.

M. SEGUR-D'AGUESSEAU. Je l'ai prouvé, quand, le 28 mai, j'ai demandé
blée de se lever tout entière pour crier : Vive la République !

Oh ! il est évident, il est certain que j'entends la République autrement
partie de l'Assemblée... (L'orateur désigne l'extrême gauche.)

Aussi, si l'on ne m'avait reproché que de n'être pas républicain comme c
de l'Assemblée, je n'aurais pas pris la parole ; mais on m'a reproché de n'ê
publicain du tout ; c'est pourquoi je viens dire que dans la République tel
comprends, telle que je la désire, que je la veux, il ne doit y avoir d'hon
pour ceux qui meurent en défendant les institutions et les lois. (Très-bien !
à droite.)

Les deux derniers articles du projet de loi relatif à la naturalisation de
sont adoptés. Il y aura une troisième délibération.

L'ordre du jour appelle la discussion sur la proposition de M. Huguenin, q
conçue :

... ...sidérant qu'il est de la plus haute nécessité de rétablir l'ordre et l'équilibre dans ... : ...get de l'Etat, l'Assemblée nationale décrète que, désormais, le chapitre des re-
...sera discuté préalablement à celui des dépenses. »

... commission d'initiative parlementaire propose à l'Assemblée de ne pas prendre
... résolution en considération.

... M. GUÉNIN défend sa proposition. L'orateur fait ressortir tous les dangers que
...nte notre situation financière dans le présent et dans l'avenir. Il est temps d'aviser;
...et appliquer des remèdes à cette situation.

...ssemblée, après avoir encore entendu M. Lavergne, déclare qu'elle ne prend pas
... considération la proposition de M. Huguenin.

...rdre du jour appelle la discussion sur la prise en considération de la proposition
...L. Miot, relative à la modification de l'art. 474 du code pénal.

... proposition est rejetée.

...rdre du jour appelle la discussion d'une proposition de M. Henri Didier qui de-
...e la nomination d'une commission spéciale chargée de préparer les lois promises à
...érie.

...a suite de la discussion est renvoyée à demain.

...a séance est levée à six heures un quart.

Chronique et Faits divers.

Le conseil des ministres s'est réuni aujourd'hui sous la présidence de M. le Pré-
dent de la République.

— Un courrier arrivé hier au soir de Saint-Pétersbourg a apporté des dépêches
...t le contenu est fort grave. Le conseil des ministres s'en est occupé. Des or-
...s ont été envoyés à Toulon et dans tous nos ports militaires.

— C'est, croit-on, dimanche prochain, dans la cathédrale de Chartres que sera
...cré M. l'abbé Pie.

— Lord Lansdowne, président du conseil privé de la reine d'Angleterre, était
...core hier au soir à Paris, à l'hôtel Meurice, rue de Rivoli. Ainsi, c'est par er-
...eur qu'on a dit qu'il avait quitté la capitale pour retourner à Londres.

— Il y avait hier au soir grandes réceptions aux ministères des finances, de
...marine et de la justice.

— M. le général de Hitte a pris hier possession du ministère des affaires étran-
...ères. Hier au soir il a reçu ses principaux employés, et ce matin il recevait les
...membres du corps diplomatique.

— Mgr de Cléveend, Evêque aux Etats-Unis, est en ce moment à Paris. Il of-
...ficiait hier à Notre-Dame-des-Victoires.

— La garnison de Paris est au grand complet. On l'évalue à près de 100
mille hommes de toutes armes occupant les casernes et les barraques.

— Un nouveau mode d'éclairage, à bord des navires à vapeur, vient d'être
adopté d'un commun accord par la France et l'Angleterre. Ce système fort ingénieux, qui a pour but d'éviter, pendant la nuit, la rencontre des bâtiments à vapeur, consiste dans la répartition de feux de différentes couleurs, dont l'arran-
gement indique à deux navires en marche la position de chacun d'eux.

— Il y a en ce moment quelque refroidissement entre le gouvernement Anglais
et celui de la France. L'ambassadeur d'Angleterre se ressent de ce changement
de politique et les traduit dans ses relations avec le pouvoir. On dit que l'Angleterre voudrait nous entraîner trop loin à sa suite dans les affaires d'Orient, qui
prennent une tournure hostile. La France ne peut et ne veut pas se lancer dans
une guerre sans but pour complaire à lord Palmerston. Voilà la cause de cette
situation nouvelle des deux gouvernements.

— Un traité de navigation a été signé dimanche, à Paris, entre la France et la Belgique.

— On affirme qu'il a été décidé dans la réunion la plus influente du parti de la Montagne qu'on écrirait aux contumaces du procès de Versailles pour les engager à venir régulariser leur position devant la Haute-Cour, aussitôt que le décret sur les élections serait rendu.

—L'exposition des noms des condamnés contumaces dans l'affaire du 13 juin n'a point eu lieu avant-hier sur la place du Palais-de-Justice. Quelque groupes d'ouvriers stationnaient devant le Palais ; mais l'heure ordinaire de l'exposition s'étant écoulée sans que rien ait annoncé qu'on dût la mettre à exécution, les curieux se sont retirés, et la circulation a repris son cours ordinaire.

— La commune de Camaret (Vaucluse) peut offrir un exemple remarquable entre beaucoup d'autres, de la manière dont les puritains de la République prétendaient faire oublier les corruptions du dernier gouvernement. Lors de l'élection, un citoyen s'était blotti dans une caisse qui se trouvait à la mairie dans la salle où l'urne électorale, pleine de bulletins, devait passer la nuit. L'on devine assez quelle était sa mission. Malheureusement le coffre fermait trop hermétiquement, et tandis que des pourparlers se prolongeaient dans cette salle entre le maire et des électeurs défiants, notre homme n'y tenant p'us, fit sauter le couvercle et mit à nu la fraude si bien préparée. Il était temps, car il était déjà aux trois quarts asphyxié ; il était trop tard même, car le Nouvel Ulysse est mort peu de jours après, des suites de sa clôture.

— On annonce que M. Romain-Desfossés, ministre de la marine et des colonies, se propose d'accompagner dans nos ports de mer la commission d'enquête parlementaire sur les services de la marine, afin de juger par lui-même de la véritable situation des choses.　　　　　　　　　　(*Journal du Havre.*)

— D'après des renseignements qui nous parviennent de Montpellier, une mine d'argent aurifère aurait été découverte, il y a environ huit mois, dans le département de t'Hérault.

Une fonte le ce nouveau minerai a eu lieu en présence de plusieurs personnes notables de la localité, et une portion de cette fonte envoyée à M. Vignes, directeur de la monnaie de Bordeaux, qui, sur un poids de 100 kilogr., a reconnu une valeur proportionelle de 88 fr. d'argent.

Ce résultat est des plus heureux ; et cependant il paraîtrait qu'on peut espérer davantage, car il a été reconnu que le même minerai contenait de l'or et du platine.

Cette précieuse découverte, si elle est habilement exploitée, procurera un travail lucratif à un grand nombre d'ouvriers, et deviendra, pour le département de l'Hérault, une source de richesses.

—On lit dans le *Nouvelliste de Marseille* : « Le conseil municipal, dans sa séance d'hier, a, sur la proposition de M. Nègre, voté des remercîments à tous les citoyens qui se sont dévoués aux soins des cholériques dans cette dernière épidémie, aux médecins, aux membres du clergé et des divers ordres religieux et aux Sœurs de Charité, dont le dévouement admirable ne s'est jamais démenti. Un membre a demandé au conseil de remercier à son tour le digne magistrat qui préside depuis trois mois aux affaires municipales, pour sa belle conduite au milieu de la malheureuse crise qu'il a eu à traverser pendant son intérim. Le conseil s'est associé avec le plus vif empressement à cette demande, qui était dans le désir de tous ses membres.

— *Le musée de l'Hôtel de Cluny* s'enrichit chaque jour davantage. Depuis peu de temps, on y admire de magnifiques tapisseries de Flandre qui ont appartenu jadis aux ducs de Bourgogne. De nouvelles armures acquises récemment commencent à compléter la belle collection qui existait déjà. Il serait à désirer que celles qui se trouvaient dans l'ancien musée d'artillerie, puisqu'il n'existe plus maintenant, fussent réunies à cette collection, au lieu d'être éparpillées comme elles le sont, sans utilité et sans aucun avantage pour le public.

— Il est question de l'érection d'une chapelle catholique française dans la partie du *West-End* où résident le plus de Français, c'est-à-dire entre Oxford-street et le Strand. Une pétition adressée à l'Evêque catholique de Londres et signée par les notables habitants français du *West-End* a reçu le plus sympathique accueil. On ne dit point encore le lieu où sera érigée la nouvelle chapelle.

— On écrit de Caunes :

« Dans la nuit du 2 au 3 de ce mois, une pluie diluvienne qui a fondu sur la Montagne-Noire, du côté de l'Espinassière surtout, a occasionné une inondation épouvantable ; elle a couvert de limon nos prairies et jardins potagers.

« Les ravages déjà très-considérables à Caunes, l'ont été bien davantage dans la montagne. On a vu passer un lit avec sa couche, un cheval et autres animaux. Notre rivière d'Argent-Double offrait plus de trois mètres d'élévation. Heureusement la durée de l'inondation n'a guère été d'abord que d'une demi-heure, et ensuite une nouvelle crue, plus forte encore, de trois quarts d'heure environ. L'alarme et la consternation étaient générales. On est occupé à réparer les ravages du sinistre ; les pertes sont très-considérables. »

— L'Institut agronomique de Versailles est, depuis sa création, sans directeur. On ignore encore à qui seront dévolues ces fonctions importantes. Mais, parmi les candidats sur lesquels on assure que le gouvernement aurait jeté les yeux pour l'emploi de sous-directeur, on cite particulièrement M. Moll, le savant agronome, qui serait en même temps professeur d'agriculture.

— La ville de Fontainebleau, qui a vu naître le général Damesme, une des plus illustres victimes des journées de juin 1848, voulant lui ériger une statue en bronze, plusieurs artistes recommandables à divers titres ont déjà offert généreusement la coopération gratuite de leur temps et de leur talent ; mais la délicatesse de ces offres rendait un choix d'autant plus difficile qu'elle légitimait une extrême susceptibilité ; aussi la voie du concours a-t-elle été adoptée unanimement.

Un concours d'honneur est donc ouvert, non-seulement entre les artistes qui ont pris l'initiative de ces offres désintéressées, mais encore entre tous ceux, et ils sont nombreux, dont la noble émulation ne dédaignera pas pour récompense unique, nous en sommes assurés, l'honneur de glorifier un illustre citoyen, et de graver leurs noms d'artistes sur un bronze destiné à orner Fontainebleau, ce temple des grands souvenirs.

La statue aura de 7 à 8 pieds de hauteur. Les concurrents devront produire des esquisses en plâtre d'une hauteur de 50 centimètres. Ces exquisses seront adressées au maire de Fontainebleau, président de la commission nommée à cet effet, avant le 1er janvier prochain, terme de rigueur, et exposées publiquement pendant huit jours dans une des salles de l'Hôtel-de-Ville.

— D'après une lettre d'Haïti adressée à un membre de l'Assemblée nationale, l'empereur nègre Faustin Ier aurait complétement organisé son nouvel empire sur le mode tracé par l'empereur Napoléon. Une garde impériale de 2,000 hommes a été organisée dans l'espace de trois mois. Elle se compose de trois régiments de grenadiers à pied, habillés comme nos anciens grognards : bonnet à poil à tresses, habit à revers et culottes collantes. Les plus beaux hommes de l'île ont été choisis pour l'organisation de cette garde. Il y a des compagnies tricolores, composées de blancs, de nègres et de métis.

La cavalerie est fort belle : elle se compose d'un escadron de grenadiers à cheval, un de lanciers, deux de hussards, et un de cuirassiers et de dragons, un escadron de guides et deux escadrons de gardes-du-corps qui ont le costume des horse-guards de la reine d'Angleterre. Ces escadrons accompagnent toujours l'empereur dans ses pérégrinations.

Une grande revue a été passée par Faustin Ier, qui portait un chapeau à la Henri IV, avec plumes flottantes, et le costume de velours de Bonaparte premier consul. Il a décoré de l'ordre de la Légion-d'Honneur tous les officiers de la garde. Les colonels ont reçu la croix de commandeur.

L'empereur montait un magnifique cheval arabe qui lui a été envoyé d'Angleterre par sir Richard, marchand de chevaux.

L'impératrice Ourika était dans une belle calèche découverte, entourée de ses douze pages vêtus de satin rouge et de ses dames d'honneur, qui sont des négresses de la plus grande beauté.

Au moment du départ de la lettre, l'empereur Faustin envoyait à Paris un de ses aides-de-camp, avec une mission politique, et chargé, en outre, d'emmener à Haïti une colonie de cinquante personnes, peintres, musiciens, graveurs, hommes de lettres, pour achever d'établir la civilisation dans l'île.

A dater du 1er janvier 1850, le journal officiel prendra le titre de *Moniteur d'Haïti*.

VARIÉTÉS.

Confessions d'un révolutionnaire,

POUR SERVIR A L'HISTOIRE DE LA RÉVOLUTION DE FÉVRIER,

Par J.-P. PROUDHON.

(Troisième article. Voir les Numéros 4869 et 4872.)

IV.

Nous avons essayé de faire connaître en peu de mots, dans notre article précédent, les jugements de M. Proudhon sur le gouvernement et sur les hommes de la Restauration et de la Monarchie de 1830. Maintenant, afin de compléter ce travail, qui ne sera peut-être pas sans quelque utilité pour nos lecteurs, nous allons résumer, aussi brièvement qu'il nous sera possible, les appréciations de l'auteur des *Confessions* sur la révolution et les hommes de Février. Nous aurons ensuite à examiner ce que valent les systèmes que M. Proudhon se flatte de faire prévaloir, un jour, sur les ruines de l'ancienne société :

« La monarchie de juillet, après avoir opéré la dissolution de tous les vieux principes, avait laissé, après elle, une double œuvre à accomplir. C'était, d'une part, la dissolution des partis, conséquence de la dissolution des idées ; et, de l'autre, la destitu-

ton du pouvoir, réduit par l'élimination successive de tous ses principes, au *caput mortuum* de l'autorité, à la force brute.... (1).

« La faute, la très-grande faute du gouvernement provisoire, ne fut pas de n'avoir pas su édifier, C'EST DE N'AVOIR PAS SU DÉMOLIR....

« Il fallait arracher les ongles et les dents au pouvoir, transporter la force publique du gouvernement aux citoyens... Tout a été fait à contre-sens le lendemain de Février... Les arguments de Louis Blanc pour prendre la dictature, sont exactement les mêmes que ceux dont les républicains modérés se sont servis après lui... pour donner la dictature au général Cavaignac.... et créer, sous la République, un despotisme tel, qu'on serait tenté de *regarder comme un libérateur le premier prétendant qui prendra la couronne.*

· « Une pétition de 5,000 signatures demandait d'urgence le *ministère du progrès !* ON N'AURAIT JAMAIS CRU, SANS LA RÉVOLUTION DE FÉVRIER, QU'IL Y EUT AUTANT DE BÊTISE AU FOND D'UN PUBLIC FRANÇAIS !...

« Le socialisme, entrainé par les folles imaginations des neo-jacobins, donne en plein dans le projet... Louis Blanc avait-il l'espoir de faire triompher, par coup d'État et autorité dictatoriale, son système de réforme économique?... C'eût été de sa part une grande illusion...

« C'est à partir du 16 avril que le socialisme est devenu particulièrement odieux au pays...

« Le 17 mars, la *réaction* avait commencé contre Blanqui et les autres démocrates, *au signal de Louis Blanc.*

« Le 16 avril, elle avait continué contre L. Blanc, aux coups de tambour de Ledru-Rollin.

« Le 15 mai, elle se poursuivit contre Ledru-Rollin, Flocon et les hommes de la *Réforme*, · par Bastide, Marrast, Garnier-Pagès, etc... qui avaient pour organe le *National*...

« Le 23 juin, la réaction impose à la commission exécutive la dispersion des ateliers nationaux, c'est-à-dire l'éloignement du peuple...

« Combattants de juin, le principe de votre défaite est dans le décret du 25 février. *Ceux-là vous ont abusés, qui vous ont fait, au nom du pouvoir,* UNE PROMESSE QUE LE POUVOIR ÉTAIT INCAPABLE DE TENIR (2) ! »

V.

Après avoir tracé ce tableau où le vrai éclate presque aussi souvent que *le faux*, M. Proudhon, si impitoyable pour tous ses frères en démagogie et en socialisme, est amené à se poser cette grave question : QUI SUIS-JE ?

« Bonne ou mauvaise, j'ai eu, dit-il, ma part d'influence sur les destinées de mon pays : *qui sait ce que cette influence, plus puissante aujourd'hui par la compression, peut encore produire ?* Il importe donc que mes contemporains sachent ce que j'ai voulu, ce que j'ai fait, ce que je suis.... Ma vie publique commence en 1837. »

Ici, M. Proudhon entre dans quelques détails sur ses premiers travaux. Son socialisme, dit-il, reçut le baptême d'une compagnie savante. Il eut pour marraine une académie. Un mémoire sur l'institution sabbatique, considérée au point de vue de la morale, de l'hygiène, des relations de la famille et de la cité, lui valut une médaille de bronze de l'Académie de Besançon :

« De la foi où l'on m'avait élevé je me précipitai, tête baissée, dans la raison pure; *et déjà, chose singulière, pour avoir fait Moïse philosophe et socialiste, je recevais des applaudissements.* »

(1) *Confessions*, p. 314.
(2) *Confessions*, ch. VI, VII, VIII, IX, X, de la p. 68 à la p. 125.

Enivré par ces applaudissements, M. Proudhon se crut appelé à refaire la science de l'économie politique :

« Après une longue et surtout impartiale analyse j'arrivai, comme un algébriste conduit par ses équations, à cette *conclusion surprenante* : La propriété, de quelque côté qu'on la tourne, à quelque principe qu'on la rapporte, est..... une idée contradictoire! *Et la négation de la propriété emportant celle de l'autorité*, je déduisis de ma définition un corollaire non moins paradoxal : *la véritable forme de gouvernement, c'est l'an-archie.* »

L'AN-ARCHIE! (car M. Proudhon divise ce mot en deux, afin de le rendre moins effrayant), l'AN-ARCHIE! Voilà donc la grande découverte à laquelle ont abouti les longues méditations et la logique de M. Proudhon!

« L'élection de L. Bonaparte, s'écrie-t-il dans sa joie, *a été le dernier soupir de la France gouvernementale...* Les dernières paroles de notre société politique, au scrutin du 10 décembre, ont été ces quatre mots : *Napoléon, Robespierre, Louis XIV, Grégoire VII.*

« ADIEU, PAPE!
« ADIEU, ROI!
« ADIEU, DICTATEUR!
« ADIEU, EMPEREUR!

« Désormais il n'y aura plus d'autorité, NI TEMPORELLE NI SPIRITUELLE, ni révolutionnaire, ni légitime, etc., etc., Bonaparte,... tu seras le dernier des gouvernants de la France (1)! »

Après avoir laissé tomber cet oracle, M. Proudhon descend du trépied, et, se frottant les mains, il se dit, dans l'exaltation de son orgueil : *Vivo ego in æternum (æternum)* : « Je suis l'un des originaux de la Révolution! »

— Non pas! je proteste, répond Pierre Leroux, le *théologastre.*

Vous n'avez rien élevé; vous n'avez même rien détruit, et vous n'élèverez rien, puisque vous persistez à dire que le socialisme est une chimère! C'EST MOI, Pierre Leroux, qui, il y a bientôt vingt ans, ai composé le livre de l'Egalité pour répondre aux reproches de l'école sans entrailles du *National*, laquelle me reprochait de soulever d'oiseuses questions religieuses!... Le socialisme, *que vous méprisez tant*, Proudhon, EST EN PARTIE VENU DE LA. C'EST MOI qui, par la publication de l'écrit intitulé : *Réfutation de l'Eclectisme*, ai fait connaître à la France l'imposture des philosophes qui, tout en voulant anéantir comme vous la religion, *tiraient*, comme ils disaient, *leur chapeau au catholicisme*, et enseignaient tout bas à leurs néophytes ce que vous leur enseignez.

« Enfin C'EST MOI qui, après avoir réfuté les philosophes et les politiques du libéralisme, ait publié, contre les économistes, la *réfutation de Malthus.*

« Mon cher Proudhon, je tremble quand j'y pense, mais :
« Avec votre athéisme,
« Avec votre négation de toute religion,
« Avec votre négation de toute organisation politique et sociale,
« Avec votre profond dédain pour l'association,
« Avec votre attachement exclusif au principe de liberté, sans considération de fraternité et d'égalité,
« Avec toutes les conséquences, enfin, de l'athéisme et de l'individualisme, telles que la concurrence et le *chacun pour soi.*

« Savez-vous que vous ressemblez fort à Malthus, vous qui, APRÈS MOI, avez tant écrit contre Malthus et les Malthusiens (2)! »

(1) *Confessions*, p. 248.
(2) Voir, dans la *République* du 18 novembre, un long article de M. Pierre Leroux, que j'ai résumé en me servant des propres expressions de l'auteur.

Avant tout examen, une réflexion se présente ici.

Les socialistes affirment que le dix-neuvième siècle est appelé à voir le triomphe définitif de l'égalité sur la terre ; mais ce ne sera pas assurément l'égalité des intelligences. A aucune époque, on ne vit plus de prétentions à une science supérieure. Les chefs de secte pullulent comme les vers sur un cadavre. Du haut de leur piédestal, ils célèbrent eux-mêmes leur propre apothéose.

— « Dieu se passera fort bien que vous l'adoriez, disait dernièrement à Proudhon un écrivain du CONSTITUTIONNEL.

— « PEUT-ÊTRE, répond l'auteur des *Confessions!* » (1).

L'orgueil satanique de l'écrivain est tout entier dans ce PEUT-ÊTRE !

Cet orgueil de Titan a révolté les socialistes eux-mêmes. M. P. Leroux a reçu la mission d'avertir le célèbre sectaire qu'il n'est qu'un simple mortel : μέμνησο ἄνθρωπος ὤν, comme disait l'esclave du roi de Perse !

— Ah ! Proudhon, vous avez osé écrire : *Vivo ego in æternum* ; vous êtes, convenez-en, *immortel à bon marché !*

Vous n'avez rien inventé ni en fait d'athéisme, ni en fait d'anarchie. Vous n'êtes que le servile copiste de Feuerbach (2) !

Ce trait perfide, décoché par l'*Apôtre* de l'Amour à « son cher Prou-« dhon, » a fait pousser des cris de fureur à l'irascible Franc-Comtois. Depuis quelques jours, il accable de ses moqueries les plus sanglantes « les *paillasses*, les *gringalets* et les *chiens galeux* du socialisme. » C'est que le coup a porté juste. M. P. Leroux affirme que M. Proudhon n'est pas même un *destructeur*. Je ne discuterai pas ce point avec le philosophe de la *Triade ;* seulement, comme lui, je reconnaîtrai que M. Proudhon, à part quelques excentricités qui lui appartiennent en propre, n'a guère fait, dans ces questions fondamentales, que reproduire parmi nous les théories de la jeune école hégélienne.

Un grand nombre de nos socialistes français descendent plus ou moins directement de cette honteuse école de matérialisme, qui déshonora la dernière moitié du dix-huitième siècle. C'est à d'Holbach et à Helvétius que se rattache l'entreprise de Babeuf. Mais l'école de Saint-Simon, dont le spiritualisme devait se transformer si vite en je ne sais quel mysticisme sensuel, est le germe de toutes les utopies qui se sont fait jour en France depuis quinze ans.

« Le saint-simonisme, a dit un socialiste allemand, est comme une boîte de semences ; la boîte a été ouverte.... chaque grain a trouvé son sillon, et on les a vus sortir de terre l'un après l'autre. Ce fut d'abord le socialisme démocratique, puis le socialisme sensuel, puis le communisme, puis Proudhon lui-même. »

Mais, il faut le dire, M. Proudhon n'appartient nullement aux mys-

(1) *Confessions*, p. 132.

(2) *République* du 18 nov., art. de M. P. Leroux.

tiques de cette école qui croît à la bonté native de l'homme, « bonté que dépravent les institutions sociales. » Personne n'a flagellé aussi impitoyablement que lui tous ces *théologastres*, tous ces communistes « dont la présence lui est une puanteur, » et dont la voix, dit-il, n'a rien d'humain : *pecudesque locutæ sunt, infundum !*

Esprit solitaire, M. Proudhon exténué de travail, ivre de dialectique, ne s'était pas encore, quoi qu'il en dise, enfoncé dans la voie fatale qui le conduira à l'abîme, lorsqu'une philosophie. qui a fait en France d'affreux ravages, vint s'offrir à lui. A partir de ce jour-là, M. Proudhon, quelles que soient la vigueur et l'indépendance de son esprit, reçut l'empreinte des doctrines étrangères ; doctrines préconisées de l'autre côté du Rhin par les jeunes et turbulents disciples de Hégel, qui, défigurant la pensée de leur maître, ont fini par nier l'absolu, et par proclamer l'avènement d'une religion dont nous sommes tous les dieux !

L'initiateur de M. Proudhon ce ne fut pas Feuerbach en personne, mais un autre missionnaire germain, M. Charles Grün. « Qu'est-ce « que le socialisme français ? s'écriait, il y a quatre ans, cet ardent « propagateur de l'*humanisme*. Un système ? une théorie durable ? « Non ; c'est un embryon grossier ; moins que cela, c'est le germe « d'un germe : L'ALLEMAGNE LUI DONNERA LA FORCE ET LA VIE !» —Dieu n'est pas ; ce que l'humanité a si longtemps adoré, c'est elle-même. Ce sont ses pensées les plus sublimes, ses sentiments les plus purs qu'elle nommait Dieu. Dieu n'est autre chose que notre figure reproduite dans un merveilleux mirage. Le temps est venu où l'humanité doit enfin s'arracher à cette contemplation stérile, et, se connaissant elle-même, avoir conscience de SA DIVINITÉ ! —

Telle est la découverte de M. Feuerbach. Toutes les théories de M. Proudhon découlent de là.

Dans un quatrième et dernier article, j'essaierai de caractériser le monstrueux mélange de sophismes détestables et de réflexions pleines de justesse, de théories monstrueuses et d'appréciations judicieuses qui font la véritable originalité des *Confessions d'un révolutionnaire.*

AURÉLIEN DE COURSON.
(*La suite à un prochain numéro.*)

BOURSE DU 21 NOVEMBRE.

Le 3 p. 100 a débuté au comptant à 57 25, a fait 57 30 au plus haut, et reste à 57.

Le 5 p. 100 a débuté au comptant à 90, a fait 00 20 au plus haut, et reste à 89 80.

L'un des Propriétaires-Gérants, CHARLES DE RIANCEY.

Paris, imp. BAILLY, Divry et Comp., place Sorbonne, 2.

L'AMI DE LA RELIGION.

Nouvelles de Rome.

(Correspondance particulière de l'AMI DE LA RELIGION.)

Rome, 14 novembre 1849.

L'agitation et l'inquiétude répandues dans les esprits par suite des brusques changements arrivés en France, continuent à être extrêmes ; il est difficile de se faire une idée de l'empressement avec lequel on recherche toutes les lumières qui peuvent servir à éclairer ces ténèbres : nous sommes obligés de faire cent fois par jour la biographie de nos ministres, et pour tous ce n'est pas chose facile.

Plusieurs heures avant l'arrivée du courrier, la place Colonna, sur aquelle se trouvent les bureaux de la poste, est envahie par une foule impatiente, attendant la distribution des lettres et des journaux ; il faut avoir habité en pays étranger pour comprendre cette avidité de nouvelles; jamais, depuis la révolution de Février, je n'avais rien vu de semblable. Tout cela n'est pas de bon augure ; il faudrait à notre pauvre société malade et agitée comme elle l'est, de longs jours de calme et de modération, et il semble qu'on prenne à tâche d'y perpétuer le trouble.

Nous avons appris hier la nomination du général Baraguey–d'Hilliers comme successeur du général Rostolan. Ce choix est accueilli avec froideur par l'armée; si on n'accusait le général Baraguey-d'Hilliers que de sévérité pour la discipline, j'y verrais plutôt, dans les temps où nous sommes, un sujet de mérite que de blâme; mais on lui reproche encore dans le caractère et dans le commandement les duretés excessives, et parfois peu intelligentes ; on lui reproche surtout, et cela pour nous autres catholiques serait bien autrement sérieux, on lui reproche un esprit d'hostilité contre l'Eglise, dont on cite les traits les plus regrettables.

En atténuant de beaucoup la gravité de ces accusations, j'en conclurais encore que, de tous nos généraux de division, le général Baraguey-d'Hilliers était le dernier que l'on pût choisir, à moins que l'on ne voulût entrer dans la voie de la contrainte et des brutalités ; mais on verra où conduisent de pareilles tentatives, si on a le malheur de s'y engager.

Ces inquiétudes n'étaient pas nécessaires pour nous faire regretter le général Rostolan ; lui aussi était sévère pour la discipline, mais il était encore plus juste qu'il n'était sévère; il était parvenu en quelques mois à rendre notre armée aussi belle de tenue qu'elle était bonne.

La revue qu'il a passée dimanche dernier sur la place Saint-Pierre

a fait l'étonnement des Romains et notre orgueil ; le général Rostolan quittera Rome avec des sympathies unanimes et l'admiration de
tous ceux qui ont pu apprécier la parfaite honorabilité de son caractère et de sa conduite. Il mettait le plus grand prix à son commandement ; le sacrifice qu'il a fait à son devoir et à sa conscience en
refusant de faire publier la déplorable lettre du 18 août n'en est que
plus respectable ; le nom du général Rostolan uni déjà à notre glorieuse expédition de Rome par les services les plus signalés, y restera attaché désormais avec une illustration plus honorable encore
que celle qui accompagne les victoires : les batailles gagnées sont
communes chez nous ; des actes d'une abnégation aussi généreuse
et aussi patriotique sont rares partout.

Malgré les tristes et inquiétantes nouvelles que vous nous envoyez
de France, on parle toujours du retour prochain du Saint-Père.

L'arrivée du cardinal Macchi à Velletri, celle du cardinal Barberini
à Rome, soutiennent les espérances ; mais, pour ma part, je ne les
partage pas, et je vous avouerai que mes anciennes impatiences sont
complétement tombées ; autant je désirais, il y a quinze jours, le retour du Saint-Père, autant je désire maintenant le voir différé jusqu'à ce que notre horizon de France soit un peu mieux éclairci, jusqu'à ce que nous connaissions mieux M. Baraguey-d'Hilliers, et
surtout jusqu'à ce que nous sachions si nous conserverons M. de
Corcelles.

Vous avez dû apprendre directement par Naples le refus donné
par M. de Rayneval, il est certain.

S. E.

————————◆————————

Le *Moniteur* contient une réfutation énergique et complète d'allégations erronées et calomnieuses dont le *Journal des Débats* n'avait
pas hésité à se faire l'écho. On verra, après la réponse du *Moniteur*,
si ces allégations avaient le moindre fondement :

« Le *Journal des Débats* a publié, il y a quelques jours, un article où il retrace très-
vivement des scènes de violences qui se seraient passées à Rome, dans le Ghetto (quartier des israélites), et auxquelles les autorités françaises auraient pris une part fâcheuse.

« Selon ce journal, le quartier des juifs de Rome aurait été envahi et occupé militairement pendant quarante-huit heures, sous le prétexte de rechercher les objets précieux enlevés des monuments publics, sous le règne de Mazzini, et les habitants exposés
à des violences barbares.

« Si les faits, tels que les rapporte le *Journal des Débats*, étaient vrais, ils seraient de
nature, ainsi qu'il le dit lui-même, à soulever en Europe une légitime réprobation. Mais
nous sommes en mesure d'affirmer qu'ils sont défigurés, sinon controuvés.

« Nous sommes étonnés seulement que ce journal, d'ordinaire bien informé et rédigé
sérieusement, ait accueilli aussi légèrement de pareils faits.

« Nous allons rétablir la vérité en peu de mots :

« Les nombreuses spoliations qui avaient été faites à Rome, pendant le gouvernement
de Mazzini, et les vives réclamations auxquelles elles avaient donné lieu depuis l'occupation française, engagèrent le gouvernement romain à rendre une ordonnance aux
termes de laquelle les détenteurs des objets saisis ou détournés pendant la république,
étaient tenus de les dénoncer, sous peine d'être considérés comme coupables de vols qua

Idés. Cette ordonnance porte la date du 9 juillet. Une commission fut instituée pour en surveiller l'exécution. Elle procéda avec une grande activité et aussi avec une grande modération, et parvint en peu de temps, par suite de perquisitions partielles, à faire restituer aux établissements pieux, aux églises et aux particuliers, une grande quantité d'objets réclamés.

« Mais il manquait et il manque encore aujourd'hui un grand nombre de vases sacrés en or et en argent et autres objets précieux. La commission, à la demande même de la population, jugea utile de procéder à une perquisition générale.

« Le Ghetto était particulièrement signalé comme le lieu où se trouvaient en plus grand nombre les objets détournés dont on poursuivait la recherche; car les israélites, il faut le dire, n'avaient cessé de pratiquer le recel pendant le régime révolutionnaire. La preuve, c'est qu'on a saisi au Ghetto un très-grand nombre d'objets précieux, ainsi que le constate le procès-verbal.

« Mais, de ces faits aux allégations du *Journal des Débats*, il y a une grande différence.

« Et d'abord, il n'est pas vrai 1° que la mesure d'une perquisition ait été prise contre les israélites exclusivement, puisque cinq à six cents perquisitions avaient eu lieu précédemment chez des chrétiens, et que vingt maisons seulement du Ghetto ont été visitées.

« 2° Il n'est pas vrai que les autorités françaises aient joué un rôle fâcheux dans cette circonstance, ainsi que le donne à entendre le *Journal des Débats*. Au contraire, M. le général Rostolan et M. de Corcelles n'ont autorisé cette perquisition qu'après s'être assurés auprès des cardinaux qu'il n'existait aucun projet de persécution ni de mesures exceptionnelles quelconques.

« 3° Les soldats français n'ont point assisté aux visites domiciliaires. Placés par mesure de précaution à l'entrée du Ghetto, ils n'ont fait qu'exécuter une mission d'ordre et de surveillance.

« 4° Il n'est pas vrai qu'il y ait eu des violences exercées sur les personnes, ainsi que le rapporte le *Journal des Débats*, puisque les perquisitions ont eu lieu sous la surveillance de M. le commandant Le Rouxeau, préfet de police.

« Voilà à quoi se réduisent les faits. On voit avec quelle exagération, pour ne pas dire plus, ils ont été présentés. Nous sommes étonnés, nous le répétons, qu'on ait fait peser sur les représentants de l'autorité française à Rome, et même sur nos soldats, des inculpations aussi contraires à la pensée du gouvernement et aux sentiments de notre brave armée. »

NOUVELLES RELIGIEUSES.

Diocèse de Paris. — Voici les noms de quelques-uns des prédicateurs qui prêchent cette année, dans les Eglises de Paris, la station de l'Avent : à Saint-Sulpice, M. l'abbé Combalot ; à Saint-Nicolas-des-Champs, M. l'abbé Quétier, du clergé de Notre-Dame-des-Victoires ; à la Madeleine, M. l'abbé Bantin; à Saint-Laurent, M. l'abbé de Létang, du clergé de Saint-Thomas-d'Aquin ; à Saint-Jacques-du-Haut-Pas, le P. Lefèvre; à Saint-Médard, M. l'abbé Ferrary, du clergé de Saint-Germain-l'Auxerrois; à Saint-Paul-Saint-Louis, M. l'abbé de Pontlevoy ; à Saint-Thomas-d'Aquin, le P. Bertrand ; à Saint-Vincent-de-Paul, M. l'abbé Delace.

Diocèse d'Amiens. — Mgr de Salinis est arrivé à Abbeville semedi dernier. M. l'abbé Michel, curé-doyen de Saint-Vulfran, M. Manessier, sous-préfet, MM. Bachelier et Pannier, adjoints au maire, M. le commandant de place l'attendaient au chemin de fer. A l'entrée du prélat dans le débarcadère, M. le sous-préfet lui a fait entendre des paroles de félicitations, qui exprimaient de nobles sentiments et appréciaient avec bonheur la mission divine de réconciliation et de paix qu'un Evêque est appelé à remplir au sein des populations confiées à ses soins. Après *une réponse gracieuse et pleine d'à-propos*, Monseigneur s'est dirigé, en voiture, vers la ville. Parti de Saint-Vulfran comme point de réunion, tout le clergé de nos quatre paroisses était allé processionnellement à sa rencontre jusqu'à la *Portelette*. Ayant mis pied à terre, Monseigneur s'avança vers Saint-Vulfran, accompagné de M. l'abbé Maillard et de M. l'abbé Caire, entouré d'une foule qui allait toujours grossissant, et se montrait avide de contempler en lui le pasteur et le père que la Providence nous envoie et de recevoir les prémices de ses bénédictions.

Un peloton de cuirassiers qui s'était porté au-devant de lui jusqu'au chemin de fer, l'a escorté jusqu'à l'église de Saint-Vulfran. En y entrant, la foule vit avec respect Monseigneur fléchir le genou et se mettre en prières, puis recevoir des mains de M. l'abbé Michel et baiser la croix, ce signe vénéré de la grandeur et de la force des ministres de la religion. Les premiers honneurs étant rendus au prélat, selon les prescriptions de l'Eglise, M. le curé de Saint-Vulfran prit la parole et lui adressa un discours où l'expression délicate des pensées et des sentiments laissait voir au Pontife le bonheur que causait sa présence. La réponse affectueuse de Monseigneur fut écoutée avec une pieuse avidité par tous les assistants. La cérémonie terminée à l'Eglise, le prélat fut conduit au presbytère de Saint-Vulfran, où il trouva les autorités qui l'avaient accompagné du chemin de fer à l'Eglise, et où il reçut, dans la journée, de nombreuses visites.

Le lendemain, après la messe, il donna la confirmation aux enfants de Saint-Vulfran et à ceux de deux autres paroisses. Aux vêpres, il porta la parole à un immense auditoire accouru pour l'entendre. L'Eglise envisagée comme société religieuse, comme point d'union entre le ciel et la terre, tel fut le sujet choisi par le Pontife et qui lui inspira des aperçus élevés et développés avec une parole riche et une raison accoutumée à planer dans les hauteurs de la philosophie et de l'histoire. Les luttes de l'Eglise contre les persécutions, — qu'elles viennent ou de la force, ou de l'ignorance, ou de l'incrédulité, — sa stabilité inébranlable malgré les combats qu'on lui livre,—son unité de doctrine fondée sur la persuasion et la liberté, ont amené des développements d'un saisissant intérêt. Les considérations, les preuves, les sentiments débordaient des lèvres du savant Pontife; il avait peine à contenir cet épanchement de son esprit et de son cœur.

Ce discours écouté avec la plus religieuse attention, produira ses fruits; il rendra plus étroits encore les liens qui nous attachent à l'Eglise, surtout dans un temps où toutes les sociétés sont ébranlées et où rien ne reste debout, excepté ce que soutient la main de Dieu.

SÉANCE DE L'ASSEMBLÉE.

Le vent de scandale qui souffle depuis quelques jours à travers la Montagne, a éclaté encore aujourd'hui en plusieurs bourrasques assez violentes, mais très-heureusement et très-énergiquement réprimées.

Il y a eu d'abord une scène fort vive de la part de M. Pierre Bonaparte. On sait son aventure : on sait son retour de l'armée ; on sait sa destitution. M. P. Bonaparte a demandé à interpeller le ministre de la guerre. « Tout de suite, » a répondu M. le général d'Hautpoul. Et M. Bonaparte de déployer un cahier et de lire, avec une certaine emphase déclamatoire, un discours assez insignifiant où il se plaignait que l'indépendance et l'initiative du représentant eussent été méconnues en sa personne.

M. le ministre de la guerre est monté à la tribune, et avec une

énergie et une vivacité toute militaire, il a exposé la condüite do
M. Bonaparte et lui a signifié que, s'il n'eût pas été couvert par un
ordre du général Herbillon et par sa qualité d'officier attaché à l'armée à *titre étranger*, il aurait eu à répondre devant un conseil de
guerre. « Mon premier acte aurait été de solliciter de vous, Messieurs,
la levée du privilége d'inviolabilité, et de faire conduire M. Bonaparte
à Constantine, pour être traduit devant ses juges militaires. »

M. Bonaparte est revenu avec un ordre du jour motivé. L'Assemblée, qui avait accueilli le ministre par les témoignages de son éclatante sympathie, a rejeté cet ordre du jour à une immense majorité.

. C'était un premier acte. M. Antony Thouret a fourni le second. Il
avait déposé une proposition; et comme M. Baroche, qui présidait,
n'en voulait pas donner lecture, il y a eu un commencement d'agitation. La Montagne savait le contenu, et, à tout prix, elle prétendait
en saisir l'Assemblée. C'est ce que M. Thouret a fait, sous prétexte de
motion d'ordre. Nouveau tumulte. « La motion n'est pas dans le règlement. » Au milieu du bruit, on entend qu'il s'agit de blâmer
M. Dupin pour n'avoir pas été impartial hier. « La question préalable ! C'est une injure à l'Assemblée et à son président ! crie-t-on de
vingt côtés à la fois; la question préalable ! » La question préalable
est votée.

« Je demande la parole pour un rappel au règlement, » et dix orateurs de gauche s'avancent vers la tribune. M. Charras parle, M.
Baze réplique, M. Corne reprend. On voudrait que l'Assemblée revînt
sur sa décision. La motion devient une proposition : suivra-t-elle la
filière ordinaire? M. de Larochejacquelein propose que cette motion
devienne une interpellation. La confusion est au comble.

M. le président en sort en reprenant purement et simplement l'ordre du jour.

Cet ordre du jour appelait des interpellations de M. Chavoix sur le
régime des prisons. La Montagne était fort embarrassée; M. Chavoix
tenait à ses interpellations : ses amis ne voulaient pas le laisser
parler. Il paraît, il disparaît, puis reparaît, et enfin, au milieu de
l'hilarité, il se décide à faire son discours.

C'était une attaque pareille à celles qui passent périodiquement
sous les yeux de l'Assemblée. Des écrivains traînés en prison et livrés aux plus horribles traitements. Et il se trouve que c'est une
fantasmagorie, et que les prétendus cachots ont été sollicités par le
détenu lui-même. Telle est du moins la réponse de M. le ministre
de l'intérieur. Après quoi, la séance est levée.

Entre M. Bonaparte et M. A. Thouret, la question algérienne posée
par M. Henri Didier a eu de la peine à captiver l'Assemblée. Pourtant M. le général Cavaignac, M. le général Bedeau, M. le ministre
de la guerre ont pris la parole.

L'Assemblée a pris en considération la proposition de M. Didier.

On assure que ce matin, par suite des événements de la séance d'hier, deux rencontres ont eu lieu, l'une entre M. de Ségur-d'Agesseau et M. Bertholon, l'autre entre M. Bérard, l'un des secrétaires de l'Assemblée et M. Brives. Aucun des combattants n'a été atteint.

C'est toujours avec un sentiment de profonde affliction que nous apprenons de semblables faits. Quand donc la salle des débats parlementaires cessera-t-elle de devenir une arène où les luttes d'opinions ne sont que le prélude de duels et de combats ! Quand donc les hommes à qui sont confiés l'honneur et le soin de présider aux destinées d'une grande nation, sauront-ils se respecter assez pour ne pas échanger des paroles insultantes ; et surtout quand donc sauront-ils déposer le déplorable préjugé qui leur fait jouer leur vie dans des hasards aussi périlleux pour leur âme !

— Hier, dans l'après-midi, et aujourd'hui, pendant toute la matinée, les bois de Vincennes et Boulogne étaient amplement garnis de gendarmes, agents de police et sergents de ville, pour empêcher les duels des représentants engagés de tous côtés. M. le président Dupin n'a pas cessé de présider un tribunal de conciliation, hier au soir et ce matin.

Travaux des Bureaux et Commissions.

La commission d'initiative parlementaire voit augmenter chaque jour le nombre de ses travaux. Hier, quatre nouvelles propositions ont été soumises à son examen.

La première, de M. le général de Grammont, est relative aux officiers et soldats faisant partie des légions étrangères au service de France.

Voici le texte de la proposition :

« Art. 1er. Les officiers et soldats qui font partie des légions étrangères au service de France seront assujettis, pour la discipline et l'avancement, aux lois qui régissent l'armée française.

« Art. 2. Les officiers servant actuellement au titre étranger seront remplacés sur le champ par des officiers français, à moins qu'ils ne déclarent se soumettre à toutes les lois militaires en vigueur.

« Art. 3. A partir de la promulgation de la présente loi, il ne sera plus admis d'officiers au titre étranger dans l'armée française. »

La seconde proposition, de M. Mauguin, est relative à l'établissement de banques communales.

La troisième est une proposition rectifiée, de M. le colonel Lespinasse, tendant à modifier la loi électorale de la manière suivante :

« Art. 1er. Toutes les fois que les circonstances locales rendraient le vote au canton difficile, le préfet, sur la demande qui lui en serait faite par les autorités municipales, pourra autoriser la division par sections, en aussi grand nombre qu'il sera nécessaire pour faciliter les opérations électorales.

« Art. 2. Le dépouillement du vote sera fait à la section par le bureau qui aura présidé aux opérations.

« Art. 3. Tout citoyen inscrit sur les listes électorales qui, sans motif légitime, aurait manqué d'exprimer son vote aux élections, sera puni d'une amende de 5 à 10 p. 100 du chiffre des contributions directes.

« La récidive sera punie d'une amende de 10 à 15 p. 100 des mêmes contributions.

« Pour la troisième fois, il sera privé de ses droits civiques de 2 à 5 ans.

« Art. 4. Le bureau chargé de présider aux opérations électorales prononcera l'amende, et sera chargé de juger en dernier ressort de la validité des excuses qui lui seront présentées.

« Art. 5. Le produit de l'amende profitera aux communes sur les listes desquelles sera inscrit l'électeur. »

La quatrième proposition, de M. Richard (du Cantal), tend à arrêter et à prévenir les ravages occasionnés par une épizootie connue sous le nom de péripneumonie contagieuse des bêtes à cornes.

———————

La réunion de la Montagne qui siége rue du Hazard, était hier au grand complet. Plusieurs de ses orateurs ont pris la parole.

En ce qui touche les élections, il a été décidé que des noms propres ne seraient pas présentés cette fois aux électeurs socialistes, mais qu'on poserait nettement les principes en vertu desquels les élections devraient être faites.

———————

Assistance publique.

Nous suivrons avec une vive et constante sollicitude tous les efforts qui seront tentés pour venir en aide effectivement et raisonnablement, aux classes dont le sort est le moins favorisé dans la société.

Nous avons déjà parlé et nous aurons souvent l'occasion de nous occuper à l'avenir des travaux consciencieux et importants de la commission de l'*assistance publique*, qui, depuis longtemps élaborés dans le calme et le silence, vont successivement se produire à la tribune.

On sait que cette série de délibérations nouvelles a été ouverte par le beau Rapport de M. Benoît d'Azy, sur lequel nous aurons encore à revenir.

D'un autre côté, le Pouvoir exécutif a nommé une commission pour examiner l'utilité et les moyens d'établir des bains et lavoirs publics en faveur des indigents.

Le *Moniteur* d'aujourd'hui contient à ce sujet les renseignements que voici :

« La première réunion de la commission pour les bains et lavoirs publics a eu lieu hier, sous la présidence du ministre de l'agriculture et du commerce. Après avoir signalé l'utilité de ces établissements, le ministre a posé les questions que la commission devrait principalement s'attacher à résoudre. Le gouvernement se propose d'encourager, par des subventions ou par des avantages spéciaux, les propriétaires qui, aux conditions que l'administration déterminera, feront profiter les pauvres de leurs établissements. Dans les quartiers où il n'existe ni bains ni lavoirs, et où l'agglomération de la population les rend indispensables, il désire, avec le concours de la commune, de l'arrondissement et du département, en favoriser la création par l'industrie privée. Le ministre veut aussi vulgariser les procédés connus, éprouvés déjà, mais à peine appliqués, et dont l'emploi réalise une économie considérable de temps et d'argent.

« Après l'exposé du ministre, il a été donné lecture, par quelques membres, de nombreux documents qu'ils s'étaient empressés de recueillir, et d'un rapport de M. Pinède, avocat, qui avait été envoyé en Angleterre pour cet objet. »

Le *Moniteur* annonce encore une réforme, que nous avons provoquée nous-mêmes depuis longtemps, et que la ville de Paris serait sur le point d'accomplir, suivant une note communiquée au journal officiel :

« L'administration, dit cette note, étudie un autre projet qui obtiendra, nous le croyons, l'approbation unanime de tous les esprits éclairés qui se sont occupés des questions d'assistance publique. Il s'agirait d'abord de supprimer un certain nombre de lits dans les hôpitaux de la Salpétrière et de Bicêtre, où l'encombrement a été quelquefois si funeste : de là une économie considérable. Les fonds qui en résulteraient seraient désormais distribués à domicile aux vieillards qui rempliraient les conditions exigées pour l'admission dans ces deux hospices. Si nous sommes bien informés, on pourrait distribuer ainsi aux indigents (hommes) 230 fr., et aux femmes 185 fr. par année. Diverses conditions rigoureuses seraient d'avance posées pour garantir le bon emploi et l'équitable répartition de ces secours. La première de toutes serait, pour les véritables indigents, d'être logés dans leurs meubles, si chétifs qu'ils pussent être, et d'avoir leur domicile réel à Paris depuis un certain nombre d'années.

« Il est question également, lorsque la situation des finances de la ville le permettra, d'augmenter la masse des secours à domicile, et surtout de venir plus efficacement en aide aux malades qui sont soignés dans leurs familles. On peut affirmer que le pauvre habitant de Paris, ou qui l'habite au moins depuis un certain temps, ne se laisse porter à l'hospice que lorsqu'il est arrivé au terme extrême de ses ressources. Cette répugnance, souvent invincible, s'explique par l'abandon, par la misère où le malade laisse presque toujours sa famille. La distribution intelligente des secours à domicile par les personnes qui se vouent au soulagement des pauvres, et surtout des admirables sœurs de Saint-Vincent-de-Paul, deviendra un puissant moyen de moralisation et resserrera les liens de la famille. Le mari ne craindra plus de se voir séparé de sa jeune femme, la mère de sa jeune fille, et l'on évitera les tristes conséquences de ces séparations toujours trop longues.

« On ne saurait trop approuver l'administration et la commission municipales d'entrer ainsi dans une voie nouvelle qui assure aux pauvres des soulagements plus réels, et à la bienfaisance publique de plus féconds résultats. »

Répétons-le, nous verrons avec bonheur l'Assemblée, le gouvernement, les autorités municipales rivaliser, dans ce louable but, de persévérance comme de zèle. Pourvu qu'elle garde, qu'elle retrouve toute sa liberté, la charité privée se réjouira, bien loin de s'inquiéter, de toutes les améliorations réelles qui pourront ainsi se produire.

Dans un temps où les passions commencent à s'affaiblir et à s'éteindre, une sincère et chrétienne émulation dans le dévouement aux intérêts véritablement populaires sera aussi honorable, aussi profitable pour tous qu'une vaine et coupable recherche de popularité, cachée sous des dehors de bienfaisance, mais bientôt démasquée par ses propres actes, serait pernicieuse aux masses toujours mobiles dans le sein desquelles on réveillerait l'espoir de chimères, et à leurs détestables flatteurs qui voudraient non pas servir le peuple, mais se servir de lui. ·

ASSEMBLÉE LÉGISLATIVE.

Séance du 22 novembre. — PRÉSIDENCE DE M. BAROCHE, vice-président.

La séance est ouverte à deux heures un quart.

M. LE PRÉSIDENT. M. Pierre Bonaparte demande à adresser des interpellations à

M. le ministre de la guerre sur un décret paru au *Moniteur*, et qui le révoque du grade militaire que lui avait conféré le gouvernement provisoire.

M. LE GÉNÉRAL D'HAUTPOUL, ministre de la guerre. Je suis prêt à répondre tout de suite.

M. LE PRÉSIDENT. L'Assemblée veut-elle entendre sur-le-champ les interpellations de M. Pierre Bonaparte ?

Voix nombreuses : Oui ! oui ! finissons-en tout de suite.

M. PIERRE BONAPARTE. J'ai la conviction, et je le soutiens avec l'indignation que j'éprouve, que quelle que soit la mission donnée à un membre du pouvoir législatif, ce membre ne peut être retenu loin du sanctuaire national où s'accomplit son mandat. La dignité de l'Assemblée y est intéressée ; il importe, citoyens représentants, que vous preniez des mesures qui fassent cesser ces outrecuidantes prétentions du gouvernement. A la fin de la discussion, je présenterai un ordre du jour motivé dans ce sens ; permettez-moi, auparavant, d'entrer dans quelques développements.

Dans ma conviction, nos institutions républicaines, auxquelles je suis voué corps et âme, sont sur le point de courir des dangers... (Mouvements divers.) Il ne faut pas vous méprendre sur la portée de mes paroles ; l'injustice, l'ingratitude dont je me plains, a pu modifier mes sentiments envers mon parent, Louis Bonaparte, mais elle ne les a pas modifiés envers le Président de la République. Je le défendrai tant qu'il soutiendra, ou que la majorité de cette Assemblée aura décidé qu'il a soutenu la Constitution, en conservant toutefois mon indépendance parlementaire.

Ce n'est pas de lui, d'ailleurs, mais de ses conseillers, ministres ou autres, (Rumeurs) de ses familiers surtout que je me défie. Ce sont leurs conseils qui ont éloigné successivement de lui tout ce qui se rattachait le plus à la grande idée qui a triomphé le 10 décembre. Ils ont commencé par mon cousin Napoléon Bonaparte. A moi, ils m'ont fait accepter à force de sollicitations une mission qu'ils ont ensuite, par des instructions subrepticement données, rendue impossible. Et si vous voulez que je nomme celui à qui il faut attribuer tout ce que le Président fait de déplorable, je le nommerai.

A gauche : Oui ! oui ! — Non !

M. LE PRÉSIDENT. Vous avez demandé la parole pour interpeller M. le ministre de la guerre sur un acte de son administration. Je vous engage à vous renfermer dans l'objet de cette interpellation.

M. PIERRE BONAPARTE, après avoir adressé au président quelques mots à voix basse, continue : Au point de vue militaire, et abstraction faite de ma qualité de membre du pouvoir législatif, on dirait que les partis s'acharnent à dénaturer ma conduite.

J'avais reçu une mission du général Herbillon. C'est pour accomplir cette mission que je suis parti le 20 juin, escortant un convoi, et avec l'ordre de me rendre à Alger. J'ai rencontré en route les renforts que j'allais demander, et au lieu de continuer ma route vers Alger, je me suis embarqué à Philippeville pour Toulon.

La traversée de Philippeville n'était pas dangereuse ; c'est la seule partie de ma mission que je n'aie pas exécutée. Le but de ma mission était atteint, et je dis que j'avais le droit de rentrer.

D'ailleurs, M. le général Herbillon savait, M. le Président de la République, comme M. le gouverneur-général de l'Algérie, savaient également que, à part mon droit de représentant, il avait été convenu, avant mon départ, que je reviendrais quand cela me conviendrait. (Murmures prolongés.)

J'avais dû exiger cette condition dans l'intérêt de l'indépendance de mon mandat, à laquelle je tiens par dessus tout. (Nouveaux murmures.)

Je termine en demandant comment il se fait qu'après mon arrivée M. le ministre de la guerre m'ait déclaré qu'il me trouvait parfaitement en règle. Je crois savoir que le gouverneur-général de l'Algérie a émis un avis analogue.

Il y avait, dans ce qui me concerne, une question de principe qui intéresse l'indépendance des représentants du peuple. Il est bon qu'à l'avenir ceux de mes collègues qui recevront des missions ne puissent pas être enlevés à l'exercice de leur mandat.

C'est pour cela que je proposerai un ordre du jour motivé.

M. D'HAUTPOUL, ministre de la guerre. Messieurs, l'interpellation qui m'est faite a deux caractères bien distincts. Je les envisagerai l'un après l'autre.

Le premier point est de savoir si un membre de l'Assemblée nationale ayant accepté un mandat du gouvernement, soit dans l'ordre militaire, soit dans l'ordre diplomatique ; l'ayant accepté dans toute sa teneur, librement, volontairement et quelquefois après l'avoir sollicité ; si une fois rendu à son poste, il est libre, au lieu de mener à fin son mandat, de fixer lui-même son retour. Je commence par déclarer que non. (Vive approbation.)

M. P. BONAPARTE. Alors, pourquoi m'avez-vous dit, à mon retour, que vous me trouviez parfaitement en règle ?

Voix nombreuses : N'interrompez pas !

M. LE PRÉSIDENT. Vous ne pouvez pas interrompre. La parole est à M. le ministre de la guerre.

M. D'HAUTPOUL. Il n'est plus là représentant du peuple. Et remarquez qu'il est impossible de trouver une analogie entre les représentants du peuple en 93 et les représentants d'aujourd'hui. Je pense qu'il n'est pas dans cette Assemblée un seul membre qui voulût s'associer à de semblables doctrines.

Le mandat confié, sur sa demande, à M. Pierre Bonaparte émanait exclusivement du gouvernement, du pouvoir exécutif. Laissons donc de côté le caractère de représentant ; il ne doit pas nous occuper.

Voilà, messieurs, ma réponse à la première partie de l'interpellation. (Très-bien ! très-bien !)

Maintenant, on aborde des faits particuliers. Que s'est-il passé ? M. P. Bonaparte est chef de bataillon au service étranger. Cela n'a rien de blessant pour lui. M. Bonaparte ne peut pas être autre chose. Il ne peut pas être chef de bataillon à un autre titre ; précisément en vertu de cette loi de 1834, qui est l'arche sainte, comme je l'ai dit en une autre occasion, qui est la charte de l'armée.

D'après cette loi, quand on n'a pas suivi la hiérarchie, on ne peut être chef de bataillon ; M. Pierre Bonaparte ne remplit pas les conditions. Le gouvernement provisoire lui a conféré à titre étranger le grade de chef de bataillon, cela ne veut pas dire qu'il soit étranger ; mais son titre dans la légion étrangère est un titre étranger. (Très-bien !)

M. Pierre Bonaparte demanda une mission pour l'Algérie, il fut placé sous les ordres du général Herbillon, qui lui donna le poste d'honneur, le poste le plus dangereux. Pour un Bonaparte, c'est là le meilleur de tous les postes. (Très-bien !)

M. P BONAPARTE. Aussi je vous prie de croire que je n'ai pas boudé.

M. D'HAUTPOUL. Quand il obtient une telle faveur, un Bonaparte est à sa place. (Approbation.) Il avait 400 hommes à commander ; il fut lancé en tirailleur... L'engagement eut lieu. M. Bonaparte dut se retirer quoiqu'il ait montré beaucoup de courage. Il a tué un Arabe de sa main. Quant à l'opération elle-même, je ne veux pas la juger.

L'affaire fut relevée par un détachement du 38e de ligne, et les deux partis reprirent leurs positions. Jusque-là, M. Pierre Bonaparte ne s'était pas souvenu qu'il était représentant du peuple ; le lendemain, ou peut-être dans la nuit, il s'en souvint. Il s'imagina qu'il devait revenir ici, pour assister à nos luttes politiques. M. Pierre Bonaparte aurait dû y penser avant de partir ; il aurait dû se souvenir là qu'il était militaire et en présence de l'ennemi. (Mouvement.)

M. P. BONAPARTE. Je suis revenu pour affaire de service.

M. D'HAUTPOUL. M. Herbillon a donné à M. Bonaparte l'ordre d'aller chercher des renforts à Alger. M. Bonaparte m'a montré cet ordre, et je dois vous dire, M. Pierre Bonaparte, que si vous ne me l'aviez pas montré, j'aurais soumis à cette Assemblée une demande en autorisation de poursuites ; je vous aurais fait arrêter et reconduire à Constantine pour passer devant un conseil de guerre. (Sensation et applaudissements.)

Oui, M. Pierre Bonaparte a reçu un mandat impératif pour aller à Alger chercher des renforts. Il a rencontré des troupes en route ; eh bien, voici à sa place ce que j'aurais fait : j'aurais reconduit les troupes devant l'ennemi ! Je serais retourné à Zaatcha, et je serais monté à l'assaut le lendemain. (Très-bien ! très-bien ! — Vive sensation.)

Enfin M. Pierre Bonaparte en a jugé autrement. Il prit le paquebot, et il arriva en France, il arriva à Paris. Je fus fort étonné de le voir.... Il me montra son ordre. Je lui lis observer qu'il s'agissait là de l'abandon d'un poste militaire. Enfin je témoignai toute ma surprise, pour ne pas dire plus. (Mouvement.)

M. P. Bonaparte me montra un projet de lettre... je lui déclarai que je ne pouvais pas l'accepter... que si je l'acceptais, ce serait mettre le gouvernement dans l'impossibi-lité de donner un mandat quelconque à un membre de cette chambre. (Très-bien ! — C'est juste.)

Nonobstant mes observations, M. P. Bonaparte a écrit une lettre aux journaux ; le gouvernement était mis en demeure de répondre au défi qui lui était porté ; il a répondu par le décret de révocation qui a été inséré au *Moniteur.* Il était dans son droit, dans son droit absolu. Personne ne pourra le blâmer d'en avoir usé. (Non! non!)

Je laisse de côté les questions de formule, elles ne sont pas de ma compétence.

Quant aux influences d'intérieur sous lesquelles agirait le Président de la République, je n'ai qu'une chose à dire : c'est qu'il n'est conseillé que par ses ministres. Nous vous apportons des projets... nous les discutons avec vous, nous acceptons la volonté de la majorité, nous nous inspirons de ses votes, et nous serons toujours heureux de marcher avec elle. (Vifs applaudissements.) A son retour à son banc, M. le ministre de la guerre est félicité par ses collègues.

L. LE PRÉSIDENT. L'Assemblée passe à l'ordre du jour.

M. P. BONAPARTE. Je propose un ordre du jour motivé. Le voici.

M. Bonaparte passe un papier à M. le président.

M. LE PRÉSIDENT. Voici l'ordre du jour motivé de M. P. Bonaparte.

« Considérant que les missions temporaires dont les représentants du peuple sont investis, en vertu de l'art. 85 de la loi électorale organique, ne peuvent leur enlever leur droit d'initiative, leurs prérogatives parlementaires ;

« Considérant qu'il n'appartient à personne d'entraver l'exercice de leur mandat ;

« L'Assemblée passe à l'ordre du jour. »

A droite : La question préalable !

De toutes parts : Aux voix ! aux voix !

M. LE PRÉSIDENT met l'ordre du jour motivé aux voix. Personne ne se lève en faveur de cet ordre du jour ; toute l'Assemblée, excepté la Montagne, se lève à la contre épreuve.

M. LE PRÉSIDENT. L'ordre du jour de M. Pierre Bonaparte est rejeté.

M. ANTONY THOURET veut lire à la tribune une protestation contre la conduite de M. Dupin dans la séance d'hier.

A droite : L'ordre du jour !

M. LE PRÉSIDENT. L'Assemblée reprend son ordre du jour.

L'ordre du jour appelle la suite de la discussion sur la proposition de M. Didier, relative à l'Algérie.

La proposition est appuyée par M. le général Cavaignac.

Après avoir entendu MM. de Laussat et Bedeau, l'Assemblée prend en considération la proposition de M. Didier.

M. LE PRÉSIDENT. Messieurs, je dois donner connaissance à l'Assemblée du caractère du document qui a été déposé par M. Thouret.

Cette pièce a pour but de faire déclarer par l'Assemblée que M. le président a manqué hier à ses devoirs. (Violents murmures à droite.)

Voix nombreuses : La question préalable ! la question préalable !

La question préalable est mise aux voix et adoptée à une immense majorité.

Des cris sauvages partent de la Montagne ; M. Charras demande la parole, et s'élance vers la tribune. M. Noël Parfait le suit, un papier à la main.

M. CHARRAS. Je prie l'Assemblée de revenir sur son vote. (Oh! oh.—Non !) On ne peut adopter la question préalable, séance tenante, sur une proposition. Jamais cela ne s'est fait. Il faut que la proposition suive son cours.

Voix : C'est voté ! c'est voté !

L'ordre du jour appelle les interpellations de M. Chavoix sur les mauvais traitements faits à un journaliste.

On passe à l'ordre du jour pur et simple.

Chronique et Faits divers.

On dit que M. Odilon Barrot, dont la santé est très-altérée, va partir pour l'Italie.

— Un arrêté du ministre des affaires étrangères, en date du 20 novembre courant, nomme chef du cabinet M. Soleille (Marie-Justin-Lin), lieutenant-colonel d'artillerie.

— C'est enfin le jeudi 6 décembre qu'aura lieu à l'Académie française la séance solennelle de réception de M. de Noailles, élu il y a près d'un an.

M. Guizot assistera à cette séance.

— Hier à onze heures un quart, il y a eu conseil des ministres à l'Elysée. Le conseil était au grand complet.

— Les comptes de caisse des secrétaires-trésoriers des douze bureaux de bienfaisance de Paris viennent d'être arrêtés par la commission municipale. Le total des ressources a été, en 1848, de 2 millions 175,558 fr. 59 c.; les dépenses de 1 million 818,091 fr. 6 c.; l'excédant des recettes était, au 31 décembre, de 357,467 fr. 53 c. Ces recettes, produit de la subvention faite par l'assistance publique, des dons et des collectes, se sont opérées dans chaque arrondissement de la manière suivante :

1er arr.	266,812 fr. 76 c.	7e arr.	205,685 fr. 51 c.
2e,	213,383 15	8e,	744,928 60
3e,	384,599 30	9e,	132,408 47
4e,	171,719 11	10e,	700,175 22
5e,	346,573 99	11e,	198,664 80
6e,	362,015 24	12e,	320,230 81

— Des poursuites viennent d'être ordonnées par le parquet contre le gérant du journal la *Liberté*, à raison d'un article intitulé : l'*Anarchie*, inséré dans le numéro de ce journal du 20 novembre.

Le gérant de la *Liberté* est prévenu :

1° D'offenses envers la personne du Président de la République ;

2° D'excitation à la haine et au mépris du gouvernement de la République.

— Le bateau à vapeur *Hermann* est arrivé de Brême à Southampton, se rendant à New-York. Parmi les passagers se trouvent quelques célébrités hongroises, et notamment Ladislas Ujhasy, ex-gouverneur civil de la forteresse de Comorn, qui se rend aux Etats-Unis pour y fonder une colonie hongroise. Il a des lettres de recommandation pour le général Taylor, président de la République; pour M. Bancroft et d'autres personnages de distinction en Amérique. Il est accompagné de ses deux fils et de ses deux filles, et de plusieurs officiers hongrois qui se sont montrés sur le pont du *Hermann* avec le pittoresque uniforme hongrois. Ladislas Ujhazy est un homme vénérable, à barbe et à moustaches grises, et portant un costume semi-oriental.

BOURSE DU 22 NOVEMBRE.

Le 3 p. 100 a débuté au comptant à 56 95, a fait 56 85 au plus bas, et reste à 57.

Le 5 p. 100 a débuté au comptant à 89 70, a fait 89 60 au plus bas, et reste à 89 85.

L'un des Propriétaires-Gérants, CHARLES DE RIANCEY.

Paris, imp. BAILLY, DIVRY et Comp., place Sorbonne, 2.

L'AMI DE LA RELIGION.

Lettre synodale

ADRESSÉE PAR LES PÈRES DU CONCILE PROVINCIAL DE PARIS AU CLERGÉ
ET AUX FIDÈLES DE LEURS DIOCÈSES.

Nous avons déjà cité un passage important de la *Lettre synodale*
adressée par les Pères du Concile provincial de Paris au clergé et aux
fidèles de leurs diocèses.

Cette lettre commence ainsi :

« Vous nous avez accompagnés de vos prières et de vos vœux dans cette sainte et solennelle assemblée, où l'Esprit de Dieu nous a conduits, et par laquelle nous avons inauguré, pour nos Eglises, une période nouvelle qui, nous l'espérons, sera féconde en
bénédictions et en fruits de salut. Sortis à peine de notre pieux Cénacle, où vos intérêts
les plus chers n'ont pas cessé un instant d'être présents à notre pensée, l'âme encore
émue par tout ce que le Seigneur nous a donné de voir et d'éprouver durant ces jours
de grâce et de bonheur, nous nous sentons pressés de venir à vous ; nous voulons que
vous partagiez nos joies les plus intimes, et qu'en attendant la publication des décrets
du Concile, vous soyez initiés à la connaissance de ses travaux ; car, pasteurs et troupeaux, Evêques, prêtres et fidèles, nous ne faisons tous qu'une même famille, et nous
n'avons qu'un cœur et qu'une âme.

« Qu'avons-nous voulu dans ce premier Concile ? Quelle est la pensée qui a dominé
toutes nos autres pensées et tous nos travaux ? Nous avons voulu fortifier nos Eglises en
les unissant plus étroitement, affermir le règne de la foi, resserrer les liens de la discipline ; et par là aussi travailler plus efficacement au salut des âmes et à la guérison de
la société. Un tableau quoique très-sommaire des objets sur lesquels portent les décrets
du Concile en sera la preuve Ce tableau, en consolant les pieux enfants de l'Eglise,
achèvera peut-être de rassurer aussi ceux qui ne nous connaissent pas assez. »

La *Lettre synodale*, en effet, traite successivement :
1° De la hiérarchie et des personnes ecclésiastiques ;
2° De la foi et des mœurs ;
3° De la discipline ;
4° Des études ecclésiastiques.

I.

Les Pères exposent d'abord les grands traits de la constitution de
l'Eglise « si divine dans son origine, si inébranlable dans son organisation, si forte dans son unité. »

« Quoi de plus beau, même aux yeux de la sagesse humaine, que la constitution de
l'Eglise ! Elle est aujourd'hui ce qu'elle fut il y a dix-huit siècles, en sortant des mains
de son divin auteur. Les empires sont tombés, les nations se sont transformées, les peuples se sont fait un jeu des révolutions, l'humanité s'est agitée en tout sens, comme un
malade qui cherche le repos sans pouvoir le trouver Au milieu de tous ces mouvements
de toutes ces ruines, de toute cette instabilité des choses humaines, l'Eglise est resté,
debout sur son roc inébranlable : *Super hanc petram ædificabo Ecclesiam meam.*

« Mêlée tantôt à des sociétés en décadence, tantôt à des peuples enfants, elle a vécu
dans tous les âges, sous tous les climats, à tous les degrés les plus divers de civilisation,
en gardant toujours intacts les principes constitutifs de son organisation. Quel grand

spectacle et aussi quelle grande leçon donnée au monde ! A côté de toutes ces sociétés qui s'en vont en poussière, Dieu a voulu placer, comme un perpétuel enseignement, une société immuable : *Et portæ inferi non prævalebunt adversùs eam.* »

Les Pères ajoutent :

« Nous avons retracé dans les premiers décrets du Concile, comme un salutaire enseignement pour tous, les principales lignes de cette admirable constitution, qui porte si visiblement le sceau de la divinité : elle repose sur le Pape et les Evêques. Au successeur de Pierre était dû le premier hommage de notre foi et de notre amour; nos cœurs d'ailleurs s'inclinaient d'eux-mêmes vers le Pontife méconnu et persécuté. Notre temps a vu s'élever contre la barque symbolique une furieuse tempête ; puissions-nous voir aussi, après les flots apaisés, la nef déposer bientôt sur la rive du Tibre, à l'ombre des vieilles basiliques qui gémissent de leur veuvage, un Père et un Pontife bien aimé !

« L'Eglise de Dieu est régie par les Evêques soumis au Pape. Nous avons rappelé les textes de l'antiquité qui donnent une si haute idée de la dignité épiscopale et une idée si effrayante des obligations qui y sont attachées. Ah! puisse le Sauveur et le Consolateur de nos âmes, nous aider à porter un si lourd et si redoutable fardeau !

« L'Eglise, dans les premiers siècles, a vu une tentative impuissante faite contre l'autorité et la prééminence des Evêques. L'esprit de révolte qui a soufflé dans les temps modernes, et qui a occasionné tant de ravages, a voulu aussi ébranler la hiérarchie, changer la constitution de l'Eglise et ruiner l'autorité de ses chefs. Les hérésies du seizième siècle ont été condamnées comme celles du quatrième. Mais dans le sein même de l'Eglise et sous le manteau de la piété et de l'orthodoxie, un parti s'était formé, qui joignait à toutes les apparences de la soumission toutes les réalités de la révolte. Ses systèmes étayés sur une indigeste érudition, ressuscitaient le presbytérianisme, et enfantaient cette œuvre coupable, la constitution civile du clergé, de laquelle est sortie cette persécution qui a fait tant de martyrs. Quelques germes de ce mal sont restés dans notre législation. Ce sera le travail et la gloire de notre temps de les extirper.

« Mais indépendamment de ces germes funestes dont le travail est intérieur, lent et ténébreux, il est venu de dehors des semences de discordes que l'esprit du mal s'efforce de féconder. Les enfants de l'Eglise ne sont pas séparés du siècle; ils vivent dans cette atmosphère enflammée où se forment tant d'orages. Quoi d'étonnant que, de temps en temps, l'inquiétude, la fièvre, le vertige, en prennent quelques-uns, et qu'ils veuillent, oubliant que la Constitution de l'Eglise est divine et invariable, appliquer au gouvernement de la société spirituelle les théories en vogue dans les autres sociétés !

« Notre cœur paternel s'émeut quand nous voyons des enfants, ceux que nous avons engendrés à Jésus-Christ par le Baptême ou par l'Ordination, atteints des maladies du siècle, montrer un amour déréglé de l'indépendance, oublier l'humilité, la douceur, la charité, fomenter des divisions intestines, ne sachant plus porter le joug si doux de l'obéissance chrétienne, et foulant aux pieds les lois du respect, leurs devoirs et les droits sacrés des Supérieurs.

« Il nous importe, avant tout, de défendre l'Eglise contre l'envahissement de ces flots superbes poussés contre elle par les tempêtes du dehors. Tant que les colonnes de l'édifice seront fermes et assurées sur leurs bases, l'édifice restera debout. Ce sont les Evêques qui forment les colonnes du temple élevé par Jésus-Christ. Nos décrets rappellent leur autorité, leur rang dans la hiérarchie, leurs rapports avec les Prêtres et les fidèles. Notre vigilance pastorale, en en procurant l'exécution, assurera en même temps la paix et l'harmonie dans nos Eglises, bien sans lequel tout autre bien devient impossible. »

II.

Le paragraphe second signale les erreurs que le Concile de Paris a condamnées : et d'abord, le *panthéisme* et le *rationalisme*, puis d'autres erreurs d'une espèce différente :

« Une secte s'est formée, qui essaie d'étendre dans l'ombre ses racines, et qui, sous le manteau de la piété, a déjà séduit un grand nombre d'âmes simples et ignorantes. Nous avons appris avec un douloureux étonnement qu'elle était parvenue à s'établir dans quelques-uns de nos diocèses, et qu'elle comptait même quelques prêtres parm^e ses adeptes. Elle a pris le nom menteur d'*Œuvre de la Miséricorde*. Elle renouvell des rêveries anciennes, déjà condamnées par les Conciles. Elle annonce, comme prochaine dans l'Église, une ère nouvelle, qui sera le règne du Saint-Esprit. Sa doctrine sur les Anges, sur la nature humaine, est contraire à la foi. Elle l'appuie sur des révélations et sur de prétendus miracles. Par l'abus le plus impie des choses saintes, elle fait servir même nos plus sacrés mystères à ses pratiques superstitieuses, et à toutes le menées souterraines qui ont pour but la séduction et la corruption des âmes.

« Nous devions démasquer ces novateurs, et arrêter, autant qu'il était en notre pouvoir, les ravages qu'ils font au milieu même de nos troupeaux. Tous les points de cette doctrine, dont les auteurs mentent, même en la proclamant nouvelle, ont été déjà condamnés par l'Église dans les temps anciens. De notre temps, la secte elle-même a été l'objet d'une condamnation expresse de la part de Grégoire XVI et de plusieurs Évêques. Nous avons renouvelé toutes ces condamnations. »

Enfin le Concile condamne avec la même énergie les hypocrisies du socialisme et l'égoïsme pratique d'un trop grand nombre d'individus :

« A côté de ces sectaires obscurs qui s'avancent dans l'ombre, se cachant sous les dehors de la piété chrétienne, il est des hommes plus dangereux, qui regardent aussi l'Eglise comme ayant perdu le sens de ses dogmes et de ses traditions, et qui lui arrachent des mains l'Evangile pour l'interpréter à leur guise, et le faire servir d'appui à leurs théories sociales ou politiques. Ils abusent des maximes évangéliques sur le désintéressement, sur la pauvreté volontaire, sur la charité fraternelle, et les séparant des autres maximes où l'obéissance, le respect de tous les droits, l'humilité, la lutte perpétuelle contre les passions sont ordonnés, ils anathématisent au nom du Christ, non-seulement les vices et les désordres de la société actuelle, mais encore les principes sur lesquels repose l'ordre social tout entier. »

Vient ensuite, en opposition avec les vaines et coupables déclamations des socialistes, le résumé des actes et des œuvres de la charité, qui répondent à toutes les calomnies dirigées contre l'Eglise :

« Oui, on calomnie l'Eglise, ses institutions et son histoire, on calomnie les sentiments les plus intimes de son cœur, quand on dit qu'elle est insensible aux souffrances des pauvres et des malheureux. Mère tendre, elle aime sans doute d'un égal amour tous ses enfants ; mais pour qui réserve-t-elle donc ses soins les plus empressés, ses plus affectueuses caresses, si ce n'est, à l'exemple de Jésus-Christ, pour les faibles et les petits, pour tous ceux qui souffrent, pour ces ouvriers infortunés qui trop souvent manquent de travail et de pain ? mais qui donc inspire à des femmes héroïques, à de pieux jeunes hommes tant d'amour pour les malheureux, tant de dévouement ? Qui fonde, qui soutient tant d'œuvre de bienfaisance ? qui a formé le patrimoine des pauvres dans les siècles écoulés ? qui leur a ouvert tant d'asiles, préparé tant de secours pour l'âme, pour l'intelligence, pour le corps ? Enfin qui a formé le cœur, qui a nourri et enflammé le zèle de tant de vierges chrétiennes qui, chaque jour, sous nos yeux, se consacrent aux pauvres et s'immolent pour eux ? C'est l'Eglise. Elle a toujours mis sa gloire à être la mère des pauvres, de tous ces orphelins que la nature abandonne ; elle les réchauffe dans son sein, et, non contente de panser les plaies de leurs corps, elle verse dans leur âme avec amour des paroles de consolation et d'espérance.

« L'Eglise sait, ainsi que le dit l'Evangile, qu'il y aura toujours des pauvres parmi nous. Elle sait que souvent la pauvreté est le résultat des vices et des passions de l'homme. Mais de même qu'en constatant les vices et les passions de la nature humaine, elle ne les aime pas pour cela, et qu'elle les poursuit bien plutôt de toutes ses forces, et travaille à les diminuer ; de même en constatant la misère, elle n'entend pas en consacrer la nécessité. Elle la combat, au contraire, dans ses causes et dans ses résultats. Elle tend sans cesse la main à ceux qui sont devenus ses victimes, pour les arracher à tous les maux qu'elle traîne à sa suite.

« Sans doute aussi l'Eglise apprend à tous les malheureux à tirer le bien du mal même. Elle prêche l'amour des souffrances, et elle indique des trésors de vertu et de perfection cachés dans la pauvreté et la douleur. Mais cette sainte et sublime doctrine qui a cicatrisé tant de plaies, et enfanté tant de pauvres volontaires, est précisément ce qu'il y a de plus efficace contre les maux de la vie présente. La misère, à ses yeux, n'est pas moins un mal, une des plus douloureuses suites du péché, et elle apprend à ses enfants à élever chaque jour la voix vers leur Père qui est dans le ciel, pour lui demander de les en délivrer. »

(La fin au prochain numéro.)

Le sacre de Mgr l'Evêque d'Orléans aura lieu en l'église métropolitaine de Paris, le deuxième dimanche de l'avent, 9 décembre, jour où l'on célèbre en ce diocèse la solennité de l'Immaculée Conception de la très-sainte Vierge.

Le prélat consécrateur sera Mgr l'Archevêque de Paris. Les prélats assistants seront Mgr l'Archevêque de Rouen et Mgr l'Evêque de Versailles.

Mgr l'Evêque d'Orléans a pris possession de son siége, par procureur, le 21 novembre, fête de la Présentation de la très-sainte Vierge.

Il a nommé, pour vicaires généraux, MM. Dubois, Valgalier, Benech, Huet et Desnoyers, qui avaient administré le siége pendant la vacance, en qualité de vicaires capitulaires.

Les vicaires capitulaires, par une lettre circulaire, en date du 20 novembre, ont demandé, au clergé et aux fidèles du diocèse d'Orléans, des prières pour appeler les bénédictions de Dieu sur le nouvel Evêque.

ITALIE.

Rome, le 15 novembre. — Quoique nous ayons donné hier notre correspondance particulière de Rome, nous croyons devoir citer ici quelques lignes publiées aujourd'hui par une feuille du soir :

« Notre situation financière est très-grave. Les embarras sont tellement grands qu'il est impossible de les décrire, et cela s'explique par le gaspillage que nos républicains ont fait des fonds publics. Un seul fait suffira pour vous donner la mesure de ce gaspillage. On a retrouvé la trace d'un paiement de trois millions fait pour assurer à la République de Rome l'appui des Montagnards français. Ce paiement aurait été fait par l'entremise d'une maison anglaise. Florence a supporté sa part de cette contribution prélevée par vos puritains sur la République romaine.

« On ne précise pas la somme prélevée sur Florence. Il serait à désirer que les Montagnards publiassent leur budget, on retrouverait ainsi la trace de bien des dilapidations.

« Après le vote de l'Assemblée nationale sur les affaires de Rome, le Pape, d'accord avec l'ambassadeur français, avait fixé son retour à Rome au 28 de ce mois. Le message du Président lui a fait ajourner l'époque de son retour qui, cependant, est bien urgent si l'on veut ramener le calme dans les esprits.

« Le retour du Pape est d'autant plus à désirer, que sa présence à Rome y ramènera les étrangers qui, seuls, peuvent jeter dans la circulation les capitaux qui nous manquent complétement. »

Nous croyons devoir reproduire aussi quelques passages intéressants d'une correspondance que publie le *Constitutionnel :*

« Les démagogues qui sont restés ici font circuler les bruits les plus absurdes sur une révolution qui serait arrivée à Paris, et en tirent la conséquence que le retour du Pape est encore fort éloigné. Quant à moi, j'ignore quand aura lieu ce retour tant désiré, ET SANS LEQUEL LES AFFAIRES DE CE PAYS NE POURRONT JAMAIS S'ARRANGER CONVENABLEMENT.

« A Naples et à Rome l'on travaille activement à la rédaction des lois concernant la consulte d'Etat, l'organisation municipale et provinciale des Etats de l'Eglise, la réorganisation des tribunaux, et la révision de codification des lois civiles et criminelles, selon les promesses du *motu proprio*, dont la majorité de l'Assemblée française a approuvé la teneur par son vote.

« Dimanche dernier, un incendie a éclaté dans le second étage d'une maison située rue de l'Humilité. Deux prêtres français, les abbés André Bois et Victor Tongres, aidés de quelques soldats, parvinrent en moins d'une heure à le maîtriser, après avoir, au péril de leurs jours, sauvé du milieu des flammes une pauvre femme infirme et tout le mobilier de la maison. Tout était fini quand les pompiers pontificaux arrivèrent sur le lieu du sinistre. C'est un trait qui honore l'habit ecclésiastique et notre nation.

« Le même jour, il y a eu sur la place de Saint-Pierre grande revue passée par le général en chef. C'était un beau coup-d'œil de voir réunis dans ce magnifique encadrement vingt-et-un bataillons d'infanterie, huit escadrons de cavalerie et les corps de l'artillerie et du génie. La revue était commandée par le général Gueswiller ; la première ligne par le général Chadeysson et la deuxième par le général Charles Levaillant. L'on a beaucoup admiré la belle tenue de nos troupes et la précision de leurs manœuvres. Quelques personnes qui se disent bien informées, prétendent que cette revue doit servir de répétition à celle qui aura lieu sur cette même place lors du retour du Pape à Rome.

« Les bureaux de l'intendance et les magasins militaires établis dans le collège romain vont être transportés à la Sapienza, dans le local occupé au temps de la République par le bataillon des tirailleurs de l'Université. Le collège romain va ainsi être rendu à l'enseignement, et les cours vont commencer dès que le déménagement sera opéré.

« Le 2⁰ conseil de guerre vient de condamner à mort un nommé Vitali, coupable d'assassinat sur la personne d'un soldat français; mais il n'y a eu encore aucune exécution.

« Le bruit court ici que le gouvernement pontifical vient de contracter un emprunt de cinq millions d'écus (fr. 27,419,354.80) avec la maison Rothschild, aux mêmes conditions que le dernier emprunt avec l'Autriche. Au moyen de cet emprunt, Sa Sainteté retirerait tous les billets et tout le papier-monnaie ayant cours forcé jusqu'à une valeur déterminée. C'était le cadeau d'entrée qu'elle destinait à ses peuples. »

————————————————

Une cérémonie touchante a eu lieu à Rome le 11 novembre. Un service funèbre a été consacré, dans l'église Saint-Louis-des-Français, à la mémoire de M. le capitaine d'artillerie Fabar.

On sait que M. le capitaine d'artillerie Fabar avait été tué dans la fatale journée du 30 avril. L'exhumation de son corps a été ordonnée, et ses dépouilles mortelles ont été déposées dans l'église Saint-Louis-des-Français. Cette église, bâtie, aux frais de la France, par Jacques de la Porte, desservie par un clergé français, renferme les tombeaux de diplomates, d'artistes, de militaires de notre nation morts à Rome, et qui ont été, pour ainsi dire, ensevelis dans une terre française, au milieu des souvenirs de leur pays.

Un grand nombre d'officiers et de soldats se sont associés à cette pieuse solennité. C'était un juste hommage rendu à ce jeune et brave officier, dont la mort prématurée a causé de si vifs regrets dans l'armée expéditionnaire, et qui, comme aide de camp du maréchal Bugeaud, comme organisateur de l'armée des Alpes, avait prouvé qu'il savait allier à la plus brillante bravoure des talents militaires de premier ordre.

NOUVELLES RELIGIEUSES.

Diocèse de Paris. — Les travaux de Notre-Dame de Paris vont être suspendus à cause de la rigueur de la saison. Dans quelques jours, toutes les mesures seront prises pour que le service divin puisse se faire régulièrement et sans incommodité pour les fidèles.

— Le R. P. de Ravignan, qu'une indisposition assez grave avait empêché de se rendre au Concile de Rennes, où il devait assister en qualité de théologien, est aujourd'hui entièrement rétabli.

— Mgr l'archevêque de Bordeaux a quitté Paris aujourd'hui se rendant à Lyon, et de là à Avignon, pour l'ouverture du Concile de cette province.

Diocèse de Lyon. — Mgr Mioland, archevêque de Sardes et coadjuteur de Mgr de Toulouse, est en ce moment à Lyon, où il doit passer quelques jours au sein de sa famille et de ses amis. Le Prélat officiera dimanche prochain dans l'église de Saint-Bonaventure.

Diocèse de Clermont. — A l'occasion de la rentrée de la cour d'appel de Riom, Mgr l'Evêque de Clermont a prononcé un discours, dont nous reproduisons les principaux passages :

« Messieurs,

« Permettez-moi de m'associer, au nom de la Religion, et d'applaudir, dans toute l'effusion de mon âme, à la pensée éminemment sociale qui vous rassemble aujourd'hui dans le lieu saint...

« Elle a une haute signification, cette démarche que vous faites, Messieurs, à l'exemple et conformément aux vœux du premier magistrat de la République. Ce n'est pas simplement un hommage solennel rendu à la divinité, c'est encore un noble exemple qui, en édifiant les peuples, relève de plus en plus, à leurs yeux, les pouvoirs et la dignité dont vous êtes investis... Aussi, à cet égard, on est heureux et fier pour son pays de pouvoir répéter ces paroles si justes, si remarquables que l'élu de la nation faisait entendre il y a peu de jours : « Il est « consolant de songer qu'en dehors des passions politiques et des agitations de « la société, il existe un corps d'hommes n'ayant d'autre guide que leur con- « science, d'autre passion que le bien, d'autre but que de faire régner la jus- « tice. »

« Voilà, sans contredit, oui, voilà les consolantes, les précieuses garanties que nous offre la magistrature française. Toutefois, Messieurs, si cette belle, cette magnifique institution est appelée à exercer une puissante influence dans l'intérêt de la société, il faut bien aussi le reconnaître, c'est avant tout, parce que son autorité repose sur un principe qui domine toutes les institutions humaines, sur l'autorité même de Dieu !

« En dehors de ce principe suprême, éternel, il n'y a rien de solide, rien de durable ; et, ne craignons pas de le proclamer hautement, malheur au pays où se réaliserait l'extravagante pensée, le délire de quelques esprits malades qui ont rêvé une nation gouvernable sans la croyance en Dieu. Une nation gouvernable sans la croyance en Dieu?... Non, mille fois non ; car enfin, sans cette base fondamentale, on ne peut concevoir ni le droit de commander dans les uns, ni pour les autres le devoir d'obéir. »

DIOCÈSE DE MONTPELLIER. — On se préoccupe beaucoup ici du Concile provincial d'Avignon.

Mgr Thibault a choisi pour ses théologiens MM. Peirac, supérieur du grand-séminaire ; Durand, chanoine titulaire ; Roux, docteur en théologie et aumônier de Sainte-Ursule, et le révérend Père supérieur de la Chartreuse de Mougère.

DIOCÈSE D'ARRAS. — Mgr Rappe, évêque de Cléveland, dans l'Ohio, est de retour à Arras de son voyage dans l'Ouest de la France.

Ce prélat, qui a pour vicaire-général un prêtre de la Bretagne, a voulu porter lui-même des nouvelles de son fils au vieux père de son zélé collaborateur.

SUISSE. — CANTON DE BERNE. — Depuis plusieurs années les Sœurs de la charité tiennent un hospice à Porrentruy et un pensionnat de demoiselles à Saint-Urranne ; on vient de leur donner l'ordre de quitter la Suisse ; c'est en vain que tous les pauvres de l'hospice, qui prévoient la ruine de cet établissement avec le départ des religieuses, se sont adressés au gouvernement ; c'est en vain que le magistrat de Saint-Urrane a supplié le grand-conseil de maintenir le pensionnat de ces religieuses, qui est la seule ressource de cette petite ville, on est inexorable.

SÉANCE DE L'ASSEMBLÉE.

Aujourd'hui le scandale a avorté. Il était dans l'air cependant et chacun s'y attendait. L'ordre du jour était très-peu chargé, et un document signé de toute la Montagne avait été déposé avec solennité sur le bureau du président. Ce devait être le signal de l'orage.

M. Benoist-d'Azy, qui occupait le fauteuil, a très-sagement conduit l'Assemblée. Il a d'abord donné la parole à M. Léon Faucher, qui était autorisé à interpeller le ministère sur l'émission et le cours forcé des billets de banque.

Écouté avec calme, et sans faveur ni animosité, M. Faucher a posé au ministre des finances une question à laquelle M. Fould a répondu que le gouvernement préparait une solution prochaine. M. Lebœuf, assez mécontent du ministre, l'a menacé d'une proposition. Nous verrons. Et le combat a fini, faute de combattants.

Pas de bruit, pas d'ordre du jour motivé, pas de vote. On a tout simplement entamé une très-brève discussion sur des crédits supplémentaires pour l'Afrique, à propos desquels M. le ministre de la guerre a prononcé quelques paroles fort applaudies, et qui promettaient des réductions de dépense.

Le scandale n'arrivait pas.

M. le ministre des travaux publics a déposé un projet de loi portant rectification du budget des travaux publics. C'est une réduction de dix millions. M. Bineau l'a annoncée avec une satisfaction visible, hautement partagée par l'Assemblée.

Enfin, on a cru le moment du tumulte advenu. M. le président prend un grand papier, et dit « qu'il a reçu un document signé de plusieurs membres de l'Assemblée : que ce document n'est pas rédigé sous forme de proposition, et que le règlement n'en autorise pas la lecture ; que, d'ailleurs, il est identique dans ses conclusions avec la motion présentée hier par M. Antony Thouret ; que, par conséquent, il y a chose jugée, et que l'Assemblée n'a qu'à passer à l'ordre du jour. » « Très-bien ! » sur les bancs de la majorité. Pas un mot, pas un murmure à gauche. L'ordre du jour est voté, et la séance est levée. Le coup avait raté : pourquoi ?... En tout cas, tant mieux!

Des élections.

Par suite de l'arrêt de la Haute-Cour de justice, plusieurs sièges sont devenus vacants à l'Assemblée nationale : par conséquent, des élections nouvelles devront bientôt avoir lieu.

On dit que les électeurs ne seront convoqués que pour la première quinzaine de janvier. C'est donc un peu plus d'un mois, six semaines au plus, qu'ils auraient devant eux, à Paris et dans les départements, où des représentants sont à remplacer.

Pour débattre les candidatures, arrêter les choix, puis surtout préparer le succès par la discipline et la propagande, un mois ou six semaines, est-ce trop?

On assure que les révolutionnaires de toutes les nuances songent à reprendre, au scrutin, leur revanche de l'échauffourée du 13 juin. Ils veulent, à ce qu'il paraît, manœuvrer cette fois avec le plus grand ensemble. S'ils réussissent seulement sur quelques points, ils ne manqueront pas de dire que le suffrage universel a réformé le jugement de la Haute-Cour.

Il est certain que leurs succès, même partiels, seraient pour le moment un immense scandale, et un grave péril pour un prochain avenir.

C'est aux honnêtes gens à ne pas leur laisser une telle joie, et pour l'empêcher il est temps qu'ils avisent!

Chine.

On se rappelle les détails intéressants que nous avons donnés, d'après nos correspondances, sur le meurtre du gouverneur portugais de Macao, M. d'Amaral.

Une circonstance que les journaux portugais nous font encore connaître, c'est que, peu de jours avant celui où eut lieu l'assassinat, on avait célébré à Lisbonne le mariage par procuration du gouverneur, et sa future femme se disposait à partir pour la Chine au moment où la fatale nouvelle est venue la frapper.

· La cour de Portugal est fort inquiète elle-même du conflit qui a suivi cet affreux événement et où son honneur est si gravement engagé avec des moyens de défense très-faibles et dans des parages si lointains.

Les dernières nouvelles de Hong-Kong vont jusqu'au 19 septembre. Elles ne permettent pas de révoquer en doute la complicité des mandarins. On a aussi les correspondances échangées entre le sénat de Macao, les ministres étrangers résidant en Chine et le commissaire impérial de Canton.

Le gouverneur anglais de Hong-Kong n'a pas hésité à prendre fait et cause pour les Portugais, et à reconnaître la solidarité qui unit étroitement tous les intérêts européens contre la politique du Céleste-Empire. Nous lisons en effet le passage suivant dans une lettre adressée par lui au sénat de Macao, en réponse à la notification officielle de l'assassinat de M. d'Amaral .

« J'ai écrit hier au commissaire impérial pour l'informer que cette affaire était de « celles qui intéressent directement tous les ministres étrangers résidant en Chine, et « pour lui exprimer l'espoir qu'il s'empressera de livrer les coupables, s'ils ont cherché « refuge sur le territoire de l'empire. »

Les ministres de France, des Etats-Unis et d'Espagne, après avoir exprimé leurs profonds sentiments de sympathie pour la cause portugaise, ont déclaré qu'ils rendraient compte à leurs gouvernements respectifs des faits déplorables qui venaient de se passer : mais il ne paraît pas qu'aucun d'eux se soit mis aussi directement que le gouverneur anglais de Hong-Kong, en communication avec le commissaire impérial de Canton.

Il est juste de dire que l'Angleterre est plus intéressée qu'aucune autre puissance européenne dans les relations politiques et commerciales avec la Chine, et qu'elle seule entretient en ce moment, dans les mers d'Asie, des forces navales suffisantes pour appuyer au besoin par le canon ses représentations diplomatiques.

La France n'a en Chine qu'un seul bâtiment de guerre, *la Bayonnaise*, corvette de trente-deux canons, commandée par M. Jurien-Lagravière.

Voici maintenant le résumé de la correspondance engagée entre le sénat de Macao et les mandarins.

Le même jour du meurtre de M. d'Amaral, le 22 août, le *procurador* de Macao somma le mandarin de la ville voisine de poursuivre les coupables et de faire restituer, dans les vingt-quatre heures, la tête et la main de l'infortuné gouverneur. (Les meurtriers avaient pris la fuite après avoir mutilé le cadavre, sans doute afin de fournir les preuves du crime et de réclamer la récompense promise.) Le sénat écrivit dans le même sens au commissaire impérial de Canton.

Le mandarin du district répondit qu'il ne pouvait découvrir les coupables ni satisfaire à la demande du *procurador*. Quant au commissaire impérial *Seu*, il écrivit au sénat la lettre suivante, que nous transcrivons en entier :

« *Seu*, vice-roi de Canton, en réponse à la dépêche datée de Macao, etc.,

« C'est avec une grande surprise que j'ai appris le malheur survenu au noble gouverneur. J'ai reçu également un rapport du mandarin de Macao, avec une copie d'une proclamation publiée par le gouvernement portugais. Il est établi, dans cette proclamation, que les assassins ne peuvent appartenir à la *population honnête et paisible* de Macao. Dès lors, l'acte n'a pas été commis par des habitants de cette ville, mais bien par des étrangers. Cela étant, est-il possible de découvrir les coupables aussi promptement qu'on le désire?

« Comme le noble gouverneur était d'un caractère très-cruel, qui sait si quelques-uns de ses compatriotes, parmi ceux qui le détestaient, n'ont pas soudoyé les meurtriers? Vous dites qu'à Canton on a affiché des placards et des proclamations, et que les mandarins chinois doivent avoir eu connaissance du fait. S'ensuit-il que l'assassinat ait été commis par les autorités chinoises? En outre, pour savoir où sont la tête et la main du noble gouverneur, il faudrait tenir le meurtrier. Sans cela, comment voulez-vous que je vous les rende? Votre demande est donc déraisonnable.

« La vie de l'homme est un don du ciel. Aussi, nous ne pouvons disposer légèrement de celle de l'un ou de l'autre. C'est tout ce que j'ai à répondre. »

Le sénat de Macao fut justement indigné de la réponse sentencieuse et impertinente du commissaire impérial; il écrivit une seconde lettre plus vive que la première; mais cette démarche n'amena d'abord aucun résultat. Enfin, le 20 septembre, on fit savoir au sénat de Macao que les mandarins livreraient la tête et la main de M. d'Amaral, ainsi que la tête d'un Chinois, décapité comme auteur du crime, si, de leur côté les Portugais voulaient rendre trois prisonniers qu'ils avaient capturés lors des premières hostilités. Cet échange était promis pour le 25 septembre. Mais les Portugais, bien entendu, s'y sont refusés, et l'on attendait, au départ de la malle, de nouvelles propositions.

On disait que la réponse du vice-roi de Canton à la lettre de M. Bonham, gouverneur de Hong-Kong, était écrite dans le même style que la réponse au sénat de Macao. Cette attitude d'insolence et de mépris, que les autorités chinoises semblent vouloir prendre à l'égard des Européens, est malheureusement encouragée par les démonstrations populaires de Canton ainsi que par les déclamations de certains lettrés, faiseurs d'affiches sur papier rouge et de placards patriotiques. La haine contre les *barbares*, que l'on croyait, sinon complétement éteinte, du moins sensiblement diminuée par le contact, et surtout par le mélange des intérêts, se réveille peu à peu et se manifeste par des symptômes trop évidents pour que les gouvernements d'Europe, et principalement l'Angleterre, ne se croient pas en droit d'exiger des explications catégoriques sur l'exécution des traités.

Ky-Ing, signataire de ces traités, a été rappelé à la cour de Pékin. Tant qu'il est demeuré à la tête de la province de Canton, et en relation directe avec les étrangers, il a su maintenir la paix.

Les mers de Chine sont toujours infestées de pirates. Les bateaux à vapeur anglais leur donnent la chasse, et en ont déjà détruit un bon nombre. Mais le gouvernement chinois, après avoir vu ses jonques de guerre honteusement battues, a proposé au chef des pirates d'entrer en négociations. Il offre l'oubli du passé, un bouton de mandarin et un grade dans la flotte, à condition que le forban fera désormais la guerre à ses anciens compagnons. Les journaux de Hong-Kong ne disent pas que Shap-gn-tsei (c'est le nom de l'amiral des pirates) ait daigné encore accepter les bases du traité.

Algérie.

Un courrier de Zaatcha est arrivé à Alger, par terre, avant-hier, 13 novembre au soir.— Le trajet par Bathna et Sétif est fort long (150 lieues), surtout avec les précautions à prendre aujourd'hui entre Biskara et Bathna; nous n'avons donc de nouvelles que jusqu'au 2 novembre.

A cette date, M. le général Herbillon n'était point encore informé de l'approche de tous les renforts dirigés sur Zaatcha. Il attendait seulement M. le colonel

Canrobert, et continuait les travaux de siége, tout en repoussant énergiquement les attaques du dehors.

A la suite des deux affaires assez chaudes du 30 et du 31 octobre, une conférence eut lieu entre le scheikh El-Arab et l'un des chefs des nomades révoltés qui avaient combattu. — On n'a pu s'entendre, quant à présent. — L'arrivée de nombreux renforts attendus, pourra rendre plus conciliantes les dispositions de ces nomades, peu accoutumés à des combats si meurtriers.

Ainsi que nous l'avons déjà dit, tous les renforts n'ont dû être réunis que le 12 ou le 13; nous n'aurons probablement pas de nouvelles des faits importants qui vont s'accomplir avant le 25 par terre, avant le 27 par le courrier de mer. — Depuis les derniers renseignements, la situation s'est améliorée par la dispersion volontaire du rassemblement qu'avait formé dans l'Aurèss le marabout Si-Abd-el-Afidh. — Nous n'attachons, toutefois, que peu d'importance à cette dispersion probablement momentanée; il faut des combats sérieux pour mettre fin au trouble qui agite la subdivision de Bathna. — Il est fort à désirer que Si-Abd-el-Afidh et tous les alliés de Bou-Zian viennent affronter en rase campagne la belle colonne qui doit manœuvrer aujourd'hui sous le commandement de M. le général Herbillon

On ne parle du choléra ni à Bathna, ni dans la colonne. Les troupes, malgré leurs fatigues, conservent toute leur énergie morale et physique. Les convois de vivres et de matériels arrivent sans accident.

Bulletin de la politique étrangère.

PIÉMONT. — TURIN, 17 novembre. — Le vote d'hier, qui rejette implicitement le traité avec l'Autriche en posant à sa ratification des conditions impossibles, a eu le résultat que tous les bons esprits avaient prévu : le parlement a été prorogé, et l'on sait positivement que cette prorogation sera suivie d'une dissolution et d'un appel aux élections.

Cette prorogation fait jeter les hauts cris aux membres de l'opposition systématique et aux journaux exaltés. Cependant, la ville est restée fort calme.

GRAND-DUCHIÉ DE BADE. — On annonce du Cercle du Lac qu'un coup hardi a été exécuté à Moessling. Les auteurs, encore inconnus, se sont introduits, nuitamment et par effraction, dans les bureaux du tribunal d'instruction, et en ont enlevé tous les documents relatifs au dernier mouvement insurrectionnel, et les pièces du procès de haute trahison contre les individus compromis. Ces papiers ont ensuite été brûlés en rase campagne.

SUISSE. — On écrit d'une ville de Suisse, le 15 novembre :

« Aujourd'hui j'ai à vous mander une nouvelle et très-flagrante *vexation*, qui vient d'avoir lieu contre le *parti conservateur et catholique* du canton de Lucerne.

« D'après le nouveau pacte fédéral, le peuple est appelé à nommer des jurés, qui doivent juger les crimes de haute trahison, etc. Chaque canton est divisé en plusieurs cercles électoraux ; chaque cercle nomme plusieurs candidats, et parmi les candidats le sort décide des jurés.

« C'est le 12 novembre que les cercles électoraux du canton de Lucerne étaient convoqués pour la nomination des jurés. L'immense majorité du brave peuple de ce canton étant intimement attachée à la sainte religion, on pouvait s'attendre à de bonnes élections.

« Eh bien ! que font les radicaux, qui, grâce à l'occupation militaire de 1847, exercent la domination dans ce canton ? Ils organisent dans chaque cercle des bandes qui, au moment où les conservateurs présentent leurs candidats, attaquent ceux-ci par des coups de mains et les forcent de quitter le cercle électoral. Par cette manœuvre terroriste, les minorités radicales parviennent partout à conquérir le monopole des élections et à en exclure les gens honnêtes et paisibles du pays.

« Mais, est-ce qu'il n'y a pas un gouvernement dans ce pays, me direz-vous, pour protéger les citoyens dans l'exercice de leurs droits les plus sacrés? Pour vous faciliter la réponse, je vous citerai un fait unique.

« Quelques jours avant les élections du 12 novembre, quelques membres influents du parti catholique ont eu une réunion confidentielle à *Sursée*, sous la présidence de M. l'avocat J. Weber, pour s'entretenir sur la liste des candidats. Aussitôt que les autorités radicales ont eu connaissance de cette Assemblée, elles ont jeté M. Weber et plusieurs de ses compagnons dans les prisons; d'autres personnes ont été citées devant les tribunaux; enfin les journaux conservateurs de Lucerne du 13 novembre, qui parlaient de ces faits, ont été tous mis sous séquestre.

« Vous voyez maintenant comment des autorités radicales protègent les citoyens dans l'exercice de leurs droits constitutionnels.

« La *Gazette protestante* de Bâle, en annonçant ces faits, ne peut s'abstenir de flétrir ce terrorisme et de vouer les actes de nos soi-disant *amis de la liberté* à la honte publique.

« Mais la *Gazette de Bâle* oublie que les radicaux se croient, vis-à-vis des catholiques suisses, maîtres absolus, et qu'ils confisquent volontiers la liberté de la presse, la liberté de réunion, même la liberté électorale, pour se conserver le pouvoir qu'ils ont acquis en 1847 par le concours des *conservateurs et radicaux* de toute la Suisse. *Illinc ille labor.*

P. S. Les journaux de Rome ne sont pas arrivés ce soir par la malle de Lyon.

ASSEMBLÉE LÉGISLATIVE.

Séance du 25 novembre. — PRÉSIDENCE DE M. BENOIST D'AZY, vice-président.

La séance est ouverte à deux heures et demie.

M. LE PRÉSIDENT. L'ordre du jour appelle les interpellations de M. Léon Faucher sur les émissions des billets de la Banque de France.

M. Léon Faucher a la parole.

Il demande à M. le ministre des finances s'il ne pense pas qu'il y ait lieu à porter le chiffre de l'émission des billets de la Banque à la somme de 525 à 530 millions.

M. FOULD M. Léon Faucher a dit qu'il fallait deux ans pour que la marche des affaires reprît son état normal. Je crois qu'il se trompe. Je ne flatterai pas l'Assemblée d'une illusion. Je ne dirai pas que nous sommes arrivés à cet état normal, mais je puis affirmer que nous marchons à grands pas vers le rétablissement de la confiance et la régularité de la circulation.

J'ai dit à l'Assemblée pourquoi le gouvernement n'avait pas cru devoir prendre à la fois l'initiative de deux mesures dont la simultanéité aurait pu avoir des inconvénients. Mais je puis lui donner l'assurance que nous sommes disposés à entrer dans la voie indiquée par M. L. Faucher, et que nous proposerons avant peu un projet dans ce sens. (Marques d'assentiment.)

M. LE PRÉSIDENT. La parole est à M. le général Oudinot.

M. le général Oudinot dépose le rapport de la commission chargée d'examiner le projet de loi relatif à l'appel de 80,000 hommes sur la classe de 1849.

L'Assemblée vote un projet de loi relatif à un crédit applicable aux approvisionnements des services militaires tant en France qu'en Algérie.

M. LE PRÉSIDENT. Messieurs, un document signé par un certain nombre de nos collègues m'a été remis; il a pour objet de présenter sous forme de proposition la disposition sur laquelle l'Assemblée a émis un vote dans la séance d'hier.

Je ne crois pas que ce document puisse avoir le caractère d'une proposition. Aux termes du règlement, l'Assemblée ne peut recevoir que les propositions ayant un caractère général, et non pas des résolutions déjà repoussées.

La proposition est représentée aujourd'hui dans les mêmes termes que ceux d'hier. Elle a pour objet de blâmer le Président.

Je ne puis reconnaître à ce document le caractère d'une proposition, et je crois qu'il n'y a pas lieu au renvoi.

A gauche : Vous ne pouvez pas en être juge.

M. LE PRÉSIDENT. Quand M. Thouret m'a remis cette résolution, je lui ai dit que je ne pouvais pas en ordonner le renvoi sans avoir consulté l'Assemblée.

Voici le dispositif de cette résolution :

« L'Assemblée déclare que M. le président n'a pas été impartial dans l'incident qui s'est passé à la séance d'avant-hier, et qu'il a manqué au premier de ses devoirs en ne faisant pas respecter la République, et ordonne l'insertion au procès-verbal. » (Bruit.)

L'Assemblée s'est déjà prononcée hier; je ne crois donc pas devoir renouveler ce débat. (Non! non!) Je vais la consulter sur le renvoi. (Bruit à gauche.)

A droite : Aux voix ! aux voix !

M. LE PRÉSIDENT. Je consulte l'Assemblée pour savoir si elle entend renvoyer ce document à une commission sous forme de proposition, ou passer à l'ordre du jour?

A droite, avec force : L'ordre du jour !

L'Assemblée consultée passe à l'ordre du jour.

La séance est levée à quatre heures un quart.

Chronique et Faits divers.

Paris est encore une fois agité. Les affaires reprenaient de l'importance; les ouvriers travaillaient, la confiance renaissait et les écus commençaient à sortir; tout cesse, et cela à l'approche du premier jour de l'an, époque d'un grand commerce de détail. Des bruits menaçants circulent encore une fois et désolent les petits commerçants, ainsi que tous les fabricants d'objets de luxe qui congédient tous les jours des ouvriers. Des rumeurs sourdes circulent, grâce aux agitateurs. Les embauchages d'ouvriers sont ostensibles dans tous les faubourgs, tout cela répand l'alarme.

— Hier, toute la soirée, de nombreuses patrouilles à pied et à cheval parcouraient les rues des faubourgs Saint-Germain, Saint-Honoré et du Roule. Une grande partie des troupes sont tous les jours consignées dans leurs quartiers respectifs.

— A midi, le conseil des ministres s'est réuni au palais de l'Elysée sous la présidence du Président de la République.

— C'est au palais de l'Assemblée législative que la commission d'enquête de la marine, présidée par M. Dufaure, tient ses séances. Jusqu'ici elle n'en a encore tenu que deux.

— Il résulte de l'ensemble des rectifications insérées dans chacun des journaux appartenant aux différentes nuances des partis représentés à la chambre, que l'on doit retrancher de la liste des 84 membres dont se composerait la réunion dite des *Beaux-Arts*, les noms de MM. Bigot, Proa, Paillet, Porton, Prudhomme, Heurtier, Combarel de Leyval, Victor Hugo, Boissié, général Radoult-Lafosse, L. Demarest, Gaslonde, de Montalembert, Thiers et Molé.

— A la suite du vote de l'Assemblée législative sur les boulangeries, une association fraternelle de boulangers s'était formée chaussée Clignancourt. Cette entreprise égalitaire, établie sur les mêmes bases que toutes celles formées par les cuisiniers réunis, vient de finir comme elles : en fermant la porte sur ses erreurs de calculs.

— Décidément la Montagne s'aplanit, disait hier un journaliste. — Ne confondez pas *s'aplanir* avec *s'aplatir*, répondit M. B..., représentant du peuple. Votre expression manque d'élasticité.

— Sainte Cécile, patronne du monde musical, a été splendidement fêtée hier dans la grande et magnifique église de Saint-Eustache.

La belle grand'messe de Niedermayer a été exécutée sous la direction de Girard, chef d'orchestre du Grand-Opéra ; Dietsch dirigeait les chœurs ; enfin Alexis Dupont, le grand artiste sacré, a chanté un *O Salutaris* qui a électrisé tous les assistants.

M. le curé officiait.

— Deux faits scandaleux ont troublé un instant le service religieux célébré hier, dans l'église de Saint-Eustache, en l'honneur de sainte Cécile.

Un individu, le chapeau sur la tête, était venu prendre place près d'une chapelle. Ses voisins, attribuant d'abord cette inconvenance à une distraction, l'en avertirent poliment. Mais, au lieu de s'empresser d'obtempérer à cet avertissement, il leur répondit par des injures articulées à haute voix. Ces derniers, doublement indignés, se saisirent de lui et le mirent à la porte.

Quelques minutes après, un autre individu, adossé à un pilier, déploya un journal et se mit à le lire tranquillement, comme il eût pu faire dans un théâtre. Un monsieur décoré, placé près de lui, lui rappela poliment le respect qu'il devait au lieu saint ; mais cet individu ne tint aucun compte de l'observation. Son voisin, indigné, lui arracha alors des mains le journal, qu'il déchira et jeta à terre. Un sergent de ville, qui survint au même moment, lui enjoignit de sortir immédiatement, ce qu'il fit, du reste, sans trop de résistance.

— La commission municipale s'occupe en ce moment d'un projet ayant pour but le déplacement de l'hospice de l'Hôtel-Dieu.

L'hospice Saint-Lazare serait approprié pour recevoir les malades que renferment les bâtiments du Parvis Notre-Dame. Ceux-ci, dit-on, seraient en partie démolis.

— Le *Giornale di Roma* du 10 novembre annonce que, dans les fouilles entreprises récemment au Transtevère, on a retrouvé entière et intacte la fameuse statue du sculpteur grec Lysippe, dont Pline parle en ces termes : « Parmi les chefs-d'œuvre de Lysippe tient le premier rang la statue que les Grecs appellent l'*Apossiomenos* (et les Latins le *Distringens* : Athlète sortant des bains chauds et exprimant la sueur de son corps avec l'instrument destiné à cet usage). Marc-Agrippa avait donné au public la jouissance de cette statue en la plaçant sur la façade de ses bains. Tibère en eut une telle envie, que, dès les premiers temps de son règne, alors qu'il savait encore se maîtriser, il l'enleva au public, en lui substituant une autre statue, pour la placer dans sa chambre, au pied de son lit. Mais cela excita dans Rome une telle rumeur, que le peuple redemanda la statue en plein théâtre, si bien que l'empereur fut obligé de la replacer là où il l'avait prise. » (*Plin.*, H. N., L. 34, c. 17 et 19.) Le *Giornale di Roma* ajoute que les artistes et le public pourront bientôt étudier et admirer ce chef-d'œuvre au Vatican, auprès de l'Apollon, du Mercure, du Laoocon et du torse d'Hercule. La même feuille incline à croire que ce marbre est bien l'œuvre originale et non une copie de la statue de Lysippe.

— UNE BONNE MINE D'OR. Il paraît, d'après des nouvelles de Bolivie, qu'une autre région aurifère a été découverte dans une partie des Audes, à sept jours de marche de la ville de Paz. Un Indien a remarqué dans un ruisseau un morceau d'or, et bientôt il en a vu d'autres. Le gouverneur du district est venu à la Paz pour se concerter avec le gouvernement à l'effet des mesures à prendre. Plus de trois mille personnes ont quitté la Paz pour se rendre à cette région.

VARIÉTÉS.

Confessions d'un révolutionnaire,

POUR SERVIR A L'HISTOIRE DE LA RÉVOLUTION DE FÉVRIER,
Par J.-P. PROUDHON.

—

(Quatrième article. Voir les Numéros 4869, 4873 et 4876.)

—

Je demande la permission au lecteur de revenir un instant sur mes pas.

J'ai dit, dans mon dernier article, que tout le système de M. Proudhon découlait d'une découverte faite par M. Feuerbarch. Or, pour l'intelligence de ce qui va suivre, quelques éclaircissements sont ici nécessaires.

Dans une brochure publiée à Darmstadt en 1845 (1), M. Charles Grün nous donne sur sa *mission* en France, sur ses rapports avec les socialistes de Paris et tout spécialement avec M. Proudhon, des détails qu'il me paraît important de faire connaître.

Prototype du véritable hégélien, athée plein de gaîté, railleur impitoyable, M. Charles Grün était venu à Paris, en 1845, pour juger si les socialistes français, en matière d'athéisme, étaient à la hauteur de leurs frères d'Allemagne. Ce fut d'abord l'école saint-simonienne et l'école de Fourier qui attirèrent l'attention du missionnaire germain; puis il alla à Cabet et à Louis Blanc. De la religion de tous ces utopistes et philosophes à la négation de Dieu, la différence n'est que dans les

(1) *Die soziale Bewegung in Frankreich und Belgien.*

termes ; mais nul, parmi tous ces *réformateurs*, n'osait tourner contre Dieu et contre la société les armes de la dialectique, avec l'ardeur et la froide exaltation d'un Stirner ou d'un Feuerbach. M. Grün commençait donc à perdre courage, lorsqu'un jour il apprit qu'un homme existait à Paris, *complétement libre de préjugés*, véritable fils de Hégel, qu'il avait deviné sans l'avoir lu, pour ainsi dire, et *qui appliquait son oreille contre terre chaque fois que l'esprit s'agitait de l'autre côté du Rhin*. M. Grün se rendit aussitôt rue Mazarine, dans la cellule de ce noble frère de Strauss et de Stirner, et il y trouva un disciple on ne peut mieux préparé :

« J'ai eu, dit le touriste-socialiste, *l'infini plaisir* d'être en quelque sorte le *privat-docent* de cet homme, l'esprit le plus sagace et le plus pénétrant qu'il y ait eu dans le monde depuis Lessing et Kant. J'ESPÈRE AVOIR PRÉPARÉ LA UN RÉSULTAT IMMENSE: il n'y aura plus qu'une seule science sociale des deux côtés du Rhin. »

A l'époque où M. Grün visitait M. Proudhon, cet écrivain préparait le plus important de ses ouvrages, le *Système des Contradictions économiques*. La religion de l'*humanisme* n'avait point encore été clairement révélée au Feuerbach français. Mais chez lui, l'esprit, plein de fécondité, n'attendait que les semences de l'Allemagne.

Dès cette époque, M. Grün annonçait hautement que son disciple était converti à l'athéisme hégélien, et que son futur ouvrage serait digne de ses maîtres.

M. Proudhon n'a pas démenti ces espérances.

« Français, s'était écrié M. Grün en s'adressant à M. P. Leroux (qui en 1841 avait pris parti pour Schelling contre Hégel, approuvant ainsi en Allemagne ce qu'il combattait en France!) Français... asseyez-vous dans une mansarde, puis étudiez la *logique* et la *phénomonologie*. Au bout de l'année, votre figure sera maigre..., mais votre pensée sera semblable à un chêne qu'a nourri une sève miraculeuse... *Pareils à de purs esprits*, vous pénétrerez dans les plus intimes mystères de la nature... votre dialectique sera plus tranchante que le plus tranchant couteau de guillotine... princes, ministres, bourgeoisie, tout se dissipera dans le *nihilum album*, et de tous ces *moments* évanouis surgira, fière et triomphante, l'*idée absolue de la société libre*. »

Or, la pensée fondamentale du livre des *Confessions*, c'est précisément cette *idée absolue de la société libre* qui, après avoir traversé successivement ses divers *moments*, devra briser toutes ses enveloppes et resplendir, seule, sans frein, sans règle, *dans la pure beauté* de l'anarchie (1) !

M. Feuerbach a dit : *Dieu n'est pas*, et cette thèse, son école la considère comme démontrée. *La propriété, c'est le vol !* s'est écrié à son tour M. Proudhon, confondant dans une même idée la religion, l'autorité, la propriété !

(1) Il ne faut pas croire que les néo-hégéliens soient les inventeurs de cette théorie d'*an-archie*.

Dans un ouvrage publié en 1793, sous le titre de *Justice politique*, Godwin, l'auteur de *Caleb William*, a soutenu la thèse absurde *qu'un jour il n'existerait plus de gouvernement, et que cette époque serait le plus beau moment de l'espèce humaine*.

Benjamin Constant, dans ses *Mélanges politiques et littéraires*, p. 211-224, a fait justice des sophismes du publiciste anglais.

Une chose encore est commune à M. Proudhon et à ses *privat-docent* , c'est l'absurde emploi de ce qu'ils appellent l'antinomie et la
synthèse. Guerre à outrance de Dieu et de l'homme; dès à présent
suprématie de l'homme sur Dieu, et, dans un avenir peu éloigné,
triomphe complet de l'homme, voilà ce que la *logique* a révélé à
M. Proudhon!

Cette logique étonne et fait illusion, au premier abord. Etranger
aux ruses de ce procureur-philosophe, on admire, tout en ayant la
conscience de la fausseté de ses principes, la puissance avec laquelle
l'auteur manie le raisonnement. Mais on ne tarde pas à reconnaître
que c'est une erreur. La logique de M. Proudhon, qui, à l'en croire,
devait créer l'ordre dans l'humanité, n'est cependant qu'un chaos
inextricable, comme son système n'est qu'un composé de toutes les
erreurs qui traînent, depuis des siècles, dans les écoles des sophistes.
M. Proudhon, en effet, n'est hardi, n'est original, n'est logicien qu'en
apparence.

Son art suprême c'est de grouper de vieilles formules qu'il s'appro-
prie en les revêtant d'une forme pleine d'audace et d'éclat. On l'a dit
avec raison : lorsque M. Proudhon écrit quelques pages de philosophie,
il y en a presque toujours une qui est la réfutation de l'autre. C'est
dans la critique, et lorsqu'il laisse de côté tous ses systèmes empruntés, que M. Proudhon se montre parfois supérieur. Ses théories le
conduisent toujours aux dernières limites de l'extravagance; ses critiques, écrites dans le style insolent et goguenard des néo-hégéliens,
mettent admirablement en lumière les fautes, la folie et le néant des
systèmes socialistes et néo-jacobins.

Nous allons essayer, par de nouvelles citations, de démontrer la
vérité de cette double proposition.

VII.

De tous les chapitres du livre de M. Proudhon, le plus instructif
assurément est celui qui porte ce titre : 16 *avril. — Expédition de
Rome.* Depuis cinquante ans, tous les catholiques qui savent l'histoire n'ont pas tenu un autre langage sur plusieurs points :

« De temps immémorial, l'Etat a tendu à se rendre indépendant de l'Eglise. Le *temporel* avait fait schisme avec le *spirituel.* Les rois, *ces premiers révolutionnaires,* avaient
souffleté le Pape avec leur gantelet de fer : ils ne comptaient plus relever que de leur
droit et de leur épée... *La royauté s'insurgeant contre le Pape,* COMMENÇA DÈS-LORS A
MARCHER A SA PERTE.....

« Le schisme existait donc depuis des siècles entre l'autel et le trône, *au grand dommage de l'Eglise et de la monarchie.....* Au seizième siècle, une conspiration s'organisa
pour arrêter les progrès de l'esprit nouveau (l'esprit révolutionnaire)..... La Compagnie
de Jésus fut fondée pour ramener, par la prédication et l'enseignement, les rois et les
peuples *à l'autorité papale,* et pour concilier, autant que possible, les progrès et les
besoins du siècle avec les droits sacrés et indéfectibles du Vicaire de Jésus-Christ. Mais
bientôt l'*école puritaine de Jansénius* vint *démasquer la tactique des enfants de
Loyola.*

« Un peu plus tard parurent à la fois Voltaire et l'Encyclopédie, avec le marquis de Pombal et le Pape Clément XIII, qui, en faisant expulser les Jésuites de la plupart des Etats de l'Europe, RENDIRENT DÈS LORS LA SCISSION PRESQUE SANS REMÈDE...

« Les ordonnances contre les Jésuites, qui parurent sous Charles X, contresignées par un Evêque, furent la consécration du schisme gallican posé un siècle et demi auparavant par Bossuet.. L'Eglise ainsi humiliée, le principe d'autorité était frappé dans sa source, LE POUVOIR N'ÉTAIT PLUS QU'UNE OMBRE. Chaque citoyen pouvait demander au gouvernement :

« Qui es-tu pour que je te respecte et que je t'obéisse? Le socialisme ne faillit pas à montrer cette conséquence; et quand, à la face de la monarchie, la main étendue sur une Charte qui niait l'Evangile, il osa se dire ANARCHISTE, négateur de toute autorité, *il ne fit que tirer la conséquence d'un raisonnement qui se déroulait depuis des milliers d'années*, sous l'action révolutionnaire des gouvernements et des rois. »

Certes, les lignes qu'on vient de lire renferment plus d'une exagération contre laquelle nous aurions à nous élever, si nous voulions nous laisser entraîner à des protestations de détail ; mais tout homme de sens et de bonne foi ne devra-t-il pas reconnaître que le vrai l'emporte ici de beaucoup sur le faux ? Ah ! la conséquence que M. Proudhon tire des fautes des princes, des erreurs des philosophes, et de toutes les entreprises de l'esprit d'opposition contre le Saint-Siége, cette conséquence, combien de fois les écrivains catholiques ne l'ont-ils pas signalée, lorsque, autour d'eux, d'imprudents écrivains se déchaînaient *contre la cour de Rome*, déclamaient contre *la tactique* des enfants de Loyola, et glorifiaient *le puritanisme* de l'école de Jansénius ! Les avertissements de M. Proudhon seront-ils mieux écoutés que les nôtres ? Nous voudrions l'espérer. Mais ceux-là que M. Proudhon appelle les doctrinaires et les éclectiques, c'est-à-dire les politiques et les philosophes de la bourgeoisie, ne pourraient-ils pas encore, presque tous, se reconnaître dans ce *croquis* de M. Proudhon :

« Vous demandez à l'éclectique : Etes-vous matérialiste? — Non, répond-il.
« Spiritualiste? — Pas davantage.
« Quoi donc? réaliste? — Dieu m'en garde !
« Idéaliste? — Je distingue,
« Panthéiste? — Je ne sais.
« Athée? — Je n'ose.
« Sceptique ? — Je ne puis.
« Allez donc : vous êtes un charlatan ou un imbécille.
« La politique du doctrinaire est la reproduction exacte de cet ecclectisme.
« Que pensez-vous de la République? — Fait accompli.
« De la monarchie? — Je ne sors pas de la légalité.
« Du Président? — Elu de six millions de suffrages.
« De la Constitution? — Résumé de nos idées politiques.
« Du socialisme? — Généreuse utopie.
« De la propriété? — Abus nécessaire.
« Croyez-vous à la religion? — Je la respecte.
« Croyez-vous à l'égalité? — Je la désire.
« Croyez-vous au progrès? — Je ne m'y oppose pas ! »

En face de pareils hommes, la marche du socialisme était clairement indiquée. Le journal de M. Proudhon sonna donc la charge « *contre la papauté homicide.* »

« Le catholicisme, dit l'autëur des *Confessions*, est l'élément organique le plus ancien, *lo plus puissant encore des sociétés modernes :
« comme plus ancien et plus puissant, il ne peut être révolutionné que
« le dernier.* »

Toute la presse démocratique et sociale reçut donc la mission
d'attaquer l'Eglise à outrance.

« Soixante années de révolutions, s'écrie M. Proudhon, n'avaient pu déraciner en
France le respect de l'autorité; et nous, journalistes, nous pouvons le dire avec orgueil,
en une campagne, nous avons vaincu la papauté et le gouvernement ! »

—Mais, la papauté et le gouvernement vaincus, comment se fait-il
que la république soit morte à Rome, et que M. Proudhon en soit
encore à prêcher l'*an-archie?*

— Ah! la faute en est aux chefs du parti populaire. Et puis, il
y avait scission parmi messieurs les journalistes démocrates-socia-
listes.

Devait-on, dans le cas où le parti démocratique et social serait
appelé aux affaires, respecter ou abroger la Constitution ?

« La *Démocratie pacifique* répondait par un *faux-fuyant* délayé en dix colonnes :
elle s'en référait, disait-elle, à l'omnipotence du peuple. Pour les uns, DES HAINES A
SATISFAIRE, le socialisme à éliminer, LA DICTATURE A ÉTABLIR ; — *ils l'ont avoué!
ils l'ont imprimé!* — Pour les autres, *des utopies à expérimenter,* LA FORTUNE PU-
BLIQUE A MANIPULER, la nation à conduire, IN FLAGELLO ET VIRGA, *comme un troupeau;* voilà ce que dissimulaient à peine, *sous les plus honteuses réticences,* nos malheureux adversaires! »

Que d'aveux, que de révélations dans ces paroles que la colère
arrache à M. Proudhon! Mais ce n'est pas tout : voici le jugement
que porte le disciple de Charles Grün sur les chefs d'école, ses confrères :

« Le jour où Louis Blanc demanda son ministère du progrès et proposa de TRANS-
BORDER ET DÉMÉNAGER TOUT LE PAYS; où Considérant sollicita l'avance de quatre
millions et une lieue carrée de terrain pour bâtir la commune-modèle; où Cabet,
quittant la France comme une terre maudite, abandonnant son école et sa mémoire à
ses calomniateurs, est allé *faire pieds neufs aux États-Unis,* ce jour-là l'utopie gouvernementale, phalanstérienne et icarienne s'est elle-même jugée : elle a donné sa démission...Que les démocrates, les démocrates gouvernementalistes...qui ont exercé quatre
mois durant la dictature, et n'en ont retiré d'autre fruit qu'une suite d'agitations réactionnaires suivies *d'une épouvantable guerre civile;* qui, au dernier moment, *parlant
toujours liberté,* RÊVAIENT TOUJOURS DICTATURE;... que les socialistes qui, n'osant
saisir le pouvoir, *alors que le pouvoir était au plus audacieux,* perdirent trois mois...
en commérages de clubs et en manifestations échevelées... Que les socialistes qui
évoquent les fables de l'antiquité, LE FAIT TRINITAIRE (*Accipe hoc,* P. Leroux!), panthéiste, matamorphique, épicurien; qui parlent du corps de Dieu, des générations plané-
taires... de la phancrogamie, de l'omnigamie, de la communauté des enfants, du régime gastrosophique, des analogies des animaux et des plantes; que tous ces braves
gens dorment leur sommeil, et attendent, pour reparaître, qu'une science, QUI N'EST
PAS LA LEUR, les appelle? »

Mais quelle sera cette science, qui n'est ni celle de Pierre Leroux
le trinitaire, ni celle de l'omniarque Considérant, ni celle de l'icarien
Cabet, ni celle de Louis Blanc ?

Ce sera la science de M. Proudhon. « La France, écrivait-il naguère, est épuisée, finie (1). Monarchie et république, église et parlement, bourgeoisie et noblesse, sciences, lettres, beaux-arts, tout est mort; tout a été fauché comme une vendange et jeté dans la cuve révolutionnaire. » Mais M. Proudhon nous reste, ET C'EST ASSEZ !

« Pendant que la réaction, dit-il, dénonçait notre athéisme, ce qui nous inquiétait fort peu, nous racontions chaque matin quelque épisode de la ligue sainte (de l'autel de l'autorité et du coffre-fort), et, sans déclamation, sans argument, LE PEUPLE ÉTAIT DÉMONARCHISÉ ET DÉCATHOLICISÉ. Tel fut, à partir du 10 décembre, le plan de bataille indiqué par *le Peuple* et suivi généralement par les journaux de la démocratie sociale; et, j'ose le dire, si ce plan n'a pas obtenu tout le succès qu'on en attendait, il a produit déjà des résultats impérissables, *le reste est une question de temps...*

« Le capital ne ressaisira jamais sa prépondérance... le pouvoir est perdu en France... L'expédition d'Oudinot a donné à la papauté le coup de grâce... en Pie IX s'est écroulé le trône de saint Pierre. OR, LA PAPAUTÉ DÉMOLIE, LE CATHOLICISME EST SANS VERTU : *morte la bête, mort le venin.* »

Telles sont les espérances infernales de M. Proudhon. Mais ce sont là les rêves d'un cerveau malade. *Ægri somnia.* « La science, dit quelque part M. Proudhon, au lieu d'émanciper l'intelligence, abêtit maintenant l'esprit (2). » Ailleurs il écrit ces remarquables paroles : « Les hommes qui font le plus d'usage de leur entendement SONT SOUVENT LES PLUS INDOMPTABLES DANS LEURS PASSIONS. Je me suis abîmé d'étude. *J'ai abruti mon âme à force de méditation (3).* »

Cela est parfaitement exact. M. Proudhon ressemble à certains aliénés de Bicêtre et de Charenton : pendant plusieurs heures, vous avez causé avec ces hommes, et ils vous ont paru les gens les plus sensés du monde; rien n'était plus intéressant que les renseignements qu'ils vous donnaient sur les malheureux enfermés dans cet établissement; ils analysaient parfaitement toutes les infirmités de leurs compagnons; mais tout à coup, lorsqu'ils voulaient vous raconter leur propre histoire, à la première parole, leur folie éclatait, et ces juges sévères et judicieux des aberrations de l'intelligence humaine, vous en donnaient eux-mêmes des preuves plus lamentables encore.

AURÉLIEN DE COURSON.

(1) *Confessions*, p. 250.
(2) *Confessions*, p. 324.
(3) Ibid., p. 255.

BOURSE DU 23 NOVEMBRE.

Le 3 p. 100 a débuté au comptant à 57 05, a fait 57 10 au plus haut, et reste à 57.

Le 5 p. 100 a débuté au comptant à 90, a fait 89 80 au plus bas, et reste à ce cours.

L'un des Propriétaires-Gérants, CHARLES DE RIANCEY.

Paris, imp. BAILLY, DIVRY et Comp., place Sorbonne, 2.

L'AMI DE LA RELIGION.

Lettre synodale

ADRESSÉE PAR LES PÈRES DU CONCILE PROVINCIAL DE PARIS AU CLERGÉ ET AUX FIDÈLES DE LEURS DIOCÈSES.

III.

Le troisième paragraphe traite, comme nous l'avons dit, de la DISCIPLINE.

Nous en avons extrait déjà le passage qui s'adresse à la presse et aux écrivains qui se sont principalement consacrés à la défense des droits de l'Eglise.

Nous arrivons à ce qui concerne la *paroisse* et le *ministère pastoral :*

« Si nous devons désirer de voir l'Eglise s'étendre et se dilater de telle sorte, qu'il n'y ait plus un jour sur la terre qu'un seul troupeau et qu'un seul pasteur, avec quelle ardeur devons-nous souhaiter de voir les brebis qui sont déjà dans le bercail, demeurer fidèles ! Avec quel zèle devons-nous courir après elles, quand elles s'égarent ! Avec quel amour devons-nous les ramener ! Avec quelle sollicitude devons-nous les panser, les nourrir, les fortifier ! Ah ! le ministère pastoral, voilà le ministère essentiel de Jésus-Christ. C'est à lui que tout se rapporte dans l'Eglise. C'est dans la paroisse surtout qu'il s'exerce.

« La paroisse, c'est l'Eglise en abrégé, c'est la patrie du chrétien. C'est là qu'il naît, qu'il grandit ; jeune, il y reçoit le lait de la doctrine, ensuite le pain des forts. Quelles douces et profondes émotions dans son âme, quand, pour la première fois, il a été admis au banquet divin ! S'il reste fidèle, que de leçons, que de conseils, que de consolations il recevra du haut de la chaire, dans les tribunaux sacrés ! S'il a le malheur de s'égarer, le souvenir de son enfance chrétienne et de sa première communion sera un dernier lien qui le rattachera à l'Eglise. Peut-être aussi n'aura-t-il pas oublié le vénérable prêtre qu'il appelait son Père. Dans ses épreuves, dans ses malheurs, il aura recours à lui. Il viendra comme l'enfant prodigue se jeter dans ses bras, sûr de n'être jamais repoussé. Que de touchants souvenirs vivent sous les voûtes saintes de l'église paroissiale ? Tous les événements de la vie y ont imprimé une trace. Voici le lieu, où, par les mains de la religion, furent formés et bénits des nœuds indissolubles. Là, venait prier chaque jour une mère tendre et regrettée. Sur ces dalles furent déposées ses dépouilles mortelles, tandis que son âme, accompagnée des chants, des prières et des vœux de la religion, faisait son entrée dans le ciel. L'église de la paroisse est pour la famille chrétienne une seconde maison. Elle appartient à tous, chacun y doit trouver sa place. C'est là que se forment et se resserrent entre les enfants de Dieu les liens de la véritable fraternité ! Quelle paix et quelle douceur dans ces assemblées, dans ces fêtes, dans cette sainte communauté de prières et de sentiments ! Apporter là l'orgueil de la naissance ou de la richesse serait un contresens. On s'assied à la même table, tous les rangs sont confondus, toutes les inégalités naturelles disparaissent ; s'il y a quelques préférences du côté de Dieu, elles sont accordées à la vertu, non à la puissance. Ainsi la pauvre femme qui, dans un coin obscur de l'église, son rosaire à la main, verse avec simplicité sa prière dans le sein de Dieu, est peut-être devant lui, de toute l'assemblée, la plus grande et la plus privilégiée. L'église de la paroisse c'est la maison de tous, parce que c'est la maison de Dieu. C'est là qu'il a dressé sa tente, au milieu de nos tentes : *Tabernaculum ponam in medio vestri.* C'est sa demeure, son champ, sa vigne de prédilection. Il y a placé des ministres pour faire son œuvre. Malheur à eux, s'ils la faisaient négligemment. »

Après ce touchant tableau, viennent les indications des différents points sur lesquels portent les décrets du Concile relativement à l'exercice du saint Ministère, et de vives et pressantes exhortations à cet égard :

« O vous tous, nos bien-aimés Coopérateurs, et les Coopérateurs de Jésus-Christ dans le ministère pastoral, comprenez la grandeur de votre mission, et, à la voix de vos pères, redoublez de zèle pour en accomplir tous les devoirs !

« Ces devoirs, les décrets du Concile vous les rappellent dans ce qu'ils ont de plus important et de plus essentiel. Ils vous recommandent la résidence, qui est tout à la fois le fondement et la preuve de la vigilance pastorale. Ils vous exhortent à paître vos brebis et à leur distribuer avec soin, avec discernement et avec abondance, le pain de la parole. La parole de Dieu, au commencement des choses, a tiré le monde du néant; elle l'a converti ensuite et donné à Jésus-Christ. Nous sommes les ministres de cette parole toute-puissante. Il ne nous appartient pas de la tenir captive ; nous en sommes les dispensateurs et non pas les maîtres. Mais il ne suffit pas de prêcher, il faut prêcher avec onction, il faut parler avec ordre. Il faut prêcher de manière à éclairer l'esprit et à toucher le cœur de ceux qui nous écoutent. Ne soyez pas un airain sonnant et des cimbales retentissantes. Loin de nos chaires, les discours vides, les ornements empruntés, les inspirations de la sagesse humaine ! Sommes-nous des rhéteurs ou des philosophes ? Non, nous sommes les ministres de l'Evangile. Nous ne parlons pas au nom d'une vaine science, *non in humanæ sapientiæ verbis*, mais au nom même de Jésus-Christ. C'est sa doctrine que nous avons à faire connaître, aimer et pratiquer.

« Le Concile, en excitant votre sollicitude à s'étendre sur tout le troupeau, vous signale les enfants, les malades et les pauvres comme y ayant des droits particuliers. Semblables au divin Maître, laissez venir à vous les petits enfants. Aimez à réunir autour des autels leur innocente cohorte. Comme des lis qui exhalent un suave parfum, l'angélique candeur de leur âme embaumera vos églises. Cultivez ces jeunes fleurs, vous vous préparerez des moissons abondantes. Dans ces temps d'indifférence et de corruption, les enfants sont la consolation et l'espérance des Pasteurs. Par les soins les plus assidus, les plus tendres, les plus intelligents, il faut leur faire connaître et surtout leur faire aimer la Religion. Ah ! prolongez, le plus que vous pourrez, l'innocence de leur jeunesse. Les Anges, qui les accompagnent, seconderont vos efforts. Ne bornez pas ces efforts au temps qui précède la première communion. Que votre persévérance assure la leur, et que des exercices sagement continués les retiennent auprès de vous, et mettent entre eux et le monde une salutaire barrière.

« Le soin des malades n'est pas moins sacré que celui des enfants. L'Eglise, dans sa maternelle sollicitude, appelle sur les infirmes votre dévouement le plus tendre et votre zèle le plus actif. La maladie qui, dans les vues de Dieu, est une épreuve et souvent une grâce, se change, pour ceux qui sont faibles dans la foi, en une tentation. Allez au secours du chrétien fidèle, dans cette lutte dernière et décisive, à laquelle est attachée son éternité ; allez, avec plus de charité encore et de zèle, si c'est possible, au secours du pécheur. Songez au compte que Dieu vous demandera des âmes qui vous ont été confiées. Pensée terrible, et qui doit nous faire tous trembler ! Mais songez surtout à la miséricorde divine, à l'efficacité de la grâce, à la puissance des Sacrements, et qu'une pensée d'amour pour vos frères, plus encore qu'une pensée de crainte pour vous-mêmes, vous conduise au pied du lit des mourants.

« Il est des temps où le soin des malades impose des devoirs particuliers. Quand une épidémie sévit, quand elle remplit de larmes et de deuil une cité entière, le prêtre doit redoubler de zèle et proportionner aux maux les divines consolations. Il doit alors aux malades plus que son temps, plus que son zèle, il leur doit sa vie : *bonus Pastor animam dat pro ovibus suis.*

« Hélas ! déjà plusieurs fois, à de courts intervalles, la Providence a envoyé à nos peuples cette épreuve terrible des fléaux publics. Grâce à Dieu, elle n'a pas été, bien-aimés Coopérateurs des âmes, au-dessus de votre dévouement ! Tous, nous aimons à vous rendre ce témoignage, vous avez fait votre devoir, et, parmi vous, il en est plu-

rs qui, martyrs de la charité, ont trouvé, dans l'exercice de leur zèle, une fin glo‑
rieuse et une immortelle couronne.

L'Église est la mère et la tutrice de tout ce qui est faible et souffrant. C'est pour‑
i les enfants et les malades sont l'objet de sa prédilection ; mais la pauvreté est aussi
état de souffrance et de faiblesse, et, à ce titre seul, elle est à ses yeux vénérable
rivilégiée. Le Concile aurait-il pu oublier les pauvres dans ses recommandations ? Il
ait donc oublié Jésus-Christ qui les a aimés jusqu'à vouloir se faire pauvre lui-
me. Ah! que nos bras et nos cœurs leur soient toujours ouverts ; que l'Église soit
r maison. Laissez-les s'y confondre avec les autres fidèles. Que toutes les barrières
ivrent devant eux. Qu'ils se trouvent réellement là au milieu d'une réunion de
res, et que rien ne les fasse rougir de leur pauvreté! Les pauvres sont les créan‑
rs, les débiteurs de l'Église. Il faut leur donner toujours, selon les ressources, et ne
ais leur demander. S'il est vrai que l'entretien du culte et de ses ministres est à la
rge du peuple fidèle, il ne l'est pas moins que les pauvres doivent avoir sur ce point
plus complètes immunités.

Nous venons de faire allusion à ces oblations et à ces droits casuels, qui quelquefois
itent des plaintes dans les paroisses. Le Concile s'en est préoccupé. La source de ces
intes serait tarie, si, d'une part, on considérait que le Prêtre doit vivre de l'autel,
nme le dit saint Paul ; que l'indépendance de son ministère demande que son exis‑
ce soit garantie par des droits fixes et certains ; que d'ailleurs le produit des obla‑
s et du casuel ne lui appartient pas exclusivement, mais qu'il est consacré en ma‑
re partie aux besoins et aux pompes du culte ; et si, d'autre part, on recevait tou‑
rs les dons de la piété, comme on le fait d'ordinaire, sans les solliciter avec trop
mpressement, ni les exiger avec empire ; si on les recevait sans arbitraire, d'après
usages constants et les règles établies ; si on se montrait toujours disposé à céder de
droit, craignant par-dessus tout de voir les faibles se scandaliser et s'éloigner par
rice ou par pauvreté de la pratique de la Religion. »

Les Pères adressent aussi aux fidèles de salutaires avertissements, nécessaires conseils :

Nous ne craignons pas de dire que, pour le salut des âmes, le plus important de
s les conseils est celui qui regarde l'observation et la sanctification du Dimanche.
st l'oubli de ce divin précepte qui détruit la foi, qui relâche et brise les liens entre le
steur et les ouailles, et qui, en séparant le Peuple de la Religion, de ses doctrines, de
leçons, de ses inspirations, de ses grâces, le livre à l'ignorance, aux vices, à la cor‑
ption et à la barbarie.

O Fils bien-aimés, écoutez la voix de vos Pères! ils ne veulent que votre bonheur
ns ce monde et dans l'autre. Songez que vous êtes des créatures de Dieu, et qu'il a
primé sur votre front son image. Pourquoi le courbez-vous sans cesse vers la terre,
front qui doit regarder le ciel ? croyez-vous que la terre soit votre unique héritage,
que votre dernière fin soit ici-bas ? pensez donc à votre âme. Cultivez-la, nourrissez‑
: sa nourriture, c'est la vérité. La Religion, comme une mère tendre, vous la pré‑
nte, et vous détournez la tête. Elle ouvre pour vous des écoles, elle vous convoque
aque dimanche autour de ses chaires, et vous n'y venez pas. Vous préférez à ses
bles enseignements un travail défendu, et cependant comme le repos vous est néces‑
re, vous choisissez un autre jour pour vous y livrer. Alors, au lieu de ces délasse‑
nts que Dieu lui-même vous avait préparés, et qui étaient destinés à rafraîchir votre
e ainsi que votre corps, vous allez vous plonger ordinairement dans des plaisirs gros‑
rs, où vos forces et votre intelligence s'éteignent à la fois. »

(La fin au prochain numéro.)

NOUVELLES RELIGIEUSES.

Diocèse de Paris. — M. l'abbé Lebeau, chanoine de Meaux, prêchera, cette
née, la station de l'Avent à l'église Sainte-Valère.

— Un sermon de charité sera prêché par M. l'abbé Lacarrière, chanoine ho‑

noraire de Bordeaux, le samedi, 1er décembre, à deux heures très-précises, dans l'église de Saint-Etienne-du-Mont, en faveur de l'*Œuvre des Familles*. (dite des Fraternités du 12e arrondissement.)

La quête sera faite par les dames présidentes des Fraternités.

Pendant le salut, on entendra les chants de la Sainte Chapelle tirés exclusivement de manuscrits du treizième siècle. Ces mélodies seront exécutées sous la direction de M. Félix Clément, par les mêmes artistes qu'on a entendus, le 3 et le 11 novembre, aux solennités religieuses de l'institution de la magistrature et de la distribution des récompenses aux exposants de l'industrie.

Le conseil central ayant obtenu de M. le curé de Saint-Etienne-du-Mont que toutes les places fussent réservées, a fait déposer des lettres d'invitation chez quelques personnes dont les noms suivent, et qui sont chargées de recevoir en échange les offrandes au profit de l'Œuvre :

Chez MM. Dehansy, libraire, rue du Petit-Bourbon, 6 ; Vaton, libraire, rue du Bac, 50 ; Victor Didron, à la librairie archéologique, place Saint-André-des-Arts, 30 ; Lecoffre, rue du Vieux-Colombier, 29 ; Savart, papetier, rue Vieille-Estrapade, 15 ; Périsse, libraire, rue du Petit-Bourbon, 18.

Diocèse de Versailles. — M. l'abbé Jean Pergeaux, ancien curé de Quincy, au diocèse de Meaux, chanoine honoraire de Montpellier, est mort avant-hier, 22 novembre, au Pecq, près Saint-Germain-en-Laye, à l'âge de 63 ans.

Diocèse de Saint-Flour. — Mgr de Marguerye, évêque de Saint-Flour, a prononcé, à l'inauguration de la magistrature, un discours où nous avons remarqué les belles paroles que voici :

« Cette inauguration nouvelle de la magistrature française, une des espéran-
« ces de la patrie en ces jours d'épreuves, relèvera votre dignité aux yeux des
« peuples, donnera comme un caractère sacré à vos jugements, et rendra vos
« personnes plus religieusement chères aux populations encore si chrétiennes de
« nos montagnes.

« Messieurs, il faut le reconnaître, les doctrines sauvages et subversives de tout
« ordre social qui menacent d'envahir la France et d'enfanter de nouvelles cri-
« ses, ne sont que les conséquences dernières et tristement logiques de l'incré-
« dulité délirante des classes élevées du dernier siècle. La philosophie avait re-
« mis aux mains des grands, corrompus et frondeurs, des armes pour renverser
« la sainte Eglise catholique, et détruire la divine origine des pouvoirs établis de
« Dieu, et cela sous le spécieux prétexte de réformer les abus et de niveler tou-
« tes les conditions. L'Eglise est demeurée debout quand tout s'écroulait autour
« d'elle ; c'est que la main de l'homme viendra toujours se briser contre la pierre
« angulaire posée par la main de Dieu. Aujourd'hui, Messieurs, des catéchismes
« révolutionnaires mettent les enseignements de l'impiété philosophique à la por-
« tée des masses, soulèvent, au sein des multitudes abusées, des passions coupa-
« bles et des rancunes menaçantes ; et afin d'en finir une bonne fois avec ces
« abus et ces distinctions signalées à leur colère, le moment n'est pas loin peut-
« être où elles se lèveront terribles pour faire table-rase de toutes les institutions
« sociales et pour inaugurer enfin dans le sang et au milieu des ruines l'ère de
« fraternité égalitaire que leur annoncent tant de faux prophètes. Le mal est
« venu d'en-haut, il est juste que des sommités parte le mouvement de régéné-
« ration sociale qui peut encore nous sauver. Unissons toutes nos forces, Mes-
« sieurs, elles ne seront pas de trop en un si grand péril. Pendant que prosternés
« devant les tabernacles du Dieu vivant, nous mettrons au service de la France,
« menacée par ses propres enfants, la puissance de la prière, la puissance de la
« parole divine, la puissance de la charité catholique, car voilà nos armes : nous

« n'en voulons pas d'autres; pendant que notre brave armée défendra au-dehors
« l'intégrité du sol français, et comprimera au-dedans tout essai de révolte, vous,
« Messieurs, déployez toute l'énergie de votre auguste ministère pour assurer le
« règne de l'ordre, de la justice et des lois; secondez nos efforts pour la restau-
« ration des mœurs, en donnant pour sanction à vos jugements une vie franche-
« ment chrétienne; et si nous demeurons tous unis dans la pratique des devoirs
« religieux et sociaux, dans l'amour de Dieu et de nos frères, dans le dévoue-
« ment filial et généreux à la patrie, espérons que la Providence fermera sur nos
« têtes l'ère des révolutions, et nous donnera des jours calmes et prospères, en
« attendant la couronne immarcescible de la bienheureuse éternité. »

DIOCÈSE DE BELLEY. — On écrit de Meximieux :

« Mgr Loras, évêque de Dubuch (Etats-Unis), venant du grand séminaire de
Brou, où il a officié, le 4 de ce mois, est arrivé à Meximieux le 10.

« Le lendemain dimanche, il a bien voulu donner à la paroisse un témoignage
du bon souvenir qu'il en a conservé.

« Il y a dit la messe et prêché, à la grande satisfaction des auditeurs nombreux
et avides. Il a donné des détails touchants sur l'état des sauvages, des Américains et des Européens de son diocèse, frontière de la civilisation.

« Le matin, il avait donné la communion aux élèves du petit séminaire où il a
pris son logement, et dont il a été supérieur, il y a vingt ans. Le soir, il y a chanté
les vêpres dans la nouvelle chapelle.

« Il a été pendant son séjour d'un grand abandon et d'une grande simplicité,
prenant ses repas en communauté.

« Dans ses conversations, il a parlé en particulier de la société de tempérance,
établie dans le Nouveau-Monde, dont il portait les insignes comme un de ses
membres.

« Les élèves ont fait une collecte parmi eux, pour aider ce bon Evêque à construire un séminaire à Dubuch. Ce séminaire sera fort utile à ce diocèse, grand
comme la France et qui n'a que dix-huit prêtres pour le desservir. Mgr Loras est
reparti pour Lyon, où il doit rester jusqu'au printemps, dans la maison des Chartreux. »

SÉANCE DE L'ASSEMBLÉE.

L'Assemblée a consacré exclusivement sa séance — une séance de
près de quatre heures — à des rapports de pétitions. Devant l'inattention générale, a défilé une galerie complète de toutes les utopies
maladives, de toutes les conceptions insensées que produit l'esprit
humain. Le tableau n'était varié que par l'exposé plus ou moins
touchant de quelque missive privée et par la très-rare apparition
d'une idée saine et pratique. Une seule pétition a réveillé un moment
l'apathie de l'Assemblée. C'était la dernière; elle demandait le rétablissement de la statue équestre de M. le duc d'Orléans dans la cour
du Louvre.

M. le général de Grammont, rapporteur, en rendant hommage aux
qualités militaires du prince, a conclu, par des considérations de
sécurité publique, à ce qu'on passât à l'ordre du jour. Par dignité et
par respect, cette conclusion devait être adoptée sans discussion.
M. Hovyn de Tranchère, dans un sentiment plus honorable qu'é-

clairé, en a jugé autrement et a demandé le renvoi au ministre de l'intérieur. Ce qui a donné à M. Jules Favre occasion de faire, avec une apparence de réserve, des allusions et des rapprochements qu'il eût été plus sage d'éviter. L'Assemblée a passé à l'ordre du jour à une très-grande majorité.

Il paraît qu'une nouvelle rencontre a encore eu lieu ce matin. M. Pierre Bonaparte se serait battu contre M. de Rovigo, l'un des rédacteurs du *Corsaire*. Le combat, fort acharné, se serait terminé par deux coups de sabre que M. Bonaparte aurait reçus de son adversaire. Les blessures ne seraient pas dangereuses. On assurait que M. Pierre Bonaparte aurait encore provoqué un autre journaliste, et que le duel doit avoir lieu demain.

Dans quel pays et dans quel temps vivons-nous donc pour que cette sauvage manie du sang ne s'apaise pas devant les conseils de la raison, devant les lois du pays et devant les lois de Dieu ?

Bulletin de la politique étrangère.

PIEMONT. — On lit dans le *Risorgimento*, à l'occasion de la prorogation de la Chambre des députés :

« Il est bien rare qu'un gouvernement, contraint à une mesure décisive, réussisse à choisir aussi bien le moment opportun, que cela vient d'avoir lieu pour la prorogation de notre chambre. La satisfaction tranquille avec laquelle le pays paraît l'avoir accueillie est la preuve la plus solennelle du tort que la majorité s'était fait dans l'opinion publique.

« Le bon sens public a vu instinctivement que la présence d'une chambre qui veut mettre un prix à la plus urgente et à la plus vitale des affaires publiques, et un prix impossible pour le moment, était incompatible avec un gouvernement qui veut fermement et sait faire respecter en lui-même le principe constitutionnel et en maintenir l'intégrité absolue. La seule inquiétude qui agite le pays aujourd'hui est que le ministère ne recule et ne passe pas résolument à la dissolution de la chambre et à la convocation des collèges électoraux. »

PRUSSE. — On écrit de Berlin :

« Notre ville est sourdement agitée; le parti démocratique s'attend à des mesures extraordinaires de la part du gouvernement ; le fait est que le roi a des conférences fort longues avec ses ministres, qui se prolongent quelquefois fort avant dans la nuit.

« Ajoutez que les élections générales sont à la veille de se faire.

« A propos de ces élections, il serait peut-être téméraire de rien préjuger ; mais soyez bien certain que l'Allemagne n'est pas assez insensée pour remettre de nouveau son sort entre les mains d'hommes dont le grand mérite a été d'allumer partout la guerre civile. L'expérience est faite, et de nature à ce que l'on ne soit pas tenté de la recommencer.

« Le bruit court que le ministère Manteuffel se retirera, attendu qu'il n'aurait pas pu s'entendre avec le roi sur l'institution d'une pairie héréditaire ; de là les commentaires d'un emprunt de 60 millions, de la dissolution des chambres et de l'approche d'un corps d'armée russe. »

AUTRICHE. — VIENNE, 18 novembre :

« On assure que, dans son voyage, l'empereur a l'intention d'inspecter une partie du corps d'armée de Bohême. L'archiduc Albert, attendu à Prague, l'accompagnerait et retournerait ensuite à son poste de gouverneur fédéral à Mayence. L'empereur est parti pour Prague hier au soir, à onze heures. »

CONSTANTINOPLE. — Le 4 du courant, Lati-Effendi a apporté une dépêche officielle sur l'accueil bienveillant que l'empereur Nicolas lui a fait, ainsi que sur ses dispositions pacifiques, et, son intention exprimée de renoncer à sa demande d'extradition des réfugiés hongrois, mais en maintenant le traité de Kutschuk-Kainardji sur lequel l'empereur appuie son droit. Il est dit plus loin que si l'empereur se contente de l'expulsion des réfugiés (en prenant les termes du traité dans un sens plus doux), c'est son amitié personnelle pour le sultan qui le détermine à céder à son vœu avec la même confiance qu'il a été exprimé, sans aucune influence étrangère qui l'aurait égaré, et à maintenir les relations amicales entre les deux États.

La flotte française est devant Ourlac, la flotte anglaise devant les Dardanelles. Un vapeur est attaché à chaque vaisseau pour le remorquer, en sorte que les deux flottes pourraient paraître devant Constantinople dans trente heures.

ASSEMBLÉE LÉGISLATIVE.

Séance du 21 novembre.

PRÉSIDENCE DE M. LE GÉNÉRAL BEDEAU, vice-président.

La séance est ouverte à deux heures vingt minutes.

L'ordre du jour appelle des rapports de pétitions.

M. FAVREAU, rapporteur. Le sieur Hugues-Napoléon Didon, se disant évêque biblio-catholique, demande l'application de l'art. 7 de la Constitution à un culte de sa façon dont il adresse le symbole à l'Assemblée. (Rires.)

Quelques voix : Lisez! lisez!

M. FAVREAU. Ce symbole est en vers. Je me bornerai à lui dire que le premier article supprime les Evêques dans ce culte dont le pétitionnaire se dit Evêque.

Voix nombreuses : L'ordre du jour!

L'Assemblée passe à l'ordre du jour.

« Le sieur Charton, à Paris, demande que la statue du duc d'Orléans soit réintégrée sur le piédestal de la cour du Louvre. »

M. DE GRAMMONT, rapporteur. Messieurs, c'est moins au prince qu'à l'homme qui a vaillamment combattu dans les rangs de notre armée, que la statue avait été spontanément élevée. Notre armée s'associa à cette œuvre patriotique.

Après le 24 février, la statue du duc d'Orléans fut maintenue sur la place d'Alger; le peuple s'en constitua lui-même le défenseur.

Le même respect était naturellement acquis à la statue élevée dans la place du Louvre. Dans la capitale de la civilisation, le peuple sait bien que ces monuments sont inviolables, que dès le jour de leur érection ils entrent dans le domaine de l'histoire.

Néanmoins, la commission n'a pas pu s'associer au vœu de la pétition.

Sa résolution est motivée par des raisons de sécurité publique. Elle a donc l'honneur de vous proposer l'ordre du jour.

M. HOVYN-TRANCHÈRE. Après avoir entendu le commencement du rapport de M. de Grammont, je m'attendais à des conclusions différentes. Je conçois les motifs de haute politique et de sécurité qui ont fait rejeter la proposition de M. Crelou; il s'agissait de princes vivans et qui peuvent être une occasion de troubles; mais les princes morts peuvent être honorés, et nous serons tous unanimes ici sur ce point. L'homme à une tombe, à une tombe à jamais fermée, n'est pas de la flatterie.

Je repousse l'ordre du jour. (Approbation à droite.)

M. GOURGAUD. Je m'associe aux généreuses paroles du préopinant.

En conséquence, je demande le renvoi de la pétition aux ministres de la guerre, des travaux publics et de l'intérieur.

M. J. FAVRE. Je demande à l'Assemblée la permission de lui dire que je m'associe aux conclusions de la commission et aux termes du rapport. (Ah! ah!)

Sans entrer dans le débat, je pense qu'on ne me contredira pas quand je dirai que la statue a été élevée au prince aussi bien qu'au général. Car, si on n'avait vu que les services militaires, il y a eu sur la terre d'Afrique des dévouements qui valaient bien celui-là. (Bruit et murmures.)

Je demande s'il lui convient, à cette Assemblée républicaine, de déclarer à la face du pays qu'elle relèvera la statue élevée au fils d'un roi. (Rumeurs.)

A droite : Renversez donc les statues de Henri IV et de Louis XIV.

M. FAVRE. On me parle de Henri IV. Il y a entre les deux positions une différence très-grande, et je ne sache pas que le père de Henri IV soit encore vivant et qu'il ait été chassé il y a deux ans de France. (Rires mêlés de murmures.)

L'ordre du jour est mis aux voix et.

La séance est levée à six heures un quart.

Chronique et Faits divers.

Il y a eu aujourd'hui conseil des ministres au palais de l'Elysée.

— On dit que les socialistes et les amis du *National* s'unissent pour porter aux prochaines élections MM. Armand Marrast, Forestier et Malarmé. Si les amis de l'ordre le veulent bien et surtout s'ils ne se divisent pas, ils auront la victoire au scrutin comme dans la rue. S'ils ne s'entendent pas ou s'ils sont négligents, les élections de Paris pensent avoir les plus graves conséquences.

— Il paraît certain que le général Charron sera définitivement maintenu dans son poste de gouverneur-général de l'Algérie.

— On lit dans *le Censeur* de Lyon, du 20 novembre :

« La police de Lyon a opéré, il y a quelque temps, l'arrestation de voleurs d'une hardiesse dont les annales judiciaires n'offrent peut-être pas d'exemples. Ces malfaiteurs, parmi lesquels se trouvent un forçat et un réclusionnaire libérés, avaient formé à Nantes, il y a huit ou neuf mois, une association pour exploiter dans des proportions gigantesques la confiance publique. Ils débutèrent par faire répandre dans les principales villes de l'Europe et des Etats-Unis des circulaires dans lesquelles ils se présentaient comme fondateurs d'une maison de banque et de commerce qui se chargeait des recouvrements de toute espèce et entreprenait les plus grandes opérations commerciales. Ils réussirent, à l'aide de ces annonces mensongères, à se faire envoyer de l'île de Jersey pour plus de un million de traites à encaisser. Ils s'empressèrent de se servir de ces effets comme de titres à la confiance, et achetèrent au crédit des représentants des propriétaires de mines de Newcastle en Angleterre pour deux millions de charbons. Cinquante bâtiments partirent du port de Nantes pour en opérer le transport. En même temps, les associés faisaient à Genève une commande de 1,200,000 fr. de divers articles de bijouterie et d'horlogerie. Tout allait bien pour eux jusque-là, lorsque leur véritable position fut découverte. Les vaisseaux qui revenaient de Newcastle, et dont une partie était déjà arrivée à Nantes, rebroussèrent chemin avec leur chargement. Les audacieux escrocs se trouvaient alors à Lyon. Ils avaient déjà mis leur séjour à profit en obtenant une traite de 36,000 fr. et 12,000 fr. en or d'un orfèvre de notre ville auquel ils avaient montré la note de leurs affaires à Genève. Tous sont tombés sous la main de la police de Lyon, avertie par le parquet de Nantes. »

— Un fait assez curieux vient de se passer dans un village de France, à Machelles (Maine-et-Loire). Depuis près de vingt ans, les habitants de ce village sollicitaient du gouvernement les fonds nécessaires pour construire une église. On leur faisait des promesses ; mais les fonds attendus n'arrivaient pas. Voyant qu'ils ne pouvaient rien obtenir, ils se sont mis à l'œuvre eux-mêmes. Un maître maçon traça le plan de l'édifice, les hommes apportaient les matériaux achetés sur le produit de dons volontaires, les femmes et les enfants les montaient sur les échafaudages. Ils sont arrivés cette année à pouvoir terminer la maçonnerie, et ils comptent bien reprendre au printemps prochain leur œuvre pour la compléter.

VARIÉTÉS.

—

INSTITUT DE FRANCE.

ACADÉMIE DES SCIENCES MORALES ET POLITIQUES.

L'Académie des sciences morales et politiques a tenu aujourd'hui sa séance publique annuelle. Une foule nombreuse se pressait dans les tribunes. On distinguait parmi les membres présents, MM. de Tocqueville, Léon Faucher, Passy, Troplong, Portalis, Dupin aîné, le duc de Broglie. On avait dit que M. Guizot, de retour à Paris, assisterait à cette réunion solennelle. L'attente du public a été trompée. On a remarqué aussi l'absence de M. Thiers.

M. Mignet devait prononcer l'éloge de l'infortuné M. Rossi. C'était là le triste et intéressant sujet de toutes les préoccupations ; c'était ce qui donnait à cette séance un caractère à part et une animation inaccoutumée.

On a entendu d'abord avec plus de silence que d'attention un discours de M. Villermé. M. Villermé a rendu compte des travaux de l'Académie, des prix qu'elle avait à décerner, et des sujets de mémoires qu'elle met au concours pour les années prochaines.

Il est fâcheux que M. Villermé ait été amené à rappeler ces *Petits Traités* de morale soi-disant populaires, que M. Cavaignac avait demandés à la savante compagnie, immédiatement après les journées de juin, pour venir en aide par la persuasion et le raisonnement à la cause de la société, si difficilement naguère sauvée par les armes. Certes, ce n'est pas le zèle des académiciens qui a fait défaut ; mais il est fort heureux pour l'ordre matériel qu'il ait été défendu par les baïonnettes de l'honorable général, d'une autre manière que l'ordre moral ne l'a été par la plume des auxiliaires de son choix. Ce qui est certain, c'est que les opuscules officiels, presque tous dénués d'esprit religieux et de sentiment chrétien, aussi dangereux par leur indifférence dogmatique, qu'inutiles par l'insuffisance de leurs doctri-

nes et la banalité de leurs maximes, n'ont pas eu la moindre influence sur les masses. Ils ne sont même pas parvenus jusqu'à elles.

Aussitôt après M. Villermé, M. Mignet a pris la parole.

L'*Académie des sciences morales et politiques* avait chargé l'historien
d'une grande et noble tâche. Elle avait là, dans la biographie d'un
de ses membres, une belle occasion de réparer de regrettables antécédents et de prendre de ses récents revers une éclatante et glorieuse
revanche.

Pour l'orateur lui-même, dont l'esprit, depuis plus de vingt années
s'est constamment, quoique indirectement, exercé au milieu des variations de la politique contemporaine, c'était une épreuve décisive.
Il s'agissait de savoir s'il faudrait désormais le ranger à son tour parmi
les esprits éminents que la foudre a éclairés au milieu de nos révolutions, et que les grands exemples aussi bien que les grandes catastrophes ne trouvent pas insensibles ; ou s'il se séparerait, au contraire,
pour la première fois, de l'homme d'Etat à l'amitié duquel il a dû la
plus grande partie de sa célébrité pour marquer sa place, lui aussi,
parmi ces intelligences, polies peut-être et littéraires, mais étroites,
obstinées et aveugles qui ne s'ouvrent à aucune lumière et qui ne
comprennent aucune leçon.

Et quelle leçon du reste, quel sujet de méditation saisissante et profonde au lendemain de nos propres désastres, que cette évocation
funèbre de la victime tombée sous le poignard révolutionnaire, en
face de ce siége qu'avait occupé jusqu'au dernier moment de son départ pour l'Italie l'ambassadeur de France et le ministre de Pie IX,
et cela à l'anniversaire même, presque jour pour jour, des sanglantes scènes de Rome !

M. Rossi, ses travaux, ses œuvres, ses actes ; M. Rossi, le réfugié
italien, le citoyen de Genève, le délégué à la diète fédérale de 1833,
le professeur, le diplomate, le ministre, l'homme d'Etat ; M. Rossi, le
révolutionnaire des Etats romains, le philosophe doctrinaire, le traducteur de Byron, le criminaliste éclectique, le *premier catholique
qui ait été admis dans l'académie protestante de Calvin;* M. Rossi,
envoyé auprès de Grégoire XVI pour lui demander l'abandon des Jésuites ; puis chargé par le gouvernement français de conseiller ou
plutôt de surveiller Pie IX ; M. Rossi, tour à tour Italien, Suisse, Français, Romain de nouveau, et après tant de vicissitudes et de contradictions diverses, tombant glorieusement aux pieds du trône ébranlé
du Souverain-Pontife ! quelle destinée étrange ! quelle série de con-
trastes ! quel merveilleux mélange des faiblesses et des dons supérieurs de la nature humaine ! quels mystères de l'âme, de sa liberté,
de ses écarts, de ses retours et des inscrutables voies de la Providence !

Eh bien ! M. Mignet a vu tout cela, il l'a écrit, il l'a raconté, il l'a
lu. C'était son thème. Sur ce thème, il a fait de belles phrases, il a
eu des passages à effet, il a déclamé avec grâce ; il a jeté les fleurs

d'une rhétorique élégante et directe sur cette tombe si fraîche ! Il a
suivi M. Rossi pas à pas ; il a montré son existence sous toutes ses
faces, et toutefois, dans les vicissitudes de cette carrière et dans la
grandeur de ce trépas, il n'a point trouvé un sentiment chrétien, que
dis-je ? pas une idée morale, pas une émotion généreuse, pas même
une pensée politique.

M. Mignet est un littérateur distingué, un écrivain habile ; il a un
style d'une rare pureté. Il a parsemé sa narration un peu longue
d'observations judicieuses, de mots piquants, de traits acérés, d'insinuations perfides ; il a profité de la variété des sujets pour employer
tour à tour les tons les plus variés ; il a dessiné avec un vrai talent
une série de tableaux soigneusement touchés ; mais ce qui lui a manqué, ce n'est rien autre chose que la notion la plus vulgaire du vrai,
du juste, du beau et du bon !

M. Mignet, avons-nous dit, n'a pas émis une pensée politique.
Il est d'une indifférence absolue, tout lui est égal. Nous nous trompons. Il a été malveillant pour le clergé ; il a attaqué la Compagnie
de Jésus, l'appelant, comme jadis, la *société fameuse ;* il a été injuste
et dédaigneux à l'égard de Pie IX ; il a été souverainement maladroit et mal inspiré pour la mémoire de l'homme éminent dont
il voulait être le panégyriste excessif, et dont il n'a compris ni la
vie ni la mort !

Non ! M. Mignet n'a pas compris la vie de M. Rossi. Il a cru en
faire l'apologie complète en disant que « si M. Rossi avait eu plusieurs
patries, il n'avait jamais servi qu'une cause. » Et, au contraire, n'est-ce
pas l'honneur de M. Rossi, engagé de si bonne heure dans les liens
du carbonarisme, de s'être retiré peu à peu de cette cause détestable ? N'est-ce pas son bonheur de ne s'être arrêté dans aucune des
conditions diverses par lesquelles il a passé jusqu'à ce qu'il soit revenu à ce poste du devoir et du dévouement où il a été glorieusement frappé ? N'est-ce pas cette instabilité extraordinaire de celui
même dont M. Mignet a représenté tout à l'heure le caractère comme
le type de l'unité, qui inspire à l'orateur, à quelques pages de là,
cette phrase aussi singulière pour le fonds que pour la forme : « LA
VIE EST UNE SÉRIE DE BUTS DIVERS ! »

Oui, dans le cours de ses années si prodigieusement remplies, M.
Rossi, hélas ! a pu poursuivre des buts divers. Mais ce n'est pas là ce
dont il fallait le louer ! Ce qu'on peut, ce qu'on doit admirer en lui,
ce dont il eût fallu bénir Dieu et expliquer la grandeur, et ce que
M. Mignet n'a nullement saisi, c'est le BUT dernier que l'homme
d'État s'est proposé ; c'est celui auquel il a loyalement et généreusement consacré ses suprêmes efforts ; c'est celui qu'il fut sur le point
d'atteindre et qu'il a du moins couvert de son sang ; c'est, en un
mot, la défense et le salut des droits et de l'autorité du souverain
Pontificat. auquel sont attachées les espérances de tous les amis de
l'ordre, de la liberté et de la nationalité en Italie.

Et c'est pour n'avoir pas compris ce but que M. Mignet a si mal réussi lorsqu'il est arrivé au dénouement fatal; c'est pour n'avoir pas vu sous son vrai jour la vie de M. Rossi qu'il n'a pas pu peindre convenablement sa mort, et qu'il en fait un tableau si froid et si faux. Sans doute, là encore, les détails ne manquent pas de mérite; il y a une habile mise en scène. C'est comme s'il s'agissait de la mort de César ! L'historien dit les pronostics, les avertissements qui assaillirent la victime dévouée quelques instants avant l'assassinat; il montre M. Rossi, et on le suit avec anxiété, refusant les conseils et écartant les précautions. On voit les conjurés rassemblés à la porte du palais de la Chancellerie, entourant, coudoyant le fier ministre; il indique jusqu'au mouvement par lequel la noble victime a livré sa gorge au fer du meurtrier. Et M. Mignet; ce membre de l'Académie des sciences morales et politiques, cet historien du dix-neuvième siècle, ce contemporain, ce collègue, cet ami de M. Rossi, qui a glissé sans s'en apercevoir sur la sublime réponse de son héros à ceux qui voulaient l'empêcher d'aller à l'Assemblée romaine : « La cause de Pie IX est là; c'est la cause de Dieu ; j'irai. » M. Mignet termine par cette réflexion du plus misérable et du plus niais paganisme : « Et c'est ainsi qu'il alla où l'appelait LA FATALITÉ DE SA SITUATION ! »

Est-il possible d'affaiblir davantage et la générosité du sacrifice, et la grandeur du courage, et l'horreur même du crime ?

Et ainsi, au moment où M. Rossi donne sa vie à Dieu, il n'arrache à M. Mignet qu'un aveu de fatalisme !

Nous aussi, nous finirons par ce trait. Ajoutons seulement que, dans un auditoire fait plus que tout autre peut-être pour l'apprécier avec indulgence, M. Mignet a été écouté avec assez de froideur et qu'il n'a été chaleureusement applaudi qu'à l'occasion d'une brillante parenthèse dirigée, on ne sait trop à quel propos, contre le parti radical.

Nouvelle contradiction bien digne encore de notre temps et de notre pays. Vous adressez une invective aux révolutionnaires, et vous encensez, vous nourrissez et vous servez aveuglément la révolution !

. BOURSE DU 24 NOVEMBRE.

Le 3 p. 100 a débuté au comptant à 57, a fait 56 90 au plus bas, et reste à 57.

Le 5 p. 100 a débuté au comptant à 89 80, a fait 89 65 au plus bas, et reste à 89 70.

L'un des Propriétaires-Gérants, CHARLES DE RIANCEY.

Paris, imp. BAILLY, DIVRY et Comp., place Sorbonne, 2.

L'AMI DE LA RELIGION.

Lettre synodale

**ADRESSÉE PAR LES PÈRES DU CONCILE PROVINCIAL DE PARIS AU CLERGÉ
ET AUX FIDÈLES DE LEURS DIOCÈSES.**

IV.

Le Concile s'est spécialement occupé des *Études ecclésiastiques* :

« Quelque vaste que soit la science sacrée, et bien qu'on puisse la regarder comme la mère et la reine de toutes les autres sciences, les besoins de notre temps, la direction imprimée aux esprits, la nécessité de les atteindre là où le courant du siècle les a entraînés, tout cela rend indispensable quelques modifications dans les études ecclésiastiques. Il faut qu'elles contiennent au moins les éléments des sciences profanes. Ces éléments étant très-répandus aujourd'hui, l'ignorance du clergé sur ce point nuirait à sa considération et à la juste influence qu'il doit exercer.

« C'est sans doute un grand défaut des méthodes d'instruction suivies de nos jours de trop multiplier les objets d'études, de diviser l'application, et de promener de fleurs en fleurs, dans le champ des sciences humaines, l'esprit naturellement volage des enfants. Il en résulte des notions superficielles qui s'effacent bientôt, et, ce qui est pire encore, des notions fausses qui malheureusement ne sont que trop durables. La demi-science nous fait encore plus de mal que l'ignorance. Elle enfle l'esprit, elle corrompt le cœur, elle engendre cette suffisance, cette ridicule admiration de soi, qui est un des plus déplorables et des plus dangereux travers de la jeunesse. Malheur à l'Eglise, si jamais la jeunesse ecclésiastique était entraînée dans une pareille voie ! Qu'elle élève sur les bases les plus solides l'édifice de ses connaissances ; qu'elle lui donne toujours pour fondement les livres saints, l'antiquité ecclésiastique et la piété sacerdotale ; et, si nous n'excluons pas, comme ornement de l'esprit, une certaine variété devenue nécessaire, c'est à la condition de pouvoir toujours ramener tout à l'unité, sans laquelle nulle science véritable ne saurait exister. L'unité pour nous, le centre vers lequel doivent converger tous les rayons les plus épars de nos connaissances, c'est la théologie. Les sciences humaines ont fourni des armes pour l'attaquer ; elles en fournissent encore plus pour la défendre. La vérité est une. Il ne peut pas exister, au fond, de divorce et de dissentiment sérieux entre la vérité religieuse et la vérité scientifique ; elles découlent toutes de la même source, qui est Dieu.

« Ces considérations n'ont jamais été perdues de vue par le Concile, quand il s'est agi, dans son sein, des écoles et des études ecclésiastiques. Il a voulu d'abord pour les jeunes clercs de fortes études classiques Quand bien même la culture de l'antiquité, la connaissance des langues que les deux civilisations grecque et latine ont parlées, ne seraient pas devenues une nécessité pour se mettre au niveau de cet ensemble de connaissances qui est le résultat des siècles et des efforts de l'humanité, ce serait encore une nécessité pour les ecclésiastiques. L'Eglise est en quelque sorte grecque et latine. Nos grands monuments, à commencer par nos livres saints, sont écrits en grec et en latin. Ignorer ces deux langues, ce serait ignorer la langue de sa mère, la langue de sa patrie. Tout le monde le sait, et les bons esprits le déplorent, le latin se perd parmi nous. On l'étudie très-lentement, et on l'oublie très-vite. Nous voulons que les ecclésiastiques ne l'oublient pas, et qu'ils le parlent assidùment et correctement dans la plupart des exercices qui, depuis la rhétorique, accompagnent leurs études jusqu'à la fin de la théologie.

« Nous avons joint à la philosophie les sciences exactes : deux années seront, aussitôt que les circonstances le permettront, consacrées à ces études importantes ; et, si ce temps n'est pas suffisant pour faire de grands philosophes et de grands savants, il sera au moins pour donner ces notions justes et précises, pour semer ces germes qui peuvent se développer ensuite, s'ils rencontrent des goûts et des habitudes spéciales.

« La théologie sera accompagnée du droit canon, de l'histoire ecclésiastique et de l'éloquence sacrée. Des examens sérieux seront passés par les élèves, de semestre en semestre, sur toutes les matières qui composent les divers cours suivis.

« Outre ces cours destinés à donner à tous la science suffisante, nous espérons voir bientôt s'établir dans une faculté de théologie canoniquement instituée, au centre de la province, des leçons qui formeront un ensemble de hautes études continuées pendant quatre ou cinq ans. C'est là que les Ecclésiastiques pourront prendre leurs degrés en théologie et en droit canon, afin que, si plus tard les Evêques jugeaient utile de rendre de nouveau les grades obligatoires, ils puissent le faire sans inconvénients et sans embarras. »

Après avoir parlé des *Conférences ecclésiastiques*, les Pères ajoutent :

« La sollicitude du Concile pour les études ecclésiastiques ne devait pas avoir seulement les élèves pour objet, mais aussi les maîtres. Leur tâche est pénible; leur dévouement est souvent admirable. Qu'ils n'attendent pas ici-bas leur juste récompense, mais qu'ils comptent au moins sur la reconnaissance et sur une affection toute particulière de la part de leurs Evêques. Tels sont les professeurs, telles sont les études. Vouloir améliorer les études, c'est donc s'engager à améliorer le professorat.

« A vrai dire, excepté pour nos Grands-Séminaires, dirigés par quelques congrégations savantes et pieuses, à la tête desquelles nous aimerons toujours à placer la Société de Saint-Sulpice, où s'est si bien conservé l'esprit de modestie, de sagesse et de zèle qui était l'esprit même de son fondateur, il n'existe pas parmi nous un véritable professorat ecclésiastique. Nous avons des professeurs, il en est beaucoup parmi eux de très-habiles et de très-dévoués, mais nous n'avons pas un corps dont les membres se vouent à l'enseignement, fassent de l'enseignement une carrière, l'occupation de toute leur vie. C'est pour nos Petits-Séminaires un mal, qu'on a peut-être exagéré quelquefois, mais qu'on ne peut s'empêcher de reconnaître. Le Concile s'en est préoccupé à juste titre. Son intention serait d'établir une école provinciale où se formeraient des professeurs qui d'abord, pour l'étendue des connaissances, ne le céderaient à personne, et qui, unis ensuite par le lien d'une origine commune, pourraient composer une sorte d'Institut, où la Province entière recruterait ses professeurs ecclésiastiques.

« Et ce n'est pas pour les petits séminaires seuls que nous les formerons. Si les promesses qui nous sont faites s'accomplissent bientôt, les institutions libres pourront se multiplier, et si nous concourons à les doter de bons professeurs, nous aurons rendu non-seulement à l'Eglise, mais à la société tout entière, le plus signalé service. La prospérité des écoles libres ne dépend pas moins de la possibilité d'avoir de bons professeurs que de la liberté même. On attache un grand prix à la bonne éducation, mais on ne veut pas qu'elle soit séparée d'une forte instruction. Il faut satisfaire à ce double besoin de notre siècle. On ne le peut qu'en jetant les bases d'un bon professorat. Le Concile place pour cela de grandes espérances dans une école provinciale. Puissent ces espérances se réaliser ! »

La lettre synodale se termine par ces belles et touchantes paroles :

« Puissions-nous voir se réaliser aussi tous les autres biens que nous attendons des travaux de ce premier Concile, que nous nous efforcerons de compléter dans les Conciles qui suivront, si Dieu fait jouir notre patrie du double bienfait de la paix et de la liberté ! Puissions-nous voir la foi reprendre son empire sur les âmes, la charité régner dans tous les cœurs, la discipline plier toutes les volontés sous la loi de l'ordre et de l'unité, la science sacrée refleurir au sein du clergé, le zèle et la vérité multiplier les hommes apostoliques, les fidèles se montrer toujours les dignes enfants de Dieu et de l'Eglise, et la société elle-même recommencer une nouvelle carrière de prospérité et de grandeur ! Mais nous avons besoin pour obtenir cet accomplissement de nos vœux, de tourner incessamment nos regards et nos cœurs vers Celui de qui descend tout don parfait, vers le Père de la lumière et de la grâce :

« O Esprit saint, qui nous avez assistés dans cette première réunion, et qui nous avez donné chaque jour un sentiment si intime de votre divine présence, c'est à vous de faire fructifier ces germes que vous avez fait éclore. Achevez donc notre œuvre, ou plutôt la vôtre, en illuminant les esprits, et en inclinant les cœurs vers le bien.

« Et vous, ô Marie, recevez l'hommage de nos premiers travaux. Nous aimons à vous les dédier comme à notre Reine et à notre Mère. Nous espérons qu'ils vous seront agréables, car ils ont pour but unique la gloire de votre Fils. Amen. »

NOUVELLES RELIGIEUSES.

DIOCÈSE DE MONTPELLIER. — On écrit d'Aniane : « Au milieu de la désolation et de la terreur que répandait dans notre ville le nombre des cholériques et des mourants, qui devenait chaque jour plus considérable, malgré le zèle et le dévouement des médecins, le peuple tourna tout son espoir vers Marie.

« Il existe dans la commune une église connue sous le nom de Notre-Dame-de-la-Délivrance ; elle fut autrefois bâtie en mémoire d'un bienfait manifeste accordé aux habitants d'Aniane par la protection de la Vierge-Mère ; le peuple demande à grands cris qu'on ouvre les portes de cette église, et que la statue de la Vierge dite *miraculeuse* soit portée en triomphe dans toute la ville. Le vénérable pasteur, ému jusqu'aux larmes de la piété de son peuple, consent à sa demande, et bientôt le son de toutes les cloches annonce aux habitants que leur vœu est rempli. Qui pourrait dire et raconter les élans d'amour, les prières ferventes qui partent de tous les cœurs ? L'espérance commence alors à renaître ; et la confiance est telle, que plusieurs malades, ramassant toutes leurs forces, se traînent jusqu'aux fenêtres de leur chambre pour contempler de leurs propres yeux le triomphe de la Vierge vénérée.

« La Vierge arrive enfin dans le monument consacré à sa mémoire ; là, le pasteur de la paroisse adresse à son troupeau affligé des paroles pleines de foi et d'espérance ; il lui fait un court récit de la piété de ses pères qui avaient élevé ce monument à Marie, en reconnaissance de ce qu'elle les avait sauvés de l'hérésie qui infectait alors les pays voisins. Il les presse tous d'avoir la même confiance, leur disant que celle qui avait sauvé autrefois cette paroisse, voudrait encore être appelée leur protectrice et leur avocate ; il termine enfin en disant qu'il semble voir cette auxiliatrice des chrétiens se diriger vers le trône de son fils pour demander grâces et miséricorde pour tous. Les paroles du pasteur furent comprises.

« Depuis lors, l'épidémie a disparu, les personnes malades sont rétablies, il n'y a plus eu de cas grave (un enfant excepté). »

DIOCÈSE DE VANNES. — Lundi, dans l'après-midi, a eu lieu, à l'église Saint-Louis, à Lorient, l'installation des Frères de la doctrine chrétienne. La ville tout entière s'y était donné rendez-vous.

Ce que cette importante cité renferme d'esprits éminents et sérieux, de notabilités officielles, aussi bien que de femmes du monde, était venu entendre, de la bouche d'un orateur éloquent, le discours qui devait dire les motifs de la réunion d'une aussi imposante assemblée.

Comme l'a exprimé, dans son beau langage, M. le curé de Saint-Nicolas, de Nantes, cette fête était moins le succès du présent que l'espoir le plus cher de l'avenir. Bien aveugle ou bien criminel, en effet, celui qui refuserait de voir le salut de notre pays dans la forte éducation religieuse à donner à la génération nouvelle. Puisse seulement le mal n'être pas trop profond et le remède un peu trop tardif !

Notre population laborieuse a témoigné dès le premier jour, aux Frères de la doctrine chrétienne, une confiance qui confond toutes les prévisions malveillantes.

On remarquait parmi les assistants, M. le maire et M. le sous-préfet de Lorient, M. le préfet et M. le commissaire-général de la marine, ainsi que tous les chefs de corps ou de services administratifs.

Un salut en musique, durant lequel a été faite une collecte qui a produit douze cent soixante francs, a terminé cette belle cérémonie.

DIOCÈSE DE BAYEUX. — Bayeux vient de faire une grande perte. M. Farolet, curé de Saint-Pierre de Lisieux, après une très-courte maladie, a été enlevé à son troupeau lundi dernier, 19 novembre. Sa mort a jeté le deuil dans sa paroisse et dans toute la ville. C'est un concert unanime de regrets les plus sincères. Aussi, quelle piété, quelle affabilité, quelle inépuisable charité! Il avait entrepris et déjà bien avancé la restauration de son église, bel édifice gothique et ancienne cathédrale du diocèse de Lisieux. Il pouvait espérer de la revoir dans son antique splendeur, car il n'était âgé que de 53 ans; mais Dieu en a autrement disposé. Rien n'a été plus édifiant que ses derniers moments. Les yeux doucement élevés vers le ciel, il a offert à son Sauveur qui venait le visiter, le sacrifice de sa vie pour ce cher peuple auquel il la sacrifiait depuis 20 ans. Aujourd'hui, 21 septembre, notre cité tout entière s'est jointe à un nombreux clergé et à toutes les autorités pour rendre un dernier hommage à la mémoire de ce bon pasteur dont le souvenir sera éternel au milieu de nous.

SUISSE. — ROMONT. — Le 15 novembre, est décédé à Romont, à l'âge de 82 ans, un vénérable chanoine qui laisse après lui de vifs regrets.

M. Ignace L'Hoste entra de bonne heure dans l'ordre austère des chanoines réguliers de Saint-Norbert, et fit profession dans la célèbre abbaye de Bellelay, sous le nom de P. Nicolas (1).

Cet établissement ayant succombé comme tant d'autres dans la tourmente révolutionnaire, la Providence conduisit le P. Nicolas à Romont, et, en 1801, il fut nommé membre du clergé de cette ville et chargé en même temps de l'enseignement. Orné de connaissance variées, versé surtout dans la littérature et la philosophie, professeur savant et infatigable, il forma, pendant près de 50 ans d'enseignement, un nombre considérable d'élèves, qui allaient ensuite achever leurs études avec succès au lycée de Fribourg : il fut, en un mot, le créateur et l'âme du collége de Romont, d'où sortirent successivement des sujets que le clergé et la magistrature comptent avec honneur dans leurs rangs.

Toujours appliqué à se rendre utile, il employait tous les moments que ses fonctions de chanoine et de professeur lui laissaient libres au pénible dépouillement des archives de la ville de Romont, dont il fit des extraits précieux.

Une maladie de quelques jours est venue terminer subitement la carrière de ce respectable vieillard. Il a vu approcher sa fin avec la foi et la résignation du juste.

ECOSSE. — On fonde en ce moment à Glasgow un couvent de religieuses du tiers-ordre de Saint-François, destiné à l'éducation de la jeunesse. La supérieure est madame Véronique Cordier, qui travaille à cette œuvre importante, sous la direction de Mgr Smith, évêque de Parium et coadjuteur dans le district occidental de l'Ecosse. On sait que nulle contrée de la Grande-Bretagne n'est plus dépourvue de secours spirituels. Ce serait donc rendre un immense service à la foi catholique, de diriger quelques vocations généreuses vers le couvent de l'Immaculée-Conception, à Glasgow, 76, rue Charlotte.

(1) Elle était située près de Montiers, dans l'ancien évêché de Bâle; aujourd'hui, il n'en reste que des ruines.

Des Sociétés de Secours Mutuels et des Caisses de Retraites.

RAPPORT DE M. BENOIST-D'AZY.

II.

Caisses de Retraites.

La seconde partie du Rapport de M. Benoist-d'Azy est consacrée aux *Retraites*; c'est évidemment la plus importante et la plus délicate; car il ne s'agit plus ici de développer une institution déjà établie, mais d'en *créer* une entièrement nouvelle. L'utilité des *caisses de Retraites* a été reconnue à l'étranger. L'Angleterre en 1833, la Prusse en 1839, la Belgique dans le courant de la présente année, nous ont donné l'exemple de mesures législatives, destinées à exciter puissamment l'esprit de prévoyance, à seconder ses efforts, à faciliter à l'ouvrier le moyen de s'assurer, après une vie de travail, une existence à l'abri de la misère.

Des institutions, tendant à ce but, sont en France au moins aussi nécessaires que dans les autres pays, et rien n'en démontre plus clairement le besoin que l'exemple des employés du gouvernement qui consacrent leur temps au service public pour une rétribution plus faible que celle qu'ils trouveraient dans le commerce. Et pourquoi cela ? Dans l'espoir d'une retraite pour leurs vieux jours.

Mais quel sera le mode d'établir sur des bases solides cette caisse de retraites qui fera appel aux épargnes des ouvriers ? Le Rapport reconnaît avec raison qu'elle ne peut réussir qu'à la condition de généraliser ses calculs, qu'en les établissant sur le plus grand nombre de têtes possible, qu'en annihilant par la masse des contribuants toute chance de mortalité exceptionnelle. L'Etat devra donc prendre la *direction* d'une institution semblable, car seul il est à même de centraliser les fonds versés, et de les garantir contre tous risques d'avenir. Le Rapport propose en conséquence la création d'une *caisse générale de retraites*.

La caisse des retraites serait constituée dans des conditions analogues à celles de la caisse des dépôts et consignations, sous la surveillance et sous la garantie de l'Etat. Elle recevrait les dépôts faits par les souscripteurs. Elle inscrirait chaque versement sur un livret remis au déposant, et elle indiquerait, en regard, la portion de rente à laquelle il a droit en vertu des tables admises ; de telle sorte que l'addition de ces divers chiffres lui ferait connaître, quand l'âge fixé pour la jouissance serait arrivé, le montant de la pension qui lui est due et qui doit lui être payée jusqu'à sa mort.

Les versements pourraient être faits depuis l'âge de trois ans, afin d'encourager la prévoyance du père, ou la charité du bienfaiteur.

La commission n'est pas d'avis de leur imposer une *régularité* absolue. Elle croit que ce serait souvent pour le déposant une condition impossible à atteindre. Elle pense que les versements ne devraient pas être inférieurs à 10 fr., et toujours de 10 en 10, pour la facilité des calculs. La retraite commencerait de cinquante à soixante ans, à la volonté du déposant. Son maximum serait de 600 fr., et d'après le système proposé, pour avoir droit à une pension de cette somme à l'âge de soixante ans, il faudrait avoir versé depuis l'âge de dix-huit ans, 2 fr. 50 c. par mois, ou 30 fr. par chaque année.

La *quotité* de la pension repose ainsi sur deux éléments : le *calcul des chances de longévité*, et *l'intérêt composé des versements* à raison de 5. p. 100.

Les pensions de retraite seraient *incessibles* et *insaisissables*.

Frappée de cette considération que la famille se trouve dépouillée, au décès du déposant, d'un capital qui eût pu être économisé à son profit s'il n'eût pas été attribué à l'usage exclusif du père, la commission propose qu'au décès du déposant, avant ou après l'ouverture de la pension, le capital soit remboursé aux héritiers, *déduction faite*, bien entendu, des *intérêts qu'il a produits*. Enfin les versements faits pendant le mariage par l'un des deux conjoints profiteraient séparément à chacun d'eux pour moitié.

Telles sont les dispositions essentielles du projet de loi sur la caisse de retraites. Nous les admettons pour la plupart, quelques-unes cependant ne nous paraissent pas à l'abri de toute critique.

Ainsi, nous aurions désiré que la commission pût assurer la régularité des versements et abaisser le minimum fixé. La *régularité* ne serait peut-être pas une condition impossible à atteindre, et elle aurait l'avantage de stimuler le zèle, les efforts du déposant.

Nous croyons aussi que fixer à 10 fr. le minimum des versements, est imposer à l'ouvrier une condition trop rigoureuse. Il en est peu, nous en sommes convaincu, qui pourront épargner régulièrement plus de 3 fr. par mois; or, d'après le système de la commission, cette épargne de 3 fr. devra être conservée jusqu'à l'expiration du troisième mois, puisqu'elle ne pourra être versée qu'autant qu'elle sera augmentée de 7 autres francs. Qui ne sait cependant combien il est difficile pour les classes laborieuses de conserver intactes leurs économies, lorsque celles-ci demeurent en leur possession? Quelle tentation dans un jour de détresse, que d'avoir devant les yeux un petit trésor, à l'aide duquel on ferait si facilement disparaître le désir, le besoin, la souffrance du moment? Que si, au contraire, l'épargne est placée aussitôt qu'elle a été faite, il devient difficile, souvent impossible d'y toucher; et quand le moment de gêne est passé, si le souvenir en dure encore, du moins est-il adouci par la pensée que l'épargne de jours plus heureux n'a point été diminuée.

L'exemple des caisses d'économie pour les loyers, qui existent depuis plusieurs années à Paris et dans quelques grandes villes, est là pour démontrer la vérité pratique de notre observation.

Nous désirerions donc que le minimum des versements fût fixé à 2 fr. 50 c., au lieu de 10 fr.

Si la complication administrative qui doit en résulter est plus grande, elle est loin d'offrir une impossibilité radicale, et nous fixons expressément 2 fr. 50 c. comme étant le diviseur régulier de 10 fr. et le maximum probable des dépôts du plus grand nombre des ouvriers.

Nous avons dit, dans notre premier article, que l'un des grands principes posés par le Rapport était celui de la *liberté des dépôts*; ce n'est pas sans lutte qu'il a été admis par la majorité de la commission, et c'est évidemment sur ce point que se portera le vif de la discussion à la tribune de l'Assemblée législative. Nous nous associons sans réserve à ce principe, qui a une immense importance dans le temps où nous sommes; et, nous le proclamons bien haut avec le Rapport, l'Etat doit offrir la *faculté* de verser dans ses mains, à la charge de conserver, d'accumuler et de rendre plus tard les sommes déposées sous telle ou telle forme; mais il ne doit point *obliger* à le faire.

Obliger tous ceux qui travaillent, absolument *tous* (car il n'y a pas là de milieu possible), se serait se placer en présence d'une opération si gigantesque, qu'elle ne pourrait manquer de devenir un grand embarras politique. Du moment où cette institution bienfaisante prendrait le caractère obligatoire, elle serait nécessairement vue sous un mauvais jour par les populations; et si l'on cherchait à s'y soustraire, ou s'il fallait en poursuivre le recouvrement comme celui d'une contribution, ce serait ajouter à tous les embarras publics. Le long délai qui doit s'écouler entre les premiers versements et le paiement des premières pensions concourrait encore à accroître une irritation qu'il serait difficile de calmer; et il en serait surtout ainsi dans les mauvais jours de l'industrie, pendant lesquels on serait embarrassé de faire ou de ne pas faire le versement.

« De plus, ajoute le Rapport, ce principe de la retenue obligatoire implique nécessairement l'intervention de l'Etat dans les conditions du travail; or, le principe de la liberté du travail, introduit en 1789, est désormais inattaquable, et c'est sous l'empire de cette liberté qu'a eu lieu le merveilleux développement de l'industrie. Ce principe exclut toute intervention de l'Etat dans les conditions du travail. Le principe contraire, si violemment invoqué sous le nom d'organisation du travail, conduit au *communisme*, au *droit au travail*, à la destruction de la propriété, au renversement de la société. Quelqu'éloignées que soient ces conséquences, elle sont un si grand danger social qu'il ne faut jamais y donner un prétexte, quelque faible qu'il puisse être.

« Avec *l'obligation*, l'esprit d'économie disparaîtrait; et l'ouvrier attendant du contrat légal une retraite qu'il trouverait toujours insuffisante, ne chercherait cependant point à l'accroître, et surtout ne la considérerait plus avec un juste orgueil comme une propriété conquise par son travail. »

Enfin, nous dirons que si, dans le système obligatoire, la retenue était imposée *au patron*, comme quelques-uns le voudraient, cette retenue ne manquerait pas de retomber sur *l'ouvrier*, car bon gré, mal gré, et sous la pression de la concurrence, le patron serait forcé de la prélever *sur le salaire*.

Ces importantes considérations nous semblent irréfutables, et nous espérons que le principe de la *liberté* sera inscrit en tête de la loi que nous appelons de tous nos vœux.

Nous croyons sincèrement à l'utilité de cette loi. Nous sommes convaincu qu'elle est du nombre de ces progrès nécessaires et pratiques vers lesquels la société aspire en se développant. Nous en attendons des conséquences fécondes pour la morale sociale.

.Si ces institutions projetées se répandent et réussissent comme nous le croyons, on n'aura pas seulement développé l'esprit d'ordre et d'économie, et tout ce qui en résulte d'heureux pour la famille, mais on aura encore, du moins est-ce notre espoir, produit ce résultat important d'intéresser un plus grand nombre de citoyens à l'ordre public, au respect des lois. Quels sont, en effet, ceux que les révolutions soudoient, entraînent ou égarent les premiers? Ce sont tout naturellement ceux qui n'ont rien à perdre et qui n'ont aucun intérêt à la prospérité sociale, à la force du gouvernement, au crédit de l'Etat, toutes choses qui se tiennent essentiellement. Si donc les populations laborieuses devaient, pour une grande partie, confier leurs économies au gouvernement, dans l'espoir d'obtenir un jour une pension annuelle, ne comprendraient-elles pas mieux qu'elles ne le font aujourd'hui, que de la stabilité des institutions dépend le crédit de l'Etat? que du crédit de l'Etat ou de sa ruine, dépendrait la conservation ou la perte de leurs précieuses épargnes, et peut-être la perte définitive des légitimes espérances qu'elles auraient fondées pour leurs vieux jours? Ne comprendraient-elles pas, en un mot, que l'intérêt de l'Etat deviendrait le leur? On ne peut assurément que se féliciter, quand l'intérêt particulier se combine aussi manifestement avec l'intérêt général.   W. CARDON DE SANDRANS.

Colonies.

Le *Moniteur* contient le rapport suivant du ministre de la marine, à la suite duquel se trouve un décret qui institue pour l'étude de la question coloniale une commission nouvelle :

« Paris, le 22 novembre 1849.

« L'abolition de l'esclavage, la suppression des conseils coloniaux et l'admission des colonies à la représentation dans l'Assemblée nationale, ont créé une situation toute nouvelle pour les intérêts politiques et économiques de ces établissements, pour leur régime législatif et judiciaire, pour les éléments de leur administration.

« Il importe de mettre promptement un terme à un état de transition qui engendre, pour la société coloniale, des souffrances dignes de toute la sollicitude de la métropole. Des mesures d'organisation et d'amélioration doivent, dans ce but, être proposées à l'Assemblée législative et développées par voie réglementaire. Il faut qu'elles soient mûrement préparées et qu'elles procèdent d'un système bien déterminé qui, tout en tenant compte des conditions de spécialité prévues par l'article 109 de la Constitution, puisse emprunter à la législation de la métropole, dans le présent et dans l'avenir, tout ce qu'elle comporte de compatible avec les besoins et les intérêts de ces lointains départements de la France.

« Pour aborder les questions aussi élevées que nombreuses que cette situation donne à résoudre, j'éprouve la nécessité de m'éclairer des lumières d'une commission composée d'hommes politiques, de magistrats et d'administrateurs versés, à divers titres, dans l'étude ou la pratique des affaires coloniales, et dont la mission sera de reprendre et de développer, au point de vue de la situation actuelle, l'œuvre d'organisation coloniale élaborée par l'ancienne commission d'émancipation.

« En vous priant d'approuver la formation de cette commission, je vous propose d'en confier la présidence à M. de Broglie, qui a été, vous le savez, le président et le rapporteur de la première commission coloniale, et dont le gouvernement sera heureux d'avoir de nouveau le concours pour diriger des travaux si importants dans des vues de sage progrès et de haute impartialité. »

Le Socialisme européen.

Avant-hier, nous faisions connaître à nos lecteurs les conséquences dernières du socialisme de M. Proudhon :

Plus de Christianisme, plus d'autorité ou de gouvernement, plus de capital ou de propriété!

En Angleterre, les socialistes publient aussi des pamphlets détestables. On lit dans le *Times* d'aujourd'hui :

« M. Charles Heinzen, une des lumières du parti démocratique social allemand, et qui, en compagnie de Gustave Struve et d'autres, est en ce moment réfugié en Angleterre, a publié, dans la *Gazette allemande* de Londres, qui paraît tous les vendredis, une espèce de pamphlet qu'il appelle *Lehren der revolution* (Enseignements ou doctrines de la révolution). Nous extrayons deux ou trois passages de cette remarquable production, qui pourront servir à prouver à nos lecteurs quels sont les plans réels de ce parti si *libéral*. »

Après avoir développé le plan de la grande révolution qui doit s'opérer dans toute l'Europe, M. Heinzen ajoute :

« Il est possible que la grande révolution dont l'Europe approche coûte deux millions de têtes. Mais l'existence de deux millions de misérables peut-elle être prise en considération lorsqu'il s'agit de deux cents millions d'hommes ? Non, le temps doit venir où le peuple secouera ce faux scrupule de conscience, où il portera le glaive exterminateur partout où se cacheront ses ennemis mortels, et' *où il célèbrera la fête de la vengeance sur des montagnes de cadavres.* »

Dans le numéro publié le 16 novembre, après avoir dit « chaque « pays devra nommer un dictateur, dont le principal devoir sera « l'extermination des réactionnaires » (c'est-à-dire de tous ceux qui ne « partagent pas l'opinion de M. Heinzen), il continue : « En même « temps le dictateur doit former une alliance offensive et défensive « avec tous les révolutionnaires et avec les gouvernements républi- « cains pour combattre les monarchies qui existent encore et pour « révolutionner tout le continent. Cette alliance doit les obliger à « livrer et à poursuivre tous les réactionnaires. Pour eux, *point d'a-*

« *sile*, et la question d'asile doit être une question absolue de parti.
« *Ils ne doivent rien posséder sur terre qu'un* TOMBEAU. Il est prouvé,
« ou il peut être prouvé que les réactionnaires, particulièrement les
« princes, sont les détenteurs des propriétés et des richesses ; il faut
« les leur prendre, par la force s'il est nécessaire, et les confisquer
« au profit de l'Etat. »

Le journal anglais ajoute :

« Ces extraits, publiés à Londres, prouveront à la plupart de nos lecteurs quelles sont les vues de la démocratie sociale. Nous ignorons quels pouvoirs la loi sur les étrangers donne au ministre de l'intérieur ; mais nous pensons que l'auteur de doctrines aussi infernales devrait être expulsé de l'Angleterre dans les vingt-quatre heures. Dans tous les cas, quand on viendra demander aux Anglais de souscrire pour les réfugiés politiques allemands, nous espérons qu'ils se rappelleront les principes avoués par un de leurs chefs. »

Bulletin de la politique étrangère.

PRUSSE. — Nous recevons ce matin de Berlin, en date du 23 au soir, par dépêche télégraphique, des nouvelles d'une extrême importance. L'Autriche a protesté de nouveau, de la manière la plus formelle, contre la réunion de la diète allemande à Erfurt, en laissant même entrevoir qu'elle aurait, au besoin, recours à la force pour l'empêcher. Le ministère prussien n'en persiste pas mains dans sa résolution de convoquer la diète pour le mois de janvier prochain.

Le projet de loi préparé dans ce but par le conseil d'administration, a été approuvé en conseil des ministres, et il a été répondu à l'Autriche qu'on attendrait la réalisation de ses menaces.

Nous n'avons pas besoin d'insister sur la gravité de cette nouvelle situation.

La lettre suivante, datée de Berlin du 21, ajoute, en les confirmant, quelques détails aux nouvelles que nous avons données hier :

« Le gouvernement sait parfaitement à quoi s'en tenir sur les menées de nos clubistes, mais il ne s'en inquiète guère ; seulement il prend toutes les précautions que la prudence exige pour que l'ordre ne soit pas troublé. Ici on a pour système qu'il vaut mieux prévenir les événements que d'avoir à les punir. Certains meneurs bien connus s'étaient donné rendez-vous ici à propos du procès Waldeck ; ils ont été expulsés, ainsi qu'un grand nombre de Polonais.

« Le roi veut rester dans la voie constitutionnelle, mais il veut aussi que la prérogative royale soit respectée, et si l'état de siége est proclamé, ce ne sera qu'à la dernière extrémité.

« Il n'a jamais été question d'un ministère Gerlach.

« Quant à la question des clubs, qui se rattache essentiellement au droit de réunion, les chambres seront appelées à en décider. Il est impossible de tolérer les clubs où l'on prêche chaque jour les doctrines les plus insensées. Je peux vous en parler *de visu et auditu*.

« J'étais, il y a peu de jours, à la séance de la société des *Amis du peuple*, qui se réunit dans la Konigstrasse. Les discours étaient si violents, que l'on se serait cru au temps où les Held, les d'Ester péroraient dans les taverne. La police a dû intervenir; lorsque la gendarmerie est entrée dans la salle, il y eut une véritable panique. Dans le tumulte, plusieurs personnes furent foulées aux pieds. Un homme qui avait un poignard dans sa poche fut grièvement blessé par l'arme qu'il portait.

« Aujourd'hui, la police a arraché de grand matin des placards qui avaient été placés à la promenade des Tilleuls. La ville est tranquille, mais, comme disait hier le général Wrangel, il y a quelque chose dans l'air.

« Il y avait hier grande réception à *Sans-Souci*. Le roi était fort gai et s'est entretenu très-longtemps avec les membres du corps diplomatique.

« Le bruit courait que M. de Tallenay, ministre de la République française à Francfort, allait remplacer à Berlin M. de Lurde, appelé à une autre ambassade. »

— La *Réforme allemande* du 20 novembre parle de lettres de Constantinople du 7 novembre, qui annoncent que la flotte anglaise a bien paru à l'entrée des Dardanelles, mais que sur la demande de la Porte elle-même, l'amiral Parker se serait retiré.

On écrit, d'un autre côté, de Bucharest, le 6 novembre, au même journal :

« On annonce officiellement que les troupes turques se retirent daus Bucharest et dans Giurgewo; seulement il restera de petites garnisons (environ 6,000 hommes); tout le reste du pays sera occupé par les Russes. »

Chronique et Faits divers.

Le conseil des ministres doit, dit-on, fixer aujourd'hui le jour des élections qui sont à faire pour pourvoir au remplacement des représentants condamnés.

— On s'attendait aujourd'hui à trouver au *Moniteur* ou dans les journaux judiciaires un acte du procureur-général ou de la cour d'appel, au sujet des duels politiques qui affligent en ce moment l'opinion et qui nuisent à la considération parlementaire. Le *Moniteur* et ces journaux sont muets.

— Nous lisons dans la *Patrie :*

« Nous apprenons l'issue du duel entre M. Pierre Bonaparte et M. Adrien de la Valette. Il a eu lieu dans une prairie, derrière l'embarcadère du chemin de fer de Saint-Germain.

« Deux coups de feu ayant été échangés sans résultat, les témoins de M. de la Valette ont fait connaître que, comme rédacteur en chef de l'*Assemblée nationale*, il avait assumé la responsabilité de l'article du compte-rendu de la séance dont M. Pierre Bonaparte avait eu à se plaindre, mais qu'il n'en était pas l'auteur, et qu'il n'aurait point laissé passer ce que cet article contenait d'offensant pour la bravoure et l'honneur de M. Pierre Bonaparte.

« Après cette explication, les témoins des deux parties ont déclaré que l'honneur était satisfait et se sont opposés formellement à ce que le combat continuât. »

— On lit dans le *Constitutionnel :*

« M. le général de Lamoricière, ministre plénipotentiaire de la République à Saint-Pétersbourg, et M. de Beaumont, ministre plénipotentiaire à Vienne, ont envoyé à Paris leur démission, en apprenant le changement ministériel du 31 octobre. »

— Le grand conseil de Saint-Gall, en Suisse, discute une loi fort sévère sur la police du feu; entre autres, elle défend sous peine d'amende de fumer avant l'âge de dix-huit ans; de lire à la lumière dans son lit et d'y fumer.

— On écrit de Douai :

« Le parti rouge n'est pas inactif chez nous et surtout autour de nous. On a vu, dimanche, ses coryphées bien connus rentrer en ville par la porte de Lille de grand matin, entre sept et huit heures. Ils revenaient sans doute de quelque conciliabule nocturne (tenu *extra-muros*) pour l'avancement et la plus grande gloire de la *sociale*.

« On nous assure aussi que de l'argent est distribué dans nos campagnes, et que des moyens de se reconnaître et de s'enrégimenter au besoin sont fournis aux dupes que l'on fait.

« Nous pensons que l'autorité supérieure pourrait, par ses représentants, exercer une surveillance plus active qu'elle ne le fait sur nos cantons. »

— Hier, des ouvriers étaient occupés à peindre la voûte de l'embarcadère du chemin de fer de Lyon. L'échafaudage sur lequel ils travaillaient se trouvait à sept mètres du sol et avait été formé de madriers ajustés sur des tringles de fer destinées à maintenir la charpente de la toiture. Au milieu de la journée, un bruit horrible, suivi de cris déchirants, se fit entendre. L'une des tringles qui supportaient l'échafaudage venait de se briser et avait entraîné dans sa chute l'échafaudage et cinq des ouvriers. Ces malheureux, tous plus ou moins dangereusement blessés, ont été transportés à l'hôpital Saint-Antoine.

L'un d'eux, le sieur Thévenot, père de quatre enfants, aujourd'hui orphelins, est mort en arrivant à l'hôpital; les quatre autres, les nommés Chêne, Lacroix, Legrand et Foulet, ont immédiatement reçu les secours que réclamait leur état. Les blessures de Chêne sont très-graves, et son état inspire de sérieuses inquiétudes.

L'instruction, à laquelle le commissaire de police a procédé le jour même, constate que la rupture de la tringle de fer a été le résultat d'un défaut dans le fer et d'une solution de continuité antérieure dont on a trouvé les traces.

— Dans sa dernière séance, la commission municipale de Paris a élevé le tarif des octrois sur plusieurs objets de consommation.

Ainsi, le droit à la vente dans les halles et marchés est porté : 1° de 6 à 10 0|0 sur les aloses, bars, éperlans, mulets, rougets, barbets et soles ; 2° de 8 à 10 0|0 sur les huîtres; 3° de 2 1|2 à 5 0|0 sur les beurres.

La taxe d'octroi est élevée : 1° de 80 c. à 1 fr. 25 c. par kilogramme, sur les truffes, pâtés, terrines, gibiers, ortolans, faisans, gelinottes et bec-figues ; 2° de 15 c. à 60 c. par kilogramme, sur les aloses, bars, éperlans, mulets, rougets, barbets et soles ; 3° et de 05 c. à 10 c. par kilogramme, sur les beurres envoyés directement à destination.

Enfin, il a été établi une taxe d'octroi de 1 fr. par kilogramme sur le thé, et de 2 cent. 1|2 sur les œufs adressés directement à destination.

— On assure que Faustin Soulouque, pour s'attirer les bonnes grâces du consul général de la République française à Haïti, lui aurait offert de payer de suite une partie des annuités arriérées de l'indemnité. Si cette ouverture est sincère, le gouvernement français doit, sans retard, prendre des mesures pour amener sa réalisation.

L'un des Propriétaires-Gérants, CHARLES DE RIANCEY.

Paris, imp. BAILLY, DIVRY et Comp., place Sorbonne, 2.

L'AMI DE LA RELIGION.

UN MOT SUR L'INSTRUCTION SECONDAIRE

A L'OCCASION DU PROJET DE LOI DE M. DE FALLOUX,
Par M. Robitaille, vicaire-général d'Arras.

—

M. l'abbé Robitaille, vicaire-général d'Arras, vient de publier, à l'occasion du projet de loi sur l'enseignement, une courte brochure très-remarquable, et que nous signalons avec confiance à nos lecteurs. C'est en effet l'un des écrits les plus propres à diriger dans l'appréciation de ce projet de loi les amis *pratiques* de la liberté d'enseignement ; ceux que l'amour d'un *mieux* qui sera longtemps encore impossible n'aveugle pas au point de leur faire repousser avec opiniâtreté le *bien* relatif qui leur est offert en ce moment, et qui ouvrira la voie aux améliorations encore désirables, mais dont le refus prolongerait peut-être indéfiniment la domination d'un système d'instruction publique qui joint à tant de puissance pour le mal, celle plus funeste encore de lier en nos mains toute puissance pour le bien.

Nous avons lu attentivement cet opuscule : il n'était pas possible d'apporter plus de lucidité dans l'exposition ; plus de force et en même temps plus de gravité, plus de modération dans la discussion.

M. l'abbé Robitaille discute les systèmes proposés sous le prétexte d'un *mieux* utopique, par les adversaires du projet de loi. Il examine ensuite à fond le projet lui-même : il répond aux objections élevées contre ce projet, et indique les modifications qui sembleraient devoir et pouvoir y être apportées. Nous allons citer : c'est la meilleure manière de faire connaître cette brochure, que nous voudrions voir dans les mains de tous les amis de la liberté d'enseignement, de ceux surtout qu'une polémique imprudente a pu injustement prévenir et démesurément alarmer.

I. *Système du pur droit commun.* — Il établit la liberté pour tous, mais il défend en même temps à l'Etat, comme une atteinte à cette liberté, de fonder et de subventionner lui-même des établissements d'instruction.

En théorie ce système paraît « le plus raisonnable, le plus logi-
« que. » Mais n'envisager ainsi la question que théoriquement, « se
« placer en dehors des faits, ne tenir compte ni des hommes, ni des
« choses, c'est s'exposer à faire fausse route et à tomber dans de
« graves erreurs.

« La question change totalement de face, quand, du point de vue
« spéculatif où on l'envisage d'abord, on descend dans les faits pra-

« tiques, pour étudier la disposition des esprits, les intérêts d'une
« classe nombreuse et les habitudes dans lesquelles la France a vécu
« depuis de longues années. »

— Comment persuader à l'Etat qu'il n'a pas le droit, lui Etat, d'é-
tablir et de subventionner des écoles pour l'éducation de ses concitoyens? — Comment, d'un trait de plume, effacer du sol du pays ce
vaste établissement universitaire, auquel se rallient tant d'existences,
tant de positions acquises, tant d'intérêts puissants, et que protègent,
il faut bien le reconnaître, tant de sympathies ennemies et jalouses
de la liberté que nous réclamons? De telles prétentions dépassent les
limites du possible, et le système qui les élève est manifestement
impraticable.

II. — *Système de la séparation absolue des deux ordres d'enseigne-*
ment. — Il y a deux manières d'entendre cette séparation; voici la
manière de séparation la plus large : D'un côté, puisqu'il le faut,
l'université, l'enseignement officiel établis, patronnés, réglementés
par l'Etat. Mais, de l'autre, les écoles libres, l'enseignement libre,
complétement affranchis et émancipés : point de dispositions préventives, point de garanties de science et de moralité; à chacun le droit
d'enseignement sans contrôle, sans limites, sous la seule réserve de
la répression des abus par les tribunaux ordinaires :

« Je n'hésite pas à déclarer, dit M. l'abbé Robitaille, que ce système renferme des difficultés dont la solution, que je sache, n'a pas été donnée jusqu'à présent, et qu'il pourrait avoir les résultats les plus désastreux au point de vue religieux et moral.

« D'abord, comment concilier ces idées de liberté absolue avec notre pacte fondamental, l'exemption de toutes conditions préalables avec les garanties de science et de
moralité qu'il exige; la simple répression des délits, selon les formes légales applicables
à tous les citoyens, avec la surveillance de l'Etat qu'il proclame? Cette opinion a donc
pour premier inconvénient de se trouver en désaccord avec la Constitution.

« Elle a, de plus, le malheur d'aller en sens inverse des idées généralement répandues
aujourd'hui dans la classe nombreuse des hommes d'ordre. Comment vouloir la liberté
absolue dans l'enseignement, au moment où l'on se prononce si fortement contre les
excès de la presse et du droit de réunion, où de toutes parts on demande des lois sévères pour abriter la société, où l'on proclame l'impossibilité de gouverner à côté du langage agressif et révolutionnaire des journaux et des clubs? Les hommes les plus dévoués
à la cause de la libre concurrence ont eux-mêmes applaudi aux mesures de restriction
récemment adoptées par la Chambre. Ils les ont jugées indispensables, non-seulement
sous le rapport gouvernemental, mais encore dans l'intérêt de la morale religieuse. Ils
ne peuvent donc sans inconséquence rejeter toute espèce d'entraves dans l'organisation
de l'instruction, ni demander pour elle des conditions de liberté qu'ils refusent à la
presse et au droit de réunion.

« Mais admettez, contre toute évidence, que ces idées ultrà-libérales soient approuvées par la Législative, le génie du mal ne se montrera-t-il pas plus actif, plus entreprenant que le génie du bien? Ses efforts du moins ne seront-ils pas couronnés de succès plus prompts et plus infaillibles? Vous comptez d'un côté sur les lois de répression,
de l'autre sur le bon sens des pères de famille, pour faire justice des doctrines dangereuses et anti-sociales. Je crains que vous ne soyez dans la plus complète illusion.

« Il y a, j'en conviens, des pères de famille qui comprennent leurs devoirs, qui s'intéressent à l'avenir de leurs enfants et cherchent à les prémunir, par une sage éducation,
contre les séductions qui les entourent. Mais est-ce le grand nombre? La plupart, au
contraire, ne se montrent-ils pas d'une indifférence effrayante dans le choix d'un établissement d'instruction, quand, ce qui est plus terrible encore, ils ne se laissent pas di-

riger par des considérations d'intérêt matériel, de passion ou de coterie? Qu'ont-ils fait sur tous les points de la France depuis que la presse leur a révélé les dangers de l'éducation universitaire ? Quels ont été leurs efforts pour conquérir la liberté et fonder des établissements libres à côté de ceux qui leur offrent si peu de garanties sous le rapport de la conscience ? C'est le petit nombre qui a réclamé dans les journaux, qui a signé des pétitions à la Chambre, qui a ouvert sa bourse dans l'intérêt de la cause de la religion et de la société. Non-seulement on n'arriva pas à fonder de nouvelles maisons d'instruction secondaire, mais on sembla même négliger celles qui existaient depuis longtemps. Bien que rares et à de grandes distances les unes des autres, elles furent constamment assez vastes pour contenir leurs élèves et satisfaire aux vœux des populations. C'est là un fait dont on essaierait vainement d'atténuer la portée et qui ne permet pas de se laisser aller à des espérances illusoires. Aussi ceux qui quitteront les régions théoriques, qu'on me passe le mot, où ils élaborent leurs plans d'organisation, pour étudier, comme nous, la question à tous ses points de vue pratique, comprendront sans peine qu'on compromet le triomphe de la vérité en le demandant au zèle des pères de famille et à l'action des tribunaux. »

Voici l'autre mode de séparation qui est moins large que le précédent :

« Ces graves considérations, continue M. Robitaille, ont déterminé un grand nombre de défenseurs du libre enseignement à rétrécir la sphère de la *séparation absolue*, qu'ils expliquent par la destruction du monopole et l'exemption de la juridiction universitaire. Ils n'ont pas la prétention de se soustraire à toute intervention de la part de l'Etat, ni à certaines conditions préventives exigées par la Constitution. Selon eux, la liberté de la science consiste dans l'entière indépendance de toute corporation rivale et dans l'absence de toute sujétion qui tendrait à créer un privilège à leur préjudice. »

III. — C'est à ce point de vue que M. Robitaille examine le projet de loi. Laissons-le parler :

« Si nous reconnaissons qu'une pensée libérale a constamment dirigé les hommes éminents dont nous examinons le travail ; si leur œuvre, gênée dans sa marche par une foule de difficultés graves, est néanmoins marquée au coin d'un véritable progrès ; si elle améliore notablement la situation actuelle sans engager l'avenir ; si enfin le projet, amendé par la commission de l'Assemblée législative, repose sur de larges bases et donne à la liberté de nombreuses garanties, bien qu'il ne contienne pas toutes les franchises que nous avons le droit de réclamer, alors notre devoir sera de nous grouper autour de ceux qui ont pris une si délicate initiative et de les aider à compléter leur plan d'organisation, en demandant des améliorations nouvelles à la commission et à la Chambre elle-même.

« Arrivons à l'examen du projet.

« Est-il vrai qu'il établisse une véritable séparation entre les deux enseignements public et privé, au point de vue des principes que nous avons posés plus haut ? La réponse ne saurait être douteuse, selon nous. L'Université, en effet, n'apparaît pas une seule fois dans les nombreux articles de la loi projetée. Tout s'organise en dehors de son action ; tout se fonde sur des institutions auxquelles elle demeurera étrangère comme corporation ; nulle part elle n'est appelée à en donner l'interprétation, ni à en faire l'application pratique. L'instruction publique et l'instruction privée marchent à côté l'une de l'autre sur des lignes parallèles, sans se rencontrer ni se combattre. Toutes deux, dans la mesure de leur force et de leur zèle, distribueront la science sous leur responsabilité particulière et le seul contrôle de l'Etat. On pourrait les comparer à deux fleuves formés à des sources diverses et portant aux régions qu'ils parcourent leurs eaux fécondantes, sans s'absorber ni se confondre jamais.

« Mais, dit-on, la séparation n'est qu'apparente. La suprématie universitaire, légalement détruite, existe toujours en fait. Ce corps fameux renaît de ses cendres, et l'on retrouve son estampille au front des chefs des établissements libres, sur la porte de leurs maisons, sur leurs méthodes, et sur leurs livres. C'est encore lui qui compose le programme, forme le jury d'examen, inspecte les écoles et tient la férule. Le monopole reste donc ce qu'il était.

« Nous croyons que ces accusations manquent de fondement, et qu'il est facile de s'en convaincre, pourvu qu'on veuille traiter la question avec le calme de l'impartialité. Dans l'hypothèse de l'intervention de l'Etat, soit pour imposer des garanties scientifiques et morales, soit pour s'assurer des conditions hygiéniques des établissements, soit pour réprimer les abus qui pourraient s'y introduire, il est nécessaire de former des commissions spéciales dans le sein desquelles devront être discutées toutes les questions relatives à ces importantes matières. Que peut-on raisonnablement exiger du gouvernement dans de semblables créations? C'est qu'il donne satisfaction à tous les vœux légitimes, en sauvegardant les intérêts divers par un choix de personnes sages, éclairées et indépendantes, de manière à ce que ces assemblées soient des tribunaux intègres où l'on se présente avec la conviction que justice sera faite également pour tous.

« Or, que fait le projet à cet égard? Au sommet de la hiérarchie il établit un conseil composé de vingt-six membres, dont huit seulement auront appartenu à l'Université et où, par conséquent, elle ne conserve pas la prédominance, puisqu'elle ne compte qu'un tiers de ses anciens membres, désormais indépendants d'elle par leur position, et ayant en face des collègues, une fois plus nombreux, pris dans tous les rangs de la société, dans le clergé, la magistrature, les corps savants et l'instruction libre. D'ailleurs, les attributions de ce conseil supérieur vis-à-vis de l'enseignement privé se résument dans la confection des réglements relatifs à la surveillance, l'interdiction des livres dangereux, et la connaissance des affaires contentieuses. Les suites de son hostilité seraient donc peu redoutables, si, contre la nature même des éléments qui le composent, il s'abandonnait jamais à l'esprit de parti.

· « Un conseil académique est formé au chef-lieu de chaque département, avec la mission d'examiner les candidats au brevet de capacité, ou de nommer un jury spécial à qui ce soin serait confié. On conçoit combien il est important pour le libre enseignement de trouver dans cette assemblée des garanties de parfaite impartialité et d'indépendance à l'abri de tout doute. Mais aussi il serait difficile peut-être de rencontrer dans un tribunal quelconque des gages plus rassurants sous ce rapport. L'Université n'y envoie que deux membres; encore un des deux, le recteur, peut être pris hors de son sein. Quatre conseillers du département prennent place à côté de l'Evêque et d'un ecclésiastique de son choix, d'un magistrat et du préfet. Comme on le voit, la société y est représentée par ce qu'elle offre de plus recommandable et de plus digne de la confiance publique.

« Un corps d'inspecteurs complète la série des autorités préposées à l'enseignement, et sera pris indistinctement parmi les membres de l'instruction publique et privée. On conviendra, du reste, qu'il est peu intéressant de discuter sur la portée du choix de ces fonctionnaires, si on se rappelle que l'inspection, dans les établissements libres, se borne à la moralité, à l'hygiène et au respect des lois, et n'atteint en aucune manière ni la marche des études, ni les vues des professeurs.

« Je demande si ces diverses institutions ont de quoi légitimer les alarmes des adversaires du projet. Aurait-on voulu que, quand l'Etat conviait, pour former ces comités, toutes les forces intellectuelles de la France, il laissât de côté, comme incapables ou entachés de suspicion, les membres de l'Université? Que l'on exige qu'ils n'y soient qu'en petit nombre, et dans les mêmes proportions d'influence que les éléments divers dont ils sont formés, rien de plus juste; mais les exclure entièrement ç'eût été de l'intolérance et de l'injustice; car, s'il est nécessaire que le monopole odieux que nous combattons ne sorte jamais de ses ruines, il faut aussi se garder de faire de l'exclusion et du privilége d'aucune sorte. »

M. Robitaille examine ensuite si l'Etat se montre trop exigeant à l'égard des établissements libres, et si les conditions qu'il leur impose ne sont pas au contraire très-faciles à remplir et compatibles avec une vraie et franche liberté, et il conclut ainsi cet examen :

« Nous pouvons résumer tout ce que nous venons de dire et montrer la situation faite à la France par le nouveau projet, en mettant les conditions qu'il exige en regard de celles par lesquelles il fallait passer autrefois pour ouvrir et diriger une maison d'instruction secondaire. Toute la question est là.

« Que faut il aujourd'hui pour une maison de plein exercice? Remontons au point de départ. Celui qui aspire à la direction d'un établissement de ce genre doit : 1° avoir suivi le cours d'un collège universitaire, ou en d'autres termes présenter un certificat d'études ; 2° devenir bachelier ès-lettres de par l'Université, chargée seule de lui conférer ce grade ; 3° licencié ès-lettres ou ès-sciences, toujours par la grâce de l'Université ; 4° déclarer qu'il n'appartient à aucune congrégation non reconnue par l'Etat ; 5° s'adjoindre tous professeurs, directeurs et maîtres d'étude diplômés ; 6° en avoir au moins deux ou trois avec le grade de licencié.

« Arrivé là après des efforts inouïs, commence une série de difficultés nouvelles, parmi lesquelles nous ne signalerons que l'*autorisation préalable*, ou le droit d'ouverture laissé au bon plaisir du ministre, jugeant et statuant sur un rapport du recteur, hostile par position à la demande du postulant : formalité tellement arbitraire, que souvent on a vu des chefs d'établissement offrant toutes les conditions exigées par le grand-maître, lutter vainement pendant plusieurs années contre le mauvais vouloir d'un subalterne, et abandonner enfin une carrière dont l'entrée leur avait été rendue impossible.

« Quand, au prix de mille sacrifices, la création d'un établissement a été réalisée, il faut se soumettre aux règlements, prescriptions et arrêtés universitaires dont la seule nomenclature ferait des volumes ; subir des inspections fréquentes, s'étendant aux programmes, aux méthodes, aux progrès des élèves, à la conduite des maîtres, et descendant jusque dans les plus infimes détails de l'intérieur d'une maison. Voilà un faible tableau des obstacles et des tracasseries semés sur la route de l'enseignement, et qui abattent souvent les plus mâles courages. Mettons en regard la situation qui nous sera faite par le projet.

« S'il est adopté avec les améliorations de la commission de la chambre, il n'y aura plus de certificats d'études, plus de nécessité de licence, ni même du diplôme de bachelier ; plus de déclaration de conscience, plus d'autorisation préalable, plus d'inspection, si ce n'est pour l'hygiène et les lois ; liberté complète de méthodes, de direction et du choix des maîtres, quels qu'ils soient ; nulle autre exigence qu'un brevet de capacité et un stage de cinq ans pour le chef d'établissement, *lui seul*, qu'on s'en souvienne. C'est à ces deux seules conditions qu'on pourra désormais fonder par toute la France des collèges de plein exercice. »

Conçoit-on après cela que des amis, des défenseurs de la liberté d'enseignement puissent se rencontrer encore, qui préfèrent à une mesure de liberté déjà si satisfaisante, quoiqu'elle pût l'être davantage ; qui y préfèrent, quoi? le *statu quo*, ce système corrupteur et exclusif, ouvert depuis un demi-siècle, comme un abîme, devant les pas des jeunes générations, et contre lequel les catholiques et tout l'Episcopat ne cessent depuis vingt ans de réclamer ! Voici comment s'exprime M. Robitaille, au sujet de cette inconcevable préférence :

« Il y a des gens que les restrictions apportées au droit d'enseigner blessent si vivement, qu'ils se sont déclarés les adversaires irréconciliables du projet. Et ils poussent si loin leurs répugnances, qu'ils lui préfèrent le *statu quo*, sous prétexte que la position actuelle de l'Université, ne reposant pas sur des bases légales, peut être l'objet de perpétuelles attaques, tandis qu'elle trouvera dans la loi nouvelle une existence définitive.

« J'avoue que cette résolution m'étonne et m'effraie tout à la fois. Quoi! c'est vous, hommes de dévouement et de liberté, ennemis jurés du monopole, dont vous avez mille fois signalé à la France les effets lamentables, auquel vous avez à juste titre demandé compte de l'abâtardissement des intelligences, de l'affaiblissement de la religion et de la ruine des mœurs ; c'est vous qui réclamez le maintien du *statu quo*? Vous aurez le droit de l'attaquer, dites-vous, et vous avez l'espoir de vaincre. Mais quelle époque assignez-vous à votre triomphe ? Voilà cinquante ans que le colosse universitaire est battu en brèche, et il a résisté à tous les assauts qu'on lui a livrés. Il a fallu pour compromettre son existence que les fondements du monde fussent ébranlés et qu'on pût ne pas le croire étranger à ce cataclysme universel. Qu'arrivera-t-il, si les esprits se rassurent, si les populations retombent dans l'apathie, si la bourgeoisie retourne à ses anciens préjugés? Oh! vous recommencerez la guerre avec un nouveau courage; vous vous tiendrez constamment sur la brèche, et l'on vous verra partout à la tête de vos frères, leur donnant l'exemple du désintéressement et de la vaillance! Nous n'en doutons pas. Mais pendant ce temps le monopole fera son œuvre, il amassera de nouvelles ruines et creusera peut-être le tombeau de votre patrie. »

(*La fin à un prochain numéro.*)

Liturgie romaine.

Mgr l'Archevêque de Reims, qui rétablit dans son diocèse la liturgie romaine, avait depuis quelque temps conçu le projet de faire publier des livres de chant romain plus conformes au véritable chant grégorien que les livres actuellement en usage. Son Éminence le Cardinal-Archevêque de Cambrai étant entré avec empressement dans cette utile pensée, les deux Prélats ont nommé une commission qui a déjà arrêté les principales bases de cette importante publication. Des découvertes heureuses ont été faites, des essais ont été tentés et couronnés d'un plein succès.

N. S. P. le Pape Pie IX a bien voulu encourager cette entreprise. Nos Seigneurs les Archevêques de Reims et de Cambrai ont eu principalement en vue l'utilité de leurs diocèses, mais ils auront rendu un service éminent à toute l'Église. Les personnes qui voudraient avoir de plus amples renseignements sur cette publication pourront s'adresser à la librairie de MM. Jacques Lecoffre et compagnie, rue du Vieux-Colombier, 29.

NOUVELLES RELIGIEUSES.

DIOCÈSE DE CAMBRAI. — Notre Saint-Père le Pape vient d'adresser la lettre suivante à une jeune aveugle du pensionnat de Lille, qui avait écrit à Sa Sainteté au nom de ses compagnes d'infortune et des sourdes-muettes élevées par les Filles de la Sagesse :

PIE IX, SOUVERAIN-PONTIFE.

« Chères Filles en Jésus-Christ, salut et bénédiction,

« Votre bonne lettre du 9 avril ne Nous est parvenue que longtemps après sa date; mais il Nous en coûterait, chères Filles en Jésus-Christ, de mettre le moindre retard à vous en remercier, car Nos paroles sont insuffisantes pour exprimer tout ce que Nous a causé de consolation cette lettre écrite, au moyen de procédés ingénieux, par une de vos compagnes aveugle de naissance, et dans laquelle, toutes comme réunies en un seul cœur, vous avez voulu Nous offrir vos salutations et Nous prouver votre respectueuse et filiale piété pour Nous.

« Ces sentiments, vous les avez puisés, avec les éléments de la doctrine chrétienne et les principes d'une sainte vie, dans les leçons d'habiles et bonnes maîtresses, qui se glorifient d'être les Filles du vénérable serviteur de Dieu, Louis Grignon de Montfort.

« Nous vous félicitons bien vivement, vous et vos maîtresses, chères Filles en Jésus-Christ, de cette excellente éducation qui vous forme au service de Dieu et à toute œuvre utile et noble. Nous ne doutons pas que vous ne répondiez, par une application constante, aux soins si grands et si patients que vos maîtresses ne cessent de donner à votre instruction.

« Ayez confiance dans le Seigneur, chères Filles en Jésus-Christ; plus vous mettrez de zèle à garder ses divins commandements et à supporter les maux, afflictions et calamités de cette vie terrestre, plus vous vous préparerez de gloire dans le ciel, dans ce séjour de la bienheureuse immortalité, où pour prix des privations et des peines bien supportées, vous recevrez un bonheur immense et éternel.

« En attendant, Nous vous donnons, avec une affection toute particulière de Notre âme, à vous chères filles en Jésus-Christ et à toutes vos compagnes, ainsi qu'aux religieuses vos pieuses maîtresses d'alors et d'à présent, Notre bénédiction apostolique, comme garant de toutes les grâces célestes et comme preuve de Notre affection paternelle pour vous toutes.

« Donné à Naples, faubourg Portici, le   octobre 1849, de Notre pontificat le quatrième.   PIE IX, PAPE. »

DIOCÈSE D'ALGER. — Le choléra continue toujours à faire ses ravages en Algérie. Le R. P. Jourdain, ancien provincial de Lyon, et maintenant supérieur des missions d'Afrique, vient d'en être atteint à Oran. Quoiqu'il soit maintenant hors de danger, il n'a pu revenir avec Mgr l'Evêque d'Alger, qu'il avait accompagné dans cette tournée. Le fléau néanmoins a beaucoup diminué à Oran, il n'en est presque plus question à Alger ; ce sont maintenant les villes de l'intérieur qui en sont atteintes. Ainsi il meurt en ce moment beaucoup de monde à Blidah. Ce qu'il y a de fâcheux dans ces localités de l'intérieur, c'est que beaucoup de gens sont dépourvus de secours religieux; il y a bien des curés; mais ces curés, malgré leur zèle, n'ont pas reçu le don de parler toutes les langues; or nos chrétiens d'Afrique sont de toutes les nations. A Blidah, presque la moitié de la population est espagnole; il y a en outre beaucoup d'Italiens, de Maltais et même des Allemands. Il serait bien utile que l'Œuvre de la Propagation de la foi pût favoriser dans ce pays le développement des congrégations religieuses. On pourrait trouver dans leur sein des prêtres de toutes les langues, et ils n'auraient pour faire un bien immense qu'à parcourir les villes et les villages européens, en attendant qu'ils pussent se consacrer plus spécialement aux missions arabes.

SÉANCE DE L'ASSEMBLÉE.

La séance a eu aujourd'hui un intérêt vif et soutenu.

Nous avons vu successivement MM. les ministres déposer des projets de loi sur des questions importantes. M. Fould demande de pouvoir étendre la circulation des billets de la Banque de France : le chiffre actuel de 452 millions serait porté à 725. M. le général d'Hautpoul propose l'augmentation de la légion étrangère pour y faire entrer ceux des gardes mobiles qui voudront se réengager au 31 décembre 1849. L'urgence est accordée pour ces deux mesures. M. Bineau propose ensuite un projet tendant à approprier l'ancienne salle de la Chambre des députés à la tenue des séances de l'Assemblée législative : ce plan, qui fera sortir les représentants de la salle si incommode, si ingrate, si disgracieuse qu'ils occupent, a été accueilli avec une satisfaction universelle.

Enfin M. Dumas a lu les articles du projet du gouvernement sur la création d'une *Caisse nationale* de retraites pour la vieillesse.

On le voit, chaque ministre a eu son tour. C'est le dernier qui a suscité le plus d'émotion.

C'est en effet le privilège, l'heureux privilège des questions qui touchent aux intérêts des populations laborieuses, de remuer vivement l'opinion parlementaire. Voici, autant que nous avons pu la saisir à une rapide audition, les bases principales du projet de M. le ministre de l'agriculture et du commerce :

Une caisse nationale et générale serait créée, sous la garantie de l'Etat, pour servir des retraites à la vieillesse. Le capital serait formé des versements volontaires des déposants : le minimum est fixé à 50 c. et le maximum à 10 fr. par mois. Ces versements porteront intérêt à 5 p. 0|0 à partir de 10 fr. Il faudra avoir onze ans d'âge, pour commencer les versements, et le chiffre de la pension à acquérir ne s'élèvera jamais au-dessus de 600 fr. de rentes. Ces pensions seront incessibles et insaisissables. A la mort du titulaire, la moitié du capital sera remboursée à ses héritiers ou ayans-droit. Les tarifs sont établis sur une double table calculée d'après les chances de mortalité et d'après l'accroissement des intérêts accumulés, auquel on ajoute la moitié du capital versé. Jusqu'ici ces principes rentrent dans ceux de la commission saisie de l'examen de la proposition de M. Dufournel. Mais voici une grave et périlleuse innovation. Quiconque aura versé pendant cinq ans à la caisse une somme au moins égale à 25 fr. recevra une prime de 25 fr. : on pourra même en recevoir deux; mais le nombre total de ces primes de 25 fr. ne devra pas excéder 100,000. C'est en fin de compte, et d'ici à cinq ans, une somme de 5 millions dont l'Etat peut se trouver grevé : ce chiffre est déjà considérable, mais ce qui est infiniment plus effrayant, c'est le principe même que cette allocation consacre et qui est l'intervention de l'Etat dans l'œuvre de la prévoyance individuelle : c'est la bourse commune forcée légalement de pourvoir à des besoins particuliers; c'est le budget public employé à payer des pensions viagères à de simples citoyens qui n'ont rendu d'autres services à l'Etat que de veiller à leur propre avenir.

La portée de ce projet a immédiatement saisi l'Assemblée. La Montagne voulait le renvoyer au conseil-d'Etat. Ç'eût été en ajourner la discussion. Répondant au sentiment public, qui a hâte de voir des travaux sérieux et pratiques sortir de l'enceinte législative, la majorité qui d'ailleurs avait déjà eu une première délibération sur la question, l'a retenue immédiatement, et elle a voté à la fois l'urgence et le renvoi aux commissions qui étaient précédemment saisies. Cet élan, auquel le ministère s'est associé, témoigne du désir sincère et ardent qu'ont les membres de la majorité de s'occuper au plus vite des intérêts des populations laborieuses en les conciliant avec l'intérêt général.

L'Assemblée a repris ensuite la discussion sur les coalitions d'ouvriers. M. Boysset a parlé sur un sien amendement avec lequel il a essayé de jeter de la passion dans le débat. Il n'y a pas réussi ; il n'a fait qu'attirer à la tribune un orateur inconnu, dont le début a été *un succès* remarquable.

M. Barre (de Seine-et-Oise) est un simple agriculteur, plein d'esprit, plein de bon sens, vrai paysan du Danube au demeurant, pour le geste, pour le sans-façon, je dois dire aussi pour l'éloquence. Pendant près d'une heure il a captivé l'attention de l'Assemblée, excitant ses rires d'adhésion par de mordantes et naïves vérités, par des saillies de vieille gaîté gauloise, par des proverbes et même des anecdotes où brillaient le sens le plus droit et la plus saine doctrine. Cette apparition du rude et simple langage, de la causticité et de la finesse rustiques, cette intrépidité honnête et invincible, ont irrité la Montagne qui a essayé vainement de troubler et d'embarrasser l'orateur. Le vigoureux cultivateur a flagellé d'une main très-prompte et très-énergique ses interrupteurs, et ils n'ont pas osé s'y faire reprendre. Quand il les a accusés d'ameuter les braves ouvriers contre tout, « même contre le bon Dieu » les applaudissements de la droite n'ont pas même été contredits par les murmures de la gauche. C'était un véritable triomphe. Ce discours, qui sera populaire [dans les campagnes, est appelé à y faire le plus grand et le plus salutaire effet. Nous voudrions pour notre part qu'il fût répandu à profusion.

Au paysan, ami de l'ordre, la Montagne a voulu opposer le maçon et le soi-disant fermier socialiste, MM. Nadaud et Antony Thouret. Ils ont eu un échec à peu près égal, M. Nadaud surtout, quand, après avoir déploré un mal trop réel, à savoir, disait-il « que les ouvriers n'ont plus de croyances, plus de religion, » il n'a pas craint d'ajouter « que la religion fuyait les pauvres pour aller aux riches. » Cette calomnie a excité un cri général de réprobation dans la majorité.

M. Mimerel est ensuite venu exposer, en très-bons termes et avec une grande lucidité, les progrès de l'industrie du tissage, et il a cité des faits honorables d'entente amiable entre les patrons et les ouvriers au moyen de syndicats librement formés. C'est là, en effet, où est le vrai nœud de la question, et non point dans une réforme trop incomplète ou trop radicale du Code pénal. Tout ce que nous voudrions, c'est que la loi autorisât et favorisât ces associations, ces corporations libres qui préviendront le péril des coalitions.

L'amendement de M. Boysset et consorts a été rejeté. La discussion continuera demain.

Le projet du gouvernement relatif à l'appropriation de la salle de la Chambre des députés pour la tenue des séances de l'Assemblée actuelle consiste, à ce qu'il paraît, dans un petit nombre de dispositions très-simples. Il s'agit de rétrécir de quelques centimètres l'hémicycle, de gagner sur la totalité des bancs, en les rapprochant et en supprimant quelques couloirs intérieurs, un certain nombre de places. L'enlèvement des marbres qui couvrent le soubassement des colonnes, donnerait une rangée de places au pourtour. Enfin deux tambours placés à chacune des portes, laisseraient un passage obscur au-dessus duquel se poseraient plusieurs banquettes et pupitres, achevant la courbe des banquettes existantes et venant s'appuyer contre la paroi où sont les grandes portes actuelles. De cette façon on arriverait aux 750 places nécessaires. Les tribunes seraient agrandies en avançant celles du premier rang jusqu'au milieu des colonnes et fourniraient 600 places : c'était le chiffre de celles des tribunes de la salle de l'Assemblée constituante.

Ce projet n'est pas parfait; mais il vaut mieux que la construction d'une nouvelle salle dont on ne serait pas quitte à moins de plusieurs millions; il vaut mieux que le détestable hangar où campe l'Assemblée aujourd'hui.

A propos des déplorables rencontres qui ont eu lieu ces jours derniers, l'*Opinion publique* fait les réflexions suivantes qui méritent d'être reproduites :

« Tout Paris s'est donc ému pendant trois jours de combats particuliers qui, heureusement, n'ont été suivis d'aucun résultat funeste, et Paris s'inquiète à peine du sort de ses soldats, martyrs dévoués et inconnus de l'honneur et de la loi militaire, martyrs qui tombent devant l'ennemi, et dont personne ne constate par procès-verbal le courage et l'abnégation.

« Pour nous, les dangers de la situation sont indiqués par tous ces symptômes. La forme emporte le fond ; la société française n'a plus le sens moral. Car le sens moral manque là où l'on s'inquiète plus d'une rencontre particulière au bois de Boulogne que d'un combat national dans les sables du désert. »

L'Organisation du Travail.

On croyait le système de l'*organisation du travail* exilé à Londres. Si l'on accordait au journal le *Dix Décembre* l'influence qu'il s'attribue, cette utopie aurait trouvé un refuge beaucoup plus près de nous.

La feuille ultrà-bonapartiste vient de commencer une série d'articles intitulés : ETUDES SUR LE PROGRÈS, ou *Moyens à employer pour sauver la France de l'anarchie industrielle.*

Le *Dix Décembre* débute en se plaçant sous les auspices de Diderot et d'Helvétius.

Il emprunte à Diderot cette phrase qui lui sert d'épigraphe :

« Il est des choses qu'on est condamné à chercher longtemps sans pouvoir en trouver l'expression ou la définition, et dont cependant TOUT LE MONDE A L'INSTINCT. »

Et il ajoute :

« Quand Helvétius fit paraître son livre de l'ESPRIT, il se trouva une voix unanime pour dire : *qu'il avait vendu le secret de tout le monde.*

« En effet, les grandes vérités comme les grandes institutions ne s'inventent pas, ELLES S'IMPOSENT. »

Quel est donc le grand secret dont le *Dix Décembre* va nous donner la révélation ? quelle est la grande vérité qu'il va nous imposer?

« C'est révéler le secret de tout le monde que de dire : Chacun étant travailleur à des titres différents, il est urgent de RÉGLEMENTER ET D'ORGANISER LE TRAVAIL. »

L'*organisation du travail*, la *réglementation du travail*, voilà qui est très-clair.

Il est vrai que le *Dix Décembre*, tout en acceptant, en arborant le principe, proteste contre l'abus que l'on a fait du mot. Il réclame *contre* toute assimilation de ses idées avec celles des écoles socialistes existantes ; celles de Louis Blanc, de Pierre Leroux, de Fourier, sans doute. C'est l'habitude de tous les novateurs entre eux de se traiter assez mal et de se désavouer au besoin. Mais il n'y a qu'à rapprocher leurs systèmes pour juger s'ils ne sont pas frères.

Voyons donc si les théories du *Dix Décembre* sont encore de la famille dont nous venons de citer les chefs.

Le *Dix Décembre* a découvert que ce qui est le plus nécessaire à l'industrie et au commerce du pays, c'est une *administration,* un *mécanisme,* une MACHINE *qui les fasse fonctionner.* Il a même reconnu l'existence d'une *machine* de cette espèce en Angleterre. Il serait sans doute assez embarrassé d'expliquer un peu nettement la *machine* de l'Angleterre ; mais ne le pressons pas à cet égard, et demandons-lui plutôt quelle est celle qu'il réserve à la France.

Voici donc la *machine* en question :

« Cela consiste à :

« 1° Réunir les producteurs de chaque industrie, dans chaque commune, sous une présidence et un bureau électifs.

« 2° Assembler les diverses industries de la même commune dans une série nouvelle, ayant une présidence et un bureau choisis par les moyens ci-dessus.

« 3° Faire envoyer par chaque commune un délégué des industries pour représenter la commune à une série plus élevée, ayant son siège à l'arrondissement.

4° Faire, pour le département, ce qui serait effectué par la commune à l'égard de l'arrondissement.

« 5° Recommencer pour le centre du gouvernement ce qui serait fait pour le département ; de façon à avoir une Assemblée supérieure de la production, siégeant à Paris dans certaines circonstances, indiquées normalement ; et laissant aux affaires une commission *permanente* de dix membres, choisis à tour de rôle dans les délégués des assemblées générales, pour poursuivre incessamment à *l'intérieur* et à *l'étranger* les droits et les intérêts de la production. »

On voit combien ce système, dans son simple exposé, a de rapport avec les théories des saint-simoniens, l'*association* de Louis Blanc, les *séries* de M. Considérant, etc., etc.

Mais il faut savoir maintenant à quoi il s'appliquera, quel est le but qu'il doit atteindre. Continuons à citer :

« Il n'y a pas de DIFFICULTÉ ADMINISTRATIVE ET SOCIALE QU'ON NE PUT VAINCRE AVEC LES RESSOURCES PUISSANTES DE CETTE ORGANISATION.

« Les caisses de secours, de retraite, la retenue OBLIGATOIRE, si fortement repoussées par le parti rétrograde, comme d'une application impossible ou dangereuse, viendraient tranquillement se réaliser avec un mécanisme aussi simple et aussi rationnel.

« La *retenue* (forcée) serait effectuée sous la surveillance du comité de chaque industrie, et reçue par lui pour être fait ce que de droit.

« A la seconde série, — qui figure le canton dans le pendant administratif, — c'est-à-dire au comité communal des industries réunies, on peut asseoir déjà la *tontine obligatoire* des caisses de secours et de retraite.

« Toutes les questions de *chômage, coalition,* CRÉDIT-OUVRIER, *salaires,* enfin tout ce qui nous menace ou nous donne de la joie, de l'espérance, alternativement, trouverait là une satisfaction complète. »

Ceci est-il, oui ou non, du socialisme ? et du socialisme le plus pur ?

C'est-à-dire que, grâce à ces fameuses *séries,* on voudrait établir sur les ouvriers de véritables *impôts* sous le titre de *retenues* obliga-

toires et sous le prétexte de *secours mutuels*, de *caisses de retraites*, etc.
Et en même temps, on *imposerait* des prescriptions souveraines pour
les *salaires*, pour les *tarifs*, etc., pour tout le commerce, toute l'industrie, toute la production.

Qu'est-ce que l'auteur de ce système peut envier à MM. Pierre Leroux, Louis Blanc, Considérant, Pelletier et aux autres !

N'est-ce pas dans toute son étendue, et avec toutes ses impossibilités et tous ses dangers, la même chimère ?

Et cette périlleuse chimère, c'est un journal, soi-disant dévoué au
Président de la République, qui la reprend à son compte et qui la
ressuscite avec cette hardiesse !

Sera-t-il donc permis au *Dix Décembre* de compromettre à ce point
ceux qu'il prétend servir ?

Ou bien serait-il vrai que le socialisme, après avoir été repoussé
par en bas, tâche maintenant de revenir par en haut !

Qu'il le tente, c'est tout naturel ; mais qu'il se vante d'être accueilli
avec faveur et vu avec bienveillance, est-ce possible !

On ne devrait pas laisser subsister sur ce point l'ombre d'un
doute.

On lit dans le *Tempo* de Naples, journal dont l'opinion et les renseignements ont une grande valeur :

« En ce qui concerne la question romaine, le Message est sans aucune application. La politique du Saint-Siége étant invariablement tracée, elle grandirait
encore à l'occasion, mais *elle ne fléchirait pas*. Elle a pour elle l'appui de l'Europe et même celui de l'Assemblée législative française, véritable et dernière
expression de la France consultée ; elle n'aurait donc pas besoin de se réfugier
dans sa conscience et dans son droit pour triompher ; car personne ne songera à
lui créer des obstacles et à compliquer une situation prête à se simplifier.

« Nous savons, d'ailleurs, les diverses protestations par lesquelles le Président
de la République française a démenti lui-même les fausses interprétations que
l'on attribuait à sa lettre, et les assurances *qu'il a personnellement* données au
corps diplomatique à Paris. Nous nous reposons donc sur la parole et sur le bon
sens du prince Louis-Napoléon Bonaparte, et nous espérons que les préparatifs
du retour du Saint-Père dans ses Etats se feront en même temps que l'on préparera, d'un commun accord, l'évacuation des Etats de l'Eglise. »

Bulletin de la politique étrangère.

PIÉMONT.— On écrit de Turin, au sujet de la dissolution du parlement piémontais, qui a été prononcée comme nous l'avions bien
prévu :

« La majorité de la chambre qui vient d'être dissoute devrait, il
nous semble, avoir épuisé toutes les formules qui peuvent séduire
un électeur de bonne foi. Ils ont été démocrates et nous ont donné
la journée de Novare. Ils ont été hommes de modération et de bon
sens, et nous ont donné une session qui restera comme un exemple

éternel d'humiliation pour le régime constitutionnel. Ils ont été partisans ardents de liberté, et ils auraient rendu à cette heure la liberté impossible parmi nous, comme elle l'est devenue dans d'autres pays, si Victor-Emmanuel n'avait pas eu le courage de maintenir et de fortifier tout ce qu'ils ont cherché à détruire.

« Il reste aux électeurs à choisir entre un roi qui les appelle et les rassure, et un parti qui, pour preuve de sa loyauté et de son attachement au principe constitutionnel et monarchique, a commencé par abuser si étrangement de ses droits en faisant l'apothéose de la révolte, et en la personnifiant dans un nom que l'amnistie avait pu couvrir, mais que l'opinion avait condamné. Aux électeurs maintenant de décider entre des hommes qui leur ont donné dans les deux dernières sessions de si splendides preuves de leur sagesse politique, de leur modération et, comme ils le disent, de leur *candeur et de leur désintéressement*, et un gouvernement auquel ils ne pourraient reprocher que la froide patience de celui qui est prêt à subir tous les sacrifices possibles, pourvu que le pays soit sauvé ; un gouvernement à qui ces hommes ont tout disputé ou refusé, impôts, appui, confiance, à qui ils ont refusé jusqu'à la sanction d'une paix que la force nous a imposée, et dont eux-mêmes reconnaissent l'urgence et la nécessité.

« Nous croyons qu'il faudrait être aveugle pour ne pas reconnaître que le temps de ces hommes est passé. Il a fallu cette triste expérience pour s'en convaincre. Espérons que ce sera la dernière. »

ASSEMBLÉE LÉGISLATIVE.

Séance du 26 novembre. — PRÉSIDENCE DE M. DUPIN AÎNÉ.

A deux heures et demie, la séance est ouverte.

M. DE FLAVIGNY dépose un rapport sur la proposition de M. Charras, tendant à vendre au profit de l'Etat les diamants de la couronne.

L'Assemblée adopte sans discussion l'ouverture d'un crédit supplémentaire de 624 fr. 61 c., devenu nécessaire pour solder les fournitures faites aux cours et tribunaux de nouveaux timbres et cachets à l'effigie de la République.

L'ordre du jour appelle la discussion d'un projet de loi tendant à ouvrir au ministre des travaux publics un crédit en augmentation des restes à payer des exercices clos 1845, 1846 et 1847, et d'un autre crédit pour le paiement des créances appartenant à des exercices périmés.

Art. 1er. Il est accordé au ministre des travaux publics, en augmentation des restes à payer des exercices 1845, 1846 et 1847, un crédit supplémentaire de 55,623 fr. 92 cent., montant des nouvelles créances constatées sur ces exercices.

Art. 2. Il est ouvert au ministre des travaux publics, sur l'exercice 1849, pour le paiement des créances d'exercices périmés, un crédit extraordinaire spécial de 114,228 fr. 31 c. (Adopté.)

L'ordre du jour appelle la deuxième délibération sur la proposition de M. Charras, relative aux promotions dans la Légion-d'Honneur.

L'Assemblée décide qu'elle passera à la troisième délibération.

M. BINEAU, ministre des travaux publics, dépose un projet de loi portant crédit de 60,000 fr. destinés à approprier le local de l'ancienne chambre aux travaux de l'Assemblée législative.

M. LE GÉNÉRAL D'HAUTPOUL, ministre de la guerre, dépose un projet de loi tendant à l'ouverture d'un crédit pour la formation d'un quatrième bataillon de la légion étrangère.

M. FOULD, ministre des finances, propose une loi pour étendre la circulation des billets de la Banque de France. Par ce projet, le maximum de l'émission fixé par les décrets antérieurs à 452 millions, est porté à 795 millions.

L'Assemblée adopte l'urgence.

M. DUMAS, ministre de l'agriculture et du commerce, lit un projet de loi sur les caisses de retraite pour la vieillesse. (Mouvement.)

M. le ministre demande que le projet nouveau soit renvoyé à la commission qui a élaboré le projet primitif.

M. BENOIST D'AZY. La question a déjà été examinée par deux commissions; le renvoi à une troisième commission retarderait de plusieurs mois. L'urgence s'explique par les circonstances et par le besoin qu'on a de cette loi. Un grand nombre d'associations industrielles attend la solution de cette question pour pouvoir s'occuper du sort à venir de leurs ouvriers.

Je demande le renvoi à la même commission et l'urgence.

M. CHEGARAY. Le gouvernement ne peut substituer un projet nouveau à celui qui était émané de notre initiative.

Je demande que nous marchions résolument à notre but, et que le pays nous voie travailler pour le bien des classes ouvrières, indépendamment de l'impulsion et de la coopération du gouvernement. (Très-bien! à gauche. — Longue agitation.)

M. ROUHER, ministre de la justice. Le gouvernement n'a pas l'intention d'enlever à l'Assemblée législative le mérite de la proposition, il vient s'y associer. (On rit à gauche.) Que la pensée du bien que nous voulons tous faire, cette pensée qui nous est commune à tous, couvre et fasse disparaître cette vaine question d'initiative.

L'Assemblée, consultée d'abord sur l'urgence, se prononce affirmativement. Elle renvoie ensuite le projet à la même commission.

L'ordre du jour porte : Troisième délibération sur la proposition de MM. Doutre, Benoît et autres, relative à l'abrogation des articles 414, 415, 416 du code pénal.

MM. FAURE (Rhône), Gilland, Benoît, Bandsept, Doutre, C. Boysset, ont proposé un amendement d'après lequel toute coalition d'ouvriers ou de patrons pourra être déférée aux conseils de prud'hommes par l'une des parties intéressées.

M. BOYSSET attaque vivement le projet qu'il accuse d'être une violation de la liberté des ouvriers.

M. LE PRÉSIDENT. Accuser une commission de l'intention de violer la liberté, c'est une odieuse injure.

(Nous donnerons demain le spirituel et remarquable discours de M. Barre. Une courte analyse n'en donnait pas une idée assez juste et il mérite mieux.)

M. NADAUD. J'adresserai au gouvernement une seule demande : A-t-il connaissance des jugements rendus par les prud'hommes ? Sur quatre-vingts procès qu'ils jugent, les ouvriers en gagnent cent. (On rit.)

Une voix : Vous voulez dire que sur cent procès, les ouvriers en gagnent quatre-vingts.

M. NADAUD. Oui, je me trompe.

Aujourd'hui, ajoute M. Nadaud, à qui les ouvriers ont-ils affaires? à des entrepreneurs qui pressurent les ouvriers; et ils ne peuvent faire autrement, parce qu'ils font trop de rabais sur les adjudications. Puis ils ne peuvent payer les ouvriers, les font attendre trop souvent, leur donnent seulement des à-comptes qui ne peuvent servir au ménage et qui vont se perdre chez les marchands de vin.

En 1845 l'honorable M. Berryer, plaidant pour les ouvriers charpentiers, a bien déclaré lui-même que la coalition des entrepreneurs n'était guère saisissable, et qu'il espérait qu'il viendrait un temps où les ouvriers pourraient gagner 5, 6 et 7 fr.

Eh bien! c'est ce qui n'a pas lieu; les ouvriers sont forcés de signer avec les entrepreneurs un salaire de trois francs, et quelquefois de quarante sous; car quand on ne veut pas être voleur et qu'il faut vivre, on accepte tout.

Messieurs, je crois que l'Assemblée sera la mère des ouvriers, et qu'elle voudra, en renvoyant la juridiction aux prud'hommes, établir bien nettement aux yeux de tous l'égalité devant le travail.

M. DE VATIMESNIL parle encore contre l'amendement. Selon ses auteurs il a pour ut de réduire toute coalition à un procès civil, tandis qu'elle doit donner lieu à un rocès correctionnel.

M. Antony Thouret réclame la parole. (Aux voix! aux voix!)

M. ANTONY THOURET. Je n'en ai que pour trois minutes. Je viens soutenir qu'il 'y a pas de coalitions en agriculture. (Bruit.) Il n'y a pas de coalition parce que les uvriers agriculteurs sont disséminés. On dit qu'ils recevaient 300 fr. par an et qu'ils eulent avoir 1,200 fr. en se mettant en condition. Moi, je déclare que les meilleurs ouvriers dans mon département, dans celui du Nord, ne gagnent que de 40 à 50 c. par ur avec leur nourriture.

Une seule coalition peut être citée; et quelle est-elle? Celle des coupeurs de moissons. Je les connais, ce sont des ouvriers de mon département qui ont fait 150 lieues, i qui après avoir travaillé pendant six semaines n'ont rapporté chez eux que de 80 à)0 fr.

On s'élève contre les coalitions, et l'on dit que les juges seront toujours libres de juer les intentions. Ils ne seront pas plus libres qu'ils ne l'ont été dernièrement dans un rocès jugé récemment à Lille. Des ouvriers s'étaient associés, non pas pour demander ne augmentation de salaire, mais pour demander que l'ouvrage fût mesuré. Les ouvriers étaient payés au mètre. Eh bien! en présence du texte de la loi, les ouvriers furent condamnés, et cependant il a été constaté par le conseil des prudhommes que les uvriers étaient volés. (Exclamations) Oui, volés, c'est la vérité.

M. MIMEREL soutient que M. Thouret se trompe en citant comme récent le fait dont a parlé; ce fait date de 1839. Toutes les coalitions sont la ruine de l'industrie qui ieurt dans l'agitation et ne prospère que dans le calme. Aussi faut-il adopter, pour la rospérité de tous, l'avis de la commission, et maintenir lesart. 414, 415 et 416 du Code énal. (Aux voix! aux voix!)

M. Lagrange monte à la tribune au milieu des réclamations les plus nombreuses. En n il se décide à quitter la tribune.

L'Assemblée prononce la clôture.

Le scrutin, demandé sur l'amendement, a lieu et donne le résultat suivant :

Pour, 166; contre, 404.

L'Assemblée a rejeté l'amendement.

La séance est levée à six heures un quart.

Chronique et Faits divers.

Il est de nouveau question d'un message du Président de la République. On en xe la date au 30 de ce mois.

— Une certaine agitation règne aujourd'hui dans le monde des affaires. Elle ésulte de deux causes principales : les démissions de MM. de Lamoricière et i. de Beaumont, et le bruit qui court de nouvelles complications dans la ques- on d'Orient.

— Un redoublement de surveillance a lieu de la part de la police vis-à-vis des geurs et des hôtels garnis. Le but de ces précautions est d'empêcher le séjour landestin à Paris des entrepreneurs d'élections de tous les pays. La route de Ge- ève est particulièrement surveillée.

— Le plus jeune élève admis cette année à l'école militaire de Saint-Cyr est I. de Lambilly, appartenant à l'école de Pont-Levoy. Il venait d'être reçu bachelier ès-lettres, avec mention honorable, quelques jours avant l'examen défini- if pour l'admission à Saint-Cyr. Les cours préparatoires aux écoles spéciales, ondés à l'école de Pont-Levoy, n'ont qu'une année d'existence. Le professeur hargé de ces cours, M. Monnier, a présenté en même temps un autre élève, I. de Gourcy, qui a été également admis.

VARIÉTÉS.

Mon ami Bernard.

Il y a des amis de trois catégories distinctes, ceux qu'on aime, ceux qu'on n'aime pas, et ceux qu'on déteste. Mon ami Bernard appartient à la deuxième catégorie. C'est un de ces camarades de collége que l'on rencontre à plusieurs années d'intervalle, à qui on serre la main en leur disant : «Mon cher » et en les tutoyant, et qui à la faveur de cette familiarité vous ont prié de leur avancer un jour cent francs, que vous n'espérez jamais revoir. Mon ami Bernard, qui se qualifie homme de lettres, après avoir été étudiant pendant un nombre d'années démesuré, a mené longtemps, à Paris, une existence assez problématique, à laquelle l'emprunt servait de base. Les plus riches gouvernements ne vivent pas autrement, ce qui excuse peut-être le système financier de mon ami Bernard. Il avait fait ses premières armes littéraires dans un petit journal de théâtres, où il vantait intrépidement toutes les pièces et tous les acteurs ; mais le flambeau de cette haute et lumineuse critique, je devrais dire le quinquet s'éteignit un soir faute d'huile, et mon ami Bernard se retourna vers les journaux politiques. Les habitudes d'estaminet, les parties de billard et de dominos, la fréquentation des foyers de spectacles lui avaient fait de nombreux amis parmi les journalistes de toutes les couleurs, ce qui facilita ses débuts. En bon enfant qu'il était, sans fiel et sans parti pris, il porta tour à tour sa collaboration du *Constitutionnel* à la *Quotidienne*, et de la *Quotidienne* à la *Réforme*. Le succès fut médiocre, et le profit égal au succès. Enfin, une faveur inespérée de la fortune lui échut. Au mois de janvier 1848, parmi les plus ardents ministériels de la chambre des députés, il retrouva encore un ami de collége. Grâces à sa recommandation irrésistible, il parvint à se caser au ministère de l'intérieur, bureau de l'esprit public, aux appointements de trois cents francs par mois, qui devaient courir à dater du 1er mars. Son travail consistait à rédiger, pour les journaux de préfecture des 86 départements, des articles à la louange du ministère.

On comprend la joie de mon ami Bernard. Pour la première fois de sa vie il allait gagner un traitement fixe et régulier, et sans perdre le droit de s'intituler homme de lettres, ce qui est le plus grand chagrin des talents méconnus qui passent de la littérature à la bureaucratie. Le mot magique d'appointements, qui a pour les fournisseurs quelque chose de saisissant et surtout de saisissable, rétablit chez le tailleur, le bottier, le restaurateur, un crédit plus qu'ébranlé. Mon ami Bernard se fit habiller de neuf, donna un grand dîner suivi d'un punch flamboyant, puis se mit consciencieusement au travail. Cette besogne lui plaisait ; il était organisé pour la louange, et son cœur sympathique y épanchait tout naturellement sa reconnaissance. Il se mit donc à célébrer chaque jour avec feu, avec exaltation le génie de M. Guizot et les vertus de *M. Duchâtel*, gourmandant l'opposition, raillant impitoyablement les banquets et les banqueteurs, et déployant une verve d'hyperbole que son chef de bureau dut plus d'une fois modérer. Même un de ses articles, inséré dans le journal de Cahors, où le député du lieu était maltraité d'une manière assez vive, eut l'honneur d'être dénoncé à la tribune avec indignation, et désavoué par le ministère après une discussion orageuse. Mon ami Bernard, présent à la séance, trépignait de bonheur en acquérant le sentiment de sa force et de son importance ; et aussitôt après, taillant sa meilleure plume, il louait l'éloquent ministre de l'avoir désavoué, et persiflait les susceptibilités de l'honorable de Cahors qui avait cru devoir se plaindre à la Chambre des impertinences d'un obscur folliculaire.

On voit que mon ami Bernard était en bon chemin, quand le 24 Février vint faire éclater entre ses mains son écritoire. Il demeura quelques jours étourdi, et comme hébété. Il n'était pas le seul. Il perdait à la fois ses protecteurs, sa place, et tout le fruit de ses exploits. Il n'avait fait qu'entrevoir la terre promise des appointements fixes, qui au moment où il allait y mettre enfin le pied, fuyait devant lui et disparaissait dans les nuages. Il eut un moment de découragement. Mais bientôt il se ressouvint de ses amis de la *Réforme*, devenus tout-puissants. Il courut leur offrir ses services, leur rappela qu'il était de la *veille*, et à ce titre fut expédié d'emblée dans le département de l'Ardèche, en qualité de commissaire, muni des pleins pouvoirs que vous savez. Jamais homme ne fut plus étonné et plus embarrassé de sa puissance. Il n'y voulait pas croire, et ouvrait de grands yeux en lisant les fameuses circulaires qui lui apprenaient son omnipotence. Il n'en abusa pas, ne leva aucun impôt, n'excommunia aucun curé, ne destitua aucun magistrat, aucun général d'armée. Il ne demandait naïvement qu'à faire bénir la République et son administration, et prenait le bon moyen, celui de ne se mêler de rien, de ne rien changer, et de laisser fonctionner tels quels les rouages qu'il avait trouvés établis. Etranger aux plus élémentaires notions administratives, mais doux de mœurs, poli et bienveillant de manières, il n'en fallait pas davantage pour réussir complétement. Dans le genre des commissaires, il était de la meilleure espèce, celle des fainéants. Cela dura huit·jours. Les frères et amis du club de Privas étaient scandalisés de sa tiédeur. L'un d'eux, qui convoitait la place, vint par malheur à découvrir les antécédents littéraires de mon ami Bernard. Il le dénonça aussitôt en haut lieu, et en bon dénonciateur se fit adjuger sa dépouille.

Mon ami Bernard, culbuté de rechef de la manière la plus inopinée, en plein succès, quand la fortune semblait le plus lui sourire, revint donc à Paris l'oreille basse. Cette fois, pourtant, il était moins découragé qu'ulcéré. Ses instincts honnêtes, surexcités par le ressentiment de sa destitution, se révoltèrent contre les clubs et la démagogie. Il était le plus fougueux des réactionnaires. Il portait au *Pamphlet* et au *Lampion* des articles terribles, taxés à un sou la li-

gne, et même à ce taux rarement payés. Il était de la manifestation
des bonnets à poil, et s'égosillait à crier : *à bas Courtais!* au nez de
l'illustre général du peuple. Je le vis pendant cette courte et glorieuse période. Depuis plusieurs années, je ne l'avais pas rencontré,
et j'ignorais ses diverses péripéties. C'était le dimanche des Rameaux,
16 avril. On battait le rappel dans tout Paris, et je rejoignais ma
compagnie, quand un individu à barbe suspecte, les vêtements en
désordre, armé jusqu'aux dents, se débattant énergiquement au milieu d'un groupe de gardes nationaux, s'élança vers moi en réclamant mon intervention. Je reconnus mon ami Bernard, qu'on arrêtait sur sa bonne mine. Il avait un fusil de chasse en bandoulière,
deux pistolets et un sabre de cavalerie à la ceinture, une cartouchère
corse autour des reins. Je le dégageai en répondant pour lui; on lui
fit mille excuses, et il prit place dans nos rangs. C'était le plus en-
ragé des modérés. Il ne parlait que d'en finir avec les anarchistes, de
ne pas faire de quartier, de saccager tous les clubs, de fusiller Louis
Blanc, Ledru-Rollin, Blanqui et Raspail. Il regrettait amèrement
que la journée se passât sans qu'il pût brûler une amorce ou dégaî-
ner son grand sabre, et dans le défilé du soir, à l'Hôtel-de-Ville, il
se dédommagea du moins en invectivant les communistes jusqu'à
extinction de voix.

Comme la compagnie se débandait, il me remercia avec effusion
de l'avoir protégé contre les soupçons des camarades, et me témoigna sa reconnaissance en m'empruntant 20 fr. Je trouvai la demande
discrète, pour un héros si bien accoutré, et m'estimai heureux de
m'en tirer à si bon marché.

A quelques jours de là, il caressa encore la plus flatteuse espérance. Grâce aux procédés du commissaire qui l'avait remplacé, le
département de l'Ardèche ne l'avait pas oublié, et semblait vouloir
récompenser ses talents administratifs en l'envoyant à l'Assemblée
constituante. Plus d'un constituant n'a pas eu d'autres titres qu'une
comparaison semblable, et des qualités négatives analogues à celles
déployées par mon ami Bernard pendant la semaine de son procon-
sulat. Ce mouvement sympathique et spontané de l'opinion, et la
perspective des 25 fr. par jour, émurent son cœur d'une joie douce
et patriotique. Hélas ! ce fut une déception nouvelle. La candidature
de mon ami Bernard fut combattue avec fureur par les clubistes, les
journaux rouges, et la tourbe impure des courtiers électoraux. Il y
allait, disait-on, du salut de la République. On agita son nom réactionnaire comme une menace de terreur, de proscriptions, de guerre
civile sur la tête des bons habitants de l'Ardèche. A force de manœuvres, grâce aussi à quelques tricheries, on parvint à grand'peine
à détourner le courant de l'opinion tout juste assez pour faire échouer
mon ami Bernard. Il lui manqua un millier de voix. Une glorieuse
minorité de quarante mille suffrages put consoler son amour-propre,
mais ne consola pas sa bourse vide.

Depuis cette époque, j'avais perdu de vue mon ami Bernard et n'avais plus entendu parler de lui, lorsqu'un matin du mois de septembre dernier, je l'aperçus sur le boulevard. Ses habits étaient râpés, ses traits amaigris et flétris; ses yeux avaient une expression indécise et bizarre que je ne leur connaissais pas; sa barbe inculte descendait jusqu'au milieu de sa poitrine. Un feutre mou, à larges bords, couvrait sa tête. Il parut hésiter s'il s'arrêterait pour me parler, puis tout à coup rencontrant mon regard, il vint à moi en s'efforçant de sourire. Frappé de l'altération de sa physionomie, je ne pus m'empêcher de lui demander s'il avait été malade.

— Pas précisément, me répondit-il; c'est mon esprit qui est malade, et la lame use le fourreau. Tel que tu me vois, mon cher, je sors de prison, où les sbires de Changarnier m'ont jeté et m'ont laissé pourrir depuis le 13 juin.

— C'est fort désagréable, lui dis-je; mais aussi que diable allais-tu faire dans cette galère? Je t'avoue que je plains médiocrement les curieux qui vont grossir l'émeute, et qui s'y font ramasser. Ils n'ont que ce qu'ils méritent. Seulement, je m'étonne qu'on t'ait gardé sous clé si long-temps.

— D'abord il n'y avait pas d'émeute, reprit-il, et ensuite je n'étais pas là en curieux. J'étais aux premiers rangs de la manifestation; je venais avec la garde nationale et le peuple protester pacifiquement contre une violation flagrante de la Constitution.....

— Oh! de grâce, interrompis-je, réserve cette tartine pour les lecteurs de journaux. Entre amis, on ne donne pas dans de pareilles charges. Mais à propos, mon cher, est-ce que tu serais devenu socialiste?

— Sans doute, dit mon ami Bernard. Ne le savais-tu pas? Je suis retourné à la *Réforme*.

— Eh! comment le saurais-je? Je ne t'ai pas vu depuis le 16 avril de l'année dernière, ce jour où tu étais si animé contre la manifestation pacifique du Champ-de-Mars, et où tu voulais fusiller Louis Blanc et Ledru-Rollin.

Mon ami Bernard fut interloqué. Après un moment de silence, il reprit :

— C'est vrai, mon cher; je pourrais, comme tant d'autres, m'efforcer plus ou moins ingénieusement de concilier mes opinions d'aujourd'hui avec celles d'autrefois; mais j'aime mieux convenir que j'ai changé. Après tout, qui ne change pas? Je vois maintenant de quel côté sont les vrais amis du peuple, ceux qui veulent abolir la misère, et faire porter ses fruits à notre victoire de Février....

— Pardon, dis-je, te voilà qui parles encore comme un journal, et puis tu as de singuliers *lapsus* de mémoire. Je n'ignore pas ce que tu faisais de ta plume en Février, et il me semble que tu n'étais pas précisément parmi les vainqueurs.

— Eh bien! si, répartit mon ami Bernard en s'animant graduellement; j'ai contribué à la victoire en raidissant pour ma part une corde qui devait se rompre quand elle serait trop tendue. J'ai avancé le triomphe de la bonne cause en poussant à l'extrême un système caduc dont j'ai précipité la chute. Sous ce rapport donc je n'ai pas à regretter ce que j'ai fait. Au surplus, dans une société mal organisée, un homme de cœur n'a pas le choix des moyens pour vivre ; il faut bien qu'il ramasse, souvent en le maudissant, le pain qu'on lui jette, et l'on ne saurait lui en faire un crime. Si tu me reproches d'avoir gagné ma vie en rédigeant des articles de commande pour Guizot et Duchâtel, adresse le même reproche aux prolétaires qui les servaient, aux ouvriers qui vivaient de leur luxe et peut-être de leurs vices. Pauvre travailleur comme eux, paria comme eux, je n'ai pas à rougir de mon salaire. Il sied bien aux privilégiés qui nous exploitent, de venir nous chicaner encore sur la moralité de notre pitance! Leur honneur, leur vertu, leur morale, sont autant de toiles d'araignées qu'ils tendent devant nous, afin de nous sucer plus à leur aise. Je ne reconnais pas les lois qu'ils ont faites, sans nous et contre nous. Tant que la société ne sera pas organisée de manière à donner pleine satisfaction à toutes nos facultés, à assouvir cette soif de jouissances innée chez tous les hommes, c'est la société qui sera coupable des désordres individuels dont elle se plaint, et des actes mêmes qu'elle qualifie de délits et de crimes. Le voleur n'est qu'un convive impatient qui demande sa place au banquet, et prend son bien où il le trouve.

Comme il en était là de sa période, mon ami Bernard se retourna vivement, et saisit dans sa poche la main inexpérimentée d'un jeune industriel qui s'essayait au foulard. Il se mit à le rudoyer avec colère en lui tirant les oreilles, et je crus devoir intervenir.

— Pourquoi maltraites-tu cet enfant? dis-je. C'est un convive impatient qui demande sa place au banquet, et veut assouvir sa soif de jouissances. Je suis sûr qu'il trouve comme toi la société mal organisée.

ALFRED DE COURCY.

(La suite à un prochain numéro.)

BOURSE DU 26 NOVEMBRE.

Le 3 p. 100 a débuté au comptant à 56 85, a fait 57 05 au plus haut, et reste à 57.

Le 5 p. 100 a débuté au comptant à 89 55, a fait 89 50 au plus bas, et reste à 89 90

L'un des Propriétaires-Gérants, CHARLES DE RIANCEY.

Paris, imp. BAILLY, DIVRY et Comp., place Sorbonne, 2.

L'AMI DE LA RELIGION.

Nouvelles de Rome.

La lettre suivante, que nous recevons de Rome, contient des détails qui peignent bien la situation actuelle des révolutionnaires romains, et des renseignements politiques d'une haute importance :

(*Correspondance particulière de l'AMI DE LA RELIGION.*)

Rome, 20 novembre.

Mazzini, à son départ de Rome, avait laissé à nos républicains une note de conseils sur la conduite à tenir dans les circonstances présentes : renoncer à des tentatives de révolte désormais inutiles contre des forces tellement supérieures ; mais travailler sourdement les esprits, empêcher par une opposition constante la confiance de renaître et inspirer toujours la crainte d'une nouvelle révolution.

Honneur aux disciples du père de la République italienne ! Ils sont fidèles aux leçons de leur maître. Ils viennent tout dernièrement encore de nous en donner un bien triste exemple.

C'était dans l'Octave des Morts ; on célébrait dans l'église de Saint-Ignace un service solennel pour les militaires défunts. Le ministre de la guerre, un grand nombre d'officiers italiens et français y assistaient. Le sacrifice expiatoire avait été célébré au milieu du plus grand silence. Quelques personnes avaient cependant remarqué, non loin du catafalque, un groupe de jeunes gens, qu'à leurs cheveux rasés et à leur barbe démesurément longue on reconnaissait pour nos héros du jour. Trois ou quatre dames en grand deuil étaient au milieu de ce groupe. Après l'absoute, hommes et femmes s'approchent du catafalque, déposent à l'entour un grand nombre de bouquets en criant de toutes les forces de leurs poumons : *Paix aux héros qui sont morts pour l'indépendance italienne ! Vive la liberté !*

Ces cris poussés au milieu du recueillement général causèrent une stupeur difficile à exprimer. Un long murmure d'indignation répondit à cette profanation des choses saintes. Honteux et confus d'avoir échoué dans leur tentative, les auteurs de cette provocation sacrilège se dispersèrent dans la foule. Malheureusement pour plusieurs d'entre eux, ils avaient été reconnus. On parvint à en arrêter quelques-uns.

Nous venons d'avoir pour Rome deux bien tristes anniversaires : le 15, M. Rossi expirait sous le poignard d'un assassin ! Le 16, le Quirinal était assiégé !

Quiconque porte le nom Romain voudrait pouvoir effacer ces deux terribles pages de l'histoire ; et cependant il s'est trouvé des gens assez insensés, assez pervertis pour affecter une joie extraordinaire quand Rome entière aurait dû être plongée dans un deuil public. Un banquet a eu lieu où les toasts ont surpassé en infamie ceux de vos banquets socialistes de France. On rencontrait dans le Corso des jeunes gens à cravate rouge et la feuille verte à la boutonnière : c'était le signe de ralliement de nos démagogues. Ils avaient voulu organiser une démonstration de joie ; mais l'attitude de la police les a intimidés, et le soir un grand nombre d'entre eux, au lieu de paraître une torche à la main, allèrent se cacher dans la crainte d'être arrêtés.

Ces faits ne sont presque rien par eux-mêmes ; et s'ils n'étaient pas tous la conséquence d'un même principe, on les tournerait souvent en ridicule. Malheureusement, jouer avec le feu est un jeu dangereux, et les cendres ici sont encore trop chaudes pour ne pas couvrir un foyer tout prêt à faire irruption à la première occasion favorable.

Le général Baraguey-d'Hilliers est arrivé à Rome le 18 au soir. Hier matin, il a été présenté aux Cardinaux de la commission qui, dans la journée, lui ont rendu sa visite.

Le général Rostolan et M. de Corcelles vont bientôt partir ; ils laissent ici de véritables regrets : malgré toutes les difficultés du moment, ils avaient su se faire estimer et aimer personnellement. Leur position à Rome à la tête des affaires était, jusqu'à un certain point, une garantie pour les hommes d'ordre.

Quand le Pape reviendra-t-il à Rome ? Tel est le sujet de toutes les conversations. Tout était prêt pour son retour qui devait avoir lieu ces jours-ci, quand la chute du ministère et le message du Président ont ajourné les projets. Sera-ce maintenant pour longtemps ? Cela dépendra sans doute des nouvelles de Paris.

NOUVELLES RELIGIEUSES.

DIOCÈSE DE CARCASSONNE. — Une touchante cérémonie vient d'avoir lieu dans le village de La Redorte. La nouvelle église de cette paroisse a été inaugurée dimanche dernier avec une grande solennité et le concours d'une nombreuse population, accourue de tous les lieux du voisinage. C'est M. l'abbé Cros, chanoine honoraire et supérieur du petit séminaire de Narbonne, qui a procédé à la bénédiction du nouvel édifice religieux. Cet honorable et savant ecclésiastique était assisté de MM. Rouayroux frères, dont l'un est curé de La Redorte et l'autre d'Azille ; MM. les curés d'Armissan et de Rieux-Minervois, ainsi que d'autres ecclésiastiques, assistaient également à cette cérémonie. M. l'abbé Jalard, chanoine honoraire, a prêché pendant la grand'messe. Le sermon de M. Jalard a vivement impressionné la population nombreuse qui se pressait dans la nouvelle église.

DIOCÈSE DE LIMOGES. — Mgr l'Evêque de Limoges est de retour de son voyage à Paris. Le vœu que nous exprimions est accompli. Le prélat a obtenu l'étude de l'achèvement de la belle cathédrale de Limoges. Ce travail a été immédiatement confié au célèbre M. Viollet-le-Duc, et à M. Chabrol, notre compatriote, dont la haute intelligence s'est déjà révélée dans les travaux qui viennent d'être exécu-

L'AMI DE LA RELIGION.

Nouvelles de Rome.

La lettre suivante, que nous recevons de Rome, contient des dé-
ils qui peignent bien la situation actuelle des révolutionnaires ro-
ains, et des renseignements politiques d'une haute importance :

*(Correspondance particulière de l'*AMI DE LA RELIGION.*)*

Rome, 20 novembre.

Mazzini, à son départ de Rome, avait laissé à nos républicains une
te de conseils sur la conduite à tenir dans les circonstances présen-
s : renoncer à des tentatives de révolte désormais inutiles contre
s forces tellement supérieures; mais travailler sourdement les es-
its, empêcher par une opposition constante la confiance de renaître
inspirer toujours la crainte d'une nouvelle révolution.

Honneur aux disciples du père de la République italienne ! Ils sont
lèles aux leçons de leur maître. Ils viennent tout dernièrement
icore de nous en donner un bien triste exemple.

C'était dans l'Octave des Morts; on célébrait dans l'église de Saint-
nace un service solennel pour les militaires défunts. Le ministre de
guerre, un grand nombre d'officiers italiens et français y assis-
ient. Le sacrifice expiatoire avait été célébré au milieu du plus
and silence. Quelques personnes avaient cependant remarqué,
on loin du catafalque, un groupe de jeunes gens, qu'à leurs cheveux
sés et à leur barbe démesurément longue on reconnaissait pour nos
éros du jour. Trois ou quatre dames en grand deuil étaient au mi-
eu de ce groupe. Après l'absoute, hommes et femmes s'approchent
u catafalque, déposent à l'entour un grand nombre de bouquets en
iant de toutes les forces de leurs poumons : *Paix aux héros qui sont
orts pour l'indépendance italienne ! Vive la liberté!*

Ces cris poussés au milieu du recueillement général causèrent une
upeur difficile à exprimer. Un long murmure d'indignation répon-
it à cette profanation des choses saintes. Honteux et confus d'avoir
choué dans leur tentative, les auteurs de cette provocation sacrilége
e dispersèrent dans la foule. Malheureusement pour plusieurs
'entre eux, ils avaient été reconnus. On parvint à en arrêter quel-
ues-uns.

Nous venons d'avoir pour Rome deux bien tristes anniversaires :
15, M. Rossi expirait sous le poignard d'un assassin ! Le 16, le Qui-
inal était assiégé!

Quiconque porte le nom Romain voudrait pouvoir effacer ces
eux terribles pages de l'histoire; et cependant il s'est trouvé
es gens assez insensés, assez pervertis pour affecter une joie extra-

sans ajouter foi par avance à des allegations qui tendraient à faire rejaillir sur un grand et honorable parti des manœuvres qu'il désavoue hautement.

Du Baccalauréat.

Le *Moniteur* publie ce matin un document émané du ministère de l'instruction publique. C'est un nouveau *règlement* sur le *baccalauréat ès-lettres.*

Nous avions dit que M. de Parieu préparait des mesures administratives à cet égard. Ces mesures étaient, en effet, la conséquence naturelle de l'*abolition des certificats d'études ;* mais il était à espérer qu'elles seraient plus que ne le sont les modifications actuelles, favorables au principe de la liberté de l'enseignement.

A vrai dire, celles-ci sont moins la réforme que la consécration du baccalauréat tel qu'il existe aujourd'hui.

Le *règlement* de M. de Parieu a, du reste, principalement pour but de garantir la sincérité des épreuves et leur efficacité : 1° en obviant aux fraudes desquelles il résulte que certains candidats au baccalauréat font passer leur examen par des personnes qu'ils payent pour commettre ce faux ; 2° en réduisant et en simplifiant un peu le programme des questions à poser par les examinateurs en laissant aux épreuves tout le temps fixé dans ce moment pour leur durée.

Le règlement se divise en quatre titres.

Le *premier* traite des *conditions d'admission.* Le seul article important est le premier :

« Art. 1er. Pour être admis à subir l'examen du baccalauréat devant une faculté de lettres, il faut être âgé au *moins de seize ans,* produire son acte de naissance duement légalisé, et en cas de minorité, avoir le consentement régulier de son père ou tuteur. »

Ce n'est pas ici le lieu de discuter la nécessité et l'utilité de la *fixation de l'âge* exigée pour l'admission à l'examen.

Le *second titre* règle les formalités pour l'*inscription des candidats.*

Le *troisième,* relatif aux *formes de l'examen,* a plus d'intérêt. En voici les principales dispositions :

« Art. 5. Les examens sont publics et ont lieu dans la salle des séances ordinaires de la Faculté.

« Art. 6. Quatre juges prennent part aux examens, y compris le membre chargé de la partie de l'examen relative aux sciences.

« Art. 8. Les examens se composent de trois séries d'épreuves :

« 1° La composition écrite ;

« 2° L'explication des auteurs grecs, latins et français ;

« 3° Les questions orales.

« Art. 9. Pour la première épreuve, les candidats sont tenus de faire une version latine à peu près de la même force et de la même étendue que les versions *latines qui sont* données en rhétorique.

« Le même texte est dicté à tous les candidats qui doivent être examinés dans le même jour.

« Art. 10. Le nombre des candidats réunis pour l'examen de la version ne dépassera pas vingt pour chaque séance.

« Art. 11. Lorsque le nombre des candidats l'exigera, plusieurs commissions d'examen devront siéger simultanément.

« Art. 12. Un des membres de la Faculté, désigné à tour de rôle, dicte le texte de la version et préside à la composition.

« Deux heures sont accordées pour cette épreuve. Pendant ce temps les candidats restent constamment sous la surveillance de l'examinateur.

« Ils ne peuvent avoir aucune communication au dehors ni entre eux, sous peine d'exclusion, et il n'est laissé à leur disposition d'autres livres que les dictionnaires latins.

« Chaque candidat remet sa composition signée de lui à l'examinateur.

« Art. 13. La Faculté procède immédiatement à l'examen des copies, et décide, d'après cette première épreuve, quels sont les candidats qui sont admis à l'épreuve orale.

« Art. 14. Les candidats admis à la deuxième épreuve expliquent différents passages des auteurs grecs, latins et français, d'après les listes annexées au présent règlement.

« Art. 15. Chaque liste est divisée en un même nombre de numéros.

« Avant l'épreuve, il est déposé dans une urne autant de boules extraites successivement de l'urne par le secrétaire de la Faculté, et présentées par lui au président du jury d'examen, indiquant, pour chaque explication grecque, latine et française, l'auteur sur lequel elle doit porter.

« Les juges choisissent, dans le texte indiqué par le sort, les passages que doit expliquer le candidat.

« Art. 16. Pour la troisième épreuve, les candidats répondent verbalement à des questions de littérature, de philosophie, d'histoire, de géographie, de mathématiques et de cosmographie, de physique et de chimie, également désignées par la voie du sort, parmi les programmes annexés au présent règlement et d'après le mode indiqué ci-dessus. »

Nous reproduisons maintenant le titre IV : du JUGEMENT DES ÉPREUVES.

On y remarquera cette série de certificats, de décisions, de témoignages et de visas qui se succèdent avant que le jeune homme déclaré *admissible* par les juges de son examen reçoive un diplôme définitif de bachelier. On s'étonnera surtout du pouvoir discrétionnaire accordé au recteur contre les jeunes gens, après la décision des examinateurs, pour EXCÈS D'INDULGENCE.

On voit du premier coup d'œil combien d'abus entraîne cette disposition inutile dans la plupart des cas, dangereuse dans les autres.

TITRE IV.

Jugement des épreuves.

« Art. 17. La durée des épreuves, pour chaque candidat, non compris les deux heures accordées pour la version latine, sera de trois quarts d'heure au moins.

« Art. 18. D'après le mérite de la composition écrite et des épreuves orales, le jury délibère sur l'admission de chaque candidat. En cas de partage, la voix du président est prépondérante.

« *La décision des juges est proclamée en séance publique.*

« Art. 19. Tout candidat refusé ne peut se présenter à un nouvel examen que dans une autre session.

« Ce nouvel examen doit être nécessairement subi devant la même Faculté que le précédent, à moins d'une dispense expresse accordée par le recteur de l'académie dans laquelle l'examen doit avoir lieu. Le diplôme qui aurait été obtenu contrairement à cette prescription serait nul et de nul effet.

« Art. 20. La *Faculté délivre*, pour chaque candidat jugé admissible, un *certificat d'aptitude* qui doit indiquer, 1° les nom, prénoms, date et lieu de naissance du candidat ; 2° *les notes obtenues par lui dans l'épreuve de la composition;* 3° le numéro des questions qui lui sont échues dans chacune des épreuves orales, et *la manière dont il a subi lesdites épreuves. Le certificat* est signé par tous les membres qui ont pris part à l'examen.

« Art. 21. Le jury exprime son opinion sur chaque candidat par les mots *très-bien, bien* ou *assez bien,* lesquels sont insérés dans le certificat d'aptitude.

« Art. 22. Le *certificat d'aptitude,* avec les pièces déposées par le candidat, est transmis au recteur pour recevoir son *visa.* Le doyen ou le président du jury d'examen adresse en même temps au recteur le procès-verbal de chaque séance d'examen, signé par tous les juges, et un rapport sur l'ensemble des examens, et sur la force relative des épreuves. *Il y joint la composition écrite par chaque candidat.*

« Art. 23. Si le recteur *estime qu'il y a eu défaut de forme* ou EXCÈS D'INDULGENCE dans la réception des candidats, il refuse son visa, et il adresse au ministre les motifs de son refus, avec le certificat d'aptitude.

« Art. 24. Les certificats d'aptitude, visés par le recteur, sont *transmis au ministre,* avec le procès-verbal des séances d'examen et le rapport du doyen ou du président du jury d'examen.

« Le recteur transmet également chaque fois la liste des candidats refusés.

« Art. 25. Les diplômes sont conférés par le ministre dans la forme établie.

« Art. 26. Nul diplôme ne peut être remis à l'impétrant qu'après que celui-ci aura apposé sa signature tant sur l'acte même que sur le registre spécial qui sert à constater la remise du diplôme.

« Tout diplôme qui ne porte point la signature de l'impétrant et celle du fonctionnaire qui a fait la remise de l'acte, doit être considéré comme sans valeur et comme ne conférant aucun droit.

« Art. 27. Le présent arrêté et les programmes y annexés seront exécutoires à dater de ce jour.

« Fait à Paris, le 26 novembre 1849.

« DE PARIEU. »

Assurément ce *titre* mérite à tous égards, par ses complications, ses obscurités, ses pièges, de prendre sa place dans le code universitaire ; et il imprime à tout le règlement ce cachet de tracasserie, de méfiance qui a marqué jusqu'ici et qui marquera sans doute jusqu'à la fin tous les actes du monopole.

Mais il tranche bien promptement, ce semble, toutes les questions relatives au *baccalauréat,* et que la sagesse de M. de Falloux avait réservées pour le projet sur l'*enseignement supérieur.*

Et à ce propos, que devient donc la commission nommée par l'ancien ministre pour préparer ce projet ? Que devient ce projet lui-même ? Il touche à d'assez graves intérêts pour qu'on s'en inquiète !

Une communication officieuse.

Le *Crédit* prétend avoir reçu une communication qu'il se hâte de livrerau public.

Voici, selon ce journal, qui approuve beaucoup le fait, ce qui se serait passé dans une entrevue officielle que le Président de la République aurait eue avec les préfets nouvellement nommés avant leur départ pour les départements :

« M. Louis-Napoléon a signalé à l'attention des préfets deux points principaux : l'administration et la politique.

« Vous devez, a-t-il dit, dans tout ce qui est du ressort de l'administration, prendre pour règle de conduite le programme du Message, *maintenir l'ordre* avec la plus grande fermeté et en même temps employer toutes les forces, toutes les ressources que met dans vos mains le pouvoir que je vous confie, à *l'accroissement du bien-être populaire.* Les actes que vous pourrez accomplir sur les lieux ou provoquer au centre, et dont l'effet sera d'améliorer la condition des classes ouvrières des villes et des campagnes, sont ceux auxquels j'attache la plus grande importance. Pour tout ce qui aura rapport à l'amélioration des masses, ne craignez pas de faire appel à ma sollicitude ; je vous demande au contraire expressément de multiplier les communications, les instances, d'aiguillonner le zèle et l'activité de l'administration centrale, de *fatiguer* le ministre de l'intérieur.

« Quant à la politique, les entreprises ouvertes ou sourdes des anciens partis, les millions de suffrages qui ont servi de base à l'autorité que j'exerce et à la responsabilité que j'accepte, les témoignages d'approbation et les encouragements multipliés que je reçois, depuis le Message, de toutes les classes de la population et de tous les points du territoire, me font un devoir de me préoccuper dès ce moment des moyens de garantir le pays des désastres inévitables qu'entraînerait un nouveau changement de gouvernement. Il ne faut pas qu'il puisse exister à ce sujet d'incertitude dans vos esprits. En face des partis réactionnaires et révolutionnaires qui tiennent en réserve, pour le jour où les pouvoirs publics devront être renouvelés, des solutions de nature à tout remettre en question et à bouleverser le pays, il faut que les agents de l'autorité à tous les degrés, aient dès à présent une solution à opposer, solution pacifique, organisatrice, qui soit dans l'opinion du plus grand nombre une garantie d'ordre et de sécurité. *Cette solution, c'est le maintien de la continuation de ce qui est. Si le pouvoir élu par cinq millions de suffrages hésitait à intervenir dans l'éventualité la plus menaçante, au nom du salut commun, ce serait de sa part un acte impardonnable de faiblesse et d'incapacité, une véritable désertion;* s'il cherchait à y intervenir par d'autres voies que les voies constitutionnelles, ce serait une odieuse folie. C'est entre ces deux écueils que vous devez agir, *en préparant dès ce moment la réélection future et* constitutionnelle *du chef du pouvoir exécutif,* en l'aidant de tous vos efforts à mériter, par l'affermissement de l'ordre et le progrès positif du bien-être populaire, l'affection et la confiance du pays. »

Quand bien même M. le Président de la République voudrait dès à présent poser sa candidature pour les prochaines élections à la présidence, nous douterions encore qu'il la plaçât sous le patronage du *Crédit.*

Si nous avons bonne mémoire, le *Crédit* n'a pas peu contribué dans le temps à en démonétiser une autre en la soutenant ; nous voulons parler de celle de M. le général Cavaignac.

Nous avons déjà trop parlé des duels de M. Pierre Bonaparte. Nous n'entretiendrons pas nos lecteurs des nouvelles discussions qui s'élèvent maintenant entre ses témoins et ceux de ses adversaires. Notre public n'a rien à voir en tout cela.

Bulletin de la politique étrangère.

ITALIE. — ROME. — Le 20 novembre au matin, les officiers de tous les corps de l'armée expéditionnaire à Rome sont venus prendre congé du général Rostolan. Tous étaient extrêmement émus, et le général cachait difficilement son émotion. A midi, le drapeau a été enlevé du palais Torlonia, résidence du général Rostolan, et transporté au palais Colonna, où le nouveau général en chef viendra habiter. Le général Rostolan a été fait, par le municipe, citoyen de Rome, et son nom a été inscrit au Capitole, comme celui du général Oudinot. Avant son départ, le général Rostolan a adressé à l'armée expéditionnaire la proclamation suivante :

« Soldats,

« J'ai sollicité mon rappel : le Gouvernement vient de faire droit à ma demande, et M. le général de division Baraguey-d'Hilliers est arrivé pour me remplacer.

« En me séparant de vous, je remplis un devoir en rendant un nouvel hommage à votre valeur, à votre abnégation, à votre dévoûment. Les soldats de l'armée, les marins de l'escadre, confondus dans les mêmes travaux, dans la même pensée, ont noblement soutenu la gloire de nos pères, justifié l'espoir du pays.

« Continuez à persévérer dans la conduite que vous avez tenue : votre discipline, non moins que votre bravoure, augmentera l'éclat du drapeau que la France vous a confié.

« Je lègue à mon successeur les sentiments dont j'étais animé pour vous. Personne mieux que lui ne pouvait les comprendre et les continuer. Un grand nombre d'entre vous connaissent les services qu'il a rendus à la France, ses titres à la confiance de l'armée. Ils les diront à leurs camarades.

« Soldats! mes regrets sont profonds de quitter le commandement d'une armée qui est devenue la gloire et l'orgueil de la France; mais ils trouveront une consolation dans les services nouveaux que vous rendrez à la patrie, et dans l'espoir de vous retrouver un jour.

« Rome, le 20 novembre 1849.

« Le général en chef, ROSTOLAN. »

PIÉMONT. — Tout est tranquille à Turin : les partis se préparent à la lutte électorale.

Nous trouvons dans la *Gazette piémontaise* du 13 une circulaire du ministre de l'intérieur, M. Calvagno, adressée à tous les intendants généraux du royaume, dans laquelle il est recommandé à ces fonctionnaires de maintenir par tous les moyens légaux en leur pouvoir *la sincérité des élections.*

AUTRICHE. — Vienne. — Deux faits préoccupent vivement les sprits :

Le différend avec la Prusse sur l'organisation de l'Allemagne et es difficultés du ban Jellachich avec le ministère.

La presse allemande exagère singulièrement ces difficultés, qui ne ont tout au plus que des incidents dans la politique. Le ban est parti our Brünn, bien convaincu que l'on fera pour les fidèles provinces roates toutes les concessions possibles, sans cependant rompre cette nité des provinces si nécessaire à la prospérité de l'Empire.

P. S. Une lettre de Francfort, arrivée ce matin, assure que les ifficultés relatives à l'installation de la commission fédérale parais-ent aplanies, et que l'archiduc Jean se dispose à quitter Francfort, édant la place à cette commission.

ASSEMBLÉE LÉGISLATIVE.

Séance du 27 novembre. — PRÉSIDENCE DE M. DUPIN AÎNÉ.

La séance est ouverte à deux heures vingt minutes.

M. LAGRANGE. Je demande la parole sur le procès-verbal et pour un rappel au rè-lement.

Le *Moniteur*, citoyens, doit être l'écho fidèle de toutes les phrases qui se prononcent cette tribune, même de celles qui échappent au travers du bâillon que la majorité eut mettre sur la bouche des orateurs... (Hilarité prolongée.)

J'avais dit, à l'occasion des paroles de l'honorable M. Ségur-d'Aguesseau, que M. le résident laissait insulter la révolution de Février; je l'avais dit pour que cela fût mis ans le *Moniteur!* (Rires.) Eh bien! M. Ségur-d'Aguesseau a été dépassé par M. Barre, ui a insulté non seulement toutes les révolutions, mais encore la France... (Dénéga-:ons) quand il a dit qu'avec 12 millions 1|2 on pourrait faire chez nous une révolution.

Voix nombreuses : L'ordre du jour! l'ordre du jour!

M. LAGRANGE. Je n'ajoute plus qu'un mot : Si, pour faire une révolution, il n'en oûtait que 12 millions 1|2, il y a longtemps que ce côté-ci (la droite) l'aurait faite. Rire général. — A gauche : Très-bien!)

M. LE PRÉSIDENT. Je réponds à M. Lagrange que lorsqu'on se penche vers les sté-ographes pour faire insérer dans le *Moniteur* des paroles qui n'ont été entendues de ersonne, le *Moniteur* ne peut pas les recueillir. (Très-bien! très-bien!)

L'ordre du jour est prononcé.

L'ordre du jour appelle la suite de la troisième délibération de la proposition de MM.)outre, Benoit (Rhône) et autres, relatives à l'abrogation des art. 414, 415 et 416 du 'ode pénal.

La parole est à M. l'abbé de Cazalès.

M. DE CAZALÈS. Je ne prends la parole que pour répondre à une phrase prononcée ier par M. Nadaud. Le bruit qui se faisait alors dans l'assemblée ne m'a pas permis de 'entendre; je n'ai connu cette phrase que par le *Moniteur*, voilà pourquoi je n'ai pas mmédiatement répondu.

M. Nadaud a dit : « On ne croit pas à la religion. A qui en est la faute ? C'est qu'elle rofite plus au riche qu'au pauvre ; c'est qu'elle se met du côté du riche et abandonne : pauvre. » (Murmures.—Oui! oui! à gauche.)

Je crois à la bonne foi de M. Nadaud lorsqu'il a prononcé ces paroles, mais elles me rouvent qu'il n'a jamais étudié le christianisme, et je suis sûr qu'il serait bien embar-assé s'il lui fallait prouver son accusation.

La religion est une abstraction; c'est donc des ministres de la religion qu'on a voulu arler. Or, est-il vrai que les ministres chrétiens abandonnent les pauvres? est-il vrai jue la charité se perde?

Non, ni les ministres de la religion, ni les saintes filles qui se sacrifient à la charité, ni les chrétiens, enfin, ne manquent à la noble mission de secourir et de consoler le pauvre.

J'en appelle aux pauvres eux-mêmes pour savoir si les ministres de la religion ne sont pas ceux qu'on trouve au premier rang lorsqu'il s'agit de consoler et de secourir. (Approbation.)

Mais on dira : L'Eglise fait de la charité une doctrine politique ; s'il n'en était pas ainsi, elle aurait adopté les idées du socialisme.

L'Eglise, en tant que société religieuse, n'a ni à combattre ni à adopter ces idées. Son royaume n'est pas de ce monde. (Oh ! oh ! à gauche.—Parlez ! parlez !)

L'Eglise ne s'occupe donc pas du côté politique de la question ; et le jour où elle le ferait, elle abandonnerait la divinité de sa mission, elle déclarerait, ce jour-là, que son royaume est de ce monde. (Très-bien !)

Sa mission, elle la réalise en prêchant à tous des sentiments d'amour et de charité ; elle ne connaît ni parti du riche ni parti du pauvre. (Approbation.) Car ces mots de partis indiquent la guerre, et l'Eglise n'aime pas la guerre. (Très-bien ! très-bien !)

Il me suffira d'avoir protesté comme je l'ai fait contre des paroles qu'un chrétien ne pouvait pas entendre de sang-froid. (Approbation.)

Le jour où l'Eglise abandonnerait le pauvre, elle aurait déserté son mandat. (Approbation prolongée.)

La Chambre reprend la discussion sur les coalitions.

M. WOLOWSKI développe un amendement qui est rejeté après un discours de M. de Vatimesnil.

L'ensemble du projet de la commission est adopté.

L'Assemblée décide sans débat qu'elle passera à une deuxième délibération sur le projet de loi relatif aux commissaires préposés à la surveillance des chemins de fer.

Une proposition de M. Chauvin, ayant pour objet de laisser à la charge de celui qui l'aurait ordonnancée toute dépense dépassant le dixième du crédit voté, est repoussée par l'Assemblée.

On passe à une troisième délibération sur le projet de loi relatif à un appel de 80,000 hommes sur la classe de 1849.

La Chambre prend également sans débat en considération la proposition de M. le général de Grammont, ayant pour objet de mettre un terme aux mauvais traitements exercés sur les animaux.

La séance est levée à cinq heures.

Chronique et Faits divers.

Plusieurs des membres du barreau cités devant le conseil, sans refuser de comparaître devant leurs pairs, prétendent plaider que le conseil de discipline perd ses droits de surveillance dans les questions d'appréciation où la politique se trouve engagée. Ces messieurs disent que pour apprécier la conduite des avocats accusés dans une pareille affaire, l'avocat-juge ne peut se séparer des passions ou tout au moins d'opinions politiques qui, étant en opposition complète avec celle des accusés, ne lui permettent pas de rendre une sentence sans qu'elle soit arguée de partialité.

— Hier, à 7 heures du soir, la rue de Rumfort, et à peu près tout le quartier, ont été mis dans un grand émoi ; voici à quelle occasion : Tout à coup sont arrivés, d'un côté un bataillon du 50e de ligne, de la caserne dite de la Pépinière, et d'un autre côté vingt-cinq à trente sergents de ville, un commissaire et plusieurs officiers de paix en tête. Toute cette force publique s'est arrêtée devant la porte de la maison n° 16. Là, la troupe a formé un carré qui barricadait toute la rue ; puis, les agents de police étant entrés dans la maison, sont montés au deuxième étage, où se trouvaient quarante-cinq à cinquante individus en train de délibérer. La police s'est fait ouvrir et a prononcé les paroles sacramentelles:

« Au nom de la loi vous êtes arrêtés! » Il n'y a eu aucune résistance, toutes les issues ayant été gardées. Alors les agents de police ont amené, un par un, les quarante-cinq ou cinquante individus trouvés en délibération et les ont déposés au milieu du carré formé dans la rue par la troupe ; puis, au commandement d'en avant, marche! ce cortège est parti pour la Conciergerie, où tous les délinquants ont passé la nuit. Parmi ces individus, on n'a remarqué qu'un seul ouvrier en blouse; les autres étaient pour la plupart, très-élégamment vêtus.

Dès ce matin, l'instruction a été commencée, et plusieurs habitants de la maison ont été mandés à la préfecture de police pour déposer. Toute la journée, la rue Rumfort a été encombrée par un grand nombre de curieux que le bruit de cette arrestation en masse avait attirés.

— Une nouvelle salle vient d'être affectée dans le Louvre à l'exposition des premiers monuments de l'art grec. Ces monuments, disposés de la manière la plus heureuse, se détachent avantageusement sur le fond rouge uni des murailles que, par une louable innovation, on a peintes de la couleur adoptée par les Grecs pour l'intérieur de leurs temples. L'effet est des plus saisissants, et la direction des musées nationaux, dont les laborieux et intelligents efforts méritent les plus grands éloges, peut enregistrer un succès de plus.

Les bas-reliefs de l'architrave du temple d'Assos, qui, par ses soins, ont été retirés du terre-plein du Louvre, où depuis longtemps ils gisaient sous l'herbe, ont trouvé leur place à la partie supérieure des murailles qu'ils encadrent. Au-dessus de ces morceaux, malheureusement incomplets, et dans une partie desquels on a cru voir plusieurs scènes entre Protée et Ménélas, et que leur haute antiquité rend si précieux, on a encastré des métopes du Parthénon et du temple de Jupiter à Olympie, et d'autres fragments importants des monuments de l'art antique.

— Hier, vers cinq heures, la place de la Bastille, la rue Saint-Antoine et les rues adjacentes présentaient le spectacle le plus bizarre. Le gaz, quoiqu'il eût été ouvert partout, n'était arrivé nulle part; tout était plongé dans l'obscurité. Pour éclairer les escaliers des maisons, les boutiques et les cafés, on avait eu recours à des lampes et à des flambeaux. Dans plusieurs maisons, les personnes habitant le premier étage avaient illuminé leurs fenêtres.

Ce n'est que vers sept heures que les becs de gaz ont pu être allumés.

— On lit dans le *Standard* :

« Un meeting a eu lieu hier, à Farringdon-Hall, à l'effet de rédiger une adresse sympathique en faveur de Ledru-Rollin et de ses compagnons condamnés à la déportation. » — Un autre journal prétend que l'Assemblée se composait principalement de populace stipendiée.

— Il y a huit jours, Paul Boule, enfant de neuf ans, comparaissait devant le tribunal correctionnel (7ᵉ chambre) sous la prévention de vagabondage.

Son père, cité comme civilement responsable, venait dire : « Je suis pauvre, j'ai beaucoup d'enfants, mon travail me retient toute la journée loin d'eux; je ne puis les surveiller, à peine puis-je les nourrir. Paul n'a pas de mauvaises habitudes; il aime à jouer, c'est bien naturel. Je serais bien heureux si le tribunal pouvait le placer quelque part; mais je ne voudrais pas qu'on le mît dans une maison de détention; ce serait dommage, les autres me le gâteraient. »

À cette prière du malheureux père, M. le président avait répondu : Nous allons écrire à l'administrateur de l'asile Fénélon pour le prier d'admettre votre enfant dans son établissement; en attendant la réponse, le tribunal remet la cause à huitaine.

Aujourd'hui le tribunal, en acquittant le jeune Paul, annonçait qu'il était admis dans l'asile Fénélon.

Voici quelques passages de la lettre de l'honorable magistrat, administrateur de l'asile, qui prévient l'un des membres du tribunal de cette admission :

« Nous sommes bien pauvres, monsieur, et nous sommes bien souvent effrayés en songeant aux besoins de ces quatre cents pauvres enfants qu'il faut soutenir à l'asile. Mais que vous dirai-je? votre malheureux enfant est plus pauvre encore, et nous ne nous sentons pas le courage de le refuser.

« Envoyez-nous donc votre petit Paul, nous lui ouvrirons les bras comme aux autres. Voici l'hiver, c'est une époque de moisson pour la charité, peut-être la moisson sera bonne. En attendant nous nourrirons celui-ci avec les miettes des quatre cents autres. »

— Les journaux anglais continuent à enregistrer les. noms des propriétaires irlandais qui se sont décidés à accorder à leurs fermiers des remises assez notables sur le prix des baux.

— On écrit d'Arras, 24 novembre :

« Un ouvrier employé dans nos usines vient d'échapper à la mort par un hasard providentiel. Une courroie s'étant attachée aux vêtements qui le couvraient, l'avait entraîné autour de l'arbre de transmission. Un cri d'effroi s'échappe de toutes les bouches; on se hâte d'arrêter la machine; on s'imaginait ne recueillir qu'un cadavre broyé. Quelle ne fut pas la stupéfaction, la joie des assistants ! Cet homme n'avait reçu aucune atteinte. Ses habits, vieux et à demi-usés, ayant cédé à la force de la torsion, ils s'étaient déchirés en morceaux, et il était tombé sur le sol dans un état de nudité complète. S'il eût été vêtu plus confortablement, c'en était fait de lui. »

— La commission chargée du jugement du concours pour le monument à élever à la mémoire de l'Archevêque de Paris s'est réunie hier à l'école des Beaux-Arts. Après un examen approfondi des modèles exposés, la commission, à la majorité de 13 sur 14, a décerné le prix au projet portant le numéro 28. Le pli décacheté a fait connaître que l'auteur de ce modèle est M. Auguste Debay, peintre-sculpteur.

— On attend à Paris l'envoyé de Faustin Ier, qui, après une traversée fort pénible, a été obligé de relâcher à Madère. Ce diplomate noir n'est autre que le duc de Trou-Bonbon; il est accompagné du premier médecin de l'impératrice Ourika et du comte de Rude-Main, colonel des gardes-du-corps. Le duc de Trou-Bonbon, qui n'a que 30 ans, a fait de brillantes études en France, au collége de Sorrèze, et est chargé d'obtenir de la République française la reconnaissance de l'ex-général Soulouque, devenu empereur.

BOURSE DU 27 NOVEMBRE.

Le 3 p. 100 a débuté au comptant à 57 10, a fait 57 05 au plus bas, et reste à 57 15.

Le 5 p. 100 a débuté au comptant à 89 90, a fait 89 95 au plus bas, et reste à 89 85.

L'un des Propriétaires-Gérants, CHARLES DE RIANCEY.

Paris, imp. BAILLY, DIVRY et Comp., place Sorbonne, 2.

L'AMI DE LA RELIGION.

Concile de la Province ecclésiastique de Tours.

On nous écrit de Rennes :

« Hier, samedi, 24 novembre, a eu lieu la deuxième session du Concile de notre province dans la chapelle du grand séminaire.

« A huit heures, la procession y est arrivée. Tous les Pères du Concile, Nos Seigneurs de Tours, de Vannes, de Quimper, du Mans, de Rennes, de Saint-Brieuc, d'Angers et de Nantes, les trois abbés du Port-du-Salut, de la Melleraye et de Solesmes, en chapes et mitres ; les théologiens et canonistes, les délégués des chapitres cathédraux et les officiers de l'autel formaient un imposant et majestueux cortége.

« Le saint sacrifice a été célébré par Mgr l'Archevêque de Tours. Ensuite le métropolitain a entonné avec les Evêques l'antienne *Propitius esto*, etc., qui a été continuée par les choristes, et après laquelle on a entonné le psaume 78, *Deus, venerunt gentes*, etc.

« Après les diverses cérémonies d'usage, le premier secrétaire du Concile, M. Bruchet, archiprêtre de Tours, a reçu ces décrets des mains du Président, et les a lus solennellement du haut de la chaire :

« Le premier, DE EPISCOPIS, est relatif à l'autorité et aux devoirs des Evêques ; après avoir cité plusieurs passages de l'Ecriture, quelques canons des Conciles généraux sur cette matière, le Concile emprunte aux plus vénérables monuments de la tradition catholique des termes très-expressifs pour caractériser le pouvoir dont les Evêques ont toujours été investis et les obligations qui leur sont imposées.

« Le second décret, DE METROPOLITANO, résume les droits et les attributions spéciales réservés au métropolitain.

« Le troisième, DE CONCILIO PROVINCIALI, constate le droit qu'a le métropolitain de convoquer le Concile provincial tous les trois ans, et l'obligation des Evêques suffragants de répondre à cette convocation en se rendant au lieu désigné. Le Concile de Rennes, comprenant l'importance de ces graves délibérations, arrête donc que désormais il se réunira tous les trois ans ; il fixe quels sont ceux qui, en vertu des lois canoniques ou de la coutume, devront prendre part à ces assemblées ; il règle comment les décisions y seront prises, et comment ensuite, dans leurs diocèses respectifs, les Evêques devront s'y conformer.

« Le quatrième décret, DE SYNODO DIOCOESANA, énumère aussi les avantages de ces réunions qui, sous le nom de Synode diocésain, rassemblent sous la présidence de l'Evêque MM. les chanoines et MM. les curés d'un même diocèse. Le Concile de Rennes arrête que tous les ans il se tiendra dans chaque diocèse de la province un Synode ou Concile diocésain.

« Le cinquième qui a été lu a pour titre : DE CAPITULIS CATHEDRALIBUS.

« Voici la liste des autres :

« 6° DE HABITU CLERICALI.

« 7° DE DISCIPLINA ECCLESIASTICA.

« 8° DE RESIDENTIA.

« 9° DE SOLLICITUDINE PASTORALI.

« 10° DE NOVIS CONGREGATIONIBUS.

« 11° DE PIIS SODALITATIBUS ET CONFRATERNITATIBUS.

« 12° CONTRA FICTITUM MISERICORDIÆ OPUS.

« L'Œuvre de la miséricorde, que le Concile condamne avec une juste sévérité dans ce dernier décret, est la sacrilége nouveauté que propage avec tant d'obstination le malheureux Michel Vintras.

« La cérémonie d'hier s'est terminée par la bénédiction de Mgr l'Archevêque. — On a annoncé la troisième session pour mardi, et la clôture solennelle pour mercredi prochain. »

Concile de la province ecclésiastique d'Avignon.

Le Concile provincial d'Avignon s'ouvrira le 8 décembre. Voici la traduction de la lettre adressée à ce sujet par le métropolitain, Mgr Debelay, à ses suffragants :

JEAN-MARIE-MATHIAS,
Archevêque et métropolitain.

« Depuis que, sans aucun mérite de notre part, le pasteur suprême, notre très-saint Père le Pape Pie IX, a daigné nous mettre à la tête de cette église métropolitaine, nous avons compris que rien ne serait plus conforme à notre sacré ministère, plus agréable à nos vénérables frères dans l'épiscopat, plus nécessaire à l'édification du clergé et du peuple, que de célébrer le synode de cette province : heureux de marcher par là sur les traces de nos prédécesseurs, et d'obéir aux saints canons de l'Eglise.

« Les paroles des Pères du saint Concile de Trente sont pour nous un pressant aiguillon ; elles nous avertissent (Sess. 24, de reform., c. 2.) « de célébrer, au « moins tous les trois ans, le Concile provincial, pour régler les mœurs, corri- « ger les abus, terminer les différends, et statuer sur plusieurs autres choses per- « mises par les saints Canons. »

« Un motif non moins puissant qui nous porte à remplir cette partie importante de notre ministère, c'est l'exemple de plusieurs Archevêques des autres provinces, qui ont déjà conduit ces saintes assemblées à l'heureux terme de leurs désirs.

« Enfin, une autre raison pour nous se trouve dans l'état actuel de notre société, qui nous ouvre la voie pour remplir en toute liberté cette auguste fonction. En effet, lorsque la coutume introduite dans les premiers siècles de l'Eglise, de se réunir en Concile pour traiter les affaires ecclésiastiques, semblait parmi nous tout-à-fait tombée en désuétude, un élan spontané et unanime des peuples nous a fait rentrer dans nos droits : élan généreux dont nous sommes redevables à la grâce et à la miséricorde de notre Sauveur, qui a daigné rompre nos liens.

« C'est dans la joie de notre âme, c'est du fond de notre cœur, que nous rendons des actions de grâces bien méritées au Dieu, auteur de la paix, dont la Providence pleine de bonté a rendu à son Eglise une liberté si précieuse.

« Nous ne saurions donc laisser échapper l'occasion si favorable que Dieu nous procure en ce moment de défendre la foi catholique, de conserver les mœurs chrétiennes, de promouvoir l'observance des saints Canons, de donner à cette province d'Avignon des constitutions dont elle était privée, à cause de la nouvelle circonscription faite par Pie VII.

« A cette fin, quoique nous ayons déjà averti par nos lettres les très-révérends *Evêques* nos comprovinciaux, nous les convoquons de nouveau par le présent édit, dans notre église métropolitaine d'Avignon, pour le huitième jour de décembre, fête de la Conception de la bienheureuse et immaculée Vierge Marie.

« En outre, nous faisons savoir à tous ceux qui, de droit ou par coutume, sont tenus d'assister au synode provincial, nous leur ordonnons et enjoignons que, mettant de côté tout prétexte et toute excuse, ils se rendent dans notre ville au jour ci-dessus indiqué. Nous les avertissons tous dans le Seigneur de penser à quelles peines canoniques seraient soumis ceux qui mépriseraient en ce point notre ordonnance.

« Mais puisque tout ce que nous pouvons vient de Dieu, unique source de tout bien, c'est à lui que nous devons nous adresser en toute confiance, lui demandant, par nos prières publiques et privées, une surabondance des dons de sagesse, de science, de force et de charité, afin que, soutenus par ce secours divin, nous achevions avec un zèle plus inébranlable et une fermeté plus énergique, l'œuvre que nous avons entreprise pour sa gloire.

« Donné à Avignon, le 3 novembre 1849. »

(Suit le dispositif.)

NOUVELLES RELIGIEUSES.

DIOCÈSE DE PARIS. — Une double réunion de l'Œuvre de Saint-François-Xavier a eu lieu, dimanche dernier, dans l'église Sainte-Marguerite, au faubourg Saint-Antoine. La séance du soir a été présidée par M. l'abbé de Dreux-Brézé, évêque nommé de Moulins, fondateur de l'Œuvre de Saint-François-Xavier à Saint-Pierre du Gros-Caillou. Avant de se rendre dans son diocèse, M. l'abbé de Dreux-Brézé a voulu prendre congé de cette association ouvrière et religieuse, qui a connu son zèle et souvent écouté sa parole. Les associés et lui se sont revus avec un égal plaisir et séparés avec de mutuels regrets.

DIOCÈSE DE CHARTRES. — Dimanche dernier, 25 novembre, a eu lieu dans la cathédrale de Chartres le sacre de Mgr l'Évêque de Poitiers. Le *Journal de Chartres* donne des extraits de la lettre pastorale que Mgr Pie a adressée avant son sacre au clergé et aux fidèles du diocèse de Poitiers. Après quelques considérations générales sur les temps actuels, sur les causes de nos révolutions et la mission de pacification que le digne Prélat espère poursuivre, Mgr de Poitiers adresse à la ville de Chartres, à cette église de Marie qui a si souvent retenti de sa voix, ces adieux touchants :

« O sainte Église de Chartres, incomparable demeure de Marie, je vous aimai toujours comme l'enfant aime sa mère. « Dès mon entrée en ce monde, je fus jeté dans votre sein ; » à peine né, j'étais revêtu de vos livrées. « Nourri, élevé « à vos pieds, » bien plus heureusement que « Paul aux pieds de Gamaliel, » le jour même de mon sacerdoce fut celui qui me rangea parmi les ministres de votre autel ; je n'ai jamais servi d'autre Église que vous. Comme l'enfant s'honore des vertus de sa mère, ainsi j'étais fier de toutes vos splendeurs ; j'étudiais, je rassemblais avec amour tous les monuments de votre gloire ; je respirais avec bonheur le parfum de vos traditions ; je baisais avec respect les traces non interrompues de science et de sainteté que les siècles passés me faisaient retrouver dans votre histoire. Vierge sainte, combien « j'ai aimé la beauté de votre maison et le lieu de votre habitation favorite ! »

SÉANCE DE L'ASSEMBLÉE.

QUESTION CONSTITUTIONNELLE.

Une grave question constitutionnelle s'est élevée dans le sein de l'Assemblée, à l'occasion de la proposition relative à la naturalisation des étrangers. La naturalisation est un acte de souveraineté : par qui doit-elle être prononcée ? En d'autres termes, où réside la souveraineté ?

« Dans le peuple français, » répond la Constitution de 1848. Mais le peuple français, on le sait, n'exerce ordinairement pas cette souveraineté lui-même. Il la délègue : à qui ? La Constitution est muette si on s'en rapporte exclusivement à son texte. En effet, elle parle des « pouvoirs publics. » Elle dit que tous émanent du peuple; elle dit que tous doivent être séparés et ne jamais se confondre. Puis, venant au détail, elle ajoute : « Le peuple délègue le pouvoir législatif à une Assemblée unique; » et sous un autre chapitre : « Le peuple délègue le pouvoir exécutif à un citoyen qui prend le titre de Président de la République. » Voilà la lettre. Il s'agit d'interpréter.

M. le garde des sceaux, d'accord avec plusieurs jurisconsultes, soutient que l'exercice de la souveraineté n'est délégué à personne; qu'il n'y a que des *pouvoirs* distincts, l'un faisant la loi, l'autre exécutant la loi, mais tous deux indépendants dans leurs attributions.

Ce n'est pas la doctrine de M. Mauguin, ce n'est pas la doctrine de M. Jules Favre. La souveraineté, selon eux, est déléguée à l'Assemblée nationale : c'est l'Assemblée qui représente le peuple Français. Cela est si vrai, que le Président, dans la formule du serment, dit : « Je jure devant le peuple Français, *représenté par l'Assemblée nationale.*» D'ailleurs, où est la souveraineté ? Là où est le pouvoir de faire la loi, car tous sont tenus d'obéir à la loi, et c'est le propre du souverain de commander. Le pouvoir exécutif, son nom l'indique, ne doit qu'exécuter, qu'accomplir la volonté de l'Assemblée. Il est le bras; mais elle est la tête. C'est un pouvoir, mais un pouvoir subordonné.

Certes, la difficulté est sérieuse ; dans des éventualités possibles elle prendrait des proportions redoutables. Il y a du vrai dans les deux thèses. Evidemment, la souveraineté appartient au pouvoir qui fait les lois ? Et cela est tellement dans l'essence des choses, que sous la monarchie constitutionnelle, la puissance législative était répartie entre les trois pouvoirs, bien que l'exécution demeurât l'attribution d'un seul, de la couronne. Est-ce à dire que le pouvoir exécutif ne soit qu'un rouage subalterne ? Non, il est constitutionnellement indépendant dans la sphère de ses attributions. Mais n'ayant aucune intervention dans la confection de la loi, ne pouvant ni en suspendre ni en arrêter la délibération, n'ayant pas même le droit de *véto*, il *est* tenu d'obtempérer à la volonté législative ; pouvoir, en ce qui *touche* l'exécution ; sujet, en ce qui touche l'obéissance. *Autrement* il faudrait admettre la dualité, c'est-à-dire l'antagonisme des pouvoirs. Est-ce là ce qu'a voulu la Constitution? est-ce la conséquence logique qu'involontairement on est forcé d'en tirer ? Nous ne jugeons pas. Mais ce n'est pas d'aujourd'hui que nous avons eu à signaler cette étrange et périlleuse situation.

Et qu'on le remarque : aujourd'hui on était dans le domaine de la théorie, de la discussion, de l'abstraction. Que serait-ce en présence des faits?

Ce débat avait absorbé tous les esprits : ils avaient oublié que M. Crémieux était venu défendre ses actes du gouvernement provisoire, et faire l'apologie de ces naturalisations sans frein, sans règle et sans nombre, qu'on a vues pendant les premiers jours de la République.

La proposition elle-même disparaissait sous cette lutte constitutionnelle. Serait-ce à l'Assemblée législative, serait-ce au pouvoir exécutif, assisté du conseil-d'Etat, que l'on remettrait le droit de naturaliser ? M. le garde des sceaux a trouvé lui-même que le point était douteux, et s'il a adhéré au système de la commission, c'est que ce système lui semblait sauvegarder la délégation mixte de la souveraineté, en combinant l'action du Président et celle de l'Assemblée, de qui émane par l'élection le conseil-d'Etat.

M. Mauguin voulait que l'Assemblée seule donnât les lettres de naturalité.

L'Assemblée hésitante, partagée, a pris l'amendement de M. Mauguin en considération, et l'a renvoyé à la commission.

Elle a ensuite voté, au milieu de l'émotion produite par cette résolution, des crédits pour les canaux, et elle a adopté l'urgence pour un projet de loi de M. le ministre de la justice, tendant à modifier l'exécution des arrêts en ce qui touche les contumaces.

L'article 45 de la Constitution.

Nous avons reproduit la communication que le *Crédit* prétend avoir reçue des préfets et sous-préfets de l'Elysée, et dont il garantit l'authenticité.

Hier encore le *Crédit* reprochait au *Constitutionnel*, devenu l'un des organes du Président de la République, auquel il a sacrifié M. Thiers, de n'avoir pas soufflé mot du fait en question. Aujourd'hui, il triomphe de nouveau.

Le *Crédit* paraît donc bien sûr de son affaire. Et il ne tient pas à ce journal, que toute la France ne sache la détermination où serait M. Louis-Napoléon, d'employer dès à présent, à son profit, l'influence de l'administration pour se faire réélire après le terme fixé à son pouvoir temporaire.

Il y a cependant un article de la Constitution, l'article 45, qui est ainsi conçu :

« Le Président de la République est élu pour quatre ans, et n'est

RÉÉLIGIBLE QU'APRÈS UN INTERVALLE DE QUATRE ANNÉES. »

Il est vrai que l'article 111 de la Constitution, prévoit la possibilité et indique les formalités de sa révision.

Mais, tant que la Constitution n'aura pas été révisée, la prétention de continuer le pouvoir présidentiel au delà du terme actuellement fixé, sera aussi contraire au texte formel qu'à l'esprit de la loi fondamentale de 1848.

Une candidature, du genre de celle dont parle le *Crédit*, serait donc au moins *inconstitutionnelle;* et l'intervention des agents du pouvoir exécutif, dans ce but, ne se justifierait pas au point de vue du droit public existant.

Les Coalitions agricoles.

Nous croyons que nos lecteurs nous sauront gré de leur donner, d'après le *Moniteur,* l'intéressant, spirituel et solide discours de M. Barre: L'abondance des matières nous a empêchés de le reproduire hier comme nous l'avions annoncé. Mais de telles observations ne manquent jamais d'à-propos, et elles sont toujours bonnes à propager :

« M. BARRE. Jusqu'à présent, nous avions tous entendu parler de coalitions dans les grands centres de populations ouvrières ; c'étaient les manufacturiers de telle ou telle localité, les producteurs sur une grande échelle de telle ou telle denrée, de telle ou telle production, qui avaient à en souffrir, qui s'en plaignaient ; eh bien ! Messieurs, le progrès est tellement grand aujourd'hui que, ma foi ! le mal a gagné d'autres régions : j'ai vu faire des coalitions agricoles, toujours en raison du progrès ; et c'est parce que j'ai vu faire des coalitions agricoles, que j'ai cru que vous me permettriez d'intervenir dans cette discussion. (Parlez ! parlez !)

« Il faut rester dans le terre à terre des faits, dans le prosaïsme des actes ordinaires de la vie. On vous a parlé des coalitions ; on vous les a peintes sous des couleurs qui, véritablement, ne sont pas celles dont on doit les enluminer. Il semble, à entendre le préopinant et ses amis, qu'une coalition soit la chose du monde la plus innocente ; que ce soient de petits saints que les fabricateurs de coalitions ; qu'ils soient dans le vrai ; que ceux contre lesquels ils se coalisent soient toujours dans le tort : en un mot, selon eux, les patrons sont toujours des exploiteurs. Eh bien ! Messieurs, il n'en est rien. (Réclamations à l'extrême gauche.)

« Il y a des exploiteurs de tous les côtés

« Tous les mangeurs de gens ne sont pas grands seigneurs, »

a dit La Fontaine ; et, en vérité, ce philosophe du siècle de Louis XIV peut être consulté fructueusement dans cette ère de progrès et de... (L'orateur s'interrompt et semble chercher une expression. — On rit.)

« ... Et de civilisation avancée. (On rit.)

« Messieurs, s'il fallait du talent pour monter à cette tribune, je n'y serais pas venu ; mais ma conviction me pousse : je suis dans le vrai, j'en ai la certitude.

« A droite : Très-bien ! très-bien !

« **M. BARRE.** C'est au nom de la liberté de tous, au nom du bonheur des ou
vriers principalement et de leur liberté spéciale à eux, que je viens vous prie
vous supplier, vous conjurer d'adopter les propositions de la commission.

« Comment se fait une coalition? Voulez-vous que je vous le dise? Si je vo
lais en fabriquer, il me serait facile d'en faire. Je n'aurais qu'à tomber à l'arrièr
ban des cultivateurs, auquel je m'honore d'appartenir... Et par le temps qui cour
le bonheur n'est pas à leur porte ; plus d'un, peut-être, sera obligé de tomb
dans les rangs de ce qu'on appelle les prolétaires, vilain mot que je repousse por
ma part, car, selon moi, il n'y a que des travailleurs. (Très-bien! très-bien !) I
directeur d'atelier, de manufacture, le directeur de ferme et les ouvriers r
doivent faire qu'un : ce sont les cinq doigts de la main ; tout cela s'enchaîn
(Très-bien! très-bien!) Si les patrons prospèrent, les ouvriers sont heureux
tout le monde en profite.

« Et quelles sont donc les propositions qu'on vient vous faire? D'autoriser le
coalitions? Savez-vous comment cela se fait?

« Un individu mécontent, un ouvrier paresseux, car ce ne sont pas les bo
ouvriers qui font les coalitions, un mauvais ouvrier, puisqu'il faut l'appeler p
son nom (très-bien! très-bien), mauvais, puisqu'il ne veut pas travailler, et iml
de toutes ces doctrines que j'ai combattues, que je combattrai toujours, pui
qu'elles sont mauvaises, détestables, fausses, sataniques... (Assentiment à droit
— Rumeurs à gauche.) Je ne m'adresse pas aux individus ; je crois vos intentio
fort bonnes, je vous crois pleins du désir de servir l'humanité, mais je vous cro
pleins d'erreurs. (Nouvel assentiment à droite. — Nouvelles rumeurs à gauche.-
Bruit prolongé.)

« Eh bien! un de ces hommes dont je parlais va trouver un individu, son sen
blable, un pareil à lui, une capacité à la hauteur de la sienne (on rit), et lui d
ceci : Les salaires sont trop bas ; nous ne gagnons pas assez. L'autre, disposé
voir de cette façon, répond : C'est vrai, vous avez raison! Voilà déjà que c
homme est deux. Il va trouver un troisième, et lui dit : Il faut venir avec nou
quittez le travail des champs ; arrière la charrue , arrière les chevaux ; vos p
trons s'arrangeront comme ils le voudront : il est temps de faire travailler aus
le cultivateur, il a dîmé assez sur les ouvriers ; si vous ne voulez pas venir av
nous, il y a une grande quantité de braves gens, d'ouvriers de tel ou tel endro
(on ne manque jamais de faire des citations) qui viendront à notre aide et q
feront votre bien malgré vous ; car, ajoutent-ils, dans tous les cas, c'est por
vous que nous travaillons, c'est pour votre plus grand intérêt que nous désiro
agir. (Exclamations à gauche.)

« Voilà comment les choses se font. On va trouver un individu dans les champ
et on lui dit : Dételle tes chevaux! (je l'ai vu de mes propres yeux); puis on le
ramène à l'écurie, et on se dit : « Nous allons voir! » En agissant ainsi, la po
lotte se forme, la boule de neige se grossit, puis, à un lieu assigné par les mo
neurs, on se réunit. Il n'y a guère de récalcitrant, car on trouve toujours qu'o
n'a pas assez. J'ai vu des avocats qui avaient gagné jusqu'à 6,000 fr. dans u
seul jour et qui n'étaient pas encore contents. (Rire approbatif à droite.) A plu
forte raison, de pauvres ouvriers qui ont si peu.

« Savez-vous les discours qu'on tient à ces hommes? Une fois le faiscea
réuni, la gerbe faite, un orateur monte sur une chaise, car on n'a pas une tribun
comme ici ; ordinairement c'est un cabaret, et on dit : Vous ne gagnez pas a
sez! Il y a quelque chose qui changera votre condition, c'est le socialisme. Il fa
en finir en raison des progrès et des idées socialistes ; il faut que les charretie
qui, jusqu'à présent, n'ont gagné que 100 écus et la nourriture (ce qui fait 700 fr.

en gagnent 1,200. Or, le peu de charretiers qui se trouvent là et qui ne sont pas contents de leur sort, disent : Mais oui, il a raison ! (Nouveau rire approbatif à droite.)

« Je parle des charretiers, mais, *ab uno disce omnes.*

« Je ne dis pas cela pour parler contre les ouvriers; non, les ouvriers sont nos amis, ils nous sont utiles et nous ne leur sommes pas nuisibles; qu'on le sache bien ; je le dis au nom des plus intelligents et des plus braves ouvriers, moi leur ami, moi qui les aime, moi qui les fais vivre, comme, de leur côté, ils m'aident à vivre, car nous sommes tous solidaires. (Très-bien !)

« Voilà une coalition comme elle se fait en agriculture ; celle-là est mauvaise ; peut-être y en a-t-il de meilleures, je ne le crois pas. Je suis certain qu'un bon ouvrier, quel qu'il soit, n'est pas propagateur d'idées subversives ; celui-là aime l'ordre, il aime la société, il est très-sociable, et c'est pour cela qu'il n'est pas socialiste. (Rire et approbation à droite).

« Supposez que la raison soit vaincue, qu'elle ait tort, que la raison n'ait pas raison, et qu'une coalition se fasse en agriculture : quels seront les résultats? Savez-vous comment cela se fera ? Au moment où il faudra semer le blé, c'est une affaire très-importante que la façon du blé en agriculture, attendu que c'est avec du blé qu'on fait du pain... (On rit.) Messieurs, je vous parle sérieusement.

« Savez-vous ce qu'il adviendra?

« Je suppose qu'excités par de mauvais sujets (car il faut les appeler par leur nom, en définitive), tous s'entendent pour dire : Nous ne voulons plus labourer la terre, n'importe à quel prix : nous sommes libres, nous sommes les maîtres ; et, en effet, d'après la législation française, tout le monde est maître de ses actes ' mais ce qui n'est pas bon, c'est de se coaliser pour cela ; car on impose à celui qui veut bien faire.

« Et cet homme laborieux, par excellence, voudrait bien répondre : Je suis très-bien chez ce brave cultivateur, il s'intéresse à moi, comme je m'intéresse à lui ; nous sommes heureux l'un par l'autre.

« On lui démontre qu'il a tort, et que, quand même il aurait raison, il faut qu'il se taise, parce que le silence est une chose très-prudente ; et, en France, où nous sommes braves, et même où nous sommes peut-être un peu trop braves, depuis quelque temps surtout, trop avancés dans la voie de la bravoure... (Rires et approbation), il n'est que trop vrai que l'on subit souvent l'intimidation.

« Mais, enfin, ce brave homme, il a peur, et il cesse de travailler ; et, cessant de travailler, il cesse de gagner du pain ; sa femme jeûne et ses enfants sont malheureux.

« Voilà le produit le plus clair des coalitions les plus aventurées et les plus *réussissantes* : c'est malheureusement comme cela trop souvent.

« Pour bien juger un acte, il y a une maxime qui dit ceci : *A fructibus eorum cognoscetis eos.* « C'est par les fruits que donne un arbre qu'on connaît l'arbre. »

« Eh bien, je vous le demande, citez-moi une coalition qui ait fait du bien à ceux qui en étaient les plus enchantés, les plus ravis. Quant à moi, je n'en connais pas. (Interruption à gauche.)

« Mais je ne veux pas distinguer le patron de l'ouvrier ; je prétends que ce sont les cinq doigts de la même main, qu'ils font corps ; je dis que, quand l'un prospère, l'autre est heureux ; que quand l'un ne prospère pas, l'autre est malheureux. C'est le succès pour tout le monde, c'est un fait très-clair.

« Mais, messieurs, supposez une coalition entre ouvriers agricoles, qui réussit. Tous les charretiers d'un département convient les charretiers d'un département voisin, lesquels leur répondent ; ceux-ci s'entendent avec leurs voisins, et ainsi de suite; la coalition réagit jusqu'au bout de la France. On peut bien supposer des merveilles par le temps qui court, on peut bien supposer une entente cordiale pour les mauvaises choses; cela s'est vu quelquefois, cela se voit encore, sans faire appel à de tristes souvenirs. Si cela a lieu, vous n'irez pas labourer; je le ferais bien, moi, car je sais ce que c'est. (On rit.)

« Je ferais bien ma part de la besogne commune, car je sais labourer, je le pourrais. Mais je vois un grand nombre de mes collègues dans tous les rangs de cette Assemblée pour lesquels ce serait probablement un exercice fort difficile, et dont ils s'acquitteraient fort mal. (Hilarité bruyante.)

« Je souhaite, pour leur bonheur à tous, qu'ils soient bons avocats ou bons banquiers, ou bons manufacturiers; cela vaudra beaucoup mieux que d'être de mauvais laboureurs. Je ne les convie pas à faire ce que je pourrais faire; il faut que tout le monde vive.

« Et si cette coalition existe, si les laboureurs ne veulent pas labourer, si les semeurs ne veulent pas semer, ou s'ils mettent à leur travail des conditions inacceptables; si, par exemple, ils s'arrangeaient de manière que le blé, au lieu de coûter de 30 à 35 fr. l'hectolitre, comme cela est aujourd'hui, arrivât à ne pouvoir être produit qu'au prix de 50 fr. l'hectolitre, où en serait la prospérité générale de la France? Que devrions-nous faire, nous, dont toutes les vues, dont toutes les tendances sont d'amener au meilleur marché possible toutes les subsistances? Je dis au meilleur marché *possible*, je ne dis pas au meilleur marché *quand même*, car, en cherchant le bon marché *quand même*, on obtient une réduction dans les prix d'une denrée de première nécessité. Mais ce n'est pas tout; il s'agit de savoir si cela pourra durer longtemps; car, quand on produit à perte, on s'arrête inévitablement, et la consommation s'en ressent, je crois.

« M. **ANTONY THOURET**. Il n'y a qu'une difficulté, c'est que vous n'avez jamais vu de coalition dans l'agriculture. (Interruption à droite.)

« M. **BARRE**. J'en ai vu.

« Je me demande ceci : Comment faudrait-il s'y prendre pour faire le plus grand mal possible à son pays ? Eh bien, je crois que ce serait de faire ce qu'on fait tous les jours par la propagation d'idées fausses, d'idées non fondées en vérité et en raison. Il y a une grande masse de travail sur cette terre. Quoi qu'on en dise, nous sommes tous appelés à prendre notre part de ce travail, et ce qui fait même l'honneur et la dignité de la nation française, c'est que le travail anoblit dans notre pays. C'est qu'il n'y a pas de sot métier, disaient nos pères, il n'y a que de sottes gens. Ils avaient raison, et nous avons encore raison de le répéter. (Très-bien ! très-bien !)

« Eh bien, savez-vous pourquoi les idées que nous avons entendu soutenir ici et qui viennent se formuler en amendements que je n'appellerai pas posthumes, mais au moins tard venus; savez-vous pourquoi ces idées sont mauvaises ? C'est qu'elles contribuent à donner une maladie grave à la nation, que j'appellerai le spleen moral ou le socialisme, c'est toujours la même chose. (Rires d'approbation.)

A force de dire aux gens : Vous êtes malheureux, vous souffrez, vous êtes exploités ! on finit par les révolter contre leurs chefs de file, qui les mènent dans la bonne voie; on finit par les ameuter même contre le bon Dieu, et nous l'avons vu dans certains écrits, on lance l'anathème à Dieu. (Sensation.—Approbation à droite.)

« Il y a encore une autre face sous laquelle j'envisage les coalitions. Rien ne peut faire plus de mal au pays. (C'est vrai!) En effet, permettez-moi de vous raconter une anecdote. (Rires ironiques à gauche.)

« A droite : Parlez! parlez!

« M. **BARRE**. En 1849, un homme recommandable à tous égards, que je nomme-rai s'il m'y autorise, m'a dit ceci : Que, se trouvant en **Angleterre**, à **Windsor**, dans le palais de la reine, à l'époque où un homme d'un grand mérite, sans doute, *errare humanum est*, on peut se tromper, où cet homme a voulu nous brouiller avec toute l'Europe, un Anglais influent dans les affaires de son pays, disait à ce monsieur, dont, je le répète, je veux taire le nom, à moins qu'il ne m'autorise à le faire con-naître : «Mais vous voulez donc nous faire la guerre, vous autres Français? Qu'est-ce que cela prouvera? Cela prouvera que vous savez bien vous battre; mais vous savez que, nous aussi, nous ne nous battons pas trop mal. Nous n'aurons pas la guerre, par l'excellente raison que nous ne voudrons pas l'avoir.—Que vous la vouliez ou que vous ne la vouliez pas, répliquait l'interlocuteur, si on me donnait l'ordre de vous envoyer des bordées de canon, il faudrait bien que vous me les rendissiez, et cela serait la guerre. » Le personnage anglais répondait toujours : « Nous n'aurons pas la guerre avec la France; nous ne l'aurons pas parce que nous ne la voulons pas, et nous ne la voulons pas parce que nous avons de trop grands intérêts engagés sur tous les points du globe. — Mais enfin comment l'em-pêcherez-vous ? — Nous l'empêcherons d'une manière bien simple : nous ferons une révolution chez vous; cela coûte 12 millions et demi, c'est tarifé. » (Hilarité générale et prolongée.)

« Voilà ce qui m'a été rapporté.

« Un membre : C'est vrai!

« M. **BARRE**. On me dit que c'est vrai!

« Le même membre : Oui, c'est vrai!

« M. **BARRE**. Je le sais bien. Eh bien, je vous le demande : supposons que cet Anglais ne gasconnât pas un peu, pardon de l'expression (Nouvelle hilarité), je suppose que cet Anglais dit ce qu'il pensait, bien faisable et bien réalisable à sa volonté, je me demande comment il faudrait pour cette œuvre destructive et éminemment nuisible à la France, comment, dis-je, il faudrait que cette somme fût employée? Il me semble qu'il faudrait payer beaucoup de mauvais journaux, de mauvaises brochures, qu'il faudrait propager beaucoup de mauvaises doctri-nes, semer partout la méfiance entre les citoyens... (A droite : Très-bien! très-bien !)

« M. **LAGRANGE**. C'est ce que fait la rue de Poitiers.

« M. **BARRE**. Je disais qu'il n'y aurait pas d'autre moyen que d'employer cet argent ainsi que je viens de l'indiquer. C'est une recette à l'usage de ceux qui veulent faire du désordre chez nous ; c'est une recette peut-être qui a déjà été mise en pratique; car, suchez-le bien, c'est ainsi qu'en entretenant le sol du pays à l'état de tremblement de terre perpétuel, on nous fait le plus grand mal possible à tous et à chacun. C'est un fait évident, et qui cause la ruine de toutes les industries, le malaise de tout le monde, et peut-être en sommes-nous là au-jourd'hui parce qu'on nous a trop saturés de mauvaises doctrines; en somme, quand on a absorbé du poison on ne peut pas se bien porter. »

Bulletin de la politique étrangère.

PIÉMONT. — Les journaux de Turin ne mentionnent aucune nou-velle importante. Toute agitation dans cette capitale paraît au moins ajournée jusqu'au moment des élections auxquelles se préparent avec *beaucoup* d'ardeur le gouvernement et l'opposition.

' La *Concordia* parle d'une modification dans le cabinet piémontais : Il s'agirait, dit-elle, de confier le portefeuille des affaires étrangères à M. le comte de Pralormo, actuellement ambassadeur de Sardaigne à Paris ; M. d'Azeglio resterait président du conseil sans portefeuille. Cette nouvelle, à laquelle les autres journaux de Turin ne font pas la moindre allusion, nous semble mériter confirmation.

PRUSSE. — Berlin. — Il paraît maintenant hors de doute que l'Autriche a protesté contre la convocation de la diète à Erfurt ; seulement, écrit-on de Berlin, il n'a pas encore été fait de réponse à l'opposition de l'Autriche contre les élections au parlement d'Erfurt.

Quoi qu'il en soit, il paraît positif que l'Autriche a nettement refusé d'admettre en Allemagne l'existence de l'Etat fédératif ; le journal officiel de Vienne avoue, sans hésiter, cette déclaration, qu'on avait si longtemps tardé à faire.

« L'Autriche, dit le correspondant de l'*Indépendance belge*, croit n'avoir plus besoin de garder des ménagements ; de là cette dernière dépêche dont le ton contraste pourtant beaucoup avec l'énergie dont faisaient preuve les dépêches autrichiennes, au temps de la plus grande faiblesse de cette puissance. La Prusse, de son côté, ajoute cette feuille, doit déclarer, comme elle l'a fait jusqu'à ce jour, qu'elle persistera dans ce qu'elle dit être son droit, et ce qui n'est pourtant qu'une question de force. Dès que la Prusse a consenti à partager avec autrui la suprématie que d'abord elle avait réclamée pour elle seule, il y a de l'inconséquence à vouloir obliger les autres Etats à se rattacher à elle exclusivement. »

AUTRICHE. — On lit dans une correspondance particulière de Vienne, à la date du 23, adressée à l'*Indépendance belge* :

« C'est à tort que les journaux français parlent de réduction dans l'armée autrichienne, car non-seulement un ordre du jour restreint le nombre des congés à accorder dans l'armée de Hongrie, mais encore la levée des nouvelles recrues va toujours son train, et l'on retient toujours sous le drapeau les bataillons de volontaires qui ne s'étaient engagés que pour la durée de la campagne. La garnison de Pesth va être portée à 16,000 hommes, et, à ce qu'on dit, celle de Vienne doit être aussi renforcée. »

ASSEMBLÉE LÉGISLATIVE.

Séance du 28 novembre. — Présidence de M. Dupin aîné.

La séance est ouverte à deux heures et demie.

Un membre dépose le rapport de la commission des crédits supplémentaires, sur une demande de crédit pour le ministre de l'agriculture et du commerce.

M. LE GÉNÉRAL LAHITTE, ministre des affaires étrangères. J'ai l'honneur de déposer sur le bureau de l'Assemblée un projet de loi relatif à un crédit de 1,100,000 fr. destiné au subside consenti à la république Orientale, pour l'exercice 1849.

L'Assemblée consultée renvoie le projet de loi à l'examen des bureaux, qui nommeront une commission spéciale.

L'ordre du jour appelle la troisième délibération de la proposition de MM. de Vatimesnil et Lefebvre-Duruflé, sur la naturalisation et le séjour des étrangers en France.

M. BOURZAT propose, par amendement, de substituer aux deux premiers paragraphes de l'art. 1er les paragraphes suivants :

« L'Assemblée nationale statuera sur les demandes en naturalisation.

« Ces demandes devront d'abord être soumises à l'examen du conseil d'État, qui donnera son avis, le ministre de l'intérieur entendu. »

M. DE MONTIGNY, rapporteur, combat cet amendement.

M. VALETTE appuie l'amendement.

M. DE VATIMESNIL. Le pouvoir législatif pose les règles de la naturalisation ; quant à l'application de ces règles, cela regarde le pouvoir exécutif.

M. JULES FAVRE. La souveraineté appartient tout entière à l'Assemblée. Le pouvoir exécutif occupe le second rang. Il sort aussi du suffrage universel, mais à d'autres conditions subordonnées à celles qui constituent l'Assemblée nationale. (Très bien ! à gauche.)

Je conçois qu'on soit jaloux de ne conférer la qualité de Français qu'à des gens qui l'auront méritée. Sous ce rapport, je comprends qu'on prenne des précautions ; mais ce que je ne comprends pas, c'est qu'on taquine, pardonnez-moi ce mot, celui qui se présente pour acquérir la qualité de Français avec l'intention d'établir sérieusement son foyer chez nous.

Je supplie l'Assemblée de ne pas se départir de son droit de souveraineté, autant pour elle-même que pour la France. (Très bien ! à gauche.)

M. LEFEBVRE DURUFLÉ. Une chose a excité notre étonnement, c'est que notre Constitution est la seule dans laquelle ce qui concerne le droit des citoyens n'ait pas été formellement stipulé. Nous avons été surpris de cet oubli, de cet abandon de la Constituante en ce qui concerne un droit aussi important.

Aujourd'hui, nous serons peut-être surpris d'un autre abandon, c'est celui du ministère qui n'a émis aucune opinion sur une question aussi grave.

M. ROUHER, ministre de la justice, fait l'historique du droit de naturalisation.

La France ne peut continuer ainsi à jeter le titre de Français à la tête du premier étranger venu. Aussi le gouvernement s'associe-t-il au but de la commission, qui est de faire retour à la sage législation qui régissait cette matière jusqu'aux février 1848.

Maintenant, qui statuera sur les demandes en naturalisation ? Nous croyons, sans y attacher, du reste, une bien grande importance, que ce droit de statuer doit appartenir au pouvoir exécutif. Faire descendre le pouvoir législatif dans le détail des naturalisations, ce serait l'empêcher de rester à la hauteur de ses travaux importants, et s'exposer à lui faire négliger des délibérations plus utiles.

M. MAUGUIN demande le renvoi à la commission.

M. DE MONTIGNY. On a commis une hérésie quand on a dit à cette tribune que la souveraineté entière résidait dans cette Assemblée. (Réclamations à gauche. Interruption.)

A gauche : A l'ordre ! à l'ordre ! — Monsieur le président, rappelez l'orateur à l'ordre. (Bruit.)

M. DE MONTIGNY. Est-ce la Constitution qui le dit ? (Nouvelle interruption.)

M. LE PRÉSIDENT. J'invite les interrupteurs au silence. Laissez l'orateur s'expliquer.

M. DE MONTIGNY. Eh bien ! je répète que j'attache la plus grande importance au pouvoir de l'Assemblée, et tous mes actes le prouveront ; mais je dis aussi que l'honorable M. Jules Favre a commis une hérésie quand il a dit que la plénitude de la souveraineté réside dans cette Assemblée.

A gauche : Il a eu raison ! Il a dit vrai ! Oui ! oui !

M. DE MONTIGNY. Je reconnais que le pouvoir législatif est le premier dans l'ordre ; mais je dirai avec la Constitution, et ceci est important, que la souveraineté ne réside pas ici, mais dans la nation. (Ah ! ah ! à gauche. — Interruption.)

M. LE PRÉSIDENT. Veuillez donc écouter !

Au milieu du bruit, non-seulement on ne peut pas saisir les paroles de l'orateur, mais *lui-même* ne peut pas s'expliquer.

M. DE MONTIGNY. Je soutiens donc qu'il est dangereux d'articuler à cette tribune que la souveraineté réside dans cette Assemblée. Cela est contraire à la Constitution.

La souveraineté est formée de deux pouvoirs que la nation délègue : le pouvoir législatif et le pouvoir exécutif. (Très-bien ! à droite. — Bruit à gauche.)

Eh bien, chacun de ces pouvoirs, dans son orbite, représente la souveraineté qui réside dans la nation.

A gauche : Non ! non !

A droite : Si ! si !

M. DE MONTIGNY. Ce n'est pas là une digression inutile, messieurs. Il est nécessaire de bien établir les principes.

M. JULES FAVRE. De telle sorte que la distinction faite par MM. de Montigny et de Vatimesnil ne tend à rien moins qu'à affaiblir le principe essentiel et divin de la souveraineté, le travestir, et créer au sein de la nation des éléments d'anarchie et de guerre civile ! Je nie que la souveraineté se compose de différentes attributions. Le principe posé par M. de Montigny aboutit à la guerre civile et à la discorde.

M. ROUHER. Le gouvernement croirait manquer à un devoir impérieux s'il n'apportait pas son sentiment dans la question constitutionnelle qui vient d'être soulevée d'une manière si inattendue.

Tous les pouvoirs, quels qu'ils soient, émanent du peuple : c'est la Constitution qui le dit. Il y a dans la Constitution un titre de chapitre ainsi conçu : *Pouvoir législatif*. Et plus loin nous lisons : « Le peuple français délègue le pouvoir législatif à une Assemblée. » Vous n'êtes donc pas le souverain ; vous êtes les mandataires du souverain.. (Interruption.)

Qu'a dit M. Jules Favre ? Il a fait une confusion de doctrines. Il y a, messieurs, une différence profonde entre la Constitution républicaine et la charte de 1830. (Oh ! oh ! Rires ironiques à gauche.—Silence ! à droite.)

Le pouvoir royal paralysait l'œuvre de l'Assemblée législative ; il imposait, s'il le voulait, son *veto* ; il était à la fois, pour ainsi dire, pouvoir exécutif et pouvoir législatif.

Le Président de la République, au contraire, a son pouvoir limité, défini ; et c'est en ce sens que M. de Lamartine a pu dire avec raison que le Président serait le bras, et que l'Assemblée serait la tête.

On a parlé du serment ; on a dit que le Président de la République prêtait serment devant l'Assemblée nationale. Oui, la Constitution a déclaré que nous représentions le peuple souverain pour recevoir le serment du Président de la République, mais cela ne prouve rien contre l'existence et la division des deux pouvoirs. Ce n'est qu'une simple formalité, une vérification. (Approbation.)

M. LE PRÉSIDENT. M. Mauguin a déposé un amendement ainsi conçu :

« Les droits de grande naturalisation entraînent l'électorat, l'éligibilité, et ne pourront être conférés que par une loi. »

Je consulte l'Assemblée pour savoir si elle veut prendre en considération l'amendement de M. Mauguin.

L'amendement de M. Mauguin est pris en considération.

M. LE PRÉSIDENT. Cet amendement, ainsi que celui de M. Bourzat, seront renvoyés à la commission.

La séance est levée à cinq heures et demie.

Chronique et Faits divers.

Le nouveau ministre des affaires étrangères, M. le général Lahitte, a reçu hier pour la première fois. Il y avait grande affluence dans les salons de l'hôtel du boulevard des Capucines. Le sujet de toutes les conversations était la démission de deux de nos ambassadeurs à Saint-Pétersbourg et à Vienne, M. le général Lamoricière et M. Gustave de Beaumont. On disait que M. Dufaure, ami politique des deux démissionnaires, cherchait dans les circonstances difficiles où le pays se trouve placé, à les faire revenir sur leur détermination. Des personnes qui connaissent particulièrement les deux honorables plénipotentiaires, paraissaient espérer qu'ils resteraient à leurs postes.

— D'après plusieurs membres considérables de la majorité, l'arrestation opérée rue Rumfort, de quarante-cinq personnes, se réunissant en club secret, est un acte sans portée politique. Il paraît certain que le ministre de la justice avait connaissance de cette réunion, qu'il s'en était entretenu, il y a plus de huit jours, avec quelques représentants. Le ministre était loin de la regarder dans son ensemble et de la part de tous ses membres, comme dangereuse et animée de mauvaises intentions ; seulement comme elle était en contravention avec la loi sur les associations non autorisées, M. Rouher avait fait indirectement prévenir les personnes qui en faisaient partie qu'elles eussent à s'abstenir, et c'est plutôt pour faire acte d'impartialité dans la surveillance soumise à ses attributions, vis-à-vis de tous les partis, que pour manifester une cause d'inquiétude sérieuse vis-à-vis de la tranquillité publique que M. le préfet de police a donné l'ordre d'exécuter la loi en ce qui concerne les réunions de la maison de la rue de Rumfort.

— Des manœuvres et une grande revue ont eu lieu aujourd'hui sur la route de Neuilly, à Saint-Germain, près de Rueil. Le général Changarnier commandait ; il a remarqué la précision des manœuvres, ainsi que la magnifique tenue des régiments, et spécialement du 39e de ligne qui a été complimenté par l'illustre général. Les troupes étaient rentrées à Paris à quatre heures. Le temps froid, mais superbe, favorisait ces exercices militaires.

— La commission d'enquête de la marine a tenu hier une nouvelle séance qui s'est prolongée jusqu'à six heures. Des précautions extraordinaires ont été prises pour que le secret des discussions ne parvînt pas à la connaissance du public. A propos de la consigne sévère qui interdit l'entrée du ministère de la marine, même aux officiers supérieurs, le journal *United service Gazette* demande ce que penserait l'amiral Napier si l'amirauté anglaise prescrivait une pareille mesure.

— L'église d'Asnières, près Bourges, qui menaçait ruine était, depuis quelque temps, en réparation, et une cloison en planches avait été pratiquée pour séparer du clocher en construction, la portion de l'église livrée au culte. Dimanche dernier, pendant la grand'messe, un craquement épouvantable se fait entendre et le clocher s'affaisse sur lui-même. Une panique saisit tout-à-coup les fidèles. Les uns se sauvent par les portes, d'autres par les fenêtres, non sans quelques contusions ; un enfant aurait été foulé aux pieds. On n'a du reste aucune perte à déplorer.

— On lit dans le *Courrier de Marseille* :

« Les amis des arts apprendront avec un vif sentiment de regret, la mort d'un grand artiste, notre compatriote, le célèbre peintre d'intérieur Granet. Fils d'un simple ouvrier, il s'éleva à la fortune par son seul mérite et avec l'aide de la bienveillance royale. Dans ses vieux jours, M. Granet était venu chercher le repos à Aix, sa ville natale ; c'est là qu'il est mort, instituant la cité son héritière, après sa sœur. »

— On lit dans le *Journal du Havre* :

« Vendredi dernier on signalait sur notre rade un navire ayant à la remorque une baleine ; ce navire, la *Marie-Louise*, est entré le même jour à Honfleur, avec sa gigantesque capture, pêchée à 12 milles au large de la Hève. En arrivant dans le port, le cétacée était encore vivant, mais a expiré presque aussitôt en soufflant une immense quantité d'eau, qui a retombé en trombe sur les nombreux curieux qui garnissaient la jetée, et en brisant d'un coup de queue une embarcation contenant cinq hommes, qui heureusement en ont été quittes pour la peur.

« Le bruit de cette pêche miraculeuse a bientôt circulé dans toute la ville, et *en moins* d'une heure des milliers de spectateurs sont venus admirer cette baleine, qui a 27 mètres de long, du museau à l'extrémité de la queue. Elle est grosse comme un navire de 300 tonneaux, et a pris place dans le bassin de la République.

« Les dames de la halle au poisson, à Honfleur, voient dans la capture de cette baleine un signe de guerre; il faut y voir plutôt un signe de peste, car la décomposition de la carcasse s'opère avec une rapidité dangereuse pour la santé publique. »

—Après la révolution de février, le sieur X... était entré dans les gardiens de Paris, et, comme ses collègues, il avait reçu pour coiffure le chapeau tyrolien.

Le sieur X..., après quelques mois d'exercice, était parvenu à faire quelques économies qu'il avait réalisées en un billet de 100 fr.; peu confiant dans la sûreté du garni qu'il habitait alors, il avait caché soigneusement son trésor dans la doublure de son chapeau.

Mais un jour, des rassemblements tumultueux s'étant formés aux abords du Pont-Neuf, X... fit partie des agents chargés de les dissiper, et, à la suite d'une collision qui eut lieu, son chapeau fut enlevé et jeté dans la Seine; X... le suivit un instant des yeux, puis il vit disparaître et sa coiffure et sa petite fortune.

X..., qui est aujourd'hui sergent de ville, ne songeait certainement plus à cette mésaventure, lorsque avant-hier il reçut la visite d'un sieur Kocmann, ouvrier mécanicien, qui lui dit qu'un de ces jours derniers il avait acheté pour 25 c., à l'étalage d'un marchand chiffonnier de la rue Mouffetard, un vieux chapeau de gardien de Paris; qu'en découpant ce chapeau, afin d'en faire des morceaux propres à être adaptés aux rouages d'une mécanique, il avait trouvé sous la coiffe un billet de 100 fr. placé dans une lettre adressée à M. X..., gardien de Paris.

Le sieur X..., ne doutant pas que ce fût son billet, qu'il se souvint avoir enveloppé dans une lettre qu'il avait reçue de son pays, fit connaître au sieur Kocmann les circonstances que nous venons de rapporter, après quoi l'honnête ouvrier lui fit la remise des 100 fr., sans vouloir accepter aucune récompense.

Le sieur X..., curieux de savoir toute l'histoire de son chapeau si miraculeusement revenu en ses mains, s'est renseigné, et a appris que le chiffonnier l'avait acheté d'un *ravageur* ou chiffonnier de rivière, qui l'avait repêché dans la Seine.

VARIÉTÉS.
Mon ami Bernard.

—

(Voir le N° 4880.)

Mon ami Bernard lâcha sa proie sans répondre, et le gamin débarrassé de son étreinte s'enfuit en nous narguant et en criant : « A bas les aristos! »

—Tu le vois, continuai-je, c'était un de tes frères, un socialiste précoce que tu troublais là si peu fraternellement dans l'exercice de son droit au travail. Tu vois aussi que grâce à ta redingote et à ton foulard, tu n'es pour lui qu'un privilégié et un aristocrate. Tu auras bien de la peine, je le crains, à organiser la société de manière à satisfaire ce petit saute-ruisseau. Franchement, j'espérerais mieux en l'envoyant tout simplement au catéchisme. Ses pareils, les convoiteurs du bien d'autrui, jeunes ou vieux, lettrés ou non, sont nombreux dans ton parti, et je te plains sincèrement d'être en si mauvaise compagnie. La main sur la conscience, parmi les hommes dont tu suis la bannière, en est-il un seul que tu admires, ou seulement que tu estimes ? un seul qui te paraisse inspiré par l'amour pur et désintéressé du peuple, et non par les vanités ambitieuses de sa personnalité ? Et toi-même, mon cher, permets-moi de faire appel à ta franchise. Interroge ton cœur ; est-ce un sentiment expansif de tendresse que tu y trouves, ou un ferment d'irritation ? N'est-ce pas le chagrin, le dépit, les déceptions successives, ta jeunesse gaspillée sans profit, des dettes importunes, une carrière manquée, qui t'ont rejeté brusquement dans le socialisme, en haine de la société ? Et crois-tu qu'un bon héritage que te laisserait à propos un oncle d'Amérique, s'il y en avait encore, ne ferait pas de toi aussitôt un paisible défenseur du capital et de la propriété ?

— C'est incontestable, me répondit-il, et je n'hésite pas à le reconnaître. Je n'aurais plus de motifs de me plaindre de la société ; je passerais dans le camp des heureux ; je jouirais de mon bien, et je tâcherais de le défendre. Mais qu'est-ce que cela prouve ? Quand il y aurait un privilégié de plus, cela empêcherait-il les masses d'être privées des jouissances réservées au petit nombre et de les envier ? Cela terminerait-il la guerre sociale ? Tâche de faire en sorte que chacun hérite d'un oncle d'Amérique, et alors il est bien clair que les propriétaires pourront dormir tranquilles. Pour moi, c'est précisément parce que je n'ai aucune succession à attendre que je reste socialiste. Tous les autres t'en diraient autant s'ils étaient aussi francs que moi. Mais en quoi cet aveu t'avancerait-il ? Je suis en mauvaise compagnie, c'est bien vrai ; donne-moi seulement dix mille livres de rente, et je te promets d'en fréquenter une meilleure. Nous savons ce que nous valons, et nous nous méprisons tous fraternellement les uns les autres. On croit dire quelque chose contre nous en détaillant la composition de notre parti. Cela ne m'émeut nullement. J'en demeure d'accord ; tous les gens tarés, les joueurs ruinés, les banqueroutiers, les ambitieux fourbus qui ne voient pas d'autre moyen de parvenir, les débiteurs insolvables (ici mon ami Bernard souleva son chapeau), les génies incompris, les cerveaux fêlés, les infirmes, les envieux, les esprits chagrins, les cœurs ulcérés, se réfugient dans le socialisme. Mais encore une fois, qu'est-ce que cela prouve ? N'est-ce pas au soleil de votre civilisation qu'ont germé, que se sont épanouies toutes ces misères, toutes ces turpitudes ? Il n'y a pas de quoi être fier ; car enfin ces maux existaient avant nous ; nous ne les avons pas faits : nous vous en renvoyons la responsabilité. Et puis, il est bien évident que les ennemis de votre société, ceux qui veulent la bouleverser, ne peuvent pas être ceux qui s'y trouvent à leur aise. Les premiers disciples du Christ n'étaient-ils pas aussi les déshérités de la société antique, les esclaves, les éclopés, les publicains, les femmes de mauvaise vie, en un mot toutes les brebis galeuses du troupeau ?

— Jo t'arrête ici, m'écriai-je. Les apôtres de Jésus furent sans doute de pauvres ignorants, mais qui gagnaient honnêtement leur vie par leur labeur quotidien sans envier le bien d'autrui. Un seul montra de l'improbité; il finit par trahir son maître, et son nom reste éternellement voué à l'infamie. Quant à toutes les infirmités physiques et morales qui, en effet, avaient été nombreuses parmi les disciples du Sauveur, tu oublies qu'elles étaient aussitôt guéries, et ce n'est pas un moindre miracle de guérir les difformités de l'âme que celles du corps, de faire de Madeleine une chaste héroïne que de rendre la vue aux aveugles. On ne réfléchit pas assez à ce prodige qui s'appelle une conversion, prodige que le christianisme accomplit seul, qui s'est perpétué dans l'Eglise, et dont on a tous les jours encore de nombreux exemples. Je ne pense pas que le socialisme ait la prétention de redresser les paralytiques, non plus que de convertir les pécheurs et d'en faire des saints. Je connais bien des malheureux dont tout le passé était honnête et qu'il a pervertis; je n'ai pas ouï dire qu'il ait rendu meilleur un seul homme. Je ne sache pas que dans vos clubs et vos journaux vous prêchiez la chasteté, l'humilité, la mortification, le repentir des fautes, le pardon des injures, l'obéissance, toutes les vertus évangéliques. Je vois, au contraire, que vous flattez, que vous excitez sans cesse l'orgueil, l'envie, la convoitise, la colère, la volupté, la paresse, voire même la gourmandise, tout justement les sept péchés capitaux. Cela est vieux comme le monde ; ce qui est seulement nouveau, c'est d'avoir érigé savamment en doctrine cette réhabilitation des mauvaises passions, cette glorification des appétits. Cesse donc de comparer des doctrines qui se repoussent, qui s'excluent, et dont l'une est précisément l'antipode de l'autre.

— Tu t'animes trop, dit en souriant mon ami Bernard, et je t'accorderai encore facilement ce point. Il est certain que nous sommes fort peu évangéliques ; mais le nom du Christ, dans notre siècle de peu de foi, est demeuré assez grand et assez respecté des masses pour qu'il soit habile de paraître s'y rattacher de quelque côté. Cela produit toujours un bon effet. Nous avons trois ou quatre abbés, qui s'acquittent de ce soin à notre satisfaction, et ont inventé le socialisme chrétien. Leur concours nous est utile; ils séduisent quelques esprits faibles et scrupuleux, et tirent, comme on dit, les marrons du feu avec leur patte de velours. Nous avons aussi les théologiens de la presse, qui font merveille, et enfin ce pauvre Châtel, le ci-devant primat des Gaules, mais il est trop connu. Les autres, en prétendant rester orthodoxes, sont plus adroits, et rendent des services. Tu conçois que nous ne prenons pas ces cafards-là au sérieux, et que nous n'assistons pas à leur messe, que probablement d'ailleurs ils ne disent pas souvent. Je suis de ton avis. Notre doctrine est exactement l'opposé de celle du christianisme. C'est son originalité et sa force. Que veux-tu? Le christianisme est bien vieux, et vous autres, mes-

sieurs du grand parti de l'ordre, vous le trouvez bon pour les femmes et le menu peuple, mais vous ne le pratiquez guères. Vos bourgeois voltairiens ne sont pas meilleurs chrétiens que nous ; on les voit
rarement à l'office, plus rarement au confessionnal. Ce n'est pas
nous qui avons fait si rude guerre au jésuitisme et au parti-prêtre.
Ils ne deviennent dévôts que lorsqu'ils tremblent pour leurs écus, et
dès que la peur est passée, leurs instincts irréligieux se réveillent.
Nous sommes plus francs qu'eux, et puisque la foi, le dévouement,
l'esprit de sacrifice sont des ressorts usés, nous saisissons hardiment
les passions éternellement vivaces du cœur de l'homme, et avec ce
levier nous remuerons le monde.

— Tu m'épouvantes par la franchise, repris-je, et cependant je la
préfère de beaucoup à l'hypocrisie. Tu as bien raison quand tu dis
que la plupart de ceux qui appellent aujourd'hui la religion à leur
secours ne la pratiquent pas, qu'ils l'ont traitée en ennemie, et n'ont
cessé d'ébranler, de saper, de détruire autant qu'ils l'ont pu ces
croyances dont l'absence laisse un vide si effrayant. Aussi tu ne
m'empêcheras pas de voir dans les terreurs qu'ils éprouvent, dans
les dangers qui les menacent, une juste punition que la Providence
inflige à leur impiété. Ils ont voulu se passer de Dieu, Dieu se venge,
et vous êtes, sans vous en douter, les instruments de sa vengeance.
Tout ce que nous avons vu jusqu'à ce jour n'est qu'un avertissement;
s'il n'est pas compris, le châtiment sera terrible ; vous serez les hordes
de Huns et de Vandales qui ravagerez la société moderne, et vous
mériterez comme Attila le nom de fléaux de Dieu. Je t'avoue, mon
cher, que cette considération providentielle est la seule qui me fasse
croire à la possibilité de votre succès momentané. Mais je me rassure
en pensant que tout le monde n'est pas complice de cette impiété qui
appelle les catastrophes. Non, la foi, le dévouement, l'esprit de sacrifice ne sont pas des ressorts usés. Tu es trompé par le milieu où tu
vis, tu ne te doutes pas de la sève puissante qu'a encore parmi nous
le christianisme. Je te parlais tout à l'heure de ce phénomène de la
conversion, de ce miracle journalier qui s'opérera, je l'espère bien,
quelque jour sur toi-même : c'est un prodige qui n'a d'équivalent
nulle part. Tu ne sais pas non plus combien d'héroïsmes cachés, de
dévouements obscurs, la religion inspire et abrite discrètement sous
son ombre ; combien d'œuvres de la charité la plus ingénieuse jaillissent chaque jour de son sein fécond. Habitué à voir faire tant de fracas de journaux pour les moindres gestes de vos avocats et de vos rhéteurs, tu ne comprends rien à ces vertus sublimes qui ne se révèlent
que par leurs bienfaits. Voilà ce qui nous sauvera. Ecoute, je veux
te proposer un double voyage d'exploration : je te ferai voir, sans
sortir de Paris, des choses dont tu ne soupçonnes pas l'existence. Tu
m'en montreras que je ne connais guères mieux. Je te mène-
rai par la main dans les séminaires, dans les couvents, dans les
hôpitaux, dans les écoles de Frères, même chez les révérends

Pères Jésuites, si tu le veux bien ; je t'initierai à leurs prétendus secrets ; je t'introduirai à ces réunions souterraines d'ouvriers et de militaires dont vous parlez quelquefois dans vos gazettes avec tant d'indignation ; je te ferai voir, inspecter, étudier les œuvres presque innombrables de la foi et de la charité catholiques qui fleurissent aujourd'hui même à Paris, en pleine République française. A ton tour, tu seras mon introducteur dans les officines du socialisme, dans les clubs, les sociétés secrètes, les bureaux de journaux rouges, les comités montagnards, dans les prisons où gémissent les frères et amis, et probablement dans maints cabarets. Puis nous comparerons ; et puisque nous sommes d'accord que les deux doctrines sont contraires, nous les jugerons par leurs fruits, et nous nous prononcerons pour l'une ou pour l'autre.

— J'accepterai volontiers ta proposition quand j'en aurai le temps, me répondit mon ami Bernard, et ce sera un curieux voyage que je ne m'attendais certes pas à faire. Mais remarque bien que cela ne me donnera pas de quoi dîner confortablement. Là est toute la question. Vous m'offrirez peut-être une aumône humiliante. L'aumône, votre grand moyen de séduction, est précisément ce que nous voulons abolir, comme une dégradation de l'humanité, un crime de lèse-égalité. Ce que nous demandons, c'est que chacun ait sa part de jouissances et de bien-être, sans avoir à mendier ou à ramasser les miettes de vos festins. Voilà ce que vous ne nous donnez pas, et ce qu'il nous faudra conquérir de haute lutte.

— Mais vous savez bien, repris-je, que cela est impossible ; et toi, mon cher, tu es trop intelligent et trop franc pour n'en pas convenir. Vous savez bien que cette égalité sociale que vous poursuivez est une chimère. L'égalité n'existe que devant Dieu ; et encore la religion, d'accord avec la notion même de la justice, nous enseigne que chacun rendra compte en proportion de ce qu'il aura reçu, et Jésus nous dit qu'il y a plusieurs demeures dans la maison de son Père. L'égalité devant la loi existe aussi, comme un reflet et une conséquence de l'égalité devant Dieu ; ce qui n'empêche pas la loi même, les juges et l'opinion, de graduer les peines en raison de mille circonstances particulières à l'individu. Mais dans la nature, dans la société, c'est l'inégalité qui est la loi primordiale et universelle. Même dans la nature inanimée, il n'y a pas deux feuilles semblables ; dans l'espèce humaine, les différences intellectuelles et morales sont plus frappantes encore que les dissemblances physiques. L'égalité, l'égalité, voilà le mot funeste qui trouble les têtes, et que vous exploitez avec perfidie, bien assurés que vous ne la réaliserez jamais. Vous savez bien qu'il y aura toujours des forts et des faibles, des habiles et des incapables, des économes et des prodigues, des laborieux et des paresseux, des bien portants et des malades, par suite aussi des diversités de fortunes ; vous savez bien que vous prononceriez ce matin la loi agraire, que l'inégalité des conditions sociales serait rétablie .dès ce soir. Vous n'espérez pas, je le suppose, supprimer les infirmités, les maladies et la mort. Que prétendez-vous donc. avec votre droit aux jouissances et au bonheur ? Le christianisme enseigne la raison des misères de l'humanité, en même temps qu'il apporte à chacune d'elles un adoucissement ou au moins une consolation. Vous êtes bien libres de ne pas admettre l'explication qu'il en donne, mais vous êtes forcés de reconnaître la réalité de ces misères, inexplicables pour vous. Vous n'en soulagez, vous n'en consolez aucune, quoique vous parliez pompeusement de les abolir toutes ; vous les aggravez même dans des proportions effrayantes, et chaque fois que vous vous remuez, vous élargissez le gouffre de la détresse publique. Ah ! si jamais vous parvenez à saisir pour un jour le pouvoir, que ferez-vous de ces passions que vous aurez déchaînées, de ces malheureux que vous aurez séduits par vos décevantes promesses, et qui, toutes les sources du travail étant taries, viendront vous sommer de leur donner la fortune et le bonheur ?

— Le procédé est connu, répondit tranquillement mon ami Bernard. Nous ferons la guerre. Nous enivrerons ces braves gens de l'odeur de la poudre, et nous nous débarrasserons d'eux en les envoyant comme chair à canon à la frontière. Ce n'est pas plus difficile que cela. En même temps nous nous emparerons des places, des rentes, des propriétés ; nous confisquerons toutes les libertés ; bien entendu, nous établirons une bonne dictature, et nous tâcherons de faire oublier le droit au bonheur. Tu nous as traités bien mal, mais je ne t'en veux pas, et, le cas échéant, tu n'auras qu'à réclamer ma protection, qui pourra t'être utile. Adieu, je vais à la *Réforme*, terminer un article fraternel sur l'extinction du prolétariat.

Il me quitta là-dessus, et je demeurai confondu, stupéfait, en voyant à quelle effroyable perversion du sens moral, à quelle oblitération de la conscience était descendu, sous l'influence du scepticisme et de l'inconduite, un homme né avec les instincts les plus honnêtes. Je plaignis surtout amèrement, et du fond de l'âme, ces masses dont on exploite l'ignorance, les souffrances, les convoitises, et qui se laissent entraîner à la suite d'une tourbe de charlatans sans vergogne et d'ambitieux sans cœur, dont les trois quarts ne valent pas mon ami Bernard.   ALFRED DE COURCY.

BOURSE DU 28 NOVEMBRE.

Le 3 p. 100 a débuté au comptant à 57 15, a fait 57 au plus bas, et reste à 57 15.

Le 5 p. 100 a débuté au comptant à 89 90, a fait 89 75 au plus bas, et reste à 89 90.

L'un des Propriétaires-Gérants, CHARLES DE RIANCEY.

Paris, imp. BAILLY, DIVRY et Comp., place Sorbonne, 2.

BIBLIOTHÈQUE UNIVERSELLE DU CLERGÉ.

Suite des Publications. — *Voir les numéros des* 12, 14, 15, 16, 17, 18, 19, 20, 21, 22, 24, 25, 26, 27 et 28 *novembre*.

COURS COMPLET DE PATROLOGIE, etc. — *Suite de l'Annonce des* 24, 25, 26, 27 et 28 *novembre*.

ŒUVRES TRÈS-COMPLÈTES DE S. AMBROISE, édition très-soignée et plus complète qu'aucune autre existante, revue et corrigée sur les anciennes, et surtout d'après celle des Bénédictins, augmentée de divers opuscules découverts depuis les dernières éditions. 4 vol. in-4°. Prix : 28 fr.

ŒUVRES TRÈS-COMPLÈTES D'ULPHILAS, reproduites d'après une édition récemment publiée en Allemagne, accompagnées de deux vocabulaires et d'une grammaire de la langue gothique traduite de l'allemand ; précédées des ŒUVRES également TRÈS-COMPLÈTES de S. MARTIN de Tours, de TICHONIUS, de NOVAT, d'un ANONYME, d'AURÈLE SYMMAQUE, de MAXIME le Grammairien, de MAMERTIN, de PUBLIUS VICTOR, recueillies dans Galland, de la Bigne, Labaune et Martène, 1 fort vol. in-4°. 10 fr.

ŒUVRES TRÈS-COMPLÈTES DES POÈTES CHRÉTIENS du quatrième siècle, savoir : JUVENCUS, SEDULUS, OPTATIEN, SÉVÈRE et FALTONIA PROBA, reproduites et corrigées d'après les éditions d'Arevalo et de Pise, suivies de divers opuscules d'Ausone de Bordeaux. 1 vol. in-4°. Prix : 6 fr.

ŒUVRES TRÈS-COMPLÈTES des ECRIVAINS ECCLÉSIASTIQUES du cinquième siècle jusqu'à S. Jérôme, reproduites pour la première fois selon l'ordre chronologique et réunies dans un seul volume, recueillies dans les collections de Galland, de D. Coustant, de Galeardi, de Lebeuf, de Bironius, d'Isidore Mercator, de Labbe, de Mansi et de quelques autres, contenant les écrits de dix-neuf auteurs, qui sont : S. PHŒBADIUS, S. ANASTASE, pape, FAUSTE, SULPICE-SÉVÈRE, SECUNDINUS, S. CHROMACE, S. VICTRICE de Rouen, PAMMACHIUS, OCEANUS, INNOCENT I, pape, S. ZOZYME, pape, S. PAULIN de Milan, SÉVÈRE de l'île Majorque, S. BONIFACE I, pape, S. GAUDENS de Brescia, S. AURÈLE de Carthage, BACHIARIUS, moine, ZACHÉE et ÉVAGRE. 1 vol. in-4°. 7 fr.

ŒUVRES TRÈS-COMPLÈTES DE RUFIN, prêtre d'Aquilée, reproduites d'après l'édition de Vallarsi, suivies des écrits qui nous restent des hérétiques PÉLAGE, CŒLESTIUS JULIEN et ANIANUS. 1 vol. Prix : 8 fr.

ŒUVRES TRÈS-COMPLÈTES DE S. JÉROME, édition extrêmement soignée, reproduisant dans son entier celle de Martianay, revue et corrigée par Vallarsi et Maffeï ; enrichie des opuscules récemment découverts, contenant tout ce que chacune des éditions précédentes a de particulier, en sorte qu'elle est d'un tiers plus complète que toutes les autres. 9 vol. in-4°. Prix : 60 fr.

Pour tout éloge de S. Jérôme, nous dirons : 1° qu'après S. Augustin, il est le plus étendu des SS. PP., et qu'après le même S. Augustin et S. Chrysostome ; il est celui dont l'autorité traditionnelle est la plus grande et dont les écrits sont les plus pratiques ; 2° que les deux seules bonnes éditions de S. Jérôme, savoir, celle de Martianay et celle de Vallarsi avec Maffeï, étaient devenues si rares, qu'on ne trouvait la première qu'au prix de 200 fr., et la seconde qu'au prix de 500 ; 3° qu'on ne pourra plus être maintenant partagé d'opinion sur la plus estimée des deux éditions de S. Jérôme, celle annoncée renfermant en entier non-seulement ce que Martianay, Vallarsi et Maffeï avaient ajouté aux éditions antérieures, non-seulement ce que celles-ci offraient de spécial et que ces grands éditeurs avaient négligé, mais encore ce qu'une foule d'ouvrages postérieurs, imprimés en tous pays, ont permis de recueillir en sus. Or ceci est tellement considérable qu'il n'a pas fallu moins de 9 forts volumes pour contenir S. Jérôme, ainsi aplani et augmenté ; 4° que l'ouvrage est entièrement achevé ; qu'il est d'une exécution véritablement frappante ; que la distribution des matières est on ne peut plus rationnelle, enfin que des dépenses énormes ont été faites pour obtenir une correction typographique sans exemple. Malgré cela, S. Jérôme ne revient qu'à 45 fr. pour le souscripteur à la PATROLOGIE entière.

ŒUVRES TRÈS-COMPLÈTES DE DEXTER et d'OROSE, chronologues espagnols, reproduites d'après les éditions de Bivarius et d'Havercamp, revues et corrigées d'après les plus anciens manuscrits ; enrichies des notes et des commentaires de divers auteurs, de *fac-simile* de médailles anciennes, suivies des opuscules de La-porius et de divers écrivains contemporains de S. Augustin. 1 vol. in-4°. Prix : 8 fr.

ŒUVRES TRÈS-COMPLÈTES DE S. AUGUSTIN, édition supérieure à toutes celles qui ont été données jusqu'ici, reproduisant dans son intégralité celle des Béné-dictins, augmentées de divers opuscules recueillis dans les manuscrits de la biblio-thèque du Mont-Cassin et de celle d'Avranches, dans Frangipane, Denis de Vienne, Garnier; suivies d'une notice extrêmement riche de Schœnnemann, des préfaces, censures, notes et remarques sur les œuvres de ce Père, par Erasme, Vivès, Sir-mond, dom Le Nourry et plusieurs autres, d'un appendice à l'histoire du pélagia-nisme. 16 vol. in-4°. Prix : 86 fr.

ŒUVRES TRÈS-COMPLÈTES DE S. JEAN-CHRYSOSTOME, nouvelle édition, reproduisant intégralement celle des Bénédictins, revue et corrigée d'après les ma-nuscrits de France, du Vatican, d'Angleterre et d'Allemagne, et surtout d'après les éditions de Savile et de Fronton du Duc, enrichie de préfaces, d'avertissements, de notes, de variantes, d'une vie du saint Docteur et de plusieurs appendices. 9 vol. in-4° divisés en 14 tomes. Prix : 50 fr.

Si les écrits des Pères viennent, pour les catholiques, immédiatement après l'E-criture sainte, qu'on juge par là des œuvres des deux derniers Pères ici annoncés. L'un est le premier Père de l'Eglise grecque, l'autre de l'Eglise latine. Cette remar-que dit tout.

Nota. Cette édition ne reproduit que la traduction latine des œuvres de S. Chry-sostome. Le grec sera donné en regard du latin dans notre édition des Pères de l'É-glise d'Orient. Cependant, même sous ce rapport, notre édition latine de S. Chryso-tome a, sur toutes les autres, un immense avantage : c'est qu'elle donne la traduction en latin de toutes les notes de l'édition grecque de Montfaucon, sauf celles qui ne roulent que sur des difficultés grammaticales.

ŒUVRES TRÈS-COMPLÈTES DE MARIUS MERCATOR, OU MONUMENTS HISTO-RIQUES qui ont rapport à l'hérésie des Pélagiens et à celle des Nestoriens, nouvelle édition reproduisant celle de Garnier et enrichie de ses commentaires, revue, corri-gée et augmentée d'après celles de Baluze et de Galland. 1 vol. in-4°. Prix : 7 fr.

ŒUVRES TRÈS COMPLÈTES DE CASSIEN, présentant sous le texte les com-mentaires d'Alard Gazet pour la plus grande commodité du lecteur, suivies des œuvres de 12 autres Pères moins considérables, savoir : VIGILE, diacre, FASTIDIUS, POSSIDIUS, S. CÉLESTIN I, ANTONINUS HONORATUS, S. XISTE III, S. VINCENT DE LÉRINS, S. EUCHÈRE, S. HILAIRE D'ARLES, PASCHASINUS, ANNÆUS SYLVIUS et TURRIBIUS. 2 vol. in-4°. Prix : 11 fr.

ŒUVRES TRÈS-COMPLÈTES DE S. PROSPER D'AQUITAINE, reproduites d'a-près les manuscrits les plus anciens et les éditions les plus estimées, rangées selon l'ordre des temps, suivies de sa *Chronologie* et de celles d'Idace et du comte Marcel-lin, d'après l'édition de Sirmond. 1 vol. in-4°. Prix : 6 fr.

ŒUVRES TRÈS-COMPLÈTES DE S. PIERRE CHRYSOLOGUE, reproduites d'a-près l'édition de Sébastien Pauli et celles de plusieurs autres commentateurs; suivies des œuvres également COMPLÈTES de S. VALÉRIEN et de S. NICETAS d'après Sirmond et Maï. 1 vol. in-4°. Prix : 7 fr.

ŒUVRES TRÈS-COMPLÈTES DE SALVIEN, précédées d'une notice tirée de Galland et de Schœnnemann, enrichies de notes de Baluze, suivies des ŒUVRES éga-lement TRÈS-COMPLÈTES 1° d'ARNOBE LE JEUNE, reproduites d'après la très grande Bi-bliothèque des Pères de la Bigne; 2° de MAMERT CLAUDIEN, d'après l'édition de Gal-land; 3° de S. PATRICE, apôtre de l'Irlande, réimprimées aussi avec les prolégomènes et les notes de Galland; 4° du livre connu sous le nom de LIBER PRÆDESTINATI, repro-duit comme les deux Pères précédents avec les notes et les prolégomènes de Galland, et suivi d'une histoire du Prédestinatianisme par Sirmond. 1 vol. in-4°. Prix : 7 fr.

(La suite au prochain numéro.)

S'adresser à M. l'abbé MIGNE, au Petit-Montrouge, barrière d'Enfer de Paris.

Paris. Imp. BAILLY, DIVRY et Cᵉ, place Sorbonne, 2.

L'AMI DE LA RELIGION.

SÉANCE DE L'ASSEMBLÉE.

Encore une question constitutionnelle aujourd'hui : c'est la proposition de M. Fouquier d'Hérouël qui la soulève. L'honorable représentant désirerait étendre le nombre des circonscriptions électorales. On sait combien il importe d'abréger les distances énormes qui parfois séparent les électeurs de la campagne, du canton ou de la section où ils doivent aller déposer leurs suffrages.

Sous cette proposition, les puritains et les Montagnards ont cru voir reparaître le vote à la commune, que la Constitution n'a pas admis. M. Gavini, M. Savoye, même l'honorable général Cavaignac ont témoigné la plus vive susceptibilité à cet endroit. M. Gavini appartient dit-on, à la fraction Elyséenne de l'Assemblée. Il nous plaît singulièrement de voir de ce côté des scrupules constitutionnels.

M. de Larochejaquelein a répondu avec une très-grande vigueur de logique et de bon sens et avec un à-propos plein d'esprit, aux arguments de M. Gavini et aux interruptions de la Montagne. C'était la vérité, la sincérité du suffrage universel qu'il défendait, et il a trouvé au service de cette excellente cause les répartics les plus heureuses.

M. Savoye, avec le lourd bagage de sa parole allemande, a essayé de rajeunir les vieilleries du faux libéralisme contre les influences de clocher. L'Assemblée, fatiguée de cet accent monotone et de cette rhétorique usée, ne s'est émue qu'un instant quand le maladroit orateur a osé parler de l'action occulte du confessionnal. « A l'ordre ! Expliquez-vous ! Vous attaquez la religion ! » s'est-on écrié de tous les bancs de la droite. Le président a rappelé M. Savoye au respect des croyances, et lui a demandé d'expliquer sa pensée. « Je ne confonds pas la religion et le confessionnal, » a repris M. Savoye, assez embarrassé. Nouvelles réclamations. « Je ne veux parler que des abus qui peuvent se commettre, » a dit enfin l'orateur, visiblement décontenancé. L'Assemblée, jugeant la leçon suffisante, a laissé M. Savoye ressaisir comme il le pouvait le fil de son discours, qu'il a achevé au milieu de l'inattention générale.

C'est alors que M. Cavaignac a fait son observation sur l'inconstitutionnalité. L'effet produit par cet enthousiasme si chatouilleux, n'a pas été heureux. Et après quelques paroles de M. le rapporteur, qui a parfaitement établi qu'il s'agit d'élargir le cercle que la Constitution elle-même a ouvert et de rendre au suffrage universel plus de liberté et plus d'indépendance, l'Assemblée a voté. Le scrutin de division a donné une grande majorité pour la proposition. Il sera passé à une seconde délibération.

M. Bocher a déposé, au nom de la commission du budget, le rapport sur l'impôt des boissons. La commission conclut au rétablissement. De la Montagne est descendue immédiatement une avalanche d'orateurs pour s'inscrire *contre*. Cette petite scène a troublé l'ordre un instant.

On a ensuite examiné la proposition de M. Charras sur la vente des diamants de la couronne. La couronne, des diamants, belle matière à diatribe. M. Charras n'y a pas manqué, avec un pauvre succès, il faut le dire. En quelques mots M. de Flavigny a montré que ce serait un acte de vandalisme et d'inexcusable imprudence que d'aliéner une collection historique, que de vendre des diamants que Henri IV et la Convention avaient engagés avec profit pour secourir l'Etat dans des jours de détresse, et dont quelques-uns, le *régent* entr'autres, qui vaut 12 millions, sont *invendables,* dont les autres perdraient, par le temps qui court, plus de la moitié de leur prix.

Devant ces raisons si justes et si patriotiques, il n'y avait que la Montagne qui pût hésiter. Elle a été complétement battue.

L'Assemblée a ensuite admis la première délibération sur la loi relative au tissage et au bobinage.

Au moment où l'attention de l'Assemblée nationale se porte sérieusement sur l'*Algérie*, nous croyons pouvoir rappeler au public le livre de M. Poujoulat sur cette conquête de l'Afrique et sur les grandes conditions auxquelles l'œuvre de la France pourra s'accomplir utilement. Ce livre intitulé : *Etudes africaines*, d'une date déjà un peu ancienne, mais d'un intérêt toujours vrai et toujours nouveau, est le seul ouvrage littéraire et philosophique sur l'Algérie; les événements n'ont donné aucun démenti aux jugements et aux appréciations de l'auteur; on trouve dans les *Etudes africaines* le côté élevé et moral de toutes les questions qui se rattachent à l'Afrique française; les vieux temps chrétiens s'y mêlent aux temps nouveaux. M. Poujoulat a marqué la grande, l'inévitable place que doit occuper en Algérie la religion chrétienne avec ses inspirations fécondes et son génie civilisateur.

Des duels.

Le scandale des dernières rencontres n'aura pas du moins passé tout à fait sans protestation.

Avant-hier, au commencement de la séance, M. le président Dupin a saisi l'occasion de flétrir ces provocations intérieures et ces combats entre représentants qui transportent, au milieu de notre civilisation bien assez corrompue à sa manière, les barbares et sanguinaires préjugés d'autres époques.

Trois propositions sur les duels ont été aussi déposées sur le bureau de l'Assemblée législative.

L'une a été présentée par MM. Gavini et Failly ; elle est ainsi conçue :

« Art. 1ᵉʳ. Le duel est défendu.

« Art. 2. Quiconque sera reconnu coupable du fait de s'être battu en duel, quelles qu'aient été les conséquences du combat, ou bien d'avoir assisté comme témoin celui ou ceux qui se seront battus en duel, sera interdit des droits civiques pendant un an au moins et dix ans au plus, sans préjudice, s'il y a lieu, de peines plus graves prévues par la loi. »

L'autre, de M. Remilly, est spéciale aux représentants qui donneraient le coupable exemple de la désobéissance aux lois et de la guerre privée :

« Outre les peines qu'il pourra encourir conformément à la loi, sera déchu de la qualité de représentant du peuple tout membre de l'Assemblée nationale qui, pendant la durée de son mandat, aura provoqué ou se sera battu en duel.

« L'Assemblée nationale prononcera la déchéance, sur le rapport d'une commission saisie par elle de l'examen du procès-verbal des faits transmis par le ministère public.

« Le membre déchu sera inéligible aux fonctions de représentant du peuple pendant l'année qui suivra la déchéance. »

La troisième proposition est de M. Bouzique.

Nous constatons avec plaisir cette réaction de l'opinion publique qui commence à se tourner assez généralement, quoiqu'encore avec indécision et mollesse, contre tout ce qui est immoral et dangereux pour la société.

Ce ne sont pas encore des réparations suffisantes ; mais ce sont d'heureux symptômes.

Les terroristes.

L'extrait que nous avons emprunté, avant-hier, au journal anglais le *Times*, et qui fait connaître les projets et les espérances des socialistes allemands auxquels l'Angleterre accorde l'hospitalité, a été reproduit par un grand nombre de journaux de Paris et des départements. On ne saurait donner une trop grande publicité à de pareilles révélations.

On attribue à M. Guizot un mot d'une grande vérité : « L'un des principaux malheurs de la France, aurait-il dit, c'est la faculté merveilleuse qu'on y a de ne pas sentir son mal. »

Il faut ajouter qu'une des plaies de notre société, c'est la niaise sentimentalité avec laquelle nous apprécions et les actes et les caractères les plus odieux. Le monde aujourd'hui renferme une foule innombrable d'hommes honnêtes, mais faibles et vaniteux qui, soit pour s'étourdir sur les périls de l'avenir, soit pour se donner des airs *humanitaires,* font des efforts incroyables pour se persuader à eux-mêmes et pour persuader aux autres que les démagogues de ce temps-ci ne sont pas *ce qu'un vain peuple pense.*

— Vraiment, croyez-vous que ces hommes songent à renouveler les atrocités de 93! Mais c'est impossible! de telles horreurs ne sont plus dans nos mœurs.....

Essayer de faire voir clair à ces aveugles, c'est probablement peine inutile. Et pourtant, que d'avertissements de tous les côtés! Que de révélations, que d'aveux de la bouche même des coryphées de la démagogie! L'autre jour, c'était Proudhon dénonçant les haines implacables, les grossiers appétits des néo-jacobins, lesquels ne rêvent que dictature, *manipulation de la fortune publique*, et gouvernement de la nation, *in flagello et virgâ*, COMME UN TROUPEAU! Hier, la parole était prise par l'allemand Heinzen, l'un des héros du parti démocratique et social de son pays; et cet homme, que pas un socialiste sincère ne désavouera, a fait appel au glaive exterminateur qui doit abattre DEUX MILLIONS DE TÊTES!

Aujourd'hui voici dans la *Réforme* un écrivain, et quel écrivain! qui se jette dans l'arène à la suite des démolisseurs : « *Les tombeaux* « *s'ouvrent*, s'écrie-t-il, *et les spectres du passé, enveloppés d'une va-* « *peur funèbre, étalent leurs insignes poudreux, diadêmes,* TIARES, « *couronnes.* »

On sent que cet homme, que son apostasie épouvante, a besoin de voir les ruines s'amonceler autour de lui, comme pour échapper, par le spectacle d'une dévastation universelle, au vide de son âme et aux remords de sa conscience!

« Quand les deux grandes armées, qui maintenant s'organisent, viendront à se choquer, dit-il, et ce temps est prochain, les hommes, sur la terre *moite de sang, au milieu du fracas des ruines s'écroulant sur les ruines, errant avec des cris lugubres à la lueur rouge de l'incendie*, croiront assister à cette fin des choses annoncée par les vieilles traditions.

« Tel est, ajoute M. de Lamennais, l'*avenir* SPLENDIDE *que le regard de l'âme découvre à travers les ombres !...... ce ne sera pas la fin, ce sera le commencement !* »

Cet *avenir splendide* d'une société *délivrée* de tout frein religieux, de toute autorité quelconque, M. l'abbé de Lamennais l'avait entrevu il y a dix-huit ans, et sa plume indignée avait voué à l'horreur du genre humain *les révolutionnaires aux mains sanglantes*, qui travaillaient alors à l'avènement du *monde souterrain*. Aujourd'hui les MONSTRES sont devenus des DEMI-DIEUX!

« En vertu de sa souveraineté, l'homme se soulève contre Dieu, se déclare libre et égal à lui. Au nom de *la liberté....* on renverse toutes les institutions politiques et religieuses : au nom de *l'égalité* on abolit toute hiérarchie, toute distinction religieuse et politique.... Alors, sur les ossements du prêtre et du souverain, commença le règne de la force, le règne de la haine et de la terreur : effroyable accomplissement de cette prophétie : « Un peuple entier se ruera, homme contre homme, voisin contre voisin, et avec un grand tumulte, l'enfant se lèvera contre le vieillard, la populace contre les grands; parce qu'ils ont opposé leur langue et leur inventions contre Dieu » (1).

(1) *Is.*, c. III, v. 5, 8.

« Pour peindre cette scène épouvantable de désordres et de forfaits, de disso-lution et de carnage, cette orgie de doctrines... ce mélange de proscriptions et de fêtes impures, ces cris de blasphème, ces chants sinistres, ce bruit sourd et con-tinu du marteau qui démolit, ce la hache qui frappe les victimes, ces détonations terribles, ces rugissements de joie, lugubre accompagnement d'un vaste mas-sacre, ... *il faudrait emprunter à l'enfer sa langue, comme quelques monstres lui empruntèrent ses fureurs* » (1).

Tel est l'AVENIR SPLENDIDE que découvre, à travers les ombres, le regard de M. de Lamennais. Mais Dieu, dont la Providence gouverne les sociétés, déjouera tous les complots et renversera les espérances des méchants ligués contre son Eglise !

NOUVELLES RELIGIEUSES.

DIOCÈSE DE PARIS. — Lundi prochain, 3 décembre, fête de saint François-Xavier, patron de l'œuvre de la Propagation de la Foi, il sera célébré en l'église des Missions-Etrangères, par Mgr l'Evêque de Langres, une messe qui sera sui-vie d'un discours en faveur de l'œuvre par M. l'abbé de Ponlevoy.

Il n'y aura pas de quête. Le trésorier de l'œuvre est M. Choiselat-Gallien, rue Cassette, 34.

DIOCÈSE DE CLERMONT. — Pendant la nuit du 11 au 12 novembre, les trois croix placées dans l'intérieur du bourg de Chargnat, canton de Sauxillanges, ont été renversées.

En faisant part à Mgr l'Evêque de ce déplorable événement, M. le curé se ren-dit l'organe de l'immense majorité de ses paroissiens justement indignés du sa-crilége commis sur les signes vénérés de notre Rédemption, en demandant l'au-torisation de faire une cérémonie expiatoire, pendant laquelle on procéderait à la bénédiction de ces mêmes croix, après qu'elles auraient été relevées.

C'est le dimanche 18, fête de la dédicace, qu'a eu lieu cette cérémonie qui avait attiré un grand concours de fidèles. On y voyait aussi un nombre considéra-ble d'ecclésiastiques, qui n'avaient pas balancé à quitter leur paroisse pour se réunir à leur confrère de Chargnat dans une commune pensée d'expiation et d'a-mende honorable.

Après l'évangile de la grand'messe, M. le curé a donné lecture de la lettre de Mgr l'Evêque. Dans cette lettre, le premier pasteur du diocèse s'associe bien sin-cèrement aux sentiments de douleur et d'amertume des bons habitants de Char-gnat, et les loue de la pensée qu'ils lui ont fait exprimer d'une cérémonie expia-toire, en réparation du scandale dont leur paroisse a été le théâtre. Pendant qu'il faisait cette lecture et qu'il indiquait l'ordre et la marche de la procession, l'alté-ration de la voix de M. le curé, la rougeur extraordinaire de son visage, trahis-saient l'impression pénible qu'il eût vainement cherché à dissimuler.

Quand il a eu fini de parler, M. le curé d'Issoire a, du haut de la chaire, stig-matisé en termes énergiques l'infâme conduite des profanateurs. Ministre de celui qui a dit qu'il ne voulait pas la mort du pécheur, mais sa vie et sa conversion, ce n'est pas la vengeance du ciel qu'il a appelée sur les coupables, mais de salu-taires remords, avant-coureurs d'une sincère pénitence. « La profanation a été « l'acte d'un seul, a-t-il dit en terminant, que la réparation soit l'œuvre de tous, « et que nous assistions à un de ces beaux spectacles que les cieux envient à la

(1) *Indifférence*, t. L, c. X, *in fine*.

« terre, d'une paroisse entière qui se lève comme un seul homme pour protester
« de son attachement sincère à la religion, de son respect pour les signes au-
« gustes de notre salut, et de sa profonde douleur pour la profanation dont
« ils ont été l'objet. »

La grand'messe a été immédiatement suivie de la procession. Dans ses rangs
ont pris place tous les habitants de la paroisse; à leur tête, on voyait M. le
maire en écharpe et tous les membres du conseil municipal. Le chant grave et
solennel du *Miserere*, entrecoupé à chaque verset par le *Parce, Domine, parce
populo tuo*, excitait dans tous les cœurs des sentiments de tristesse et de com-
ponction qui, bien souvent, se traduisaient par des larmes.

La procession a fait une station à chacune des croix, et ce n'est pas sans être
profondément émue que la nombreuse assistance a vu, après chaque bénédiction, MM. les ecclésiastiques venir l'un après l'autre fléchir le genou devant la
croix et y coller leurs lèvres.

A la deuxième station, M. le curé de Sauxillanges se plaçant sur le piédestal
de la croix, a paraphrasé ces paroles de saint Paul : A Dieu ne plaise que je me
glorifie en autre chose qu'en la croix du Sauveur ! Il a dit que, dans toutes les
circonstances de notre vie, la croix devait être notre refuge, notre consolation et
notre espérance, et a terminé sa chaleureuse improvisation en s'écriant avec
force : Vive la croix ! et toutes les bouches ont répété avec enthousiasme ce cri
de salut et d'espérance : Vive la croix !

Puisse cette cérémonie qui a fortement impressionné les habitants de Char-
gnat avoir un salutaire retentissement et empêcher le retour de ces scènes déplorables dont la civilisation doit gémir autant que la religion !

DIOCÈSE DE RENNES. — On nous écrit : « Mercredi 28 novembre, Rennes assistera encore à une belle et auguste cérémonie pour la clôture du Concile de la
province ecclésiastique de Tours.

« C'est Mgr l'Evêque de Rennes qui doit, à cette occasion, prêcher dans la cathédrale.

« La procession, composée des Evêques, des membres du Concile, des officiers de l'autel et des ecclésiastiques qui désireront s'y réunir, tous en habits de
chœur, partira du grand séminaire à sept heures un quart du matin, et après la
cérémonie elle reviendra au palais épiscopal par les grandes rues. »

— Jeudi matin, aura lieu à la paroisse de Notre-Dame en Saint-Melaine une
cérémonie solennelle de translation de reliques. Un de nos anciens amis, l'abbé
P. de Geslin, récemment arrivé de Rome, était chargé d'apporter au vénérable
curé de cette paroisse les précieuses dépouilles d'une sainte martyre dont le cer-
cueil, extrait des catacombes romaines, portait le nom de SEPTIMIE. — La procession partira de la chapelle de la Visitation où le corps saint est en ce moment
déposé. On espère que quelques-uns des Pères du Concile assisteront à cette
pieuse cérémonie.

DIOCÈSE DE BELLEY. — Le quinze de ce mois, les bords de la Seille ont été
témoins d'une scène inaccoutumée et qui fera, pour les habitants d'alentour, une
époque que le souvenir aimera à évoquer plus tard. Une foule attirée par le sentiment religieux qu'éveille toujours la présence d'un évêque, s'y pressait autour
de Mgr de Belley, qui, après avoir donné la confirmation à Pont-de-Vaux et à
Sermoyer, venait, sur la demande de l'ingénieur du nouveau pont suspendu sur
la Seille, répandre des bénédictions solennelles sur ce gracieux monument fraî-
chement décoré.

Rien de plus touchant, disons de plus éloquent que l'allocution du vénérable évêque dans cette circonstance. Ce pont, à ses yeux, était l'image de la religion qui fait toucher à l'homme aux deux rives opposées de la vie et de l'éternité ; cette eau qui coulait sous les pieds de la foule réunie et attentive rappelait la fugacité des jours de l'homme ; tout dans la bouche du Prélat s'animait pour donner une saisissante leçon. En un mot, le Pontife octogénaire se montrait en possession de ce rare talent d'à-propos qui l'a toujours fait remarquer et qui étonne.

Vint ensuite la cérémonie. Chacun s'agenouilla pour recevoir aussi la bénédiction de la main du Pontife, et lorsque tout fut achevé, les riverains se séparèrent emportant une douce émotion de ce qu'ils venaient de voir et d'entendre.

Que les œuvres des hommes, que les produits de l'art et de l'industrie grandissent lorsque la religion vient les ennoblir ! Désormais le voyageur, en franchissant ce pont, aimera à trouver un signe qui lui rappelle que la bénédiction d'un vénérable évêque l'inaugura.

DIOCÈSE D'ALGER. — Mgr l'Evêque est arrivé le 20 novembre d'Oran, où sa présence a produit un heureux effet. S'il a eu la douleur, en arrivant, de voir frappé à ses côtés le prêtre qui l'accompagnait dans ce voyage, il a eu au moins le bonheur de voir le fléau s'éteindre, et la population consternée, reprendre confiance et venir en foule recevoir les consolations qu'il apportait.

Mgr Pavy a parcouru tous les villages jusqu'à Mostaganem, et il est allé partout où on lui annonçait que le choléra s'était déclaré, visitant lui-même les malades comme il avait fait à Alger. Il est revenu très-fatigué, et même malade, mais son état n'inspire aucune inquiétude.

Tribunaux.

Affaire de la société dite des Vengeurs ou des Amis de l'Egalité.

Vingt-trois prévenus occupaient hier les bancs de la cour d'assises de la Seine. Ils sont inculpés d'avoir fait partie de la société secrète dite des Vengeurs ou des Amis de l'égalité.

On lit dans l'arrêt de renvoi :

« Dans le courant d'avril dernier, l'autorité fut prévenue qu'une société secrète s'était établie sous la dénomination de *société des Amis de l'égalité*, et qu'elle s'étendait dans Paris et la banlieue. Les diverses sections de cette société, divisées par quartiers, étaient, d'après les renseignements, présidées par des chefs qui, réunis entre eux, devaient composer un conseil supérieur. Un nommé Hibruit, condamné comme contumace par jugement du conseil de guerre à vingt ans de travaux forcés, pour avoir pris part aux mouvements insurrectionnels de juin 1848, était désigné comme l'un des chefs de la société, et comme chargé d'en diriger l'organisation.

« Des réunions avaient lieu aux domiciles des membres de la société; mais le local, qui changeait chaque fois, ou très-souvent, n'était pas désigné d'avance, et il n'était connu que peu de temps avant la réunion. La société des Amis de l'égalité, qui avait pour but de développer les principes les plus avancés du socialisme, excitait ses membres à l'insurrection et les portait à être prêts à prendre les armes. Lors de la réception des membres, ceux-ci prêtaient serment sur un crucifix, un poignard et un niveau républicain, entre les mains de chefs qui, dans cette circonstance, avaient le visage couvert d'un masque noir. Tels étaient les renseignements fournis comme se rattachant à la société des Amis de l'égalité.

« Des perquisitions ont été faites dans le domicile de Castanié, où la réunion avait lieu ; et aux domiciles des personnes arrêtées. Des armes et munitions ont été trouvées chez plusieurs d'entre eux; chez les nommés Castanié, Caré, Gobert, Delarue, Louchet, Guillion, Frichot. Ce fait constitue contre eux un chef particulier de prévention pour lequel ils sont renvoyés devant le tribunal correctionnel.

« Sans entrer dans l'examen de tous les écrits saisis aux domiciles des prévenus, il suffit d'en mentionner quelques-uns, et de citer certains passages d'un écrit au crayon trouvé au domicile de Frichot, l'un des chefs de la société. Cet écrit, qui paraît être de la main de Frichot, et qui est intitulé : Programme, serait, d'après l'instruction, le programme de la société des Amis de l'égalité, et ferait connaître le but que se proposait la société et les moyens que les chefs considéraient comme devant être mis à exécution lorsqu'une révolution éclaterait.

« Voici ce programme :

« Les conséquences à mettre en pratique, à la prochaine révolution, consé-
« quences de grande urgence pour sauver les travailleurs des assassinats que leur
« préparent les modérés; tirées des infâmes discours de la presse réactionnaire, et
« d'une démonstration pratique du bourreau Cavaignac, en juin 1848.

« Application immédiate, savoir : Révolution.

« 1° Aussitôt l'insurrection éclatée sur une grande échelle, il faut la concen-
« trer et marcher sur le palais Bourbon, fusiller tous les commis du peuple et de
« la République, moins les radicaux. À cette heure, la justice du peuple com-
« mence;

« 2° Tout individu qui s'interposera entre la justice du peuple pour sauver un
« coupable, sera fusillé immédiatement. On s'emparera aussitôt du ministère de
« l'intérieur et des lignes télégraphiques, on enjoindra aux frontières de ne laisser
« franchir le territoire de France à aucun individu, quel qu'il soit, sous peine de
« mort.

« On s'emparera de la préfecture de police. Tous les administrateurs pris dans
« l'intérieur seront fusillés sur-le-champ.

« Les quartiers aristocratiques seront cernés par le peuple et épurés immédia-
« tement.

« La ville de Paris et toutes celles du royaume sont mises immédiatement en
« état de siége.

« Le désarmement de la garde nationale dans le délai de vingt-quatre heures.
« Toute infraction au délai sera punie de mort. Ce désarmement doit se faire de
« lui-même, c'est-à-dire que tout garde national, porté sur les cadres devra, sous
« peine d'infraction au décret, reporter ses armes et munitions à la mairie de son
« arrondissement.

« Après ce délai expiré commenceront les perquisitions à domicile pour remé-
« dier aux infractions commises et juger sans délai.

« Des commissions spéciales seront choisies dans les condamnés de juin pour
« l'exécution des traîtres à la patrie.

Organisation du travail.

« Tous les chantiers, ateliers, usines, fabriques, appartiennent aux travailleurs,
« sauf remboursement des valeurs d'après évaluation faite par commission d'exper-
« tise...

« L'armée française est dissoute. L'armée française révolutionnaire se réorga-
« nise immédiatement par l'élection démocratique directe des officiers jusqu'au
« grade de capitaine.

« Après l'organisation de l'armée une commission militaire révolutionnaire est
« choisie dans chaque régiment parmi les victimes de l'aristocratie militaire.

« Cette commission appellera à sa barre tous les chefs militaires traîtres à la
« République, dans les journées de juin, ainsi que de s'être opposés au développe-
« ment intellectuel du soldat. Ils seront fusillés par leurs victimes civiles.

« Toutes les autorités qui n'ont accepté la République en février qu'avec force
« seront fusillées. Tous les magistrats civils des condamnations iniques des procès
« de Bourges et de presse seront fusillés.

« Tous les administrateurs, rédacteurs, de la presse réactionnaire, blanche,
« bleue ou hostile à la République de 1848, seront fusillés.

« Toute conspiration découverte dans une ville qui sera accusée d'en avoir eu
« connaissance, cette ville sera rasée et les conspirateurs fusillés.

« Tout intérêt de capital quelconque est aboli, par conséquent, plus de privi-
« lége.

« La propriété, par le présent décret, se mobilise ; chaque paiement de tri-
« mestre par un locataire, en une action courante sur la valeur réelle de la portion
« occupée par le susdit. Cette valeur sera déterminée par une commission d'experts
« nommés à cet effet.

« La République décrète l'émission du papier-monnaie dans les limites de ses
« besoins. »

« Telles sont, en partie, les mesures que Frichot, l'un des chefs de la société
des Amis de l'égalité, jugeait nécessaire de prendre à la première révolution.

« Les condamnations graves et nombreuses qui ont déjà été prononcées contre
plusieurs des prévenus font connaître quels sont les hommes qui devaient faire
partie de la société des Amis de l'égalité. Levayer a été condamné, en 1840, à
quatre ans de prison et quatre ans de surveillance pour fabrication de munitions
de guerre, après avoir subi une précédente condamnation. Galtier a été arrêté à
l'occasion de l'insurrection de juin 1848. Delarue a été condamné pour rébellion,
et depuis a été arrêté comme ayant pris part à l'insurrection de juin. Jean, Guillion, Maton et Thériez ont été condamnés à la transportation à la suite des événements de 1848. Depuis ils ont été graciés. Hibruit a été condamné, par défaut,
à vingt ans de travaux forcés pour avoir pris part aux événements insurrectionnels de juin 1848. »

Bulletin de la politique étrangère.

TOSCANE. — Le décret d'amnistie promis par le grand-duc de
Toscane, a paru le 22.

L'amnistie s'étend à tous les délits de lèse-majesté et autres délits
politiques commis jusqu'à ce jour.

PRUSSE. — Le *Moniteur prussien* publie la communication officielle suivante :

« Plusieurs journaux ont assuré que l'Autriche avait formellement
protesté contre la convocation du parlement allemand, et menacé
d'une intervention par la force. Nous sommes autorisés à déclarer
qu'aucune semblable protestation ni menace n'ont eu lieu : par conséquent aucune réponse n'a pu y être faite. »

On se demande ce que le gouvernement prussien peut gagner à ce
nouveau jeu ? — Du temps ? — C'est possible, et sans aucun doute
c'est beaucoup, mais ce n'est pas tout en présence des immenses

complications dans lesquelles l'Allemagne est plongée sans autre
issue que la guerre civile, si elle persiste dans sa folle idée d'unité ou
d'empire fédératif.

ASSEMBLÉE LÉGISLATIVE.

Séance du 29 novembre. — PRÉSIDENCE DE M. DARU, VICE-PRÉSIDENT.

La séance est ouverte à deux heures et demie.

L'ordre du jour appelle la première délibération de la proposition de M. Fouquier
d'Hérouël, qui demande 1° qu'en raison des circonstances locales, le canton puisse être
divisé en autant de circonscriptions qu'il sera jugé nécessaire ;

2° Que le dépouillement des votes ait lieu au chef-lieu du canton, sous la présidence
du juge de paix, par le président et un secrétaire de chaque circonscription électorale.

La commission propose l'adoption avec quelques modifications.

M. GAVINI combat les conclusions de la commission. L'adoption de la proposition
serait, dit-il, une violation de la Constitution et une atteinte à l'indépendance et à l'intelligence des électeurs.

M. DE LAROCHEJAQUELEIN. Que voulons-nous tous ? La sincérité du suffrage
universel et l'égalité pour tous ceux qui sont appelés à y concourir. Eh bien ! n'est-il
pas évident que les villes ont sur les campagnes un véritable privilège ? Dans les villes,
on vote sans abandonner ses affaires ni son domicile ; les électeurs de la campagne ont
souvent pour voter un véritable voyage à faire.

J'ai entendu des campagnes dire : Nous n'irons plus aux élections, parce qu'il nous
faut faire 8 ou 10 lieues.

A gauche : Et les villes ?

M. DE LAROCHEJAQUELEIN. Qu'on me permette un exemple : comment se fait-il
que pour tous les départements autres que celui de la Seine, on ne permette qu'un nombre très-limité de circonscriptions, tandis que dans la Seine on vote dans presque toutes
les communes ? (Mouvement à gauche.)

Pourquoi donc, si vous admettez que le vote à la commune soit bon dans la Seine,
pourquoi ne le trouvez-vous pas bon dans le département de Vaucluse ou du Morbihan,
par exemple ?

Je le demande à vous, les égalitaires par excellence, comment vous opposez-vous à ce
que les campagnes soient placées au même niveau que les villes ? (Très-bien !)

M. SAVOYE. On a dit qu'on craignait au chef-lieu de canton les influences de cabaret. Mais ces influences n'avez-vous pas à les redouter à la commune aussi ? Dans la
commune, est-ce qu'il n'y a pas l'autorité de M. l'adjoint ? Est-ce qu'il n'y a pas l'autorité souvent irrésistible du confessionnal ? (Vive agitation.)

A droite : A l'ordre ! à l'ordre !

M. LE PRÉSIDENT. Je ne pense pas que l'orateur ait eu l'intention de manquer de
respect au clergé. (Rires à gauche.)

L'orateur a le droit de s'exprimer à la tribune en toute liberté, mais avec le respect
et les convenances qu'il doit aux ministres du culte. Le respect et les convenances sont
toujours de mise à la tribune. (Très-bien !)

M. SAVOYE. Je ne crois avoir rien dit qui s'écarte du sentiment des convenances et
du respect que je dois à la religion. Je crois qu'il faut, autant que possible, laisser la
religion en-dehors de nos débats politiques.

A droite : Pourquoi donc en parlez-vous ?

M. SAVOYE. Je dois dire que dans ma pensée confessionnal et religion sont choses si
différentes....

A droite : A l'ordre ! à l'ordre ! (Rires à gauche.)

M. LE PRÉSIDENT. J'invite M. Savoye à s'expliquer.

A droite : Oui ! oui !

M. SAVOYE. J'invite mes honorables collègues de la droite à se calmer. Il fallait me
laisser terminer ma phrase, et on aurait vu que, quand je parlais du confessionnal, j'en-
tendais parler des abus du confessionnal. (Ah ! ah !)

M. H. DE RIANCEY. Citez les abus du confessionnal.

Après un discours du général Cavaignac, tendant à démontrer l'inconstitutionnalité de l'extension des circonscriptions électorales et une réplique de M. Gaslonde, la proposition de M. d'Hérouël est adoptée par 418 voix contre 201.

La proposition de M. Charras, sur la vente des diamants de la couronne, est repoussée à une immense majorité.

La séance est levée à cinq heures trois quarts.

Chronique et Faits divers.

On annonce que M. [Malardier, ancien instituteur, représentant du peuple, vient d'être déclaré coupable par le jury, pour des écrits qu'il a publiés avant son élection, d'excitation à la haine et au mépris des citoyens les uns envers autres, et condamné par la cour d'assises de la Nièvre à un an de prison, 500 fr. d'amende et aux frais du procès. Il a été défendu par M. Michel (de Bourges.)

— L'affaire des troubles de Montpellier, se rattachant à l'insurrection du 13 juin à Paris, qui se jugeait devant les assises des Bouches-du-Rhône, s'est terminée le 23. Quatre accusés ont été déclarés coupables, et condamnés, savoir : Peyre, à trois ans de prison ; Rougée, à deux ans ; Dollard et Chalier, chacun à un an de la même peine.

— On mande de Lyon, 25 novembre :

« A l'heure où je vous écris, la plus grande anxiété règne dans notre ville. — Depuis deux jours, le Rhône est entré dans une période de croissance et de débordement si considérable, que la place de Belle-Cour, les Tilleuls, les rues de la Charité, du Pérat, Saint-Joseph et plusieurs autres adjacentes sont transformées en véritables lacs où l'on ne peut communiquer qu'avec des bateaux.

« Les eaux s'élèvent à une hauteur effrayante sur d'autres points, tels que la place des Bordeliers, les rues Grôlée, Port-Charlet, du Palais-Grillet et la place de l'Hôpital, etc. ; le quai du Rhône, depuis le pont Lafayette jusqu'au pont Morand, forme, pour ainsi dire, un second fleuve aussi menaçant, aussi terrible que le premier, car il envahit les rez-de-chaussée et les magasins de mille côtés à la fois.

« Dans plusieurs quartiers menacés, un grand nombre d'habitants quittent leur domicile, abritant leur mobilier où ils peuvent et comme ils peuvent.

« Hier, dans la soirée, la digue de la vitriolerie a cédé aux efforts du Rhône ; on signale beaucoup de dégâts et de désastres en fait de bateaux, mais je ne sais pas encore si j'aurai des malheurs à enregistrer concernant des personnes. »

— La frégate la *Zénobie*, dans sa traversée de l'île de la Réunion à Toulon, a perdu un des deux lieutenants de vaisseau de son état-major, au grand regret du commandant, des officiers et de l'équipage de cette frégate qui, tous avaient su apprécier les talents et les excellentes qualités du jeune Blache. Au moment des observations du midi, il était à prendre hauteur sur l'avant, lorsqu'un fort coup de tangage l'a fait tomber à la mer. La frégate a été mise en travers, un canot a été de suite expédié pour sauver le malheureux officier ; mais l'état de la mer et le vent qui soufflait grand frais, ont rendu toute tentative inutile.

— Il paraît certain que le gouvernement français a signifié au cabinet anglais son intention de ne pas continuer à entretenir, sur la côte occidentale d'Afrique, les vingt-six croiseurs que la convention du 29 mai 1845, dite le traité Brodie, l'obligeait d'y maintenir pour travailler à la répression de la traite.

— Les grands travaux de construction de l'hôtel des affaires étrangères sont terminés. On va s'occuper des détails intérieurs et des ouvrages d'art qui décoreront le monument. Quatre grandes figures allégoriques représentant les quatre parties du monde seront placées sur les socles existant à la hauteur de la colonnade de la principale façade du quai d'Orsay.

— On écrit de Tarbes : « Notre département est sillonné par des agents de la propagande démocratique et sociale.

« Tantôt ce sont des ouvriers sans ouvrage, tantôt des chanteurs ambulants, tantôt de soi-disant réfugiés politiques qui courent de Vic à Bagnères, colportant l'*idée* et faisant aussi quelque saignée à la bourse des frères et amis.

« Il y a trois jours, dans une ville, un chanteur italien avait ameuté dans un café la bande des frères et amis, et devant ce facile auditoire, il étala, durant toute une soirée, le répertoire des chansons sociales avec accompagnement de fausses notes. »

— Le château de Lunéville, ancienne demeure du roi Stanislas, vient d'être détruit par un incendie. On assure qu'une enquête est ordonnée par le ministre de la guerre sur les causes de ce sinistre, qu'on n'attribue pas à la malveillance, mais qui serait le résultat d'inconcevables imprudences.

— On lit dans l'*Akhbar* du 22 :

« L'armée apprendra avec peine que M. le colonel du génie Petit, qui a dirigé les premières opérations du siége de Zaatcha, est mort des suites de sa blessure. »

— Les journaux de New-York rendent compte d'un terrible accident arrivé le 4 novembre sur le chemin de Newhaven. Un troupeau de trente vaches traversait la ligne au moment où arrivait le convoi du chemin de fer de Boston. Treize d'entre elles furent tuées et quelques-unes lancées à vingt pieds de là par la violence du choc. Cependant la voiture de bagages avait été détachée du convoi et jetée sur la seconde ligne, sur laquelle le convoi de New-York arrivait à toute vitesse. Le wagon fut poussé en arrière dans une direction oblique, et alla traverser de part en part la dernière voiture du convoi de Boston, dans laquelle se trouvaient 60 personnes, dont plusieurs furent blessées grièvement. Cependant personne n'a perdu la vie.

— Les chantiers de New-York, qui construisent environ 200 bâtiments à vapeur tous les ans, ont en ce moment une activité extraordinaire.

On y compte : 5 bâtiments à vapeur de 3,000 tonneaux chacun, 1 de 2,200 tonneaux, 1 de 400 tonneaux, 4 de 150 tonneaux, 11 bâtiments à voiles, de 1,200 tonneaux chacun, 1 barque de 600 tonneaux et 1 schooner de 150 tonneaux. Ensemble 24 navires, jaugeant 32,760 tonneaux. (*Nautical Standard*).

— Les loups se montrent, depuis quelque temps, nombreux et hardis dans les environs de Belfort. On assure qu'ils font un grand carnage de moutons et de chiens. Le soir, ils s'introduisent effrontément jusque dans l'intérieur des fermes et en enlèvent tout ce qui se trouve sous leurs pattes et sous leurs dents.

BOURSE DU 29 NOVEMBRE.

Le 3 p. 100 a débuté au comptant à 57 05, a fait 56 85 au plus bas, et reste à 57.

Le 5 p. 100 a débuté au comptant à 89 90, a fait 89 70 au plus bas, et reste à ce cours.

L'un des Propriétaires-Gérants, CHARLES DE BIANCEY.

Paris, imp. BAILLY, DIVRY et Comp., place Sorbonne, 2.